Jan Kusber
Eliten- und Volksbildung im Zarenreich
während des 18. und in der ersten Hälfte
des 19. Jahrhunderts

**Quellen und Studien
zur Geschichte des östlichen
Europa**

Begründet von Manfred Hellmann,
weitergeführt von Erwin Oberländer
und Helmut Altrichter,
in Verbindung mit dem Vorstand des
Verbandes der Osteuropahistoriker e.V.
herausgegeben von LUDWIG STEINDORFF

Band 65

Jan Kusber

Eliten- und Volksbildung im Zarenreich während des 18. und in der ersten Hälfte des 19. Jahrhunderts

Studien zu Diskurs, Gesetzgebung und Umsetzung

Franz Steiner Verlag 2004

Bibliografische Information der Deutschen Bibliothek
Die Deutsche Bibliothek verzeichnet diese Publikation
in der Deutschen Nationalbibliografie; detaillierte
bibliografische Daten sind im Internet über
<http://dnb.ddb.de> abrufbar.

ISBN 3-515-08552-1

Habilitation, Kiel 2001

ISO 9706

Jede Verwertung des Werkes außerhalb der Grenzen
des Urheberrechtsgesetzes ist unzulässig und strafbar.
Dies gilt insbesondere für Übersetzung, Nachdruck,
Mikroverfilmung oder vergleichbare Verfahren sowie
für die Speicherung in Datenverarbeitungsanlagen.
Gedruckt mit Unterstützung der Deutschen Forschungs-
gemeinschaft.
Gedruckt auf säurefreiem, alterungsbeständigen Papier.
© 2004 by Franz Steiner Verlag Wiesbaden GmbH,
Sitz Stuttgart. Druck: Printservice Decker & Bokor,
München
Printed in Germany

INHALT

Tabellenverzeichnis		VII
Vorwort		IX
1.	Einleitung	1
1.1.	Forschungsgegenstand, Forschungslage und Fragestellung	1
1.2.	Quellengrundlage	25
2.	Zwischen Fachausbildung und geistlichem Seminar: Das Entstehen einer Bildungslandschaft im Zarenreich während der ersten Hälfte des 18. Jahrhunderts	33
2.1.	Bildung und Erziehung an der Wende vom 17. zum 18. Jahrhundert - ein Element der „petrinischen Revolution"?	33
2.2.	Übergang und Fortentwicklung: Das zweite Viertel des 18. Jahrhunderts	71
3.	Diskurs, Gesetzgebung und Umsetzung: Bildung in der zweiten Hälfte des 18. Jahrhunderts	93
3.1.	Diskurs, Gesetzgebung und die Veränderung der Bildungslandschaft	93
3.1.1.	Unsystematischer Neuaufbruch um die Mitte des 18. Jahrhunderts	93
3.1.2.	Instruktionen und Gesetzgebungsprojekte: Fragen der Bildung in der Gesetzgebenden Kommission	137
3.1.3.	Gesetzgebung und Neuorientierung: Die Gouvernementsreform von 1775 und die Suche nach einem Schulsystem für das Zarenreich	165
3.1.4.	Ein Schulsystem für das Zarenreich: Die Kommission zur Errichtung der Volksschulen und das Volksschulstatut von 1786	183

3.2. Bildungsinstitutionen in der Praxis: Zu Umsetzung und Akzeptanz
in der zweiten Hälfte des 18. Jahrhunderts ... 213

3.2.1. Studenten, Kadetten, Zöglinge:
Fachschulen und geschlossene Bildungseinrichtungen ... 213
3.2.2. Die Schulen des Statuts von 1786 ... 239

4. Diskurs, Gesetzgebung und Umsetzung: Bildung in der ersten Hälfte
des 19. Jahrhunderts ... 277

4.1. Diskurs, Gesetzgebung
und die Fortentwicklung der Bildungslandschaft ... 277

4.1.1. Neuanfang, Erweiterung oder Reform der Reform:
Die Bildungsgesetzgebung von 1803/04 ... 277
4.1.2. Bildungsdiskurs und die Auseinanderentwicklung
der Gesellschaft ... 307
4.1.3. Bildungsgesetzgebung in der Zeit Nikolaus I. ... 343

4.2. Bildungsinstitutionen in der Praxis: Zu Umsetzung und Akzeptanz
in der ersten Hälfte des 19. Jahrhunderts ... 367

4.2.1. Die Bildungsinstitutionen der Statuten von 1803/1804 ... 367
4.2.2. Die Bildungseinrichtungen nach den Statuten von 1828 und 1835
zur Zeit des Ministeriums Uvarov ... 415

5. Zusammenfassung ... 437

Abkürzungsverzeichnis ... 447
Literaturverzeichnis ... 451
Personenregister ... 489
Ortsregister ... 495

TABELLENVERZEICHNIS

Schüler an beiden Gymnasien der Moskauer Universität   226

Schüler der Moskauer Hauptvolksschule 1786 bis 1801
nach sozialer Herkunft   253

Entwicklung der Schülerzahlen der Hauptvolksschulen
von Tobol'sk und Irkutsk   262

Nach dem Statut vom August 1786 organisierte Schulen zum Zeitpunkt
des Regierungsantritts Alexanders I.   271

Stundentafel für die Kreisschulen nach dem Statut vom 8.12.1828   353

Stundentafel für die Gymnasien mit Griechischschwerpunkt
nach dem Statut vom 8.12.1828   354

Schüler in den Schulen unter Aufsicht des Ministeriums
für Volksaufklärung im Lehrbezirk Sankt Petersburg   387

Rechtliche Herkunft der Schüler an den Gymnasien
des Lehrbezirks Sankt Petersburg 1826   388

Rechtliche Herkunft der Schüler an den Gymnasien
des Lehrbezirks Moskau 1826   393

Bildungseinrichtungen unter Kontrolle des Ministeriums für
Volksaufklärung in den baltischen Provinzen im Jahre 1808   409

Dem Ministerium für Volksaufklärung unterstehende Bildungseinrichtungen, Lehrende und Lernende im Jahre 1824   410

Die Universitäten des Zarenreiches: Professoren und Studenten
im Jahre 1824   410

Anteil der Ausgaben des Ministeriums für Volksaufklärung an
den Staatsausgaben   426

Entwicklung der Studentenzahlen 1836-1854   428

Studenten und Schüler in staatlichen Universitäten und Schulen
im Jahre 1848   429

Grad der Alphabetisierung im Gouvernement Saratov 1845/1846   432

VORWORT

Die Idee zu diesem Buch entstand im Jahre 1996, als der 200. Todestag Katharinas der Großen auf zwei internationalen Konferenzen im holsteinischen Eutin und im anhaltinischen Zerbst zum Anlaß genommen wurde, die herrscherliche Politik der Kaiserin unter verschiedensten Aspekten zu resümieren und einer Neubewertung zu unterziehen. Ich hatte auf beiden Konferenzen seinerzeit den Eindruck, dass es nicht gelungen war, die Reichweite und Wirkung der katharinäischen Schulreform von 1786 adäquat zu bewerten, weil in der Forschung allgemein, aber auch in den Konferenzbeiträgen zum Jubiläum die historische Tiefendimension aufgrund der Beschränkung auf die katharinäische Epoche nicht hinlänglich in den Blick genommen werden konnte. Aus diesem Gedanken heraus entstand die vorliegende Arbeit, die im Jahre 2001 von der Philosophischen Fakultät der Christian-Albrechts-Universität zu Kiel als Habilitationsschrift angenommen und zum Druck kaum verändert worden ist.

Vielen fühle ich mich zu Dank verpflichtet. Zunächst gilt mein Dank meinem akademischen Lehrer, Professor em. Dr. Peter Nitsche, für das in mich gesetzte Vertrauen und seine stets freundliche Unterstützung, Professor Dr. Ludwig Steindorff für die schönen Jahre gemeinsamer Arbeit in Kiel sowie allen Kollegen und Mitarbeitern am Historischen Seminar der Kieler Universität für anregende Gespräche und angenehme Zusammenarbeit. Dr. Galina Smagina danke ich für ihre jederzeit gewährte Hilfe in den Archiven Sankt Petersburgs. Sehr herzlich danke ich Dr. Eckhard Hübner für die Diskussion über das Rußland des 18. Jahrhunderts und für zahlreiche Verbesserungsvorschläge zum vorliegenden Buch, die über bloßes Korrekturlesen weit hinausgingen. In diesem Sinne danke ich ebenso herzlich Dr. Maike Sach, Beate Tröger M. A., Achim Beer M. A. und Julia Röttjer. Meine Kollegen und Freunde in Kiel und andernorts, meine Familie in Husum und auf Sylt haben über Jahre hinweg die Atmosphäre geschaffen, die es braucht, um ein solches Werk schreiben zu können. Dafür danke ich Ihnen sehr.

Schließlich geht mein Dank an Herrn Aleksej Golowerda für die Erstellung des Registers, an Herrn Professor Dr. Dittmar Dahlmann, den seinerzeitigen Vorsitzenden des Verbandes der Osteuropahistoriker für die Aufnahme der Arbeit in dessen Reihe, und an die Deutsche Forschungsgemeinschaft für die Unterstützung bei der Drucklegung.

Mainz, im Juni 2004   Jan Kusber

1. EINLEITUNG

1.1. FORSCHUNGSGEGENSTAND, FORSCHUNGSLAGE UND FRAGESTELLUNG

Im Jahre 1863 publizierte der Arzt und Pädagoge Nikolaj Pirogov einen Aufsatz unter dem Titel „Die Universitätsfrage" in Rußland. In diesem Essay unterzog Pirogov die wissenschaftliche Qualität, vor allem aber die Leistungsfähigkeit der Universitäten des Zarenreiches bei der Ausbildung qualifizierten Nachwuchses einer fundamentalen Kritik. Seit der Gründungswelle von Universitäten mit der gleichzeitigen Schul- und Universitätsreform habe es die Autokratie nicht vermocht, die aus dem Westen übernommenen Modelle in einer Weise auf Rußland zu übertragen, daß sie ihren dortigen - von Pirogov nicht näher definierten - Aufgaben hätten gerecht werden können. Vielmehr hätte die Regierung alles getan, um durch eine Behinderung der „Lehr- und Lernfreiheit" die Autonomie der Hochschulen einzuschränken.[1] Pirogov kannte die Probleme genau und konnte sie aus zwei Perspektiven beurteilen: Als Professor für Medizin war er mit der Lehre und Forschung an einer Hochschule vertraut, als Kurator eines Lehrbezirks hatte er sich mit der Administration auch der den Universitäten nachgeordneten Lehranstalten befassen müssen. Die Kritik des populären Akademikers fiel in die Zeit der Diskussionen über eine Umgestaltung von Universitäten und Schulen im Rahmen der „Großen Reformen" Alexanders II. Während dieser Zeit, der ersten Hälfte der sechziger Jahre des 19. Jahrhunderts, konnten unter den Bedingungen der gelockerten Zensur solche Bewertungen derart deutlich geäußert werden und auch auf eine starke Resonanz stoßen.

Ein ähnlich negatives Urteil fällten die Teilnehmer dieser Reformdiskussion nach dem Inkrafttreten des Schulstatuts von 1864 über das zuvor existierende Schulwesen. Je nach politischer Couleur kritisierten sie entweder lediglich das Curriculum oder die bestehenden Gymnasien als ständisch abgeschlossene Bildungsanstalten. Grundsätzlich

---

[1] Pirogov, N. I., Universitetskij vopros, in: Ders., Izbrannye pedagogičeskie sočinenija. Moskva 1952, S. 324-393; zum weiteren Hintergrund: Iskra, L. M., B. N. Čičerin i universitetskij vopros v načale 60-ch godov XIX v., in: Rossijskie universitety v XVIII-XX vekach. Sbornik naučnych trudov. Vyp. 4, Voronež 1999, S. 29-50.

einig waren sich so unterschiedliche Vertreter wie S. Miropol'skij und Baron Nikolaj Korf allerdings über das völlige Versagen des Ministeriums für Volksaufklärung für die Zeit seiner Existenz bei der Errichtung eines flächendeckenden Schulsystems im Zarenreich.[2]

Das Negativurteil über die verschiedenen Ebenen des russischen Bildungswesens in der Zeit vor den „Großen Reformen" war unter den Zeitgenossen opinio communis; ihren Interpretationen schlossen sich russische Historiker vor und nach der Revolution von 1917 ebenso an wie Forscher im Westen. Bei der Untersuchung der Zeit vor 1864 ließen sie sich dabei nicht von den Fragestellungen leiten, an denen sie sich bei der Erforschung der Geschichte des Bildungswesens während der „Großen Reformen" und danach orientiert hatten. Für die Bildungsgeschichte des ausgehenden Zarenreiches existieren Arbeiten, die mit verschiedenen methodischen Zugriffen versuchen, die Bedingungen für den Zugang zu Bildung und die Realität der Vermittlung von Bildung zu beschreiben. Nicht selten wird hierbei implizit eine äußerst schwache Ausgangsbasis unterstellt, wie schon der Titel der Monographie von Jeffrey Brooks „When Russia learned to read" anzeigt.[3] Ansätze wie etwa die Erforschung von Professionalisierungsprozessen, die Untersuchung der Wechselwirkung von Bildung und lokaler Gesellschaft oder die Frage nach außerstaatlichen Trägern des Bildungswesens,[4] sind für das 18. und die erste Hälfte des 19. Jahrhunderts sehr viel seltener verfolgt worden. Dies entspricht einerseits einer generell erkennbaren Tendenz vor allem deutscher Rußlandhistoriker, die Zeit vor den „Großen Reformen" zu vernachlässigen, andererseits gibt es hierfür handfeste Gründe, die in der Quellenüberlieferung begründet liegen. Auch in Gesamtdarstellungen zur Bildungsgeschichte wird die Zeit vor 1864 sehr viel knapper behandelt als die Zeit bis 1917; oft dient in ihnen die Revolution implizit als Referenz-

---

[2] Miropol'skij, S., Škola i gosudarstvo. Objazatel'nost' obučenija v Rossii. SPb. 1883; Korf, N., Itogi obščestvennogo dejatel'nosti na pol'zu narodnogo obrazovanija v Rossii, in: VE 4 (1876), S. 903-917, hier S. 904. Siehe auch: Fal'bork, G./Čarnoluskij, V., Narodnoe obrazovanie v Rossii. SPb. o. J. [1900], S.30-39.

[3] Brooks, J., When Russia Learned to Read. Literacy and Popular Literature 1861-1917. Princeton 1985. So in der Tendenz auch: Ganelin, S. I., Očerki po istorii srednej školy v Rossii. Moskva 1954; Krumbholz, J., Die Elementarbildung in Rußland bis zum Jahre 1864. Ein Beitrag zur Entstehung des Volksschulstatuts vom 14.7.1864. Wiesbaden 1982 (= Quellen und Studien zur Geschichte des östlichen Europa, 15).

[4] Zum Beispiel: Eklof, B., Russian Peasant Schools: Officialdom, Village Culture and Popular Pedagogy, 1861-1914. Berkeley usw. 1986; Kassow, S. D., Students, Professors and the State in Tsarist Russia. Berkeley usw. 1989; Ruane, C., Gender, Class and the Professionalization of the Russian City Teachers, 1860-1914. London 1994; Hausmann, G., Universität und städtische Gesellschaft in Odessa, 1865-1917. Soziale und nationale Selbstorganisation an der Peripherie des Zarenreiches. Stuttgart 1998 (= Quellen und Studien zur Geschichte des östlichen Europa, 49).

punkt, auf den hin Bildungsgeschichte dargestellt wird:[5] Aus unterschiedlicher methodischer und ideologischer Perspektive wurde damit letztlich zu bestimmen versucht, welchen Stellenwert Bildungsinstitutionen und Bildung am Ende des Zarenreiches hatten. Für die Bildungsgeschichte im 18. und in der ersten Hälfte des 19. Jahrhunderts lassen sich - stark schematisierend - folgende Haupttendenzen der Forschung ausmachen:

Zum ersten existieren Darstellungen, die, sofern sie in ihrer Gesamtheit der Geschichte der Bildung nachgehen, über einzelne Bildungsinstitutionen geschrieben wurden[6] oder normative Akte behandeln, bestenfalls unter knapper Berücksichtigung der Diskussionen, die der Gesetzgebung vorausgingen.[7] Auf diese Art wurden das Schulstatut Katharinas II. aus dem Jahre 1786 sowie die Schul- und Universitätsreform Alexanders I. von 1803/04 aufgearbeitet.[8] Für die Universitätsgeschichte der ersten Hälfte des 19. Jahrhunderts sind die informativen Arbeiten von James T. Flynn zu nennen, die sich partiell mit unmittelbaren Reaktionen auf die Gesetzgebungsakte zu Universitätsgründungen befassen, jedoch die längerfristigen Auswirkungen auf die Gesellschafts- und Sozialstruktur nicht in die Darstellung einbeziehen.[9] Einen erweiterten Zugriff besitzen hier Forschungen, die nach dem Zusammenbruch der Sowjetunion entstanden sind und, vor die Schwierigkeit gestellt, sich neu orientieren zu müssen oder

---

[5] Hans, N., The History of Russian Educational Policy, 1701-1917. London 1931 (Reprint 1964); Konstantinov, N. A./Struminskij, V. Ja., Očerki po istorii načal'nogo obrazovanija v Rossii. Moskva 1949; Johnson, W., Russias Educational Heritage. Pittsburgh 1950; die entsprechenden Kapitel bei Vucinich, A., Science in Russian Culture. Vol. 1-2. Stanford 1963-1970; Alston, P. L., Education and State in Tsarist Russia. Stanford 1969; MacClelland, J. C., Autocrats and Academics: Education, Culture and Society in Tsarist Russia. Chicago 1979. Eine Ausnahme hinsichtlich des behandelten Zeitraumes, jedoch nicht hinsichtlich der Revolution als Referenzpunkt, ist das Handbuch: Šabaeva, M. F. (Hrsg.), Očerki školy i pedagogičeskoj mysli narodov SSSR: XVIII v - pervaja polovina XIX v. Moskva 1973.

[6] Tichomirov, M. N. (Hrsg. u. a.), Istorija Moskovskogo Universiteta. T. 1-2. Moskva 1955; Očerki po istorii Leningradskogo unversiteta. T. 1-7. Leningrad/SPb. 1957-1998; Ponomareva, V. V. (Hrsg. u. a.), Universitet dlja Rossii. Vzgljad na istoriju kul'tury XVIII stoletija. Moskva 1998.

[7] Schmid, G., Rußland, in: Schmid, K. A. (Hrsg.), Enzyklopädie des gesammten Erziehungs- und Unterrichtswesens. Bd. 11. Gotha 1878, S. 1-392.

[8] Zum Beispiel: Polz, P., Theodor Janković und die Schulreform in Rußland, in: Die Aufklärung in Ost- und Südosteuropa. Aufsätze, Vorträge, Dokumentationen. Wien 1972, S. 119-174; ders., Die Volksaufklärung in Rußland, in: CASS 14 (1980), S. 376-388; Donnert, E., Zu den Anfängen des russischen Volksbildungswesens in der zweiten Hälfte des 18. Jahrhunderts, in: Jahrbuch für Erziehungs- und Schulgeschichte 25 (1985), S. 61-74; Walker, F. A., Popular Response to Public Education in the Reign of Tsar Alexander I., in: HEQ (1984), S. 527-543. Der Titel ist insofern irreführend, als Walker nur die „Popular Response" in den Jahren 1803-1806 behandelt.

[9] Flynn, J. T., The University Reform of Tsar Alexander I., 1802-1835. Washington, DC 1988; ders., Russia's „University Question": Origins to Great Reforms, 1802-1863, in: History of Universities 7 (1988), S. 1-35.

zu wollen, zunächst an die großen Institutionendarstellungen der vorrevolutionären Geschichtsschreibung anknüpften.[10]

Zum zweiten widmete man sich in der Forschung der ideengeschichtlichen Dimension als Grundlage daraus resultierender Bildungsbemühungen: Für diesen Bereich liegt ein Schwerpunkt auf dem 18. Jahrhundert als dem Zeitalter der Aufklärung und der Untersuchung von Bildungsplänen und -konzepten, die großteils dem zukunftsoptimistischen Glauben entsprangen, man könne gleichsam voraussetzungslos einen „neuen Menschen schaffen". Hervorgehoben seien hier die Arbeit von Joseph Black „Citizens for the Fatherland" und die Abhandlung Galina Smaginas zu Bildungsplänen vornehmlich nichtrussischer Gelehrter[11] aus dem Umfeld der Akademie der Wissenschaften. In diesen Zusammenhang sind auch Forschungen zu Kulturkontakt und Kulturrezeption im Zarenreich zu stellen.[12] Für das 19. Jahrhundert hat Cynthia Whittaker in ihrer Biographie über Sergej Uvarov, Minister für Volksaufklärung 1833-1849, meisterhaft in die Gedankenwelt eines konservativen Intellektuellen und seine auf Europareisen geprägten Vorstellungen von Bildung eingeführt.[13] Im Zusammenhang mit den Auseinanderset

---

[10] Deskriptiv-traditionell, jedoch überaus faktenreich: Petrov, F. A., Rossijskie universitety v pervoj polovine XIX veka. Formirovanie sistemy universitetskogo obrazovanija. Kn. 1: Zaroždenie sistemy universitetskogo obrazovanija v Rossii; Kn. 2: Stanovlenie sistemy universitetskogo obrazovanija v Rossii. T. 1-3. Moskva 1998-1999; mit einem Kapitel über die Lebenswelt der Studenten: Andreev, A. Ju., Moskovskij universitet v obščestvennoj i kul'turnoj žizni Rossii načala XIX veka. Moskva 2000; Lapteva, L. P., Istorija rossijskich universitetov XVIII - načala XX veka v novejšej otečestvennoj literature (1985-1999 gody), in: Rossijskie universitety v XVIII-XX vekach. Vyp. 5, Voronež 2000, S. 3-28.

[11] Black, J. L., Citizens for the Fatherland: Education, Educators and Pedagogical Ideals in Eighteenth Century Russia. Boulder, Col. 1979; Smagina, G. I., Akademija nauk i russkaja škola. Vtoroja polovina XVIII veka. SPb. 1996; zusammengefaßt: Dies., Deutsche Gelehrte und die Schulreform im 18. Jahrhundert, in: Forschungen zu Geschichte und Kultur der Rußlanddeutschen 7 (1997), S. 134-141; vgl. auch Donnert, E., Philipp Heinrich Dilthey (1723-1781) und sein Bildungsplan für Rußland vom Jahre 1764, in: ÖOH 31 (1989), S. 204-237.

[12] Zum Beispiel: Amburger, E., Beiträge zur Geschichte der deutsch-russischen kulturellen Beziehungen. Gießen 1961 (= Osteuropastudien des Landes Hessen, Reihe 1: Gießener Abhandlungen zur Agrar- und Wirtschaftsforschung des europäischen Ostens, 14); Scharf, C., Katharina II., Deutschland und die Deutschen. Mainz 1995 (= Veröffentlichungen des Instituts für europäische Geschichte Mainz, 153), insbesondere S. 130-139; Lehmann-Carli, G. (Hrsg. u. a.), Russische Bildungskonzepte im Kontext europäischer Aufklärung 1700-1825. Berlin 2001.

[13] Whittaker, C. H., The Origins of Modern Russian Education: An Intellectual Biography of Count Sergei Uvarov, 1786-1855. DeKalb, Ill. 1984. Im Zuge des wachsenden Interesses an in der Sowjetunion ideologisch geächteten Spitzenfunktionären der zarischen Bürokratie, den *gosudarstvennye dejateli*, hat auch die Zahl der biographischen Skizzen über Sergej Uvarov zugenommen, der - Whittaker folgend - nun als bedeutendster Staatsmann der ersten Hälfte des 19. Jahrhunderts nach Michail Speranskij angesehen wird. Siehe hierzu: Zorin, A. L., Ideologija „Pravoslavija - Samoderžavija - Narodnost'" i ee nemeckie istočniki, in: Rudynskaja, E. L. (Hrsg.), V razdum'jach o Rossii (XIX v.). Moskva 1996, S. 105-128; Ševčenko, M. M., Sergej Semenovič Uvarov, in: Russkie konservatory. Moskva 1997, S. 97-135; Popov, O. V., S. S. Uvarov i podgotovka obščego ustava rossijskich universitetov 1835 goda, in: Rossijskie universitety v XVIII-XX vekach.

1.1. Forschungsgegenstand, Forschungslage und Fragestellung

zungen zwischen den sogenannten Westlern und den Slavophilen um Rußlands Verhältnis zu Europa spielen in den entsprechenden Abhandlungen auch die anschauungsprägenden Bildungserlebnisse der Kontrahenten eine Rolle.[14]

Zum dritten entstanden, mit der Gruppe ideen- und rezeptionsgeschichtlicher Arbeiten eng verbunden, Darstellungen, die sich mit der Bedeutung von Bildung bei der Entstehung von gesellschaftlich-oppositionellen Strömungen beschäftigen. In ihnen wurde vor allem den Wurzeln des Dekabristenaufstandes von 1825 nachgespürt. Verwiesen sei hier auf Untersuchungen zur Plejade Aleksandr Puškins, deren Mitglieder wesentlich im Lyzeum von Carskoe Selo ausgebildet wurden und sich mehrheitlich den Aufständischen im Dezember 1825 anschlossen.[15] Für die dreißiger bis sechziger Jahre des 19. Jahrhunderts stand wiederum die Frage nach den Ursprüngen der revolutionären Bewegung im Vordergrund, die sich im Umfeld von Gymnasien und Universitäten entwickelte und an der insbesondere die sowjetische Forschung aus nachvollziehbaren Gründen großes Interesse zeigte.[16] Aber auch liberale Historiker vor der Revolution thematisierten die „ständische Frage" (*soslovnyj vopros*),[17] d. h. die Frage nach einer ständischen Abgeschlossenheit von Bildungseinrichtungen, die eine Partizipation gesellschaftlicher Gruppen an sozialen Aufstiegsmöglichkeiten und politischer Teilhabe verhinderte und die von Bildung Ausgeschlossenen in die gesellschaftliche Opposition trieb. Gerade bei diesem Thema schrieben die vorrevolutionären Historiker immer auch

---

Vyp. 4, Voronež 1999, S. 18-29.

[14] Walicki, A., The Slavophile Controversy. A History of a Conservative Utopia in Nineteenth-Century Russia. Toronto usw. 1975; Riasanovsky, N. V., A Parting of Ways. Government and the Educated Public in Russia, 1801-1855. Oxford 1976.

[15] Die sowjetischen Arbeiten über die Dekabristen als Träger einer gescheiterten bürgerlichen Revolution sind Legion. Zum Stand der Forschung siehe z. B.: Nečkina, M. V., Dviženie dekabristov. Ukazatel'literatury 1960-1976. Moskva 1983; Mironenko, S. V. (Hrsg.), Dekabristy. Biografičeskij spravočnik. Moskva 1988. Zurückreichend bis ins 18. Jahrhundert: Ejdel'mann, N. Ja., Gran' vekov. Političeskaja bor'ba v Rossii. Konec XVIII-načalo XIX stoletija. Moskva 1982. Speziell zum Lyzeum von Carskoe Selo jüngst: Ravkin, Z. I., Pedagogika Carskosel'skogo liceja puškinskoj pory (1811-1817 gg). 2. Aufl. Moskva 1999; Rudenskaja, S. D., Carskosel'skij -Aleksandrovskij licej 1811-1917. SPb. 1999, S. 5-180. Siehe auch: Makarova, N. A., Obščestvennaja žizn'studenčestva Rossii v pervoj polovine XIX veka. Moskva 1999 (Avtoreferat kand. diss.).

[16] Brower, D., Training the Nihilists. Education and Radicalism in Russia. Ithaca 1975. Brim, S., Universitäten und Studentenbewegung in Rußland im Zeitalter der großen Reformen. Frankfurt a. M. 1985; Egorov, Ju. N., Reakcionnaja politika carizma v voprosach universitetskogo obrazovanija v 30-50-ch gg. XIX v., in: Istoričeskie nauki 3 (1960), S. 54-75.

[17] Roždestvenskij, S. V., Soslovnyj vopros v russkich universitetach v 1-oj četverti XIX veka. SPb. 1907; Egorov, Ju. N., Studenčestvo Sankt Peterburgskogo universiteta v 30-50 godach XIX v., ego social'nyj sostav i raspredelenie po fakul'tetam, in: Vestnik Leningradskogo universiteta. Serija istorii, jazyka i literatury (1957), 14, S. 5-19; Bulgakova, L. A., Soslovnaja politika v oblasti obrazovanija vo vtoroj četverti XIX v., in: Voprosy političeskoj istorii SSSR. Moskva usw. 1977, S. 105-124; die vorrevolutionäre Forschung resümierend: Besançon, A., Éducation et société en Russie dans le second tiers du XIXe siècle. Paris 1974.

implizit über ihre eigene Zeit: Ein Aufgreifen dieser Frage bedeutete im ausgehenden Zarenreich unter veränderten ökonomischen und sozialen Bedingungen den Kampf um Teilhabe, wobei sich die rückprojizierte Deutung nicht immer mit den tatsächlichen Gegebenheiten in der ersten Hälfte des 19. Jahrhunderts deckte.[18] Eng verbunden mit diesen Arbeiten sind Forschungen zum schwer faßbaren kollektiven Bildungsbegriff der *intelligencija*, den russische Forscher in der Sowjetzeit vollends ins Unscharfe ausdehnten und bereits auf das 18. Jahrhundert angewandt wissen wollten, der aber in der zeitgenössischen Debatte umso häufiger auftauchte, je stärker sich das 19. Jahrhundert seiner Mitte näherte. Angehörige der *intelligencija* versuchten eine Führungsrolle bei der Gestaltung der Zukunft nicht mit rechtlichen oder sozialen Privilegien, sondern mit ihrer Bildung zu begründen. Dem Bewußtsein der Zugehörigkeit zur *intelligencija* war nicht unbedingt eine explizit oppositionelle Haltung, aber doch zumindest eine Distanz zum Staat eigen und ließ viele, die aktiv am Entstehen einer lokalen Gesellschaft nach den „Großen Reformen" beteiligt gewesen waren, zu Sympathisanten oder gar Mitgliedern revolutionärer Vereinigungen werden.[19]

Und schließlich: Bildung - besser Ausbildung - als Gegenstand historischer Forschung war immer dann von Bedeutung, wenn es darum ging, den Grad von Modernität und Modernisierungsfähigkeit des Zarenreiches vor den „Großen Reformen" zu bestimmen. Wenn sich Max Okenfuss mit „Technical Training" in der petrinischen Zeit befaßte,[20] wenn sich Walter Pintner und Hans-Joachim Torke mit Bürokratie und Beamtentum im 19. Jahrhundert beschäftigten,[21] spielte die noch zu thematisierende Professionalisierung der Staatsdiener eine bedeutende Rolle. Auch wurden Professionalisierungsprozesse verfolgt, die teils staatlich initiiert, teils unabhängig in Gang kamen, zeitlich jedoch parallel verliefen. Hier sind nicht die Untersuchungen zur

---

[18] Für die Gruppe der Professoren gut nachvollziehbar dank der monumentalen Kollektivbiographie von: Maurer, T., Hochschullehrer im Zarenreich. Ein Beitrag zur russischen Sozial- und Bildungsgeschichte. Köln usw. 1998 (= Beiträge zur Geschichte Osteuropas, 27).
[19] Zum Beispiel: Kurmačeva, M. D., Krepostnaja intelligencija Rossii. Vtoraja polovina XVIII-načalo XIX v. Moskva 1983; Pipes. R. (Hrsg.), The Russian Intelligentsia. New York 1961; Štrange, M. M., Demokratičeskaja intelligencija Rossii v XVIII veke. Moskva 1965; Lejkina-Svirskaja, V. R., Formirovanie raznočinskoj intelligencii v 40-ch godach XIX v. in: IstSSSR (1958), 1, S. 83-104; dies., Intelligencija v Rossii vo vtoroj polovine XIX veka. Moskva 1971; Müller, O. W., Intelligencija. Untersuchungen zur Geschichte eines politischen Schlagwortes. Frankfurt a.M. 1971.
[20] Okenfuss, M. J., Technical Training in Russia under Peter the Great, in: History of Education Quarterly 13 (1973), S. 325-345; ders., The Impact of Technical Training in Eighteenth Century Russia, in: Bartlett, R. P. (Hrsg. u. a.), Russia and the World in the Eighteenth Century. Newtonville 1988, S. 147-156.
[21] Pintner, W. M., The Social Characteristics of Early Nineteenth-Century Bureaucracy, in: SR 29 (1970), S. 429-443; ders., The Russian Civil Service on the Eve of the Great Reforms, in: Social History (1975), 1, S. 55-68; Torke, H.-J., Das russische Beamtentum in der ersten Hälfte des 19. Jahrhunderts, in: FOG 13 (1967), S. 1-345, hier S. 137-173.

1.1. Forschungsgegenstand, Forschungslage und Fragestellung

autodidaktischen Bildung im Rahmen von Reisen oder kulturellen Lebens gemeint, die für das 18. und die erste Hälfte des 19. Jahrhunderts unter dem Begriff Aufklärungsrezeption eine enorme Rolle spielten und zu einer Veränderung der Elitenkultur beitrugen, wie Douglas Smith[22] für die zweite Hälfte des 18. Jahrhunderts jüngst eindrucksvoll am Beispiel der Freimaurerlogen des Zarenreiches ausgeführt hat. Zu dieser Forschungsrichtung gehören vielmehr Arbeiten zur Entwicklung von bestimmten Berufs- oder Wirtschaftszweigen, wie der Juristerei, aber auch bestimmter Gewerbe- und Handwerkszweige.[23]

Diese knappe Würdigung der Forschungslandschaft hat angedeutet, daß in der Erforschung der Bildung im Zarenreich, deren Spannbreite von den eingangs skizzierten zeitgenössischen Positionen Pirogovs zur Universitätsfrage - und damit zur Elitenbildung - und derjenigen Miropol'skijs und Korfs zu einem flächendeckenden Schulsystem - und damit zur Volksbildung - markiert wird, erhebliche Desiderate bestehen, an denen es zu arbeiten gilt. Ausgehend von den Ungleichmäßigkeiten in der Forschung wird in der vorliegenden Untersuchung für das Zarenreich zwischen ca. 1700 und 1850 ein Ansatz verfolgt, der mit Karl-Ernst Jeismann folgendermaßen formuliert werden kann: "Welcher Teil der Bevölkerung von wissenschaftlicher Bildung erfaßt wird, wie über soziale Karrieren sich auf dieser Bildungsleiter ein neuer Sozialkörper, eine neue Schicht, konstituiert, das interessiert eine Forschungsrichtung, die institutionelle, soziale und ideengeschichtliche Fragestellungen kombiniert und zugleich immer intensiver auf regionale und lokale Verhältnisse anwendet."[24] Der Anteil von Bildung bei der Formierung dieses neuen „Sozialkörpers", der aus der sich wandelnden „Elite", konstituiert aus den „Leistungsträgern" des Zarenreiches, bestand, ist für die Zeit vor den „Großen Reformen" kaum untersucht worden. Im Einzelfall ist im Zusammenhang mit der Geschichte der Universitäten als politischem Raum auf diese Problematik verwiesen worden,[25] für die Schulen oder gar für die private Ausbildung liegen jedoch noch keine

---

[22] Smith, D., Working the Rough Stone. Freemasonry in Eighteenth-Century Russia. DeKalb, Ill. 1999.
[23] Kahan, A., Social Structure, Public Policy, the Development of Education and the Economy of Czarist Russia, in: Anderson, C. A. (Hrsg. u. a.), Education and Economic Development. London 1966, S. 363-375; Blackwell, W. L., The Beginnings of Russian Industrialization 1800-1860. Princeton 1968, S. 353-386; Wortmann, R., The Development of Russian Legal Consciousness. Chicago 1976, S. 37-50; Kozlova, N. V., Organizacija kommerčeskogo obrazovanija v Rossii v XVIII v., in: IZ 117 (1989), S. 288-314. In der russischen und sowjetischen Forschung wird diese Form der Ausbildung als *professional'noe obrazovanie* bezeichnet, was nicht deckungsgleich mit der erwähnten, gut etablierten Forschungsrichtung der „Professionalisierung" ist.
[24] Jeismann, K.-E., „Bildungsgeschichte". Aspekte der Geschichte der Bildung und der historischen Bildungsforschung, in: Bödeker, H. E. (Hrsg. u.a.), Alteuropa, Ancien régime, frühe Neuzeit. Probleme und Methoden der Forschung. Stuttgart usw. 1991, S.175-200, hier S. 182.
[25] Besançon, Éducation, S. 90-117.

Untersuchungen vor. Die Konstituierung dieses „Sozialkörpers" im Jeismannschen Sinne wurde bislang anhand des Dienstes für den Staat und im Rahmen des Ausbaus von Staatlichkeit durch zentrale und regionale Verwaltung verfolgt. Gelegentlich wurde durch Konfrontation von Bildungsgesetzgebung und unmittelbar folgender Umsetzung versucht, Erfolg oder Mißerfolg herrscherlicher Politik zu bestimmen - insbesondere, wenn nach dem Zusammenhang von Aufklärung und Absolutismus im Zarenreich gefragt wurde.[26] Den längerfristigen Wirkungen des Faktors Bildung wurde für die Zeit von 1700 bis 1850 jedoch noch keine Aufmerksamkeit gewidmet.

Abgeleitet aus dem Versuch, den Faktor „Bildung" zu bestimmen, ergibt sich eine zweite Frage, nämlich ob der Staat[27] durch die Aufnahme bestimmter Ideen, Ideale und Konzepte in seiner Gesetzgebung eine institutionelle Ausgangsbasis schuf, auf die bestimmte Gruppen oder Schichten der Bevölkerung entweder sofort reagierten, indem sie die Bildungskonzepte oder Bildungsinstitutionen annahmen, oder ob der Staat zumindest einen Rahmen vorgab, in den sie erst auf längere Sicht hineinfinden konnten. Damit soll über die punktuelle Konfrontation von Bildungsideal und Bildungswirklichkeit hinausgegangen werden, die nur allzu leicht dazu führen kann, das Scheitern jeglicher Bildungsbemühungen im Zarenreich zu konstatieren.[28] Im Mittelpunkt der Untersuchung steht daher eine doppelte Fragestellung: Es wird nicht nur darum gehen, die Bedeutung des Faktors „Bildung" bei der Entstehung eines neuen Sozialkörpers zu bestimmen, sondern in diesem Zusammenhang auch um die Frage nach der langfristigen Wirkungsmächtigkeit von Ideen und Konzepten, die den Diskurs über Bildung beherrschten. Ideen und Konzepte blieben in der Gesetzgebung und in der Umsetzung Bestandteil des Diskurses, und es fragt sich, ob ihre Bedeutung bei der Herausbildung eines neuen Sozialkörpers nicht weit höher anzusetzen ist als bislang angenommen.

---

[26] Zur Problematisierung des Begriffes „Absolutismus" und zu seiner Anwendbarkeit auf das Zarenreich: Mörke, O., Die Diskussion um den „Absolutismus" als Epochenbegriff. Ein Beitrag über den Platz Katharinas II. in der europäischen Politikgeschichte, in: Hübner, E. (Hrsg. u. a.), Rußland zur Zeit Katharinas II. Absolutismus, Aufklärung, Pragmatismus. Köln usw. 1998 (= Beiträge zur Geschichte Osteuropas, 26), S. 9-32; siehe auch den die aktuelle Forschungsdiskussion vernachlässigenden Standpunkt von: Aretin, K. O. v., Katharina die Große und das Phänomen des Aufgeklärten Absolutismus, in: ebenda, S. 33-40; neuester Problemaufriß: Hinrichs, E., Fürsten und Mächte. Zum Problem des europäischen Absolutismus. Göttingen 2000, S. 89-91.

[27] Auch für das Zarenreich des ausgehenden 17. und des 18. Jahrhunderts benutze ich im folgenden den Begriff des „Staates", obwohl in der Frühneuzeitforschung der Begriff der „Herrschaft" bevorzugt wird. Siehe hierzu die Erwägungen von: Reinhard, W., Geschichte der Staatsgewalt. Eine vergleichende Verfassungsgeschichte von den Anfängen bis zur Gegenwart. 2. Aufl. München 2000, S. 15-26.

[28] Generell zum Problem dieser Art punktueller Konfrontationen am Beispiel der Zeit Katharinas II.: Kusber, J., Grenzen der Reform im Rußland Katharinas II., in: ZHF 25 (1998), S. 509-528, insbesondere S. 517 f., 527 f.

Die Wirkung solcher Ideale und Konzepte kann am Beispiel von vier Bereichen, die die Säulen des Bildungssystems im Zarenreich bildeten und in denen der Staat operieren und die Untertanen Bildungsangebote wahrnehmen konnten, nachvollzogen und erörtert werden.

1. Über die längste Tradition verfügten die von der Geistlichkeit getragenen kirchlichen Bildungseinrichtungen, deren Existenz bis weit in die vorpetrinische Zeit zurückreicht. Durch die Unterstellung der Kirche unter den Staat infolge der Einrichtung des Synods und den Erlaß des „Geistlichen Reglements" hatten während der Herrschaft Peters I. nicht wenige dieser Einrichtungen in Ermangelung säkularer Schulen - dies wird näher auszuführen sein - in erster Linie Unterrichtsangebote für die „Elite" in den geistlichen Akademien bereitzuhalten. Im Verlauf des 18. Jahrhunderts wurde zwar die Geistlichkeit für jegliche Form der Ausbildung benötigt, doch wurden ihre Gestaltungsspielräume immer enger. Sie avancierte mehr und mehr zum ausführenden Organ staatlicher Bildungsziele - so als Peter I. forderte, Geistliche sollten in den säkularen Ziffernschulen unterrichten. Die Schulreform Katharinas II. zielte gar auf die Errichtung eines Schulsystems ohne jede Einbeziehung der Geistlichkeit ab, und in der Zeit Alexanders I. versuchte eine Kommission das als rückschrittlich erachtete geistliche Schulwesen analog zu dem staatlichen umzugestalten.[29]

2. Zum Zentrum technischer Ausbildung sowohl für die ausgehobenen Soldaten, das „Volk", wie auch für die Offiziere, die „Elite", wurde das Militär. Die in Moskau 1701 errichtete Navigationsschule für Angehörige der neu gegründeten Marine war die erste Einrichtung dieser Art, in der Peter Kompetenzen und Fähigkeiten vermitteln wissen wollte, die über den militärischen Bereich hinaus den zivilen Sektor erfassen sollten. Fachschulen nach Teilstreitkräften gesondert sowie Regimentsschulen für den Elementarunterricht der bäuerlichen Soldaten und Kadettenkorps wurden im 18. Jahrhundert gegründet und im 19. Jahrhundert ausgebaut.

3. Schon in der vorpetrinischen Zeit blieb nicht nur die Erziehung, sondern auch die weitergehende Bildung zu einem überragenden Teil der Familie vorbehalten. Dies setzte sich im 18. Jahrhundert fort; allerdings wurde es von staatlicher wie von privater Seite für nötig erachtet, daß auch hier Bildungselemente Einzug hielten, die über Grund-

---

[29] Freeze, G. L., The Russian Levites. Parish Clergy in the Eighteenth Century. Cambridge, Mass. 1977, S. 78-105; Višlenkova, E. A., Duchovnaja škola pervoj četverti XIX veka. Kazan'1998. Auch wenn in dieser Arbeit das kirchliche Schulwesen nur im Hinblick auf seinen Beitrag zur Ausbildung der „Elite" bzw. des Volkes betrachtet wird, mag - Martin Schulze Wessel folgend - der Hinweis erlaubt sein, daß die Ausbildung der Geistlichen und damit die „Professionalisierung" des Standes keinesfalls hinlänglich untersucht ist. Siehe: Schulze Wessel, M., Religion - Gesellschaft - Nation. Anmerkungen zu Arbeitsfeldern und Perspektiven moderner Religionsgeschichte Osteuropas, in: Nord-Ost Archiv 7 (1998), S. 353-364, hier S. 356 f.

kenntnisse religiöser Fragen und die Vermittlung von Fähigkeiten, die zur Berufsausübung notwendig waren - und die man im Moskauer Reich zumeist für ausreichend hielt -, hinausgingen. 1743 ließ die Zarin Elisabeth sehr deutlich ihre Erwartungshaltung an die Elite ihres Landes formulieren: Diejenigen, die dem Staat in führenden Positionen dienten, hätten sich vorrangig darum zu kümmern, daß Lese- und Schreibkenntnisse erworben würden. Private Bildungsbemühungen, getragen von Hauslehrern, in zunehmendem Maße auch in Pensionen, fanden sich im Adel und in der wohlhabenden Kaufmannschaft. Schon früh trachtete der Staat danach, diese für ihn kostengünstige Form der Wissensvermittlung zu kontrollieren: durch Examination der Hauslehrer und Überprüfung der Pensionen.

4. Der vierte Bereich schließlich war die staatlich-säkulare Bildung, mit deren Aufbau in der Zeit Peters I. begonnen wurde - angefangen bei dem Experiment der „Ziffernschulen" und den Bildungseinrichtungen, die der 1725 gegründeten Akademie der Wissenschaften nachgeordnet waren. Weitere Rahmendaten für die Entwicklung eines solchen Bildungswesens sind die Gründung der Moskauer Universität 1755, die unmittelbar folgende Eröffnung von Gymnasien in Moskau und Kazan', schließlich die Einrichtung eines zweigliedrigen Schulsystems mit der Schulreform Katharinas II. aus dem Jahre 1786: Zweijährige Volksschulen und vierjährige Hauptvolksschulen sollten mit einem aufeinander aufbauenden Curriculum die Gouvernements überziehen. 1803/04 erhielt dieses Bildungssystem eine neue Form: Sechs Lehrbezirke wurden gegründet - Sankt Petersburg, Moskau, Kazan', Char'kov, Wilna und Dorpat. An der Spitze der Lehrbezirke sollte als Person ein Kurator und als Einrichtung jeweils eine Universität stehen, jedes Gouvernement sollte in seiner Gouvernementsstadt ein Gymnasium erhalten, jeder Kreis (*uezd*) eine Kreisschule. Dieses System wurde in der Folge durch eine Veränderung der Zahl und des Zuschnitts der Lehrbezirke modifiziert, die Struktur des Systems blieb jedoch bis 1864 bestehen. Dieses System hielt Angebote für die „Elite" und partiell für das „Volk" bereit und wurde ergänzt durch Einrichtungen, in denen sich Bildungsgedanke und soziale Fürsorge mischten.[30]

Im Rahmen der vorliegenden Untersuchung ist es ist nun keinesfalls möglich, jeden der vier Bereiche des Bildungssystems im Zarenreich unter der oben vorgestellten Fragestellung gleichermaßen zu untersuchen. Folgt man dem für die russische Geschichte immer wieder bemühten Gegensatzpaar „mächtiger Staat und passive Gesellschaft"[31], mag es eine sinnvolle Schwerpunktsetzung sein, sich bei der Untersuchung auf

---

[30] Hier ist die zunehmende Zahl der Findel- und Waisenhäuser mit angeschlossenen Schulen und Werkstätten gemeint, die seit dem Beginn der Regierung Katharinas II. gegründet wurden und deren Ausbau und Protektion im 19. Jahrhundert den weiblichen Mitgliedern der Zarenfamilie als Ausweis ihres gemeinnützigen Engagements dienten.
[31] So Kappeler, A., Russische Geschichte. München 1997 (= Beck'sche Reihe, 2076), S. 47.

1.1. Forschungsgegenstand, Forschungslage und Fragestellung

das staatlich-säkulare Bildungswesen zu konzentrieren und die drei anderen skizzierten Säulen nur insoweit mit einzubeziehen, als ihnen Substitutionsfunktionen für dieses Bildungswesen zukamen bzw. deren Bildungsinhalte von den Erfordernissen des staatlich-säkularen Bildungswesens diktiert wurden. Man wird in der Annahme nicht fehlgehen, daß dies für das 18. Jahrhundert in weit stärkerem Maße als für das 19. Jahrhundert zutrifft. Noch eine weitere vorsorgliche Einschränkung ist notwendig: Zwar sollen nicht nur die den normativen Akten unmittelbar vorangehenden Debatten zur Bildungsgesetzgebung nachvollzogen werden, sondern der gesamte „Diskurs" der Gesellschaft. Innerhalb dieses Diskurses bildeten die mit der Vorbereitung der *ustavy* und Verordnungen befaßten Personen nur eine Teilgruppe. Doch soll bei der Beobachtung der Umsetzungsebene, die letztlich über die Entstehung eines neuen „Sozialkörpers" Auskunft gibt, besonderes Augenmerk auf das staatliche Schulwesen gelegt werden, welches erheblich schlechter untersucht ist als die Universitäten und geschlossenen Bildungseinrichtungen, wie Korps oder Lyzeen. Nicht von ungefähr fehlt in dem 1991 erschienenen „Handbuch zur Europäischen Schulgeschichte" für das Zeitalter der Aufklärung ein einschlägiges Kapitel.[32] Selbst wenn die Herausgeber die Meinung vertreten hätten, daß das Zarenreich nicht zu Europa gehöre und von daher nicht zu behandeln sei, bleibt die Schulgeschichte Rußlands ein kaum beschriebenes Blatt. Um die hier zu beantwortende doppelte Fragestellung - nach der Wirkungsmächtigkeit von Bildungskonzepten und deren erfolgreicher Umsetzung bei der Formung eines neuen Sozialkörpers - tragfähig zu gestalten, sind weitere räsonierende und definitorische Vorüberlegungen zu Zeitraum, Rahmenbedingungen und Schlüsselbegriffen notwendig, welche die Darstellung konturieren sollen.

1. Gerade in jüngerer Zeit hat sich in der Forschung zur Geschichte des Zarenreiches die Einsicht durchgesetzt, daß ein zeitlich zu eng umgrenzter Untersuchungszeitraum zu Verzerrungen bei der Beurteilung von Entwicklungspotentialen in Wirtschaft, Gesellschaft und Staat führen kann. Als Beispiel sei hier die unmittelbar das zentrale Thema berührende Schulreform Katharinas aus dem Jahre 1786 angeführt. Allein 1979 meldeten sich zu diesem Thema vier Stimmen - Isabel de Madariaga und George Epp auf der einen sowie Joseph L. Black und Max J. Okenfuss auf der anderen Seite - zu Wort. Während die ersteren Katharinas konzeptionelles Bemühen um Bildung hervorhoben und zu einem positiven Urteil gelangten, richteten Black und Okenfuss den Blick auf die nackten Zahlen von Schulgründungen am Ende der Herrschaft Katharinas

---

[32] Schmale, W. (Hrsg. u. a.), Revolution des Wissens? Europa und seine Schulen im Zeitalter der Aufklärung 1750-1825. Ein Handbuch der europäischen Schulgeschichte. Bochum 1991.

und konstatierten das Scheitern der Zarin.[33] Alle Autoren greifen trotz ihrer Verdienste zu kurz, weil sie es versäumten, nach der Fortexistenz der katharinäischen Schulen im 19. Jahrhundert zu fragen. Neue Darstellungen der „Modernisierung" Rußlands bzw. zur Sozialgeschichte des Zarenreiches[34] hingegen tragen der Gefahr der Verkürzung Rechnung, indem sie Epochengrenzen setzen, die sich an dem Hineinwachsen Rußlands nach Europa orientieren - beginnend mit der Übernahme erster aus Europa stammender Reformideen und endend mit dem Aufstieg Rußlands zur kontinentalen Hegemonialmacht. Doch auch in diesen Untersuchungen wird der Bruch des Jahres 1825 - Dekabristenaufstand und Herrschaftswechsel - zumeist schärfer akzentuiert, als es gesellschaftliche, ökonomische und staatlich-politische Entwicklungen nahelegen.

Auf der anderen Seite hatte die lange Zeit vorgenommene und für den Untersuchungsgegenstand im Rahmen des Forschungsüberblicks dargelegte Reduzierung der ersten Hälfte des 19. Jahrhunderts auf eine Vorgeschichte der „Großen Reformen" und der durch diese freigesetzten gesellschaftlichen und ökonomischen Kräfte bei dem Blick auf das katharinäische oder nikolaitische Rußland zu einem relativ statischen, ja nachgerade zementierten Bild dieser Epochen geführt. Untersuchungen von Manfred Hildermeier[35] über das Stadtbürgertum in Rußland oder von Klaus Gestwa[36] über Protoindustrialisierung in Rußland haben hingegen gezeigt, in wieviel stärkerem Maße als bislang angenommen staatliche Reforminitiative in Wechselwirkung mit gesellschaftlichen und ökonomischen Einflüssen im 18. Jahrhundert den Boden für eine stürmische Entwicklung in der zweiten Hälfte des 19. Jahrhunderts bereitet haben. Nach Hildermeier

---

[33] Epp, G. K., The Educational Policies of Catherine II. The Era of Enlightenment in Russia. Frankfurt a. M. 1979 (= European University Studies, III, 209), S. 173 f., 175 f.; Madariaga, I. de, The Foundation of the Russian Educational System by Catherine II., in: SEER 57 (1979), S. 365-395; Black, Citizens, S. 175; Okenfuss, M. J., Education and Empire: School Reform in Enlightened Russia, in: JbfGO NF 27 (1979), S. 41-68.

[34] Zum Beispiel: Dixon, S., The Modernisation of Russia 1676-1825. Cambridge 1999 (= New Approaches to European History); Hartley, J. M., A Social History of the Russian Empire 1650-1825. London 1999 (= A Social History of Europe).

[35] Hildermeier, M., Bürgertum und Stadt in Rußland 1760-1870. Rechtliche Lage und soziale Struktur. Köln usw. 1986 (= Beiträge zur Geschichte Osteuropas, 16); aktualisiert und fortentwickelt in: Ders., Hoffnungsträger? Das Stadtbürgertum unter Katharina II., in: Hübner, E. (Hrsg. u. a.) Rußland zur Zeit Katharinas II. Absolutismus, Aufklärung, Pragmatismus. Köln usw. 1998 (= Beiträge zur Geschichte Osteuropas, 26), S.137-149. Hildermeier zeigt hier, wie die Stadt- und Adelsverfassung Katharinas den Rahmen für eine Entwicklung des Stadtbürgertums bot.

[36] Gestwa, K., Proto-Industrialisierung in Rußland. Wirtschaft, Herrschaft und Kultur in Ivanovo und Pavlovo, 1741-1932. Göttingen 1999 (= Veröffentlichungen des Max-Planck-Instituts für Geschichte, 149), insbesondere S. 579-584. Im Zusammenhang von sozialökonomischem Strukturwandel und Veränderung von Lebensformen stellt Gestwa bei den Arbeitern, die sich an anderen sozialen Gruppen orientierten, schon für die ersten Jahrzehnte des 19. Jahrhunderts „Verbürgerlichungstendenzen" fest, die sich einerseits als Gegenkultur am Habitus und an äußeren Formen festmachen lassen, aber auch mit einem insgesamt veränderten Umfeld und einem höheren Bildungsniveau zu tun gehabt hätten (ebenda, S. 568-578).

handelte es sich gerade bei der Reformpolitik Katharinas um „vorbereitende Prozesse, die sich unter Einwirkung der genannten Veränderungen beschleunigen."[37]

Die hier vorgelegte Untersuchung umfaßt mit 150 Jahren einen hinreichend langen Zeitraum, um den Prozeßcharakter der Bildungsentwicklung zu akzentuieren, zumal innerhalb dieser Zeitspanne die sich vielfach lediglich an Herrscherdaten oder normativen Akten orientierenden Periodisierungen der Geschichte des Zarenreiches vernachlässigt werden können, um tieferliegende und längerfristige Folgen von Bildungsdiskurs, Bildungsgesetzgebung und deren Umsetzung sichtbar zu machen.

2. Daß sich seit dem beginnenden 18. Jahrhundert die Gesetzgebung intensivierte - was nicht unbedingt impliziert, daß das Reformtempo, welches Peter I. vorgab, gleichmäßig durchgehalten wurde -, läßt sich unschwer bei einem flüchtigen Blick auf die „Vollständige Sammlung der russischen Gesetze" (*Polnoe Sobranie Zakonov*) erkennen. Deren Umfang nahm in der zweiten Hälfte des 18. Jahrhunderts kontinuierlich zu und zeigt damit an, daß mit der zunehmenden Ausdehnung von Staatsgewalt und Staatlichkeit der Regelungsbedarf, mitunter auch die Regulierungswut wuchs, die auch andernorts ein Kennzeichen frühneuzeitlicher Staaten auf dem Weg in die Moderne waren. Mit diesem Prozeß korrespondiert eine Entwicklung, die in diesem Ausmaß keine Entsprechung bei den anderen Großmächten fand: die territoriale Expansion. Bis zum Vorabend des Krimkrieges wurde Rußland zur vorherrschenden Kontinentalmacht Europas. Am Ende des Großen Nordischen Krieges wurden dem Zarenreich mit den baltischen Provinzen wohladministrierte Territorien mit relativ gut ausgebildeten Bevölkerungsgruppen angegliedert, während der Herrschaft Katharinas kamen durch die siegreichen Kriege gegen das Osmanische Reich und die Teilungen Polens gewaltige Territorien mit einer ethnisch heterogenen Bevölkerung unter russische Herrschaft. Zwar wuchs die Bevölkerung des Vielvölkerreiches Rußland von etwa 15 Millionen zu Beginn des 18. Jahrhunderts über 37,5 Millionen gegen Ende des Jahrhunderts auf ca. 74 Millionen um die Mitte des 19. Jahrhunderts,[38] doch blieb das Zarenreich selbst in Zentralrußland trotz des sich dynamisierenden Bevölkerungswachstums das am dünnsten besiedelte Land Europas. Der Staat strebte danach, im Sinne einer Effektivitätssteigerung die Verwaltung zu vereinheitlichen und autonome Strukturen aufzulösen,[39]

---

[37] Hildermeier, Hoffnungsträger?, S. 149.
[38] Mit detaillierten Angaben zur regionalen Verteilung, Bevölkerungszuwachs und Migrationsbewegungen: Mironov, B. N., Social'naja istorija Rossii perioda imperii (XVIII-načalo XX v.). Genezis ličnosti, demokratičeskoj sem'i graždanskogo obščestva i pravovogo gosudarstva. T. 1. SPb. 1999, S. 19-28; sowie das sowjetische Standardwerk: Kabuzan, V. M., Narodonaselenie Rossii v XVIII v. i pervoj polovine XIX v. Moskva 1963, insbesondere S. 159-165.
[39] Im 19. Jahrhundert erfolgte diese Angleichung mit wachsendem Druck, erst jetzt trat der russische Nationalismus als dominierendes Element hinzu (vgl. hierzu ausführlich: Kappeler, A., Rußland als

um der zu geringen staatlichen Präsenz in der Fläche zu begegnen. Dazu bedurfte der Staat einer praktikablen Verwaltungsstruktur, an deren Gestaltung man sich in den Gouvernements- und Stadtreformen Peters I. und Katharinas II. versuchte. Mit der Verfestigung dieser Struktur expandierte die Verwaltung und wuchs die Zahl der Beamten, die sich in der hier in den Blick genommenen Zeit als wahrnehm-, weil abgrenzbare Gruppe formierten.[40] Die Dienstverpflichtung des Adels und die Rangtabelle schieden Militär-, Hof- und Zivildienst erstmalig in der Theorie voneinander, wenn auch die Grenzen durchlässig blieben. Gleichzeitig verknüpften sie das höhere Beamtentum mit dem Adel, wobei die Rangtabelle mit Erreichen eines entsprechenden Ranges (*čin*) eine Nobilitierungsmöglichkeit bot, während die unteren Beamten als *kanceljarskie služăteli* ihren Dienst verrichteten. Mit der Aufhebung der Dienstpflicht für den Adel im Jahre 1762 und der Einführung regulärer Gehälter konturierte sich die Beamtenschaft weiter: In den Hauptstädten und in der Provinz entstand eine Bürokratie mit eigenen Wertvorstellungen und Verhaltensnormen.[41] Parallel zu einer rein adlig orientierten Lebenswelt entwickelte sich in äußeren Formen und Verhaltenskodizes eine in sich differenzierte „Welt der Ränge",[42] die dadurch begünstigt wurde, daß im ausgehenden 18. Jahrhundert die Regelbeförderung nach einer gewissen Zeit des Dienstes in einem mit einer bestimmten Aufgabe verbundenen Rang eingeführt wurde. Die Zahl der Beamten mag sich im Vergleich zur allgemeinen Bevölkerungsentwicklung und zur Ausdehnung des Territoriums gering ausnehmen, doch sprechen die absoluten Zahlen in der Zeit zwischen 1700 und 1850 für sich: Waren es um 1700 wenig mehr als 3.000 in der Provinz und in Moskau, stieg die Zahl um die Jahrhundertmitte auf etwa 12.000, um die Mitte des 19. Jahrhunderts auf knapp 100.000. Der Bedarf an Beamten war permanent; der Konflikt der Staatsspitze zwischen der Ahndung von zunehmender Korruption und Rangsucht einerseits und dem Angewiesensein auf die vorhandene Beamtenschaft andererseits ließ die Herrscher und ihre Berater immer wieder über die verbesserte Ausbildung ihres Verwaltungspersonals nachdenken. Es wird nachzuzeichnen sein, wie das Bestreben nach „Professionalisierung", um diesen für das 18. Jahr-

---

Vielvölkerreich. Entstehung, Geschichte, Zerfall. München 1992, S. 134-138, 198-207).

[40] Zum Folgenden: Pisar'kova, L. F., Ot Petra I do Nikolaja I. Politika pravitel'stva v oblasti formirovanija bjurokratii, in: OI (1996) 4, S. 29-43; Torke, Das russische Beamtentum, S. 1-345; Zajončkovskij, P. A., Pravitel'stvennyj apparat samoderžavnoj Rossii v XIX v. Moskva 1978, S. 23-54; für das 18. Jahrhundert: Meduševskij, A. N., Utverždenie absoljutizma v Rossii. Sravnitel'noe istoričeskoe issledovanie. Moskva 1994.

[41] Mit Abstrichen läßt sich, spätestens nach der Einführung von Ministerien zu Beginn des 19. Jahrhunderts, von einer Bürokratie sprechen, die dem von Max Weber entwickelten Idealtypus entspricht. Vgl. Weber, M., Wirtschaft und Gesellschaft. Grundriß der verstehenden Soziologie. 5. Aufl. Tübingen 1976, S. 551-579. Zur Kritik: Torke, Beamtentum, S. 9-13.

[42] Zur Entstehung, Ausdifferenzierung und Verselbständigung dieser Welt jetzt: Šepelev, L. E., Činovnyj mir Rossii XVIII-načalo XX v. SPb. 1999.

hundert im Zarenreich zeitfremden, jedoch schon auf die erste Hälfte des 19. Jahrhunderts für Bürokratie wie Militär in Rußland anwendbaren und von Zeitgenossen auch benutzten Begriff einzuführen,[43] ein wesentlicher Handlungsimpetus bei der Gesetzgebung im Bildungsbereich gewesen ist. Verwiesen sei hier vorab auf die 1809 erfolgte, allerdings nur schwer durchzusetzende Einführung von Examina und Bildungsabschlüssen als Voraussetzungen für eine Beförderung im Rahmen der Rangtabelle.

Das Anwachsen von Bürokratie und Beamtenschaft infolge der Differenzierung der Verwaltung und der Expansion von Staatlichkeit führte zu einem Wandel innerhalb der Elite des Zarenreiches. „Elite" als sozialwissenschaftlicher Begriff dient hier zur Kennzeichnung von Inhabern von Führungspositionen in einem Herrschaftssystem, ob nun unmittelbar diesem Herrschaftssystem verbunden wie die Beamtenschaft, rechtlich privilegiert wie der Adel, oder aber durch eine ökonomisch führende Stellung ausgezeichnet.[44] Nicht selten und nicht zu Unrecht hat man dabei für das 18. Jahrhundert zunächst auf den Adel als staatstragende Elite geschaut.[45] John LeDonne hat in seinem Buch „Ruling Russia" auf der Grundlage neomarxistischer Ansätze den Adel als herrschende Klasse begriffen, die hochadligen Familien hingegen, die durch das Ausfüllen von Funktionen zu „political managers" wurden, sogar als herrschende Familien.[46] Sein Elitenbegriff orientiert sich ausschließlich an der Partizipation einer rechtlich fixierten, privilegierten Schicht an der Macht und steht damit in unmittelbarer Nachbarschaft zu anderen Definitionsversuchen von Machteliten in der Frühen Neuzeit. Er greift aber zu kurz, weil er nicht flexibel genug ist für die Berücksichtigung einer sozialen Mobilität, die insbesondere im ausgehenden 18. und im 19. Jahrhundert über den Dienst bis in

---

[43] Zur Tragweite des Begriffs für historische Untersuchungen: Rüschemeyer, D., Professionalisierung. Theoretische Probleme für die vergleichende Geschichtsforschung, in: GG 6 (1980), S. 311-325; zur Möglichkeit der Übertragung auch auf die frühe Neuzeit: Ridder-Symeons, H. de, Training and Professionalization, in: Reinhard, W. (Hrsg.), Power Elites and State Building. Oxford 1996, S. 149-172, hier S. 149 f.; für das russische Beispiel in der zweiten Hälfte des 19. Jahrhunderts siehe: Geyer, D., Zwischen Bildungsbürgertum und Intelligencija: Staatsdienst und akademische Professionalisierung im vorrevolutionären Rußland, in: Conze, W. (Hrsg. u. a.), Bildungsbürgertum im 19. Jahrhundert. Teil I: Bildungssystem und Professionalisierung in internationalen Vergleichen. Stuttgart 1985 (= Industrielle Welt, 38), S. 207-230; Pushkin, M., The Professions and the Intelligentsia in Nineteenth-Century Russia, in: University of Birmingham Journal 12 (1969-1970), S. 72-99.
[44] Für die ältere soziologische Forschung: Beyme, K. v., Elite, in: Kernig, C. D. (Hrsg.), Sowjetsystem und demokratische Gesellschaft. Eine vergleichende Enzyklopädie. Bd. 2. Freiburg usw. 1968, Sp. 103-128. Für den diachronen Vergleich mit dem Zarenreich anregend und mit weiten thematischen Zugriffen die Beiträge in: Reinhard (Hrsg.), Power Elites.
[45] Diesen Aspekt betonen: Dukes, P., Catherine the Great and the Russian Nobility. Cambridge 1967; Jones, E., The Emancipation of the Russian Nobility, 1762-1785. Princeton 1973; Troickij, S. M., Russkij absoljutizm i dvorjanstvo v XVIII v. Formirovanie bjurokratii. Moskva 1974.
[46] LeDonne, J., Ruling Russia. Politics and Administration in the Age of Absolutism 1762-1796. Princeton 1984, Part I.

Spitzenpositionen der Bürokratie und damit in den Adel hinein führen konnte.[47] Diese zunehmende soziale Mobilität vollzog sich vermittels Bildung.

Schon zeitgenössischen, freilich nicht immer offen artikulierten Konzeptionen von Elite liegt die spannungsgeladene Frage zugrunde, wer zur „Elite" gehöre. Während am Anfang des 19. Jahrhunderts Nikolaj Karamzin den Zugang zu Bildung auf den Adel beschränken wollte,[48] um die Exklusivität dieser von ihm als Elite verstandenen Schicht[49] zu erhalten, vertrat der Homo novus Michail Speranskij mit seinem Versuch, Aufstieg im Staatsdienst auch für den Adel an Kompetenz und Bildung zu binden, die Gegenposition. Sie hatte dem erwähnten Gesetz von 1809 zugrunde gelegen und den Kerngedanken der petrinischen Rangtabelle gegen die Versuche des Adels, sich als Elite abzuschotten, verwirklichen wollen.[50] Die Betonung des Adels als staatstragende Elite des Zarenreiches, wie sie etwa im Versuch eines demonstrativen Schulterschlusses zwischen Nikolaus I. und den adligen Gutsbesitzern im Umfeld des Jahres 1848 zutage trat, zeigte an, daß sich die Repräsentanten dieser „alten" Elite auf dem Rückzug befanden.[51] Auch Angehörige des Adels selbst entwickelten Vorstellungen von einer Elite, die nicht nur über Herkommen, sondern auch über Bildung und Kompetenz in der Lage sein sollte, die „Gesellschaft" zu formieren oder die „gesellschaftliche Meinung" zu artikulieren. In diesem weiter gefaßten Elitebegriff, der nicht nur an Ausübung von Macht, sondern auch an Einflußnahme im Sinne von Meinungsführerschaft gekoppelt ist, spielt also nicht nur der Adel eine Rolle, sondern im Laufe des 19. Jahrhunderts gewannen auch die nichtadligen Personen verschiedenen Ranges, die *raznočincy*, als Funktionsträger an Bedeutung.[52] Es scheint daher gerechtfertigt zu sein, für den hier behandelten Zeitraum vom Entstehen einer Funktionselite im Zarenreich zu sprechen, der umso größere Bedeutung zukommt, als eine Wirtschaftselite in Form eines Bürgertums nur schwach ausgeprägt war und diese Funktion fallweise von Adligen selbst,

---

[47] Zur Diskussion über die Abgeschlossenheit des Stände- und Rangsystems: Freeze, G., The Soslovie (Estate) Paradigm and Russian Social History, in: AHR 91 (1986), S. 11-25; Marker, G., The Ambiguities of the Eigthteenth Century, in: Kritika: Explorations in Eurasian History 2 (2001), S. 241-251, hier S. 248 f.
[48] Pipes, R., Karamzin's Memoir on Ancient and Modern Russia. A Translation and Analysis. Harvard 1959, S. 58.
[49] Zur Schilderung der Lebenswelten dieser Schicht jetzt: Figes. O., Nataschas Tanz. Eine Kulturgeschichte Russlands. Berlin 2003, insbesondere S. 40-92.
[50] Hierzu jetzt grundlegend: Morozov, B. I., Gosudarstvenno-pravovye vzgljady M. M. Speranskogo. SPb. 1999.
[51] Nifontow, A.S., Russland im Jahre 1848. Berlin 1953, S. 152.
[52] Becker, C., Raznochintsy: The Development of the Word and of the Concept, in: SR 18 (1959), S. 63-74; Pushkin, M., Raznochintsy in the University: Government Policy and Social Change in Nineteenth-Century Russia, in: International Review of Social History 26 (1981), S. 25-65; Wirtschafter, E. K., Structures of Society. Imperial Russia's „People of Various Ranks". DeKalb, Ill. 1994, insbesondere S. 13-18, 145-150.

1.1. Forschungsgegenstand, Forschungslage und Fragestellung

unternehmerisch tätigen Kaufleuten oder gar Personen, die rechtlich unfreien Gruppierungen angehörten, aber über den wirtschaftlichen Erfolg nach Nobilitierung und damit nach dem Einstieg in die Rangtabelle strebten, ausgefüllt wurde.[53] Neue Produktionsmethoden, neue Wirtschaftsweisen und ein sich freilich nur langsam vernetzender russischer Binnenhandel stellten an das ökonomische Handeln neue Anforderungen. Eine gute Ausbildung im Interesse der Betroffenen wie des Staates konnte zur Erfüllung dieser Bedürfnisse beitragen.

3. Auch im Zarenreich entstand in der Periode zwischen 1700 und etwa 1850 eine Öffentlichkeit, die von der skizzierten Elite getragen wurde, die ihrerseits durch ihre Funktion und ihre Bildungsvoraussetzungen geprägt war. Diese Öffentlichkeit bildete ein Forum für die im Rahmen der Untersuchung zu analysierenden Einzelbeiträge und Debatten, die Fragen der Erziehung, Bildung und Ausbildung thematisierten und sich zu mitunter konkurrierenden und widerstreitenden Diskursen verdichten. Dabei ist der Diskursbegriff bei aller Unterschiedlichkeit der Ausdeutung und auch der Sinnentleerung[54] für den Zusammenhang der vorliegenden Arbeit pragmatisch zu verstehen als weitestmögliche Berücksichtigung von Bezügen verschiedener Debatten und Äußerungen aufeinander, aber auch der nicht explizit in den Quellen artikulierten Wahrnehmungshorizonte und Zeiterfahrungen der Verfasser, die in die normativen Texte ebenso mit einfließen wie in die Selbstzeugnisse.[55] Auch für den russischen Zusammenhang sind

---

[53] Aksenov, A. I., Genealogija moskovskogo kupečestva XVIII v.: Iz istorii formirovanija russkoj buržuazii. Moskva 1988; Kusber, J., "Der Handel verschwindet nicht, sondern nimmt jährlich zu...". Manufakturwesen, Handel und Gewerbe zur Zeit Katharinas II., in: Ottomeyer, H. (Hrsg. u .a.), Katharina die Große. Katalogbuch zur gleichnamigen Ausstellung. Kassel 1997, S. 33-39, hier S. 35-38.

[54] Zusammenfassung der theoretischen und interpretatorischen Ansätze bei: Conermann, S., Le regard mutilé. Diskursanalytische Überlegungen zu Sadiq Hidayat (gest. 1951), in: Klemm, V. (Hrsg. u. a.), Understanding Near Eastern Literatures. A Spectrum of Interdisciplinary Approaches. Wiesbaden 2000, S. 127-143, hier S. 127-132. Für eine die Kulturgeschichte gerade in Rußland beeinflussende Interpretation von Diskurs und Diskursen, die nahezu ausschließlich fiktionale literarische Texte als Grundlage historischer Interpretationen heranzieht und dabei trotz aller Faszination, die von diesem Ansatz ausgeht, den Bogen überspannt, siehe: Lotman, J. M., Rußlands Adel. Eine Kulturgeschichte von Peter I. bis Nikolaus I. Köln usw. 1997 (= Bausteine zur slavischen Philologie und Kulturgeschichte, A, 21), S. 1-14.

[55] Hier schließe ich mich jedoch Richard Evans an, der darauf hinwies, daß diese Vorüberlegungen auch schon vor dem „linguistic turn" bei der Interpretation von Texten angestellt werden mußten. Der Diskursbegriff bietet jedoch die Möglichkeit, Brüche, „Unterbrechungen" und „Seitenstränge" vordergründig nicht zusammenhängender Beiträge zu systematisieren. Hierzu: Evans, R. J., Fakten und Fiktionen. Über die Grundlagen historischer Erkenntnis. Frankfurt a. .M. 1999, S. 101-126. Wie so oft ist der englische Originaltitel „In Defense of History" treffender. Siehe auch die Gegenposition prägnant bei: White, H., Der historische Text als literarisches Kunstwerk, in: Conrad, C. (Hrsg. u. a.), Geschichte schreiben in der Postmoderne. Beiträge zu einer aktuellen Diskussion. Stuttgart 1994, S. 123-157. Die Diskussion prägnant zusammengefaßt bei: Aschmann, B., Moderne versus Postmoderne.

die im Verlauf des Untersuchungszeitraums immer zahlreicher werdenden Teilnehmer am Diskurs über Bildung nicht nur Akteure in einer sauber trennbaren, mehr oder weniger kontinuierlich geführten Debatte. Sie partizipierten zugleich, um nur ein Beispiel zu nennen, gezwungenermaßen an dem durch die petrinischen Reformen zunächst staatlicherseits implementierten, sich aber zunehmend verselbständigenden Diskurs über „Verwestlichung" und „Europäisierung". Dieser Diskurs weist durchaus Ähnlichkeiten zum „hegemonialen Diskurs" gegenüber und in kolonialen Ländern auf, vergegenwärtigt man sich die Reaktionen im Rahmen der Auseinandersetzung zwischen Westlern und Slavophilen, in denen die mit Peter I. begonnene Entwicklung grundsätzlich diskutiert und beurteilt wurde.[56] Zugleich fallen die Überschneidungen mit dem entstehenden Diskurs über Bildung, Erziehung und Ausbildung ins Auge, in dem es zunächst um konkrete Wissensvermittlung ging, aber auch um Normen, Werte und Hierarchien im Zusammenleben der Familie, vor allem aber in Gesellschaft und Staat.[57] Wie auch immer man die Begriffe Debatte, Diskurs und Diskussion zueinander in Beziehung setzt, alle drei setzen Kommunikation voraus. Zwischen etwa 1700 und 1850 entwickelten sich auch im Zarenreich die Kommunikationsmöglichkeiten vermittels neuer Formen und Medien weiter und trugen damit zur erwähnten Entstehung einer Öffentlichkeit bei, die von der Elite getragen wurde.

Als ein Faktor für das Entstehen einer solchen Öffentlichkeit ist zunächst die staatliche Gründung und Herausgabe von ersten Zeitschriften und Journalen zu nennen, die im Laufe des 18. Jahrhunderts von Verlautbarungsorganen zu Publikationen wurden, in denen verschiedene Fragen der Politik oder der Staatsauffassung kontrovers erörtert werden konnten. Auch die 1783 unter Katharina II. erfolgte Aufhebung des staatlichen Druckmonopols und die sich anschließende, unregelmäßig verlaufende Ausweitung der Zeitschriftenlandschaft im ausgehenden 18. und in den ersten Jahrzehnten des 19. Jahrhunderts förderte - trotz der weiter rigide, wenn auch nicht unbedingt

---

Gedanken zur Debatte über vergangene, gegenwärtige und künftige Forschungsansätze, in: Elvert, J. (Hrsg. u. a.) Historische Debatten und Kontroversen im 19. und 20. Jahrhundert. Stuttgart 2002 (HMRG Beiheft 46), S. 256-275.

[56] Hierzu mit weiterer Literatur: Kusber, J., Zwischen Europa und Asien: Russische Eliten des 19. Jahrhunderts auf der Suche nach einer eigenen Identität, in: Conermann, S. (Hrsg.), Mythen, Geschichte(n), Identitäten. Hamburg 1999 (= Asien und Afrika, 2), S. 91-117, hier S. 93-107.

[57] Teilnehmer des Diskurses werden nicht selten schematisiert in dualen Modellen, wie sie von Jurij Lotman und Boris Uspenskij für das 18. Jahrhundert entwickelt wurden: Tradition steht gegen Modernisierung, Säkularisierung und Aufklärung stehen gegen den Glauben. Verwestlichung als „Fremdes" steht gegen das „Eigene". Ein duales Modell kann jedoch immer nur die markanten Außenpositionen im Diskurs beschreiben: Lotman, Ju. M./Uspenskij, B. A., The Role of Dual Models in the Dynamics of Russian Culture, in: Dies., The Semiotics of Russian Culture. AnnArbor 1984, S. 3-35.

immer erfolgreich agierenden Zensur[58] - diesen Prozeß. Bereits die Embryonalform einer Presse- und Zeitschriftenlandschaft erwies sich als „agent of change",[59] wobei auch hier der „mächtige Staat" am Beginn stand.

Als ein zweiter Faktor sind staatliche Maßnahmen zu nennen, die zu einer „Versammlungsöffentlichkeit" führten. Ein ebenso spektakuläres wie singuläres Beispiel ist die Einberufung der Gesetzbuchkommission im Jahre 1767, in der sich Deputierte versammelten, die eine bis dato im Zarenreich ungekannt große Heterogenität der verschiedenen sozialen und gesellschaftlichen Gruppen repräsentierten. Die *nakazy* der Deputierten für die Gesetzbuchkommission, in denen soziale, gesellschaftliche, aber sehr deutlich auch schon regionale Interessen artikuliert wurden, zeigen an, daß hier auf das Angebot, nicht nur Bittschriften im traditionellen Sinne an den Herrscher zu richten,[60] sondern über diese Wünsche und Vorstellungen auch zu diskutieren, positiv reagiert wurde. Vor allem - wegen der Dauerhaftigkeit ihrer Ergebnisse - ist auf die Gouvernements- und Stadtreformen Katharinas aus dem Jahre 1775 zu verweisen, deren Ziel es war, auf lokaler Ebene eine „Gesellschaft als staatliche Veranstaltung"[61] zu schaffen und damit auch auf dem Lande und in den Städten Foren der Öffentlichkeit zu kreieren. Auch wenn der Provinzadel und die Stadtbevölkerung als Adressaten dieser Reformen nicht ad hoc in der von der Zarin intendierten Weise auf diese Reformen reagierten, gibt es doch immer mehr Grund zu der Annahme, daß in einer langfristigeren Perspektive diese Reformen auf der lokalen Ebene Netzwerke der Kommunikation hervorbrachten, die eine Öffentlichkeit konstituierten. Als dritter Faktor müssen Formen genannt werden, die sich an der Wende vom 18. zum 19. Jahrhundert, an westlichen Vorbildern orientiert, losgelöst von staatlicher Initiative bildeten. Dazu zählen etwa gelehrte Gesellschaften, Freimaurerlogen und Salons, in denen die Elite in der Provinz und in den Hauptstädten debattierte und durchaus auch Einfluß auf herrscherliche Entscheidungen zu gewinnen suchte, also in bescheidenem Maße „Politik machte".[62]

---

[58] Hierzu im Überblick: Choldin, M. T., A Fence around the Empire. Russian Censorship under the Tsars. Durham 1985, S.18-27.

[59] Eisenstein, E., The Printing Press as an Agent of Change. Vol. 1-2. Cambridge 1979. Für ein konkretes „russisches" Beispiel vgl. die Beeinflussung der Reformpolitik Alexanders I.: Cross, A. G., N. M. Karamzin's „Messenger of Europe", 1802-1803, in: Forum for Modern Language Studies 5 (1969), S. 1-25.

[60] Damit teile ich nicht die Auffassung von Margarete Mommsen, die diese Tradition der Bittschriften auch im Agieren der Öffentlichkeit des 19. Jahrhunderts fortgeführt sehen wollte. Siehe: Mommsen, M., Hilf mir, mein Recht zu finden. Russische Bittschriften von Iwan dem Schrecklichen bis Gorbatschow. Frankfurt a. M. 1987, S. 7-65.

[61] Mit einer partiell zu revidierenden weil zu negativen Bewertung, in der Formulierung jedoch treffend: Geyer, D., Gesellschaft als staatliche Veranstaltung. Bemerkungen zur Sozialgeschichte der russischen Staatsverwaltung im 18. Jahrhundert, in: JbfGO NF 14 (1966), S. 21-50.

[62] Die Kommunikationsstränge werden für die Zeit Alexanders I. beleuchtet von: Martin, A. M., Romantics, Reformers, Reactionaries. Russian Conservative Thought in the Reign of Alexander I.

Martin Schulze Wessel hat für eine konkrete politische Situation gegen Ende des hier interessierenden Zeitraums, nämlich das Revolutionsjahr 1848, auf beeindruckende Weise gezeigt, welche Binnendifferenzierung Öffentlichkeit in Rußland schon erfahren hatte und zugleich auch, welche Probleme auftreten, will man Theorien von Öffentlichkeit auf das russische Beispiel anwenden.[63] Weder führt die von Jürgen Habermas inzwischen auch nicht mehr absolut gesetzte Gegenüberstellung von „repräsentativer Öffentlichkeit" und „bürgerlicher Öffentlichkeit"[64] weiter, noch eignen sich neuere Theorien von Öffentlichkeit.[65] Nun geht es nicht darum, Theorien und Modelle von „Öffentlichkeit" rein zweckorientiert zu modifizieren, sondern lediglich um ihre heuristische Nutzung. Vor diesem Hintergrund sei darauf hingewiesen, daß nach dem staatlich verordneten „Anfang" in der zweiten Hälfte des 18. Jahrhunderts Formen der Kommunikation und der Öffentlichkeit entstanden. In diesem Rahmen konnte eine zunehmende Zahl der „Gebildeten" zu einem Diskurs über Erziehung, Bildung und Ausbildung beitragen. In dem Maße, in dem sich die Öffentlichkeit ins 19. Jahrhundert hinein über die adlige Elite ausdehnte,[66] läßt sich dieser Diskurs dann auch in den Quellen deutlicher fassen und nachvollziehen. Wenn in der Arbeit daher von Öffentlichkeit die Rede sein wird, ist implizit, daß sie durch diejenigen konstituiert wird, die von ihren Bildungsvoraussetzungen als Rezipienten zu einer passiven oder aktiven Teilnahme in der Lage waren. Die Elite bildete damit die „Gesellschaft", die mit der „gebildeten Öffentlichkeit" kongruierte.[67] Dies kann nicht ohne Auswirkung auf die Darstellung bleiben: Seit der Wende zum 19. Jahrhundert war über Generationen eine Öffentlichkeit entstanden, die den Diskurs über Erziehung, Bildung und Ausbildung führen konnte. Deshalb lassen sich nicht nur die Diskussionen über das Zustandekommen staatlicher Politik besser

---

DeKalb, Ill. 1997; zum Zusammenhang zwischen Freimaurerei und Öffentlichkeit: Smith, Working the Rough Stone, S. 53-90.

[63] Schulze Wessel, M., Städtische und ländliche Öffentlichkeit in Rußland 1848, in: ZfG 48 (2000) 4, S. 293-308.

[64] Habermas, J., Strukturwandel der Öffentlichkeit. Untersuchungen zu einer Kategorie der bürgerlichen Gesellschaft. 6. Aufl. Frankfurt a. M. 1990 (= Suhrkamp-Taschenbuch Wissenschaft, 891), insbesondere das neue Vorwort S. 16 f., 23-50.

[65] Hierzu zusammenfassend: Requate, J., Öffentlichkeit und Medien als Gegenstand historischer Analyse, in: GG 25 (1999), S. 5-32.

[66] Pypin, A. N., Obščestvennoe dviženie v ėpochu Aleksandra I. 4. Aufl. Petrograd 1916, S. 10 f.

[67] Marc Raeff hat vorgeschlagen, den Begriff *obščestvo* mit „the civil society of the educated" zu übersetzen. Vgl. Raeff, M., Transfiguration and Modernization: The Paradoxes of Social Disciplining, Paedagogical Leadership and the Enlightenment in 18th Century Russia, in: Bödeker, H. E. (Hrsg. u. a.), Alteuropa, Ancien régime und frühe Neuzeit. Probleme und Methoden der Forschung. Stuttgart usw. 1991, S. 99-116, hier S. 109; Elise Kimerling Wirtschafter möchte *obščestvo* für die Mitte des 19. Jahrhunderts mit „liberal educated society" übersetzen (Wirtschafter, Structures, S. 143). Wie auch immer, in zeitgenössischen Dokumenten des ausgehenden 18. und des 19. Jahrhunderts wird *obščestvo* nur selten mit dem Adjektiv *obrazovannoe* (gebildet) gebraucht - *obrazovanie* (Bildung) war schließlich eine notwendige Voraussetzung für eine Teilhabe an der Gesellschaft.

konturieren, sondern auch Beiträge aus der Öffentlichkeit, die teilweise parallel zu diesen Diskussionen, teilweise verschränkt, mitunter aber auch gänzlich unabhängig voneinander geführt wurden, besser nachvollziehen.

4. Relativ gut untersucht ist für diesen Zeitraum die Rezeption und Auseinandersetzung mit denjenigen ideengeschichtlichen Strömungen, die im Zarenreich zwischen 1700 und 1850 die Diskurse der Elite zu prägen begannen.[68] Neue Formen der Herrschaftslegitimation, der Begründung von Gesetzgebung und Verwaltungsausbau bedeuteten zugleich eine Auseinandersetzung mit der „Europäisierung" Rußlands, die sich strukturgeschichtlich in Verbindung mit der Frage nach der Tragweite von Modernisierungstheorien oder mit kulturgeschichtlichen Fragen des Kulturkontakts und der Kulturrezeption[69] zunächst nur in der Elite fassen läßt. Pointiert läßt sich formulieren, daß an der Wende vom 18. zum 19. Jahrhundert nur derjenige auf Dauer seinen Status in der Elite behaupten konnte, der sich auf die „Europäisierung" oder „Verwestlichung" einließ,[70] auch wenn er sie, wie z. B. Fürst Michail Ščerbatov, in ihren Konsequenzen scharf kritisierte. In dem Maße, in dem es den Herrschern und ihrem Apparat gelang oder mißglückte, Ideen und Konzepte der Aufklärung, rezipiert über pietistische oder andere protestantisch geprägte Vorbilder, durch französische Philosophen, Staatsrechtslehrer aus England, Deutschland oder Italien, auf die russischen Verhältnisse zu adaptieren, gestaltete sich die Akzeptanz oder Ablehnung innerhalb der Elite. Gleichzeitig veränderte die jeweilige Rezeption auch die Haltung gegenüber dem Staat und seinem

---

[68] Aus der Fülle der Literatur: Schelting, A. v., Rußland und Europa im russischen Geschichtsdenken. Berlin 1948; Raeff, M., The Origins of the Russian Intelligentsia. The Eighteenth Century Nobility. New Haven 1966, S. 148-171; ders., The Well-Ordered Police State: Social and Institutional Change Through Law in the Germanies and Russia, 1600-1800. New Haven 1983; Billington, J. H., The Icon and the Axe. An Interpretive History of Russian Culture. 2. Aufl. New York 1970, S. 180-401; Gleason, W. J., Moral Idealists, Bureaucracy and Catherine the Great. New Brunswick 1981; Walicki, A., A History of Russian Thought from the Enlightenment to Marxism. Stanford 1979.
[69] Hierzu „klassisch" wirtschafts- und strukturgeschichtlich: Gerschenkron, A., Economic Backwardness in Historical Perspective. A Book of Essays. Cambridge 1966; ders. Europe in the Russian Mirror. Four Lectures in Economic History. Cambridge 1970; unter Berücksichtigung kultur- und ideengeschichtlicher Ansätze: Hildermeier, M., Das Privileg der Rückständigkeit. Anmerkungen zum Wandel einer Interpretationsfigur der neueren russischen Geschichte, in: HZ 244 (1987), S. 557-603; jetzt außerdem: Kingston-Mann, E., In Search of the True West. Culture, Economics and Problems of Russian Development. Princeton 1999, S. 34-92.
[70] Daß dies für den Adel mit enormen ökonomischen Kosten verbunden war und schon von daher nicht selten zu sozialem, wenn zunächst auch nicht rechtlichem Abstieg führte, schildert überzeugend: Kahan, A., Die Kosten der „Verwestlichung" in Rußland im 18. Jahrhundert, in: Geyer, D. (Hrsg.), Wirtschaft und Gesellschaft im vorrevolutionären Rußland. Köln 1975 (= Neue Wissenschaftliche Bibliothek, 71), S. 53-82.

Herrscher, wie die Aufnahme von Sentimentalismus, Romantik[71] und deutscher idealistischer Philosophie bis hin zur Formierung des Nationenbegriffs und des Nationalismus[72] im Zarenreich zeigt. Keinesfalls soll damit gesagt werden, daß die Begriffe „Europäisierung" und „Verwestlichung", die aus der Aufklärung kamen und aus westlicher Perspektive eine im Vergleich zu Rußland positive Konnotierung Europas erfuhren,[73] hier etwa teleologisch verstanden werden sollen. Da auch das Tertium comparationis „Europa" in sich schon heterogen war und sich im Untersuchungszeitraum im Wandel befand, ist dies schlechterdings kaum möglich. Doch handelt es sich hier um Begriffe, die, so unzulänglich sie die Rezeptionsvorgänge und die daraus folgenden Veränderungen beschreiben, von den Akteuren im Diskurs zumindest seit dem 19. Jahrhundert selbst benutzt wurden.[74]

Der Diskurs konnte dabei viele Facetten aufweisen: Nur in den seltensten Fällen ging es um eine so fundamentale Frage, wie sie die Debatte zwischen Westlern und Slavophilen um die Mitte des 19. Jahrhunderts dominierte, ob nämlich mit den Reformen Peters des Großen ein Irrweg eingeschlagen worden sei. Vielmehr spann sich der Diskurs an vielen Einzelphänomenen der „Europäisierung" fort, ob es sich um die Annahme des Imperatortitels, die Aufführung französischer Komödien und italienischer Opern, um Debatten der Physiokraten in der „Freien Ökonomischen Gesellschaft" oder die Auseinandersetzung über Verfassungsmodelle bei den Dekabristen handelte. Und natürlich standen Bildung, Ausbildung und Erziehung immer wieder im Zentrum.[75] Von den Beteiligten wurde über Formen, Institutionen und Inhalte gestritten, immer im

---

[71] Hierzu: Black, J. L., Nicholas Karamzin and the Russian Society in the Nineteenth Century. A Study in Russian Political Thought. Toronto 1975; Martin, Romantics, Reformers, Reactionaries.
[72] Auf der Höhe der theoretischen Diskussion und für das russische Beispiel vgl. die ausgezeichneten Überlegungen von: Renner, A., Russischer Nationalismus und Öffentlichkeit im Zarenreich 1855-1875. Köln usw. 2000 (= Beiträge zur Geschichte Osteuropas, 31), S. 1-67.
[73] Für die „Entdeckung" Rußlands durch die Aufklärung und die folgende Abgrenzung zu Europa ebenso faszinierend wie umstritten: Wolff, L., Inventing Eastern Europe. The Map of Civilization in the Mind of the Enlightenment. Stanford 1994, S. 195-234, 356-364.
[74] Hierzu mit weiteren Literaturhinweisen: Kusber, J., Faszination und Ablehnung. Zur Diskussion um Rußlands Verhältnis zu Europa in der Zeit Alexanders I. (1801-1825), in: Historische Mitteilungen der Ranke-Gesellschaft (im Druck). Jörg Baberowski bezeichnet das Zarenreich im ausgehenden 18. und im 19. Jahrhundert nicht unzutreffend als „Objekt und Subjekt der Europäisierung". Vgl. ders., Rußland und die Sowjetunion, in: Köpke, W. (Hrsg. u. a.), Das gemeinsame Haus Europa. Handbuch der europäischen Kulturgeschichte. München 1999, S. 197-210, hier S. 200.
[75] Zur Definition von Bildung in historischer Perspektive: Vierhaus, R., Bildung, in: Brunner, O. (Hrsg. u.a.), Geschichtliche Grundbegriffe. Bd. 1. Stuttgart 1972, S. 508-551. Zum Verhältnis eines umfassenderen Begriffs der Bildung als solche zur Ausbildung im Sinne der Vorbereitung auf einen Beruf oder eine bestimmte Tätigkeit - im Russischen wie erwähnt als *professional'noe obrazovanie* bezeichnet - sowie zum Begriff der Erziehung: Odenbach, K., Lexikon der Schulpädagogik. Braunschweig 1974, S. 45, 80-82, 173 f.

1.1. Forschungsgegenstand, Forschungslage und Fragestellung 23

Rekurs auf westeuropäische Modelle, die im Verlauf der hier behandelten 150 Jahre ihrerseits einem Wandel unterlagen.

Schon die Verwendung russischer Termini verweist auf verschiedene Inhalte und Konzepte. Dabei ging es nur zum Teil um den Blick auf praktikable Modelle für die Universitäts- und Schulbildung, wie sie in anderen Ländern mit differierenden Staats- und Gesellschaftsformen praktiziert wurden.[76] Es ging immer auch um das dahinter stehende Menschen- und Gesellschaftsbild, das sich in den benutzten Begriffen niederschlug. *Prosveščenie* und *obrazovanie*[77] zeigten als Bedeutung „Bildung" an, ersteres war jedoch im Gegensatz zum zweiten vor allem als Lichtmetapher - wie *lumière* oder *enlightenment* - mit der „Aufklärung"[78] im ideengeschichtlichen Sinne verbunden. Der Streit um die Bezeichnung des 1802 gegründeten zuständigen Ministeriums, das schließlich den Namen „*Ministerstvo Narodnogo Prosveščenija*", Ministerium für Volksaufklärung, erhielt, war in diesem Sinne auch ein Streit um unterschiedliche Konzepte: In den dreißiger und vierziger Jahren des 19. Jahrhunderts sprach man von *obrazovanie* und verband damit - eher im Sinne von Ausbildung - ein schlichteres Verständnis zu vermittelnder Kenntnisse. Aber auch im Diskurs verwendete Begriffe konnten ihre Bedeutung wandeln. War *narod* im 18. Jahrhundert schlichtweg und einigermaßen unscharf mit „Volk" (im Gegensatz zur „Elite") zu übersetzen, trat zu Beginn des 19. Jahrhunderts eine nationale Konnotation hinzu, so daß *narodnoe prosveščenie* im ausgehenden 18. Jahrhundert den Teilnehmern am Diskurs durchaus etwas anderes anzeigte als *narodnoe obrazovanie* um die Mitte des 19. Jahrhunderts.

Ob bei Aleksandr Radiščev aus der Perspektive des philantropisch-radikal gesinnten Aufklärers, bei dem konservativen Adligen Michail Ščerbatov, bei den späteren Dekabristen oder bei Michail Bakunin: In wohl allen zeitgenössischen Beschreibungen

---

[76] Siehe aus der Fülle der Literatur vor allem: Jeismann, K.-E., Das preußische Gymnasium in Staat und Gesellschaft. Die Entstehung des Gymnasiums als Schule des Staates und der Gebildeten, 1787-1817. Stuttgart 1974 (= Industrielle Welt, 15); Neugebauer, W. Absolutistischer Staat und Schulwirklichkeit in Brandenburg-Preußen. Berlin 1985 (= Veröffentlichungen der Historischen Kommission zu Berlin, 62); Grimm, G., Die Schulreform Maria Theresias 1747-1775. Das österreichische Gymnasium zwischen Standesschulen und allgemeinbildender Lehranstalt im Spannungsfeld von Ordensschulen, theresianischem Reformabsolutismus und Aufklärungspädagogik. Frankfurt a. M. usw. 1987; Melton, J. V. H., Absolutism and the Eighteenth-Century Origins in Prussia and Austria. Cambridge 1988; Schleunes, K. A., Schooling and Society. The Politics of Education in Prussia and Bavaria. Oxford usw. 1989, S. 8-127; Bamford, T. W., Public Schools and Social Class, 1801-1850, in: British Journal of Sociology 12 (1961), S. 224-235; Barnard, H. C., Education and the French Revolution. Cambridge 1969.
[77] Als dritter Begriff taucht im 19. Jahrhundert *obučenie* auf, auch für Erziehung und Ausbildung benutzt, jedoch in weniger wissenschaftlichem Sinne. Zum Bedeutungsgehalt von *prosveščenie*, *obučenie* und *obrazovanie* siehe: Dal', V., Tolkovyj slovar' živogo velikorusskogo jazyka. T. 2. Moskva 1905, Sp. 1580 f., 1616, T. 3. Moskva 1907, Sp. 1328 f.
[78] Schneiders, W., Das Zeitalter der Aufklärung. München 1997 (= Beck'sche Reihe, 2058), S. 48-51, 80-82.

sozialer Zustände im Zarenreich wird die Welt der Bauern und der aus dem bäuerlichen Milieu stammenden städtischen Unterschichten von den Funktionseliten unterschieden. Diese getrennten Welten von Volk und Elite sind auch in der Forschung immer wieder beschrieben worden. Jüngst hat Geoffrey Hosking in scharfer Akzentuierung gar von zwei Nationen im Zarenreich gesprochen; er führte die Volkskultur und daran anschließend die häusliche Ausbildung als Unterscheidungskriterien an.[79] Für den Zusammenhang der Untersuchung ist festzuhalten, daß das Volk, im deutschsprachigen Raum auch als der „gemeine Mann" bezeichnet, Gegenstand, nicht Teilnehmer an Debatten oder Verfasser von Traktaten und Konzepten war. Teilnehmer am Diskurs war der „gemeine Mann" nur insofern, als er die daraus resultierenden Bildungsangebote ablehnen oder annehmen konnte, so sie überhaupt für ihn vorgesehen waren. Ein Diskurs im Volk wird wegen fehlender Quellen kaum nachzuvollziehen sein. Es wird folglich zu klären sein, ob und für welche rechtlichen und sozialen Gruppen des „Volkes" an welche Kenntnisse und Fertigkeiten gedacht war. Ging es um solche, die den Untertanen in dem hierarchisch gegliederten Gesellschaftsmodell fixierten, oder sollten sie ihn in die Lage versetzen, sich sozial mobil zu verhalten? Bargen sie Chance zum Aufstieg in sich? Oder stand, wie Volker Wehrmann es bezogen auf die deutschen Verhältnisse im 18. Jahrhundert formulierte, die „Erziehung zur gesellschaftlichen Brauchbarkeit"[80] und/oder gar die „Erziehung zur Armut" im Vordergrund? Wäre dies das durchgängige Ziel gewesen, hätte für den Bereich der Bildung im Zarenreich durchaus ein sozialdisziplinierendes Moment dominiert.[81]

Innerhalb der hier skizzierten Rahmenbedingungen und mit Hilfe des diskutierten begrifflichen Apparates soll es also im folgenden um die Bedeutung des Faktors „Bildung" für die entstehende Funktionselite, die eventuell in das Volk „hineinwuchs", als neuem „Sozialkörper" vor dem Hintergrund der Wirkungsmächtigkeit von Ideen und Konzepten zur Bildung gehen. Dabei werden zunächst für die erste Hälfte des 18. Jahrhunderts einführend die im Zarenreich selbst vorherrschenden sowie die rezipierten pädagogischen und ausbildungsleitenden Grundrichtungen in Verknüpfung mit der durch die petrinischen Reformen etablierten Landschaft von Bildungseinrichtungen dargestellt. Für die Zeit ab der Mitte des 18. Jahrhunderts ist aufgrund der sich entwi-

---

[79] Hosking, G., Russland. Nation und Imperium 1552-1917. Berlin 2000, S. 25-29, 39 f.
[80] Wehrmann, V., Volksaufklärung, in: Herrmann, U. (Hrsg.), Das Pädagogische Jahrhundert. Volksaufklärung und Erziehung zur Armut im 18. Jahrhundert in Deutschland. Weinheim usw. 1981, S. 143-153, hier S.148.
[81] Elemente der „Sozialdisziplinierung" sind - bei unterschiedlichen Voraussetzungen - am ehesten für das petrinische und das nikolaitische Rußland anzunehmen. Vgl. hierzu zusammenfassend: Oestreich, G., Strukturprobleme des europäischen Absolutismus, in: VSWG 25 (1968), S. 328-347.

ckelnden Öffentlichkeit und der dadurch erheblich verbesserten Quellenlage eine getrennte Darstellung von Diskurs und Umsetzungsebene möglich, wobei die Realisierung und Akzeptanz sich wiederum aufgrund der Überlieferung umso besser nachvollziehen lassen wird, je mehr sich die Untersuchung der Grenze ihres zeitlichen Rahmens nähert.

1.2. QUELLENGRUNDLAGE

In seiner Auseinandersetzung mit den Hauptrichtungen postmoderner Geschichtsschreibung befaßte sich Richard J. Evans mit der Frage, ob die Geschichtswissenschaft durch die Erschließung unbekannter Quellen zu einer Akkumulation des Wissens beitrage, oder ob nicht nur die jeweilige Interpretation im Vordergrund stehe.[82] Beim Blick auf die Historiographie über die Bildungsgeschichte des Zarenreiches vor 1917 ist man, so man unter Wissen nur die pure Ansammlung von Fakten versteht, am Beginn des 21. Jahrhunderts auf den ersten Blick geneigt, an der Möglichkeit einer Akkumulation von Wissen zu diesem Thema zu zweifeln. Viele der bedeutenden vorrevolutionären Werke sind an Fülle der dargebotenen Fakten nicht zu übertreffen. Daß einige von ihnen an dieser Stelle gemeinsam mit den Quellen gewürdigt werden, hat schlicht damit zu tun, daß es sich um knapp oder ausführlicher kommentierte „Dokumentensammlungen" handelt. An ihnen interessieren deshalb weniger die darstellenden Teile als vielmehr die andernorts nicht (mehr) auffindbaren Quellen, die von den Verfassern in extenso, vielfach in toto zitiert wurden: Da sind zunächst einmal institutionengeschichtliche Arbeiten, die mit enzyklopädischem Anspruch abgefaßt wurden und um so stärker über die Beschreibung äußerer Daten hinausgehen, je weniger sie für ein Jubiläum der jeweils behandelten Institution konzipiert waren. Die Werke von Michail I. Suchomlinov[83] zur Geschichte der Rußländischen Akademie, zur Geschichte des Schulwesens in einigen Regionen und seine Kompilation von Materialien der Akademie der Wissenschaften sind weniger komponierte Darstellungen denn Kompendien von Quellen, die durch Archivverlust oder Schließung von Beständen (etwa in der St. Petersburger Filiale der Akademie der Wissenschaften) sonst nicht mehr zugänglich wären. Gleiches gilt für die Arbeiten des wohl bedeutendsten vorrevolutionären Bildungshistorikers Sergej V.

---

[82] Evans, Fakten und Fiktionen, S. 52 f.
[83] Suchomlinov, M. I., Istorija Rossijskoj Akademii. T. 1-8. SPb. 1874-1888; ders., Izsledovanija i stat'i po russkoj literature i prosveščeniju. T. 1-2. SPb. 1889; ders., Učilišča i narodnoe obrazovanie v Černigovskoj gubernii, in: ŽMNP 121 (1864) otd. 3, S. 1-94; ders., Zametki ob učiliščach i narodnom obrazovanii v Jaroslavskoj gubernii, in: ŽMNP 117 (1863) otd. 3, S. 103-189; ders. (Hrsg.), Materialy dlja istorii Imperatorskogo Akademii Nauk. T. 1. SPb. 1885.

Roždestvenskij,[84] dessen Standardwerk zur Geschichte des Ministeriums für Volksaufklärung vor allem in den fünfziger Jahren des 20. Jahrhunderts aus ideologisch-außerwissenschaftlichen Gründen nicht zitierfähig war, trotzdem jedoch von der sowjetischen Forschung - teils im Wortlaut - ohne Kennzeichnung angeführt wurde. Seine Werke und die von ihm betreuten Quelleneditionen bilden auch für diese Arbeit eine ebenso wesentliche Grundlage wie die großen, teils mehrbändigen Geschichten der Universitäten von Moskau,[85] Kazan',[86] Char'kov,[87] Dorpat,[88] Wilna[89] und Sankt Petersburg[90] sowie einige Werke zu Jubiläen verschiedener Korps und Lyzeen als Einrichtungen der höheren Bildung.[91] Solche Jubiläumsgeschichten wurden selbst von Gymnasien und Kreisschulen in Auftrag gegeben, und je nach Verfasser, lokalem Umfeld und politischer Gesamtrichtung gerieten die Darstellungen teils stark apologetisch, mitunter aber auch überaus informativ und kritisch.[92] Je später diese Monographien entstanden, desto weniger orientierten sie sich an den Schul- und Universitätsstatuten als Periodisierungsmuster und desto stärker bezogen sie auch sozialgeschichtliche Aspekte in die Darstellung mit ein.[93] Von besonderem Interesse sind hier jeweils die Abschnitte über das den Universitäten in den ersten Jahrzehnten des 19. Jahrhunderts zugeordnete Schulwesen.

---

[84] Aus seinem reichen Œuvre vor allem: Roždestvenskij, S. V., Istoričeskij obzor dejatel'nosti Ministerstva narodnogo prosveščenija. SPb. 1902 ; ders., Materialy dlja istorii učebnych reform v Rossii v XVIII-XIX vv. SPb. 1910 (= Zapiski istoričesko-filologičeskogo fakul'teta St. Peterburgskogo Universiteta, 96); ders. (Hrsg.), S.-Peterburgskij universitet v pervom stoletij ego dejatel'nosti, 1819-1919. Materialy po istorii S.-Peterburgskogo universiteta, 1819-1835. Petrograd 1919.
[85] Ševyrev, S. P., Istorija Imperatorskogo Moskovskogo universiteta 1755-1855. Moskva 1855 (Reprint 1998).
[86] Bulič, N., Iz pervych let Kazanskogo universiteta (1805-1819). Rasskazy po archivnym dokumentam. T. 1-2. Kazan'1887-1891; Zagoskin, N. P., Istorija Imperatorskogo Kazanskogo universiteta za pervye sto let ego suščestvovanija 1804-1904. T. 1-4. Kazan'1902-1906.
[87] Bagalej, D. I., Kratkij očerk istorii Char'kovskogo universiteta za pervye sto let ego suščestvovanija. Char'kov 1906; ders., Opyt istorii Char'kovskogo universiteta. Po neizdannym materialam. Bd.1: (1802-1815). 2. Aufl. Char'kov 1896.
[88] [Beise, Th.], Die kaiserliche Universität Dorpat während der ersten fünfzig Jahre ihres Bestehens und Wirkens. Dorpat 1852; Gernet, A. v., Die im Jahr 1802 eröffnete Universität Dorpat und die Wandlungen in ihrer Verfassung. Reval 1902; Petuchov, E. V., Imperatorskij Jur'evskij, byvšij Derptskij Universitet za sto let ego suščestvovanija (1802-1902). T. 1: Pervyj i vtoroj period. Jur'ev 1902.
[89] Bielinski, J., Universitet Wileński (1579-1831). T. 1-3. Kraków 1899-1900.
[90] Grigor'ev, V. V., Imperatorskij Sankt-Peterburgskij universitet v tečenie pervych 50 let ego suščestvovanija. SPb. 1870.
[91] Zum Beispiel: Luzanov, P., Suchoputnyj Šlachetnyj kadetskij korpus. SPb. 1907; Kobeko, D. F., Imperatorskij Carskosel'skij licej. SPb. 1911.
[92] Zum Beispiel: Titov, A. A., Rostovskoe gorodskoe učilišče v pervye gody svoego suščestvovanija 1786-1803. Moskva 1886; Zamachev, S. N./Cvetaev, G. A., Tobol'skaja gubernskaja gimnazija. Istoričeskaja zapiska o sostojanii Tobol'skoj gimnazij za 100 let ee suščestvovanija. Tobol'sk 1899.
[93] Hier im Gegensatz zu: Meyer, K., Die Entstehung der "Universitätsfrage" in Rußland. Zum Verhältnis von Universität, Staat und Gesellschaft zu Beginn des 19. Jahrhunderts, in: FOG 25 (1978), S. 229-238, hier S. 230.

1.2. Quellengrundlage

Diese Darstellungen wurden in der Regel von Lehrern an Hochschulen oder an den jeweiligen Einrichtungen verfaßt, die zu diesem Zweck Zugang zu den einschlägigen Archiven erhielten.

Dennoch lassen sich beim Gang ins Archiv noch Wissenslücken im Sinne fehlender Fakten füllen: Was die unveröffentlichten Materialien angeht, so sind einige personenbezogene Bestände in der Handschriftenabteilung der Nationalbibliothek (*Rossijskaja Nacional 'haja Biblioteka, RNB*) und im Archiv der Akademie der Wissenschaft (*Archiv Rossijskoj Akademii Nauk, ARAN*), beide Sankt Petersburg, ausgewertet worden. Der Löwenanteil der herangezogenen Archivalien ruht jedoch im Rußländischen Staatlichen Historischen Archiv *(Rossijskij Gosudarstvennyj Istoričeskij Archiv, RGIA)* in Sankt Petersburg. Die Bestände des *Ministerstvo Narodnogo Prosveščenija (MNP)*, des 1802 im Zuge der Regierungsreform Alexanders I. gebildeten Ministeriums für Volksaufklärung,[94] bei der die meisten Kollegien aufgelöst bzw. zu Ministerien zusammengefaßt wurden, halten eine kaum zu bearbeitende Fülle von Material bereit. Im *RGIA* befinden sich bis auf wenige Ausnahmen alle relevanten Archivalien zur Geschichte staatlicher Behörden seit etwa der Mitte des 18. Jahrhunderts, als sich Sankt Petersburg als Regierungssitz fest etabliert hatte. Zwar wurden einige Bestände, die die Sowjetregierung nach der Revolution von 1917 für besonders brisant hielt, nach Moskau verbracht - dazu gehören etwa die persönlichen Papiere und Materialien der Zaren, die sich heute im ehemaligen Archiv der Oktoberrevolution befinden -, alle wesentlichen, für den Zusammenhang von Wissenschaft, Bildung und Volksaufklärung in den letzten Jahrzehnten des 18. Jahrhunderts und im 19. Jahrhundert relevanten Bestände sind jedoch in Sankt Petersburg verblieben.

So befinden sich im *RGIA* die Bestände der Kommission, der Katharina II. 1782 die Ausarbeitung eines Schulstatuts anvertraute und die sie dann auch mit der Durchführung des *ustav* von 1786, in dessen Folge das Reich mit einem zweistufigen Schulnetz überzogen wurde, beauftragte.[95] Noch bevor das Ministerium für Volksaufklärung mit seinem ersten Minister Petr V. Zavadovskij an der Spitze seine Arbeit aufnehmen konnte, wurde mit der Hauptverwaltung der Schulen eine der Kommission zugehörige Unterbehörde eingerichtet, die der Ansprechpartner für die 1803/04 gebildeten sechs Lehrbezirke (*učebnye okrugi*) war und dies bis zu den Reformen von 1863/64 auch

---

[94] Amburger, E., Geschichte der Behördenorganisation in Rußland von Peter dem Großen bis 1917. Leiden 1966 (= Studien zur Geschichte Osteuropas, 10), S. 188-199.
[95] RGIA, f.730: Kommissija ob učreždenii narodnych učilišč. Hier befinden sich Briefwechsel zwischen Kommissionsmitgliedern, der Kommissionsmitglieder mit Katharina II., aber auch Akten zur Gewinnung von Lehrpersonal für die Schulen, Korrespondenz mit der lokalen Verwaltung und anderes mehr. RGIA f. 731: Kommissija ob učreždenii narodnych učilišč, žurnal zasedanii kommissii. Die Sitzungen der Kommission sind hier mit Datum und den anwesenden Personen verzeichnet. Jedoch ist der Gegenstand der Diskussion und das Ergebnis aus den Journalen nicht immer ersichtlich.

blieb.[96] Diese Kommission der Hauptverwaltung, die jeweils aus Persönlichkeiten bestand, die nicht unbedingt im Bereich von Wissenschaft und Bildung tätig sein mußten - auch wenn nicht wenige Akademiemitglieder und bedeutende Wissenschaftler darunter waren -, entschied unter Vorsitz des Ministers nicht selten Alltagsgeschäfte, wie Bitten des Lehrpersonals um zusätzliche Zuwendungen oder Fragen der Bibliotheksausstattung, bereitete jedoch auch die relevanten Statuten für Universitäten und Schulen vor. Ihre Akten bilden die Schlüsselquellen für die den gesetzgeberischen Akten vorangehenden Diskussionen. Zu Beginn der Herrschaft Nikolaus' I., der nach dem Dekabristenaufstand 1825 eine Überprüfung aller Institutionen des Bildungswesens für nötig hielt, wurde die Hauptverwaltung in ihrer Bedeutung vorübergehend herabgemindert durch das *Komitet ustrojstv učebnych zavedenij*, am besten zu übersetzen als „Komitee für die Neuerrichtung der Bildungseinrichtungen". Dieses versank jedoch nach der Ausarbeitung des *ustav* für die Schulen im Jahre 1828 und nach der Übernahme des Ministeriums durch Sergej S. Uvarov (1832/33) in der Bedeutungslosigkeit.[97]

Trotz des Versuches, der Verwaltung mit der Ministerialordnung ein zeitgemäßeres, effektiveres Gewand zu geben, blieb es, wie an den genannten Kommissionen zu ersehen ist, beim Regieren mit Komitees, denen mitunter sich überschneidende Aufgaben übertragen wurden: So hatte sich das *Učenyj komitet*[98] ebenso wie das *Komitet rassmotrenija učebnych rukovodstv*[99] mit der Auswahl geeigneten Unterrichtsmaterials zu beschäftigen, Bücher zur Übersetzung vorzuschlagen, die Versorgung der Universitätsbuchhandlungen mit Schulbüchern zu regeln, aber auch Empfehlungen für die Bestückung naturwissenschaftlicher Kabinette in den Schulen zu geben und anderes mehr. Aktenstücke insbesondere des ersteren Komitees wurden ebenso herangezogen wie die einer weiteren Kommission, die aufgrund eines pädagogischen Trends gegründet wurde, auf den im Verlaufe der Arbeit mehrfach zurückzukommen sein wird: Um mit möglichst wenig Lehrern möglichst viele Kinder im Sinne des christlichen Glaubens zu unterrichten, wurden seit etwa 1815 u. a. durch die russische Bibelgesellschaft die Schulen für den gegenseitigen Unterricht, nach einem ihrer britischen Gründer Lancasterschulen genannt, popularisiert. Da der Präsident der russischen Bibelgesellschaft, Fürst A. N. Golicyn, nach 1816 gleichzeitig Minister für Volksaufklärung wurde, sollte

---

[96] RGIA, f. 732: Glavnoe upravlenie učilišč.
[97] RGIA, f. 737: Komitet ustrojstv učebnych zavedenij (1826-1850). Das Komitee wirkte auch noch an der Vorbereitung zur Gründung der Kiever Universität Sv. Vladimir sowie an den Vorbereitungen für den neuen Universitäts*ustav* von 1835 mit. 1850 bat sein letzter Vorsitzender Graf Viel'gorskij wegen fehlender Aufgaben um Auflösung.
[98] RGIA, f. 734: Učenyj komitet (1817-1831; 1856-1863).
[99] RGIA, f. 739: Komitet rassmotrenija učebnych rukovodstv (1850-1856).

1.2. Quellengrundlage

dieser Schultypus flächendeckend in Rußland eingeführt werden, womit sich das *Komitet ob učreždenii učilišč vzaimnogo obučenija* beschäftigte.[100]

Neben diesen Einrichtungen, deren Archivalien nicht nur über die Haltung der Ministerialbürokratie, sondern auch der jeweiligen gesellschaftlichen Milieus, aus denen an Bildung interessierte Vertreter jeweils um Mitarbeit oder um Expertisen gebeten wurden, Auskunft geben, sind die Akten der Lehrbezirke von Bedeutung: Universitätsangehörige, Gymnasialdirektoren, Visitatoren, die alle staatlich-säkularen Schultypen, aber auch private Bildungseinrichtungen zu überprüfen hatten, leiteten über den Kurator ihre Berichte jeweils dem Ministerium zu. Daher finden sich auch im RGIA die wesentlichen Akten für den Versuch, die Umsetzung von Bildungsdiskurs und Bildungsgesetzgebung auf einer regionalen Ebene zu beschreiben. In diesen *otčety*, in den Anlagen zu diesen Tätigkeitsberichten, aber auch in Akten zu Personal- und materiellen Angelegenheiten der Schulen finden sich eine Vielzahl von Informationen zur Ausstattung von Schulen, zum Schulbesuch, um die Mitte des 19. Jahrhunderts auch immer differenziertere Angaben zur sozialen Herkunft der Schüler. Zugleich sind diese *otčety* jedoch ein Genre, das in seiner Aussagekraft nicht überschätzt werden darf, so wie es Larissa Bulgakova, die 1978 in einer Miszelle diese Quellengruppe beschrieb, getan hat.[101] Die Möglichkeit, regionale Verhältnisse mikrogeschichtlich in toto abzubilden, erhält der Historiker durch eine Auswertung nicht, dazu entsprachen sie zu sehr den schematischen Vorgaben des Ministeriums, so daß schon Uvarov die Aussagekraft mancher Tätigkeitsberichte aus der Peripherie bezweifelte. Übernahmen aus alten Rechenschaftsberichten waren ebenso häufig wie harmlos: Mitunter berichteten Visitatoren über Reisen in die Provinz, die sie gar nicht unternommen hatten. Um die Mitte des 19. Jahrhunderts lagen die ersten *otčety* für einige Lehrbezirke in kleiner Auflage für den amtlichen Gebrauch gedruckt vor. Umfang und Häufigkeit des Drucks hing, wie die Durchsicht gezeigt hat, sehr stark von dem Engagement, aber auch dem Selbstdarstellungswillen des jeweiligen Kurators ab. Ebenso mag ein gewisser Rechtfertigungsdruck für die eigene Tätigkeit mitentscheidend gewesen sein: Als 1850 der Lehrbezirk Wilna in rudimentärer Form wiederbegründet wurde, stand er gewissermaßen unter „besonderer Beobachtung", war doch neben der Universität Wilna infolge des polnischen Aufstandes gleichzeitig der Lehrbezirk aufgelöst worden und Nikolaus I. in der Folge jede von Polen besuchte Bildungseinrichtung von vornherein als Hort des Separa-

---

[100] RGIA, f. 736: Komitet ob učreždenii učilišč vzaimnogo obučenija (1820-1831); das Komitee tagte 1821-1823 monatlich, danach wurden die Abstände immer größer, nicht zuletzt, da die mit den Schulgründungen verbundenen Daueraufgaben von den fest institutionalisierten Komitees und Behörden wahrgenommen wurden.
[101] Bulgakova, L. A., Otčety popečitelej po učebnym okrugam i universitetam kak istočnik, in: Vspomogatel'nye istoričeskie discipliny 10 (1978), S. 244-251.

tismus verdächtig. Die Wilnaer Kuratoren zogen daraus in den folgenden Jahrzehnten die Konsequenz einer besonders skrupulösen Rechenschaft über die eigene Tätigkeit. So erstaunt es nicht, daß das Ministerium für Volksaufklärung, als es mit der Publikation von Quellen aus seinen Archiven begann, gerade auch Dokumente über die Bildungseinrichtungen derjenigen Gebiete zusammenstellte, die als Beute aus den Teilungen Polens an das Zarenreich gefallen waren und aus denen dann der Lehrbezirk Wilna gebildet wurde, um mögliche polnische Einflüsse offenzulegen.[102] Überaus ausführliche *otčety* entstanden, als um 1860 im Zuge der beginnenden Diskussionen um neue Universitäts- und Schulstatuten die Mitglieder der zuständigen Kommission in die Bezirke geschickt wurden, um die Bildungseinrichtungen zu evaluieren, wobei sie ihren Berichten historische Skizzen vorschalteten und - dies sei vorweggenommen - in manchem das Bild, das die Kuratoren nach St. Petersburg vermittelten, korrigierten. Letztlich um Konkordanzen zu den über die Jahrzehnte entstandenen Verordnungen, Zirkularen und Haushaltsansätzen einzelner Einrichtungen zu schaffen, gab das Ministerium nicht zuletzt aufgrund der *otčety* der Kommissionen, die in der Zeit Alexanders II. die neuen *ustavy* vorbereitet hatten, umfangreiche Bände mit den entsprechenden rechtlich bindenden Anordnungen heraus, die nicht Eingang in die „Vollständige Sammlung der Gesetze"[103] gefunden hatten.[104]

Als Ergänzung zu all diesen Quellen dienen Selbstzeugnisse - Briefwechsel und Memoiren -, die in den vorrevolutionären *tolstye žurnaly* erschienen sind. Mitunter will es scheinen, als habe jeder Beamte und jeder Offizier, der den achten Rang auf der Rangtabelle und damit den persönlichen Adel erreicht hatte, nachgerade zwanghaft unterschiedlich umfängliche Memoiren über die jeweilige Zeit auf dem Gymnasium, in den Pensionen, an der Universität und natürlich über den späteren Dienst verfassen müssen. Enthalten sind Schlüsselthemen wie die Haltung zu den Dekabristen, mögliche Begegnungen mit Aleksandr Puškin, Sergej Uvarov und anderen mehr oder weniger bedeutenden Persönlichkeiten, die die Bildungsbiographie der Verfasser derart beeinflußten oder ihr zumindest Glanz gaben, so daß sie diese Begegnung für notizwürdig

---

[102] Diese umfangreichen Bände enthalten neben den *ustavy* und Verordnungen vor allem wichtige Korrespondenzen, Rapports, Visitationsberichte und statistische Materialien. Sie sind bisher lediglich für die Universitäten ausführlicher ausgewertet worden, vgl.: Ministerstvo narodnogo prosveščenija (Hrsg.), Sbornik materialov dlja istorii prosveščenija v Rossii. T. 1-4. SPb. 1893-1904.
[103] Polnoe sobranie zakonov Rossijskoj imperii. Sobranie pervoe. T. 1-45. SPb. 1833. Sobranie vtoroe. T. 1-55. SPb. 1833-1884.
[104] Ministerstvo narodnogo prosveščenija (Hrsg.), Sbornik postanovlenij po ministerstvu narodnogo prosveščenija. T. 1-2. SPb. 1875-1876; Ministerstvo narodnogo prosveščenija (Hrsg.), Sbornik razporjaženij po ministerstvu narodnogo prosveščenija. T. 1-3. SPb. 1866-1867. Auch bei diesen Bänden ist es erfreulich, daß nicht nur die Verordnungen selbst, sondern zugleich auch Dokumente, die die zugrunde liegenden Vorgänge beleuchten, publiziert wurden.

hielten. Naturgemäß tragen diese Quellen alle Spezifika ihres Genres ebenso in sich[105] wie entsprechende Beiträge in Zeitschriften und Zeitungen, die den Prozeß der Institutionalisierung von Bildung begleiteten. Hier sind nicht nur Monats- oder Tagespublikationen gemeint wie *Vestnik Evropy*, *Sovremennik* oder die *Sankt Peterburgskie Vedomosti*, sondern vor allem die vom Ministerium für Volksaufklärung herausgegebenen Journale, so das seit 1834 erscheinende *Žurnal Ministerstva Narodnogo Prosveščenija*, das sich unter der Protektion Sergej Uvarovs zu einem Forum für pädagogische Debatten, aber auch für Kritik an Mißständen innerhalb verschiedener Bildungseinrichtungen in Form von Korruption und Mißwirtschaft entwickeln konnte, da sich das Ministerium eine äußerst zurückhaltende Zensur dieser Publikation auferlegte.

Eine Bemerkung zur Datierung: Da es sich um Fragen der inneren Entwicklung des Zarenreiches handelt, werden die Daten nach dem julianischen Kalender, also im „alten Stil" angegeben.

---

[105] Hierzu die ausgezeichnete Problematisierung bei: Stadler, P., Memoiren der Neuzeit. Betrachtungen zur erinnerten Geschichte. Zürich 1995; über Memoiren als literarisches Genre im historisch-gesellschaftlichen Kontext für Rußland und zur Zirkulation dieser oft ungedruckten Literatur: Tartarovskij, A. G., Russkaja memuaristika XVIII - pervoj poloviny XIX v. Ot rukopisi k knige. Moskva 1991; Memoiren als Quellen für die Bildungsgeschichte: Bulgakova, L. A., Memuary kak istočnik po istorii universitetov Rossii, in: Vspomogatel'nye istoričeskie discipliny 16 (1985), S. 189-202.

2. ZWISCHEN FACHAUSBILDUNG UND GEISTLICHEM SEMINAR: DAS ENTSTEHEN EINER BILDUNGSLANDSCHAFT IM ZARENREICH WÄHREND DER ERSTEN HÄLFTE DES 18. JAHRHUNDERTS

2.1. BILDUNG UND ERZIEHUNG AN DER WENDE VOM 17. ZUM 18. JAHRHUNDERT - EIN ELEMENT DER „PETRINISCHEN REVOLUTION"?

Die Person Peters I. hat Historikergenerationen fasziniert, und bis heute wird das vielfältige Bild des umstrittenen Herrschers und seiner Zeit ebenso um Detailforschungen bereichert wie in seiner Gesamtheit diskutiert. Je nach Standpunkt und Fragestellung wurde Peter als „Neuerer" in den Vordergrund gestellt, in den geistigen Strömungen seiner Zeit betrachtet, oder aber es wurden die Auswirkungen der Politik des Zaren auf die Gesellschaft, die soziale Schichtung und die Gestalt seines Staates untersucht. Von der „Europäisierung Rußlands" sprachen schon Zeitgenossen, das „Fenster nach Europa" habe Peter geöffnet, manche meinten gar „gehauen", und den Slavophilen schien der von ihm eingeschlagene Weg in toto ein Irrweg in der Geschichte des Zarenreiches gewesen zu sein.[1]

Unbestritten ist jedoch der Zäsurcharakter der Epoche Peters I. Zwar hatte die Überwindung einer isolationistischen Haltung, die gleichzeitig zu Selbstbeschränkung und Xenophobie geführt hatte,[2] schon im 17. Jahrhundert eingesetzt. Vorsichtige Reformen wurden durch Übernahme westlicher Vorbilder mit dem Effekt einer nicht intendierten, jedoch faktisch beginnenden Europäisierung von den Romanov-Zaren

---

[1] Hierzu jetzt resümierend: Malia, M., Russia under Western Eyes. From the Bronze Horseman to the Lenin Mausoleum. Cambridge, Mass. 1999, S. 17-42; Hughes, L., Peter the Great. A Biography. New Haven 2002, S. 219-225, sowie als klassische, frühe kulturgeschichtliche Darstellung: Brückner, A./Mettig, C., Die Europäisierung Rußlands im 18. Jahrhundert. Gotha 1913 (= Allgemeine Staatengeschichte, Abt. 1: Geschichte der europäischen Staaten). Vgl. auch Kap. 1.1.

[2] Hierzu: Scheidegger, G., Perverses Abendland - barbarisches Rußland. Begegnungen des 16. und 17. Jahrhunderts im Schatten kultureller Mißverständnisse. Zürich 1993.

Michail, Aleksej und Fedor sowie der Regentin Sofija unternommen.³ Eine Trennlinie zwischen dem Moskauer Zartum und dem Petrinischen Imperium wird daher nicht mehr so scharf zu ziehen sein,⁴ doch ist die Katalyse der Entwicklung durch die Radikalität des umfassenden Zugriffs von seiten Peters unabweisbar. Dies gilt auch für die sich massiv verstärkenden Anstrengungen des Staates, seinen Untertanen Erziehung, Ausbildung, schließlich Bildung zukommen zu lassen. Die jeweiligen Motive des Herrschers sowie grundsätzliche Äußerungen über Sinn und Funktion von Bildung im Rahmen des sozialen und staatlichen Gesamtgefüges - die sich, wie einleitend dargelegt, nicht in einen abgeschlossenen Diskurs einordnen lassen - werden in diesem Kapitel ebenso zu erörtern sein wie die Ergebnisse, die diese Bemühungen in den ersten Jahrzehnten des 18. Jahrhunderts zeitigten. Sie bilden gleichsam das Fundament, auf dem in der zweiten Hälfte des 18. Jahrhunderts aufgebaut werden konnte. Um das Maß an Radikalität dieser Bemühungen, aber auch die sich fortsetzende Kontinuität aus dem 17. Jahrhundert bestimmen zu können, sei zunächst ein Blick auf die Bildungseinrichtungen am Beginn der Regierungszeit Peters I. geworfen.

Ausländischen Reisenden schienen an jenen Orten, die sie besuchten oder von denen sie hörten, kaum Bildungseinrichtungen vorhanden zu sein. John Perry z. B. vermißte im Moskauer Reich jegliche „colleges" zur Ausbildung - mit Ausnahme desjenigen in Kiev, das er mit der treffenden Bemerkung versah, es liege 700 Meilen von Moskau entfernt an der Grenze zu Polen, und die Russen gingen dort nur sehr selten hin, um zu lernen.⁵ Dennoch war das Kollegium in Kiev die vom Lehrplan her anspruchsvollste und in sich differenzierteste Bildungseinrichtung des Zarenreiches. Hervorgegangen aus einer Klosterschule und bei seiner Gründung noch zum polnisch-litauischen Staatsverband gehörig, war es vom Aufbau wie vom Curriculum her stark an west- und

---

³ Jüngst hat Nancy Shields Kollmann herausgearbeitet, wie stark sich die Herrscher des 17. Jahrhunderts auch in ihren Reformentscheidungen am Konsens zu orientieren suchten, der allerdings nicht selten in der Wiederherstellung des „Alten" bestand (Kollmann, N. S., By Honor Bound. State and Society in Early Modern Russia. Ithaca usw. 1999). Siehe zum Gesamtproblem aus der Fülle der Literatur: Pančenko, A. M., Russkaja kul'tura v kanun petrovskich reform. Leningrad 1984; Hughes, L., Sophia, Regent of Russia. New Haven usw. 1990, S. 105-119.
⁴ Den abrupten Neuanfang betonte besonders stark Reinhard Wittram in einer Vorstudie zu seiner klassischen, noch immer unverzichtbaren Biographie über Peter I.: Wittram, R., Der Eintritt Rußlands in die Neuzeit. Berlin usw. 1954; ders., Peter I. Czar und Kaiser. Zur Geschichte Peters des Großen in seiner Zeit. Bd. 1-2. Göttingen 1964. Für die Bezeichnung des 17. Jahrhunderts als eine Periode des Übergangs plädierte u. a. Max J. Okenfuss: „Russia's rulers and elite increasingly measured their government by Western standards, accepted Western definitions of the relationships between the rulers and the ruled, even when they defended their ways against the West." (Okenfuss, M. J., The Rise and Fall of Latin Humanism in Early Modern Russia. Pagan Authors, Ukrainians, and the Resiliency of Muscovy. Leiden usw. 1995 (= Brill's Studies in Intellectual History, 64), S. 3-6 (Zitat S. 3).
⁵ Perry, J., The State of Russia under the Present Czar. London 1716 (Reprint: 1967), S. 215.

2.1. Bildung und Erziehung

mitteleuropäischen, insbesondere an jesuitischen Kollegien orientiert. Seine nicht genau zu terminierende Gründung stellt sich damit ebenso in den weiteren Kontext der verstärkten Auseinandersetzungen der verschiedenen Konfessionen im polnisch-litauischen Staat im Zuge der Gegenreformation wie die als Abwehrreaktion gegründeten orthodoxen *bratskie školy*, die sich in der Ukraine weitgehend der Jurisdiktion des Moskauer Patriarchats entzogen. Nach dem Waffenstillstand von Andrusovo (1667), der die Südwestexpansion des Zarenreiches auf Kosten Polen-Litauens vertraglich besiegelte, gab es in dem nun zu Rußland gehörenden Teil der Ukraine Bildungseinrichtungen verschiedener Ebenen und Traditionen. Diese waren nicht so sehr aufgrund der Inhalte, sondern aufgrund der Fähigkeiten, die sie vermittelten, für den Staat von Interesse.[6] Am Kiever Kollegium, getragen von orthodoxen Geistlichen, wurde der Unterricht - im Gegensatz zu den *bratskie školy* - auf der Basis lateinischer Textbücher abgehalten, wobei vorchristliche, antike Autoren zugelassen waren. Die Regierung Peters erkannte den Wert dieser Einrichtung, ungeachtet der Widerstände starker Gruppierungen innerhalb des orthodoxen Klerus: Dafür spricht das Patent vom 11. Januar 1694, in dem Kindern des russischen Volkes aus allen Ständen und allen Ländern erlaubt wurde, das Kollegium in Kiev zu besuchen, dafür spricht auch die Erhebung des Kollegiums in den Rang einer Akademie,[7] womit die formale Gleichrangigkeit zu entsprechenden westeuropäischen Einrichtungen schon in der Bezeichnung ausgedrückt werden sollte.

Bereits während der Regentschaft der Carevna Sofija wurde in Moskau eine Akademie gegründet,[8] um in der Hauptstadt eine dem Kiever Niveau entsprechende Einrichtung zu besitzen. Neben der Ausbildung der Geistlichkeit sollte durch eine allgemeine Zugangsberechtigung auch anderen Kindern der Elite die Möglichkeit gegeben werden, eine über die häusliche Erziehung hinausgehende formalisierte Bildung zu erhalten und damit den erweiterten Anforderungen des frühmodernen Staates gerecht werden zu können.[9] Die im Gründungspatent eingeforderten Disziplinen orientierten sich durchaus an denjenigen in westlichen Kollegien, doch gab es für die Moskauer

---

[6] Ihre kulturelle Ausstrahlungskraft und konkrete Bedeutung in der Wissenschaft wurden freilich in der Forschung unterschiedlich gewichtet. Siehe hierzu aus der Fülle der Literatur: Medynskij, E. N., Bratskie školy Ukrainy i Belorussii v XVI i XVII vv. i ich rol' v vossoedinenii Ukrainy s Rossiej. Moskva 1954; Lewitter, L., Peter the Great, Poland and the Westernization of Russia, in: JHI 19 (1958), S. 493-506; Okenfuss, M. J., The Jesuit Origins of Petrine Education, in: Garrard, J. (Hrsg.), The Eighteenth Century in Russia. Oxford 1973, S. 106-130, hier S. 107-110.

[7] Beide Patente abgedruckt in: Medynskij, Bratskie školy, S. 165-172; vgl. auch Višnevskij, D., Kievskaja Akademija v pervoj polovine XVIII stoletija. Kiev 1903, S. 3 f.

[8] Zur Geschichte der Akademie nach wie vor am ausführlichsten: Smirnov, S. K., Istorija Moskovskoj Slavjano-Greko-Latinskoj Akademii. Moskva 1855, S. 5-81. Dort werden auch die Vorläuferschulen im Moskauer Čudov-Kloster und der Moskauer Typographie beschrieben.

[9] Das Patent der Moskauer Akademie in Auszügen abgedruckt in: Zimin, A. A. (Hrsg. u. a.), Chrestomatija po istorii SSSR. T. 2: XVI-XVIII vv. Moskva 1962, S. 585 f.

Akademie in den ersten Jahren ihrer Existenz einen nicht unwichtigen Unterschied zu ihren westlichen Vorbildern: Die Unterrichtssprachen waren zunächst das der potentiellen Klientel vertrautere Kirchenslavisch und das Griechische.

Der Wechsel zum Lateinischen als Unterrichtssprache beendete eine Auseinandersetzung zwischen verschiedenen Fraktionen des orthodoxen Klerus, die sich entweder für das Festhalten an griechisch- bzw. russisch-orthodoxen Traditionen einsetzten[10] oder aber eine Öffnung für die aus Kiev und der Ukraine kommenden Einflüsse forderten - und damit dem noch nicht klar erkennbaren Weg petrinischer Modernisierungspolitik folgten. Der Tod des Patriarchen Adrian im Oktober 1700 und die Übernahme des Amtes des Patriarchatsverwesers durch Stefan Javorskij waren äußere Zeichen des Sieges derjenigen, die sich für eine Öffnung gegenüber ukrainisch-polnisch-lateinischen Einflüssen einsetzten.[11] „Yavorsky created in Moscow a duplicate of the Latin Academy in Kiev. The Curriculum was identical".[12] Lehrkräfte aus Kiev und anderen ukrainischen Klosterschulen übernahmen den Unterricht an der Slavisch-Griechisch-Lateinischen Akademie. Der Unterricht in lateinischer Sprache stellte eine intellektuelle Herausforderung für die Schüler dar, so daß innerhalb der Schülerschaft eine Verschiebung zuungunsten der weniger vorgebildeten Großrussen erfolgte.[13] Dennoch erschien gerade dieses Modell geeignet, um auf einer breiteren Literaturbasis Kultur und Wissen für die Bildung nutzbar zu machen und somit einen Weg der Modernisierung zu beschreiten. Dabei ließ sich zu diesem Zeitpunkt noch nicht absehen, daß diese ersten Ansätze für eine im Zarenreich moderne Bildungseinrichtung, deren tiefreichende Wurzeln letztlich in die Renaissance zurückführten, im westlichen Europa und auch im Zarenreich schon bald als überholt gelten mußten.[14]

Neben diesen beiden Spitzeneinrichtungen existierte zu Beginn der Herrschaft Peters eine ganze Reihe von Formen und Institutionen, in denen Erziehung, Ausbildung und Bildung vermittelt und erfahren wurde. Die moralische und religiöse Erziehung erfolgte in der Regel im familiären Umfeld, unabhängig von der sozialen und gesell-

---

[10] Zu der „konservativen", von griechischen Immigranten, den Lichud-Brüdern, gestützten Fraktion siehe: Cracraft, The Church Reform, S. 92 f.; Kraft, E., Moskaus griechisches Jahrhundert. Russisch-griechische Beziehungen und metabyzantinischer Einfluß 1619-1694. Stuttgart 1995 (= Quellen und Studien zur Geschichte des östlichen Europa, 43), S. 178-180.
[11] Zu seiner Person und zu seiner Haltung gegenüber der petrinischen Kirchenpolitik noch immer: Sherech, J., Stefan Yavorsky and the Conflict of Ideologies in the Age of Peter the Great, in: SEER 30 (1951/52), S. 40-62.
[12] Okenfuss, The Jesuit Origins, S. 116.
[13] Hierzu: Rogov, A. I., Novye dannye o sostave učenikov Slavjano-greko-latinskoj akademii, in: Ist SSSR (1959), 3, S. 140-147.
[14] Hierzu aus der Fülle der Literatur: Hammerstein, N. (Hrsg.), Handbuch der deutschen Bildungsgeschichte. Bd. 1: 15.-17. Jahrhundert. Von der Renaissance zur Reformation. München 1996.

2.1. Bildung und Erziehung

schaftlichen Stellung. Der *Domostroj* aus der Zeit Ivans IV.[15] stellte auch noch am Beginn des 18. Jahrhunderts das Werk dar, nach dessen Regeln der Hausvater seine Familie zu führen hatte und die Kinder erzogen werden sollten. Die Ordnungsmuster und Strukturen, die in diesem altrussischen Hausbuch im 16. Jahrhundert thematisiert worden waren, ließen sich zudem auf die hierarchische Gliederung des Staates und die Beziehung zwischen Herrscher und Untertan übertragen. Religiöse Texte und Katechismen dominierten die sich im 17. Jahrhundert ausweitende Buchproduktion und vervollkommneten bei denjenigen, die des Lesens mächtig waren, die Selbstbildung. Die Analphabeten, auch unter den Vertretern des Hochadels überaus zahlreich, waren auf das angewiesen, was ihnen durch die Lesekundigen, mehrheitlich Geistliche, vorgetragen wurde.[16]

Die Unterweisung in religiösen und moralischen Werten erfuhr im Verlauf des 17. Jahrhunderts für die Elite des Moskauer Reiches eine langsame, für den einzelnen wohl mitunter nicht erkennbare Veränderung.[17] Auf die kulturellen Konsequenzen der Südwestexpansion des Zarenreiches wurde, was polnische und westeuropäische Einflüsse angeht, anhand der Akademien bereits hingewiesen. Auch die Kirchenspaltung infolge der Nikonschen Reformen, in der nicht nur um die Gestaltung eines gottgefälligen und moralischen Lebens des einzelnen Gläubigen gestritten wurde, sondern letztlich auch um die Richtung, in die sich, ausgehend von kirchlich-normativen Vorgaben, die Elite des Zarenreiches entwickeln sollte, beschleunigte den Prozeß. Dabei befand sich der Moskauer Staat in einer sich wandelnden Umwelt und veränderte sich seinerseits mit. Neuerungen im Bereich des Militärwesens, im Bereich der sich in die Provinzen ausdehnenden Verwaltung und auf anderen Gebieten erforderten in immer stärkerem Maße

---

[15] Zum „Domostroj" liegen verlässliche Editionen vor: Birkfellner, G., Domostroj: christliche Lebensformen, Haushalt und Ökonomie im alten Russland = Der Hausvater. Osnabrück 1998; Kolesov, V. V. (Hrsg.), Domostroj. SPb. 1994; Pouncy C. L. (Hrsg.), The Domostroi: Rules for Russian Househoulds in the Times of Ivan the Terrible. Ithaca, NY 1994.

[16] Die Frage der Alphabetisierung verschiedener sozialer Gruppen, wie auch der Bevölkerung insgesamt, läßt sich im Gegensatz zur Rekonstruktion von Ausbildungsmustern kaum befriedigend beantworten. Hierzu: Marker, G., Literature and Literacy in Muscovy. A Reconsideration, in: SR 49 (1990), S. 74-89; am Beispiel des Militärs im 17. Jahrhundert in einer Regionalstudie veranschaulicht von: Stevens, C. B., Belgorod: Notes on Literacy and Language in the Seventeenth-Century Army, in: RH 7 (1980), S. 113-124.

[17] Zum Folgenden: Okenfuss, M. J., Discovery of Childhood in Russia: The Evidence of Slavic Primer. Newtonville 1980; hierzu auch die vom selben Verfasser besorgte Übersetzung des noch immer anregenden Aufsatzes von Vasilij Ključevskij „Dva vospitanija" aus dem Jahre 1893: Okenfuss, M. J., V. O. Ključevskij on Childhood and Education in Early Modern Russia, in: HEQ 17 (1977), S. 417-447. Ključevskij vergleicht hier Erziehungsideale des *Domostroj* und weitere religiöse Erziehungsliteratur aus dem 16. Jahrhundert mit Konzepten der zweiten Hälfte des 18. Jahrhunderts. Noch immer anregend auch: Miljukov, P. N., Očerki po istorii russkoj kul'tury. T. 2, č. 2: Iskusstvo, škola, prosveščenie. Moskva 1994, S. 207-222. A. M. Pančenko spricht in diesem Zusammenhang - nicht unumstritten - davon, Rußland habe sich bereits in der zweiten Hälfte des 17. Jahrhunderts auf einem „Weg zur Säkularisierung der Kultur" befunden (Pančenko, Russkaja kul'tura, S. 57).

nicht nur eine Erziehung innerhalb der Familie, sondern auch eine Ausbildung für den Beruf und für die Tätigkeit im Staatsdienst, sowohl im zivilen wie im militärischen Bereich.[18] Hier wie in den nichtstaatlichen Berufen dominierte in der zweiten Hälfte des 17. Jahrhunderts das praktische Lernen am Vorbild: Der Bauer gab an seine Söhne sein Wissen um Anbaumethoden, Wechsel der Jahreszeiten und Verhalten gegenüber der Außenwelt jenseits des bäuerlichen Lebenskreises weiter; der Handwerker und der Kaufmann versorgten ihren Nachwuchs ebenso mit den notwendigen Kenntnissen, die schon sie selbst in die Lage versetzt hatten, in Handel und Gewerbe für das Auskommen ihrer Familie zu sorgen. Die Geistlichkeit bildete ihre Kinder in der Regel daheim für die Nachfolge im Amt aus, und auch in der Verwaltung, in den Voevodschaften und in den *prikazy* wurden Kinder der Beamten in der jeweiligen Behörde angelernt, um Schreib- oder gar Übersetzerdienste leisten zu können.[19] So gab nicht nur der gesetzliche Rahmen, sondern auch die Form des Ausbildung, bei der Professions-, Standes- und Gruppenwechsel kaum vorgesehen waren, eine Festigung gesellschaftlicher Strukturen vor.

An der Wende vom 17. zum 18. Jahrhundert zeigte sich jedoch ein differenzierteres Bild. Davon zeugen nicht nur die beiden Akademien, sondern weitere, wenn auch wenig zahlreiche und oft kurzlebige Schulen in der Regie der hohen Geistlichkeit.[20] Zudem kamen infolge der vorsichtigen Öffnung des Moskauer Reiches immer mehr Ausländer ins Land, die sich entweder im Handel betätigten oder als Fachkräfte für bestimmte Handwerke, im Militär oder der Verwaltung benötigt wurden. Die Möglichkeiten dieser Ausländer, ihr Wissen an interessierte Kreise weiterzugeben, wurden vom Staat dadurch begrenzt, daß sie nicht das Recht der freien Ansiedlung besaßen, welches sie erst unter Peter und seinen Nachfolgern erhalten sollten; sie lebten in getrennten Siedlungen, Ausländervorstädten, von denen die „Nemeckaja sloboda" in Moskau die größte,[21] aber keineswegs die einzige war.[22] Trotz der verordneten Abgeschiedenheit ergaben sich vielfältige Kontakte, aus denen Formen der Zusammenarbeit, wenn auch nicht des Zusammenlebens, entstanden, die zu einem freilich kaum bestimmbaren Lerneffekt bei

---

[18] Vladimirskij-Budanov, M., Gosudarstvo i narodnoe obrazovanie v Rossii XVIII-go veka. Jaroslavl' 1874, S. 95-98.
[19] Dies führte, wie N. F. Demidova exemplarisch an den *prikaznye ljudi* zeigte, zu einer Reproduktion der jeweiligen Gruppe aus sich selbst heraus (Demidova, N. F., Prikaznye ljudi XVII veka. Social'nyj sostav i istočnik formirovanija, in: IZ 90 (1972), S. 332-354).
[20] Siehe hierzu: Rumjanceva, V. S., Andreevskij učiliščnyj monastyr' v Moskve v XVII v., in: Rybakov, B. A. (Hrsg.), Kul'tura srednevekovoj Moskvy, XVII vek. Moskva 1999, S. 292-304, hier insbesondere S. 298 f.
[21] Hierzu das monumentale und quellengesättigte Werk von Vera Kovrigina: Kovrigina, V. A., Nemeckaja sloboda Moskvy i ee žiteli v konce XVII-pervoj četverti XVIII vv. Moskva 1998.
[22] Solche Vorstädte existierten vor allem in Städten, die für ausländische Händler als „Einfallstore" in das Zarenreich fungierten, etwa Astrachan' oder Archangel'sk. Vgl. Pec, A. P., Nemeckaja sloboda v Archangel'ske, in: Slavgorodskaja, L. G. (Hrsg. u. a.), Nemcy v Rossii: Ljudi i sud'by. SPb. 1998, S. 18-28, hier S. 18-23.

2.1. Bildung und Erziehung

Kaufleuten, Handwerkern, Soldaten und Beamten führten. Die Ausländer errichteten an ihren Kirchen Schulen, die je nach Größe der Gemeinde auch überkon-fessionell ausgerichtet sein und in seltenen Fällen auch von russischen (Adels-)Kindern besucht werden konnten. Lutherische Protestanten und Reformierte besaßen derartige Einrichtungen, deren Zulauf und Erfolg wesentlich von der Person des Geistlichen abhing, der in der Regel die Lehrtätigkeit übernahm.[23]

Für den Beginn der Herrschaft Peters I. wird gern auf das Beispiel des Pastors Ernst Glück verwiesen, der aus Livland stammte und in dessen Haus die spätere Katharina I. als Magd diente. Sein „Gymnasium"[24] wurde von deutschstämmigen wie russischen Kindern besucht, neben religiöser Unterweisung wurde Sprachunterricht erteilt und grundlegende Kenntnis in den Naturwissenschaften vermittelt. Allerdings darf Glücks Bedeutung auf der Suche nach deutsch-russischen Kulturkontakten nicht überschätzt werden. Er selbst leitete seine sich durch das hohe Niveau von anderen Konfessionsschulen abhebende Einrichtung kaum mehr als zwei Jahre (1703-1705), und schon unter seinem Nachfolger verfiel die Schule, nicht zuletzt aufgrund des Widerstandes der orthodoxen Kirche.[25] Das Schicksal von Glücks Gymnasium dokumentiert beispielhaft die Flüchtigkeit derartiger Einrichtungen: Auch die Jesuiten, die zur Zeit der Regentschaft Sofijas nach Moskau kamen[26] und von denen die orthodoxe Kirche eine intensive Missionstätigkeit befürchtete, gründeten kurzzeitig eine Schule, deren Bildungsangebot bei manchen adligen Familien auf Interesse stieß.[27] Die Arbeit dieser Schule hatte schon 1705 ihren Zenit überschritten, und auch andere katholische Orden wie die Kapuziner in Archangel'sk wurden in ihrer Tätigkeit zunehmend behindert, schließlich 1719 durch den Zaren des Landes verwiesen.[28] Abgesehen von dem fortgesetzten Widerstand des orthodoxen Klerus gegen die nichtorthodoxen Schulen, an dessen Spitze zunächst Patriarch Adrian, dann der Verweser des Patriarchenamtes, Stefan Javorskij, stand, die darauf drängten, den Zugang orthodoxer Gläubiger zu diesen Schulen zu unterbinden,[29] befand wohl auch die Regierung Peters, daß sich die

---

[23] Kovrigina, Nemeckaja sloboda, S. 297-312.
[24] Max Okenfuss sieht hier die west- und mitteleuropäischen „Ritterakademien" als Vorbild (Okenfuss, The Discovery of Childhood, S. 45).
[25] Nazarova, E. L., Ernst Glück in Livland und Rußland, in: Berliner Jahrbuch für Osteuropäische Geschichte (1995), 2, S. 35-55, hier S. 46-54, sowie, überaus positiv im Urteil, Kovrigina, Nemeckaja sloboda, S. 313-332.
[26] Zum Folgenden: Florovskij, A. V., Latinskie školy v Rossii v èpochu Petra I., in: XVIII vek. Sbornik 5. Moskva usw. 1962, S. 316-335, hier S. 319.
[27] So waren die Moskauer Jesuiten zumindest in der Eigensicht der Meinung, sie würden die ersten und klügsten Adelssöhne ausbilden: Pis'ma i donesenija iezuitov o Rossii konca XVII i načala XVIII veka. SPb. 1904 (Reprint 1965), S. 315 f.
[28] Florovskij, Latinskie školy, S. 330-334.
[29] Ebenda, S. 321 f.

Tätigkeit der katholischen Orden zu wenig auf ihre Lehrinhalte hin kontrollieren ließ, ein Bedenken, das bei den entsprechenden reformierten und lutherischen Schulen nicht angeführt wurde. Wie schon bei den Akademien nach 1694 war auch bei den letztgenannten Einrichtungen der Unterricht lateinisch geprägt.

Peter I. sah die Unzulänglichkeit der „Schullandschaft" deutlich. In einem Gespräch mit dem Patriarchen Adrian kritisierte er 1700 den Bildungsstand der Geistlichkeit, der (noch) ungetauften Nationalitäten des Zarenreiches und der Beamten. Die Bedenken der orthodoxen Kirche gegenüber den Schulen und den Lehrern fremder Konfessionen, die nicht einmal der russischen Sprache mächtig seien und die Weitergabe von häretischem Gedankengut gestatten könnten, nahm er durchaus ernsthaft auf. Die Konsequenz, die er daraus zog, war die Forderung nach der Transformation des eigenen Bildungswesens: Alle wesentlichen Inhalte müßten vorerst an Schulen der orthodoxen Kirche vermittelt werden, die nun auch Kinder für die Verwaltung und für das Militär ausbilden sollten. Zugleich sprach er sich gegen die häusliche Erziehung aus, womit er sich vor allem gegen ausländische Hauslehrer wandte, die „Häresien" weitergeben könnten.[30] Daß der Staat diese Form der Erziehung sehr viel weniger kontrollieren und beeinflussen konnte, wird den Zaren auch in diesem Fall dazu veranlaßt haben, für die Einrichtung von staatlichen Schulen zu plädieren. Als Vorbild für die Lehrinhalte betrachtete er das breit angelegte Curriculum der Kiever Akademie, so daß die Reform der Moskauer Akademie nach diesem Vorbild durchaus in seinem Sinne gewesen sein dürfte. Aus der Kenntnis der Unzulänglichkeiten erwuchs allerdings nicht sofort ein geschlossenes Konzept, um das von staatlicher Seite für erforderlich gehaltene Personal ausbilden zu können. Im ersten Jahrzehnt des 18. Jahrhunderts wurde mit ad-hoc-Maßnahmen reagiert, die halfen, die ärgsten personellen Engpässe zu überwinden.[31] Erst in der letzten Phase der Regierungszeit Peters begann man, das Ausbildungs- und Bildungsproblem systematischer anzugehen, und dies galt sowohl hinsichtlich der zugrunde liegenden Konzeptionen wie der Tragweite der initiierten Projekte.

Zu Beginn der Herrschaft Peters I. wurde wenig planmäßig und ohne große Erfolge eine ganze Reihe von Schulen gegründet. Ihr Ziel war es, unmittelbare und auf den kurzlebigen Effekt zielende Bedürfnisse nach technischem Personal zu befriedigen. Als

---

[30] Abgedruckt in: Voskrenskij, N. A., Zakonodatel'nye akty Petra I. Tom I: Akty o vysšich gosudarstvennych ustanovlenijach. Moskva usw. 1945, S. 33 f.; siehe auch, etwas abweichend, in: Ustrjalov, N. G., Istorija carstvovanija Petra Velikogo. T. 3. SPb. 1858, S. 355-357, 511 f. In diesem „Gespräch" signalisierte Peter keinen bevorstehenden Bruch mit kirchlichen Bildungstraditionen, die zu einer rein weltlichen Erziehung führen sollten (so etwa akzentuiert von: Tompkins, S. R., The Russian Mind. From Peter the Great through the Enlightenment. Norman, Okl. 1953, S. 32), sondern forderte zunächst nur eine Erweiterung des kirchlichen „Bildungsauftrages".

[31] Zur Struktur und Zahl der Beamten des zivilen Staatsapparates: Meduševskij, Utverždenie absoljutizma, S. 247-272, insbesondere S. 270, Tabelle 11.

2.1. Bildung und Erziehung

Motor erwies sich der Große Nordische Krieg, für den immer neue Regimenter ausgehoben wurden, die qualifizierter Offiziere bedurften.[32] Aber auch Verwaltung und Diplomatie entwickelten einen immer größeren Bedarf an fundiert ausgebildeten Kräften. So wurden z. B. kurzfristig für den *Posol'skij prikaz* auswärtige Lehrkräfte angeheuert, um Übersetzer auszubilden, aber auch Handwerksmeister für die Waffenkammer, die dort allerdings nicht die Waffentechnik verbessern, sondern vor allem das Kunsthandwerk fördern sollten. Eine erste Marineschule, die während des Azov-Feldzuges 1698 improvisiert eingerichtet wurde, erwies sich als kurzlebig und nur auf diese Kampagne zugeschnitten.[33]

Eine Gründung, der eine längere Existenz beschieden war und die in gewisser Weise Modellcharakter für die Etablierung fachspezifischer, säkularer Bildungseinrichtungen besaß, war die Moskauer Mathematik- und Navigationsschule, die 1701 mit Hilfe ausländischer und einheimischer Fachkräfte ins Leben gerufen wurde.[34] Das befähigte Lehrpersonal, die gute finanzielle Ausstattung sowie eigens erstelltes und brauchbares Lehrmaterial trugen zum Erfolg dieser Einrichtung bei. „In dem observatio werden täglich über 200 Russen, theils jünglinge, theils schon erwachsene männer, in arithmetica, geometrica mathesi und der Schiffahrtskunst fleißig unterrichtet".[35] Zwischen 1702 und 1713 besuchten jährlich 200 bis 700 Schüler diese Einrichtung; Eintrittsalter und Verweildauer waren ebenso unterschiedlich wie die soziale Herkunft der aufgenommenen Schüler,[36] die nur eine Voraussetzung mitbringen mußten - sie hatten bereits über Lesefähigkeiten zu verfügen. In Rußland wird diese Schule mit dem Namen Leontij Magnickijs verbunden, der von der sowjetischen Forschung schon wegen seiner

---

[32] Jüngst, L. G. Beskrovnyj folgend, hervorgehoben von: Hoffmann, P., Reformen im russischen Bildungswesen unter Peter I. Militärische Aspekte, in: Berliner Jahrbuch für Osteuropäische Geschichte (1995), 2, S. 81-98, hier S. 84. Vgl. auch: Beskrovnyj, L. G., Voennye školy v Rossii v pervoj polovine XVIII v., in: IZ 42 (1953), S. 285-300, hier S. 286.
[33] Suknovalov, A. E., Pervaja v Rossii voenno-morskaja škola, in: IZ 42 (1953), S. 301-306, Wittram sieht in ihr den Vorläufer der Navigationsschule, wofür nur spricht, daß der Brite Henry Farquharson erst in Azov, dann an der Navigationsschule in Moskau unterrichtete.
[34] Zu dieser Schule: Hans, N., The Moscow School of Navigation, 1701, in: SEER 29 (1950/51), S. 532-536; ders., H. Farquharson, Pioneer of Russian Education, in: Aberdeen University Review (1959), S. 26-29; Fedosov, D., A Scottish Mathematician in Russia: Henry Farquharson (c. .1675-1739), in: Dukes, P. (Hrsg. u. a.), The Universities of Aberdeen and Europe. Aberdeen 1995, S. 102-118.
[35] So beschrieben in der 1706 publizierten Schrift: Stiess [Stieff], Chr., Relationen von dem gegenwärtigen Zustand des moskowitischen Reichs. Frankfurt usw. 1706, S. 166. Zu diesem Werk: Moeps, E., Christian Stieffs „Relationen" und ihr Platz im Umfeld von Presse und Propaganda, in: Russen und Rußland aus deutscher Sicht. Das 18. Jahrhundert: Aufklärung. Hrsg. v. M. Keller. München 1987 (= West-östliche Spiegelungen, A, 2), S. 59-83, insbesondere S. 70-83.
[36] „Die lehrlinge sind indessen von kriegs-diensten befreyet und geniessen aus dem gemeinen gute eine gewisse Gage." Stiess [Stieff], Relationen, S. 166. Die Zahl adliger Schüler überstieg nie ein Fünftel, während der Anteil von Soldaten und Matrosenkindern weiter wuchs. Vgl. Syčev-Michajlov, M. V., Iz istorii russkoj školy i pedagogiki XVIII veka. Moskva 1960, S. 25.

bäuerlichen Herkunft gewürdigt worden ist, als der erste russische Mathematiker von Rang gilt und dessen mathematisch-technisches Grundlagen- und Unterrichtswerk „Arithmetik" (1703/04),[37] in der Navigationsschule benutzt wurde. Auch wenn dieses Werk weniger auf eigener Forschung denn auf Kompilation beruhte, stellte es eine Innovation dar: Ohne einen Fachlehrer konnten anhand der „Arithmetik" technische Kenntnisse in ähnlichen Einrichtungen vermittelt werden.[38] So entstanden nach 1709 in Novgorod, Reval und Narva gleichfalls Navigationsschulen, die freilich nicht die Beständigkeit der Moskauer erreichten, die bis 1752 existierte.[39]

Militärische Aspekte, die in der Historiographie wenig berücksichtigt worden sind, hatten den Ausschlag für die Gründung der Navigationsschule gegeben, und ebensolche waren es auch, die zur Entwicklung einer ganzen Reihe weiterer Spezialschulen führten. So wurde beim *pušečnyj prikaz* eine Artillerie-Schule gegründet, in der nicht nur Geschützkunst, sondern vor allem das Schreiben als Voraussetzung für jegliche weitere Ausbildung unterrichtet wurde. Wie bei der Navigationsschule und anderen Fachschulen, etwa der 1712 gegründeten Ingenieursschule in Moskau, galt, daß nur die wenigsten Schüler das volle Curriculum absolvieren konnten, wurden sie doch zumeist auf vakante Offiziersstellen abkommandiert.[40] Auch die einem Moskauer Hospital 1707 attachierte Medizinschule zielte zunächst weniger auf die umfassende Vermittlung medizinischen Wissens als vielmehr auf die schnelle Ausbildung von Wundärzten, die im Krieg benötigt wurden.[41]

All diesen Schulen war gemeinsam, daß die Verlegung der Hauptstadt nach Sankt Petersburg für sie weitgehende Konsequenzen zeitigte: Sie erhielten komplementäre Institute in der Stadt an der Neva, mit einem signifikanten Unterschied allerdings. Um den entsprechenden Einrichtungen wie der Marine- und Navigationsakademie, die 1715 gegründet wurde, einen erfolgreichen Start zu ermöglichen, ordnete man die höheren Klassen wie einen Teil des Lehrpersonals aus Moskau nach Sankt Petersburg ab.

---

[37] Zu seiner Person: Denisov, A. P., Leontij Filipovič Magnickij, 1669-1739. Moskva 1967. Mit knappen Auszügen aus der „Arithmetik": Antologija pedagogičeskoj mysli XVIII v. Moskva 1987, S. 40-42.

[38] Zur Einordnung seines Werkes wie zum Lehrplan detailliert: Ryan, W. F., Navigation and the Modernization of Petrine Russia: Teachers, Textbooks, Terminology, in: Bartlett, R. (Hrsg. u. a.), Russia in the Age of Enlightenment. Essays for Isabel de Madariaga. London 1990, S. 75-105.

[39] Baklanova, N. A., Škola i prosveščenie, in: Kafengauz, B. B. (Hrsg. u. a.), Očerki istorii SSSR. Period feodalizma. Rossija v pervoj četverti XVIII v. Preobrazovanija Petra I. Moskva 1954, S. 655-681, hier S. 658.

[40] Beljavskij, M. T., Škola i obrazovanie, in: Aleksandrov, V. A. (Hrsg. u. a.), Očerki russkoj kul'tury XVIII v. Moskva 1987, č. 2, S. 258-293, hier S. 260.

[41] Hierzu grundlegend: Palkin, B. N., Russkie gospital'nye školy XVIII veka i ich vospitanniki. Moskva 1959, insbesondere S. 14-16; der Wirkungsbereich der dort ausgebildeten Ärzte reichte jedoch zunehmend aus dem engeren militärischen Tätigkeitsfeld in die zivile Welt hinein. Vgl. die biographischen Angaben zu den Absolventen der Schule: ebenda, S. 203-243.

2.1. Bildung und Erziehung

Gleichzeitig sah man diese „Akademien" als eine vornehmlich dem Adel vorbehaltene Institution an, nicht zuletzt, um die Funktionselite auf diese Weise an die neue Hauptstadt zu binden und die Verpflichtung zum Dienst, die in der Einführung der Rangtabelle (1722) gipfelte,[42] durch exklusive Aufstiegsmöglichkeiten attraktiver zu gestalten. Unterhalb dieser höheren Einrichtungen wurden für die Marine an den Werftplätzen Schulen eingerichtet, die Handwerkerlehrlingen die nötigen Kenntnisse zum Schiffbau vermitteln sollten.[43] Weder die Marineakademie noch die an den Hospitälern eingerichteten Medizinschulen verfügten - obwohl angestrebt - über eine ausschließlich adlige Schülerschaft, nicht zuletzt deshalb, weil die Ausbildung „more an apprenticeship than a college"[44] darstellte und damit eng auf die kurzfristigen staatlichen Bedürfnisse abzielte. Daß mit dem Absolvieren dieser Schulen ein multiplikatorischer Effekt intendiert war, wird man annehmen dürfen, obwohl sich dieser weder in den Quellen noch in dem weiteren Lebenslauf der Absolventen nachweisen läßt. Festzuhalten bleibt, daß all diese Fachschulen vor einer Universität gegründet wurden und auch nach der Gründung einer solchen universalbildenden Einrichtung ihre Bedeutung über das Ende des Zarenreiches hinaus halten, ja sogar steigern konnten.

Noch vor der Großen Gesandtschaft Peters setzte die schon von europäischen Zeitgenossen vielbeachtete Entsendung von Russen zu Ausbildungszwecken nach Westeuropa ein.[45] Den Auftakt bildeten die mehr als 60 *komnatnye stol'niki*[46] des Zaren, die den ersten Kreisen entstammten[47] und nach England, Holland und Venedig geschickt wurden. Dort sollten sie das Seefahrerhandwerk in der Praxis erlernen, denn

---

[42] Mit einer Diskussion der Folgen: Hassel, J., The Implementation of Russian Table of Ranks during the Eighteenth Century, in: SR 29 (1970), S. 282-299; grundlegend für den Adel: Meehan-Waters, B., Autocracy and Aristocracy. The Russian Service Elite of 1730. New Brunswick, New Jersey 1982, insbesondere S. 13-22.

[43] So die entsprechende Anordnung im „Admiralitätsreglement" (PSZ 6, Nr. 3937, S. 535). Solche Schulen, die in manchem mit den Ziffernschulen (s. u.) korrespondierten, wurden auf der Admiralitätswerft und in Kronstadt eingerichtet (Semenova, L. N., Očerki istorii byta i kul'turnoj žizni Rossii: pervaja polovina XVIII v. Leningrad 1982, S. 93). Ähnliche Schulen wurden an anderen waffenproduzierenden Fabriken gegründet. Im Gegensatz zu den höheren, stark mit fremdsprachlicher Literatur operierenden Einrichtungen wurden sie schon in zeitgenössischen Texten als „russische Schulen" bezeichnet. Hierzu ausführlich, allerdings in der Bedeutung übertreibend: Burov, A. A., Peterburgskie russkie školy i raprostranenie gramotnosti sredi rabočich v pervoj polovine XVIII v. Leningrad 1957.

[44] Okenfuss, Technical Training, S. 336.

[45] Zum Folgenden: Pekarskij, P., Nauka i Literatura v Rossii pri Petra Velikom. T. I.: Vvedenie v istoriju prosceščenija v Rossii. SPb. 1862, S. 139-167; Okenfuss, M. J., Russian Students in Europe in the Age of Peter the Great, in: Garrard, J. (Hrsg.), The Eighteenth Century in Russia. Oxford 1973, S. 131-145; Kostjašov, Ju. V./Kretinin, G. V., Petrovskoe načalo. Kenigsbergskij universitet i rossijskoe prosveščenie v XVIII v. Kaliningrad 1999, S. 22-36.

[46] Zu übersetzen mit dem bis dato in Rußland unbekannten Titel des „Kammerjunkers".

[47] Zu ihrer Herkunft: Meehan-Waters, Autocracy and Aristocracy, S. 37-43.

auch in West- und Südeuropa existierten keineswegs durchgängig eigens für die Seefahrt eingerichtete Fachschulen. Die schwankenden Urteile der Zeitgenossen, die Ungeschliffenheit, Faulheit und den extravaganten Lebensstil einiger Russen eher hervorhoben als die Bildungserlebnisse der Studenten im Ausland, haben ebenso wie die autobiographischen Aufzeichnungen einiger Teilnehmer, die das klassische Ausbildungsalter weit überschritten hatten, in der Literatur zu einem eher negativen Bild dieses Unternehmens geführt.[48] Sicher wird man diesem Urteil folgen müssen, wenn man davon ausgeht, daß die Entsendung junger Russen ins Ausland dazu dienen sollte, ein im Zarenreich fehlendes Schulnetz zu ersetzen.[49] Die ersten Entsandten hatten jedoch nicht die Aufgabe, als Multiplikatoren einer umfassenden Bildung zu wirken, sondern nur im Bereich ihrer engeren fachlichen Qualifikation tätig zu werden.[50] Petr Tolstoj erinnerte sich daran, daß es sein Auftrag in Venedig gewesen sei, sich um Schiffsführung, Besegelung und Kartenmaterial zu kümmern, möglichst auch an einem Seegefecht teilzunehmen.[51] Von diesen ersten *stol'niki*, mit deren Biographie sich Max Okenfuss näher befaßt hat, ist jedoch nicht bekannt, daß sie eine Karriere in der Marine einschlugen. Vielmehr machten sie, in Anbetracht ihrer Herkunft nicht verwunderlich, Karriere im zivilen Staatsdienst: Tolstoj wurde Botschafter in Konstantinopel, Ju. Ju. Trubeckoj und D. M. Golicyn wurden schließlich sogar Senatoren.[52] In jedem Fall aber hatten sie sich durch ihre Auslandsreise weitere Fähigkeiten erworben, die ihnen einen schnellen Aufstieg ermöglichten.

Schon bei der nächsten größeren Gruppierung ging man davon ab, ausschließlich Adlige zu entsenden. Die Schüler der Moskauer Navigationsschule, die zwischen 1701 und 1705 nach Westeuropa entsandt wurden, waren zumeist Priester- oder Soldatenkinder, und auch bei ihnen handelte es sich um Lehrjahre im eigentlichen Sinne, vor allem absolviert in der englischen Flotte.[53] Je häufiger Gruppen ins Ausland gesandt

---

[48] Petr A. Tolstoj war bei Beginn seiner Reise bereits 52 Jahre alt. Siehe seine lebendigen Reisebeschreibungen: [Tolstoj, P. A.], Putevoj Dnevnik P. A. Tolstogo, in: RA (1888) 1, S. 161-204, 321-368, 505-525, (1888) 2, S. 5-62, 113-156, 225-264, 369-400. Die Entsendung von Russen ins Ausland hat eine Reihe von in der Tradition der *povesti* des 17. Jahrhunderts stehenden Texten mit märchenhaftem Charakter hervorgebracht. Vgl. hierzu: Moiseeva, G. N. (Hrsg.), Russkie povesti pervoj treti XVIII veka. Moskva 1965.
[49] Tompkins, The Russian Mind, S. 33 f.
[50] Von daher handelte es sich nicht, wie J. L. Black meinte, um eine „grand tour" oder Kavalierstour, die der Vervollkommnung adliger Eziehung bei gleichzeitiger Erweiterung der Weltkenntnis diente. Vgl. Black, Citizens, S. 6, sowie das Standardwerk von Christopher Hibbert (Hibbert, C., The Grand Tour. London 1969).
[51] [Tolstoj, P. A.], Putevoj Dnevnik P. A. Tolstogo, S. 167 f.
[52] Okenfuss, Russian Students in Europe, S. 136.
[53] Dort lernten die etwa zwanzigjährigen Russen gemeinsam mit Lehrlingen aus anderen Nationen und hinterließen dabei keinen schlechten Eindruck. Vgl. die Korrespondenz des britischen Botschafters Charles Whitworth in: SIRIO 39, S. 112 f., 293 f.

2.1. Bildung und Erziehung

wurden, umso spezifischer wurden ihre Instruktionen. Dabei gingen sie nicht mehr nur in die „Lehre", sondern besuchten Spezialeinrichtungen, wie z. B. die Marineschulen, die für die Einrichtung der Navigationsschule und -akademie in den Hauptstädten des Zarenreiches Pate gestanden hatten, in London, Amsterdam und vor allem in Paris.[54] Im weiteren Verlauf der Regierungszeit Peters wurde das Ausbildungsziel immer weniger auf technische Fertigkeiten zu militärischen Zwecken beschränkt. Die Entsendung von Adelssöhnen mit dem Ziel einer „zweckfreien" Bildung blieb zwar selten - Beispiel hierfür sind einige Angehörige des Hauses Naryškin -, immer häufiger wurden jedoch Studenten für die Ausbildung zu Verwaltungsfachleuten und Übersetzern ins Ausland geschickt. 1716 etwa dekretierte der Zar, 30 bis 40 Studenten zu Sprachstudien in die räumlich nächst gelegene Universität, nach Königsberg, zu schicken.[55] Nach etwa dreieinhalb Jahren Ausbildungszeit traten von den 33 entsandten Studenten tatsächlich 28 in den Verwaltungsdienst ein.[56]

Die Entsendung von einigen hundert jungen Studenten unterschiedlicher Herkunft ins Ausland, initiiert aufgrund der Erfahrungen des Zaren und wegen des heimischen Personalmangels, war zwar nur ein Tropfen auf den heißen Stein, doch blieb sie keineswegs ohne Ergebnis, wie noch eine ähnliche Initiative Boris Godunovs ein Jahrhundert zuvor, und führte auch zu mehr als nur kurzfristigen Effekten. Über die multiplikatorische Weitergabe des Erlernten in den Bereichen von Militär, Verwaltung und Diplomatie hinaus konnten die Entsandten in ihrem jeweiligen Aufgabenbereich und ihrem jeweiligen Milieu Widerstände gegen Innovationen aus Westeuropa überwinden und durch ihr Beispiel die Einsicht in die Notwendigkeit von Ausbildung und Bildung stärken. Dafür finden sich Belege in den Selbstzeugnissen derjenigen, die, mehr oder weniger freiwillig, in den Genuß einer solchen Entsendung gekommen waren und in der nachpetrinischen Epoche eine Rolle spielen sollten.[57]

---

[54] Hierzu die Aufzeichnungen Ivan I. Nepluevs, eines Schülers der Marineakademie in Sankt Petersburg: [Nepluev, I. I.], Zapiski Ivana Ivanoviča Nepluev (1693-1773). SPb. 1883 (Reprint 1974), S. 56-58, 73 f., sowie die Beschreibung M. Golicyns aus dem Jahre 1711, in: Lebedev, V. I. (Hrsg.), Reformy Petra I. Sbornik dokumentov. Moskva 1937, S. 318 f.

[55] PSZ 5, Nr. 2932, S. 194. Wie bei anderen entsandten Gruppen sollten auch sie unter Aufsicht stehen („... poslat' za nimi nadziratelja, čtob oni ne guljali ..."), entweder durch die Gesandtschaft oder einen eigens mitgeschickten Aufseher. Zur Entsendung von Studenten an andere deutsche Universitäten siehe: Winter, Frühaufklärung, S. 283.

[56] Acht Absolventen wurden als Dolmetscher im Rahmen diplomatischer Missionen ins Ausland geschickt. Hierzu ausführlich: Kostjašov/Krestinin, Petrovskoe načalo, S. 35 f., 118-142.

[57] Nicht umsonst hat Jurij Lotman dieses Kapitel in seiner Monographie über den russischen Adel mit der Überschrift „Die Jungen aus Peters Nest" versehen. Er verfolgt hier die intellektuelle Entwicklung I. I. Nepluevs, M. P. Avramovs und G. G. Skornjakov-Pisarevs. Siehe: Lotman, Rußlands Adel, S. 250-275.

Mit Blick auf spätere Versuche, ein flächendeckendes Schulwesen im Zarenreich zu schaffen, ist für die Zeit Peters I. auf die sogenannten „Ziffernschulen" verwiesen worden,[58] die gleichsam als erfolglose Vorläufer der Schulgesetzgebung im ausgehenden 18. Jahrhundert interpretiert wurden: In einem knappen *ukaz* vom 20. Januar 1714 verfügte der Zar die Einrichtung von mathematischen Elementarschulen. Absolventen der sogenannten Mathematik-Schule[59] hatten in jedem Gouvernement „cifry i geometrii" zu unterrichten. Schulpflichtig wurden Söhne von Adligen (der rechtliche „Zwischenstand" der „Einhöfer" wurde ausdrücklich ausgeschlossen) und von Kanzleibeamten. Nach erfolgreichem Abschluß des Unterrichts sollten die Schüler ein Zeugnis erhalten, welches ihnen das Recht verlieh zu heiraten. Die Bischöfe wurden angewiesen, dafür Sorge zu tragen, daß die Schulleiter die Trauzeugnisse ordnungsgemäß ausstellten.[60] Die Kürze des *ukaz* spricht für eine ad-hoc-Idee Peters:[61] Wie nicht selten, wurde der konkreten Durchführung und Realisierbarkeit des Plans nur wenig mehr Platz eingeräumt als der Androhung von Sanktionen. Schon fünf Wochen später wurden die Bestimmungen zur Durchführung wie zum Strafenkatalog bei Verstößen gegen den *ukaz* konkretisiert: Das Einschulungsalter der männlichen Kinder lag in der Regel zwischen 10 und 15 Jahren. Die Bischöfe und Klöster hatten nicht nur Gebäude für die Unterbringung der Schulen bereitzustellen, sondern auch für die Besoldung der Lehrer aufzukommen. Wiederum wurde den Schulpflichtigen eine Eheschließung ohne Abgangszeugnis verboten.[62]

Über die Umsetzung dieser *ukazy* auf regionaler Ebene ist wenig bekannt. Dennoch wird man nicht fehlgehen, in den wenig exakten Ausführungsbestimmungen zu den Schulgründungen und dem evidenten Mangel an Lehrpersonal die Hauptursachen für

---

[58] Zum Beispiel: Madariaga, I. de, Russia in the Age of Catherine the Great. New Haven 1981, S. 488; dies., The Educational Programm of Peter I. and Catherine II.: the Darlington Report in Retrospect, in: Tomiak, J. (Hrsg.), Papers from the Seventy-Fifth Anniversary Conference held at the School of Slavonic and East European Studies, 13-14. December 1984. London 1987, S. 8-20, hier S. 8.

[59] Diese Schule haben bis 1716 200 Absolventen absolviert (Hughes, L., Russia in the Age of Peter the Great, New Haven 1998, S. 303).

[60] PSZ 5, Nr. 2762, S. 78.

[61] Die These, die von P. N. Miljukov und ihm folgend auch von sowjetischen Forschern vertreten wurde, die Anregung zur Gründung der Ziffernschulen gehe auf F. S. Saltykov zurück, ist nicht unwahrscheinlich, läßt sich jedoch nicht erhärten. Siehe: Miljukov, P. N., Gosudarstvennoe chozjajstvo Rossii v pervoj četverti XVIII stoletija. SPb. 1892, S. 403, und Andreev, A. I., Osnovanie Akademii nauk v Peterburge, in: Ders. (Hrsg. u. a.), Petr Velikij. Sbornik statej. Moskva usw. 1947, S. 284-333, hier S. 287.

[62] PSZ 5, Nr. 2778, S. 86. Reinhard Wittram hat für diese Regelung auf mögliche schwedische Vorbilder verwiesen. Dort war seit 1686 eine Eheschließung an den erfolgreichen Schulabschluß gebunden. Diese Regelung wäre von Peter damit ihres Sinnzusammenhanges beraubt worden. Wittrams Vermutung schließlich, „Mathematik statt Katechismus" wäre hier als bewußter Säkularisierungsakt eingesetzt worden, scheint mir zu weitgehend. Siehe: Wittram, Peter, Bd. 2, S. 199, und Roždestvenskij, S. V., Očerki po istorii sistemy narodnogo prosveščenija v XVIII-XIX vekach. SPb. 1912, S. 127.

2.1. Bildung und Erziehung

die bestenfalls schleppende Entwicklung eines derartigen Schultypus zu sehen. Diese Vermutung wird gestützt durch die Abfolge der die Ziffernschulen betreffenden Verordnungen. Während im Dezember 1715 dekretiert wurde, daß je zwei Absolventen der sog. Mathematikschule in jedes Gouvernement zu schicken seien, um dort ihre Kenntnisse weiterzugeben, ohne dass die Ziffernschulen konkret erwähnt wurden,[63] wurde diese Anordnung schon im Januar des folgenden Jahres mit Bezug auf diese Schulen wiederholt und die Schulpflicht modifiziert. Jetzt war von Kindern der Personen jeden Ranges die Rede, während die adligen Kinder von der Schulpflicht ausgenommen wurden.[64] Ob mit dieser Umstellung auf Freiwilligkeit bereits Widerständen des Adels nachgegeben wurde, läßt sich nicht sagen. In einem *ukaz* aus dem Jahre 1719 wird aus einem Bericht des Obersten Grigorij Skornjakov-Pisarev zitiert, der in seiner Eigenschaft als Leiter der Marineschulen in Moskau und Sankt Petersburg, deren Absolventen als Lehrer fungieren sollten, die Aufsicht über die Schulen des Gouvernements Sankt Petersburg führte: Im Namen des zuständigen Admiralitätskollegiums beklagte er, daß der Schulbesuch nahezu zum Erliegen gekommen sei. In Novgorod und Pskov würden die Ziffernschulen überhaupt nicht besucht, in Jaroslavl' ausschließlich von Kindern geistlichen Standes und damit von einem Personenkreis, dem auch andere Bildungseinrichtungen zur Verfügung stünden. Der den *ukaz* ausstellende Senat benannte daher noch einmal den wiederum veränderten und erweiterten Kreis der zu entsendenden Schulpflichtigen: die Söhne von Beamten, Vorstädtern, d. h. Handel- und Gewerbetreibenden, Kirchen- und Klosterdienern sowie aller anderen nichtadligen Stände. Eine Strafandrohung für die Lehrer im Falle von Mißhandlungen der Schüler deutet darauf hin, daß auch im Klima innerhalb der Schulen ein Grund dafür zu sehen ist, warum selbst diejenigen Schüler, die sich überhaupt in die Schule begaben, bald wieder entliefen.

Das statistische Material zum Besuch der Ziffernschulen ist äußerst dürftig und kann daher nur eine Tendenz angeben. Danach hatten bis 1722 2.051 Schüler die Ziffernschulen besucht (die zu diesem Zeitpunkt bereits dem Synod zugeordnet waren). Davon hatten gerade 302 (!) den Unterricht in einer Weise wahrgenommen, daß sie die in den *ukazy* angesprochenen Testate erhalten konnten; alle übrigen hatten sich dem Unterricht durch Fernbleiben oder durch Flucht entzogen.[65] Der Senat und der Zar reagierten auf diese Entwicklung mit einer Mischung aus Entgegenkommen und Ignoranz. Skornjakov-Pisarev wurde eine Fortsetzung seiner Eingaben an den Senat, deren Ziel wohl nicht zuletzt eine bessere finanzielle Ausstattung der Ziffernschulen gewesen

---

[63] PSZ 5, Nr. 2971, S. 187.
[64] PSZ 5, Nr. 2979, S.189. Siehe auch: Pekarskij, Nauka i literatura, S. 122-126.
[65] Grigor'ev, V. V., Istoričeskij očerk russkoj školy. Moskva 1900, S. 157; Vladimirskij-Budanov, Gosudarstvo i narodnoe obrazovanie, S. 23-27.

war, schlichtweg untersagt.[66] Andere Proteste wurden offensichtlich ernster genommen: Kaufleute und Handwerker, die Vorstädter also, aus Kargopol', Ustjug, Vologda, Kaluga und anderen Städten beschwerten sich z. B. im wesentlichen über zwei Punkte - über die dargebotenen Lehrinhalte und über die weiten Schulwege. Nichts Sinnvolles lernten die Kinder für ihr Gewerbe, besser seien sie an den Handels- und Arbeitsplätzen ihrer Eltern aufgehoben, um dort das für den Beruf erforderliche Wissen vermittelt zu bekommen und gleichzeitig zum Geschäft beizutragen. Zudem wären Schulwege von Ustjug nach Vologda oder von Kaluga nach Moskau zu weit. Beide Monita leuchteten dem Senat offensichtlich ein, zumal die Vorstädter ihre Eingaben mit dem Hinweis versahen, daß die Schulpflicht ihrer Kinder es ihnen erschwere, ihren Steuerzahlungen nachzukommen. So wurde nicht nur Anweisung gegeben, mehr Schulen zu gründen, um die Wege zu verkürzen, sondern die Söhne der handel- und gewerbetreibenden Bevölkerung wurden kurzerhand vollständig von der Schulpflicht befreit.[67]

Nach Adel, Handwerk und Kaufmannschaft wurden im Rahmen der Schaffung des „Geistlichen Reglements", das auch das kirchliche Schulwesen neu organisierte, die Kinder von Angehörigen des kirchlichen Standes 1722 von der Pflicht des Unterrichtsbesuches befreit.[68] Damit waren die Ziffernschulen ihrer Klientel im wesentlichen beraubt und ihr weiteres Schicksal letztlich vorgezeichnet. Als Zielgruppe blieben nur die Kinder von Beamten, für die die Regierung eine eigene, zunächst dem Senat unterstehende Verwaltungsschule zu gründen beabsichtigte,[69] die schließlich beim Heroldsamt mit dem Hinweis auf den steigenden Bedarf an kenntnisreichem Nachwuchs für die expandierende und sich differenzierende Verwaltung[70] gegründet wurde.[71]

---

[66] Tolstoj, D. A., Ein Blick auf das Unterrichtswesen Rußlands im 18. Jahrhundert bis 1782. Sankt Petersburg 1885 (= Beiträge zur Kenntnis des Russischen Reiches und der angrenzenden Länder Asiens, Zweite Folge, 8), S. 4.

[67] PSZ 6, Nr. 3575, S. 187-189; ebenda, Nr. 3703, S. 289 f. Im Zuge der Stadtreform Peters wurde 1721 den Magistraten die Aufgabe übertragen, für eine Ausbildung der *Posad*bevölkerung in Schulen Sorge zu tragen. Als Anfang der sechziger Jahre des Jahrhunderts das Kommerzkollegium nachfragte, welche Schulen die Magistrate eingerichtet hätten, fragte man vergeblich - es blieb bei der Ausbildung daheim. Vgl.: Kozlova, N. V., Rossijskij absoljutizm i kupečestvo v XVIII v. Moskva 1999, S. 334 f.

[68] *Ukaz* vom 20.10.1721, zitiert in einem Bericht des Admiralitätskollegiums vom 16.9.1726 in: SIRIO 56, S. 317.

[69] PSZ 6, Nr. 3896, S. 499.

[70] Siehe hierzu die jüngsten, komplementär zu lesenden Untersuchungen: Schippan, M., Die Einrichtung der Kollegien in Rußland zur Zeit Peters I. Wiesbaden 1996 (= FOG, 51); Anisimov, E. V., Gosudarstvennye preobrazovanija i samoderžavie Petra Velikogo v pervoj četverti XVIII veka. SPb. 1997. In seiner Dissertation vertritt Dan Altbauer die These, durch die Kombination von Studium im Ausland und einer weiteren Ausbildung im *posol'skij prikaz* bzw. dann im Kollegium für Auswärtige Angelegenheiten sei unter Peter der Beginn für ein professionalisiertes diplomatisches Korps gelegt worden. Siehe: Altbauer, D., The Diplomats of Peter the Great, 1689-1725. Ph.D. Diss. Harvard Univ. 1976, insbesondere Kap. 3 und 4.

[71] Hughes, Russia in the Age of Peter the Great, S. 304.

Es scheint, als habe die Regierung in den letzten Herrschaftsjahren Peters das Interesse an den Ziffernschulen verloren. 1723 wurden die Schulen im Gouvernement Novgorod beispielsweise dem Synod übergeben, weil sie von mehr als 500 Schülern kirchlichen Standes, aber nur von knapp 30 aller anderen Stände besucht wurden. 1726 wurden schließlich alle Schulen aus der Aufsicht des Admiralitätskollegiums in diejenige des Synods überführt, der jedoch befand, daß „jene Schulen der geistlichen Verwaltung nicht unterstehen".[72] Aus Anlaß der Übergabe der Schulen legte das zuvor zuständige Admiralitätskollegium einen Bericht vor, der für die Jahre 1716 bis 1722 karge statistische Daten liefert und in der Forschung[73] mangels anderer Quellen immer wieder herangezogen worden ist.

In dieser Statistik wurden 42 Schulen dokumentiert, überwiegend an Bischofssitze oder Klöster angeschlossen, wie in den Gründungs*ukazy* vorgesehen. In Vladimir und Suzdal' war die Schule schlicht die Lehrerwohnung, in Smolensk und Voronež stellte die Armee einen Raum zur Verfügung. Die Statistik gibt als Gesamtzahl 2.051 Schüler an, die sich auf nur 25 der 42 Schulen verteilten, für die übrigen konnten zwar Lehrer, aber offensichtlich keine Schüler gewonnen werden. Von diesen absolvierten 302 die Schulen erfolgreich („*vyučeno i otpuščeno*") - über eine standardisierte Kontrolle des Lernerfolgs ist ebensowenig bekannt wie über öffentliche Examinationen, so daß unklar bleibt, mit welchen Kenntnissen die erfolgreichen Schüler die Schule verließen und welchen weiteren Verlauf ihr Lebensweg nahm, ob sie etwa in andere (weiterführende) Schulen oder in den Staatsdienst eintraten. 322 Schüler entzogen sich dem Unterricht durch Fernbleiben, 79 erwiesen sich als zu wenig begabt, um dem Unterricht folgen zu können.[74] Den eigentlichen Grund für ein Scheitern der bescheidenen Ansätze lieferte jedoch die Regierung durch ihre Gesetzgebung selbst. Indem sie nacheinander die Kinder von Popen, Kaufleuten, Kirchen- und Klosterdienern und schließlich Militärangehörigen von der Schulpflicht ausnahm und dem kirchlichen bzw. Garnisonsschulwesen zuordnete, entzog sie den Ziffernschulen die Rekrutierungsgrundlage. Von den 2.051 Schülern gehörten der ersten Gruppe 976 an, der zweiten Gruppe 402, während nur 374 Kinder von Beamten diesen Schultypus besuchten.[75] 1731 wurden die Ziffern

---

[72] Tolstoi, Ein Blick auf das Unterrichtswesen, S. 5; SIRIO 56, S. 316.
[73] Simkovitch, V. G., The History of the School in Russia, in: Educational Review (May 1907), S. 486-522, hier S. 495; Wittram, Peter, Bd. 2, S. 201 f.; Syčev-Michajlov, Iz istorii, S. 55; Black, Citizens, S. 24, jüngst auch bei: Frumenkova, T. G., Cifirnye i archierejskie školy pervpoj treti XVIII veka, in: VI (2003) 7, S. 136-143.
[74] Über den Verbleib der übrigen Schüler werden in der Statistik keine Angaben gemacht.
[75] Alle Angaben: SIRIO 56, S. 320 f. Kinder der *posadskie ljudi*, der Händler und Kaufleute gab es 93, Kinder adliger Herkunft 52 (ebenda). Insofern ist Manfred Hildermeier zu korrigieren, der 1990 schrieb: „In der berühmten ‚Ziffernschule' (1714 gegründet) lernte der Provinzadel in der Tat erst einmal rechnen und schreiben". Siehe: Hildermeier, M., Der russische Adel von 1700 bis 1917, in: Wehler, H.-U. (Hrsg.), Europäischer Adel 1750-1950. Göttingen 1990 (= GG, Sonderheft 13), S. 166-

schulen abermals dem Admiralitätskollegium unterstellt, und schließlich wurden 1744 die verbliebenen acht Ziffernschulen eingedenk der Tatsache, daß der größte Anteil der Schüler nunmehr aus Soldatenkindern bestand, mit den Garnisonsschulen verschmolzen.[76]

Die Ziffernschulen stellen für die erste Hälfte des 18. Jahrhunderts deshalb ein so interessantes Experiment dar, weil hier erstmalig der Versuch unternommen wurde, ein säkulares Schulwesen zu schaffen. Freilich funktionierte dies nicht ohne Hilfe der Kirche, die die bestmögliche Infrastruktur zur Bildung und Ausbildung besaß. Sie hatte zumeist die Räumlichkeiten zu stellen, sie hatte für den Unterhalt der Lehrer aufzukommen und zusätzlich einen Teil des Lehrkörpers abzuordnen - selbst die wenigen Ziffernschulen können nicht mit den 47 Absolventen der Marineakademien aufrecht erhalten worden sein, die als Lehrer bis 1722 abgeordnet worden waren, zudem geht aus den hier angeführten *ukazy* hervor, daß diese Lehrkräfte eben nur für die technische Ausbildung, die der Staat für sinnvoll hielt, zuständig waren. Von den Schülern wurde aufgrund ihrer Herkunft erwartet, daß sie entweder rudimentäre Lesefähigkeiten mitbrachten[77] oder daß diese, ebenso wie eine religiöse Erziehung, von der Geistlichkeit vermittelt wurden. Wie im Falle des kirchlichen Schulwesens, in dem spiegelbildlich auch säkulare, technische Fähigkeiten vermittelt werden sollten, geschah dies auf der Grundlage religiös geprägter Texte und Fibeln. An der Zielsetzung der Ziffernschulen - einer über bloße Lesefähigkeit und religiöse Unterweisung hinausgehenden Fachausbildung zum Funktionieren des Staates, zu dem die unterschiedlichen im *ukaz* von 1714 verpflichteten Zielgruppen herangezogen werden sollten -, änderte dies nichts. Auch das Hin- und Herschieben der administrativen Zuständigkeiten zwischen Admiralitätskollegium und Synod spricht nicht dagegen. Es zeugt lediglich davon, daß man zwischen der Behörde, welche die Ausbildung finanziell sicherzustellen hatte, und derjenigen, die zunächst von den neuen Ausbildungsinhalten profitieren sollte, noch keine Organisationsform gefunden hatte, die die in der Konstruktion angelegten Widersprüche und Reibungsverluste hätte auffangen können. Auch wenn das im Vergleich zu anderen Bildungseinrichtungen[78] wenig elaborierte Curriculum in der Historiographie zu der Auffassung geführt hat, es habe aufgrund der Vermittlung von Elementarkenntnissen ein flächendeckendes Schulwesen errichtet werden sollen, spricht der geringe vor-

---

216, hier S. 197.
[76] Grigor'ev, Istoričeskij očerk, S. 160; Kahan, The Development of Education and Economy, S. 364.
[77] Dafür spricht auch, daß nach der erwähnten Statistik 79 Schüler entlassen wurden, weil sie Analphabeten („pisat' i gramote neumejuščie") waren (SIRIO 56, S. 321).
[78] Die beim Senat und schließlich beim Heroldsamt gegründete Verwaltungsschule erwartete neben Mathematik- und Geometriekenntnissen auch Aktenführung, Tabellenerstellung und Briefstil (PSZ 6, Nr. 3845, S. 451 f.).

genommene Ressourceneinsatz dagegen.⁷⁹ Vielmehr sollte eine gewisse Basis für eine Elite geschaffen werden, die in Handel, Gewerbe und Verwaltung eingesetzt werden konnte. Dieses Ziel ließ sich für die Verwaltung des Reiches z. B. mit Einrichtungen und Ausbildungsformen, die sich an den erforderlichen Kenntnissen und an der Arbeit in den Behörden orientierten, offensichtlich besser erreichen und in Überwindung von Widerständen auch besser vermitteln,⁸⁰ so daß man von den Ziffernschulen abrückte, die als „Aufbauschulen", nie als ein staatliches Elementarschulwesen gedacht waren und für die es nota bene auch in Westeuropa zu diesem Zeitpunkt kaum ein Vorbild gab.⁸¹

Das in der Literatur nicht selten ohne den Bezug zur Kirche angeführte Experiment der Ziffernschulen hatte gezeigt, daß der Staat auf die Kirche als Bildungsträger angewiesen blieb. Während über die Bedeutung der kirchlichen Einrichtungen auch für säkulare Bildungsinitiativen in der ersten Hälfte des 18. Jahrhunderts kaum gestritten werden kann, hat sich eine anhaltende Kontroverse sowohl über den Einfluß der Kirche und ihrer Hierarchen auf Bildungsinhalte wie über die Frage entwickelt, wie stark der Bruch war, der sich für die Orthodoxie aus der petrinischen Kirchenreform ergab.⁸² Der Erlaß und die Durchführung des „Geistlichen Reglements" von 1721, verbunden mit der Einrichtung des Synods als kollektives Leitungsgremium anstelle des seit 1702 vakanten Patriarchenstuhls,⁸³ war vielleicht eine der weitreichendsten Reformen der „petrinischen Revolution", die immerhin bis zur Oktoberrevolution Bestand hatte. Die orthodoxe Kirche stand nicht mehr in einem dyarchischen System neben der weltlichen Macht, und trotz des „nachgeschobenen" Titels des „Heiligsten dirigierenden Synods" wurde sie wie andere Zentralbehörden von einem Kollegium geleitet, das dem Zaren unterstand. Diese Unterordnung ist verschiedentlich vor dem Hintergrund planmäßiger Säkularisierungsbemühungen Peters, etwa im Bereich der Klöster, gesehen worden. Aber auch für den

---

[79] Siehe dagegen Evgenij Anisimov, der in seinem ansonsten materialreichen Werk die Reformen im Bereich des Schulwesens stiefmütterlich knapp behandelt (Anisimov, E. A., The Reforms of Peter the Great. Progress through Coercion in Russia. London usw. 1993 (= The New Russian History Series), S. 223).

[80] Hierzu siehe aus der jeweiligen Spezialliteratur: Peterson, C., Peter the Great's Administrative and Judical Reforms. Stockholm 1979 (= Rättshistorikt Bibliotek, 29), S. 111; Schippan, Die Einrichtung der Kollegien, S. 261-265. Auch hier sind allerdings Fälle aktenkundig, bei denen sich die Anzulernenden der Schulung durch Flucht entzogen haben (RGIA, f. 467, op. 73/187, kn. 26, Č. 2, ll. 425, 429).

[81] Siehe hierzu für den deutschen Raum im Überblick: Schindling, A., Bildung und Wissenschaft in der Frühen Neuzeit 1650-1800. München 1994 (= Enzyklopädie Deutscher Geschichte, 30), S. 3-62.

[82] Siehe hierzu das Standardwerk von: Cracraft, J., The Church Reform. Noch immer unerläßlich: Verchovskij, P. V., Učreždenie Duchovnoj kollegii i duchovnyj reglament. T. 1-2. Rostov na Donu 1916. Im zweiten Band sind zahlreiche Dokumente enthalten - u. a. das Geistliche Reglement samt Ergänzungen sowie Werke Feofan Prokopovičs.

[83] Voskresenskij, Zakonodatel'nye akty, S. 83.

Bereich der Bildung wurde das „Geistliche Reglement" als Schritt in diese Richtung interpretiert.[84] Georges Bisonnette vertrat die Meinung, der Zar habe die Kirche „as a propaganda agency for his political views and for his reform projects" benutzt und folgerte, auf die Bildung zugespitzt, „the Russian Orthodox Church became the Tsar's ‚Ministry of Education'".[85] Gegen diese These wandte sich Max Okenfuss mit der Auffassung, keineswegs habe der Zar versucht, über die Kirche und ihr Bildungswesen die Säkularisierung voranzutreiben: Schon vorher seien in kirchlichen Bildungseinrichtungen säkulare Bildungsinhalte vermittelt worden, die sich aus den erwähnten älteren, vorpetrinischen Traditionen gespeist hätten und aus Westeuropa über die Ukraine nach Moskau gelangt seien. Mit Blick auf die Kiever Akademie und die Lateinisch-Griechisch-Slavische Akademie in Moskau, deren Stellenwert zu Beginn dieses einführenden Kapitels gewürdigt worden ist, sprach er nicht nur metaphorisch von einer „jesuitischen Tradition", die nicht ausschließlich der Ausbildung von qualifizierten Geistlichen, sondern generell der für den Staat notwendigen Verwaltungselite gedient habe.[86]

Das normative Schlüsselwerk für die Neuorganisation der orthodoxen Kirche stellte das „Geistliche Reglement" dar, das in weiten Teilen von Feofan Prokopovič (1681-1736)[87] verfaßt worden war. Auch für die Institutionalisierung eines geistlichen Schulwesens bildete dieser Gesetzestext die Grundlage,[88] handelt doch mehr als ein Fünftel des Reglements von der Ausbildung und Erziehung. Darin wurden die einzelnen Bemühungen um Schulgründungen aus den Reihen des Episkopats[89] systematisiert und dem

---

[84] Stupperich, R., Staatsgedanke und Religionspolitik Peters des Großen. Königsberg 1936 (= Osteuropäische Forschungen, NF 22), S. 96-101; Cracraft, The Church Reform, S. 305-307; Black, Citizens, S. 29 f.; Helmert, G., Der Staatsbegriff im petrinischen Rußland. Berlin 1996 (= Beiträge zur Politischen Wissenschaft, 92) S. 228-234.

[85] Bisonette, G., Peter the Great and the Church as an Educational Institution, in: Curtiss, J. S. (Hrsg.), Essays in Russian and Soviet History in Honor of Geroid Tanquary Robinson. Leiden 1963 (= Studien zur Geschichte Osteuropas, 8), S. 3-20, hier S. 17, 19.

[86] Okenfuss, The Jesuit Origins; ders., The Impact of Technical Training, S. 152.

[87] Zu seiner Person und seinen geistlichen, staatstheoretischen und pädagogischen Werken: Cracraft, J., Feofan Prokopovich, in: Garrard, J. (Hrsg.), The Eighteenth Century in Russia. Oxford 1973, S. 75-105; ders., Feofan Prokopovich. A Bibliography of his Work, in: Oxford Slavonic Papers 8 (1975), S. 1-36.

[88] Im folgenden zitiert nach der zeitgenössischen deutschen Übersetzung: Geistliches Reglement. Auf Hohen Befehl und Verordnung des von Gott gegebenen und mit Weißheit ausgezierten Herrn Czaaren und Groß-Fürsten Petri des Ersten Kaysers von gantz Rußland [...] Danzig 1725.

[89] Igor Smolitsch führt etwa die Gründung von Schulen in Černigov (1700), Rostov und Tobol'sk (1703/04) an, verweist auf das relativ hohe Niveau der geistlichen Bildung in der Eparchie Kiev und hebt für den großrussischen Bereich das Wirken des Metropoliten Iov von Novgorod (1697-1716) hervor, der in Novgorod eine slavisch-griechische Schule und in seiner Eparchie über zehn weitere Schulen gründete (Smolitsch, I., Geschichte der russischen Kirche 1700-1914. Bd. 1. Leiden 1964 (= Studien zur Geschichte Osteuropas, 9), S. 539 f., Zitat S. 540). Diese Schulen scheinen derartigen Erfolg gehabt zu haben, daß Peter I. 1715/16 mehr als hundert Adlige zur Ausbildung in die Eparchie

2.1. Bildung und Erziehung

Synod grundlegende Überlegungen über den Nutzen von Bildung und Wissenschaft sowie ein Projekt über die Gründung einer Spitzeninstitution für die theologische Bildung und theologischer Seminare in den jeweiligen Eparchien an die Hand gegeben. (Wieder-)Herstellung von Disziplin und Uniformität der Organisation wurden in dem einleitenden Kapitel „Schulen, und darinne befindliche Lehrer und Lernende, wie auch die Prediger an denen Kirchen" als Beweggrund für die nun folgenden Regularien genannt, die in der Tat an Disziplinierungsmaßnahmen innerhalb der Armee erinnern, auch wenn der Bezug zum Militär sich eher auf die dort bereits durchgeführten Reformen beziehen mochte.[90] Scharf wandte sich der Verfasser gegen die auch an der Wende vom 17. zum 18. Jahrhundert noch anzutreffende Auffassung, daß es sich bei Bildung und Wissenschaft um häretisches Tun handele, welches vom Pfad der Orthodoxie führe: „Es lautet sehr albern, wann einige sagen, die Gelehrsamkeit sey Schuld an denen Ketzereyen, dann zu geschweigen der alten Ketzer, welche aus einer mit Hochmuth verknüpften Dummheit, und nicht aus übriger Wissenschaft in Irrthümer verfallen [...]."[91] Bildung und Ausbildung wurden damit der Geistlichkeit vom Herrscher als Auftrag unter Hintanstellung interner theologischer Diskussionen verordnet.

Keinen Zweifel kann es daran geben, daß in der geplanten Akademie der hohe Klerus, die „weiße Geistlichkeit", ihren Nachwuchs auf höherem Niveau als bisher ausbilden sollte, doch ist ebensowenig zu bezweifeln, daß das vorgesehene Curriculum - auch im Verhältnis der einzelnen Disziplinen oder Klassen zueinander - einen für die damalige Zeit allgemeinbildenden Charakter trug: Grammatik (einschließlich Geographie und Rhetorik), Arithmetik und Geometrie, Physik und Metaphysik, Pufendorfs kurze „Politica" und Dialektik sowie schließlich Theologie sollten unterrichtet werden.[92] Im übrigen erinnert das Curriculum an die Lehrpläne der bereits existierenden Akademien in Moskau und Kiev[93], angereichert um die Vermittlung der für die russische Schülerschaft vereinfachten Lehren Samuel von Pufendorfs.[94] Damit war der Lehrplan

---

entsandte (Bryner, Der geistliche Stand, S. 95). Über Lehrpläne sowie Beständigkeit der Existenz der Schulen ist nichts bekannt.

[90] „Es ist weltkundig, wie schwach und unvollkommen die Rußische Armée gewesen, so lange sie keine regulirte Disciplin gehabt, und wie unvergleichlich hingegen derselben Stärcke zugenommen, und über Verhoffen groß und formidable worden, so bald unser Großmächtigster Monarch, Ihro Czaar Petrus I. diesselbe auf einen trefflich regulierten Fuß gesetzet. Ebenso ist es mit der Architektur, Medicin, Politischen Regierungen, und allen anderen Geschäfften ergangen." (Geistliches Reglement, S. 28).

[91] Ebenda, S. 39.

[92] Ebenda, S. 46.

[93] Dies verwundert angesichts der Ausbildung, die Prokopovič selbst in Kiev erfahren und vermittelt hat, nicht: Die Lehrer nahmen rotierend eine Lehrverpflichtung in allen Klassen wahr (Višnevskij, Kievskaja Akademija, S. 17-44).

[94] Verschiedene Werke Samuel von Pufendorfs (1632-1694), der als Professor für Naturrecht in Heidelberg und Lund wirkte, schließlich schwedischer Reichshistoriograph wurde, sind für die

komplementär zu demjenigen für die Ziffernschulen gestaltet. Im Kapitel „Über die Bischöfe" wurde die Anweisung erteilt, daß jeder Bischof für den geistlichen Nachwuchs in seiner Eparchie eine Schule einzurichten habe.[95] Für den Unterhalt von Schulkindern und Lehrern wie für die Lehrmittel hatten die „vornehmsten Klöster einer jeden Dioecese" mit ihren Ländereien aufzukommen.[96] Eine ständische Abschließung für die Kinder des geistlichen Standes war nicht vorgesehen, auch die Söhne von Beamten und Kanzleischreibern sollten hier ausgebildet werden.[97] Damit wurde eine Regelung aufgegriffen, die schon für die Akademien in Kiev und Moskau gegolten hatte. Daß diese Form der Ausbildung eine solide Basis brauchte, wurde auch von den Autoren des Reglements erkannt, denn es sollte „ [...] neben der Akademie, ja Anfangs wohl auch ohne Akademie ein Seminarium zur Erziehung und Unterrichtung der Kinder angeleget werden [...]"[98], in dem das Zusammenleben und Miteinanderlernen der Schüler nicht nur klösterlich, sondern nachgerade militärisch durchorganisiert zu sein hatte. Strenge Aufsicht, auch bei etwaigen Verwandtenbesuchen, und Examination waren zwar bei den westeuropäischen Vorbildern gleichfalls an der Tagesordnung, wurden aber in Rußland verfeinert und zeugten letztlich von einem Mißtrauen gegenüber den Zöglingen. Die Seminaristen entsprachen in Alter und Herkunft den Schülern in den Ziffernschulen und den Akademien.

Die Einrichtung der Seminare in den jeweiligen Diözesen bedeutete den Versuch, ein flächendeckendes Schulwesen einzurichten. In mittelfristiger Perspektive zeigte dieses Projekt mehr Erfolg als die Einrichtung der Ziffernschulen, weil es sich an der Gruppe orientierte, bei der die besten Voraussetzungen für die Aneignung von Bildung gegeben waren. Die von Prokopovič für die Hauptstadt Sankt Petersburg vorgesehene Akademie ließ sich hingegen nur schwer realisieren. Dies rührte zum einen von der Konkurrenz zur Kiever und Moskauer Akademie her, die bereits eingeführt waren, auch

---

Bibliothek Feofan Prokopovičs nachgewiesen. Bei der kurzen „Politica" handelt es sich mutmaßlich jedoch nicht um die wissenschaftliche Essenz von Pufendorfs zweibändigem Werk „De officio Hominis et Civis juxta Legem Naturalem" (Cracraft, The Church Reform, S. 265, Anm. 2), das während der Schulreform Katharinas noch eine Rolle spielen sollte, sondern um seine „Einleitung zu der Historie der vornehmsten Reiche und Staaten so itziger Zeit in Europa sich befinden", 1682 in Lund und Frankfurt erstmalig publiziert und 1718 ins Russische übersetzt (Marker, G., Publishing, Printing and the Origins of Intellectual Life in Russia, 1700-1800. Princeton, N. J. 1985, S. 29; Denzer, H., Nachwort, in: Pufendorf, S. v., Die Verfassung des Deutschen Reiches. Stuttgart 1976, S. 161-211, hier S. 165-169).

[95] „ 9. Zu Verbesserung der Kirche wäre sehr zuträglich, daß ein jeder Bischoff in oder bey seinem Hause eine Schule hätte, vor Priester-Kinder, oder andere, welche zum Priester-Stande destiniret sind." (Geistliches Reglement, S. 25).

[96] Ebenda, S. 26.

[97] „Wegen der Schüler soll es folgender Gestalt gehalten werden: Alle Protopopen und andere wohlhabende Priester sollen ihre Kinder zur Academie schicken. Eben dieses kan man auch denen vornehmsten Cantzeley-Bedienten in denen Städten anbefehlen." (Ebenda, S. 47 f.).

[98] Ebenda, S. 47.

2.1. Bildung und Erziehung

wenn sie mit Problemen zu kämpfen hatten,[99] zum andern fand man kein hinreichend geeignetes Gebäude, so daß die Akademie schließlich im Aleksandr-Nevskij-Kloster untergebracht werden mußte. Auch die Einrichtung der Seminare stieß zunächst auf Schwierigkeiten, die in der einen oder anderen Form bei der Beschäftigung mit Bildungsgeschichte immer wieder anzutreffen sind: Aus verschiedenen Eparchien, z. B. aus Voronež und Perejaslavl', wurde dem Synod gemeldet, man habe kein Geld, um sich die Einrichtung von Seminaren zu leisten. 1723 wurde die bischöfliche Schule in Rostov, 1725 diejenige in Ustjug geschlossen, weil ihnen ihr Lehrer abhanden gekommen war. In anderen Seminaren konnte das Curriculum aus Mangel an Lehrkräften nur sehr unvollständig unterrichtet werden.[100] Daß nicht selten die Theologie diesem Mangel zum Opfer fiel, mochte aus der Sicht des Staates zu verschmerzen sein, standen die Schüler nach ihrer Ausbildung doch für den Staatsdienst zur Verfügung und hatten auch die Anfangsgründe der Arithmetik und Geometrie kennengelernt.[101] Sieht man einmal von den Akademien in Kiev und Moskau sowie der nie ganz das Niveau einer Akademie erreichenden Schule am Aleksandr-Nevskij-Kloster und dem florierenden Seminar von Belgorod, dem späteren Char'kover Kollegium, ab, wurde in den Schulen wenig mehr als eine Elementarbildung für Kinder vermittelt, die in ihrer überragenden Mehrheit zwar dem geistlichen Stand entstammten, aber keinesfalls alle dorthin zurück strebten, sondern in Verwaltung und Staatsdienst bessere Aufstiegsmöglichkeiten sahen. Diese Entwicklung sollte zur Mitte des Jahrhunderts erste Folgen für die Zusammensetzung von Verwaltungs- und entstehendem Wissenschaftsapparat zeitigen.

Nur die wenigsten Eltern und Schüler werden den Besuch der Seminare anfangs als Möglichkeit des Aufstiegs oder zumindest der Statussicherung verstanden haben. Der Widerstand gegen den Schulbesuch war wie bei den Ziffernschulen groß, er wurde jedoch mutmaßlich weniger hervorgerufen durch eine bewußte Kritik an den Lerninhalten und den Lehrenden an sich, als vielmehr durch die Vermutung, im Curriculum und im Unterricht, der meist von ukrainischen Mönchen abgehalten wurde, werde mit alten Traditionen gebrochen, und vor allem durch die drakonische Disziplin, derer sich viele Schüler mittels Flucht oder Nichterscheinen - oft mit Billigung ihrer Eltern - zu

---

[99] Aufgrund der Fachschulen gehörte z. B. der Moskauer Akademie nicht mehr die ungeteilte Aufmerksamkeit des Herrschers, was sich durchaus in der finanziellen Ausstattung der Einrichtung widerspiegelte. Daß die Moskauer Akademie in den zwanziger Jahren des 18. Jahrhunderts vor dem Problem stand, eine große Zahl ihrer Studenten - ob freiwillig oder unfreiwillig - für den Staatsdienst abzugeben, entsprach jedoch exakt den Vorstellungen Peters von der Position dieser Einrichtung im Gesamtgefüge der „Bildungslandschaft" seines Staates. Vgl. hierzu: Pekarskij, Nauka i literatura, T. 1, S. 108 f.
[100] Die Berichte der Bischöfe an den Synod sind ausführlich wiedergegeben in: Ebenda, S. 109-121.
[101] PSZ 6, Nr. 4021, S. 697-699.

entziehen suchten.¹⁰² Der Zwang, ein Seminar besuchen zu müssen, konnte die gleichen Reaktionen hervorrufen wie die Aushebung eines Bauern für das Militär: Der Tod wurde für besser gehalten als das den künftigen Seminaristen erwartende Los.¹⁰³ Neben der militärischen Disziplin war es - in Ermangelung einer hinlänglichen Zahl von Textbüchern - das monotone Vortragen der Texte durch die Lehrer und das bloße Memorieren des Gehörten, das die Akzeptanz des Unterrichts nicht eben steigerte, wenn auch das Verdikt eines Rjazaner Bischofs, die Schüler verließen das Seminar dümmer, als sie es betreten hätten, übertrieben erscheint.¹⁰⁴

1727/28 existierten schließlich 14 Seminare mit ca 3.100 Schülern, eine gewisse Elementarbildung erreichte auf diese Weise auch periphere Gebiete innerhalb des Zarenreiches wie die Eparchie von Tobol'sk in Sibirien. Im Gegensatz zu manchen Fachschulen, die nach dem Tode Peters I. einen Niedergang erlebten, schenkten die Zarinnen Anna und Elisabeth den Seminaren relativ kontinuierlich ihre Aufmerksamkeit. Kränkelnde Seminare wurden reformiert, andere neu gegründet,¹⁰⁵ denn in der Regierungszeit Annas stand Feofan Prokopovič auf dem Höhepunkt seines Einflusses. Die Bewertung der Reform des kirchlichen Schulwesens bleibt in der Historiographie letztlich eine Frage des Standpunktes. Auch wenn sich die Zahl der Seminaristen bis zur Jahrhundertmitte mehr als verdoppelte, war der Versuch, Bildung für die Geistlichkeit so verbindlich zu machen, daß sie nicht mehr als negative Erscheinung, sondern bereits als Bestandteil des Dienstes angesehen wurde, sicherlich nicht sehr erfolgreich. Zu diesem Schluß gelangt man vor allem, wenn man die regionalen Unterschiede bei der Einrichtung und dem Funktionieren der Seminare in die Beurteilung einbezieht. Gregory Freeze hat in seiner noch immer maßgeblichen Studie über den Klerus des 18. Jahr-

---

¹⁰² Znamenskij, P., Duchovnye školy v Rossii do reformy 1808 goda. Kazan' 1881, S. 322. Im Geistlichen Reglement war vergeblich versucht worden, ein solches Verhalten durch einen Appell an die Einsicht zu antizipieren: „Dergleichen Lebens-Art junger Leute scheinet zwar verdrießlich, und einer Sclaverey ähnlich: Wer aber nur ein Jahr also zu leben gewohnet ist, dem wird es ganz süsse vorkommen." (Geistliches Reglement, S. 52).
¹⁰³ Siehe als Reaktion das Gedicht eines Rjazaner Geistlichen aus der ersten Hälfte des 18. Jahrhunderts:
Detej moich ot menja otnimajut
I v prokljatuju seminariju na muku obirajut
O, moi detuški serdečnye,
Ne na učen'e vas berut, no na mučen'e bezkonešnoe,
Lučše b vam neroditsja na sej svet, a chotja i roditsja,
Togož čaša kisilem zadavitsja i v vodu utopitsja ...". Zitiert nach: Agncev, A., Istorija Rjazanskoj duchovnoj seminarii. Rjazan' 1889, S. 21 f.
¹⁰⁴ Ebenda, S. 113.
¹⁰⁵ Unterschiedliche Zahlen bei: Smolitsch, Geschichte der russischen Kirche, S. 548, und Cracraft, The Church Reform, S. 275 f. In der Bewertung extreme Gegenpositionen vertretend: Freeze, The Russian Levites, S. 82-86, und Bryner, Der geistliche Stand, S. 102 f. Ausführliche Beschreibung der Gründungen bei Znamenskij, Duchovnye školy, S. 100-188.

2.1. Bildung und Erziehung

hunderts zu Recht darauf hingewiesen, daß der Ausbau der Seminare einerseits zu einer Abtrennung der Geistlichkeit von den übrigen gesellschaftlichen Gruppen führte, andererseits dem Geistlichen bei entsprechendem Besuch auch die Möglichkeit gab, sich gesellschaftliche Achtung in einem Maße zu erwerben, wie er sie bislang nur selten besessen hatte.[106] Für die erste Hälfte des Jahrhunderts ist jedoch vor allem die substituierende Funktion des geistlichen Schulwesens hervorzuheben. Die im petrinischem Sinne gebildeten Priester sollten in der Lage sein, eine staatsstabilisierende Funktion zu erfüllen, indem sie in ihren Gemeinden den Staatsaufbau mit dem Autokraten an der Spitze als gottgewollt darstellten und Unmut, gar Häresie wie die der Altgläubigen aktiv entgegenwirkten bzw. bekämpften. Die mangelnde Qualität des Theologieunterrichts in verschiedenen Seminaren, partiell sogar in der Moskauer Akademie, zeigt darüber hinaus an, daß eine wichtige Funktion eben die Vermittlung weltlicher Kenntnisse war,[107] die der Fachausbildung, der Verwaltung und schließlich der Wissenschaft zugute kamen. Dem entsprach die Vermittlung des Stoffes in lateinischer Sprache, da die zu benutzende Fachliteratur, ob Staats- oder Naturrechtslehren, mathematische oder naturwissenschaftliche Lehrwerke, eben in dieser Sprache der Wissenschaft abgefaßt war. Max Okenfuss hat in Vorüberlegungen zu einer leider noch nicht fertiggestellten Arbeit über die Bildungsbiographien der ersten Generation von Adligen und einiger weniger nichtadliger Aufsteiger, der *raznočincy*, gezeigt, daß die geistlichen Lehranstalten in der petrinischen Zeit trotz des Lateinischen, das als Voraussetzung für die weitere Ausbildung erst erlernt werden mußte, und der eigentlich im Vordergrund stehenden theologischen Lehrinhalte zur Ausbildung einer säkularen Funktionselite beitrugen.[108] Abgesehen von den unmittelbaren Verschränkungen der weltlichen Schulgründungen wie Ziffern- und Fachschulen mit dem kirchlichen Schulwesen liegt die Bedeutung der petrinischen Reformen im Bereich des geistlichen Schulwesens damit im Nutzeffekt für den Staat.

Während es für die Ziffernschulen und die Bildungseinrichtungen des Synods lediglich indirekt rezipierte ausländische Vorbilder gab, konnten der Zar und seine Berater bei den Plänen für die Gründung einer Akademie der Wissenschaften auf eigene Anschauung oder auf Hinweise von ausländischen Gelehrten und Korrespondenzpartnern zurückgreifen.[109] Kein Biograph des Zaren konnte darauf verzichten, dessen

---

[106] Freeze, The Russian Levites, S. 102-106.
[107] So auch: Hoffmann, P., Militärische Ausbildungsstätten als Zentren der Aufklärung, in: Lehmann-Carli (Hrsg. u. a.), Russische Aufklärungsrezeption, S. 249- 260, hier S. 255.
[108] Okenfuss, The Impact of Technical Training, S. 152 f.; siehe auch: Štrange, M. M., Demokratičeskaja intelligencija Rossii v XVIII veke. Moskva 1965, S. 27 f.
[109] Siehe hierzu grundlegend: Kopelevič, Ju. Ch., Osnovanie Peterburgskoj Akademii Nauk. Leningrad 1977, sowie Stieda, W., Die Anfänge der kaiserlichen Akademie der Wissenschaften in St. Petersburg,

2. Zwischen Fachausbildung und Geistlichem Seminar

Besuche wissenschaftlicher Einrichtungen bei seinem England-Aufenthalt 1698, seine Visitation des Mazarin-Kollegs und der Pariser Universität sowie die Teilnahme an einer Sitzung der Académie des Sciences 1717, deren Mitglied er werden sollte, zu erwähnen. Insbesondere in der ehemaligen DDR widmete man sich unter den Vorzeichen der Freundschaft zur Sowjetunion in durchaus verdienstvollen Detailstudien den Kontakten Peters mit Gottfried Wilhelm Leibniz, Christian Wolff und anderen Vertretern der sogenannten mitteldeutschen Aufklärung, die der Zar in Fragen der Gründung einer Akademie konsultierte.[110] So wie nachweisbar ist, daß sich Peter seit 1697/98, wenn auch unstet, mit der Gründung einer säkularen Spitzeninstitution für Wissenschaft und Bildung beschäftigte, so deutlich wird aus den Korrespondenzen und indirekt wiedergegebenen Gesprächen, daß der Zar und seine Berater sich über den Charakter dieser Einrichtung nicht im klaren waren.[111] Schon die Bezeichnung konnte verwirren: Unter dem Begriff „Akademie" wurden auch die von Geistlichen getragenen Lehranstalten in Moskau und Kiev gefaßt. Aber selbst in Westeuropa waren die zu Gebote stehenden Vorbilder, die als Akademie bezeichnet wurden, vielfältig. Neben den an der Wende vom 17. zum 18. Jahrhundert zunehmend als unzeitgemäß geltenden Ritterakademien alten Typs, in denen Adligen Bildung und Erziehung vermittelt wurden,[112] entstanden seit dem ausgehenden 15. Jahrhundert zunächst in Italien wissenschaftliche Gesellschaften, die als Akademie bezeichnet wurden und in denen sich hervorragende Gelehrte einzelner oder mehrerer Wissenschaftsdisziplinen zusammenfanden, um sich dem wissenschaftlichen Austausch, mitunter auch der gemeinsamen Forschung zu widmen - nicht selten in Abgrenzung zu der an den Universitäten betriebenen Wissenschaft, die in Form und Inhalt als überkommen empfunden und schließlich als „scholastisch" abgelehnt wurde.[113] Schließlich existierten in Westeuropa noch die Universitäten, die Anfang des 18. Jahrhunderts am Beginn eines durchgreifenden Wandlungsprozesses standen, in

---

in: Jahrbücher für Geschichte und Kultur der Slaven NF 2 (1926) 2, S. 133-168.
[110] Zum Beispiel: Winter, E., A. H. Francke und Rußland, in: ZfG 11 (1963), S. 958-964; ders., Zur Geschichte der deutsch-russischen Wissenschaftsbeziehungen im 18. Jahrhundert, in: ZfG 8 (1960), S. 844-855; Mühlpfordt, G., Deutsch-russische Wissenschaftsbeziehungen in der Zeit der Aufklärung (Christian Wolff und die Gründung der Petersburger Akademie der Wissenschaften), in: Aland, K. (Hrsg. u. a.), 450 Jahre Martin-Luther-Universität Halle-Wittenberg. Bd. 2. Halle 1952, S. 169-197; ders., Petersburg und Halle: in: JGSL 25/2 (1982), S. 155-171; Grabosch, U., Studien zur deutschen Rußlandkunde im 18. Jahrhundert. Halle 1985 (= Beiträge zur Geschichte der UdSSR, 12); Donnert, E., Peter der Große. Leipzig 1987, S. 197-217.
[111] Zusammenfassend: Kopelevič, Osnovanie Peterburgskoj Akademii Nauk, S. 38-54.
[112] Hierzu die klassische Darstellung von: Paulsen, F., Geschichte des gelehrten Unterrichts. Bd. 1. 2.Aufl. Leipzig 1896, S. 501-511.
[113] Vgl. generell: Kanthak, G., Der Akademiegedanke zwischen utopischem Entwurf und barocker Projektmacherei. Zur Geistesgeschichte der Akademie-Bewegung des 17. Jahrhunderts. Berlin 1987 (= Historische Forschungen, 34).

2.1. Bildung und Erziehung

dem sie sich allmählich von der Präponderanz der Theologie lösten oder gar als der Aufklärung verpflichtete „Reformuniversitäten" neu gegründet wurden.[114]

Die einen wie die anderen fehlten im Zarenreich, so daß der Zar „gleichsam ein weiß Papier", wie es Leibniz formuliert hatte,[115] für sein Projekt besaß. Die Pläne, die Peter von in- und ausländischen Beratern vorgetragen oder zugesandt bekam, reichten von der Forderung, alle Bildungseinrichtungen in einem eigenen Kollegium zu konzentrieren, über die Anregung, die Akademie in Form einer wissenschaftlichen Gesellschaft zu konstituieren, bis zum Vorschlag, sie gegebenenfalls mit anderen Bildungseinrichtungen zu kombinieren.[116] Fedor S. Saltykov beispielsweise verstand in seinen „*Propozicii*", abgefaßt 1715 kurz vor seinem Tod in England, unter einer Akademie ausschließlich eine Lehreinrichtung und empfahl als Vorbilder Oxford und Cambridge, die nach dem bereits bekannten Kollegien- oder Collegeprinzip organisiert waren. Er riet dem Zaren die Gründung von jeweils einer Akademie in den durch die petrinische Gouvernementsreform entstandenen acht Gouvernements mit je 2.000 Schülern, die dem Adel, der Geistlichkeit und den *raznočincy* entstammen sollten. Für Mädchen sah Saltykov eigene, an den Klöstern angesiedelte Schulen vor.[117]

Auf einem der zahlreichen Entwürfe, die dem Zaren vorgelegt wurden, bemerkte Peter I. 1718 als Marginalie „Akademie schaffen" und meinte damit in diesem Fall, ähnlich wie Saltykov, eine Lehreinrichtung.[118] In den letzten Lebensjahren Peters gewann die Akademie schließlich Gestalt, und zwar in Form einer Mischlösung. Forschung und Wissenschaft sollten vor allem auf den Gebieten der Naturwissenschaft und Technik vorangetrieben werden, um die Ressourcen des Landes zum Wohle des Staates nutzen zu können. Zugleich sollten die gewonnenen Ergebnisse in den der Akademie angeschlossenen Einrichtungen an Schüler, die ein Reservoir für die Rekrutierung qualifizierten Nachwuchses für Wissenschaft und Verwaltung bilden sollten, weiterge-

---

[114] Guter Problemaufriß bei: Hammerstein, N., Aufklärung in Europa. Divergenzen und Probleme, in: Ders. (Hrsg.), Universitäten und Aufklärung. Göttingen 1995 (= Das achtzehnte Jahrhundert, Supplementa, 3), S. 191-205.

[115] Zitiert nach Donnert, Peter der Große, S. 206. Zu Leibniz' Bedeutung für die Akademiegründung in Sankt Petersburg: Grabosch, Studien, S. 51- 61.

[116] Der Plan für die Einrichtung eines Bildungskollegiums geht zurück auf Sir Francis Lee, dem Peter I. 1698 in England begegnete; siehe: Andreev, A. I., Petr I. v Anglii v 1698 g, in: Ders. (Hrsg.), Petr I. Sbornik statej. Moskva usw. 1947, S. 63-103, hier S. 76, 91 f. Leibniz' Vorschläge sind publiziert in einer deutsch-russischen Parallelausgabe, die die Grundlage für alle wissenschaftlichen Interpretationen seiner Beziehungen zu und seines Einflusses auf Peter I. bildet: Guerrier, W., Leibniz in seinen Beziehungen zu Rußland und Peter dem Großen. SPb. usw. 1873; siehe weiterhin: Benz, E., Leibniz und Peter der Große. Berlin 1947, S. 75 f.

[117] Auszüge aus seinen „*Propozicii*" abgedruckt in: Antologija pedagogičeskoj mysli XVIII v., S. 54-59. Hierbei handelt es sich keineswegs um eine ständisch orientierte Zugangsberechtigung (ebenda, S. 13); siehe auch: Komkov, G. D./Levšin, B. V./Semenov, L. K., Geschichte der Akademie der Wissenschaften der UdSSR. Berlin 1981, S. 42.

[118] PSZ 5, Nr. 3208, S. 574.

geben werden. Die im Zarenreich bereits existierenden Bildungseinrichtungen hatten, wie bei ihrer Struktur nicht anders zu erwarten, noch keine Forscherpersönlichkeiten hervorgebracht, die Aufnahme in die gelehrte Sozietät hätten finden können. Schon vor der Ausarbeitung eines Statuts begann man daher mit der Anwerbung wissenschaftlicher Kapazitäten aus dem Ausland, wobei es allerdings nicht gelang, prominente Vertreter wie Christian Wolff zu gewinnen. Im Januar 1724 bestätigte Peter im Senat den Beschluß über die Gründung der Akademie[119] und stimmte dem Entwurf eines Statuts zu, den sein Leibarzt Laurentius Blumentrost vorgelegt hatte, nachmals der erste Präsident der Akademie.[120] Dieser Entwurf, der bis zur Verabschiedung eines Statuts im Jahre 1747 Arbeitsgrundlage bleiben sollte, sah eine Organisation der Akademie auf drei Ebenen vor. Die Akademie selbst unterschied sich von der Royal Society und von den Akademien Frankreichs dadurch, daß es in Sankt Petersburg drei Fakultäten geben sollte - die juristische, die medizinische und die philosophische, in der Geistes- und Naturwissenschaften gepflegt werden sollten. Aufgabe der Akademie war es, die Wissenschaft voranzutreiben, die angegliederte Universität hatte dem Nachwuchs umfassende fachspezifische Kenntnisse mit dem Ziel zu vermitteln, ihm eigene wissenschaftliche Forschung zu ermöglichen.[121] Das akademische Gymnasium schließlich hatte geeignete Jugendliche auf den Besuch der Universität vorzubereiten. Akademiemitglieder waren verpflichtet, an der Universität zu unterrichten, die ihnen zugeordneten Adjunkten am akademischen Gymnasium.[122] Zu Recht ist in diesem Zusammenhang darauf hingewiesen worden, daß bei der Gründung der Akademie nachgerade programmatisch die Theologie keine Berücksichtigung fand, auch nicht bei den nachgeordneten Bildungseinrichtungen,[123] ein Vorgang, der sich bei der Gründung der Moskauer Universität wiederholen sollte. Insofern handelte es sich in der Tat im Gegensatz zu der Einrichtung der Ziffernschulen oder der Reformen im „Geistlichen Reglement" um den Versuch, eine säkulare, wenn auch elitäre Wissenschafts- und Bildungseinrichtung zu schaffen, bei der das Bedürfnis, anderen europäischen Großmächten nachzueifern,

---

[119] PSZ 7, Nr. 4427, S. 138 f.
[120] Zu seiner Bedeutung: Winter, E., Laurentius Blumentrost d. J., und die Anfänge der Petersburger Akademie der Wissenschaften, in: Jahrbuch für Geschichte der UdSSR und der volksdemokratischen Länder 8 (1964), S. 247-270.
[121] Zur Diskussion dieser doppelten Aufgabe zwischen Christian Wolff und Laurentius Blumentrost jetzt: Buschmann, C., Akademie und Universität: Zwei Seiten einer Idee, in: Lehmann-Carli (Hrsg. u. a.), Russische Aufklärungsrezeption, S. 169-181.
[122] Dieser Entwurf, mitunter auch als „Provisorisches Reglement" bezeichnet, ist u. a. abgedruckt in: Skrjabin, G. K. (Hrsg.), Ustavy Akademii Nauk SSSR. Moskva 1975, S. 31-39. Hierzu jüngst auch: Smagina, G. I., Akademija nauk i razvitie obrazovanija v Rossii v XVIII veke, in: Vestnik RAN 70 (2000), S. 635-644, hier S. 635.
[123] Wittram, Peter I., Bd. 2, S. 210.

2.1. Bildung und Erziehung

schließlich gar Ebenbürtigkeit nachweisen zu können,[124] ebenso eine Rolle spielte wie der Wunsch, daß deren Forschungs- und Lehrtätigkeit dem Staat unmittelbar zugute kam. Das Statut sah zwar vor, daß die einmal ernannten Akademiemitglieder weitere durch Wahl kooptieren konnten, doch war dies in der Praxis nahezu unmöglich, weil die Akademie durch die Zuweisung eines jährlichen Etats in ihrer Forschungs- und Ausbildungsarbeit von der Kontinuität des Mittelflusses und damit vom Interesse des jeweiligen Herrschers abhängig war. Als am 17. Dezember 1725 die Versammlung der Akademie, die zunächst nur aus Nichtrussen bestand, zu ihrer ersten feierlichen Sitzung zusammentrat,[125] war Peter I. bereits gestorben.

Nicht selten wurde insbesondere in der sowjetischen Forschung unter bloßer Aufzählung der Publikationen der Akademie, sei es der Druck originärer Forschung, sei es die Publikation übersetzter Literatur, die in den ersten Jahren der Akademie dominierte,[126] ein positiver Effekt auf das Bildungsniveau im Lande konstatiert. Ebenso wurde die Bedeutung der öffentlichen Vorlesungen von Akademiemitgliedern, deren erste im Januar 1726 angekündigt wurde,[127] hervorgehoben, wiewohl sich die Wirkung auf die hauptstädtische Elite kaum abschätzen läßt. Allzu unregelmäßig und allzu selten wurden diese Vorträge angeboten, als daß sie außer dem unleugbaren Nutzen für das fachgelehrte Publikum auch dem beginnenden intellektuellen Leben in Sankt Petersburg Impulse hätten geben können.[128]

Über den geringen Erfolg der akademischen Universität und des akademischen Gymnasiums lassen sich erst für die Mitte des 18. Jahrhunderts dank des prosopographischen Anhangs zur Monographie von Elena S. Kuljabko genauere Aussagen treffen.[129] Der Entwurf über das Statut hatte die Organisation von Universität und

---

[124] Nicht umsonst ließ der Senat einen Auszug aus dem Entwurf an die russischen Missionen im Ausland mit der Bitte um Bekanntmachung senden (Komkov/Levšin/Semenov, Geschichte der Akademie, S. 47).

[125] Zur Zusammensetzung des Personals mit Würdigung der jeweiligen wissenschaftlichen Biographie zwar unsystematisch, doch unübertroffen faktenreich: Suchomlinov, M. I., Materialy dlja istorii Imperatorskoj Akademii Nauk. T. 1. SPb. 1885. Im Jahre 1727 wirkten an der Akademie bereits 84 Personen, davon 17 ordentliche Mitglieder. Welche Personen im einzelnen und zu welchem Zeitpunkt an der Universität und am Gymnasium unterrichteten, läßt sich offensichtlich nicht mehr in toto nachvollziehen (ebenda, S. 273-275).

[126] Etwa in den „Commmentarii Academiae Scientarum Imperialis Petropolitanae", deren erster Band 1727 erschien. Für die Übersetzungstätigkeit war jeder Fachdisziplin ein Übersetzer für die Übertragung auswärtiger Fachliteratur beigegeben.

[127] Materialy dlja istorii Imperatorskoj Akademii Nauk, T. 1, S. 169.

[128] In dieser „positivistischen" Tradition: Smagina, G. I., Publičnye lekcii Peterburgskoj Akademii nauk v XVIII v., in: Voprosy istorii estestvoznanija i techniki (1996), 2, S. 16-26.

[129] Zum Folgenden: Kuljabko, E. S., M. V. Lomonosov i učebnaja dejatel'nost' Peterburgskoj Akademii nauk. Leningrad 1962, S. 131-206. Siehe auch Smagina, G. I., Vklad nemeckich učenych v razvitie rossijskoj školy v XVIII v., in: Dies. (Hrsg.), Nemcy i razvitie obrazovanija v Rossii. SPb. 1998, S. 12-22. Dort aufgelistet die sechzehn Akademiemitglieder, die während der Existenz des Gymnasiums dieses besucht haben.

Gymnasium nicht vorgegeben, so daß die Universität bis zu ihrer eigentlichen Gründung im Jahre 1819 nie, das Gymnasium erst 1738 ein Lehrprogramm erhielt. Verschiedene Faktoren trugen zu dem kümmerlichen Erfolg des Gymnasiums und dem Mißerfolg der nie über einzelne Lehrveranstaltungen hinausgelangenden Universität[130] bei. Die Angehörigen des ausländischen Lehrkörpers sprachen zumeist kein Russisch und unterrichteten auf Deutsch und Latein. Anders als in den Geistlichen Akademien, in denen das Lateinische zunächst grundständig vermittelt wurde, mußte das Lehrpersonal jetzt von Grundkenntnissen ausgehen. Aufgenommen wurden zunächst Schüler verschiedenen Standes und vor allem verschiedenen Alters, was einen sinnvollen Unterricht gleichfalls erschwerte. Aber auch die äußeren Bedingungen trugen nicht zu einer positiven Entwicklung bei: Begann das Gymnasium 1726 seine Arbeit mit 112 Schülern, so sank die Zahl schon 1728 auf 22,[131] wohl zum Teil bedingt durch die Verlegung des Zarenhofes nach Moskau, initiiert durch die Berater Peters II.[132] Auch als der Hof während der Regierung Annas nach 1730 wieder öfter in Sankt Petersburg residierte, führte dies nicht dazu, daß das Gymnasium von der adligen Elite als Bildungseinrichtung akzeptiert wurde. 1731 wurde am Ufer der Neva in unmittelbarer Nähe zur Akademie im ehemaligen Palais des Fürsten Menšikov das Kadettenkorps für den Adel gegründet, auf das an andere Stelle näher eingegangen werden wird.[133] Im Unterschied zum Kadettenkorps, das durch die in Aussicht stehenden Offiziersposten einen Aufstieg in der Rangtabelle verhieß, waren die Zukunftsaussichten beim Besuch des Gymnasiums wesentlich weniger fest umrissen. Wenn auch das Gymnasium, bezogen auf die Schülerzahl, weiter kränkelte und die Intention, den Adel für eine wissenschaftliche Ausbildung zu interessieren, trotz der Gründung einer Adelspension 1736 fehlschlug, so erwies es sich in Einzelfällen doch als eine Einrichtung, die Kindern von rangniedrigen Armeeangehörigen und der niederen Geistlichkeit den Start in eine Karriere in Wissenschaft oder Verwaltung ermöglichte und schließlich auch einen eigenen Nachwuchs für die Akademie ausbilden konnte.[134]

Beim Tode Peters I. hatte sich das Zarenreich trotz des Fortlebens staatlicher und kultureller Tradition gewandelt. Sowohl dem ausländischen Betrachter wie dem Unter-

---

[130] Von den 38 Studenten, die 1726 bis 1733 Lehrveranstaltungen der Akademie besuchten, waren nur wenige Russen, mehrheitlich waren es Deutsche (Kuljabko, Lomonosov, S. 33). Vgl. auch Tolstoi, Ein Blick auf das Unterrichtswesen, S. 10 f.
[131] Suchomlinov, Materialy dlja istorii Imperatorskoj Akademii Nauk, T. 1, S. 217-226.
[132] Hierzu: Kamenskij, A. B., The Russian Empire in the Eighteenth Century. Searching for a Place in the World. Armonk, London 1997 (= The New Russian History Series), S. 136 f.
[133] Vgl. Kap. 2.2.
[134] Kuljabko, Lomonosov, S. 53-62; Roždestvenskij, Očerki, S. 170-172.

2.1. Bildung und Erziehung

tanen des Zaren präsentierte sich ein „verändertes Rußland",[135] das freilich in den Lebensbereich des Einzelnen in ganz unterschiedlichem Maße eingriff. Dies gilt auch für den Bereich von Erziehung, Ausbildung und Bildung. Indem Peter I. und seine Berater nicht nur den Bildungsauftrag existierender kirchlicher Bildungseinrichtungen, wie der Akademien, erweiterten, sondern - ausgehend vom „Geistlichen Reglement" - auch eine Reihe von Seminaren und geistlichen Elementarschulen neu schufen, nutzten sie einerseits die vorhandene Infrastruktur aus, ohne mit der vorpetrinischen Tradition völlig zu brechen, die sich durch die ukrainischen Einflüsse ja selbst aus unterschiedlichen Quellen speiste. Andererseits nahmen sie, nur auf den unmittelbaren Nutzen blickend, Impulse und Vorbilder aus Westeuropa auf bzw., wenn man an die Übernahme der „jesuitischen Tradition" denkt, verstärkten sie, ohne immer hinlänglich ihre Tragfähigkeit für die russische Realität zu prüfen.

Dieses Nebeneinander von unterschiedlichen Einflüssen läßt sich auch an der Benutzung von verschiedenen Fibeln, den Grundwerken für den Schulunterricht in den geistlichen wie den zivilen Schulen, illustrieren. Traditionelle Fibeln, in denen Buchstaben anhand der Einführung von Silben eingeübt wurden, und Lesen anhand von kurzen Bibelstellen und Sprichwörtern, die die Autorität Gottes, der Kirche, aber auch des Vaters repetierten und memorierten,[136] erlebten gerade im ersten Jahrzehnt der petrinischen Herrschaft weitere Auflagen. Ihre Methode stand einerseits in der Tradition Simeon Polockijs (1629-1680)[137], der mit der alten, buchlosen Ausbildung zu brechen begonnen und die Fähigkeit des Lesens und Schreibens, einen Schlüsselbegriff der petrinischen Epoche antizipierend, als „nützlich" bezeichnet hatte. Andererseits blieben sie hinter den Vorstellungen des ukrainischen Gelehrten zurück, der sich erstmalig im ostslavischen Raum bemüht hatte, eine Fibel zu erstellen, in der das Kind als solches wahrgenommen wurde und deshalb das zu Erlernende auch in einer altersgerechten Weise vermittelt bekommen sollte.[138]

Daneben wurden jedoch Fibeln und Instruktionsbücher erstellt, die über die bloße Aneignung von Lesen und Schreiben und die religiöse Unterweisung hinausgingen. Peter I. veranlaßte nicht nur die Übersetzung von Literatur, die er als hilfreich für das Funktionieren seines Staates empfand - ein bekanntes Beispiel sind die Schriften

---

[135] So der Titel eines der am häufigsten herangezogenen Werke ausländischer Zeitgenossen, des hannoverschen Residenten Friedrich Christian Weber. Vgl. Weber, F. C., Das veränderte Rußland. Bd. 1-2. Frankfurt a. M. usw. 1738 (Reprint 1992).

[136] Dieses System wird ausführlich beschrieben in: Izvekov, D., Bukvar' naja sistema obučenija v ischode XVII i v načale XVIII stoletija, in: Sem'ja i škola (1872), S. 732-750.

[137] Polockij war Absolvent des Kiever Kollegiums, kam nach Moskau in der Zeit der Auseinandersetzung um das Schisma, wurde dort zu einem Befürworter der „lateinischen" Tradition, die er aus Kiev kannte, und vor allem zum Erzieher der Kinder der Zarenfamilie. Zu seiner Person: Demkov, M. I. (Hrsg.), Russkaja pedagogika v glavnejšich eja predstaviteljach. Moskva 1898, S. 23-39.

[138] Ebenda; siehe auch: Okenfuss, The Discovery of Childhood, S. 19-22.

Pufendorfs, bei denen er persönlich über die Auswahl der Passagen entschied, - und die er vor allem in den verschiedenen Schultypen für einsetzbar hielt, sondern auch die Abfassung von Werken, die westeuropäische Vorlagen, wie beispielsweise den bedeutenden „Orbis pictus" von Johann Amos Comenius,[139] für die russischen Verhältnisse adaptierten und mit eigenen Traditionen verbanden.[140] Mit der Didaktik von Comenius hatte Fedor Polikarpov-Orlovs „*Bukvar 'slavenskimi, grečeskimi, rimskimi pismeny...*" (1701),[141] den er im Auftrag des Zaren zusammengestellt hatte, die intensive Nutzung von Illustrationen zur Stoffvermittlung gemeinsam. Als eine Fibel, die dreisprachige Grammatik und Wörterbuch zugleich war, stand es für die slavisch-lateinisch-griechische Tradition der Akademien. Das Buch nahm die Definition des „Geistlichen Reglements", gemäß der Lernen und Wissen keine Häresie sei, bereits vorweg. Der „*Bukvar* " erlebte mehrere Auflagen und wurde das Standardwerk für den „neuen" klassischen Unterricht, so daß der Zar bei Polikarpov-Orlov die Kompilation eines Werkes in Auftrag gab, das über die Sprachvermittlung hinausging: Das Buch „*Junosti čestnoe zercalo...* "[142] bot nicht nur die Weiterführung des „*Bukvar* " und Auszüge aus der Bibel sowie aus Heiligenlegenden, die zum herkömmlichen Repertoire der Fibeln gehörten, sondern im zweiten Teil 63 Merkregeln, nach denen junge Adlige zu leben hätten: Diese hätten sich nicht nur durch ihre Bildung, sondern vor allem durch ihre Haltung und Lebensweise auszuzeichnen. Diese Kombination von Lehrbuch, Katechismus und säkular geprägter Handlungsanweisung sowie der Adressatenkreis - offensichtlich ausschießlich der Adel - machten „*Junosti čestnoe zercalo ...*" zu etwas qualitativ Neuem in der pädagogischen Literatur des Zarenreiches.[143]

---

[139] Zu Comenius einführend: Scheuerl, H., Johann Amos Comenius, in: Ders. (Hrsg.), Klassiker der Pädagogik. Bd. 1: Von Erasmus von Rotterdam bis Herbert Spencer. 2. Aufl. München 1991, S. 67-82. Zur Bedeutung Comenius' für die Entwicklung des russischen Schulwesens: Čuma, A. A., Ian Amos Komenskij i russkaja škola. Bratislava 1970. Zum Einfluss auf Polikarpov-Orlov: ebenda S. 49-52.

[140] Die von Peter gesetzten Schwerpunkte korrespondierten mit dem rekonstruierten Inventar seiner Bibliothek. Hier überwogen vor der politischen oder gar religiösen Literatur „technische" Anleitungen und Fachliteratur. Vgl.: Bobrova, E. I. (Hrsg.), Biblioteka Petra I. Ukazatel'-spravočnik. Leningrad 1978.

[141] Ausführlich beschrieben und in Auszügen wiedergegeben in: Bykova, T. T./Gurevič, M. M., Opisanie izdanij napečatnych kirilicej, 1689-janvar' 1725. Moskva usw. 1958, S. 68-73.

[142] Erstmalig erschienen 1717 unter dem vollständigen Titel „Junosti čestnoe zercalo, ili pokazanie k žitejskomy obchožděniju, sobrannoe ot raznych avtorov poveleniem Ego Imperatorskogo Veličestva Gosudarja Petra Velikogo". Zugrunde liegt hier die Ausgabe SPb. 1741.

[143] Max J. Okenfuss erwähnt in seinem Essay über die Bedeutung der pädagogischen Lehrbücher die Kompilation von Polikarpov-Orlov nicht und ordnet als Vorlage eine Fibel rein säkularen Inhalts aus dem Jahre 1710 zu, die auf Jakob Bruce zurückgeht (Okenfuss, The Discovery of Childhood, S. 43-45; Semenova, Očerki, S. 102 f.); die Zuordnung von „*Junosti čestnoe zercalo ...* " zu Polikarpov durch sowjetische Wissenschaftler scheint jedoch überzeugend. Vgl.: Antologija pedagogičeskoj mysli, S. 451.

2.1. Bildung und Erziehung

Feofan Prokopovič, verläßlicher Parteigänger Peters I., dessen zarische Herrschaft er im zeitgenössischen Gewand zu legitimieren suchte, steuerte zu der wachsenden Zahl solcher Lehrbücher das auflagenstärkste Werk bei. Sein „*Pervoe učenie otrokom*"[144] erlebte zwischen dem Erstdruck im Jahre 1720 und 1724 14 Auflagen, was allein schon diesem Werk in der vorrevolutionären Historiographie höchste Reputation eintrug.[145] Die Zielgruppe dieses Buches war eine breitere, und insofern war der Inhalt auch schlichter gehalten. Nach der Einführung des slavischen Alphabets wurde der Schüler mit einer normativen Interpretation der zehn Gebote vertraut gemacht, die weder traditionell-religiös war noch die Unterweisung mit Verhaltensregeln für die Umwelt verband, wie in „*Junosti čestnoe zercalo ...* ", sondern auf der Basis eines Naturrechts als Grundlage einer rationalisierten Orthodoxie[146] eine Gesellschaft propagierte, in der gegenseitige Pflichten und Verantwortlichkeiten die Erziehung der Jugend, aber auch das Verhältnis der Untertanen zum Staat bestimmten. In diesem Sinne nahm „*Pervoe učenie otrokom*" ein Weltbild vorweg, das seinen Ausdruck auch in dem von Prokopovič wenig später formulierten „Geistlichen Reglement" fand. Zugleich sollte „*Pervoe učenie otrokom*" die Hierarchien in der Familie wie im Staat festigen. Die Anerkennung von Autorität, hier die Tradition des *Domostroj* durchaus aufnehmend, sei gottgewollt, weil die gegenseitige Verpflichtung, die in der Familie, der Gesellschaft und dem Staat eingegangen wurde, gottgewollt sei.

Die drei hier exemplarisch angeführten Unterweisungsbücher stehen also für unterschiedliche Bildungstraditionen und unterschiedliche Zielgruppen, waren für den Gebrauch in Schulen und Seminaren, zur eigenen Lektüre, aber auch zum Vorlesen durch einen Geistlichen, einen Hauslehrer oder schlicht eine lesekundige Person gedacht. Für die „Fachschulen" trat dann Spezialliteratur hinzu, so daß insgesamt eine Vielfalt des gedruckten Wortes vorzufinden ist, die im Vergleich zum ausgehenden 17. Jahrhundert etwas Neues darstellte. Der Heterogenität des Adressatenkreises trat somit eine vermehrte Zahl der Bildungsformen und Institutionen mit höchst unterschiedlichem Lehrmaterial gegenüber. Doch auch hier gibt es wieder einen gelehrten Streit über die Radikalität dieses Bruchs. Der Staat blieb im Besitz des Druckmonopols, er bemühte sich jedoch, dem Bedarf an gedruckter Literatur durch die Ausweitung seiner Druck-

---

[144] Zu seiner Entstehung ausführlich, in der Interpretation jedoch nicht immer überzeugend: Cracraft, The Church Reform, S. 276-290.

[145] Demkov, M. I., Istorija russkoj pedagogiki. T. 2. SPb. 1897, S. 86-93; Pekarskij, Nauka i literatura, S. 178-181.

[146] Prokopovič besaß Ausgaben der Hauptwerke Samuel von Pufendorfs. Die Freiheit der Konfessionswahl, die Pufendorf in seinen Schriften propagiert hatte (vgl. Schmidt-Biggemann, W., Samuel von Pufendorf. Staats- und Rechtsphilosophie zwischen Barock und Aufklärung, in: Kreimendahl, L. (Hrsg.), Philosophen des 17. Jahrhunderts. Eine Einführung. Darmstadt 1999, S. 113-133, hier S. 129 f.) war für Prokopovič - gerade mit Blick auf die Altgläubigen - inakzeptabel.

kapazitäten Rechnung zu tragen. Nicht nur wurde die traditionsreiche und einzige nichtkirchliche Druckerei Moskaus, der *pečatnyj dvor,* erweitert, neben das in Sankt Petersburg 1711 gegründete Äquivalent traten Druckereien bei verschiedenen Behörden und Institutionen, wie dem Senat oder der Marineakademie. Die einzige kirchliche, beim Aleksandr-Nevskij-Kloster gegründete Typographie Sankt Petersburgs diente wesentlich zur Publikation der Schriften Feofan Prokopovičs. Zwar mochte es scheinen, als hätte die Kirche ein Monopol auf den Inhalt sämtlicher Druckschriften gehabt, lag doch die Aufsicht über alle Druckereien zunächst beim *Monastyrskij prikaz,* ab 1722 dann beim neu gebildeten Synod,[147] doch waren beide Institutionen Staatsbehörden und die bei ihnen wirkenden Geistlichen als Parteigänger Peters handverlesen. Am Ende der Regierungszeit Peters waren elf Druckereien in Betrieb.[148]

Aus dem Repertoire dessen, was in der petrinischen Epoche gedruckt worden war, meinten sowjetische Forscher ablesen zu können, daß auf dem Buchmarkt eine Revolution stattgefunden habe. Die Titel seien in sehr viel stärkerem Maße weltlichen Inhalts gewesen, und die Auflagen seien in die Höhe geschnellt.[149] In der Tat stützen Auflagenzahlen und Buchtitel diese Aussage. Die Druckereien beschäftigten sich im Zeitraum zwischen 1700 und 1725 hauptsächlich mit dem Druck von Gesetzestexten, Verordnungen und Manifesten, weil der russische Staat sich von diesen Publikationen eine ausgedehntere Propagierung seiner Reformziele erhoffte. An diesem Schwerpunkt sollte sich nichts ändern, bis das Druckmonopol des Staates in der Zeit Katharinas II. aufgehoben wurde. Auch die erste auf staatliche Initiative publizierte Zeitung, die *Vedomosti* (1703-1727),[150] diente den Mitteilungen über Regierungspolitik, Nachrichten über den Kriegsverlauf und ähnlichem mehr. Der Staat ging offensichtlich von dem Vorhandensein eines interessierten Lesepublikums aus oder hoffte zumindest, durch ein entsprechendes Angebot eine Nachfrage schaffen zu können.

Die zweitgrößte Titelgruppe waren Texte und Bücher rein religiösen Inhalts, die für die Unterweisung in den kirchlichen Bildungseinrichtungen, vor allem aber im Gottesdienst benötigt wurden. Gerade bei den in den Schulen verwendeten Texten läßt sich allerdings inhaltlich nicht immer sauber nach geistlichem oder säkularem Stoff trennen, dies zeigen die Beispiele der oben angeführten Unterweisungsbücher - erst recht, wenn

---

[147] Marker, Publishing and Printing, S. 21 f.
[148] Hughes, Russia in the Age of Peter, S. 320.
[149] Hierzu das Standardwerk: Luppov, S. P., Kniga v Rossii v pervoj četverti XVIII veka. Leningrad 1973; ders., (Hrsg. u. a.), Kniga v Rossii do serediny XIX veka. Leningrad 1978, S. 169-182. Siehe außerdem die Diskussion bei: Marker, G., Russia and the „Printing Revolution": Notes and Observations, in: SR 41 (1982), S. 266-283, hier S. 277-279.
[150] *Ukaz* zur Gründung von Zeitungen: PSZ 6, Nr. 1921, S. 201; siehe auch die Jubiläumsneuauflage: Vedomosti vremeni Petra Velikogo, 1703-1719. V pamjat' dvuch stoletija pervoj russkoj gazety. T. 1-2. Moskva 1903-1906 (Reprint Düsseldorf usw. 1970). Die Auflage der „Vedomosti" erreichte zwischen 1708 und 1712 eine Höhe von 1.800 bis 10.500 (Marker, Publishing and Printing, S. 29).

2.1. Bildung und Erziehung

man nicht nur den Inhalt, sondern ihre säkularen Nebenfunktionen, die Festigung der staatlichen Ordnung und die Heraufsetzung des Elementarbildungsniveaus bedenkt. Insbesondere Max Okenfuss hat zu Recht kritisiert, daß die sowjetische Forschung den versteckt religiösen Inhalt mancher Druckerzeugnisse im Sinne einer Stromlinienförmigkeit der Entwicklung ignoriert habe. Ihm selbst schienen diese Inhalte und Traditionen so bedeutsam zu sein, daß er die säkularen Nebenfunktionen in seiner Kritik vernachlässigte.[151]

Weiter führt die Frage, die Gary Marker in seinem Standardwerk über die Buchproduktion im 18. Jahrhundert stellte, nämlich diejenige nach dem Absatz und der Verfügbarkeit der Bücher.[152] Hier zeigt sich, daß sich die offiziellen Verlautbarungen, die *Vedomosti*, aber auch die aus anderen Sprachen übersetzte Fachliteratur zum Teil als ausgesprochene Ladenhüter erwiesen und schon gar nicht in die Provinz gelangten, wo die Propagierung herrscherlicher Politik und die Hebung des Bildungsniveaus aufgrund der Ausgangslage noch dringender geboten war als in den Hauptstädten. Offenkundig wurde sowohl bei der defizitär bleibenden Buchproduktion wie auch bei der Schaffung von unterschiedlichen Bildungsangeboten auf kurze Sicht „am Markt vorbei" produziert. Dies zeigt sich auch bei der Einführung einer vereinfachten Schrift und Orthographie nach 1707 (*graždanskij šrift*),[153] die bei allen säkularen Texten verwendet werden sollte, jedoch selbst dort aus Mangel sowohl an Druckerpressen als auch an Drucktypen zunächst kaum benutzt wurde. Die Konsequenz war weitreichend: Die einschlägigen *bukvari* wurden bis zur Jahrhundertmitte, partiell auch darüber hinaus nicht in der neuen *graždanskij šrift* gedruckt. Nicht nur die Inhalte blieben traditionell, die Heranwachsenden, die kaum je eine höhere Form der Ausbildung erlangten, kamen in ihrer Schule oder während ihres häuslichen Unterrichts kaum mit jenen Druckerzeugnissen in der neuen Schrift, mit denen die Europäisierung transportiert werden sollte, in Berührung.[154]

---

[151] Okenfuss, The Rise and Fall, S. 88-101.
[152] Detailliert und überzeugend: Marker, Publishing and Printing; S. 25-40; vgl. auch Hughes, Russia in the Age of Peter, S. 320-322.
[153] Hierzu das Faksimilekompendium der einschlägigen Drucktypen: Šikgal, A. G. (Hrsg.), Repertuar russkogo tipografskogo graždanskogo šrifta XVIII veka. T. 1: Graždanskij šrift pervoj četverti XVIII veka: 1708-1725. Moskva 1981.
[154] Siehe hierzu die überaus schlüssige Argumentation bei: Marker, G., Faith and Secularity in Eighteenth-Century Russian Literacy, 1700-1775, in: Hughes, R. P., (Hrsg. u. a.), Christianity and the Eastern Slavs. Vol. II: Russian Culture in Modern Times. Berkeley usw. 1994 (= California Slavic Studies, 17), S. 3-24. Zur anhaltenden Bedeutung des Kirchenslavischen bis in das 20. Jahrhundert hinein: Kraveckij, A. G./Pletneva, A. A., Istorija cerkovnoslavjanskogo jazyka. Konec XIX-XX v. Moskva 2001. Zur Frage der sprachprägenden Kraft der neuen säkularen Literatur siehe: Otten, F., Zur Zeitungssprache der frühen petrinischen Zeit (Vedomosti), in: Die Welt der Slawen NF 8 (1984), S. 98-110.

Die Ausbildung nach den veränderten, den Staat interessierenden Inhalten konnte also auch in den neu geschaffenen Bildungsinstitutionen bis über die Jahrhundertmitte hinaus erst erfolgen, nachdem eine religiös geprägte Elementarbildung, vorzugsweise über das kirchliche Schulwesen und die Geistlichkeit, erfolgt war. Die petrinischen Ambitionen waren auch hier den Möglichkeiten vorausgeeilt.[155]

Damit ist die Versorgung der lesewilligen und lesekundigen Bevölkerung mit Gedrucktem durchaus in den Zusammenhang der übrigen Bildungspolitik Peters zu stellen. Wie bei den anderen Reformen, die zur Effizienzsteigerung von Militär und Verwaltung unternommen wurden, hat man in der Literatur einerseits immer wieder die Sprunghaftigkeit und das Punktuelle der Pläne konstatiert, andererseits den zu großen Entwurf, der sich nicht mit der vom Zaren selbst geforderten Schnelligkeit umsetzen ließ.

In jedem Fall ging es Peter I. auch bei seinen Aktivitäten im Bereich der Bildung, die für ihn kein Selbstzweck, sondern Mittel zur Steigerung der Macht des Staates waren, auch um die Demonstration nach außen: Wie bei den militärischen und diplomatischen Erfolgen auf dem europäischen Parkett trachtete er auch auf dem Gebiet von Wissenschaft und Bildung danach, Gleichrangigkeit zu demonstrieren. Schenkt man den Aufzeichnungen des hannoverschen Residenten Friedrich Christian Weber Glauben, so hielt Peter im Mai 1714 aus Anlaß einer Schiffstaufe eine programmatische Rede, in der er möglicherweise einen Gedankengang seines Korrespondenzpartners Leibniz wiedergab,[156] als er den zukünftigen Sitz der Wissenschaften in Rußland sah. Mit dem ebenso rationalistischen wie organischen Bild des Blutkreislaufs arbeitend, forderte er sein Volk zu Arbeit und Anstrengung auf, damit die Wissenschaften „[...] dermahleinst ihren Wohn-Platz in Engelland, Frankreich und Teutschland verlassen, sich einige Jahr-Hundert bey uns aufhalten [...]".[157] In diesem Sinne wollte Peter das „Privileg der Rückständigkeit" nutzen und am Ende seines Lebens mit der Akademie der Wissenschaften, die trotz ihres provisorischen Reglements konzeptionell von allen Bildungseinrichtungen am modernsten gedacht war und für die er nicht nur Wissenschaftler anwarb, sondern mit der er im Grunde auch für sein Land selbst warb, zu den europäischen Nachbarn mit entsprechenden Institutionen und unter der frühaufklärerischen Leitidee

---

[155] Peter nannte des öfteren selbst Bücher, die er übersetzt, geschrieben und gedruckt wissen wollte, und griff auch in den Produktionsprozeß immer wieder ein. Darin zeigt sich das generelle Problem seiner Persönlichkeit wie seiner Herrschaftsauffassung, da er zwischen seinen eigenen Interessen und denen des Staates nicht zu trennen vermochte. Vgl. hierzu seine Anweisungen an I. Musin-Puškin in: Pis'ma i bumagi Petra Velikogo, T. 9, č. 1. Moskva usw, 1950, S. 12 f., 13 f.
[156] Siehe die quellenkritischen Erwägungen von: Wittram, Peter I., Bd. 2, S. 217 f., 559 f.
[157] Die Rede in: Weber, Das veränderte Rußland, S. 10 f., Zitat S. 11.

2.1. Bildung und Erziehung

des „Fortschritts" aufschließen.¹⁵⁸ Dabei zeigte sich allerdings wie so oft, daß sich Neues schneller konzipieren und gründen ließ, als bereits Bestehendes zu reformieren und auszubauen war. Gegen Ende seiner Herrschaft schien Peter das Interesse an den Akademien in Kiev und Moskau ebenso verloren zu haben wie an den Ziffernschulen. Dennoch wurde in seiner Zeit die Bildungslandschaft, was Institutionen, Formen und Inhalte angeht, derartig erweitert, daß man, wenn auch nicht alles von Bestand war, für diesen Bereich mit Fug und Recht von einer petrinischen Revolution sprechen kann. Mitte der zwanziger Jahre hatten die nach dem „Geistlichen Reglement" gegründeten Bildungseinrichtungen 3.100 Schüler, die Ziffernschulen wurden von ca. 2.000 Schülern besucht, jeweils einige hundert durchliefen die ersten medizinischen Ausbildungsschulen, die Navigationsschule, die Marineakademie und die übrigen militärischen Fachschulen, wiederum einige hundert erhielten eine Ausbildung im Ausland. Dies mochte auf die Bedürfnisse des gesamten Zarenreiches gesehen wenig sein, doch sind diese Zahlen nicht gering zu schätzen, konnte dieser Personenkreis doch immerhin in Auseinandersetzung mit dem Vermittelten und Erlebten als Multiplikator dienen und zur „Europäisierung" der Elite, die in ihrer überragenden Mehrheit auf den Adel beschränkt blieb, jedoch auch Raum für Aufsteiger geben mußte, beitragen. Insofern bescherten die so unterschiedlichen Maßnahmen den Kindern und Jugendlichen der (zumeist hauptstädtischen) Elite in dieser Umbruchszeit eine Erfahrung, die Philippe Ariès in seinem ebenso klassischen wie umstrittenen Buch „Geschichte der Kindheit" für das Ancien régime festgestellt hat: „Die Schule ist als Mittel der Erziehung an die Stelle des Lehrverhältnisses getreten, das bedeutet, daß das Kind sich nicht länger nur einfach unter die Erwachsenen mischt und das Leben durch den Kontakt mit ihnen kennenlernt."¹⁵⁹ Diese Erfahrung sollte sich im Verlauf des 18. Jahrhunderts verstärken, und die Diskussionsbeiträge über Ausbildung, Erziehung und Bildung sollten sich nicht zuletzt dadurch zu einem Diskurs verdichten. Der Bildungslandschaft, die zu Beginn des 18. Jahrhunderts entstanden war, lagen Konzeptionen zugrunde, die maßgeblich an utilitaristischen und etatistischen Leitlinien ausgerichtet waren, inhaltlich und in der Ausführung jedoch vielfach an Gedanken anknüpften, die hinter diese Form der „Frühaufklärung" zurückgehen konnten.¹⁶⁰ Die während der Herrschaft Peters durch staatliche Initiative gelegte Saat sollte aufgehen, wenn auch erst eine Generation später. In diesem Sinne hatte gerade im Bildungsbereich für die Elite des Zarenreiches die viel beschriebene „petrinische Revolution" stattgefunden.

---

¹⁵⁸ Hildermeier, Das Privileg der Rückständigkeit, S. 562-567; Schmidt, C., Aufstieg und Fall der Fortschrittsidee in Rußland, in: HZ 263 (1996), S. 1-30, hier S. 2-7.
¹⁵⁹ Ariès, P., Geschichte der Kindheit. 12. Aufl. München 1998, S. 47. Siehe auch ebenda, S. 457-466.
¹⁶⁰ Diese Bewertung im Unterschied zu: Robel, G., Rußland, in: Schneiders, W. (Hrsg.), Lexikon der Aufklärung. München 1995, S. 361-364, hier S. 362.

2.2. ÜBERGANG UND FORTENTWICKLUNG: DAS ZWEITE VIERTEL DES 18. JAHRHUNDERTS

In der Historiographie ist die Geschichte des Zarenreiches nach dem Tode Peters I. (1725) bis zur Thronbesteigung Katharinas II. (1762) nicht selten als eine Periode des Übergangs, gar der Stagnation bewertet worden. Wenn man auch von der Beurteilung dieser Zeit als einer generell „dunklen Periode"[1] ebenso abgerückt ist wie von der Fixierung der Forschung auf Favoritenwesen und Hofpolitik, hat sich an der generellen Bewertung doch wenig geändert.[2] Buchtitel wie „Rossija bez Petra" zeigen zudem eine Konzentration auf die Person der Herrscher an,[3] die gerade in bezug auf die Bildungsgeschichte nicht weiterführt. Summarisch hat sich Joseph Black dennoch auch für dieses Themenfeld dem vorherrschenden Urteil angeschlossen: „The Governments of Anna (1730-1740) and Elizabeth (1741-1762) made no serious attempts to strengthen or even to maintain educational projects undertaken by Peter the Great."[4] Zwar relativierte er im Fortgang seiner Ausführungen sein apodiktisches Urteil, doch diskutierte er das Problem nicht aus der Perspektive derjenigen, die durch die Reformen Peters mit Bildung in Kontakt gekommen waren, sondern lediglich aus der Gegenüberstellung von herrscherlichen Initiativen und pädagogischen Konzepten. Hierfür mag das Quellenproblem ausschlaggebend gewesen sein: Nur in Einzelfällen läßt sich rekonstruieren, was aus den Personen geworden ist, die zur Zeit Peters ins Ausland geschickt wurden; nur selten sind Lebenswege und Karriereverläufe derjenigen bekannt, die die verschiedenen Schulen und Schultypen durchliefen. Überliefert sind vor allem die Biographien derjenigen Vertreter der Elite, die mutmaßlich auch so „ihren Weg gemacht" hätten. Sie haben Selbstzeugnisse in unterschiedlicher Form hinterlassen, was an sich schon als ein Erfolg

---

[1] Schon im Titel bei: Lipski, A., A Re-Examination of the „Dark Era" of Anna Ivanovna, in: SEER 15 (1956), S. 477-488; Anisimov, E. V., Anna Ivanovna. Moskva 2002 (= Žizn' zamečatel'nych ljudej. 1016), insbesondere S. 288-321; Naumov, V. P., Elizaveta Petrovna, in: VI (1993), 5, S. 51-72.
[2] Diskussion der sowjetischen und postsowjetischen Sichtweise mit - insbesondere für die Regierung Elisabeths - teilweise neuen Interpretationen: Kamenskij, A. B., Ot Petra I do Pavla I: Reformy v Rossii XVIII veka. Opyt celostnogo analiza. Moskva 1999, insbesondere S. 165-184, 255-277.
[3] Anisimov, E. V., Rossija bez Petra 1725-1740. SPb. 1994.
[4] Black, Citizens, S. 45.

der Bemühungen unter Peter zu werten ist, jedoch nicht vorschnell als Elitenkontinuität interpretiert werden sollte.[5]

Jurij Lotman nennt das entsprechende Kapitel seiner *besedy o russkoj kul ture* die „Jungen aus Peters Nest", und der sowjetische Historiker Epifanov spricht von einer *učenaja družina*.[6] Die Wahl der Bezeichnungen für die Personengruppe, die in der nachpetrinischen Zeit im entstehenden öffentlichen Raum wirken konnte, symbolisiert die unterschiedlichen theoretischen Zugänge der beiden Forscher. Gleichzeitig verweist sie darauf, daß sowohl Lotman als auch Epifanov von einer fundamentalen Prägung ausgehen, die diese Gruppe zu Beginn des 18. Jahrhunderts durch ihre Bildungserlebnisse erfahren hat. Auf die Ansichten dieser Gruppe zu pädagogischen Fragen und ihrer Wirkungsmächtigkeit wird im folgenden ebenso einzugehen sein wie auf die Frage, ob die Staatsspitze die Bildungslandschaft des Zarenreiches vernachlässigt hat, so daß es gerechtfertigt sein könnte, von einer Phase des Übergangs, gar des Niedergangs der entsprechenden Institutionen zu sprechen. Dies wird dann schon in die Jahrhundertmitte führen und damit in das Vorfeld der ersten Universitätsgründung im Land.

Die Generation derjenigen, die von der petrinischen Epoche geprägt wurden und das Ideal eines naturrechtlich begründeten Staates mit einer absoluten Herrschaft propagierten, in der sich der einzelne durch das Mitwirken in einer Funktionselite bewähren konnte, blieb auch nach Peters Tod einflußreich. Feofan Prokopovič, der sich in der Zeit der Herrschaft Peters II. (1727-1730) gegen seine Widersacher innerhalb der Geistlichkeit zu behaupten wußte, erlebte in der Zeit Annas den Höhepunkt seines Einflusses. Das von ihm formulierte „Geistliche Reglement" blieb ebenso Grundlage von Organisation und Ausbildung im kirchlichen Bereich wie sein *„Bukvar"* die Standardfibel für den Unterricht. Die von ihm verfaßte Legitimationsschrift *„Pravda voli monaršej"* (1722), die die petrinische Herrschaftsauffassung weitgehend wiedergab, bildete auch für die Nachfolger Peters die wesentliche theoretische Grundlage. Daß gerade die Zarin Anna Prokopovič in seiner Tätigkeit stützte, verwundert angesichts der Ereignisse des Jahres 1730[7] nicht. Die von Anna vor der Inthronisation durch ver

---

[5] Meehan-Waters, Autocracy and Aristocracy, S. 37. Gary Marker betont das Auftauchen einer durch die petrinischen Reformen entstandenen Schicht von *literati* (Marker, Publishing and Printing, S. 70).
[6] Lotman, Rußlands Adel, S. 251-275; Epifanov, P. P., „Učenaja družina" i prosvetitel'stvo XVIII veka. Nekotorye voprosy istorii russkoj obščestvennoj mysli, in: VI (1963), 3, S. 37-53; Epifanov greift hier eine Formulierung G. V. Plechanovs auf: Plechanov, G. V., History of Russian Social Thought. New York 1967, S. 59-68; siehe auch: Daniels, R., V. N. Tatishchev. Guardian of the Petrine Revolution. Philadelphia 1973, S. 24-33.
[7] Mit Pathos zur Inthronisierung Annas und, in Absetzung von der Sowjethistoriographie, in der Interpretation über das Ziel hinausschießend: Gordin, Ja. A., Mež rabstvom i svobodoj. 19 janvarja-25 fevralja 1730 goda. SPb. 1994, sowie Daniels, R., V. N. Tatishchev and the Succession Crisis of 1730, in: SEER 49 (1971), S. 550-559. Für die Position Prokopovičs siehe seine Panegyrik zur

schiedene Gruppen geforderten Wahlkapitulationen,[8] die weniger auf eine Modernisierung des Staates durch Partizipation der adligen Elite abzielten, sondern eher Vorstellungen einer oligarchischen Herrschaft entsprangen, hätten die Selbstherrschaft geschmälert. Ganz im Sinne der frühen Aufklärung ließ sich die Beibehaltung ungeteilter Herrschaftsgewalt mit der Fortsetzung des petrinischen Erbes begründen - nicht nur im Zarenreich setzten viele von der Frühaufklärung beeinflußte Denker und Staatsmänner auf den absoluten Herrscher als Träger der Reformen.[9] Daß Anna diese Fortsetzung des petrinischen Erbes durchaus eigenwillig interpretierte und sich - wie im übrigen auch ihre Nachfolgerin Elisabeth - auf jeweils spezifische Weise über von Peter eingeführte staatsverändernde Maßnahmen hinwegsetzte[10] und keinesfalls immer im Sinne der petrinisch geprägten Vertreter der Funktionselite handelte, steht auf einem anderen Blatt. Dies gilt auch für den Bereich von Erziehung, Bildung und Ausbildung, der nach wie vor für die nun partiell anders und besser gebildete Elite mit dem Staats- und Gesellschaftsverständnis verkoppelt blieb.

Beispielsweise lehnte Vasilij N. Tatiščev (1686-1750)[11] im Jahre 1730 mit Begründungen, die auch Prokopovič geleitet hatten, eine Schmälerung der Autokratie ab.[12] Die führende Rolle des Adels bei der Administration und Regierung des Staates wurde dadurch jedoch nicht in Frage gestellt. Gerade der Adel sollte durch eine solide und umfassende Ausbildung in die Lage versetzt werden, seiner Führungsfunktion im Staate gerecht zu werden. In diesem Sinne schlug Tatiščev in einem Brief an die Akademie der Wissenschaften die Einrichtung einer gesonderten Bildungsinstitution für den Adel vor, wie er sie von seinen Reisen nach Westeuropa kannte und die das wenig später gegründete Kadettenkorps antizipierte.[13] Die der Akademie nachgeordneten Bildungseinrichtungen waren in seinen Augen für diese Aufgabe wenig geeignet.

Außer seinen Schriften zur Geschichte und Geographie Rußlands hat Tatiščev zwei Traktate über Fragen der Erziehung hinterlassen. Wirkung werden diese Schriften zunächst aber nur über den persönlichen Austausch zwischen der *učenaja družina* und

---

Verherrlichung der unumschränkten Macht Annas aus dem Jahr 1739: Prokopovič, F., Sočinenija. Moskva usw. 1961, S. 219 f.
[8] In Übersetzung und Auszügen abgedruckt in: Raeff, M. (Hrsg.), Plans for Political Reforms in Imperial Russia. Englewood Cliffs, NY 1966, S. 51 f.
[9] Stollberg-Rilinger, B., Europa im Jahrhundert der Aufklärung. Stuttgart 2000 (= Universalbibliothek, 17025), S. 200-203.
[10] Als Beispiele seien die sukzessive Aushöhlung der petrinischen Dienstpflicht und die Verlagerung des Schwerpunktes im Bereich der Rüstung von der Marine auf das Heer genannt.
[11] Zu seiner Person grundlegend: Daniels, Tatishchev. Guardian of the Petrine Revolution, sowie Kuzmin, A. G., Tatiščev. Moskva 1987.
[12] Zur Rolle Tatiščevs im Jahre 1730 ausführlich: Jucht, A. I., Gosudarstvennaja dejatelnost' V. N. Tatiščeva v 20-ch - načale 30-ch godov. Moskva 1985, S. 268-312.
[13] Materialy dlja istorii imperatorskij akademii nauk, T. 2, S. 63.

Mitgliedern der Akademie der Wissenschaften sowie in Gesprächen mit den jeweiligen Hof- und Verwaltungskreisen in der Hauptstadt und der Provinz entfaltet haben, da diese Werke zu Lebzeiten Tatiščevs nicht gedruckt wurden. Sein Traktat „*Razgovor dvuch prijatelej o pol'ze nauki i učilišč*" (Gespräch zweier Freunde über den Nutzen von Wissenschaft und Schulen)[14] gibt seine Ansichten in einer im 18. Jahrhundert populären Frage-und-Antwort-Form besonders treffend wieder.[15] In der aus je 120 Fragen und Antworten bestehenden Schrift betonte Tatiščev nicht nur die Notwendigkeit einer guten Ausbildung in verschiedenen Wissenschaften, die er ausführlich mit einem Verweis auf die Bibel begründete.[16] Vor allem befürwortete er die Schaffung eines Reservoirs von Lehrkräften, die in der Lage wären, für das Gedeihen des Staates, „die Macht und die Ehre der Monarchie", die jeweils notwendigen Kenntnisse und Fähigkeiten zu vermitteln. Dabei wandte sich Tatiščev zwar vor allem an den Adel, jedoch sollte sich jeder zum Nutzen des Staates Wissen aneignen, um mit dessen Hilfe an der Position, an die er gestellt worden war, seine Aufgabe besser zu erfüllen. Tatiščevs Staats- und Gesellschaftsauffassung entsprach damit derjenigen von Theoretikern der Aufklärung, die im Sinne des Naturrechts auf eine Festigung der gesellschaftlichen Ordnung innerhalb einer absoluten Monarchie abzielten.

Diese Auffassung ist in der sowjetischen Forschung der fünfziger Jahre des vorigen Jahrhunderts als Durchbruch des Atheismus bewertet worden,[17] wobei übersehen wurde, daß auch nach Auffassung Tatiščevs Gott die staatliche Ordnung eingerichtet und der Herrscher lediglich dafür Sorge zu tragen hatte, daß die verschiedenen gesellschaftlichen und sozialen Gruppen an der gottgegebenen Stelle „verharrten" und dort kompetent ihre Aufgabe erfüllten. In diesem Sinne plädierte er für das Erlernen von Kenntnissen, die auf die jeweilige soziale Schicht zugeschnitten waren. Dies läßt sich besonders gut erkennen, wenn man Tatiščevs „*Razgovor*" der „Instruktion für die

---

[14] Tatiščevs „*Razgovor*"sollte 1773 in der Druckerei Nikolaj Novikovs gedruckt werden. Der Erstdruck erfolgte jedoch erst ein Jahrhundert später (Tatiščev, V. V., Razgovor dvuch prijatelej o pol'ze nauki i učilišč, in: ČOIDR (1887), kn. 1, S. 1-171). Hier liegt die textkritische, von S. N. Valk besorgte Ausgabe zugrunde: Tatiščev, V. N., Izbrannye proizvedenija. Leningrad 1979, S. 51-132.

[15] Da der „*Razgovor*" erst lange nach seiner Niederschrift publiziert wurde, kann es wohl kaum als „Grundbuch der russischen Aufklärung" (Winter, E., Frühaufklärung. Der Kampf gegen den Konfessionalismus in Mittel- und Osteuropa und die deutsch-slawische Begegnung. Berlin 1966, S. 310) bezeichnet werden.

[16] Tatiščev, Razgovor, S. 52, 58 f., 65 f. In der Verteidigung von Bildung, die auch nach den petrinischen Reformen noch immer umstritten war, wie auch in der Verteidigung bestimmter Wissenschaften wie der Philosophie (ebd., S. 79-82), folgte Tatiščev Prokopovič im „Geistlichen Reglement" (siehe 2.1.), auf den er auch direkt Bezug nahm (ebd., S. 81) und dessen Elementarbücher er für den ersten Unterricht weiterhin empfahl.

[17] Persic, M. M., „Razgovor dvuch prijatelej o pol'ze nauk i učilišč" V. N. Tatiščeva kak pamjatnik russkogo svobodomyslija XVIII v., in: Voprosy istorii, religii i ateizma 3 (1955), S. 278-310, hier S. 282.

2.2. Übergang und Fortentwicklung

Bergbauschulen" gegenübergestellt, die er während seines Aufenthaltes im Ural (1735-1737) erarbeitete. Während er für den Adel eine umfassende Ausbildung in Sprachen, Rhetorik, Naturwissenschaften, Geschichte und Geographie befürwortete und zugleich vor „nutzlosen Wissenschaften" wie Musik und Poesie, aber auch der Alchimie warnte, deren Erlernen nach seiner Meinung bei Körperstrafe verboten zu sein habe, sah er für die „zugeschriebenen Bauern" und *kanceljarskie služiteli* im Ural nur Kenntnisse vor, die sie im Rahmen ihrer späteren Tätigkeit nutzbringend anwenden konnten: Zunächst das Erlernen des Lesens, dann des Schreibens - was der damaligen Pädagogik entsprach -, schließlich der Grundzüge der Mathematik, für die Bergbaumeister auch Deutsch und Latein.[18] Eine Ausbildung für Bauern nahm er - hier durchaus Kind seiner Zeit - nicht in den Blick.[19]

Während Tatiščev in der zweiten Hälfte des „*Razgovor*" konkrete Vorschläge für die Ausgestaltung wünschenswerter adliger Bildungseinrichtungen machte,[20] formulierte er im Testament an seinen Sohn Efgrav (1734)[21] die Erziehungsgrundsätze, die über den Erwerb anwendbarer Kenntnisse hinaus in moralischer Hinsicht zu gelten hätten. Die schon im *Domostroj* und bei Feofan Prokopovič erkennbaren Parallelen zwischen den Strukturen des Staates und der Familie hatten auch bei ihm nichts von ihrer Gültigkeit verloren. Der Respekt, den der Vater als Familienoberhaupt fordern konnte, korrespondierte im privaten Bereich mit dem Respekt, den der Untertan dem Herrscher entgegenzubringen hatte. Und wie der Zar die Gesetze vorgab und Recht setzte, dessen fortwäh-

---

[18] Demidova, N. F. (Hrsg.), Instrukcija V. N. Tatiščeva o porjadke prepodavanija v školach pri ural'skich kazennych zavodach, in: IA (1950) 5, S. 166-178. Gekürzt auch in: Antologija pedagogičeskoj mysli Rossii XVIII v., S. 84-89.

[19] Auch im deutschsprachigen Raum tauchten, so Holger Böning, die ersten aufklärerischen Schriften, die sich an den „gemeinen Mann" wandten, in der zweiten Hälfte der dreißiger Jahre des 18. Jahrhunderts auf (Böning, H., Der „gemeine Mann" als Adressat aufklärerischen Gedankengutes. Ein Forschungsbericht zur Volksaufklärung, in: Das 18. Jahrhundert 12 (1988) 1, S. 52-80). Insofern war Tatiščev weniger radikal als Ivan S. Pososkov, der nicht zum inneren Kreis derjenigen gehört hatte, die von den petrinischen Reformen unmittelbar durch Bildung und Karriere profitiert hatten. In seinem Werk „Kniga o skudosti i bogatstve" (1724), in dem er sich mit Fragen der ökonomischen Entwicklung des Zarenreiches aus der Sicht kaufmännischer Interessen beschäftigte, hatte Pososkov unbedingt auch für eine Hebung des Bildungsniveaus der Bauern durch Alphabetisierung plädiert - zum Nutzen der Volkswirtschaft. Pososkov war, wiewohl aus einer Handwerks- und Silberschmiedfamilie stammend, rechtlich gesehen bäuerlicher Herkunft. Siehe sein Werk in der hervorragenden Edition: Pososkov, I., The Book of Poverty and Wealth. Hrsg. v. A. P. Vlasto u. L. R. Lewitter. London 1987, hier insbesondere S. 313. Zu seiner Biographie vgl. das klassische Werk von: Kafengauz, B. B., I. T. Pososkov. Žizn' i dejatel'nost'. Moskva usw. 1950. Siehe hierzu auch die abweichende Interpretation bei Black, Citizens, S. 41. In der Betonung der Bedeutung eines festen familiären Rahmens stimmte Pososkov allerdings mit Tatiščev überein. Siehe hierzu sein zwischen 1712 und 1719 entstandenes Traktat: Pososkov, I. T., Saveščanie otečeskoe. SPb. 1893, insbesondere S. 7, 44.

[20] Tatiščev, Razgovor, S. 128-132.

[21] Ders., Duchovnaja moemu synu. SPb. 1896. Neuabdruck in: Ders., Izbrannye proizvedenija. Leningrad 1979, S. 133-146. Diese zur Veröffentlichung gedachten moralischen Instruktionen in der Form eines fingierten Testaments waren ein nicht unübliches literarisches Genre der Zeit.

render schriftlicher Neufixierung es nach Tatiščevs Auffassung nicht bedurfte,[22] so bestimmte der Hausherr die Regeln, nach denen das Zusammenleben der Familie organisiert werden sollte. Diese Anerkennung seiner Vorrangstellung bedeutete im Gegenzug aber auch die Verpflichtung, für das Wohl der Familie Sorge zu tragen. Dies entsprach in der Sphäre des Staates Tatiščevs Einsicht, daß eine funktionierende Volkswirtschaft allen Gliedern des Staates zugute käme und die dafür notwendigen Kenntnisse durch den Staat vermittelt werden müßten. Die Fortentwicklung der Volkswirtschaft thematisierte er in seinen Werken und in seiner Tätigkeit als Administrator und Gouverneur ebenso permanent, wie er auf der Einrichtung von Bildungseinrichtungen sowohl für den Adel als auch für andere, rechtlich freie Bevölkerungsgruppen beharrte. Auf der familiären Ebene zählten zur Familie nicht nur die dem Hausherrn anvertrauten Familienmitglieder im engeren Sinne, sondern alle zum Haushalt gehörenden Personen,[23] also etwa auch die leibeigenen Bauern einer Gutswirtschaft. Dieses von Paternalismus, Autokratismus und göttlicher Ordnung zugleich geprägte Weltbild erhielt durch die Orientierung am Naturrecht ein zeitgemäßes Gewand, stellte aber keinen vollkommenen Bruch mit der Tradition dar,[24] wie dies in der Forschung zuweilen gern gedeutet wurde. Was zudem in Tatiščevs pädagogischen Schriften, wie im übrigen auch in seiner „Geschichte", erkennbar wird, ist der deutlich formulierte vornationale Impetus.[25] Bildung, Bildungseinrichtungen und Erziehung sollten die Untertanen in die Lage versetzen, im Bewußtsein eigenen Vermögens zum Wohle des Staates zu wirken und z. B. im Hütten- und Manufakturwesen wie auch in der Staatsverwaltung den Einsatz ausländischer Kräfte mittelfristig überflüssig zu machen.

Tatiščev, der durch die petrinischen Reformen eine kosmopolitische Ausbildung erhalten hatte, war in der Entwicklung dieser Bildungskonzeption im Gegensatz zu seinem Mitstreiter innerhalb der *učenaja družina*, Fürst Antioch D. Kantemir (1708-1744), nicht wirklich zum Kosmopoliten geworden.[26] Kantemir, Übersetzer, Poet und

---

[22] Ders., Razgovor, S. 127 f.
[23] In der Passage des Testamentes, in dem es um die wünschenswerten Charakteristika einer geeigneten Ehefrau geht, plädierte Tatiščev für die Wahl einer Frau mit der nötigen Herzensbildung, aber auch einer gewissen Allgemeinbildung. Schon durch die bloße Erwähnung diese Kriteriums unterschied sich Tatiščev von den Zeitgenossen, wies aber letztlich der Ehefrau doch wieder die der Zeit entsprechende Rolle in Familie und Hauswirtschaft zu (ders., Duchovnaja moemu synu, S. 139 f.).
[24] Max Okenfuss überinterpretiert allerdings die Fortwirkung von Traditionslinien, wenn er von einem „Bruch" der Tradition zugleich eine radikale Veränderung des benutzten Vokabulars erwartet. Zu seiner Interpretation des Wirkens von Tatiščev: Okenfuss, The Rise and Fall, S. 130-136.
[25] Vgl. hierzu Tatiščev, V. N., Istorija Rossijskaja. T. 1, Moskva usw. 1962, insbesondere die Einleitung, S. 79-92, sowie Rogger, H., National Consciousness in Eighteenth Century Russia. 2. Aufl. Cambridge 1969, S. 92-94, 194-202.
[26] Hierzu noch immer wertvoll der Vergleich von: Kaplan, F. I., Tatishchev and Kantemir. Two Eighteenth Century Exponents of Russian Bureaucratic Style of Thought, in: JbfGO NF 13 (1965), S. 497-510.

2.2. Übergang und Fortentwicklung

Staatsmann,[27] bewegte sich während seiner diplomatischen Missionen in der Londoner und Pariser Gesellschaft ebenso sicher wie bei Hofe in Sankt Petersburg. Obwohl auch er ganz im Sinne der von ihm verspotteten und zugleich bewunderten europäischen Adelskultur von einer Dominanz des Adels bei der Administration des Staates und von dem Leitbild eines aufgeklärten Absolutismus ausging,[28] hegte er, was die Gleichheit der Untertanen vor dem Gesetz und die Verbindlichkeit von Gesetzen auch für den Herrscher anging, egalitäre Vorstellungen. Auch in pädagogischen Fragen trat er als Advokat eines weitergefaßten Konzepts auf, da er für die Formung des menschlichen Charakters die Erziehung und weniger die Umgebung als wesentlich erachtete. Damit zog Kantemir weniger scharfe soziale Trennlinien als Tatiščev gezogen wissen wollte, wandte sich aber stärker als letzterer gegen den Einfluß der orthodoxen Kirche, die nach dem Tode Peters I. ideologisch zum Gegenangriff blies und deren Hierarchen er in ihrer Beschränkung zum Gegenstand von Satiren und Traktaten machte.[29] Wenn Tatiščev als Anwalt einer nachholenden „Europäisierung" im Interesse eines starken russischen Staates gelten konnte, war Kantemir als Vermittler der französischen Kultur - unter anderem als Übersetzer - derjenige, der tatsächlich stärker zur „Europäisierung" des Adels beitrug. Tatiščev, Kantemir und der ältere Prokopovič stehen damit für diejenigen, deren Prägung tief in die petrinische Epoche zurückreicht. In den dreißiger und auch noch in den vierziger Jahren des 18. Jahrhunderts nahmen sie mit ihren grundsätzlichen Erwägungen zur Volkspädagogik ebenso herausragende Positionen ein wie sie singuläre Erscheinungen waren. Hatte Peter Persönlichkeiten seiner Umgebung zum Teil regelrecht befohlen, sich - orientiert am jeweiligen Projekt - mit diesen Fragen zu befassen, so übten sich seine Nachfolger im *laissez faire*, der ihrem Herrschaftsstil eigen war. Wesentlich stärker kam es nun auf die Eigeninitiative führender Persönlichkeiten im Staatsdienst, beispielsweise Akademiemitgliedern oder an der europäischen Kultur interessierten Höflingen, an. Dies führte jedoch nicht zu weiteren überlieferten pädagogischen Traktaten, die es möglich machen würden, den Diskurs in den vierziger Jahren weiter zu verfolgen.

---

[27] Zu seiner Biographie, vor allem zur Anbahnung von Wissenschaftskontakten zwischen den Akademien in Sankt Petersburg, London und Paris: Radovskij, M. I., Antioch Kantemir i Peterburgskaja Akademija Nauk. Moskva usw. 1959, S. 3-38, 48-62. Zu seinem Wirken als Schriftsteller: Grasshoff, H., Antioch Dmitrievič Kantemir und Westeuropa. Ein russischer Schriftsteller des 18. Jahrhunderts und seine Beziehungen zur westeuropäischen Literatur und Kunst. Berlin 1966.
[28] Epifanov, „Učenaja družina", S. 42 f., 49.
[29] Škljar, I. V., Formirovanie mirovozzrenija Antiocha Kantemira, in: XVIII vek. Sbornik 5 (1962), S. 129-152; Semenova, Očerki, S. 112 f. Dieses Verhalten Kantemirs bedeutete keine Abkehr von einem Glauben an Gott.

Dennoch ist die in der Historiographie weit verbreitete Meinung, Peters Nachfolger hätten den in seiner Zeit gegründeten Bildungs- und Wissenschaftseinrichtungen wenig Interesse entgegengebracht,[30] nur teilweise zutreffend. Unter Katharina I. wurde die bereits geplante Gründung der Akademie tatsächlich in Angriff genommen, und die großen Expeditionen der Akademie, die zur Erschließung des Landes und seiner Bodenschätze beitragen sollten, wurden mit großem Aufwand fortgeführt. Die Wissenschaft wurde in den Bereichen gefördert, in denen für den Staat zumindest ein mittelbarer Nutzen erkennbar war.[31] Daß, wie oben ausgeführt, akademische Universität und akademisches Gymnasium nicht in gleichem Maße florierten,[32] lag nicht nur an der geringen gesellschaftlichen Akzeptanz, sondern auch an der veränderten Schwerpunktsetzung im Bereich der Bildungspolitik. Die Zarinnen Anna und Elisabeth waren auch insofern Epigonen Peters, als sie autokratisch die Schwerpunkte nach eigenem Interesse und eigener Neigung setzten. Beide von unterschiedlicher Herrschaftsauffassung und -praxis,[33] insbesondere Elisabeth tiefreligiös, förderten sie das geistliche Schulwesen.[34] Die generelle Haltung der Herrscherrinnen läßt sich an einem *ukaz* Elisabeths aus dem Jahre 1743 zeigen. Nach Auffassung der Zarin hatten sich der Adel und alle freien

---

[30] So schon 1874: Vladimirskij-Budanov, Gosudarstvo i narodnoe obrazovanie, S. 154; vgl. weiterhin: Lipski, A., The Beginnings of General Secondary Education in Russia, in: History of Education Journal 6 (1955), S. 210-220, hier S. 210-214; Hartley, A Social History, S. 128.
[31] Hierzu in aller Kürze: Komkov/Levšin/Semenov, Geschichte, S. 59-62.
[32] Nach seiner Rückkkehr aus dem Ausland 1741 befand Michail Lomonosov, daß die Lehranstalten der Akademie faktisch nicht mehr existierten: Lomonosov, M. V., Pol'noe sobranie sočinenija, T. 10. Moskva usw. 1957, S. 36-39.
[33] Wortman, R. S., Scenarios of Power. Myth and Ceremony. Vol. I.: From Peter the Great to the Death of Nicholas I. Princeton 1995, S.84-89.
[34] Zwar scheiterte der Versuch, das geistliche Elementarschulwesen durch die Einführung jährlicher Etats zu stabilisieren, doch nahm die Zahl geistlicher Seminare zu, so daß trotz mancher Mißerfolge im Jahre 1760 immerhin 26 Seminare an den jeweiligen Bischofssitzen existierten sowie eine aus den Quellen nicht mehr bestimmbare Zahl von Elementarschulen und Schülern (vgl. Znamenskij, Duchovnye školy, S. 175-188). Jedoch zeigte sich bald, daß es im zweiten Viertel des 18. Jahrhundert nicht unbedingt die Kinder der Geistlichkeit waren, die vom kirchlichen Bildungswesen profitierten: Von den 102 Schülern, die 1743 im Alter von 7 bis 15 Jahren in das kurz zuvor gegründete Seminar der Troice-Sergieva-Lavra bei Moskau eintraten, stammte nur gut ein Drittel aus den Familien geistlichen Standes oder denjenigen Gruppen, die von der Kirche beschäftigt wurden. Mehr als ein Drittel war Soldatenkinder, die übrigen entstammten dem freien Bauernstand oder Handwerksberufen (vgl. Smirnov, S. [K.], Istorija Troickoj Lavrskoj seminarii. Moskva 1867, S. 26). Wenn der Besuch der geistlichen Seminare für Kinder nichtgeistlicher Herkunft attraktiv war, lag dies weniger an den damit verbundenen Aufstiegsmöglichkeiten, die schon deshalb außerhalb der Vorstellungsmöglichkeit der Schüler liegen mußten, weil nicht erkennbar war, in welchem Maße der Staat auf Seminaristen in der Verwaltung und schließlich bei der Verbreitung von Bildung in den nächsten Jahrzehnten rekurrieren würde. Entscheidender wird gewesen sein, daß die Seminaristen vom Militärdienst befreit wurden (vgl. Syčev-Michajlov, Iz istorii, S. 59). Im Vergleich mit dem Militärdienst konnten selbst das spartanische Leben und die Ausbildung im Seminar große Anziehungskraft ausüben.

2.2. Übergang und Fortentwicklung

Stände[35] selbst um Bildung und Ausbildung zu bemühen. Für Unterlassung wurden Strafen angedroht, was allerdings folgenlos blieb. Zwar hätten sich alle freien Bevölkerungsgruppen nicht nur um die religiöse Erziehung, sondern auch um die Vermittlung von Schreib- und Lesekenntnissen zu kümmern, eine besondere Pflicht sei dies aber für den Adel als notwendige Voraussetzung für seine führende Rolle im Staate.[36] In einem weiteren Punkt stimmten Anna und Elisabeth ebenfalls überein: Beide betonten die Gleichrangigkeit des Zarenreiches mit den anderen europäischen Großmächten und förderten daher vor allem die Ausbildung derjenigen Funktionsträger, die die russische Großmachtstellung zu sichern und auszubauen versprachen: des militärischen Personals. Hier setzten sie allerdings neue Schwerpunkte, die nicht mehr auf den petrinischen „Fachschulen" lagen. Schließlich bauten die Zarinnen auf eine Teilhabe des russischen Adels an der gemeineuropäischen Adelskultur, indem sie motiviert durch eigenes Interesse an der französischen Hofkultur deren Übernahme durch den Adel forderten.[37] Damit kehrten Anna und Elisabeth – hier im Bruch mit dem petrinischen Erbe – zu einer sukzessiven Privilegierung des Adels zurück, wobei sie formal Peters Vermächtnis, die adlige Dienstpflicht und vor allem die Rangtabelle, aufrecht erhielten.[38] Dies zeitigte Konsequenzen bei der Art der Ausbildung und bei denjenigen Lehranstalten, die gefördert wurden und einen Beitrag zur „Europäisierung" und Effizienzsteigerung zugleich leisten sollten.[39] Dabei ist kennzeichnend, daß bis zur Jahrhundertmitte das herrscherliche Denken offensichtlich auch für den Bereich der Bildung an kurzfristigeren Zielen orientiert und damit weniger ambitioniert war, vielleicht aber auch realistischer blieb als dasjenige Peters – ein Zug, den schon Günther Stökl zu Recht hervorhob.[40]

---

[35] Hier wird Gregory Freeze folgend für das 18. Jahrhundert Stand - *soslovie* als rechtliche Kategorie verstanden (vgl. Freeze, The Soslovie (Estate) Paradigm).

[36] PSZ, 11, Nr. 8726, S. 793 f.

[37] Brennan, J. F., Enlightened Despotism in Russia. The Reign of Elisabeth 1741-1762. New York 1987 (= American University Studies, IX, 14), S. 101-103.

[38] In der Regierungszeit Annas wurde die Dienstpflicht zwar auf 25 Jahre beschränkt, und auch während der Herrschaft Elisabeths wurden zahlreiche Ausnahmeregelungen getroffen, die die Dienstpflicht ad absurdum führten. Aufgehoben wurde sie formal jedoch erst 1762 durch Peter III. (vgl. Kap. 3.1.1.).

[39] In diesem Sinne ist auch die Zahl der bei Hofe und in der Verwaltung dienenden Ausländer, nicht selten deutscher Herkunft, die zunehmend aus der adligen Oberschicht der mit dem Friedensschluß von Nystadt 1721 gewonnenen baltischen Provinzen stammten, zu sehen. Gerade die Regierung Annas wurde in diesem Zusammenhang pejorativ als „Deutschenherrschaft" bezeichnet; diese „Deutschenherrschaft" leistete jedoch ihrerseits einen Beitrag zur Europäisierung der Elite. Siehe hierzu: Lipski, A., Russia's Westernization during the Reign of Anna Ivanovna, in: SEER 18 (1959), S. 1-11; Fenster, A., Anna, in: Torke, H.-J. (Hrsg.), Die russischen Zaren 1547-1917. München 1995, S. 191-205, hier S. 191, 196, 199.

[40] Stökl, G., Russische Geschichte von den Anfängen bis zur Gegenwart. 4. Aufl. Stuttgart 1983 (= Kröners Taschenausgabe, 244), S. 393-395.

2. Zwischen Fachausbildung und Geistlichem Seminar

Signifikant ist aber auch, daß in dieser Situation die Sorge um eine Teilhabe an der „Europäisierung" in stärkerem Maße als zu Zeiten Peters ins Belieben der einzelnen Mitglieder der freien Stände gestellt wurde und daß den herausgehobenen Funktionsträgern bei der Einführung von Bildungs- und Ausbildungsgängen eine größere Verantwortung zukam. Ein Beispiel hierfür ist die Schule der kaiserlichen Stallmeisterei, in der auf Weisung des Oberhofstallmeisters in den dreißiger und vierziger Jahren über die eigentliche Ausbildung mit den Pferden hinaus ein Curriculum für jährlich 50 bis 80 Schüler im Alter zwischen 6 und 19 entwickelt wurde, das erstaunlicherweise dem der Navigationsschulen des Admiralitätskollegiums ähnlich war, also auch Deutsch, Latein und mathematisch-naturwissenschaftliche Fächer umfaßte. Um 1750 wurden sogar hochspezialisierte (Kunst-)Handwerksmeister ausgebildet, die wie auch die übrigen - Absolventen nicht selten von anderen Hofämtern und -behörden angefordert wurden. Diese Schule bot in bescheidenem Rahmen die Möglichkeit des Aufstiegs für die nichtadligen Schüler.[41]

Auch diejenigen *gosudarstvennye dejateli,* die sich in pädagogischen Traktaten oder Vorschlägen zur Einrichtung bzw. Reform von Bildungsinstitutionen grundsätzlich äußerten, bekamen mitunter Gelegenheit, ihre Ansichten in der Praxis zu erproben. So führte Feofan Prokopovič persönlich die Aufsicht über die von ihm am Aleksandr-Nevskij-Kloster gegründete geistliche Schule. Ein besonders herausragendes Beispiel repräsentiert Vasilij Tatiščev. 1720/21 visitierte er das Hüttenwesen im Ural und in Sibirien, 1734 bis 1736 war er als Leiter der „Sibirischen Bergverwaltung" mit der Reorganisation und dem Ausbau des dortigen Bergbauwesens befaßt.[42] Hier konnte er sein im Ausland - in Deutschland und Schweden - erworbenes Fachwissen im Bergbau und im Hüttenwesen in Verbindung mit seinen pädagogischen Vorstellungen umsetzen. Nachdem es bereits nach 1710 einige Versuche gegeben hatte, eine Bildungsanstalt für die systematische Wissensvermittlung in diesem Bereich einzurichten, versuchte Tatiščev auf seiner Expedition nach Sibirien und in den Ural an jeder staatlichen Erzhütte eine Schule für den Nachwuchs zu gründen. Dies geschah beispielsweise in den Werken von Utkus und Kungur sowie im *Alapaevskij zavod.* In diesen Schulen wurden Anfang der zwanziger Jahre jeweils zwischen 15 und 50 Schüler gemeldet, die lesen und schreiben lernten und dann durch einen *master* ihre Fachausbildung erhielten. Folgt man dem Verfasser des sowjetischen Standardwerkes über diesen Schultypus, so wurden hier Kinder von sogenannten „zugeschriebenen Bauern" unterrichtet, die dann in den Werken aufgrund ihrer qualifizierten Kenntnisse aufsteigen konnten, ohne ihren recht-

---

[41] Hierzu: Volkov, S. I., Choroševskaja konjušennaja škola v 30-40-ch godach XVIII v. (Iz istorii russkoj školy XVIII v.), in: IZ 38 (1951), S. 274-280; in den sechziger Jahren des 18. Jahrhunderts spaltete sich diese Schule in mehrere, den Hofämtern und Behörden zugeordnete „Fachschulen".
[42] Jucht, Gosudarstvennaja dejatel'nost', S. 40-155; Kuzmin, Tatiščev, S. 216-239.

2.2. Übergang und Fortentwicklung

lichen Status verändern zu können.[43] Dauerhaften Bestand hatte nur die Schule in dem nach Katharina I. (1725-1727) benannten Ekaterinburg.

Als Tatiščev 1734 in diesem Zentrum des russischen Bergbauwesens eintraf, besuchten 107 Schüler die dortige Schule.[44] Während seiner Administration gründete oder reorganisierte er 12 Schulen, in denen vor allem Fähigkeiten und Kenntnisse vermittelt wurden, die denen der Ziffernschulen nicht unähnlich waren.[45] Erst nach Absolvieren dieser Basisschulen wurde mit der Fachausbildung begonnen. 1737 betrug die nach Sankt Petersburg gemeldete Zahl immerhin 657 Schüler. Den umfassendsten Lehrplan hatte die Schule in Ekaterinburg, in der 1737 300 Schüler in fünf Klassen von etwa 30 Lehrern unterrichtet wurden. Die zeitweise existente separate Schule für Ausländer, in der man auch russischen Kindern die zur Lektüre fremdsprachlicher Fachbücher notwendigen Sprachkenntnisse vermittelte, wurde in den vierziger Jahren mit dem Rückgang ausländischer Fachleute, die seit Peter in starkem Maße für das Bergbau- und Hüttenwesen angeworben worden waren, und der gleichzeitigen Übersetzung von Fachbüchern ins Russische aufgelöst.[46] Auch wenn die Rapports über die Entwicklung der Schulen für Hütten- und Bergbauwesen an das Bergkollegium nur unvollständig sind, geht aus Berichten der vierziger und fünfziger Jahre doch hervor, daß die Aktivitäten Tatiščevs nicht vergebens gewesen waren. Die Zahl der Schulen stabilisierte sich, und 1748 wurde gar in Nerčinsk eine Lehranstalt gegründet. Auch blieben beständig einige hundert Schüler in der Ausbildung.[47] Damit stellt sich dieser Schultypus auf einem elementaren und handwerklich orientierten Bildungsniveau in die Tradition der petrinischen Fachschulen, wurde mit diesen Schulen „projektorientiert" doch ein Wirtschaftszweig gefördert, auf dessen Entwicklung Peter I. außerordentlichen Wert gelegt hatte: Eisen- und Erzgewinnung waren für den Militärapparat und damit

---

[43] Nečaev, N. V., Gornozavodskie školy Urala. Moskva 1956, S. 55 f. Zum rechtlichen Status und zur Bedeutung der „zugeschriebenen Bauern" im Rahmen der Volkswirtschaft sowie mit weiteren Literaturhinweisen: Kusber, „Der Handel verschwindet nicht, sondern nimmt jährlich zu ...", S. 34.

[44] Pavlenko, N. I., Razvitie metallurgičeskoj promyšlennosti Rossii v pervoj polovine XVIII v. Moskva 1953, S. 201 f.

[45] Zu möglichen Vorbildern für diese Schulen: Grau, C., Russisch-sächsische Beziehungen auf dem Gebiet des Berg- und Hüttenwesens in der ersten Hälfte des 18. Jahrhunderts, in: Jahrbuch für Geschichte der UdSSR und der volksdemokratischen Länder 4 (1960), S. 302-330, hier S. 311 f., 319-323.

[46] Detailliert zur finanziellen Ausstattung dieser Schulen und ihren Schülerzahlen: Nečaev, Gornozavodskie školy, S. 72-78; Ungenauigkeiten bei Grau, C., Der Wirtschaftsorganisator, Staatsmann und Wissenschaftler Vasilij N. Tatiščev (1686-1750). Berlin 1963 (= Quellen und Studien zur Geschichte Osteuropas, 13), S. 69.

[47] Zur Verteilung der Schüler und Schulen auf die einzelnen Werke: Nečaev, Gornozavodskie školy, S. 86 f.

letztlich für die Untermauerung des russischen Großmachtanspruchs unentbehrlich,[48] so daß sich das Bergkollegium bis in die Zeit Katharinas II. hinein an der hinlänglichen Ausstattung dieser Bildungseinrichtungen ebenso interessiert zeigte wie an der Optimierung der Abbau- und Verhüttungsmethoden durch erweiterte Ausbildungsinhalte: Über die Schulen im Ural und in Sibirien hinaus versuchte man seit den dreißiger Jahren des 18. Jahrhunderts mit der Akademie der Wissenschaften zu kooperieren[49] und im Ausland Russen in diesen Sparten ausbilden zu lassen,[50] bevor es in der Epoche Katharinas auf Initiative und mit finanzieller Unterstützung privater Unternehmer 1773 in Sankt Petersburg zur Gründung eines eigenen Fachinstituts kam.[51] Die Bedeutung der Schulgründungen der ersten Hälfte des 18. Jahrhunderts in Sibirien und im Ural bestand jedoch vor allem darin, daß, motiviert durch die ökonomischen Interessen des Staates, Bildung in elementarer und technisch orientierter Form in einem bis dato unbekannten Maße regional konzentriert in die Provinz getragen wurde. Welche Konsequenzen dies für die dort ausgebildeten Fachleute hatte und welche Multiplikationseffekte damit verbunden waren, läßt sich freilich kaum abschätzen.[52]

Quantitativ kam dem Militär seit der Herrschaft Annas im Hinblick auf die Ausbildung von nichtadligen Untertanen freilich größere Bedeutung zu. So stellte der Senat 1731 in Sorge um die Effektivität der Führungskader des Militärs kategorisch fest, daß niemand, der des Lesens unkundig wäre, Unteroffizier oder Offizier werden dürfe.[53] Wie viele derartiger Anordnungen war auch diese kaum ad hoc zu verwirklichen, doch

---

[48] Deshalb wurden in diesem Bereich nichtadlige Unternehmer staatlich gefördert, die ihrerseits in ihren Werken auf traditionelle Ausbildungsmethoden zurückgriffen. Hierzu generell: Pavlenko, Razvitie metallurgičeskoj promyšlennosti, S. 190-247; Hudson, H., The Rise of the Demidov Family and the Russian Iron Industry in the Eighteenth-Century. Newtonville, Mass. 1986 (= Russian Biography Series, 11), S. 61-69.
[49] Materialy dlja istorii imperatorkskoj akademii nauk, T. 2, S. 527 f., 575 f., 595.
[50] Smagina, G. I., Frejbergskaja gornaja akademija i razprostranenie znanij po geologičeskim naukam v Rossii v XVIII, in: Dies. (Hrsg. u. a.), Nemcy i razvitie obrazovanija v Rossii. SPb. 1998, S. 66-71.
[51] Siehe zur Geschichte des *gornoe učilišče (gornyj institut)* detailliert die Jubiläumsschrift zu dessen hundertjährigem Bestehen: Lopanskij, A., Istoričeskij očerk gornogo instituta. SPb. 1873; Raskin, N. M., K predistorii organizacii gornogo učilišča, in: Očerki po istorii geologičeskich znanij 17 (1974), S. 9-22.
[52] Die Festung Ekaterinburg, von der Richard Hellie meinte, sie sei durch Tatiščev erst gegründet worden (Hellie, R., Tatishchev, Vasili Nikitich, in: MERSH, Vol. 38, Gulf Breeze 1984, S. 190-196, hier S. 193), nahm durch die Eisenerzförderung und -industrie einen Aufschwung, der sie zum lokalen Zentrum im Ural machen sollte. Ob die Schulen in dieser frühen Phase zu den Vorformen einer regionalen Identität und damit ansatzweise zu dem führen konnten, was für die zweite Hälfte des 19. Jahrhunderts als „lokale Gesellschaft" bezeichnet wird, muß dahingestellt bleiben. In den sowjetischen Untersuchungen von Pavlenko, Nečaev und Kafengauz wird jedenfalls herausgearbeitet, daß nicht zuletzt durch die von Tatiščev in Angriff genommene Ausbildung der Bedarf an ausländischen Fachkräften im Ural zurückging.
[53] Senatsprotokoll vom 23.11.1731, in: SIRIO 104, S. 32.

2.2. Übergang und Fortentwicklung

ging man gerade in der Zeit Annas daran, solche Forderungen nach „Qualitätssicherung" innerhalb der Streitkräfte auf verschiedenen Ebenen in die Tat umzusetzen. Der 1732 erlassene *ukaz* über die systematische Gründung von Garnisonschulen,[54] der die Verstetigung der bereits unter Peter begonnenen Einrichtung dieser Institutionen zum Ziel hatte, sah vor, daß „Soldatenkinder", die im Zarenreich eine eigene rechtliche Kategorie darstellten, im Alter von 7 bis 14 Jahren unmittelbar an Standorten der Infanterie-Regimenter in Lesen, Schreiben und mathematischen Grundkenntnissen auszubilden seien, „damit hinfort der Staat einen Nutzen und eine Erleichterung an Rekruten" hätte.[55] Diese vorgebildeten Rekruten hatten sodann im Militär auf der Unteroffiziersebene Dienst zu tun.

Insgesamt 4.000 Jungen sollten zunächst zum Schuldienst verpflichtet werden. Durch ihren Lehrplan wurden die Schulen wie die petrinischen Ziffernschulen strukturiert, die 1744 mit den Garnisonschulen verschmolzen.[56] Der *ukaz* sah vor, daß nicht nur Regimenter in den Hauptstädten des Reiches, sondern auch in peripheren Regionen in den Genuß dieses Schultyps kommen sollten, und so wurden Schulen außer in Moskau und Sankt Petersburg auch in Kronstadt, Reval, Riga, Narva, Vyborg, Keksholm, Kazan', Smolensk, Tobol'sk, Astrachan', Voronež und Belgorod gegründet. Daß 1752 angeordnet wurde, sechs weitere Schulen in Regimentern zu gründen, die in der Ukraine stationiert waren,[57] war angesichts der verstärkt einsetzenden Aushöhlung der ukrainischen Autonomie innerhalb des Zarenreiches konsequent.[58] All diese Anstalten waren einklassige Internatsschulen, sie hatten eine Schülerstärke von 25 bis 82 und waren auf Regimentskosten zu unterhalten. Sie stellten damit, was die Zahl der Ausgebildeten angeht, ein Gegengewicht zur kirchlichen Elementarbildung dar und blieben bis zur katharinäischen Schulreform der Jahre 1782 bis 1786 die einzige Möglichkeit, staatlich-säkulare Schulbildung auf einem nach wie vor utilitaristisch-militärisch geprägten Hintergrund[59] zu erfahren, schließlich eine (bescheidene) Karriere zum Unteroffizier zu machen und nach der abgeleisteten Dienstzeit in die noch wenig entwickelte, unter

---

[54] Gründungs*ukaz* vom 21.9.1732 in: PSZ 7, Nr. 6188, S. 928-930.
[55] Ebenda, S. 928.
[56] Siehe Kap. 2.1. sowie Hoffmann, Militärische Ausbildungsstätten, S. 255. Die Elementarschulen für den Bergbau und die Garnisonschulen besaßen einen sehr ähnlichen Lehrplan wie die Ziffernschulen. Dies läßt den Erfolgsgrad der letzteren in einem etwas anderen Licht erscheinen: Man könnte argumentieren, daß die Ziffernschulen nicht scheiterten, sondern faktisch weiter existierten - nur organisatorisch anders eingebunden.
[57] Zu den Standorten und den Schülerzahlen: Vladimirskij-Budanov, Gosudarstvo i narodnoe obrazovanie, S. 286-288.
[58] Kamenskij, Ot Petra I do Pavla I, S. 294 f.
[59] Zu diesem Hintergrund ausführlich, allerdings zu den Garnisonschulen wenig informativ: Beyrau, D., Militär und Gesellschaft im vorrevolutionären Rußland. Köln usw. 1984 (= Beiträge zur Geschichte Osteuropas, 15), S. 128-131.

chronischem Personalmangel leidende Verwaltung in den Gouvernements zu wechseln. Dies wurde für die Lokalbehörden besonders interessant, wenn in den Schulen verstärkt Sprachkenntnisse vermittelt wurden. Seit der Mitte des 18. Jahrhunderts wurde von lokalen Dolmetschern der Grenzregionen in einigen Schulen neben Deutsch auch Persisch, Türkisch, Armenisch und Kalmykisch unterrichtet. Zudem begann man 1737, Soldatenkindern, die weiterhin bei ihren Eltern wohnten, Unterricht zu erteilen.

Elise Kimerling Wirtschafter hat in ihrer Studie über die Soldatenkinder die spärlichen statistischen Materialien zum Besuch der Garnisonsschulen zusammengetragen: So wenig über die Qualität des Unterrichts und über Lernerfolge in diesem Schultypus bekannt ist, so läßt sich aus ihren Angaben dennoch herauslesen, daß die ursprünglich geplante Zahl von 4.000 Schülern bald übertroffen wurde und in den ersten Jahren der Herrschaft Katharinas II. (1763-65) mehr als 10.000 Jungen elementare Kenntnisse vermittelt wurden.[60]

Von ungleich größerer Bedeutung für die Formierung einer Funktionselite und zugleich für die Aneignung westeuropäischer Kultur war die Gründung der Kadettenkorps, auf die im Zusammenhang mit dem akademischen Gymnasium bereits hingewiesen worden ist. Am 20.7.1731 wurde in Sankt Petersburg, dem Sitz des Hofes und der Garderegimenter, das Kadettenkorps (*šljachetskij korpus*, nach der Einrichtung von entsprechenden Korps für die Marine, die Ingenieure und die Pagen des Hofes *suchoputnyj šljachetskij korpus* - Landkadettenkorps) gegründet.[61] Dieses Korps, so der Gründungs*ukaz*, war „in Fortführung des von Peter Begonnenen" für 200 Jugendliche im Alter zwischen 13 und 18 Jahren vorgesehen. Zwar fand sich unter den petrinischen Gründungen formal keine, die ausschließlich dem Adel vorbehalten war, genau dies war jedoch beim Kadettenkorps der Fall: Nur Kinder adliger Herkunft sollten aufgenommen werden, und zwar 150 *rossijskie* sowie 50 aus Estland und Livland. Ziel war es, neben der etablierten Form der Elitenrekrutierung durch eine Ausbildung in den Garderegimentern für das Militär[62] oder etwa eine Ausbildung zum „Kollegienjunker" für die

---

[60] Kimerling, E., Soldiers' Children 1719-1856. A Study of Social Engineering in Imperial Russia, in: FOG 30 (1982), S. 61-136, hier S. 102.
[61] PSZ 8, Nr. 5811, S. 519.
[62] Meehan-Waters, Autocracy and Aristocracy, S. 49-52. Stellvertretend für diese Form der Ausbildung steht der Lebensweg Ja. P. Šachovskijs, der bis zu seinem 14. Lebensjahr bei adligen Verwandten zu Hause erzogen wurde, mit 14 Jahren jedoch ins Semenovskij-Garderegiment eintrat, wo er eine steile militärische Karriere machte, die er schließlich im zivilen Bereich unter Elisabeth und Katharina fortsetzte. Siehe: [Šachovskij, Ja. P.], Zapiski Knjazja Jakova Petroviča Šachovskogo 1705-1777. SPb. 1872 (Reprint1974), S. 2 f. Verallgemeinernd läßt sich sagen: Je prestigeträchtiger das Regiment, desto wohlhabender und angesehener die adligen Offiziere. Ein Aufstieg von Nichtadligen konnte im Rahmen der neu eingeführten Rangtabelle in den Infanterieregimentern eher gelingen als in den Kavallerieregimentern. Siehe hierzu: Rabinovič, M. D., Social'noe proischoždenie i imuščestvennoe

2.2. Übergang und Fortentwicklung

Zivilverwaltung eine Institution zu schaffen, die einem breiteren Bildungsanspruch genügte. Das nachholende Moment in der russischen Entwicklung wurde dabei offen eingestanden, indem im Gründungs*ukaz* darauf verwiesen wurde, daß andere europäische Mächte solche Institutionen bereits besäßen. Als Vorbilder standen die im 17. Jahrhundert florierenden, bereits erwähnten Ritterakademien zur Verfügung, aber auch das von Friedrich Wilhelm I. gegründete preußische Kadettenkorps.[63] Gerade diese Einrichtung ist als Vorbild nicht unwahrscheinlich, weil die Initiative zur Gründung des Kadettenkorps in Sankt Petersburg zumeist auf den Deutschen Burkhard Christoph von Münnich, den Leiter der Ingenieurstruppen (seit 1721) und in der Zeit der Regierung Annas einer der einflußreichsten Männer am Hof,[64] zurückgeführt wird.[65] Im Gründungs*ukaz* des Korps war neben der militärischen, für die Offizierskarriere nötigen Unterweisung (etwa in Arithmetik, Geometrie, Fortifikations- und Artilleriekunde) auch der Unterricht in Fächern vorgesehen, die einerseits den Weg in eine Zivilkarriere ebnen konnten, andererseits zu einer exklusiven adligen Erziehung gehörten. So sollten Jurisprudenz, Fremdsprachen und Geschichte ebenso gelehrt werden wie Tanzen, Reiten und Fechten.[66] All dies verlieh dem Korps - gerade wegen seiner adligen Exklusivität - eine gewisse Attraktivität und entzog sowohl dem akademischen Gymnasium wie der akademischen Universität faktisch die Schüler adliger Herkunft.[67] Einzig die Einteilung der Zöglinge in Kompanien verlieh dem Korps den Anstrich einer militärischen Einrichtung. Bereits ein Jahr nach der Aufnahme des Lehrbetriebes im

---

položenie oficerov reguljarnoj russkoj armii v konce Severnoj vojny, in: Pavlenko, N. I. (Hrsg.), Rossija v period reform Petra I. Moskva 1973, S. 133-171, insbesondere S. 138-140.

[63] Aurora, N. N., Sistema prepodavanija v voenno-učebnych zavedenijach v XVIII v., in: Istomina, E. S. (Hrsg. u. a.), Issledovanija po istorii Rossii XVI-XVIII vv. Moskva 2000, S. 105-114, hier S. 106.

[64] Zu Münnich mit weiterführender Literatur: Kusber, J., Vorfeldkontrolle durch militärische Intervention: Rußland und der polnische Thronfolgekrieg 1733-1736, in: Groß, R. (Hrsg. u. a.), Sachsen und Polen zwischen 1697 und 1765. Dresden 1998 (= Saxonia, 4/5), S. 144-155, hier S. 147, 151 f. Münnich selbst hielt seine Tätigkeit für das Kadettenkorps offensichtlich für so wenig bedeutend, daß er sie in seinen Memoiren nicht erwähnte (vgl. Münnich, B.-Chr., Zapiski feldmaršala Grafa Minicha. SPb 1874).

[65] Tolstoi, Ein Blick, S. 35; Solov'ev, S. M., Istorija Rossii s drevnjišich vremen. T. 20, Moskva 1960, S. 513. Es entsprach den Vorgaben der sowjetischen Historiographie in den fünfziger Jahren, daß L. G. Beskrovnyj den General P. I. Jagužinskij, der 1730 in einem Vortrag vor der Zarin die Errichtung zweier Korps vorschlug, als alleinigen Initiator des Kadettenkorps nennt, ohne Münnich zu erwähnen (Beskrovnyj, Voennye školy, S. 298). Die postsowjetische Historiographie hebt Münnichs Rolle neuerdings wieder hervor: Smagina, G. I., Nemcy - učitelja i ustroiteli gosudarstvennych učebnych zavedenij v Rossii XVIII v., in: Slavgorodskaja, L. G. (Hrsg. u. a.), Nemcy v Rossii. Ljudy i sud'by. SPb. 1998, S. 144-154, hier S. 149 f.

[66] PSZ 8, Nr. 5811, S. 519.

[67] Roždestvenskij, Očerki, S. 176; Unter Betonung des hohen Ausländeranteils: Amburger, E., Die nichtrussischen Schüler des Akademischen Gymnasiums in St. Petersburg 1726-1750, in: Ders., Beiträge zur Geschichte der deutsch-russischen Kulturbeziehungen. Gießen 1961 (= Osteuropastudien der Hochschulen des Landes Hessen, Reihe 1: Gießener Abhandlungen zur Agrar- und Wirtschaftsforschung des europäischen Ostens, 14), S. 183-213; vgl. auch Kap. 2.1.

Menšikov-Palais am Ufer der Neva wurde die Zahl der aufzunehmenden Zöglinge auf 360 erhöht; die Tendenz blieb auch weiter steigend.

Obwohl eine Überprüfung der Fortschritte durch regelmäßige Examina erfolgen sollte, blieben Verweildauer und Lernerfolg der jeweiligen Schüler sehr unterschiedlich. Dies lag weniger an einem Mangel an finanzieller Ausstattung, derer sich das Korps durch einen von den Zarinnen jährlich zugewiesenen und stetig wachsenden Etat sicher sein konnte,[68] sondern an dem auch hier spürbaren Mangel an geeigneten Lehrkräften, insbesondere für die „zivilen Wissenschaften",[69] sowie an der Vielfalt der Fächer, deren Studium von den Zöglingen kaum in dem geforderten Maß zu leisten war: Die freie Wahl der meisten Fächer setzte sich durch. Schon aus einem Rapport Marschall Münnichs, des ersten Leiters des Korps, aus dem Jahre 1733 ging hervor, daß lediglich Religion, Arithmetik und die militärischen Disziplinen regelmäßig besucht wurden, während die Teilnahme an den übrigen Fächern trotz strenger Aufsicht zu wünschen übrig ließ.[70] Es scheint, als hätten die Organisatoren des Korps die Aufgabe, auch den Nachwuchs für die Zivilkarriere auszubilden, weniger ernst genommen. Diese Annahme wird für die erste Phase der Existenz des Kadettenkorps durch einen Blick auf die weitere Karriere der Absolventen gestützt. Von insgesamt 2.058 Adligen zwischen 1732 und 1762 beendeten 1.557 die Ausbildung vollständig und erfolgreich - wobei es keine Informationen darüber gibt, was dies konkret bedeutete. Davon wurden 1.200 Absolventen als Offiziere in die Armee übernommen, während die übrigen mutmaßlich eine Karriere in der Verwaltung machten, wiewohl dies nicht überliefert ist.[71] In jedem Fall entsprachen diese Zahlen der Schwerpunktsetzung der Ausbildung ebenso wie der Bewertung des Dienstes in Militär und Verwaltung durch den Adel selbst. Der adligen Mentalität entsprach eine Militärkarriere vor allem, weil sie als prestigeträchtiger galt. Im Landkadettenkorps wurde bei aller Betonung des Militärischen in der äußeren Organisation jedoch ein Umfeld kreiert, in dem Persönlichkeiten ihre Talente entfalten konnten, die eindeutig auf nichtmilitärischem Gebiet lagen. In den ersten Jahrzehnten seiner Existenz gehörten so bedeutende und umfassend gebildete Persönlichkeiten wie A. P. Sumarokov, M. M. Cheraskov, I. I. Melissino und I. P. Elagin zu den Schülern.[72]

---

[68] Vgl. zum Beispiel: SIRIO 124, S. 369 f.
[69] Materialy dlja istorii Imperatorskoj akademii nauk, T. 3, S. 446-450.
[70] Solov'ev, Istorija Rossii, T. 20, S. 513 f.
[71] Beskrovnyj, Voennye školy, S. 299.
[72] A. P. Sumarokov (1717-1777) wurde zu einem der führenden russischen Dichter seiner Zeit, der am Kadettenkorps auch erstmalig russisches Theater heimisch machte. I. P. Elagin (1725-1793) betätigte sich als Schriftsteller und Historiker, I. I. Melissino (1718-1795), griechischer Herkunft, wurde nach seiner Ausbildung Direktor der Moskauer Universität (1757-1763) und schließlich Oberprokuror des Synods. Siehe: Brückner/Mettig, Die Europäisierung Rußlands, S. 48-50; Nikulin, M. V., Melissino, Ivan Ivanovič, in: Janin, V. L. (Hrsg. u. a.), Otečestvennaja istorija. Istorija Rossii s drevnejšich vremen do 1917 goda. T. 3. Moskva 2000, S. 539; A. S., Elagin, I. P., in: Ebenda, T. 2. Moskva 1996,

2.2. Übergang und Fortentwicklung

Das Landkadettenkorps und seine Organisationsform wurden schießlich auch zu Vorbildern, als die Moskauer Navigationsschule und die Petersburger Marineakademie, die nach dem Tode Peters und vor allem nach dem Tode ihrer herausragendsten Lehrer Farquharson und Magnickij[73] einen Niedergang sowohl hinsichtlich der Schülerzahlen als auch der Ausbildungsqualität erlebt hatten, 1752 zum Adligen Marine-Kadettenkorps verschmolzen.[74] Das dritte Korps, welches die Spitzenausbildungsstätten für die einzelnen „Teilstreitkräfte" komplettieren sollte, war das 1762 gegründete Artillerie- und Ingenieurskadettenkorps. Blickt man auf die heterogene Zusammensetzung der Schülerschaft der jeweiligen Vorläuferinstitutionen, wird gerade hier eine Politik deutlich, die dem Geburtsadel den Vorzug vor der prinzipiell gegebenen Aufstiegsmöglichkeit vermittels Bildung gab. Dieser Eindruck wird auch durch den Kanon an Fächern gestützt, die die 360 Kadetten des Marinekorps zu besuchen hatten: Neben den für die Seefahrt notwendigen Wissenschaften wurden Politik, Heraldik und andere „adlige Wissenschaften" vermittelt.[75] Diese Tendenz sollte sich mit den Reformen sämtlicher Korps in der Zeit Katharinas noch verstärken, allerdings vor einem anderen ideengeschichtlichen Hintergrund und mit einer anderen Zielsetzung.

Mit der Etablierung von Lehranstalten, die auf den Adel ausgerichtet waren, wurden die Formen adliger Ausbildung komplettiert, die bis ins 19. Jahrhundert im wesentlichen erhalten blieben, wenn sie auch je nach ökonomischer und gesellschaftlicher Position der adligen Familie, aber auch nach geographischer Lage der adligen Besitzungen variieren konnten. Zunächst wurde der junge Adlige im häuslichen Bereich durch eine (oft dem Leibeigenenstand entstammende) Amme aufgezogen. Sodann erfolgten der Erwerb der Schreibfähigkeit und erster fremdsprachlicher Kenntnisse mit Hilfe von Hauslehrern, die verstärkt seit den vierziger Jahren ins Land kamen und vornehmlich aus Deutschland oder Frankreich stammten.[76] Daß deren Qualität höchst

---

S. 135 f.; Mohan, J. M., Kheraskov, Mikhail Matveevich (1733-1807), in: MERSH, Vol. 16, Gulf Breeze 1980, S. 140-142; Lauer, R., Geschichte der russischen Literatur. Von 1700 bis zur Gegenwart. München 2000, S. 53, 69-73. Alle waren jedoch nicht wirkliche *homines novi*, sondern entstammten alten adligen Geschlechtern bzw. dienten schon in der petrinischen Epoche in Hofämtern.

[73] Beide starben 1739. Zu ihrer Person siehe Kap. 2.1.

[74] Grigor'ev, Istoričeskij očerk, S. 264 f.; Tolstoi, Ein Blick, S. 213-216.

[75] Hier sollten 146 Kadetten zugleich ausgebildet werden, der Lehrplan glich - abgesehen von den jeweiligen Fachwissenschaften - dem der übrigen Korps (Tolstoi, Ein Blick, S. 32).

[76] Siehe die Beispiele der Fürsten A. Čerkasskij, M. Golicyn und I. M. Dolgorukij und ihrer französischen Hauslehrer: Alefirenko, P. K. [u. a.], Prosveščenie, nauka i byt Moskvy, in: Bachrušin, S. V. (Hrsg.), Istorija Moskvy. T. 2: Period feodalizma XVIII v., S. 475-588, hier S. 478. Zu deutschen Hauslehrern mit zahlreichen Beispielen: Amburger, E., Der deutsche Lehrer in Rußland, in: Beiträge zur Geschichte der deutsch-russischen Kulturbeziehungen. Gießen 1961 (= Osteuropastudien der Hochschulen des Landes Hessen, Reihe 1: Gießener Abhandlungen zur Agrar- und Wirtschaftsforschung des europäischen Ostens, 14), S. 159-182; stärker problematisierend auch: Robel, G., Zur

unterschiedlich war und sich mancher Pariser Pferdekutscher als Hauslehrer in der russischen Provinz wiederfand, war seit den dreißiger Jahren des 18. Jahrhunderts kein Einzelfall und wurde in der zweiten Jahrhunderthälfte in der aufblühenden Literatur eine beliebte Zielscheibe des Spotts.[77] Schon in der Regierungszeit Elisabeths bemühte man sich diesem Mangel abzuhelfen, hatte doch auch hier zu gelten, daß der Staat an dieser qualitativ mangelhaften Form der „Europäisierung" kein Interesse haben konnte. Freilich stellte Elisabeths *ukaz*, in dem die Akademie der Wissenschaften in Sankt Petersburg und schließlich auch die Moskauer Universität mit der Aufsicht und Kontrolle der Hauslehrer beauftragt wurden,[78] ein hierfür gänzlich ungeeignetes Mittel dar, welches in der Provinz erst recht versagte.

Solange die Kinder zu Hause erzogen wurden, hatten sie vor allem Kontakt mit den Dienstboten oder, so sie auf den Landsitzen lebten, mit den Bauern. Zwar galt es in der Tradition des *Domostroj*, die Autorität der Eltern, insbesondere des Vaters, anzuerkennen, doch war gerade der Vater bedingt durch die Dienstpflicht nur selten präsent, um diese Autorität auch auszuüben.[79] Der spätere Dichter und Staatsmann Gavriil Deržavin, der auf dem Landsitz der Familie im Orenburger Gebiet aufwuchs, berichtete beispielsweise in seinen Erinnerungen, er habe mit seinem Bruder von seinem Vater lesen gelernt, unsystematische Deutschkenntnisse hingegen von einem Joseph Rose vermittelt bekommen, der in diese Region verbannt worden war und auch die Kinder anderer Adliger unterrichtete.[80] Andrej T. Bolotov (1738-1833), von kleinadliger Herkunft aus dem Gouvernement Tula,[81] erzählt in seinen umfangreichen Erinnerungen von einem Ukrainer („Kleinrussen"), der ihm als Jungen relativ gebildet erschien und der immerhin versuchte, ihm anhand deutscher und französischer Texte erste Fremdsprachenkenntnisse zu vermitteln.

Wollte man die Karrierechancen des eigenen Nachwuchses steigern, wurde es zur Jahrhundertmitte immer wichtiger, ihn weiter ausbilden zu lassen. Die besten Adressen hierfür wurden die erwähnten Korps, als private Alternative griff man auch auf Pensionen zurück, die in den Hauptstädten entstanden, oft aber nur kurze Zeit existierten. Bolotov mußte beispielsweise mit 10 Jahren in eine solche private Pension nach Sankt

---

Aufklärung in Adelsgesellschaften: Rußland und Polen, in: Jüttner, S. (Hrsg u. a.), Europäische Aufklärung(en). Einheit und nationale Vielfalt. Hamburg 1992 (= Studien zum 18. Jahrhundert, 14), S. 152-171, hier S. 157.
[77] Gert Robel plädierte unlängst dafür, die Rolle des Hauslehrers bei der Verbreitung von Bildung zu würdigen: Ders., Kärner der Aufklärung. Hauslehrer im Rußland des 18. Jahrhunderts, in: Lehmann-Carli (Hrsg. u. a.), Russische Aufklärungsrezeption, S. 325-342, hier S. 343.
[78] PSZ 14, Nr. 10.724, S. 765.
[79] Die Jungen erlebten sich selbst als der „kleine Herr" (*barščuk*), vgl. Tovrov, J., The Russian Noble Family. Structure and Change. London usw. 1987, S. 5, 45, 52.
[80] Deržavin, G. R., Zapiski. SPb. 1872 (= Sočinenija Deržavina, 6), S. 413-415.
[81] [N. N.], Bolotov, Andrej Timofeevič, in: RBS,. T. 3. SPb. 1908, S. 181-184.

Petersburg wechseln, und so sehr er bis zu diesem Zeitpunkt die Autorität des Vaters gefürchtet hatte, so unglücklich erschien ihm in der Rückschau seine Pensionszeit.[82] Auch M. V. Danilov (1722-1790) berichtet in seinen *Zapiski* von dem einschneidenden Wechsel vom Unterricht durch den Hauslehrer zur Unterweisung in der Artillerie-Schule, aus der das spätere Artillerie- und Ingenieurskorps hervorging. Diese Veränderung der Unterrichtssituation erschien ihm nicht nur wegen der strengeren Disziplin als bedeutsam, sondern vor allem wegen der gleichzeitigen Inkompetenz und Trunkenheit seiner Lehrer noch bemerkenswerter.[83]

Seit der Herrschaft Peters I. wurde von staatlicher Seite erwartetet, daß sich Funktionsträger oder solche, die es werden wollten, ihren Aufgaben entsprechend qualifizierten. Selbst so angesehene Familien wie die Ščerbatovy mußten es hinnehmen, daß eines ihrer Mitglieder wegen „Unbildung" statt einer einflußreichen Position im Kriegskollegium einen weniger guten Posten in der „kämpfenden" Truppe an der Peripherie zu übernehmen hatte,[84] was zwar im militärischen Sinne als nicht weniger prestigeträchtig galt, jedoch im Hinblick auf die Karriere nachteilig war. Das bedeutete nicht, daß adlige Patronage- und Protektionsbeziehungen außer Kraft gesetzt worden wären und an ihre Stelle in der ersten Hälfte des 18. Jahrhunderts die Qualifikation als Beförderungsfaktor getreten wäre. Doch konnten mangelnde Bildung und unzureichende Kenntnisse als Begründung dafür herhalten und schließlich dazu führen, daß einem Kandidaten der weitere Aufstieg verwehrt wurde.[85] Wenn der Staat eine Ausbildung von seinen Funktionsträgern erwartete, war es nur konsequent, daß die Adligen diese Ausbildung bereits als Bestandteil des abzuleistenden Dienstes ansahen. Marc Raeff hat in seiner Studie über den Adel im 18. Jahrhundert sehr anschaulich gezeigt, daß sich in dessen Eigensicht die Heranwachsenden schon mit dem Besuch einer militärischen Fachschule, der Korps, später auch der Gymnasien und der Universität *na službe*, also im Dienst befanden und daß der Adel die staatlichen Erwartungen in puncto Bildung und Kenntnissen schon im Eigeninteresse akzeptierte. Mehr noch: In dem Maße, in dem die Bildungseinrichtung zu einer Veränderung und Verfeinerung der Adelskultur - erkennbar zumindest schon in den Hauptstädten - führte, wurde es umso wichtiger,

---

[82] [Bolotov, A. T.], Žizn' i priključenija Andreja Bolotova, opisannye samim im dlja svoich potomkov 1738-1795. T. 1, SPb. 1870, S. 36, 53 f., 60, 66-68, 80 f., 104-109.
[83] Danilov, M. V., Zapiski, in: RA (1883), Kn. 2, vyp. 3, S. 1- 153, hier S. 20-23, 28, 42 f.
[84] Siehe den Fall des Fürsten S. O. Ščerbatov im Senatsprotokoll vom 9.12.1728 in: SIRIO 84, S. 682-687. Er wurde von seinem Posten entfernt, da er für diesen offensichtlich zu dumm sei und auch nichts gelernt habe.
[85] Im Streit um das Erbe des Fürsten Aleksej Troekurov wurde beispielsweise gegen die Ansprüche seines Neffen mit dem Hinweis entschieden, wenn dieser sich weder zur Wissenschaft noch zum Dienst eigne, weil er ein *durak*, ein Dummkopf, sei, dann könne er auch nicht mit seinem Erbe umgehen (vgl. SIRIO 63, S. 323).

"dazu zu gehören", um an der Europäisierung teilzuhaben und den eigenen Status innerhalb der Elite bewahren zu können.[86]

Diese Tendenz war natürlich nicht unumstritten und verlief keineswegs linear, Vorstellungen und Akzeptanz innerhalb des Adels differierten erheblich.[87] Als Beispiel mag noch einmal Gavriil Deržavin dienen. Als dieser sich, dann allerdings schon zu Beginn der sechziger Jahre des 18. Jahrhunderts, lernbegierig mit dem Gedanken trug, I. I. Šuvalov auf einer seiner Reisen nach Westeuropa zu begleiten, da er sich in Moskau langweilte, stieß er auf den entschlossenen Widerstand seiner Tante Fekla Bludova. Sie glaubte, eine solche Reise würde ihren Neffen direkt in die Arme des Antichristen führen.[88] Diese Episode deutet an, daß man bei der Bereitschaft, sich nicht nur unter Zwang Bildung als Voraussetzung für eine Karriere anzueignen, sondern aus persönlichem Antrieb heraus den eigenen Wissensfundus zu vermehren, die übliche Spannbreite von Generationskonflikten erwarten konnte, daß derartige Auseinandersetzungen aber darüber hinaus aufgrund der seit Peter implementierten Veränderungen um neue Inhalte und Ziele geführt werden konnten.[89]

So erwies sich die Zeit bis zur Mitte des 18. Jahrhunderts als eine Zeit des Übergangs und der Fortentwicklung zugleich: Während verschiedene petrinische Fachschulen den Tod Peters I. kaum überlebten, existierten andere in modifizierter Form weiter, wie das Aufgehen der Ziffernschulen in den Garnisonsschulen zeigte. Das geistliche Schulwesen wurde auf der Basis des „Geistlichen Reglements" weiter ausgebaut und diente nach wie vor dem Staat als Reservoir für die Rekrutierung von Nachwuchs für die Verwaltung, auch wenn sich an dem generell beklagten niedrigen Bildungsniveau des Klerus wenig änderte. Die Fachschulen für Marine, Artillerie und Ingenieurswesen wurden zu Korps für den Adel umgewandelt, die von der Form her eine Fortentwicklung bedeuteten: Sie sprachen diejenige Bevölkerungsgruppe an, deren Bildungsvoraussetzungen am günstigsten und deren Ausbildungsnotwendigkeiten für

---

[86] Raeff, The Origins, S. 131-133, 144 f.
[87] Brückner/Mettig, Die Europäisierung Rußlands, S. 412 f.
[88] Deržavin, Zapiski, S. 437 f.
[89] Dieser Zwang zur Auseinandersetzung betraf nicht nur den Adel, sondern, wenn auch in geringerem Maße, ebenso Teile der Kaufmannschaft. So berichtet der Kaufmann I. A. Tolčenov für die Jahrhundertmitte von einer traditionellen Erziehung ohne Lehrer nur unter Aufsicht der Eltern ([Tolčenov, I. A.], Žurnal ili zapiska žizni i priključenija Ivana Alekseeviča Tolčenova. Moskva 1974, S. 29 f.). Etwa zeitgleich warf der Moskauer Kaufmann V. Koržavin seinem Bruder mangelnde Motivation beim Lernen vor, wobei er konkret Michail Lomonosov als Beispiel dafür nannte, daß man durch Lernen und in der Wissenschaft Karriere machen könne. Freilich ist es bezeichnend, daß in den Očerki von 1957 gerade dieses Beispiel, welches eine Verbindung mit Lomonosov dokumentiert, für eine positive Entwicklung im Bereich von Ausbildung und Bildung angeführt wird. Allerdings wird auch hier auf die Singularität des Beispiels eines Kaufmanns verwiesen, der in die Wissenschaft strebte. Vgl. Baranovič, A. N. (Hrsg. u. a.), Očerki istorii SSSR. Period Feodalizma. Rossija vo vtoroj četverti XVIII v. Moskva 1957, S. 448.

den Dienst am größten waren. Dabei zeigte sich, daß das Landkadettenkorps eine größere Anziehungskraft besaß als das später gegründete Marinekorps, Peters Hang zur See mittelfristig also auf wenig Resonanz stieß.[90] Bei allen Problemen und Mängeln des Unterrichts trugen die Korps zur „Europäisierung" vor allem des hauptstädtischen Adels bei, der sich zunehmend für Kultur und Lebensformen, wie sie in anderen Hauptstädten Europas gepflegt wurden, interessierte.

Eine bedeutsame Veränderung begann sich im Bereich des Buchwesens abzuzeichnen. Zunächst verlagerte sich der Schwerpunkt der Buchproduktion von übersetzter Fachliteratur deutscher, englischer oder niederländischer Herkunft hin zu schöngeistiger Literatur französischer Provenienz.[91] Zudem sank, absolut gesehen, die Zahl der Veröffentlichungen, doch entfielen vor allem staatliche Publikationen, weil das Reformtempo sank, während die Zahl wissenschaftlicher und literarischer Werke konstant blieb.[92] Zwar waren die immer noch teuren Bücher keineswegs in jedem Haushalt des Adels und der Kaufmannschaft vorhanden.[93] Doch erweiterten die in ihnen behandelten Themen auch im Diskurs das Gesichtsfeld des Lesers bzw. Teilnehmers und veränderten das eigene Handeln. Mit der Übertragung deutscher und französischer Literatur (so publizierte die Druckerei der Akademie die Molière-Übersetzungen Antioch Kantemirs) entwickelten sich Form und Sprache der russischen Literatur bald in einer Weise, die über bloße Nachahmung hinausging.[94] Daß es gerade dieser Bereich war, der sich relativ schnell und stürmisch ausdehnte, entsprach sicher nicht der petrinischen Schwerpunktsetzung[95], wurde aber durch den lockereren Rahmen, die die herrscherliche Politik in den Zeiten Annas und Elisabeths vorgab, begünstigt.

---

[90] [Bellermann, J. J.], Bemerkungen über Rußland in Rücksicht auf Wissenschaft, Kunst, Religion und andere merkwürdige Verhältnisse. In Briefen, Tagebuchauszügen und einem kurzen Abriß der russischen Kirche nach ihrer Geschichte, Glaubenslehren und Kirchengebräuchen. Teil 1. Erfurt 1788, S. 300 f.
[91] Berkov, P. N., Literarische Wechselbeziehungen zwischen Rußland und Westeuropa im 18. Jahrhundert. Berlin 1968 (= Neuere Beiträge zur Literaturwissenschaft, 31), insbesondere S.71-171; Lauer, Geschichte, S. 42-53.
[92] Marker, Publishing and Printing, S. 68 f.
[93] Zum Interessentenkreis in der Hauptstadt siehe: Luppov, S. P., Kto pokupal knigi v Peterburge vo vtoroj četverti XVIII veka, in: Ders. (Hrsg. u. a.), Istorija knigi i izdatel'skogo dela. Leningrad 1977, S. 122-155.
[94] Vgl. Kap. 3.1.1.
[95] Zwar hatte Zar Peter 1718 mit den „Assembleen" in Privathäusern Informationsforen schaffen wollen, die durch die Rezeption westeuropäischer Kultur zur „Civilisierung" beitragen sollten. Dem Zaren ging es jedoch nicht um die Literatur an sich, sondern um die Schaffung eines erstrebenswerten Gesellschaftsmodells in nuce: Teilnehmen sollten die oberen Ränge, der Geburtsadel, bedeutende Kaufleute, Kanzleifunktionäre und vor allem auch deren Frauen (vgl. Wittram, Peter, Bd. 2, S. 159; Kamenskij, The Russian Empire, S. 126). Sichtbar wird hier der Prototyp einer neuen Funktionselite im häuslichen Rahmen.

Im Jahre 1706, also zu Beginn der petrinischen Reformen auch im Bereich der Bildung, schrieb der Breslauer Professor Stieff hellsichtig: „Die cultivierung einer gantzen nation ist nicht das werck von einem jahre, sondern es gehet wohl oftermals ein gantzes seculum hin, ehe die litterae rechtschaffen stabiliret und in gang gebracht werden".[96] Während eines guten halben Jahrhunderts war das Zarenreich auf dem Weg zu diesem Ziel zwar kleine, aber wichtige Schritte vorangekommen, betrachtet man die Ausgangsbasis im Zarenreich und nicht synchron die zeitgenössischen vorhandenen Bildungslandschaften Westeuropas im Vergleich. Mit den Korps für den Adel, den Garnisonschulen und dem geistlichen Schulwesen waren auch im Russischen Reich Bildungsinstitutionen entstanden, die, mehr oder weniger gut funktionierend, zur Ausbildung besser qualifizierter Staatsdiener beitrugen, gleichzeitig die Elitenkultur förderten und vereinzelt die Möglichkeit sozialen Aufstiegs boten. Michail V. Lomonosov und Ivan I. Šuvalov mögen als Beispiele dienen: Beide mit Auslandserfahrung und Begeisterung für die westeuropäische Kultur und ihre wissenschaftlichen Errungenschaften, zugleich jedoch patriotisch gesonnen, entstammten gänzlich unterschiedlichen sozialen und gesellschaftlichen Gruppen und sollten durch ihre Gelehrsamkeit und Belesenheit dem Diskurs über Bildung um die Mitte des 18. Jahrhunderts neuen Schwung verleihen.

---

[96] Stiess [Stieff], Chr., Relationen, S. 167.

3. BILDUNG, AUSBILDUNG UND ERZIEHUNG IN DER ZWEITEN HÄLFTE DES 18. JAHRHUNDERTS

3.1. DISKURS, GESETZGEBUNG UND DIE VERÄNDERUNG DER BILDUNGSLANDSCHAFT

3.1.1. Unsystematischer Neuaufbruch um die Mitte des 18. Jahrhunderts

Um die Mitte des 18. Jahrhunderts intensivierte sich der Diskurs über Bildung. Die zeitgenössische Literatur war geprägt von den Auseinandersetzungen um formale Gestaltungsmöglichkeiten und um die Entwicklung der russischen Schriftsprache. Dabei war eine Abwendung von älteren, im Kirchenslavischen wurzelnden Mustern ebenso erkennbar wie eine Loslösung von der eklektischen Nachahmung westeuropäischer Vorbilder. Im Bereich der Geschichtswissenschaft begannen in den vierziger Jahren die erbitterten Debatten zwischen Michail V. Lomonosov und Gerhard Friedrich Müller über die Frage, ob die Normannen den ersten ostslavischen Staat gegründet hätten. Diese Auseinandersetzung, an der sich auch andere Mitglieder der Akademie der Wissenschaften beteiligten, wurde für die Formierung eines russischen Nationalbewußtseins von großer Bedeutung: Der Normannistenstreit war ausgebrochen,[1] und es spricht für den Erfolg der Veränderungen in der ersten Hälfte des 18. Jahrhunderts, daß mit Lomonosov ein Russe als ebenbürtiger Kontrahent in diesem Streit auftreten konnte. Wissenschaftler der Akademie begannen die Ergebnisse der großen Expeditionen in den „Norden" des Zarenreiches zu publizieren. Die Akademie der Wissenschaften hatte

---

[1] Rogger, National Consciousness, S. 199-222; Black, J. L., G. F. Müller and the Imperial Russian Academy. Kingston usw. 1986, S. 109-122; Pavlova, G. E./Fedorov, A. S., Michail Vasil'evič Lomonosov. 1711-1765. Moskva 1986, S. 358-378; [Scholz, B.] Šolc, B., Nemecko-rossijskaja polemika po varjažskomu voprosu v Peterburgskoj Akademii, in: Karp, S. Ja. (Hrsg. u. a.), Russkie i nemcy v XVIII veke. Vstreča kul'tur. Moskva 2000, S. 105-116; dies., Von der Chronistik zur modernen Geschichtswissenschaft. Die Warägerfrage in der russischen, deutschen und schwedischen Historiographie. Wiesbaden 2000 (= Veröffentlichungen des Osteuropa-Instituts München, Reihe Forschungen zum Ostseeraum, 5), besonders S. 340-391.

trotz einiger Konflikte im ersten Vierteljahrhundert ihres Bestehens ihre Existenzfähigkeit bewiesen;[2] allerdings mangelte es ebenso an einer Diskussion ihrer Errungenschaften über den engeren Fachkreis hinaus wie an der kontinuierlichen Rekrutierung eines qualifizierten russischen Nachwuchses für Wissenschaft und Staatsdienst.

Dabei war die Ausgangslage im Vergleich zum Beginn des Jahrhunderts günstiger geworden: Die „Europäisierung" der Kultur mit Hilfe der teils gerufenen, teils aus Abenteuerlust gekommenen Ausländer, die verbesserte Kenntnis Westeuropas, etwa durch ein erstes „Europaerlebnis" in der letzten Phase des „Großen Nordischen Krieges", sodann erneut während des Siebenjährigen Krieges,[3] aber auch die Reisen von Russen zu Studienzwecken und zur autodidaktischen Bildung[4] hatten auf verschiedenen gesellschaftlichen Ebenen den Bedarf für eine institutionalisierte Bildung deutlich vergrößert.

Wissenschaftler im Umfeld der Akademie, aber auch Persönlichkeiten am Hof artikulierten ein deutliches Unbehagen an der noch immer notwendigen Anwerbung ausländischer Spezialisten und der trotz der petrinischen Bemühungen nach wie vor herrschenden Beliebigkeit bei der Heranziehung europäischer Aufklärungsliteratur. Die gebildeten Repräsentanten der Elite waren zum Teil in der Lage, deutsche, in noch stärkerem Maße französische Literatur im Original zu lesen,[5] und nicht nur die Mitglieder der Akademie arbeiteten daran, durch Übersetzungen den Kreis der Rezipienten über diese sehr kleine Gruppe hinaus zu erweitern.[6]

---

[2] Immerhin arbeitete die Akademie seit ihrer Gründung mit einem provisorischen Reglement, das erst 1747 durch ein von der Zarin ratifiziertes Statut abgelöst wurde; zu diesem Zeitpunkt hatte die Akademie ihre ersten Krisen im politischen Raum bereits überstanden (vgl. Maier, L., Die Krise der St. Petersburger Akademie der Wissenschaften nach der Thronbesteigung Elisabeth Petrovnas und die „Affäre Gmelin", in: JbfGO NF 27 (1979), S. 353-373).
[3] Hierzu: Mediger, W., Moskaus Weg nach Europa. Der Aufstieg Rußlands zum europäischen Machtstaat im Zeitalter Friedrichs des Großen. Braunschweig 1952, S. 24-51, 108-133; Schmidt, W., Ein junger Russe erlebt Ostpreußen. Andrej Bolotovs Erinnerungen an den Siebenjährigen Krieg, in: Herrmann, D. (Hrsg.), Deutsche und Deutschland aus russischer Sicht. 18. Jahrhundert: Aufklärung. München 1992 (= West-Östliche Spiegelungen, B, 2), S. 190-208. Der Begriff „Europaerlebnis" wird in der Historiographie eigentlich für die Teilnahme russischer Soldaten und Offiziere an den Napoleonischen Kriegen gebraucht, hatte aber auch schon früher seine Berechtigung.
[4] Anschaulich nachvollziehbar beispielsweise an den Briefen, die um die Jahrhundertmitte von den Brüdern Aleksandr G., Pavel G. und Petr G. Demidov über ihre Bildungsreisen aus Deutschland geschrieben wurden und deren Publikation jetzt begonnen hat: Iskjul', S. N. (Hrsg. u. a.), Iz pisem rossijskich putešestvennikov XVIII v. (brat'ja Demidovy v Germanii), in: Smagina, G. A. (Hrsg.), Nemcy v Rossii. Russko-nemeckie naučnye i kul'turnye svjazi. SPb. 2000, S. 170-179.
[5] Luppov, S. P., Die Nachfrage nach Büchern der Akademie der Wissenschaften und nach ausländischen Veröffentlichungen in Petersburg und Moskau in der Mitte des 18. Jahrhunderts, in: Archiv für die Geschichte des Buchwesens 17 (1981), S. 257-299, hier S. 263 f.; Okenfuss, The Rise and Fall, S. 160.
[6] Auf diesen Sachverhalt hat Hans Rothe zu Recht verwiesen, als er betonte, die Masse des Volkes hätte allenfalls von Manuskripten und - in gedruckter Form - von den auflagenstarken Psaltern Kenntnis

3.1.1. Unsystematischer Neuaufbruch

Im Folgenden sollen daher die Hauptlinien des Diskurses über Bildung, Ausbildung und Erziehung bis zum Ende des 18. Jahrhunderts nachvollzogen werden - wozu auch die einschlägige Gesetzgebung gehört -, um dann zu untersuchen, ob bereits in dieser Zeit bei der Umsetzung die Konturen eines neuen Sozialkörpers im Jeismannschen Sinne erkennbar werden.

Eine Intensivierung des Diskurses über Fragen der Bildung hatte nicht erst mit der Thronbesteigung Katharinas II. eingesetzt, sondern schon um die Jahrhundertmitte begonnen. Entscheidend beteiligt an den Bemühungen, das Bildungswesen auszubauen, waren zwei Persönlichkeiten unterschiedlicher Herkunft, Michail V. Lomonosov (1711-1765) und Ivan I. Šuvalov (1727-1797), die sich gegenseitig vorzüglich ergänzten.[7] Lomonosov, seit 1745 erstes russisches Vollmitglied der Akademie der Wissenschaften, war ein vielseitig tätiger Wissenschaftler, dessen Arbeiten zur russischen Grammatik und Sprache ebenso wie seine Untersuchungen zur russischen Geschichte im gesellschaftlichen Diskurs dauerhafte Relevanz erlangten.[8] Sein Nachdenken über das russische Bildungswesen ergänzte er durch Aktivitäten in Konzipierung und Administration von Bildungseinrichtungen, bei denen er mit Šuvalov kooperierte. Lomonosov war bei diesen Tätigkeiten wie in seinen Auseinandersetzungen mit anderen, vornehmlich deutschen Akademiemitgliedern über wissenschaftliche Fragen, aber auch bei den

---

nehmen können. Deshalb kulturelle Veränderungen im petrinischen Rußland, ja die ganze Aufklärung im Zarenreich als reines Konstrukt zu bewerten, führt jedoch zu weit. Die Feststellungen Rothes ließen sich in ähnlicher Weise etwa auch für Frankreich, das „Musterland" der Aufklärung, konstatieren (vgl. Rothe, H., Religion und Kultur in den Regionen des russischen Reiches im 18. Jahrhundert. Erster Versuch einer Grundlegung. Opladen 1984 (= Rheinisch-Westfälische Akademie der Wissenschaften, Geisteswissenschaften, Vorträge, G 267), insbesondere S. 7 f., 14, 34-38, 110, sowie die allgemeinen, nur an französischen Beispielen belegten Überlegungen des Herausgebers: Vovelle, M. (Hrsg.), Der Mensch der Aufklärung. Frankfurt usw. 1996, S. 8 f., 35-41).

[7] Die Versuche, insbesondere in der Historiographie der fünfziger Jahre des vorigen Jahrhunderts, die Rolle Šuvalovs bei der Verbesserung und Neugründung von Bildungsinstitutionen auszusparen, mutet heute genauso antiquiert an wie die hundert Jahre ältere, herrschaftsnahe Darstellung Ševyrevs, der das Wirken Lomonosovs zugunsten desjenigen Šuvalovs und Elisabeths minimierte (vgl. Tichomirov (Hrsg. u. a.), Istorija Moskovskogo Universiteta, T. 1, S. 13-20; Ševyrev, Istorija Imperatorskogo Moskovskogo Universiteta, S. 7-11).

[8] Zur Lomonosov-Rezeption vor und nach der Oktoberrevolution: Karpeev, È. P./Redkov, V. S., Lomonosov, Michail Vasil'evič, in: Otečestvennaja istorija, T. 3, S. 385-388; Vucinich, A., Science in Russian Culture. A History to 1860. Stanford 1963, S. 105-116, 401 f.; die Literatur über Lomonosov ist unüberschaubar, wenn auch in den achtziger Jahren des vorigen Jahrhunderts das Interesse merklich nachgelassen hat. Beispielhaft für die Betrachtungsweise der Stalinzeit: Morozov, A. A., Michail Wassiljewitsch Lomonossow 1711-1765. Berlin 1954; aktuellere, differenziertere Würdigungen: Pavlova/Fedorov, Michail Vasil'evič Lomonosov; Heller, W., Kooperation oder Konfrontation. M. V. Lomonosov und die russische Wissenschaft im 18. Jahrhundert, in: JbfGO NF 39 (1990), S. 1-24; sowie als Nachschlagewerk: Karpeev, È. P. (Hrsg.), Lomonosov. Kratkij ènciklopedičeskij slovar'. SPb. 1999.

Machtkämpfen innerhalb der Akademie auf die Protektion des *vel'moža* Šuvalov angewiesen.[9]

Die Šuvalovs, aus kleinadliger Familie in Kostroma stammend, machten schon in petrinischer Zeit als Angehörige der Garderegimenter bescheidene Karrieren, um dann bei dem Thronumsturz, der die Tochter Peters I., Elisabeth, an die Macht brachte, auf der richtigen Seite zu stehen und in der Folgezeit an Einfluß zu gewinnen. Ivan I. Šuvalov hatte keine formale Ausbildung genossen, war jedoch belesen[10] und verfügte über gute französische und deutsche Sprachkenntnisse. Zahlreiche Auslandsaufenthalte erweiterten sein Wissen und seinen Bildungshorizont beträchtlich. Unter seiner Patronage und mit seinen finanziellen Mitteln wurde aber auch zahlreichen Adligen die Bekanntschaft mit dem westeuropäischen Ausland ermöglicht.[11] Šuvalov gehörte damit wie Kyrill G. Razumovskij (1724-1803), Michail S. Voroncov (1714-1767) und Ivan G. Černyšev (1726-1797) zu einer Generation junger frankophiler Höflinge, die zugleich patriotisch gesonnen waren – im Falle Razumovskijs gar in einer „kleinrussischen" Variante – und durch praktische Maßnahmen eine „Europäisierung" Rußlands zum Ausbau des Großmachtstaates erreichen wollten, aber auch für eine eigene russische Position innerhalb der europäischen Kultur plädierten.[12] Damit trugen sie zur Schaffung einer Atmosphäre bei, die eine Intensivierung des Diskurses über Bildung begünstigte.

Es begann mit den Versuchen, dem Akademischen Gymnasium und der Akademischen Universität neues Leben einzuhauchen.[13] Das Reglement der Akademie der Wissenschaften von 1747 bestätigte zwar ausdrücklich die Existenz beider Bildungsein-

---

[9] Šuvalov, wie auch anderen Repräsentanten der *ruling families*, wird derzeit aus einem neuen Interesse an der Personengeschichte große Aufmerksamkeit entgegengebracht; vgl.: LeDonne, J. L., Ruling Families in the Russian Political Order, in: CMRS 28 (1987), S. 233-322, hier insbesondere S. 300 f. Am Beginn der Revision des Bildes von Ivan I. Šuvalov stand in der späten Sowjetzeit ein kleiner Aufsatz von: Anisimov, E. V., I. I. Šuvalov, dejatel' rossijskogo prosveščenija, in: VI (1985), 7, S. 94-104. Informativ und über einen Lexikonartikel hinausgehend: Alexander, J. T., Shuvalov, Ivan Ivanovich, in: Wieczynski, J. L. (Hrsg.), MERSH, Vol 53. Gulf Breeze 1990, S. 34-43; die derzeitige Wertschätzung lassen erkennen: Remarčuk, V. V. (Hrsg. u. a.), I. I. Šuvalov. K 270 letiju so dnja roždenija. Moskva 1997; Artemeva, T. V. (Hrsg. u. a.), Ivan Ivanovič Šuvalov (1727-1797). Prosveščennaja ličnost' v Rossijskoj istorii. SPb. 1998 (= Filosofskij vek. Al'manach, 8).

[10] „Ich sah ihn im Vorzimmer immer mit einem Buch in der Hand [...]". Katharina II., Memoiren. Bd. 1-2. München 1987, hier Bd. 2, S. 139.

[11] Hierzu siehe: Bekasova, A. V., „Faros mladych vel'mož": I. I. Šuvalov i obrazovatel'nye putešestvija russkich dvorjan, in: Artemeva, T. V. (Hrsg. u. a.), Ivan Ivanovič Šuvalov (1727-1797): Prosveščennaja ličnost' v Rossijskoj istorii. SPb. 1998 (= Filosofskij vek. Al'manach, 8), S. 24-33.

[12] Das Empfinden der Rückständigkeit des eigenen Landes und der Notwendigkeit, einen Platz innerhalb der europäischen Kultur finden zu müssen, wird deutlich artikuliert von Šuvalov: [Šuvalov, I. I.], Bumagi I. I. Šuvalova, in: RA (1867), 1, S. 65-97, hier S. 73.

[13] Ein frühes Projekt von Johann Eberhard Fischer (1697-1771) zur Reform beider Einrichtungen aus dem Jahre 1737 erlangte keine Wirkung (abgedruckt in: Materialy dlja istorii imperatorskoj akademii nauk, T. 2, S. 349-361).

richtungen und zudem, daß dort Personen der verschiedensten Ränge ausgebildet werden sollten,[14] doch wurden auch in diesen Statuten keine näheren Bestimmungen zum Unterrichtsbetrieb festgelegt, so daß die Lehraufgaben der Adjunkten und Professoren an diesen Einrichtungen unklar blieben. Sicher ist, daß die nachgeordneten Bildungseinrichtungen der Akademie als Experimentierfelder für die Lehre fungierten. Unerheblich bleibt in diesem Zusammenhang, ob die Akademische Universität tatsächlich seit ihrer Gründung im Jahre 1725 immer einen funktionsfähigen Lehrbetrieb aufrechterhalten hat, wie dies in Forschungen aus der Spätzeit der Sowjetunion behauptet wird,[15] und ob daraus gefolgert werden darf, die Petersburger Einrichtung sei dreißig Jahre älter als die Moskauer Universität, was vielleicht nur das Renommee der Ostseestadt anläßlich des nahenden Gründungsjubiläums im Jahre 2003 steigern sollte.[16]

Lomonosov, der schon im ausgehenden 18. Jahrhundert trotz der wichtigen Rolle Šuvalovs als „Vater der Moskauer Universität" angesehen wurde,[17] befürwortete für den Aufbau einer Universität eine statische Konzeption. An dieser hielt er fest, ob die Universität nun in Sankt Petersburg oder in Moskau realisiert werden sollte. Sowohl bei der Akademischen Universität als auch bei seinem Vorschlag an Šuvalov vom Sommer 1754, eine Universität in Moskau zu gründen,[18] plädierte er für eine Organisation der Universitäten nach Fakultäten (Jura, Medizin und Philosophie), wobei vor allem auffällt, daß eine theologische Fakultät in beiden Vorschlägen fehlte (und schließlich auch nicht eingerichtet wurde). Dies bedeutete nicht, daß Lomonosov eine religiöse Ausbildung für unnötig hielt oder eine laizistische Grundeinstellung vertrat. Vielmehr war er sich mit seinen Akademiekollegen, dem Akademiepräsidenten Razumovskij und Šuvalov, darin einig, daß eine religiöse Unterweisung bereits im häuslichen Umfeld zu erfolgen hätte oder bereits erfolgt sei, da sich die Schüler und die Studentenschaft ohnehin zunächst aus den Geistlichen Seminaren rekrutieren würden. Auch mußte es den Anhängern der Aufklärung fraglich erscheinen, ob die Theologie bei der bislang zutage getretenen Gleichgültigkeit, bisweilen sogar einem offenen Widerstand der Geistlichkeit[19], wirklich in dem Sinne betrieben werden würde, der von ihnen als wissenschaftlich angesehen wurde.

---

[14] Skrjabin (Hrsg.), Ustavy Akademii nauk SSSR, S. 49 f., 185.
[15] Margolis, Ju. D./Tiškin, G. A., Otečestvu na pol'zu, a rossijanam vo slavu: Iz istorii universitetskogo obrazovanija v Peterburge v XVIII-načale XIX v. Leningrad 1988, insbesondere S. 3-26.
[16] Vgl. zusammenfassend: Kulakova, I. P., Moskovskij i Sankt-Peterburgskij universitet. K sporu o pervorodstve, in: Rossijskie universitety v XVIII-XX vekach, Vyp. 5. Voronež 2000, S. 28-65.
[17] [Timkovskij, I. F.], Zapiski Il'i Fedoroviča Timkovskogo, in: RA (1874), 6, S. 1377-1466, hier S. 1453.
[18] Lomonosov an den Rektor der Akademischen Universität, G. F. Müller, in: Lomonosov, M. V., Polnoe sobranie sočinenij, T. 1-10. Moskva usw. 1950-1957, hier T. 10, S. 40; Lomonosov an I. I. Šuvalov (ohne Datum, etwa Juni-Juli 1754), in: Ebenda, T. 8, S. 172-174.
[19] Hierzu die Ausführungen bei: Freeze, The Russian Levites, S. 79 f., 85 f.

Aufschluß über Lomonosovs pädagogische Ansichten geben die Entwürfe für das zweigeteilte Gymnasium an der Universität Moskau[20] und dasjenige der Akademie in Sankt Petersburg[21] sowie seine Korrespondenz im Zusammenhang mit der letztgenannten Lehreinrichtung, deren Leiter er bis zu seinem Tode 1765 war. Dabei wird vor allem deutlich, daß Lomonosov, geprägt durch seine universitären Studien in Marburg und Freiberg, sich an dem dort vorgefundenen System[22] orientierte - dafür sprechen nicht nur seine jeweiligen Vorschläge für die Organisation von Fakultäten, sondern auch die Art, wie er das Wissen vermittelt sehen wollte. Studenten und Schüler sollten nach einer soliden Grundausbildung in denjenigen Fächern gefördert werden, für die sie besondere Talente und Neigungen zeigten. Dies bedeutete zugleich eine hohe Anforderung an das Lehrpersonal, das diese Talente zu erkennen hatte. Der Unterrichtsstil sollte nicht nur aus dem Lehrervortrag bestehen; beständig hätten sich die Lehrer und Professoren durch Nachfragen und durch Wiederholen des Stoffes davon zu überzeugen, ob die Lehrinhalte auch tatsächlich aufgenommen worden seien. Nur wenn ein entsprechender Lernerfolg erkennbar sei, sollte die Versetzung in die nächste Klasse bzw. in das nächste Studienjahr erfolgen. Hinter diesen Vorstellungen steckte bei Lomonosov der Wunsch, möglichst erfolgsorientiert und selbständig handelndes Personal für den Staatsdienst wie für die Wissenschaft zu rekrutieren,[23] jedoch noch kein Menschenbild, das durch die Förderung der spezifischen Talente zur Entfaltung der Individualität und des Individuums beitrug, wie wenig später bei Ivan Ivanovič Beckoj.[24] Hier ging es um die Nutzung des Potentials des Einzelnen, nicht um das Individuum.

Zugleich rechnete Lomonosov aufgrund der Erfahrungen, die man mit dem unterschiedlichen Zuspruch zum Kadettenkorps und zum Akademischen Gymnasium gemacht hatte, damit, daß es kaum möglich sein würde, allein aus dem Adel genügend Interessenten für das Akademische Gymnasium und die Akademische Universität zu gewinnen. So sahen die Projekte die Aufnahme von Kindern aller freien Stände vor, auch Staatsbauern sollte es gestattet sein, ihre Kinder bei entsprechender Eignung und erkennbarem Wissensdrang in die Gymnasien zu schicken. Für die Kinder leibeigener Bauern war die Zustimmung des Gutsbesitzers erforderlich, und nach erfolgreichem Abschluß der Studien hatte der Gutsherr sich bereitzufinden, die Leibeigenenkinder in

---

[20] Lomonosov, Polnoe sobranie sočinenij, T. 9, S. 443-461.
[21] Ebenda, S. 477-523. Zumindest hier ist fraglich, ob der Entwurf des Statuts von ihm allein verfaßt wurde oder ob andere Akademiemitglieder, die mit dem Gymnasium befaßt waren, wie Johann Kaspar Taubert, Jacob Stählin oder der bereits erwähnte Schuhmacher, mitwirkten.
[22] Hierzu: Schindling, A., Die protestantischen Universitäten im Heiligen Römischen Reich deutscher Nation im Zeitalter der Aufkärung, in: Hammerstein, N. (Hrsg.), Universitäten und Aufklärung. Göttingen 1995 (= Das achtzehnte Jahrhundert. Supplementa, 3), S. 9-19, insbesondere S. 10 f.
[23] Lomonosov, Polnoe sobranie sočinenij, T. 10, S. 314.
[24] Siehe weiter unten in diesem Kapitel.

3.1.1. Unsystematischer Neuaufbruch

die Freiheit zu entlassen.²⁵ Davon zu sprechen, daß Lomonosov einer „Demokratisierung" des Bildungssystems zum Durchbruch hatte verhelfen wollen, wie es in der sowjetischen Forschung lange üblich gewesen ist,²⁶ führt sicher zu weit. Dennoch wird die eigene Herkunft Lomonosovs, dessen Aufstieg vom Sohn eines Fischers zum ersten russischen Akademiemitglied in der Tat äußerst ungewöhnlich war, ebenso wichtig für die Aufnahme dieses Passus gewesen sein wie die Tatsache, daß sich in den bereits existierenden Fachschulen und Geistlichen Seminaren begabte Kinder fanden, die schließlich mit Erfolg ein Medizinstudium absolvierten, für das junge männliche Adlige nur schwer zu begeistern waren. Hierin war sich Lomonosov mit Ivan Šuvalov einig, der durchsetzte, daß gemäß dem Muster dieser Projekte bei den Reformen bzw. anstehenden Neugründungen verfahren wurde:²⁷ Während in Sankt Petersburg das für den Adel vorgesehene Kadettenkorps und die vom Grundgedanken her zunächst offenen Bildungseinrichtungen der Akademie existierten, wurde für die Moskauer Universität ein Gymnasium mit zwei Abteilungen geplant: Eine war exklusiv dem Adel, eine andere den Kindern der *raznočincy* und anderer Interessenten vorbehalten. Aus dieser Zweiteilung entwickelten sich faktisch von Beginn an zwei Gymnasien. Die Möglichkeit des Aufstiegs war zwar potentiell gegeben, setzte aber vermögende „Sponsoren" voraus, waren doch erheblich mehr staatliche Stipendien für adlige Kinder vorgesehen als für nichtadlige. In einem weiteren Grundzug ihrer Ansichten stimmten Lomonosov und Šuvalov überein: Beide sprachen sich dafür aus, daß großrussische Studenten und Schüler zu bevorzugen seien. Der Entwurf für das Statut des Akademischen Gymnasiums in Sankt Petersburg sprach explizit davon, daß immer vier Fünftel der Schülerschaft Großrussen sein sollten.²⁸

Im Zusammenhang mit den Projekten stellte sich auch erneut die seit der Zeit Peters immer wieder virulente Frage nach der Unterrichtssprache. Wenn überhaupt regelmäßig Vorlesungen und Kurse im Akademischen Gymnasium stattgefunden hatten - auch sie waren von der Stoffvermittlung her nichts anderes als Vorlesungen -, waren sie

---

²⁵ Lomonosov, Polnoe sobranie sočinenij, T. 9, S. 443 f., 478, 481 f.
²⁶ Štrange, Demokratičeskaja intelligencija, S. 35-37; Kurmačeva, Krepostnaja intelligencija, S. 106-108; vorsichtiger schon: Smagina, Akademija nauk, S. 35-38.
²⁷ Zur Zusammenarbeit Lomonosovs und Šuvalovs im Vorfeld der Universitätsgründung, dabei alte Urteile der sowjetischen Forschung revidierend: Anisimov, E. V., M. V. Lomonosov i I. I. Šuvalov, in: Voprosy estestvoznanija i techniki (1987), 1, S. 73-83; Ponomareva, V. V., U istokov universiteta, in: Dies. (Hrsg. u. a.), Universitet dlja Rossii. Vzgljad na istoriju kul'tury XVIII stoletija. Moskva 1997, S. 29-63, hier S. 59-62.
²⁸ Lomonosov, Polnoe sobranie sočinenij, T. 9, S. 483; Bartenev, P. I., I. I. Šuvalov. Moskva 1857; hier benutzt der Neuabdruck in dem Jubiläumsband: Remarčuk, V. V. (Hrsg. u. a.), I. I. Šuvalov k 270 letiju so dnja roždenija. Moskva 1997, S. 39-123, hier S. 64.

auf Latein oder Deutsch gehalten worden.[29] Die nichtrussischen Lehrenden waren aufgrund ihrer Herkunft und/oder ihrer Auffassung von ihren Aufgaben als Akademiemitglieder weder willens noch in der Lage, auf Russisch vorzutragen. Lomonosov und die russischen Adjunkten der Akademie bemühten sich um die Übertragung geeigneter Lehr- und Fachbücher ins Russische, um diesem Mangel zumindest teilweise abzuhelfen. Zudem wollte Lomonosov mit seiner „Russischen Grammatik" (1755) den Nachweis erbringen, daß seine Muttersprache als Literatur- und Wissenschaftssprache gleichermaßen geeignet sei,[30] was ihr von einigen Akademiemitgliedern abgesprochen worden war. Bis zu seinem Tode (1768) erreichte es Lomonosov mit Hilfe der Protektion Ivan Šuvalovs, am Akademischen Gymnasium Russisch als Unterrichtssprache durchzusetzen, und auch an der Moskauer Universität wurde je nach Fach, aber mit zunehmender Tendenz auf Russisch vorgetragen - soweit es die Kenntnisse der Professoren zuließen. Die Forderung stand zumindest im Raum: Als Nikolaj N. Popovskij (1727-1760), erster Inhaber des Lehrstuhls für Eloquenz und Philosophie, sein Amt antrat, begegnete er in seiner Antrittsvorlesung der Behauptung, es sei unmöglich, Philosophie auf Russisch vorzutragen, mit der Feststellung, es gäbe keinen Gedanken, den man nicht auf Russisch ausdrücken könne.[31] Wie bei Lomonosov hatte das Insistieren auf dem Gebrauch des Russischen zwar eine vornationale Komponente, zugleich sollte die Stärkung der Muttersprache aber auch den Zweck haben, die einheimische Jugend für Ausbildung und Studium zu gewinnen, weil der Staat in den verschiedensten Aufgabenfeldern dringend entsprechend ausgebildeter Fachkräfte bedurfte. In den ersten Jahrzehnten der Existenz der Universität und der Gymnasien in Moskau bedeutete dies, wie schon bei den Lehreinrichtungen der Akademie in der Unterrichtspraxis, die Quadratur des Kreises. Das Auditorium brachte nicht die notwendigen Sprachkenntnisse mit, um dem Lehrstoff folgen zu können. Die Folge war, daß von den ohnehin nicht sehr zahlreichen Zuhörern nur wenige Schüler und Studenten die Anfangsschwierigkeiten zu überwinden wußten, die Ausbildung eines indigenen Wissenschaftlernachwuchses somit eine mühselige Angelegenheit blieb und ungeduldige Diskutanten wie Lomonosov frustrierte.

---

[29] Tolstoj, D. A., Akademičeskij universitet v XVIII stoletii. SPb. 1885, S. 20; Margolis/Tiškin, Otečestvu na pol'zu, S. 81 f.
[30] Seine *Rossijskaja Grammatika* bildete mit seiner „Vorrede über den Nutzen der Kirchenbücher in der russischen Sprache" *(Predislovie o pol'ze knig cerkovnych v rossijskom jazyke)* aus dem gleichen Jahr sowie seiner etwa zehn Jahre älteren Rhetorik *Kratkoe rukovodstvo k krasnorečiju* die Lehre von den drei Stilen, die eine gewisse Wirksamkeit für die Weiterentwicklung der russischen Schriftsprache erzielte (vgl. Lomonosov, M. V., Rossijskaja Grammatika. SPb. 1755; alle übrigen Werke zur Sprache publiziert in: Ders., Polnoe sobranie sočinenij, T. 7).
[31] Popovskij, N. N., Reč', govorennaja v načatii filosofičeskich lekcij, in: Ščipanov, I. Ja. (Hrsg.), Izbrannye proizvedenija russkich myslitelej vtoroj poloviny XVIII veka. T. 1-2. Moskva 1952, hier T. 1, S. 90 f.; abgedruckt auch in: Syčev-Michajlov, Iz istorii, S. 140-142.

3.1.1. Unsystematischer Neuaufbruch

Ob letztlich diese Schwierigkeiten, die in Sankt Petersburg, potenziert durch die Zerstrittenheit der Akademie, auftraten, Lomonosov und Šuvalov dazu bewogen, die Neugründung einer Universität vor den Reformen der vorhandenen Bildungsinstitutionen in Sankt Petersburg zu betreiben, muß dahin gestellt bleiben, ist jedoch wahrscheinlich. Eine Neugründung gab zudem die Möglichkeit eines personellen Neuanfangs jenseits zwar gewachsener, jedoch nicht nur Lomonosov verkrustet erscheinender Strukturen innerhalb der Akademie.[32]

„Alles Gute erwächst aus einem aufgeklärten Verstand [...]" begann einer der ersten Sätze des *ukaz*, mit dem die Zarin Elisabeth die Gründung der Moskauer Universität bestätigte.[33] Er wiederholte teilweise die Gedanken im Wortlaut, die Lomonosov im Sommer 1754 an Ivan Šuvalov über die notwendige Organisation einer neuen Universität gesandt und die dieser dann dem Senat vorgetragen hatte.[34] Natürlich durfte auch nicht der in den *ukazy* nachgerade stereotype Verweis auf Peter den Großen und sein Werk fehlen, doch knüpfte man an das petrinische Erbe in spezifischer Weise an: Wissenschaften und Verstand seien in seiner Zeit für die verschiedenen Aufgabenfelder notwendig gewesen, die der Zar seinen Untertanen zur Berarbeitung zugewiesen hatte - die Entwicklung von Armee und Flotte, der Städte- und Festungsbau, schließlich die Erschließung und Vermessung des rußländischen Reiches. Nun sei es jedoch an der Zeit, eine Universität als eine Einrichtung zu gründen, die bereits erworbene Kenntnisse zusammenfasse, sie fortentwickle und nachfolgenden Generationen der Reichsbevölkerung vermittle. Mit der Feststellung, daß andere Länder seit langem über entsprechende Institutionen verfügten,[35] wurde wie schon bei der Akademiegründung mit dem Hinweis auf den Nachholbedarf im Vergleich mit Westeuropa ein weiteres Motiv für die Gründung offenbar. Gleichzeitig sollte hier die alte Hauptstadt Moskau gegenüber der neuen

---

[32] Zu den ersten Lehrenden in Moskau gehörten Absolventen der Petersburger Akademischen Universität und Schüler Lomonosovs: der bereits erwähnte N. N. Popovskij, A. A. Barsov für Mathematik sowie F. A. Jaremskij für russische und lateinische Sprache (vgl. Penčko, N. A. (Hrsg.), Dokumenty i materialy po istorii Moskovskogo universiteta vtoroj poloviny XVIII veka. T. 1-3. Moskva 1960, hier T. 1, S. 387). Auch der erste Direktor der Moskauer Universität, A. M. Argamakov (1711-1757), der zu diesem Zeitpunkt die Funktionen von Kanzler und Rektor ausübte, war russischer Herkunft (vgl. Remarčuk, V. V. (Hrsg. u. a.), Rektory moskovskogo universiteta. Biografičeskij slovar'. Moskva 1996, S. 7-9). Freilich kam auch die Moskauer Universität ohne die Anwerbung ausländischer Professoren und Lehrer für die Universität und das Gymnasium nicht aus, um die sich insbesondere Ivan Šuvalov bis zu seinem Tode 1797 immer wieder bemühte (vgl. Andreev, A. Ju., Professora, in: Ponomareva, V. V. (Hrsg. u. a.), Universitet dlja Rossii. Vzgljad na istoriju kul'tury XVIII stoletija. Moskva 1997, S. 174-219, hier S. 181-195).
[33] PSZ 14, Nr. 10.346, S. 284-294, hier S. 284.
[34] [Šuvalov, I. I.], V pravitel'stvujuščij senat pokornoe donesenie Kammergera i Kavalera I. I. Šuvalova, in: Remarčuk (Hrsg.), I. I. Šuvalov, S. 124-127. Bereits hier forderte Šuvalov die Zuweisung eines festen Etats für die Universität.
[35] PSZ 14, Nr. 10.346, S. 285.

Kapitale Sankt Petersburg aufholen, die bereits über zahlreiche Einrichtungen verfügte. Bezeichnenderweise wurde die Akademische Universität in diesem Kontext nicht erwähnt. Als konkrete Gründe, die den Ausschlag für eine Gründung in Moskau gegeben hatten, wurden genannt: die große Zahl der Adligen und *raznočincy*, die in Moskau wohnten, die Lage der Stadt im Zentrum des Reiches und die Tatsache, daß viele Adlige dort Verwandte hatten, die Studienwillige bei sich aufnehmen könnten, sowie schließlich ein in Moskau vermutetes höheres Bildungsniveau durch die zahlreichen in der Stadt lebenden Hauslehrer.[36] So wird schon in der Erörterung des Standortes im Zentrum des Reiches ein gewisser Patriotismus, aber auch ein Fortschrittsoptimismus deutlich, der in ganz Europa die Projekte der Aufklärer begleitete und der sich, wie schon der zitierte Halbsatz anzeigt, auch in der Sprache des *ukaz* niederschlug.

Für die Vermittlung des universellen Wissens der Zeit waren zunächst zehn Professuren an drei Fakultäten vorgesehen. Hinzu kamen Sprachlehrer und wissenschaftliches Personal für Laboratorien, Sammlungen und Bibliotheken. Dreißig bis vierzig Studenten sollten in jedem Unterrichtsjahr ihre Studien aufnehmen. Damit war für die Universität eine Größe anvisiert, die etwas hinter der der Akademie in Sankt Petersburg zurückblieb. Wie die Akademie war auch die Moskauer Universität dem Senat direkt untergeordnet.[37]

Anders als bei der Inauguration der Akademie 1725 versuchte die Zarin, wohl auf Betreiben Šuvalovs, die Gunst der Stunde zu nutzen und anläßlich der Eröffnung der Universität, die ihr erstes Quartier im Gebäude der früheren Hofapotheke an den Voskresenskie vorota erhielt,[38] ihren Untertanen die Tätigkeit der Regierung nahezubringen und sich dabei selbst zu inszenieren: Gedruckte Programme waren ausgegeben worden, Professoren hielten Reden auf Deutsch, Latein, Französisch und Russisch, vor allem aber versuchte man, das Besondere des Moments auch der Moskauer Bevölkerung sicht- und hörbar zu machen. Am 26.4.1755 waren Festkapellen vor dem Universitätsgebäude aufgezogen, und das Haus selbst wurde den ganzen Tag bis in die Morgenstunden aufwendig illuminiert. Zudem war es mit einem großen Stoffbanner geschmückt, auf dem eine Minerva - Göttin der Wissenschaften und der Gesetzgebung und als solche beliebtes Symbol aufgeklärter Herrscher[39] - abgebildet war, die sich an

---

[36] Ebenda, S. 284-286.
[37] Ebenda; sowie Ševyrev, Istorija Imperatorskogo Moskovskogo universiteta, S. 12-15.
[38] RGIA, f. 1329, T. 85, l. 382. Schon 1756 erwies sich das Gebäude als zu klein, und man begann weitere Häuser zu erwerben (Tichomirov (Hrsg.), Istorija Moskovskogo universiteta, T. 1, S. 21).
[39] Minerva stand nicht erst in der Katharinazeit als Symbol für die „aufgeklärte" Zarin, die ebensowenig wie Šuvalov und Lomonosov an der Eröffnung der Universität teilnahm; auch Lomonosov benutzte in seinen panegyrischen Oden auf Elisabeth bereits dieses Bild (vgl. Lomonosov, Polnoe sobranie sočinenij, T. 8, S. 194). Zu den vielfältigen Konnotationen der Minerva-Allegorie für die Katharinazeit: Karpowa, E., Denkmäler für die Zarin. Katharina in der Bildhauerkunst, in: Ottomeyer,

3.1.1. Unsystematischer Neuaufbruch 103

einen Obelisken lehnte, an dessen unterem Ende sich wißbegierige Kinder gruppierten, von denen eines den Namen Šuvalovs auf ein Blatt Papier schrieb.[40] Die Feiern zur Eröffnung der Universität sind ein treffliches Beispiel, wie die Ergebnisse konkreter Regierungsmaßnahmen zum Wohle des Staates durch offizielle staatliche Selbstinszenierung, welche vorher vor allem im Rahmen von Krönungen und Siegesfeiern zelebriert worden war,[41] mit Blick auf die Außenwirkung zu Staatsakten stilisiert wurden und gleichzeitig herrscherliche Tätigkeit dokumentieren sollten. Damit legitimierte die Zarin ihr Tun nicht nur für die Elite, sondern sichtbar für jedermann. Zugleich trugen solche Feiern Aufforderungscharakter: Die Elite sollte dazu beitragen, dem Unternehmen durch Engagement zum Erfolg zu verhelfen. Dies konnte in doppelter Weise geschehen. Zum einen sollten Adel und Kaufmannschaft ihre Söhne auch wirklich in die Universität schicken; Moskau war ja, wie Šuvalov in seiner Eingabe an den Senat geschrieben hatte, nicht zuletzt deshalb ausgewählt worden, weil man dort das größte Reservoir an Interessenten vermutete. Zum anderen war mit der Zuweisung eines jährlichen Etats für die Moskauer Universität durch die Zarin die Erwartung verbunden worden, die Moskauer „Gesellschaft" würde die neue Einrichtung ebenfalls materiell unterstützen. Inwieweit diese Erwartung erfüllt wurde, läßt sich aufgrund der vorhandenen Quellen nur schwer einschätzen. Ohnehin aufgeschlossene Familien wie die Demidovy betätigten sich durchaus als Förderer. N. A. Demidov etwa legte schon 1755 mit seinem Geschenk einer Mineralienkollektion die Grundlage für die Sammlung der Universität.[42]

Eröffnet wurde am 26.4.1755 zunächst nur die Universität als Gebäude mit den dazugehörigen Gymnasien, die ihre Arbeit unmittelbar aufnahmen.[43] Studenten wurden

---

H. (Hrsg.), Katharina die Große. Katalogbuch zur gleichnamigen Ausstellung. Kassel 1997, S. 67-71, hier S. 68; Tipton, S., Katharina die Große und die Ikonographie der Aufklärung, in: Ebenda, S. 73-80, hier S. 77-80.

[40] Tichomirov (Hrsg.), Istorija Moskovskogo universiteta, T. 1, S. 25 f.; Morozov, Lomonossow, S. 456 f. Ganz ähnlich gestaltet war auch die zur Gründung der Universität gestiftete Medaille, abgebildet in: Choroškevič, A. L. (Hrsg. u. a.), Istorija Moskvy s drevnejšich vremen do našich dnej v trech tomach. T. 1: XII-XVIII veka. Moskva 1997, S. 354.

[41] Nur diese stehen im Mittelpunkt der bahnbrechenden Untersuchung von Wortman, Scenarios of Power, S. 89-109. Vgl. auch Whittaker, C. H., The Reforming Tsar: The Redefinition of Autocracy in Eighteenth-Century Russia, in: SR 51 (1992), S. 77-98, hier S. 92.

[42] Dokumenty i materialy, T. 3, S. 436 (Dokumente vom 16. u. 20.3.1755). Šuvalov selbst ging mit gutem Beispiel voran und förderte die Moskauer Universitätsbibliothek (vgl. Archiv Knjazja Voroncova, T. 6, S. 286).

[43] Instruktion Ivan Šuvalovs vom April 1755 über das Verfahren bei der Aufnahme von Schülern, das sich im wesentlichen mit den entsprechenden Bestimmungen im Entwurf des Lomonosovschen Reglements für das Moskauer Universitätsgymnasium deckt, abgedruckt in: Beljavskij, M. T., M. V. Lomonosov i osnovanie Moskovskogo unversiteta. Moskva 1955, S. 290-293. Unter den ersten Schülern des Gymnasiums waren V. I. Baženov, N. I. Novikov, I. E. Starov, D. I. Fonvizin und P. I. Fonvizin (vgl. Pen'ko (Hrsg.), Dokumenty i materialy, T. 1, S. 336 f., 375, 379).

erst im Laufe des Jahres unter der Leitung des Synods aus den Geistlichen Seminaren und auf Anfrage Ivan Šuvalovs angeworben[44] - auch hier kam man nicht ohne die Mithilfe der geistlichen Bildungseinrichtungen aus -, so daß im Sommer der Lehrbetrieb mit dreißig Studenten aufgenommen werden konnte.[45] Bis zur Eröffnung derjenigen Einrichtungen, die für die Stadt Moskau über den engeren Kreis der Studenten und Gelehrten hinaus Bedeutung erlangen sollten, verging ein weiteres Jahr: Mit der Inbetriebnahme der Universitätsdruckerei und des angeschlossenen Buchladens im Juni 1756 wurde ein weiterer Produktionsort säkularer Druckschriften geschaffen. Hier wurden nicht nur selbständige Veröffentlichungen der Universitätsmitglieder hergestellt, es wurde auch mit dem Druck und Vertrieb der *Moskovskie Vedomosti* begonnen,[46] die sich als Zeitung bald aus der redaktionellen Abhängigkeit von der Universität lösen sollte. Im Juli 1756 schließlich eröffnete auch die Universitätsbibliothek ihre Pforten nicht nur für die Universitätsangehörigen, sondern „für alle Liebhaber der Wissenschaft und Freunde des Lesens jeden Mittwoch und Samstag zwischen 2 und 5 Uhr."[47] Die Universität sollte also von Beginn an in die Stadt hinein strahlen und Anregungen aus ihr empfangen, Stadt und Universität sollten so in eine fruchtbare Beziehung zueinander gebracht werden.

Im Juli 1757 wurde an der Universität eine „Kunstklasse" für Malerei und Bildhauerei eingerichtet, die sich explizit an die Kinder von *raznočincy* wandte, bei denen man aufgrund ihrer Herkunft größeres künstlerisches Potential vermutete.[48] Im gleichen Monat wandte sich das neue Universitätstheater mit der Ankündigung an die Öffentlichkeit, auch Frauen und junge Mädchen, die zu spielen und zu singen wünschten, könnten sich in der Universitätskanzlei melden.[49] Öffentliche Vorlesungen sollten das elitäre Publikum in die Arbeit der Universität einbinden. Wissenschaft, Kunst und Kultur hatten Hand in Hand zu gehen, um die „Europäisierung" in der Moskauer Elite zu popularisieren und zu verankern. Schon Šuvalov und Lomonosov hatten in den Entwürfen für den Senat darauf verwiesen, daß sich mit der Gründung der Universität in Moskau auch die Erwartung an die entstehende städtische „Gesellschaft" verband, durch aktive und passive Unterstützung zum Erfolg dieser Bildungsinstitution bei-

---

[44] RGIA, f. 796, op. 24, d. 150, ll. 1-2.
[45] Ebenda, f. 796, op. 24, d. 150, ll. 9-56.
[46] Zur Geschichte dieser Einrichtung der Universität detailgenau: Mel'nikova, N. N., Izdanija napečatannye v tipografii Moskovskogo Universiteta XVIII vek. Moskva 1966, S. 18 f.
[47] Moskovskie Vedomosti, Nr. 21, 3.7.1756.
[48] Dokumenty i materialy, T. 1, S. 55; die Schüler dieser Klasse wechselten schon 1758 nach Sankt Petersburg an die dort ebenfalls auf Initiative Šuvalovs gegründete Akademie der Künste (vgl. ebenda, S. 312).
[49] Moskovskie Vedomosti, Nr. 51, 27.7.1757. Schon im Jahr 1756 war auf Anordnung Elisabeths in Sankt Petersburg ein permanentes russisches Theater durch eine Jaroslavler Schauspieltruppe eröffnet worden.

3.1.1. Unsystematischer Neuaufbruch

zutragen. Mit den erwähnten Einrichtungen bot die Universität Moskau erste Ansätze hierzu an.

Daß sich die Umsetzung des Plans als schwierig erwies, wird an anderer Stelle näher zu verfolgen sein.[50] Auffällig ist jedoch, daß die an Fragen von Bildung und Erziehung überaus interessierte Zarin Katharina II. der Moskauer Universität als Institution wenig Aufmerksamkeit entgegenbrachte. Gegen Ende des Jahres 1765 hatte sie sich mit der Aufforderung an die Leitung der Universität gewandt, innerhalb von drei Wochen (!) Vorschläge zur Hebung des Arbeitsniveaus der Moskauer Universität zu machen in der Erwartung, daß die Professorenschaft mit pädagogischen Konzepten aufwarten würde. Als die Professoren allerdings lediglich mit der Forderung nach Verbesserung der eigenen Gehälter reagierten und die Zuweisung von Gütern forderten, deren Einkünfte in professoraler Selbstverwaltung der Universität zugute kommen sollten, über die Verbesserung des Lehrbetriebs und den Abbau der Vakanzen jedoch kein Wort verlautete, schien die Kaiserin das Interesse verloren zu haben,[51] wie überhaupt während ihrer gesamten Regierungszeit der Universität als Lern- und Lehrform nicht ihre besondere Aufmerksamkeit galt. Als sie gegen Ende ihrer Regierungszeit Dorpat, Penza und Ekaterinoslavl' als Standorte für mögliche Universitäten ins Auge faßte,[52] mag sie der Gedanke geleitet haben, in der Provinz Kristallisationspunkte für die „Zivilisierung" des Reiches zu schaffen. Praktische Umsetzungsversuche erfolgten jedoch nicht.

Auch andere Pläne für Universitätsgründungen, die durch das Moskauer Beispiel stimuliert worden waren, wurden nicht realisiert. Interessant ist in diesem Zusammenhang das Projekt von Grigorij N. Teplov.[53] Dieser, ein Homo novus, machte Karriere durch die Protektion des *vel'moža* Kyrill G. Razumovskij, der in seiner Eigenschaft als Präsident der Akademie der Wissenschaften Teplov zum Sekretär der Einrichtung ernannte. Die Familie Razumovskij verfolgte den Plan, für die Ukraine ein erbliches Hetmanat zu erlangen und gleichzeitig die ukrainischen Traditionen mit westeuropäi-

---

[50] Vgl. Kap. 3.2.1.
[51] *Ukaz* Katharinas mit den Antworten der Professorenschaft aus dem Jahre 1765 abgedruckt in: ČOIDR (1875), kn. 2, S. 199-212.
[52] RGIA, f. 796, op. 27, d. 75, l 2.
[53] Zu seiner Biographie siehe die informative Studie von: Daniel, W. L., Grigorij Teplov. A Statesman at the Court of Catherine the Great. Newtonville, Mass. 1991 (= Russian Biography Series, 10). Teplov gehörte zu den wenigen, die während des Machtwechsels der Jahre 1761/62 Karriere machen konnten - er wurde Katharinas Sekretär. Für den Bereich Wissenschaft und Bildung sollte vor allem seine Tätigkeit in der „Freien Ökonomischen Gesellschaft" nach 1765 bedeutend werden (vgl. hierzu: Bartlett, R., The Free Economic Society: The Foundation Years and the Prize Essay Competion of 1766 on Peasant Property, in: Hübner, E. (Hrsg. u. a.), Rußland zur Zeit Katharinas II. Absolutismus, Pragmatismus, Aufklärung. Köln usw. 1998 (= Beiträge zur Geschichte Osteuropas, 26), S. 181-214, hier S. 184, 202).

scher Adelskultur und Bildung zu verbinden. Daher entwarf Teplov für Razumovskij den Plan für eine Universität in Baturin, der Residenz des Hetmans, wo zugleich weniger Konkurrenz durch etablierte geistliche Bildungseinrichtungen als in Kiev zu erwarten war. Der Plan, der sich an der Gliederung der Moskauer Universität orientierte, sah ausdrücklich die Unterweisung in russischer Sprache vor, um als Gegengewicht zum Polnischen zu dienen, das von der „kleinrussischen" Oberschicht gesprochen wurde.[54] Da dieses Projekt einen Teil der Autonomieträume Razumovskijs bildete, der sich zugleich als ähnlich großer Wissenschaftsförderer wie Ivan Šuvalov präsentieren wollte,[55] hatte es weder zu Lebzeiten Elisabeths noch nach der Machtergreifung Katharinas, die das Hetmanat 1767 ganz abschaffen sollte, Aussicht auf Erfolg.[56] Illustrieren läßt sich an diesem Beispiel vor allem die Kombination eigener Ambitionen der *vel možy* aus den *ruling families* mit wirklichem Interesse an Bildung, Kultur und Wissenschaft, welches sie mit Hilfe talentierter Aufsteiger artikulierten. In diesem Sinne war die Beziehung von Šuvalov zu Lomonosov ebenso symbiotisch wie die von Razumovskij zu Teplov. Die einen wie die anderen rivalisierten trotz im Grunde gemeinsamer Interessen um Einfluß im Wissenschaftsbetrieb wie bei Hofe.

Aus den permanenten Klagen der Dozenten der Universitäten in Sankt Petersburg und Moskau, geeignete Studenten für ihre Einrichtungen zu finden, ergab sich die Notwendigkeit, neben der Anwerbung von Studenten aus den Geistlichen Seminaren weitere weltliche Schulen zu gründen, um gleichsam einen säkularen Unterbau für die akademischen Spitzeninstitutionen zu schaffen. Folgt man Stepan S. Ševyrev, einem namhaften Slavophilen aus der Mitte des 19. Jahrhunderts, der eine erste Geschichte der Moskauer Universität zu ihrem hundertjährigen Bestehen vorlegte, waren es die Professoren der Moskauer Universität, die anregten, weitere Gymnasien im Zarenreich einzurichten, um dem Mangel an Studenten abzuhelfen.[57] Mit der Gründung eines Gymnasiums in Kazan' (1757) als erstes Ergebnis ging der Blick in den Osten des Reiches, „nach Asien", wie Katharina II. einige Jahre später an Voltaire schreiben sollte.[58] In der Tat war es der Versuch, jenseits der Hauptstädte, des Baltikums und der Ukraine, wo

---

[54] Publiziert in: [Teplov, G. N.], Proekt k učreždeniju universitetskogo Baturinskogo, in: ČOIDR (1863), kn. 2, S. 67-85.
[55] Dieser Aspekt der Konkurrenz zu den Šuvalovs wurde schon betont von: Vasil'čikov, A. A., Semejstvo Razumovskich. T. 1-2. SPb. 1869-1880, hier T. 1, S. 176-179.
[56] Kohut, Z. A., Russian Centralizm and Ukrainian Autonomy. Imperial Absorption of the Hetmanate, 1760s-1830s. Harvard 1988, S. 75-103.
[57] Ševyrev, Istorija Imperatorskogo Moskovskogo universiteta, S. 53.
[58] Katharina an Voltaire aus Kazan', 29.5.1767, in: Schumann, H. (Hrsg.), Monsieur - Madame. Der Briefwechsel zwischen der Zarin und dem Philosophen. Zürich 1991 (= Manesse-Bibliothek der Weltgeschichte), S. 54.

3.1.1. Unsystematischer Neuaufbruch

die Bildungseinrichtungen in anderen Traditionen wurzelten, eine staatliche Institution zu gründen, die über Elementarkenntnisse hinaus Wissen an die lokale Elite vermitteln sollte. Die Aufsicht über das Kazaner Gymnasium, das 1759 mit zunächst 14 Schülern seinen Lehrbetrieb aufnahm, führte die Moskauer Universität, deren Studenten auch einen Teil der Lehrer stellten.[59] Dennoch waren die Anlaufschwierigkeiten des Gymnasiums derart groß,[60] daß Ivan Šuvalov in seiner Eigenschaft als erster Kurator der Moskauer Universität mit der Unterstützung Lomonosovs[61] die Initiative ergriff und dem Senat einen vorläufigen Plan für die Gründung eines Schulsystems vorlegte, mit dem das Problem grundlegend angegangen werden sollte.

Natürlich hatte Šuvalov bei seinen Vorschlägen, die er im November 1760 dem Senat unterbreitete,[62] zunächst den Adel im Auge, der seiner Auffassung nach der Dienstpflicht besser nachkommen könne, wenn er vorher für seine Aufgaben entsprechend ausgebildet worden sei. Daß er an rein ständische, streng abgeschlossene Bildungseinrichtungen dachte, geht aus seinem Vorschlag jedoch nicht hervor. Es scheint aus der Lebenswelt Šuvalovs heraus verständlich, daß er die Probleme, die sich durch mangelnde Vorbildung für den Dienst des Einzelnen und somit auch für den Staat ergaben, am Beispiel derjenigen exemplifizierte, die seiner Umgebung am nächsten standen. Šuvalov schlug ein zweistufiges Schulwesen, bestehend aus Elementarschulen und Gymnasien, vor, die in jeder Gouvernementsstadt zu errichten und denen jeweils Internate anzuschließen seien.[63] Zugleich ging er davon aus, daß die Elementarschulen Kindern von *raznočincy*, Kaufleuten und Handwerkern, ja aller freien Stände zur Verfügung stünden, denen hier Lesen, Schreiben und die Grundzüge der Arithmetik vermittelt werden sollten. Die Aufsicht über die Schulen hatte die Universität oder die Akademie zu führen. Mit dieser Zuordnung stand nota bene ein Gedanke im Raum, der erst sehr viel später, zu Beginn der Herrschaft Alexanders I. (1803/04), wieder aufgegriffen wurde: Šuvalov ging davon aus, daß die adligen Kinder - vielleicht in idealisierender Verabsolutierung des eigenen Bildungsganges - durch die häusliche Bildung

---

[59] Der Lehrplan richtete sich nach dem des Moskauer Gymnasiums für die *raznočincy,* wobei ein besonderer Schwerpunkt auch in Kazan' auf der Vermittlung von Fremdsprachen lag. Der Direktor der Akademie der Wissenschaften, Vladimir G. Orlov, der 1767 Katharina auf ihrer Reise entlang der Wolga begleitete, während der sie eben jenen erwähnten Brief an Voltaire schrieb, berichtete belustigt von den schlechten Reden, die im Kazaner Gymnasium aus dem Kreis der anwesenden 40 Schüler auf Latein, Französisch und Deutsch, aber auch auf Russisch gehalten wurden (vgl. Orlov-Davydov, V. [G.], Biografičeskij očerk grafa Vladimira Grigoreviča Orlova. T. 1. SPb.1878, S. 44).
[60] Hier stand man erst recht vor dem Problem, geeignetes Lehrpersonal zu finden (vgl. die Order Ivan I. Šuvalovs zur Anwerbung weiterer Lehrer und zur Verbesserung des Direktorengehalts vom 1.3.1761, in: Remarčuk (Hrsg.), I. I. Šuvalov, S. 135, sowie Kap. 3.2.1.).
[61] Lomonosov, Polnoe sobranie sočinenij, T. 9, S. 570 f., 902-904.
[62] [Šuvalov, I. I.], V pravitel'stvujuščij senat imperatorskogo moskovskogo universiteta ot kuratora Šuvalova donesenie, in: ČOIDR (1858), kn. 3, S. 113-118.
[63] Ebenda, S. 117.

bereits über die in den Elementarschulen vermittelten Voraussetzungen verfügten. Die adligen Jungen könnten seiner Ansicht nach also unmittelbar in die Gymnasien eintreten, um dort eine Bildung zu erhalten, die ihnen einen würdigen Eintritt in den militärischen oder zivilen Dienst ermögliche. Daß für die übrigen freien Stände kein Zugang zu den Gymnasien erlaubt sein sollte, erwähnte er nicht.

Generell stellt sich die Frage, ob der Vorwurf, den S. Ja. Knjazkov, I. I. Serbov und S. V. Roždestvenskij 1910 bzw. 1912 erhoben,[64] Šuvalov habe eine Bildungspolitik ausschließlich für seine Standesgenossen betrieben, nicht ebenso aus der tagespolitischen Situation ihrer Zeit zu verstehen ist wie die Verteufelung Šuvalovs als Verkörperung reaktionärer Adelsherrschaft durch die Sowjethistoriographie bis in die achtziger Jahre des vorigen Jahrhunderts hinein. Šuvalov schlug in seinem Projekt lediglich vor, daß das erfolgreiche Durchlaufen des Gymnasiums Voraussetzung für den Eintritt in die Kadettenkorps oder die Universität sei. Stellt man in Rechnung, daß zwar in der Tat die Korps dem Adel vorbehalten bleiben sollten, der *ustav* der Moskauer Universität aber die Zugangsberechtigung für alle freien Stände explizit vorsah, kann von der Schaffung exklusiver Bildungsanstalten für den Adel nicht die Rede sein. Aus der Eingabe geht jedoch hervor, daß Šuvalov vor allem den „Nutzen des Staates" im Auge hatte und daß in diesem Sinne jeder Untertan an unterschiedlicher Stelle je nach seinen Fähigkeiten „nützlichen Dienst" auf der Basis einer verbesserten Ausbildung leisten sollte.[65] Sein Projekt war als Anregung gedacht, Vorschläge zur konkreten Umsetzung hatte Šuvalov nicht gemacht.

Der Senat griff die Vorschläge Šuvalovs nur halbherzig auf. In einem eigenen *ukaz* würdigte er einerseits das patriotische Bemühen Šuvalovs um das Bildungswesen, andererseits bat er um die notwendigen Erläuterungen, in welchen Städten welcher Typ von Schulen gegründet werden, was in ihnen gelehrt werden sollte und vor allem, wie diese neuen Bildungsinstitutionen zu finanzieren seien.[66] Auch hier funktionierte die Zusammenarbeit zwischen Šuvalov und Lomonosov. Der *vel' moža* wandte sich an die Akademie mit der Bitte um Vorschläge und überließ es Lomonosov, für die Umsetzung seiner Anfrage zu sorgen.[67]

---

[64] Knjazkov, S. A./Serbov, N. I., Očerk istorii narodnogo obrazovanija v Rossii do ėpochi reform Aleksandra II. Moskva 1910, S. 59. Roždestvenskij machte seinen Vorwurf allerdings nicht an diesem Vorschlag fest, sondern an der Anordnung Šuvalovs als Kurator der Universität (1758/59), adligen Schülern des Universitätsgymnasiums ein üppigeres Stipendium zuzubilligen als ihren Mitschülern aus den Reihen der *raznočincy*, sowie an der Tatsache, daß den Schülern bei herausragenden Leistungen je nach rechtlicher Herkunft eine Gold- oder Silbermedaille verliehen wurde (vgl. Roždestvenskij, Očerki, S. 203 f.).
[65] [Šuvalov], Donesenie, S. 118.
[66] PSZ 15, Nr. 11.114, S. 564 f.; ČOIDR (1858), kn. 3, S. 119.
[67] Lomonosov, Polnoe sobranie sočinenij, T. 9, S. 571. Nicht selten sind die Initiative und die aus ihr hervorgegangenen Bildungspläne in der Sowjetzeit lediglich genannt, jedoch nicht analysiert worden,

3.1.1. Unsystematischer Neuaufbruch

Die Antworten und Reaktionen der verschiedenen Gelehrten, die im Verlauf des Jahres 1761 vorgelegt wurden, zeigen eindrucksvoll, welche Gedanken den Bildungsdiskurs der Elite leiteten. Für den Historiker ist hier zum ersten Mal erkennbar, wie, ähnlich den späteren Preisaufgaben zu wissenschaftlichen oder volkswirtschaftlichen Themen der Akademie oder der „Freien Ökonomischen Gesellschaft", verschiedene Repräsentanten der gebildeten Elite über dasselbe Thema nachdachten. Zugleich wird deutlich, daß die in der Historiographie so betonte Frontstellung zwischen Russen und Ausländern bei der Bearbeitung der Preisaufgaben keine Rolle spielte, daß vielmehr auch die jenseits der russischen Grenzen angeworbenen Wissenschaftler eine Loyalität gegenüber ihrem Dienstherren an den Tag legten, die ihnen zumindest im Rahmen der Akademie und bei anderen wissenschaftlichen Tätigkeiten die Möglichkeit finanziell gesicherter wissenschaftlicher Existenz bot.[68]

Die Professoren und Adjunkten beantworteten die von Šuvalov aufgeworfenen Fragen höchst unterschiedlich. Jacob Stählin (1709-1785) beispielsweise, Professor für Eloquenz an der Akademie und Erzieher des Großfürsten Petr Fedorovič,[69] hatte bereits eine Reihe von Memoranden über die Erziehung hochadliger Söhne erstellt,[70] setzte jedoch in seiner knappen Projektskizze[71] einen anderen Schwerpunkt: Während er die Gymnasien nur beiläufig erwähnte, lag sein Hauptaugenmerk auf den „Elementarschulen für alle Stände".[72] Dort sollten neben Religion, Lesen, Schreiben und Arithmetik auch Geometrie (mit Hilfe von Lineal und Zirkel) und Geographie (mit Hilfe von Karten der Provinz, des Zarenreiches, schließlich der Welt) unterrichtet und damit anhand konkreten Materials die Augen des Schülers für seine nähere und weitere Umgebung geöffnet werden. Zur Behebung des erwarteten Lehrermangels schlug er die Abkommandierung von Studenten der Universität Moskau oder aber die Entsendung von Studenten ins Ausland vor, die dort zu Lehrern ausgebildet werden sollten. Stählin

---

obwohl wesentliche Dokumente bereits vor der Oktoberrevolution 1917 publiziert worden sind. Bedeutsam ist schon die bloße Erwähnung bei Šabaeva (Hrsg. u. a.), Očerki istorii školy, S. 119.

[68] Nicht zu Unrecht hat Rudolf Mumenthaler von einem „Paradies der Gelehrten" gesprochen und damit eine zeitgenössische Erwartungshaltung wiedergegeben, der nicht selten auch entsprochen wurde (vgl. Mumenthaler, R., Im Paradies der Gelehrten. Schweizer Wissenschaftler im Zarenreich (1725–1917). Zürich 1996 (= Beiträge zur Geschichte der Rußlandschweizer).

[69] Siehe darüber seine ebenso lebendigen wie vorsichtig wertenden Aufzeichnungen: Stählin, K. (Hrsg.), Aus den Papieren Jacob von Stählins - ein biographischer Beitrag zur deutsch-russischen Kulturgeschichte des 18. Jahrhunderts. Königsberg 1926.

[70] Hier kam ihm sicher seine Reputation als Prinzenerzieher zugute. Solche Pläne für die häusliche Erziehung vor dem Eintritt in eine Lehranstalt trugen eher allgemeinen Charakter (RNB RO, f. 871, op. 1,d. 62, l. 1 f.) oder waren speziell auf eine Person wie den jungen Grafen N. P. Šeremetev (ebenda, d. 26, ll. 1-11) oder den jungen Grafen I. G. Černyšev (ebenda, d. 63, ll.1-4) zugeschnitten.

[71] Projekt in: Ebenda, d. 64, ll. 1-9.

[72] Ebenda,, l. 1.

äußerte sich dabei weder zu möglichen Orten, in denen dringend Schulen eingerichtet werden müßten, noch zur Finanzierung von Schulgründungen.

Auch Semen K. Kotel'nikov (1723-1806)[73] und Aleksej P. Protasov (1724-1797)[74] machten in ihren kurzen Projekten[75] hierzu keine Angaben, benannten dafür aber das grundlegende Problem, das allen Vorschlägen innewohnte: das mangelnde Wissen um die Beschaffenheit des Landes. Kotel'nikov räumte ein, er kenne den Zustand des Landes und die Situation in den einzelnen Provinzen nicht, daher sei er auch nicht in der Lage, Hinweise zu geben, wo und wie Schulen gegründet werden könnten.[76] Protasov argumentierte ähnlich, als er schrieb, an jedem Standort für ein Gymnasium solle sich auch eine Elementarschule zur Vorbereitung der zukünftigen Gymnasiasten befinden; wo es jedoch sinnvoll sei, lediglich eine Elementarschule zu errichten, könne er nicht sagen.[77] Generell kannten die Verfasser der Projekte die Provinzen des Zarenreiches allenfalls aus ihrer Jugend - so sie diese im Zarenreich verbracht hatten. Ihre Erfahrungen aus dem Ausland auswertend und allenfalls das jeweilige hauptstädtische Umfeld einbeziehend, besaßen ihre Vorschläge zumeist einen eher schematischen bis abstrakten Charakter, und es zeugt vom Realitätssinn Kotel'nikovs und Protasovs, diesen Umstand direkt anzusprechen. Protasov wies darüber hinaus auf ein Kardinalproblem hin, das gelöst werden müsse, bevor an Schulgründungen gedacht werden könne: Eine genügende Anzahl russischer Lehrer müsse zur Verfügung stehen, um in der Provinz für eine erfolgreiche Arbeit der Schulen sorgen zu können.

Die Professoren Johann Eberhard Fischer[78] und Johann Ernst Zeiher (1720-1784)[79] sprachen noch deutlicher als Kotel'nikov in ihren Projekten[80] die notwendige Differenzierung des zu vermittelnden Stoffes an: Adlige sollten andere Kurse besuchen als

---

[73] Kotel'nikov lehrte nach Studien in Leipzig und Berlin seit 1756 Mathematik an den Bildungsinstitutionen der Akademie und arbeitete bei deren Verwaltung eng mit Lomonosov zusammen (vgl. die biographische Skizze bei: Kuljabko, E. S., Zamečatel'nye pitomcy akademičeskogo universiteta. Leningrad 1977, S. 108-114).

[74] Protasov, zu diesem Zeitpunkt noch Adjunkt und ab 1763 Professor für Anatomie, gehört zu denjenigen, die von der „petrinischen Revolution" im Bereich der Bildung profitiert hatten. Nach dem Besuch der Schule Feofan Prokopovičs am Aleksandr-Nevskij Kloster absolvierte er das Akademische Gymnasium und die Akademische Universität, um dann in Straßburg sein Medizinstudium mit dem Erwerb des Doktorgrades abzuschließen (vgl. die biographische Skizze bei: Kuljabko, Zamečatel'nye pitomcy, S. 155-162). Damit gehörte Protasov zu den 200 russischen Studenten, die ausgehend von einer Initiative Kyrill G. Razumovskijs in der zweiten Hälfte des 18. Jahrhunderts in Straßburg studierten (die Zahl ermittelt von: Strémoukhoff, D., Les Russes à Strasbourg au XVIIIe siècle, in: Revue d'Alsace 81 (1934), S. 3-21, insbesondere S. 4 f.).

[75] Publiziert in: Suchomlinov (Hrsg.), Istorija Rossijskoj Akademii, T. 3, S. 54-56, 87-90.

[76] Ebenda, S. 54 f.

[77] Ebenda, S. 87.

[78] Zu seiner Person siehe Anm. 13 in diesem Kapitel.

[79] Zu seiner Person: Artikel „Cejger, Iogann Ernst", in: RBS, T. 21. SPb. 1911 (Reprint 1962), S. 466.

[80] Beide publiziert in: Suchomlinov (Hrsg.), Istorija Rossijskoj Akademii, T. 3, S. 330-335.

Kinder, die für den Gelehrtenstand vorgesehen waren (adlige Herkunft war offenbar mit einer Laufbahn als Wissenschaftler nicht zu vereinbaren), oder künftige Militärangehörige und Kaufleute. Darüber, wie diese Differenzierung erfolgen sollte, gab es jedoch unterschiedliche Auffassungen: Zeiher schlug vor, die Gymnasien gänzlich in Abteilungen oder fachlich unterschiedlich ausgerichtete Züge zu unterteilen,[81] Fischer hingegen favorisierte von vornherein die Gründung von Schulen, die sich an die jeweiligen sozialen und rechtlichen Gruppen richteten und die je nach Bedarf in der Provinz und in den Hauptstädten zu unterhalten seien; ausdrücklich erwähnte er auch Elementarschulen für Bauern.[82] Damit sprach er sich im Prinzip gegen die Einführung eines allgemeinbildenden Gymnasiums aus, während in den anderen Projekten die Bedeutung einer übergreifenden Stoffvermittlung in den *studia humanitatis*[83] ausdrücklich gefordert wurde. Zugleich waren alle diese Vorschläge aufgrund der Vorgaben Šuvalovs, vielleicht mit Ausnahme des Projekts Stählins, der auch über die Art einer sinnvollen Stoffvermittlung nachgesonnen hatte, vom Gedanken an den Staatsnutzen und an das zu erzielende Ergebnis geprägt. Qualifiziertes Personal sollte geschaffen werden; damit war nicht zwingend die Einrichtung ständisch abgeschlossener Bildungsinstitutionen intendiert, sondern es war vor allem daran gedacht, möglichst schnell das gewünschte Personal auszubilden. Der Leitgedanke war eine sinnvolle Instruktion, nicht eine wie auch immer geartete autodidaktische Bildung. Gerade der Vorschlag von Zeiher betonte die Ausbildung in Fachschulen, mit denen seit der petrinischen Epoche experimentiert worden war und die Vladimirskij-Budanov schon 1874 als *professional'noe obrazovanie* bezeichnet hat.[84]

Alle diese Projekte waren ebenso knapp gehalten wie Šuvalovs Eingabe an den Senat wenige Monate zuvor. Manche Akademiemitglieder wie Karl Friedrich Moderach (1720-1772) und Müller erstellten gar keine eigenen Projekte, sondern schlossen sich anderen an. Auch stand eine mögliche Umsetzung dieser Projekte unter keinem guten Stern. Sämtliche Exposés wurden im November 1761 eingereicht, zu einem Zeitpunkt, als Šuvalov von der bereits todkranken Elisabeth keine Unterstützung mehr erwarten konnte. Nach ihrem Tode im Dezember 1761 und der Machtübernahme durch Peter III.

---

[81] Ebenda, S. 331.
[82] In diesen Schulen sollten Lesen, Schreiben, Mathematik sowie Grundzüge der Boden- und Tierkunde vermittelt werden (vgl. ebenda, S. 333).
[83] Besonders stark bei dem enzyklopädischen Curriculum, das Joseph Adam Braun (1712-1784) für die Gymnasien vorschlug (siehe sein Projekt, abgedruckt in: Ebenda, S. 328-331). Braun betonte die Unerläßlichkeit des Lateinischen auch als Unterrichtssprache, eine Forderung, die das Akademiemitglied Franz Ulrich Theodor Aepinus, von dem im Fortgang (vgl. Kap. 3.1.4.) noch die Rede sein wird, in einer Marginalie als unpraktikabel ablehnte (vgl. Suchomlinov (Hrsg.), Istorija Rossijskoj Akademii, T. 3, S. 331).
[84] Vladimirskij-Budanov, Gosudarstvo i narodnoe obrazovanie, insbesondere S. 155, 158.

begab sich ihr ehemaliger Favorit Šuvalov ins Ausland, von wo er erst 1777 wieder nach Rußland zurückkehrte.[85] Dies bedeutete allerdings nicht, daß er den weiteren Gang der Diskussionen nicht verfolgt hätte. Auch nachdem Katharina II. die Regierung angetreten hatte, beließ sie Šuvalov auf seiner Position als Kurator der Moskauer Universität, und dieser bemühte sich, wie aus seinen Papieren hervorgeht, um die Komplettierung des Personalbestandes und um die Ausstattung der Moskauer Universität, verfolgte auch weiterhin den Diskurs, der in Rußland über Bildung geführt wurde, doch war er nicht mehr die treibende Kraft. Die eingereichten Projekte zeitigten zwar keine unmittelbare Wirkung, doch tauchte manche Idee aus der Regierungszeit Elisabeths angesichts personeller Kontinuitäten in der Akademie in späteren Debatten während der Herrschaft Katharinas wieder auf. Neben der 1758 gleichfalls durch Šuvalov initiierten Gründung der Akademie der Künste waren - was die Schaffung neuer Bildungseinrichtungen betraf - die Universität Moskau mit ihren Gymnasien sowie das Gymnasium in Kazan' die einzigen greifbaren Ergebnisse.[86] Doch ist nicht zu unterschätzen, daß mit der Frage nach Schularten und - nach sozialer Herkunft definierten - Zugangsbedingungen nicht nur über den reinen Staatsnutzen nachgedacht, sondern auch das Problem berührt wurde, aus welchen Personenkreisen sich eine Gesellschaft der Gebildeten konstituieren sollte, ja daß man über die Schaffung von Bildungseinrichtungen die Möglichkeit erhalten konnte, auf Zusammensetzung und Charakter dieser Gesellschaft wesentlichen Einfluß zu nehmen.

Parallel zu den skizzierten Veränderungsvorschlägen setzte eine Debatte über Ausmaß und Grenzen der Erziehung des Einzelnen ein, wobei sich der Kreis der Diskursteilnehmer teilweise überschnitt. Weniger die Politiker, sondern einzelne Wissenschaftler, die partiell bereits den Nukleus einer entstehenden Funktionselite als neuen Sozialkörper darstellten, prägten diesen Diskurs. Sie handelten dabei zwar in erster Linie als Wissenschaftler und nicht als Pädagogen (eine Trennung, die im Selbstverständnis der mit Bildungsfragen befaßten Gelehrten erst im 19. Jahrhundert sukzessive aufkam[87]), verfolgten aber wie die Philosophen in Frankreich und die Aufklärer in Deutschland einen gesamtgesellschaftlichen Auftrag, der sie auch über Erziehungs- und Ausbildungsfragen nachdenken ließ. Texte, die sich als grundlegend für die Etablierung pädagogischer Traditionen erwiesen hatten, wurden rezipiert und ins Russische übertragen. Dazu gehörten die im Jahre 1710 publizierte, auch in andere europäische

---

[85] Zu diesem Abschnitt seines Lebens: Bartenev, I. I. Šuvalov, S. 79-99.
[86] Knjazkov/Serbov, Očerki, S. 58-61.
[87] Auf die Verhältnisse des 18. Jahrhunderts läßt sich ein solches Selbstverständnis nicht unbedingt übertragen. Siehe z. B.: Demkov, Istorija russkoj pedagogiki, T. 2, S. 205-217; Kapterev, Istorija russkoj pedagogiki, S. 217-232.

3.1.1. Unsystematischer Neuaufbruch

Sprachen übersetzte „L'éducation parfaite" (Die vollkommene Erziehung) des Abbé Jean Baptiste Morvan de Bellegarde (1648-1734), die 1747 in russischer Übersetzung erschien [88] und in der vor allem die Vermittlung von Loyalität und Ehre des Adels innerhalb des staatlichen Gefüges thematisiert wurde, ebenso wie Fénelons „Traité de l' éducation des filles" (*O vospitanii devic*) aus dem Jahre 1687, erstmalig übersetzt 1763 [89], in dem die Erziehung der Mädchen gemäß ihren natürlichen Talenten gefordert, damit erstmals in einem theoretischen Traktat in russischer Sprache die Frauenerziehung zum Thema gemacht und zugleich Rousseausches Gedankengut antizipiert wurde. Auch ältere pädagogische Traditionen, wie diejenigen von Comenius oder Montaigne, wurden durch Übersetzungen erneut in die Diskussion eingebracht und zusammen mit Konzepten gewürdigt, die etwa aus der petrinischen Zeit in den bis in die sechziger Jahre wiederaufgelegten Werken Feofan Prokopovičs fortlebten.[90] Schließlich erschien 1759 eine von Nikolaj Popovskij besorgte Übersetzung von John Locke's „Some Thoughts Concerning Education" (*Mysli o vospitanii*) aus dem Jahre 1693,[91] zu der der Übersetzer ein eigenes Vorwort beisteuerte.[92] Darin betonte er, daß Lockes Ansichten über Erziehung auf alle Schichten und Personengruppen übertragbar seien, nicht zuletzt, da sie in der Tradition antiker Autoren und ihrer Ideen zur allgemeinen Natur des Menschen standen. Gerade Lockes Ideen sollten sich als überaus wirksam für die weitere Diskussion im 18. Jahrhundert erweisen, da sich Katharina II. bereits in ihrer Zeit als Großfürstin vor allem aufgrund der Lektüre Lockes entschlossen hatte, Fragen der Bildung aufzugreifen, teilweise unter direkter Bezugnahme auf dessen Arbeiten.[93]

Auf der Grundlage dieser Literatur diskutierten Professoren und Lehrende der Moskauer Universität und der Gymnasien die Notwendigkeit der Erwerbung nützlicher Kenntnisse, aber auch der richtigen moralischen Leitvorstellungen, zu denen nach

---

[88] „*Soveršennoe vospitanie detej, soderžaščee v sebe, molodym znatogo roda i šljachetnogo dostoinstva ljudam* [...]". Weitere Auflagen wurden 1759, 1760 und 1778 gedruckt (vgl. Svodnyj katalog russkoj knigi graždanskoj pečati. 1725-1800. T.1-5. Moskva 1963-1967, hier T. 1, S. 88).

[89] Zu seinen pädagogischen Ansichten: Schmidt, G. R., François Fénelon (1651-1715), in: Scheurl, H. (Hrsg.), Klassiker der Pädagogik. Bd. 1. 2. Aufl. München 1991, S. 94-103; Davis, J. H., Fénelon. Boston, Mass. 1979.

[90] Black, Citizens, S. 71-73; sowie ausführlich: Čuma, Ion Amos Komenskij.

[91] Black, G.-F. Müller and the Imperial Russian Academy, S. 164.

[92] Vorwort publiziert in: Antologija pedagogičeskoj mysli XVIII v., S. 132-134. Finanziert wurde diese Übersetzung privat durch Ivan Ivanovič Beckoj.

[93] Siehe hierzu die Gegenüberstellung der Instruktion an Fedor Saltykov für die Erziehung der Enkelsöhne Katharinas aus dem Jahre 1784 mit den entsprechenden Passagen aus dem Werk Lockes, abgedruckt in: Tolstoi, Ein Blick, Anhang, S. 111-121; zur autodidaktischen Bildung Katharinas während ihrer Großfürstinnenzeit und damit auch zur Vorbereitung auf die Regierungsverantwortlichkeit siehe: Scharf, Katharina II., Deutschland und die Deutschen; ders., Tradition, Usurpation, Legitimation. Das herrscherliche Selbstverständnis Katharinas II., in: Hübner, E. (Hrsg. u. a.), Rußland zur Zeit Katharinas II. Absolutismus, Pragmatismus, Aufklärung. Köln usw. 1998 (= Beiträge zur Geschichte Osteuropas, 26), S. 41-101.

Meinung der Professoren A. A. Barsov (1730-1791),⁹⁴ des erwähnten Popovskij, M. M. Cheraskovs, aber auch der bereits genannten Direktoren der Universität, A. P. Argamakov und I. I. Melissino,⁹⁵ auch die Respektierung christlicher Grundwerte gehörte, die die orthodoxe Kirche durch die Übersetzungs- und Lehrtätigkeit im Lichte des rezipierten Gedankengutes in Frage gestellt sah. Daß das Lernen generell Gefahren für den Einzelnen in sich barg, sprach Barsov offen an, als er 1760 feststellte, Lernen sei eine Waffe, die zum Guten oder Schlechten genutzt werden könne; Aufgabe der Lehrer und Erzieher sei es, sie derart zu kontrollieren, daß das Gute dominiere.⁹⁶ Einigkeit herrschte bei dieser Generation von Lehrenden, ebenso wie bei ihren Nachfolgern, etwa den Professoren D. S. Aničkov (1733-1788) und S. E. Desnickij (1740-1789), darüber, wer die Definitionshoheit für den zentralen Begriff des „Guten" besaß: Dies war ihrer Meinung nach der Staat.⁹⁷ Die Professoren an den Universitäten und Akademien flochten in ihre Arbeiten, ob zur russischen Sprache und Geschichte oder zu naturwissenschaftlichen Themen, ebenso wie in ihre Vorlesungen immer wieder pädagogische Fragen ein, um ihr Tun gleichsam zu legitimieren, das genau dem gleichen Zweck zu dienen hatte, auf den die Arbeit der ausgebildeten Staatsdiener ausgerichtet war.

Aber auch neue Foren wurden geschaffen, in deren Rahmen sich der Diskurs über Bildung und Erziehung entfalten konnte und noch heute nachvollziehen läßt. Mit den „Monatlichen Abhandlungen" (*Ežemesjačnye sočinenija*, 1755-1764), die zusammen mit den *Sankt Peterburgskie Vedomosti* vertrieben wurden, verschrieb sich die wissenschaftliche und kulturelle Elite des Reiches dem Ziel, die Errungenschaften von Wissenschaft, Kunst und Kultur zu popularisieren. Ob nun die Gründung dieses Periodikums auf G. F. Müller, M. V. Lomonosov oder andere Mitglieder der Akademie in Sankt Petersburg zurückging, denen bislang nur ein Periodikum in lateinischer Sprache zur Verfügung stand: Es handelte sich bei den *Ežemesjačnye sočinenija* um ein Organ, das zwar von seiner Auflagenstärke her nicht mit den *Sankt Peterburgskie Vedomosti* vergleichbar war und schon gar nicht mit den religiösen Elementarbüchern der Zeit,⁹⁸ doch konnte die Elite der in- und ausländischen Wissenschaftler in diesem Periodikum zeigen, auf welchem Niveau der wissenschaftliche Diskurs nun innerhalb der Zarenrei-

---

⁹⁴ Zu seiner Person vgl. die publizierten Materialien in: Suchomlinov, Istorija Rossijskoj Akademii, T. 4, S. 186-298.
⁹⁵ Siehe: Ševyrev, Istorija Imperatorskogo Moskovskogo universiteta, S. 41, 86.
⁹⁶ Barsov, A. A., Reč' o pol'ze učreždenija imperatorskogo moskovskogo universiteta pri otkrytii onogo 1755 goda aprelja 26 dnja, gedruckt in: Ščipanov, I. Ja. (Hrsg.), Izbrannye proizvedenija russkich myslitelej vtoroj poloviny XVIII veka. T. 1-2. Moskva 1952, hier T. 1, S. 105-107.
⁹⁷ Ihre Werke und öffentlichen Vorlesungen in Auswahl publiziert in: Ebenda, T. 1, S. 111-334; sowie die Auszüge aus den Werken Desnickijs in: Antologija pedagogičeskoj mysli XVIII v., S. 117-130.
⁹⁸ Archangel'skij, A. S., Imperatrica Ekaterina II. v istorii russkoj literatury i obrazovanija. Kazan' 1897, S. 36 f.

3.1.1. Unsystematischer Neuaufbruch

ches geführt und wie die Leserschaft einbezogen wurde. Insgesamt wurde in diesem Journal universelles Wissen zu verschiedensten Themen in der Erwartung ausgebreitet, das Lesepublikum würde sich dieses Wissen aneignen; das Grundkonzept war folglich ein pädagogisch-didaktisches. Das Journal bestand zum einen aus Originalbeiträgen, verfaßt u. a. von A. P. Sumarokov (1717-1777),[99] Tred'jakovskij, Lomonosov und Müller, zum anderen aus Übersetzungen und Besprechungen westeuropäischer Publikationen.[100] Mit La Chalotais' *Essai d'éducation nationale, ou plan d'études pour la jeunesse* - einem einflußreichen pädagogischen Werk im Vorfeld der Französischen Revolution,[101] in welchem manche Einsichten propagiert wurden, mit denen auch Beckoj übereinstimmte - wurde das russische Publikum erstmals durch eine Besprechung in den „Monatlichen Abhandlungen" bekannt gemacht.[102] La Chalotais wandte sich in seinem Traktat gegen die jesuitische Tradition des französischen Bildungswesens und sprach sich deutlich für ein säkulares und zugleich staatlich initiiertes und getragenes Schulwesen aus. Auch wenn G. F. Müller das Werk La Chalotais' insgesamt positiv besprach, kritisierte er doch dessen Auffassung, Bildung solle den oberen Schichten der Gesellschaft vorbehalten bleiben.

Eine Durchsicht der „Monatlichen Abhandlungen" zeigt, daß ein Schwerpunkt der Artikel mit pädagogischem Impetus auf die Übersetzung antiker Autoren gelegt wurde: Aristoteles, Platon und die Dialoge des Sokrates über die Pflichten des Bürgers wurden übertragen, Beiträge über die Erziehung in Sparta, Athen und im republikanischen Rom wurden publiziert.[103] In all diesen Artikeln ging es um die Vermittlung von Werten und moralischer Lebensführung bei gleichzeitiger Betonung der Pflichten des Bürgers gegenüber dem Staatswesen. Dies war beispielsweise der Tenor eines des ersten Aufsätze zu Erziehungsfragen in diesem Journal, betitelt „Regeln für die Erziehung der Kinder",[104] einer Übersetzung aus der deutschen Wochenschrift „Der Patriot". Fürst Michail Ščerbatov bekundete in einem Essay über Notwendigkeiten und Vorteile bürgerlicher Gesetze tiefen anthropologischen Pessimismus: Menschliche Instinkte und Leidenschaften konnten seiner Auffassung nach nur durch ein starres Korsett von Gesetzen und vor allem staatlich kontrollierter Erziehung gezügelt werden.[105]

---

[99] Zu Sumarokovs politischen Ansichten: Gleason, Moral Idealists, S. 31-51.
[100] So zum Beispiel aus den „Hannöverschen Nützlichen Nachrichten", die Müller in seinem Briefwechsel mit Anton Friedrich Büsching erwähnte (vgl. Müller an Büsching 20.7.1759, in: Hoffmann, P. (Hrsg.), Geographie, Geschichte und Bildungswesen in Rußland und Deutschland im 18. Jahrhundert. Anton Friedrich Büsching - Gerhard Friedrich Müller 1751 bis 1783. Berlin 1995 (= Quellen und Studien zur Geschichte Osteuropas, 33), S.100).
[101] Barnard, Education, S. 17-28.
[102] EmS (1764), 7, S. 91. 1770 erschien eine Übersetzung des Werkes in Sankt Petersburg.
[103] EmS (1758), 8, S. 44; EmS (1757), 10, S. 228-251; EmS (1758), 5, S. 166-178.
[104] *Pravila vospitanija detej*, in: EmS (1755), 5, S. 414-420.
[105] Ščerbatov, M. M., O nadobnosti i o pol'ze graždanskich zakonov, in: EmS (1759), 7, S. 37-54.

Ščerbatov, in der zweiten Phase der Regierungszeit Katharinas II. ein scharfer Kritiker der Folgen der „Europäisierung", die er als Sittenverderbnis beschrieb,[106] ließ bereits hier einen Grundton seiner späteren schriftstellerischen Arbeit anklingen. Einer moralischen Anleitung für selbsterzieherische Maßnahmen oder durch diejenigen Erziehungsmethoden, die in manchen Übersetzungen und Artikeln in den „Monatlichen Abhandlungen" favorisiert wurden, stand er skeptisch gegenüber. Die von Rousseau beeinflußte Auffassung Ivan Beckojs, Kinder müßten dem Elternhaus entzogen werden, um ihre eigene Individualität und ihre spezifischen Talente zu entfalten, lehnte er ebenso ab.

Damit erwiesen sich die „Monatlichen Abhandlungen" im Diskurs über Erziehung, Ausbildung und Bildung als ein Forum der Aufklärung, in dem durchaus widerstreitende Meinungen präsentiert wurden. Die pädagogischen Konzepte, die seit dem 17. Jahrhundert die Debatten in Westeuropa prägten, wurden mithin, aufbereitet für ein kleines russisches Lesepublikum, zur Diskussion gestellt, noch bevor Ivan Beckoj seine pädagogischen Ansätze schriftlich niedergelegt hatte. Sie ließen sich damit jetzt jederzeit aktivieren. Konkrete Vorschläge allerdings, welche Bevölkerungskreise in welchem Ausmaß in den Bildungsprozeß einbezogen werden sollten, wurden darin allenfalls indirekt gemacht. Hier tat sich ein Gegensatz zu Lomonosovs und Šuvalovs praktischer Tätigkeit bei der Schaffung von Bildungseinrichtungen in Sankt Petersburg und Moskau auf, bei denen im Gegenzug die Reflexion über das zugrunde liegende Menschenbild unterblieb, zumindest jedoch nicht offengelegt wurde. Die „Monatlichen Abhandlungen" erwiesen sich um die Jahrhundertmitte gerade deshalb als besonders wirksam, weil sie konkurrenzlos waren,[107] so daß letztlich alle Vertreter der gebildeten Elite an ihnen partizipieren mußten, wollten sie ihre Meinungen oder wissenschaftlichen Erkenntnisse auf Russisch gedruckt sehen.[108]

Machtwechsel können Bildungspolitik kurzfristig nicht beeinflussen, und so stellte auch der Regierungsantritt Peters III. in dieser Hinsicht keinen Einschnitt dar. Mittelbar wirkte eine der wichtigsten Entscheidungen Peters in der kurzen Zeit seiner Herr-

---

[106] Zu seiner Person und der Entwicklung seiner Ansichten noch immer wertvoll: Raeff, M., State and Nobility in the Ideology of M. M. Shcherbatov, in: SR 19 (1960), S. 363-379.
[107] Andere Journale, die einen ähnlichen Zweck verfolgten, wie A. P. Sumarokovs *Trudoljubivaja pčela* (1759) oder M. M. Cheraskovs *Poleznoe uveselenie* (1760-1762), erwiesen sich in der Themenstreuung als weniger breit, vor allem aber waren sie kurzlebiger (vgl. hierzu: Berkov, P. N., Načalo russkoj žurnalistiki, in: Ders. (Hrsg.), Očerki po russkoj žurnalistiki i kritiki. Leningrad 1950, S. 32-44).
[108] Als in der Akademie 1786 die „Monatlichen Abhandlungen" erneut aus der Taufe gehoben wurden, erhielten diese einen anderen Charakter: Es ging hauptsächlich um die Publikation von Ergebnissen der wissenschaftlichen Akademiearbeit, zudem war die Konkurrenz in der Zeitschriftenlandschaft deutlich größer geworden (Smagina, Akademija nauk, S. 18. Die *Novye ežemesjačnye sočinenija* erschienen bis 1796).

schaft[109] (1761/62) allerdings sehr wohl in diesen Bereich hinein. So bedeutsam die Verpflichtung des Adels zum Dienst und die Einführung der Rangtabelle für die sukzessive Formierung einer qualifizierten Bürokratie zur Zeit Peters I. gewesen war, so wegweisend war die von Peter III. vorgenommene Abschaffung der Dienstpflicht des Adels durch das Manifest vom 18.2.1762.[110] Diese Maßnahme wird in der Regel zwar nur als konsequenter Endpunkt einer Politik gesehen, die schon von seinen Vorgängerinnen verfolgt worden war, welche allerdings vor der letzten Konsequenz zurückgeschreckt waren, doch wird das Manifest das Selbstbewußtsein des Adels als führende Schicht des Staates gestärkt haben. Peter III. verwies in dem *ukaz* darauf, daß sich die Voraussetzungen, die seinen Großvater dazu veranlaßt hatten, die Dienstpflicht in dieser Form einzuführen, nun, da Rußland eine aufgeklärte europäische Macht geworden sei, gewandelt hätten, womit zwar die Pflicht, nicht aber das Officium nobile des Dienstes entfallen sei.

An der Erwartung, daß der Adel sich um Bildung und Ausbildung seines Nachwuchses zu kümmern habe, hielt man staatlicherseits fest. Im Manifest wurde eine weitere Maßnahme in Aussicht gestellt, die dieser Erwartung gleichsam didaktisch Nachdruck verleihen sollte: An die Abteilungen der Heroldsämter in den Gouvernements, denen es oblag, die Adelsregister zu führen, sollte gemeldet werden, wann die männlichen adligen Nachkommen das Alter von zwölf Jahren erreicht hätten und vor allem, welche Anstrengungen zu ihrer Ausbildung unternommen worden seien; ins Belieben blieb allerdings gestellt, ob man die Ausbildung gänzlich „wohl ausgebildeten" Hauslehrern überlassen oder die Söhne in die Kadettenkorps schicken wollte.[111] Peter III. selbst hatte während seiner Großfürstenzeit Einblicke in das Funktionieren der geschlossenen Bildungseinrichtungen gewonnen, da er als Direktor des Landkadettenkorps (seit 1759) dieses mehrfach visitiert hatte.[112] So wird schon ein gewisses Interesse erkennbar, wenn er in einem namentlichen *ukaz* vom 26.4.1762 den Gedanken des Manifests wiederholte, daß Lernen schlichtweg Aufklärung bedeute und sich der Adel daher im Interesse des eigenen Wohlergehens dieser Aufgabe anzunehmen habe.[113] Ob der Zar gerade im Bereich der Erziehung, insbesondere der Adelserziehung, einen

---

[109] Zu seiner Person mit dem Versuch einer positiven Bewertung: Myl'nikov, A. S., Petr III., in: VI (1991), 4-5, S. 43-58; Leonard, C. S., Reform and Regicide: The Reign of Peter III. of Russia. Bloomington, Indiana 1993; abgewogen und noch immer hilfreich: Fleischhacker, H., Porträt Peters III., in: JbfGO NF 5 (1957), S. 129-189, sowie Raeff, M., Peter III., in: Torke, H.-J. (Hrsg.), Die russischen Zaren 1547-1917. München 1995, S. 219-231.
[110] PSZ 15, Nr. 11.444, S. 912-915.
[111] Ebenda, S. 915. Daß diese Alternative eine Illusion war, wird an der begrenzten Zahl der Plätze in den Korps deutlich.
[112] Leonard, Reform and Regicide, S. 28.
[113] PSZ 15, Nr. 11.515, S. 985.

Schwerpunkt seiner künftigen Politik hatte setzen wollen, wie Carol Leonard meint, muß allerdings dahingestellt bleiben.[114]

Aufhebung des Dienstes bedeutete also in diesem Sinne eine Stärkung des Interesses des einzelnen Adligen an Wissensvermehrung. Daß es ökonomisch für den Adel keine Alternative gab, ist schon in anderem Zusammenhang betont worden.[115] Die Bereitschaft des Adels, sich für den Dienst und die eigene Bildung zu engagieren, wurde freilich nicht durchgängig so positiv beurteilt, wie die Sprache des Manifests dies glauben machen wollte. Ivan Šuvalov beispielsweise hatte wenig Zuversicht, daß der Adel im Falle einer Aufhebung der Dienstpflicht auch weiterhin für die Aufgaben des Staates in dem notwendigen Umfang zur Verfügung stehen werde. Aus seiner Eingabe an den Senat vom November 1760 zur Gründung eines Schulsystems ging hervor, daß er nicht an der Dienstpflicht zu rütteln gedachte, sie aufgrund des Nutzens für den Staat sogar befürwortete; seiner Meinung nach mußte der Adel nur in die Lage versetzt werden, mit Hilfe der über Bildung vermittelten Kenntnisse die jeweils übertragenen Aufgaben erfüllen zu können.[116]

Katharina II., die ihren Gatten am 28.6.1762 vom Thron gestoßen hatte,[117] teilte nicht das Vertrauen Peters III. in die Bereitschaft des Adels, sich aus freien Stücken, sei es auch auf der Basis von Hauslehrern, um die Bildung seiner Nachkommen zu kümmern.[118] Schon als Großfürstin hatte sie geäußert, daß die häusliche Erziehung für den Einzelnen wie den Staat fatale Auswirkungen haben könne,[119] und es stellte sich nach der Aufhebung der Dienstpflicht umso dringlicher die Frage, wie der Staat seinen steigenden Bedarf an gut ausgebildeten Menschen in den verschiedensten Bereichen befriedigen konnte. Zugleich wurde im Diskurs ein Dilemma immer deutlicher: Wie konnte die Rezeption aufgeklärter pädagogischer Konzepte verschiedener Provenienz mit dem Interesse des Einzelnen, der Gesellschaft – der neuen Funktions- und Wissenselite – und der Autokratie in Übereinstimmung gebracht werden?

Alle Biographen betonen Katharinas Interesse an Fragen der Bildung, das schon in ihrer Zeit als Großfürstin geweckt wurde; nicht alle Forscher haben jedoch diesen

---

[114] Leonard, Reform and Regicide, S. 59.
[115] Vgl. Kap. 1.1.
[116] [Šuvalov], Donesenie, S. 117.
[117] Die wichtigsten Memoiren und Briefe über die Usurpation sind zusammengestellt in: Veseleja, G. A. (Hrsg.), Put' k tronu. Istorija dvorcovogo perevorota 28 ijunja 1762 goda. Moskva 1997; für die innenpolitischen Motive klassisch: Raeff, M., The Domestic Policies of Peter III and his Overthrow, in: AHR 75 (1970), S. 1289-1309.
[118] Die ersten Reaktionen des Adels schienen ihr Recht zu geben: Nach der Aufhebung der Dienstpflicht riefen einige Adlige ihre Kinder aus der Moskauer Universität und dem Gymnasium zurück (vgl. Vucinich, Science, Vol. 1, S. 134).
[119] SIRIO 8, S. 86.

3.1.1. Unsystematischer Neuaufbruch 119

Aspekt ihrer herrscherlichen Politik mit der nötigen Eindringlichkeit behandelt.[120] Übereinstimmung herrscht jedoch darin, daß Ivan Ivanovič Beckoj (1704?-1795) in den ersten anderthalb Jahrzehnten ihrer Regierung der wichtigste Berater in Fragen der Bildungspolitik und der dahinter stehenden pädagogischen Konzepte war; trotz aller Aufmerksamkeit ist Beckoj im Gegensatz zu anderen bedeutenden Persönlichkeiten der russischen Geschichte der zweiten Hälfte des 18. Jahrhunderts noch nicht durch eine moderne Biographie gewürdigt worden.[121]

Beckoj hatte vor seinem Aufstieg zu Katharinas bildungspolitischen Berater im Diskurs keine wesentliche Rolle gespielt, war aber im Vergleich zu den zuvor behandelten Persönlichkeiten am ehesten als „Pädagoge" zu bezeichnen:[122] Im Gegensatz zu Ivan Šuvalov und Kyrill Razumovskij unterstützte er nicht nur diejenigen, die, wie Lomonosov, Teplov und andere, Bildungskonzepte zu formulieren und umzusetzen suchten. Beckoj entwickelte eigenhändig diese Konzepte und übte als *vel´môža*, für den der Wechsel von Peter III. zu Katharina II. einen großen Schritt auf der Karriereleiter bedeutete,[123] auch unmittelbaren Einfluß auf deren Umsetzung aus.

---

[120] Vgl. hierzu die verhältnismäßig ausführlichen Kapitel bei Madariaga, Russia in the Age of Catherine the Great, S. 488-502; nicht darüber hinausgehend: Dies., Katharina die Große. Ein Zeitgemälde. Berlin 1993, S. 184-207; wenig substantiell: Donnert, E., Katharina die Große und ihre Zeit. Rußland im Zeitalter der Aufklärung. 2. Aufl. Leipzig 1996; ders., Katharina die Große, Kaiserin des Russischen Reiches. Regensburg 1998, S. 276-287; allenfalls in Nebensätzen erwähnt bei: Alexander, J. T., Catherine the Great. Life and Legend. New York 1989; gänzlich fehlend in dem ins Romanhafte abgleitenden Werk von: Pavlenko, N. I., Ekaterina Velikaja. Moskva 1999 (= Žizn´ zamečatel´nych ljudej, 759); bemerkenswerter die Hinweise in der 1883 erstmalig erschienenen Biographie von Alexander Brückner: Brückner, A. G. [Brikner, A. G.], Istorija Ekateriny Vtoroj. Moskva 1998, S. 638-646; Katharina als Pädagogin – vor allem in ihren literarischen Erzeugnissen – ist folgende Miszelle gewidmet: Enderlein, E., Catherine II pédagogue (De l'éducation en général et celle des filles en particulier), in: M. Fajnštejn (Hrsg. u. a.), Katharina II. Eine russische Schriftstellerin. Wilhelmshorst 1996 (= FrauenLiteraturGeschichte, 5), S. 81-102.

[121] Zur Person Beckojs siehe: Majkov, P. M., Ivan Ivanovič Beckoj - opyt ego biografii. Moskva 1904; Eine kritische Auseinandersetzung mit dem Werk von Majkov ist zu finden bei: Kizevetter, A. A., Odin iz reformatorov russkoj školy, in: Ders., Istoričeskie očerki. Moskva 1912, S. 119-149; [Lappo-Danilevskij, A. S.], I. I. Beckoj i ego sistema vospitanija. Otzyv Akademika A. S. Lappo-Danilevskogo o sočinenija P. M. Majkova. SPb. 1904; Medynskij, Istorija russkoj pedagogiki. Moskva 1938, S. 47-105; Black, Citizens, S. 71-103; Ransel, D. L., Ivan Betskoi and the Institutionalization of the Enlightenment in Russia, in: CASS 14 (1980), S. 327-338; Eroškina, A. N., Dejatel´ epochi proveščennogo absoljutizma: I. I. Beckoj, in: VI (1993), 9, S. 165-169; dies., Administrator ot kul´tury (I. I. Beckoj), in: Puškarev, L. N. (Hrsg.), Russkaja kul´tura poslednej treti XVIII veka - vremeni Ekateriny vtoroj. Moskva 1997, S. 71-90.

[122] Beckoj war, wie viele der sich als aufgeklärt verstehenden *vel´môžy*, umfassend interessiert und seine Aufmerksamkeit galt auch der Kunst und Architektur. Als Leiter des Amtes für den Ausbau Sankt Petersburgs und Moskaus wurde er auch auf diesen Feldern politisch tätig, wobei man gleichfalls didaktisches Engagement feststellen konnte (vgl. hierzu jetzt vor allem: Eroškina, Administrator, S. 78-88).

[123] Eine Studie über die Kontinuität des Einflusses der *ruling families* in den Thronfolgewechseln bleibt trotz aller Einzelbeobachtungen ein Desiderat der Forschung. Siehe: LeDonne, Ruling Russia, S. 23-30; Ransel, D. L., The Politics of Catherinian Russia. The Panin Party. New Haven usw. 1975, S. 58-

3.1. Diskurs, Gesetzgebung und die Veränderung der Bildungslandschaft

Beckoj wurde mutmaßlich 1704 als illegitimer Sohn des Fürsten Ivan Ju. Trubeckoj in Schweden geboren. Die Verkürzung seines Zunamens, ein bei unehelicher Nachkommenschaft russischer Adliger des 18. Jahrhunderts nicht unübliches Verfahren der Namensgebung, sollte auf seine vornehme Herkunft hinweisen, und Trubeckoj, Feldmarschall in den Armeen Peters I., bemühte sich nach Kräften um die Erziehung seines Sohnes. Erst 1726 betrat dieser russischen Boden und schlug eine für Söhne des Adels übliche militärische Laufbahn ein. Er pflegte Kontakte zu Sophie Auguste Friederike von Anhalt-Zerbst, der späteren Zarin Katharina, und ihrer Mutter, Johanna Elisabeth, nachdem diese in Rußland eingetroffen waren, geriet jedoch 1747 in den Strudel der Ereignisse, die zur Ausweisung Johannas aus dem Zarenreich führten. Er verließ daraufhin das Land und reiste, mit ungeheuren finanziellen Mitteln ausgestattet, durch Italien, Österreich, Deutschland, Holland und Frankreich, wobei er immer wieder Schulen, Hospitäler und andere öffentliche Einrichtungen besichtigte. Vor allem aber trat er in Kontakt mit den französischen Enzyklopädisten, insbesondere mit Voltaire und Diderot, schließlich auch mit Jean-Jacques Rousseau. Nach dem Tod Elisabeths wurde er von Peter III. aus Wien zurückgerufen und zum Chef der Kanzlei der kaiserlichen Gebäude und Gärten ernannt,[124] ein Amt, welches er auch nach dem Sturz Peters beibehielt. Beckoj war es zu verdanken, daß die russische Gesellschaft erstmals die Errungenschaften der „Encyclopédie" am Original würdigen konnte - er brachte bei seiner Rückkehr nach Rußland je ein Exemplar der siebenbändigen Ausgabe für die Akademie der Künste und für die kaiserliche Bibliothek mit.[125]

Beckoj mag Katharina als der ideale Repräsentant der europäischen Aufklärung französischen Typs erschienen sein, den sie heranziehen konnte, um Erziehungspläne zu entwickeln, die auf der Höhe der Zeit sein und zugleich die russische Wirklichkeit hinter sich lassen sollten. Schließlich wurden bei allem Prunk und bei aller Panegyrik anläßlich der schnellen Krönung Katharinas, die ihre Usurpation vergessen machen sollten, von verschiedenster Seite Erwartungshaltungen an die neue Zarin herangetragen: Wenn die Universität in Moskau ihre Krönung mit einem Feuerwerk ehrte, in dessen Rahmen

---

76; Maurer, T., „Rußland ist eine europäische Macht". Herrschaftslegitimation im Jahrhundert der Vernunft und der Palastrevolten, in: JbfGO NF 45 (1997), S. 577-596, hier S. 589-591.

[124] Die Korrespondenz um Beckojs Rückrufung ist publiziert in: Čistovič (Hrsg.), Materialy ob I. I. Beckom, in: ČOIDR (1863), 4, S. 81-156, hier S. 82 f.

[125] Bil'basov, V. A., Didro v Peterburge. SPb. 1884 (Reprint 1972) S. 49-51; Eroškina, Administrator, S. 75. 1767 wurde erstmals eine dreibändige Auswahl aus der Enzyklopädie in russischer Sprache publiziert, 1784 erschien eine erweiterte Übersetzung in einer Auflage von 600 Exemplaren, von denen sich immerhin 475 verkauften (vgl. Karp, S. Ja., Francuzskie prosvetiteli i Rossija. Issledovanija i novye materialy po istorii russko-francuzskich kul'turnych svjazej vtoroj poloviny XVIII veka. Moskva 1998, S. 18 f.).

3.1.1. Unsystematischer Neuaufbruch

Katharina als Minerva - die Beschützerin der Weisheit - dargestellt werden sollte,[126] wenn in festlichen Reden in der Moskauer Universität und der Sankt Petersburger Akademie daraufhin hingewiesen wurde,[127] daß bislang zwar die Herrscher Bildung und Wissenschaft gefördert hätten, nun aber das Zeitalter der Weisheit gekommen sei, war hinter den rhetorischen Figuren und den sprachlichen Konventionen auch die Aufforderung an die Zarin erkennbar, dieses Politikfeld zum Wohle des Staates und seiner Untertanen zu besetzen.

Beckoj bewährte sich in den Augen Katharinas in besonderem Maße, als er zu Beginn des Jahres 1763 das Spektakel „Die triumphierende Minerva" in Moskau perfekt organisierte. An vier Tagen während der Karnevalswoche wurde dem staunenden Publikum ein Volksfest mit Harlekinaden und Akrobatik geboten. Den Höhepunkt bildete eine vom Leiter der ersten russischen Schauspieltruppe, F. V. Volkov, eingerichtete Maskerade, die von Chören dargeboten wurde, die Verse von M. M. Cheraskov und A. P. Sumarokov sangen, in denen Dummheit und Ignoranz, Trunkenheit und Arroganz in satirischer Form verdammt wurden und der Sieg eines aufgeklärten Zeitalters angekündigt wurde. Auf diese Weise sollten den breiteren Massen der Bevölkerung die Intentionen der Herrscherin nahegebracht werden - Volksfest und Herrschaftsinszenierung gepaart mit didaktischem Anspruch.[128] Welchen Eindruck diese Inszenierungen machten und vor allem, wie sie verstanden wurden, läßt sich nur mutmaßen. Katharina sah ihre Intention, die sie mit dem Spektakel „Die triumphierende Minerva" verband, durch Beckoj allerdings in einer Weise realisiert, die die Annahme nahelegt, die erfolgreiche Volksbelustigung habe seine nun folgende Ämterkonzentration begünstigt. Innerhalb kürzester Zeit wurde Beckoj Präsident der Akademie der Künste (1763-1793), Kurator des neu gegründeten Moskauer Findlingshauses (1763-1790, 1770-1792 auch der entsprechenden Petersburger Einrichtung), Kurator der „Gesellschaft für wohlgeborene Mädchen" und damit des Smol'nyj-Instituts (1762-1794) sowie Mitglied des Kuratoriums des Landkadettenkorps (1765-1782). Von diesen zahlreichen Positionen aus konnte er daran gehen, nicht nur neue Bildungseinrichtungen nach seinen und Katharinas Vorstellungen zu schaffen, sondern auch die bestehenden zu reformieren. Freilich sollte seine dominierende Stellung nicht derart lange währen wie seine jeweili-

---

[126] Die Bedeutung der Illumination wurde dem Publikum in einer kleinen Broschüre in russischer, deutscher und französischer Sprache erläutert.
[127] Bil'basov, V. [A.], Geschichte Katharinas II. Bd. 2, Erste Abteilung: Vom Regierungsantritt Katharinas 1762 bis 1764. Berlin 1893, S. 222, 224. Die Reden in Moskau wurden auf Latein und Russisch von den Professoren Reichel und Barsov gehalten, in der Akademie zu Sankt Petersburg ergriff Gerhard Friedrich Müller das Wort.
[128] Die aus diesem Anlaß erstellte Broschüre wurde 1850 neu aufgelegt: Toržestvujuščaja Minerva, in: Moskvitjanin (1850), 19, otd. nauki i chudožestva, S. 109-128. Siehe auch die ausführliche Beschreibung bei Bil'basov, Geschichte Katharinas, Bd. 2.1., S. 232-237.

gen Amtszeiten; nur für einige Jahre wurde Beckoj zu Katharinas „Generalbeauftragtem" für Erziehungsfragen.

1762 schrieb die Zarin nach ihrem Machtantritt, das Interesse des Staates müsse auf der „fabrication de l'homme ideal et du citoyen parfait" liegen.[129] Eine Blaupause für dieses Ziel, welches ja nicht nur die individuelle charakterliche Bildung, sondern auch eine gebildete Untertanenschicht von Staatsbürgern - und damit einen neuen Sozialkörper - beinhaltete, besaß sie nicht und war daher auf der Suche nach erfolgversprechenden Vorbildern.

Bekannt ist, daß Katharina mit den pädagogischen Ideen Fénelons und vor allem Lockes zur Erziehung vertraut war und daß ihr Staatsverständnis, dem sich auch ihre Vorstellungen von Erziehung unterordneten, vor allem von Montesquieus „De l'esprit des lois" (Vom Geist der Gesetze) geprägt war, einem Werk, das sie in ihrer Zeit als Großfürstin studiert hatte. Für die praktische Umsetzung blickte sie in verschiedene Richtungen, so zunächst auf die in Sankt Petersburg existierenden deutschen Schulen, die den Kirchengemeinden angegliedert waren.[130]

Anton Friedrich Büsching schrieb sich in seinen Memoiren das Verdienst zu, das Interesse Katharinas an Fragen der Pädagogik maßgeblich gesteigert zu haben und wird sich und sein kurzes Wirken an der Schule der St. Petri Kirche dabei sicherlich überschätzt haben.[131] Die praxisorientierten Reformen, die Büsching 1762/63 an dieser Schule durchführte, um aus ihr ein allgemeinbildendes Gymnasium zu machen, und die innovativen Unterrichtsmethoden, die er bei den etwa 300 Schülern der verschiedensten Nationalitäten angewandt sehen wollte,[132] interessierten die Zarin und Beckoj, mit dem Büsching mehrfach zusammentraf, ohne Zweifel unter praktischen Gesichtspunkten. Dieses Interesse führte zu einer dauerhaften Privilegierung der Schule, die auch nach Büschings Weggang (1765) eine florierende Bildungsanstalt in der Hauptstadt bleiben sollte.

---

[129] Zitiert nach: Roždestvenskij, Očerki, S. 314.
[130] Zu ihrer Geschichte im 18. Jahrhundert knapp: Amburger, E., Die deutschen Schulen in Rußland mit besonderer Berücksichtigung St. Petersburgs, in: Kaiser, F. B. (Hrsg. u. a.), Deutscher Einfluß auf Bildung und Wissenschaft im östlichen Europa. Köln usw. 1984 (= Studien zum Deutschtum im Osten, 18), S. 1-26, hier S. 3-5, sowie, konzentriert auf die Person Büschings: Hoffmann, P., Anton Friedrich Büsching als Schuldirektor in Sankt Petersburg, in: Donnert, E. (Hrsg.), Europa in der Frühen Neuzeit. Festschrift für Günter Mühlpfordt. Bd. 3: Aufbruch in die Moderne. Weimar usw. 1997, S. 95-106.
[131] Büsching, der als Hauptanliegen der Erziehung die Erschaffung guter Bürger und guter Eltern zugleich sah, befand sich damit zumindest in Übereinstimmung mit den Ansichten der Zarin (Büsching A. F., Eigene Lebensgeschichte. Halle 1789 (= Beyträge zur Lebensgeschichte denkwürdiger Personen, 6), S. 470).
[132] Um russische Schüler zu werben, wurde auch orthodoxer Religionsunterricht angeboten (vgl. Büsching, Eigene Lebensgeschichte, S. 401). Zu seinem Bemühen um das Unterrichtsmaterial siehe auch seinen Brief an G. F. Müller vom Beginn des Jahres 1763, in: Hoffmann (Hrsg.), Geographie, Geschichte und Bildungswesen, S. 226 f.

3.1.1. Unsystematischer Neuaufbruch

Beckoj präsentierte der Zarin in seinen Vorschlägen ein Gedankengebäude auf festeren theoretischen Fundamenten. Seine Ideen konnte er in dem Statut für die Gründung eines Waisenhauses ebenso zur Anwendung bringen wie in der Reform bereits vorhandener säkularer Bildungseinrichtungen, etwa im Fall der Reform des Landkadettenkorps und der Akademie der Künste. Wie Katharina darauf achtete, daß durch Übersetzungen ihrer „Großen Instruktion" (1767) bzw. durch die Bekanntmachung ihrer halboffiziellen Briefwechsel ihre herrscherlichen Aktivitäten das nötige Maß an Öffentlichkeit auch im westeuropäischen Ausland fanden, so sorgte sie dafür, daß auch die entsprechenden Konzepte Beckojs, die als *ukazy* in die „Vollständige Sammlung der russischen Gesetze" aufgenommen wurden, durch Übersetzungen gleichermaßen Zeugnis von ihrem pädagogischen Interesse und der Aufgeklärtheit ihres Beraters abgaben.[133] Als das Papier, welches von den überlieferten Plänen am genauesten über die Theorien Beckojs Auskunft gibt, darf wohl der „Allgemeine Erziehungsplan für die Jugend beiderlei Geschlechts", gebilligt von der Zarin am 12.3.1764, gelten.[134] Wie auch bei anderen Dokumenten, die Beckoj formulierte, ist nicht ganz einfach festzustellen, welche Gedanken von ihm und welche von Katharina eingebracht worden waren,[135] denn die beiden befanden sich während der Jahre 1763/64 in beständigem Meinungsaustausch.

Da sich Katharina - durchaus ernst gemeint - als Erbin Peters I. verstand,[136] dürfte das vernichtende Urteil, welches Beckoj nach einer Bestandsaufnahme über das bisher Erreichte fällte, mit der Zarin abgesprochen gewesen sein. Vor solch einem Hintergrund konnte die Gesetzgebung der Herrscherin schließlich in einem noch helleren Licht

---

[133] Auf Deutsch veröffentlicht vom Göttinger Historiker August Ludwig von Schlözer, für den sein Rußlandaufenthalt karrierefördernd wirkte und der nach seinem Wirken in Rußland zu einem Propagandisten der Sache Katharinas in der deutschsprachigen Öffentlichkeit wurde. Vgl.: [Haigold, J. J., d. i. A. L. v. Schlözer], Neuverändertes Rußland, oder Leben Catharinä der Zweyten. Kayserinn von Rußland. Aus authentischen Nachrichten beschrieben. Bd. 1-2. 3. Aufl. Riga usw. 1771-1772; der Titel ist angelehnt an das Werk Friedrich Christian Webers über das „veränderte Rußland" Peters I.; jedoch verzichtete Schlözer im Gegensatz zu Weber völlig auf eine eigene Darstellung. Französische Zusammenfassung: [Beckoj, I. I.], Les plans et les statuts, des différents établissements ordonnés par sa majesté impériale Catherine II. pour l'éducation de la jeunesse. T. 1-2 (in einem Band). Amsterdam 1775. Zu den verschiedenen russischen Ausgaben: Svodnyj Katalog, T. 1, S. 97-102; zu Schlözer: Hildermeier, M., Von der Nordischen Geschichte zur Ostgeschichte. Osteuropa im Göttinger Horizont, in: Boockmann, H. (Hrsg. u. a.), Geschichtswissenschaft in Göttingen. Eine Vorlesungsreihe. Göttingen 1987 (= Göttinger Universitätsschriften, A, 2), S. 102-121, hier S. 105-114.
[134] PSZ 16, Nr. 12.103, S. 668-671.
[135] Katharina II. berichtete 1763 in ihrer Korrespondenz mit Madame Geoffrin, in deren Salon Beckoj verkehrt hatte, von den ständigen Gesprächen (vgl. SIRIO 1, S. 261), die in Hofkreisen sogar zu dem Gerücht geführt hatten, Beckoj sei der Vater Katharinas.
[136] Hierzu generell die Diskussionen bei: Rasmussen, K., Catherine II. and the Image of Peter I., in: SR 37 (1979), S. 51-69.

erstrahlen:[137] „Schon seit langer Zeit hat Rußland eine Akademie; es hat verschiedene Schulen; es hat beträchtliche Kosten auf die Verschickung junger Russen gewandt, um außer Landes die Wissenschaften und Künste zu erlernen: allein noch hat sich ein geringer oder wol gar kein Nutzen davon gezeigt."[138] Die Maßnahmen Peters hätten allenfalls einen kurzfristigen Effekt gehabt. „Solchergestalt hat Rußland bis auf den heutigen Tag noch keine solche Bürger erschaffen können, die man anderswo den Mittel- oder Dritten Stand nennet".[139] Schon das „anderswo" verweist auf Beckojs Sozialisation in der westeuropäischen Kultur, in der die Gesellschaftsstruktur neben Adel und Bauern eine sehr viel breitere, im städtischen Milieu lebende Bevölkerungsgruppe aufwies, die die Reformen Peters I. in dieser Form nicht hatte schaffen können, weil ausreichende juristische Weichenstellungen und Privilegierungen unterblieben waren. Ging es Katharina und Beckoj also um „die Schaffung eines Dritten Standes" (Griffiths)[140] und damit um einen neuen Sozialkörper im Jeismannschen Sinne? Oder handelte es sich nur um die Benutzung von zeittypischen Begriffen, die durch permanente Wiederholung eine gewisse Wirksamkeit im Diskurs entfalteten, auf Rußland aber in Ermangelung konkreter inhaltlicher Vorstellungen und realer gesellschaftlicher Voraussetzungen eigentlich nicht angewandt werden konnten? Die Ausführungen Beckojs lassen Rückschlüsse auf seinen Bürgerbegriff zu: Der Bürger (*graždanin*) sollten durch bestimmte Eigenschaften wie Ehrlichkeit, Gottesfurcht und Fleiß charakterisiert sein. Diese fanden sich auch schon in dem Tugendkatalog, den Feofan Prokopovič bereits mit Blick auf den idealen Untertan formuliert hatte. Bei Beckoj sollten diese Tugenden aber sowohl im Rahmen der Selbstvervollkommnung praktiziert werden als auch die Einordnung des Bürgers in das Staatsgefüge gewährleisten. Neu waren für Rußland auch die Art und Weise, wie diese Tugenden vermittelt werden sollten, und die Vorstellung, wie Kinder aufwachsen sollten. Auf die spezifische Ambivalenz von Bildung, die sich gleichermaßen positiv als auch negativ auswirken könne, war bereits im Gründungs*ukaz* für die Moskauer Universität verwiesen worden; doch die Konsequenz, die Beckoj zog, war keine genaue Definition eines Kanons von Unterrichtsgegenständen und Lehrinhalten, die vermittelt werden sollten, sondern eine

---

[137] Im Erziehungsplan schrieb Beckoj: „[...] allein dies weiß ich, dass ich alle ersinnliche Sorgfalt gebraucht, alle mir mündlich erteilten Befehle und die erhabnen Gedanken meiner allerdurchlauchtigsten Monarchin, von Wort zu Wort in folgendem auszudrücken [...]" (vgl. [Beckoj, I. I.], Allgemeiner Erziehungsplan, von der Kaiserin den 12. März 1764 bestätigt, in: [Haigold, J. J., d. i. A. L. v. Schlözer], Neuverändertes Rußland, Bd. 2, S. 95-106, hier S. 97). In der französischen Ausgabe ist eine knappe Instruktion Katharinas für Beckoj abgedruckt (vgl. [Beckoj], Les plans et les statuts, T. 1, S. 2).

[138] [Beckoj], Allgemeiner Erziehungsplan, S. 97.

[139] Ebenda, S. 98.

[140] Griffiths, D. M., Eighteenth-Century Perceptions of Backwardness: Projects for the Creation of a Third Estate in Catherinean Russia, in: CASS 13 (1979), S. 452-472, hier S. 453 f.

möglichst frühe Separation der Kinder von ihrer Familie und ihrer gewohnten Umwelt, um sie schädlichen Einflüssen zu entziehen.[141] Dies gelänge, so Beckoj, nur durch „Erziehungsschulen für Kinder beiderlei Geschlechts",[142] womit für das Zarenreich erstmals auch Mädchen ausdrücklich einbezogen worden waren, und zwar nicht in separaten Institutionen, sondern in einem koedukativen Modell.[143]

Spätestens mit fünf oder sechs Jahren habe nach Beckojs Entwurf die schulische Erziehung zu beginnen, da ab diesem Alter die Kinder für Unterweisung zugänglich seien, der „Verstand aus dem Schlummer" zu erwachen beginne.[144] Sodann hätten die Lehrer die Kinder zu beobachten, um sie gemäß ihrer sich abzeichnenden Fähigkeiten und Neigungen zu fördern. Eine Festlegung auf die Wissenschaft, ein Handwerk oder das Kaufmanns- und vor allem das Militärwesen wurde damit nicht mehr präjudiziert, wie bei dem Eintritt in die bereits existierenden geschlossenen Lehranstalten, wo die Aufnahme idealiter über die Art der Laufbahn entschied. Erkennbar wird hier ein gewisser Einfluß Rousseaus, da im russischen Zusammenhang erstmals die Erziehung des Individuums, nicht des einzelnen Untertanen angesprochen wurde.[145]

Beckojs „Allgemeiner Erziehungsplan" war zunächst nicht mehr und nicht weniger als eine Absichtserklärung, da keine konkreten gesetzgeberischen Schritte in Aussicht gestellt wurden. Am Ende erfolgte lediglich die Ermahnung, die Grundsätze in ihrer Gesamtheit durchzuführen, um verderbliche Halbheiten zu vermeiden.[146] Was immer sich Beckoj unter einem Dritten Stand für Rußland vorgestellt haben mag - seine Erziehungshäuser, die vor dem gedanklichen Hintergrund seiner Erfahrungen von Besuchen philantropischer Einrichtungen in Westeuropa[147] und seiner Kenntnis haupt-

---

[141] Diese Auffassung geht auf Rousseau zurück: Rousseau, J.-J., Emil oder über die Erziehung. 13. Aufl. Paderborn usw. 1998 (= UTB, 115), S. 10-16, 240, 339 f., 373.
[142] [Beckoj], Allgemeiner Erziehungsplan, S. 100. Im Fortgang machte Beckoj keinen Unterschied in der Behandlung von Mädchen und Jungen. Auch in den Statuten für die Erziehungshäuser verfuhr er ähnlich, so daß der Schluß naheliegt, er wollte - trotz der Gründung des Smol'nyj-Instituts - für Mädchen und Jungen eine gemeinsame Erziehung und Unterweisung.
[143] Daß keine gesonderten Erziehungspläne und Einrichtungen vorgesehen waren wie bei Fénelon, kann auf Comenius zurückgehen, der bereits an der Wende vom 17. zum 18. Jahrhundert rezipiert worden war (vgl. Kap. 2.1.), wenn seine Schriften auch erst in den achtziger Jahren des 18. Jahrhunderts ins Russische übertragen wurden.
[144] Hier klingt eine entwicklungspsychologische Wahrnehmung des Kindes an, die sich in Rousseaus „Émile" findet und in den folgenden ustavy durch die Gestaltung und Ausdehnung der Lehrpläne verfeinert wurde (vgl. hierzu: Rang, M., Jean Jacques Rousseau (1712-1778), in: Scheurl, H., Klassiker der Pädagogik, Bd. 1: Von Erasmus von Rotterdam bis Herbert Spencer. 2. Aufl. München 1991, S. 116-134, hier S. 132).
[145] Daß es Beckoj um das Individuum ging, wird auch an einer Stelle des ustav für das Moskauer Waisenhaus (11.8.1767) jenseits aller Panegyrik deutlich, als er schrieb, Peter der Große habe in Rußland Menschen geschaffen, Katharina aber habe ihnen eine Seele gegeben (vgl. PSZ 17, Nr. 12.957, S. 292).
[146] [Beckoj], Allgemeiner Erziehungsplan, S. 105.
[147] Kizevetter, Odin iz reformatorov, S. 131.

städtischen Lebens entworfen worden waren, boten für die gewünschte Etablierung dieses Standes nur ein begrenztes Mittel: Ein neuer Sozialkörper konnte über diesen „neuen Menschen" allenfalls langfristig entstehen. Eine gesamtgesellschaftliche Konzeption, in der der „Mittel- oder Dritte Stand" in Beziehung zu anderen Gruppen gesetzt wurde, fehlte. Sie findet sich eher in Projekten zur Steuergesetzgebung für die Stadtbevölkerung, in denen die Privilegierung und Partizipation in den Vordergrund gestellt wurde und die bereits an anderer Stelle aufgearbeitet worden sind.[148]

Beckojs grundsätzliche Erwägungen finden sich im wesentlichen in den Statuten von vier geschlossenen Bildungsinstitutionen wieder, die allesamt in den sechziger Jahren des 18. Jahrhunderts von ihm im Namen Katharinas gegründet oder reformiert wurden: 1. Das Moskauer Waisenhaus (1763/64), 2. Eine Internatsabteilung an der Akademie der Künste (1764), 3. Ein Institut für adlige Mädchen, nach dem Quartier auch Smol'nyj-Institut genannt (1764/65), und schließlich 4. Das Landkadettenkorps (1766).

1. Schon Ivan I. Šuvalov hatte der Zarin Elisabeth mehrfach, wenn auch erfolglos, vorgeschlagen, Waisenhäuser zu gründen.[149] Hinter diesem Gedanken stand zwar in durchaus philantropischer Gesinnung die Hilfe für unverschuldet in Not geratene Kinder, jedoch kein pädagogisches Konzept. Bis 1763 wurden Waisen im Zarenreich, soweit bekannt, von demjenigen aufgezogen, der sich dazu bereit fand.[150] Für Beckoj mußte ein Waisenhaus das ideale Experimentierfeld sein, wenn es um die Erprobung ging, wie eine neue Generation von Menschen erzogen werden könne. Das Statut vom 1.9.1763,[151] an dem auch der bereits erwähnte Moskauer Professor A. A. Barsov mitgewirkt hatte, war zusammen mit den Erweiterungen (Teil 2 und 3 des Statuts) vom 11.8.1767[152] das Dokument, welches am detailliertesten über die pädagogischen Konzepte Beckojs Auskunft gibt; es trägt gleichsam den Charakter von Ausführungsbestimmungen, die im Gegensatz zum „Allgemeinen Erziehungsplan" ihre Alltagstauglichkeit ständig in Konfrontation mit der Realität beweisen mußten. Anders als bei der Internatsschule für die Akademie der Künste, den Korps oder dem Smol'nyj-Institut für Mädchen war die Zahl der Aufzunehmenden nicht begrenzt. Die Pläne sahen vor,

---

[148] Zu diesen Projekten: Griffiths, Eighteenth Century Perceptions, S. 457-471.
[149] Majkov, Beckoj, S. 111.
[150] Ab dem ausgehenden 18. Jahrhundert bis zum Ausgang des Zarenreiches informiert ausführlicher: Ransel, D. L., Mothers of Misery. Child Abandonment in Russia. Princeton 1988.
[151] PSZ 16, Nr. 11.808, S. 343-365; auf deutsch in: [Beckoj, I. I.], Errichtung des kaiserlichen Kinderhauses und Accouchier-Hospitals für arme Wöchnerinnen in der Hauptstadt Moskau, in: [Haigold, J. J., d. i. A. L. v. Schlözer], Neuverändertes Rußland, Bd. 2, S. 3-86.
[152] PSZ 18, Nr. 12.957, S. 290-326.

daß werdende Mütter jederzeit in das Krankenhaus des Findlingshauses kommen konnten, um ihre Kinder dort zur Welt zu bringen und sie dann in der Obhut des Personals aus ausgewählten Ärzten, Ammen, Aufsehern, Inspektoren, schließlich Lehrern und Ausbildern zurückzulassen.[153] Die Mütter oder der Überbringer eines Kindes sollte lediglich gefragt werden, ob es die Taufe schon empfangen habe. Die Isolation von der „schädlichen Umwelt" war hier idealerweise schon durch das Fehlen der Familie und die dem Plan nach kundige Betreuung gegeben, während man in den übrigen Einrichtungen die Kinder im Alter von fünf bis sechs Jahren den Familien entzog.

Nach zwei Jahren in den Händen einer Amme und vier weiteren Jahren, in denen sich die Kinder nur dem spielerischen Erfassen der Umwelt hingeben durften, begann mit sechs Jahren die eigentliche Ausbildung, wobei die Stundentafel umso umfangreicher gestaltet war, je älter die Kinder wurden. Es begann mit Lesen, Schreiben und religiöser Unterweisung, schließlich traten im Alter von elf Jahren Geographie, Arithmetik sowie Haushalts- und Rechnungsführung hinzu. Erst im Alter von 14 Jahren sollte der koedukative Unterricht aufgegeben werden; die Mädchen hatten nun hauswirtschaftliche Fertigkeiten zu erlernen, während die Jungen je nach Begabung in ein Handwerk oder ins Kaufmannswesen eingeführt werden sollten.[154] Im Statut wurde zugleich festgesetzt, daß alle Findlinge beim Verlassen des Hauses frei sein sollten. Mit dieser Ausbildung wurde ein Beitrag zur Erschaffung des „Mittel-Standes" geleistet, so wie er im „Allgemeinen Erziehungsplan" angekündigt worden war.

Auf Vorbilder für ein solches Waisenhaus wurde in den Statuten nicht hingewiesen, wiewohl es solche Institutionen im Ausland gab: Als mögliches Modell können etwa die Franckeschen Stiftungen in Halle gedient haben, die als wirtschaftlich geführtes Unternehmen im 18. Jahrhundert sogar weitgehend unabhängig operierten, und da es in der petrinischen Epoche direkte Kontakte zu Francke gegeben hatte,[155] ist auch hier die Verbindung zur mitteldeutschen Aufklärung nicht unwahrscheinlich. Auch wurden in den Statuten pädagogische Autoritäten zitiert, die eher auf den Beginn des 18. Jahrhunderts verwiesen: Samuel von Pufendorf und John Locke wurden als Referenzen für

---

[153] Ebenda, S. 309 f.
[154] [Beckoj], Errichtung des kaiserlichen Findelhauses, S. 47-50; diesen Kanon führte Beckoj mit allgemeinen Lehrmeinungen für die körperliche und moralische Erziehung zusammen in einer Kompilation, die er in den von ihm gegründeten Lehranstalten benutzt wissen wollte: [Beckoj, I. I.], Kratkoe nastavlenie, vybrannoe iz lučšich avtorov, s nekotorymi fizičeskimi primečanijami o vospitanii detej ot roždenija ich do junošestva. SPb. 1766. Gekürzter Neuabdruck in: Antologija pedagogičeskoj mysli, S. 189-202. Welche Autoren er jeweils für die kurzen Kapitel benutzt hat, läßt sich nicht mehr nachvollziehen.
[155] Schindling, Bildung und Wissenschaft, S. 82 f. Gemeint sind hier gewisse Parallelen in der Organisationsform. Was dem Moskauer Waisenhaus fehlte, war jeder christlich-missionarische Gedanke, der von ihm ausgehen sollte und der im Pietismus Franckescher Prägung durchaus verwurzelt war.

eine Erziehung zum guten Staatsbürger bemüht, darüber hinaus antike Autoren wie Cicero, Seneca und Plutarch, auf die in den „Monatlichen Abhandlungen" immer wieder rekuriert worden war und die als Kronzeugen für eine durch den Staat geordnete Gesellschaft in Anspruch genommen werden konnten. Der explizite Rückgriff auf diese Autoren verweist im übrigen auf die Mitwirkung Barsovs am Statut, der sich als Professor für Philosophie und Eloquenz um ihre Rezeption verdient gemacht hatte. Keine Erwähnung fand hingegen Rousseau, obwohl er zumindest für das pädagogische Konzept der Waisenerziehung bis zum sechsten Lebensjahr ebenso Pate gestanden haben wird wie für die ausdrückliche Ablehnung jeglicher Körperstrafe.[156]

Das Moskauer Waisenhaus nahm seine Arbeit im Mai 1764 auf; bald war der Zulauf so groß, daß es nicht nur zu Unregelmäßigkeiten in der Rechnungsführung und Streit zwischen den Bediensteten kam, die Beckoj in seiner paternalistischen Art zwar schlichtete, ohne jedoch die Arbeit besser organisieren zu können,[157] sondern auch zu hoher Kindersterblichkeit und Krankheiten unter den Schutzbefohlenen.[158] 1765 gelang es Beckoj, das Akademiemitglied Gerhard Friedrich Müller für die Leitung zu gewinnen, der während seines Direktorats (1765-1768) das Haus schließlich in ruhigeres Fahrwasser führen konnte,[159] zumal sich die gesellschaftliche Akzeptanz - nach anfänglichen Widerständen auch seitens der Kirche[160] - nun einstellte.

2. Als im Mai 1764 Beckoj Ivan Šuvalov als Präsident der Akademie der Künste ablöste, setzte er sogleich ein neues Statut[161] durch, mit dem die Arbeit insofern auf eine neue Grundlage gestellt wurde, als in einer Internatsschule für 60 Jungen beständig russischer Nachwuchs in Malerei, Bildhauerei, Architektur, aber auch im Kunsthandwerk ausgebildet werden sollte. Als notwendige Voraussetzung wurde nicht nur der jährliche Etat von 6.000 auf 600.000 Rubel erhöht, sondern der Eintritt in die Akademie und ihre Internatsschule wurde - wie für die „Findlinge" des Waisenhauses auch - mit

---

[156] Rousseau, Emil oder über die Erziehung, insbesondere S. 37-70; siehe aber auch: Locke, J., Gedanken über Erziehung. Stuttgart 1997 (= Reclams Universal-Bibliothek, 6147), S. 47-49.
[157] Čistovič (Hrsg.), Materialy, S. 100-105; Blumenthal H. v., Rückblick auf die hundertjährige Wirksamkeit der Moskauischen Erziehungsanstalt, in: Baltische Monatsschrift 9 (1864), S. 348-365, hier S. 354, 362.
[158] Steindorff, L., „Ein Mensch ist nicht deswegen arm, weil er nichts hat, sondern weil er nicht arbeitet", Wandlungen in der Einstellung zur Armut in Rußland (18.-20. Jahrhundert), in Christiana Albertina 52/53 (2001), S. 26-43, hier S. 30.
[159] Black, G. F. Müller, S. 168 f.; Hoffmann (Hrsg.), Geographie, Geschichte und Bildungswesen, S. 253, 266. Müller war nach Anton Friedrich Büsching die zweite Wahl Beckojs.
[160] Siehe den Unterstützungsaufruf des Synods für das Findlingshaus in: [Haigold, J. J., d.i. A. L. v. Schlözer], Neuverändertes Rußland, Bd. 1, S. 86-92, sowie Majkov, Beckoj, S. 122.
[161] Statut vom November 1764 in: PSZ 16, Nr. 12.275, S. 948-960; auf deutsch in: [Beckoj, I. I.], Stiftung der kaiserl. Akademie der Künste in St. Petersburg, in: [Haigold, J. J., d. i. A. L. v. Schlözer] Neuverändertes Rußland, Bd. 1, S. 187-246.

erheblichen rechtlichen Privilegien für die angesprochenen unteren sozialen Schichten verbunden: Absolventen der Internatsschule und der Akademie sollten für „alle Zeiten frei sein", und wie auch an den Gymnasien von Universität und Akademie durften Leibeigene das Studium mit Zustimmung ihrer Herren aufnehmen. Vor allem aber sollten die Kinder von Kleinhandwerkern *(meščane)* angesprochen werden, bei denen aufgrund ihrer Herkunft das größte künstlerische Talent vermutet wurde. Um ihnen einen Anreiz zu bieten, wurde der Abschluß der Studien und der künstlerischen Ausbildung mit Rang 14 der Rangtabelle belohnt, die zwar die niedrigste Rangstufe war, jedoch einen ersten Schritt zum Aufstieg bedeuten konnte.[162] Zudem wurde das Schul- und Studiengeld für Waisen und wenig bemittelte Kinder vom Staat übernommen. Da der Unterricht in der Internatsschule im Alter von sechs Jahren begann und zunächst ein allgemeinbildender Lehrplan zugrundegelegt wurde, profitierten auch die weniger begabten Schüler bis zu ihrem Ausscheiden von dieser Ausbildung. Die Spezialisierung mit Fächern wie Zeichnen, Malerei und Architektur setzte erst im Alter von zwölf Jahren ein. Der eigentlichen Akademieausbildung konnte für hervorragende Absolventen, die eine Gold- oder Silbermedaille für ihre Arbeiten erhalten hatten, als Belohnung ein Aufenthalt in Westeuropa angeschlossen werden.

3. Im Mai 1764 wurde die erste Bildungsinstitution für Mädchen im Zarenreich eingerichtet. Auch hierfür hatte Beckoj das Statut verfaßt, das als Aufgabe die Schaffung einer neuen Generation von Müttern vorgab.[163] Was das Bildungsziel betraf, sahen Beckoj und Katharina, wie schon im „Allgemeinen Erziehungsplan", keinen Unterschied zwischen Jungen und Mädchen – es ging um die Schaffung nützlicher Staatsbürger, ausgestattet mit Qualifikationen und ausgebildetem Verstand. Die Unterschiede lagen in der Funktion, die die einzelnen je nach Begabung und eben auch nach Geschlecht in der Gesellschaft und im Staat auszuüben hatten. Auch nichtadlige Mädchen sollten eine Ausbildung bekommen – wie schon aus den Statuten für das Moskauer Findlingshaus hervorging –, aber mit dem Ziel, die guten Sitten und den innerfamiliären wie gesellschaftlichen Umgang zu verbessern und damit der ganzen Gesellschaft ein neues,

---

[162] Damit wurde in dem *ustav* eine Forderung aufgegriffen, die Lomonosov auch schon für die Universitäten verlangt hatte (vgl. Roždestvenskij, Očerki, S. 519). Andere Persönlichkeiten wie Ivan Šuvalov oder Grimm hielten die Koppelung von Bildung und Wissenschaft an Titel und Auszeichnungen zwar für unvereinbar (vgl. SIRIO 44, S. 101), dennoch spielte auch im Bereich der Universität und der Akademien die Jagd nach Titeln und Rängen auf dem Weg zur Nobilitierung immer eine Rolle (vgl. Šepelev, Činovnyj mir, S. 151-154).

[163] So auch Katharina in einem Brief an Voltaire aus dem Jahre 1772, als sie über die Zöglinge des Smol'nyj schrieb: „Wir erziehen sie [...] zu den Freuden der Familie, wir wünschen sie weder prüde noch kokett, aber liebenswert und imstande, ihre Kinder zu erziehen und mit Sorgfalt einen Haushalt zu führen." (Brief Katharinas vom 23.3.1772, in: Schumann (Hrsg.), Monsieur-Madame, S. 286).

„zivileres" Gesicht zu geben.[164] Gemeint war keine Ausbildung im Sinne einer Professionalisierung, die letztlich dazu hätte führen müssen, daß die Mädchen das häusliche Umfeld hätten verlassen und einen Beruf oder eine „öffentliche" Tätigkeit hätten anstreben können. Das galt für adlige ebenso wie für nichtadlige Mädchen. Für letztere wurde im Januar 1765 eine gesonderte Abteilung im Smol'nyj-Institut eingerichtet, die sich schon bald zu einem eigenen Institut verselbständigte.[165] Dennoch geht das Urteil Bianca Pietrow-Ennkers zu weit, wenn sie meint, es sei die bildungspolitische Aufgabe gewesen, „Frauen [...] in einem höheren Grade als bisher zu «domestizieren»".[166]

Vor und nach den Plänen Beckojs und Katharinas und vor und nach den Reformen auch ihrer Nachfolger bis zum Beginn des 19. Jahrhunderts blieb die häusliche Sphäre mit sich freilich wandelnden Aufgabenbereichen das Betätigungsfeld der Frauen, so sie materiell in der Lage waren, sich ganz auf diese zu konzentrieren. Je weniger privilegiert ihre rechtliche und je schwächer ihre materielle Position war, desto stärker wurden sie in Arbeitsprozesse eingebunden. Es ist jedoch ein Kennzeichen gerade der katharinäischen Epoche, daß vom Ziel her zunächst keine Ungleichheit zwischen Mann und Frau präjudiziert wurde - bei aller Unterschiedlichkeit der von ihnen wahrzunehmenden Funktionen. Darin hoben sich die Vorstellungen Beckojs und Katharinas trotz der Modifizierungen im Laufe ihres Wirkens von denjenigen Auffassungen ab, die die von ihnen so geschätzten französischen Philosophen geäußert hatten[167] und die auch den bei ihren Neugründungen zum Vorbild genommenen Institutionen zugrunde lagen. In

---

[164] Panin in einem Senats*ukaz* vom 22.3.1764, in: PSZ 16, Nr. 12.099, S. 667.
[165] Schon vor der Oktoberrevolution ist dessen Geschichte institutionengeschichtlich abgehandelt worden: Čerepnin, N. P., Imperatorskoe Vospital'noe Obščestvo blagorodnych devic. Istoričeskij očerk, 1764-1914. T. 1-3. SPb. 1914-1915. Insbesondere im dritten Band sind zahlreiche Quellen publiziert. Unter dem Aspekt der Frauenbildung siehe das vorrevolutionäre Standardwerk: Lichačeva, E., Materialy dlja istorii ženskogo obrazovanija v Rossii. T. 1-2. SPb. 1890. Zur Gründungsphase beider Institute: Ebenda, T. 1, insbesondere S. 137-171. Umso erstaunlicher ist es, daß sich die moderne Forschung im Westen diesem Thema ebenso spät wie knapp zugewandt hat. Siehe vor allem die Aufsätze von: Black, J. L., Educating Women in Eighteenth-Century Russia: Myths and Realities, in: Canadian Slavonic Papers 20 (1978), S. 23-43; Nash, C. S., Educating New Mothers: Woman and Enlightenment in Russia, in: HEQ 21 (1981), S. 301-316; dies., Students and Rubles: The Society for the Education of Noble Girls (Smol'nyj) as a Charitable Institution, in: Bartlett, R. P. (Hrsg u. a.), Russia and the World in the Eighteenth Century. Newtonville 1988. S. 258-272; sowie die knappen Bemerkungen bei: Pietrow-Ennker, B., Rußlands „neue Menschen". Die Entwicklung der Frauenbewegung bis zur Oktoberrevolution. Frankfurt usw. 1999 (= Geschichte und Geschlechter, 27), S. 130-133.
[166] Pietrow-Ennker, Rußlands „neue Menschen", S. 131.
[167] Über die Rolle der Frau im Denken der französischen Philosophen: Kleinbaum, A., Women in the Age of Light, in: Bridenthal, R. (Hrsg.), Becoming Visible: Women in European History. Boston 1977, S. 217-235; gerade bei dem von Katharina abgelehnten Rousseau wird ein sehr traditionelles Frauenbild deutlich, wenn der Philosoph im „Émile" das Verhältnis seines Helden zu Sophie herausarbeitet, das konservativer ausfiel als diejenigen Vorstellungen, die in den Smol'nyj-Instituten vermittelt werden sollten (vgl. Rousseau, Emil oder über die Erziehung, S. 392-429).

3.1.1. Unsystematischer Neuaufbruch

dem 1686 gegründeten Internat von Saint-Cyr bei Paris, das in der Literatur als Vorbild genannt wird,[168] ging es angesichts der Ausschweifungen des französischen Hofes und des verlockenden, die Moral verderbenden Lebenswandels des französischen Adels um die Vermittlung eines Gegenbildes zu dieser Welt. Mit der Unterweisung zu Bescheidenheit und Sanftmut, wie sie auch der bereits erwähnte und in Rußland rezipierte Fénelon befürwortete, war in gewisser Weise eine Abkehr von der Welt verbunden, wie auch der Lehrplan von Saint-Cyr widerspiegelte.[169]

Die Institute in Sankt Petersburg hingegen sollten, wie Voltaire in einem Brief an die Zarin zutreffend bemerkte, „mehr als Saint-Cyr"[170] sein, sie sollten die Mädchen, ob adlig oder nicht, im Rahmen ihres jeweiligen Standes in die Gesellschaft hineinführen, damit sie zu einer Veränderung der Gesellschaft und einer Zivilisierung des Staates beitragen konnten. Dies belegen die Lehrpläne.[171] Unterweisung in Moral, Religion und korrektem Benehmen waren ebenso Bestandteil eines traditionellen Wertekodex, wie Musik und Tanz, aber auch die Beherrschung von Genealogie und Konversation, zur adligen Lebensweise gehörten. Der umfassende Sprachunterricht - mit Latein, Deutsch und natürlich Französisch - sowie die Erläuterung von Grundzügen der Arithmetik und Geographie führten jedoch über die traditionelle Ausbildung adliger Mädchen durch Hauslehrerinnen hinaus. Der Lehrplan des Instituts für nichtadlige Mädchen war konzeptionell ähnlich; es fehlten hier Fächer wie Genealogie zugunsten von Haushaltsführung und handwerklichen Disziplinen wie Weißnäherei.

Insgesamt waren die Institute für die Erziehung von 200 adligen sowie 240 nichtadligen Mädchen vorgesehen, die bei einem Eintrittsalter von sechs Jahren vier Altersklassen durchliefen, bis sie im Alter von achtzehn Jahren ihre Ausbildung abgeschlossen hatten. Strikte Besuchsregeln sollten den Kontakt zur Umwelt minimieren, um ungestört diese neue Generation von Müttern zu erziehen, die dann in der Familie und in

---

[168] Zum Beispiel: Donnert, Rußland im Zeitalter der Aufklärung, S. 56; Madariaga, Russia in the Age of Catherine the Great, S. 493. In der Tat wandte sich Katharina schon in ihrer Zeit als Großfürstin an die französische Regierung mit der Bitte, ihr die Statuten von Saint-Cyr sowie zwei geeignete weibliche Lehrkräfte zu schicken (vgl. SIRIO 7, S. 82), doch wies der Botschafter in Wien, Fürst D. M. Golicyn, die Zarin und Beckoj auch auf andere Internate für Mädchen in Holland und England hin (vgl. Roždestvenskij, Očerki, S. 256; Majkov, Beckoj, S. 253-256).
[169] Im Verlaufe seiner Existenz erhielt Saint-Cyr mehr und mehr den Charakter eines Nonnenstiftes; die Schülerinnen begannen die Nonnentracht der Augustinerinnen zu tragen, und nicht wenige traten nach Ablauf der Ausbildung ins Kloster ein (vgl. Tolstoi, Ein Blick, S. 64). Die Entwicklung des Smol'nyj-Instituts nahm genau die entgegengesetzte Richtung.
[170] Brief vom 11.3.1772, in: Schumann (Hrsg.), Monsieur - Madame, S. 312-314, hier S. 313.
[171] Siehe die Statuten vom 5.5.1764 in: PSZ 16, Nr. 12.154, S. 742-755, sowie die Ausführungen zu den Stundentafeln, abgedruckt in: Čerepnin, Imperatorskoe Vospital'noe Obščestvo blagorodnych devic, T. 3, Priloženija, S. 117-121, 134 f.

der Gesellschaft an ihrem jeweiligen Platz als Multiplikatoren wirken sollten.[172] Die Erwartungshaltung an diese neue Generation - als Teil eines die Gesellschaft verändernden Sozialkörpers - war gerade bei Katharina im Falle der Mädchen-Institute groß, und kaum eine Einrichtung stand unter ebenso permanenter wie interessierter Beobachtung der Zarin wie das Smol'nyj-Institut. Deshalb mißfiel es ihr ganz besonders, daß es kaum möglich war, geeignetes Lehrpersonal zu rekrutieren. Die Zahl weiblicher russischer Lehrkräfte war mehr als gering und die vorwiegend französischen, teils auch englischen Lehrerinnen erwiesen sich häufig als unqualifiziert. Katharina und Beckoj mußten deshalb auf männliches Lehrpersonal zurückgreifen und verwiesen die Frauen damit auf ihre im Erziehungsprozeß bis dahin klassische Aufgabe als Gouvernante oder Aufseherin.[173]

4. Bei der Reform des Kadettenkorps verließ sich Katharina II. nicht allein auf das Urteil Beckojs, der zwar nominell einen Generalsrang innehatte,[174] doch niemals wirklich in der Armee gedient hatte. Vielmehr überantwortete sie seinen Entwurf einer Kommission, bestehend aus einflußreichen *vel´možy* wie den Brüdern Nikita und Petr Panin, dem Fürsten Golicyn und Graf Černyšev zur Begutachtung.[175] Das Kadettenkorps wurde also nicht von Beckoj im Alleingang reformiert, und es ist bei der prominenten Besetzung der Kommission nicht wahrscheinlich, daß die Mitglieder dem Entwurf nur zustimmten, weil der in Erziehungsfragen so einflußreiche Beckoj ihn verfaßt hatte. Daß der Entwurf durch die Kommission trotzdem ohne größere Änderungen angenommen und von der Zarin in Kraft gesetzt wurde, zeigte, daß die Erziehungsideale Beckojs zumindest in dem hier beteiligten Kreis der hofnahen Elite auf Akzeptanz stießen. Das Statut vom 11.9.1766[176] wies im Vergleich zur ursprünglichen Zielsetzung des Korps eine erstaunliche Ähnlichkeit mit dem Statut des Instituts für adlige Mädchen auf, was den Reformern im Sinne des „Allgemeinen Erziehungsplans" kein Widerspruch zu sein schien. Das galt weniger für die Organisationsform als vielmehr für die Vorstellung, was Kindern in welchem Alter vermittelt werden könnte. Die Ausbildungsdauer von fünfzehn Jahren wurde ebenso parallelisiert wie das Eintrittsalter von fünf bis sechs Jahren und die einzelnen Altersstufen, für die bestimmte Fächer oder innerhalb

---

[172] Damit verbunden war die Erwartung, daß die Frauen selbst ihre Kinder erzögen, den Haushalt führten und dies weder fragwürdigen Gouvernanten oder gar Leibeigenen überließen. Diese Praxis wird gerade für Adlige in der Provinz beschrieben von: Čečulin, N. D., Vospitanie i domašnee obučenie v Rossii v XVIII v., in: Dela i dni (1920), S. 96-112.
[173] Hierzu die entsprechenden Instruktionen für das Lehrpersonal und die Gouvernanten in: Čerepnin, Imperatorskoe Vospital'noe Obščestvo blagorodnych devic, T. 3, Priloženija, S. 63-68.
[174] Die Ernennung erfolgte noch unter Peter III. (vgl. Čistovič (Hrsg.), Materialy, S. 117).
[175] Katharina an Nikita Panin im August 1766, in: SIRIO 10, S. 100 f.
[176] PSZ 17, Nr. 12.741, S. 959-992.

3.1.1. Unsystematischer Neuaufbruch

dieser Fächer bestimmte Inhalte vorgesehen waren. Die Ausbildung hatte einen breiten, enzyklopädischen Charakter. Neben Unterweisungen in Militärtheorie, Fortifikation, praktischen Übungen im Exerzieren, zur Sommerzeit auch im Gelände, waren Deutsch, Französisch, Ökonomie, Navigation, Gravur, Malerei und Bildhauerei (!), Jurisprudenz, Tanzen und Fechten aufgenommen worden. Unterrichtssprache sollte generell Russisch sein, womit ein bereits bekanntes Problem zu lösen war: Entsprechend qualifiziertes einheimisches Personal mußte gewonnen werden.[177] Dazu machte Beckoj einen Vorschlag, der den Charakter des Kadettenkorps hätte fundamental verändern können: Ihm schwebte vor (neben einer generellen Erhöhung der Zahl der Kadetten, die Katharina schon im Jahre 1763 veranlaßt hatte, als sie die in ihren Augen unzureichende Ausbildung in den Kollegien zu Kollegienjunkern abschaffte und diese Aufgabe den Korps zusätzlich übertrug), das Kadettenkorps auch für nichtadlige Jungen zu öffnen und diese - jährlich etwa 15 von 70 Neuanfängern - zu verpflichten, nach ihrer Ausbildung Lehrer an den geschlossenen Bildungseinrichtungen zu werden. Dieser Plan wurde zwar Bestandteil des *ukaz*, gelangte jedoch nicht zur Durchführung, so daß Beckoj in einem Report aus dem Jahre 1772[178] noch einmal auf die Dringlichkeit der Aufnahme von Gemeinen hinwies, würde dies doch dazu führen, daß die adligen Kadetten ihre Mitschüler mehr nach ihren Verdiensten und ihrem Charakter beurteilen würden und weniger nach ihrer Herkunft.[179]

Die Reform des Landkadettenkorps durch das von Beckoj initiierte Statut, auf dessen Grundlage etwa zwei Jahrzehnte gearbeitet wurde, verstärkte die ohnehin schon vorhandenen Tendenzen, der Ausbildung auch programmatisch einen über das Militärische hinausgehenden, allgemeinbildenden Charakter zu verleihen,[180] der auf die Interessen des Einzelnen Rücksicht nahm, so wie es Beckoj in seinem „Allgemeinen Erziehungsplan" vorgeschlagen hatte, und wie Katharina nicht ohne Stolz an den Bildhauer und Architekten Falconet schrieb: „Rectifiez donc M-r Cochin, il croit que c'est uniquement pour la guerre que mes cadets sont élevés: l'Ecole Militaire de Paris lui a peut-

---

[177] Schenkt man Büschings „Lebensgeschichte" Glauben, so hat er die Zarin und Beckoj 1763/64 auf diese Notwendigkeit hingewiesen (vgl. Büsching, Eigene Lebensgeschichte, S. 469 f.).
[178] Zitiert in: Majkov, Beckoj, S. 381.
[179] Gerade diese Bestrebungen Beckojs haben George Epp, ohne daß er auf Absolventenzahlen sah, zu dem Urteil veranlaßt „Russian education shifted slowly in the direction of a more democratic society" (vgl. Epp, The Educational Policies, S. 59), wobei bei allen Problemen der Umsetzung (vgl. Kap. 3.2.1.) schon der Begriff der „demokratischen Gesellschaft" als Gradmesser für die Bewertung der Diskursebene unglücklich gewählt ist.
[180] So schon das Urteil der vorrevolutionären Historiographie: Vom enzyklopädischen Charakter sprach P. V. Petrov (Petrov, P. V., Glavnoe upravlenie voenno-učebnych zavedenij. Istoričeskij očerk. SPb. 1902, S. 32) ebenso wie Vasilij Ključevskij (Ključevskij, V. O., Russische Geschichte von Peter dem Großen bis Nikolaus I. Bd. 2. Zürich 1945, S. 276 f.). Siehe auch Popov, A. A., Plechanov, A. M., Ot kadetskich korpusov Rossii k Suvorovskim voennym učiliščam vojsk NKVD/MVD SSSR (1731-1960 gg.) Moskva 1998, S. 14. Vgl. auch Kap. 2.2.

être fait prendre le change, mes cadets seront tout ce qu'ils voudront et choisiront leur état selon leurs goûts et inclinations."[181]

Schon vor der Oktoberrevolution sprach A. S. Lappo-Danilevskij von einem Beckojschen System der Erziehung.[182] Diese Charakterisierung war allerdings nur partiell zutreffend. Beckoj entwickelte in seinem Plan für die Erziehung der Jugend beiderlei Geschlechts die Leitlinien für eine moralische Unterweisung, die er in den Statuten für die verschiedenen geschlossenen Bildungsinstitutionen wiederholte. Er variierte diese Leitlinien jedoch nicht in dem Sinn, daß er die jeweiligen Spezifika der Institutionen in seine Überlegungen einbezog, weil ihn der Fortschrittsglaube, ja Utopismus der von ihm rezipierten französischen Aufklärer ebenso gefangennahm wie sein eigener Idealismus. Nur geschlossene Einrichtungen konnten gleichsam „Labore" für die Formung eines neuen Menschen sein, der durch die Entwicklung seiner Talente und seines Verstandes zum nützlichen Mitglied der Gesellschaft werden sollte. Diese Leitgedanken, entstanden aus der Synthese des Gedankengutes Comenius', Lockes, Montaignes, Fénelons und Rousseaus, hielt er für universal anwendbar; sie sollten für das Kadettenkorps gleichermaßen gelten wie für das Smol'nyj-Institut, für die Akademie der Künste ebenso wie für die Armen- und Findelhäuser.

Die Zarin wagte mit dem Waisenhaus in Moskau und den nachfolgenden Gründungen sowie den Smol'nyj-Instituten noch ein weiteres Experiment: Es wurden keine Bildungsinstitutionen in ausschließlich staatlicher oder privater Trägerschaft gegründet, sondern eigenständige Gesellschaften eingerichtet. Diese hatten die Waisenhäuser und den Smol'nyj zu finanzieren, wobei sie freilich von Katharina und vor allem Beckoj mit nicht unerheblichen Zuwendungen aus den jeweiligen privaten Schatullen unterstützt wurden. Möglicherweise hat Katharina mit dieser Form der Finanzierung den Grad der gesellschaftlichen Akzeptanz am Ausmaß der Förderungsbereitschaft feststellen wollen. Ihre Erwartungen wurden, trotz mancher Probleme bei der Rechnungsführung, nicht enttäuscht - in den ersten Jahren konnten die staatlichen Zuschüsse gering gehalten werden.[183]

1993 urteilte Alla N. Eroškina in einer Miszelle über Beckoj, dieser habe an dem Sozial- und Gesellschaftsaufbau des Zarenreiches nicht rütteln wollen,[184] womit sie Beckoj anhand zeitfremder Kriterien bewertete. Auch Rousseau beschrieb in seinem

---

[181] Katharina an Falconet, 10.3.1767, in: SIRIO 17, S. 3.
[182] Prägnant formuliert im Titel seiner Schrift: „I. I. Beckoj i ego sistema vospitanija".
[183] Čistovič (Hrsg.), Materialy, S. 100-116. Neben Katharina, Beckoj und dem Thronfolger Paul waren der Moskauer Metropolit Dmitrij, die Fürsten Golicyn, aber auch ungenannte Moskauer Kaufleute unter den Förderern.
[184] Eroškina, Dejatel' ėpochi prosveščennogo absoljutizma, S. 166.

„Émile" die Umwelt für den Haupthelden als verderblich, ohne jedoch ein gesellschaftliches Gegenmodell zu entwerfen; stattdessen sollte sich der Held diesem schädlichen Umfeld entziehen. Diese Gedanken finden sich auch in Beckojs Plänen; die „neuen Menschen" sollten in Institutionen ausgebildet werden, die als Gegenwelt zur existierenden gedacht waren; ein neues Gesellschafts- und Sozialmodell, dessen Umsetzung konkrete politische Maßnahmen wie die Aufhebung der Leibeigenschaft erfordert hätte, kam dahinter nicht zum Vorschein. Hier ahmte Beckoj das Beispiel einiger von ihm rezipierter französischer Philosophen nach.[185] Eines läßt sich jedoch festhalten: Der „Allgemeine Erziehungsplan" und die Statuten für die einzelnen geschlossenen Bildungseinrichtungen wiesen zwar in manchem Widersprüche in sich und zueinander auf, doch die Zielgruppen besaßen ein gemeinsames Merkmal: Ob es sich um angehende Kunsthandwerksmeister, Waisenkinder, adlige Töchter oder *meščanskie devicy* (Handwerkertöchter) handelte, immer sollten in diesen Einrichtungen materiell minderbemittelte Personen gefördert und ausgebildet werden. Kein geschlossenes Modell war intendiert, sondern eine Verbreiterung der Gruppe derjenigen, die je nach ihrer Funktion an den Segnungen des *prosveščenie* teilhaben sollten.

So dominierend Beckoj im bildungspolitischen Diskurs in den ersten Jahren der Herrschaft Katharinas war, so wenig war er der einzige, der sich zu diesem Thema äußerte, auch wenn seine Auffassungen durch die Publikation im *Polnoe Sobranie Zakonov* und durch Übersetzungen den größten Wirkungsgrad erreichten. Die Zarin verzichtete schon bald darauf, einzig Beckoj in Bildungsfragen zu konsultieren, da er, wie sie im April 1766 äußerte, vieles beginne, aber nichts zu Ende führe.[186] Dieser Mangel an greifbaren Ergebnissen, der in der Persönlichkeitsstruktur Beckojs begründet lag, der sich lieber mit dem Entwerfen von Projekten als deren Umsetzung befaßte, mißfiel der Zarin ebenso wie die Vorliebe ihres bildungspolitischen Beraters für die Ideen Rousseaus. Schon 1763 hatte Katharina die geplante Übersetzung des „Émile" verboten, weil dieses Werk ihrer Auffassung nach gegen das Gesetz und die guten Sitten der russischen Nation verstoße.[187] Katharinas Kritik entzündete sich allerdings in erster Linie an Rousseaus Vorstellungen von Staat und Gesellschaft[188] und weniger an

---

[185] Hierzu anregend, allerdings essayistisch zugespitzt auf das Beipiel Voltaires: Bondy, F., Voltaire - Freund aller Despoten, in: Neue Deutsche Hefte 35 (1988), S. 711-722.
[186] Katharina an Mme. Geoffrin, 6.4.1766, in: SIRIO 1, S. 287.
[187] Katharina an den Generalprokurator Glebov, 5.11.1763, in: Ebenda 7, S. 318. Es ist nicht erkennbar, daß Katharina die Werke Rousseaus für ihre eigenen Arbeiten benutzt hat. Selbst als sie nach 1770 die Übersetzung und Publikation zuließ, blieb sie bei ihrer Abneigung (vgl. Katharina an Mme. Bielke, 13.9.1770, in: Ebenda 13, S. 36 f.).
[188] Katharina war sehr wohl bewußt, daß beispielsweise das Wort *citoyen* bei Rousseau in anderer Weise gedeutet wurde, als es die Herrscherin bei der Benutzung des entsprechenden russischen Wortes *graždanin* verstanden wissen wollte. Ob andere Persönlichkeiten, die ihr nahestanden, diese Unterschiede so differenziert zu interpretieren vermochten oder ob sie zu diesem Zeitpunkt einfach von

pädagogischen Problemen wie Lernverhalten und Charakterprägung des Kindes, denen Beckoj in seinem „Allgemeinen Erziehungsplan" besondere Bedeutung beigemessen hatte.

Mit dem Namen Beckojs ist die Entwicklung von avantgardistischen Projekten geschlossener Schuleinrichtungen verbunden, nicht jedoch der Aufbau eines Schulsystems für das Russische Reich, für den der „Allgemeine Erziehungsplan" als Initialzündung hatte dienen sollen.[189] Katharina suchte folglich nach anderen Beratern, zumal in Preußen bereits 1763 ein Schulsystem etabliert worden war[190] und Katharina II. sich zeitlebens in einem von Animosität geprägten Konkurrenzverhältnis zu Friedrich II. befand, das sich nicht nur in ihren Kontakten zu den Repräsentanten der Aufklärung, sondern auch in der Propagierung aufgeklärter Politik durch den aufgeklärten Monarchen äußerte.[191] Diese neuen Berater sollten ihre Vorschläge in ganz anderem Maße an den russischen Gegebenheiten orientieren, vor allem aber sollten sie sich über diese Gegebenheiten zunächst einmal informieren - in der Gesetzgebenden Kommission.

---

jeglicher Form der französischen Aufklärung fasziniert waren, muß dahingestellt bleiben. Grigorij Orlov beispielsweise lud Rousseau 1771 - ohne Erfolg - nach Rußland ein. Für Katharina wurde Rousseau vollends zur Persona non grata, als er in seiner Schrift „Considérations sur le gouvernement de Pologne" (1772) ein Verhältnis vom Individuum zum Staat entwickelte, das Katharina gerade vor dem Hintergrund ihrer eigenen Polenpolitik als Affront empfand. Zur Rousseau-Rezeption in Rußland siehe die Deutung von Jurij Lotman: Lotman, Ju. N., Russo i russkaja kul'tura XVIII - načala XIX veka in: Russo, Ž. Ž., Traktaty. Moskva 1969, S. 555-604. Zur Staatsauffassung Rousseaus im „Émile", wo er auch seine Auffassung vom Gesellschaftsvertrag darlegt: Ders., Emil oder Über die Erziehung, S. 500-519.

[189] Die wachsende Enttäuschung Katharinas über Beckoj spiegelt sich in ihrem Briefwechsel mit Mme. Geoffrin wider, die Beckoj aus seiner Pariser Zeit kannte (vgl. SIRIO 1, S. 255, 261, 270, 277, 279, 286 f.; siehe auch: Lappo-Danilevskij, I. I. Beckoj, S. 12 f.).

[190] Die Reform des preußischen Elementarschulwesens und der Lehrerausbildung ging im wesentlichen von den hallensisch, pietistisch geprägten Bildungstraditionen aus, die schon in der petrinischen Epoche in Rußland rezipiert worden waren, während der Herrschaft Elisabeths und zu Beginn der Regierung Katharinas II. jedoch durch eine Rezeption der französischen Aufklärung überlagert worden waren. Die in Preußen 1748 etablierte Berliner „Realschule" des Pietisten Johann Julius Hecker sowie das von ihm beeinflußte General-Landschulregiment aus dem Jahre 1763, in dem mit der Gründung von Lehrerseminaren auch die Professionalisierung der Lehrerausbildung angestrebt worden war, wurde als Vorbild auch andernorts, z. B. in Österreich, aufgegriffen (vgl. hierzu ausführlich: Neugebauer, Absolutistischer Staat und Schulwirklichkeit, S. 372-389; ders. (Hrsg.), Schule und Absolutismus in Preußen. Akten zum preußischen Elementarschulwesen bis 1806. Berlin usw. 1992 (= Veröffentlichungen der Historischen Kommission zu Berlin, 83), S. 189-197, 201-205; Melton, Absolutism and the Eighteenth Century Origins of Compulsory Schooling, S. 171-179, 200-204).

[191] Scharf, Katharina II., Deutschland und die Deutschen, S. 282; aufgearbeitet unter vergleichenden Aspekten des „Aufgeklärten Absolutismus", der in dieser Studie als noch brauchbarer Arbeitsbegriff verwandt wird, bei: Blanning, T. C. W., Frederick the Great and Enlightened Absolutism, in: Scott, H. M. (Hrsg.), Enlightened Absolutism. Reform and Reformers in Later Eighteenth Century Europe. London usw. 1990, S. 265-288, hier S. 274-278; ältere Sichtweise, aber durch den weitgefaßten Vergleich noch immer anregend: Aretin, K. O. v., Der Aufgeklärte Absolutismus als europäisches Problem., in: Ders. (Hrsg.), Der Aufgeklärte Absolutismus. Köln 1974 (= Neue Wissenschaftliche Bibliothek), S. 11-51.

3.1.2. Instruktionen und Gesetzgebungsprojekte: Fragen der Bildung in der Gesetzgebenden Kommission

Spätestens mit dem Beginn der Herrschaft Katharinas II. bildete sich eine Eigenart in der Geschichte der Gesetzgebung des Zarenreiches heraus, die immer dann auftrat, wenn die Administration schwach ausgeprägt oder zu wenig kompetent war, um legislative Akte vorzubereiten, der jeweilige Herrscher aber das Land durch einen Reformschub zu verändern trachtete: Die Einsetzung einer Kommission. Von diesem Instrument machte in viel höherem Maße als der auf Einzelpersönlichkeiten vertrauende Peter I. die sich als „Legislatrix" verstehende Zarin Gebrauch, die im Bereich der Bildungspolitik schon sehr bald erkennen mußte, daß Ivan Beckoj bei aller persönlichen Faszination das Bildungssystem nicht im Alleingang, sondern nur mit Unterstützung würde weiterentwickeln können. Daher setzte Katharina schon 1764 eine Kommission ein, in die Grigorij N. Teplov, Timotheus (Timofej) von Klingstedt,[1] der Moskauer Juraprofessor Philipp Heinrich Dilthey und das Akademiemitglied Gerhard Friedrich Müller berufen wurden. Ausgehend von dem „Allgemeinen Erziehungsplan" Beckojs, sollten diese Persönlichkeiten die Gesetzgebung für ein landesweites Schulsystem vorantreiben,[2] für das sie unterschiedliche Memoranden vorlegten.

Grigorij Teplov konnte seine Erfahrungen aus der 1763 etablierten „Kommission über den kirchlichen Besitz" einbringen, in der auch die Frage des geistlichen Bildungswesens im Verhältnis zum säkularen behandelt worden war.[3] Müller hingegen arbeitete Denkschriften aus, in denen er auf die Wichtigkeit einer Abstimmung von

---

[1] Klingstedt, im liv- und estländischen Justizkollegium tätig, war ein Experte für Agrarfragen. Vgl. Komissarenko, A. I., Agrarnyj proekt T. I. Klingštedta (60-e gody XVIII v.), in: Slavgorodskaja, L. V. (Hrsg. u. a.), Nemcy v Rossii. Ljudi i sud'by. SPb. 1998, S. 163-166.
[2] 1764 bat die Zarin den Kaplan der englischen Faktorei, Dumaresq, nach Rußland zurückzukehren, um in die Kommission die Erfahrungen des englischen Bildungswesens, insbesondere des Rousseau-Opponenten John Brown, einzubringen. Brown vertrat die Auffassung, daß sich in Rußland die Möglichkeit eröffne, in der Schulgesetzgebung die Fehler anderer Länder zu vermeiden, wobei er dem Leibnizschen Gedanken, Rußland sei eine Tabula rasa und damit ein ideales Feld für wohlkonzipierte Reformen jeglicher Art, implizit beipflichtete. Siehe: Hans, N., Dumaresq, Brown and Some Early Educational Projects of Catherine II., in: SEER 40 (1961), S. 229-235; Kämmerer, J., Katharina II. im Rahmen hugenottischer Bildungsbemühungen, in: Amburger E. (Hrsg. u.a.), Wissenschaftspolitik in Mittel- und Osteuropa. Wissenschaftliche Gesellschaften, Akademien und Hochschulen im 18. und beginnenden 19. Jahrhundert. Berlin 1976, S. 295-308, hier S. 299 f.
[3] Roždestvenskij, S. V. (Hrsg.), Materialy dlja istorii učebnych reform v Rossii v XVIII-XIX vv. SPb. 1910, S. 258-323.

Lehrplan und späterem Beruf hinwies.[4] Ergebnis der Memoranden und Sitzungen war ein im November 1764 vorgelegter *General 'hyj plan gimnazij ili gosudarstvennych učilišč* (Generalplan für Gymnasien oder staatliche Schulen), der durchaus dem Geiste Beckojs verpflichtet war, wiewohl dieser es ablehnte, den Plan wie überhaupt die ganze Kommission zur Kenntnis zu nehmen.[6] Wie für die Internatsschule an der Akademie der Künste war für die staatlichen Gymnasien eine Separierung vom Elternhaus ab dem sechsten bis zum achtzehnten Lebensjahr vorgesehen, auch die Abfolge der Ausbildungsstufen war identisch. Zudem sollten diese Gymnasien für alle rechtlichen und sozialen Gruppen offen sein - bis auf die Leibeigenenkinder. Eine besondere Stufe der Elementarbildung, skizziert im Anhang zu diesem Plan, war mit der Einrichtung von *prostonarodnye školy* (elementaren Volksschulen) vorgesehen; in ihnen sollten die Priester in allen Städten unter der Aufsicht der Magistrate Lesen, Schreiben und Rechnen unterrichten.[7] Um diese Form der Elementarbildung, an der Kirche und Städte beteiligt werden sollten, hatte sich Beckoj in seinem „Allgemeinen Erziehungsplan" nicht bemüht, da sie seiner Auffassung nach, allerdings auch nach Einschätzung der Kommission, nichts zur Erschaffung eines „Mittelstandes" beigetragen hätten.

Philipp Dilthey legte eine gesonderte Skizze vor,[8] die keinen Eingang in den Generalplan fand und durch das Abweichen von der Beckojschen Idee der geschlossenen Lehranstalten und der gemeinsamen Erziehung von Kindern unterschiedlicher sozialer Herkunft eine Gegenposition im Diskurs markierte. Dilthey favorisierte zwar auch ein dreistufiges Schulsystem, bestehend aus Elementarschulen, die er nach mitteleuropäischen Vorbildern als Trivialschulen bezeichnete, sowie aus neun Gymnasien und zwei Universitäten, die neben Moskau dort gegründet werden sollten, wo die Voraussetzungen am besten seien - im Baltikum und in der Ukraine, namentlich in Dorpat und als Zugeständnis an das Kommissionsmitglied Teplov in Baturin. Doch wollte er innerhalb dieses dreistufigen Systems die unterschiedlichen sozialen und rechtlichen Gruppen strikt voneinander separieren, so daß adlige und nichtadlige Kinder zwar nicht fachlich, aber räumlich getrennt unterrichtet werden würden. Moralische Unterweisung in russischer Sprache war dabei sein Hauptanliegen für alle Schulstufen und alle Schüler - welcher Herkunft auch immer. Bemerkenswert ist sein Projekt jedoch vor allem wegen seiner Vorschläge zur Ausbildung leibeigener Bauernkinder: Eingedenk der treffenden

---

[4] Seine Denkschriften aus dem Jahre 1764 sind erstmals aufgearbeitet in: Smagina, Akademija nauk, S. 64-71.
[5] Publiziert mit Anlagen in: Roždestvenskij (Hrsg.), Materialy, S. 102-141.
[6] Roždestvenskij, Očerki, S. 266-268.
[7] Ebenda, S. 141-143.
[8] Donnert, E. (Hrsg.), Philipp Heinrich Dilthey (1723-1781) und sein Bildungsplan für Rußland vom Jahre 1764, in: ÖOH 31 (1989), S. 203-237, hier S. 217-237.

3.1.2. Instruktionen und Gesetzgebungsprojekte

Beobachtung, daß es vor allem Leibeigene seien, die sich in den ersten Lebensjahren um die Erziehung adliger Kleinkinder kümmerten, schlug er vor, die Leibeigenen, die im adligen Haus dienten, zu Lehrern auszubilden. Er plädierte für die Einrichtung zweier pädagogischer Seminare in Moskau und Sankt Petersburg, in denen je 100 Leibeigenenkinder in Latein, Französisch, Deutsch, Russisch, Geschichte und Geographie Unterricht erhalten sollten, um diese Kenntnisse dann an ihre adligen Schützlinge weitergeben zu können.[9] Der Vorschlag, Leibeigenenkindern nicht nur Lesen und Schreiben zu vermitteln, sondern sie sogleich zu Lehrern adliger Kinder zu machen, ist einzigartig unter den Vorschlägen der katharinäischen Epoche. Eine Reflexion des Moskauer Professors über die langfristigen gesellschaftlichen Folgen, über ein mögliches verändertes Selbstbewußtsein oder über den Multiplikationseffekt dieser Gruppe erfolgte nicht. Dabei hätte hier ein Nukleus für die von Majja Kurmačeva beschriebene *krepostnaja intelligencija* liegen können.[10] Dieser Plan blieb jedoch bei allen weiteren Überlegungen zur Gesetzgebung unberücksichtigt.

Die Projekte der Schulkommission von 1764 gelangten allesamt nicht zur Umsetzung, weniger, weil sie zu uneinheitlich waren, um sofort in eine Schulgesetzgebung gegossen zu werden, oder weil sie auf die Aufnahme des Vokabulars der diskursbeherrschenden europäischen Aufklärung und ihrer Pädagogen verzichteten und sich dadurch im Diskurs nicht gegen die von Beckoj repräsentierte Linie durchsetzen konnten, sondern weil vor allem Katharina selbst das Interesse an der Kommission verloren zu haben schien, da sie an einem Vorhaben arbeitete, das zum Ausweis guter herrscherlicher Politik schlechthin werden sollte: der Einberufung einer „Kommission zur Verfertigung eines neuen Gesetzbuchs", kurz „Gesetzbuchkommission" tituliert.[11] Diese Unternehmung zielte auf die Modernisierung und Europäisierung des Staates mittels eines neu zu schaffenden Gesetzbuches ab, das an die Stelle des die vorpetrinische Tradition repräsentierenden *uloženie* des Zaren Aleksej Michajlovič aus dem Jahre 1649 treten sollte. Um den Erfordernissen auf den verschiedensten Gesetzgebungsfeldern gerecht werden zu können und natürlich auch, um ihre usurpierte Herrschaft weiter zu legitimieren, wollte die Zarin in einen „nationalen Dialog"[12] eintreten. Sie beabsichtigte, die Meinung ihrer Untertanen einzuholen, sich den Zustand ihres Reiches aus deren

---

[9] Ebenda, S. 217-220.
[10] Kurmačeva, Krepostnaja intelligencija.
[11] Der in der Literatur anzutreffende Terminus „Gesetzgebende Kommission" ist irreführend, da diese Versammlung keine legislative Gewalt, sondern lediglich eine beratende Funktion besaß. Sie trug mehr den Charakter einer altständischen Versammlung als eines Parlaments, bedeutete jedoch für die Geschichte des Zarenreiches fraglos eine Innovation.
[12] Treffend: Madariaga, Russia in the Age of Catherine the Great, S. 139.

Perspektive beschreiben zu lassen und sie in den Gesetzgebungsprozeß durch die Einberufung einer Kommission einzubinden, die aus gewählten Deputierten verschiedener, rechtlich definierter Bevölkerungsgruppen sowie aus Vertretern lokaler und zentraler staatlicher Institutionen bestehen sollte. Zu den zu erörternden Feldern gehörten neben dem grundsätzlichen sozialen und gesellschaftlichen Aufbau des Staates auch Fragen der Erziehung, Bildung und Ausbildung.

In einem Manifest vom 14.12.1766 lud die Zarin Vertreter der angesprochenen Gruppen und Institutionen nach Moskau ein, damit diese an dem neuen Gesetzbuch mitwirkten, nicht ohne einige Monate später ihre Erwartungshaltung an die „Gesetzbuchkommission" deutlich zum Ausdruck zu bringen. Im Juli 1767 wurde eine von Katharina verfaßte „Instruktion für die Verfertigung eines neuen Gesetzbuches" (kurz „Große Instruktion" oder *bol šoj nakaz*) publiziert, in der die Zarin die Problemfelder vorstrukturierte und zugleich ihre Vertrautheit mit der politischen Literatur ihrer Zeit bewies. Seit 1765 hatte Katharina an dem Text gearbeitet und ihn dabei auf seine Akzeptanz testen lassen, indem sie einige Passagen von Persönlichkeiten prüfen ließ, die bei Hofe und im Staat unterschiedliche Richtungen repräsentierten. Während sie bei Grigorij Orlov und Aleksandr I. Bibikov[13] eher mit Kritik im Detail rechnen konnte, dürften die Bedenken von Nikita Panin,[14] der eine konstitutionelle Begrenzung der monarchischen Gewalt Katharinas favorisierte, oder von Aleksandr P. Sumarokov, der als Advokat konservativ-adliger Privilegien ausgewiesen war, eher grundsätzlich formuliert worden sein.[15] Betrachtet man die wichtigsten Zielvorgaben der „Instruktion", wird deutlich, daß Bildungspolitik keine hohe Priorität genoß. Dies erklärt, warum Persönlichkeiten wie Beckoj oder Angehörige der Akademie nicht zur Mithilfe herangezogen worden waren und warum zwar auf Werke der politischen und ökonomischen Literatur Bezug genommen worden war, nicht aber auf pädagogisch-didaktische Werke. Von den 525 Artikeln des ersten, 1767 publizierten Teils der Instruktion gehen 300 auf Montesquieus „De l'esprit des lois" (Vom Geist der Gesetze) zurück und über 100 auf Cesare Beccarias „Dei delitte e delle pene" (Von den Verbrechen und Strafen).[16] Weiterhin benutzte die Zarin die von Beckoj der Akademie überreichte

---

[13] Bibikov gehörte zu denen, die als Militär durch das Studium des Artilleriewesens in Sachsen und die Teilnahme am Siebenjährigen Krieg ein „Europaerlebnis" erfahren hatten (zu seiner Person: Zalesskij, K. A., Bibikov, Aleksandr Il'ič, in: Otečestvennaja istorija, T. 1, S. 227 f.

[14] Nikita Panin war nicht nur der führende politische Kopf im ersten Jahrzehnt der Herrschaft Katharinas II., er befaßte sich als Erzieher des 1754 geborenen Thronfolgers Paul auch mit der am Leitbild des aufgeklärten, die Gesetze achtenden Monarchen orientierten Prinzenerziehung (vgl. Ransel, The Panin Party, S. 202-211).

[15] [Katharina], Sočinenija imperatricy Ekateriny II na osnovanii podlinnych rukopisej i s objasnitel'nymi primečanijami. T. 12: Avtobiografičeskie zapiski. SPb. 1907 (Reprint 1965), S. 524.

[16] Es spricht für eine konzentrierte Arbeitsweise und das Interesse Katharinas sowie die schnelle Kommunikation mit ihren europäischen Korrespondenzpartnern, daß sie Beccarias 1764, in

3.1.2. Instruktionen und Gesetzgebungsprojekte

Ausgabe der Enzyklopädie sowie Werke Jakob Friedrich von Bielfelds, Johann Gottlieb von Justis und François Quesnays.[17] Dabei zitierte Katharina teils wörtlich, teils indirekt, durchaus aber auch, wenn es ihr nötig erschien, aus dem Kontext und gegen den Sinnzusammenhang der jeweiligen Texte, wie etwa bei ihrer ebenso kategorischen wie programmatischen, Montesquieus Definition ins Gegenteil verkehrenden Feststellung: „Rußland ist eine europäische Macht".[18]

So genau sich aus manchen Artikeln ihrer „Großen Instruktion" eine Handlungsanweisung für die Diskussion über mögliche Gesetzesprojekte durch die Deputierten entnehmen ließ, so vage äußerte die Zarin ihre Vorstellungen zu Bildung und Erziehung, was bei dem Interesse, das sie diesem Thema in ihren Korrespondenzen und Aufzeichnungen einräumte, zunächst einmal verwundert. Das knappe 14. Kapitel „Von der Erziehung" zeigt, daß sich Katharina weit von den avantgardistischen Vorschlägen und Maßnahmen Beckojs entfernt hatte:[19]

> „348. Die Regeln der Erziehung sind die ersten Grundsätze, die uns vorbereiten, gute Bürger zu werden.
> 349. Jede einzelne Familie muß nach dem Plane der großen Familie, die alle in sich begreift, regieret werden.
> 350. Es ist unmöglich, einem zalreichen Volke eine allgemeine Erziehung zu geben, und alle Kinder in eigentlich dazu bestimmten Häusern zu erziehen. Folglich wird es nützlich seyn, einige allgemeine Regeln festzusetzen, die allen Eltern statt eines Rathes dienen können."[20]

Gleich zu Beginn des Kapitels [21] stellte sie also klar, daß es ihr in erster Linie um

---

französischer Sprache erst 1765 erschienenes Werk in so kurzer Zeit durcharbeitete und für ihre „Instruktion" benutzte.
[17] Čečulin, N. D., Ob istočnikach nakaza Ekateriny II, in: ŽMNP (1902), 4, S. 306-317; zu den deutschsprachigen Autoren: Scharf, Katharina II., Deutschland und die Deutschen, S. 123-130.
[18] [Katharina], Katharina der Zweiten, Kaiserin und Gesetzgeberin von Rußland, Instruction für die zu Verfertigung des Entwurfs zu einem neuen Gesetzbuche verordnete Commißion. Riga usw. 1768, S. 4.
[19] In anderen Kapiteln wurden indirekt Beziehungen zu Fragen der Bildung hergestellt, etwa als Katharina in Rezeption des Strafrechtsreformers Beccaria die skrupulöse Anwendung von Gesetz und daraus resultierender Strafe damit legitimierte, daß diese dem gebildeten Bürger helfen würden, sich innerhalb des Staates zu bewegen.
[20] [Katharina], Instruction, S. 101.
[21] N. D. Čečulin kam bei einem Studium der Handschrift zu dem Ergebnis, daß die knappen Passagen über Erziehung im 14. Kapitel nicht erkennbar korrigiert worden sind. Freilich war dieses Kapitel auch nicht das gesellschaftspolitisch brisanteste. Es beginnt - wie andere auch - mit einer unmittelbaren Entlehnung aus Montesquieus „Vom Geist der Gesetze", und zwar aus dem 1. Kapitel des 4. Buches „Über die Gesetze der Erziehung" (vgl. Čečulin, N. D. (Hrsg.), Nakaz Imperatricy Ekateriny II, dannyj kommissii po sočineniju proekta novogo uloženija. Moskva 1907, S. LII, LXXVII-LXX, CI, CV, CXX f.; Montesquieu, C. de, Vom Geist der Gesetze. Stuttgart 1994 (= Universal-

den guten Staatsbürger ging, den sie seit Beginn ihrer Regierung immer wieder eingefordert hatte, und zugleich, daß mit den Beckojschen Pilotprojekten keinesfalls die Implementierung eines flächendeckenden Schulwesens intendiert gewesen war. In ihren Vorstellungen versuchte sie an Traditionslinien anzuknüpfen, die über Vasilij Tatiščev und Feofan Prokopovič bis zum *Domostroj* zurückreichten. Grundsätze, nach denen innerhalb der Familie Autorität und Hierarchie gestaltet sein sollten, hätten auch für das Staatswesen zu gelten. Damit war die erste Pflicht des Bürgers keine Partizipation an der politischen Macht, wozu ihn seine Bildung in die Lage hätte versetzen können, sondern schlichtweg die Anerkennung der Autorität, in diesem Fall diejenige der Autokratin. Auf diesem Axiom basierten die Leitlinien für die elterliche Erziehung in den folgenden Artikeln: Gottesfurcht, Respekt vor der Orthodoxie,[22] Achtung der Gesetze und Liebe zum Vaterland.[23] Wenn man den Vergleich zwischen der Familie und dem Staat weiter verfolgt, läßt sich aus der Ermahnung an die Eltern auch eine Selbstverpflichtung der Herrscherin zu einer guten, maßvollen Regierung ableiten: Mit positivem Beispiel sollte vorangegangen werden, die Eltern hätten „Scheltwörter, Flüche, Schläge, Grausamkeiten aller Arten, und ähnliche Vergehen"[24] zu vermeiden. Zumindest auf familiärer Ebene sollten Prinzipien gelten, die ebenfalls in den Beckojschen Konzepten bindend gewesen waren. Auch führte sie den Gedanken zur Schaffung eines Mittelstandes (*tretij rod*) für Rußland in einem eigenen Kapitel (16.) aus und betonte damit die besondere Bedeutsamkeit dieses Vorhabens. Was diesen Mittelstand für Katharina letztlich ausmachen sollte, war unter anderem seine Bildung und daraus folgend seine Kompetenz, sollten dessen Angehörige doch aus den Waisenhäusern oder Bildungseinrichtungen - ob weltlich oder geistlich - hervorgehen.[25] So vage die Aus-

---

Bibliothek, 8953), S. 132).

[22] Der Respekt vor der Orthodoxie wurde an verschiedenen Stellen der Instruktion eingefordert, was verschiedene Gründe hatte; einerseits sollte seine Erwähnung die Geistlichkeit beruhigen, die bei der Konzeption der geschlossenen Bildungseinrichtungen nicht beteiligt worden war und mehrheitlich der Rezeption der Aufklärung skeptisch gegenüberstand; andererseits hatte Katharina selbst ihre Thronbesteigung mit dem „Respekt vor der Orthodoxie" begründet; die wiederholte Erwähnung diente damit ebenso der eigenen Herrschaftslegitimation wie der Festigung der staatlichen Strukturen durch die Betonung traditioneller Elemente (vgl. das Manifest aus Anlaß ihrer Thronbesteigung vom 18.6.1762 in: PSZ 16, Nr. 11.582, S. 1 f. Neuabdruck bei: Veselaja (Hrsg.), Put' k tronu, S. 490 f.).

[23] [Katharina], Instruktion, S. 101 f.

[24] Ebenda, S. 102.

[25] Ebenda, S. 107; im Grunde war Katharinas Definition des „Mittelstandes" eine Begriffsbestimmung ex negativo, da diesem Stand alle Personen angehören sollten, die weder dem Adel noch der Bauernschaft zugeordnet waren (ebenda, S.106-108). Die Zarin war in der Verwendung von Begriffen wenig konsequent. Am Beispiel des Terminus *obščestvo* - Gesellschaft untersucht von: Schierle, I.: Zur politisch-sozialen Begriffssprache der Regierung Katharinas II. Gesellschaft und Gesellschaften: „obščestvo", in: Scharf, C. (Hrsg.): Katharina II., Rußland und Europa. Beiträge zur internationalen Forschung. Mainz 2001 (= Veröffentlichungen des Instituts für Europäische Geschichte Mainz, Beiheft 45), S. 275-306.

3.1.2. Instruktionen und Gesetzgebungsprojekte

sagen im 14. Kapitel auch gehalten waren, im 22. Kapitel wurde das Schul- und Bildungswesen immerhin als staatliche Aufgabe genannt.[26] Wie auch in anderen Abschnitten ihrer Instruktion hatte die Zarin lediglich einen Rahmen gesteckt, in dem sich die einzelnen rechtlichen Korporationen und Institutionen, die zur Mitarbeit an der Kommission aufgefordert worden waren, bewegen konnten. Da im 14. Kapitel vor allem die häusliche Erziehung und ein allgemeiner Tugendkatalog für den Staatsbürger angesprochen worden waren, hatte die Gesetzbuchkommission gerade im Bereich des Bildungswesens die Möglichkeit, in unterschiedliche Richtungen zu denken.

Inwieweit die „Instruktion" Katharinas den gewählten Deputierten bekannt war, wer überhaupt im Zarenreich davon Kenntnis besaß, läßt sich schwer abschätzen. Zwar ordnete die Zarin 1767 an, daß ihre „Instruktion" in alle Gouvernements verschickt werden sollte mit der Maßgabe, sie an bestimmten Tagen laut zu verlesen[27] - eine Praxis, die auch mit anderen *ukazy* geübt wurde -, über die Durchführung in der Provinz ist jedoch nichts bekannt. Von einer gewissen Rezeption wird man jedoch ausgehen dürfen: Die zur Gesetzbuchkommission entsandten Deputierten hatten von ihren Wählern *nakazy*, in denen Sorgen, Beschwerden und Wünsche formuliert worden waren, mit auf den Weg bekommen, und in manchen von ihnen wurde auf Passagen der „Instruktion" konkret Bezug genommen.

Insgesamt verfügten die Delegierten über 1.600 *nakazy*. Fragen der Bildung wurden in ca. 80 *nakazy* unmittelbar angesprochen, was den nicht eben hohen Stellenwert der Thematik im Vergleich zu anderen Problemfeldern aufzeigt. Daß dabei vor allem in Instruktionen für adlige Deputierte auf Erziehung und Ausbildung eingegangen wurde, verwundert bei deren überragender Anzahl nicht. Schließlich waren - stark schematisiert - 223 Vertreter des Adels gewählt worden, gefolgt von 168 Vertretern der Kaufmannschaft, 42 Vertretern der Einhöfer, 20 Vertretern der Staatsbauern - diesen beiden Gruppen blieb bei Ausschluß der leibeigenen Bauern die Vertretung des über 90% der Bevölkerung des Zarenreiches zählenden Agrarsektors vorbehalten -, 42 Vertretern der *inorodcy*, der Nationalitäten des Wolgagebietes und Sibiriens, 35 Vertretern der Kosaken und 29 Vertretern zentraler staatlicher Einrichtungen. Auffällig ist zudem, daß

---

[26] Während die ersten 20 Kapitel der „Instruktion" schon 1767 publiziert wurden und autorisierte Übersetzungen ins Deutsche und Französische erschienen, waren die ergänzenden Kapitel 21 und 22 erst 1768 fertiggestellt, als die „Große Debatte" in der Kommission bereits begonnen hatte (siehe vor allem Kapitel 21, in: Panteleev, L. P. (Hrsg.), Nakaz Eja Imperatorskogo Veličestva Ekateriny Vtoryja Samoderžicy Vserossijskija dannyj Kommissii o sočinenii novogo Uloženija SPb. 1893, S. 182-201).
[27] Čečulin (Hrsg.), Nakaz, S. CXLVII.

bereits 35 Vertreter von der sich ausweitenden Gruppe der *raznočincy* gestellt wurden und daß - neben den leibeigenen Bauern - auch die Geistlichkeit mit nur zwei Vertretern, die der Synod als Institution stellte, nachgerade ausgeschlossen blieb.[28]

Ebenso wie die Gesetzbuchkommission an sich große Beachtung in der Literatur erfahren hat, wurden die *nakazy* immer wieder als Quellen für die Sozial- und Kulturgeschichte des Zarenreiches herangezogen. Zentrale Themen der Forschung waren vor allem die Fragen nach der Position des Adels und der Stadtbewohner in Wirtschaft und Staat sowie - und dies zumeist in der Rückschau von der späten Aufhebung der Leibeigenschaft 1863 her gesehen - diejenige nach dem Verhältnis von Grundherren und Bauern,[29] wobei letztere unter den Deputierten ja nur durch Einhöfer und Staatsbauern vertreten waren. Daß das Institut der Leibeigenschaft nicht Thema sein sollte, hatte Katharina durch die weitgehende Weglassung dieses Problemkreises in ihrer „Instruktion" vorgegeben, wiewohl es bei der Diskussion immer wieder mitschwang. Gegenüber den von der Forschung als bedeutsam erachteten Themen sind Fragen der Bildung bislang nur in einem Aufsatz von Majja D. Kurmačeva thematisiert worden,[30] wobei sie in der Tradition der sowjetischen Forschung davon ausging, der Adel habe als reaktionäre, herrschende Klasse die insgesamt wenig diskutierte Frage des Zugangs zur Bildung im Sinne ständischer Privilegierung blockieren wollen.

Den Deputierten konnten mitunter mehrere *nakzay* mitgegeben werden. Aber schon aus der Verteilung der Deputierten wird ersichtlich, daß die Zahl der adligen, sodann der städtischen *nakazy* deutlich überwog, trotz der Unterschiede in der regionalen Verteilung. Auch wenn der Mangel an Bildungsinstitutionen nicht immer angesprochen wurde, so wurde fehlende Bildung doch in anderem Zusammenhang thematisiert. Allein 25 Eingaben für adlige Deputierte enthielten den Hinweis, daß einige Adlige die In-

---

[28] Zur rechtlichen Zuordnung und zur materiellen Basis der Deputiertenschaft in Hinblick auf ihre rechtliche Zuordnung und ihre materielle Basis ausführlich: Beljavskij, M. T., Krestjanskij vopros v Rossii nakanune vosstanija E. I. Pugačeva (formirovanie antikrepostničeskoj mysli). Moskva 1965, S. 72-85.

[29] Auf die „Gesetzbuchkommission" wird in Forschungen zur zweiten Hälfte des 18. Jahrhunderts immer wieder Bezug genommen. Aus der Fülle der Literatur scheinen mir besonders wesentlich zu sein: Mit negativer Beurteilung: Sacke, G., Die gesetzgebende Kommission Katharinas II. Ein Beitrag zur Geschichte des Absolutismus in Rußland. Breslau 1940 (= Jahrbücher für Geschichte Osteuropas, Beiheft 2); positiv dagegen: Omel'čenko, O. A., „Zakonnaja monarchija" Ekateriny Vtoroj: Prosveščennyj absoljutizm v Rossii, Moskva 1993. Die Rolle der Posadgemeinden und ihrer Vertreter analysiert: Knabe, B., Die Struktur der russischen Posadgemeinden und der Katalog der Beschwerden und Forderungen der Kaufmannschaft (1762-1767). Berlin 1975 (= FOG, 22). Den Einfluß der Kommission auf eine gemeinsame Identität des Adels untersucht: Kamenskij, A. B., Rossiiskoe dvorjanstvo v 1767 godu (K probleme konsolidacii), in: Ist SSSR (1990), 1, S. 58-87; zum Adel auch Dukes, Catherine the Great and the Russian Nobility; Jones, The Emancipation, S. 123-163; sowie als gute Zusammenfassung: Madariaga, Russia in the Age of Catherine the Great, S. 139-183.

[30] Kurmačeva, M. D., Problemy obrazovanija v Uložennoj komissii 1767 g., in: Pavlenko, N. I. (Hrsg. u. a.), Dvorjanstvo i krepostnoj stroj Rossii XVI-XVII vv. Moskva 1975, S. 240-264.

struktion nicht hätten unterschreiben können, da sie weder lesen noch schreiben könnten.[31] Noch größer wird die Zahl derjenigen gewesen sein, die durch Bevollmächtigte hatten unterschreiben lassen,[32] oder aber als gewissermaßen funktionale Illiterati nur für sich selbst unterschreiben konnten.[33] Dabei wurde in den *nakazy* des Adels der Sinn von Bildung, Ausbildung und Erziehung nicht mehr hinterfragt, sondern deren Notwendigkeit und Berechtigung anerkannt. Über die Formen der zu schaffenden Bildungsinstitutionen und über Lehrinhalte differierten die Meinungen jedoch.

In dem *nakaz* des Pskover Adels kam ein Bildungsoptimismus zum Ausdruck, der mit dem mancher Projekte der Aufklärer und Beckojs durchaus Schritt halten konnte. Man sprach davon, Gymnasien in jeder Stadt errichten zu wollen, die von den Adligen selbst unterhalten werden würden. In jeder dieser Einrichtungen erhielten die Kinder ungeachtet aller notwendigen Aufwendungen einen anregenden Unterricht, um alle Positionen im Militär und in der Staatsverwaltung mit „guten und aufgeklärten Menschen" besetzen zu können. Dadurch würde sich in Rußland das „Wissen in einer sehr kurzen Zeit entwickeln",[34] die selbstempfundene Rückständigkeit also ausgeglichen werden. Die Forderung nach Gymnasien als Schulform mochte sich durch die Nähe zu den baltischen Provinzen erklären, die seit dem Frieden von Nystadt (1721) zwar dem Zarenreich angehörten, jedoch über andere Bildungstraditionen verfügten und in den großen Städten bereits Gymnasien besaßen[35] oder danach strebten, eben jene wieder neu zu begründen, wie der livländische Adel in seiner Eingabe forderte.[36]

Generell läßt sich jedoch festhalten, daß das große Vorbild, das dem Adel vor

---

[31] Erwähnt in den *nakazy* des Adels für Kostroma, Sudislav, Medyn, Kaluga, Ljubim, Jur'ev, Malojaroslavec, Zarajsk, Serpuchov, Tarusa, Obolensk, Vereja, Suzdal', Možajsk, Vladimir, Beloozero, Dorogobuž, Perfen'evo, Galič, Arzamas, Achtyr, Usman', Kozlov, Insara, Kasimov, Temnikov, Ryl'sk und Ufa. Dies konstatierte schon Robert E. Jones, ohne im folgenden Fragen der Bildung gesonderte Aufmerksamkeit zu schenken (Jones, The Emancipation, S. 59).

[32] Bei den *nakazy* aller Gruppen und Regionen wurde desto häufiger mit Bevollmächtigten auch bei der Wahl der Deputierten gearbeitet, je weiter das Gouvernement oder die Stadt von den Hauptstädten entfernt lag. Die Wahlregularien sahen vor, daß dort zu wählen sei, wo der Wahlberechtigte Grund und Boden besaß oder im Falle der Kaufleute in der Gilde eingetragen war. Dies stimmte gerade für die diensttuenden Adligen keineswegs immer mit dem Dienstort überein, so daß viele Adlige nicht nur *in absentia* wählten, sondern auch mancher *vel možy* in Abwesenheit zum Deputierten gewählt wurde.

[33] SIRIO 14, S. 253, 258, 443, 444 f. 466 f.; ebenda 93, S. 10 f.

[34] Ebenda 14, S. 401; so auch die Forderungen von Adligen aus dem Novgoroder *uezd* (vgl. ebenda 14, S. 346).

[35] Siehe hierzu meinen Aufsatz: Kusber, J., Gosudarstvennaja politika v oblasti obrazovanija v pribaltijskich provincijach v épochu Aleksandra I, in: Smagina, G. I. (Hrsg.), Nemcy v Rossii. SPb. (im Druck).

[36] SIRIO 18, S. 257. Gefordert wurde die Einrichtung von „noch mehr gemeinnützigen Gymnasien" (ebenda 68, S. 72). Auch in den Eingaben der baltischen Städter wurde ein Wiederaufleben von Gymnasien und Akademien, wie sie vor 1721 bestanden hatten, gefordert (vgl. Roždestvenkij, Očerki, S. 287).

Augen stand und ihm erstrebenswert zu sein schien, das Landkadettenkorps in Sankt Petersburg war.[37] Was sich bereits an der Nachfrage und der Heraufsetzung der Zahl der Kadetten (auch im Vergleich zu den anderen Korps) gezeigt hatte, wurden nun offen ausgesprochen. So instruierte der Moskauer Adel seinen Deputierten Petr I. Panin, man wolle nicht nur ein Kadettenkorps wie in Sankt Petersburg, sondern auch - unter Bezugnahme auf das Smol'nyj-Institut - eine geschlossene staatliche Anstalt für die Ausbildung von Mädchen[38] - ein allerdings singulärer Adels*nakaz*. Festzuhalten bleibt, daß im Hinblick auf die regionale Verteilung der *nakazy* des Adels, in denen Bildung eine Rolle spielte, das Gouvernement Moskau und die „kleinrussischen", ukrainischen Gebiete überdurchschnittlich vertreten waren.[39] In ihren Eingaben wurden sowohl übergeordnete, staatsintegrierende Argumente wie regionale Traditionen zur Begründung von notwendiger Bildung angeführt. Im *nakaz* aus Sumy wurde betont, daß dem Vaterland aus der Einrichtung von Bildungsinstitutionen für die *dvorjane*, die Adligen, aber auch für die Kinder anderer Ränge großer Gewinn erwachsen werde: Ignoranz, verderbte Sitten, Aberglaube und Schismen (!), alles gefährliche Erscheinungen für die Menschen, würden verschwinden.[40] Erziehung zum Wohle des staatlichen Ganzen - wobei der Punkt der Schismen vielleicht im Hinblick auf die konfessionelle Gemengelage in den ukrainischen Gebieten genannt, jedoch nicht näher ausgeführt wurde - und zum Nutzen des Einzelnen gingen eine Symbiose ein. Die Rhetorik der Aufklärung wurde durch die Verurteilung von Negativeigenschaften des ungebildeten Menschen aufgegriffen. In einer Eingabe aus Achtyr wurde gefordert, daß das Char'kover Kollegium, welches die jesuitisch-lateinische Bildungstradition der Kiever Akademie aufgenommen hatte,[41] nicht nur Kinder des lokalen Adels unterrichten, sondern den Fächerkanon auch um zivile und militärische Fächer erweitern sollte.[42] In den ukrainischen Gebieten wünschte man nicht nur lokale Schulen für den Adel, der kein Geld für eine teure Ausbildung habe,[43] man forderte auch die Einrichtung einer Universität. Der Adel von Nežin und Baturin schlug eben jenen Ort vor, für den Kyrill G. Razumovskij und Grigoij Teplov schon ein Universitätsgründungsprojekt entworfen hatten, und begründete die Notwendigkeit einer höheren Bildung mit der Bedeutung, die eine Weitergabe der Ergebnisse der Wissenschaft für den gesamten Staat hätte; sie

---

[37] So in den *nakazy* des Adels von Belev (Gouvernement Belgorod), Dorogobuž und Smolensk, Kašina im Gouvernement Moskau und Rjažsk (Gouvernement Voronež); siehe: SIRIO 8, S. 484; ebenda 14, S. 327, 422, 433; ebenda 68, S. 388, 610 f.
[38] Ebenda 4, S. 231.
[39] Adlige Eingaben aus der Ukraine mit Bezug zur Bildung in: Ebenda 68, S. 130, 150 f., 176 f., 193.
[40] Ebenda, S. 276.
[41] Vgl. Kap. 2.2.
[42] SIRIO 68, S. 257.
[43] So z. B. der Kursker (vgl. ebenda, S. 549) oder der Černigover Adel (vgl. ebenda, S. 236 f.).

argumentierten, modern gesprochen, mit der fruchtbaren Verzahnung von Forschung und Lehre. Zudem verwendeten sie auch Schlüsselbegriffe des Diskurses: Die Moral müsse verbessert und die Menschen müßten aufgeklärt werden, ohne *prosveščenie* könne man kein tapferer Soldat, kein kluger Staatsdiener, kein gerechter Richter und kein umsichtiger Haushaltsvorstand sein.[44]

Unumstritten war in den *nakazy* der Adligen, daß exklusive adlige Bildungseinrichtungen einzurichten seien, nicht nur in Form von Korps, sondern auch von lokalen Schulen, die, so im *nakaz* des Adel von Kaluga, am besten den Adelsgerichten unterstellt werden sollten.[45] Es wurde darin sowohl die Auffassung vertreten, der Adel könne seine Ausbildung selbst finanzieren, wie diejenige, der Staat habe dafür aufzukommen.[46] Was unterrichtet werden sollte, hing vom jeweiligen Bildungsverständnis ab. Dort, wo man sich dem Ideal der Allgemeinbildung näherte, wie in einigen *nakazy* aus dem Gouvernement Moskau oder der Ukraine, wurde, wenn der Kanon überhaupt spezifiziert war, ein Lehrplan favorisiert, der dem des Kadettenkorps nahekam und seinen Besuch ermöglichen sollte. Von Sprache, Arithmetik, Geographie und Geometrie war die Rede, auch von Fechten und Tanzen.[47] Andere wollten Fächer aufgenommen wissen, die für den Besuch der Universität oder für ein Studium im Ausland nützlich seien.[48] Nicht selten wurden Vorstellungen geäußert, daß die Aneignung bestimmter Kenntnisse zum sofortigen Diensteintritt zumindest in einen Offiziersrang führen müsse. Solche Vorschläge waren auch schon im Zusammenhang mit der Gründung mittlerweile bestehender Bildungseinrichtungen gemacht worden; was dort jedoch nach der Idee Lomonosovs den sozialen Aufstieg durch Bildung hätte absichern sollen,[49] war hier über ständisch exklusive Bildungseinrichtungen durchaus als Abschottung gegen Aufsteiger gedacht.

Ein uneinheitliches Bild ergibt sich in der Frage, welche Bevölkerungsgruppen nach Meinung des Adels überhaupt in den Genuß von Bildung kommen sollten. Im *nakaz* des Serpuchover Adels war die Rede von Schulen für den Adel wie für die *prikaznye* und

---

[44] Ebenda, S. 137.
[45] Ebenda 4, S. 289.
[46] Nachgerade salomonisch war der Vorschlag in einem adligen *nakaz* aus dem Gouvernement Archangel'sk, diese Frage der *vysokij vlast'*, d. h. der Regierung zur Entscheidung zu überlassen (vgl. ebenda 14, S. 490, 495).
[47] Ebenda 4, S. 362 f.; ebenda 14, S. 275, 346. Die Frage, woher Lehrer rekrutiert werden sollten, wurde nur in einem Fall mit dem Hinweis beantwortet, es solle sich um geeignete Persönlichkeiten handeln (vgl. ebenda 68, S. 549).
[48] Ebenda 68, S. 130, 150 f. Im *nakaz* des Adels von Tula war von der Befähigung für den Besuch der Universität oder der Akademie die Rede (vgl. ebenda 4, S. 406).
[49] So auch die Wünsche der Offiziere eines Samaraer Husarenregiments: Ihre Kinder sollten nach Absolvierung der Universität oder des Kadettenkorps alle Rechte eines Erbadligen erhalten (vgl. ebenda 93, S. 54).

kupečeskie deti, die immerhin auch Arithmetik, Geometrie, Deutsch und Französisch lernen sollten.[50] Die bereits erwähnten Adligen von Sumy sprachen sich für die Schaffung weiterer Einrichtungen für nichtadlige Kinder aus, wie sie bereits in manchen Städten existierten. Explizit wurden hier die Einrichtungen der Moskauer Universität genannt,[51] woraus deutlich wird, daß die Universität und ihr Gymnasium für nichtadlige Kinder als Bildungseinrichtungen durchaus wahrgenommen wurden.

Starke Befürworter einer Einrichtung bäuerlicher Schulen fanden sich in den Reihen des Adels im Dmitrovsker *uezd*. In ihrem *nakaz* war davon die Rede, daß man die Gutsbesitzer überzeugen müsse, für jeweils hundert Haushalte einen Lehrer zu finanzieren, der den Bauernkindern Unterricht in Lesen, Schreiben und Rechnen erteile, wovon die Grundbesitzer - auch im Sinne einer Sozialdisziplinierung - letztlich selbst profitieren würden.[52] Ein Vorschlag, aus welchen sozialen Schichten die Lehrer stammen sollten, wurde nicht gemacht. Der Schluß liegt nahe, daß an die Geistlichkeit gedacht war, die in dem *nakaz* des Jamburger Adels aus dem Gouvernement Sankt Petersburg ausdrücklich genannt wurde. Darin wurde vorgeschlagen, angegliedert an die Kirchen Schulen für die Bauernkinder zu errichten,[53] an deren Einrichtung bereits im „Geistlichen Reglement" - allerdings auf freiwilliger Basis - gedacht war. Entsprechendes wurde in den *nakazy* des Krapivensker und Pskover Adels vorgeschlagen, wobei hier die Aufmerksamkeit auf die schlechten Bildungsvoraussetzungen in den Reihen der Geistlichkeit gelenkt wurde. Erst müßten die Geistlichen zu guten Lehrern ausgebildet werden, bevor sie den Bauernkindern Elementarunterricht erteilen könnten.[54]

Bedenkt man, in wie vielen *nakazy* des Adels Fragen der Bildung - der eigenen oder der anderer sozialer Gruppen - überhaupt nicht erwähnt, und keine Vorstellungen für ein allgemeines Schulsystem entwickelt wurden, hatte die Regierung für den Gesetzgebungsprozeß zwar spezifische Bedenken und Wünsche des Adels erfahren, jedoch keine Anregungen bzw. wirklich neuen Ideen erhalten. Trotzdem ist festzuhalten, daß sich der Diskurs über Bildung zumindest in einigen Regionen des Reiches auf die potentiell Betroffenen ausgeweitet hatte. Dies gilt auch für die *posadskie ljudi*, die Städter, und ihre *nakazy*. In Eingaben aus Archangel'sk, Vologda, Moskau, Tver' und Novgorod wurde die Erziehung und Ausbildung der Kinder in noch einzurichtenden Schulen als zwingend notwendig gefordert.[55]

---

[50] Ebenda 4, S. 63.
[51] Ebenda 68, S. 276.
[52] Ebenda 8, S. 500-507.
[53] Ebenda 14, S. 244, 249. Deren Einrichtung sollte eine Steigerung der Tugendhaftigkeit sowie eine - durchaus im eigenen Interesse liegende - bessere Kenntnis der Gesetze erbringen.
[54] Ebenda 8, S. 557; ebenda 14, S. 395.
[55] Ebenda 123, S. 431, 464; 134, S. 105; 107, S. 225, 238, 537; 93, S. 134.

3.1.2. Instruktionen und Gesetzgebungsprojekte

Die Eingabe der Archangel'sker Kaufleute etwa war auf die Bedürfnisse des europäischen Handels zugeschnitten und knüpfte zugleich an Ideen an, die V. V. Krestinin (1729-1795)[56] im Jahre 1764 für die Stadt Archangel'sk an das Kommerzkollegium übermittelt hatte. Er hatte statt der punktuellen Entsendung von Kindern von Fernhandelskaufleuten ins Ausland[57] ein „Kaufmannsgymnasium" für die Stadt am Eismeer gefordert, in dem die Ausbildung in Buchführung, Fremdsprachen, Warenkunde usw. verstetigt werden sollte.[58] Um für dieses Kaufmannsgymnasium eine Basis zu schaffen, hatte er vorgeschlagen, in allen Städten des Landes Elementarschulen für beide Geschlechter einzurichten, womit er für den russischen Zusammenhang bis dato der erste gewesen war, der ein flächendeckendes koedukatives Schulsystem gefordert hatte.[59] Auch im *nakaz* der Kaufleute der Archangel'sker Posadgemeinde wurde Unterricht für die männliche und weibliche Nachkommenschaft gefordert, allerdings in getrennten Schulen.[60] Nur in diesem Archangel'sker *nakaz* wurde die Frage des Unterrichtsmaterials erwähnt: Man sorgte sich um die Erstellung geeigneter und verständlicher Schulbücher. Wenn die Kaufleute überhaupt bestimmte Fächer nannten, sollten die Schüler, dem Archangel'sker Vorschlag entsprechend, in Fremdsprachen und Buchführung unterwiesen werden.[61]

Ebenso wie der Adel verlangte mitunter die Kaufmannschaft die soziale Exklusivität ihrer Bildungseinrichtungen. Die Städter von Solikamsk in der Kazaner Region forderten Schulen und Waisenhäuser, die nur von der Kaufmannschaft beschickt und nur vom Magistrat kontrolliert werden dürften.[62] Der Preis, den die Städter dafür zu zahlen bereit waren, war im Gegensatz zu manchen adligen Vorstellungen, die Stipendien oder gar den vollkommenen staatlichen Unterhalt der Bildungseinrichtungen forderten, die Eigenfinanzierung eines städtischen Schulwesens. In den Eingaben aus Vjaz'ma und

---

[56] Krestinin tat sich außer mit seinen lokalhistorischen Werken Ende des 18. Jahrhunderts auch mit pädagogischen Arbeiten hervor (vgl. Antologija pedagogičeskoj mysli XVIII v., S. 371-377).
[57] Zur geringen Resonanz auf die Angebote des Kommerzkollegiums in den vierziger und fünfziger Jahren des 18. Jahrhunderts, Kaufmannskinder ins Ausland zu schicken, siehe: Firsov, N. N., Pravitel'stvo i obščestvo v ich otnošenii k vnešnej torgovle Rossii v carstvovanii imperatricy Ekateriny II. Očerki iz istorii torgovoj politiki. Kazan' 1902, S. 167-172.
[58] Repin, N. N., Kommerčeskoe obrazovanie v Rossii: sostojanie i perspektivy (po materialam „predstavlenij" archangelogorodskich kupcov v komissii o komercii načala 60-ch godov XVIII stoletija, in: Bespjatych, Ju. N. (Hrsg.), Russkij sever i zapadnaja evropa. SPb. 1999, S. 388-400, hier S. 398.
[59] Ausführlich zitiert bei: Kizevetter, A. A., Škol'nye voprosy našego vremeni v dokumentach XVIII veka, in: Ders., Istoričeskie očerki. Moskva 1912, S. 91-118, hier S. 103-114. Kizevetter sah Krestinins Vorschläge auch für seine eigene Gegenwart als überaus fortschrittlich an, nicht zuletzt, da dieser ein Schulgeld nach der wirtschaftlichen Leistungskraft der Eltern gefordert hatte.
[60] Ebenda, S. 95; SIRIO 123, S. 464.
[61] So die Moskauer Kaufleute: SIRIO 93, S. 134.
[62] Ebenda 107, S. 537. Ähnlich die Kaufleute von Rjažsk, Gouvernement Voronež (ebenda 144, S. 251).

Archangel'sk wurde deutlich, daß Kaufleute und *meščane* für die Bildung ihrer Kinder selbst aufzukommen bereit waren, solange der eigene ökonomische Vorteil ersichtlich blieb. So wurde z. B. die Verwendung von Gerichtsgebühren für den Unterhalt von Schulen vorgeschlagen,[63] aber auch die Einführung von Strafen für Kaufleute, die ihre Kinder nicht zur Schule schicken wollten, wobei sich die Höhe des Strafgeldes an der Gilde orientieren sollte, der der jeweilige Kaufmann angehörte.[64] Auch wenn an exklusive Bildungseinrichtungen für die Kaufmannschaft gedacht war, wurde für die übrigen Stadtbewohner wie Handwerker, Kanzlisten, aber auch für die in der Stadt lebende Geistlichkeit, die Einrichtung gesonderter Schulen erwogen.[65]

Während sich in den zahlreichen Eingaben von Städtern und Adligen Sorgen und Wünsche bestimmter Bevölkerungsgruppen niederschlugen, enthielten die *nakazy* der verschiedenen staatlichen Institutionen eher die Ideen der Bürokratie. Der *nakaz* des Senats als oberster Regierungsbehörde trug in vielem den Charakter eines ergänzenden Grundsatzdokuments zur „Großen Instruktion", wobei für den Bildungssektor nur eine allgemeine, wenig innovative Bestandsaufnahme vorgenommen wurde: Ein größerer Teil der Bevölkerung, insbesondere außerhalb der Hauptstädte, verharre in Unwissenheit, was unzweifelhaft schädlich für den Einzelnen wie für den Staat sei; der Grund hierfür liege im Mangel an Schulen, um deren Gründung man sich zu bemühen habe.[66] Die größte Sachkenntnis durfte die Versammlung von der Akademie der Wissenschaften erwarten, die den bereits erwähnten Gerhard Friedrich Müller[67] zu ihrem Deputierten gewählt hatte. Die Akademie hätte die schon zu Zeiten Ivan Šuvalovs erstellten Pläne erneut vorlegen können, zumal einige Akademiker sich an der Popularisierung pädagogischer Ideen aus Westeuropa in den „Monatlichen Abhandlungen" beteiligt hatten, doch befand sich die Wissenschaftseinrichtung gerade in einer von Streitereien geprägten Umstrukturierungsphase,[68] so daß nicht viel Zeit auf die Aus-

---

[63] Ebenda 134, S. 105; ebenda 123, S. 431, 480-481.
[64] Ebenda 123, S. 431; ebenda 134, S. 105; Die Posadbewohner von Rjažsk wollten fehlenden Schulbesuch gar mit einem Heiratsverbot bestrafen (ebenda 144, S. 251). Dies mag auf eine entsprechende Verordnung für die Schulen des „Geistlichen Reglements" zurückgehen, die ursprünglich auch für die Kinder von Stadtbewohnern vorgesehen waren.
[65] So in den Eingaben aus Voronež, Vjaz'ma und Novgorod (ebenda 134, S. 105; ebenda 144, S. 50, 107, 211).
[66] Ebenda 43, S. 6.
[67] Müller besaß schon vor der Veröffentlichung der „Großen Instruktion" Kenntnis von ihrem Inhalt, da er an der zeitgleich erscheinenden deutschen Übersetzung beteiligt gewesen war, was es den Akademiemitgliedern ermöglichte, ihre Instruktion in Abarbeitung der einzelnen Punkte genau zu formulieren (siehe: Neuschäffer, H., Katharina II. und die baltischen Provinzen. Hannover-Döhren 1974 (= Beiträge zur baltischen Geschichte, 2), S. 184). Zudem war Müller von Katharina schon 1764 in der Schulkommission mit der Bildungsgesetzgebung betraut worden.
[68] Hierzu: Komkov/Levšin/Semenov, Geschichte der Akademie, S. 150-152.

arbeitung einer Instruktion für Müller[69] verwandt wurde und diese ebenso knapp wie konkret ausfiel:[70] Ohne nähere Begründung wiesen die Akademiemitglieder auf die Wichtigkeit eines aufeinander aufbauenden Schulsystems mit elementarer und mittlerer Ebene hin. Letztere sollte aus Gymnasien bestehen, weil nur auf deren Basis die qualifizierte Ausbildung eines für die Akademie interessanten wissenschaftlichen Nachwuchses durchgeführt werden könnte.[71]

Auch die übrigen staatlichen Zentralbehörden folgten ihren jeweils spezifischen Interessen: Das Bergkollegium forderte in seinem *nakaz* die Einrichtung einer speziellen Bergakademie für die Kinder von Manufaktur- und Bergwerksbesitzern; interessanterweise wurde hier das Beispiel des adligen Kadettenkorps als Vorbild genannt.[72] Verschiedene Voevodschafts- und Gouvernementskanzleien verwiesen mit Blick auf fehlenden qualifizierten Nachwuchs in der lokalen Verwaltung auf die Notwendigkeit, sowohl Schulen für adlige Kinder als auch für die Stadtbewohner zu gründen.[73] Der *nakaz* des Heroldmeisteramtes entsprach einerseits den Forderungen adliger *nakazy*, weil auch in ihm die Rede davon war, mit dem Erwerb bestimmter Kenntnisse einen Rang innerhalb der Rangtabelle zu verknüpfen, andererseits realisierte er ihren petrinischen Grundgedanken, da auch nichtadlige Personen, bis auf Leibeigene, den ihrer jeweiligen Qualifikation entsprechenden Rang erhalten sollten.[74] Aus dem Kleinrussischen Kollegium kamen gar konkrete Vorschläge, wie neue Schulen zu finanzieren seien: Klöster sollten umfunktioniert und ihre Einkünfte nach der von Peter III. vorgenommenen und von Katharina II. bestätigten Säkularisierung des klösterlichen Landbesitzes[75] zum Unterhalt dieser auf der Basis von Internaten organisierten Einrichtungen genutzt werden.[76]

Die Geistlichkeit war, wie erwähnt, nur mit zwei Deputierten des Synods in der Kommission vertreten, jedoch sandten einige Eparchien Eingaben an die Kommission, in denen auf die Notwendigkeit einer religiösen Unterweisung auch für Bauernkinder in

---

[69] SIRIO 43, S. 371-373.
[70] Den meisten Raum widmeten die unterzeichnenden Akademiemitglieder ihrer eigenen höheren Positionierung innerhalb der Rangtabelle, zugleich aber auch der gewünschten Zensurfreiheit für ihre Publikationen sowie einer Verbesserung des Vertriebs der Erzeugnisse der Akademiedruckerei. Hierbei handelte es sich um ein altes Desiderat (vgl. hierzu: Papmehl, K. A., Freedom of Expression in Eighteenth-Century Russia. The Hague 1971, S. 58).
[71] In der Generaldebatte meldete sich Müller nur in einem einzigen Beitrag zu Verfahrensfragen zu Wort (vgl. SIRIO 4, S. 75).
[72] Ebenda 43, S. 201.
[73] Ebenda, S. 142 f., 230.
[74] Ebenda, S. 142 f.
[75] Hierzu: Bryner, E., „Respecter la religion, mais ne la faire entrer pour rien dans les affaires d'etat". Die orthodoxe Kirche als staatstragendes Element unter Katharina II., in: Hübner, E. (Hrsg. u. a.), Rußland zur Zeit Katharinas II. Absolutismus, Aufklärung, Pragmatismus. Köln usw. 1998 (= Beiträge zur Geschichte Osteuropas, 26), S. 151-167, hier S. 165.
[76] SIRIO 43, S. 230.

kirchlichen Schulen hingewiesen wurde.[77] Im *nakaz* des Synods selbst war lediglich von einer Bestärkung der Jugend im Glauben durch religiöse Unterweisung in kirchlichen Bildungseinrichtungen die Rede.[78] Diese Selbstbeschränkung des kirchlichen Leitungsgremiums entsprach der seit Peter I. praktizierten Unterordnung der Kirche unter die staatlichen Anforderungen, spiegelte aber auch die Skepsis wider, Bildung immer weiteren Bevölkerungskreisen zugänglich zu machen. Schließlich waren die Konsequenzen nicht abzuschätzen und man befürchtete durch die Ausbreitung von Bildung eine Abwendung von der Orthodoxie. Es gab jedoch auch andere Stimmen aus der Geistlichkeit, die - wohl um sich nicht vom Diskurs auszuschließen - ausdrücklich für eine Erweiterung der Elementarbildung plädierten. In einer Eingabe unterstrich Erzbischof Afanasij von Rostov, daß es sinnvoll sei, Schreiben und Lesen allen Bauernkindern nicht nur der religiösen Unterweisung wegen zu vermitteln; des weiteren regte er an, die Lehrer in Naturalien für ihren Unterricht zu entlohnen, Schulbücher sollten den Bauernkindern kostenlos zur Verfügung gestellt werden.[79] Hinter diesen Vorschlägen mag auch das Motiv gestanden haben, diesen Teil der Elementarbildung nicht an staatlich-säkulare Schulen abtreten zu müssen.

Auch die Instruktionen für die Deputierten der staatlichen Einrichtungen formulierten, bis auf die knappen Hinweise aus der Akademie, keine übergreifenden Modelle für ein Schulsystem. Aus den Eingaben aller Bevölkerungsgruppen und Institutionen, die hier resümiert worden sind, wird deutlich, vor welcher Aufgabe die Kommission stand, wollte sie die Wünsche und Nöte aller Gruppierungen auf den unterschiedlichsten Feldern in einer Generaldebatte bündeln und in eine Gesetzgebung münden lassen. In anderer Weise als die *nakazy* sind daher die Mitschriften von Interesse, die über die Generaldebatte (oder Große Debatte) erhalten sind, die im Juli 1767 begann, als sich die vierhundert bereits in Moskau eingetroffenen Deputierten zu einer feierlichen Eröffnungszeremonie in Anwesenheit der Zarin versammelten. Nun sollte entlang verschiedener Punkte wie der adligen Privilegien oder der künftigen rechtlichen Struktur der Städte im Plenum diskutiert und debattiert werden, wobei strenge Regeln eine geordnete Debatte unter der Leitung des zum Marschall der Kommission gewählten Generals A. I. Bibikov zu gewährleisten hatten, was freilich Turbulenzen in einzelnen Sitzungen nicht verhinderte.[80] Die Debattenbeiträge erreichten auf Anhieb eine viel

---

[77] So aus den Metropolien Novgorod und Velikie Luki (ebenda, S. 51) oder der Petersburger Erzdiözese, aus der vorgeschlagen wurde, der Unterricht solle mit Arbeitsleistung der Eltern für die Kirche bezahlt werden (ebenda, S. 418).
[78] Ebenda, S. 50-52, 90 f., 142. Gefordert wurden auch mehr Mittel für die Kiever Akademie und das Char'kover Kollegium als Spitzeninstitutionen kirchlicher Bildung (ebenda, S. 527 f.)
[79] Ebenda, S. 421 f.
[80] Es war, so Isabel de Madariaga treffend, ein bemerkenswerter Vorgang, daß sich ein adliger Repräsentant für seine persönlichen Attacken auf einen Vertreter der Einhöfer entschuldigen und 5

3.1.2. Instruktionen und Gesetzgebungsprojekte

größere Öffentlichkeit, nämlich das Plenum, als die *nakazy,* die bei dem Leitungsgremium verblieben, so daß eine überregionale Konsensbildung anhand übereinstimmender Meinungen zu verschiedenen Fragen schwierig war. Zudem konnten in der Debatte durch Rede und Gegenrede die jeweiligen Positionen in Interaktion schärfer konturiert werden - hier trafen Diskurslinien aufeinander, fand der „nationale Dialog" statt. Die Lebhaftigkeit der Generaldebatte legt dabei den Schluß nahe, daß ohne größere Beschränkung diskutiert, mitunter sogar polemisiert wurde, wobei freilich unklar bleibt, wie genau und wie umfassend die Protokollanten, unter ihnen der junge Nikolaj Novikov,[81] den Debatteninhalt aufnahmen. Dies trifft auch für diejenigen Teile der Debatte zu, in denen Bildungsfragen, die keinen gesonderten Tagesordnungspunkt darstellten, angeschnitten wurden.

Als im Mai 1768 über eine gesetzliche Festschreibung adliger Privilegien diskutiert wurde, wiederholten sich die Klagen aus den *nakazy*: Der niedere, ökonomisch schwache Adel sah sich vom Zugang zu Bildung und damit von Karrierechancen ausgeschlossen. Der Deputierte des Kašiner Adels, Kožin, führte daher die schon schriftlich vorgeschlagene Einrichtung eines Kadettenkorps in Moskau in die Debatte ein, um auch im Zentrum des Reiches über eine besser erreichbare, dem Adel vorbehaltene Bildungseinrichtung zu verfügen. Zugleich forderte er eine Umlage für die Finanzierung dieses Korps je nach Zahl der Leibeigenen, die ein Adliger besaß.[82] Die reichen Adligen sollten gleichsam die Ausbildung der armen Standesgenossen finanzieren und auf diese Weise ständische Solidarität üben. Wenn auch die Art des Umlageverfahrens umstritten war, so griffen andere Adelsdeputierte den Vorschlag eines durch den Adel unterhaltenen Korps in Moskau unterstützend auf.[83] Dem Fürsten M. M. Ščerbatov, Deputierter des Adels von Jaroslavl', ging die Forderung nach einem Korps noch nicht weit genug. Mit Blick auf die unklare rechtliche Stellung der *dvorjane* in Sibirien, die nicht in den Adelsregistern geführt wurden, aber kooptiert werden wollten, forderte er, spezielle Adelsschulen in den sibirischen Städten zu errichten, die zur Vorbereitung auf die Korps oder die Universität und zur Aufnahme in den gesamtrussischen Adel dienen sollten.[84] Bildung wurde hier also als ein Ausweis von Adel verstanden, wobei V. Baskakov, Adelsvertreter aus Sudislavl', ein enges Verständnis einer an Mindestanforderungen orientierten Bildung zum Ausdruck brachte: Es müsse vor allem genau definiert werden,

---

Rubel Strafe zahlen mußte (Madariaga, Russia in the Age of Catherine the Great, S. 165).
[81] Zu Novikov vgl. ausführlich Kapitel 3.1.3.
[82] SIRIO 4, S. 173.
[83] So der Deputierte des Adels von Serpeja, Graf A. Stroganov, die Vertreter des Vorotynsker und des Serpuchover Adels, die Fürsten Naryškin und Volkonskij, sowie der Deputierte von Rjazan' und Perejaslavl', Retkin (vgl. ebenda, S. 174 f., 362-364). Die ersten drei gehörten zu den reichen Landbesitzern, während Retkin zum mittleren Adel zählte. In dieser Frage wurde also ständische Solidarität geübt, wenn auch die Idee eines Kadettenkorps in Moskau ein Planspiel bleiben sollte.
[84] Ebenda, S. 161, 406.

welches Maß an Bildung nötig sei, um einen Offiziersrang bekleiden zu können.[85] Konfliktlinien innerhalb des Adels über die Frage der Bildungseinrichtungen existierten vor allem zwischen dem auf Sankt Petersburg konzentrierten Adel und dem sich benachteiligt fühlenden Adel in den Regionen, wobei wie in den *nakazy* regionale und materielle Interessen ausschlaggebend waren.

Auf drei Sitzungen im März und Mai 1768 wurde die Frage von Bildungseinrichtungen für die nichtadlige Bevölkerung thematisiert. Der Deputierte des Ljubimsker Adels, Tolmačev, unterstrich noch einmal die Bedeutung einer über Lesen und Schreiben hinausgehenden Ausbildung nicht nur für Kaufleute, sondern auch für Soldaten- und Kanzlistenkinder. Im Sinne der späteren Brauchbarkeit des Gelernten forderte er für jede Stadt Schulen, in denen Deutsch, Englisch und Seeschiffahrt als Fächer angeboten würden.[86] Der Deputierte der Ufaer Kosaken, Burcev, mahnte ein Kontigent von Plätzen speziell für Kosakenkinder im Gymnasium von Kazan' an. Während Tolmačev an Karriere und Berufsinteressen orientierte Forderungen stellte, wie sie auch in den *nakazy* zu finden waren, begründete Burcev seine Einlassung umfassender. Zwar sei eine Gymnasialbildung für den Staatsdienst wichtig, doch würde sich über eine bessere Bildung auch die „Ehre des Einzelnen" und sein Verhältnis zum Staat und zu seinen Gesetzen ändern.[87] Dahinter stand schon die Vorstellung einer allgemeineren Bildung zur „Zivilisierung" des Staates, aber auch des Einzelnen innerhalb der Gesellschaft. Unmittelbare Reaktionen provozierten diese Debattenbeiträge allerdings nicht.

Kontrovers wurde hingegen die Frage einer Elementarbildung für die ländliche Bevölkerung erörtert. So forderte der Simbirsker Deputierte Afanasij Larionov, daß nicht nur die Kinder der Kaufmannschaft in Arithmetik und Buchführung unterrichtet werden sollten, sondern auch die Kinder der bäuerlichen Bevölkerung Schreiben und Rechnen lernen sollten, freilich in einem Alter von fünf bis sieben Jahren, in dem sie noch keine Arbeit zu leisten vermochten.[88] Die Vorstellungen von Ivan Žerebcov, Vertreter der ackerbautreibenden Soldaten (*pachotnye soldaty*) aus Nižnij Novgorod, gingen weiter: Er vertrat die Auffassung, daß Kinder von Gewerbetreibenden, von Personen, die jegliche Form von Dienst geleistet hätten, und schließlich auch von Bauern Unterricht in einem Umfang erhalten sollten, welcher über das Lernen aus

---

[85] Ebenda 32, S. 213 f. Andere Deputierte hatten diese Auffassung lediglich variiert, als sie unterstrichen, unter Peter habe man gewußt, daß Arithmetik und Ingenieurswissenschaften für den Dienst nötig seien, nun aber werde alles zusammen gemischt, so daß man nicht mehr erkennen könne, welches Wissen für welchen Rang erforderlich sei (vgl. ebenda 4, S. 362 f.)
[86] Ebenda 8, S. 36 f.
[87] Ebenda 14, S. 116 f.
[88] Ebenda, S. 201 f. Zugleich betonte er, daß gerade für die „Neugetauften", also die *inorodcy* wie Tschuwaschen, Mordwinen und Mari, eine christliche Schulbildung wichtig sei, um sie nicht wieder dem Islam auszuliefern; Schulbildung in Kombination mit Mission sollte folglich zur Integration in den Staat beitragen.

kirchlichen Büchern, also religiöser Unterweisung, hinausführe, indem auch Gesetzestexte mit einbezogen werden sollten. Damit wurde die Zielsetzung verfolgt, das *prosveščenie* auch auf dem Land zu verbreiten. Er schlug vor, für jeweils 3.000 bis 4.000 Einwohner eine Schule einzurichten, wobei er mit dem großen gesellschaftlichen Nutzen (*obščestvennaja velikaja pol'za*) argumentierte.[89] Žerebcov vertrat eine Gruppe, die als landbesitzende, ackerbautreibende Angehörige der Miliz vielfach auch untergeordnete Posten in der Zivilverwaltung versahen. Der Deputierte der Stadt Penza, Stepan Ljubavcev, entgegnete ihm, er sehe keine Notwendigkeit für die Einrichtungen von Schulen, um dann die von Žerebcov vertretene Gruppe in toto zu attackieren: Die ackerbautreibenden Milizangehörigen hätten auch ohne Schulen Lesen und Schreiben gelernt, sodann hätten sie sich in die Zahl der bestechlichen Sekretäre und Kanzleibeamten eingereiht, ihre Äcker aber vernachlässigt. Daher stellte er fest, daß „der Ackerbauer keine seinem Stande nicht entsprechenden Wissenschaften außer Lesen und Schreiben in der Muttersprache zu lernen habe, und das auch nur auf eigenen Wunsch."[90]

Nun zeigte sich, daß eine Reihe von Deputierten die „Große Instruktion" der Zarin derart genau studiert hatten, daß sie mit dem Wortlaut argumentieren konnten, wobei sich Begründungen für beide Positionen aus dem in sich nicht immer stimmigen *Bol'šoj Nakaz* ableiten ließen. Auf den Vorwurf, schon in der Instruktion stünde, daß es unmöglich sei, genügend Schulen einzurichten, sekundierte ein weiterer Vertreter der *pachotnye soldaty*, Egor Selivanov, seinem Standeskollegen Žerebcov, daß der Ruhm des Vaterlandes von der Aufklärung des Volkes abhänge, und diese sei nun einmal unmöglich ohne Schulen für das Volk zu erreichen, durch die sie zudem zur Gottesfurcht, die im *Bol'šoj Nakaz* angemahnt worden sei, erzogen würden.[91] Und schließlich ergriff auch Žerebcov noch einmal das Wort, um Ljubavcev zu entgegnen, daß er keinesfalls eine seinem Stand nicht zustehende Bildung gefordert habe, sondern lediglich darauf habe hinweisen wollen, daß die religiöse Unterweisung durch eine staatsbürgerliche ergänzt werden müsse, denn ohne die eine wie die andere werde „der Mensch zum Vieh". Zugleich stellte er klar, daß sich sein erster Beitrag auf den 158. Punkt der Instruktion Katharinas bezogen hatte,[92] der lautete: „Deswegen muß man befelen, daß in allen Schulen die Kinder dergestalt im Lesen unterrichtet werden, daß wechselsweise Kirchenbücher, und Bücher, die von den Gesetzen handeln, gebraucht werden."[93]

---

[89] Ebenda 32, S. 397 f.; ähnlich auch der Vertreter der Einhöfer aus der Provinz Tambov, Vedeneev (vgl. ebenda 4, S. 176).
[90] Ebenda 32, S. 411 f.
[91] Ebenda, S. 432 f.
[92] Ebenda, S. 72, 432.
[93] [Katharina], Instruction, S. 42.

Graf A. Stroganov, Deputierter des Adels aus Serpeja, der zu den reichen grundbesitzenden und zugleich unternehmerisch tätigen Adligen gehörte, brachte einen Gesichtspunkt in die Debatte ein, den man unter dem Stichwort „Sozialdisziplinierung" fassen könnte. Er berichtete von immer wieder vorkommenden Fällen, in denen Bauern ihren Gutsbesitzer samt seiner Familie ermordet hätten.[94] „Ich bin sicher, ehrenwerte Versammlung, daß, wenn Leute dieser Art aufgeklärter wären, wir sicher keine Zeugen ähnlicher Grausamkeiten wären. Und wenn die Bauern aus der Finsternis der Unwissenheit heraustreten, dann werden sie sich auch als würdig erweisen, Eigentum und Freiheit zu genießen."[95] Einerseits sollte Bildung hier den Respekt vor der Obrigkeit vermitteln, die auf dem Lande durch den Gutsbesitzer oder seinen Verwalter repräsentiert wurde, und zur Zementierung der bestehenden Ordnung sowie zur Garantie ökonomisch stabiler Verhältnisse dienen. Andererseits trug Bildung auch den Keim für gesellschaftliche Veränderung in sich. Auf ihrer Basis konnte der Bauer nicht nur verantwortlich mit Eigentum umgehen, als das er de facto sein Land schon immer betrachtet haben dürfte, es winkte dem Leibeigenen sogar die Freiheit, freilich nur auf der Basis einer durch den vorgeschriebenen Bildungskanon internalisierten Loyalität.

Diese Auffassung unterstützte der Adelsdeputierte aus dem Klinschen *uezd*, Petr Orlov, der berichtete, er habe Schulen für seine Bauern eingerichtet,[96] damit diese nicht nur „besser sprechen und schreiben" könnten, womit er eine „allgemeine Zivilisierung der Sitten" meinte, sondern damit sie sich auch Gott, dem Herrscher, dem Vaterland und schließlich auch ihrem Gutsbesitzer verpflichtet fühlten.[97] Der Deputierte des Adels von Obojan, Michail Glazov, knüpfte in seinem Debattenbeitrag auf einer späteren Sitzung an die Ausführungen Orlovs an, als er betonte, daß man sich der Bildungsdiskussion schon aufgrund verschiedener Aussagen der „Großen Instruktion" nicht versagen dürfe, doch zog er andere Konsequenzen als die Einrichtung von Schulen durch die Gutsbesitzer: Diese sei für viele zu kostspielig, denn „die Eigentümer sollen [...], wenn sie die Müßigen, die sie auf ihre Kosten unterhalten müssen, zur Schule geben wollen, dazu nicht gezwungen werden."[98] Kinder der Kaufleute, der Geistlichkeit und der Unteroffiziere seien an Schulen zu unterrichten, die an den Kirchen einzurichten seien, während es im Falle der Bauern (als Mittel der Sozialdisziplinierung) genüge, für

---

[94] Zu dieser Form bäuerlicher Widerständigkeit: Kusber, J., Leibeigenschaft im Rußland der Frühen Neuzeit. Aspekte der rechtlichen Lage und der sozialen Praxis, in: Klußmann, J. (Hrsg.), Leibeigenschaft. Bäuerliche Unfreiheit in der frühen Neuzeit. Köln usw. 2003 (= Postdamer Studien zur Geschichte der ländlichen Gesellschaft, 3), S. 135-154, hier S. 147 f.
[95] SIRIO 32, S. 73 f., 457.
[96] Orlov war kein Einzelfall. Auch die Fürsten Kurakin richteten um die Mitte des 18. Jahrhunderts auf ihren Latifundien in der Ukraine und südlich von Moskau kleinere Schulen für Bauernkinder ein, allerdings stand dabei ihr späterer Einsatz in der Gutsverwaltung im Vordergrund (vgl. hierzu: Sivkov, K. V., Iz istorii krepostnoj školy vtorij poloviny XVIII v., in: IZ 3 (1938), S. 269-294, hier S. 273).
[97] SIRIO 32, S. 101, 520-522.
[98] Ebenda, S. 113.

3.1.2. Instruktionen und Gesetzgebungsprojekte

ihren sonntäglichen Kirchgang zu sorgen.[99]

Wenn es vor allem das Ziel Katharinas gewesen war, sich durch die Gesetzbuchkommission mit den Forderungen der dort vertretenen rechtlichen Korporationen vertraut zu machen,[100] so hatte sie ihr Ziel erreicht. Wie auch andere Themenfelder wurden Fragen der Bildung, Erziehung und Ausbildung allerdings nur knapp angerissen.[101] Vergröbert läßt sich sagen: Der Provinzadel forderte eine Teilhabe an der „Europäisierung", die in den Hauptstädten Einzug gehalten hatte; sie sollte in den Gouvernements mit Hilfe von geschlossenen Institutionen, die nach Möglichkeit der Staat zu alimentieren hatte, verwirklicht werden. Diejenigen Adligen, die bereits in den Genuß der „Europäisierung" gekommen waren, brauchten dies nicht mehr zu fordern: Ihre Kinder wurden bereits in den Korps oder im Ausland ausgebildet; daher konnten ihre Debattenbeiträge wie im Falle des Grafen Stroganov weitreichender sein und bereits die Frage einer wie auch immer gearteten Ausbildung für die Bauern in den Blick nehmen.

Ähnliches läßt sich auch für die Stadtbevölkerung festhalten: *Meščane* und Kleinkaufleute forderten für ihr eigenes Gewerbe die Vermittlung von Kenntnissen in der Buchhaltung; wohlhabende, im internationalen Handel engagierte Kaufleute verlangten nicht nur die Unterweisung in Fremdsprachen und sogar Auslandsstudien für ihre Kinder, sie vermochten diesen Forderungen auch mit dem Argument Nachdruck zu verleihen, die Volkswirtschaft des Reiches könne davon nur profitieren. Die *nakazy* und Debattenbeiträge der adligen Vertreter legten jedoch auch Zeugnis davon ab, daß mit der rechtlichen Privilegierung des Adels (noch) kein Bewußtsein einer Gesamtverantwortung für den Staat einher ging; vielmehr befand sich der Adel auf dem Weg der Selbstvergewisserung, so daß er als Impulsgeber für herrscherliche Gesetzgebung letztlich nicht zur Verfügung stand.[102] Das gab der Zarin in der Gesetzgebung der

---

[99] Bildung erscheint hier als kostenintensiver staatlicher Zwang und damit als Variante von Dietrich Geyers „Gesellschaft als staatlicher Veranstaltung".
[100] So in der Rückschau: [Katharina], Sočinenija, T. 12: Avtobiografičeskie zapiski, S. 525.
[101] Generell sind die Beiträge des Adels, sowohl von sowjetischer als auch westlicher Seite (Kurmačeva, Jones, Dukes), dahingehend kritisiert worden, daß sie ausschließlich auf die eigenen Interessen bezogen waren, so daß der Staatsaufbau, der letztlich auch Ausdruck der rechtlichen und sozialen Position seiner ihn tragenden gesellschaftlichen Gruppen war, im Sinne des Adels zementiert wurde. Will man dies negativ bewerten, geht man, ausgesprochen oder nicht, vom marxistischen Gesellschaftsmodell sowjetischer Prägung, aber auch von der bürgerlichen Zivilgesellschaft westeuropäischer Prägung aus, was bei der Einordnung der gesellschaftlichen Vorstellungen, die 1767/68 in einem nie gekannten Ausmaß aufeinandertrafen, nicht unbedingt hilfreich sein muß.
[102] Insofern läßt sich das Auftreten des Adels vor dem Hintergrund seiner auf regionaler Herkunft, kultureller Identität und auf unterschiedlichen Vermögensverhältnissen basierenden Heterogenität nicht als Emanzipation vom Staat interpretieren. Hierzu in bezug auf das Selbstbewußtsein und die Rechtsstellung des Adels: Jones, The Emancipation, S. 123-163; Šmid, S. O., Obščestvennoe samosoznanie *noblesse russe* v XVI - pervoj treti XIX vv., in: CMRS 34 (1993), S. 11-32, hier S. 18-21.

folgenden Jahre Handlungsspielraum, den sie jedoch bei der Durchführung von Gesetzesprojekten nur vorsichtig nutzte.

Folgendes scheint wert festgehalten zu werden: Manche Adlige und vor allem auch städtische Repräsentanten rekurrierten auf Katharinas Instruktion, wenn sie Begriffe wie *prosveščenie*, *svet*, Licht im Sinne von Erleuchtung durch Bildung, oder *graždanin* aufgriffen und damit versuchten, ihren Argumenten zusätzliches Gewicht zu verleihen. Selten jedoch wurde in den Äußerungen zu Bildung und Erziehung Bezug auf den „Allgemeinen Erziehungsplan" Beckojs oder die Statuten des bereits eröffneten Waisenhauses in Moskau und des Smol'nyj-Instituts genommen. Gelegentlich wurden zwar derartige Einrichtungen gefordert, aber ohne Beziehung zu den dahinter stehenden Konzepten. Daraus läßt sich mit großer Wahrscheinlichkeit eine Unkenntnis dieser Entwürfe und ihrer Vorbilder ableiten und schlußfolgern, daß es im Zarenreich zwar einen Diskurs über Bildung, Ausbildung und Erziehung gab, in dem mitunter die gleichen Begriffe verwandt wurden, daß sich dahinter für die einen jedoch eine handfeste Ausbildung verbarg, während andere ausschließlich oder zusätzlich an Konzepte zur moralisch geleiteten individuellen Vervollkommnung dachten. Die Zarin konnte also aus diesem Diskurs auswählen, weil sie über die Kontrolle der Öffentlichkeit zumindest die Setzung der Schlüsselbegriffe dominierte.

Ferner kann festgestellt werden: Mehr noch als in den *nakazy* wurde in der Generaldebatte deutlich, welche Gruppen von der Zarin zwar nicht unbedingt als staatstragend angesehen wurden, sich selbst jedoch gerade bei den Forderungen nach Zugang zu Bildung als staatstragend empfanden. Wenn Kaufleute, bäuerliche Soldaten und Adlige das Wort für sich oder andere ergriffen und bestimmte Bildungsangebote forderten, artikulierten sich Vertreter von Gruppen, die den Bildungsdiskurs trugen und damit den Kreis derjenigen bildeten, aus dem eine zukünftige Funktionselite als ein neuer Sozialkörper hervorgehen konnte. Es lag am Staat, diese zweifellos an partikularen und auch regionalen Interessen orientierten Forderungen zu ordnen und per Gesetzgebung einen auf Bildung und Qualifikation basierenden Sozialkörper zu schaffen, der über eine ausschließlich rechtliche Definition von sozialem Status und Dienst, wie noch in den petrinischen Reformen, nicht mehr zu gewinnen war. Letztlich zeugen Katharinas Versuche zur Definition eines „Dritten Standes" oder „Mittelstandes", etwa in ihrer „Instruktion", davon, daß die Zarin selbst Bildung als Schlüsselvoraussetzung für eine solche Funktionselite in Verwaltung und Wirtschaft des Zarenreiches sah.

Vieles spricht dafür, daß die im Dezember 1768 erfolgte Auflösung der Großen Kommission, offiziell begründet mit dem Krieg gegen das Osmanische Reich (1768-1774), der von dem Land alle Anstrengungen forderte,[103] keine „verpaßte Chance"[104]

---

[103] Florovskij, A. V., Sostav zakonodatel'noj kommissii 1767-1774 gg. Odessa 1915 (= Zapiski Imperatorskogo Novorossijskogo Universiteta, Istoriko-Filologičeskogo Fakul'teta, 10), S. 25-30. Viele

3.1.2. Instruktionen und Gesetzgebungsprojekte

war, sondern tatsächlich handfeste Gründe hatte. Die Debatten in der Kommission konnten zwar zur Konturierung der jeweiligen Positionen beitragen, nicht jedoch zu einer praktikablen Gesetzgebungsarbeit. Zu viele Probleme wurden gleichzeitig angesprochen, zu wenig strukturiert verliefen die Diskussionen, vor allem aber ging aus den Einlassungen vieler Deputierter hervor, daß sie selbst kaum über die Bildungsvoraussetzungen verfügten, um substantiell zum Gesetzgebungsprozeß beitragen zu können; zudem besaßen die Deputierten keinerlei Übung im Debattieren.

Die Arbeit der Kommission wurde jedoch in 16 Unterkommissionen fortgesetzt, über deren Tätigkeit dank der Untersuchungen Oleg Omel'čenkos[105] inzwischen erheblich mehr Klarheit besteht. Erfolg oder Mißerfolg der Großen Kommission erscheinen danach in neuem Licht: Betrachtet man die Gesetzesvorlagen, die in diesen Kommissionen vorbereitet wurden und auf die Katharina in den nächsten Jahrzehnten ihrer Regierung zurückgreifen konnte, etwa in der Gesetzgebung zu den Städten oder den Gouvernements, relativiert sich das eigene Urteil Katharinas über den Zweck des gesamten Unternehmens;[106] schon gar nicht war die Kommission ausschließlich für die öffentliche Reputation gedacht gewesen, wiewohl diese keinesfalls unwillkommen war.[107]

Eine der 16 Unterkommissionen war die „Kommission über die Lehranstalten und die Unterbringung der Bedürftigen",[108] die sich zu insgesamt 288 (!) Sitzungen traf, wobei die personelle Zusammensetzung dieses Gremiums schwankte.[109] Gewählte Mitglieder der Kommission waren die adligen Deputierten Vladimir Solotnickij aus

---

der Deputierten waren Offiziere, ob in der regulären Armee oder bei den Kosaken, auch Mediziner wurden an der Front gebraucht. Es handelt sich also nicht nur - wie M. T. Beljavskij meinte - um ein formales Argument, weil die Debatten zu hitzig wurden und das politische Bewußtsein der Deputierten zu stark anwuchs (vgl. Beljavskij, Krestjanskij vopros, S. 249-254).

[104] So Kamenskij, A. B., „Pod seniju Ekateriny ...": vtoraja polovina XVIII veka. SPb. 1992, S. 210.

[105] Omel'čenko, „Zakonnaja monarchija", S. 142-191; ders.: Die „Kommission zur Verfertigung des Entwurfs zu einem Neuen Gesetzbuch". Einige neue Beobachtungen im Zusammenhang mit dem gesetzgeberischen Werk der Fachausschüsse, in: Hübner, E. (Hrsg. u. a.), Rußland zur Zeit Katharinas II. Absolutismus, Aufklärung, Pragmatismus. Köln usw. 1998 (= Beiträge zur Geschichte Osteuropas, 26), S.169-180; die Ergebnisse zusammengefaßt in: Ders.,"Enlightened Absolutism" in Russia, in: Coexistence 32 (1995), S. 31-38.

[106] Siehe Anm. 99.

[107] Jürgen Schlumbohm hat 1997 die These aufgestellt, daß das Erlassen von Gesetzen ein wesentliches Feld herrscherlicher Selbstdarstellung war, das mit der anschließenden Veröffentlichung an sich schon einen Erfolg bedeutete, unbeschadet, ob die Gesetze schließlich durchgesetzt wurden (vgl. Schlumbohm, J., Gesetze, die nicht durchgesetzt werden - ein Strukturmerkmal des frühneuzeitlichen Staates? In: GG 23 (1997), S. 647-663, hier insbesondere S. 659-661). Man könnte noch weitergehen: Schon das Öffentlichmachen von Projekten und Absichten konnte zum Bild eines ordnenden, gesetzgebenden Herrschers beitragen, was auf die „Instruktion" und die „Gesetzbuchkommission" im europäischen Vergleich wohl im besonderen Maße zutrifft.

[108] „Kommissija ob učiliščach i prizrenija trebujuščich".

[109] Omel'čenko, „Zakonnaja monarchija", S. 187 f.; zu den Wahlen bzw. Nachwahlen zu dieser Unterkommission siehe: SIRIO 32, S. 86, 91, 98, 231, 341.

Kiev, der den Vorsitz übernahm, und Aleksej Ivaškin, Vertreter des Adels von Tula, sowie die städtischen Deputierten, Jakob Ursinus aus Dorpat und Aleksandr Ugrjumov aus Perejaslavl', der Vertreter der Staatsbauern der Provinz Ufa, Arsenij Beklešov, schließlich aus dem Justizkollegium für baltische Angelegenheiten Timotheus (Timofej) von Klingstedt - er verkörperte die personelle Kontinuität zur Kommission von 1764 - und der Generalarzt Georg Asch. Schon die Zusammensetzung repräsentierte einen bemerkenswerten Querschnitt gesellschaftlicher Interessen. Für die Arbeit der Unterkommission läßt sich vorweg festhalten, daß die „bürokratische Kompetenz" sich als derart überlegen erwies, daß die gewählten, teils nichtadligen Vertreter aus der Provinz entweder kaum in Erscheinung traten oder aber sich beurlauben ließen. Zugleich wurde deutlich, daß der Außenpolitik Vorrang vor Fragen der inneren Reform eingeräumt wurde, denn einige Mitarbeiter, wie den Generalarzt Asch, ereilte der Befehl, in den Krieg gegen die Hohe Pforte zu ziehen. Im Oktober 1771 wurde die Arbeit der Unterkommission schließlich beendet.

Im April 1768 wurde noch während der Generaldebatte ein *Načertanie o privedenii k okončaniju Komissii proekta novogo uloženija*[110] publiziert, in dem Vorgaben für den Ablauf der Arbeit in den Unterkommissionen gemacht wurden, die die Erarbeitung konkreter Gesetzesvorlagen während der Existenz der Kommission gewährleisten sollte. Wie anderen Unterkommissionen auch erteilte die Direktionskommission der Gesetzbuchkommission weitere Anweisungen auf der Grundlage des *Načertanie*. Die Schulkommission sollte über ein dreistufiges Schulsystem für das Land nachdenken, bestehend aus Elementarschulen, Gymnasien und Universitäten.[111] Ferner erhielt die Unterkommission den Auftrag, sich vor allem um die Pläne für das angesprochene dreistufige Schulsystem zu kümmern, während das durchaus als dringend erkannte Problem der häuslichen Erziehung nicht Gegenstand der Erörterung sein sollte. Im Zentrum der jeweils zu entwerfenden Curricula hatte die Unterweisung in Inhalten zu stehen, die der Erfüllung der Untertanenpflichten dienlich waren. Eine an der Wissenschaft orientierte Unterweisung war nicht vorgesehen. Hinsichtlich der Elementarbildung wurde spezifiziert, daß die Vermittlung von Schreib- und Lesefähigkeiten sowie des religiösen Wertekanons im Vordergrund zu stehen habe. Die dafür notwendigen Schulen sollten nicht nur in allen Städten, sondern auch in größeren Dörfern eingerichtet werden. Die Gymnasien oder Seminare hingegen sollten den Städten vorbehalten bleiben. Hinsichtlich der Universitäten wurde zur Vorgabe gemacht, daß an ihnen jeweils vier Fakultäten einzurichten seien (Medizin, Jura, Philosophie und - hier in

---

[110] Siehe die zeitgenössische Übersetzung: Plan nach welchem die Commißion zur Anfertigung zum neuen Gesetzbuch einzurichten und zu ende zubringen ist, in: [Haigold, J. J., d. i. A. L. v. Schlözer] Neuverändertes Rußland, Bd. 1, Anlage S. 169-203, hier S. 184.
[111] Wesentliche Dokumente zur Arbeit dieser Unterkommission sind schon vor 1917 publiziert worden in: Roždestvenskij (Hrsg.), Materialy, S. 144-257.

3.1.2. Instruktionen und Gesetzgebungsprojekte

Abweichung zum Moskauer Modell - orthodoxe Theologie); Vorentscheidungen über die Form der Universitätsverfassung sollten jedoch nicht getroffen werden.[112]

Eine Vielzahl von Sitzungen wurde darauf verwandt, das von der Direktionskommission vorgelegte Material über die geistlichen und säkularen Bildungseinrichtungen, darunter auch die von Šuvalov initiierten Pläne und die Eingaben, in denen Fragen der Bildung angesprochen worden waren, zu sichten; zudem ließen sich die Mitglieder Material über die preußische Schulreform und die Universitäten in England bereitstellen,[113] wobei die letzteren aufgrund ihrer Organisation in *colleges* als geschlossene Bildungseinrichtungen für interessant gehalten wurden.[114] Bis zum Dezember 1768 erarbeitete die Unterkommission auf der Grundlage dieser Unterlagen einen Plan, der gleichsam als ein Gerüst für die Gesetzgebung dienen konnte, jedoch ebenso allgemein war wie die Anweisungen der Direktionskommission, so daß einige Mitglieder in Sondervoten abweichende oder ergänzende Meinungen zu Protokoll gaben. Entgegen der Instruktion der Direktionskommission erläuterten die Mitglieder der Unterkommission zunächst ihre Auffassung, daß insbesondere die häusliche Erziehung kontrolliert werden müsse, da die Zarin selbst dieser Ausbildungsform im 14. Kapitel ihrer „Großen Instruktion" breiten Raum gegeben habe. Sodann spezifizierten die Mitglieder die Grundstruktur eines künftigen Gesetzes über ein dreistufiges Bildungssystem. Im Elementarschulbereich sollte zwischen Stadt- und Dorfschulen unterschieden werden, wobei ein wesentlicher Unterschied nicht nur in der Größe, sondern vor allem im Anforderungsniveau liegen sollte. Analog zu den Dorfschulen sollten auch für die *inorodcy* Schulen auf dem Lande errichtet werden, die einerseits der Missionierung dienen sollten, andererseits aber auch einen Unterricht in der jeweiligen Sprache der Ethnie anzubieten hatten. Im Hinblick auf die mittlere Bildung war die Gewichtung der bestehenden geschlossenen Bildungseinrichtungen im Verhältnis zu den neuen, in den Gouvernementsstädten zu gründenden Gymnasien von Bedeutung. Sowohl die Akademie der Künste mit ihrem Internat wie die geistlichen Seminare und die Korps sollten ein Curriculum vermitteln, das dem der Gymnasien zu entsprechen hatte. Schließlich wurde im Abschnitt über die höheren Bildungseinrichtungen definiert, welche Fächer innerhalb der Fakultäten relevant seien und wo überhaupt Universitäten entstehen sollten.[115]

---

[112] Eine entsprechende Regelung war in den jeweiligen Gründungsprivilegien vorgesehen (vgl. ebenda, S. 144-146).
[113] Roždestvenkij, Očerki, S. 299 f.
[114] Dennoch ist nicht ganz klar, warum gerade die englischen Universitäten Oxford und Cambridge als Vorbilder herangezogen wurden, galten sie im europäischen Vergleich doch als sehr traditionalistisch und ihren mittelalterlichen Wurzeln verhaftet (vgl. hierzu Barnard, H. C., A History of English Education from 1760. 2. Aufl. London 1961, S. 24-31).
[115] Roždestvenskij, Materialy, S. 146-149.

Es scheint, als sei dieses knappe Gerüst der Minimalkonsens gewesen, auf den sich die Mitglieder der Unterkommission hatten einigen können. So machte der Vorsitzende Solotnickij eine gesonderte Eingabe, in der er feststellte, daß der Besuch der Elementarschulen nur auf freiwilliger Basis erfolgen sollte und daß zudem - hier zeigten sich die Interessen des adligen Vertreters - die Korps auf keinen Fall auf einer Stufe mit den allen freien Ständen zugänglichen Gymnasien stehen sollten, wobei er allerdings nicht ausführte, welchen Platz er den Korps im Bildungssystem zuzuweisen gedachte.[116] Timotheus von Klingstedt äußerte in seiner Eingabe die Auffassung, die Korps seien den Gymnasien sinnvollerweise nicht gleichzustellen, sondern vollkommen von der Schulgesetzgebung auszuschließen, weil sie sich ihrem Charakter nach nicht in ein Schulsystem integrieren ließen. Als einziges Mitglied der Sonderkommission lenkte er das Augenmerk auf den Lehrerbedarf, und zwar auf einen sehr speziellen Punkt - er fragte, wie denn der Bedarf an Latein- und Griechischlehrern in den Gymnasien gedeckt werden sollte, allerdings ohne den Versuch einer Antwort.[117]

Den Mitgliedern der Direktionskommission schienen sowohl der Plan für den weiteren Fortgang der Gesetzgebung als auch die Sondervoten wenig aussagekräftig, und so lenkten sie auf ihrer Sitzung am 29.12.1768 das Augenmerk auf eine Reihe von Punkten, die ihrer Meinung nach unberücksichtigt geblieben waren: Die Überlegungen für die Schulen fremdgläubiger Untertanen wurden als zu wenig ausgefeilt kritisiert, Aussagen über Bildungseinrichtungen für Mädchen ebenso vermißt wie Hinweise zum Verhältnis von geistlichen und säkularen Schulen auf Elementarschul- und Gymnasial- bzw. Seminarsebene. Auch forderte man von der Unterkommission, Verhaltenskodizes für Schüler und Studenten in sämtlichen Bildungsinstitutionen zu erarbeiten, wobei freigestellt wurde, ob all diese Punkte in Einzelgesetzen oder einem Paket vorbereitet werden sollten.[118] Damit hatte die Direktionskommission ein zentrales Problem berührt: Offensichtlich wußte man in der Unterkommission nicht, wie der Gesamtkomplex geordnet werden sollte. Zwar arbeiteten ihre Mitglieder bis zum Sommer 1769 einige Gesetzesprojekte aus, zum Beispiel für die Elementarschulen auf dem Lande und in den Städten sowie über den Aufbau, die Administration und den Lehrplan von Gymnasien,[119] doch schufen diese Projekte nicht das im *Načertanie* geforderte dreigliedrige Bildungssystem. Überdies war die Kommission für das Schulwesen nach Ablauf des Sommers 1769 durch personelle Auszehrung praktisch nicht mehr in der Lage, konstruktiv weiterzuarbeiten.

Ob die Zarin die einzelnen Projekte dieser Unterkommission zur Kenntnis nahm, ist im Gegensatz zu den Ergebnissen anderer Unterkommissionen nicht bekannt. Um das

---

[116] Ebenda, S. 158-169.
[117] Ebenda, S. 169-173.
[118] Protokoll der Sitzung in: Ebenda, S. 174-177.
[119] Projekte in: Ebenda, S. 177-222.

Jahr 1770 ergriff sie jedoch keine Maßnahmen, um das, was ihr an Wünschen und Widerständen ihrer Untertanen in Fragen der Erziehung, Bildung sowie Ausbildung bekannt und an mehr oder weniger elaborierten Projekten zugänglich war, legislativ zu verarbeiten. Dies bedeutete nicht, daß sie unter dem Eindruck von Ereignissen wie den Krieg gegen das Osmanische Reich, die Pest in Moskau oder den Pugačev-Aufstand das Interesse an diesen Fragen verloren hätte. Sie suchte aber neue Anregungen, um dann mit einer Gesetzgebung auf einer anderen Grundlage zu beginnen.

3.1.3. Gesetzgebung und Neuorientierung: Die Gouvernementsreform von 1775 und die Suche nach einem Schulsystem für das Zarenreich

In der Forschung ist in den achtziger Jahren des 20. Jahrhunderts nicht zu Unrecht festgestellt worden, daß in der katharinäischen Epoche das Tempo des Gesetzgebungsprozesses keineswegs ausgesprochen hoch gewesen ist, wobei nicht nur die Regierungszeit Peters I., sondern auch diejenigen Pauls I. und Alexanders I. zum Vergleich herangezogen worden sind.[1] Zumindest auf Peter I. und Paul trifft jedoch genauso zu, daß sie oft sehr schnell Gesetze in Kraft treten ließen, ohne ihre Durchführbarkeit geprüft zu haben. Für die Gesetzgebung Katharinas gilt dies eben nicht. Ihre Gouvernementsreform von 1775 ist ein Beispiel für ein von langer Hand vorbereitetes Gesetzesprojekt, zu dessen Umsetzung die Herrscherin die Unterlagen der Gesetzbuchkommission und der entsprechenden Unterkommission ebenso studierte wie die politische Literatur der Zeit und diese Materialien mit verschiedenen Beratern intensiv diskutierte.[2] Mit dieser Reform wurden sowohl die Verwaltungseinheiten des Reiches durch die Neueinteilung der Gouvernements und *uezdy* bei gleichzeitiger Abschaffung des petrinischen Provinzsystems engmaschiger strukturiert als auch Institutionen der lokalen Verwaltung etabliert, in denen die dortige Bevölkerung, insbesondere der Adel, aber auch die städtische Kaufmannschaft, in Wahlämter eingebunden wurde. Immerhin hatten die nun geschaffenen Institutionen bis in die Zeit Alexanders II., partiell sogar bis 1917, Bestand.[3] Ob es sich hierbei unter dem Deckmantel einer vorgeblichen Dezentralisierung um eine Verstärkung der autokratischen Macht gehandelt hat, weil der Staat mit der neuen Struktur erstmals in den verschiedenen Reichsteilen auf die lokalen Ebenen zugreifen wollte und sich in Ermangelung einer qualifizierten Bürokratie der Mitarbeit der lokalen Elite versichern mußte, ist eine Frage, über die in der Forschung immer

---

[1] Kamenskij, A. B., Ekaterina II., in: VI (1989), 3, S. 62-88, hier S. 62; Ejdel'man, N. Ja., Gran' vekov, S. 61.
[2] Hierzu ausführlich: Jones, R. E., Provincial Development in Russia. Catherine II. and Jacob Sievers. New Brunswick usw. 1984, insbesondere S. 81-119; Raeff, The Well-Ordered Police State, S. 227 f. Katharinas Berater in diesen Fragen war vor allem Jakob Johann von Sievers, Generalgouverneur von Novgorod.
[3] Kamenskij, Ot Petra do Pavla, S. 416-433.

wieder kontrovers diskutiert worden ist. Unstrittig ist jedoch mittlerweile, daß es sich bei der Reform nicht um eine schnelle Reaktion auf den Pugačev-Aufstand handelte (1773-1775), in dessen Verlauf weite Teile des Wolga- und Uralgebietes der staatlichen Kontrolle entzogen und die Schwächen der administrativen Strukturen offengelegt worden waren.[4]

Die Gouvernementsreform war auch für das Bildungssystem des Zarenreiches von fundamentaler Bedeutung. Im Kapitel 25 des Gesetzes wurden die Rahmenbedingungen für die Gründung von Schulen im Land geschaffen.[5] Im *načertanie* Katharinas II. und in den Projektentwürfen der Unterkommission der Gesetzbuchkommission war zwischen Fragen der Bildung und der öffentlichen Fürsorge ein Zusammenhang hergestellt worden. Dieser Konzeption entsprach, daß diese beiden Felder als Aufgaben der „guten policey", die als Leitgedanke die gesamte Reform durchzog,[6] nun einer einzigen Institution zugeordnet wurde, dem *prikaz obščestvennogo prizrenija*, der Behörde für öffentliche Fürsorge. In jedem Gouvernement sollte eine Zweigstelle, gleichfalls *prikaz* genannt, eingerichtet und durch ein Gremium geleitet werden, das sich aus zwei Beisitzern des höheren Landgerichts als Repräsentanten des Adels, zwei Vertretern des neu eingerichteten Gouvernementsmagistrats als Vertretern der Kaufmannschaft sowie zwei Mitgliedern der höchsten bäuerlichen Gerichte als Repräsentanten der freien Bauern und schließlich dem Gouverneur als Vorsitzenden zusammensetzte. Dieser Behörde wurden die Einrichtung und der Unterhalt von Volksschulen (*narodnye školy*), Waisenhäusern

---

[4] Die ältere Sichtweise bei: Medynskij, Istorija russkoj pedagogiki, S. 93; LeDonne, Absolutism and Ruling Class, S. 112-118; im Gegensatz dazu: Jones, R. E., Catherine II. and the Provincial Reform of 1775: A Question of Motivation, in: CASS 4 (1970), S. 497-512; Omel'čenko, „Zakonnaja monarchija", S. 267 f.; Kamenskij, „Pod seniju Ekateriny...", S. 295-297; Scharf, C., Adliger Grundbesitz und Regionalverwaltung in der Gouvernementsreform Katharinas II.: Argumente von der mittleren Wolga, in: Ders. (Hrsg.), Katharina II., Rußland und Europa. Beiträge zur internationalen Forschung. Mainz 2001 (Veröffentlichungen des Instituts für europäische Geschichte Mainz, Beiheft 45), S.421-456; Hartley, J., Katharinas II. Reformen der Lokalverwaltung - die Schaffung städtischer Gesellschaft in der Provinz? In: Ebenda,S. 457-477.
[5] Eine kritische Ausgabe des Statuts über die Gouvernementsreform in: Indova, E. I. (Hrsg.), Rossijskoe zakonodatel'stvo X-XX vekov. T. 5: Zakonodate'stvo perioda rascveta absoljutizma. Moskva 1987, S. 170-321. Das Kapitel 25 in: ebenda, S. 259-274.
[6] Raeff, The Well-Ordered Police State, S. 229. Die „gute policey" umfaßte im Sprachgebrauch der Zeit öffentliche Ordnung, Wohlfahrt sowie Fürsorge und regelte damit oft bis ins Detail das alltägliche Zusammenleben.

3.1.3. Gesetzgebung und Neuorientierung

für Kinder beiderlei Geschlechts, Krankenhäusern und Spitälern, Arbeits- und Besserungsanstalten sowie Irrenhäusern übertragen.[7]

Der Adressatenkreis für die Institutionen korrespondierte mit den in der Leitung vertretenen Gruppen, die schon auf einen durch Bildung zu konstituierenden Sozialkörper, den katharinäischen „Mittelstand", verwiesen; die Sorge für die Leibeigenen, also auch deren mögliche Ausbildung über eine häusliche Erziehung hinaus, blieb in unverändert paternalistischen Strukturen dem adligen Gutsbesitzer vorbehalten.[8] Zur Finanzierung der zu diesem Zeitpunkt lediglich in den Hauptstädten existenten öffentlichen Einrichtungen wurden dem *prikaz* in Artikel 382 einmalig 15.000 Rubel aus den Einkünften der Gouvernements übertragen, die ansonsten der kaiserlichen Kasse zugestanden hätten. Dieses Geld konnte zwar unmittelbar verausgabt werden, es wurde jedoch empfohlen, die Summe mit einer guten Verzinsung bei der Adelsbank[9] anzulegen, um die laufenden Kosten dieser Institutionen aus den Gewinnen zu decken.[10] Damit wurde erstmalig nicht nur eine regional klare Zuständigkeit in Form einer eigenen Behörde geschaffen, es wurde auch eine feste Geldsumme zugewiesen und deren Mehrung in die Verantwortung eines regionalen Gremiums aus partiell gewählten Vertretern gelegt.[11] Freilich war die Summe im Verhältnis zu den Ausgaben des Staates und der Lokalverwaltung in den Provinzen nicht eben groß.[12]

Verglichen mit den Passagen über Einrichtungen der öffentlichen Fürsorge, denen

---

[7] Ebenda, S. 259 f.; Jakob J. Sievers hatte noch im Juli 1775 Katharina vorgeschlagen, in den Städten Schulen direkt und nur durch den Gouverneur gründen zu lassen. Er versicherte der Zarin, in allen 20 Städten seines Gouvernements Novgorod für weniger als 5.000 Rubel Schulen einrichten zu können (vgl. Jones, Provincial Development, S. 137). Katharina entschied sich jedoch für die behördlich institutionalisierte Variante, den *prikaz,* in der es weniger auf die persönliche Kompetenz des einzelnen Gouverneurs ankam.

[8] Vor allem in diesem Zusammenhang ist dem gängigen Urteil beizupflichten, die Gouvernementsreform sei ein Meilenstein zur Privilegierung des Adels gewesen - meiner Auffassung nach allerdings nur im Verhältnis zu den Bauern: Während in dieser Reform die rechtliche Position der Städter insgesamt gestärkt und zugleich ihre Binnendifferenzierung deutlicher umrissen wurde, geschah dies für die leibeigenen Bauern nicht. Sie verblieben bei der Weitmaschigkeit der Administration unter der Aufsicht ihres Gutsherren.

[9] Zur Einrichtung der Adelsbank im Jahre 1769, die einerseits den ökonomisch schwachen Adel bei dem Erhalt seines Grundbesitzes unterstützen, ihn andererseits aber auch zu unternehmerischer Tätigkeit anregen sollte: Heller, K., Die Geld- und Kreditpolitik des Russischen Reiches in der Zeit der Assignaten (1768-1839/43). Wiesbaden 1983 (= Quellen und Studien zur Geschichte des östlichen Europa, 19), S. 43.

[10] Auch durften die *prikazy* ihr Kapital gewinnbringend verleihen und konnten partiell somit quasi als lokale Banken fungieren (vgl. hierzu die knappen Hinweise bei: Borovoj, S. Ja., Kredit i banki Rossii. Moskva 1958, S. 67, 71 f.).

[11] Indova (Hrsg.), Rossijskoe zakonadatel'stvo, S. 260.

[12] Troickij, S. M., Finansovaja politika russkogo absoljutizma vo vtoroj polovine XVII i XVIII vv., in: Družinin, N. M. (Hrsg. u. a.), Absoljutizm v Rossii (XVII-XVIII vv.). Moskva 1964, S. 281-319, hier S. 303-319.

natürlich partiell auch ein erzieherischer Impetus eigen war, nahm sich der Artikel 384 über die *narodnye školy* knapp aus:[13] In allen Städten und größeren Dörfern sollten solche Schulen eingerichtet werden; der Schulbesuch war nicht obligatorisch und es wurde eigens hervorgehoben, daß er nicht gegen den elterlichen Willen erzwungen werden sollte.[14] Als Anreiz wurde den Bedürftigen allerdings ein kostenloser Unterricht verheißen. Schreiben, Lesen, Arithmetik, Zeichnen, Moral sollten gelehrt werden, für die orthodoxen Untertanen stand eine Unterweisung im Dekalog und im Katechismus auf dem Lehrplan.[15] Was in der westeuropäischen pädagogischen Literatur zum Standard gehörte und was Beckoj und andere für das Russische Reich als notwendige Rahmenbedingung für jegliches Lernen gefordert hatten, erhielt hier Gesetzeskraft: Der *prikaz* hatte für den Zustand des Klassenraums in bezug auf Sauberkeit, gute Belüftung und genügende Lichtverhältnisse ebenso Sorge zu tragen wie für ein ordentliches Erscheinungsbild der Schüler. Und wie schon im *Bol'šoj nakaz* und den Beckojschen Statuten wurde die Körperstrafe durch die Lehrer verboten. Unterrichtszeiten und unterrichtsfreie Tage wurden exakt festgelegt. Die Aufsicht über die Arbeit des Lehrers, die Festsetzung der Höhe seines Gehalts sowie die Auszahlung des Betrages war dem *prikaz* übertragen worden.

Die Einführung dieser Behörde samt ihres Vorstandes und die Etablierung eines Schulsystems wurde in einer Form organisiert, die in der Gesetzbuchkommission und ihrer entsprechenden Unterkommission nicht diskutiert worden war. In den größeren Dörfern war die Einrichtung von Schulen vorgesehen, die unter der Aufsicht der Geistlichkeit stehen sollten. In den Städten sollte der Magistrat diese Funktion gegenüber den *narodnye školy* ausüben. Eine übergeordnete Verwaltungsinstanz, bei der die Zuständigkeiten für Elementar- und Mittlere Schulen hätten zusammenlaufen sollen, fand in den Projekten keine Erwähnung. In der Reform von 1775 ist gleichsam der umgekehrte Weg gegangen worden. Vorgegeben wurde der organisatorische Rahmen der Zuordnung, während Unterrichtsform und Unterrichtsinhalte im Vergleich zu den Plänen der Unterkommission nur knapp genannt wurden. Von dem gewünschten dreistufigen Schulsystem, bestehend aus Elementarschulen, Gymnasien und Universitäten, war man mit diesem für das Zarenreich so grundlegenden Gesetz weit entfernt,[16]

---

[13] Indova (Hrsg.), Rossijskoe zakonadatel'stvo, S. 261 f.
[14] Sowohl in den *nakazy* der Kaufleute als auch in den Projekten für die Elementarschulen von 1770 war eine Schulpflicht gefordert worden, deren Mißachtung durch Geldbußen u. ä. geahndet werden sollte; vgl. Kap. 3.1.2.
[15] Die ausdrückliche Erwähnung der konfessionellen bzw. religiösen Zugehörigkeit scheint darauf hinzudeuten, daß sich das Schulangebot auch an *inorodcy*, Unierte, Protestanten usw. unter Weglassung eines Religionsunterrichts richtete.
[16] Allerdings hatte die Unterkommission für die Schulen diese Ebenen eines Schulsystems in verschiedenen Gesetzen behandelt wissen wollen (vgl. Kap. 3.1.2.; die Projekte für die Schulen der Dörfer und der *inorodcy* in: ČOIDR (1858), kn. 3, S. 51-102).

3.1.3. Gesetzgebung und Neuorientierung

wiewohl durch das engere administrative Netz mit der Angleichung unterschiedlich entwickelter und strukturierter Reichsteile im Idealfall ein flächendeckendes Schulsystem hätte geschaffen werden können - schon durch die Expansion der Institutionen in den neu gefaßten Gebietseinheiten. Zwischen 1775 und 1796 entstanden aus den 25 Gouvernements des Zarenreiches 50, aus den 169 *uezdy* 493;[17] teilweise mußten Dörfer als Hauptorte der neuen *uezdy* erst per Dekret zu Städten erhoben werden. Parallel zur langsamen und keineswegs immer gelungenen Transformierung dieser ehemaligen Dörfer und Flecken in Städte[18] stieg die Zahl an Mitarbeitern in der lokalen Verwaltung von 12.700 (1773) auf 27.000 (1796).[19] Eine konsequente Durchführung des Statuts auch im Bereich des Bildungswesens war angesichts des Bedarfs opportun.

Es scheint, als wären die Verordnungen über die *narodnye školy* - in höherem Maße als diejenigen für die übrigen Institutionen der öffentlichen Wohlfahrt[20] - ein Nebenprodukt der Gesetzgebung gewesen, zustandegekommen ohne Einwirkung oder Auswirkung des Diskurses über Erziehung, Ausbildung und Bildung.

„[...] je suis fort en peine d'avoir une idée d'université, de sa régie de gymnases et de sa régie d'écoles et de sa régie ..." schrieb Katharina an ihren Korrespondenzpartner Friedrich Melchior Grimm im Februar 1775 mit der Bitte, ihr alles erdenkliche Material über Schul- und Unterrichtssysteme zukommen zu lassen, dessen er habhaft werden könne.[21] Wahrscheinlich war diese Bitte eine Reaktion auf den Vorschlag des Gouverneurs von Astrachan', der angeregt hatte, eine Schule für Soldaten- und Waisenkinder einzurichten, um sie dort in westeuropäischen und orientalischen Fremdsprachen zu unterrichten. Darauf hatte Katharina mit dem Bescheid reagiert, der Gouverneur möge warten, bis allgemeine Anweisungen für die Einrichtung von Schulen in den Gouvernements erfolgten.[22] Diese Entscheidung wird nicht zwingend auf die 1775 realisierte Gouvernementsreform gezielt haben: Was die Einrichtung eines allgemeinen Schulsystems, aber auch die in diesem Schulsystem einzusetzenden Unterrichtsmateria-

---

[17] Diese Ausweitung ergab sich freilich auch durch die Expansion des Reiches nach Süden, die mit der Annexion der Krim ihren Höhepunkt fand, und aus dem Versuch, das administrative Netz des Zarenreiches auf die im Rahmen der Teilungen Polens annektierten Gebiete zu übertragen.
[18] Hierzu: Hittle, J. M., The Service City in the Eighteenth Century, in: Hamm, M. F. (Hrsg.), The City in Russian History. Lexington 1976, S. 53-68, hier S. 62-67; Mironov, B. N., Russkij gorod v 1740-1860e gody. Demografičeskoe, social'noe i ėkonomičeskoe razvitie. Leningrad 1990, S. 15-31.
[19] Jones, Catherine II. and the Provincial Reform, S. 512. Jones gibt für das zeitgenössische Preußen 14.000 Personen an, die in der lokalen Verwaltung beschäftigt waren.
[20] Hierzu siehe: Hartley, J., Philanthropy in the Reign of Catherine the Great, in: Bartlett, R. P. (Hrsg. u. a.), Russia in the Age of Enlightenment. Essays for Isabel de Madariaga. Houndmills usw. 1990, S. 167-202, hier S. 178-181.
[21] SIRIO 23, S. 19; siehe auch ebenda, S. 25.
[22] Ebenda 13, S. 294-297.

lien und Methoden anging, hatte die Zarin keinerlei Vorstellungen von ihrer zukünftigen Vorgehensweise entwickelt. Insofern boten ihr die Regelungen der Gouvernementsreform, die das Problem aus der Zentrale in die Provinz verlagerten, zumindest eine Atempause, in der beobachtet werden konnte, wie sich die Schulen unter Aufsicht der *prikazy* entwickelten, und weiter diskutiert werden konnte, in welcher Form ein landesweites, mehrstufiges Bildungssystem zu realisieren sei.

Dabei boten die europäische Aufklärung und die sich verändernde russische Gesellschaft im anhaltenden Diskurs über Bildung durchaus Anregungen, und auch die Zarin forderte verschiedentlich dazu auf, den Grundsätzen, die sie für den Staat und seine Gesellschaft öffentlich formuliert hatte, im Sinne der Aufklärung zur Geltung zu verhelfen. Vor diesem Hintergrund ist auch ihre eigene literarische Produktion zu sehen. Ob in selbstverfaßten Theaterstücken wie ihrem satirischen Erstling „*O vremja*" oder in ihren Beiträgen zu Journalen, die seit 1769 hervortraten, es ging ihr einerseits um „Modernisierung durch Literatur",[23] andererseits trugen diese Werke auch den Charakter einer Aufforderung, den Diskurs über die weitere Aufklärung des Landes fortzusetzen, nicht zuletzt um auf diese Weise auch die Akzeptanz zu fördern und weitere Anregungen für ihre Tätigkeit zu erhalten. Dies gelang der Zarin vielleicht in stärkerem Maße als zunächst intendiert gewesen war. Sie bewegte sich um 1770 in einem Diskurs, der auch ohne ihre herrscherlichen Initiativen in Form literarischer Beiträge in einem begrenzten Kreis der Elite in Gange blieb. Als Beispiel für eine Persönlichkeit, die aus eigenem Antrieb den Diskurs beflügelte, kann Nikolaj Novikov dienen, mit dem Katharina sich in der Charakterisierung von rückwärtsgewandten, veränderungsunwilligen Typen innerhalb der Gesellschaft einig wußte.[24] Aber auch der Dramatiker Denis Fonvizin (1744-1792) und andere Autoren sind in diesen Kontext zu stellen;[25] die Literatur wurde desto stärker zur treibenden Kraft in der Forderung nach einer verbesserten Bildung der Gesellschaft, je mehr sich das Jahrhundert seinem Ende zuneigte. Neben den Schriftstellern führten auch die Wissenschaftler diesen Diskurs fort. Verschiedene Professoren der Moskauer Universität traten mit pädagogisch-methodischer

---

[23] So Engel-Braunschmidt, A., Modernisierung durch Literatur: Ch. F. Gellerts „Betschwester" und Katharinas „O Zeit", in: Hübner, E. (Hrsg. u. a.), Rußland zur Zeit Katharinas II. Absolutismus, Aufklärung, Pragmatismus. Köln usw. 1998 (= Beiträge zur Geschichte Osteuropas, 26), S. 235-252; sowie zu ihrer Stellung in der Literatur der zweiten Hälfte des 18. Jahrhunderts: dies., „Der Nation gefallen ...". Katharina als Autorin und die Literatur ihrer Zeit, in: Ottomeyer, H. (Hrsg. u. a.), Katharina die Große. Katalogbuch. Kassel 1997, S. 45-52. Siehe auch: Fleischhacker, H., Mit Feder und Zepter. Katharina II. als Autorin. Stuttgart 1978.
[24] So Novikov in seiner moralischen Wochenzeitschrift „Die Drohne" (*Truten*) publiziert in: Berkov, P. N. (Hrsg.), Satiričeskie žurnaly N. I. Novikova. Leningrad 1951, S. 49-51, 100-103, 257-262. Zu seiner Biographie: Jones, W. G., Nikolay Novikov. Enlightener of Russia. Cambridge 1984.
[25] Aus literaturgeschichtlicher Sicht: Lauer, Geschichte, S. 51-95.

3.1.3. Gesetzgebung und Neuorientierung

Literatur hervor,[26] und auch in der Akademie der Wissenschaften wurden fortgesetzt Projekte unterbreitet,[27] auch wenn die Akademie als Gesamtheit erst mit der Ernennung von Katharinas Vertrauter Ekaterina Daškova zur Direktorin im Jahre 1782 wieder stärker ins Blickfeld der Zarin geriet.[28] Literarische Produktion und Wissenschaft fanden in der zweiten Jahrhunderthälfte in hauptstädtischen Zirkeln vor allem dann zusammen, wenn es um die eigene Sprache als Forschungsgegenstand und Medium zugleich ging. Die russische Sprache wurde zum Objekt privater und staatlicher gelehrter Gesellschaften,[29] die ihrerseits den bildungspolitischen Diskurs beeinflußten.[30] Andere Vereinigungen verschrieben sich generell der Verbreitung von Wissen und Aufklärung, wobei die Tradition von „Gelehrten Gesellschaften" und Lesegesellschaften in Westeuropa rezipiert, aber in einem vornationalen, russische Identität stiftenden Sinne durchaus modifiziert wurde.[31]

Von einem regelrechten Paradigmenwechsel innerhalb der Elite hinsichtlich des Stellenwertes von Bildung zu sprechen, würde für die siebziger und frühen achtziger Jahre des 18. Jahrhunderts sicher zu weit gehen. Doch führten die sehr unterschiedlichen Strömungen innerhalb der Gesellschaft dazu, daß aus Eigeninitiative Schulgründungen propagiert und auch initiiert wurden. Der oben erwähnte Vorschlag des Astra-

---

[26] Die Professoren Barsov und Ch. A. Čebotarev faßten diese seit der Gründung der Universität anhaltenden Diskussionen um Unterrichtsmethoden 1771 in einer kurzen Anleitung unter dem Titel *Sposob učenija* zusammen; siehe: Dokumenty i materialy, T. 1, S. 50, 135, 320, sowie die Publikation der Anleitung zum Unterricht, in der auch Hinweise für einen erweiterten Literaturkanon für einzelne Fächer gegeben wurden, in der Erstfassung von 1771 und der erweiterten Fassung von 1790 in: Syčev-Michajlov, Iz istorii, S. 160-172. Manche Formen des Unterrichts, die mit den Unterrichtsmaterialien im Zuge des Schulstatuts von 1786 eingeführt werden sollten, wurden hier bereits antizipiert (vgl. Kap. 3.1.4.).

[27] Smagina, Akademija nauk, S. 83-86.

[28] Tiškin, G. A., E. R. Daškova i učebnaja dejatel'nost' Peterburgskoj Akademii nauk, in: Očerki po istorii Leningradskogo universiteta. T. 6. Leningrad 1989, S. 190-207; Witte, G., Ekaerina Daškovas Memoiren als bildungsutopie, in: Lehmann-Carli, G. (Hrsg. u. a.) Russische Aufklärungsrezeption im Kontext offizieller Bildungskonzepte (1700-1825). Berlin 2001, S. 345-363; sowie die Beiträge in: Voroncov-Daškov, A. I. (Hrsg. u. a.), Ekaterina Romanovna Daškova. Issledovanija i materialy. SPb. 1996.

[29] Kočetkova, N. D., Daškova i „sobesednik ljubitelej rossijskogo slova", in: Voroncov-Daškov, A. I. (Hrsg. u. a.), Ekaterina Romanovna Daškova, S. 140-146; Krasnobaev, B. I., Eine Gesellschaft Gelehrter Freunde am Ende des 18. Jahrhunderts: "Družeskoe učenoe obščestvo", in: Balász, E. (Hrsg. u. a.), Beförderer der Aufklärung in Mittel- und Osteuropa. Freimaurer, Gesellschaften, Clubs. Berlin 1977, S. 257-270.

[30] So wurde 1780 die Gruppe „Sobranie rossijskich pitomcev" an der Moskauer Universität gegründet, welche aus einem kleinen Studentenzirkel hervorging und sich der Pflege der russischen Sprache verschrieben hatte. Vgl. Mel'nikova, Izdanija, S. 283.

[31] Siehe hierzu die programmatischen Dokumente der „Gesellschaft der Liebhaber der rußländischen Wissenschaft an der Moskauer Universität" in: Svetlov, B. (Hrsg.), Obščestvo ljubitelej Rossijskoj učenosti pri Moskovskom universitete, in: IA 5 (1950), S. 300-322. Diese wollte die „Verbreitung der Wissenschaften und ihres Einflusses auf die allgemeine Volksaufklärung" unterstützen (vgl. ebenda, S. 304).

chaner Gouverneurs wurde von Katharina deshalb abgelehnt, weil dieser lediglich auf ein punktuelles Defizit der Verwaltung hinwies: In Astrachan' wurden für die Administration der multiethnischen Bevölkerung und deren internationale Handelsbeziehungen Dolmetscher benötigt. Die Ausbildung dieser Fachkräfte wollte der Staat zu diesem Zeitpunkt nicht finanzieren. Wenn jedoch Prokofij A. Demidov und andere, teils adlige Unternehmer den finanziellen Grundstock für die Errichtung einer Spitzeninstitution kaufmännischer Bildung zur Verfügung stellten,[32] gab die Zarin ihre Zustimmung gern. Das Ergebnis war das 1772 in Moskau gegründete Kommerzgymnasium, das sich trotz mancher Anlaufschwierigkeiten bis ins 19. Jahrhundert überaus positiv entwickelte. Und wenn einkommensschwache Adlige schon in der Gesetzbuchkommission gefordert hatten, vorhandene Bildungseinrichtungen nutzen zu dürfen, war die Regierung bereit, deren ursprüngliche Zielgruppe auszuweiten. So wurde 1774 beschlossen, die Garnisonsschulen, die bislang ausschließlich für Soldatenkinder vorgesehen gewesen waren, nun auch für den niederen Adel zu öffnen. Zusätzlich sollten 1.000 adlige Kinder kostenfrei aufgenommen werden, um die Leistung ihrer im Türkenkrieg kämpfenden Väter zu honorieren.[33] Und wenn schließlich ökonomisches Interesse mit politischen Projekten verbunden werden konnte, war die Kaiserin nicht nur bereit, ihre eigene Schatulle zu öffnen, sondern auch für dauerhafte staatliche Zuwendungen zu sorgen. Im November 1774 informierte Katharina II. General Mordvinov, Aleksej Orlov habe aus dem Türkenkrieg 200 griechische Jungen zur Ausbildung mit nach Rußland gebracht, und sie erwarte die Einrichtung einer griechischen Schule für diese Jungen.[34] Das schließlich im April 1775 bei Sankt Petersburg eröffnete „Griechische Gymnasium" bildete ein Mosaiksteinchen in Katharinas von antikem Klassizismus geleiteten Plan einer Expansion in den mediterranen Raum, ein Vorhaben, das wenig später als „Griechisches Projekt" die europäische Politik beschäftigen sollte.[35] Die aufwendige Realisierung dieses Gymnasiums mit einem jährlichen Etat von über 41.000 Rubeln und einer einmaligen Zuwendung Katharinas von 20.000 Rubeln[36] - zum Vergleich: jedem Gou-

---

[32] Demidov gab 205.000 Rubel (!) als Kapitalgrundstock; vgl. Hudson, The Rise, S. 102 f. Über das Curriculum kam es zum Konflikt mit Beckoj, der auch hier einen sehr allgemeinbildenden Lehrplan einführen wollte (vgl. Majkov, Beckoj, S. 400-402.)
[33] Hierzu: Epp, The Educational Policies, S. 96.
[34] SIRIO 27, S. 5.
[35] Hierzu ausführlich: Hösch, E., Das sogenannte „Griechische Projekt" Katharinas II. Ideologie und Wirklichkeit der russischen Orientpolitik in der zweiten Hälfte des 18. Jahrhunderts, in: JbfGO NF 12 (1964), S. 168-206; Ragsdale, H., Evaluating the Traditions of Russian Aggression: Catherine II and the Greek Project, in: SEER 66 (1988), S. 91-117.
[36] Zur Finanzierung und zum vor allem eine Unterweisung in Türkisch, Armenisch und Griechisch umfassenden Lehrplan siehe: Tolstoi, Ein Blick, S. 73-76. Der Unterricht wurde bis 1783 von Stepan Rumovskij, später Akademiemitglied und zu Beginn des 19. Jahrhunderts Kurator des Kazaner Lehrbezirks, geleitet.

3.1.3. Gesetzgebung und Neuorientierung

vernement war für sein Schulwesen 15.000 Rubel zugewiesen worden - zeigte, zu welchen Anstrengungen Katharina bereit war, wenn sich persönliches Interesse mit Bildungspolitik und politischer Ambition verband. 1783, nach der Annexion der Krim, wurde das Gymnasium der Kuratorschaft Grigorij Potemkins übergeben und nach Cherson transferiert[37] in der zutreffenden Einschätzung, daß der Zustrom an Schülern unter der griechischen Bevölkerung auf der Krim am größten sein würde.

Nicht staatlich-säkularen Initiativen stand Katharina zurückhaltend gegenüber, wenn nicht deren Nutzen, wie im Falle des Kommerzgymnasiums, für den Staat erkennbar war. In diesem Sinne sah Katharina bei allen Vorbehalten gegenüber kirchlich kontrollierter Bildung den Wert der Seminare und geistlichen Elementarschulen mangels Alternativen sehr wohl, so daß sie sich den kirchlichen Amtsträgern, insbesondere den veränderungswilligen, beim Ausbau und der Reform dieses Systems nicht in den Weg stellte,[38] zumal sie sich mit ihren geistlichen Beratern von einer Aufklärung des Klerus über gute Bildungseinrichtungen auch eine Aufklärung der Bevölkerung in staatserhaltendem Sinne erhoffte. Wesentlich skeptischer aber war die Zarin, wenn sich Bildungsinitiativen bildeten, die zwar säkular motiviert waren, sich jedoch dem Zugriff des Staates und damit auch einer Kontrolle der Bildungsinhalte entzogen, auch wenn diese in einem hohen Maße mit den eigenen Vorstellungen übereinstimmten. Zwei Beispiele hierfür sind die beiden in Sankt Petersburg in den Jahren 1777 und 1778 gegründeten Schulen St. Katharina und St. Alexander, deren Gründungsgeschichte W. Gareth Jones untersucht hat.[39] Diese beiden Schulen wurden ausschließlich mit privaten Geldern von Adligen und Kaufleuten auf Initiative des bereits mehrfach erwähnten Nikolaj Novikov ins Leben gerufen. Über die Subskription seiner Zeitschrift *Utrennij svet* („Morgenlicht") hoffte er einen Überschuß zu erzielen, der der Gründung und der weiteren Unterhaltung der Schulen zugute kommen sollte.

Novikov gehörte einer Bewegung an, die seit der Mitte des 18. Jahrhunderts im Zarenreich relativ großen Zulauf hatte: der Freimaurerei. Sie ist in einer aktuellen Studie von Douglas Smith gerade auf ihre gesamtgesellschaftlichen Bezüge hin untersucht worden. Smith hat nachgewiesen, in welch starkem Maße das Freimaurerwesen trotz aller Geheimhaltungsregeln doch Bestandteil der Öffentlichkeit im Zarenreich war.[40]

---

[37] SIRIO 27, S. 230 f.
[38] Papmehl, K. A., Metropolit Platon of Moscow (Petr Levshin, 1737-1812). The Enlightened Prelate Scholar Educator. Newtonville, Mass. 1983, S. 61-66; zur Entwicklung der Seminare: Smolitsch, Geschichte, S. 567-575; Freeze, The Russian Levites, S. 99-105.
[39] Jones, W. G., The Morning Light Charity Schools, 1777-80, in: SEER 56 (1978), S. 47-67.
[40] Smith, Working the Rough Stone, S. 53-90. Die Darstellung ersetzt das erstmals 1917 erschienene Standardwerk von: Vernadskij, G. V., Russkoe masonstvo v carstvovanii Ekateriny II. SPb. 1999; zu Novikov und den Freimaurern: Longinov, M. N., Novikov i moskovskie martinisty. Moskva 1867. Für den Zusammenhang dieser Arbeit ist die Frage unerheblich, ob die Martinisten Freimaurer im engeren Sinne waren.

Wichtig für den Zusammenhang der Schulgründungen ist vor allem, daß es die Kommunikationsnetze der Freimaurer waren, über die es gelang, derart viel Geld für die Schulen zu sammeln,[41] daß diese 1779/80 kurzzeitig umgekehrt das Journal „Morgenlicht" finanzierten. Katharina hatte dieser gesellschaftlichen Initiative zunächst distanziert gegenübergestanden und erst, als offensichtlich wurde, daß auch geistliche Würdenträger und den Freimaurern fernstehende Personen unter den Donatoren waren, zudem der Lehrplan offensichtlich nicht von dem anderer Schulen abwich, gab sie ihre Skepsis auf und integrierte beide Schulen einige Jahre später in das staatliche Schulsystem.

Ein weiteres Beispiel dafür, daß im Diskurs der siebziger und achtziger Jahre gesellschaftliche Eigeninitiative und staatliches Handeln nicht nur ineinander griffen, sondern sogar verschwammen, ist die Entwicklung bildungspolitischer Aktivitäten an der Moskauer Universität. Ein Teil der Professorenschaft, unter ihnen der 1779 nach Moskau berufene Johann Georg Schwarz,[42] pflegte, nicht zuletzt über die Freimaurerei, einen regen Gedankenaustausch mit den an Bildung interessierten Kreisen der Stadt, unter ihnen auch Nikolaj Novikov. Wie dieser eigene Schulen gründete, um seine Erziehungsideale verwirklicht zu sehen, riefen Schwarz, sein Vorgänger Matthias Schaden und der Universitätskurator M. M. Cheraskov eine Adelspension ins Leben,[43] mit der sie den Gymnasiums- und den sich anschließenden Universitätsbesuch für adlige Heranwachsende attraktiver gestalten wollten. Zugleich suchten sie dem an sämtlichen Bildungseinrichtungen spürbaren Mangel an qualifizierten Lehrern abzuhelfen, indem sie ein Lehrerseminar einrichteten - das erste seiner Art im Zarenreich.[44] Was staatliche Anordnung bislang nicht vermocht hatte, geschah hier auf private Initiative hin, wenn auch an einer staatlichen Einrichtung.

Diese in den siebziger und achtziger Jahren unterbreiteten Einzelvorschläge, -beiträge und -initiativen verstetigten den Diskurs innerhalb der hauptstädtischen Elite und dienten, ähnlich wie in der Generaldebatte der Gesetzbuchkommission, der Selbstvergewisserung der Gesellschaft über die Notwendigkeit von Bildung, auch wenn der

---

[41] Bogoljubov, V., N. I. Novikov i ego vremja. Moskva 1916, S. 277 f.

[42] Zu seiner Person: Rauch, G. v., Johann Georg Schwarz und die Freimaurer in Moskau, in: Balász, E. H. (Hrsg. u. a.), Beförderer der Aufklärung in Mittel- und Osteuropa. Freimaurer, Gesellschaften, Clubs. Berlin 1977, S. 212-224.

[43] Moskovskie Vedomosti Nr. 100, 5.1.1779, S. 5. Siehe auch: Beljavskij, Škola i obrazovanie, S. 277 f. Mit der Einrichtung einer Adelspension an einem Gymnasium antizipierte Schwarz Maßnahmen des Ministers Uvarov aus den dreißiger Jahren des 19. Jahrhunderts (vgl. Kap. 4.2.2.). Diese Maßnahme nahm die Entwicklung im 19. Jahrhundert vorweg: Die Adelspension verselbständigte sich als Lehrinstitut vom Gymnasium.

[44] Es nahm seine Arbeit mit der Ausbildung von 30 Lehrern auf, siehe die Begründungen für die Einrichtung in der Rede von Ch. A. Čebotarev vom 22.4.1779, gedruckt in: Syčev-Michajlov, Iz istorii, S. 208-218.

3.1.3. Gesetzgebung und Neuorientierung

beteiligte Bevölkerungsquerschnitt noch nicht sehr groß war. Handreichungen für die konkrete Gesetzgebung boten diese Initiativen zwar nicht, sie kreierten allerdings ein Umfeld, das Katharina darin bestärken mochte, ihrem Selbstverständnis als aufgeklärte Herrscherin Rechnung zu tragen und ihr Bemühen um ein landesweites Schulsystem fortzusetzen. Zur Erstellung eines abgerundeten Projekts wandte sich die Zarin erneut an ihre Korrespondenzpartner, die französischen Philosophen im Umfeld der „Encyclopédie".[45] Hatte sie schon zu Beginn ihrer Regierungszeit d'Alembert als Erzieher des Großfürsten Paul gewinnen wollen, damit eine Einladung nach Rußland verknüpft und auch Voltaire mehrfach, wenn auch vergeblich, aufgefordert, die Fortschritte der Aufklärung in ihrem Reich in Augenschein zu nehmen, so bat sie nun Denis Diderot (1713-1784) an ihren Hof. Sicher folgte die mit Friedrich II. konkurrierende Herrscherin mit diesen Einladungen dessen Beispiel, denn Voltaire hatte sich einige Jahre lang am Hof des Preußenkönigs aufgehalten. Katharina erwartete von Diderot, der sich tatsächlich an die Neva aufmachte und von Oktober 1773 bis März 1774 in der Hauptstadt des Zarenreiches weilte, sowohl allgemeine Impulse als auch konkrete Anregungen zu verschiedenen Aspekten ihrer Reformpolitik. Die Zarin und der Philosoph trafen sich während seines Aufenthaltes mehrmals wöchentlich,[46] und auch wenn die Gesprächsinhalte teils nur indirekt aus Briefwechseln der beiden mit Grimm und anderen erschlossen werden können,[47] so läßt sich doch Diderots Sichtweise aus seinen Denkschriften und Gesprächszusammenfassungen herausfiltern, die er Katharina vor seiner Abreise übergab.[48]

Bildung und Bildungspolitik waren herausragende Themen für Diderot, die in seinen Vorstellungen, anders als bei Katharina, eng mit Fragen des Staatsaufbaus und zugleich jeglicher gesellschaftlicher Veränderung - gleichsam als Signum der Aufklärung - verbunden waren.[49] Katharina erbat sich von Diderot Vorschläge zum Aufbau eines Bildungssystems im Zarenreich,[50] woraufhin dieser elf Denkschriften zu einzelnen

---

[45] Zu den engen Verbindungen dieser Gruppe untereinander jetzt: Kafker, F. A., The Encyclopedists as a Group. A Collective Biography of the Authors of the Encyclopédie. Oxford 1996 (= Studies on Voltaire and the Eighteenth Century, 345), sowie: Karp, Franczuskie prosvetiteli.

[46] Bilbasov, Didro v Peterburge; Tourneux, M., Diderot et Catherine II. Paris 1899; Wilson, A., Diderot in Russia, 1773-1774, in: Garrard, J. (Hrsg.), The Eighteenth Century in Russia. Oxford 1973, S. 166-197.

[47] Siehe z. B. die Briefe Johann Frederiks von Nolken an Jean François Beylon über den Aufenthalt Diderots, in: Karp, Francuzskie prosvetiteli, S. 323-336.

[48] Sie liegen in einer von Paul Vernière besorgten kritischen Ausgabe vor: Diderot, D., Mémoirs pour Catherine. Paris 1966; sowie: Lizé, E., Mémoirs inédit de Diderot à Catherine II, in: Dixhiutième siècle 10 (1979), S. 191-222. Sie lösen den unkommentierten Abdruck bei Tourneux ab.

[49] Nachdrücklich betont von: Vierhaus, R. Aufklärung als Lernprozeß, in: Ders., Deutschland im 18. Jahrhundert. Politische Verfassung, soziales Gefüge, geistige Bewegungen. Göttingen 1987, S. 84-95.

[50] Wilson, Diderot, S. 177 f., 187 f. Durch bewußte Steuerung von seiten der Zarin war Diderot ein äußerst selektives Bild der russischen Lebensverhältnisse und der Bildungslandschaft präsentiert

bildungspolitischen Aspekten überreichte, von denen der Traktat „Über die öffentlichen Schulen" (Des écoles publiques)[51] für den Reformzusammenhang am bedeutsamsten war.

In diesem Memorandum, entstanden aufgrund eines nicht mehr genau zu datierenden Gesprächs zwischen dem 15.10. und dem 3.12.1773, plädierte Diderot für die Einrichtung von öffentlichen Schulen in allen größeren Städten und rief die Zarin als Gesetzgeberin dazu auf, ohne Umschweife für ihre Untertanen den Schulzwang einzuführen. Diese Forderung war, allerdings nur bezogen auf die Stadtbewohner, schon während der Arbeit der Gesetzbuchkommission erhoben worden. Unter Hintanstellung des emanzipatorischen Effektes jeglicher Bildung für die Betroffenen, der von Diderot sicherlich gewünscht war, argumentierte er mit dem Nutzen des Staates durch einen Vergleich, der Katharina den Weg zu einer Konstitutionalisierung attraktiv machen sollte: Die Zarin habe mit der Gesetzbuchkommission eine Maschinerie erschaffen, welche die Bevölkerung für die ihre halte, mit der Katharina sie jedoch zu den aufgeklärten Zielen führen könne, die sie für notwendig erachte. Deshalb plädierte Diderot für eine Fortführung dieser Kommission.[52] Genauso würde es sich mit den Schulen verhalten, in denen die Kinder bei guter Anleitung zum Lernen und korrekter Administration nachgerade unbewußt die von der Zarin vorgegebenen Lernziele erreichen würden. Das Prinzip, nach dem die Stadtschulen eingerichtet werden sollten, war das der Gleichheit. Zwar sprach Diderot von drei Arten von Schülern, den *pensionnaires*, Kindern adliger Eltern, deren Unterbringung in Eigenfinanzierung erbracht werden könne, den *boursiers*, für die Stipendien vorgesehen waren, und den *externes*, die bei ihren Eltern wohnen sollten - hier war also keine strikte Trennung vom Elternhaus, wie in den Beckojschen Institutionen, vorgesehen -, in der Schule selbst aber sollte absolute Gleichheit herrschen.[53] „En s'y prenant ainsi on verra les classes s'éclaircir á mesure qu'elles s'élèveront par degrés."[54]

Innerhalb einer Schule sollte eine abgestufte Bildung vermittelt werden: Die erste Phase, während der die Unterrichtung in Lesen, Schreiben, Rechnen und Katechismus vorgesehen war, hatten alle Schüler zu durchlaufen. Die zweite Stufe mit den zusätzli-

---

worden.
[51] Diderot, Mémoirs, S. 129-144. Weitere Memoranden über Bildung trugen Titel wie: Sur la maison des jeunes filles; De l'éducation particulière; De l'éducation des enfants trouvés; Notes sur deux points des règlements de la maison des enfants trouvés; Léçons d'anatomie dans la maison des jeunes filles; Idée systematique sur la manière d'amener un peuple au sentiment de la liberté et à l'etat policé; Des jeunes élèves envoyés en pays étrangers; De l'école des cadets; Des académies et surtout d'une académie de langue.
[52] Ebenda, S. 131. In einem anderen Memorandum kritisierte Diderot Katharinas „Große Instruktion" wegen der Ausklammerung des Problems der Leibeigenschaft, während er die Gesetzbuchkommission prinzipiell positiv bewertete (vgl. ebenda, S. 199).
[53] Ebenda, S. 131-133.
[54] Ebenda, S. 142.

3.1.3. Gesetzgebung und Neuorientierung

chen Fächern Algebra, Geometrie, Mechanik, Anatomie, Naturgeschichte, Chemie, Logik und Moral war nur noch für durchschnittlich bzw. überdurchschnittlich begabte Schüler gedacht, während in der dritten Stufe die Voraussetzungen für eine akademische Laufbahn geschaffen werden sollten. Erst in dieser letzten Phase sollte die Grammatik der Mutter-, aber auch der Fremdsprachen vermittelt werden, weil die Kinder erst dann in der Lage seien, die Struktur einer Sprache über eine bloße Nachahmung hinaus zu erfassen. Durch das in diesem Modell enthaltene Ausleseprinzip würden die Befähigsten entdeckt werden, die dann zur akademischen Elite des Reiches ausgebildet werden könnten - wobei Diderot davor warnte, auch mittelmäßigen Schülern die Möglichkeit dieses Berufsziels zu eröffnen. Ein jedes Kind, das gegen seine Begabung und seinen Willen in einen bestimmten Ausbildungsgang gezwungen würde, könne wegen Überforderung zum Müßiggänger oder Tunichtgut werden.

Das Konzept grundsätzlich gleicher Bildungschancen verbunden mit der gezielten Auslese und anschließenden Förderung der Begabten und zugleich die Erwartung, daß sich Kinder unterschiedlicher sozialer Herkunft gegenseitig „zivilisieren" würden,[55] war hier erheblich detaillierter ausgearbeitet als in den Plänen und Statuten Beckojs.[56] Es liegt auf der Hand, daß Diderot, der wohl keinerlei Vorstellung davon hatte, wie eine russische Stadt aussah[57] und wie viele Schulen hätten gegründet werden müssen, um die Schulpflicht durchsetzen zu können, der Zarin mit seinem avantgardistischen Plan und seinem egalitären Ansatz in der konkreten Situation wenig weiterhalf: Auf das Gouvernementsstatut von 1775 hatte dieser Vorschlag keine Auswirkungen.

---

[55] In manchem erinnert dieses Memorandum an Vorstellungen, wie man sie im 20. Jahrhundert mit der Konzeption der Gesamtschule verwirklichen wollte.

[56] Für die Ausbildung der Lehrer wollte Diderot, der in diesem Memorandum bei jeder Gelegenheit gegen die Jesuiten polemisierte, auf keinen Fall auf die Geistlichkeit zurückgreifen; er verwies auf die Studenten, die Katharina ins Ausland geschickt hatte, als geeignete Lehrer. In der Tat hatte Katharina diese seit den Tagen Peters immer geübte Praxis wieder intensiviert. Vgl. hierzu: Aleksandrenko, V., Iz žizni russkich studentov v Oksforde v carstvovanii imperatricy Ekateriny II, in: ŽMNP 285 (1893), 1, S. 1-14; Hans, N., Russian Students at Leyden in the 18th Century, in: SEER 35 (1965-67), S. 441-462; Kirchner, P., Studenten aus der linksufrigen Ukraine an deutschen Universitäten in der zweiten Hälfte des 18. Jahrhunderts, in: Steinitz, W. (Hrsg. u. a.), Ost und West in der Geschichte des Denkens und der kulturellen Beziehungen. Festschrift für Eduard Winter zum 70. Geburtstag. Berlin 1966, S. 367-375.

[57] V. I. Čučmarev hat gezeigt, in welchem Maße Diderots Rußlandbild schon vor seiner Reise durch die Begegnung mit Beckoj und Šuvalov in Paris sowie durch die Lektüre einiger Werke Lomonosovs geprägt war und zum ständigen Referenzrahmen seiner Arbeit während seines Rußlandaufenthaltes wurde. Siehe: Čučmarev, V. I., Francuzskie enciklopedisty XVIII veka ob uspechach razvitija russkoj kul'tury, in: Voprosy filosofii (1951), 6, S. 179-193, hier S. 184-188; siehe auch: Kafker, The Encyclopedists, S. 80 f. Zum Standardwissen über das Zarenreich gehörte unter den Philosophen natürlich der Artikel von Louis de Jaucourt in der „Encyclopédie": Jaucourt, L. de, Russie, in: Encyclopédie ou dictionaire raisonné des sciences, des arts et des métiers. T. 14. Paris 1765 (Reprint 1966), S. 442-445.

Im Gegensatz zur bislang geltenden Annahme hat Georges Dulac nachgewiesen,[58] daß Katharina einen umfassenden Bildungsplan von Diderot erst nach dessen Rückkehr nach Paris erbeten hat, obwohl ihre Wertschätzung des französischen Philosophen zu diesem Zeitpunkt bereits erheblich geringer geworden war. Diderot verfaßte diese Schrift im Winter 1774/75 und händigte sie seinem Freund Grimm im Mai 1775 aus, der sie wiederum Katharina am 20. Januar 1776 persönlich überreichte[59] - zu spät also, als daß dieser Bildungsplan irgendeine rezeptionsgeschichtlich interessante Wirksamkeit für die Etablierung der Schulen des *prikaz obščestvennogo prizrenija* hätte entfalten können.[60] Dennoch stellt dieses Memorandum den bis zu diesem Zeitpunkt elaboriertesten Plan überhaupt dar, der für ein Schulsystem im Zarenreich überhaupt erarbeitet worden war, freilich einer, der auf die Spezifika des Landes wenig Bezug nahm und so als typische Reformkonzeption der Aufklärung mit universellem Anspruch auch für ein anderes Land hätte entworfen sein können.

Wäre der „Plan d'une université pour le gouvernement de Russie, ou plan d'une éducation publique dans toutes les sciences"[61] im zeitgenössischen, vorrevolutionären Frankreich publiziert worden, hätte er vor allem als Polemik gegen die Collège-Ausbildung der Jesuiten und das Projekt der dem Adel vorbehaltenen Schulen La Chalotais'[62] verstanden werden können, nannte Diderot doch ausdrücklich nur französische Autoren, mit denen er sich zur Vorbereitung des Bildungsplanes auseinandergesetzt habe. Wiederum argumentierte er mit dem Nutzen für den Staat in einem sozialdisziplinierenden Sinne: „Der Wilde verliert jene Wildheit der Wälder, die keinen Herren anerkennt, und nimmt stattdessen eine reflektierte Fügsamkeit an, die ihn den zu seinem Glück geschaffenen Gesetzen unterwirft und die ihn an diese Gesetze bindet."[63] Das Gleichheitsprinzip, das er in „Des écoles publiques" aufgestellt hatte, proklamierte Diderot erneut mit dem identischen Argument, daß die Gleichbehandlung der Untertanen dem Staat größtmöglichen Nutzen biete: „Nachdem die Anzahl der Hütten und sonstigen Privatgebäude zu derjenigen der Paläste in einem Verhältnis von zehntausend

---

[58] Dulac, G., Dans quelle mesure Catherine II a-t-elle dialogué avec Diderot? In: Davidenkoff, A. (Hrsg.), Catherine II et l'Europe. Paris 1997 (= Collection historique de l'Institut d'études Slaves, 38), S. 149-161, hier S. 153.
[59] Siehe hierzu die Zeitleiste von Paul Vernière in: Diderot, Mémoirs, S. XXXVIII.
[60] Schon von daher ist das Urteil Dulacs unsinnig, erst Diderot habe Katharina von der Notwendigkeit überzeugt, das Volk aufzuklären (Dulac, Dans quelle mesure, S. 155-157).
[61] Hier die von Wiltrud Ulrike Drechsel besorgte deutsche Ausgabe: Diderot, D., Bildungsplan für die Regierung von Rußland. Weinheim usw. 1971. In Rußland wurde der Plan erstmals 1813/14 in Auszügen publiziert, in Frankreich wurde er vollständig in die Werkausgabe Diderots von 1875 aufgenommen.
[62] Vgl. Kap. 3.1.1.
[63] Diderot, Bildungsplan, S. 19. In ähnlicher Weise hatte sich schon A. Stroganov in der Generaldebatte der Gesetzbuchkommission hinsichtlich der Bauern geäußert, die dem Gutsherrn während des 18. Jahrhunderts im Laufe der sukzessiven Europäisierung der Elite womöglich noch fremder geworden sein mochten.

3.1.3. Gesetzgebung und Neuorientierung

zu eins steht, kann man zehntausend zu eins wetten, daß das Genie, die Begabung eher aus einer Hütte als einem Palast hervorgehen wird."[64] Dann jedoch nahm er eine Änderung seiner vormaligen Konzeption vor, indem er die Vermittlung von Grundkenntnissen (Lesen, Schreiben und Rechnen) an die Elementarschulen bzw. - in adligen Familien - an die von ihm eigentlich abgelehnten Hauslehrer verwies.[65] Ob es sich dabei um eine Konzession an den russischen Adel handelte, muß dahingestellt bleiben. Für den Schul- und Unterrichtstypus, den er in seinen Memoranden entworfen hatte, benutzte er nun den Begriff der *université* zur Kennzeichnung der Einheitlichkeit von Bildung in einer Institution, in der die Kinder unabhängig von Herkunft und Leistungsfähigkeit gemeinsam unterrichtet werden sollten. Sodann erörterte Diderot die Nützlichkeit verschiedener Fächer,[66] wobei er die Naturwissenschaften deutlich favorisierte und sich wiederum gegen die jesuitischen *collèges* wandte, in denen der Unterricht mit alten Sprachen begonnen wurde.[67] Schließlich widmete er sich dem Aufbau der Fakultäten innerhalb seiner *université* mit einer Detailfreude, die auch anderen sich als aufgeklärt verstehenden Reformkonzepten eigen war, um dann noch einmal die Bedeutung der Internatsschulen zu betonen. Während Beckoj deren Einrichtung aufgrund des schädlichen Einflusses des Elternhauses befürwortet hatte, war bei Diderot der Gleichheitsgrundsatz argumentationsleitend. In der gemeinsamen Schule würden die Kinder, ob eigenfinanziert oder mit Hilfe staatlicher Stipendien,[68] unter der Anleitung von aufgeklärten Lehrern wirklich gleich.

Katharina hat diesen ebenso kostenintensiven wie nicht nur für die russischen Verhältnisse utopischen Plan in der Erkenntnis beiseite gelegt, daß trotz von ihr womöglich geteilter Grundannahmen über die Natur des Menschen solche Pläne nicht in praktische Politik umgesetzt werden konnten. Diderot selbst hatte jedoch in einer Anlage zu seinem Bildungsplan eine Richtung angedeutet, die Katharina für eine praktische Gesetzgebung erfolgversprechender schien. In der Anlage „Versuch über die Studien in Rußland"[69] hatte sich Diderot, womöglich unter dem Eindruck seiner Rückreise durch Deutschland, positiv über die Auswirkungen der pietistisch-protestantischen Aufklärung geäußert, womit er allerdings zuvorderst die Pfarrgeistlichkeit meinte, die Kristallisationspunkt sozialdisziplinierender Aufklärung im Dorfe war. Hierfür gab es in den baltischen Provinzen des Zarenreiches ebenfalls Beispiele genug, die freilich im Diskurs des Gesamtreiches, soweit erkennbar, schon deshalb keine große Wirksamkeit

---

[64] Ebenda, S. 23.
[65] Ebenda, S. 43 f.
[66] Ebenda, S. 33 f., 66.
[67] Schon d'Alembert hatte sich in seinem „Encyclopédie"-Artikel über die *collèges* ähnlich geäußert; in: Encyclopédie ou dictionaire raisonné des sciences, des arts et des métiers. T. 3. Paris 1755 (Reprint 1966), S. 634-637, hier S. 636.
[68] Diderot, Bildungsplan, S. 120 f.
[69] Publiziert in: Ebenda, S. 131-143, hier S. 132-134.

entfalten konnten,[70] weil Ausbildung und Ansehen der protestantischen Pfarrgeistlichkeit in den baltischen Provinzen ungleich höher waren als bei den orthodoxen Geistlichen, die daher nicht die gleiche Vermittlungsfunktion wie ihre protestantischen Amtsbrüder ausüben konnten.[71]

Nach 1775 schwand also das Vertrauen der Zarin in die utopischen, schnelle Veränderung verheißenden Pläne der Aufklärer und Philosophen, jedoch nicht ihr grundsätzliche Wille, die einzelnen Institutionen in einem Schulsystem zusammenzufassen. So bat sie mehrfach Friedrich Melchior Grimm, einen Mittler zwischen der französischen und der deutschen Aufklärung, die Organisation eines weltlichen Schulsystems im Zarenreich zu übernehmen.[72] Im Gegensatz zu Diderot lehnte dieser es mit Hinweis auf seine fehlenden Sprach- und Landeskenntnisse, aber auch aufgrund seiner mangelnden Kompetenz als Bildungsorganisator sogar ab, überhaupt ein Bildungsprojekt zu skizzieren, geschweige denn das angetragene Amt zu übernehmen. Er versprach der Zarin jedoch, sie sowohl über neue pädagogische Entwicklungen wie über veränderte Bildungssysteme in Mittel- und Westeuropa auf dem laufenden zu halten, wobei er mitunter sogar bildungspolitischen Präferenzen der Zarin widersprach: Mit Interesse hatte die Zarin etwa die Entwicklung der philantropischen Ideen Johann Bernhard Basedows (1724-1790) verfolgt,[73] auf die sie mutmaßlich durch Jacob von Stählin aufmerksam gemacht worden war.[74] Im Gegensatz zu dem im christlichen Pietismus wurzelnden Erziehungsauftrag August Hermann Franckes verfolgte dieser ein gleichsam überreligiöses, auf dem Naturrecht gründendes Konzept der Nächstenliebe, das er in einem aufsehenerregenden Traktat „Vorstellungen an Menschenfreunde und vermögende Männer über Schulen und Studien und ihren Einfluß auf die öffentliche Wohlfahrt" (1768) präsentierte; Grigorij Orlov hatte ihn daraufhin eingeladen, nach Sankt Petersburg zu reisen, um in der Akademie der Wissenschaften zu arbeiten, was Basedow jedoch ablehnte; stattdessen übersiedelte er auf Einladung des Fürsten

---

[70] Siehe hierzu die jüngsten Forschungen von: Bartlett, R. P., Peter Ernst Wilde (1732-1785). Ein Volksaufklärer im estnischen Dorf, in: Bömelburg, H.-J. (Hrsg. u. a.), „Der Fremde im Dorf". Überlegungen zum Eigenen und zum Fremden in der Geschichte. Rex Rexheuser zum 65. Geburtstag. Lüneburg 1998, S. 22-42; ders., Einleitung, in: Eisen, J. G., Ausgewählte Werke. Deutsche Volksaufklärung und Leibeigenschaft im Russischen Reich. Marburg 1998 (= Quellen zur Geschichte und Landeskunde Ostmitteleuropas, 2), S. 11-24; Kusber, Gosudarstvennaja politika.

[71] Die Kontrolle der Lehrinhalte durch den Klerus, wie sie im Rahmen der Diskussion um den Aufbau eines säkularen Schulwesens sowohl von Vertretern der Gesetzbuchkommission als auch von Angehörigen der Geistlichkeit vorgeschlagen worden war, betrachtete Katharina mit äußerster Reserve. Hierin stimmte sie mit Claude Adrien Helvétius (1715-1771) überein, der schon 1758 gefordert hatte, Religion und Moral als säkulare Wissenschaften zu behandeln und sie dementsprechend in den Schulen zu vermitteln (siehe: McConnell, A., Helvetius Russian Pupils, in: Journal of the History of the Ideas 24 (1963), S. 373-386).

[72] SIRIO 2, S. 333 f.

[73] Siehe hierzu jetzt: Lempa, H., Bildung der Triebe. Der deutsche Philanthropismus. Turku 1993.

[74] Stählin, Aus den Papieren, S. 381 f.

3.1.3. Gesetzgebung und Neuorientierung

Leopold-Friedrich-Franz nach Dessau, um dort ein Musterinstitut zu schaffen, in dem er seine Grundsätze verwirklichen wollte. Obschon die Zarin in diesem Fall im Ringen um die bedeutenden Köpfe der Aufklärung unterlag, unterstützte sie Basedow auch weiterhin.[75] So finanzierte sie den Druck einer Auflage des „Methodenbuches Väter und Mütter der Familien und Völker" im Jahre 1773,[76] vielleicht, weil es besonders für den gemeinsamen Unterricht der unterschiedlichen Nationen und Religionen des Zarenreiches in Fragen der Moral und des „zivilisierteren" Umgangs miteinander geeignet schien,[77] und sie gab Geld für die Veröffentlichung seines vierbändigen „Elementarwerks", das seinen Ruhm als Pädagoge nachhaltig stärkte und das die philantropisch-pädagogische Gesinnung der Elite des Zarenreiches zeitweise beeinflußte.[78] 1774 nahm die von Basedow gegründete Erziehungsanstalt „Philanthropin" ihre Arbeit auf,[79] die, wenn sie auch auf der Basis des im Vergleich zu den Beckojschen Statuten wesentlich elaborierteren „Elementarwerks" arbeiten sollte, in vielem doch Parallelen zu denjenigen Institutionen aufwies, die in Rußland um 1770 nach den Beckojschen Erziehungsidealen wirkten. Mit Ulrich Herrmann könnte man sagen, Basedows und Beckojs Pädagogik beruhte auf der „[...] charakteristische[n] Spannung zwischen idealistische[m] Höhenflug und utilitaristischer Borniertheit."[80] Eine solche Bildungsanstalt war bei allem Interesse, welches die Zarin den theoretischen Überlegungen Basedows entgegenbrachte, nicht das, was sie nach den Erfahrungen mit Beckoj für das ganze Land nutzen konnte, worin sie auch von Friedrich Melchior Grimm bestärkt wurde, der das „Philanthropin" ihr gegenüber schlichtweg als Chimäre bezeichnete.[81]

Stattdessen empfahl ihr Grimm 1778 ein Memorandum von Karl Theodor von Dalberg,[82] des katholischen Kurmainzischen Statthalters in Erfurt, der sich in seinem

---

[75] Grot, Ja. K., Zaboty Ekateriny o narodnom obrazovanii po eja pis'mam k Grimmu. SPb. 1879, S. 29.
[76] Ikonnikov, V., Značenie carstvovanija Ekateriny II. Kiev 1897, S. 45 f. Das Werk Basedows war erstmalig 1770 in Altona erschienen und wurde 1773 erneut in Dessau publiziert.
[77] Basedow, J. B., Methodenbuch für Väter und Mütter der Familien und Völker. Paderborn 1914, S. 13.
[78] Als Dank plante Basedow in Dessau die Errichtung einer Erziehungsanstalt für sechs- bis zwölfjährige Mädchen unter dem Namen Catharineum, die freilich nie realisiert wurde (Lempa, Erziehung der Triebe, S. 149).
[79] Zu dessen Arbeit und vor allem auch zu dessen schnellem Niedergang siehe: Basedow, B., Untersuchung über die Entwicklung des Dessauer Philanthropinismus und des Dessauer Erziehungsinstitutes, in: Jahrbuch für Erziehungs- und Schulgeschichte 23 (1983), S. 30-61.
[80] Herrmann, U., Die Pädagogik der Philanthropen, in: Scheurl, H. (Hrsg.), Klassiker der Pädagogik. Bd. 1: Von Erasmus von Rotterdam bis Herbert Spencer. 2. Aufl. München 1991, S. 135-158, hier S. 146.
[81] Grimm an Katharina ohne Datum, in: SIRIO 44, S. 103; siehe auch die Erkundigungen Katharinas bei Grimm über die Entwicklung der Dessauer Einrichtung aus den Jahren 1777 und 1778 in: Ebenda 23, S. 68, 76, 87.
[82] Ebenda 23, S. 69; Grot, Zaboty, S. 22 f. Zu den Leistungen Dalbergs im Bereich der Bildungspolitik siehe: Rob, K., Karl Theodor von Dalberg (1744-1817). Eine politische Biographie für die Jahre 1744 bis 1806. Frankfurt 1984, S. 90-98.

Amtsbereich mit der Errichtung eines Schulsystems befaßt hatte. Damit wurde Katharinas Interesse, auch wenn sie diesen Plan als „nicht möglich"[83] bezeichnete, auf bereits existente Schulsysteme gelenkt, die die französischen Philosophen ihr nicht hatten anbieten können, die aber der deutschsprachige Raum als Modelle bereithielt. Dabei ist bezeichnend, daß sie pädagogisch ehrgeizige Einzelprojekte und -pläne, bei denen die Diskrepanz zwischen Programm und Realität evident war, ebenso zunehmend schnell verwarf wie eine auf den Schultern der Geistlichkeit erfolgende Volksschulbildung, wie sie z. B. in den protestantischen Territorien vorzufinden war. Stattdessen griff sie Anregungen auf, die um 1780 von Grimm, aber auch dem Akademieangehörigen und gleichzeitigen Erzieher des Thronfolgers Paul, Franz Ulrich Theodor Aepinus, eingebracht worden waren und im Diskurs noch keine Rolle gespielt hatten: Die seit 1774 einsetzende Schulreform im Habsburgerreich, die ein geeignetes Vorbild abgeben sollte.

---

[83] SIRIO 44, S. 20.

3.1.4. Ein Schulsystem für das Zarenreich: Die Kommission zur Errichtung der Volksschulen und das Volksschulstatut von 1786

„Der Apfel taugt nichts, bevor er nicht reif ist", schrieb Katharina II. Anfang Februar 1780 an Friedrich Melchior Grimm,[1] um ihre andauernde Unentschlossenheit im Bereich der Bildungsgesetzgebung zu erklären. Nur wenige Monate später, am 25. 5.1780, teilte sie Grimm nach ihrem Treffen mit dem österreichischen Kaiser Joseph II. in Mogilev mit, daß sie sich für „Normalschulen" entschieden habe, eine Schulart, die in den Reformen des habsburgischen Schulsystems eingerichtet worden war. Was hatte ihren dann doch relativ raschen Entschluß beflügelt? Zunächst hatte der Physiker Franz Ulrich Theodor Aepinus,[2] der seit den frühen sechziger Jahren einen gewissen Einfluß auf die Zarin ausübte, ein umfängliches Memorandum vorgelegt, das, wiewohl nicht genau datiert, ihr vor dem Treffen mit Joseph zur Kenntnis gelangt war.[3] In dieser Denkschrift hatte Aepinus den Blick der Zarin auf das reformierte österreichische Unterrichtswesen gerichtet, so daß Katharina II. bei ihrer Zusammenkunft mit dem österreichischen Herrscher konstruktiv über dieses System diskutieren konnte.[4] Die Zarin zeigte sich von der habsburgischen Schulreform beeindruckt,[5] und Joseph bot ihr an, sie mit kundigen Beratern zu unterstützen. Umgehend bat Katharina den Kaiser um die Übersendung von Schulbüchern, aus denen die „Normalmethode" für die slavischen

---

[1] SIRIO 23, S. 173.
[2] Aepinus (1724-1802) wurde 1755 aus der Berliner an die Sankt Petersburger Akademie berufen. Alsbald wurde er zum Lehrer des Thronfolgers Paul ernannt sowie zum Direktor des Kadettenkorps und zum Mitarbeiter des Kollegiums für Auswärtige Angelegenheiten. Schließlich betätigte er sich in den siebziger und achtziger Jahren wie kein anderes Akademiemitglied als Wissenschaftsorganisator. Zu seiner Biographie: Home, R. W., Science as a Career in Eighteenth Century Russia: The Case of F. U. T. Aepinus, in: SEER 51 (1973), S. 75-94.
[3] Tolstoj, D. A., Die Stadtschulen während der Regierung der Kaiserin Katharina II. SPb. 1887 (= Beiträge zur Kenntnis des Russischen Reiches und der angrenzenden Länder Asiens, 3), S. 12 f.
[4] Joseph II. unternahm von April bis Juni eine dreimonatige Reise ins Zarenreich; vgl. Donnert, E. (Hrsg. u. a.), Journal der Rußlandreise Kaiser Josephs II. im Jahre 1780. Thaur 1996.
[5] SIRIO 23, S. 180 f.

Untertanen des Kaisers zu ersehen sei. Joseph kam dieser Bitte unverzüglich nach.[6] Unter diesen Schulbüchern befand sich auch das 1776 von Teodor [Fedor] I. Janković de Mirievo kompilierte „Handbuch für die Magister der illyrischen, nicht unierten kleinen Schulen". Zwei Jahre sollte es jedoch noch dauern, bis Katharina endgültig entschied, Joseph II. zu bitten, einen in der Organisation von Bildung erfahrenen und zugleich orthodoxen slavischen Untertanen nach Sankt Petersburg zu entsenden. So unmöglich es zu bestimmen ist, ob Grimms, Aepinus' oder gar Josephs Anregungen letztlich den Ausschlag gegeben haben, das österreichische System für das Zarenreich zu übernehmen, so deutlich zeigt sich auch hier wieder, daß die Zarin die verschiedenen Vorschläge gründlich abwägte, bevor sie zur Tat schritt.[7]

Im folgenden sollen die Charakteristika dieses „Normalschulsystems" und seine historischen Wurzeln knapp skizziert werden, um dann die modifizierte Übertragung auf Rußland bis hin zum Volksschulstatut von 1786 nachzuzeichnen, mit dem das Zarenreich sein erstes dem Anspruch nach flächendeckendes säkulares Schulsystem erhielt.

Das Memorandum des Staatsrates Aepinus, in dessen Kenntnis sich Katharina im Mai 1780 mit Joseph II. in Mogilev traf, skizzierte das in den Habsburger Landen favorisierte dreigliedrige Schulsystem, an dessen Spitze die sogenannte Normalschule stand.[8] Der Physiker empfahl Katharina, auch in ihrem Reich ein solches nationales Schulsystem einzuführen, für das nach seiner Auffassung trotz erfolgreich arbeitender Einzelinstitutionen bislang noch zu wenig getan worden sei. Entsprechend dem österreichischen Modell schlug er vor, (a) Trivial- oder Landschulen, (b) Haupt- oder Stadtschulen und schließlich (c) Normalschulen zu gründen, die sowohl organisatorisch als auch vom Lehrplan her ineinander greifen sollten: Jeder Normalschule sollten eine Haupt- und eine Trivialschule angegliedert sein, jeder Hauptschule eine Trivialschule. Je weiter die Unterrichtung fortgeschritten war, umso vertiefter sollten die Fächer der jeweils vorhergehenden Schulstufe vermittelt werden und neue hinzutreten. Die Normalschule, einzurichten in jeder Provinzhauptstadt, war für die Ausbildung des Lehrpersonals in der eigens dafür vorgesehenen Abschlußklasse verantwortlich. Die Schaffung einheitlich ausgebildeter Schüler und Lehrer war das Ziel der habsburgischen Schulreform, das schon nach außen hin durch die Bezeichnung „Normalschule" (von lateinisch „norma" - Richtschnur, Regel, Vorschrift) kenntlich gemacht wurde und das Aepinus

---

[6] Helfert, J. A. v., Die österreichische Volksschule. Geschichte, System, Statistik. Bd. 1: Die Gründung der österreichischen Volksschule durch Maria Theresia. Prag 1860, S. 590 f.
[7] So erkundigte sich Katharina nochmals über Grimm bei dem bereits erwähnten Baron Dalberg über das österreichische Unterrichtssystem (vgl. SIRIO 33, S. 30).
[8] Der auch im Original in deutscher Sprache verfaßte Plan Aepinus' ist abgedruckt in: Tolstoj, Stadtschulen, S. 169-185.

3.1.4. Ein Schulsystem für das Zarenreich

auch für Rußland als unbedingt sinnvoll herausstrich. Zu diesem Zweck mußten der Unterricht und das eingesetzte Lehrmaterial normiert werden, von denen die Lehrer im Interesse der Einheitlichkeit keinesfalls abweichen durften. Der Erfolg der Lehrerausbildung sollte durch eine Lehrprobe vor den Mitgliedern des Schuldirektoriums der Provinz überprüft werden, das wiederum der Kontrolle eines Generalschuldirektoriums überantwortet wurde. Nach Aepinus' Auffassung ließ sich dieses ebenso schlichte wie effektive System ohne Probleme auf das Zarenreich übertragen – es kam seiner Meinung nach nur auf eine straffe, zentrale Organisation durch eine nationale Schulbehörde, die richtigen Unterrichtsmethoden und die Ausbildung einer ausreichenden Zahl von Lehrern an. Gerade die letzten beiden Punkte veranlaßten ihn dazu, das österreichische Modell zu empfehlen: „Viele der Österreichischen Herrschaft unterstellten Provinzen reden die slavonische Sprache, oder Dialecte derselben. Selbst der Schul-Plan ist schon bis in einige dieser Provinzen ausgedehnt. Man würde also, wahrscheinlicher Weise, von dorther solche Personen erhalten können, die den einen oder den anderen slavonischen Dialekt verstehen."[9]

Neben der sprachlichen Nähe sah Aepinus noch einen weiteren Vorteil: „Vielleicht könnte man noch außerdem Leute von der nicht unirten orthodoxen christlichen Kirche erhalten (denn auch bis zu diesen haben sich die dortigen Schulanstalten schon angefangen auszubreiten): und dieser Umstand würde sehr glücklich sein, damit nicht das Volk, wenn die ersten Lerer katholisch wären, aus übel verstandenem Religionseifer, gegen diese Schul-Anstalten ein Vorurteil und eine Abneigung faßte."[10] Die ersten Lehrer sollten aus der Moskauer Universität oder den Geistlichen Akademien rekrutiert werden, was Aepinus mit einem dringenden Appell an die Zarin verband, das von ihm als niedrig angesehene Bildungsniveau der Geistlichkeit nicht hinter dasjenige der übrigen Bevölkerung zurückfallen zu lassen: „Ich kann nicht anderes als I. K. M. flehentlich zu bitten, keinen Schritt zur Aufklärung des Volks zu tun, der nicht von einem Schritt zur Aufklärung der Geistlichkeit begleitet wäre."[11] Sehr deutlich sah Aepinus, dass man, wollte man in überschaubarer Zeit eine genügende Anzahl von Lehrern qualifizieren, vorerst nicht ohne die von der Geistlichkeit vermittelte Elementarbildung auskommen würde, bis aus dem säkularen Schulsystem die ersten geeigneten Kandidaten für die Lehrerausbildung hervorgegangen seien.

Das Akademiemitglied Aepinus, das die habsburgische Schulgesetzgebung ebenso exakt wie anschaulich referierte, verwies mit keinem Wort auf ihre Wurzeln. Ebenso unbekannt wie das exakte Datum der Entscheidung zugunsten des österreichischen

---

[9] Ebenda, S. 177.
[10] Ebenda.
[11] Ebenda, S. 179.

Modells der Normalschule bleibt, ob der Zarin bewußt war, daß sie dieses Modell nicht eigentlich dem habsburgischen, sondern dem preußischem Vorbild und damit in gewisser Weise Friedrich II. verdankte, den sie in der Konkurrenz um Reputation in den europäischen Salons wie in der großen Politik wesentlich mehr beargwöhnte als Maria Theresia oder den jüngeren Joseph II. Dem habsburgischen Modell lag seinerseits das nach der Annexion des katholischen Schlesiens eingeführte uniforme Schulwesen zugrunde, das vom Grundsatz her sowohl dem Gedanken der preußischen Realschule als auch protestantisch-pietistischen Leitlinien der Pädagogik verpflichtet war, was unter dem Aspekt des Staatsnutzens durchaus keinen Wiederspruch in sich bergen mußte. Treibende Kraft bei der Reform der katholischen Schulen Schlesiens und der Grafschaft Glatz war der Abt des Chorherrenstiftes im schlesischen Sagan, Johann Ignaz Felbiger (1724-1788), gewesen.[12] Der Augustinerabt hatte sich zu Beginn der sechziger Jahre des 18. Jahrhunderts am Lehrerseminar Johann Julius Heckers in Berlin mit den Organisationsprinzipien der Realschule und mit jenen von Johann Friedrich Hähn (1710-1789) popularisierten Buchstaben- oder Tabellenmethoden vertraut gemacht,[13] die der Staatsrat Aepinus in seinem Memorandum keine zwanzig Jahre später als „Normalmethode" zusammenfaßte und der Zarin schilderte.

Nach dieser Methode wurde ein bestimmtes Thema oder der Lehrstoff eines ganzen Faches für eine Altersstufe in Tabellenform komprimiert, in der verkürzte Kapitelüberschriften den Inhalt vorstrukturierten. In durch Fragen und Antworten streng strukturierten Unterrichtsgesprächen zwischen Lehrer und Schüler sollten anhand dieser visualisierten Gedächtnisstützen die Inhalte memoriert werden, bis der Schüler sie derart verinnerlicht hatte, daß sie jederzeit abrufbar waren. Die eigentlichen Textbücher, mit denen vor allem der Lehrer zu arbeiten hatte, führten den Inhalt der Tabellen aus und folgten diesen exakt in der Anordnung des Stoffes. Auch das Alphabet wurde auf diese Weise vermittelt: Während des Lese- und Schreibunterrichts in den Tabellen oder an der Tafel wurde nur der erste Buchstabe des einzuübenden Wortes oder Begriffes vorgegeben, den die Schüler dann zu ergänzen hatten, was die Buchstabenkenntnis festigen und zugleich den Wortschatz erweitern sollte. Im Grunde handelte es sich um eine mit visuellen Hilfsmitteln aufbereitete Form des Auswendiglernens, bei der durch das Frage- und Antwortspiel zwischen Schüler und Lehrer sowie anhand der an der Tafel wieder-

---

[12] Zu seiner Person siehe: Schönebaum, H., Johann Ignaz Felbiger (1724-1788), in: NDB. Bd. 5. Berlin 1961, S. 65 f.; Melton, Absolutism, S. 91-105. Nur knapp gewürdigt wird seine Rolle in dem noch immer unverzichtbaren „Klassiker" der deutschen Bildungsgeschichte: Paulsen, F., Geschichte des gelehrten Unterrichts auf den deutschen Schulen und Universitäten vom Ausgang des Mittelalters bis zur Gegenwart. Mit besonderer Berücksichtigung des klassischen Unterrichts. 3. Aufl. Bd. 1-2. Berlin usw. 1919-1921 (Reprint 1965), hier Bd. 2, S. 114 f.
[13] Neugebauer, Absolutistischer Staat und Schulwirklichkeit, S. 415.

3.1.4. Ein Schulsystem für das Zarenreich

entstehenden Tabellen Ohr und Auge angesprochen werden sollten.[14] Diese Kombination machte die Attraktivität der Lernmethode aus, neu war sie in ihren einzelnen Aspekten nicht: Auch die Enzyklopädisten griffen in ihrem Werk auf die Visualisierung als eine Form der Aufbereitung des Lehrstoffes zurück.[15] Im Unterschied zu Hecker, Hähn, Felbiger und anderen hatten diese in ihren Bildungsprojekten ebenso wie Beckoj zwar den Lerninhalten viel Aufmerksamkeit geschenkt, nicht aber der Frage der Vermittlung dieser Inhalte. In schulorganisatorischer Hinsicht schien jedoch gerade diese Methode für eine schnelle Lehrerausbildung erfolgversprechend zu sein und zudem zu gewährleisten, daß der Lehrer seinerseits nicht vom Stoff abwich.[16] Einer eher naturalistischen, von Rousseau beeinflußten Form der Stoffaneignung standen Verfechter einer älteren Tradition der Stoffvermittlung über striktes Lernen, Ordnung und Disziplin ablehnend gegenüber, weil für sie vor dem Hintergrund der Bedürfnisse des Staates die Kontrolle erworbenen Wissens entscheidend war.[17]

Felbiger übernahm diese Methode in sein Kloster nach Sagan,[18] das als Lehrerseminar fungierte, um einen nach den immer gleichen Lehrmethoden und -inhalten unterrichtenden Lehrkörper zu schaffen, der in einem ganz Schlesien überziehenden Schulnetz zum *rétablissement* der annektierten Gebiete beitragen und damit die Integration der nicht-protestantischen Bevölkerung über ein kompatibles Schulwesen in den preußischen Staat erleichtern sollte.[19]

Als Maria Theresia Felbiger 1774 von Sagan nach Wien einlud, damit er dort nicht nur die Leitung eines Lehrerseminars übernehme, sondern auch die Vorarbeiten leisten solle, auf daß das von ihm eingeführte System sukzessive auf sämtliche Nationalitäten des Habsburgerreiches übertragen werden konnte,[20] interessierte sie einerseits das integrative Moment, andererseits das erprobte Reformmodell für ein katholisches Schulwesen. Felbiger formulierte innerhalb weniger Monate die „Allgemeine Schulordnung",[21] in der die Trivial-, Haupt- und Normalschulen für die österreichische

---

[14] Okenfuss, Education and Empire, S. 48-51.
[15] Ebenda, S. 52-54.
[16] Je komplexer die Themen und Inhalte waren, desto schwieriger wurde die Komprimierung in Tabellenform, weshalb schließlich auf Textbücher zurückgegriffen wurde, so daß die Tabellen vor allem ein Instrument der Elementarschule blieben.
[17] Siehe hierzu generell den noch immer anregenden Aufsatz aus dem Jahre 1903 von: Paulsen, F., Aufklärung und Aufklärungspädagogik, in: Kopitzsch, F., Aufklärung, Absolutismus und Bürgertum in Deutschland. Zwölf Aufsätze. München 1976, S. 274-293, insbesondere S. 283-287.
[18] Daher mitunter auch als „Sagansche Methode" bezeichnet.
[19] Zu den Schulreformen in Schlesien: Melton, Absolutism, S. 183-199. Nach Auffassung von Karl A. Schleunes fand über Felbiger auch die Rezeption protestantischer Erziehungsideale im katholischen Bayern statt; siehe: Schleunes, Schooling and Society, S. 14.
[20] Ausgenommen werden sollten allerdings die habsburgischen Niederlande.
[21] Helfert, Die österreichische Volksschule, Bd. 1, S. 134 f.; „Allgemeine Schulordnung für die deutschen Normal-, Haupt- und Trivialschulen" vom 6.12.1774, auszugsweise in: Klueting, H. (Hrsg.),

3.1. Diskurs, Gesetzgebung und die Veränderung der Bildungslandschaft

Monarchie verbindlich gemacht wurden. Mit nur geringfügigen Veränderungen wurde sie 1777/78 für Ungarn, Kroatien und Slovenien übernommen. Schon 1776 gab Teodor Janković de Mirievo (1741-1814),[22] dem die Durchführung der Reform unter den serbischen Untertanen des Banats übertragen wurde und der sich mit der Normalmethode bei Felbiger vertraut gemacht hatte, das bereits erwähnte Schulbuch in serbischer Sprache heraus, das in der Konversation zwischen Katharina II. und Joseph II. schließlich eine bedeutsame Rolle spielen sollte. Bis etwa 1780 wurden in sämtlichen, rechtlich unterschiedlich gestellten und verfaßten Territorien des Habsburgerreiches identische Schulen nach diesem pädagogischen Konzept eingerichtet, wobei sich die Ergebnisse je nach Territorium allerdings verschieden gestalteten.[23] An der Finanzierung sollte es nicht scheitern: 1773 wurde der Jesuitenorden säkularisiert, und das theresianische Schulsystem füllte nicht nur die Lücke, die der Orden hinterließ, es konnte auch mit dessen Mitteln finanziert werden,[24] um allen christlichen Untertanen, so das Ziel der Kaiserin, zumindest zu Lese- und Schreibkenntnissen zu verhelfen.[25] Janković, Absol-

---

Der Josephinismus. Ausgewählte Quellen zur Geschichte der theresianischen und josephinischen Reformen. Darmstadt 1995 (= Ausgewählte Quellen zur Geschichte der Neuzeit, 12a), S. 192-194.

[22] Zu seiner Person noch immer unverzichtbar: Voronov, A., Fedor Ivanovič Jankovič de Mirievo ili narodnye učilišča v Rossii pri Imperatrice Ekaterine II. SPb. 1858; formelhaft dagegen: Konstantinov, N. A., Vydajušijsja russkij pedagog F. I. Jankovič (1741-1814), in: SP (1945), 9, S. 38-47; Povarova, E. V., Sodružestvo slavjanskich narodov v razvitii pedagogiki v XVIII v. Pedagogičeskaja dejatel'nost' F. I. Jankoviča, in: Nekotorye voprosy pedagogiki 13 (1971), S. 91-104; dies. Russko-serbskie kul'turnie svjazi v XVIII v., in: SP 35 (1971), 11, S. 103-113, hier S. 110-113; siehe auch Polz, Janković.

[23] Neben den Arbeiten von Grimm und Melton siehe zur Vorgeschichte: Klingenstein, G., Vorstufen der theresianischen Studienreformen in der Regierungszeit Karls VI., in: MIÖG 76 (1968), S. 327-377; mit Schwerpunkt auf den höheren Lehranstalten in der Zeit des Josephinismus: Wangermann, E., Aufklärung und staatsbürgerliche Erziehung. Gottfried von Swieten als Reformator des österreichischen Unterrichtswesens 1781-1791. München 1978. Mit detaillierten Aussagen zur Finanzierung dieses Systems: Adler, P. J., Habsburg School Reform among the Orthodox Minorities, 1770-1780, in: SR 33 (1974), S. 23-45; siehe auch: Kostić, S. K., Ausstrahlungen deutscher literarisch-volkstümlicher Aufklärung im südslawischen Raum unter besonderer Berücksichtigung des Schulwesens, in: Lesky, E. (Hrsg. u. a.), Die Aufklärung in Ost- und Südosteuropa. Aufsätze, Vorträge und Dokumentationen. Köln usw. 1972, S. 175-194.

[24] Konfliktreich gestalteten sich die Versuche, dieses System auch in den Gebieten einzuführen, die mit den Teilungen Polens an Wien gefallen waren; eine derartige Integrationsaufgabe stand, bei aller Unterschiedlichkeit der Vielvölkerreiche, dem Zarenreich im übrigen noch in ganz anderem Maße bevor. Für das Habsburgerreich siehe hierzu: Röskau-Rydel, I., Kultur an der Peripherie des Habsburger Reiches. Die Geschichte des Bildungswesens und der kulturellen Einrichtungen in Lemberg von 1772 bis 1848. Wiesbaden 1993 (= Studien der Forschungsstelle Ostmitteleuropa, 15), S. 63-81; Pelczar, R., Jezuickie szkolnictwo średnie w diecezji przemyskiej obrządku Lacińskiego (1772-1787), in: Studia Historyczne 39 (1996), S. 317-325.

[25] Während Okenfuss die Etikettierung Maria Theresias als der letzten Habsburgerin der Gegenreformation übernimmt (vgl. Okenfuss, Education and Empire, S. 46), warf ihr Dmitrij A. Tolstoj, unter Alexander II. selbst zeitweise Volksbildungsminister, vor, mit der Schulreform weniger eine Katholisierung denn eine Germanisierung im Sinn gehabt zu haben (vgl. Tolstoj, Stadtschulen, S. 39).

vent der Wiener Universität, erwies sich als erfolgreicher Organisator und Administrator im Banat von Temesvár, wo bereits 1781 die Hälfte der männlichen serbischen Kinder die Trivialschulen besuchte.[26]

Als die beiden katharinäischen Sonderkommissionen zu Schulfragen 1764 und 1768-1771 über ein landesweites Schulsystem berieten, existierte das habsburgische Modell noch nicht. Zwar war an ihm auch für die Diskussion in Rußland nicht alles neu: Ein ähnlicher Fächerkanon für Elementar- und Mittelschulen war auch schon im Zarenreich erwogen, ein dreistufiges System ebenfalls bereits diskutiert worden. Hier begannen jedoch die Unterschiede zu den bisherigen Planungen im Zarenreich: Elementar- oder Trivialschulen des habsburgischen Modells konnten zwar für sich existieren, in jede Stadtschule aber hatte eine Trivialschule integriert zu werden, alle drei Stufen schließlich fanden in der Normalschule zusammen, während in den Konzepten der Sonderkommissionen jeweils der Übergang von einem zum anderen Schultyp vorgesehen war. Auch der Fächerkanon nahm sich selbst in der Normalschule vergleichsweise bescheiden aus und entsprach keinesfalls demjenigen der seinerzeit im Russischen Reich geplanten Gymnasien, die sich an einer klassischen Universalbildung mit starker Betonung der Fremdsprachen einerseits und der Naturwissenschaften andererseits orientiert hatten, so daß die dritte Ebene, die Normalschule, nicht in einer Weise auf das Studium an der Universität vorbereitete, wie es etwa in der Konzeption einiger Akademiemitglieder aus dem Jahre 1760 vorgesehen gewesen war und wie es die Gymnasien von Sankt Petersburg, Kazan´ und Moskau leisten sollten.[27] Die Ideen der preußischen Realschule, in denen bewußt eine Abkehr vom „klassischen" Gymnasium und der Lateinschule zugunsten einer zielgerichteten Orientierung an der späteren Berufsausübung, letztlich aber auch am Staatsnutzen, propagiert wurde,[28] fanden sich bislang in Konzepten, die im Zarenreich entwickelt worden waren, zwar für einzelne Fachschulen, nicht aber in den Überlegungen für ein gesamtstaatliches Schulsystem. Die Vereinheitlichung des Lehrmaterials sowie die reduktionistische Aufbereitung des als notwendig erachteten Wissens in Tabellenform in Verbindung mit dem bereits bekannten und praktizierten Frage- und Antwortspiel schienen kostengünstig und stellten den Lehrer vor überschaubare Anforderungen. Vor allem aber bot dieses System die Möglichkeit, eine ständige Versorgung mit Lehrpersonal sicherzustellen.

---

[26] Adler, Habsburg School Reform, S. 36-44.
[27] Vgl. Kap. 3.1.2. und 3.1.3.
[28] Dabei machte sich der preußische Staat etwa zeitgleich an die Reform der alten Lateinschulen und Gymnasien, bei der staatlich-utilitaristische Erwägungen im Vordergrund standen; siehe Jeismann, K.-E., Das preußische Gymnasium in Staat und Gesellschaft. Die Entstehung des Gymnasiums als Schule des Staates und der Gebildeten 1787-1817. Stuttgart 1974 (= Industrielle Welt, 15), S. 75-96.

3.1. Diskurs, Gesetzgebung und die Veränderung der Bildungslandschaft

Katharina II. dürfte allerdings zunächst das Argument überzeugt haben, ein bereits funktionierendes System, das offensichtlich von einer slavisch-orthodoxen Bevölkerung akzeptiert worden war, übernehmen zu können. Als die Zarin den österreichischen Kaiser im Jahre 1782 bat, ihr einen geeigneten Kandidaten zur Umsetzung des habsburgischen Modells zu schicken, entsandte Joseph auf Empfehlung Felbigers mit Janković de Mirievo, dem „Direktor seiner illyrischen Schulen", eine der fähigsten Persönlichkeiten.[29] Als Janković Anfang September des Jahres 1782 in Rußland eintraf,[30] hatte die Zarin bereits erste Maßnahmen zur Einrichtung eines landesweiten Schulsystems eingeleitet. 1781/82 waren in der Hauptstadt auf Kosten der Zarin sieben Schulen gegründet worden,[31] die als Experimentierfelder für die Anwendung der Unterrichtsmethoden und der Erprobung neuer Schulbücher gedacht, aber alle unterschiedlich geführt und organisiert waren, so daß sich Janković zunächst mit einer Visitation einen Überblick verschaffen mußte. Diese Schulen wurden nach Auskunft des Petersburger *prikaz obščestvennogo prizrenija*, nach der Gouvernementsreform von 1775 für die Beaufsichtigung des Schulwesens zuständig, im September 1782 von 426 nichtadligen Kindern besucht, 26 Lehrer unterrichteten dort;[32] von den Schülern hielt Janković lediglich 14 für befähigt, später Lehrer zu werden, und separierte sie für eine entsprechende Ausbildung,[33] die inhaltlich und formal noch nicht konzipiert worden war.

Als am 7.9.1782 die Etablierung der „Kommission für die Einrichtung von Volksschulen" (*Kommissija ob učreždenii narodnych učilišč*) angeordnet wurde,[34] war zunächst für die Öffentlichkeit nicht erkennbar, daß dieser Kommission ein anderes Schicksal beschieden sein sollte als ihren Vorgängern. Zu Mitgliedern wurden Petr A. Zavadovskij (1739-1812), als Priestersohn selbst ein sozialer Aufsteiger und kurzzeitig auch Favorit der Zarin, Petr I. Pastuchov (1739-1799), Mitglied des kaiserlichen Privatkabinetts, sowie Aepinus ernannt,[35] der sich bereits bewährt hatte und als einziges

---

[29] Brief vom 8.8.1780, in: Arneth, A. v., Joseph II. und Katharina von Russland. Ihr Briefwechsel. Wien 1869, S. 141 f. Dies mag vor allem aus dem Stellenwert zu erklären sein, den Joseph funktionierenden österreichisch-russischen Beziehungen zu diesem Zeitpunkt beimaß; siehe auch die Antwort Katharinas in: Ebenda, S. 142 f.
[30] SIRIO 27, S. 213.
[31] RGIA, f. 730, op. 2, d. 18, ll. 1-101.
[32] Ebenda, op. 1, d. 18, ll. 1-12; ebenda op. 2, d. 2, ll. 16-23.
[33] Ebenda, op. 2., d. 2 ll. 3-9, 24 f.
[34] „[...] čtob sie poleznoe i neobchodimo nužnoe zavedenie vo vsej imperii našej v nailučšem porjadke i soveršennom edinoobrazii učineno bylo" (Siehe: PSZ 21, Nr. 15.507, S. 663).
[35] RGIA, f. 730, op. 2., d. 2, l. 6. Aepinus und Pastuchov blieben bis zu ihrem Tode Mitglieder der Kommission, Zavadovskij wurde 1799 von Paul wegen der Nähe zu seiner Mutter abgelöst und auf seinen Gütern kurzzeitig unter Arrest gestellt. Zu weiteren Kommissionsmitgliedern wurden später bestellt: A. V. Chrapovickij (Mitglied: 1784-1800), F. I. Krejdeman (1784-1796), O. P. Kozodavlev (1793-1797), V. N. Zinov'ev (1799-1800), E. K. Kromin (1800-1803), A. M. Rykov (1800-1803)

reguläres Kommissionsmitglied über Erfahrungen als Bildungsorganisator verfügte. Janković, der Kommission lediglich als Sekretär und Protokollant attachiert, trug praktisch die Hauptlast der Arbeit.[36] Zavadovskij, in dessen Haus die Sitzungen stattfanden, übernahm den Vorsitz. Der Arbeitsauftrag der Kommission wurde mit wesentlich konkreteren Handlungsanweisungen durch die Zarin verbunden, als dies in den Instruktionen für ihre Vorläufer geschehen war: Es sollte nicht wie in den vorherigen Sonderkomitees nur ein Curriculum aufgestellt werden, sondern auch die notwendigen Lehrbücher entweder durch die Kommissionsmitglieder selbst oder durch externe Fachkräfte erstellt werden. Schließlich waren einzelne Schulstandorte auf ihre Tauglichkeit zu überprüfen und vor allem Lehrer auszubilden.[37]

Noch im September 1782 wurde der Öffentlichkeit der von Katharina gebilligte Fahrplan für die Einrichtung eines Schulsystems bekanntgegeben,[38] das ausdrücklich zunächst in den existierenden und zu gründenden Schulen des Gouvernements Sankt Petersburg zu erproben war. Das neue System sollte also nicht eingeführt werden, ohne daß es unter den freilich günstigen Laborbedingungen des hauptstädtischen Umfeldes getestet worden wäre und ohne der Kommission ein gewisses Maß an Zeit für die Lehrerausbildung zu gewähren. Nach erfolgreicher Erprobungsphase, so der „Plan zur Errichtung von Volksschulen im Russischen Reich",[39] war eine flächendeckende Übernahme des ineinander greifenden dreigliedrigen Systems vorgesehen, wobei ausführlich die Methoden durch Tabellen, Wiederholen und Katechisieren wie auch die einzelnen Fächer noch einmal aufgeführt wurden. Für die ersten beiden Klassen sollten Schreiben[40] und Lesen, hier noch immer als getrennte Fächer verstanden, Katechismus und Arithmetik analog zu dem österreichischen System auf dem Lehrplan stehen, dagegen war in der dritten und vierten Klasse eine Erweiterung des Curriculums vorgesehen: In der dritten Klasse (Mittelschule) sollten allgemeine Geschichte, Geographie und Kirchengeschichte hinzukommen, in der zweijährigen vierten Klasse (für die Hauptvolksschule) Naturgeschichte, Mechanik, Physik, Zeichnen, Kalligraphie und

---

sowie P. S. Svistunov (1799-1802), der Zavadovskij als Vorsitzenden ablöste; siehe: Platonov, S. F. (Hrsg. u. a.), Opisanie del' Archiva Ministerstva narodnogo prosveščenija. T. 1. Petrograd 1917, S. 4.
[36] Janković wurde erst 1797 Mitglied der Kommission bzw. deren Nachfolgerin beim späteren Ministerium für Volksaufklärung.
[37] PSZ 21, Nr. 15.507, S. 664.
[38] Ebenda, Nr. 15.523, S. 685. Die Vorlage für diesen Entwurf war von Janković schon nach drei Tagen der Kommission vorgelegt worden; siehe: RGIA, f. 730, op. 2, d. 1, ll. 3-16, ebenda, op. 1, d. 5, ll. 5-9.
[39] Der Entwurf der Kommission in deutscher Übersetzung ist publiziert in: Tolstoj, Stadtschulen, S. 186-195.
[40] Der Erwerb von Schreibfähigkeiten stellte dem Plan nach für die Schüler eine doppelte Anstrengung dar: Einerseits waren die *kyrillica*, also die Buchstaben des kirchenslavischen Alphabets zu lernen, andererseits die *graždanka*, die Peter I. für den Verwaltungsgebrauch und säkulare Texte eingeführt hatte (vgl. Kap. 2.1.). Begonnen werden sollte - dies macht die Priorität deutlich - mit der *graždanka*.

Deutsch.⁴¹ In sehr viel stärkerem Maße als in Österreich sollten Naturwissenschaften unterrichtet und die Ausbildung durch Vermittlung der deutschen Sprache und der Kalligraphie auf den Verwaltungsdienst zugeschnitten werden, was auf den eigentlichen Zweck, die Gewinnung einer Funktionselite in der Provinz, verweist.

Für die Drucklegung des *ukaz* fügte Katharina eine Ergänzung hinzu, die dieses Ziel noch deutlicher werden ließ. Im Gegensatz zu einem von der Kommission erarbeiteten Vorentwurf hatte die Zarin hinsichtlich des Fremdsprachenunterrichts entscheidende Veränderungen vorgenommen: Französisch sollte künftig ausschließlich der häuslichen Erziehung vorbehalten bleiben, weil es Katharina für eine spätere Verwendung im Staatsdienst nicht zwingend notwendig erschien. Wenn der Adel solche Sprachkenntnisse für seinen Nachwuchs unbedingt wünschte, hatte er diese auf eigene Kosten zu realisieren. Für staatsnotwendig hielt Katharina jedoch, die ethnischen Spezifika ihres Vielvölkerreiches mit einzubeziehen: Griechisch sollte in den Gouvernements Kiev, Azov und Neurußland angeboten werden, Chinesisch im Irkutsker Gouvernement und unter den islamischen Nationalitäten auch Arabisch und Tatarisch.⁴² Die Uniformität des Lehrplans wäre also im Bereich des Fremdsprachenunterrichts durchbrochen worden, die Ausbildung von Dolmetschern entsprach den Bedürfnissen nach sprachlicher Vermittlung in den verschiedenen Regionen des Reiches und nütze damit gleichzeitig dem Staat.⁴³

Seit Beginn der Arbeit der Kommission bestand einer ihrer Schwerpunkte in der Einrichtung des Lehrerseminars.⁴⁴ Den Kommissionsmitgliedern lag vor allem daran, eine kontinuierliche Lehrerausbildung sicherzustellen. Unter ihnen herrschte Übereinstimmung darüber, daß das Lehrerseminar den Maßstab für alle weiteren Schulen im Lande bilden sollte, deren Absolventen als Multiplikatoren in den Normalschulen des Landes wirken könnten.⁴⁵ Um langfristig über genügend Nachwuchskräfte zu verfügen, hatte die Zarin im September 1782 hundert Stipendien für mittellose Kinder an der Sankt Petersburger Hauptvolksschule ausgelobt, an der das Lehrerseminar errichtet werden sollte. Die Stipendiaten sollten nach Vollendung ihrer schulischen Ausbildung

---

⁴¹ Tolstoj, Stadtschulen, S. 190.
⁴² Sie wies 5.000 Rubel für die Erstellung entsprechenden Unterrichtsmaterials an (siehe: PSZ 21, Nr. 15.523, S. 685).
⁴³ Der übergreifende Gesichtspunkt der Zweckorientierung führte Knjazkov und Serbov in ihrem vorrevolutionären Werk dazu, die achtziger Jahre des 18. Jahrhunderts als *praktičeskij period* der Volksbildung zu bezeichnen; siehe: Knjazkov/Serbov, Očerk, S. 113; siehe auch die allgemeinen Erwägungen von: Vodarskij, J. E., Ekaterina II.: ot francuzskoj filosofii k rossijskoj real'nosti, in: Sacharov, A. N. (Hrsg. u. a.), Reformy i reformatory v istorii Rossii. Sbornik statej. Moskva 1996, S. 48-61.
⁴⁴ Vgl. hierzu das Protokoll der ersten Sitzung: ČOIDR (1867), Kn. 1, Smes', S. 54 f.
⁴⁵ RGIA, f. 730, op. 2, d. 2, l. 69.

in der Abschlußklasse zu Lehrern ausgebildet werden. Da aber der Effekt dieser Maßnahme noch mindestens vier Jahre auf sich warten lassen würde, wurden 1783 zunächst 70 Kandidaten aus den Geistlichen Seminaren von Sankt Petersburg, Smolensk und Kazan' sowie aus der Slawisch-Griechisch-Lateinischen Akademie in Moskau als Zöglinge rekrutiert. Auch der Beginn einer staatlich-säkularen Lehrerausbildung kam eben, wie Aepinus in seiner Denkschrift richtig bemerkt hatte, nicht ohne das Fundament aus, das in den geistlichen Bildungsinstitutionen gelegt wurde. Alle Kandidaten mußten Eingangsexamina ablegen, bei denen sich zeigte, daß auch von denen viele keine ausreichenden Vorkenntnisse mitbrachten, die schließlich doch für eine weitere Ausbildung angenommen wurden.[46]

Ursprünglich waren auch vier Studenten der Moskauer Universität angefordert worden; nachdem diese sich jedoch allesamt als ungeeignet erwiesen, griff man bei den nächsten Rekrutierungen nur noch auf Schüler Geistlicher Akademien und Seminare zurück, die diese freilich nur ungern an das Lehrerseminar abgaben.[47] Immer wieder berichtete der Kommissionsvorsitzende Zavadovskij von Widerständen des Synods, seinen Anforderungen nachzukommen, und äußerte den Verdacht, manche Seminare schickten mit Bedacht ungeeignete Kandidaten, um fürderhin nicht mit Anforderungen behelligt zu werden.[48] In den Materialien der Schulkommission finden sich denn auch von Katharina persönlich unterzeichnete Anweisungen,[49] die den Widerstand seitens der Geistlichkeit minimierten.

Am 13.12.1783 erfolgte die Eröffnung des Lehrerseminars in Sankt Petersburg mit einer Festveranstaltung,[50] die ähnlich der Eröffnungszeremonien für die Moskauer Universität die Bedeutsamkeit des Augenblicks auch der Öffentlichkeit vermitteln sollte, wenn auch in bescheidenerem Maße als 1755 in Moskau. Bis 1786 blieben Hauptvolksschule, hervorgegangen aus einer katharinäischen Gründung des Jahres 1781, und das Lehrerseminar dem Modell der österreichischen Normalschule entsprechend gemeinsam untergebracht. Die Zarin hatte dafür eigens ein Haus im *Ščukin dvor* (daher auch Ščukinhaus genannt) erworben.[51] Ihr erster Direktor wurde Janković, der auch den Lehrplan und die Statuten des Seminars erstellt hatte. Besonderer Wert wurde in dem Lehrerseminar, auch dies ein Zug der Zeit, neben dem Umgang mit den Tabellen auf

---

[46] Ebenda, d. 1, ll. 16-24.
[47] Voronov, Janković, S. 96-98.
[48] RGIA, f. 802, op. 1, S. 3; Znamenskij, Duchovnye školy, S. 603, 612 f.
[49] RGIA, f. 730, op. 2, d. 4, ll. 1-228.
[50] Ebenda, op. 1, d. 5, l. 32 f.
[51] PSZ 21, Nr. 15.790, S. 981. Heute stehen an dieser Stelle nach einem Brand, der auch Teile der Archivalien der katharinäischen Schulkommission vernichtet hat (vgl. RGIA f. 730, op. 1, ll. 10 f.), die Handelsreihen des *Apraksin dvor*. Erst 1786, nach Erlaß des Schulstatuts, wurden beide Einrichtungen organisatorisch getrennt.

die Arbeit mit Anschauungsmaterial gelegt. Mit Modellen und Instrumenten sollten Mathematik, Mechanik sowie Geometrie in den höheren Klassen unterrichtet und für den naturgeschichtlichen Unterricht naturkundliche Sammlungen an jeder Schule eingerichtet werden, deren unterrichtsgerechte Nutzung im Lehrerseminar geprobt wurde. Auch eine Bibliothek, Grundstock der späteren Sankt Petersburger Universitätsbibliothek, wurde eingerichtet. Unter den 1.000 Bänden der Erstausstattung fand sich auch die „Encyclopédie".[52] Modern mutet bei aller Disziplin, die auch im Lehrerseminar geübt wurde,[53] die Organisation von Lerngruppen an (tovariščestva), in denen sich die Lehreraspiranten gegenseitig unterstützen sollten. Durchaus in Übereinstimmung mit den Beckojschen Vorstellungen stand, daß man im Lehrerseminar - im Gegensatz zu dem verbindlichen Unterricht in der angegliederten Schule - auf die Begabung des Einzelnen schauen sollte, allerdings nicht, um zu seiner individuellen Entfaltung beizutragen, sondern um zu beobachten, für welche Fächer und vor allem welche Klassenstufen er sich als Lehrer eignen würde.[54] In dem Lehrerseminar, dessen Leitung Janković mit der Trennung von der Hauptvolksschule abgab, wurden bis 1797 420 Lehrer ausgebildet, davon 300 zwischen 1783 und 1788.[55]

Die zweite wesentliche Aufgabe der „Kommission zur Errichtung der Volksschulen" bestand in der Erarbeitung von Schulbüchern. Bei der Erstellung von Textbüchern verließ sich Katharina dort, wo es um schlichte Übersetzungen ausländischer Werke ging, in sehr starkem Maße auf Janković.[56] Moskauer Universitätsprofessoren und Petersburger Akademiemitglieder wurden immer dann herangezogen, wenn es um anspruchsvollere Fachbücher ging.[57] Dies relativiert das Urteil Lothar Maiers, Katharina

---

[52] Smagina, Akademija nauk, S. 105.
[53] Zwar war die Körperstrafe verboten, doch wurden die Schüler bei Disziplinverstößen auf Wasser und Brot gesetzt und mußten grobe Bauernkittel anlegen und im Karzer einsitzen (siehe: RGIA, f. 730, op. 2, d. 4, l. 45). Letztere Maßnahme ist bezeichnend für die Sicht auf die Bauern: Aus der Perspektive nichtbäuerlicher Heranwachsender genügte das Anlegen dieser markanten Kleidung, um jemanden aus der Gruppe auszugrenzen.
[54] Mit idealisierender Sichtweise Jankovićs: Voronov, Jankovič, S. 106 f.
[55] RGIA, f. 730, op. 1, d. 86, l. 165.
[56] Hier stimmt das von Voronov (Voronov, Jankovič, S. 96 f.) und partiell auch von Polz (Polz, Janković, S. 147, 150), die beide der - unbestrittenen - Faszination des Gegenstandes ihrer Forschung erlegen sind, vermittelte Bild nicht, gemäß dem Janković im Alleingang das Unterrichtsmaterial für die russischen Schulen bereitgestellt habe. Schon im Oktober 1782 erfolgte die Bitte der Schulkommission an die Akademie der Wissenschaften, mit ihren Übersetzern dafür Sorge zu tragen, daß österreichische Schulbücher ins Russische übersetzt würden, was von der Direktorin Daškova im März 1783 gestattet wurde und dann auch erfolgte (vgl. RGIA, f. 730, op. 1, d. 11 , ll. 1-3; siehe auch unten in diesem Kapitel).
[57] So schon Katharina in ihrem enthusiastischen Brief an Grimm vom November 1775, in dem sie ihm von der Aufgabenteilung berichtete (SIRIO 23, S. 254); mit den Schulbucharbeiten der Akademiemitglieder hat sich in jüngster Zeit Galina Smagina ausführlich beschäftigt (vgl. Smagina, Akademija nauk, S. 117-138; dies., Akademija nauk i narodnoe prosveščenie v Rossii vo vtoroj

3.1.4. Ein Schulsystem für das Zarenreich

habe die Akademie als Körperschaft nicht sonderlich geschätzt:[58] Nicht nur Aepinus, der zudem maßgeblichen Einfluß auf den naturwissenschaftlich-mathematischen Teil des Lehrplans nahm, sondern auch andere steuerten aus ihrem Fachbereich Bücher und Tabellen unterschiedlichen Umfangs bei. In den Jahren bis zum Erlaß des Schulstatuts wurde eine Vielzahl von Büchern zur Naturgeschichte (Zoologie), zur Botanik, Arithmetik, Geometrie und zu anderen Fächern erarbeitet. Über diese Kategorie von Büchern ergaben sich in der Schulkommission allenfalls Diskussionen um die schulgerechte Aufbereitung des Stoffes, nicht aber über den eigentlichen Inhalt. Büchern zur Geographie, Geschichte und auch zur moralischen Anleitung wurde vom Adressatenkreis der Schulreform, der sich über die Diskussion in der Schulkommission konturierte, für die Formung der Untertanen ungleich größeres Gewicht beigemessen. Sollte die erste Kategorie von Büchern Fachkenntnisse vermitteln helfen, hatte die zweite Gruppe ein Bewußtsein für den Staat im Sinne eines am Herrscher orientierten Patriotismus zu entwickeln und zu pflegen, wiewohl dafür noch keine unterrichtsprägende oder auch nur griffige Formel angeboten wurde wie ein halbes Jahrhundert später.[59] So gab es beispielsweise in der Kommission immer dann kontroverse Erörterungen über eingereichte Bücher, wenn es um das Verhältnis zwischen der geforderten Kenntnis des eigenen Landes und dem erwünschten Wissen über die anderen Regionen Europas oder gar der Welt ging. Welche Informationen sollte der Schüler einer Provinzschule im russischen Schwarzerdegebiet von der Geographie seines *uezd*, des Zarenreiches, Chinas oder Frankreichs besitzen?

Im Falle der Fächer Geschichte und Geographie entschied man sich für eine gleichgewichtige Berücksichtigung im Lehrplan und fand damit einen Kompromiß zwischen dem vom Anspruch her universalistischen Ansatz der Betrachtung der Welt in der Aufklärung[60] und der Vermittlung von Kenntnissen über die engere und weitere Umgebung der Schüler. In den Schulbüchern wurden das Zarenreich und Europa jedoch getrennt behandelt und zudem in einem Umfang, der die Anwendung der Normalmethode von vornherein schwierig machte. „Die kurze Erdbeschreibung des Rußländischen Staates"[61] war ein Handbuch mit einer Vielzahl von erstmalig publizierten Daten zur Kultur- und physischen Geographie des Landes, mit Zahlen zur ökonomischen

---

polovine XVIII veka, in: Voprosy istorii estestvoznanija i techniki (1991), 1, S. 39-46). Dadurch partiell veraltet: Dodon, L. L., Učebnaja literatura russkoj narodnoj školy vo vtoroj polovine i rol' F. I. Jankoviča v ee sozdanii, in: Učenye zapiski LGPU im. A. I. Gercena 118 (1955), S. 185-208.
[58] Maier, L., Deutsche Gelehrte an der St. Petersburger Akademie der Wissenschaften im 18. Jahrhundert, in: Kaiser, F. B. (Hrsg. u. a.), Deutscher Einfluß auf Bildung und Wissenschaft im östlichen Europa. Köln usw. 1984 (= Studien zum Deutschtum im Osten, 18), S. 27-52, hier S. 42.
[59] Vgl. Kap. 4.1.3.
[60] Schmidt, C., Zur Kritik historischer Relevanz. Am Beispiel der Geschichte Osteuropas, in: JbfGO NF 48 (2000), S. 552-568, hier S. 553 f.
[61] Kratkoe zemleopisanie Rossijskogo gosudarstva, izdannoe dlja narodnych učilišč Rossijskoj imperii, po vysočajšemu poveleniju carstvujuščija Imperatricy Ekateriny vtoryja, SPb. 1787.

Entwicklung und anderem mehr und diente eher der Instruktion der Lehrer denn derjenigen der Schüler, wiewohl für den Lehrer[62] darüber hinaus noch eine „ausführliche Beschreibung" als Handbuch erschien. Außerdem wurden darin territoriale Ansprüche des russischen Staates angedeutet, etwa wenn es um die bei der ersten Teilung Polens (1772) gewonnenen Gebiete ging. In den diesbezüglichen Beschreibungen der Gouvernements Polock und Mogilev wurde ausdrücklich hervorgehoben, daß die Bewohner mit den Russen „eines Stammes" seien, trotz mancher Übernahmen aus der polnischen Sprache in der Zeit der polnischen Fremdherrschaft.[63] Hier wurde die Auseinandersetzung um Identität und Kultur in den westlichen Gebieten des Zarenreiches bereits im Schulbuch antizipiert. Selbst das bildungspolitische Wirken der Zarin fand seine Würdigung als Wechsel auf die Zukunft: „Unter der gegenwärtig glücklich regierenden Herrscherin sind in den Gouvernements und vielen Statthalterschaften Volksschulen eröffnet worden, die eine allgemeine Bildung verheißen."[64]

Besondere Bedeutung wurde in der Kommission der Schaffung eines verbindlichen Schulwerks zur russischen Geschichte beigemessen. Schon der Normannistenstreit in der Akademie der Wissenschaften hatte die Teilnehmer in stärkerem Maße polarisieren können als gelehrte Auseinandersetzungen über naturwissenschaftliche Fragestellungen. Die Kommission war der Auffassung, daß es sich beim Fach Geschichte auch in der Schule um eine sensible Disziplin handelte. So wie es im Normannistenstreit eher um das gegenwärtige Verhältnis zum russischen Staat gegangen war,[65] sollte nun mit einem verbindlichen Werk die historische Identität von Schülergenerationen einheitlich geprägt werden. Daher entwarf Janković im Juli 1783 eigens einen Plan, welche Schwerpunkte ein solches Werk zu setzen habe,[66] wobei er dem künftigen Autoren besondere Sorgfalt bei der Behandlung der Themen Staatsgründung und Staatswerdung empfahl. Mit dieser Aufgabe wurde zunächst ein Adjunkt der Akademie, Johann Stritter, beauftragt, dessen Werk jedoch derart umfangreich geriet, daß Janković Jahre später diese Vorarbeiten nutzte, um daraus seine „Kratkaja rossijskaja istorija" (1799) zu kompilieren,[67] die wenig mehr bot als Herrscherdaten.[68] Für die allgemeine Geschichte wurde Johann

---

[62] Vseobščee zemleopisanie, izdannoe dlja narodnych učilišč Rossijskoj imperii po vysočajšemu poveleniju carstvujuščija Imperatricy Ekateriny vtoryja. T. 1-2. SPb. 1788-1795. Teil 1 enthielt die Beschreibung Europas, Teil 2 diejenige der übrigen Erdteile.
[63] Ebenda, S. 68.
[64] Ebenda, S. 70 f.
[65] Scholz, [Šolc], Nemecko-rossijskaja polemika, S. 105.
[66] Publiziert in: ŽMNP (1835), 5, S. 142-146. Janković gliederte die russische Geschichte in drei Perioden: (a) Frühgeschichte mit slavischer Landnahme bis 862, (b) Aufstieg der Rurikiden bis 1462, (c) Entstehung und Ausbau des Zartums.
[67] RGIA, f. 730, op. 2, d. 18, l. 97.
[68] Stritters Buch wurde erst 1801 gedruckt; siehe: Black, J. L., The Search for a „Correct" Textbook of National History in the 18th Century Russia, in: The New Review of East European History 16 (1976), S. 3-19.

3.1.4. Ein Schulsystem für das Zarenreich

Matthias Schröckhs (1733-1788) „Lehrbuch der allgemeinen Weltgeschichte" aus dem Jahre 1774 übersetzt und schon 1787 publiziert.[69] Damit ergab sich ein Mißverhältnis von Lehrplananforderung und vorhandenem Lehrmaterial. Die Schulkommission diskutierte und beschloß eine Herauslösung der russischen Geschichte aus der allgemeinen Geschichte; sie nahm damit eine Debatte vorweg, die im Zarenreich für die Geschichte als universitäre Disziplin erst später geführt werden sollte. In der Konsequenz bedeutete dies, daß im Gegensatz zu den übrigen im Schulstatut vom August 1786 vorgesehenen Fächern für die russische Geschichte über mehr als ein Jahrzehnt hinweg kein verbindliches Unterrichtsmaterial vorgelegt werden konnte. Trotz aller Erwägungen der Kommissionsmitglieder, auf Werke und historische Studien Vasilij N. Tatiščevs oder Michail M. Ščerbatovs zurückzugreifen,[70] gelang es nicht, sich auf ein Werk zu verständigen, das über Herrscherdaten hinaus eine auf den Staat des 18. Jahrhunderts bezogene Deutung für Lehrer wie Schüler bot. Die Intention, allen Schülern des Reiches ein einheitliches Bild der russischen Geschichte zu vermitteln, war schon in der Vorbereitungsphase gescheitert.

Im allgemeinen Diskurs über Ausbildung, Bildung und Erziehung spielte der Erwerb von Schlüsselqualifikationen wie Lesen, Schreiben und Rechnen für die Funktionselite durch Vermittlung von Faktenwissen indes eine zweitrangige Rolle. Katharina und ihre Korrespondenzpartner, die Diskursteilnehmer aus der Gesellschaft des Zarenreiches und eben auch die Mitglieder der Schulkommission befaßten sich intensiver mit der moralischen Erziehung, die den Einzelnen losgelöst von einem Bildungssystem betrachtete, das für viele Mitglieder der Elite auch im ausgehenden 18. Jahrhundert noch nicht Teil des alltäglichen Lebens war. Für die Kommission wie für die Zarin selbst ging die Frage der moralischen Erziehung zudem Hand in Hand mit der Haltung des guten Untertanen gegenüber seinem Staat.[71] Diesbezüglich ließ sich an das anknüpfen, was Katharina im 14. Kapitel ihrer Großen Instruktion vorgegeben hatte, und mit dem verbinden, was den Schulreformen in Schlesien und in Österreich zugrunde gelegen

---

[69] [Schröckh, J. M.], Šrekova vsemirnaja istorija, dlja obučenija junošestva. SPb. 1787. Janković hatte dieses Buch schon 1783 zur Übersetzung vorgeschlagen. Zudem erstellte Janković gemeinsam mit I. F. Jakovkin (1744-1836) eine dreibändige Geschichte für die Volksschulen (Vsemirnaja istorija dlja narodnych učilišč, T. 1-3, SPb.1787-1798), die jedoch im Vergleich zu dem handlicheren und günstigeren Werk von Schröckh weniger Verbreitung fand. Siehe hierzu: Smagina, G. I., Knigi I. M. Šrekka v rossijskoj škole XVIII - pervoj poloviny XIX v., in: Slavgorodskaja, L. V. (Hrsg.), Nemcy v Rossii. Problemy kul'turnogo vzaimodejstvija. SPb. 1998, S. 197-201.

[70] Erwähnung fand in der Diskussion neben Tatiščevs Istorija (vgl. Kap. 2.2.) das zum Zeitpunkt der Diskussion noch nicht abgeschlossene Werk von: Ščerbatov, M. M., Istorija Rossijskaja ot drevnějšich vremjan. T. 1-7. SPb. 1770-1791. Siehe auch die deutsche Teilübersetzung: [Ščerbatov, M. M.], Des Fürsten Michael Schtscherbatowo kaiserlichen Rußischen Heroldmeisters und Kammerjunkers Rußische Geschichte von den ältesten Zeiten an. 2 Bde. in einem Band. Danzig 1779. Natürlich war jeweils an eine gekürzte und vereinfachte Schulbuchversion gedacht.

[71] RGIA, f. 730, op. 2, d. 19, ll. 1-43.

hatte. Anders als manche Ideen der französischen Aufklärung, etwa Rousseaus oder auch Diderots, fand man bei der Erörterung dieses Komplexes zu Grundsätzen zurück, die schon in der ersten Jahrhunderthälfte von Feofan Prokopovič oder Vasilij N. Tatiščev vertreten worden waren und die sich mit den Prinzipien deckten, denen sich Johann Ignaz Felbiger verpflichtet fühlte. Als im September 1782 die Schulkommission eingesetzt wurde, erließ sie sofort Regeln[72] für den Besuch der bereits vorhandenen Stadtschulen in Sankt Petersburg, die die Abkehr vom „Allgemeinen Erziehungsplan" Beckojs gleichsam öffentlich markierten. Jetzt wurde ein disziplinarisches Regelwerk vorgestellt, das das Verhalten in der Familie und in der Schule normierte sowie die Schüler zu einem gottgefälligen Leben und zu Fleiß anhielt.[73] Von einer Beachtung individueller Fähigkeiten und Entwicklungsmöglichkeiten war nicht mehr die Rede. So erschien es gleichsam als Abgesang, wenn Beckoj im September 1782 der Orden des Heiligen Vladimir mit der Begründung verliehen wurde, wie dieser das Christentum habe Beckoj das Licht der Aufklärung nach Rußland gebracht.[74] Obwohl Beckoj immer wieder seine Bereitschaft zur Mitarbeit in der Kommission bekundete, wurde er weder zur Form noch zum Inhalt des Schulsystems gehört. Im Gegenteil, ohne seine Mitwirkung sollten die von ihm initiierten Institutionen im Sinne der Kommissionsarbeit reformiert werden.[75]

Sowohl für die geschlossenen Institutionen als auch für das entstehende öffentliche Schulsystem übernahm die Schulkommission ein von Janković in kurzer Zeit übersetztes Werk Johann Ignaz Felbigers. Dessen „Anleitung zur Rechtschaffenheit", das unter dem Titel „Von den Pflichten des Menschen und Bürgers" in Rußland publiziert wurde, sollte in sämtlichen Bildungseinrichtungen die Grundlagen für ein korrektes Leben und Verhalten der Untertanen vermitteln.[76] In vier Kapiteln wurden die Erzie

---

[72] Pravila dlja učaščichsja v narodnych učiliščach, izdannych po vysočajšemu poveleniju carstvujuščija Imperatricy Ekateriny vtoryja. SPb. 1782; diese Regeln basierten auf einer Vorlage von Johann Ignaz Felbiger.
[73] Damit ergab sich ein Anknüpfungspunkt an die Gouvernementsreform von 1775, in der die Paragraphen zum Schulwesen als Element der Wohlfahrtspolizei gefaßt worden waren (vgl. Kap. 3.1.3.), was sich im diachronen und im synchronen Vergleich auch in anderen Gebieten Europas beobachten läßt (siehe: Fertig, L., Zeitgeist und Erziehungskunst. Eine Einführung in die Kulturgeschichte der Erziehung in Deutschland von 1600 bis 1900. Darmstadt 1984, S. 221).
[74] Zur Verleihung am 22.9.1782: PSZ 21, Nr. 16.515, S. 671-675; Čistovič, Materialy, S. 90 f.
[75] In allen geschlossenen Bildungseinrichtungen, die bis in die achtziger Jahre des 18. Jahrhunderts unter Aufsicht Beckojs standen, wurden die Normalmethode und die dazugehörigen Unterrichtsmaterialien eingeführt. Zur Entwicklung der Mädcheninstitute des Smol'nyj: Lichačeva, Materialy, S. 206-236; zur „Gegenreform" im Kadettenkorps: Aurora, N. N., Idei prosveščenija v 1-m Kadetskom korpuse (konec XVIII- pervaja četvert' XIX v.), in: VMGU, Serija 8: Istorija (1996), 1, S. 34-42, hier S. 34-36. Zur Debatte in der Schulkommission über diese Reformen: RGIA, f. 730, op. 2, d. 2, ll. 90-100.
[76] O dolžnostjach čeloveka i graždanina. Kniga k čteniju opredelennaja v narodnych gorodskich učiliščach, izdannaja po vysočajšemu poveleniju carstvujuščej Imperatricy Ekateriny vtoryja. SPb. 1783. Bis 1814 erlebte dieses Buch elf Auflagen mit über 100.000 gedruckten Exemplaren (RGIA, f.

3.1.4. Ein Schulsystem für das Zarenreich

hung der Seele (inklusive eines Tugendkataloges), die Körperpflege (Passagen, in denen die naturalistische Pädagogik der Aufklärung am stärksten durchschimmerte), die Pflichten gegenüber Staat und Gesellschaft sowie die Führung des Hauses und der Familie abgehandelt, jeweils mit teils sehr detaillierten Verhaltensmaßregeln. Der Liebe zum Vaterland kam hierbei übergeordnete Bedeutung zu; sie zeigte sich für den Handwerker und Bauern in harter Arbeit und Respekt gegenüber den Mitmenschen, für die Geistlichen[77] in christlicher Erziehung der ihnen anvertrauten Personen, für den Adel durch ein vorbildliches Verhalten gegenüber der übrigen Bevölkerung und im Dienst für das Vaterland. Sehr deutlich trat damit auf allen Ebenen das sozialdisziplinierende Element hervor.

Joseph Black, in dessen Monographie „Citizens for the Fatherland" eine englische Übersetzung dieses Werkes abgedruckt ist, hat die Auffassung vertreten, daß sämtliche Gedankengänge, die darin wiedergegeben werden, schon in Tatiščevs „Testament an seinen Sohn" vorzufinden sind.[78] Dies trifft nur bedingt zu: Tatiščev ging es um die Festlegung eines Katalogs adligen Verhaltens; mit dem Buch von Felbiger bzw. der Übersetzung und Adaption von Janković lassen sich zwar Übereinstimmungen feststellen, doch ließ Tatiščev die nichtadligen Bevölkerungsgruppen in seinem „Testament" außer acht. Diese hatten gemäß des Felbiger/Janković-Handbuches an ihrer Position jeweils gute Untertanen zu sein, und vermittelt wurde ihnen dies im Idealfall im gemeinsamen Unterricht mit adligen Kindern und anhand eines verbindlichen Lehrwerkes, das sich damit in Intention und in der Anlage von moralischen Anleitungen für adlige Söhne oder gar Instruktionen zur Prinzenerziehung unterschied. Bei aller Unterordnung unter den Staat, trotz allem Rigorismus gegenüber dem Kind und angesichts aller Bedeutung, die den Regeln des Glaubens beigemessen wurde, ungeachtet der konservativen Grundhaltung, die Max Okenfuss als eine auf der Orthodoxie beruhenden Unterordnung unter den Herrscher definierte,[79] stellte es für die Bildungslandschaft des Zarenreiches eine Neuerung dar. Allerdings stieß es nicht auf einhellige Zustimmung: Kritisiert wurde, daß die Staatsformen der Monarchie und der Republik darin wertungslos nebeneinander dargestellt würden und zudem behauptet werde, das Ausmaß des Patriotismus sei von ihnen nicht abhängig. Im Zeitalter der Revolutionen schienen diese Gedankengänge staatsgefährdend, so daß der Volksbildungsminister Golycin deshalb 1816 forderte, „Von den Pflichten des Menschen und Bürgers" auszumustern. Seinem Nachfolger, A.

730, op. 2, d. 19, ll. 43-47; Demkov, Istorija russkoj pedagogiki, T. 2, S. 382-391).

[77] Aus diesem Grunde stimmte der Erzbischof von Novgorod, der ein Genehmigungsrecht für Katechismen und kirchengeschichtliche Bücher besaß, der Veröffentlichung des Werkes „Von den Pflichten des Menschen und Bürgers" zu; siehe: PSZ 21, Nr. 15.507, S. 663 f.

[78] Black, Citizens, S. 135. Die englische Übersetzung abgedruckt in: Ebenda, S. 209-266.

[79] Zu dieser Wertung kommt er nach der Entschlüsselung der im Text enthaltenen Bibelzitate, vgl. Okenfuss, The Rise and Fall, S. 206-213; ders., The Discovery of Childhood, S. 62, 65.

S. Šiškov, hingegen erschienen gerade der Tugendkatalog und die Erläuterungen zur Beschaffenheit und Disziplinierung der menschlichen Seele als so attraktiv, daß er noch 1824 die Wiedereinführung des Buches, welches durch kein anderes Werk ersetzt worden war, vorschlug.[80]

Wenn man so will, war eine Vielzahl von Gelehrten Rußlands in den achtziger Jahren des 18. Jahrhunderts damit beschäftigt, die eigenen Forschungen in Schulbüchern zusammenzufassen oder Schulbücher zu übersetzen, und begleitete damit die Etablierung eines staatlichen Schulsystems; Diskurs und Umsetzungsversuche verschmolzen gleichsam in den Aktivitäten der Gelehrten. Freilich wurden nicht alle Schulbücher für den Unterricht genehmigt und ihre Auflagenzahlen schwankten. Bis 1786 billigte die Kommission mehr als 80 Schulbücher, die in Erstauflagen zwischen 1.000 und 20.000 Exemplaren bei Verkaufspreisen von 12 bis 30 Kopeken pro Exemplar gedruckt wurden.[81] Die Schulkommission etablierte einen eigenen Buchhandel, in dem sie die teils in der Druckerei der Akademie der Wissenschaften, teils in privaten Typographien, die nach der Aufhebung des staatlichen Druckmonopols entstanden, produzierten Bücher an Schulen, Pensionen, aber auch an interessierte Privatleute verkaufte.[82] Diese Verkäufe waren neben unregelmäßigen Zuwendungen aus der Schatulle der Zarin die wichtigste Einnahmequelle zur Finanzierung der Übersetzungsarbeiten und der Ausgaben der Schulkommission. Zudem wurden aus den Überschüssen auch die Stadtschulen und das Lehrerseminar in Sankt Petersburg mitfinanziert, nach der Verabschiedung des Schulstatuts vom August 1786 wurde der Gewinn zur punktuellen Förderung in der Provinz benutzt.[83] Als die Schulkommission ihren Arbeitsschwerpunkt auf die Einrichtung von Schulen verlegte, setzte sie wegen Arbeitsüberlastung ein spezielles Komitee zur weiteren Begutachtung von Schulbüchern ein.[84]

Auch dort, wo das neue Schulsystem in ethnisch gemischt besiedelte Gebiete vorstieß, war durchaus eine positive Resonanz auf die Erstellung von Schulbüchern erkennbar. So reichte ein namentlich nicht genannter Lehrer der Minsker Gouvernementsschule eine Arithmetik in polnischer und russischer Sprache bei der Schulkommis-

---

[80] RGIA, f. 1673, op. 1, d. 30, ll. 1-4.
[81] Ebenda, f. 730, op. 1, d. 17, ll. 1-41; ebenda, op. 2, d. 23, l. 294.
[82] Siehe hierzu: Nilova, O. E., Knižnoe delo moskovskich kupcov v period „vol'nogo knigopečatanija" (1783-1796 gg.), in: Puškarev, L. N. (Hrsg.), Russkaja kul'tura poslednej treti XVIII veka - vremeni Ekateriny vtoroj. Moskva 1997, S. 53-70.
[83] Zwischen 1783 und 1795 verbuchte die Schulkommission nicht näher spezifizierte Einnahmen von 41.609 (1784) bis 144.890 Rubel (1794) jährlich; diese Summen wurden niemals vollständig verausgabt, sondern zum Teil Rücklagen zugeführt, die die Kaufmannschaft des *Ščukin dvor* - wo auch Lehrerseminar und Hauptnormalschule untergebracht waren - anlegte. 1802 standen aus diesen Anlagen dem neu gegründeten Ministerium für Volksaufklärung 200.000 Rubel zur Verfügung (RGIA, f. 730, op. 2, d. 59, l. 60).
[84] Ebenda, d. 22, l. 74.

sion ein,[85] und Iosif Giganov aus Tobol'sk legte mit Hilfe des „*bucharec*" Nijat-Baki Achnametov ein Wörterbuch, eine Grammatik sowie einen Grundwortschatz in „tatarischer Sprache" vor.[86] Insbesondere letztere wurden von der Kommission für die Erstellung der Schulbücher positiv aufgenommen,[87] da diese Werke ihrer Meinung nach zur Vereinheitlichung des Tatarischen als Schriftsprache beitrugen, wobei man sich keinerlei Gedanken über etwaige emanzipatorische Effekte solcher Bücher auf die jeweiligen Nationalitäten machte. Zunächst wurden sie als Mittel gesehen, die tatarischen Kinder über den muttersprachlichen Unterricht in den staatlichen Schulen der islamischen Geistlichkeit zu entziehen. In gewisser Weise legte die Schulkommission gegenüber dem Einfluß aller Religionen eine rationale Haltung an den Tag, die mit der Auffassung korrespondierte, die auch „Von den Pflichten des Menschen und Bürgers" leitete: Göttliche Regeln hatten zuvorderst den Staat zu stärken, nicht die Orthodoxie.

Das Statut über die Volksschulen vom 5.8.1786[88] faßte die langen Diskussionen der Schulkommission schließlich in einem Gesetz zusammen. Diesen Text ließ die Zarin in hoher Auflage drucken, schien er doch vor den Augen der Öffentlichkeit unter Beweis stellen zu können, daß sie selbst noch immer die Triebkraft einer aufgeklärten Gesetzgebung war. Zugleich hatte die Druckfassung des Statuts in den Gouvernements gleichsam als Nachschlagewerk und detaillierte Handlungsanweisung für die lokale Verwaltung zu dienen. Als Motivation für die Gesetzgebung betonte die Zarin in der von ihr selbst verfaßten Präambel, alle aufgeklärten Länder, zu denen gleichberechtigt mit den anderen Großmächten auch das Zarenreich gehöre, hätten die Erziehung der Jugend als Aufgabe erkannt. Leitgedanke dieser Erziehung sei auf der Grundlage göttlichen Rechts die unerschütterliche Loyalität gegenüber dem Herrscher sowie die wahre Liebe zum Vaterland und zum Mitbürger.[89] Schon in diesen knappen Sätzen wurde deutlich, wie stark sich die Zarin und die Kommission von den erziehungsleitenden Gedanken des „Allgemeinen Erziehungsplans" aus dem Jahre 1764 entfernt hatten. Von der Förderung individueller Entwicklungsmöglichkeiten war im Fortgang ebensowenig die Rede wie von der Formung des Einzelnen um seiner selbst willen.

Nach dem „*Ustav narodnym učiliščam v Rossijskoj imperii*", der zu einem Zeitpunkt in Kraft gesetzt und publiziert wurde, als die Schulgründungswelle im ganzen Land schon ihren Anfang genommen hatte, sollte in allen Gouvernementsstädten oder

---

[85] Ebenda, op. 1, d. 235, ll. 1-4.
[86] Ebenda, d. 234, ll. 10-20.
[87] Ebenda, op. 2, d. 22, l. 10.
[88] Publiziert in: PSZ 22, Nr. 16.421, S. 646-669; RGIA, f. 730, op. 1, d. 274, ll. 1-67; zitiert wird hier neben dieser Jankovićschen Handschrift der Separatdruck: Ustav narodnym učiliščam v Rossijskoj imperii, uložennyj v carstvovanii Imperatricy Ekateriny II. SPb. 1786; nur unwesentlich gekürzter Abdruck in: Antologija pedagogičeskoj mysli XVIII veka, S. 235-248.
[89] Ustav, S. 1 f.; RGIA, f. 730, op. 1, d. 274, ll. 1 f.

„größeren Städten" eine vierklassige Hauptvolksschule (*glavnoe narodnoe učilišče*) eingerichtet werden. Waren in dem Plan von 1782 analog zum österreichischen System noch drei Schultypen vorgesehen gewesen, wurde im Schulstatut auf die mittlere Ebene verzichtet, die Elementarvolksschule allerdings noch einmal nach den vermeintlichen Bedürfnissen und der präsumtiven Nachfrage nach Bildung auf der lokalen Ebene differenziert, indem in allen kleineren Städten eine einklassige bzw. zweiklassige Elementarvolksschule (*maloe narodnoe učilišče*) gegründet werden sollte. Bei den einklassigen Schulen war keineswegs an ein flächendeckendes Schulsystem auf dem Land gedacht.

In der Theorie richtete sich das Schulangebot an alle sozialen Gruppierungen und Klassen, auch leibeigene Bauern wurden nicht ausgeschlossen,[90] allerdings benötigten sie für den Schulbesuch ihrer Kinder die Erlaubnis des Gutsbesitzers oder -verwalters. Zudem sollten, dies war in dem Plan von 1782 nicht eigens erwähnt worden, sowohl Jungen wie Mädchen angesprochen werden, denen der gleiche Stoff vermittelt werden sollte. Mit der Einführung koedukativen Unterrichts ging die Kommission also weiter als ihre Vorgänger, die für die Bildung von Mädchen allenfalls geschlossene staatliche Einrichtungen vorgesehen hatten, die als Alternative zum privaten Pensionswesen gedacht gewesen waren.[91] Für bedürftige Kinder sollte Lehrmittelfreiheit gelten, Schüler wohlhabenderer Eltern hatten, je nach elterlichem Einkommen gestaffelt, einen Zuschuß zu Büchern, Tabellen und/oder Tafeln zu leisten oder diese zu erwerben.[92] Die zu erwartenden Schülerzahlen hingen einerseits also von der Dichte des aufzubauenden Schulnetzes und der daraus folgenden Erreichbarkeit der Schulen, andererseits von der Einsicht der Eltern in die Notwendigkeit von Bildung für ihre Kinder ab. Alle Überlegungen in der Schulkommission zur eventuellen Einführung der Schulpflicht für bestimmte Gruppierungen, von denen man sich im Sinne der Schaffung einer Funktionselite einen besonderen Nutzen für den Staat versprach, die schon zuvor in Vorläuferkommissionen erwogen und in Eingaben für die Gesetzbuchkommission gefordert worden war, wurden nicht realisiert. Der Schulbesuch blieb freiwillig.

Die „Kommission für die Einrichtung der Schulen" wurde unter dem Namen Schulhauptkommission als zentrale Behörde mit kollektivem Leitungsorgan verstetigt und sollte die Aufsicht über das gesamte staatlich-säkulare Schulsystem führen, Lehrmittel bereitstellen und vertreiben sowie dafür Sorge tragen, daß eine genügende Zahl

---

[90] Ustav, S. 10; RGIA, f. 730, op. 1, d. 274, ll. 19 f. Damit korrespondierten parallele Überlegungen, den Zugang für die zu gründenden Universitäten für alle Bevölkerungsgruppen zu öffnen („[...] dlja vsech zvanij bez različija"; zitiert nach Voronov, Jankovič, S. 162. Siehe auch Suchomlinov (Hrsg.), Istorija Rossijskoj Akademii, T. 6, S. 57, 69-71.
[91] RGIA, f. 730, op. 2, d. 2, ll. 56-58; ebenda, op. 1, d. 274, ll. 3f.
[92] Ebenda, op. 1, d. 274, l. 7ob.

3.1.4. Ein Schulsystem für das Zarenreich

von Lehrern ausgebildet wurde,[93] wobei die vierklassigen Hauptvolksschulen für die Lehrerausbildung der ihnen nachgeordneten Elementarschulen zuständig blieben.[94] Für die Funktionsfähigkeit der Kanzlei der Kommission wies die Kaiserin jährlich 10.000 Rubel zu.[95] Mit dieser Finanz- und Personalausstattung ließ sich keine effektive Kontrolle durchführen; hierfür wurde im Statut auf die 1775 institutionalisierten *prikazy obščestvennogo prizrenija* verwiesen, die für die eigentliche Finanzierung des Schulwesens in den Gouvernements mittels ihrer Einkünfte und ihres zugeschriebenen Vermögens verantwortlich blieben.[96] Daß diese Mittel nicht ausreichen würden, wurde im *ustav* indirekt zugegeben: Aufgrund der Erfahrungen aus den zurückliegenden Jahren wurde ausdrücklich betont, es sei den Lehrern verboten, von den Schülern zur Aufbesserung ihres Gehalts Geld für den Unterricht zu nehmen.[97] Den Weg zur Finanzierung wies Katharina in einem Rundbrief an die Generalgouverneure und Gouverneure vom 12.8.1786, in dem sie befahl, binnen einer Frist von ca. 6 Wochen (!) alle notwendigen Schritte für die geplanten Schulgründungen vorzubereiten: „[...] obgleich die Collegien der allgemeinen Fürsorge nicht überall die ausreichende Capitalien besitzen, um aus ihren Zinsen allen, ihrer Sorge überlassenen Gegenständen gerecht werden zu können, [...] so sind wir überzeugt, daß Sie [die Gouverneure] Mittel finden werden, aus denen Sie das für die Schulen Nothwendige entnehmen werden, ohne den Fiscus zu belasten [...]."[98] Zugleich aber wurde im *ustav* ein Etat für die Hauptvolksschulen von 2.500 Rubeln, für die zweiklassigen Volksschulen von 500 Rubeln und für die einklassigen von 210 Rubeln festgelegt.[99]

Bedenkt man, daß im Gegenzug dem *prikaz* keine zusätzlichen Summen über die 1775 verausgabten 15.000 Rubel hinaus zugewiesen worden waren und auch noch die anderen Einrichtungen der öffentlichen Fürsorge finanziert werden mußten, wird deutlich, daß die Umsetzung des Schulstatuts mit einer strukturellen Unterfinanzierung

---

[93] Damit bekam der russische Staat etwa zeitgleich eine zentrale säkulare Schulbehörde wie Preußen mit dem „Ober-Schulkollegium" 1787 (vgl. Fertig, Zeitgeist und Erziehungskunst, S. 227).
[94] Ustav, S. 9. Im Statut wurde das Lehrerseminar nicht eigens erwähnt, so daß unklar blieb, woher die Lehrer für die Hauptvolksschule rekrutiert werden sollten.
[95] Das Smol'nyj-Institut verfügte im Jahr 1786 über einen Etat von knapp 100.000 Rubeln, die drei Land-, Marine- und Ingenieurskadettenkorps über einen gemeinsamen Etat von etwa 550.000 Rubeln.
[96] Zur Organisation der verschiedenen Ebenen des Schulwesens: Ustav, S. 33-60; RGIA, f. 730, op. 1, d. 274, ll. 24-67.
[97] Im *ustav* waren Jahresgehälter zwischen 60 und 150 Rubel für die Lehrer der Trivialschulen vorgesehen, für diejenigen der Hauptvolksschulen zwischen 150 und 400 Rubel, für den Schulleiter 500 Rubel. Nach der - unbelegten - Auffassung von F. G. Panačin wurden diese Gehälter jedoch in vielen Schulen nicht nur zeitweise nicht ausgezahlt, sondern nie erreicht (Panačin, F. G., Pedagogičeskoe obrazovanie v Rossii. Istoriko-pedagogičeskie očerki. Moskva 1979, S. 23).
[98] Zitiert nach Tolstoj, Stadtschulen, S. 120 f.
[99] Roždestvenskij, Značenie, S. XLV.

begann,[100] die allenfalls durch ein entsprechendes Engagement der lokalen Gesellschaft ausgeglichen werden konnte. Diese sollte mit einbezogen werden, indem die sozialen Gruppen, deren Kinder die mit einem oder zwei Lehrern ausgestatteten Elementarvolksschulen besuchten, einen *početnyj popečitel'*, einen ehrenamtlichen Kurator, wählten. Diese Persönlichkeit, die vorzugsweise dem Kaufmannstand angehören sollte, hatte den Unterricht, das Betragen und Lernfortschritte der Schüler ebenso zu kontrollieren wie das Verhalten der Lehrer. Über die Visitation des Kurators waren Rapports an den *prikaz* des Gouvernements zu schicken, der diese wiederum an die Schulhauptkommission zur Kenntnisnahme weiterzuleiten hatte.[101] Die Hauptnormalschulen, deren Kollegium eine Stärke von sechs Lehrern einschließlich des Direktors umfassen sollte,[102] wurden vom Gouverneur beaufsichtigt; auch er hatte der Schulkommission Bericht zu erstatten. So stark das Moment der Kontrolle sowie das Berichtswesen von der lokalen zur zentralen Ebene auch betont wurde – welche Sanktionsmöglichkeiten die Kommission hatte, blieb unklar. Durch öffentliche Examina, die zweimal im Jahr in Gegenwart der Elternschaft durchzuführen waren,[103] sollte Rechenschaft über den Aufschwung der Volksbildung auf lokaler Ebene abgelegt werden.[104]

Für den Lehrplan wurde im wesentlichen das bestätigt, was bereits für den Plan von 1782 formuliert worden war.[105] In der ersten Klasse sollten Schreiben, Lesen, Rechnen und der kleine Katechismus vermittelt werden. Diese Bildungsinhalte, die am allgemeinen Bildungsniveau in den Provinzstädten ausgerichtet waren, waren recht anspruchslos, vergleicht man sie mit dem, was Diderot für elementare Kenntnisse gehalten hatte.[106] In der zweiten Klasse sollten Arithmetik, russische Grammatik, Geometrie und Zeichnen (bei Vorhandensein eines geeigneten Lehrers) gelehrt, die Schüler vor allem aber moralisch und religiös anhand des Werkes „Von den Pflichten des Menschen und Bürgers" instruiert werden. Das angestrebte Ziel tritt damit deutlich zutage: Eine Vergrößerung des Nachwuchsreservoirs für die (unterste) Verwaltungsebene sowie für die Kaufleute und Handwerker, also jenes Sozialkörpers, der als „Dritter Stand" schon in Katharinas „Großer Instruktion" in den Blick genommen worden war. In der dritten Klasse der Hauptvolksschule kamen schließlich Universalgeschichte sowie russische Geographie hinzu, in der Abschlußklasse, die über zwei Jahre unterrichtet wurde,

---

[100] Die Konflikte mit den *prikazy* um die Bereitstellung von Mitteln dominierten schon die ersten Schulgründungen vor Verabschiedung des Statuts (RGIA, f. 730, op. 2, d. 2, ll. 24ob, 115ob).
[101] Ebenda, op. 1, d. 274, ll. 19-24.
[102] Ebenda, ll. 8 f.
[103] Ustav, S. 32-36. Positive Leistungen sollten hierbei mit Buchgeschenken belohnt werden.
[104] Solche Examina hatten in den Schulen des Gouvernements Sankt Petersburg unter Teilnahme von Mitgliedern der Schulkommission, teils aber auch der Zarin persönlich stattgefunden; siehe: Platonov, (Hrsg. u. a.), Opisanie, S. 19.
[105] Zum folgenden: Ustav, S. 2-15.
[106] Vgl. Kap. 3.1.3.

zusätzlich Naturgeschichte, Mechanik, Physik, russische Geschichte und allgemeine Geographie, während die übrigen Fächer wiederholt und vertieft wurden. Schließlich sollte in der letzten Klasse auch Fremdsprachenunterricht je nach Qualifikation der vorhandenen Lehrer erteilt werden. Die maximale Schulzeit betrug damit fünf Jahre.[107]

Besondere Aufmerksamkeit wurde im Statut der Person des Lehrers gewidmet, der nicht nur als Vermittler von Lehrinhalten, sondern auch als Vorbild für einen moralisch einwandfreien Lebenswandel auftreten sollte.[108] Beim Gruppenunterricht nach der Normalmethode hatte er auf jeden Schüler ungeachtet seiner sozialen Herkunft einzugehen und sich immer wieder davon zu überzeugen, daß der Stoff auch verstanden worden war. Hier wurde von der Normalmethode einerseits die Vermittlung durch Drill gefordert, andererseits aber auch die Rücksichtnahme auf die individuelle Leistungsfähigkeit der Schüler. Zumindest sollte ein mäßig begabter Schüler von seinen Mitschülern wie auch vom Lehrer wegen seines Unvermögens nicht gehänselt werden. Die Körperstrafe blieb, wie schon in Beckojs „Allgemeinem Erziehungsplan", verboten. Der säkular ausgebildete Lehrer war es dem *ustav* nach daher auch, dem die moralische Unterweisung und die Vermittlung eines Tugendkataloges oblag. Im österreichischen System hatte beides weiterhin durch die Geistlichkeit zu erfolgen; gemäß dem *ustav* sollten selbst Katechismus und Bibelinhalte durch den Lehrer vermittelt werden, der lokale Geistliche spielte hier dem Buchstaben des Gesetzes nach keine Rolle.

Der Eindruck der faktischen Ausschaltung der Geistlichkeit als bildungstragendes Element muß freilich relativiert werden. In dem Maße, in dem die Praxis beibehalten wurde, Zöglinge der Geistlichen Akademie nicht nur für die Lehrerausbildung anzufordern, sondern sie ohne weitere Instruktionen als Lehrer in den Gouvernements einzusetzen,[109] zog die Geistlichkeit gewissermaßen durch die Hintertür auch in das säkulare Schulwesen ein. Insgesamt aber war ein System geschaffen worden, das wesentlich klarer umrissen, aber auch von der Organisationsform her wesentlich konturierter war als alles, was es im Zarenreich zuvor gegeben hatte. Das österreichische System war nicht in toto übernommen worden, wie es Aepinus ohne Schwierigkeiten für möglich gehalten hatte, sondern sowohl vom Lehrplan als auch von der Organisationsform her für die russischen Gegebenheiten modifiziert worden. Der Erfolg hing letztlich von der Umsetzung auf der lokalen Verwaltungsebene und vor allem von einer positiven Resonanz in der Bevölkerung ab.

Daß die Zarin selbst die Arbeit der Kommission enthusiastisch und mit großer

---

[107] Ustav, S. 9-11; RGIA, f. 730, op. 1, d. 274, ll. 17-22; ebenda, op. 2, d. 6, ll. 41-44.
[108] Zum folgenden: Ustav, S. 16-32.
[109] Diese Möglichkeit war im *ustav* vorgesehen. In diesem Fall hatten die Lehrer der Hauptgrundschule die Kandidaten zu examinieren (vgl. Ustav, S. 29 f.)

Aufmerksamkeit begleitete,[110] ist nicht überraschend. Dabei interessierte sie persönlich freilich mehr die pädagogisch-didaktische Seite, wie ihre eigene literarische Produktion,[111] ihre Marginalien auf Kommissionsberichten, aber auch ihre wiederholten Schulvisitationen in Sankt Petersburg zeigten. Ihr Interesse ging jedoch nicht so weit, daß sie, von gelegentlichen persönlichen Zuwendungen im Sinne philanthropischen Engagements abgesehen, die nötigen Finanzmittel aus anderen Etatposten für das Schulsystem umzuleiten bereit war. Eher verstand sie sich dazu, Abstriche am System zu machen, wie aus dem bereits erwähnten Zirkular vom 12.8.1786 an ihre Gouverneure hervorgeht, in dem sie mit Blick auf die Finanzierung schrieb, es würde für die erste Zeit genügen, in der Gouvernementsstadt eine Hauptschule und in den wichtigsten Städten kleine Volksschulen zu gründen,[112] womit sie von der ad-hoc Einführung eines flächendeckenden Systems von vornherein Abstand nahm. Generell wurde ihr Enthusiasmus jedoch auch von den Kommissionsmitgliedern und den sie umgebenden Kreisen geteilt. So äußerte sich ihr Kanzler A. A. Bezborodko (1747-1799) im März 1784 überaus positiv über das Tempo der Schulgründungen im Gouvernement Sankt Petersburg: „[...] Die Volksschulen, welche als Normalschulen bekannt sind, wachsen hier sehr schnell, dank der Bemühungen unseres Freundes Petr Vasil'evič [Zavadovskij]. Dieses Gouvernement ist voll von ihnen und nun breiten sie sich in den benachbarten Gouvernements aus."[113] Daß die hauptstädtische Elite die Schulgründungen unterstützte, entsprach - wie die Zuwendungen Katharinas für einzelne Schulen, die Bereitstellung von Stipendien oder die Finanzierung von Übersetzungsarbeiten - dem gemeinnützigen Engagement, welches gegenüber anderen Einrichtungen der öffentlichen Fürsorge ebenso geübt und von der Zarin erwartet worden war.[114] Spendenlisten aus den Jahren 1786/87 läßt sich jedoch entnehmen, daß auch in der Provinz gerade Schulgründungen als notwendig erkannt und dementsprechend gefördert wurden. Zumindest anfangs war

---

[110] So Katharina II. gegenüber ihrem Sekretär A. V. Chrapovickij im Juli 1782 ([Chrapovickij, A. V.], Pamjatnye zapiski A. V. Chrapovickogo, štats-sekretarja imperatricy Ekateriny vtoroj. Moskva 1862 (Reprint 1990), S. 4) und gegenüber Grimm im November 1782 (SIRIO 23, S. 254).
[111] Ihre literarische Produktion, ob Instruktionen für die Erzieher der Enkelsöhne oder Märchen, war in dieser Zeit vor allem auf die Großfürstenerziehung ausgerichtet: Wortman, Scenarios of Power, Vol.1, S. 147-165.
[112] Tolstoj, Stadtschulen, S. 121.
[113] Brief Bezborodkos an Semen R. Voroncov vom 15.3.1784 in: Archiv Knazja Voroncovy, T. 13 , S. 48. Dies war allerdings die Sichtweise eines *vel'moža*. 1784 existierten in der Stadt Sankt Petersburg acht Normalschulen, zwei weitere im Gouvernement (Voronov, A., Istoriko-statističeskoe obozrenie učebnych zavedenij S.-Peterburgskogo učebnogo okruga s 1715 po 1828. SPb. 1849, S. 11, 26 f.). Ob es deshalb „voll von ihnen" war, muß im Verhältnis zur Einwohnerzahl der Stadt, die für 1788 auf 200.000 Personen geschätzt wird, beurteilt werden (Semenova, Byt i naselenie, S. 8). Bezborodko war freilich ein an Bildung überaus interessierter *vel'moža*. In seinem Testament hinterließ er die stattliche Summe von 210.000 Rubeln, um in Nežin, seinem ukrainischen Geburtsort, ein Lyzeum errichten zu lassen. Siehe: Bezborodko, Aleksandr Andreevič, in: Otečestvennaja istorija, T. 1, S. 184, sowie zur Gründung des Lyzeums Kap. 4.1.2.
[114] Hartley, Philanthropy, S. 185-191.

3.1.4. Ein Schulsystem für das Zarenreich

also das freilich regional unterschiedliche gesellschaftliche Engagement geweckt;[115] ob dieses Engagement anhielt, mußte die Zukunft erweisen. Die pädagogischen Zeitschriften, die an der Universität Moskau[116] und am Lehrerseminar in Sankt Petersburg[117] in der zweiten Hälfte der achtziger Jahre herausgegeben wurden, um die Institutionalisierung von Schulen zu begleiten, erwiesen sich jedenfalls als ebenso kurzlebig wie andere Journale dieser Zeit.

Katharina und ihrer Kommission stand deutlich vor Augen, daß neben dem System für das elementare und mittlere Bildungswesen auch die höhere Bildung weiterer Einrichtungen bedurfte, um die Reform zu komplettieren. In den achtziger Jahren war die Arbeit des Gymnasiums in Kazan' nahezu zum Erliegen gekommen,[118] und mit der Umwandlung zur örtlichen Hauptvolksschule 1786/87 ging die Einstellung verschiedener Fächer einher, was zu einem Bedeutungsverlust führte. Schon vor der Veröffentlichung des Schulstatuts erging Anweisung an die Kommission, weitere Universitäten und Gymnasien zu projektieren. Am 29. 1. 1786 beauftragte Katharina II. die Schulkommission, mit den Vorbereitungen für Universitätsgründungen in Černigov, Pskov und Penza zu beginnen, wobei sie für diese Universitäten in der Provinz ausdrücklich keine theologische Fakultät eingerichtet wissen wollte. Für die Ausbildung der höheren Geistlichkeit verwies sie auf die Akademien in Moskau und Kiev. Hingegen betonte sie die besondere Notwendigkeit von medizinischen Fakultäten für die Neugründungen, da an guten Ärzten im Reich besonderer Mangel herrsche.[119] Die Auswahl der Standorte begründete die Zarin nicht weiter. Zugleich überließ sie es der Kommission, Empfehlungen abzugeben, in welchen Städten und bei welcher Bevölkerungsstruktur es sinnvoll sei, Gymnasien einzurichten.[120] Daraufhin analysierten die Kommissionsmitglieder die Strukturen des höheren Bildungswesens in Österreich[121] und prüften deren Übernahme.[122] Eine Übertragung erwies sich jedoch als unmöglich, da die Voraussetzungen

---

[115] Siehe die Auflistung in Roždestvenskij (Hrsg.), Materialy, S. 347-362, sowie Kap. 3.2.2.
[116] Seit 1785 wurde hier das Journal „Detskoe čtenie dlja serdca i razuma", an dessen Herausgabe auch der junge Nikolaj Karamzin beteiligt war (Fedosov, I. A. (Hrsg. u. a.), Letopis' Moskovskogo universiteta, 1755-1979. Moskva 1979, S. 32) publiziert.
[117] Die Monatszeitschrift *Rastuščij vinograd* erschien von 1785 bis 1787 und war, wenn man so will, die erste russische Zeitschrift, in der die Lehreraspiranten mit ihren Professoren gemeinsam Gedichte und Traktate instruktiven Inhalts veröffentlichten (Smagina, Akademija nauk, S. 105-107).
[118] Artemev, A., Kazanskaja gimnazija v XVIII stoletii. SPb. 1874, S. 166 f.
[119] 1791 wurde eigens vermeldet, daß an der Moskauer Universität der erste Student sein Medizinstudium mit dem Doktorgrad abgeschlossen hatte (siehe: PSZ 23, Nr. 16.988, S. 256).
[120] RGIA, f. 796, op. 27, d. 75, l. 2.
[121] Als Gesprächsgrundlage legte das Kommissionsmitglied F. I. Krejdeman eine Expertise vor, in der er die österreichischen Gymnasien und Universitäten charakterisierte und für Rußland mögliche „Synergieeffekte" darin sah, die philosophische und die juristische Fakultät wegen Doppelungen im Curriculum zusammenzulegen. Sein Memorandum ist publiziert in: Roždestvenskij (Hrsg.), Materialy, S. 363-371.
[122] RGIA, f. 730, op. 1, d. 86, ll. 56-60, ll. 80-88.

völlig andere waren. So konnte die Kommission letztlich nur einige Vorarbeiten leisten (etwa der Auftrag zur Erarbeitung von Lehrbüchern für einige universitäre Disziplinen[123]), doch Gesetzesinitiativen oder Gründungen von weiteren Universitäten bzw. Gymnasien wurden während der Herrschaft Katharinas nicht mehr eingeleitet, zu sehr war die Kommission mit der Gründung und Administration von „Normalschulen" beschäftigt.[124] Dennoch zeigten diese Erörterungen, daß der bildungspolitische Diskurs auch staatlicherseits fortgesetzt wurde.

Das Schulstatut vom August 1786 zählte gemeinsam mit den Gnadenurkunden für den Adel und die Städte von 1785[125] sowie der Gouvernementsreform von 1775 zu den bedeutendsten Projekten der katharinäischen Innenpolitik. Bereits Sergej Roždestvenskij betonte zu Recht den Zusammenhang all dieser Maßnahmen; seine Auffassung, die Schulreform habe den Adel begünstigen wollen,[126] bedarf jedoch der Korrektur. Die Zarin blieb mit dem Schulstatut ihrer Politik treu, die Schaffung eines „Dritten Standes" voranzutreiben; dieser Gedanke hatte sie schon bei der Gnadenurkunde für die Städte geleitet. Ausgehend vom größtmöglichen Nutzen für den Staat war der soziale Hintergrund der Schülerschaft letztlich unerheblich, sofern durch die Ausbildung eine Verbesserung der Administration und ein Aufschwung der Volkswirtschaft erreicht werden konnten.[127] Im Grunde war das Gegenteil der von Roždestvenskij vertretenen Auffassung zutreffend: Durch die im Schulstatut vorgesehene überständische und zudem koedukative Bildung wurden die Privilegien des Adels (die Katharina in der Gnadenurkunde lediglich zusammenfaßte, ohne sie zu erweitern) eher geschmälert und untergraben. Intendiert war eine Stärkung des städtischen Elements gegenüber dem adligen. Mit dem Schulstatut sollte dem Anspruch nach das Netz staatlicher Einrichtungen enger geknüpft, wenn auch noch nicht flächendeckend über das Reich gelegt werden. Auf der

---

[123] Ebenda, op. 2, d. 7, ll. 21-25.
[124] Die Zahl der Kommissionssitzungen, in denen diskutiert wurde, sank zugunsten der Beschlußfassung durch Gegenzeichnung per Umlauf; siehe: Platonov (Hrsg.), Opisanie, S. 5. Dies verlieh natürlich Zavadovskij und Janković als denjenigen, die die Beschlußvorlagen vorbereiteten, mehr Gewicht.
[125] Vgl. hierzu die kritische Edition: Griffiths, D. (Hrsg. u. a.), Catherine II's Charters to the Nobility and the Towns. Bakersfield 1991 (= The Laws of Russia, II, 285).
[126] Roždestvenskij, Značenie, S. XXXVIII.
[127] Hier bin ich zu einer anderen Auffassung gelangt, als sie sonst in der Historiographie vertreten wird: Bislang wurde die Reformgesetzgebung der Jahre 1775 bis 1786 eher als Kapitulation Katharinas vor den Abschottungstendenzen des Adels und der wohlhabenden Kaufmannschaft gegenüber den anderen Ständen interpretiert; siehe beispielsweise: Jones, The Emancipation; Rabinovič, M. G., Gorod i gorodskoj obraz žizni, in: Očerki russkoj kul'tury XVIII veka. T. 4. Moskva 1990, S. 252-298; Mironov, B. N., Social Policies of Catherine II and their Results: Establishment of Estate Paradigm in Law and Social Consciousness, in: Hübner, E. (Hrsg. u. a.), Rußland zur Zeit Katharinas II. Absolutismus, Pragmatismus, Aufklärung. Köln usw. 1998 (= Beiträge zur Geschichte Osteuropas, 26), S. 115-135.

lokalen Ebene sollten die Schulen „Veranstaltungen des Staates" sein, so wie es wenig später auch im preußischen Landrecht von 1794 vorgesehen wurde,[128] wobei für Preußen seit der Arbeit von Wolfgang Neugebauer bekannt ist, daß Anspruch und Realität aufgeklärter Gesetzgebung nicht kongruierten, der Staat die lokale Ebene über das Schulwesen kaum durchdrang. Dieser Sachverhalt wird im Fortgang der Arbeit für das Zarenreich bei aller Andersartigkeit der Ausgangslage zu überprüfen sein.

Letztlich ist nicht genau zu bestimmen, wie differenziert die Zarin, die das Land immerhin intensiver bereist hatte und durch ihr hohes Arbeitspensum nach Aktenlage besser kannte als ihre Vorgängerinnen, die regionalen und sozialen Unterschiede der Bevölkerung wirklich wahrgenommen hat.[129] Zumindest stimmte Katharina, auch wenn sie sich vom Prinzip des Nutzens für den Staat leiten ließ und immer weniger dazu neigte, aufgeklärte Konzepte mit praktikabler Politik oder dem Staatsinteresse gleichzusetzen, nicht mit jenem Bildungspessimismus überein, den Friedrich II. unter sozialdisziplinierenden Aspekten zu der Aussage verleitet hatte, es sei „[...] auf dem platten Land genug, wenn sie ein bisgen Lesen und schreiben lernen; wissen sie aber zu viel, so laufen sie in die städte und wollen sekretärs und so was werden."[130] In den kleinen Volksschulen sollte nach dem Statut von 1786 zwar wenig mehr vermittelt werden. Daß die Bauern aber in die Stadt kamen und „sekretärs oder so was" werden wollten, war im Sinne der Schaffung der beschriebenen Funktionselite nachgerade beabsichtigt. Die Zarin hat sich allerdings, im Gegensatz zu Joseph II., aber durchaus in Einklang mit anderen Monarchen, aus verschiedenen Gründen nicht getraut,[131] der Reformgesetzgebung für Adel und Städter ein entsprechendes Patent für die Bauern folgen zu lassen, das deren Stellung im gesamtgesellschaftlichen Gefüge bedeutsam verändert hätte. Dies bedeutet wiederum nicht, daß sie das Potential der „Hütten", wie Diderot es formuliert hatte,[132] nicht hätte nutzen wollen. Bauern gab es zahllose, und es konnte nicht im Sinne des Staates sein, die wenigen Interessenten, so sie eine Schule erreichen konnten, an einem Schulbesuch zu hindern.

---

[128] Lange, H., Schulbau und Schulverfassung in der frühen Neuzeit. Zur Entstehung und Problematik des modernen Schulwesens. Weinheim usw. 1967, S. 286.
[129] Bezogen auf die Philosophen hat Harry C. Payne rundweg bezweifelt, daß diese den gemeinen Mann überhaupt je zur Kenntnis genommen, geschweige denn in ihre Weltentwürfe und Reformprojekte tatsächlich mit einbezogen hätten; vgl. Payne, H. C., The Philosophes and the People. New Haven 1976; dies war, betrachtet man den Blick russischer aufgeklärter Diskursteilnehmer auf die Bauern, natürlich keinesfalls eine Eigenheit der französischen Philosophen (Ščipanov, I. Ja., Filosofija russkogo prosveščenija. Moskva 1971, S. 19 f.).
[130] Zitiert nach: Fertig, Zeitgeist und Erziehungskunst, S. 225.
[131] Hierzu zusammenfassend: Madariaga, I. de, Catherine II. and the Serfs: A Reconsideration of Some Problems, in: SEER 52 (1974), S. 34-62; Bartlett, R., Defences of Serfdom in Eighteenth Century Russia, in: DiSalvo, M. (Hrsg. u. a.), A Window on Russia. Papers from the V International Conference of the Study Group on Eighteenth Century Russia. Roma 1996, S. 67-74, hier S. 72-74.
[132] Vgl. Kapitel 3.1.3.

3.1. Diskurs, Gesetzgebung und die Veränderung der Bildungslandschaft

„Der Apfel taugt nichts, bevor er nicht reif ist", hatte Katharina 1780 an Grimm geschrieben. 1786 hielt sie „den Apfel" für so „reif", daß sie ein flächendeckendes Schulstatut verabschiedete, dessen geistiges Fundament im Diskurs seit den Tagen Peters des Großen gelegt worden war. Hier ist nicht nur an die staatlichen und ab der Jahrhundertmitte auch privaten Einzelgründungen zu denken, die dem Zarenreich eine langsam expandierende Bildungslandschaft jenseits der geistlichen Bildungsinstitutionen verschafft hatten, sondern auch an die sich wandelnde bzw. schärfer konturierende Auffassung von der Natur des Menschen und seiner Erziehung im Verhältnis zum Staat und zur Gesellschaft. Ohne Zweifel dominierte der Staat dabei bis weit in die zweite Jahrhunderthälfte hinein den Diskurs und die Gesetzgebung. In dem Maße aber, in dem im Zuge der Rezeption westeuropäischer Ideen die von der Zarin als Funktionselite in den Blick genommenen Gruppierungen sich ihrer Interessen bewußt wurden und mit gegenteiligen Konzeptionen oder ergänzenden Gedanken den Diskurs beeinflussen konnten, wird man nicht mehr davon sprechen können, daß eine so öffentlichkeitsorientierte wie -erfahrene Herrscherin[133] den Diskurs über Bildung, Ausbildung und Erziehung beherrschte. Trotz der Zensur beispielsweise fanden auch abweichende Ansichten ihr Medium und ihr Publikum, wie die Auseinandersetzungen in der wachsenden Zeitschriftenlandschaft ebenso offenbarten wie die Schwierigkeiten der Zarin nach Ausbruch der Französischen Revolution, diejenigen Geister im Zaum zu halten, die sie einst gerufen hatte.[134]

Die Mitglieder des sich über Bildung konstituierenden Sozialkörpers fanden unterschiedliche Möglichkeiten der Artikulation, die nicht immer in den von der Zarin erwünschten Bahnen verliefen. Die Generaldebatte der Gesetzbuchkommission hatte die Polyphonie im Diskurs, die Forderungen nach Fortschritt und nach Bewahrung des Althergebrachten sichtbar gemacht. Sie hatte Teilnehmer unterschiedlicher Herkunft in einem Forum zusammengebracht und gezeigt, daß die Diskussion selbst an der Peripherie des Reiches geführt wurde, wenn auch für den Historiker in nicht immer faßbaren, nichtsdestoweniger typischen Formen von Diskursen. Ebenso ist es Diskursen immanent, daß sich nicht immer das nach heutiger Auffassung „modernste" oder „weitreichendste" Projekt durchsetzt. Bei Abschätzung der gesellschaftlichen Akzeptanz verwarf die Zarin, obwohl sie sich als aufgeklärte Herrscherin verstand, manch ambitionierten Entwurf sofort, wie im Falle Diderots, oder nach anfänglicher Begeisterung, wie im Falle Beckojs. Im Vergleich zu anderen Projekten nahm sich das Schulstatut von 1786 bescheiden aus. Freiwilligkeit des Schulbesuchs, theoretische Offenheit wie auch weitgehende Lehrmittelfreiheit waren dabei die eine Seite, geringer Ressourceneinsatz

---

[133] Hierzu zusammenfassend: Scharf, C., Katharina II. von Rußland - die Große? Frauengeschichte als Weltgeschichte, in: Donnert, E. (Hrsg.), Europa in der Frühen Neuzeit. Festschrift für Günter Mühlpfordt. Bd. 3: Aufbruch zur Moderne. Köln usw. 1997, S. 177-197, hier S. 191-197.
[134] Madariaga, I. de, Katharina die Große. Ein Zeitgemälde. Berlin 1993, S. 328-351.

für die Einrichtung der Schulen die andere. Daß zunächst nur untere und mittlere Bildungseinrichtungen gegründet werden sollten, entsprach den Bedürfnissen des Staates, der sich darin in partieller Übereinstimmung mit der lokalen Gesellschaft wußte, wie die Eingaben zur Gesetzbuchkommmission zeigten. Auch wenn so mancher Gelehrter aus dem Umfeld von Akademie und Moskauer Universität die Ausbildung lediglich als Voraussetzung zum Eintritt in das „Paradies der Gelehrten" betracht hatte - das Interesse an der Ausbildung und ihren Inhalten war anders motiviert, etwa als Möglichkeit des sozialen Aufstiegs, und beherrschte den Diskurs. Schließlich sollten die neuen Schulen in ihrer Zweckorientierung für den Einzelnen wie für den Staat zur Schaffung eines über Bildung definierten Sozialkörpers für Verwaltung und Wirtschaft beitragen. In gewisser Weise ergänzten sich damit individueller und „gemeiner" Nutzen. Während sich anhand von Diskurs und Gesetzgebung also die Interdependenz von Theorie und Praxis für das Zarenreich feststellen läßt, harrt die daraus resultierende Frage noch einer Antwort: Welche Folgerungen ergaben sich als Handlungsanleitung zur Umsetzung auf staatlicher wie gesellschaftlicher Ebene?

3.2. BILDUNGSINSTITUTIONEN IN DER PRAXIS: ZU UMSETZUNG UND AKZEPTANZ IN DER ZWEITEN HÄLFTE DES 18. JAHRHUNDERTS

3.2.1. Studenten, Kadetten und Zöglinge in Fachschulen und geschlossenen Bildungseinrichtungen

Wenn in den vorausgegangenen Kapiteln Diskurs und Gesetzgebung über Bildung und Bildungsinstitutionen problematisiert worden sind, fand dabei die Akzeptanz innerhalb des Adressatenkreises dieser Institutionen allenfalls am Rande Erwähnung. Zu Recht könnte man einwenden, daß auch die positiven oder negativen Reaktionen auf die Einrichtung dieser Institutionen und der dort angebotenen Lehrinhalte verbalisierte oder nicht verbalisierte Beiträge zum Diskurs waren und ihrerseits den Gang der bildungspolitischen Erörterungen beeinflußten. Soweit die Auswirkungen unmittelbar erkennbar waren, fanden sie Eingang in die Darstellung. Die Umsetzung und Akzeptanz allerdings vollständig in die Beschreibung des Diskurses und der Gesetzgebungsdebatten einzubeziehen, unterblieb nicht nur aus Gründen der kompositorischen Zweckmäßigkeit, sondern auch, weil Umsetzung und Reaktionen teils losgelöst vom Diskurs erfolgten. Zudem finden sich die Quellen für die erste Hälfte des 18. Jahrhunderts so vereinzelt wie die „Bildungsinseln", die entsprechende Institutionen innerhalb des Zarenreiches darstellten, so daß zur Verfügung stehende Angaben über Schülerzahlen und die soziale Herkunft der Lernwilligen in die Darstellung des Diskurses ebenso integriert werden konnten wie die wenigen Selbstzeugnisse, die ein Schlaglicht auf Möglichkeiten und Bedingungen des Erwerbs von Bildung warfen. Aus den knappen Hinweisen interpretatorische Schlüsse zu ziehen, wie der Einzelne von den neuen Bildungsinstitutionen beeinflußt wurde, war nur gelegentlich und nicht innerhalb geschlossener Personengruppen möglich.

Für die zweite Hälfte des 18. Jahrhunderts stellt sich die Materialbasis ein wenig besser dar: Durch die Expansion der Verwaltung wuchs auch das Verwaltungsschriftgut, das Auskunft über die Entwicklung der Bildungsinstitutionen geben kann; mit der angesprochenen Verbreiterung der literarischen Produktion - bei ansonsten üblicher weise nur rückprojizierten statistischen Daten[1] an sich schon ein Indiz für einen gestiegenen Alphabetisierungsgrad von Adel und *raznočincy* -, wuchs die Zahl der Selbstzeugnisse, in denen Bildungserlebnisse privater und institutioneller Natur eine Rolle spielten. Vorsorglich sei jedoch angemerkt, daß Verwaltungs- und Institutionendichte, wie bereits deutlich geworden sein dürfte, auch für die zweite Hälfte des 18. Jahrhunderts nicht ausreichen, die „Bildungswirklichkeit" des Zarenreiches zu beschreiben. Wolfgang Neugebauer, der - bei einer ungleich besseren Überlieferungsdichte - der „Schulwirklichkeit" in Brandenburg-Preußen während des 18. Jahrhunderts akribisch nachgespürt hat, räumte diesen Sachverhalt auch für seinen Untersuchungsgegenstand unumwunden ein.[2] Zugleich forderte er 1985 nicht nur die Hintanstellung, sondern sogar die Ausblendung von Bildungs- und Erziehungskonzepten und der daraus resultierenden Gesetzgebungsakte, zum einen, weil allzu lange nur sie im Interesse der Forschung gestanden hätten, zum anderen, weil sie den Blick für die „Schulwirklichkeit" verstellten.[3]

Während dem ersten Sachverhalt für das Zarenreich uneingeschränkt zuzustimmen ist, wenn auch dieser Bereich noch keineswegs umfassend aufgearbeitet worden ist, so gilt das zweite Monitum Neugebauers für das Zarenreich nicht: Das Schulstatut von 1786 mit seiner Berichtspflicht von der lokalen auf die zentrale Ebene versetzt den Historiker qua Gesetzgebungsakt überhaupt erst in die Lage, zumindest ausschnittartige Blicke auf die Schulwirklichkeit zu werfen. Auch für die Zeit vor 1786 ist die Untersuchung der mit den Gesetzen publizierten Rapports, die zum jeweiligen Gesetzgebungsakt geführt haben, oft die einzige Möglichkeit, etwas über einen Mißstand oder die Ursache eines Regelungsbedarfs zu erfahren, wobei sich allerdings auch die Quellengruppe der normativen Texte mit der Intensivierung und Regularisierung der Gesetzgebung veränderte. Dies ist kein Spezifikum des Bildungssektors. So soll für die folgenden Ausführungen nicht der Anspruch erhoben werden, für den Schul- und Universitätsbereich die „Bildungswirklichkeit" vollständig nachzuzeichnen. Es soll vielmehr versucht werden, in bescheidenem Rahmen aus einzelnen Informationen die Umsetzung und Akzeptanz in den verschiedenen säkularen Bildungseinrichtungen zu konturieren. Dies ist aufgrund der Berichtspflicht und der vorhandenen Materialien für die Schulen der Gouvernementsreform und des Schulstatuts etwas systematischer möglich als für die Universitäten und die Bildungseinrichtungen der Akademie der Wissenschaften, die

---

[1] Mironov, B. N., Literacy in Russia 1797-1917, in: Soviet Studies in History (1986), 4, S. 89-117, hier S. 104 f.; ders., Social'naja istorija, T. 1, S. 104, 109, 339; T. 2, S. 206; Bogdanov, N. M., Gramotnost' i obrazovanie v dorevoljucionnoj Rossii i v SSSR (toričesko-statističeskie očerki). Moskva 1964, S. 3-7.
[2] Neugebauer, Absolutistischer Staat und Schulwirklichkeit, S. 23 f.
[3] Ebenda, S. 7-9.

in ihren Protokollen weniger die Lehre als ihre wissenschaftlichen Forschungen darstellten, sowie die geschlossenen Bildungseinrichtungen wie Kadettenkorps, das Smol'nyj-Institut oder die Waisenhäuser, soweit sie ausbildend arbeiteten.

Seit 1747 hatte sich Lomonosov bemüht, den Lehrbetrieb in den der Akademie angegliederten Institutionen zu verbessern. Die Probleme, auf die er dabei stieß, waren vielfältig. Bereits bekannt sind die Machtkämpfe innerhalb der Akademie sowie die Konkurrenz der adligen Korps. Eine weitere Schwierigkeit stellten die nicht selten mangelnden Bildungsvoraussetzungen nichtadliger Schüler dar. 1748 begab sich Vasilij Tred'jakovskij, Dichter und Professor für Eloquenz an der Akademie, nach Novgorod und Moskau, um dort in den geistlichen Bildungsinstitutionen geeignete Schüler auszuwählen. Bei den sich anschließenden Eingangsexamina durch die Professoren Lomonosov, Braun und Fischer[4] verfügten nur 17 Kandidaten über die nötige Vorbildung, um dem in Vorlesungsform dargebotenen Lehrstoff folgen zu können.[5] Hierbei handelte es sich insofern um eine Momentaufnahme, als sonst keine weiteren Reisen für die Rekrutierung von Nachwuchs bekannt sind. Bis zum Ende des 18. Jahrhunderts gibt es nur sehr lückenhafte Daten über die Gesamtzahl von Schülern und Studenten bzw. deren Verweildauer an den Bildungsinstitutionen.[6] Auffällig ist für die fünfziger Jahre des 18. Jahrhunderts, daß die Nennung von Studentennamen relativ oft mit der Bemerkung versehen wurde, sie stammten aus der Ukraine. Ein solcher Hinweis fehlt in den folgenden Jahrzehnten.[7] Dennoch blieb der Anteil von Nichtrussen, insbesondere auch deutschstämmiger Schüler, groß.[8] Schon Dmitrij Tolstoj, der generell eine überaus kritische Haltung gegenüber den Bildungseinrichtungen der Akademie an den Tag legte, wies - mit einem abschätzigen Ton - auf die „niedrige" Herkunft der Schüler hin.[9] In der Sowjetzeit wurde diese Beobachtung[10] mit dem Hinweis auf ein wachsendes Selbst-, ja Klassenbewußtsein nichtadliger Aufsteiger versehen.[11]

---

[4] Zu diesen Personen vgl. Kap. 3.1.1.
[5] Solov'ev, Istorija Rossii, T. 23, S. 256; Lomonosov, Polnoe sobranie sočinenij, T. 9, S. 437-441.
[6] Suchomlinov, Istorija Rossijskoj Akademii, T. 2, S. 196-247. Aus den dort publizierten Berichten I. I. Lepechins (Direktor des Gymnasiums 1777-1794) geht hervor, daß die Lehrenden die Konkurrenz zu den Moskauer Institutionen sehr deutlich wahrnahmen und sich unzufrieden über die hohe Fluktuation zeigten.
[7] Auflistung von Studenten aus der Ukraine bei: Lomonosov, Polnoe sobranie sočinenij, T. 9, S. 568. Von dem späteren Akademiemitglied Ja. P. Kozel'skij ist bekannt, daß er vor seinem Eintritt in das Akademiegymnasium die Kiever Akademie besucht hatte (Kogan, Ju. A., Prosvetitel' XVIII veka Ja. P. Kozel'skij. Moskva 1958, S. 35 f.).
[8] Lomonosov, Polnoe sobranie sočinenij, T. 9, S. 855.
[9] Tolstoj, Akademičeskaja gimnazija, S. 32.
[10] Kuljabko, Lomonosov, S. 65, 109.
[11] Štrange, Demokratičeskaja intelligencija.

Ungeachtet dieser Wertungen bleibt die Tatsache bestehen, daß die Wissenschaft als sich konturierender Beruf eine Angelegenheit für soziale Aufsteiger war: Der hinlänglich erwähnte Lomonosov und M. E. Golovin (1756-1790)[12] beispielsweise stammten aus dem bäuerlichen Milieu; P. B. Inochodcev (1742-1792)[13], S. K. Kotel'nikov (1723-1806)[14], A. P. Protasov (1724-1796),[15] I. I. Lepechin (1740-1802)[16] und V. F. Zuev (1754-1794)[17] waren „Soldatenkinder", d. h. ihre Väter waren persönlich durch den Militärdienst frei geworden und womöglich Unteroffiziere, jedoch ohne Rang in der Rangtabelle. A. K. Kononov[18] war der Sohn eines Kleinhandwerkers, S. Ja. Rumovskij (1734-1812)[19] und P. I. Sokolov (1764-1835)[20] waren Söhne von Dorfgeistlichen. Die Karrieren dieser Wissenschaftler zeigen, daß in Einzelfällen die Aufgaben, die ihnen im Laufe ihrer Tätigkeit übertragen wurden, zu einem Wechsel in die zivile Verwaltung und dort in verantwortliche Positionen führen konnten. Elena S. Kuljabko macht für den Zeitraum von 1750 bis 1770 hundert Studenten an der Akademischen Universität aus.[21] 1783 fand Ekaterina Daškova[22] bei ihrer Ernennung zur

---

[12] Golovin besuchte das Akademische Gymnasium und beteiligte sich als Übersetzer der Akademie an der Übertragung von Schulbüchern für die katharinäische Schulkommission; siehe: Tolstoj, Akademičeskaja gimnazija, S. 56 f.

[13] Inochodcev gehörte zu den wenigen Personen, die vom Akademischen Gymnasium ins Kadettenkorps wechselten, sich dann aber wieder der Wissenschaft zuwandten (RBS, T. 8, SPb. 1902, S. 124 f.).

[14] Der spätere Mathematiker wurde nach dem Besuch der Geistlichen Akademie Sankt Petersburgs und des Akademischen Gymnasiums zur Vervollständigung seiner Studien an die Berliner Akademie zu Leonhard Euler geschickt; siehe Štrange, Demokratičeskaja intelligencija, S. 37 f. und Kap. 3.1.1.

[15] Protasov erhielt nach ersten Studien am Geistlichen Seminar des Aleksandr Nevskij-Klosters seine Ausbildung an der Akademischen Universität (vgl. Suchomlinov (Hrsg.), Istorija Rossijskoj Akademii, T. 3, S. 79-84).

[16] Lepechin absolvierte Gymnasium und Universität der Akademie, um dann seine Studien in Straßburg zu komplettieren. 1771 wurde er Akademiemitglied, zuständig für Naturgeschichte (vgl. Fradkin, N. G., Akademik I. I. Lepechin i ego putešestvie po Rossii v 1768-1773. Moskva 1950, S. 13-19).

[17] Rajkov, B. E., Akademik V. Zuev. Moskva usw. 1955, S. 3-9.

[18] Kononov kehrte 1793 aus Göttingen zurück. Die Universität dieses Ortes wurde am Übergang zum 19. Jahrhundert zum Zentrum für die Ausbildung von russischen Studenten an ausländischen Universitäten. Sie trat damit an die Stelle der Universitäten zu Leiden, Straßburg und Oxford; siehe hierzu: Istrin, V., Russkie studenty v Gettingene v 1802-1804 gg. (Po materialam archiva brat'ev Turgenevych), in: ŽMNP 7 (1910), S. 80-144; Tarasov, E., Russkie „gettingency" pervoj četverti XIX veka i vlijanie ich na razvitie liberalizma v Rossii, in: Golos minuvšego (1914), 7, S. 195-209.

[19] Der Astronom und spätere Kurator des Kazaner Lehrbezirks besuchte das Akademische Gymnasium als Vorbereitung auf sein Auslandsstudium; siehe hierzu die biographische Skizze von: Pavlova, G. E., Stepan Jakovlevič Rumovskij. Moskva 1979.

[20] Sokolov besuchte das Akademische Gymnasium und wurde kurzzeitig Mitglied der Schulkommission (vgl. RBS, T. 14, SPb. 1909, S. 63-65).

[21] Kuljabko, Lomonosov, S. 130-207.

[22] Auch bezüglich Ekaterina Daškovas zeichnet sich aufgrund der Wiederentdeckung der Personengeschichte eine Neubewertung ihrer Leistung für die Akademie ab. Eine kritische Sichtweise bei: Krasnobaev, B. I., Glava dvuch akademii, in: VI (1971), 12, S. 83-98; durchweg positiv und von

Direktorin der Akademie der Wissenschaften kaum Studenten an der Universität vor, die ihrer Aussage nach zudem nicht einmal rudimentäre Fremdsprachenkenntnisse besaßen.[23] Allerdings ist gegenüber all diesen AngabenVorsicht geboten. Schon 1770 hatte Daškovas Vorgänger Bakmeister Gymnasium und Universität zusammengefaßt. Fortan war mitunter von Studenten, Schülern, gar Eleven die Rede,[24] von denen sich die älteren in einem Universitätskurs innerhalb des Gymnasiums auf ein Auslandsstudium vorbereiteten, welches in Ermangelung der „eigenen" Universität die wissenschaftliche Ausbildung komplettieren sollte.[25] Doch auch diesen Kurs besuchten 1784 nur acht Eleven.[26] Das Gymnasium, auf dessen Nutzen als Ausbildungsstätte die neue Direktorin schon bald nach ihrem Amtsantritt hinwies,[27] besaß mehr Schüler: 1783 waren es 30, 1786 80. In einem Bericht an Katharina II., in dem Ekaterina Daškova 1794 Rechenschaft über ihre Tätigkeit als Akademiedirektorin ablegte, berichtete sie über die Nachwuchsausbildung: „[...] die Zahl der Eleven des Akademischen Gymnasiums hat derzeit 112 erreicht. In der Zeit meines Direktorats hat eine große Anzahl von Personen diese Einrichtung verlassen, die sich jetzt im Dienste Ihrer Kaiserlichen Majestät befinden, wo sie zum Nutzen des Vaterlandes wirken und die unterschiedlichsten Positionen einnehmen."[28] Reaktionen der Zarin auf diesen kurzen und wenig konkreten Rechenschaftsbericht sind nicht bekannt. Wie groß die Zahl der Absolventen auch immer war und bei aller Tendenz der Direktorin, ihre zu Ende gehende Tätigkeit auch auf diesem Sektor als Erfolg darzustellen: Das Potential dieser Einrichtung für den Nutzen nicht nur der Ausbildung wissenschaftlichen Nachwuchses, sondern auch für die Rekrutierung einer Funktionselite wurde deutlich angesprochen, wenn auch der tatsächliche Effekt bei den insgesamt niedrigen Schülerzahlen gering war. Von einem völligen Zusammenbruch der Nachwuchsausbildung, wie Dmitrij Tolstoj urteilte, wird man jedenfalls nicht sprechen können.[29]

---

nachgerade liebevoller Distanzlosigkeit: Tiškin, G. A., „Ee Svetlost' Madam Direktor". E. R. Daškova i Peterburgskij universitet v 1783-1796 gg., in: Voroncov-Daškov, A. I. (Hrsg. u. a.), Ekaterina Romanovna Daškova. Issledovanija i materialy. SPb. 1996 (= Studiorum Slavicorum Monumenta, 8), S. 80-93.
[23] Archiv knjazja Voroncova, T. 21, S. 393 f.; sowie: [Daškova, E. R.], Am Zarenhofe. Memoiren der Fürstin Daschkoff. Bd. 1-2. München 1918, hier Bd. 1, S. 278.
[24] Tolstoj, Akademičeskaja gimnazija, S. 69-73; Ostrovitjanov, K. V. (Hrsg. u. a.), Istorija Akademii nauk SSSR. T. 1. Moskva usw. 1958, S. 422 f.
[25] Protokoly zasedanij Konferencii Imperatorskoj Akademii nauk s 1725 po 1803. T. 3: 1771-1785. SPb. 1900, S. 808; Osipov, V. N., Peterburgskaja Akademija nauk i russko-nemeckie naučnye svjazi v poslednej treti XVIII veka. SPb. 1995, S. 104-131.
[26] Protokoly, T. 3, S. 695, 720.
[27] Protokoly zasedanij Konferencii Imperatorskoj Akademii nauk s 1725 po 1803. T. 4: 1786-1803. SPb. 1911, S. 219.
[28] Ebenda, S. 391.
[29] Tolstoj, Akademičeskaja gimnazija, S. 88 f.; Suchomlinov spricht vorsichtiger von einer unzureichenden Nutzung der vorhandenen Einrichtung (Suchomlinov (Hrsg.), Istorija Rossijskoj

3.2. Bildungsinstitutionen in der Praxis

Verbreitung in der Öffentlichkeit fand die Tätigkeit der Akademie zum einen durch die Gelehrten Gesellschaften, zum anderen unterrichteten manche Professoren zeitweise am Land- und Marinekadettenkorps sowie am Smol'nyj-Institut.[30] Schließlich versuchten die Akademiemitglieder eine breitere Öffentlichkeit durch öffentliche Vorlesungen in russischer Sprache zu erreichen, deren Wiederaufnahme 1783 beschlossen wurde. Für diese Veranstaltungen, die nur in den Sommermonaten stattfanden[31] und deren Themen in der Zeitung bekanntgemacht wurden, stellte die Akademie immerhin einen Etatposten von jährlich 1.400 Rubel zur Verfügung.[32] Diese Summe scheint nicht gering, führt man sich vor Augen, daß der Jahresetat einer Hauptvolksschule nach dem Schulstatut von 1786 erheblich niedriger lag. Wiewohl über die Resonanz wenig bekannt ist,[33] spricht die Fortsetzung bis 1796 - Paul I. untersagte nach seinem Regierungsantritt die Weiterführung[34] - dafür, daß diese Veranstaltungen ein fester Bestandteil des öffentlichen Lebens der Hauptstadt wurden.[35] Ob jedoch diese Vorträge wirklich zur „Aufklärung des Volkes"[36] beitrugen, oder ob das Publikum, etwa an den spektakulären Chemievorlesungen, ähnlich wie bei der Besichtigung der Pretiosen der Kunstkammer, ausschließlich das Ereignis liebte, muß dahingestellt bleiben.

Offensichtlich jedoch war am Ende des 18. Jahrhunderts, daß die Konstruktion, die in der petrinischen Zeit für die Akademie gewählt worden war, nicht mehr funktionierte. Die Akademie agierte als Wissenschaftlerverbund - wie andernorts auch, nur war dort der Charakter der Vereinigung von Forschern stärker betont und die staatliche Finanzierung weit weniger ausgeprägt. Die Ausbildungsfunktion, die schon Peter I. hatte etablieren sehen wollen und die die Akademiedirektorin Daškova am Ende des Jahrhunderts noch einmal betonte, nahmen die Wissenschaftler in einer Hierarchisierung der selbstverstandenen Aufgaben erst an zweiter oder gar dritter Stelle wahr. Blickt man auf das gesamte Bildungsangebot Sankt Petersburgs am Ende des 18. Jahrhunderts und den Anteil der Akademie daran, wird man deren Beitrag zwar nicht für die Rekrutierung des eigenen wissenschaftlichen Nachwuchses, wohl aber für die Schaffung einer Funktionselite als bescheiden bezeichnen dürfen.

Akademii, T. 2, S. 368).
[30] Smagina, Akademija nauk, S.12 f.
[31] Hier waren offenbar infrastrukturelle Gegebenheiten ausschlaggebend: Nur in den Sommermonaten führte eine Schwimmbrücke direkt über die Neva auf die Vasil'ev-Insel (Protokoly, T. 4, S. 51, 179).
[32] Ebenda, T. 3, S. 800.
[33] Ekaterina Daškova hielt die öffentlichen Vorlesungen unter dem Eindruck eigener Visitationen insbesondere für die Kinder verarmter Adliger und Unteroffiziere für nützlich (vgl. Daškova, E. K., Zapiski. Moskva 1987, S. 157).
[34] Veselovskij, K., Poslednie gody prošlogo stoletija v akademii nauk, in: RS (1898), 1-3, S. 225-245, hier S. 231 f.
[35] Smagina, G. I., Publičnye lekcii, S. 16-26.
[36] Protokoly, T. 3, S. 800.

3.2.1. Studenten, Kadetten, Zöglinge

Die Universität Moskau und ihre Bildungseinrichtungen

Auch die Universität Moskau und ihre Gymnasien hatten nach ihrer feierlichen Eröffnung[37] mit Anfangsschwierigkeiten zu kämpfen. Von Beginn an warf der Kurator I. I. Šuvalov dem ersten Direktor Argamakov vor, er habe Universitätsgelder verschwendet.[38] Solche Vorwürfe von verschiedener Seite blieben an der Tagesordnung und wurden nicht nur von den Kontrollinstanzen der Universität gegenüber unterschiedlichen Funktionsträgern erhoben, sondern auch aus den Reihen der Professorenschaft, etwa wenn der Versuch unternommen wurde, einen Direktor zu stürzen oder einen Kollegen in seinem Einfluß zu beschneiden. Neben tatsächlichen finanziellen Unregelmäßigkeiten, die durch die offensichtlich nicht immer ordnungsgemäße Verwaltung der zugewiesenen Güter und Gelder sowie durch das unberechtigte Einziehen von Unterrichtsgebühren bzw. Kolleggeld entstanden waren,[39] erwuchs in den ersten Jahren ein weiteres Hindernis für einen geordneten Unterrichtsbetrieb in Gestalt der unregelmäßigen Zuweisung des Jahresetats und daraus resultierend, in der verspäteten Auszahlung der Gehälter. Auch die Unterbrechung der Vorlesungszeit durch zahlreiche Feiertage, die nach Meinung des Direktors I. I. Melissino[40] deutlich über das hinausgingen, was der kirchliche Kalender vorschrieb, trug nicht zu einem geordneten Ablauf des Vorlesungsbetriebs bei. Darüber hinaus bat Melissino den Kurator Šuvalov eindringlich, denjenigen Studenten Urlaubsscheine zu verweigern, die sich in Umgehung des Dienstweges direkt an ihn gewandt hätten, schon weil die Abwesenheit der Studenten ausschließlich auf die im *ukaz* von 1755 festgelegten Sommer- und kurzen Weihnachtsferien beschränkt sein dürfe.[41]

Da das Gymnasium frühestens drei bis vier Jahre nach seiner Eröffnung die Moskauer Universität mit geeigneten Absolventen versorgen konnte, verfielen Kurator und Direktor der Universität auf eine in solchen Fällen häufig praktizierte Maßnahme: Sie forderten Studenten der geistlichen Akademien und Seminare an, um die eigenen Hörsäle zu füllen. Die Slavisch-Griechisch-Lateinische Akademie, die seit den Tagen Peters I. auch als höhere weltliche Bildungseinrichtung fungierte, war von diesen Anforderungen in besonderem Maße betroffen, aber auch die Seminare von Novgorod,

---

[37] Vgl. Kap. 3.1.1.
[38] Penčko, N. A., Osnovanie Moskovskogo universiteta. Moskva 1953, S. 95-99.
[39] 1775 legte der Rektor M. V. Priklonskij dem Senat als vorgesetzter Behörde einen Bericht vor, in dem er auf die schlechte finanzielle Entwicklung der Moskauer Universität hinwies, die nicht etwa durch Mißwirtschaft, sondern durch Unterfinanzierung entstanden sei und - allerdings ohne Erfolg - eine deutliche Heraufsetzung des Budgets beantragte (vgl. Remarčuk (Hrsg.), Rektory, S. 22).
[40] Zu seiner Tätigkeit als Direktor von 1757-1763: Ebenda, S. 10-14.
[41] Ševyrev, Istorija, S. 47.

Pskov, Belgorod, Smolensk und der Troice-Sergieva-Lavra wurden in die Rekrutierung einbezogen. Diese Praxis wurde auch fortgesetzt, als die Gymnasien die ersten studierfähigen Absolventen entließen. Im Jahre 1759 beispielsweise entsandten die geistlichen Seminare 25 Zöglinge, die Moskauer Gymnasien hingegen nur 18.[42] Diese Zahlen waren zwar gering, jedoch höher als die Absolventenzahlen des Akademischen Gymnasiums in Sankt Petersburg. Während aus den Moskauer Gymnasien zwischen 1759 und 1763 63 Zöglinge ihre Ausbildung an der Universität fortsetzten - über den Verbleib anderer Abgänger des Gymnasiums ist nichts bekannt -, entließ das Akademische Gymnasium im gleichen Zeitraum lediglich insgesamt 20 Absolventen.[43]

Die Gründung eines Gymnasiums in Kazan', welches ursprünglich dazu gedacht war, das Reservoir von Universitätsstudenten für Moskau zu erhöhen, erwies sich als schwierig. Obwohl sich bei Aufnahme des Unterrichts 120 Schüler einschrieben, litt der Schulbetrieb darunter, daß es nicht gelang, ein geeignetes und vor allem finanzierbares Haus für die Unterbringung zu finden. Allein bis 1763 mußte das Gymnasium dreimal umziehen, so daß die Schülerzahl nicht gehalten werden konnte.[44] A. Artemev, der schon 1874 das Standardwerk zur Geschichte des Kazaner Gymnasiums im 18. Jahrhundert publizierte, gab sich alle Mühe, den Mißerfolg des Gymnasiums zu kaschieren. Doch geht auch aus seiner Darstellung hervor, daß die Schülerzahl kontinuierlich sank: 1769 waren es nur noch 80 Jungen. Während des Pugačev-Aufstandes, der Kazan' zwar nicht erreichte, jedoch die städtische Gesellschaft in Atem hielt, da die Stadt zum Zentrum seiner Bekämpfung geworden war, ruhte der Unterrichtsbetrieb für mehr als ein Jahr.[45] Als dieser Ende 1774 wieder aufgenommen wurde, kehrten noch 50 Schüler auf die Schulbank zurück, 1781 waren noch es 30. Dies lag nicht nur an dem Unwillen der Kazaner Elite, ihre Kinder auf das Gymnasium zu schicken, sondern auch am Lehrermangel. Immer wieder forderten die Direktoren befähigte Kräfte von der Moskauer Universität an, um den Lehrplan durchführen zu können. Die Muttereinrichtung reagierte jedoch kaum auf die Anfragen.[46] Bis zur Neugründung des Gymnasiums durch Paul I. 1797/98 gelang es nicht, die Verabschiedung eines Statuts mit einem regulären Etat zu erwirken, so daß die Umformung in eine Hauptvolksschule nach dem katharinäischen Schulstatut ohne Widerstand vorgenommen werden konnte. Dies bedeutet nicht, daß einzelnen Schülern nicht Bildungserlebnisse hätten vermittelt werden können,

---

[42] Beljavskij, M. T., M. V. Lomonosov i osnovanie Moskovskogo universiteta. Moskva 1955, S. 168 f.; Šul'gin, V. S., Religija i cerkov', in: Rybakov, B. A. (Hrsg.), Očerki russkoj kul'tury XVIII. Č. 2. Moskva 1987, S. 356-392, hier S. 383f., 387.
[43] Chorošilova, L. B., Studenty, in: Ponomareva, V. V. (Hrsg.), Universitet dlja Rossii. Vzgljad na istoriju kul'tury XVIII stoletija. Moskva 1997, S. 220-265, hier S. 230.
[44] Artemev, Istorija, S. 27-34, 58 f.
[45] Ebenda, S. 118-153.
[46] Ebenda, S. 40, 56, 154-166; Ševyrev, Istorija, S. 39-41.

die sie für ihr individuelles wie gesellschaftliches Fortkommen weiterqualifizieren konnten. Das prominenteste Beispiel ist der bereits erwähnte spätere Dichter und Senator Gavriil Deržavin, der in seinen Erinnerungen einen zwiespältigen Eindruck des Kazaner Gymnasiums vermittelte, die dort erhaltenen Anregungen jedoch in der Rückschau positiv beurteilte.[47] Seine Schulzeit fiel allerdings auch in die vom Anfangsenthusiasmus geprägte Gründungszeit des Gymnasiums, das seinen Höhepunkt mit der erwähnten Visitation Katharinas 1767[48] überschritten hatte.

Über Unterrichts- oder gar Lebensbedingungen der Studenten und Schüler an der Moskauer Universität und ihren Gymnasien bis zur Wende zum 19. Jahrhundert ist wenig bekannt, immerhin aber mehr als über diejenigen der Zöglinge der Akademie der Wissenschaften in Sankt Petersburg. Anders als für das 19. Jahrhundert, in dem als Folge des Europäisierungs- und Bildungsprozesses der Literatur auch zunehmend Memoiren verfaßt wurden, existieren für die ersten Jahrzehnte der Moskauer Universität und der ihr nachgeordneten Einrichtungen kaum Selbstzeugnisse, die über das Studentenleben Auskunft geben. Eine Ausnahme stellt Denis Fonvizin dar. Über seine Zeit am Moskauer Universitätsgymnasium schrieb er, sein Besuch sei eher unregelmäßig gewesen. Oft habe er die Stunden geschwänzt und eine Erkältung vorgeschützt, um dem Unterricht der groben und vielfach betrunkenen Lehrer zu entgehen. Fonvizin und sein Bruder, der gleichfalls das adlige Gymnasium besuchte, waren aufgrund ihres materiellen Hintergrundes nicht in der Lage, sich von Privatlehrern Sprachunterricht erteilen zu lassen. Daß er dies ausdrücklich vermerkte, deutet die Position an, auf der er sich selbst auf der sozialen Leiter innerhalb des Adels verortete. Den Sprachunterricht empfand Fonvizin als das eigentlich Sinnvolle seiner Ausbildungszeit. Damit wies er sich als Repräsentant adliger Lebensweise aus, für den französische und deutsche Sprachkenntnisse essentiell waren. Doch auch den Lateinunterricht habe er geschätzt, hätte er doch auf dessen Basis die lebenden Sprachen um so leichter lernen können. Immerhin sei er durch den Besuch des Gymnasiums auf den Geschmack an der Wissenschaft gekommen.[49] Auch wenn der Literaturwissenschaftler G. P. Makagonenko in den Hauptfiguren von Fonvizins Dramen „Brigadir" und „Nedorosl'" das Echo der Ausbildungszeit Fonvizins und die Skizzierung eines neuen Menschentyps erkannt haben wollte:[50] Eine Lebenswelt der Schüler und Studenten im Moskauer Universitätsmilieu läßt sich aus den spärlichen Informationen und dem literarischen Werk nicht rekonstruieren. Gerade hier liegt die Annahme näher, daß Fonvizin pädagogisch-didaktisch

---

[47] Deržavin, Zapiski, S. 419-424; siehe auch die Aufzeichnungen von I. I. Dmitriev, der sich an Erzählungen Deržavins über seine Gymnasiumszeit erinnerte: Dmitriev, Vzgljad, S. 63.
[48] Artemev, Istorija, S. 86 f. und Kap. 3.1.1.
[49] Fonvizin, D. I., Sobranie sočinenij. T. 2. Moskva usw. 1959, S. 87-93.
[50] Makagonenko, G. P., Denis Fonvizin. Tvorčeskij put'. Moskva usw. 1961, S. 111.

einen Idealtypus als Kontrast zu den von ihm als überlebt empfundenen Lebensweisen und Bildungsbiographien darstellen wollte.

Eine weitere Ausnahme bilden die Memoiren von F. P. Ljubanovskij. Er hielt vor allem den Eindruck für mitteilenswert, den die Universitätsexamina auf ihn gemacht hatten: die Würde des Raums, die Versammlung der Professoren in ihren Talaren, die Fragen des Rektors - alles in allem ein „Tempel der Wissenschaft."[51] Graf Semen R. Voroncov kam Ende des Jahres 1759 zu einem weniger respektgeprägten Urteil als Ljubanovskij. Sein sozialer Hintergrund als Mitglied der *ruling families* (John LeDonne) war zwar ein anderer, sein Eindruck aber unmittelbarer: „Ich wage ihnen vorzuschlagen, gnädiger Herr Vater, daß es besser wäre, die Voroncovy, die an der Universität studieren, wenn sie ihnen Gnade erweisen wollen, nach Petersburg mitzunehmen und sie dort irgendwo in eine Pension oder das Kadettenkorps zu geben, da der Lehrer des Onkels, der ein sehr kenntnisreicher Mann ist, sie geprüft und gesagt hat, daß sie rein gar nichts wissen. Das ist auch nicht verwunderlich, da die Lehrer Trunkenbolde sind und die Schüler ein niederträchtiges Verhalten besitzen. Ein Mensch der besten Erziehung kann dort zerstört werden [...]."[52] P. I. Strachov, Anfang des 19. Jahrhunderts selbst Schüler und Student in Moskau, berichtete in seiner recht punktuellen Geschichte des Moskauer Gymnasiums von einer eher rigiden Disziplin, der sich die Schüler gleich welcher Herkunft unterwerfen mußten, die nicht nur durch den Inspektor, sondern auch von den älteren Studenten ausgeübt wurde.[53] Vor allem aber schilderte er die teils bescheidenen Lebensumstände, die frugale Ernährung, die schlecht geheizten Zimmer und die kaum vor Kälte schützenden Uniformen der Schüler, an denen auch die soziale Herkunft abzulesen war.[54] Die studentischen Stipendien betru-

---

[51] Ljubanovskij, F. P., Vospominanija, in: Emeljanov, Ju. N. (Hrsg.), Moskovskij universitet v vospominanijach sovremennikov. Moskva 1989, S. 43-48, hier S. 43. Ähnlich erging es I. F. Timkovskij: Timkovskij, I. F., Vospominanija, in: RA (1874), 1, S. 1421-1453, hier S. 1433-1438. Beide besuchten die Universität um das Jahr 1790.

[52] Archiv Knjazja Voroncova, T. 16, S. 4 f. Aus diesem Brief wird deutlich, daß Semen Voroncov das gemeinsame Lernen für verderblicher für die „Sitten" hielt als die heimische Erziehung und damit - unwissentlich - eine Gegenposition zu den Vorstellungen Beckojs bezog. In der Formulierung, der Vater solle „Gnade erweisen", kommt dem Pater familias eine dem altrussischen Herrscher ähnliche Position zu, wie sie auch schon im *Domostroj* skizziert worden war. Voroncov war 17 Jahre alt, als er diesen Brief schrieb (vgl. Rodina, T. A., Voroncov, Semen Romanovič, in: Otečestvennaja istorija. T. 2. Moskva 1994, S. 459 f.).

[53] Natürlich kam es auch zu Verstößen wie Trunkenheit in der Öffentlichkeit, Umgang mit Frauen, gar unerlaubtes Heiraten usw. (vgl. Ševyrev, Istorija, S. 379; Dokumenty i materialy, T. 2, S. 52-55). Zur Bedeutung von Uniformen bzw. uniformierender Kleidung zur Segmentierung der Gesellschaft sowie über den sich ausweitenden Verhaltenskodex im städtischen Raum, dem sich gerade auch die Schüler und Studenten in der zweiten Hälfte des 18. Jahrhunderts zu unterwerfen hatten, siehe allgemein: Rabinovič, Gorod i gorodskoj obraz žizni, S. 276-278, 289 f.

[54] Strachov, P. I., Kratkaja Istorija Akademičeskoj Gimnazii, byvšej pri Imperatorskom Moskovskom Universitete. Moskva 1855 (Reprint 2000), S. 8, 33-35, 40 f.

gen am Ende des 18. Jahrhunderts zwischen 90 und 110 Rubel, von denen sich die Studenten kleiden, ernähren und Bücher kaufen mußten.[55] Häufig besserten sie ihr persönliches Budget auf, indem sie entweder den adligen Gymnasiasten bezahlte Nachhilfe oder in entsprechend wohlhabenden Privathaushalten Unterricht erteilten.[56] Vielleicht waren für Semen Voroncov eben jene Erfahrungen eines disziplinierten und einfachen Lebens, das bei entsprechender finanzieller Ausstattung zwar angenehmer gestaltet werden konnte,[57] dem sich jedoch auch der adlige Gymnasiast und Student durch die Internatsunterbringung nicht gänzlich entziehen konnte, das eigentliche Motiv, als er um den Wechsel des Ausbildungsortes bat.

Von der Möglichkeit, seine Kinder vom Gymnasium oder der Universität zu nehmen, wenn sich die Erwartungen, wie im Falle der Voroncovs - die ihre Kinder immerhin auf die Universität schickten -, nicht zu erfüllen schienen oder aber sich eine vermeintlich bessere Karrieremöglichkeit bot, wurde häufig Gebrauch gemacht. Ein Beispiel ist der junge Nikolaj Karamzin (1766-1826). In Michajlovo bei Simbirsk erhielt er eine erste Ausbildung in einer kleinen Pension, um dann in der Moskauer Pension von Professor Matthias Schaden unterzukommen. An der Universität hörte er Vorlesungen in alten Sprachen, Philosophie, Rhetorik, Poetik und anderen Fächern. Seinen Wunsch, ein reguläres Universitätsstudium in Moskau oder gar im Ausland aufnehmen zu können, erfüllte der Vater nicht, als er ihn bei einem Dienstortwechsel mit sich nach Sankt Petersburg nahm. Dort trat Nikolaj Karamzin 1781 in das angesehene Preobražensjij-Regiment ein. Drei Jahre später jedoch, unmittelbar nach dem Tode seines Vaters, kehrte er nach Moskau zurück und betätigte sich gesellschaftlich-schriftstellerisch an der Moskauer Universität sowie in halbprivaten Vereinigungen im Umfeld von Nikolaj Novikov und Johann G. Schwarz, um sich sodann den Traum einer Europareise zu erfüllen. Immerhin reichten Karamzins finanzielle Mittel aus, um seiner Neigung zur Schriftstellerei und Wissenschaft nachgehen und aus den vom Vater vorgegebenen Karrieremustern ausbrechen zu können.[58]

Vor allem eine „grand tour", die nach wie vor in Mode war, oder aber ein regelrechtes Auslandsstudium schienen eine Alternative zum Studium an der Moskauer

---

[55] Zu den Preisen für die Bücher der katharinäischen Schulkommssion vgl. Kap. 3.1.4.
[56] Siehe hierzu: [Tret'jakov, M. P.], Imperatorskij Moskovskij Universitet v 1799-1830 v vospominanijach Michaila Prochoroviča Tret'jakova, in: RS 75 (1892), 7, S. 105-132; 8, S. 307-345; 9, S. 533-553, hier 7, S. 109-113.
[57] Der Adels war in den ersten Jahren insofern privilegiert, als es an dessen Gymnasium weitgehende Wahlfreiheit der Fächer gab. Diese wurde 1773 aufgehoben; siehe: Grigor'ev, Istoričeskij očerk, S. 194 f.
[58] Black, Karamzin, S. 4-13; Lotman, Ju. S., Sotvorenie Karamzina. Moskva 1998 (= Žizn' zamečatel'nych ljudej, 747) S. 34-38.

Universität zu sein.[59] Dies galt z. B. auch für den illegitimen Sohn Katharinas, Aleksej Bobrinskij, der zunächst im Kadettenkorps ausgebildet wurde, um dann auf eine von der Zarin finanzierte und von Beckoj organisierte Europareise zu gehen. Katharina, die sich offiziell nicht zu ihrem Sohn bekennen konnte, wollte ihm die übliche Ausbildung eines wohlhabenden Adligen angedeihen lassen und wählte deshalb ausdrücklich nicht die Universität, sondern das Kadettenkorps.[60]

Die vorzeitige Beendigung des Gymnasiums- oder Universitätsbesuchs war freilich auch deshalb attraktiv, weil die alte Praxis weiter existierte, den Nachwuchs schon zum Dienst im Militär oder in der Verwaltung einzuschreiben, um ihm einen höheren Einstieg in der Rangtabelle zu ermöglichen. Das Gymnasium stellte für die Kinder eine Warte- und Durchgangsstation bis zum Eintritt in den Dienst dar. Um so bemerkenswerter ist gerade angesichts der väterlichen Autorität, wie sie im Falle Karamzins wirksam geworden war, die Bitte zweier Studenten, die als augenscheinliche Ausnahme Eingang in das Protokoll der Universitätskonferenz gefunden hat: Zwei ausgezeichnete Studenten wollten, anstatt den Dienst aufzunehmen, lieber weiter an der Universität studieren und baten die Konferenz darum, bei ihren Eltern darauf hinzuwirken. Die Konferenz anerkannte die Qualitäten der Studenten, „die sich in drei bis vier Jahren als sehr nützlich für das Vaterland erweisen" könnten.[61] Wie der Fall ausging, ist in den weiteren Protokollen nicht vermerkt.

Es waren aber nicht nur Privatpersonen, die durch ihre Verhaltensweisen den Erfolg der staatlichen Bildungsinitiativen schmälerten. Mitunter machten sich auch die staatlichen Institutionen gegenseitig Konkurrenz. So wurden beim Aufbau des Gymnasiums in Kazan' nicht nur der Universitätsassessor Verevkin als Direktor, sondern auch zwei begabte Studenten, Ljubinskij und Morev, als Mathematik- bzw. Lateinlehrer in die Stadt geschickt, während ein Student namens M. Permskij als Englischlehrer aus Kazan' vom Marinekadettenkorps abgeworben wurde.[62] Und 1767 wurden 18 der besten Studenten aus der philosophischen und der juristischen Fakultät abgeordnet, um für die Kanzlei des Marschalls der Gesetzbuchkommission zu arbeiten, unter ihnen eben auch Nikolaj Novikov.[63] Die Moskauer Universität und ihre Studentenschaft erfuhren auf

---

[59] Hierzu detailliert: Cross, A. G., Russian Students in Eighteenth-Century Oxford (1766-1775), in: Journal of European Studies 5 (1975), S. 91-110.
[60] Hierzu jetzt: Kozlov, S. A., Under Catherine the Great's Order: The Voyage of Alexei Bobrinsky along Russia and Europe. Lecture. SPb. usw. 2001. Darin zeichnet Kozlov sehr eindrucksvoll nach, in welchem Maße Bobrinskij unter dem erzwungenermaßen distanzierten Verhältnis zu seiner Mutter litt, daß sich aber auf der anderen Seite Paul I. nach dem Tode Katharinas seinem Halbbruder gegenüber großzügig verhielt.
[61] Dokumenty i materialy, T. 1, S. 12.
[62] Ebenda, T. 2, S. 24.
[63] Vgl. Kap. 3.1.2. und 3.1.3. Novikov sollte allerdings als Pächter der Moskauer Universitätstypographie zurückkehren und wissenschaftliches mit gesellschaftlich-pädagogischem Engagement verbinden können; siehe hierzu: Krasnobaev, B. I., Die Bedeutung der Moskauer

einer anderen Ebene damit das gleiche Schicksal wie die geistlichen Seminare. Sowohl Privatpersonen als auch der Staat hielten die universitäre Bildung nur dann für nötig, wenn sie nicht mit kurzfristigeren, dem Staatsnutzen unmittelbar zugute kommenden Zielen kollidierte. Dmitrij Tolstoj nannte für die Zeit von 1755 bis 1787 300 Studenten, die aufgrund der Intervention der Eltern oder der Abwerbung anderer Einrichtungen die Universität verließen. Trotz der Anwerbung der Seminaristen und der nachrückenden Gymnasiasten bereitete es erhebliche Probleme, die Studentenzahlen auf einem Niveau zu halten, das der Lehrkapazität der Universität entsprach. Der Versuch, durch die Einrichtung einer juristischen Fakultät, in der auch römisches Recht gelehrt werden sollte, einen heimischen Juristenstand zu schaffen, stieß auf große Schwierigkeiten, da bislang weder ein Tätigkeitsprofil für Juristen in Verwaltung und Gesellschaft existierte[64] noch ausreichend geeignete Personen zur Besetzung der Professorenstellen zur Verfügung standen. 1765 besuchte lediglich ein Student die Veranstaltungen der juristischen Fakultät, 1767, nachdem die erwähnten Studenten für Arbeiten im Rahmen der Gesetzbuchkommission abgezogen worden waren, mußten vier Studenten der philosophischen Fakultät zwangsweise umgesetzt werden.[65]

Ähnlich entwickelten sich die Studentenzahlen an der medizinischen Fakultät,[66] deren Professoren nach Katharinas Auffassung bei der Bekämpfung der Pest (1771/72) in Moskau und Umgebung versagt hatten und deren Studenten nicht in die Maßnahmen eingebunden werden konnten, weil es sie nicht gab.[67] Es war dieser Eindruck, der sie schließlich dazu bewog, in dem Universitätsplan von 1786 besonderen Wert auf die

---

Universitätstypographie unter Novikov für die Kulturverbindungen Rußlands mit anderen europäischen Ländern (1779-1789), in: Goepfert, H. G. (Hrsg.), Buch- und Verlagswesen im 18. und 19. Jahrhundert. Beiträge zur Geschichte der Kommunikation in Mittel- und Osteuropa. Berlin 1977, S. 217-234.

[64] John LeDonne hat in seiner pessimistischen Sicht auf die Reformen Katharinas erst jüngst betont, daß die fehlende Trennung von Exekutive und Judikative sowohl die Ausbildung von unabhängigen Personen als auch die Etablierung eines Juristenstandes behinderte; vgl. LeDonne, J. P., War Katharinas Herrschaft eine Periode institutionalisierter Modernisierung? In: Scharf, C. (Hrsg.), Katharina II., Rußland und Europa. Beiträge zur internationalen Forschung. Mainz 2001 (= Veröffentlichungen des Instituts für Europäische Geschichte Mainz, Abteilung für Universalgeschichte, Beiheft 545), S. 347-363, hier S. 355-357. In der Gesamtbeurteilung positiver: Schmidt, C., Sozialkontrolle in Moskau. Justiz, Kriminalität und Leibeigenschaft 1649-1785. Stuttgart 1996 (= Quellen und Studien zur Geschichte des östlichen Europa, 44), S. 170-221.

[65] Tolstoj, Ein Blick, S. 50 f.; Dokumenty i materialy, T. 3, S. 86.

[66] Rossijskij, D. M., 200 let medicinskogo fakul'teta Moskovskogo gosudarstvennogo universiteta. Moskva 1955, S. 23 f. Dabei war der Bereich der Medizinerausbildung wohl am stärksten der Autonomie der Hochschule entzogen, weil hier nicht nur dem Senat, sondern auch noch dem Medizinalkollegium in Sankt Petersburg Rechenschaft abgelegt werden mußte; siehe auch: Dokumenty i materialy, T. 3, S. 309.

[67] Alexander, J. T., Bubonic Plague in Early Modern Russia. Public Health and Urban Disaster. Baltimore 1980, S. 173, 202.

Einrichtung medizinischer Fakultäten zu legen.[68] Waren in der gesamten Moskauer Universität 1758 100 Studenten, vornehmlich in der philosophischen Fakultät eingeschrieben, waren es 1787 lediglich 87. Am Vorabend der Universitätsreformen Alexanders I. betreuten 11 ordentliche und 5 außerordentliche Professoren 68 Studenten, von denen 40 staatliche Stipendien erhielten.[69] Dem standen folgende Schülerzahlen gegenüber:

Schüler an beiden Gymnasien der Moskauer Universität

1756	50	
1760	118	
1767	282	
1787	1010	davon 150 auf Stipendienbasis
1803	797	davon 130 auf Stipendienbasis, 104 mit Teilstipendien, 563 auf eigene Kosten[70]

Bei diesem Verhältnis von Gymnasialschülern zu Studenten liegt es auf der Hand, daß die Ausbildung eines einheimischen wissenschaftlichen Nachwuchses ein langwieriger Prozeß war. Hatte man sich bei den ersten Berufungen bereits auf einige Zöglinge der Akademie der Wissenschaften stützen können, blieb es trotzdem gängige Praxis, ausländische Professoren anzuwerben.[71]

---

[68] RGIA, f. 796, op. 27, d. 75, l. 2; vgl. auch Kap. 3.1.4. Allerdings gab es für die Medizinerausbildung mit der Medico-chirurgischen Akademie eine Ausbildungsstätte in Sankt Petersburg, die durch die enge Verbindung mit den dortigen Krankenhäusern eine eher praktisch orientierte Ausbildung anbot (dort legten jährlich etwa 100 Ärzte ihr Examen ab), sowie eine weitere, anscheinend größere Schule für Ärzte in Elisavetgrad, über die aber keine Daten verfügbar sind (Palkin, Russkie gospital'nye školy, S. 14-25; Alexander, Bubonic Plague, S. 46-56).

[69] Petrov, Zaroždenie, S. 89; Ševyrev, Istorija, S. 379; RGIA, f. 733, op. 95, d. 177, l. 25.

[70] Syčev-Michajlov, Iz istorii, S. 74; Tolstoi, Ein Blick, S. 52 f.; 1803 betrug der Anteil an *raznočincy* unter den Schülern knapp 400 Personen.

[71] Über deren Verdienste wurde von Beginn an gestritten. So warf man dem Juraprofessor Philip Heinrich Dilthey sicher nicht zu Unrecht vor, sich vorrangig um die Hebung seiner Einkünfte und andere Projekte zu kümmern (siehe: Petrov, F. A., Nemeckie professora v Moskovskom universitete. Moskva 1997, S. 14). Andere Professoren wie Johann-Georg Schwarz wurden wegen ihrer konservativ-mystischen Tendenzen, die das Umfeld der Freimaurerei ja auch kennzeichneten und sie für viele Lernbegeisterte wie den jungen Nikolai Karamzin attraktiv machten, von der Sowjethistoriographie als reaktionär gebrandmarkt oder in ihrer Tätigkeit schlichtweg verschwiegen; mit überwiegend positiver Beurteilung: Stieda, W., Deutsche Gelehrte als Professoren an der Universität Moskau. Leipzig 1930. Stieda widmet insbesondere der materiellen Lage der Professoren große Aufmerksamkeit. Siehe auch: Petrov, Nemeckie professora. Für die Sowjethistoriographie: Bachrušin, S. V., Moskovskij universitet v XVIII veke, in: Učenye zapiski MGU 50 (1940), S. 5-34, sowie die von M. T. Beljavskij verfaßten Abschnitte in: Tichomirov (Hrsg.), Istorija Moskovskogo Universiteta, S. 38-60; Krasnobaev, B. V., Načal'nyj period dejatel'nosti Moskovskogo universiteta, in: IstSSSR (1980), 3, S. 128-141. Mit abgewogenem Urteil: Andreev, A. Ju., Professora, in: Ponomareva, V. V. (Hrsg.), Universitet dlja Rossii. Vzgljad na istoriju kul'tury XVIII stoletija. Moskva 1997, S. 174-219.

3.2.1. Studenten, Kadetten, Zöglinge

Für den einheimischen wissenschaftlichen Nachwuchs blieb die Vollendung der Studien im Ausland zum Zweck der Qualitätssicherung eine unbedingte Notwendigkeit. Hierin besteht auch die besondere Bedeutung des Kurators Ivan Šuvalov: Er bemühte sich um die Vermittlung von Studenten an jeweils für ihre Disziplinen herausragende Universitäten, etwa die Medizinstudenten und späteren Professoren P. Zybelin und S. Venjaminov nach Königsberg, Leiden und Berlin, die Jurastudenten und späteren Professoren I. Tretjakov und S. Desnickij an britische Universitäten, nach Oxford, Glasgow und Edinburgh.[72] Allerdings erfolgte diese Qualifizierung weniger formalisiert und unregelmäßiger als in der Akademie der Wissenschaften in den letzten drei Jahrzehnten des 18. Jahrhunderts.

Die Etablierung des universitären Lehrbetriebes erwies sich als schwierig,[73] und die Studierenden leisteten nur einen bescheidenen Beitrag zur Formierung des katharinäischen „Mittel-Standes". Die Wege in die Funktionselite führten nur in Ausnahmefällen über die Universität. Darüber dürfen die kulturellen Leistungen einzelner Gelehrter, Lehrer und Schüler nicht hinwegtäuschen, auf die auch in der postsowjetischen Historiographie immer wieder gern und nicht zu Unrecht hingewiesen worden ist. Im Unterschied zu den Gymnasien in Kazan' und an der Akademie in Sankt Petersburg waren die Gymnasien Moskaus mit über 1.000 Schülern ausgelastet, was für eine gewisse Akzeptanz in der Gesellschaft spricht; bei einem Vergleich mit den Moskauer Bildungsverhältnissen darf jedoch nicht übersehen werden, daß noch immer kein Kadettenkorps in Moskau existierte.[74] Der Kern einer Funktionselite war hier jedenfalls erkennbar. In Einzelfällen wurde gar das Begabungspotential der „Hütten" (Diderot) wahrgenommen und Bauernkinder wurden in die Gymnasien geschickt.[75] So unterschiedliche Persönlichkeiten wie der Schauspieler und Dramatiker P. A. Plavil'čikov (1760-1812),[76] der

---

[72] Ikonnikov, V. S., Russkie universitety v svjazi s chodom obščestvennom obrazovanii, in: VE 5 (1876), 9, S. 161-206; 10, S. 492-550; 11, S. 73-132, hier 10, S. 532; Dokumenty i materialy, T. 2, S. 62, 169; ebenda, T. 3, S. 77 f., 98, 115 sowie [Cross, A. G.], Kross, Ė. G., U temzskich beregov. Rossijane v Britanii v XVIII veke. SPb. 1996, S. 142-148.

[73] Die Übernahme von Lehrveranstaltungen, Prüfungsabläufen und die Verleihung von schulischen und akademischen Titeln nach westeuropäischem Vorbild bedurfte der Einübung und gegebenenfalls der Modifizierung (Ivanov, A. I., Učenye stepeni v Rossijskoj imperii XVIII v. - 1917. Moskva 1994).

[74] Der Smolensker Adlige Michail G. Lebedev sorgte sich in einer Instruktion für seinen Sohn um dessen Erziehung, dem Karrierechancen genommen würden, weil ihm als Vater nichts anderes übrigbleibe, als ihn zur Ausbildung zu den Jesuiten von Polock zu geben, wo neben Lesen und Schreiben Deutsch, Französisch und Latein unterrichtet würde. Lieber würde er seinen Sohn zur Ausbildung an das Moskauer Gymnasium schicken, doch dies wäre zu teuer (vgl. Pisarev, S. P. (Hrsg.), Instrukcija o vospitanii, 1772-1775, in: RS (1881), 6, S. 655-664, hier S. 659-661).

[75] Lomonosov, Polnoe sobranie sočinenij, T. 9, S. 527 f. Der erste Direktor A. M. Argamakov soll in besonders großem Umfang Leibeigene ins Gymnasium, aber auch als Sekretäre in die Universitätskanzlei aufgenommen haben; siehe: Penčko, Osnovanie Moskovskogo universiteta, S. 96 f.

[76] Plavil'čikov besuchte sowohl das Gymnasium als auch die Universität (RBS, T. 14. SPb. 1905, S. 2-6).

Architekt V. I. Baženov (1737-1792),[77] der Poet und Professor A. F. Merzljakov (1778-1830),[78] der Professor Ch. A. Čebotarev (1746-1815),[79] aber auch Grigorij Potemkin[80] besuchten die Universitätsgymnasien. Daß ein Direktor der Moskauer Universität wie Pavel I. Fonvizin nicht nur das Gymnasium durchlief, sondern auch ein Vollstudium absolvierte, war allerdings die Ausnahme.[81]

Die Anziehungskraft, die die Moskauer Universität auch auf die städtische Gesellschaft ausüben konnte -und damit ihre Ausstrahlung und ihre Multiplikationsfunktion jenseits des regulären Lehrbetriebes -, ist schwer abzuschätzen. F. G. Panačin erwähnte, an allen drei Fakultäten sei 1768 der Lehrbetrieb in russischer Sprache aufgenommen worden und hätte breiten Anklang in allen Bevölkerungskreisen gefunden.[82] Das hauptstädtische Publikum war allerdings in den *Moskovskie Vedomosti* aufgefordert worden, Vorlesungen zu besuchen.[83] Wie die ausländischen Professoren den Wechsel zur russischen Sprache umsetzten, ist nicht bekannt. Es existieren ebenfalls keinerlei Daten über die Nutzung der Universitätsbibliothek, die ja unmittelbar nach ihrer Eröffnung der Allgemeinheit zugänglich gemacht wurde, oder über den Besuch der öffentlichen Vorlesungen, mit denen die Gesellschaft angesprochen werden sollte.

Auch wenn man es nicht für nötig hielt, seine Kinder auf das Gymnasium oder die Universität zu schicken, die Notwendigkeit einer Ausbildung des eigenen Nachwuchses wurde in immer stärkerem Maße anerkannt. 1777 wandte sich der Senat als vorgesetzte Behörde an die Universität, da zahlreiche Anfragen eingegangen seien, ob nicht die Studenten als Hauslehrer in Moskau fungieren könnten; einige Monate genehmigte die Universitätskonferenz diese unter der Hand schon länger geübte Praxis des Privatunterrichts mit der Auflage, die Studenten müßten sich vorher einer Prüfung unterziehen.[84] Bei Professoren, wie Matthias Schaden oder Ch. A. Čebotarev, die ihr Salär aufbessern wollten, vermischten sich staatliche und private Erziehung. Auch die 1776 gegründete Adelspension[85] stellte im Grunde eine solche Mischform dar, wie es sie nur in Moskau und Sankt Petersburg geben konnte. Am Beispiel ihrer Zöglinge wird der emanzipatori-

---

[77] Baženov gehörte zu den Schülern der Kunstklasse am Moskauer Gymnasium, die 1758 nach Sankt Petersburg transferiert wurden, um dort den Grundstock der Akademie der Künste zu bilden (RBS, T. 2. SPb 1900. S. 405-410).
[78] Lauer, Geschichte, S. 138, 243 f.
[79] Čebotarev war ein „Soldatenkind" (RBS, T. 22. SPb 1905, S. 76-78).
[80] Korošilova, Studenty, S. 231.
[81] Fonvizin, älterer Bruder von Denis Fonvizin und Direktor der Universität von 1784 bis 1796, durchlief Gymnasium und Universität in den Jahren 1755-62; siehe Remarčuk (Hrsg.), Rektory, S. 24.
[82] Panačin, Pedagogičeskoe obrazovanie, S. 17 f.
[83] Moskovskie Vedomosti, 15.7.1768, Nr. 5, S. 4. Hier deutet sich allerdings ein Wechsel im Verhältnis zur eigenen Sprache an. Noch zehn Jahre zuvor hatte die Universitätskonferenz eigens festgehalten, die Studenten müßten in der Lage sein, nicht nur Latein lesen, sondern auch den auf Latein gehaltenen Vorlesungen folgen zu können (vgl. Dokumenty i materialy, T. 1, S. 112 f).
[84] Dokumenty i materialy, T. 1, S. 13; ebenda, T. 2, S. 16.
[85] Moskovskie Vedomosti, 5.1.1779, Nr. 100, S. 2.

3.2.1. Studenten, Kadetten, Zöglinge

sche Effekt von Bildung besonders deutlich: Als die Universitätsleitung die Gründung der Moskauer Adelspension unterstützte, war nicht absehbar, welchen Weg einige ihrer Zöglinge nehmen sollten. An der Wende vom 18. zum 19. Jahrhundert befanden sich unter den Schülern M. P. Bestužev-Rjumin, P. G. Kachovskij, N. M. Murav'ev, I. P. Jakuškin, S. P. Trubeckoj, N. I. Turgenev und V. F. Raevskij, die, angeregt durch die in der Pension vermittelten Bildungserlebnisse, europäisches Gedankengut in einem Maße rezipierten,[86] das sicher nicht im Sinne Katharinas und ihrer *vel moži* gewesen sein dürfte. Bei aller Unterschiedlichkeit der weiteren Lebenswege schlossen sie sich dem Dekabristenaufstand an, der 1825 die Autokratie gewaltsam in Frage stellen sollte.[87] Und nur in diesen beiden Städten konnten sich in der zweiten Hälfte des 18. Jahrhunderts dauerhaft gelehrte Gesellschaften bilden, die, teils mit staatlicher Billigung, einem Bildungsauftrag nachkamen, aber auch eine regelrechte Gegenöffentlichkeit bilden konnten.[88] Immerhin gelang es der Moskauer Universität, neben diesen Gesellschaften eine „Versammlung der Universitätszöglinge" (*Sobranie universitetskich pitomcev*) zu gründen, die auch die ehemaligen Gymnasiasten umfaßte und etwa Grigorij Potemkin innerhalb dieses Rahmens dazu veranlaßte, der Universität und den Gymnasien Land zu schenken, dessen Einkünfte ihre Einnahmesituation dauerhaft verbessern sollte.[89]

Daneben blieb es bei Einzelzuwendungen im Rahmen gesellschaftlich-aufklärerischen Engagements. So lobte P. A. Demidov Universitäts- und Gymnasialstipendien in einer Gesamthöhe von 100.000 Rubeln aus,[90] Ekaterina Daškova stiftete der Universität ihre Bibliothek,[91] Sammlungen und kleinere Einzelspenden kamen hinzu. Dies führte nicht zwingend dazu, daß dieselben Stifter und Mäzene ihre Kinder auch auf die Gymnasien oder die Universität schickten, doch zwang sie der Diskurs gleichsam zu diesem

---

[86] Siehe hierzu Kusber, Faszination und Ablehnung, sowie Kap. 4.1.2.
[87] Zu ihren Biographien siehe: Mironenko, S. V. (Hrsg.), Dekabristy. Biografičeskij spravočnik. Moskva 1988.
[88] Z. B. die „*Vol'noe Rossijskoe sobranie*", die, u. a. von A. A. Barsov gegründet, sich die Erarbeitung einer russischen Literatursprache unter Zuhilfenahme altrussischer Quellen zum Ziel gesetzt hatte (Moskovskie Vedomosti, 3.6.1771, Nr. 44, S. 1). Erwähnt wurde schon die „*Družeskoe učenoe obščestvo*", gegründet am 6.11.1782 (Longinov, Novikov i moskovskie martinisty. Beilagen, S. 4-7). Für das Umfeld der Akademie wäre die „Versammlung zur Übersetzung ausländischer Literatur" zu nennen, die von 1768 bis 1783 112 wissenschaftliche Werke ins Russische übertrug; vgl. Semennikov, V. I., Sobranie, starajuščichsja o perevode inostrannych knig, učreždennoe Ekaterinoj II. SPb. 1913, S. 20.
[89] Ševyrev, Istorija, S. 202, 223, 259.
[90] Moskovskie Vedomosti, 23.11.1779, Nr. 94, S. 2. Prokofij Demidov ist freilich durch die Größe seines Vermögens ein besonderes, auf das 19. Jahrhundert verweisendes Beispiel dafür, daß ein Unternehmer die Kluft zwischen seinem sozialen Aufstieg und seiner gleichzeitig lebhaft empfundenen Unterlegenheit auf dem Gebiet der Bildung über sein Mäzenatentum auszugleichen suchte (Hudson, Demidov, S. 97-106).
[91] Voroncov-Daškov, A. I., Moskovskaja biblioteka knjagini E. R. Daškova, in: Ders. (Hrsg. u. a.), Ekaterina Romanovna Daškova. Issledovanija i materialy. SPb. 1996, S. 134-139.

Engagement und letztlich auch zur Akzeptanz und Unterstützung der Bildungseinrichtungen.

Die geschlossenen Bildungseinrichtungen

Schließlich bleibt zu fragen, wie diejenigen geschlossenen Bildungs- und Erziehungseinrichtungen arbeiteten, die ihre Gründung oder zumindest eine grundlegende Reform den idealistisch-utopischen Plänen Ivan Beckojs verdankten.

Die Kadettenkorps entwickelten sich in der Regierungszeit Katharinas unterschiedlich, an ihrem Auftrag gemessen allerdings nicht ohne Erfolg: Durch Beckoj umgestaltet, trugen sie seinen pädagogischen Leitlinien folgend allgemeinbildenden Charakter.[92] Zwar lag die Nachfrage nach Plätzen insbesondere im Landkadettenkorps deutlich über dem vorhandenen Angebot, doch wurde dieses keineswegs entsprechend erhöht. Auch wurde gerade in den höheren Jahrgängen nicht immer das gesamte Fächerspektrum angenommen. Spezielle Fächer wie Architektur oder Recht stießen auf wenig Zuspruch, obwohl hier der Konnex zu einer militärischen Verwendung noch halbwegs erkennbar war.[93] Katharina selbst hegte allerdings nicht die Erwartung, daß das ganze Curriculum von den Kadetten belegt werden würde, sollten diese doch lediglich diejenigen Fächer hören, die ihren Neigungen entsprachen.[94]

Im Zuge ihrer Arbeit ließ sich die Schulkommission 1784 auch einen Bericht über die Unterrichtssituation in den Korps vorlegen; der Vorsitzende P. A. Zavadovskij visitierte daraufhin das Landkadettenkorps und stellte gravierende Mängel fest. In seinem Rapport kritisierte er, daß den Kindern schon in den jüngeren Altersstufen die Wahl der Fächer überlassen bliebe. Allein die Einübung militärischer Grundfertigkeiten wie Exerzieren, diszipliniertes Verhalten und körperliche Ertüchtigung sei für alle obligatorisch. Daß die verschiedenen Kurse teils gar nicht sinnvoll besucht werden konnten, lag vor allem daran, daß den Schülern für einige Fächer die fremdsprachlichen oder arithmetischen Voraussetzungen fehlten, die bereits in den ersten Klassen hätten vermittelt werden sollen. Durch die relativ schlechte Disziplin beim Besuch der aufeinander aufbauenden Fächer kam es zu einem Durcheinander, das einen geordneten Lehrbetrieb im Grunde unmöglich machte.[95] Dabei mangelte es, wie die Kommission feststellte, nicht an Lehrpersonal, Unterrichtsmaterial oder Büchern. 1784 kamen auf 43 Lehrkräfte im Landkadettenkorps 661 Kadetten. Doch Zavadovskij und seine Kollegen sahen auch hier Mängel: Manches an dieser Einrichtung lehrende Akademiemitglied

---

[92] Vgl. Kap. 3.1.1.
[93] Alpatov, N. I., Učebno-vospitatel'naja rabota v dorevoljucionnoj škole internatskogo typa. Iz opyta kadetskich korpusov i voennych gimnazij v Rossii Moskva 1958, S. 35.
[94] Miljukov, Očerki, T. 2, Č. 2, S. 267.
[95] Tolstoj, Ein Blick, S. 42-46; Platonov (Hrsg.), Opisanie, S. 15 f.

trug über die Köpfe der Kadetten hinweg vor, ohne sich darum zu kümmern, ob der Lehrstoff verstanden werde, gleichzeitig gäbe es einen Überhang an Französischlehrern, während kaum Unterricht in der Muttersprache erteilt würde. Die Kommission schlug deshalb vor, ein neues Statut für das Korps zu verfassen, in dem die Fächer- wie die Stundenzahl reduziert werden sollten. Katharina verfolgte diesen Vorschlag nicht weiter, entband Beckoj jedoch von seinem Posten im Kuratorium, der ihm im Gegensatz zu seinem Engagement in den Waisenhäusern allerdings auch weniger am Herzen gelegen hatte.

Die nachfolgenden Direktoren Friedrich von Anhalt (1784-1794) und Michail Kutuzov (1794-1797) verfolgten unterschiedliche pädagogische Konzepte. Anhalt stellte zwar die Unterrichtsdisziplin wieder her, blieb jedoch, beeinflußt durch die Lektüre Lockes und Rousseaus, beim allgemeinbildenden Anspruch des Lehrplans. In den Memoiren seiner Zöglinge genoß er aufgrund seiner wohlwollend-patriarchalischen Art höchste Wertschätzung, die nachgerade zu einer Verklärung seines Direktorats geführt hat.[96] Sergej Glinka beschrieb das Verhältnis von Anhalt zu den Kadetten wie das des Aristoteles zu seinen Schülern.[97] Mit General Kutuzov zog ein anderer Geist ein, der schon die Reformen der militärischen Ausbildung am Beginn des 19. Jahrhunderts antizipierte.[98] Kutuzov ordnete eine Erweiterung des militärischen Teils der Ausbildung an, verlängerte die Fristen für die Sommerlager der Kadetten, kurzum: Er ersetzte die Vorlesungen seines Vorgängers über die Philosophie der Antike durch Waffenkunde und Taktikvorlesungen.[99]

In allen Kadettenkorps lag die Zahl der Abschlüsse relativ hoch. Das am besten dokumentierte Landkadettenkorps verließen während der Regierungszeit Katharinas immerhin 3.000 von 4.000 Kadetten nach Absolvierung der ganzen fünfzehnjährigen Ausbildungszeit mit einem Abschluß. Das Marinekadettenkorps und die 1783 zusammengefaßten Ingenieurs- und Artilleriekadettenkorps verließen von etwa 3.000 Kadetten 2.100 nach Absolvierung der gesamten Ausbildung. Von den insgesamt 5.100 Absolventen traten etwa 4.000 als Offiziere in die Armee ein.[100] Über den Verbleib der

---

[96] Aurora, Idei prosveščenija; Michajlova, L. B., Fridrich fon Angal't - Direktor Suchoputnogo Šljachetnogo Kadetskogo Korpusa, in: Smagina, G. I. (Hrsg. u. a.), Nemcy i razvitie obrazovanija v Rossii. SPb. 1998, S. 47-61. Anhalt war ein entfernter Verwandter Katharinas II. und erst 1783 aus sächsischen Diensten nach Rußland gekommen.
[97] Glinka, S. N., Zapiski. SPb. 1895, S. 76-78, 100 f., 108-111; siehe auch: Kamenskij, M. F., Vospominanija. Moskva 1991, S. 47 f. Glinka, Kamenskij und der Dekabrist Rosen hatten im Gegensatz zu Aleksej Bobrinskij, dem erwähnten illegitimen Sohn Katharinas, überaus positive Erinnerungen an ihre Jugend im Kadettenkorps (Kozlov, Under Catherine the Greats Order).
[98] Siehe hierzu: Rozen, A. E., Zapiski dekabrista. Irkutsk 1984, S. 65-69, sowie Kap. 4.1.1.
[99] Kutuzov, M. I., Dokumenty. T. 1-5. Moskva 1950-1956, hier T. 1, S. 348, 354, 366 f. Siehe auch: Žilin, P. A., Feldmaršal Michail Illarionovič Kutuzov. Žizn' i polkovodčeskaja dejatel'nost'. Moskva 1987, S. 51-55.
[100] Krylov, I. O., Kadetskie korpusa, in: Otečestvennaja istorija. T. 2. Moskva 1994, S. 434-437, hier S. 434; Tolstoj, Ein Blick, S. 45, und vor allem: Petrov, Glavnoe upravlenie voenno-učebnych

übrigen ist nichts bekannt. Gegen Ende des 18. Jahrhunderts wurde allerdings, von Kutuzov initiiert, die Substitutionsfunktion der Kadettenkorps im Bereich der Allgemeinbildung zugunsten einer rein militärischen Ausbildung abgebaut.

Das Smol'nyj-Institut für adlige und nichtadlige Mädchen war in den Augen Katharinas II. zumindest ein ebenso prestigeträchtiges Objekt wie die Korps für die jungen Offiziere. Dabei lag schon der Konstruktion der Anstalt ein gewisses Spannungsverhältnis zugrunde. Einerseits war es das Ziel, Töchter aus den besten adligen Häusern anzuziehen, die das ebenso umfassende wie normierte Bildungsprogramm nach Absolvierung der zwölfjährigen Ausbildung innerhalb der Familie weitergeben sollten, andererseits sollten auch ärmere Adelstöchter ein Vorbild für das Erreichen einer gesellschaftlichen Stellung vermittels Bildung sein. Der adligen Abteilung des Smol'nyj kam also die Funktion einer prestigeheischenden Eliteausbildungsstätte und einer sozialen Einrichtung zugleich zu.[101] In der Abteilung für die nichtadligen Töchter hingegen überwog das Moment der Bedürftigkeit der Kandidatinnen eindeutig.

Als Stipendien waren für adlige Töchter 200 Rubel, für nichtadlige 120 Rubel vorgesehen (was in etwa den Stipendien für die Studenten an der Moskauer Universität entsprach), während die vermögenden Adligen 300 Rubel pro Jahr für die Unterbringung ihrer Töchter zahlen mußten. Bei einem jährlichen Etat von ca. 100.000 Rubel wuchs über die Jahre der Schuldenberg des Smol'nyj auf 125.000 Rubel im Jahre 1784 an, der wie schon des öfteren zuvor durch Katharina persönlich reduziert wurde. An der prekären Finanzsituation konnte auch die von Katharina und Beckoj 1773 ins Leben gerufene „Gesellschaft für die Erziehung adliger Mädchen" nichts ändern. Zwar schlossen Beckoj selbst und auch die als besonders großzügig bekannten Demidovy Finanzierungslücken, doch war ein kontinuierlicher Zufluß an privaten Spendengeldern auf Dauer nicht zu gewährleisten.[102] Der hohe Finanzbedarf hatte im wesentlichen zwei Gründe: Einerseits wuchs die Zahl der Schülerinnen insgesamt und im besonderen die Zahl der Stipendiatinnenplätze für Töchter verarmter Adliger an. Zum anderen wurde das Institut um so teurer, je weiter sich das Lehrprogramm von den Beckojschen Vorstellungen entfernte.

1783 unterzogen die Schulkommission und Janković de Mirievo auch diese Einrichtung einer Visitation und bemühten sich in der Folge, das gewissermaßen außercurriculare Erziehungsziel höfischer Lebensweise zurückzudrängen. Lehrer wurden ausge-

---

zavedenij, S. 32-144.
[101] Zudem strebte die Zarin eine gleichmäßige regionale Verteilung von Plätzen für Mädchen aus verschiedenen Provinzen und den Hauptstädten an. Auch private Sponsoren verbanden ihre Unterstützung mit solchen Auflagen. Die Baronin Ekaterina K. Štakelberg lobte eigens fünf Stipendien für adlige Mädchen aus Russisch-Karelien aus (Čerepnin, Imperatorskoe vospital'noe obščestvo, T. 1, S. 100-102; Lichačeva, Materialy, T. 1, S. 161 f.).
[102] Siehe zur Finanzierung: Nash, Students and Rubles, S. 258-267.

tauscht, die Normalmethode wurde eingeführt.[103] Eigens für das Smol'nyj wurde eine Kurzfassung der Instruktionsfibel „Von den Pflichten des Menschen und Bürgers" erstellt,[104] doch war Katharina gerade im Falle des Smol'nyj bereit, die Maßnahmen der Kommission zu unterlaufen.[105] Bis zum Ende ihrer Regierung blieb es dabei, daß die adlige Abteilung der Vorbereitung auf das Hofleben diente.

Obwohl bei der Gründung des Smol'nyj an eine strikte Trennung der Pensionatsabteilungen für die adligen bzw. für die nichtadligen Mädchen gedacht war, kam es immer wieder zu Vermischungen, wobei freilich die Belegung der Plätze für nichtadlige Mädchen durch Töchter verarmter Adliger häufiger vorkam. 1791 erfolgte schließlich endgültig die räumlich getrennte Unterbringung der beiden Abteilungen, die mit einer organisatorischen Trennung einherging. Das Internat für „bürgerliche" Schülerinnen erhielt nach seinem Unterbringungsort im Alexander-Kloster den Namen Alexandrovskij-Institut. Am Ende der Herrschaft Katharinas II. hatten etwa 1.400 Mädchen das Smol'nyj-Institut besucht, von denen 850 den gesamten zwölfjährigen Ausbildungskurs absolviert hatten. Von den Absolventinnen waren 410 adliger Herkunft.[106] Während der weitere Lebensweg der adligen Absolventinnen vorgezeichnet war - entweder in Gestalt einer Karriere als Hofdame oder durch eine Heirat und die damit verbundene Leitung eines adligen Haushaltes -, war das Schicksal der nichtadligen Absolventinnen einigermaßen unbestimmt. Insbesondere in den ersten Jahrzehnten erhielten sie die gleiche Ausbildung wie ihre adligen Altersgenossinnen, die sie einerseits ihrem angestammten sozialen Milieu entfernte, ihnen andererseits aber kein neues Tätigkeitsfeld bot. Der Lehrerberuf, ohnehin in der Gesellschaft nicht hoch angesehen, kam für Frauen im ausgehenden 18. Jahrhundert nicht in Frage. Nicht umsonst schrieb die Fürstin Daškova an ihren Bruder Aleksandr Voroncov: „Un valet de chambre, perruquier, est cent fois mieux traité, au moins dans la plus grande partie de nos maisons russes que les outchitels."[107] Als standesgemäße Partie waren sie für herkunftsbewußte Adlige außerhalb der Vorstellungswelt, als Heiratskandidatinnen waren sie auch ihrem angestammten handwerklichen oder kaufmännischen Umfeld entrückt, was eine „Rückkehr" schwierig machte. So wurde, etwa vom Fürsten Ščerbatov, der Vorwurf erhoben, die Elevinnen würden aus ihrem gesellschaftlichen Zusammenhang gerissen und zu Kokotten erzogen, denen nur eine Zukunft als Mätresse oder Komödi-

---

[103] RGIA, f. 730 op. 2, d. 5, ll. 152-154.
[104] Demkov, Istorija, T. 1, S. 429 f.
[105] So äußerte sich Katharina schon skeptisch in einem Brief vom September 1783 an Grimm: SIRIO 23, S. 286.
[106] Lichačeva, Materialy, T. 1, S. 171; Šumigorskij, E., Smol'nyj-institut i ego rol' v istorii ženskogo obrazovanija v Rossii, in: RS (1914), 8, S. 269-280.
[107] Zitiert nach: Lichačeva, Materialy, T. 1, S. 244.

antin bliebe.[108] Auch Diderot teilte aus anderer Sicht die Auffassung von der Perspektivlosigkeit der Erziehung.[109] Daß sich der britische Gesandte Lord Cathcart hingegen von den Konversationstalenten der *smol janki* durchaus angetan zeigte, liegt schon wegen seines höfischen Hintergrundes nahe.[110] Insbesondere die *smol janki* der ersten Stunde, zu denen Katharina auch nach deren Ausscheiden aus dem Institut Kontakt hielt und denen sie zu prestigeträchtigen Heiraten[111] u. a. in die Fürstenhäuser der Dolgorukij und Čerkasskij verhalf, malten ein überaus positives, von Verklärung gekennzeichnetes Bild ihres Aufenthaltes im Smol'nyj.[112] So lasen sich die Jahrgangslisten einerseits wie ein Who is who der Adelsgesellschaft und entsprachen damit Katharinas Wunsch nach Prestige: Der General Suvorov schickte seine Tochter 1779 ebenso in das Smol'nyj-Institut wie der Staatsrat Vasilij Rubanovskij.[113] Auch Fürst Michail Sčerbatov ließ trotz aller Kritik seine beiden Töchter dort erziehen.[114] Andererseits stand nicht immer der Gedanke dahinter, seinen Töchtern eine bestmögliche Ausbildung zu vermitteln, sondern eine zweite Heirat wie im Falle Rubanovskij oder Witwenschaft wie im Falle Suvorovs. Beide waren froh, ihre Töchter auf diese Weise versorgt bzw. die Tochter der ersten Frau aus dem Haushalt entfernt zu haben. Bei weniger wohlhabenden Adligen trat das Moment der materiellen Versorgung hinzu: Der Vater der *smol janka* Natal'ja Semenovna Borščova besaß zwar 130 Leibeigene und war damit ein Adliger von „mittlerem" Wohlstand, doch hatte er sieben Töchter zu versorgen. Ekaterina Ivanovna Molčanovas Vater verfügte über 30, manche Väter nur über sieben Seelen, was weder für die Ausbildung noch eine standesgemäße Heirat ausreichte.[115]

Was trug das Smol'nyj-Institut nun zur Schaffung einer Funktionselite für das Zarenreich bei? Zunächst schritt die Institutionalisierung der Ausbildung von Frauen, wie auch immer Art und Niveau von Zeitgenossen und Historikern eingeschätzt wurden, voran, so daß auf dieses bereits existierende Beispiel verwiesen werden konnte, als es in der Schulkommission um die Frage ging, ob auch Mädchen die öffentlichen Schulen besuchen sollten. Trotz der Mängel, die die Schulkommission 1783 festgestellt

---

[108] [Sčerbatov, M. M.], Über die Sittenverderbnis in Rußland von Fürst M. Schtscherbatow. Berlin 1925, S. 117 f.
[109] Diderot, Mémoires pour Catherine, S. 84 f.
[110] SIRIO 12, S. 369-371.
[111] [Obolenskij-Nelidinskij, Ju. A.], Chronika nedavnej stariny. Iz archiva kn. Obolenskogo-Nelidinskogo-Meleckogo. SPb. 1876, S. 31.
[112] Hierzu vor allem: [Rževskaja, G. I.], Pamjatnye zapiski G. I. Rževskoj, in: RA (1871), 1, S. 1-53; Čerepnin, Imperatorskoe vospital'noe obščestvo, T. 1, S. 386-393.
[113] Eine dieser Töchter folgte Aleksandr Radiščev, der Katharinas Herrschaftspraxis in dem Werk „Reise von Petersburg nach Moskau" frontal angriff, in das sibirische Exil (zu Radiščev vgl. Kap. 4.1.1.).
[114] Black, J. L., Educating Women, S. 39-42.
[115] Čerepnin, Imperatorskoe vospital'noe obščestvo, T. 1, S. 172 f.; Lichačeva, Materialy ,T. 1, S. 159 f., 210.

hatte, sahen ihre Mitglieder das Smol'nyj als überaus sinnvolle Einrichtung an, weil sie in beiden Abteilungen auf einen multiplikatorischen Effekt vertrauten, der in dem jeweiligen häuslichen Milieu Bildung befördern sollte. Daß Katharina und die Kommissionsmitglieder sich im Schulstatut von 1786 für ein koedukatives System entschieden, hatte vor allem Kostengründe.[116] Eine regelrechte Professionalisierung[117] stand bei den Zeitgenossinnen und -genossen dagegen nicht auf der Tagesordnung. Ein Bildungseffekt des Smol'nyj-Instituts wird jedoch an folgendem deutlich: Unter den Schülerinnen und in ihrem Umfeld entstanden Zirkel, in denen Frauen sich literarisch betätigten, nicht nur als Briefeschreiberinnen, sondern auch als Verfasserinnen von Memoiren, Gedichten und Erzählungen, und es waren auch die *smol janki* der katharinäischen Zeit, die zu der sich entwickelnden Salonkultur am Beginn des 19. Jahrhunderts beitrugen.[118]

Wenn für das Smol'nyj-Institut gilt, daß über die adligen Absolventinnen aufgrund der Heiratsverbindungen oder gar von Selbstzeugnissen ein Vielfaches mehr bekannt ist als über ihre nichtadligen Mitschülerinnen, so ist auch für die Waisenhäuser Beckojs in Moskau und Sankt Petersburg festzuhalten, daß sich eine Innenperspektive der Pflegebefohlenen nicht wird nachzeichnen lassen. Der Historiker bleibt auf die mehr oder weniger zufälligen Beobachtungen von außen angewiesen. Bedeutsam ist jedoch, daß die Gründung des Moskauer Waisenhauses auch andernorts als Vorbild genommen wurde. In der Folge des Beckojschen Statuts von 1764[119] über die Gründung von Waisenhäusern wurde eine ganze Reihe solcher Einrichtungen gegründet, die teils nur kurze Zeit existierten, nach der Gouvernementsreform von 1775 teils dem *prikaz obščestvennogo prizrenija* zugeordnet und damit der vielfach privaten Trägerschaft entzogen wurden.[120] Es zeigte sich, daß die idealistischen Vorstellungen von der Erziehung der Kinder, die unbeeinflußt von der schädlichen Umwelt und ungeachtet ihrer Herkunft zu freien Bürgern geformt werden sollten, schon im Ansatz an der Lebenswirklichkeit zu zerbrechen drohten. In den achtziger Jahren des 18. Jahrhunderts wies beispielsweise das Waisenhaus in Sankt Petersburg eine Sterblichkeitsrate zwi-

---

[116] Platonov (Hrsg.), Opisanie, S. 12 f.
[117] Diese Erwartung brachte Bianca Pietrow-Ennker zum Ausdruck, als sie die Geschichte der Frauenbildung untersuchte, wobei sie aber von Diskussionen über den Zugang von Frauen zur Universität am Ende des 19. Jahrhunderts ausging (siehe: Pietrow-Ennker, Rußlands „Neue Menschen", S. 130-134).
[118] Lotman, Rußlands Adel, S. 86-91.
[119] Vgl. Kap. 3.1.1.
[120] Eröffnet in Moskau (1764), Novgorod (1766), Sankt Petersburg (1770), Olonec (1771), Enissejsk (1771), Jur'ev (1773), Tichvin (1773), Kargopol (1774), Belozersk (1775), Kiev (1775), Vologda (1786) (Maikov, Beckoj, S. 149; Jones, Provincial Development, S. 141 f.).

schen 20% und 30%, dasjenige in Moskau sogar zwischen 80 % und 90 % auf.[121] Fürst Ščerbatov berichtete von einer Überbelegung der Häuser, deren Zustandekommen er in seine grundsätzlich kritische Beschreibung gesellschaftlicher Zustände im 18. Jahrhundert einpaßte: Den Müttern, egal welcher Herkunft, würde es allzu leicht gemacht, sich ihrer Kinder zu entledigen[122] - staatliche Initiative, aber auch Wohltätigkeit im Interesse der Gemeinschaft ersticke die Verantwortlichkeit des Einzelnen. Stichhaltiger war, daß es an ausgebildetem Personal und an Räumlichkeiten zur Bewältigung des großen Zulaufs fehlte. Außerdem trug die Tatsache, daß mehrere Kinder von einer Amme gestillt wurden, die pro Kind bezahlt wurde, zur schnellen Übertragung von Infektionen bei - unter den Bedingungen des ausgehenden 18. Jahrhunderts eine häufige Ursache für einen frühen Kindstod.[123]

Dabei mangelte es zunächst nicht an Zuwendung durch die hauptstädtische oder lokale Gesellschaft. Beckoj, Katharina und der Thronfolger Paul unterstützten die Waisenhäuser in den Hauptstädten und in der Provinz während der ersten Jahre ihrer Existenz ebenso wie adlige und nichtadlige Geldgeber. Ob diese Stiftungen Zuwendungen an kirchliche Einrichtungen substituieren sollten, ist bei einsetzender Säkularisierung bestimmter gesellschaftlicher Kreise wahrscheinlich, wiewohl nicht belegt. Eine möglicherweise erwartete irdische Gegenleistung erfolgte jedoch nicht. A. P. Pjatkovskij konstatierte nach den ersten Jahren bereitwilligen Spendens für das Sankt Petersburger Findlingshaus ein Zurückgehen der Zuwendungen und vermutete als Ursache Enttäuschung bei den nichtadligen Geldgebern darüber, daß sie für ihre philanthropische Gesinnung nicht mit einem Rang oder einem Orden belohnt worden waren.[124]

Johann Joachim Bellermann zeichnete während seiner Reise im Jahre 1781 ein positiveres Bild. Er berichtete von ca. 3.000 Bewohnern, die 1780 im Moskauer Erziehungs- und Findlingshaus lebten und arbeiteten, vor allem aber, wie es ihm schien, zugeschnitten auf ihre Begabung ausgebildet wurden. Mit dem „Erziehungshaus [...] fängt auch am eigentlichsten Punkte die Kultur an. Dadurch kommen Künste und Handwerke unter die niedrige Volksklasse, die Zahl der freien Unterthanen wird ver-

---

[121] Blumenthal, Rückblick auf die hundertjährige Wirksamkeit, S. 349 f.; ähnlich hoch war etwa auch die Sterblichkeitsrate in den Provinzwaisenhäusern (Hartley, Philanthropy, S. 172). In Sankt Petersburg starben 1771 von 472 Säuglingen 395, danach sank die Sterblichkeitsrate (vgl. Istorija imperatorskich vospitatel'nych domov, in: ČOIDR (1860), kn. 2, S. 93-185, hier S. 94).
[122] Schtscherbatov, Sittenverderbnis, S. 118.
[123] Diese Praxis wurde bis weit in das 19. Jahrhundert beibehalten (vgl. Ransel, D. L., Abandonment and Fosterage of Unwanted Children, in: Ders. (Hrsg.), The Family in Imperial Russia. New Lines of Historical Research. Chicago usw. 1978, S. 189-217). Bemerkenswert ist hingegen, daß das Moskauer Waisenhaus von der Pestepidemie 1771/72 nicht in Mitleidenschaft gezogen wurde: Die Kinder konnten rechtzeitig aus der Stadt geschafft und anderweitig untergebracht werden (vgl. Alexander, Bubonic Plague, S. 266).
[124] Pjatkovskij, A. P., S.-Peterburgskij vospitatel'nyj dom pod upravleniem I. I. Beckogo. Istoričeskie izsledovanie, in: RS (1875), 8, S. 532-553, hier S. 542-544.

mehrt, da die übrige Nation aus Sklaven besteht; diese gebildeten freien russischen Unterthanen haben ohngleich mehr Einfluß auf ihre in Sklaverei lebenden Brüder, als alle deutschen Kolonisten, deren Wissen mit ihnen isoliert bleibt. Diese im Gegentheil werden eine Art von Pflanzschule, dadurch die andern Russen allmählich an die Begriffe von Freiheit, Eigenthum, Gewerbe usw. gewöhnt werden."[125] Bellermann, in diesen Äußerungen unschwer als vom Geist der Aufklärung inspirierter Beobachter zu erkennen, nahm die russische Realität negativ und das Findelhaus als einen vereinzelten positiven Ansatz wahr.[126] Doch beschrieb er das Ideal. In keinem Beckojschen Statut war so deutlich wie in dem des Moskauer Findelhauses das Ideal eines Mittelstandes angesprochen worden, sollten doch die Absolventen der Einrichtung „frei" sein, wie auch immer ihre soziale und rechtliche Herkunft gewesen sein mochte. Die Realität freilich war eine andere: Aufgrund der hohen Sterblichkeitsrate im Säuglingsalter ließ sich die Basis eines Mittelstandes kaum verbreitern. Von 37.607 zwischen 1766 und 1786 im Moskauer Findlingshaus eingelieferten bzw. geborenen Kindern absolvierten nur 1.060 dort eine Ausbildung, in Sankt Petersburg waren es zwischen 1770 und 1798 von 28.436 lediglich 865.[127] Im Gegensatz zum Smol'nyj und zum Kadettenkorps schenkte die Schulkommission diesen Einrichtungen keine besondere Aufmerksamkeit. Die ursprüngliche Aufgabe der Waisenhäuser, auch Ausbildungsstätte für Handwerk und Kaufmannschaft zu sein, trat angesichts dieser Entwicklung am Ende des 18. Jahrhunderts in den Hintergrund.[128]

Betrachtet man die Bildungseinrichtungen des „unsystematischen Neuaufbruchs" zusammenfassend und nimmt die Ausbildung an der Akademie der Wissenschaften hinzu, so zeigt sich, daß diese Institutionen in den ersten Jahrzehnten ihrer Arbeit mehr durch ihre Existenz Bildung und Ausbildung auf den unterschiedlichen Feldern dynamisierten denn durch Absolventenzahlen. Die Akzeptanz in der Gesellschaft wuchs durchaus. Das Landkadettenkorps konnte die Nachfrage ebensowenig befriedigen wie das Moskauer Findelhaus, das die Annahme von Kindern zeitweise verweigern mußte. Auch das Smol'nyj-Institut und die Moskauer Gymnasien erreichten bald ihre Kapazitätsgrenzen. Es war der Staat, der zwar die Initiative ergriffen hatte, sie dann in die ein-

---

[125] Bellermann, J. J., Bemerkungen über Rußland in Rücksicht auf Wissenschaft, Kunst, Religion und andere merkwürdige Verhältnisse. In Briefen, Tagebuchauszügen und einem kurzen Abriß der russischen Kirche nach ihrer Geschichte, Glaubenslehren und Kirchengebräuchen. Erster Theil. Erfurt 1788, S. 202.
[126] Damit ist er ein gutes Beispiel für Gabriele Scheideggers Diktum vom „Eigene[n] im Bild vom Fremden", welches sie in bezug auf frühneuzeitliche Reiseberichte über Rußland gewählt hat; vgl. Scheidegger, G., Das Eigene im Bild vom Fremden. Quellenkritische Überlegungen zur russischabendländischen Begegnung im 16. und 17. Jahrhundert, in: JbfGO NF 35 (1987), S. 339-355.
[127] Istorija imperatorskich vospitatel'nych domov, S. 97 f.
[128] Bis zu seinem Tode 1794 blieb Beckoj, der sich aufgrund seines fortgeschrittenen Alters nicht mehr um eine grundsätzliche Verbesserung kümmerte, für die Führung der Waisenhäuser in den Hauptstädten zuständig (vgl. Čistovič, Materialy, S. 141-145).

zelnen Institutionen jedoch nicht fortführte. Trotz gestiegener Bedeutung der Ausbildung blieb es vielfach notgedrungen bei den tradierten Praktiken aus der ersten Hälfte des 18. Jahrhunderts. Beim Militär in der Provinz griff man in den Unteroffiziersrängen und auch noch bei niederen Offiziersrängen auf Absolventen der Garnisonsschulen zurück,[129] die geistlichen Bildungseinrichtungen mußten gleichfalls Zöglinge unmittelbar an die Verwaltung abgeben.[130] Ansonsten blieb es dabei, die nötige Routine während der Ausübung des Berufs zu gewinnen. Hierin unterschied sich der Kanzlist nur wenig vom Gouverneur.[131] Einerseits machte gerade die Gouvernementsreform mit ihrer Expansion der Verwaltung durch den gestiegenen Personalbedarf diese Form der Ausbildung unerläßlich. Waren 1763 2.555 Beamte in der lokalen Verwaltung beschäftigt, stieg ihre Zahl bis 1781, zu einer Zeit, da sich die Institutionen des neuen Statuts noch im Aufbau befanden,[132] bereits auf 16.662 Beamte in der Provinz.[133] Andererseits wird man nicht fehlgehen, gerade auch hier den Grund dafür zu sehen, warum sich der Staat zu Beginn der achtziger Jahre des 18. Jahrhunderts endgültig um ein flächendeckendes Schulwesen zu bemühen begann und die Förderung der vornehmlich hauptstädtischen „Bildungsinseln" des Zarenreiches einstellte. Solange mußte es bei der substituierenden Funktion der militärischen und der geistlichen Bildungseinrichtungen für ein säkulares Bildungswesen bleiben.

---

[129] 1797 lernten immerhin 12.000 Kinder in den Garnisonsschulen. Im gleichen Jahr ließ Paul I. die Organisationsstruktur der Schulen verändern und dezentralisierte die Zuständigkeit, was langfristig zum Ende der Garnisonschulen führte (Kimerling, Soldiers' Children, S. 101 f.).

[130] Zu Beginn der vierziger Jahre des 18. Jahrhunderts gab es 17 geistliche Seminare mit insgesamt 2.589 Schülern, zwanzig Jahre später 26 mit knapp 6.000 Schülern; siehe: Grigor'ev, Istoričeskij očerk, S. 201 f.

[131] Got'e, Ju. V., Istorija oblastnogo upravlenija v Rossii ot Petra do Ekateriny. T. 1. Moskva 1913, S. 211 f., 227-232; Troickij, Russkij absoljutizm i dvorjanstvo, S. 267-294.

[132] Pavlova-Sil'vjanskaja, M. P., Social'naja suščnost' oblastnoj reformy Ekateriny II., in: Družinin, N. M. (Hrsg.), Absoljutizm v Rossii (XVII-XVIII vv.). Moskva 1964, S. 460-491; Hartley, J., Katharinas Reformen der Lokalverwaltung - die Schaffung städtischer Gesellschaft in der Provinz? In: Scharf, C. (Hrsg.), Katharina II., Rußland und Europa. Beiträge zur internationalen Forschung. Mainz 2001 (= Veröffentlichungen des Instituts für Europäische Geschichte Mainz, Abteilung für Universalgeschichte, Beiheft 545), S. 457-477, hier S. 467-477.

[133] Jones, The Emancipation, S. 109.

3.2.2. Das Schulstatut von 1786 in der Praxis

Nachdem der Gesetzestext für das Schulstatut von 1786 und die notwendigen Unterrichtsmaterialien vergleichsweise gründlich vorbereitet worden waren, forderten die Schulkommission und die Zarin eine zügige Umsetzung: Für den 22.9.1786, den Jahrestag der Krönung Katharinas II., wurde die Gründung von Schulen nach dem Schulstatut angesetzt, um den einzelnen, vornehmlich in den Hauptstädten existierenden Bildungseinrichtungen endlich ein Schulsystem für das ganze Land an die Seite zu stellen, nachdem der Meinungsbildungsprozeß nach Jahrzehnten zu einem vorläufigen Abschluß gekommen war. Gleichzeitig und „gleichförmig" sollten in 25 Gouvernements im Kernland des Zarenreiches Schulen eingerichtet werden: In Moskau, Narva, Novgorod, Tver', Pskov, Smolensk, Tula, Kaluga, Orel, Kursk, Tambov, Voronež, Rjazan', Vladimir, Kostroma, Jaroslavl', Vologda, Archangel'sk, Nižnij Novgorod, Simbirsk, Kazan', Vjatka, Perm', Saratov und Penza.[1]

Die Zeitspanne zwischen dem Inkraftsetzen des Schulstatuts und dem Tag, an dem die parallelen Schuleröffnungen erfolgen sollten, war derartig knapp bemessen, daß in einigen Gouvernements Schulen eingeweiht wurden, die ihre Arbeit noch gar nicht aufnehmen konnten. Zu weit waren die Wege von Sankt Petersburg in die Provinz, zu kompliziert war es vor Ort für die zuständigen *prikazy obščestvennogo prizrenija* bzw. die ausführenden Stadtdumen,[2] die notwendigen Mittel kurzfristig verfügbar zu machen und eine geeignete Unterbringung für die Schule zu organisieren, qualifiziertes Lehrpersonal zu finden bzw. gegebenenfalls aus Sankt Petersburg anzufordern sowie das erforderliche normierte Unterrichtsmaterial heranzuschaffen. Immerhin war der Schulkommission Ende 1786 aber gemeldet worden, daß zwar nicht in allen Gouvernements, die Katharina benannt hatte, Schulen gegründet worden seien, daß aber in 25 Hauptvolksschulen und 140 kleinen Volksschulen mehr als 10.000 Schüler, unter ihnen 858 Mädchen, unterrichtet werden würden.[3] Die im Rahmen der parallelen Gründungen

---

[1] PSZ 22, Nr. 16.425, S. 343.
[2] Die Stadtdumen waren im Rahmen der Stadtreform Katharinas geschaffen worden. Siehe hierzu: Hudson, H. D., Catherine's Charter to the Towns: A Question of Motivation, in: CASS 25 (1991), S. 129-149.
[3] RGIA, f. 730, op. 2, d. 23, l. 293.

eingegangenen Spenden lokaler Persönlichkeiten verschiedener sozialer und rechtlicher Gruppen verhießen einen Erfolg des Statuts.[4] Doch in der Kommission selbst wurde schon Ende 1786 die Befürchtung geäußert, es könne sich bei diesem gesellschaftlichen Engagement vielleicht nur um ein Strohfeuer handeln.[5]

Die Kommission einigte sich daher im Verlauf des Jahres 1787 darauf, Osip Petrovič Kozodavlev,[6] den Direktor der Sankt Petersburger Schulen und des Lehrerseminars, auf eine Inspektionsreise durch zehn Gouvernements zu schicken, damit er sich dort im Detail über die Schulgründungen informieren könne. Mit ausführlichen Instruktionen versehen begab er sich auf die Inspektionsreise. Er hatte sich nach Zahl, sozialer Herkunft und Kenntnisstand der Schüler wie der Lehrer ebenso zu erkundigen wie nach der Ausstattung der Schulen mit Papier, Heizmaterial, Kerzen, Schulbüchern, Tafeln und Tabellen. Kozodavlev sollte zudem peinlich genau darauf achten, ob die *prikazy* genügend Mittel zur Verfügung stellten und ob die Finanzierung der kleinen Hauptschulen von den Stadtdumen oder gar von Einzelpersonen übernommen wurde, so daß die Bücher an die Bedürftigen - wie vorgesehen kostenlos - ausgegeben und die Gehälter der Lehrer pünktlich gezahlt werden konnten. Zugleich sollte er besonderes Augenmerk darauf richten, ob die Hauptvolksschulen in der Lage sein würden, in der Abschlußklasse Lehrer für die Schulen des Gouvernements auszubilden.[7]

Zwischen Februar und August 1788 bereiste Kozodavlev zehn Gouvernements des Reiches und besichtigte die jeweiligen Hauptvolksschulen sowie die zahlreichen kleinen Volksschulen. Es erschien ihm nicht als Problem, daß ihm in den Gouvernements ein überaus aufmerksamer Empfang durch den jeweiligen Gouverneur und den Direktor der Schule bereitet wurde und daß die öffentlichen Examina zum Halbjahr nun außer der Reihe abgehalten werden mußten, wobei sie durchweg äußerst positive Ergebnisse zeitigten. Vielleicht verwechselte er mitunter die Aufmerksamkeit, die ihm persönlich zuteil wurde, mit der Sorgfalt, die auf die Volksbildung seitens der lokalen Verwaltung und der Bevölkerung verwandt werden sollte. Sein Bericht an die Schulkommission, der in einer Kurzfassung umgehend an die Zarin weitergeleitet wurde, war jedenfalls überaus optimistisch gehalten.[8] In allen Schulen, die er besucht habe, würde die Ver-

---

[4] Roždestvenskij (Hrsg.), Materialy, S. 347-362.
[5] RGIA, f. 730, op. 1, d. 7, ll. 19-22.
[6] Kozodavlev (1751?-1819) gehörte zu jenen Studenten, die von Katharina ins Ausland, in seinem Fall an die Universität Leipzig, geschickt worden waren, um ihre Studien zu komplettieren. 1787 war er innerhalb der Schulkommission die treibende Kraft, als es darum ging, einen Plan für weitere Universitäten in Rußland zu erstellen (vgl. Kap. 3.1.4.); in der Zeit Alexanders I. wurde er schließlich Innenminister (vgl. Kap. 4.1.1.). Zu seiner Person: Polievktov, M., Kozodavlev, Osip Petrovič, in: RBS, T. 9. SPb. 1909, S. 54-60.
[7] Instruktion abgedruckt in: Suchomlinov (Hrsg.), Istorija, T. 6, S. 43-47.
[8] Der knappe Bericht für die Zarin ist abgedruckt in: Ebenda, S. 48-53, die ausführliche Version in: ebenda, S. 441-457. In der entsprechenden Akte des RGIA (f. 730, op. 1, d. 7) sind außer einigen

3.2.2. Das Schulstatut von 1786 in der Praxis

waltung ordentlich geführt. Dort, wo, wie im Gouvernement Vologda, die Versorgung mit Büchern mangelhaft sei, läge dies an den weiten Distanzen, die zwischen der Gouvernementsstadt und den Kreisstädten zu überwinden seien. Die Behörden seien im großen und ganzen sehr bemüht, die Schüler aufmerksam und lernwillig, so daß er hoffe, auch die Schülerzahlen in den (noch) schlecht besuchten dritten und vierten Klassen der Hauptvolksschulen würden über kurz oder lang anwachsen. Skeptisch war Kozodavlev allerdings bezüglich der Lehrerausbildung. Er bezweifelte, daß es gelingen könnte, in der Provinz eine ausreichende Anzahl qualifizierter Lehrer auszubilden, um sich von lokalen Kräften, die direkt aus den geistlichen Akademien übernommen werden mußten, unabhängig zu machen. Hinsichtlich der einzelnen Gouvernements klang ein kritischer Unterton lediglich bei der Entwicklung in Moskau an: Aufgrund der Bevölkerungszahl der Stadt und der in der Gesellschaft vorhandenen finanziellen Mittel könnte die Zahl der Schulen und Schüler dort deutlich größer sein.

Katharina und die Kommission fühlten sich ermutigt, und so ordnete die Zarin am 3.11.1788 weitere Schulgründungen in den Gouvernements Vyborg, Reval, Riga, Polock, Mogilev, Novgorod-Seversk, Char'kov, Černigov, Kiev, Ekaterinoslav, Kaukasien, Kolyvan' (Barnaul), Tobol'sk und Irkutsk an und bedachte damit erst in zweiter Linie Gebiete, die an der Peripherie des Reiches lagen oder aufgrund ihrer ethnischen und sozialen Strukturen größere Umsetzungsprobleme erwarten ließen.[9] Diese Schuleröffnungen erfolgten nach der Publikation des entsprechenden Reskripts, anders als im September 1786, sukzessive.[10]

Für das jeweilige Gouvernement bzw. den jeweiligen Kreis war die Eröffnung ein bedeutungsvoller Akt, der auf der lokalen Ebene durchaus mit dem der Eröffnung der Moskauer Universität vergleichbar war und entsprechend aufwendig in Szene gesetzt wurde. Galina Smagina, die sich mit der Geschichte der Hauptvolksschule in Perm' näher befaßt hat, hat auch die Schuleröffnung am 22.9.1786 geschildert:[11] In dieser mehr als 2.000 Kilometer von Sankt Petersburg entfernten Stadt versammelte sich vor

---

Listen zu Schülerzahlen erste Versuche zur geographischen Beschreibung der Gouvernements enthalten, die den Lehrern der Hauptvolksschulen im Schulstatut von 1786 als „wissenschaftliche" Aufgabe übertragen worden war.

[9] PSZ Nr. 16.726, S. 519.
[10] Im Gouvernement „Kaukasien" unterblieben sie völlig.
[11] Smagina, G. I., Die Schulreform Katharinas II. Idee und Realisierung, in: Scharf, C. (Hrsg.), Katharina II., Rußland und Europa. Beiträge zur internationalen Forschung. Mainz 2001 (= Veröffentlichungen des Instituts für Europäische Geschichte Mainz, Abteilung für Universalgeschichte, Beiheft 545), S. 479-503, hier S. 495. Etwas abweichend die Schilderung bei: Firsov, N., Otkrytie narodnogo učilišča v Permskoj gubernii, in: Permskij sbornik (1859), kn. 1, otd. 1, S. 143-199, hier S. 148 f. Nicht berücksichtigt ist bei Galina Smagina die Darstellung von: Kalinina, T. A., Razvitie narodnogo obrazovanija na Urale v doreformennom periode (80-e gg.-pervaja polovina XX veka.) Perm' 1992.

dem Haus des Gouverneurs I. V. Kolotovskij am frühen Morgen ein großer Teil der Bevölkerung. Sodann begab sich ein Festzug, bestehend aus den Lehrern, die vom Sankt Petersburger Lehrerseminar abgeordnet worden und zu diesem Anlaß in Paradeuniform erschienen waren, den ersten 25 männlichen Schülern, je zwei Deputierten des Adels und der Kaufmannschaft[12] sowie dem Gouverneur zur Hauptkirche der Gouvernementsstadt. Dort hielt der Erzpriester einen Festgottesdienst. Anschließend führte der Umzug unter Glockengeläut und Salutschüssen der Garnison zum neuerrichteten Schulhaus, wo nochmals eine kurze Andacht gehalten und das gesamte Schulstatut verlesen wurde. Der Direktor der Hauptvolksschule und ein weiterer Lehrer hielten Reden, in denen die herrscherliche Initiative und der Nutzen der Aufklärung gerühmt wurden. Dann wurden die Schüler und die Gebäude mit Weihwasser besprengt und vom Erzpriester gesegnet. Der Unterricht konnte beginnen. Am Abend lud der Gouverneur zum Bankett mit Konzert. Auch in anderen Gouvernements, beispielsweise in Moskau,[13] Jaroslavl'[14] und Saratov,[15] gehörten Festumzug, Gottesdienst, Festakt im Schulgebäude mit Reden zum Lob der Aufklärung und der Zarin, schließlich Bankett und Feuerwerk zum festen Repertoire der Eröffnungen.

Die Feierlichkeiten zur Eröffnung der Hauptvolksschule in Mogilev am 28.3.1789 wiesen insofern eine Variante auf,[16] als bei dem einleitenden Gottesdienst auf die religiös-konfessionelle Situation im Gouvernement[17] Rücksicht genommen wurde. Wohl um dem Eindruck entgegenzutreten, daß mit der Einführung eines nach russischem Modell geformten Schulwesens eine Russifizierung eingeleitet werden sollte,[18] fand nach einem getrennt zelebrierten orthodoxen und katholischen Gottesdienst ein gemeinsamer Umzug zum Schulgebäude statt, der vom Generalgouverneur P. B. Passek, dem orthodoxen Bischof Georgij sowie dem katholischen Bischof Stanislav Sestrencevič angeführt wurde, wobei Sestrencevič im Schulgebäude nochmals ein Gebet sprach.[19]

---

[12] Hierbei handelt es sich mutmaßlich um die jeweiligen Gruppenvertreter im *prikaz obščestvennogo prizrenija;* vgl. Kap. 3.1.3.
[13] ČOIDR 8 (1863), kn. 3, smes, S. 166 f.
[14] Suchomlinov, M. [I.], Zametki ob učiliščach i narodnom obrazovanii v Jaroslavskoj gubernii, in: ŽMNP 117 (1863), 1, otd. 3, S. 103-189, hier S. 104.
[15] Ljubomirov, P. G., K istorii narodnogo obrazovanija v Saratovskoj gubernii do osvoboždenija krest'jan, in: Trudy N.-Volžskogo oblastnogo naučnogo kraevedenija 32 (1924), Č. 2, S. 32-53, hier S. 33 f.
[16] Sbornik materialov dlja istorii prosveščenija v Rossii. T. 1: Učebnye zavedenija v zapadnych gubernijach do učreždenija Vilenskogo učebnogo okruga, 1783. SPb. 1893, S. 43-47.
[17] Zur Integration dieser Gebiete aus der ersten Teilung Polens siehe: Lappo, I. I., Zapadnaja Rossija i eja soedinenie s Pol'šeju v ich istoričeskom prošlom. Prag 1924, S. 11-22; Lehtonen, U. L., Die polnischen Provinzen Rußlands unter Katharina II. in den Jahren 1772-1782. Versuch einer Darstellung der anfänglichen Beziehungen der russischen Regierung zu ihren polnischen Untertanen. Berlin 1907, S. 115-140.
[18] Siehe unten in diesem Kapitel.
[19] Zu seiner Person: Kemp, J. A., The Jesuits in White Russia under Stanislaus Siestrzencewicz, in: Thought 16 (1940), S. 469-486, hier S. 473-481. Katharina hatte ihn 1773 ohne Zustimmung des

Sodann hielt der Direktor der Schule, Samson Cvetkovskij, eine Rede, in der er vom Nutzen der Schule für den Staat sprach, aber auch von der Unteilbarkeit der Aufklärung, die dem Einzelnen zu einem neuen Leben verhelfe. Der Appell, die Schule nicht in etwaige nationale Auseinandersetzungen geraten zu lassen, war unüberhörbar. Am Abend folgten das obligate Bankett und das Feuerwerk.[20]

Die Taktik, durch aufwendige Zeremonien die Präsenz der aufgeklärten Autokratin in der Provinz auch nach außen zu demonstrieren und durch regelmäßige Versammlungen der lokalen Elite die Gesellschaft vor Ort an die Schule zu binden, nicht zuletzt um sie zu namhaften Beiträgen zur Finanzierung der Schulen zu bewegen, wurde an der 1789 gegründeten Kiever Hauptvolksschule besonders verfeinert: Zu öffentlichen Examina wurden hier nicht nur die Spitzen der Kiever Geistlichkeit, des Adels und der Kaufmannschaft geladen, der Gouverneur bat am Abend zur Tafel und ließ für die Bevölkerung die örtliche Militärkapelle aufspielen.[21] Ob solcherlei Inszenierungen dazu angetan waren, den Stellenwert der Bildung in der Öffentlichkeit zu heben, muß dahingestellt bleiben. Im Leben der Provinz wie im Schulalltag waren derartige Feierlichkeiten jedoch Ausnahmen, die allenfalls die Hoffnung auf eine erfolgreiche Arbeit ausdrückten.

Die Voraussetzungen, die für eine zügige Einrichtung von Schulen notwendig waren und von deren Existenz die Schulkommission ausging, waren nur teilweise gegeben. Zavadovskij und Janković hatten die bereits eröffneten und ausbildenden Schulen Sankt Petersburgs vor Augen und nahmen ohne Kenntnis der Lage vor Ort an, daß die Einrichtungen, die in der Gouvernementsreform von 1775 für die Schulen Sorge zu tragen hatten, unmittelbar würden tätig werden können. Erst im Laufe des Jahres 1786 jedoch waren in nahezu allen Gouvernements die *prikazy obščestvennogo prizrenija*, aus deren Kapital die Hauptvolksschulen finanziert werden sollten, eingerichtet worden.[22] Dies bedeutete, daß in kaum einem Gouvernement die Schulen gegründet worden waren, die die Gouvernementsreform fakultativ vorgesehen hatte. Eine Ausnahme bildeten lediglich die Gouvernements von Irkutsk,[23] Tver' und Novgorod. 1776

Papstes ernannt.

[20] Die Eröffnung der Hauptvolksschule in Polock am 18.3.1789, in der die konfessionelle Situation ähnlich war, folgte dem Zeremoniell der Veranstaltung in Mogilev (Sbornik materialov, T. 1, S. 48-51).

[21] Zur Eröffnung in Kiev siehe: K načal'noj istorii Kievskogo narodnogo učilišča (1789-1803), in: KS 71 (1900), 10, otd. 2, S. 1-10, hier S 4 f., zu den öffentlichen Examina: Ebenda, S. 8 f., sowie Sbornik materialov, T. 1, S. 79-83.

[22] Lediglich im Gouvernement Olonec existierte noch am Beginn des 19. Jahrhunderts kein solcher *prikaz* und infolgedessen zu diesem Zeitpunkt auch keine Hauptvolksschule; siehe: Voronov, Istoriko-statističeskoe obozrenie, S. 50, 54; Petrov, K., Materialy dlja istorii Ministerstva narodnogo prosveščenija: Istorija Oloneckoj direkcii do 1808 goda. SPb. 1866, S. 7-9.

[23] Siehe unten in diesem Kapitel.

erfolgte die Eröffnung einer Schule in Tver', im Januar 1779 sammelten 494 Adlige Geld für die Gründung zweier weiterer Schulen im Gouvernement, die schließlich 1786 lediglich im Curriculum dem Schulstatut vom August 1786 angepaßt werden mußten.[24] Außerdem hatte 1780 Generalgouverneur Jakob Johann von Sievers eine kleinere Schule in Novgorod gegründet, die später zu einer Adelspension umfunktioniert wurde.[25]

Zudem war den Leitungskollegien dieser *prikazy* vielfach unklar, wie und zu welchen Konditionen sie ihr 1775 zugewiesenes Startkapital von 15.000 Rubeln einsetzen sollten, da sie unerfahren und mit vielerlei Aufgaben belastet waren. Janet Hartley hat die Arbeit dieser Lokalbehörde für das Gouvernement Vyborg untersucht und dabei festgestellt, daß die finanziellen Mittel vielfach auch für eine „lokale Wirtschaftsförderung" eingesetzt und damit allenfalls indirekt für die Finanzierung von Schulen und anderen Einrichtungen der öffentlichen Wohlfahrt, so wie es das Gouvernementsstatut von 1775 vorgesehen hatte, verausgabt wurden.[26] Hinzu kam, daß für die soeben erst eingerichteten *prikazy* nur in den wenigsten Regionen Banken zur Verfügung standen, denen die Kapitalien zur Beleihung angeboten werden konnten. Doch auch die vorhandenen Banken weigerten sich mitunter, die angebotenen Sicherheiten, beispielsweise ein hölzernes Schulhaus, zu akzeptieren, und beliehen die Kapitalien der *prikazy* nicht. Je später der *prikaz* eingerichtet worden war, desto geringer waren zudem die bis 1786 erwirtschafteten Zinseinkünfte, so daß die Mittel für neue Schulbauten und die vorgeschriebene Erstausstattung an Büchern nur mit zusätzlicher Unterstützung der lokalen Gesellschaft aufgebracht werden konnten.

Eine Ausnahme bildete von Beginn an die Hauptstadt Sankt Petersburg in ihrer Funktion als „Experimentierfeld". Dort verhalf Katharina den Schulgründungen persönlich zum Erfolg, indem sie den staatlich-säkularen Schulen einen Teil der Hafenzölle zur Verfügung stellte.[27] Dieses Beispiel machte insofern Schule, als sich insbesondere die Finanzierung der kleinen Volksschulen mehr und mehr auf die einzelnen Städte und ihre Gesellschaft verlagerte. Sowohl von den Dumen als auch den städtischen Selbstverwaltungsorganen und einzelnen Kaufmannsgilden oder lokalen Adligen war hier eher ein Engagement zu erwarten, lag doch die kleine Volksschule unmittelbar vor Ort und nicht in der oft mehrere hundert Kilometer entfernten Gouvernementsstadt; demgegen-

---

[24] Kolosov, V., Tver' v carstvovanii imperatricy Ekateriny II. Tver' 1896, S. 10-24.
[25] Jones, Provincial development, S. 139; RGIA, f. 730, op. 2, d. 23, l. 305.
[26] Hartley, The Boards of Social Welfare, S. 211-213, 215.
[27] In Nižnij-Novgorod, Kazan' und Orenburg waren drei Adelsbanken eingerichtet worden, die durch Kredite an die Gutsbesitzer die Verheerungen des Pugačev-Aufstandes abmildern sollten; darüber hinaus waren zwischen 1772 und 1782 14 Assignaten-Banken gegründet worden; siehe: Ebenda, S. 214, 217 f.; LeDonne, Ruling Russia, S. 216; ders., Absolutism and Ruling Class, S. 249 f.

3.2.2. Das Schulstatut von 1786 in der Praxis

über wurde die Hauptvolksschule vor allem aus den Geldern der *prikazy* finanziert.[28] Diese Finanzierungsmodelle sahen aufgrund der Finanzstärke der jeweiligen gesellschaftlichen Gruppen und der Größe der Schulen unterschiedlich aus.[29] Im Gouvernement Tver' mit einem reichen *prikaz* und einem relativ wohlhabenden Adel hatte die Hauptvolksschule bei nicht übermäßig hohen Schülerzahlen keinerlei materielle Sorgen. In den Jahren 1800 bis 1802 sammelten Adel und Kaufmannschaft von Tver' 27.398 Rubel für das staatlich-säkulare Schulwesen und übertrafen damit die Zuwendungen des Tverer *prikaz* von 15.000 Rubeln für den gleichen Zeitraum um beinahe das Doppelte.[30] Laut Etatansatz des Schulstatuts sollten pro Jahr für eine Hauptvolksschule 1.500 Rubel für Gehälter, Material und laufende Kosten ausgegeben werden, für eine einklassige Volksschule 210, für eine zweiklassige 500.[31] 1801 existierten im Gouvernement Tver' eine Hauptvolksschule und 12 einklassige Volksschulen, die demnach 4.020 Rubel per anno für den laufenden Betrieb benötigt hätten. Selbst aus den Zuwendungen des *prikaz* konnten also umfangreiche Instandsetzungsarbeiten durchgeführt werden.

Allerdings zeigten sich der Adel und die Kaufmannschaft nicht überall derart gebefreudig. Im Gouvernement von Ekaterinoslav (Neurußland) rief der *prikaz* 1791 zu Spenden zugunsten der Einrichtung von Schulen auf. Während es dem Adel von Poltava immerhin gelang, 11.000 Rubel zu sammeln, kam aus den Städten Elizavetgrad und Ekaterinoslav eine negative Meldung. Adel und Kaufmannschaft sahen sich außerstande, finanzielle Hilfe zu leisten und verwiesen als Begründung auf die wirtschaftlichen Einbußen, die sie während des Krieges gegen das Osmanische Reich erlitten hätten.[32] In Vjatka bemühte sich der *prikaz* um eine Spende von insgesamt 3.000 Rubel für den Kauf eines Hauses für die Hauptvolksschule. Ein Jahr später standen aber erst zwei Drittel des Geldes zur Verfügung, so daß sich der Gouverneur veranlaßt sah, eine Sondersteuer aufzulegen, die 2 Kopeken für jede männliche Seele des letzten Zensus betragen sollte. Trotz dieser Sondersteuer mußte 1794 ein erneuter Appell an den Adel ergehen, mit Spenden zum Unterhalt des Schulwesens beizutragen.[33] In der Regel waren es einzelne Spender, die die Schulen unterstützten.[34] Eine Ausnahme war der Adel des

---

[28] Sbornik materialov, T. 1, S. 255-278, 287-296, 299-310.
[29] Mit Zahlen für das Jahr 1802: Roždestvenskij, Očerki, S. 598-600.
[30] Ebenda, S. 602. Damit zeigte sich die Tverer Gesellschaft spendabler als die Moskauer im gleichen Zeitraum.
[31] Vgl. Kap. 3.1.4.
[32] Černjavskij, I. M., Materialy po istorii narodnogo obrazovanija v Ekaterinoslavskom namestničestve pri Ekaterine II i Pavla I 1784-1805. Ekaterinoslavl' 1895, S. 3 f.
[33] Jur'ev, V. P., Narodnoe obrazovanie v Vjatskoj Gubernii v Carstvovanii Imperatricy Ekateriny II-j. Materialy po povodu eja stoletija (1786-1886). Vjatka 1887, S. 17, 28-31, 33, 36.
[34] Die Hauptvolksschule in Voronež erhielt beispielsweise von dort im Exil lebenden Krimkhan Šachin-Girej 100.000 Rubel; vgl. Pyl'nev, Ju. V./Rogačev, S. A., Školy i prosveščenie Voronežskogo kraja v XVIII veke. Voronež 1997, S. 36.

Gouvernements von Kazan', der sich in seiner Adelsversammlung die Selbstverpflichtung auferlegte, jeder Gutsbesitzer solle für jede männliche leibeigene Seele, die er besitze, 10 Kopeken zugunsten der Schulen des Gouvernements spenden; immerhin kamen bei dieser Aktion knapp 3.000 Rubel zusammen.[35]

Für lokale Schwierigkeiten bei der Finanzierung trug die Kommission keine Verantwortung, hatte sie doch selbst Mühe, ihre Kosten zu decken, und verfügte über keinerlei Druckmittel auf die *prikazy*.[36] Teilweise kam ihr jedoch eine Mitverantwortung zu, wenn es darum ging, Schulbücher in den nötigen Auflagen bereitzustellen und dorthin zu befördern, wo sie gebraucht wurden.[37] Jede Hauptvolksschule sollte eine identische Ausstattung an Büchern erhalten. Fibeln, Anleitungen zum Schönschreiben und ein kurzgefaßter Katechismus (zu je 7-9 Kopeken) waren in Sätzen von 250 Büchern vorzuhalten, Arithmetikbücher und das Werk „Von den Pflichten des Bürgers und Menschen" in hundert Exemplaren (zu 27-37 Kopeken), während Geschichts- und Geographiebücher, Grammatiken und Fremdsprachenwerke in Fünfzigersätzen angeschafft werden mußten. Alle Tabellen hatten in 250 Exemplaren für die erwartete maximale Schülerzahl vorzuliegen. Darüber hinaus sollte an der Hauptvolksschule eine Schulbibliothek eingerichtet werden, in der ins Russische übersetzte pädagogische Literatur, Journale, aber auch Belletristik und wissenschaftliche Fachbücher bereitgestellt werden sollten.[38] Die Hauptvolksschule von Vjatka, 1786 gegründet, erhielt erst 1789 eine vollständige Ausstattung an Büchern.[39] Die Lehrer der Hauptvolksschule in Tula mußten 1787 den *prikaz* an die Bereitstellung der Grundausstattung mit Büchern erinnern, erhielten jedoch auch auf weitere Briefe ähnlichen Inhalts keine Antwort.[40] 1797 wurde aus Mogilev gemeldet, daß von der „Erstausstattung" für die Hauptvolksschule keinerlei Bücher mehr vorhanden seien und daß weder die Schulbibliothek noch das naturwissenschaftliche Kabinett den Ansprüchen des *ustavs* von 1786 genügen würden.[41]

---

[35] Leider ist nicht überliefert, ob sich alle Gutsbesitzer an dieser Aktion beteiligten; siehe: Roždestvenskij, Očerki, S. 602-604.
[36] Vgl. Kap. 3.1.4.
[37] Zum folgenden: Smagina, G. I., U istokov gosudarstvennoj obščeobrazovatel' noj školy, in: SP (1987), 6, S. 120-123; dies., Iz istorii sozdanija i rasprostranenija učebnych knig v Rossii vo vtoroj polovine XVIII v., in: Bubnov, N. Ju. (Hrsg. u. a.), Kniga v Rossii XVI - seredina XIX v. Knigorasprostranenie, biblioteki, čitatel'. Leningrad 1987, S. 71-78.
[38] Sbornik materialov, T. 1, S. 31-34.
[39] Jur' ev, Narodnoe obrazovanie, S. 32, 39.
[40] RGIA, f. 730, op. 1, d. 71, ll. 31-37.
[41] Sbornik materialov, T. 1, S. 615-620. Dem Direktor der Schulen im Gouvernement Voronež riet Janković de Mirievo 1792, sich bei fehlenden Büchern unter Umgehung des *prikaz* direkt an die Schulkommission zu wenden; siehe: Pyl' nev/Rogačev, Škola i prosveščenie, S. 43.

3.2.2. Das Schulstatut von 1786 in der Praxis

Die Beschaffung genügender Geldmittel, die Gewinnung einer ausreichenden Zahl von Lehrern sowie die Bereitstellung geeigneter Räumlichkeiten und hinreichendem Unterrichtsmaterial waren demnach die vier Hauptprobleme bei der Umsetzung des katharinäischen Schulstatuts. Welche regionalen Schwierigkeiten ergaben sich aus diesen Problemen, und wie entwickelten sich vor diesem Hintergrund die Schülerzahlen?

Die Hauptstädte Sankt Petersburg und Moskau

In Sankt Petersburg hatte die Schulkommission schon 1784 einen ersten Versuch unternommen, die Kontrolle über die privaten Bildungsinstitutionen an sich zu ziehen, sie auf die „Normalmethode" umzustellen und damit die Konkurrenz zu den ersten öffentlichen Stadtschulen auszuschalten: In dem Maße, in dem Bildung als Wert in unterschiedlichen Schichten auf eine gewisse Akzeptanz stieß, waren gerade weniger einkommensstarke Adlige und Kaufleute darauf angewiesen, ihre Kinder in Pensionen und private Schulen zu geben, da gute Hauslehrer gegen Ende des Jahrhunderts knapp und teuer wurden. So beschloß die Schulkommission im September 1784, sämtliche private Einrichtungen in den Hauptstädten einer Revision zu unterziehen, um einem nicht zu Unrecht befürchteten Wildwuchs zuvorzukommen.[42] Die noch im gleichen Jahr in Sankt Petersburg vorgenommene Überprüfung von 23 Pensionen mit 720 Kindern (501 männlich, 219 weiblich) und 17 privaten Schulen mit 159 Kindern förderte gravierende Mängel bei der Unterbringung der Zöglinge und der Qualität des Unterrichts zutage. In der Konsequenz wurden alle Schulen und eine Pension (teils allerdings nur vorübergehend) geschlossen.[43] Ein Jahr später fand eine solche Überprüfung aller privaten Pensionen mit Schulbetrieb auch in Moskau statt. Obwohl die zu diesem Zweck eingesetzte Kommission zunächst empfohlen hatte, alle russischsprachigen Pensionen und Schulen in privater Regie zu schließen, verstanden sich die Mitglieder schließlich dazu, der Schulkommission anzuraten, daß die Normalmethode auch dort praktiziert werden müsse. Schließlich wurde nur eine französische Schulpension geschlossen.[44] Das härtere Vorgehen in Sankt Petersburg wurde mit der Existenz von

---

[42] Roždestvenskij, S. V., Značenie Kommissii ob učreždenii narodnych učilišč v istorii politiki narodnogo prosveščenija v XVIII-XIX vekach, in: Platonov, S. F. (Hrsg. u. a.), Opisanie del Archiva Ministerstva narodnogo prosveščenija. T. 1. Petrograd 1917, S. XXXI-LI, hier S. XLIX f.
[43] RGIA, f. 730, op. 1, d. 70, ll. 1-111; ebenda, op. 2, d. 3, ll. 150-190. Eine Beschreibung der Pensionen im einzelnen bei: Stolpjanskij, P. N., Častnye školy i pansiony Peterburga vo vtoroj polovine XVIII veka, in: ŽMNP (1912), otd. 3, S. 1-23.
[44] Siehe die Instruktion für den Moskauer Gouverneur Ja. V. Bruce in: PSZ 22, Nr. 16.275, S. 464 f. Interessant ist in diesem Zusammenhang die Zusammensetzung der Revisionskommission: Während

öffentlichen Schulen begründet, und es zeigte sich generell ein gewisser Uniformierungsdruck.[45]

In Sankt Petersburg profitierte das öffentliche Schulwesen fraglos von der Nähe des Hofes. Das Gebäude des Lehrerseminars und der ersten Hauptvolksschule war ein Geschenk Katharinas gewesen. Von den zwölf 1801 existierenden kleinen Volksschulen waren immerhin sechs Gebäude Eigentum des zuständigen Kollegiums für öffentliche Fürsorge, drei hatten aus dessen Einnahmen erworben werden können und der Ankauf der übrigen wurde durch Einzelspenden finanziert.[46] Die vergleichsweise gute Unterbringung führte zu kontinuierlich ansteigenden Schülerzahlen. Schon 1785, gleichsam in der „Erprobungsphase" der Normalmethode und ihres Unterrichtsmaterials, besuchten knapp 1.500 Schüler acht Schulen im Stadtgebiet.[47] 1801 hatte sich die Zahl mehr als verdoppelt: 16 Schulen wurden von 3.789 Schülern besucht, hinzu kamen 597 Schüler in den fünf kleinen Volksschulen des Gouvernements. Die Versorgung mit Büchern war durch die in der Hauptstadt arbeitenden Typographien sowie vor allem durch eine teilweise kostenlose Überlassung von Schulbüchern aus dem Lager der Akademiedruckerei bzw. ihrer Buchhandlung überdurchschnittlich gut.[48]

Klagen von Lehrern, vor allem über zu schlechte Bezahlung, waren eher selten. So bat der Lehrer einer Petersburger Hauptvolksschule die Schulkommission, ihm einen Zuschuß zum Gehalt zu gewähren. Wegen der hohen Preise in der Hauptstadt könne er sich zwar ernähren, nicht aber seine Kleidung erneuern, was seine Vorbildwirkung in Frage stellen würde.[49] Zwei Lehrer aus Kronstadt und Schlüsselburg hingegen baten, sie in Schulen der Hauptstadt zu versetzen, wo das Gehalt besser sei. Andernfalls wären sie

---

der Kommission zwei Vertreter des *prikaz obščestvennogo prizrenija* gleichsam qua Amt angehörten und die Universitätsprofessoren Čebotarev und Schaden wegen ihrer Erfahrung mit den Gymnasien berufen wurden, verweist die Ernennung zweier namentlich nicht genannter Kirchenvertreter darauf, daß man die Kirche mit einbinden wollte, um Widerstände gegen die Schulreform zu überwinden. Die einzelnen Pensionen sind beschrieben in: Sivkov, K. V., Častnye pansiony i školy Moskvy v 80-ch godach XVIII v., in: IA 6 (1951), S. 315-323.

[45] Die privaten Schulen beispielsweise, die mit Geldern aus der Subskription von Novikovs Journal *Utrennij svet* hatten finanziert werden sollen und die Ableger in der Provinz, in Tver', Irkutsk und Kremenčug, gefunden hatten, wurden als Volksschulen in das staatliche Schulsystem integriert, wobei freilich die private Finanzierung weiterhin erwartet wurde (vgl. Jones, Morning Light Charity Schools, S. 65).

[46] Voronov, Istoriko-statističeskoe obozrenie, S. 77-79.

[47] Platonov (Hrsg.), Opisanie, S. 19; RGIA, f. 730, op. 2, d. 2, ll. 24 ob., 113, 115 ob.

[48] Gary Marker hat bei seiner Untersuchung über den Buchmarkt im Rußland des 18. Jahrhunderts immer wieder darauf hingewiesen, daß gedruckte Auflagen, mit denen sowjetische Wissenschaftler argumentierten, nicht mit den verkauften Stückzahlen gleichgesetzt werden dürften. Die zum Teil hohen Lagerbestände der Akademiedruckerei an Schulbüchern, die offensichtlich den *prikazy obščestvennogo prizrenija* zu teuer waren, illustrieren diesen Hinweis (vgl. Marker, Publishing and Printing).

[49] RGIA, f. 730, op. 1, d. 31, ll. 25, 60. Gelegentlich gab es auch in Sankt Petersburg Beschwerden von Lehrern, daß das Gehalt nur unregelmäßig gezahlt würde (ebenda, op. 2, d. 4, l. 25).

dazu gezwungen, den Abschied vom Lehrerberuf zu nehmen.[50] In allen Fällen konnten sich die Lehrer Gehör verschaffen. Entweder wurde ihr Gehalt permanent aufgebessert, oder es gab einmalige Zahlungen, um der akuten Forderung entgegenzukommen. Eine Besonderheit der Petersburger Verhältnisse war durch das Nebeneinander von *prikaz* und Schulkommission bedingt: Hier wurde die Aufsicht über die Schulen faktisch von Osip Kozodavlev und Teodor Janković de Mirievo ausgeübt. In allen anderen Regionen gab es diese effiziente Kontrolle nicht, die in Sankt Petersburg durch die institutionelle Trennung der Regierungseinrichtungen, welche für die Unterhaltung bzw. die Kontrolle der Schulen zuständig waren, bedingt war: Das Statut sah vor, daß das Leitungsgremium des örtlichen *prikaz obščestvennogo prizrenija* für die Bereitstellung der finanziellen Mittel und für die Aufsicht zugleich zuständig war.[51] Die Visitation von zehn Gouvernements durch Kozodavlev blieb die einzige Reise, die ein Mitglied der Schulkommission in dienstlicher Angelegenheit über das Sankt Petersburger Gouvernement hinaus unternahm.

Die Umsetzung des Schulstatuts in Moskau[52] war, wie erwähnt, beim Revisor Kozodavlev auf Kritik gestoßen. Nach der Gründung von Pilotschulen in Sankt Petersburg und seinem Gouvernement war bereits 1784 der Befehl zur Einrichtung einer Hauptvolksschule in Moskau ergangen.[53] Dies entsprach der traditionellen Konzentration auf die Hauptstädte, die schon bei der Etablierung von Bildungseinrichtungen mit Internatscharakter zu beobachten gewesen war. 1785/86, vor Verabschiedung des Schulstatuts, waren zwar drei Schulen eröffnet worden, die nach der „Normalmethode" unterrichteten, jedoch noch keine Hauptvolksschule, die erst am 22.9.1786 eingerichtet wurde. Was in dem knappen Rapport der Kommission für Katharina nur angedeutet war, sprach Osip Kozodavlev in seinem ausführlichen Bericht sehr viel deutlicher an.[54] Bei seinem Besuch Moskaus im März 1788 hatte er festgestellt, daß dort noch immer nur diese drei kleinen Volksschulen in Betrieb waren, von vierzehn Kreisstädten seien noch acht ohne eine Volksschule. Eindringlich wies er den ehrenamtlichen Kurator Sokolov und den Direktor der Schulen, Mislavskij, darauf hin, daß nach dem Statut in jeder Kreisstadt eine Schule zu gründen sei, analog dazu habe in Moskau in jedem der 17 Polizeibezirke eine Schule eingerichtet zu werden. Seine beiden Gesprächspartner

---

[50] Ebenda, op. 1, d. 35, ll. 40, 48.
[51] Im österreichischen Schulsystem von 1774 waren „Versorgungs-" und „Kontrollinstanz" - anders als im Russischen Reich - getrennt.
[52] Zum folgenden: Lepskaja, L. A., Sostav učaščichsja narodnych učilišč Moskvy v konce XVIII v., in: VMGU, Serija 9, 5 (1973), S. 88-96; Eingorn, V., Moskovskoe glavnoe narodnoe učilišče v konce XVIII veka, in: ŽMNP (1910), 4, S. 129-168.
[53] PSZ 22, Nr. 16.147, S. 485.
[54] Kozodavlevs Bericht über Moskau in: Suchomlinov (Hrsg.), Istorija, T. 6, S. 449-453.

hätten versucht, sich mit dem Hinweis auf eine zu geringe Zuweisung von Mitteln zu entschuldigen. Dies habe er, Kozodavlev, aber nicht gelten lassen wollen. Es könne nicht angehen, daß im großen Moskau mit seiner wohlhabenden Bevölkerung der zuständige *prikaz obščestvennogo prizrenija* derartig wenig Geld für die Bildung zur Verfügung stelle. Zudem gäbe es auch organisatorische Mängel. Warum habe man der Hauptvolksschule in Kitaj-gorod ein derartig kleines, enges und dunkles Haus zugewiesen, in dem 200 Schüler nur mit Mühe untergebracht werden könnten und ein vernünftiger Internatsbetrieb für Lehrerkandidaten unmöglich sei?[55] Warum habe der *prikaz* noch keine Maßnahmen eingeleitet, einen Buchladen zu eröffnen, in dem die von der Schulkommission autorisierten Schulbücher erworben oder an Bedürftige ausgegeben werden könnten?

Katharina machte sich die Kritikpunkte der Kommission zu eigen und forderte den Moskauer Generalgouverneur Eropkin im November 1788 unmittelbar dazu auf, energisch dafür Sorge zu tragen, daß in der zweiten Hauptstadt des Landes weitere Schulen eingerichtet werden würden, wobei sie auf das Petersburger Vorbild verwies.[56] Diese allerhöchsten Vorhaltungen schienen Eindruck zu machen. Im Gegensatz zu anderen Gouvernements, die bereits im Jahre 1788 den Höhepunkt der Gründung von Schulen erreicht hatten, setzte in Moskau erst 1789 eine Gründungswelle ein, in deren Verlauf alle Polizeibezirke eine Schule erhielten; allerdings gelang es bis zum Ende des 18. Jahrhunderts nicht, in allen *uezdy* des Moskauer Gouvernements eine Schule einzurichten: Noch immer waren fünf ohne eine staatlich-säkulare Schule. Wesentliche Ursachen lagen allerdings nicht nur in der weiterhin prekären finanziellen Ausstattung der Schulen, sondern vor allem in dem Mangel an Lehrpersonal. Warum, so die Auffassung des Moskauer *prikaz,* sollten weitere Schulen gegründet werden, wenn keine Lehrer vorhanden seien, die nach der im Schulstatut vorgeschriebenen Normalmethode unterrichten könnten?

Die Schulkommission ging davon aus, daß Moskau für seine Lehrer selbst zu sorgen habe. Zwar wurden diese für die 1786 gegründete Hauptvolksschule vom Petersburger Lehrerseminar nach Moskau abgeordnet. Im Sinne des Statuts sollte aber sogleich mit der Lehrerausbildung vor Ort begonnen werden. Kozodavlev machte schon 1788 dem Moskauer Schuldirektor Mislavskij unmißverständlich klar, daß in absehbarer Zeit auch die Hauptvolksschullehrer in Moskau selbst ausgebildet werden müßten und daß das Petersburger Lehrerseminar vordringlich mit der Versorgung von Hauptvolksschulen in der Provinz befaßt sein würde. Trotz der guten Zeugnisse, die Kozodavlev den Hauptvolksschulen in den von ihm besuchten Gouvernements ausstellte, war er doch der Überzeugung, daß in der Provinz die Lehrerausbildung für die kleinen Volks-

---

[55] RGIA, f. 730, op.1, d. 7, l. 57.
[56] Schreiben Katharinas II. an den Generalgouverneur Eropkin gedruckt in: RA (1872), 4, S. 313 f.

3.2.2. Das Schulstatut von 1786 in der Praxis

schulen nur mit Mühe, für die eigene Hauptvolksschule überhaupt nicht zu leisten sein würde.[57]

Der Moskauer *prikaz* rekrutierte für die zu besetzenden Lehrerstellen von Beginn an Schüler und Studenten der geistlichen Bildungseinrichtungen der Stadt, die sich dagegen zu wehren versuchten. Der Metropolit Platon, selbst ein Anhänger curricularer Reformen im Bereich seiner Bildungseinrichtungen, versuchte bei der Zarin vergeblich den Abzug von Seminaristen zu verhindern. So schickten die Seminare und geistlichen Akademien schließlich Personen, die nur mäßig geeignet waren und teils von der Hauptvolksschule wegen Unfähigkeit wieder an die Seminare zurückverwiesen wurden.[58] Und obwohl der Unterhaltssatz mit jährlich 120 Rubel pro Lehrerstipendiatenplatz höher war als beispielsweise für die Slavisch-Griechisch-Lateinische Akademie (70 Rubel),[59] erschien manchem Seminaristen die Disziplin ungewohnt und vor allem die Berufsperspektive wenig verlockend: Er entzog sich der Ausbildung zum Lehrer durch die Flucht und setzte sich der polizeilichen Verfolgung aus; zwei Seminaristen meldeten sich 1789 gar zum Militär für den Krieg gegen das Osmanische Reich.[60]

Deshalb wurden Planungen angestellt, für den Lehrerberuf in den *Moskovskie Vedomosti* zu werben, die Gehälter zu verbessern[61] und Personen mit ausreichender Vorbildung nach einer Prüfung zu Lehrern zu befördern bzw. eine dem individuellen Leistungsstand entsprechende Kurzausbildung anzubieten. Vitalij Eingorn, der sich intensiv mit der Lehrerausbildung im Gouvernement Moskau beschäftigt hat, ermittelte jedoch lediglich 60 Kandidaten, die sich in Moskau zwischen 1788 und 1803 freiwillig für eine Ausbildung zum Lehrer oder ein Nachexamen meldeten. Diese waren Seminaristen (12), ehemalige Studenten der Moskauer Universität (10) oder Schüler des

---

[57] Suchomlinov (Hrsg.), Istorija, T. 6, S. 48, 450.
[58] Becker, C. B., The Church School in Tsarist Social and Educational Policy from Peter to the Great Reforms. PhD Harvard 1964, S. 3 f., 70; Platon und andere kirchliche Würdenträger wiesen darauf hin, daß sie das in den Seminaren und Akademien ausgebildete Personal selbst benötigten, um die Vakanzen (1783: mehr als 9.000) zu besetzen.
[59] Eingorn, Moskovskoe glavnoe narodnoe učilišče, S. 148 f.
[60] Znamenskij, Duchovnye školy, S. 592, 601; Eingorn, Moskovskoe glavnoe narodnoe učilišče, S. 144-146. Der zweite Krieg, den Katharina II. gegen das Osmanische Reich zwischen 1787 und 1792 führte, zeigte einmal mehr den Vorrang, den die (kriegerische) Außenpolitik genoß. Katharina ließ durch das Medizinal-Kollegium sowohl aus den geistlichen Bildungseinrichtungen als auch aus der Moskauer Hauptvolksschule geeignet erscheinende Personen auswählen, die schnell zu Wundärzten ausgebildet werden sollten. Generell herrschte, wie schon im Zusammenhang mit der Pestbekämpfung erwähnt, chronischer Mangel an Ärzten (vgl. hierzu allgemein: Müller-Dietz, H. E., Die „medizinischen Rekruten" Katharinas II., in: Reinalter, H. (Hrsg.), Gesellschaft und Kultur Mittel-, Ost- und Südosteuropas im 18. und beginnenden 19. Jahrhundert. Festschrift für Erich Donnert zum 65. Geburtstag. Frankfurt usw. 1994, S. 167-177).
[61] Grigor'ev hielt die zu geringe Entlohnung und die fehlenden Pensionen für das Kardinalproblem. Insbesondere die Frage der Pensionen stellte sich im ausgehenden 18. Jahrhundert weder für Zivilbeamte noch für Militärs: Um Pensionen als verbrieftes Recht wurde erst in der zweiten Hälfte des 19. Jahrhunderts gekämpft; siehe: Grigor'ev, Istoričeskij očerk, S. 292; Maurer, Hochschullehrer, S. 331-355.

Universitätsgymnasiums (6), um nur die „größten" von Eingorn ermittelten Gruppen zu nennen.[62] Die sechzig Kandidaten gingen dann zunächst auch an die Schulen des Gouvernements. Wie lange sie dort ihren Beruf ausübten, ist in der Regel nicht bekannt. Nur für einen Lehrer fand Eingorn Angaben darüber, daß dieser den Lehrerberuf mit dem Posten eines Sekretärs der Podolischen Adelsversammlung eintauschte, dafür mit einem Rang in der Rangtabelle belohnt wurde, der ihm den persönlichen Adel verlieh und ihm eine Verdreifachung seines Gehaltes bescherte (von 120 auf 380 Rubel im Jahr). Üblicherweise erhielt ein Lehrer erst nach etwa einem Jahrzehnt Dienst den untersten Rang auf der Rangtabelle zugesprochen.[63] Im Vergleich zu den Zwangsrekrutierungen von Seminaristen (nur 26 der etwa 200 zwischen 1788 und 1803 entsandten Seminaristen legten das Lehrerexamen ab) war die auf Freiwilligkeit basierende Lehreranwerbung erheblich erfolgreicher, wenngleich insgesamt ebenfalls unzureichend.

---

[62] Mehr als 50 % dieser sechzig Freiwilligen ging im Alter von 19-21 Jahren in den Lehrerberuf; siehe: Eingorn, Moskovskoe glavnoe narodnoe učilišče, S. 162, 166. Vergleicht man diese Zahl mit der Gesamtzahl der Universitätsstudenten, vor allem aber mit derjenigen der Schüler des Gymnasiums, die gegen Ende des 18. Jahrhunderts die Tausendermarke überschritten hatte, wird deutlich, wie unattraktiv der Lehrerberuf letztlich war (vgl. Kap. 3.2.1.).
[63] Eingorn, Moskovskoe glavnoe narodnoe učilišče, S. 161, 163. Zum Verhältnis von Dienstzeiten zur Rangbeförderung: Šepelev, Činovnyj mir, S. 17-22.

3.2.2. Das Schulstatut von 1786 in der Praxis

Tabelle: Schüler der Moskauer Hauptvolksschule 1786 bis 1801 nach sozialer Herkunft

Jahr	Adel	Hofleute, Hausangestellte	Geistlichkeit	Kaufleute	Mešč-ane	Kanzlisten	Soldatenkinder	Leibeigene	Ausländer	Andere	Gesamt
1786	10	57	8	2	5	4	12	3	-	4	105
1787	19	166	13	10	12	6	28	7	-	8	269
1788	22	231	2	14	9	9	23	-	-	14	324
1789	21	288	6	7	4	6	9	-	-	5	346
1790	21	236	5	6	-	1	-	-	-	-	269
1791	19	213	4	8	-	1	6	-	2	-	253
1792	26	186	2	11	1	3	-	-	3	2	234
1793	25	124	6	15	7	9	20	-	10	-	216
1794	43	156	10	10	6	6	8	-	7	-	246
1795	62	150	-	10	-	-	10	-	9	5	246
1796	36	119	-	17	-	3	21	-	12	8	216
1797	50	143	7	20	-	15	10	-	7	-	252
1798	54	136	-	30	-	15	10	-	5	-	250
1799	36	86	6	58	20	18	6	-	-	-	230
1800	30	80	6	28	7	12	9	5	3	-	180
1801	20	50	3	18	25	18	17	-	-	4	155
Gesamt	494	2421	78	264	96	126	189	15	58	50	3791
%	13	64	2	7	2,6	3,3	4,8	0,4	1,5	1,4	100

Quelle: Lepskaja, Sostav učaščichsja, S. 92; Gobza, G., Stoletie Moskovskoj pervoj gimnazii, 1804-1904. Moskva 1903 (sic!), S. 12; RGIA, f. 730, op. 2, d. 101, l. 45.

Nun machten die Lehrerstipendiaten, die im Rahmen des Unterrichts in der zweijährigen, vierten Klasse ausgebildet wurden, höchstens zehn bis elf Personen pro Jahrgang aus. Die Berechnungen von Lepskaja und Gobza, die stichprobenartig überprüft wurden, zeigen, daß in der Moskauer Hauptvolksschule der Gedanke einer allen sozialen Schichten offenstehenden Schule verwirklicht wurde: Das gesamte soziale Spektrum war, wenn auch in sehr unterschiedlichem Ausmaß, in der Schülerschaft vertreten. Den

Intentionen des Statuts von 1786 wurde damit entsprochen. Die Tabelle macht deutlich, daß der Adel, der aufgrund seiner finanziellen Mittel noch am ehesten die Möglichkeit besaß, andere Bildungseinrichtungen zu frequentieren oder Hauslehrer zu beschäftigen, seine Kinder weitgehend von den öffentlichen Stadtschulen fernhielt; auch der Anteil von Kindern der handeltreibenden Bevölkerung war gering. Relativ groß hingegen war derjenige von Sprößlingen der Hofleute und Hausangestellten, der *dvorovye ljudi*. Die Zahl der Kinder von Leibeigenen war verschwindend gering, so daß das bäuerliche Milieu gemessen an seinem Anteil an der Gesamtbevölkerung in den Schulen unterrepräsentiert war. Allerdings wird aus der Tabelle auch deutlich, welch starken Schwankungen der Schulbesuch aller Gruppen ausgesetzt war. An der Wende vom 18. zum 19. Jahrhundert ging der Besuch der Hauptvolksschule zurück, was zum Teil regionale Ursachen hatte: Trotz der Einwendungen Kozodavlevs und des Schulkommissionsvorsitzenden Zavadovskij blieb es bei der beengten Unterbringung, so daß weder für die Schüler noch die Lehreraspiranten geeignete Ausbildungsräume zur Verfügung standen. Der Schuldirektor Timofej G. Mstislavskij, der offensichtlich keine besonders starke Position innerhalb der Moskauer Lokaladministration besaß, konnte sich mit seinen Verbesserungsvorschlägen nicht durchsetzen, so daß im Grunde desto weniger Kinder die Kriterien für die Annahme in die 3. Klasse der Moskauer Hauptvolksschule, nämlich solide Kenntnisse im Rechnen und Schreiben, erfüllten, je voller die Hauptvolksschule Moskaus wurde.[64] 1788 wurden wegen unregelmäßigen Schulbesuchs und wegen ungebührlichen Verhaltens 53 Schüler der Hauptvolksschule verwiesen,[65] was aber in den ersten Jahren durch eine erhöhte Nachfrage offensichtlich ausgeglichen werden konnte.

Letztlich waren es die Besonderheiten der Moskauischen Bildungslandschaft, die den Mißerfolg der Hauptvolksschule bedingten, wuchs doch in Sankt Petersburg die Schülerzahl mehr oder weniger kontinuierlich, wenn auch nicht mehr mit der anfänglichen Geschwindigkeit, an.[66] Für diejenigen, denen elementare Kenntnisse für den Kanzlistendienst oder das eigene Handwerk und Gewerbe genügten, war das Angebot der kleinen Volksschulen ausreichend. Schließlich kam es in Moskau bei diesen Schulen nicht zu einem derartigen Einbruch der Schülerzahlen wie bei der Hauptvolksschule: Waren es 1786 vor der Verkündung des Statuts 193 Schüler, die in drei Schulen lernten, besuchten 1790 1.168 Schüler 15, 1795 1.287 Schüler 18 kleine Volksschulen, im Jahre 1800 waren es 1.235 Schüler.[67] Zum stärksten Schwund kam es nicht in den ersten beiden Klassen der Hauptvolksschule, sondern in der dritten und vierten Klasse, in denen durch permanenten Abzug von Schülern durch ihre Eltern kaum geordnet

---

[64] RGIA, f. 730, op. 2, d. 76, l. 2.
[65] Ebenda, l. 46. Eine derart hohe Zahl von Verweisen war außergewöhnlich und einmalig.
[66] Ebenda, d. 40, ll. 21-55; d. 51, ll. 1-101.
[67] Ebenda, d. 35, 40, 51, 102, 103.

gearbeitet werden konnte. Immerhin gab es für die an erweiterter Bildung Interessierten die Moskauer Universitätsgymnasien für den Adel und die *raznočincy*. So erklärt sich der Erfolg der Sankt Petersburger Hauptvolksschule in den Klassen drei und vier auch mit dem Fehlen solcher Gymnasien. Die breiteste Form der Bildung bot neben dem unzugänglichen Akademiegymnasium eben das aus der Hauptvolksschule hervorgehende Lehrerseminar.

Die Provinz

Für alle Gouvernements außerhalb der Hauptstädte ist mit Abweichungen festzuhalten, daß nach der zweiten Schulgründungswelle 1788/89 keine wesentlichen Steigerungen bei den Schülerzahlen erfolgten. Einbrüche, die in allen Schultypen im letzten Jahrzehnt des Jahrhunderts zu verzeichnen gewesen und die durch Schulschließungen wegen schlechter Finanzierung oder mangelndem Interesse verursacht worden waren, konnten zur Jahrhundertwende allenfalls ausgeglichen werden. Osip Kozodavlev besuchte die Schulen des Gouvernements Rjazan', als sie die höchsten Schülerzahlen aufwiesen. Der „blühende Zustand", den er der Hauptvolksschule wie den in allen *uezdy* gegründeten kleinen Schulen bescheinigte,[68] hielt nicht allerorts vor. Zwischen 1788 und 1800 mußten beispielsweise drei Anläufe unternommen werden, um die Schule von Egor'evsk immer wieder neu zu gründen; dennoch wuchs die Schülerzahl auf nicht mehr als acht Schüler im Jahre 1801 an.[69] Auch für die Schulen des Gouvernements Rjazan' galt dasselbe wie für die Moskauer Hauptvolksschule. Sie standen allen Ständen offen, und die verschiedensten Gruppierungen nutzten dieses Angebot. Freilich war bei den Hauptvolksschulen in den Gouvernements die Konkurrenz durch alternative und gut eingeführte Bildungsinstitutionen geringer als in Moskau oder Sankt Petersburg. Daraus resultierte jedoch keine Dominanz der Adelskinder in den Hauptvolksschulen. Von 167 Jungen, die 1788 die Rjazaner Hauptvolksschule besuchten, entstammten 35 dem Adel, 25 waren Kinder von nichtadligen Beamten, 19 Soldatenkinder, 16 Kinder von Kaufleuten und Handwerkern, 47 aber waren *dvorovye ljudi* aus dem bäuerlichen Milieu und 13 Kinder von leibeigenen Bauern.[70] Mit derartigen Befunden,[71] die verdeutlichen, daß in der Tat die Schulen nicht vom Adel „als reaktionärer Klasse" dominiert waren, sondern die Möglichkeit zum Besuch von der Erreichbarkeit der Schule

---

[68] Suchomlinov (Hrsg.), Istorija, T. 6, S. 455-457.
[69] Zur Entwicklung der Schülerzahlen der kleinen Volksschulen im Rjazaner Gouvernement: RGIA, f. 730, op. 2, d. 711, ll. 9, 15, 18, 20-22, 34-38.
[70] Ebenda, d. 779, ll. 1-32. Über die Herkunft der restlichen Schüler existieren keine Angaben.
[71] Ähnlich präsentierte sich 1788 auch die soziale Struktur in der Schülerschaft der Hauptvolksschulen in Novgorod: Ebenda, op. 1 , d. 71, ll. 57-101),Tver' (ebenda, l. 116 f.), Kaluga (ebenda, ll. 299-305), Tula (ebenda, ll. 312-329) und Jaroslavl' (ebenda, ll. 403-420). Bei den Listen handelt es sich um Anlagen zum Kozodavlev-Rapport. Für Voronež: Pyl'nev/Rogačev, Škola i prosveščenie, S. 44 f.

und damit auch von der Finanzierbarkeit, vor allem aber vom Interesse abhing, tat sich die sowjetische Wissenschaft schwer. Sie griff die aufklärerisch-fortschrittliche Tätigkeit einzelner Personen heraus, die aus diesen Einrichtungen hervorgingen.[72] Die staatliche Gesetzgebung einer als reaktionär gekennzeichneten Autokratin konnte schwerlich als fortschrittlich oder gar „demokratisch" bewertet werden.[73]

Im Gouvernement Perm', das sich über weite Teile des Urals erstreckte, erfolgte die Finanzierung der kleinen Schulen aus der Kasse der Stadtdumen, die zwischen 150 und 280 Rubel pro Jahr aufbrachten; zuzüglich unregelmäßiger Spenden reichte dies für die Aufrechterhaltung des Schulbetriebes nur deshalb aus, weil die Lehrer weniger Lohn erhielten als im *ustav* von 1786 vorgesehen.[74] Im Jahre 1796 kamen die sieben kleinen Schulen, bei zehn (Kungur) bis zu 56 Schülern (Ekaterinburg), zusammen auf 209 Schüler, die Hauptvolksschule in Perm' besuchten 142 Schüler; allerdings konnte die vierte Klasse nicht angeboten werden, weil die ursprünglich vorgesehenen Lehrer, die aus dem Sankt Petersburger Lehrerseminar nach Perm' abkommandiert worden waren, bessere Posten, etwa im Kadettenkorps, erhalten hatten.[75] Wie fast überall fanden auch in der Permer Hauptvolksschule nur die ersten beiden Klassen Zuspruch, danach nahmen die Eltern die Kinder von der Schule.[76]

Im Gouvernement Tambov fand die Einrichtung der Schulen während der Amtszeit Gavriil Deržavins als Gouverneur (1786-1788) statt. Er machte sich zwar mit Eifer ans Werk, sah jedoch bald, in welchem Maße Erfolg oder Mißerfolg von der Initiative des einzelnen Entscheidungsträgers und der Kooperation mit den einflußreichen Gruppierungen innerhalb der lokalen Gesellschaft abhingen.[77] In seinem Bericht an die Schulkommission schilderte Deržavin in lebhaften Worten, daß die lokale Gesellschaft ihm in

---

[72] Siehe die interpretatorischen Inkonsistenzen bei Lepskaja, Sostav; Beljavskij, M. T., Škola i sistema obrazovanija v Rossii v konce XVIII v., in: VMGU, istoriko-filologieskaja serija 2 (1959), S. 105-120, hier S. 114; Bachrušin, (Hrsg. u. a.), Istorija Moskvy, T. 2, S. 482, 501-503; Štrange, Demokratičeskaja intelligencija; Kurmačeva, Krepostnaja intelligencija.

[73] In diesen Kontext stellt sich auch die Ende der sechziger und in den siebziger Jahren des 20. Jahrhunderts sehr intensiv geführte Debatte um den Charakter des russischen Absolutismus. Hierzu resümierend: Fedosov, I. A., Prosveščennyj absoljutizm v Rossii, in: VI (1979), 9, S. 34-55; Geyer, D., Der Aufgeklärte Absolutismus in Rußland. Bemerkungen zur Forschungslage, in: JbfGO NF 30 (1982), S. 176-189.

[74] Siehe den zusammenfassenden Bericht aus dem Jahre 1803 in: RGIA, f. 733, op. 95, d. 479, ll. 70-84.

[75] Ebenda, op. 1, d. 41, ll. 393-396.

[76] Ebenda, op. 95, d. 479, ll. 90-92. Auch der spätere Dichter A. F. Merzljakov (1778-1830) absolvierte nur die beiden ersten Jahre der Permer Hauptvolksschule (Kalinina, Razvitie, S. 13).

[77] Hierzu noch immer: Salias, E. A., Poèt Deržavin, pravitel' namestničestva (1785-1788), in: RV (1876), 9, S. 66-120; 10, S. 567-627, hier 10, S. 608. Zugleich werden dort auch die Schwierigkeiten geschildert, auf die ein lokaler Gouverneur stieß, wollte er nicht nur im Verhältnis zur lokalen Gesellschaft, sondern auch zu den Zentralbehörden Verbesserungen durchsetzen. Freilich wird aus Deržavins Memoiren deutlich, daß der Dichter aufgrund seiner kritischen Haltung zu Grigorij Potemkin, Kanzler A. A. Bezborodko und Generalprokuror P. A. Vjazemskij nach Tambov „verbannt" worden war (Deržavin, Zapiski, S. 579-602).

3.2.2. Das Schulstatut von 1786 in der Praxis

Tambov zwar bei der Eröffnung der Hauptvolksschule freudig gefolgt sei. In allen *uezd*-Städten die Einrichtung von kleinen Volksschulen durchzusetzen, hätte er in den Jahren seines Amtes jedoch nicht vermocht. Es sei ihm lediglich gelungen, in der Hälfte der Kreise (Kozlov, Lebedjan, Elatem, Šatck und Moršansk) Schulen zu eröffnen, wobei er von vornherein deren Lebensfähigkeit angezweifelt habe.[78] Osip Kozodavlev hingegen hatte bei seiner Visitation aller Schulen des Gouvernements Tambov einen wesentlich günstigeren Eindruck gewonnen: Lediglich für die Volksschule von Kozlov empfahl er die Ablösung eines Lehrers, den er für inkompetent hielt. Ansonsten lobte er sowohl die Bemühungen Deržavins als auch diejenigen des Schuldirektors Andrej A. Žochov, der seine im Landkadettenkorps erworbenen Erziehungsideale an die Schüler weiterzugeben versuchte und dabei, was die öffentlichen Examina wie die Akzeptanz in der Gesellschaft anging, nach Auffassung Kozodavlevs auf positive Reaktionen stieß.[79]

Wenig erfolgreich, folgt man dem Schulchronisten A. A. Titov in seiner Darstellung, verliefen die ersten Jahre der kleinen Volksschule von Rostov im Gouvernement Jaroslavl'.[80] Selbst als Lehrer in Jaroslavl' tätig, schilderte er anhand des Schularchivs, daß 1781 unter Berufung auf die Bestimmungen der Gouvernementsreform von 1775 schriftlich die ersten Wünsche nach Gründung einer Schule geäußert worden seien, der Magistrat der Stadt sich jedoch nicht in der Lage gesehen habe, Geld für ihre Einrichtung bereitzustellen. Zwar erklärten sich 76 Bürger der Stadt bereit, die Schule mit insgesamt 110 Rubel im Jahr zu unterstützen, doch dauerte es bis zum Erlaß des Schulstatuts, bis der Jaroslavler Gouverneur General Golochvastov selbst forderte, die Stadt Rostov solle einen beheizbaren Raum für 15 Schüler bereitstellen. Ein Raum wurde im Palast des Erzbischofs von Rostov gefunden, und die Bürger spendeten mehr als 650 Rubel, der Magistrat 300 Rubel, um die Erstausstattung des Schulraums sowie die Gehälter für die beiden Lehrer aufzubringen.[81] Aus dem *prikaz* des Gouvernements wurden laut Titov keinerlei Mittel zugewiesen, doch immerhin eröffnete Gouverneur Golochvastov im Dezember 1786 die kleine Volksschule persönlich.

Folgt man Titovs Darstellung, so wurden bis zur Jahrhundertwende regelmäßig mehr als 15 (nur männliche) Kinder angemeldet, die jedoch den zweijährigen Unterricht nicht absolvieren konnten, weil es immer wieder erhebliche Probleme mit dem Lehrper-

---

[78] RGIA, f. 730, op. 1, d. 83, l. 1-29; Deržavin, Zapiski, S. 585 f.
[79] Kozodavlevs Rapport über Tambov publiziert in: Suchomlinov (Hrsg.), Istorija, T. 6, S. 453-455. Kozodavlev nannte die Bildungsgänge aller zehn Schuldirektoren, deren Gouvernements er visitierte. Sie verweisen zumindest auf einen kleinen Erfolg der säkularen Bildungseinrichtungen, die im Laufe des 18. Jahrhunderts entstanden. Nur ein Direktor hatte die Kiever Akademie besucht, drei hingegen das Landkadettenkorps, vier das Universitätsgymnasium in Moskau, einer die Universität selbst sowie einer das Akademiegymnasium in Sankt Petersburg.
[80] [Titov, A. A.], Rostovskoe gorodskoe učilišče v pervye gody svoego suščestvovanija 1786-1803. Istoričeskij očerk po povodu stoletnogo jubileju učilišča. Moskva 1886.
[81] Ebenda, S. 4-6.

sonal gab. Alle Lehrer dieser Zeit waren ehemalige Seminaristen, die aus dem geistlichen Seminar in Jaroslavl' stammten und die es entweder an den nötigen Kenntnissen fehlen ließen, betrunken im Unterricht erschienen und auf die Kinder einprügelten, oder, wie 1791 der Lehrer S. Chmel'nickij, eines Tages einfach verschwunden waren. 1799 teilte der *smotritel'*, der ehrenamtliche Kurator Razsyl'čikov, dem *prikaz* mit, der schnelle Wechsel der Lehrer, die zudem nicht sehr pfleglich mit dem Schuleigentum umgegangen seien, habe dazu geführt, daß sich die Bürgerschaft die zusätzlichen Mittel für die Miete nicht mehr leisten könne und er daher empfehle, ein Schulzimmer in einem Kaufmannshaus zu mieten.[82] Im Falle der kleinen Volksschule von Rostov wird man also nicht von einem Desinteresse insbesondere der Kaufleute und *meščane* sprechen können, die ihre Kinder in die Schule schickten, jedoch durch das Lehrpersonal und die ungenügend wahrgenommene Aufsichtspflicht des Jaroslavler Gouverneurs desillusioniert wurden. Selbst wenn sie aus privaten Spenden erheblich zur Zahlung der Lehrergehälter und des Unterrichtsmaterials beitrugen - das fehlende oder unqualifizierte Lehrpersonal behinderte die Ausbildung des Nachwuchses, so daß sich 1802 nur noch zwei Kinder in der Schule befanden.[83]

Das Gouvernement Vologda, etwa 500 Kilometer nordöstlich von Moskau, gehörte im ausgehenden 18. und auch im 19. Jahrhundert zu den ärmeren zentralrussischen Gebieten mit einer unterdurchschnittlichen Bevölkerungs- und Städtedichte.[84] Dennoch bzw. gerade deshalb zählte es zu denjenigen Gouvernements, die in der ersten Welle am 22.9.1786 eine Hauptvolksschule zu eröffnen hatten. So wurden eine solche in Vologda selbst und kleine Volksschulen in den Kreisstädten Velikij Ustjug, Tot'ma, Sol'vyčegodsk, Grjazovec und Lal'cek gegründet, die beiden letztgenannten nach zehn Jahren, in denen sie aufgrund von Lehrermangel kaum noch von Schülern besucht werden konnten, jedoch wieder geschlossen.[85] Aufgrund der begrenzten finanziellen Verhältnisse sah sich der *prikaz obščestvennogo prizrenija* außerstande, die kleinen Volksschulen überhaupt zu unterstützen. Nicht einmal für die Hauptvolksschule gelang es ihm, Fachkräfte aus dem Lehrerseminar in Sankt Petersburg anzuwerben, so daß man Lehrer aus dem geistlichen Seminar in Vologda und anderen geistlichen Schulen des Kirillov-Klosters und der Stadt Beloozersk in der Hoffnung zu rekrutieren versuchte, deren Seminaristen würden weniger Gehalt verlangen.

Was den kirchlichen Bildungseinrichtungen für die Hauptstädte nicht gelungen war, als Katharina II. sie zwang, geeignete Kandidaten für das Lehrerseminar in Sankt Petersburg bzw. die Hauptvolksschule in Moskau abzugeben, erfolgte nun auf lokaler

---

[82] Ebenda, S. 8-13.
[83] Ebenda, S. 15.
[84] Zum folgenden: Otto, N., Materialy dlja istorii učebnych zavedenij Minsterstva narodnogo prosveščenija: Vologodskaja direkcija učilišč do 1850. SPb. 1866.
[85] Ebenda, S. 13.

Ebene. Die geistlichen Schulen weigerten sich, ihre Zöglinge zur Verfügung zu stellen, so daß angeforderte Seminaristen gar nicht erst eintrafen und insbesondere die kleinen Volksschulen, von denen manche bis zur Jahrhundertmitte nie einer Visitation aus der Gouvernementsstadt unterzogen worden waren, über Monate oder Jahre ohne Lehrer und folglich auch ohne Schüler blieben, was in den zwei besagten Fällen schließlich zu ihrer Schließung führte.[86] Auf der anderen Seite waren auch der Gouverneur und sein *prikaz* nicht immer bereit, gesellschaftliches Engagement zu fördern. So wurde dem Wunsch nach Einführung des Faches Geschichte für die Schüler von Velikij Ustjug, der durch eine entsprechende, von 70 Personen unterzeichnete Eingabe nachdrücklich dokumentiert worden war, nicht entsprochen; es blieb bei dem für die kleinen Schulen vorgegebenen Kanon von Lesen, Schreiben, Arithmetik und Religion, obwohl die Bittsteller sich bereit erklärt hatten, für die Bücher und die zusätzlichen Unterrichtsstunden aufzukommen. Für die kleine Volksschule von Sol'vyčegodsk gelang es dem offensichtlich engagierten Lehrer mit dem klingenden Namen Mudrov über mehrere Jahre hinweg, den Gouverneur immer wieder davon zu überzeugen, den Kindern Latein zu vermitteln, was er sich selbst aus Büchern, die er aus Sankt Petersburg hatte kommen lassen, beigebracht hatte. Auch diese Initiative wurde von den Kaufleuten des Städtchens unterstützt.[87]

Die Peripherie I: Sibirien

Schon im Verlauf des 19. Jahrhunderts setzte eine vergleichsweise intensive Aufarbeitung der während des 18. Jahrhunderts in Sibirien verfolgten Bildungspolitik ein, was im Vergleich zu anderen russisch besiedelten Gebieten auf ein ausgeprägtes Regionalbewußtsein an der Peripherie zurückzuführen sein mag.[88] Wie in den übrigen Regio-

---

[86] Ebenda, S. 15, 20. Weniger Probleme bereitete es offensichtlich, Sprachlehrer für den Unterricht in Deutsch und Französisch zu gewinnen. Mehrfach erklärten sich in Vologda lebende Ausländer, die sich zuvor als Hauslehrer verdingt hatten, zur Übernahme der Stunden bereit; der Erfolg war jedoch begrenzt, ein Deutscher, der an der Universität Leipzig studiert haben wollte, wurde wegen Unfähigkeit entlassen, ein anderer verschwand mit der Schulkasse und konnte durch die Gouvernementspolizei nicht mehr aufgefunden werden (ebenda, S. 16 f.).
[87] Gleichzeitig griff Mudrov zu Erziehungsmethoden, die in keiner Weise in Übereinstimmung mit dem Volksschulstatut von 1786 standen. Als Disziplinarmaßnahme prügelte er die Kinder nicht nur, er schor ihnen auch den Kopf (ebenda, S.17 f.). Obwohl derartige Strafen im Statut von 1786 ausdrücklich verboten waren, wird es sich um keinen Einzelfall gehandelt haben.
[88] Für das 19. Jahrhundert stellvertretend: Slovcov, P. A, Istoričeskoe obozrenie Sibiri. SPb. 1886; siehe auch: Jurcovskij, N. S., Očerki po istorii prosveščenija v Sibiri. Novosibirsk 1923. Das Werk Jurcovskijs ist ein Beispiel für die lebendigen Aktivitäten des sich herausbildenden regionalen Wissenschaftsengagements, das als *kraevedenie* in den ersten Jahren der Sowjetmacht gefördert, dann aber eben wegen regionalistischer Tendenzen weitgehend unterbunden wurde. Seine Arbeit ist von einem wissenschaftlichen Niveau, das später kaum noch erreicht wurde. Siehe auch: Kopylev, A. N., Očerki kul'turnoj žizni Sibiri XVII-načala XIX v. Novosibirsk 1974.

nen des Reiches trafen die Anordnungen Katharinas auch in diesem endlosen Landmeer zwischen Ural und Pazifik, in den Gouvernements Tobol'sk, Irkutsk und Kolyvan' (Barnaul), auf die Bandbreite von Bildungsinstitutionen, die das 18. Jahrhundert hervorgebracht hatte, allerdings in dem entsprechenden Verhältnis zur Bevölkerungszahl und -dichte. So hatte der Metropolit von Tobol'sk eine geistliche Akademie errichtet,[89] die neben einer Schule existierte, die schwedische Kriegsgefangene während des Nordischen Krieges (1712) gegründet hatten und die fallweise auch von russischen Kindern besucht wurde.[90] Im Altaj-Gebirge und in der Region Nerčinsk existierten Bergschulen,[92] die auf die Initiativen Vasilij Tatiščevs zurückgingen, schließlich wurden im Rahmen der Erschließung des Landes infolge der großen Expeditionen der Akademie der Wissenschaften kurzlebige Missionsschulen gegründet, wie auf der Halbinsel Kamčatka.[93] In Irkutsk und Ochotsk waren um die Jahrhundertmitte Übersetzungsschulen und vor allem Schulen für Geodäsie und Navigation etabliert worden, die jeweils ein bis zwei Dutzend Schüler hatten, jedoch zu Beginn der achtziger Jahre des 18. Jahrhunderts im Niedergang begriffen waren.[94] Einen rudimentär allgemeinbildenden Charakter besaß, wie andernorts auch, die Garnisonsschule am Ort.[95] Und schließlich war das Gouvernement Irkutsk eines der wenigen, das unmittelbar nach der Gouvernementsreform nicht nur wie gefordert einen *prikaz obščestvennogo prizrenija*, sondern 1781 auch die vorgesehene Schule eingerichtet hatte, die zunächst von 138 Schülern besucht wurde, 1787 freilich nur noch von 38.[96]

Diese Schüler bildeten den Grundstock für die Schülerschaft der 1789 eröffneten Hauptvolksschule. 1790 wurden an der Irkutsker Hauptvolksschule, den Vorstellungen der Zarin entsprechend, Klassen eingerichtet, die sich dem Unterricht der regionalen Sprachen widmen sollten. 32 Schüler begannen mit dem Erlernen des Mongolischen, 27 Schüler des Japanischen, aber schon 1794 mußte der Unterricht eingestellt werden, wegen „[...] der Schwierigkeiten, diese komplizierten Sprachen zu lernen und wegen des Widerwillens der Schüler und der Eltern, diesen Unterricht fortzusetzen."[97] Von den

---

[89] Lichovskij, A., Prosveščenie v Sibiri v pervoj polovine XVIII stoletij, in: ŽMNP 360 (1905), S. 1-29, hier S. 15-29.
[90] Čerkaz'janova, I. V., Nemeckaja škola v Sibiri XVIII v.-1938 g. Moskva 2000, S. 40-52.
[92] Kopylev, Očerki, S. 73, 79-83.
[93] Bazanov, A. G., Školy na Kamčatke v XVIII v., in: Sovetskij sever (1939), 2, S. 177-194.
[94] RGIA, f. 733, op. 39, d. 32, ll. 48-52; ebenda, op. 83, d. 56, l. 27.
[95] Im Gegensatz zu anderen Regionen (siehe: Rabinovič, M. D. (Hrsg.), K istorii prosveščenija v Rossii v konce XVII v. (Saratovskaja soldatskaja garnizonnaja škola v 1793 g.), in: IA (1958), 1, S. 230-233) wurden die Garnisonsschulen Sibiriens auch auf private Initiative hin gegründet, weil sie für die einzige Möglichkeit gehalten wurden, mit bescheidenen finanziellen Mitteln säkulare Bildung zu vermitteln. Siehe hierzu: Papmehl, K. A., The Regimental Schools established in Siberia by Samuel Bentham, in: Canadian Slavonic Papers 8 (1966), S. 153-168; Kopylev, Očerki, S. 63-65.
[96] Lambockaja, Ė. A., O školach irkutskoj gubernii XVIII v., in: Voprosy istorii škol Vostočnoj Sibiri 2 (1975), S. 3-25, hier S. 14 f.
[97] RGIA, f. 730, op. 2, d. 480, l. 39.

etwa 108 Schülern, die die Hauptvolksschule von ihrer Gründung bis zur Umwandlung in ein Gymnasium (1805) jährlich besuchten, schafften nur zwei bis drei einen Abschluss und wurden bei den öffentlichen Examina ausgezeichnet. Zumeist nahmen auch hier die Eltern ihre Kinder nach zwei Jahren Unterricht aus der Schule, weil sie das Ziel erreicht sahen: Die notwendigen Schreibfähigkeiten für den Kanzlei- und Verwaltungsdienst waren erworben,[98] und da in den sibirischen Gouvernements Adlige allenfalls wegen einer Dienstposition auf der höchsten Verwaltungsebene, aber kaum als Gutsbesitzer lebten,[99] war auch von dieser Seite das Interesse an einem elaborierten Curriculum der höheren Klassen gering. In der gesamten Zeit der Existenz der Irkutsker Hauptvolksschule absolvierten lediglich 45 Personen den gesamten Ausbildungsgang, von denen die Mehrzahl in den Verwaltungsdienst strebte, vier jedoch als Lehrer an die kleinen Volksschulen gingen.[100] Der Ansatz des Statuts, daß die Hauptvolksschulen eben auch ihren eigenen Nachwuchs ausbilden sollten, war hier zumindest im Ansatz noch erkennbar. Ohnehin war es schwierig, für die dritte und vierte Klasse Lehrer aus dem europäischen Rußland zu gewinnen. 1795 verbot die Schulkommission einem Lehrer der Irkutsker Hauptvolksschule schlichtweg, seinen Abschied zu nehmen, weil dieser zu wenig Dienstjahre abgeleistet habe, vor allem aber - und dies war der Hauptgrund, da aus dem Ausscheiden eines Lehrers keine irgendwie gearteten Pensionsansprüche erwuchsen -, weil die Befürchtung bestand, man könne keinen qualifizierten Nachfolger gewinnen.[101]

Dank der vorrevolutionären Institutionengeschichte für das Tobol'sker Gymnasium[102] besitzen wir Hinweise auf das Eintrittsalter der Schüler in die Hauptvolksschule: In die erste Klasse wurden bei der Gründung (1789) Jungen im Alter von 5 bis 16 Jahren geschickt, in der zweiten Klasse war die Mehrzahl 8 bis 15 Jahre alt; allerdings wurden auch ein 25-jähriger, ein 26-jähriger und 33-jähriger Mann angenommen. Eine ähnlich breite Altersstreuung ergab sich auch für die dritte Klasse.[103] Bei dem Aufruf zur Einschulung war - im Gegensatz beispielsweise zur Moskauer Hauptvolksschule - keine Altersbegrenzung festgesetzt worden, doch war dies Phänomen keine Tobol'sker

---

[98] Jurcovskij, Očerki, S. 42-44.
[99] Die adlige „Abwesenheit" führte im 19. Jahrhundert manche Vertreter der gebildeten Elite zu einer Eigensicht, die Sibirien als Fluchtort, als Land der Freiheit und der Verbannung zugleich begriff. Hierzu die allerdings sehr plakativen Ausführungen von: Lincoln, W. B., Die Eroberung Sibiriens. München 1996, S. 178-225.
[100] Korejša, Ja. [A.], Istoričeskij očerk Irkutskoj gubernskoj gimnazii (1789-1905). T. 1: Irkutskoe narodnoe učilišče. Irkutsk 1910, S. 41-43.
[101] RGIA, f. 730, op. 2, d. 472, ll. 55-57.
[102] Zamachaev, S. N./Cvetaev, G. A., Tobol'skaja gubernskaja gimnazija; weniger informativ: Michajlova, L. P., Škola Tobol'skoj gubernii v konce XVIII-pervoj polovine XIX vekov, in: Učenye zapiski Tjumenskogo pedagogičeskogo instituta 32 (1966), 7, S. 168-206.
[103] Zamachaev/Cvetaev, Tobol'skaja gubernskaja gimnazija, S. 10. Auch 1790 war die Altersstruktur ähnlich heterogen (ebenda, S. 19 f.)

Besonderheit. Auch in Moskau wurde das Alter der Aufzunehmenden lediglich auf 6 bis 16 Jahre eingegrenzt, was den Unterricht in den Schulen sicher nicht erleichtert haben dürfte.[104]

Tabelle: Entwicklung der Schülerzahlen der Hauptvolksschulen von Tobol'sk und Irkutsk

	Tobol'sk	Irkutsk
1790	174	108
1791	154	102
1792	148	84
1793	137 davon 2 Mädchen	66
1794	126	76
1795	88	116
1796	76	90
1797	53	105
1798	65	102
1799	129 davon 6 Mädchen; 26 Kinder erhielten Unterricht in mongolischer Sprache	95
1800	120 26 Kinder erhielten Unterricht in mongolischer Sprache	89
1801	89	120
1802	66 davon 5 Mädchen	120
Durchschnitt	110	98

Quelle: RGIA, f. 730, op. 1, d. 43, ll. 4-9; d. 41, ll. 303-902.

Die Gründung der Hauptvolksschule in Kolyvan' wurde, im Gegensatz zu der Entwicklung der Schwestereinrichtungen in Irkutsk und Tobol'sk, die sich bei allen Schwankungen der Schülerzahlen wie der materiellen Ausstattung fest im städtischen Leben etablieren konnten, zu einem Fehlschlag. Während die beiden anderen zumindest dreiklassig beginnen konnten, gelang in Kolyvan' nur eine zweiklassige Eröffnung. Zu keinem Zeitpunkt besuchten Kinder die Abschlußklasse. 1793/94 sank die Schülerzahl abrupt von 91 auf 41 Schüler.[105] Ein Lehrer der Schule, S. Galjanskij, wandte sich im Januar 1794 direkt an den Vorsitzenden der Schulkommission und beklagte sich über

---

[104] Lepskaja, Sostav, S. 91.
[105] RGIA, f. 730, op. 1, d. 41, l. 336.

3.2.2. Das Schulstatut von 1786 in der Praxis

seinen vorgesetzten Direktor, der diesen Posten nur aufgrund seiner adligen Herkunft erhalten habe, sich nun aber in keiner Weise um die schulischen Angelegenheiten kümmere, ihn weder im Unterricht unterstütze noch für die notwendige Ausstattung der Schule sorge. Der Schulleiter sage den Eltern der Schüler sogar, es sei besser, sie würden ihre Kinder privat erziehen lassen. Mit Hinweis auf die Bestimmungen des Schulstatuts bat er Zavadovskij um eine Ablösung des Schulleiters, der das „Licht der Aufklärung in Kolyvan' auslöschen" wolle.[106] Der Generalgouverneur, der von Zavadovskij beauftragt wurde, der Angelegenheit nachzugehen, verwies jedoch auf die Konkurrenz zur örtlichen Bergbauschule, die attraktiver sei als die Hauptvolksschule, ohne auf die Vorwürfe gegen den Direktor einzugehen.[107] Schließlich wurde die Schule 1797 in Ermangelung einer ausreichenden Schülerzahl geschlossen. Dagegen waren in Tobol'sk und Irkutsk, wo eine traditionsreiche und relativ wohlhabende Kaufmannschaft im Verein mit den Beamten nicht nur Bereitschaft zeigte, ihre Kinder auf die neu eingerichteten Schulen zu schicken, sondern auch ein Einsehen in die Notwendigkeit dieser Einrichtungen hatte, die Gründungen von Dauer, wobei man in beiden Städten die unmittelbare Nachbarschaft der Garnsionsschulen und geistlichen Bildungseinrichtungen „synergetisch" nutzte, indem man sich mit Lehrkräften aushalf. In Kolyvan' gab es eine solche protourbane Struktur nicht. In der rohstoffreichen Region war aus Gründen der Symmetrie gerade hier ein administratives Zentrum geschaffen worden, dessen Einwohnerschaft eine solche Schule offensichtlich nicht zu tragen bereit war. Glaubt man den Beschwerden des Lehrers Galjanskij, hielt selbst der Schulleiter seine Einrichtung für überflüssig.

Ähnlichen Problemen waren die kleineren Schulen Sibiriens ausgesetzt. Neben den Hauptvolksschulen wurden in Tjumen', Turinsk, Tara, Tomsk und Narym (1789), in Enissejsk, Krasnojarsk und Kuzneck (1790) sowie in Verchneudinsk (1793) kleine Volksschulen gegründet.[108] Für diese Schulen gelang es den lokalen Kaufleuten, Handwerkern und Kanzlisten immerhin, die Gelder für die Einrichtung der Schulhäuser und die Besoldung der Lehrer zu sammeln, so daß der Unterricht aufgenommen werden konnte, wobei Erfolg oder Mißerfolg der kleinen Schulen mangels Daten kaum überprüft werden können. Aufgrund der Größe des Gebietes fanden keine Revisionen statt. Schülerzahlen wurden dem jeweiligen Gouverneur nur sehr unregelmäßig gemeldet, allerdings wurde zumeist auch nicht schriftlich Klage über eine unzureichende materielle Basis der Schule geführt.[109] Aktenkundig wurde lediglich, daß in Kuzneck das mangeln

---

[106] Ebenda, op. 1, d. 150, ll. 20-23.
[107] Ebenda, l. 35.
[108] Ebenda, d. 41, ll. 303-344; ebenda, d. 124, l. 124ob.
[109] Die Schulen waren einklassig bei Klassengrößen von 18 Schülern (Narym 1799) bis 91 (Krasnojarsk 1792), wobei die größte Gruppe immer Beamtenkinder, die zweitstärkste Gruppe immer Kaufmannskinder waren. In allen Schulen waren für die gemeldeten Jahre 1792 und 1799 auch Bauernkinder vertreten. Nur in Krasnojarsk besuchten Mädchen (14 im Jahre 1792) die Volksschule

de Spendenaufkommen die Schließung der Schule bedingte: Der Lehrer M. Lukin schrieb mit Bedauern an die Schulkommission, daß die Kaufleute und die Beamten in Kuzneck arm seien und die Schule nicht unterhalten könnten, der Gouverneur ihm aus Kolyvan' aber mitgeteilt hätte, daß der *prikaz* über kein Geld verfüge, um die Schule zu finanzieren,[110] die daraufhin 1797 geschlossen werden mußte. Noch mehr als bei den Hauptvolksschulen, an denen mehrere Lehrer wirkten, wurde das Schicksal der Schulgründungen in den *uezd*-Städten neben der finanziellen Situation maßgeblich durch die einzelnen Lehrerpersönlichkeiten bestimmt. So wurde der erste Lehrer der Krasnojarsker Schule, der immerhin 1791/92 100 bzw. 91 Schüler unterrichtete, von der Schulkommission für andere Aufgaben angefordert; als sein Nachfolger 1793 in Krasnojarsk eintraf, fand er keine Schüler mehr vor, und das Schulhaus war in einem äußerst schlechten Zustand. Da es ihm offensichtlich nicht gelang, neue Schüler einzuwerben, verließ er im Dezember 1795 in eigener Verantwortung Krasnojarsk. Die Schule wurde nicht wieder eröffnet.[111]

Die Peripherie II: Baltikum, Weißrußland und die ukrainischen Gebiete

Bemerkenswert ist, daß sich die Schulkommission schon vor der Verabschiedung des Statuts Gebieten mit sprachlich und konfessionell gemischter Bevölkerung zuwandte, um deren Integration in das Gesamtreich voranzutreiben.[112] Die Tendenz zur Uniformierung und Zentralisierung bei gleichzeitigem Versuch, aus praktischen Erwägungen lokale Gegebenheiten einzubeziehen, wurde u. a. in den baltischen Provinzen deutlich. Eingaben der Städter und des Adels aus den baltischen Provinzen (Livland, Estland und Kurland) an die Gesetzbuchkommission hatten gezeigt, daß gerade diese Gruppierungen besonders stark auf den Sonderrechten beharrten, die ihnen der Frieden von Nystad (1721) garantiert hatte. Schon 1784, also noch vor Abschluß der Arbeit am Schulstatut,

---

(RGIA, f. 730, op. 1, d. 41, ll. 303-837; ebenda, d. 124, l. 183-186).

[110] Ebenda, d. 124, ll. 44-46.

[111] Ebenda, d. 41, ll. 482ob, 522ob; d. 124, ll. 40-42. Krasnojarsk erhielt erst im Jahre 1819 wieder eine staatlich-säkulare Schule.

[112] Diesen Aspekt betont für die erste Dekade der Herrschaft Katharinas: Nosov, B. N., Strukturelle Angleichung als Ziel der Politik gegenüber Polen, den baltischen Provinzen und der Ukraine im Vorfeld der Ersten Teilung Polens, in: Berliner Jahrbuch für Osteuropäische Geschichte (1996), 1, S. 191-202. Dies gilt in anderer Weise auch für die muslimischen Untertanen: Schon im September 1785 wies Katharina den Gouverneur von Orenburg, Igelström, an, in unmittelbarer Nähe zu den Moscheen von Orenburg und Troick Schulen zu errichten, die der tatarischen Bevölkerung offenstehen sollten. Diese trugen ihrer Meinung nach in wesentlich stärkerem Maße zur Vermeidung von Erhebungen bei als Gewalt (vgl. PSZ 22, Nr. 16.244, S. 533 f.). Damit spielte die Zarin auf die Teilnahme der Tataren des Gouvernements Orenburg am Pugačev-Aufstand mehr als zehn Jahre zuvor an (Kappeler, A., Rußlands erste Nationalitäten. Das Zarenreich und die Völker der Mittleren Wolga vom 16. bis zum 19. Jahrhundert. Köln usw. 1982 (= Quellen und Studien zur Geschichte des östlichen Europa, 14), S. 307-321).

3.2.2. Das Schulstatut von 1786 in der Praxis

erhielt der Gouverneur von Livland Anweisung, die ersten russischen Normalschulen in den Städten der baltischen Provinzen einzurichten, da dort das Bildungsniveau relativ hoch sei,[113] Ferner sollte er die bereits existenten Schulen auf die Übernahme der „Normalmethode" vorbereiten und das Russische als Unterrichtsfach einführen lassen,[114] was bei der deutschen Oberschicht durchaus nicht auf ungeteilte Zustimmung stieß.[115]

1785 hatte Katharina angeordnet, in bereits existierenden Schulen der baltischen Provinzen die Normalmethode einzuführen, 1788 befahl sie die Gründung weiterer Schulen.[116] Im Gouvernement Livland sah der russische Gouverneur A. A. Beklešov keinerlei Handlungsbedarf. Er teilte der Zarin mit, in Livland gäbe es schon fünf deutsche Schulen, die sich mit den Hauptvolksschulen vergleichen ließen, und eine hinlängliche Zahl von kleinen Schulen.[117] Die Notwendigkeit einer russischen Hauptvolksschule in Riga befürwortete er jedoch ebenso wie die Durchsetzung des Russischunterrichtes an den bereits vorhandenen Schulen. So wurde dort im Februar 1789 - fünf Jahre nach dem ersten *ukaz* der Zarin - die russische Hauptvolksschule, die den Namen Katharinas tragen sollte, eröffnet, ein Jahr später folgte eine weitere im estnischen Reval. Innerhalb kurzer Zeit wurden vier Lehrer vom Sankt Petersburger Lehrerseminar abgeordnet, die russisches Lehrmaterial mit sich führten, das den Normsatz für Hauptvolksschulen deutlich überstieg.[118] Die Schulkommission wies eigens daraufhin, daß für diese Schule besonders qualifiziertes Personal und eine gute Ausstattung geschaffen werden müsse, um dem Konkurrenzdruck in Riga standhalten zu können.[119] Der Erfolg jedoch war bescheiden. In keiner der beiden Schulen stieg die Zahl der Schüler auf mehr als 100 - trotz des Bildungsdrucks auf die russischen Beamten angesichts des hohen Bildungsniveau der lokalen Elite. Im ersten Halbjahr des Jahres 1802 sank die Schülerzahl in

---

[113] Dies gilt nicht nur für die deutschbaltische, städtische Elite, sondern auch für die estnische und lettische Landbevölkerung. Für die Esten wird die Alphabetisierungsrate schon um die Mitte des 18. Jahrhunderts auf über 50 % geschätzt; siehe: Naaber, J., Volksbildung und Schulen der Esten in Est- und Livland im Zeitalter der Aufklärung, in: Elias, O.-H. (Hrsg. u. a.), Aufklärung in den baltischen Provinzen Rußlands. Ideologie und soziale Wirklichkeit. Köln usw. 1996 (= Quellen und Studien zur baltischen Geschichte, 15), S. 73-94.
[114] PSZ 22, Nr. 16.055, S. 378.
[115] Schon die Einführung der sogenannten Statthalterschaftsverfassung hatte in den Ritterschaften und den Städten in Liv- und Estland Unmut erregt; siehe hierzu: Bienemann, F., Die Statthalterschaftszeit in Liv- und Estland (1783-1796). Ein Capitel aus der Regentenpraxis Katharinas II. Berlin 1889 (Reprint 1973), S. 137-180; Elias, Reval, S. 73-75, 96-99; Neuschäffer, H., Katharina II. und die Aufklärung in den baltischen Provinzen, in: Elias, O.-H. (Hrsg. u. a.), Aufklärung in den baltischen Provinzen Rußlands. Ideologie und soziale Wirklichkeit. Köln usw. 1996 (= Quellen und Studien zur baltischen Geschichte, 15), S. 27-42, insbesondere S. 37-42.
[116] Roždestvenskij, Očerki, S. 629.
[117] RGIA, f. 730, op. 1, d. 46, l. 1.
[118] Ebenda, d. 130, l. 18-28, 113 f.
[119] Ebenda, ll. 4-114. Bei der Eröffnung waren dort 58 Jungen und 18 Mädchen russischer Muttersprache angemeldet worden (ebenda, op. 2, d. 1616, ll. 2-5).

Riga auf elf Schüler, in Reval befanden sich in diesem Halbjahr gar keine Kinder in der Schule.[120]

Auf der anderen Seite beließ es die Zarin bei einer Sonderstellung des deutschen Schulwesens und löste es aus der künftigen Organisation eines gesamtstaatlichen Schulwesens heraus, wenn auch die Organisationsform analog gebildet wurde. Die Sankt Petri-Schule, von der schon im Zusammenhang mit ihrem kurzzeitigen Schulleiter Anton Friedrich Büsching die Rede gewesen ist, sollte als Hauptvolksschule für alle deutschen Schulen im Reich fungieren, sowohl für diejenigen der deutschen Kolonien an der Wolga,[121] im russischen Karelien, in Liv- Est- und Kurland als auch in Sankt Petersburg und Moskau.[122] Das Direktorium sollte allerdings seiner ihm zugewiesenen Leitungsfunktion für das gesamte deutsche Schulwesen nie gerecht werden. Schon Margarete Woltner hat aufgezeigt, daß die von der Pfarrgeistlichkeit mehr schlecht als recht betriebenen deutschen Schulen in den Kolonien an der Wolga allein aufgrund der Distanz sich selbst überlassen bleiben mußten; aber auch Katharina selbst umging, wie die oben genannten *ukazy* an den livländischen[123] Gouverneur in Riga zeigen, das von ihr eingesetzte Direktorium, dessen Einfluß auf die deutschen Schulen in Sankt Petersburg begrenzt blieb.[124]

Anders als in den baltischen Provinzen, in denen die deutschsprachige Elite zunächst im Zusammenspiel, schließlich in der Auseinandersetzung mit der russischen Herrschaft auf einige Jahrzehnte der Erfahrung mit weitgehender Autonomie zurückblicken konnte, fanden die Einführung von säkularen Schulen und die Implementierung von Verwaltungsstrukturen, die denen des Zarenreiches angepaßt waren,[125] in den nach 1772 an das Zarenreich gelangten weißrussischen Gebieten zur gleichen Zeit statt. Nach der Aufhebung des Jesuitenordens (1773) befanden sich die Jesuiten in der eigentümlichen Situation, daß ihre Position in diesen Gebieten von staatlichen und päpstlichen

---

[120] Roždestvenskij, Očerki, S. 630.
[121] Seit 1763 warb Katharina, in diesem Punkt physiokratischen Peuplierungsideen verpflichtet, systematisch deutsche Siedler an; siehe hierzu das Standardwerk von: Bartlett, R. P., Human Capital. The Settlement of Foreigners in Russia, 1762-1804. Cambridge 1979, S. 35-66; zum Schulwesen noch immer hilfreich: Woltner M., Das wolgadeutsche Bildungswesen und die russische Schulpolitik. Teil 1: Von der Begründung der Wolgakolonien bis zur Einführung des gesetzlichen Schulzwangs. Leipzig 1937.
[122] Ukaz vom 29.8.1783, in deutscher Übersetzung bei: Woltner, Das wolgadeutsche Bildungswesen, S. 37 f. An der deutschen Hauptvolksschule durften jedoch nicht nur alle gewünschten Fächer über den im Plan von 1782 festgelegten Kanon hinaus unterrichtet werden, solange die Normalmethode befolgt wurde, sondern das gesamte Schulwesen bekam eine eigene Schulkommission im kleinen, ein Direktorium. Dieses bestand aus den beiden Predigern der Sankt Petri-Schule, deren Inspektor sowie Christoph von Münnich, einem Enkel des Feldmarschalls Münnich, als Vertreter der Regierung.
[123] Woltner, Das wolgadeutsche Bildungswesen, S. 40-51.
[124] Zur Weiterentwicklung der Sankt Petri-Schule: Amburger, Die deutschen Schulen in Rußland, S. 6-8.
[125] Lappo, Zapadnaja Rossija, S. 11-22; Lehtonen, Die polnischen Provinzen, S. 256-307.

3.2.2. Das Schulstatut von 1786 in der Praxis

Angriffen zunächst unbeeinträchtigt blieb.[126] Der katholische Bischof Stanislav Sestrencevič, wiewohl den Jesuiten als auch den auf weißrussischem Gebiet und in der Ukraine aktiven Mönchsorden der Piaristen und der Basilianer[127] skeptisch gegenüberstehend,[128] kam nach einer Visitation sämtlicher Bildungsinstitutionen in den Gouvernements Polock und Mogilev nicht umhin, der Schulkommission zu empfehlen, die vorhandenen katholischen Einrichtungen und das Potential der gut ausgebildeten Geistlichen zu nutzen. Dieser Vorschlag stieß jedoch in der Kommission auf Skepsis. Zavadovskij und Janković bezweifelten, daß die katholischen Mönche bereit wären, die Normalmethode und die normierten Unterrichtsmaterialien zu übernehmen. Statt dessen wurde sogar erwogen, im benachbarten Gouvernement von Kiev unmittelbare Konkurrenz zu schaffen, indem man die dortige Hauptvolksschule mit der Kiever Akademie zusammenlegte, um vor dem Hintergrund der ebenfalls lateinisch geprägten Bildungstradition ein orthodoxes Gegengewicht[129] gegen die katholischen Mönchsorden zu schaffen.[130] Vorübergehend schien der Gedanke an ein weltlich säkulares Schulsystem, das aufgrund der Überlegenheit seiner Methoden und Inhalte und durch seine Orientierung auf den Staatsnutzen dem geistlichen überlegen sein würde, aufgegeben worden zu sein, um den befürchteten zentrifugalen Kräften zu begegnen. Als jedoch mit dem Kozodavlev-Rapport deutlich wurde, daß die Gründung der Hauptvolksschulen in den russischen Gouvernements nicht ohne Erfolg voranschritt, fühlten sich die Kommissionsmitglieder ermutigt, von einem von Kiev ausgehenden, stärker orthodox-geprägten Schulwesen, für das umfangreiche Änderungen im Curriculum erwogen worden waren, abzusehen.[131]

Sowohl in Kiev als auch in Mogilev und Polock wurden Hauptvolksschulen eröffnet, in denen unter den Lehrern der Anteil von Seminaristen der Kiever Akademie allerdings sehr groß war. So ist nicht genau nachzuvollziehen, ob die Hauptvolksschulen faktisch doch zum Vorposten der Orthodoxie wurden, oder dies von der Bevölkerung lediglich so empfunden wurde. Der Anspruch des Staates auf Vorrang gegenüber dem katholischen Schulwesen, in dem freilich auch die einzelnen Orden miteinander rivalisierten, und bezüglich der Inhalte, die in den Ordensschulen vermittelt

---

[126] Evseev, K. E., Sud'by škol'nogo prosveščenija v severo-zapadnoj krae. Lekcija. Vitebsk 1908, S. 29. Evseev beschreibt dies vor allem anhand des Kollegiums in Polock; vgl. auch: Seidler, G. L., The Reform of the Polish School System in the Era of Enlightenment, in: Leith, J. A. (Hrsg.), Facets of Education in the Eighteenth Century. Oxford 1977 (= Studies on Voltaire and the Eighteenth Century, 167), S. 337-358, hier S. 339 f. und 345 f.
[127] Lehtonen, Die polnischen Provinzen, S. 140-147.
[128] Kemp bezeichnet ihn als „involuntary protector of the Jesuits" (Kemp, The Jesuits, S. 476). Zur Rolle der Jesuiten siehe auch: Flynn, J. T., The Role of the Jesuits in the Politics of Russian Education, in: The Catholic Historical Review 56 (1970), 2, S. 249-265, hier S. 249-251, sowie Kap. 4.1.1. und 4.1.2.
[129] Zu der „Erstarrung" der Akademie in der zweiten Hälfte des 18. Jahrhunderts: Petrov, N. I., Kievskaja Akademija v carstvovanii Ekateriny II (1762-1796). Kiev 1906.
[130] Sbornik materialov, T. 1, S. 13-15.
[131] Ebenda, S. 17-21.

wurden, war jedoch unüberhörbar und wurde in den Reden auf den Eröffnungsfeiern auch konkret formuliert. Die Konkurrenzsituation blieb bestehen, und alle Hauptvolksschulen taten sich schwer, qualifizierte Lehrer für den Unterricht in den höheren Klassen zu gewinnen, insbesondere für die Fächer Deutsch und Latein.[132] Was in anderen Gouvernements insofern weniger ins Auge fiel, weil in derartigen Fällen kein Unterricht stattfand, wurde hier zum sinnfälligen Problem der Rückständigkeit des russischen Staates: Das Jesuitenkollegium in Polock konnte diese Fächer mit qualifiziertem Personal anbieten. Der polonisierte ukrainische und weißrussische Adel, aber auch die Kaufmannschaft schickten ihre Kinder spätestens zu diesem Zeitpunkt in die Jesuitenschule. Der Staat setzte sich mit seinen säkular-weltlichen Schulen und seinem russischsprachigen Unterrichtsmaterial dem Verdacht aus, nicht nur seine bildungspolitischen Ziele durchsetzen, sondern auch eine Russifizierung in diesen Gebieten zu wollen. Sicherlich war auch in den russischen Schwarzerdegouvernements ein Besuch der Hauptvolksschule eine Begegnung mit dem Fremden, zu dem es jedoch keine Alternative gab. In den Westgubernien dagegen war die Situation eine andere: So schlug der stellvertretende Gouverneur von Weißrußland 1797 vor, die beiden oberen Klassen der Hauptvolksschule in Polock zu schließen, weil die Schüler von ihren Eltern von der Schule genommen worden seien, und dies nicht etwa, weil das Lernziel erfüllt worden war, sondern um sie auf das Jesuitenkollegium zur weiteren Ausbildung zu schicken.[133]

Im Gouvernement Kiev, wo Piaristen, Basilianer und partiell auch Jesuiten aktiv waren, war der Schulpolitik der Kommission und der lokalen Administration ein Mißerfolg beschieden: 1789 waren 76 Schüler, davon 18 Mädchen, an der Hauptvolksschule angemeldet worden, zwei Jahre später erreichte die Schülerzahl ihren Höhepunkt mit 164 Schülern, davon 33 Mädchen.[134] Danach sank die Schülerzahl deutlich, um erst zur Jahrhundertwende wieder auf 100 Schüler anzusteigen.[135] Vor allem aber gelang es nicht, auch nur eine kleine Volksschule in den Kreisstädten dauerhaft zu etablieren.[136]

Im ukrainischen Nachbargouvernement Černigov wurden 1789 die beiden Hauptvolksschulen in Černigov selbst und in Novgorod-Seversk sowie eine Volksschule in Nežin gegründet, dem Ort, in dessen Umkreis Katharinas Kanzler Bezborodko seinen unermeßlichen Landbesitz hatte. Im folgenden Jahr wurden Schulen in Gluchov und Starodub eröffnet. Die Gründung von zwei Hauptvolksschulen in einem Gouvernement spricht dafür, daß der Gouverneur angesichts des etwas höheren Bildungsniveaus in der

---

[132] Ebenda, S. 191-194.
[133] Ebenda, S. 136-138.
[134] Kondufor, Ju. Ju. (Hrsg.), Istorija Kieva. T. 2: Kiev perioda pozdnego feodalizma i kapitalizma. Kiev 1984, S. 94 f.
[135] K načal'noj istorii, S. 9 f.
[136] Sbornik materialov, T. 1, S. 475 f.

3.2.2. Das Schulstatut von 1786 in der Praxis

Ukraine eine größere Resonanz erwartete. Jedoch urteilte das überaus gründlich arbeitende Akademiemitglied Michail Suchomlinov in seiner Skizze über die Schuldirektion Černigov während des ausgehenden 18. und des 19. Jahrhunderts: „Schulen für das Volk waren sie nur dem Namen nach, denn das Volk hatte ihnen gegenüber keine guten Gefühle."[137] Suchomlinov wollte dieses Urteil am Beispiel der Konkurrenz zu privaten Pensionen und geistlichen Schulen illustrieren, die seiner Auffassung nach im Gouvernement Černigov florierten. Gleichzeitig mußte er jedoch eingestehen, daß in Novgorod-Seversk der Unterricht in den einzelnen Klassen kaum noch durchführbar sei, weil für die folgenden Jahre zu viele Kinder angemeldet worden seien.[138] Wenn alle Bildungseinrichtungen ungeachtet ihrer Provenienz einen größeren Zulauf hatten, als Kapazitäten vorhanden waren oder bereit gestellt wurden, spricht dies eher für eine Bildungsbereitschaft, die vom staatlichen Angebot nicht zufriedengestellt werden konnte. Die ukrainischen und weißrussischen Territorien, zu denen in der zweiten und dritten Teilung Polens (1793, 1795) auch litauische und selbst kernpolnische Gebiete hinzukamen, befanden sich administrativ, aber auch hinsichtlich ihres Schulwesens in einer nachgerade permanenten Umorganisation. Es gelang kaum, eine Bestandsaufnahme der geistlichen Bildungseinrichtungen wie der kirchlichen Besitzungen zu machen, aus denen diese Einrichtungen finanziert werden sollten. Es blieb dem Schulkomitee zu Beginn der Regierung Alexanders I. vorbehalten, dieses Problem grundsätzlich anzugehen.[139]

Als Katharina 1796 starb, hatte die Welle von Schulgründungen ihren Höhepunkt überschritten, die ergänzenden Gründungen von Gymnasien und weiteren Universitäten waren Planspiele geblieben; auch hatte der Schwung der Kommission, wie die Sitzungsintervalle zeigten, erheblich nachgelassen. Bei Zavadovskij, Janković, Aepinus und den anderen Kommissionsmitgliedern setzte einerseits eine gewisse Ernüchterung ein, weil es nicht gelungen war, manchen *prikaz* und manche lokale Administration zu mehr finanziellem Engagement zu bewegen;[140] andererseits wurde, wie aus einem Bericht an den neuen Zaren Paul I. hervorgeht, auch eine gewisse Zufriedenheit darüber geäußert,

---

[137] Suchomlinov, Učilišča i narodnoe obrazovanie v Černigovskoj gubernii, S. 9. Man ist versucht zu ergänzen, daß bei der Schuldichte und den Schülerzahlen das „Volk" überhaupt keine „guten Gefühle" entwickeln konnte und mußte. Die öffentlichen Schulen blieben bei aller unterschiedlichen Herkunft der Schüler eine Angelegenheit der an Bildung Interessierten und somit der von Katharina und ihrer Kommission in den Blick genommenen Funktionselite.
[138] Ebenda, S. 9 f.
[139] Im letzten Jahrfünft des 18. Jahrhunderts beschäftigte sich die Schulkommission hinsichtlich dieser Gebiete vor allem damit, die Materialien zu sichten, die die Edukationskommission als oberste polnische Erziehungsbehörde in den letzten Dekaden polnischer Eigenstaatlichkeit hinterlassen hatte; siehe hierzu: Materialy dlja istorii narodnogo obrazovanija, in: KS (1882), 5, S. 276-307; (1882), 6, 451-497, sowie Kap. 4.1.1.
[140] RGIA, f. 730, op. 2, d. 7, l. 4.

daß es gelungen sei, Rußland mit einem Netz von Hauptvolksschulen zu überziehen, das nun bei Bedarf jederzeit durch ein Engagement des Staates engmaschiger geknüpft werden könnte.[141] Etwa zehn bis fünfzehn Jahren nach ihrer Gründung wiesen die Schulen generell starke Schwankungen in der Zahl ihrer Schüler wie ihrer Zusammensetzung auf, so daß die Querschnitte, wie viele Schüler sich wann in welcher Lehranstalt befunden haben, nur zu Näherungswerten bei der Beantwortung der Frage führen können, wie viele Schüler in diesen Einrichtungen elementare oder weiterführende Kenntnisse vermittelt bekamen.[142] Immerhin erhielt die Arbeit der Kommission gerade von Paul I. eine gewisse Anerkennung, als im Jahr 1800 die Anordnung erging, es solle verboten werden, für den Dienst in der Verwaltung Zöglinge geistlicher Schulen einzusetzen; statt dessen habe man auf die Absolventen der öffentlichen Schulen zurückzugreifen.[143]

Insgesamt beurteilte die Kommission die eigene Arbeit nicht unzutreffend. Sicher waren die Schulen unterfinanziert, und natürlich kam es zu den üblichen Klagen über schlechte Unterbringung und mangelnde Ausstattung, die nota bene auch in anderen Ländern erhoben wurden, in denen unter anderen Voraussetzungen etwa zeitgleich ein Schulwesen durch den Staat eingerichtet oder reformiert wurde.[144] Dennoch wird man festhalten können, daß die Schulen überall dort funktionierten, wo einerseits ihre Einführung in der lokalen Elite auf Akzeptanz stieß, die sich in der Bereitschaft zur Mitfinanzierung sowie in der Entsendung der eigenen Kinder in die Schulen manifestierte, und wo andererseits die Lehrer trotz schlechter Bezahlung ihren Beruf ernst nahmen und den verordneten Lehrplan mit Leben erfüllten. Konkurrenz konnte das Geschäft dabei beleben, mußte es aber nicht zwingend. In Moskau hatte es die Hauptvolksschule schwer, sich in der aufgefächerten Bildungslandschaft durchzusetzen, in Sankt Petersburg war die Akzeptanz größer. Im Baltikum erschienen die Bemühungen der Schulkommission der einheimischen Bevölkerung in Anbetracht des dort vergleichsweise entwickelten Schulwesens als unnötige und die Autonomie behindernde Machtdemonstration, den Russen hingegen als Art der Selbstvergewisserung hinsichtlich ihrer Präsenz und ihrer Rechte. In den Westgubernien verhinderte die ethnische und konfessionelle Struktur einen Erfolg der öffentlichen Schulen. Dort, wo keine Konkurrenz vorhanden war, die lokale Elite jedoch die Schulen als Kristallisationspunkte von Bildung im eigenen Gouvernement, vielleicht sogar eines bescheidenen kulturellen Lebens, wie man es staatlicherseits mit den Schuleröffnungen zu inszenieren suchte, erkannte und kontinuierlich mitfinanzierte, arbeiteten zumindest die Hauptvolksschulen

---

[141] Ebenda, op. 1, d. 86, ll. 108-123.
[142] Ebenda, op. 2, d. 41, 42, 43.
[143] Ebenda, op. 1, d. 50, l. 371; siehe auch: ebenda, d. 86, l. 94.
[144] Siehe hierzu die einschlägigen Beiträge in: Schmale (Hrsg. u. a.), Revolution des Wissens, vor allem in Teil 2.

3.2.2. Das Schulstatut von 1786 in der Praxis

gemessen an den jeweiligen lokalen Verhältnissen erfolgreich, wie die sich stabilisierende Entwicklung von Hauptvolksschulen in Tver', Tobol'sk und Irkutsk zeigte.[145]

Umfassender als beim Herrschaftsantritt Pauls I. bilanzierte die Schulkommission ihre Arbeit beim Regierungsbeginn Alexanders I. und stellte dem Zaren einen Überblick zusammen, der in tabellarischer Form wiedergegeben sei:

Tabelle: Nach dem Statut vom August 1786 organisierte Schulen zum Zeitpunkt des Regierungsantritts Alexanders I.[146]

Gouvernements	Hauptvolksschulen			Kleine Volksschulen			Gesamt		
	Schule	Lehrer	Schüler	Schule	Lehrer	Schüler	Schule	Lehrer	Schüler
Archangel'sk	1	4	54	2	2	30	3	6	84
Astrachan'	1	4	120	1	2	30	2	6	150
Černigov	2	10	268	7	19	489	9	29	757
Char'kov	1	16	336	5	10	261	6	26	597
Donkosakendistrikt	1	3	120	-	-	-	1	3	120
Estland[147]	1	4	61	-	-	-	1	4	61
Irkutsk	1	6	89	1	1	24	2	7	113
Jaroslavl'	1	5	131	8	9	306	9	14	437
Kazan'	1	4	151	4	4	117	5	8	268
Kaluga	1	6	175	2	2	55	3	8	230
Kiev	1	6	135	-	-	-	1	6	135
Kostroma	1	4	70	5	5	129	6	9	199
Kurland	1[148]	3	31	20	30	615	21	33	646

---

[145] Insofern ist Janet Hartley zu widersprechen, die, ausgehend von ihrer Untersuchung über den *prikaz obščestvennogo prizrenija* im Gouvernement Sankt Petersburg, konstatierte, nur dort habe das katharinäische Schulwesen funktioniert und Erfolg gehabt. Dieses Urteil trifft nur zu, wenn man die Arbeit des *prikaz* losgelöst von der gesellschaftlichen Akzeptanz betrachtet (Hartley, The Boards of Social Welfare).

[146] Die Zahlen in diesem Bericht für Alexander I. wiesen in sich Ungereimtheiten auf: Während man in der detaillierten Auflistung auf über 22.000 Schüler kam, war in dem Protokoll der Kommission bei den Beratungen über den Rapport für Alexander nur von etwa 19.000 Schülern die Rede. Einige Gebiete der Westgubernien sowie die deutschen Schulen, die nach dem Schulstatut organisiert worden waren, fehlten hier (vgl. Sbornik materialov, T. 1, S. 327 f.).

[147] In Estland waren die im 18. Jahrhundert existierenden Dorfschulen nicht der katharinäischen Schulkommission unterstellt worden.

[148] In der Hauptvolksschule Kurlands in Mitau war die Unterrichtssprache deutsch.

3.2. Bildungsinstitutionen in der Praxis

	Kursk	1	4	186	7	11	505	8	15	691
X	Litauen	-	-	-	21	114	2790	21	114	2790
	Livland[149]	1	4	68	-	-	-	1	4	68
X	Minsk[150]	1	5	149	6	25	431	7	30	580
	Moskau (Stadt)	1	7	214	17	39	1283	18	46	1497
	Moskau (Gouv.)	-	-	-	9	13	339	9	13	339
	Narva	-	-	-	1	1	54	1	1	54
	Neurußland	1	5	112	1	2	56	2	7	168
	Nižnij-Novgorod	1	5	120	2	4	100	3	9	220
	Novgorod	1	6	98	10	12	394	11	18	492
	Orenburg	1	3	52	3	6	134	4	9	186
	Orlov	1	7	218	8	8	502	9	15	720
	Perm'	1	6	137	6	6	147	7	12	284
	Petersburg (Stadt)	4[151]	34	853	12	39	2339	16	73	3192
	Petersburg (Gouv.)	-	-	-	10	10	597	10	10	597
X	Podolien	3	35	850	-	-	-	3	35	850
	Pskov	1	4	102	5	6	249	6	10	351
	Rjazan'	1	4	160	11	14	340	12	18	500
	Saratov	2	8	242	-	-	-	2	8	242
	Simbirsk	1	5	168	2	2	85	3	7	253
	Smolensk	1	5	177	7	8	267	8	13	444
	Tambov	1	4	96	3	3	148	4	7	244
	Tobol'sk	1	6	94	6	6	186	7	12	280
	Tula	1	5	135	-	-	-	1	5	135
	Tver'	1	4	168	7	12	336	8	16	504

---

[149] Auch in Livland waren die Dorfschulen nicht der Schulkommission zugeordnet worden.

[150] Im Zuge der Teilungen Polens waren im Zarenreich die Gouvernements Minsk, Podolien und Volhynien gebildet worden, in denen 45 Schulen mit 5.147 Schülern gezählt wurden, von denen knapp 3.000 adliger Herkunft waren. Diese Schulen wie auch weitere Gründungen wurden dem jeweiligen *prikaz obščestvennogo prizrenija* unterstellt, ohne daß sich zunächst an der Schulträgerschaft der katholischen Orden etwas änderte. Zu den Zahlen: RGIA, f. 730, d. 24, ll. 210-212, 213-215, 222 f. Zu dem administrativen Vorgang und zur Diskussion um die Fortentwicklung dieser Schulen siehe Kap. 4.1.1.

[151] In diesen vier Hauptvolksschulen ist auch die Hauptvolksschule St. Peter enthalten, in der 1801 18 Lehrer 388 Schüler unterrichteten.

3.2.2. Das Schulstatut von 1786 in der Praxis

Vjatka	1	5	115	4	4	146	5	9	261
Vladimir	1	4	114	3	3	175	4	7	289
Volhynien	-	-	-	4	26	823	4	26	823
Vologda	1	5	76	3	3	78	4	8	154
Voronež	1	4	195	4	4	168	5	8	363
Vyborg	1	9	153	5	12	112	6	21	265
Weißrußland	2	10	217	7	14	359	9	24	576
Gesamt	48	268	7010	239	491	15199	287	759	22209

Quelle: RGIA, f. 730, op. 2, d. 23, ll. 296, d. 24, ll. 210-212.

Waren die katharinäischen Stadtschulen ein Erfolg? Sicher nicht, wenn man ihre Zahl und die Zahl ihrer Schüler in ein Verhältnis zur Bevölkerungszahl des Kontinente übergreifenden Reiches setzt: Folgt man den Forschungsergebnissen des sowjetischen Demographen Kabuzan, so ergibt sich für das Jahr 1795 eine Bevölkerung von etwa 41 Millionen Einwohnern für das gesamte Zarenreich.[152] Wollte man das aus diesen Zahlen zu errechnende prozentuale Verhältnis zwischen Bevölkerungszahl und Alphabetisierungsgrad zur Grundlage einer Beurteilung machen, wäre das Ergebnis niederschmetternd. Demgegenüber hat Boris Mironov aufgrund von Daten der Volkszählung von 1897 hypothetische Berechnungen angestellt, nach denen die Alphabetisierung der männlichen Stadtbevölkerung Rußlands zwischen 1757 und 1808 stark voranschritt. Nach seinen Erkenntnissen stieg der Alphabetisierungsgrad unter den Männern von 19,3% auf 38,3%, unter den Frauen von 5,2% auf 18,7%.[153] Wenn diese Zahlen auch nur näherungsweise korrekt sein können, erlebte das Zarenreich unbeschadet der Tatsache, daß mit den Gebieten, die sich Rußland in den Teilungen Polens aneignete, Territorien annektiert wurden, die strukturell auch in ihrer Bildungslandschaft besser entwickelt waren und von daher auch über ein differenziert zu betrachtendes, insgesamt jedoch höheres Bildungsniveau verfügten, einen Alphabetisierungsschub, der nicht allein auf die etwa 20.000 Schüler der nach dem Erlaß des katharinäischen Schulstatuts gegründeten Schulen zurückzuführen ist. Ebensowenig war etwa ein quantitativer Sprung im Bereich der geistlichen und militärischen Bildungsinstitutionen oder der Fachschulen die Ursache. Auch ihre Zahl wird die Marke von 35.000 Schülern nicht

---

[152] Kabuzan, V. M., Narody Rossii v XVIII veke. Čislennost' i etničeskij sostav. Moskva 1990, S. 230. Demgegenüber ging A. Voronov für das Jahr 1790 von 26 Millionen männlichen Seelen im Zarenreich aus (Voronov, Istoriko-statističeskoe obozrenie, S. 72).
[153] Mironov, B. N., Istorija v cifrach. Leningrad 1991, S. 80-84. Eine regionale Verteilung gibt Mironov ebensowenig an wie eine Definition, ob er unter der Alphabetisierung der Bevölkerung Lese- und Schreibkenntnisse versteht.

überschritten haben.[154] Vielmehr war es die multiplikatorische Funktion der Absolventen all dieser einleitend von mir skizzierten bestehenden Bildungsinstitutionen,[155] die seit der petrinischen Zeit für eine allmähliche Veränderung bestimmter gesellschaftlicher Gruppen, die als Funktionselite in den Blick genommen worden waren, sorgten. Sie übten in gewisser Weise einen Druck zur Ausbildung der eigenen Person oder der eigenen Kinder aus, der auch diejenigen erfaßte, die sich gegen eine Institutionalisierung der Bildung sträubten und privater Internats- oder häuslicher Bildung den Vorzug gaben. Jede gesellschaftliche und soziale Schicht, die diesen Druck verspürte, reagierte mit einer gewissen Form, sich Bildung zu verschaffen,[156] die Voraussetzung für eine Selbstmodernisierung dieser Gruppe im folgenden Jahrhundert sein konnte. Für die Bauern, die nach Lesefähigkeit strebten, waren der Zugang die Bibel, der Katechismus und Heiligenviten, für den Provinzadel und die Beamten waren dies, wenn sie dem Schulbesuch entgehen wollten, kleine Kalender mit moralischen und aufklärerischen Merksätzen.[157]

Doch ist vor dem Hintergrund der Infrastruktur und der Verwaltungsdichte des Reiches das Verhältnis von Bevölkerungszahl zu Schulen und Schülern kein geeignetes Kriterium, um den Erfolg oder den Mißerfolg der katharinäischen Schulreform einzuschätzen. Weitaus wichtiger ist, daß es Katharina im Gegensatz zu ihren Vorgängern gelungen war, ein System von Bildungseinrichtungen zu schaffen. Daß das Zusammenspiel zwischen den *prikazy obščestvennogo prizrenija* und der lokalen Elite überhaupt umgesetzt werden konnte, um dieses System am Ende ihrer Regierung vor allem auf der Ebene der Hauptvolksschulen funktionieren zu lassen, ist an sich schon bemerkenswert. Ebenso bedeutsam ist ein weiteres Faktum: Die Schulkommission entschied sich für ein System, das in gewisser Weise quer zu den bestehenden Institutionen eingerichtet wurde, weil es sich zwar abstrakt am Staatsnutzen orientierte, aber nicht auf ein eng umgrenztes Berufsfeld hin ausbildete. Dies war bei aller Substitutionsfunktion der militärischen Bildungseinrichtungen, der Fachschulen und der Ausbildung während der administrativen Tätigkeit und bei aller Durchlässigkeit der Rangtabelle nicht vom Ansatz, wohl aber von der Umsetzung her neu im Zarenreich.

---

[154] So die Schätzungen von Beljavskij, Škola i obrazovanie, S. 118-120; Kopylev, Očerki, S. 120-123.
[155] Vgl. Kap. 1.1.
[156] Für die Provinz sichtbar an dem sich ausweitenden Buchmarkt gegen Ende des 18. Jahrhunderts; siehe: Bljum, A. V., Izdatel'skaja dejatel'nost' v russkoj provincii konca XVIII - načale XIX vv. (Osnovnye tematičeskie napravlenija i censunopravovoe položenie), in: Kniga, issledovanija i materialy 12 (1966), S. 139-159; Čečulin, Russkoe provincial'noe obščestvo, S. 72-76.
[157] Sie waren das Äquivalent zu den *lubki*, den Volksbilderbogen für die Illiterati; siehe Marker, Russia and the ‚Printing Revolution', S. 282; Smagina, Akademija nauk, S. 16. Zu den Auflagen dieser Kalender: Svodnyj katalog, T: 4, Nr. 264-532.

3.2.2. Das Schulstatut von 1786 in der Praxis

Wenn es im Rußland des 18. Jahrhunderts verschiedene Kulturen gab - eine an kirchlichen Bildungstraditionen und eine an der europäischen Aufklärung orientierte, wie Gary Marker und Max Okenfuss ausgeführt haben,[158] oder aber eine der ländlichen bäuerlichen Lebenswelt und eine der Hauptstädte, der Verwaltung und des Adels, wie Geoffrey Hosking meinte[159] - hob das katharinäische Schulsystem die Gräben zwischen diesen Kulturen zwar nicht auf, es schlug jedoch zwischen ihnen wie keine andere Bildungsmaßnahme zuvor eine begehbare Brücke. Der Staat unterbreitete ein Angebot mit dem Ziel der Stärkung einer qualifizierten Funktionselite und überließ es dem Untertanen zu entscheiden, ob er dieses Angebot nutzte. Er ging mit dem Einsatz seiner finanziellen Mittel jedoch nicht soweit, daß jeder Untertan dieses Angebot auch nutzen konnte, sondern nur soweit, wie die sich ausdehnende Verwaltung und die sich vernetzende Volkswirtschaft einen Dritten oder Mittel-Stand zu benötigen schien. Wer sich eine Option für den Aufstieg in die Elite offenhalten wollte, mußte eben nicht nur das Kirchenslavische, sondern auch die *graždanka* in Wort und Schrift beherrschen. Sie war, überspitzt formuliert, der Schlüssel für den Einstieg in eine Karriere und einen Aufstieg innerhalb der Rangtabelle. Dies war von der Schulkommission und den lokalen Behörden nicht geplant und umgesetzt im Sinne eines sich selbst bestimmenden Bürgertums, wie es manche französische Philosophen vorgedacht hatten und wie es Diderot auch auf Rußland übertragen wollte; im Ergebnis waren jedoch Schulen entstanden, die Jungen und Mädchen (ein auch im gesamteuropäischen Rahmen bemerkenswertes Phänomen) aus sozialen und rechtlichen Gruppen zusammenführten, die bis zu diesem Zeitpunkt nirgends im Zarenreich gemeinsam unterrichtet worden waren.[160] Als sich am Beginn des 19. Jahrhunderts Alexander I. und seine Berater anschickten, das Bildungssystem des Zarenreiches erneut zu reformieren, konnten sie an die von Katharina geschaffenen institutionellen Rahmenbedingungen anknüpfen.

---

[158] Marker, Faith and Secularity; Okenfuss, The Rise and Fall.
[159] Hosking, Rußland, S. 39 f. Marker, Okenfuss und Hosking rücken damit, von unterschiedlichen Konzepten ausgehend, von dem Bild einer ganzheitlichen Kultur Rußlands im 18. Jahrhundert ab, wie es 1960 noch Hans Rogger vertreten hat (Rogger, Russian National Consciousness).
[160] Damit hatten Katharina und die Schulkommission Bedenken ignoriert, denen bei der Trennung der Moskauer Universitätsgymnasien Rechnung getragen worden war und die in der Debatte der Gesetzbuchkommission artikuliert worden waren. Eine gewisse Gegenreaktion zeigte sich denn auch an der Wende zum 19. Jahrhundert, die zugleich aber wiederum Indikator für ein gestiegenes Bewußtsein von Bildung war. In dem Bericht für Alexander I. wurde deutlich, daß das Beispiel der 1776 gegründeten Moskauer Adelspension Schule gemacht hatte. Derartige Einrichtungen existierten in Novgorod, Voronež, Rjazan', Kursk und andernorts; insgesamt waren 1.400 Adels- und Kaufmannskinder in Pensionen untergebracht (RGIA, f. 730, op. 2, d. 23, l. 305; d. 421, l. 2).

4. DISKURS, GESETZGEBUNG UND UMSETZUNG: BILDUNG IN DER ERSTEN HÄLFTE DES 19. JAHRHUNDERTS

4.1. DISKURS, GESETZGEBUNG UND DIE FORTENTWICKLUNG DER BILDUNGSLANDSCHAFT

4.1.1. Neuanfang, Erweiterung oder Reform der Reform? Die Bildungsgesetzgebung von 1803/04

„Vor fünfundzwanzig Jahren gab es in Moskau nur zwei Buchläden, die jährlich nicht mehr als 10.000 Rubel umsetzten. Jetzt sind es bereits 20, und sie erzielen im Jahr rund 200.000 Rubel. Um wieviel mag dann erst die Zahl der Lesefreunde zugenommen haben? Dies freut jeden, der Fortschritte des Verstandes wünscht und weiß, daß sie von der Liebe zum Lesen am meisten begünstigt werden. [...] Jetzt erscheinen die Moskauer Zeitungen in einer Auflage von ungefähr 6.000. Eine zweifellos noch immer geringe Zahl, wenn wir uns die Größe des Reiches vor Augen halten, aber bedeutend im Vergleich mit der früheren Auflage [...]. Es ist wahr, daß sogar viele in guten Verhältnissen lebende Adlige keine Zeitung beziehen; dafür aber wollen schon Kaufleute und Kleinbürger[1] sie lesen. Die ärmsten Leute abonnieren sie, selbst Analphabeten wünschen zu wissen, was man aus fremden Ländern berichtet."[2]

Als Nikolaj Karamzin, Schriftsteller und Reichshistoriograph (ab 1803), diese Zeilen im Jahre 1802 publizierte, war er wie nicht wenige seiner Zeitgenossen von einem Bildungsenthusiasmus und -optimismus erfaßt, der zum einen auf den Fort- und Neuentwicklungen der Bildungslandschaft in der katharinäischen Epoche beruhte, der zum andern aber auch auf Erwartungen basierte, die mit dem Herrschaftsantritt Alexanders I. im März 1801 verbunden waren. Ursprünglich hatte Karamzin schon vom

---

[1] Der Terminus *meščane* wird hier mit „Kleinbürger" übersetzt. Für diese rechtlich definierte Gruppe von städtischen Kleinkaufleuten und Handwerkern eine adäquate Übertragung zu finden, bleibt schwierig; siehe: Hildermeier, M., Was war Meščanstvo? Zur rechtlichen und sozialen Verfassung des unteren städtischen Standes in Rußland, in: FOG 36 (1985), S. 15-53, hier S. 15, 18-21.
[2] Zitiert nach: Karamzin, N. M., Über den Buchhandel und die Liebe zum Lesen in Rußland, in: ders., Arme Lisa. Stuttgart 1982 (= Universal-Bibliothek, 7861), S. 48-57, hier S. 49, 51.

Regierungsantritt Pauls I. (1796) positive Impulse erwartet und in einer Ode aus diesem Jahr an den neuen Zaren appelliert, „dem Licht der Aufklärung neue Intensität zu geben".[3] Doch wie andere Mitglieder der gebildeten Gesellschaft enttäuschte auch ihn die Herrschaftspraxis des neuen Zaren, der - in Reaktion auf die Französische Revolution - das Mittel der Zensur sehr viel rigider anwandte als Katharina II.[4] und damit das Land, so schien es manchem seiner Zeitgenossen, in eine einzige Kaserne verwandelte. Deshalb war Karamzin keineswegs das einzige Mitglied der gebildeten Elite, das sich vom Herrschaftsantritt Alexanders I. einen Reformschub erhoffte, der den positiven Entwicklungen im Bereich der Bildung, die der Dichter anhand des Buchhandels beobachtet haben wollte, neuen Schwung verleihen sollte.

War im 18. Jahrhundert für die Entwicklung von Bildung, Ausbildung und Erziehung die Aufklärungsrezeption mit der nachfolgenden Europäisierung besonders relevant, traf dies an der Wende zum 19. Jahrhundert auf zwei Ereignisse zu, die das Zarenreich und Westeuropa mächtepolitisch zusammenrücken ließen und auch die persönliche Disposition bedeutsamer Akteure entscheidend beeinflußte:

1. Nach 1789 bildete die Französische Revolution für die Regierungen Katharinas II., Pauls I. und Alexanders I. die Herausforderung schlechthin.[5] Von einem Wettbewerb der Ideen und der Konzepte, solange sie nur dem russischen Staat Nutzen brachten, war bereits Katharina abgegangen, was sich durchaus auch auf das Klima an der Akademie der Wissenschaften sowie an der Moskauer Universität und den ihr nachgeordneten Bildungsinstitutionen niedergeschlagen hatte. In der Herrschaftszeit Pauls steigerten sich Revolutionsangst und Mißtrauen gegen die Gesellschaft und führten zu einem Importverbot für ausländische Zeitschriften, wovon insbesondere die Bildungsinstitutionen betroffen waren.[6] Der Import von Publikationen ins Zarenreich

---

[3] Karamzin, N. M., Sočinenija, T. 1: Stichotvorenija. Petrograd 1917, S. 158-164; so auch in den Briefen an seinen Bruder V. M. Karamzin v. 17.12.1796 und 17.3.1797; siehe: [Karamzin N. M.], Sočinenija Karamzina. T. 1-3. SPb. 1848, hier T. 1, S. 711 f.

[4] Kaiser, F. B., Zensur in Rußland von Katharina bis zum Ende des 19. Jahrhunderts, in: FOG 25 (1978), S. 146-155.

[5] Siehe hierzu, den wechselnden Bewertungen sowjetischer Geschichtswissenschaft folgend: Alefirenko, P. K., Pravitel'stvo Ekateriny II i francuzskaja buržuaznaja revoljucija, in: IZ 12 (1947), S. 206-251; Štrange, M. M., Russkoe obščestvo i francuzskaja revoljucija, 1789-1794 gg., Moskva 1956; Džedžula, K. E., Rossija i velikaja francuzskaja buržuaznaja revoljucija konca XVIII veka. Kiev 1972; Naročnickij, A. L. (Hrsg.), Velikaja francuzskaja revoljucija i Rossija. Moskva 1989. Der letztgenannte Sammelband zeigt die sich in der postsowjetischen Zeit fortsetzende Tendenz, statt der Präsentation und Füllung interpretatorischer Modelle sehr kleinteilig und rezeptionsgeschichtlich zu arbeiten.

[6] Das Verbot betraf etwa auch die Übersetzung antiker Autoren wie Demosthenes, Cicero und Sallust mit dem Hinweis, diese seien Republikaner (Gukovskij, G. A., Russkaja literatura XVIII veka. Moskva 1939, S. 496).

ließ sich verbieten, die gedankliche Verarbeitung dessen, was man in Westeuropa gesehen oder gehört hatte, jedoch nicht. Die verstärkte Entsendung von Zöglingen der Moskauer Universität und der Petersburger Akademie zur Vervollkommnung ihrer Ausbildung hatte zu einer verstärkten Rezeption westeuropäischer intellektueller Trends, die sich im Umfeld der Französischen Revolution radikalisierten und im Diskurs des Zarenreiches ihre spezifische Adaption erfuhren, geführt. Die Philosophen, mit denen Katharina korrespondiert hatte und von deren Gedankengebäude sie beeindruckt gewesen war, hatten sich am Ende ihrer Herrschaft sowohl in ihren Augen als auch in der Auffassung ihres Sohnes aus unterschiedlichen Ursachen als Phantasten erwiesen und gerieten schlichtweg außer Mode. Für den Bereich der Erziehung setzte Antoine de Condorcet (1743-1794) mit seinem Erziehungsplan, den er 1792 der Revolutionsversammlung in Paris präsentierte, Maßstäbe für eine von einer veränderten Gesellschaftsauffassung ausgehende Funktion der Erziehung im staatlichen Rahmen, die nicht mehr auf den Herrscher, sondern auf den Bürger als Souverän zugeschnitten war.[7] Condorcet wurde von Vertretern der russischen Elite, darunter auch von Großfürst Alexander, rezipiert.

Der Auf- und Übernahme neuer westeuropäischer Ideen und Konzepte versuchte Paul I. zu begegnen, indem er die russischen Studenten aus Westeuropa zurückrief und überhaupt jede Auslandsreise von Studenten zu unterbinden trachtete.[8] Den Erzieher des Thronfolgers Alexander, den Schweizer Frédéric-César de la Harpe, einen überzeugten Republikaner,[9] ließ er ausweisen, hatte doch dessen Erziehung auch dazu beigetragen, daß der Thronfolger weder die Vorstellungen seiner Großmutter noch diejenigen seines Vaters teilte. Einem Jugendfreund bekannte Alexander, im Herzen sei er Republikaner,[10] und wenn er diese Aussage auch zu einem Zeitpunkt tätigte, zu dem

---

[7] Siehe die deutsche Übersetzung seiner „instruction générale": Condorcet, A. de, Allgemeine Organisation des öffentlichen Unterrichtswesens. Weinheim 1966 (= Kleine Pädagogische Texte, 36). Zur Interpretation seines Erziehungskonzeptes: Ballinger, S. E., Ideals of Social Progress through Education in the French Enlightenment Period: Helvetius and Condorcet, in: History of Education Journal 10 (1959), S. 88-99, hier S. 96-99; Steinger, C., Condorcet's Report on Public Education, in: Social Studies (1970), 1, S. 20-25; Schepp, H.-H., Antoine de Condorcet, in: Scheuerl, H. (Hrsg.), Klassiker der Pädagogik. 2. Aufl. München 1991, S. 159-169.

[8] Ukaz vom 9.4.1798 in: PSZ 25, Nr. 1.884, S. 234 f.

[9] Zu seiner Person noch immer: Boethlingk, A., Der Waadtländer Friedrich Caesar Laharpe. Der Erzieher und Berater Alexanders I. von Rußland. Bd. 1-2. Bern 1925. Einer der russischen Erzieher, Protasov, beklagte, LaHarpes Erziehungsmethoden und -ideale seien „unrussisch" (vgl. [Protasov, A. Ja.], Dnevnye zapiski, S. 14).

[10] Gielgud, A. (Hrsg.), Memoirs of Prince Adam Czartoryski and his Correspondance with Alexander I. Vol. 1. London 1888, S. 111. Siehe auch: Correspondance de Frédéric-César de la Harpe et Alexandre Ier. T. 1 (1785-1802). Neuchâtel 1978, S. 157. Auch Katharina bezeichnete sich gelegentlich, sogar noch im Angesicht der Französischen Revolution, als Republikanerin: Griffiths, D. M., Catherine II.: The Republican Empress, in: JbfGO N. F. 21 (1973) 2, S. 323-344.

sie noch nicht an seiner eigenen, praktischen Politik überprüft werden konnte, so stand dahinter doch eine andere Gedankenwelt. Diese teilte er mit seinen Jugendfreunden, die alle, ob russischer oder polnischer Herkunft, dem europäischen Hochadel entstammten und eine hervorragende Ausbildung im In- und Ausland genossen hatten.

2. Mit der dritten Teilung Polens (1795) war das polnische Staatsgebiet endgültig unter die Herrschaft der drei Nachbarreiche geraten. Der vollständige Verlust der territorialen Eigenständigkeit Polens zeitigte für das Russische Reich eine Reihe von Konsequenzen: Nun gehörten die großen polnischen Magnatenfamilien, auf die John LeDonnes Charakterisierung als *ruling families* in noch stärkerem Maße zutraf als auf die Voroncovs, Panins, Bezborodkos und Vjazemskijs in Rußland, zu den hochadligen Familien des Zarenreiches; sie brachten ihre Sozialisation und ihre Gedankenwelt in den russischen Adel ein.[11] Die Czartoryskis, die als „die Familie" die Reformbewegung gemeinsam mit dem letzten König Stanisław August Poniatowski angeführt hatten, suchten den Kontakt zum Zarenhof, um einen Teil der Reformen und ein Mindestmaß an politischer Eigenständigkeit innerhalb des Zarenreiches bis zur Wiederherstellung eines polnischen Staates retten zu können. Adam Jerzy Czartoryski[12] wurde zu eben jenem Jugendfreund Alexanders, zu dem dieser sagte, im Herzen sei er Republikaner.

Zumindest ebenso bedeutsam wie für die entstehenden persönlichen Beziehungen waren die Teilungen Polens für die Bildungsgeschichte des Zarenreiches. Dieser Aspekt konnte in den Ausführungen zur Umsetzung des katharinäischen Schulstatuts lediglich angedeutet werden: Das Zarenreich fand nach den Annexionen ein weiteres Schulsystem in seinen neuen Grenzen vor, das, auf dem soliden Fundament jesuitischen Vermögens aufbauend, einen hohen Realisierungsgrad aufwies, der den der Normalschulen der Schulkommission wohl übertraf: 1773 hatte der Sejm in Warschau im Rahmen seiner Reformtätigkeit eine Edukationskommission eingerichtet,[13] deren Aufgabe es

---

[11] Siehe die gedankenreichen Erwägungen über das Gemeinsame und das Trennende beider Adelskulturen von: Robel, Zur Aufklärung in Adelsgesellschaften: Rußland und Polen, S. 152-171; Lieven D., The Aristocracy in Europe. Houndmills 1992 (= Themes in Comparative History), S. 161-180, 247.
[12] Zu seiner Person: Zawadski, W. H., A Man of Honour. Adam Czartoryski as a Statesman of Russia and Poland, 1795-1831. Oxford 1993. Mit dem Fokus auf seiner Tätigkeit im Bereich der Bildungspolitik: Beauvois, D., Adam Jerzy Czartoryski jako kurator wileńskiego okręga naukowego, in: Przegląd Historyczne 65 (1974), S. 61-83.
[13] Die Arbeit der Edukationskommission ist gut erforscht. Siehe aus der Fülle der Literatur: Popłatek, J., Komisja Edukacji Narodowej. Udział byłych Jesuitów w pracach Komisji Edukacji Narodowej. Krakau 1913; Kurdybacha, L., Dzieje oświaty kościelnej do końca XVIII wieku. Warschau 1949; dies. /Mitera-Dobrowolska, M., Komisja Edukacji Narodowej. Warszawa 1973; Litak, S., Das Schulwesen der Jesuiten in Polen. Entwicklung und Verfall, in: Bildung, Politik und Gesellschaft. Studien zur Geschichte des europäischen Bildungswesens vom 16. bis zum 20. Jahrhundert. München 1978 (= Wiener Beiträge zur Geschichte der Neuzeit, 5), S. 124-137; Schleta, A., Współpraca misjonarzy z

4.1.1. Neuanfang, Erweiterung oder Reform der Reform? 281

war, das Erziehungswesen der Adelsrepublik zu reformieren. Unter dem Vorsitz des Bischofs von Wilna, Ignacy Massalski, erarbeitete diese Kommission innerhalb einer Dekade ein Gesetzeswerk, durch welches das gesamte kirchliche Schulwesen staatlicher Aufsicht unterstellt wurde, um dann sukzessive in ein dreigliedriges säkulares Schulsystem überführt zu werden, das Kindern aller freien Stände die Teilnahme am Schulunterricht ermöglichen sollte. Die Kommission richtete zehn Lehrbezirke ein, von denen sechs innerhalb des Königreichs Polen, die anderen vier im Großfürstentum Litauen lagen. Die Universität Krakau wurde Aufsichtsbehörde für die Schulen der polnischen Distrikte, im litauischen Gebiet kam diese Funktion dem Wilnaer Jesuitenkollegium zu, das (wieder) zur Universität ausgebaut werden sollte. Lehrerseminare wurden eingerichtet und die Vermögenswerte, die nach der Aufhebung des Jesuitenordens (1773) zur Verfügung standen, zur Neustrukturierung des Schulwesens verwandt. Der Einfluß der noch in Polen-Litauen aktiven Mönchsorden wurde zwar reduziert, doch sollten die Geistlichen nicht völlig aus dem neuen Schulsystem verdrängt, sondern als Lehrkräfte eingebunden werden. Die Kommission entwickelte ein Kontrollsystem, nach dem Professoren der Universitäten die Departementsschulen, deren Direktoren hingegen die Pfarrschulen auf dörflicher Ebene beaufsichtigen sollten. Die Exklusivität der adligen Bildung war mit diesen neuen Strukturen zwar durchbrochen worden, doch blieb es bei aller Offenheit und Aufgeklärtheit der Erziehungskonzepte, die in der Edukationskommission diskutiert wurden, bei der Dominanz des Adels auf den höheren Schulebenen.

Ob hierin der Grund zu sehen ist, warum die katharinäische Schulkommission das Gesetzgebungswerk in ihren Sitzungen überhaupt nicht diskutierte, muß dahingestellt bleiben. Auch nach den Annexionen der Jahre 1793 und 1795 nahmen die Kommissionsmitglieder in Sankt Petersburg die konzeptionelle Arbeit ihrer polnischen Kollegen nur am Rande zur Kenntnis,[14] da die Frage der Unterstellung der polnischen Bildungseinrichtungen wie auch der noch vorhandenen geistlichen Schulen unter die katharinäische Schulkommission von Katharina und Paul I. äußerst dilatorisch behandelt wurde. Immerhin waren die rechtsufrige Ukraine, litauische und einige kernpolnische Gebiete wie die vorwiegend weißrussisch besiedelten Territorien aus der ersten Teilung als

---

Komisją Edukacji Narodowej (1773-1794). Przczynek do historii kultury i oświaty w Polsce. Krakau 1946; Szybiak, I., Szkolnictwo Komisji Edukacji Narodowej w Wielkim Księstwie Litewskim. Wrocław usw. 1973; Krupa, M., Schulerziehung in Polen, 1750-1825, in: Schmale, W. (Hrsg. u. a.), Revolution des Wissens? Europa und seine Schulen im Zeitalter der Aufklärung (1750-1825). Bochum 1991, S. 351-385; Mrozowska, K., Educational Reform in Poland during the Enlightenment, in: Fiszman, S. (Hrsg.), Constitution and Reform in Eighteenth-Century Poland. The Constitution of 3 May 1791. Bloomington usw. 1997, S. 113-154.
[14] Hier im Gegensatz zu den einleitenden Ausführungen bei: Truchim, S., Współpraca polsko-rosyjska nad organizacją szkolnictwa rosyjskiego w początkach XIX wieku. Łódź 1960.

Westgubernien unmittelbar in das russische Gouvernementssystem eingegliedert worden. Der polnische und polonisierte ukrainische Adel verlor zwar seine Vorrangstellung an die russische Bürokratie, doch blieb die Regierung zur Zeit Alexanders I. aus verschiedenen Gründen an einer Kooperation mit der indigenen Elite interessiert.[15] Auch deshalb sollte das auf die Edukationskommission zurückgehende Schulsystem in der Reformgesetzgebung Alexanders I. eine gewisse Bedeutung erlangen - dessen mögliche Sonderstellung und die sich daraus ergebenden Konsequenzen[16] in den Westgubernien blieben im Grunde während des ganzen 19. Jahrhunderts in der bildungspolitischen Diskussion.

In der Übergangsphase nach dem Tod Katharinas (17.11.1796) dominierte ihr Sohn Paul die bildungspolitische Debatte, allerdings mit konzeptionslosen und damit sprunghaften und widersprüchlichen Entscheidungen. Der neue Zar (1796-1801)[17], der eine von den Idealen der europäischen Aufklärung geleitete fürstliche Erziehung genossen hatte, die in seiner Großfürstenzeit durchaus ihre Wirkung in persönlicher Wohltätigkeit und aufgeklärt-absolutistischen Reformkonzepten gezeigt hatte,[18] hegte starke Vorbehalte gegenüber einer allzu starken Bildung seiner Untertanen, selbst des Adels. Aus diesem Mißtrauen erwuchs zum Beispiel das Gerücht, Paul wolle die Universität auflösen und deren Adelspension in ein Kadettenkorps umwandeln,[19] und dies zeigte sich auch in dem Verbot der Auslandsreisen bei gleichzeitigem Rückruf der Studenten.

---

[15] So behielten auch polnische Adlige Zugang zu Posten innerhalb der Bürokratie, die polnische Amts- und Gerichtssprache blieb zunächst erhalten. Erst der polnische Aufstand von 1830 markierte einen Wendepunkt; vgl. Kappeler, A., Kleine Geschichte der Ukraine. München 1994 (= Beck'sche Reihe, 1059), S. 109.

[16] Mit der Schließung jesuitischer Bildungseinrichtungen im österreichischen Teilungsgebiet Polens im Jahre 1783 (vgl., Pelczar, Jezuickie szkolnictwo, S. 317-325) wurde der russische Teilungsanteil gleichsam zum Rückzugsraum für alle polnischen Jesuiten, die dort auf die Schulen trafen, die bislang der Edukationskommission unterstellt waren. So bedauerte der Vater von L. N. Ėngelgardt, der Güter in Weißrußland und der Ukraine besaß, daß an den unierten und jesuitischen Priestern als Erzieher der Adelskinder kein Weg vorbeiführe (vgl. Ėngelgardt, L. N., Zapiski. Moskva 1997, S. 15-17). Siehe auch: Beauvois, D., Les Lumières au carrefour de l'Orthodoxie et du Catholicisme. Le Cas des Uniates de l'Empire russe au début du XIXe siècle, in: CMRS 19 (1978), S. 423-441.

[17] Der Person Pauls ist immer wieder großes Interesse entgegengebracht worden, das freilich den Blick auf seine Regierung verstellt hat. Siehe: Ragsdale, H. (Hrsg.), Paul I: A Reassessment of his Life and his Reign. Pittsburgh 1979; ders. Tsar Paul and the Question of Madness: An Essay in History and Psychology. Westport, Conn. 1988. Verklärend: Peskov, A. M., Pavel I., Moskva 1999 (= Žizn' zamečatel'nych ljudej, 764). Abgewogen und informativ zu Biographie und Regierung: McGrew, R. E., Paul I of Russia, 1754-1801. Oxford 1992; gute Erörterung der jüngsten historiographischen Tendenzen: Kamenskij, Ot Petra do Pavla, S. 473-482.

[18] Hierzu: Scharf, C., Staatsauffassung und Regierungsprogramm eines aufgeklärten Selbstherrschers, in: Schulin, E. (Hrsg.), Gedenkschrift Martin Göhring. Studien zur europäischen Geschichte. Wiesbaden 1968, S. 91-106.

[19] Andreev, Professora, S. 218.

Freilich beurteilten nicht alle Professoren der Moskauer Universität die letztgenannte Maßnahme negativ, konnte sich doch daraus die Möglichkeit ergeben, im eigenen Lande die universitären Studien auf einem höheren Niveau bei gleichzeitig immer wieder propagierter Loyalität gegenüber dem Herrscher fortzuentwickeln.[20]

Wie auf anderen Feldern der Politik - mit Ausnahme des Militärs - besaß Paul auch für die Bildungsinstitutionen kein geschlossenes Reformkonzept[21] und ebensowenig ein gesteigertes Interesse an der Arbeit der Schulkommission, was er mitunter in Marginalien auf deren Rapports freimütig bekannte.[22] So wurde bei ihm das Bedürfnis, das Gegenteil von dem zu tun, was seine Mutter für erforderlich gehalten hatte, handlungsleitend. Hatte die katharinäische Schulkommission die Umwandlung des Kazaner Gymnasiums in eine Hauptvolksschule beschlossen, ließ Paul es als Gymnasium wiederbegründen.[23] Die Ablösung Petr Zavadovskijs als Vorsitzenden der Schulkommission im Jahre 1799 hatte weniger mit seiner Kommissionsarbeit zu tun als mit der Tatsache, daß er kurzzeitig Favorit seiner Mutter gewesen war,[24] und auch die Herauslösung der kirchlichen Dorfschulen in den deutschen Kolonien an der Wolga aus der Zuordnung zur Hauptvolksschule Sankt Peter in Sankt Petersburg stellt sich in diesen Kontext.[25] Wohl aus dem gleichen Grund nahm Paul einen Gedanken wieder auf, den die Schulkommission zwar diskutiert, aber nicht weiter verfolgt hatte: die Gründung einer Universität in den baltischen Provinzen. Da der neue Zar sich der Loyalität und Unterstützung der baltischen Ritterschaften versichern wollte, hob er zunächst die dort ungeliebte Statthalterschaftsverfassung auf[26] und griff dann den von Jakob Johann Sievers seiner Mutter unterbreiteten Vorschlag wieder auf, eine Universität in Dorpat zu gründen. Zwischen den Städten des estnischen, livländischen und kurländischen Gouvernements setzte im Rekurs auf die jeweiligen lange zurückreichenden Bildungstraditionen eine regelrechte Konkurrenz im Skizzieren von Projekten ein. Doch legte Paul 1799/1800 fest, daß eine Universität in Dorpat gegründet werden solle.[27] Sein Ziel war es nicht zuletzt, die Kinder der Deutschbalten in ihren Provinzen zu halten, die ansonsten der Tradition gefolgt und zum Studium ins protestantische Deutschland gegangen wären, was ihm für diese ebensowenig opportun erschien wie für seine

---

[20] Gejm, I. A., Reč' o sostojanii nauk v Rossii pod pokrovitel'stvom Pavla I. Moskva 1799, S. 6.
[21] Hierzu die anregenden Erwägungen von: Wortmann, Scenarios of Power, Vol. 1, S.171-188.
[22] Siehe seine Reaktion auf den Bericht der Kommission unmittelbar nach dem Tode Katharinas: RGIA, f. 730, op. 1, d. 86, l. 123. Siehe auch den Bericht der Kommission für die Jahre 1786-1795 samt Marginalien: Ebenda, ll. 108-122ob.
[23] Grigor'ev, Istoričeskij očerk, S. 293.
[24] Roždestvenskij, Istoričeskij obzor, S. 38; Black, Citizens, S. 145.
[25] Woltner, Das wolgadeutsche Bildungswesen, S. 53-55.
[26] Hierzu: Bock, W. v., Die erste baltische Zentralkommission, 1798, in: Baltische Monatsschrift 13 (1866), S. 97-122.
[27] Petuchov, Imperatorskij Jur'evskij, byvšij Derptskij Universitet, S. 92.

russischen Untertanen. Zunächst blieb es jedoch bei Planungen. Der Aufbau einer Universität in Dorpat, die als intellektueller Wall gegen Einflüsse aus Göttingen gedacht war, ließ sich nicht ad hoc realisieren.[28]

Hatten Katharina und ihre Schulkommission der verbreiteten Ausbildung während der gleichzeitigen Ausübung eines Amtes ein elementar-allgemeinbildendes Schulwesen entgegensetzen wollen, war Paul der Ansicht, ohne eine gezielte Vorbereitung auf spätere Aufgaben nicht auskommen zu können. Zwar vertrat er die Auffassung, daß die Schulen des katharinäischen Systems für die Administration auszubilden hätten, dies jedoch zuvorderst auf der lokalen Ebene. Für qualifizierte Posten in den Kollegien und im Heroldsamt ließ er im Januar 1797 eine kleine Schule einrichten, die freilich eine charakteristische Zugangsbeschränkung aufwies: Die Ausbildung sollte Adligen vorbehalten bleiben und gleichsam das zivile Äquivalent zu den von Paul geförderten und tendenziell „remilitarisierten" Kadettenkorps darstellen. Zunächst wurde mit der Ausbildung von 27 Jungen im Alter von 12 Jahren begonnen, deren Schulung ganz auf die vorgesehene spätere Tätigkeit zugeschnitten sein sollte. Aus dieser kleinen Junkerschule ging 1805 die prestigeträchtige kaiserliche Rechtsschule hervor.[29] Resümierend läßt sich festhalten: Unter bildungspolitischen Gesichtspunkten war die kurze Regierungszeit Pauls I. eine Phase der Stagnation, in der herrscherliche Initiativen eher das Rad zurückdrehen wollten, ohne daß konzeptionelle Vorgaben sichtbar geworden wären.

Sicherlich war es nicht zuletzt der öffentliche Erwartungsdruck, der Alexander I.[30] dazu bewog, sofort Reformen in Angriff zu nehmen, nachdem die Nachricht vom gewaltsamen Tod seines Vaters ohne Unmutsäußerungen aufgenommen worden war. Mit seinen Erziehern und seinen in etwa gleichaltrigen Freunden hatte er in seiner Großfürstenzeit bereits in extenso erörtert, wo strukturelle Defizite des Zarenreiches lagen. Sein Freundeskreis, bestehend aus N. N. Novosil'cev (1762-1838), V. P. Kočubej (1768-1834), P. A. Stroganov (1772-1817) und dem bereits erwähnten Adam Jerzy Czartoryski, strukturierte in dem berühmt gewordenen „Inoffiziellen Komitee" während der Sitzungen vom Juli 1801 bis zum November 1803 eine Agenda für das

---

[28] Kusber, Gosudarstvennaja politika.
[29] McGrew, Paul I., S. 224 f. Baron Karl Friedrich von Heyking, der im Senat tätig war, setzte große Hoffnungen in diese Schule, hatte er doch Mühe, fähige Mitarbeiter für den Senat zu rekrutieren. Siehe [Heyking, K. H. v.], Aus den Tagen Kaiser Pauls: Aufzeichnungen eines kurländischen Edelmannes. Leipzig 1886, S. 35-38, 40 f.
[30] Biographien im engeren Sinne mit einem Schwerpunkt auf Diplomatie und Hofleben: Palmer, A., Alexander I. Tsar of War and Peace. London 1974; Dziewanowski, M. K., Alexander I., Russia's Mysterious Tsar. New York 1991; mit stärkerer Betonung der Innenpolitik: McConnell, A., Tsar Alexander. The Paternalistic Reformer. New York 1970; Hartley, J. M., Alexander I. London 1994 (= Profiles in Power); Sacharov, A. N., Aleksandr I. Moskva 1998; Archangel'skij, A. Aleksandr I. Moskva 2000.

weitere Vorgehen.[31] Dabei boten gerade die Veränderungen, die im Bereich der Bildungslandschaft in der zweiten Hälfte des 18. Jahrhunderts vorgenommen worden waren, die Möglichkeit zur Diskussion, die schnellen Erfolg versprach.

Fragen der Bildung und Erziehung wurden im „Inoffiziellen Komitee" erstmals im Dezember 1801 erörtert. Der kurzzeitig nach Sankt Petersburg zurückgereiste LaHarpe hatte dem Zaren ein Memorandum zugeleitet, in dem er für ein neues, nun landesweites Bildungssystem plädierte, das einen sehr viel größeren Umfang haben und anders organisiert sein sollte als das existierende.[32] Unter dem Einfluß Condorcets, der in seinem Bildungsplan für die Revolutionsversammlung argumentiert hatte, daß Fortschritt nur in denjenigen Gesellschaften möglich sei, deren Mitglieder Lesen und Schreiben beherrschten und deshalb politische Rechte erhalten und ausüben könnten, zielte sein Memorandum auf eine wirkliche Veränderung des Staates hin zu einer Bürgergesellschaft, die für das Zarenreich allerdings in ebenso weiter Ferne lag wie die Realisierung von Konzepten, die Denis Diderot Katharina einst vorgetragen hatte.[33] Aufgrund dieser Aussagen stieß das Memorandum LaHarpes bei den Mitgliedern des „Inoffiziellen Komitees" auf Skepsis.[34]

Konkret regte LaHarpe die Einrichtung eines Bildungsministeriums - ein Vorschlag, der in Rußland nicht neu und schon in der Zeit Ivan Šuvalovs diskutiert worden war, - und die Organisation eines von mehreren Universitäten ausgehenden Bildungssystems an. Er nahm damit, mutmaßlich ohne es zu wissen, die letzten Projekte der katharinäischen Schulkommission wieder auf, in denen auch die Errichtung dreier weiterer Universitäten erwogen worden war. Neben der bereits projektierten Universität Dorpat und der Universität Wilna, die sich wieder zu formieren begann, wollte LaHarpe zusätzliche Universitäten in Sankt Petersburg, Kiev und Kazan' gegründet sehen. Diese insgesamt sechs Universitäten sollten vor allem Lehrer ausbilden und die Schulen jedes Dorfes versorgen.[35] Für den Fall, daß für eine Übergangszeit die Anwendung der

---

[31] Zum Personenkreis: Roach, E. E., The Origins of Alexanders I's Unofficial Committee, in: RR 28 (1969), S. 315-326.
[32] Zum folgenden: Boethlingk, LaHarpe, Bd. 2, S. 40 f.; Suchomlinov, Issledovanija,, T. 2, S. 116 f., 125-129.
[33] Vgl. Kap. 3.1.3. Für LaHarpe, Kočubej und Janković war wohl kaum erkennbar, welchen Realisierungsgrad die französischen Erziehungskonzepte erfuhren. Siehe hierzu die Bemerkungen bei: Hunt, L., Politics, Culture and Class in the French Revolution. Berkeley 1984, S. 31, 68 f.
[34] Eine wesentliche Grundlage ist das Werk des russischen Großfürsten Nikolaj Michajlovič über Pavel Stroganov, der sich gemessen an den Maßstäben seiner Zeit und seiner Herkunft als seriöser und vor allem überaus fleißiger Historiker versuchte. Der zweite Band ist eine Quellensammlung u. a. mit den Potokollen der Sitzungen des „Inoffiziellen Komitees": [Nikolaj Michajlovič], Le Comte Paul Stroganov. T. 1-3. Paris 1895; [Nikolaj Michajlovič], Graf Pavel Aleksandrovič Stroganov, 1774-1817. Istoričeskoe issledovanie ėpochi imperatora Aleksandra. T.1-3. SPb. 1903. Zu Fragen der Bildung: [Nikolaj Michajlovič], Le Comte Paul Stroganov, T. 2, S. 85-87, 92, 103, 125 f., 135 f., 142-144.
[35] Suchomlinov, Materialy, T. 1, S. 76.

Zensur für notwendig gehalten würde, sei diese an den Universitäten auszuüben, weil in ihnen der Wissenschaftlichkeit und der Wahrhaftigkeit verpflichtete Persönlichkeiten säßen. LaHarpes Memorandum erfüllte zumindest den Zweck, daß es im „Inoffiziellen Komitee" zu Diskussionen darüber kam, welchem Ziel die Bildung eigentlich dienen sollte. War die Ausbildung qualifizierter Beamter das Ziel, oder war es eine allgemeine Bildung, die zur Aufklärung des Individuums, zu seiner eigenen Vervollkommnung und zur Ausübung dessen führen sollte, was Pavel Stroganov in Kenntnis der Diskussion über den Plan Condorcets in der Pariser revolutionären Versammlung als Ausübung von *graždanstvo* bezeichnet hatte. Schon Katharina und Janković de Mirievo hatten die Begriffe *graždanin* und *graždanstvo* anders definiert, als es Peter I. bei der Übernahme des Terminus in die russische Rechtssprache getan hatte. Doch ging Stroganov in seiner Interpretation noch weiter. Katharina und Janković hatten diese Begriffe als Bürgerpflichten auf einen „Mittelstand" bezogen, den sie schaffen wollten und der von den präsumtiven Angehörigen ein gewisses Maß an Bildung forderte.[36] Für Stroganov war *graždanstvo* vor allem an Bildung gebunden, aber auch an Pflichten und Rechte bestimmter Untertanengruppen. Hier zeigt sich, in welchem Maße Begriffe, deren äußere Hülle zu Beginn des 18. Jahrhunderts als Terminus technicus zur Beschreibung bis dato in Rußland unbekannter Kategorien benutzt wurde, eine Bedeutungsverschiebung erfuhren, die sich mit einer veränderten Europarezeption ihrerseits gewandelt hatte.[37]

Ein Vorschlag Platon Zubovs belebte die Debatte, die im Vergleich zu derjenigen über die künftigen Rechte des Senats freilich weniger intensiv geführt wurde. Zubov als Wortführer der an (hoch)adligen Interessen orientierten Senatspartei hatte Alexander I. ein Memorandum zugeleitet, in dem er empfahl, als Spitzeninstitution der Bildung in jeder Gouvernementsstadt ein Kadettenkorps mit 120 Plätzen für die Söhne des lokalen Adels einzurichten.[38] Dort sollte den Jungen im Alter von sieben bis zehn Jahren Unterricht in allgemeinbildenden Fächern, aber auch in Genealogie oder dem für das Gesellschaftsleben relevante Tanzen erteilt werden. Danach sollte nach Prüfung ihrer Begabung der Übergang in die hauptstädtischen Korps zur Vervollkommnung der Ausbildung erfolgen. Zubov betonte, daß dies für ein Reich, welches seine Größe dem Adel als staatstragender Schicht verdanke, ein angemessenes Bildungssystem sei.[39] Diese an partikularen Interessen und damit letztlich an kulturellen Normen einer sozialen Schicht

---

[36] So von Janković noch einmal in einem Brief vom Dezember 1802 akzentuiert: RGIA, f 730, op. 1, d. 86, l. 136. Zur Diskussion siehe auch: Alešincev, I., Istorija gimnazičeskogo obrazovanija v Rossii (XVIII i XIX vek). SPb. 1912, S. 13-15, der Stroganov mit seiner Meinung in dieser Frage für einen Außenseiter innerhalb des „Inoffiziellen Komitees" hielt.
[37] Zum Begriff siehe: Slovar' russkogo jazyka XVIII v. Vyp. 5. Leningrad 1989, S. 216 f.
[38] [Nikolaj Michajlovič], Le Comte Paul Stroganov, T. 2, S. 82-84; Alpatov, Učebno-vospitatel'nogo rabota, S. 25 f.
[39] RGIA, f. 733, op. 86, d. 37, ll. 3-6.

4.1.1. Neuanfang, Erweiterung oder Reform der Reform? 287

orientierten Sichtweise, die sich in ihrer Argumentation auf den Staatsnutzen berief, die Anforderungen einer effektiven Administration des Reiches jedoch außer acht ließ, war bereits von adligen Deputierten in der Gesetzbuchkommission artikuliert, dort aber, wie das erwähnte Memorandum LaHarpes, auf Widerstand gestoßen. Klang LaHarpes Entwurf zu egalitär, erschien den (selbst hochadligen) Mitgliedern derjenige aus der Feder Zubovs zu elitär. Sowohl Stroganov als auch V. P. Kočubej bezweifelten nicht den Sinn einer gediegenen Fachausbildung für das Militär und die verschiedenen Zweige der Verwaltung, diese sollte jedoch keineswegs das Vorrecht adliger Heranwachsender sein.[40] Zudem könne sie, und hier verwies Kočubej wieder auf den Bildungsplan Condorcets, ein allen Ständen offenstehendes Bildungswesen nicht ersetzen. Ein allgemeinbildendes, landesweites Schulwesen sei notwendig, von dem auch die Ausbildung in Fachschulen nur profitieren könne. Das Wohl des Staates sollte also mit dem des einzelnen Untertanen kombiniert werden. Fürst Adam Czartoryski brachte das Vorbild der polnischen Edukationskommission ein, deren Unterlagen er sich von seinem Vater als Gesprächsgrundlage hatte schicken lassen.[41]

So einigten sich die Mitglieder des „Inoffiziellen Komitees" darauf, einerseits die Fachschulen des Landes inklusive der Kadettenkorps einer Revision zu unterziehen, um Möglichkeiten eines weiteren Ausbaus zu erwägen, und andererseits ein allgemeinbildendes Unterrichtswesen zu erarbeiten, das auf der Basis der katharinäischen Einrichtungen etabliert werden und durch die Einführung von Gymnasien und Universitäten ergänzt werden sollte. Für erstere Aufgabe war Friedrich Maximilian Klinger,[42] Nachfolger Kutuzovs als Chef des Landkadettenkorps, vorgesehen,[43] für die zweite Teodor Janković de Mirievo. Bevor deren Arbeitsauftrag jedoch konturiert werden konnte, waren die Planungen des „Inoffiziellen Komitees" zur Errichtung von Ministerien so weit gediehen, daß der Bereich der Erziehung und Ausbildung einem entsprechenden Ministerium übertragen werden konnte.[44] Die Benennung des Ministeriums war keine Auseinandersetzung über Äußerlichkeiten, sondern trug durchaus programmatische Züge. Ging es um die „Erziehung" des *graždanin*, des Bürgers, und damit um Aufklärung im weiteren Sinne? Die Ziele des Bildungswesens sollten sich schon im Namen des Ministeriums widerspiegeln;[45] schließlich hieß das Ministerium *Ministerstvo Narod*

---

[40] [Nikolaj Michajlovič], Le Comte Paul Stroganov, T. 2, S. 135 f.
[41] Zawadsky, A Man of Honour, S. 52.
[42] Zur Person des „Stürmers und Drängers" in Rußland jetzt: Kosyreva, M. G., Sud'ba nemeckogo pisatelja v Rossii: Fridrich fon Klinger, in: Smagina, G. I. (Hrsg. u. a.), Nemcy v Rossii. Russko-nemeckie naučnye i kul'turnye svjazi. SPb. 2000, S. 104-112.
[43] RGIA, f. 732, op. 1, d. 3, l. 66.
[44] Zur Konzeption der Ministerien siehe die Überlegungen von N. N. Novosil'cev, der den entsprechenden *ukaz* dann auch vorformulierte: RNB RO, f. 526, op. 388a, d. 2, ll. 1-6.
[45] *Ministerstvo obščestvennogo obrazovanija* (Ministerium für gesellschaftliche Bildung) wurde ebenso erwogen wie *Ministerstvo obučenija* (Erziehungsministerium), was schon die Spannbreite der

nogo Prosveščenija (Ministerium für Volksaufklärung), das mit dem *ukaz* vom 6.9.1802 eingerichtet wurde.[46]

Aufklärung für das Volk war damit als Anspruch formuliert worden, an dem sich die Ergebnisse der Arbeit der Behörde würden messen lassen müssen. Mit der Einrichtung dieses Ministeriums wurden bereits administrative Weichenstellungen vorgenommen: Der neugebildeten Behörde wurden die Universitäten und die Akademie der Wissenschaften zugeordnet, die bislang unmittelbar dem Senat unterstellt waren. Zwar sollten alle säkular-staatlichen Schulen im Zuständigkeitsbereich des Ministeriums liegen, nicht jedoch die Fachschulen des Militärs und der Verwaltung - und damit auch nicht die Kadettenkorps.[47] Schließlich wurden die Waisenhäuser und die Smol'nyj-Institute, um deren Reform sich die Schulkommission Katharinas bemüht hatte, unter der Aufsicht einer Abteilung des Hofes zusammengefaßt, die der Witwe Pauls I., Marija Fedorovna, unterstellt wurde.[48] Die Zarenwitwe, die innerhalb der konservativen Opposition eine Führungsfigur darstellte, monopolisierte für sich den Bereich der öffentlichen Fürsorge und der Frauenbildung, der ihrer Meinung nach kein Platz im öffentlich-staatlichen Schulsystem eingeräumt werden müsse, eine Auffassung, der sich die Gesetzgeber in der Reform der Jahre 1803/04 anschließen sollten.[49]

Die Ernennung Petr V. Zavadovskijs, der 1799 von Paul I. als Vorsitzender der katharinäischen Schulkommission abgelöst worden war, zum Minister für Volksaufklärung war eine Entscheidung, mit der im Rahmen der Berufung aller neuen Minister zumindest für ein Ressort personelle Kontinuität zur katharinäischen Epoche signalisiert werden sollte. Alexander I. selbst war von Zavadovskijs Fähigkeiten nicht sonderlich überzeugt,[50] wie er LaHarpe schrieb, doch war er der Auffassung, daß Zavadovskij

---

Auffassungen innerhalb des „Inoffiziellen Komitees" andeutet (vgl. Roždestvenskij, Istoričeskij obzor, S. 35).
[46] PSZ 27, Nr. 20.406, S. 243-248.
[47] Diese Zuordnung geht auf einen Vorschlag M. N. Murav'evs zurück: RNB RO, f. 499, op. 766a , d. 10, ll. 1-7. Allerdings sollten auch die Militärschulen inklusive der Kadettenkorps eine Revision der Lehrinhalte erfahren (PSZ 27, Nr. 20.975, S. 631-633).
[48] Timoščuk, V. V., Imperatrica Marija Fedorovna v eja zabotach o Smol'nom monastyre, 1797-1802, in: RS (1890), 1, S. 809-832.
[49] Die Bewertung der Tätigkeit Marija Fedorovnas ist umstritten. Einerseits übte sie ihr Amt als wirkliche Chefin der ihr zugeordneten Einrichtungen aus und beschränkte sich nicht auf Repräsentationsaufgaben, so daß sie ihren Nachfolgerinnen ein regelrechtes Nebenministerium mit einem System von Findelhäusern und Zweigstellen des Smol'nyj-Institutes hinterließ (Lichačeva, Materialy, T. 2). Zudem sah sie im Gegensatz zu Katharina als mögliches Tätigkeitsfeld der (verarmten) Adligen dasjenige der Lehrerin (Nash, Educating New Mothers, S. 315) und folgte damit einem wieder traditionellerem Frauenbild am Beginn des 19. Jahrhunderts: „Durch ihre Qualität als *chozjajka* wird die Frau zu einem nützlichen Mitglied der Gesellschaft." (zitiert nach: Kapterev, P. F., Istorija russkoj pedagogiki. Petrograd 1915, S. 245).
[50] Brief an LaHarpe vom 7.7.1803, in: SIRIO 5, S. 39. Diese Einschätzung Zavadovskijs ist wohl auf sein Agieren bei Hofe nach seiner Rückkehr aus dem Exil zurückzuführen. Wie die Protokolle meiner

4.1.1. Neuanfang, Erweiterung oder Reform der Reform?

auch nicht hinderlich sein werde. An die Stelle der katharinäischen Schulkommission trat ein neuer Ausschuß, der das geplante Bildungsstatut ausarbeiten sollte. Zu seinen Mitgliedern wurden ernannt:[51] Der Dichter Michail N. Murav'ev (1757-1801), Fürst Adam Czartoryski - den Alexander zwar vollständig mit Fragen der Außenpolitik betrauen wollte, der seine Ernennung zum stellvertretenden Außenminister allerdings nur akzeptieren wollte, wenn er gleichzeitig auf dem Feld der Bildungspolitik aktiv bleiben durfte, was ihm im Interesse eines nationalpolnischen Bildungswesens im russischen Teilungsgebiet unerläßlich schien[52] -, der bereits erwähnte Friedrich Maximilian Klinger, Janković de Mirievo mit seiner mehr als zwanzigjährigen Erfahrung im Bereich des russischen Bildungswesens, der polnische Magnat Seweryn Potocki (1752-1829), ein Freund Alexanders I. und Czartoryskis, sowie die Akademiemitglieder Nikolaus Fuss (1755-1825) und Nikolaj I. Ozereckovskij (1750-1827).[53] Sekretär der Kommission wurde Vasilij N. Karazin (1773-1842). Schon durch die Zuordnung der Bildungseinrichtungen war vorgegeben worden, daß die Aufgabe nicht in der Konzipierung einer Ausbildung in Hinblick auf das spätere Berufsziel, sondern einer Allgemeinbildung, die mehrere Verwendungen offenließ, bestehen sollte.

In der Arbeit dieser Kommission ging es zunächst vor allem um den Ausbau und die Reform der Universitäten. Im Gegensatz zur katharinäischen Schulreform waren M. N. Murav'ev, der bei einer Visitation das System der Universität Moskau verknöchert und für Studenten wenig attraktiv fand, aber auch Czartoryski und Potocki, die 1803 die Fortschritte an der Universität Wilna begutachteten,[54] der Auffassung, daß es dringend notwendig sei, das staatliche Schulsystem von oben nach unten, d. h. von den Bedürfnissen der Universitäten her zu reorganisieren. In der alten Schulkommission war mit Blick auf die Moskauer Universität und ihre Gymnasien die Meinung vertreten worden, daß ohne die nötigen Voraussetzungen auf der elementaren und mittleren Ebene auch die Universitäten ohne den rechten Nachwuchs bleiben würden. Insbesondere Janković de Mirievo verfocht weiterhin diese Meinung: Die Schulen des Statuts von 1786, auf deren Erfolge er anhand des Berichtes für Alexander aus dem Jahre 1801 aufmerksam

---

Auffassung nach zeigen, war Zavadovskij in dieser Zeit äußerst engagiert und interessiert an der Entwicklung und Umsetzung des Schulstatuts von 1786. Ob er aber als Minister für Volksaufklärung ebenso engagiert war, muß bezweifelt werden. Siehe die allzu positive Einschätzung von: Suchomlinov, M. I., Materialy dlja istorii obrazovanija v Rossii. T. 1-3. SPb. 1866, hier T. 1, S. 9.
[51] Sbornik postanovlenij, T. 1, S. 4 f.
[52] RGIA, f. 732, op. 1, d. 2, l. 72.
[53] Ebenda, l. 5 f. Hinzu kamen noch zwei Mitglieder der alten Schulkommission, Svistunov und Pastuchov. Murav'ev, Potocki und Fuss wurden gleichzeitig damit beauftragt, ein neues Akademiestatut zu erarbeiten, als dessen Konsequenz die Bildungseinrichtungen der Akademie abgeschafft wurden und die Institution sich fortan nur noch der Wissenschaft zu widmen hatte (Suchomlinov (Hrsg.), Istorija Rossijskoj Akademii, T. 2, S. 369; Skrjabin (Hrsg.), Ustavy Akademii nauk SSSR, S. 62-91). Zum neuen Präsidenten der Akademie wurde 1803 N. N. Novosil'cev, Mitglied des „Inoffiziellen Komitees", berufen.
[54] Zawadsky, A Man of Honour, S. 53.

machte, wiesen nicht deshalb Mängel auf, weil Universitäten im Land fehlten, sondern weil die Finanzierung mangelhaft geblieben sei.[55] Dem widersprach Murav'ev nicht, er vertrat jedoch die Auffassung, daß das Schulwesen von der jeweils nächstgelegenen Universität beaufsichtigt werden müsse, da so die Abstimmung auf den Bedarf erleichtert werden könnte.[56] Im Gegensatz zu Janković, der als Vorbild für weitere Universitätsgründungen auf das österreichische Modell und die Vorüberlegungen der katharinäischen Schulkommission verwies, wünschte Murav'ev Universitätsverfassungen, wie sie den Reformuniversitäten im protestantischen Deutschland zugrunde lagen - mit einer Wahl von Rektor und Dekanen durch die Selbstverwaltungsorgane der Universität statt eines eingesetzten Direktors. Wie schon LaHarpe vorgeschlagen hatte, sollte die Universität Zensur- und Schulaufsichtsbehörde zugleich werden.

Diese Vorschläge entwickelte Fürst Czartoryski im Oktober 1802 in einem Projekt weiter, das auf den Rektor der Wilnaer Universität, Hieronim Stroynowski, zurückging, der bereits für die Edukationskommission gearbeitet hatte. Die starke Stellung der Universität wurde hier noch ausdrücklicher betont als bei Murav'ev. Vorgeschlagen wurde nicht nur ein viergliedriges Bildungssystem, bestehend aus Universität, Gymnasien, Kreisschulen und Elementarschulen, von denen die drei letztgenannten Einrichtungen von den jeweils nächsthöheren beaufsichtigt werden sollten, wobei der Universität eine weitgehende Autonomie bei der Festlegung der Stundentafeln und des Lehrmaterials für die jeweils zugeordneten Schulen zugebilligt wurde.[57] Eine polnische Autonomie im Bereich des Bildungswesens war damit von Czartoryski und Stroynowski fest in den Blick genommen worden, und die Realisierungschancen standen nicht schlecht. Janković de Mirievo war bereit, seinen Kampf für die Hauptvolksschulen alten Typs aufzugeben, wenn statt dessen das Curriculum und die Schulzeit in den Kreisschulen deutlich ausgebaut werden würden. Einigkeit herrschte unter den Mitgliedern des „Inoffiziellen Komitees", auf nationale und regionale Besonderheiten, etwa beim Sprach- oder Geschichtsunterricht, Rücksicht nehmen zu wollen. Auch bestand Konsens, daß nur die Hauptvolksschulen als Basis für die neuen Gymnasien in jedem Gouvernement dienen könnten, während bei den einzelnen Schulen und Kollegien in den Westgubernien eine genaue Untersuchung darüber zu erfolgen hätte, ob die Schulen in den Händen der Geistlichkeit über das angestrebte Niveau der Gymnasien verfügen würden. Schwieriger gestaltete sich die Suche nach einem modus vivendi für die Behandlung der kleinen Volksschulen. Sollten sie zu einer Kreisschule auf-, oder zu einer Elementarschule abgewertet werden? Auch in diesem Fall entschied man sich wieder für

---

[55] Roždestvenskij, Materialy, S. 380-382.
[56] RNB RO, f. 499, op. 766a, d. 11, l. 1; RGIA, f. 732, op. 1, d. 2, l. 119 f. Anstatt der Gymnasien sah Murav'ev hier noch die am französischen Beispiel orientierten Lyzeen vor.
[57] Truchim, S., Współpraca polsko-rosyjska, S. 44.

4.1.1. Neuanfang, Erweiterung oder Reform der Reform?

eine Einzelfallprüfung - gegen den Willen der Mitglieder der alten Schulkommission.[58]

Einigkeit bestand hingegen darüber, daß es dem Schulstatut von 1786 nicht gelungen war, eine effektive Kontrolle des Unterrichtswesens aufzubauen. Allenfalls, so die Meinung der Kommissionsmitglieder, sei von den *prikazy obščestvennogo prizrenija* die haushälterische Seite überprüft worden, die *početnye smotriteli* hätten ihre Aufsichtspflicht ebenfalls vorwiegend in diesem Bereich wahrgenommen. Das Ministerium für Volksaufklärung müsse daher auch vor Ort präsent sein. Die Akademiemitglieder schlugen deshalb vor, analog zum System der Edukationskommission Distrikte einzurichten, in denen das Unterrichtswesen zusammengefaßt und beaufsichtigt werden würde. Dies ließe sich nach Ansicht der Kommission mit den Empfehlungen für die Beaufsichtigung durch die Universitäten gut kombinieren, wenn in jedem Distrikt eine Universität eingerichtet werden würde. Bliebe es neben der Universität in Moskau bei der Gründung von Universitäten in Kazan', Sankt Petersburg und der Ukraine sowie in Dorpat und Wilna, wären dies sechs Bezirke.

Zugleich sollte die Finanzierung des Schulwesens auf eine neue Grundlage gestellt werden: Ein Schulangebot müsse vorgehalten werden können, ohne daß man auf die Kapitalerträge der *prikazy*, der Stadtdumen oder auf private Geldgeber angewiesen sei. Und es wurden auch Beträge genannt, die für eine Mindestausstattung benötigt werden würden.[59] Die Akademiemitglieder präsentierten eine Überschlagsrechnung, nach der für vier „russische" Universitäten 520.000 Rubel, für 42 Gouvernementsgymnasien 236.000 Rubel und für 405 Kreisschulen 563.450 Rubel veranschlagt wurden. Dem Finanzministerium[60] wurde also die stolze Summe von 1.319.450 Rubeln präsentiert. Diese Änderung des Finanzierungsmodells hätte eine Vervielfachung der finanziellen Zuwendungen für das Bildungswesen bedeutet, obwohl die Ausgaben für den geplanten Lehrbezirk Wilna aus dem Vermögen der Edukationskommission bestritten werden sollten und nicht mit eingerechnet worden waren. Gleichzeitig herrschte in der Kommission Einigkeit darüber, daß man sich eigentlich bescheiden gezeigt hatte. Für die geplanten Elementarschulen waren keine (zentral)staatlichen Mittel vorgesehen; sie waren weiterhin aus den Geldern der lokalen Gesellschaft zu finanzieren. Damit war ihre Gründung von vornherein schwieriger als diejenige der Gymnasien und Kreisschulen. Für das Jahr 1803 wurden - mit Hinweis darauf, daß die Schulen erst gegründet werden

---

[58] RGIA f. 732, op. 1, d. 2, ll. 62-68; ebenda, d. 3, l. 29. Siehe schließlich die gesetzliche Regelung in: Sbornik postanovlenij, T. 1, S. 269-284.

[59] RGIA f. 732, op. 1, d. 2, ll. 25-27, 42-58.

[60] Das Finanzministerium sollte sich um eine Reform des Staatshaushaltes bemühen, die zu einer stärkeren Abstimmung von Budgetanmeldung und Ausgabenkontrolle führen sollte, um (vergeblich) der Verschuldung entgegen zu wirken, die in der katharinäischen Epoche begonnen worden war; vgl. LeDonne, Absolutism and Ruling Class, S. 290-296; Blioch, I. S., Financy Rossii XIX stoletija. Istorija-statistika. T.1-4. SPb. 1882, hier T. 1, S. 54-72, 95.

sollten - 500.000 Rubel bewilligt.[61]

Um die Geschwindigkeit des Reformprozesses zu beschleunigen und die Bestandsaufnahme in den einzelnen Regionen des Reiches voranzutreiben, aber auch, um für die einzelnen Regionen keine Einheitlichkeit zu präjudizieren, die sich in Anbetracht der Situation vor Ort nicht durchhalten ließe,[62] wurden schon im Januar 1803 nach wenigen Sitzungen „Vorläufige Regeln" für die Durchführung einer noch auszuarbeitenden umfassenderen Bildungsgesetzgebung verabschiedet.[63] In diesen Regeln wurde festgelegt, daß sechs Lehrbezirke eingerichtet werden sollten, deren Spitzeninstitution eine Universität bilden sollte, von der aus, wie schon in dem Gesetzgebungswerk der Edukationskommission, die Aufsicht über die Gouvernementsgymnasien, die Kreis- und schließlich die Elementarschulen geführt werden sollte. Zusätzlich wurde jedoch für jeden *učebnyj okrug* das Amt eines Kurators eingerichtet. Dieser hatte einerseits die Interessen seines Bezirks in der Hauptstadt gegenüber dem Ministerium zu vertreten, andererseits aber wiederum den Gang der Geschäfte an der jeweiligen Universität zu kontrollieren. Der Gedanke einer Regionalisierung der Aufsicht, die ein Hauptgravamen bei der Diskussion über das Schulstatut von 1786 gebildet hatte, war nur halbherzig gelöst worden. Da sich die Zahl der Lehrbezirke an derjenigen der Universitäten ausrichtete, waren noch immer sehr große Einheiten geschaffen worden. Der Lehrbezirk Dorpat war mit den Gouvernements Kurland, Livland, Estland und Finnland (Karelien) der kleinste und übersichtlichste, der Lehrbezirk Wilna umfaßte alle Gebiete, die das Zarenreich infolge der Teilungen Polens errungen hatte,[64] der Lehrbezirk Sankt Petersburg die nordöstlichen,[65] der Lehrbezirk Moskau die zentralrussischen Gebiete,[66] während der Bezirk Kazan' sich bis an den Pazifik und nach Transkaukasien erstreckte.[67]

Bei der Suche nach einem Universitätsstandort in der Ukraine war es zu einem regelrechten Wettbewerb zwischen den Städten gekommen, die, wie Baturin oder

---

[61] Hinzukamen noch etwa 25.000 Rubel für die Mitarbeiter des Ministeriums. 1803 wurden mit den Aufwendungen der *prikazy obščestevennogo prizrenija* 1,6 Mio. Rubel, 1805 2,6. Mio. Rubel verausgabt. Dem standen Gesamtausgaben von 109,2 Mio. Rubel bzw. 125,4 Mio. Rubel gegenüber; vgl. Blioch, Financy Rossii XIX stoletija, T. 1, S. 152 f.
[62] Die Debatte um diese vorläufigen Regeln in: RGIA, f. 733, op. 86, d. 29, ll. 1-10.
[63] PSZ 27, Nr. 20.597, S. 437-442. Erstmals gedruckt in: Periodičeskie sočinenija o uspechach narodnogo obrazovanija. Nr. 1. SPb. 1803, S. 1-21. Dieses unregelmäßig erscheinende Publikationsorgan wurde auf Geheiß des neuen Ministeriums herausgegeben, um das Reformwerk zu popularisieren, und ist der Vorläufer des zu Beginn der Amtszeit von Sergej S. Uvarov als Minister (1833) aus der Taufe gehobenen *Žurnal Ministerstva Narodnogo Prosveščenija*.
[64] Er umfaßte die Gouvernements Wilna, Grodno, Vitebsk, Mogilev, Minsk, Volhynien, Podolien und Kiev, das damit im Grunde dem Teilungsgebiet zugeschlagen wurde.
[65] Er umfaßte die Gouvernements Sankt Petersburg, Pskov, Novgorod, Olonec und Archangel'sk.
[66] Er umfaßte die Gouvernements Moskau, Smolensk, Kaluga, Tula, Rjazan', Vladimir, Kostroma, Vologda, Jaroslavl' und Tver'.
[67] Er umfaßte die Gouvernements Kazan', Vjatka, Perm', Nižnij Novgorod, Tambov, Saratov, Penza, Astrachan', Kaukasien, Orenburg, Simbirsk, Tobol'sk und Irkutsk.

4.1.1. Neuanfang, Erweiterung oder Reform der Reform?

Černigov, schon im Zusammenhang mit Universitätsgründungsprojekten der zweiten Hälfte des 18. Jahrhunderts ins Gespräch gebracht worden waren. Das Rennen - gegen Kiev - machte aufgrund der persönlichen Initiative Vasilij N. Karazins, des Sekretärs der Bildungskommission,[68] letztlich Char'kov.[69] Gleichsam mit einem Taschenspielertrick überzeugte er während einer Reise im Jahre 1802 den Char'kover Adel davon, als Anschubfinanzierung mehr als 400.000 Rubel bereitzustellen, wobei er die Spender jedoch im unklaren darüber ließ, welche Art von Einrichtung in Char'kov gegründet werden würde. Der Adel sammelte das Geld in der Erwartung, daß ein Kadettenkorps gegründet werden sollte, wie er es schon in seinen Instruktionen für die Gesetzbuchkommission gewünscht hatte.[70]

Vergeblich hatten Adam Czartoryski und Nikolaus Fuss darauf aufmerksam gemacht, daß für ein flächendeckendes Bildungssystem sowohl die Zahl der Distrikte als auch diejenige der Universitäten zu gering sei. Sie schlugen daher die zusätzliche Einrichtung von Universitäten in Velikij Ustjug und Tobol'sk vor, die als Ziele auch in die „Vorläufigen Regeln" aufgenommen, jedoch nicht realisiert wurden. Die Auswahl der Kuratoren, die Alexander I. persönlich wahrnahm, sollte einerseits schon durch die Persönlichkeiten den hohen Stellenwert ausdrücken, den der Zar dem Bildungswesen beimaß, andererseits war sie im Falle der Lehrbezirke Dorpat und Wilna, partiell auch im Falle Char'kovs ein Signal an die Nationen des Zarenreiches: Mit Friedrich Maximilian von Klinger wurde eine Person als Kurator des Lehrbezirks Dorpat ernannt, die für einen Erhalt der Autonomie der baltischen Ritterschaften und für ein weitgehend von der deutschbaltischen Elite bestimmtes Schulwesen stand;[71] Fürst Adam Czartoryski, der aus seinem polnischen Patriotismus keinen Hehl machte und diesen auch in der Außenpolitik zu verwirklichen suchte, wurde zum Kurator für Wilna ernannt. Seweryn Potocki, selbst polnischer Magnat, wurde zum Kurator des Char'kover Lehrbezirks bestellt, was als Geste gegenüber dem polonisierten ukrainischen Adel gewertet werden sollte, der eine Universität eigentlich gar nicht gewollt hatte. Kurator des Petersburger Lehrbezirks wurde N. N. Novosil'cev,[72] dem Moskauer Distrikt stand M. N. Murav'ev

---

[68] Er entstammte dem Char'kover Kleinadel. Zu seiner Person: Bagalej, D. I., Prosvetitel'naja dejatel'nost' Vasilija Nazaroviča Karazina. Char'kov 1891; Sljusarskij, A. G., V. Karazin i ego naučnaja i obščestvennaja dejatel'nost'. Char'kov 1955. In beiden Darstellungen wird ungeachtet unterschiedlicher ideologischer Vorgaben Karazin als der Schöpfer eines Regionalbewußtseins der lokalen Char'kover Gesellschaft dargestellt; siehe auch: Flynn, J. T., V. N. Karazin, the Gentry, and Kharkov University, in: SR 28 (1969), S. 209-220, sowie Kravčenko, V. V., Die Gründung der Universität Char'kov. Zu einigen historiographischen Mythen, in: Jahrbuch für Universitätsgeschichte 4 (2001), S. 137-145.
[69] Der Lehrbezirk umfaßte die Gouvernements Sloboda-Ukraine (Char'kov), Orlov, Voronež, Kursk, Černigov, Poltava, Nikolaevsk, Ekaterinoslav und Taurien sowie die Distrikte der Don- und der Schwarzmeerkosaken.
[70] Periodičeskie sočinenija, Nr. 2, S. 175 f.
[71] Hierzu seine programmatischen Ausführungen in: Ebenda, Nr. 15, S. 246-251.
[72] Er wurde wegen Arbeitsüberlastung zeitweise von Pavel Stroganov vertreten.

vor. Die größten Schwierigkeiten bereitete die Suche nach einem Kurator für den Kazaner Bezirk, dessen Leitung schließlich vom Akademiemitglied Stepan Rumovskij übernommen wurde.[73]

In den „Vorläufigen Regeln" wurde den einzelnen Kuratoren die Aufgabe übertragen, sich einen Kenntnisstand über ihren jeweiligen Lehrbezirk zu verschaffen, um Vorschläge zu erarbeiten, wo Schulen umgewandelt werden könnten und wo sie gänzlich neu eingerichtet werden müßten.[74] Insbesondere sollte die Gründung der Universitäten in Char'kov und Kazan' vorbereitet werden, um dort mit der Lehrerausbildung beginnen zu können. Es zeigte sich bald, daß an den ehrgeizigen Plänen schon in der Projektphase Abstriche gemacht wurden; im Distrikt Sankt Petersburg sollte sich der Kurator Nikolaj Novosil'cev in Anbetracht der ausdifferenzierten Bildungslandschaft der Hauptstadt schon bald dafür entscheiden, zunächst das 1802 geschlossene Lehrerseminar wieder einzurichten und die Eröffnung einer Universität zu verschieben.[75] Czartoryski unternahm eine Rundreise durch seinen Lehrbezirk, Novosil'cev schickte die Akademiemitglieder V. M. Severgin (1765-1826) und Ja. D. Zacharov (1765-1836) auf Inspektionsreise,[76] Vasilij N. Karazin bereitete anstelle des zur Anwerbung von Professoren nach Westeuropa gereisten Potocki die Universitätsgründung in Char'kov vor. Murav'ev überwachte persönlich die Reorganisation der Moskauer Universität; deren Professoren begaben sich im Vorgriff auf eine gesetzliche Regelung auf erste Inspektionsreisen.[77] Während Murav'ev mit seinen Korrespondenzpartnern in ganz Europa Kontakt aufnahm und sich etwa auch an Johann Wolfgang von Goethe wandte, um geeignete Professoren für neue Lehrstühle zu gewinnen,[78] reiste Seweryn Potocki höchstselbst nach Österreich und Deutschland, um Gelehrte für eine Tätigkeit an der Universität Char'kov zu interessieren.[79]

---

[73] Rumovskij war zu diesem Zeitpunkt schon sehr fortgeschrittenen Alters (71 Jahre) und konnte aufgrund seiner angegriffenen Gesundheit die Geschäfte nur per Korrespondenz führen (RGIA, f. 732, op. 1, d. 3, l. 87ob f.); seinen Lehrbezirk besuchte er bis zu seinem Tode nie.
[74] Sbornik rasporjaženij, T. 1, S. 3-9.
[75] Reskript vom Mai 1803 in: Ebenda, S. 186, 191. Das Lehrerseminar sollte zum Pädagogischen Institut ausgebaut und zum Kern der 1819 gegründeten Universität Sankt Petersburg werden; vgl. Roždestvenskij (Hrsg.), S.-Peterburgskij universitet, S. V-VIII.
[76] ARAN PF, f. 1, op. 2, d. 5, l. 36. Das Ergebnis der Reise publizierte Severgin, ohne mehr als die Existenz einiger Schulen zu erwähnen: [Severgin, V. M.], Prodolženie zapisok putešestvija po zapadnym provincijam Rossijskogo gosudarstva ili mineralogičeskie, technologičeskie i drugie primečanija, učinnija vo vremja proezda črez onie v 1803 godu Akademikom, Kolležskim Sovetnikom i Ordena sv. Anny vtorogo klassa Kavalerom Vasil'em Severginym. SPb. 1804. Zacharov trat seine Reise hingegen nie an (ARAN PF, f. 1, op. 1a, d. 14, l. 82).
[77] Ševyrev, Istorija, S. 332.
[78] Andreev, A. Ju., Die „Göttinger Seele" der Universität Moskau. Zu den Wissenschaftsbeziehungen der Universitäten Moskau und Göttingen im frühen 19. Jahrhundert, in: Jahrbuch für Universitätsgeschichte 4 (2001), S. 83-101, hier S. 94-99.
[79] Maurer, Hochschullehrer, S. 96. Potocki hielt es vor allem für vielversprechend, slavische Gelehrte anzuwerben, so wie es Katharina im Hinblick auf die Verständlichkeit bei der Anwerbung Jankovićs

4.1.1. Neuanfang, Erweiterung oder Reform der Reform?

Die in Sankt Petersburg einlaufenden Informationen, die das Bild der Bildungslandschaft des Zarenreiches ergänzten, das Alexander I. in dem Bericht aus Anlaß seiner Krönung vermittelt worden war, führten bei den in der Hauptstadt verbliebenen Kommissionsmitgliedern zu der Auffassung, daß es nicht sinnvoll sei, die neuen Universitätsstatuten und die Gesetzgebung für die Schulen in ein gemeinsames Gesetz zu fassen. Statt dessen wurden getrennte *ustavy* für die Universitäten Dorpat und Wilna vorbereitet, die ihre Gründungsurkunde bzw. -bestätigung schon 1802 und 1803 erhielten.[80] Die *ustavy* für die Universitäten in Kazan', Moskau und Char'kov waren zwar vom Wortlaut her nahezu identisch, wurden aber ebenfalls getrennt verabschiedet. Auch hier zeigte sich die in den ersten Regierungsjahren Alexanders I. verbreitete Neigung, die Sonderstellung der polnischen und baltischen Untertanen zu akzeptieren.[81] Wenn Stefan Truchim in seiner Monographie über die Wirkungen der polnischen Edukationskommission den Einfluß des Condorcetschen Plans weitgehend negierte und statt dessen die Gesetzgebung der polnischen Reformperiode als Vorbild herausstellte, trifft dies vor allem für die Verfassung der Universität Wilna zu; sie wurde zum Teil auf den Wortlaut genau aus den entsprechenden Planungen der Edukationskommission übernommen.[82] Wilna wurde faktisch eine polnische Universität, so wie Dorpat eine deutschgeprägte wurde, wiewohl sich die Ritterschaften mit ihrer Vorstellung, sie könnten die Aufsicht unabhängig von Sankt Petersburg führen, nicht durchsetzen konnten.[83] Zugleich wurde durch die unterschiedlichen *ustavy* der Universitäten mit den

---

getan hatte. Die Frage der künftigen Unterrichtsprache war für die Universität Char'kov von Beginn an ein Politikum. Sollte man dem Adel entgegenkommen und Polnisch zur verbindlichen Sprache machen, oder das Russische, und so den Anspruch des Staates dokumentieren? Potocki zog sich aus der Affäre, indem er seine Rede auf Latein hielt, die ihm allerhöchsten Respekt der Professoren seiner Universität eintrug. Seine Rede: Oratio habita a Curatore Universitatis Charcoviensis Comite Potozky, in: Periodičeskie sočinenija, Nr. 12, S. 550-556; vgl. Bagalej, Opyt, T. 1, S. 45-53.

[80] Statut für Wilna in: Sbornik postanovlenij, T. 1, S. 39-46, Statut für Dorpat in: Ebenda, S. 139-199.
[81] So erhielt der polnische Adel im Lehrbezirk Wilna eigene, ständisch stark abgeschlossene Gymnasien, die Lyzeen, die sich nicht nur von der Zugangsberechtigung, sondern auch vom Curriculum her von den Gymnasien im Zarenreich unterschieden; hierzu: Bieliński, Uniwersytet Wileński, T. 1, S. 392-408, T. 2, S. 3-12.
[82] Truchim, Współpraca polsko-rosyjska, S. 45-90.
[83] Schon im April 1802 versammelten sich in Dorpat in einem Privathaus sieben Professoren und neunzehn Studenten, um die unter Paul I. verabschiedete Universität zu gründen. Etwa vier Wochen später, am 25.5.1802, erfolgte erst der *ukaz* über die Gründung der Universität. Die Ritterschaft wollte die Universität durch ein Kuratorium beaufsichtigen lassen, dem der geschäftsführende Vizekurator und der Rat der Professoren unterstehen sollten. In der "Eidesformel" sahen die Professoren jedoch eine unzumutbare Unterordnung und eine Bedrohung der akademischen Lehrfreiheit, die das Wesen der als vorbildlich erkannten deutschen Reformuniversitäten ausmachte. Es kam hinzu, daß das Kuratorium für die Berufung von Professoren zuständig sein sollte, während die Professorenschaft nur beratend tätig sein und kein Stimmrecht besitzen sollte.

Der Dorpater Prorektor (später Rektor) Georg Friedrich Parrot versuchte, Alexander I. im Mai 1802 bei dessen Besuch in der Stadt mit einer flammenden Rede zu überzeugen, die Universität nicht in der geplanten Form als ritterschaftlich kontrollierte Institution Wirklichkeit werden zu lassen. Friedrich Bienemann hat die Kontakte zwischen Parrot und Alexander I. in seinem Buch von 1902

entsprechenden Abschnitten über die Gründung und Beaufsichtigung von Schulen die nötige Flexibilität gewahrt, die schon Katharina II. bewogen hatte, Fächer nach regionalen Besonderheiten für den Fernen Osten oder die Schwarzmeerregion einzurichten. So wurde für die Universität von Kazan' ein Ausbau im Bereich derjenigen Fächer vorgesehen, die später unter dem Begriff der „Orientalistik" zusammengefaßt wurden.[84] In Moskau wurde generell die Zahl der Professuren heraufgesetzt, insbesondere für die philosophische und die juristische Fakultät. Bemerkenswert ist, daß im Gegensatz zu Wilna mit einer katholischen theologischen und Dorpat mit einer protestantischen theologischen Fakultät an den übrigen Universitäten keine theologischen Fakultäten vorgesehen waren, Lehrveranstaltungen in orthodoxer Theologie sich hingegen partiell im Lehrangebot für Philosophie und Logik wiederfanden.

Die Fragen der Universitätsreform und -gründung, bei denen den Vorschlägen M. N. Murav'evs besondere Bedeutung zukam, sind im Zuge der Wiederentdeckung der Universitätsgeschichte durch F. A. Petrov, A. Ju. Andreev und N. A. Makarova[85] ausführlich erörtert worden, wobei man einerseits die vorrevolutionäre Historiographie

---

ausführlich untersucht und zudem im Anhang den Briefwechsel der beiden Persönlichkeiten publiziert. Parrot wollte den Zaren davon überzeugen, keine regionale Universität zu gründen, sondern eine Spitzeneinrichtung für das gesamte Zarenreich. Hierfür sei, so Parrot, das Baltikum aufgrund seines vergleichsweise hohen Bildungsstandards besonders geeignet. Nach Dorpat könne man deutsche und andere Professoren leicht berufen, weil es keine Sprachbarriere zwischen den Gelehrten und der Elite der lokalen Bevölkerung geben würde. Dorpat sollte also eine Leitfunktion für alle Universitäten des Zarenreiches übernehmen und Sankt Petersburg direkt unterstellt werden. Als am 12.12.1802 das nun endgültige Gründungsstatut verkündet wurde, hatte Georg Friedrich Parrot nicht vollständig erreicht, was er wollte. Zwar war die Abhängigkeit der Universität Dorpat von der Ritterschaft weggefallen, doch war nun das Eingreifen der russischen Regierung durch den Kurator möglich. So ist Parrot im 19. und beginnenden 20. Jahrhundert von manchem deutschbaltischen Historikern ein "Verrat" an der Autonomie der Ostseeprovinzen vorgeworfen worden. Dorpat entwickelte sich in der ersten Hälfte des 19. Jahrhunderts als „deutsche Universität", jedoch mit einer Verfassung, die an diejenigen der russischen Universitäten nach deren Statuten von 1804 angelehnt war; vgl. Bienemann, F., Der Dorpater Professor Georg Friedrich Parrot und Kaiser Alexander I. Reval 1902, S. 79-179, 323-327; [Beise], Die kaiserliche Universität Dorpat, S. 3-18; Bock, W. v., Die Historie von der Universität Dorpat und deren Geschichte, in: Baltische Monatsschrift 9 (1864), S. 107-193, 487-522, hier S. 107-136; Gernet, A. v., Die im Jahr 1802 eröffnete Universität Dorpat, S. 14-18; Garleff, M., Dorpat als Universität der Baltischen Provinzen im 19. Jahrhundert, in: Pistohlkors, G. v. (Hrsg. u. a.), Die Universitäten Dorpat/Tartu, Riga und Wilna/Vilnius 1579-1979. Beiträge zu ihrer Geschichte und ihrer Wirkung im Grenzbereich zwischen Ost und West. Köln usw. 1987 (= Quellen und Studien zur baltischen Geschichte, 9), S. 143-150; Martinson, E. E., Istorija osnovanija Tartuskogo (b. Derpstkogo-Jur'evskogo) Universiteta. Leningrad 1954, S. 54-56; Meyer, K, Wie deutsch war die Universität Dorpat? In: Pelc, O. (Hrsg. u. a.), Zwischen Lübeck und Novgorod. Wirtschaft, Kultur und Politik im Ostseeraum vom frühen Mittelalter bis ins 20. Jahrhundert. Norbert Angermann zum 60. Geburtstag. Lüneburg 1996, S. 353-359.

[84] Michajlova, S. M., Razvitie orientalistiki v Kazanskom universitete v XIX v., in: Gasparov, B. (Hrsg. u. a.), Kazan', Moskva, Peterburg: Rossijskaja imperija vzgljadom iz raznych uglov. Moskva 1997, S. 275-301, hier S. 277-281.

[85] Siehe Kap. 1.1. sowie Makarova, N. A., Obščestvennaja žizn' studenčestva Rossii.

aufgriff und die Reformen als „fortschrittlich" würdigte[86] und sich andererseits dem Interpretationsrahmen annäherte, den James T. Flynn[87] mit seinen Forschungen zur Universitätsgeschichte Rußlands überzeugend vorgegeben hatte. Die *ustavy* für die Universitäten von Moskau,[88] Char'kov[89] und Kazan'[90] enthielten ein hohes Maß an Selbstverwaltungsrechten: Die Fakultäten wählten ihre Dekane, die Professorenversammlung durfte drei Vorschläge für die Ernennung des Rektors machen,[91] der statt des bislang vom Senat ernannten Direktors an der Spitze der Universität stehen sollte. Wie schon im „Inoffiziellen Komitee" näher erörtert, wurde die Universität Zensurbehörde nach außen, innerhalb der Universität sollten jedoch Lehr- und Publikationsfreiheit bestehen. Schließlich hatte die Professorenversammlung auch für die Gerichtsbarkeit innerhalb der Universität und für die Aufrechterhaltung der Disziplin unter den Studenten zu sorgen.[92] Der Kurator stand der Universität nicht vor, wie in der Moskauer Universitätsverfassung von 1755, er stand ihr zur Seite. Über welche Bedeutung er verfügen würde, hing bei dieser Konstruktion weitgehend von der Persönlichkeit des jeweiligen Kurators ab. Dieses hohe Maß an Selbstverwaltung, das zu einem konkurrenzfähigen und selbstbewußten Gelehrtenstand (*učenoe soslovie*) führen sollte, veränderte letztlich in bescheidenem Umfang das Ausbildungsziel der Universität im Vergleich zur Regierungszeit Katharinas. Dieses war immer noch dadurch definiert, daß die Schüler und Studenten zur Beachtung und Einhaltung von Gesetzen sowie für den Dienst am Staate erzogen werden sollten, doch sollte die bindende Kraft dieser Gesetze auch für den Autokraten größer sein; sie ließ idealerweise in einem gesetzlichen Rahmen die Selbstverwaltung der Universität ohne Eingriff von außen zu. Von den Absolventen wurde selbstverständlich erwartet, daß sie nach der Ausbildungszeit in einem Raum der Freiheit ihre erworbenen Kenntnisse für den Staat einsetzen würden.

Für die Schulen wurde der Rahmen allerdings enger gesteckt. Bei aller Entwicklungsmöglichkeit für den Einzelnen blieb doch, in den Worten des spiritus rector der Universitätsreform, M. N. Murav'ev, ein Grundsatz gültig: „Die Erziehung bereitet die Seele des künftigen Bürgers zur Ausführung der Gesetze vor."[93] Dieser Gedanke wurde

---

[86] Ikonnikov, V. S., Russkie universitety v svjazi s chodom obščestvennogo obrazovanija, in: VE 5 (1876), 9, S. 161-206, 10, S. 492-550, 11, S. 73-132, hier 9, S. 200-206; Borozdin, I. N., Universitety v Rossii v pervoj polovine XIX veke, in: Istorija Rossii v XIX veke. T. 2. SPb. 1910, S. 349-379, hier S. 349-354.
[87] Flynn, The University Reform, S. 21-28. Pointierter in: ders., Russia's University Question, S. 3-5.
[88] PSZ 28, Nr. 21.498, S. 570-589; ebenda, Nr. 21.502, S. 647-650.
[89] Ebenda 28, Nr. 21.499, S. 589-607; ebenda, Nr. 21.503, S. 650-653.
[90] Ebenda 28, Nr. 21.500, S. 607-626; ebenda, Nr. 21.504, S. 653-656.
[91] Bei den ersten Vorschlägen der Universitäten wurde jeweils derjenige ernannt, der die meisten Stimmen der Professorenversammlung auf sich vereinigt hatte (RGIA, f. 732, op. 1, d. 4, l. 214).
[92] Hier gingen die Statuten nicht soweit, wie diejenigen der Universität Wilna, wo die Professorenversammlung auch die Gerichtsbarkeit über die Lehrer der zugeordneten Schulen ausübten.
[93] „Folglich sollte sie [die Erziehung] eine der Hauptaufgaben der Gesetzgeber und Regierenden sein" (Murav'ev, M. N., Polnoe sobranie sočinenij. T. 3. SPb. 1820, S. 200 f.).

ausgeführt in dem für alle Lehrbezirke geltenden „Statut über die gelehrten Einrichtungen, die den Universitäten unterstehen",[94] das gemeinsam mit den „Vorläufigen Regeln" schließlich das Schulstatut von 1786 ablöste. Zunächst wurde festgelegt, daß Gymnasien, Kreis- und Kirchspielschulen[95] jeweils auf die nächst höhere Schulstufe vorbereiten -sollten. Anders als in den Hauptvolksschulen, in denen zunächst der Lehrplan entsprechend der Normalmethode mit demjenigen der kleinen Volksschulen identisch gewesen war, mußte nun erst das Lehrprogramm des einen Schultyps absolviert sein, bevor der nächst höhere besucht werden konnte. Ersatzweise konnten Eingangsexamina durchgeführt werden, die überprüfen sollten, ob ausreichende Kenntnisse für die entsprechende Schulstufe vorhanden waren. Vom Bildungsziel her sollte es Aufgabe jeder Kirchspielschule (*prichodskoe učilišče*) sein, „den Kindern der ackerbautreibenden und anderer Stände die ihnen angemessenen Kenntnisse zu gewähren, sie in physischer und moralischer Hinsicht besser zu machen, ihnen genauere Vorstellungen von den Erscheinungen der Natur zu geben und Aberglauben und Vorurteile, deren Wirkungen für ihre Wohlfahrt, Gesundheit und Lage schädlich sind, auszurotten."[96] Schon hier zeigt sich ein gewisses Unverständnis, ja Mißtrauen des bürokratisch-adlig geprägten Rußlands gegenüber dem bäuerlichen, wie es letztlich auch in den Einlassungen der adligen Deputierten in der Gesetzbuchkommission deutlich geworden war.[97] Die Kreisschulen hingegen sollten „den Kindern verschiedenen Standes die ihrem Stande und Gewerbe entsprechenden Kenntnisse vermitteln,"[98] während die Gymnasien Grundlagen in allen Wissenschaften bieten sollten, die auf der Universität gelehrt würden, und damit für alle offen sein, die die „für einen wohlerzogenen Menschen notwendigen Kenntnisse erwerben wollen."[99] Je höher die Schulstufe, desto weniger ergab sich die Notwendigkeit der moralischen Unterweisung. Wenn aus der Differenzierung des Bildungsziels anhand der Bildungsvoraussetzungen und kultureller Sozialisation auch zu entnehmen war, daß die Gymnasien in erster Linie für Kinder des Adels und der wohlhabenden Kaufmannschaft

---

[94] PSZ 28, Nr. 21.501, S. 626-647; siehe auch: Sbornik postanovlenij, T. 1, S. 331-368.
[95] Die Elementarschulen sollten nach Kirchspielen, zu denen mehrere Dörfer, Flecken oder kleinere Städte gehören konnten, organisiert werden. Dies bedeutete nicht, daß der Einfluß der Geistlichkeit erwünscht war; siehe hierzu die ausdrückliche Anweisung der Schulkommission beim Ministerium vom 31.1.1805: Sbornik postanovlenij, T. 1, S. 386-391.
[96] Ebenda, § 119.
[97] Vgl. Kap. 3.1.2. Dies Mißtrauen und Unverständnis teilten am Beginn des 19. Jahrhunderts auch diejenigen Bildungspolitiker, wie A. S. Šiškov, N. M. Karamzin, S. N. Glinka und andere, die sich bemühten, eine russische Kultur als Gegenbild zur westeuropäisch-französisch dominierten zu schaffen, und damit im Sinne Benedict Andersons Traditionen „erfanden", die mit einer materiellen und geistigen Kultur der Bauern und Kleinhändler wenig zu tun hatten. Dieses Problem sollte sich ein Vierteljahrhundert später für die Slavophilen noch deutlicher stellen; vgl. Jakovkina, N. I., Istorija russkoj kul'tury. Pervaja polovina XIX veka. SPb. 1998, S. 106-109; Martin, Romantics, Reformers, Revolutionaries, S. 26-38; Anderson, B., Die Erfindung der Nation. Zur Karriere eines folgenreichen Konzepts. Berlin 1998, S. 63-76, 80-83.
[98] PSZ 28, Nr. 21.501, § 84.
[99] Ebenda, § 4.

gedacht waren, wurde doch explizit betont, daß die öffentlichen Schulen wie auch die Universitäten allen offenstünden, die vertiefte Kenntnisse zu erwerben wünschten. Deshalb sollte der Besuch aller Bildungseinrichtungen kostenfrei sein. Der Gedanke einer einheitlichen Funktionselite, wie er sich aus dem katharinäischen Schulstatut herauslesen läßt, blieb zwar erhalten, war jedoch durch die Differenzierung des Bildungsziels für die einzelnen Ausbildungsebenen als Endresultat in die zweite Reihe verwiesen worden. Die Auffassung, die Bildungsgesetzgebung der Jahre 1803/04 sei - auch im Vergleich zur katharinäischen - eine besonders liberale gewesen, basierte daher vor allem auf der Universitätsverfassung, weniger auf den Bildungszielen für die Schulen.[100] Die Mitglieder des „Inoffiziellen Komitees", wie auch die Mitglieder der Kommission beim Minister für Volksaufklärung, debattierten, wenn sie gesellschaftliche Utopien der Französischen Revolution aufgriffen oder die Göttinger Universitätsverfassung lobten, vor dem Hintergrund ihrer eigenen Bildungserlebnisse und Erfahrungen und vor allem mit Blick auf künftige Studenten-, allenfalls noch Gymnasiastengenerationen. Dies erklärt im übrigen auch, warum im Gegensatz zu den LaHarpeschen Vorschlägen, die dringend zur Einrichtung eines vollständig staatlich finanzierten Schulwesens auf dem Land geraten hatten, der Schultypus der Kirchspielschule nicht verbindlich gemacht wurde.

Während der Lehrplan für die Kirchspielschule (*prichodskoe učilišče*) dem der einklassigen kleinen Volksschule alten Typs entsprach, wurde derjenige der zweiklassigen Kreisschule (*uezdnoe učilišče*)[101] gegenüber der zweiklassigen kleinen Volksschule, wie sie eigentlich nur in Sankt Petersburg und Moskau gegründet worden war, erweitert. Neben dem Erwerb von Grundfertigkeiten im Schreiben und Rechnen wie auch in der russischen Sprache, gegebenenfalls auch in der regionalen Sprache, sowie in Religion und dem neuen Fach „Pflichten des Menschen und Bürgers" sollten bereits hier russische und allgemeine Geschichte, Geometrie, Naturgeschichte, Physik und Zeichnen unterrichtet werden. Nikolaus Fuss, der für die Konzeption der Lehrpläne im wesentlichen verantwortlich zeichnete, hatte entgegen den Warnungen Jankovićs hinsichtlich des Mangels an entsprechenden Fachlehrern sowie des geringen Interesses auf seiten der Schüler diese Erweiterung der Fächerzahl durchgesetzt. Im vierjährigen Gymnasium[102] sollten Sprachen (Deutsch, Latein und Französisch), ebenso wie Grundzüge des Völkerrechts und der Logik, Anfangsgründe der Mechanik, der Ökonomie sowie der Land- und Forstwirtschaft gelehrt werden. Lange Zeit hatten sich die in Sankt Peters-

---

[100] Malinovskij, N. P., Očerk po istorii reformy srednej školy, in: Russkaja škola (1910), 11, S. 39-86, 12, S. 96-119, hier 11, S. 43-45; Alston, Education, S. 24.
[101] PSZ 28, Nr. 21.501, §§ 85-97.
[102] Ebenda, §§ 25-30. Bei der Umwandlung von Hauptvolksschulen in Gymnasien war vorgesehen, die dritte und vierte Klasse der Normalschule als die ersten beiden der neuen höheren Lehranstalt einzustufen, während aus den ersten beiden Klassen der alten Normalschule eine Kreisschule hervorgehen sollte.

burg verbliebenen Kommissionsmitglieder darüber gestritten, welche wöchentliche Stundenbelastung den Schülern bei diesem enzyklopädischen Lehrplan zugemutet werden könnte. Man einigte sich schließlich auf 32 Wochenstunden.

In anderen Bereichen wurden die Regelungen des katharinäischen Statuts übernommen. Das Gymnasium sollte den erwarteten Lehrermangel auffangen, indem in der Abschlußklasse wie in der alten Hauptvolksschule Lehrerkandidaten für die Kreis- und Kirchspielschulen ausgebildet werden sollten. Übernommen wurden auch die Anordnungen hinsichtlich der Aufrechterhaltung der Disziplin im Klassenraum, die weiterhin ohne die Anwendung von Körperstrafen gelingen sollte. Die Lehrer hatten auf die Begabungen und charakterlichen Eigenschaften ihrer Schutzbefohlenen Rücksicht zu nehmen und sie keinesfalls durch das „Aufsetzen von Eselsohren" zu beschämen.[103] Die Examina blieben öffentlich, um die Schule gerade in Anbetracht der erweiterten Lehrpläne als Ausgangsort von Bildung und Aufklärung im Bewußtsein der lokalen Bevölkerung zu verankern. Auch die Lehrbücher der Schulkommission wurden, weniger aus Wertschätzung ihrer pädagogischen Qualität, denn aus Zeitmangel und Kostengründen, übernommen. Abgesehen davon, daß für einige Fächer neue Materialien bereitgestellt werden mußten[104] - besonderer Wert wurde auf die lateinischen Klassiker gelegt[105] -, wünschten einige Kommissionsmitglieder eine Überarbeitung der vorhandenen Lehrbücher, während andere ihre uneingeschränkte Weiterverwendung empfohlen. Schließlich verständigte man sich darauf, lediglich die Tabellen auszumustern, da sie nicht die gewünschte Wirkung im Unterricht erzielt hätten, an den übrigen Materialien aber aus Zweckmäßigkeitserwägungen festzuhalten. Besonderer Wert wurde auf die Weiterverwendung des Traktats „Von den Pflichten des Menschen und Bürgers" gelegt, der in der Kreisschule sogar namengebend für ein eigenes Unterrichtsfach geworden war.[106] Im Vordergrund stand die Einheitlichkeit des Buchmaterials für alle Schulen und dessen Bereitstellung in genügender Anzahl.[107] Das Ministerium sollte daher Sorge tragen, daß die Buchhandlungen, deren Bedeutung als Zentren der Verbreitung von Bildung in diesem Zusammenhang einmal mehr betont wurde, die Bestände nach dem Verkauf von Klassensätzen wieder auffüllten.[108]

Um den zügigen Fortgang der Reform nicht zu gefährden, wurden strittige Punkte vertagt. Dieses Vorgehen läßt sich beispielhaft an der Frage illustrieren, nach welchem Geschichtsbuch in den Lehrbezirken Dorpat und vor allem im Lehrbezirk Wilna unter-

---

[103] Ebenda, § 54; siehe auch Voronov, Jankovič, S. 103.
[104] Hierzu wurde eine Kommission aus S. Ja. Rumovskij, Ozereckovskij und Fuss gebildet. Siehe: Sbornik razporjaženij, T. 1, S. 9 f.
[105] PSZ 28, Nr. 21.501, § 31. Hier wurde die Antikenrezeption in das Gymnasium getragen, eine Tendenz, die sich in den folgenden Jahren noch verstärken sollte; vgl. Kap. 4.1.2. und 4.1.3.
[106] Alešincev, Istorija, S. 29-31.
[107] RGIA, f. 732, op. 1, d. 3, ll. 87-90.
[108] Ebenda, d. 2, ll. 134-140.

4.1.1. Neuanfang, Erweiterung oder Reform der Reform?

richtet werden sollte. In Abwesenheit der zuständigen Kuratoren wollten die in Sankt Petersburg verbliebenen Kommissionsmitglieder diese Frage nicht entscheiden. In den folgenden Jahrzehnten wurde immer wieder Regelungsbedarf angemahnt; es handelte sich zwar nicht so sehr bei der Universalgeschichte, aber doch bei der Geschichte des Russischen Reiches um ein brisantes Thema, und insbesondere Czartoryski und das zuständige Professorengremium an der Universität Wilna setzten einer Regelung, die der polnischen Bevölkerung einen russischen Staatspatriotismus aufoktroyieren wollte, verdeckten bis offenen Widerstand entgegen.[109] Dies galt im übrigen auch für den obligatorischen Russischunterricht[110] in allen Schulen des Wilnaer Lehrbezirks.

Die größte Herausforderung für ein Gelingen der Schulreform stellte in den Augen der Kommission aufgrund der Erfahrungen der Jahre nach 1786 die Rekrutierung und Ausbildung von Lehrern und eine hinlängliche Aufsicht über die Schulen dar. Die Ausbildung von Gymnasiallehrern sollte daher nicht nur dem Pädagogischen Institut, das aus dem alten Lehrerseminar Jankovićs hervorgegangen war, überlassen bleiben.[111] Jede Universität hatte sich darüber hinaus um die Ausbildung von Gymnasiallehrern für ihren Lehrbezirk zu bemühen, weshalb für Moskau 40, für Kazan' und Char'kov je 24 Stipendien ausgelobt wurden. Einig war man sich zugleich jedoch darin, daß die Attraktivität des Lehrerberufs gesteigert werden mußte. Die Lehrerbesoldung sollte, differenziert nach Lebenshaltungskosten und Schultyp, im Vergleich zum Statut von 1786 nahezu verdoppelt werden.[112]

Zudem wurde nun ein Komplex entschieden, der schon ein Monitum Lomonosovs bei der Heranbildung des wissenschaftlichen Nachwuchses gewesen war: Die Einordnung der Lehrer auf der Rangtabelle wurde endlich fixiert. Der Gymnasialdirektor sollte wie ein ordentlicher Professor den 7. Rang des Hofrats erhalten, was im militärischen Sektor immerhin dem Oberstleutnant entsprach,[113] ein Lehrer der „Wissen-

---

[109] Ščaveleva, N. I., Knjaz' Adam Čartoryskij i formirovanie sistemy vysšego i srednogo obrazovanija v Rossii v načale XIX veka, in: Ščapov, Ja. N. (Hrsg. u. a.), Pol'skie professora i studenty v universitetach Rossii (XIX - načalo XXv.). Varšava 1995, S. 51-56, hier S. 55 f. Es sollte bis zum Beginn der dreißiger Jahre des 19. Jahrhunderts dauern, bis nach einem Wettbewerb der Historiker N. G. Ustrjalov ein zweibändiges verbindliches Geschichtswerk vorlegte; siehe die postsowjetische Neuauflage: Ustrjalov, N. G., Russkaja istorija do 1855 goda v dvuch častjach. Petrozavodsk 1997. Zur Debatte im Verlauf des 19. Jahrhunderts, die durch das Erwachen eines ukrainischen Nationalismus zusätzliche Brisanz bekam: Saunders, D. B., Historians and Concepts of Nationality in Early Nineteenth-Century Russia, in: SEER 60 (1982), S. 44-62.
[110] RGIA, f. 732, op. 1, d. 3, l. 34.
[111] „Ob učreždenii Pedagogičeskogo Instituta v S.-Peterburge", 16.4.1804, in: Sbornik postanovlenij, T. 1, S. 233-261.
[112] Ein Gymnasiallehrer in den „Wissenschaften" erhielt nach 1804 750 Rubel in Sankt Petersburg und Moskau, zwischen 550 und 650 Rubel in anderen Gouvernementsstädten, entsprechend die Lehrer an den Kreisschulen zwischen 250 und 300 Rubel. Schon an der starken Differenzierung der Besoldung zwischen den Schultypen wird die Bedeutung deutlich, die dem neuen Schultyp des Gymnasiums beigemessen wurde.
[113] Damit war er adlig.

schaften" am Gymnasium den 9. Rang, ein dort tätiger Sprachlehrer den 10. Rang, während ein Zeichenlehrer an der Kreisschule in den 14. Rang des Collegienregistrators (im militärischen Sektor Fähnrich) eingestuft wurde. Diese definitive Einordnung - und nicht die Rangverleihung nach dem Wohlwollen des Gouverneurs nach einer unbestimmten Zahl von Dienstjahren[114] - wurde als wesentliche Attraktivitätssteigerung angesehen. Dazu trat nota bene die sukzessive Uniformierung der Lehrer,[115] um schon im Straßenbild ihre Beamtenwürde sichtbar werden zu lassen. Hatte schon Lomonosov erwogen, für Studenten und Professoren der Moskauer Universität Uniformen einzuführen, um ihre Gleichrangigkeit mit Beamten und Kadetten zu betonen, entsprach die jetzige Anordnung für die Lehrer im Rahmen der Schulgesetzgebung zur Zeit Alexanders I. der Uniformierung auch derjenigen für die zivilen Beamten, die sich im 18. Jahrhundert durchgesetzt hatte und in der Epoche Nikolaus' I. ihrem Höhepunkt zustrebte.[116] A. Voronov beurteilte 1848 die sukzessive Einführung des Uniformzwangs für Lehrer in den Lehrbezirken von Moskau, Char'kov, Wilna und Sankt Petersburg während des ersten Jahrzehnts des 19. Jahrhunderts überaus positiv, da die Uniform „[...] sie in den Augen der Gesellschaft bedeutend höher hob, da man sie nun erst als wirklich alle Rechte des Dienstes genießende Beamte ansah."[117]

Innerhalb des nun verabschiedeten Systems kamen dem Schulinspektor für die Kreisschulen und Kirchspielschulen sowie den Gymnasialdirektoren eine sehr viel stärkere Position zu als den Schulleitern nach den Statuten des katharinäischen Gesetzes. Bericht erstattet wurde nicht mehr dem Gouverneur bzw. dem *prikaz obščestvennogo prizrenija*, sondern dem Schulkomitee an der Universität, dem jeweils sechs auf ein Jahr gewählte ordentliche Professoren angehören sollten. War für die kleinen Volksschulen 1786 ein ehrenamtlicher Kurator vorgesehen gewesen, der in seinen Handlungen keinerlei Kontrolle unterworfen gewesen war, wurde nun ein ehrenamtlicher Aufseher *(početnyj smotritel)* eingeführt, den Gymnasialdirektor und Schulinspektor zu kontrollieren hatten, weshalb sie einen Teil ihrer Dienstzeit auf Reisen verbringen mußten. Auch auf die Professoren des Schulkomitees an der Universität kamen mehr Belastungen zu. Sie hatten in der Zeit der Schulexamina als Visitatoren zumindest die jeweiligen Gouvernementsgymnasien und nach Möglichkeit auch die Kreisschulen zu besuchen.[118]

Die ungelöste Frage der Finanzierung dieses neuen Systems empfanden schon die

---

[114] Voronov, Jankovič, S. 112.
[115] Sbornik postanovlenij, T. 1, Štaty i priloženija, S. 5, 11, 19, 22.
[116] Hierzu: Šepelev, Činovnyj mir, S. 304-325. Die Bedeutung der Uniform wird in Nikolaj Gogol's phantastischer Erzählung „Nos" zugespitzt, in der eine Nase, die Uniform eines Staatsrats tragend, in einer Kutsche umherfährt und von den Passanten mit dem der Uniform und dem Rang zustehenden Respekt gegrüßt wird.
[117] Voronov, Istoriko-statističeskoe obozrenie, S. 170. Dort auch eine Beschreibung der Uniformen.
[118] Periodičeskie sočinenija, Nr. 5, S. 8, 47.

4.1.1. Neuanfang, Erweiterung oder Reform der Reform? 303

Kommissionsmitglieder als Mangel. Waren für eine Hauptvolksschule 1786 1.500 Rubel jährlich veranschlagt worden, waren es für die Gymnasien jetzt je nach geographischer Lage bis zu 6.500 Rubel.[119] Die erwarteten Kosten von etwa 2,5 Millionen Rubel, die die Aufwendungen für die Universität allerdings einschlossen, wurden jedoch nicht, wie gewünscht, komplett aus dem zentralen Staatshaushalt finanziert. Es gelang nur für die Universitäten eine volle Übernahme der Kosten durchzusetzen, Gymnasien und Kreisschulen sollten durch finanzielles Engagement der lokalen Gesellschaft unterhalten werden,[120] wie es von ihr auch schon im Statut von 1786 erwartet worden war. Für die Administration der Mittel blieben auf der lokalen Ebene die *prikazy obščestvennogo prizrenija* und die Stadtdumen zuständig. Die Eigenständigkeit, die die Universitäten damit für ihre „Polizei" erhielten, wurde dem Schulwesen nicht gewährt.

Hatte sich schon bei der getrennten Verkündung der *ustavy* gezeigt, daß der Uniformierung des Bildungswesens nicht mehr so starke Bedeutung beigemessen wurde wie in der Zeit Katharinas II., so zeigte sich dies auch im Bereich der privaten Bildungseinrichtungen. Pensionen durften mit Erlaubnis der Universität eröffnet werden.[121] Wie die Kreisschulen unterstanden sie dem Direktor des Gymnasiums. Die Ausgestaltung der Lehrinhalte blieb dem jeweiligen Anstaltsleiter überlassen, war aber durch die Universität zu bestätigen; verbindlich war lediglich, daß Russisch und Religion unterrichtet werden sollten und die Lehrer eine Lehrgenehmigung besitzen mußten.[122] Die Kommissionsmitglieder waren der Auffassung, daß der Staat bei der schwach entwickelten Infrastruktur von Bildungseinrichtungen auf privat finanzierte Bildungsangebote nicht verzichten könne. Geachtet werden müsse nicht so sehr auf die Methode - hier zeigt sich einmal mehr eine Relativierung der Bedeutung der Normalmethode, die den Reformern der Katharinazeit als Allheilmittel erschienen war, um mit möglichst geringem Ressourceneinsatz einen großen Ausbildungseffekt zu erzielen, - als vielmehr auf das Ergebnis. Solange eine gewisse Breite des Lehrplans vorhanden war und Kenntnisse erworben wurden, die beim Eintritt in den Dienst allerdings zu überprüfen waren, waren private Bildungseinrichtungen als Ergänzung des öffentlichen Schulsystems willkommen. Noch in einem weiteren, aber wesentlichen Punkt unterschieden sich die Gesetzgebungswerke von 1786 und 1803/04: In letzterem wurden die Mädchen als potentielle Schülerinnen nicht mehr erwähnt.

---

[119] Die unterschiedlichen Etatansätze richteten sich wesentlich nach den unterschiedlichen Lehrergehältern; siehe: Sbornik postanovlenij, T. 1, Štaty i priloženija, S. 15-18; RGIA, f. 732, op. 1, d. 4, ll. 110ob., 193-196.

[120] Schon diese Erhöhung führte jedoch bei manchem Zeitgenossen zu einer positiven Bewertung: Storch, H. F.v., Rußland unter Alexander I. Eine historische Zeitschrift. Bd. 1-9. SPb. 1904-08, hier Bd. 6, S. 191.

[121] Auch die Lehrer durften bei sich Kostgänger aufnehmen; vgl. PSZ 28, Nr. 21.501, § 46.

[122] Sbornik postanovlenij, T. 1, S. 362-366. Dennoch blieben die Kommissionsmitglieder gegenüber der Qualität der dort unterrichtenden Lehrer, aber auch der Hauslehrer, skeptisch (RGIA, f. 732, op. 1, d. 4, l. 157 f.)

War die Bildungsgesetzgebung ein Neuanfang, eine Erweiterung oder eine Reform der Reform von 1786? Obwohl die zu Beginn des Kapitels skizzierten veränderten Rahmenbedingungen eine Umgestaltung der Bildungslandschaft nachgerade aufzwangen, entsprang die Motivation zu einer neuen Gesetzgebung einem gewandelten Bildungs- und Wissenschaftsverständnis der Mitglieder des „Inoffiziellen Komitees", der Mehrzahl der Mitglieder der Kommission beim Ministerium sowie der Kuratoren. Katharina hatte für zu gründende Universitäten Ausstattung und Fakultäten vorgegeben, die ganz am Staatsnutzen orientiert waren, etwa bei der Forderung nach mehr Studienplätzen für Medizin. Die Universität wurde durch den Kurator und den Direktor seit 1755 zentral geleitet. Die Reformer der Jahre 1803/04 sahen Wissenschaft als Selbstzweck und die Erschaffung einer „Gelehrtenrepublik" als Ziel. Deshalb bedeutete die weitgehende Selbstverwaltung der Universitäten und die Heraufsetzung der Zahl der Lehrstühle einen Neuanfang.

Im Bereich des Schulwesens ist die eingangs gestellte Frage differenzierter zu beantworten. Schon die personelle Kontinuität zur alten Schulkommission bewirkte, daß das Statut von 1786 in der Diskussion blieb. Janković hatte geltend gemacht, daß die Einführung der Gymnasien im Grunde nun das dreigliedrige Schulsystem bereitstellte, das dem österreichischen System der Normalschule zugrunde gelegen hätte und die Schulreform von 1786 unter Auslassung der Kreisschulen realisiert habe.[123] Schon in der Kommission widersprachen Murav'ev und Czartoryski dieser Argumentation. Mit Blick auf die Universitäten betonten sie, daß ohne ein breitgefächertes Curriculum, welches als Conditio sine qua non Latein als Unterrichtsfach enthalten müsse, nicht von der Hauptvolksschule als einem adäquaten Ersatz für die Gymnasien gesprochen werden könne. Hinzuzufügen ist, daß das österreichische Bildungssystem Gymnasien kannte, die oberhalb der Hauptvolksschulen angesiedelt worden und als Hinführung auf die Universitäten vorgesehen waren; seit 1760 Ivan Šuvalov die Akademiemitglieder nach einer möglichen Gestaltung eines Bildungssystems für Rußland gefragt hatte, war immer wieder auf Gymnasien verwiesen worden, deren Lehrplan denen ähneln sollte, die nun in der Gesetzgebung von 1803/04 vorgesehen waren. Franz Aepinus hatte in den Kommissionssitzungen nach 1783 darauf verwiesen, daß sich auch die Errichtung von Normalschulen mit der Gründung weiterer Gymnasien kombinieren ließ. Die Etablierung von Gymnasien bedeutete daher das Aufgreifen von Bildungskonzepten, die schon um die Mitte des 18. Jahrhunderts diskutiert worden waren. Damals verfügte man über keinerlei Erfahrungen mit einem öffentlichen Schulsystem, anders die Gesetzgeber von 1803/04: Sie versprachen sich von den Gymnasien vor allem, die Kinder des Adels für ein öffentliches Schulsystem zu gewinnen. Der Adel, dies hatten die Berichte der

---

[123] Auch Zavadovskij betonte aus Anlaß eines Besuchs der Hauptvolksschule Sankt Petersburg im August 1803, daß dieser Schultyp einem Gymnasium in nichts nachstünde; siehe: Periodičeskie sočinenija, Nr. 3, S. 284 f.

4.1.1. Neuanfang, Erweiterung oder Reform der Reform?

prikazy obščestvennogo prizrenija deutlich gemacht, verhielt sich gegenüber den katharinäischen Schulen sehr reserviert, während andere Bevölkerungsgruppen dem überständischen Bildungsangebot offener gegenüberstanden. Trotzdem blieb der Tatbestand, daß die höheren Klassen der Hauptvolksschulen nicht sonderlich populär waren. Wenn also nur die ersten beiden Klassen der Hauptvolksschulen eine hinreichende Zahl von Schülern aufwiesen, um sie aus der Perspektive des Staates als Erfolg darstellen zu können, warum sollte man nicht für diese Bevölkerungsgruppen mit der Kreisschule einen Schultypus etablieren, dessen Lehrplan nachgefragte Kenntnisse enthielt, die für Kanzlisten, kleine Beamte, Kaufleute und *meščane* ausreichten?

Katharina hatte sich mit ihrer Bildungsgesetzgebung Zeit gelassen und im Grunde in einem Jahrzehnte währenden Prozeß für sich intellektuell geklärt, was sie für ihr persönliches Bildungsideal hielt, was das Bildungsideal für den Staat sein sollte und was vor dem Hintergrund dieser Schwerpunktsetzung als realisierbar erschien. Im Vergleich dazu gingen Alexander I. und seine Ratgeber sehr viel schneller zu Werke, dafür waren ihre Ziele weniger präzise definiert. Alexander I. war nicht der Autokrat, der diesen Gesetzgebungsprozeß zu jeder Zeit kontrollieren wollte. Darin unterschied er sich von seiner Großmutter. So spiegeln sich, überspitzt formuliert, in der Aufsplittung in einzelne *ukazy* und *ustavy* die Partikularinteressen verschiedener Persönlichkeiten, die immer auch die von Interessengruppen repräsentierten politischen Richtungen symbolisierten: Czartoryski vertrat die polnischen Patrioten, M. N. Murav'ev die russisch-nationale, zugleich aber europäisch-aufklärerisch orientierte Richtung, der zunehmend zum Konservatismus neigende Zavadovskij die Kontinuität zur katharinäischen Epoche. War im Schulstatut von 1786 das Bildungsziel eindeutig bestimmt worden, blieb nun, allein durch die unterschiedliche Organisation der einzelnen Lehrbezirke und den unterschiedlichen Zweck der Schultypen, das Bildungsziel ungeachtet aller rhetorischen Anleihen bei der Spätaufklärung vage. Die Bildungsgesetzgebung der Jahre 1803/04 war schon aufgrund des neuen Finanzierungsmodells eine Reform für die Gebildeten und weniger für diejenigen, die an Bildung herangeführt werden sollten.

4.1.2. Bildungsdiskurs und die Auseinanderentwicklung der Gesellschaft

Die Rekonstruktion eines Bildungsdiskurses fällt leicht, wenn Bildung tatsächlich im Zentrum steht, die Diskursteilnehmer an einer intellektuellen Auseinandersetzung interessiert sind und die Zielrichtung vorgegeben ist - sei es, wie während der Herrschaft Katharinas II., durch staatliche Regieanweisungen, sei es aufgrund gesellschaftlicher Bedürfnisse oder durch Impulse einflußreicher Gruppen bzw. faszinierender Einzelpersonen. Das Rußland der ersten beiden Jahrzehnte des 19. Jahrhunderts indes bot ein Bild, das eine Darstellung des Bildungsdiskurses erschwert: Nach den Reformen der Jahre 1803/04 verlor die Debatte zusehends an Kohärenz. Staatlichen Vorgaben, ohnehin wenig zahlreich, fehlte eine stringente Konzeption; Flickschusterei ersetzte zielorientierte Entscheidungen; ideologiegeprägte Gruppierungen suchten ihre Vorstellungen durchzusetzen. Veränderungen wurden zwar weiterhin angestrebt, doch widerstreitende Intentionen ließen ein seltsam verworrenes Bild entstehen.

Nachgeschobene Reformen

Die Reformgesetzgebung der Jahre 1803/04 wurde im „Inoffiziellen Komitee" und im Komitee des neuen Ministeriums für Volksaufklärung erdacht und diskutiert. Einer breiteren Öffentlichkeit blieb es lediglich überlassen, sie zu kommentieren oder aber durch Akzeptanz bzw. Verweigerung der Zustimmung die allgemeine Haltung zu dem neuen System deutlich zu machen, dessen Umsetzung einige Jahre in Anspruch nehmen sollte. Von halboffizieller Seite jedoch wurde es mit Vorschußlorbeeren bedacht: Heinrich Storch, der es sich zur Aufgabe gemacht hatte, die Reformgesetzgebung Alexanders in der Form zu begleiten, wie dies Friedrich Christian Weber zur Zeit Peters I. oder August Ludwig Schlözer für die Epoche Katharinas II. getan hatten, zeigte sich entsprechend enthusiasmiert: „Wahrscheinlich ist, seit dem das heutige zivilisierte Europa besteht, noch nie ein so gigantischer Entwurf gemacht und zur Ausführung gebracht worden."[1]

Auch Karamzin verfaßte nach dem Erlaß der „Vorläufigen Bestimmungen" im *Vestnik Evropy* zwei Artikel, in denen er dem Gesetzeswerk Alexanders höchsten

---

[1] Storch, Rußland unter Alexander I., Bd. 6, S. 208.

Respekt zollte, in denen er aber auch einen möglichen Widerstand des Adels, seiner eigenen gesellschaftlichen Schicht, von vornherein zu begegnen suchte, indem er seine Standesgenossen an ihre Pflichten als Voraussetzung ihrer rechtlichen Privilegierung erinnerte. Mit Hinweis auf die Kirchspielschulen, deren Gründung insbesondere vom gutsbesitzenden Adel abhing, schrieb er: „Zeigen wir durch unseren Eifer für die allgemeine Volksbildung, daß wir ihre Folgen nicht fürchten und nur solche Rechte genießen wollen, die mit dem Gemeinwohl des Staates und der Menschenliebe in Einklang zu bringen sind." Anschließend würdigte er die „Vorläufigen Regeln", die die Position des Wissenschaftlers in der Gesellschaft aufwerteten: „Der Gedanke, den Unterricht von den übrigen Zweigen der Staatsverwaltung als ein gesondertes einheitliches System zu trennen, ist weise und wohltätig. Die Bildungseinrichtungen sollen nur von Gelehrten abhängen. [...] Das Vertrauen des Monarchen zur Professorenversammlung, die nicht bloß die Schulen, sondern auch die Universitäten leitet, hebt diesen wahrhaft edlen Beruf noch höher."[2] Nun zeichnete Karamzin sich zu diesem Zeitpunkt bereits durch seine Hofnähe aus und schickte sich an, seine journalistische Tätigkeit zugunsten einer Position als Reichshistoriograph aufzugeben. Doch nahm er Einwände gegen die Konsequenzen, die aus dem neuen Gesetzeswerk folgen konnten, durchaus auf. In einem weiteren Artikel ging er der Frage nach: „Wo wird Rußland ausreichend Lehrer für die neuen Schulen finden?" Als Antwort skizzierte er die Zielgruppen, die schon im katharinäischen Rußland als Funktionselite ins Auge gefaßt worden waren: „Jetzt bei den neuen Vorteilen des gelehrten Standes, wie viele arme Jünglinge werden diesen Weg einschlagen und dem Himmel und dem Zaren danken, wenn sie nun ihre Kinder dort unterbringen, wo sie gut gehalten, moralisch gebildet, unterrichtet werden und nach einigen Jahren die Möglichkeit finden, dem Vaterland in einem [...] nützlichen Berufe zu dienen."[3]

Kritiker fanden sich (zunächst) nur wenige, wiewohl es schien, als habe der Regierungsantritt Alexanders gleichsam ein Ventil geöffnet.[4] Von der Lockerung der Zensur, die freilich auch nach dem neuen *ustav* zur Zensur von 1804 keine offene Kritik am Staatsaufbau zuließ, profitierte das russische Lesepublikum in der Weise, die Karamzin in seinem Artikel „Über die Liebe zum Lesen in Rußland" beschrieben hatte.[5] Im ersten

---

[2] Karamzin, N. M., O novom obrazovanii narodnogo prosveščenija v Rossii, in: VE (1803), 5, Č. 8, S. 49-61, Zitate S. 51, 53.

[3] Ders., O vernom sposobe imet' v Rossii dovol'no učitelej, in: VE (1803), 8, Č. 8, S. 317-326, Zitate S. 318 f.

[4] Aleksandr Puškin sprach rückschauend in einer Gedichtzeile von „Alexanders Tagen herrlichem Beginn", in: Puškin, Gesammelte Werke, Bd. 2.1., S. 70; siehe auch: Vigel', F. F., Zapiski. Moskva 2000, S. 96 f.

[5] Zur Entwicklung des Buch- und Zeitschriftenmarktes in der ersten Hälfte des 19. Jahrhunderts faktenreich, jedoch ohne Interpretation: Barenbaum, I. E., Geschichte des Buchhandels in Rußland und

4.1.2. Bildungsdiskurs und die Auseinanderentwicklung der Gesellschaft 309

Herrschaftsjahrfünft des neuen Zaren wurden mehr als 80 Journale gegründet, die meisten existierten allerdings nur für kurze Zeit. Von besonderer Bedeutung wurde der erwähnte, von Nikolaj Karamzin vierzehntägig herausgegebene *Vestnik Evropy* (Bote Europas), der seine Auflage von 600 Exemplare auf mehr als das Doppelte steigern konnte und damit für ein *tolstyj žurnal* der damaligen Zeit eine Rekordauflage besaß.[6] Informationen über Politik, Kultur und Wissenschaft Europas waren hier wie auch in anderen Zeitschriften Programm. Die Folge war, daß vieles von dem publiziert wurde, was in der Herrschaftszeit Pauls nicht hatte erscheinen können, und in Druckereien hergestellt wurde, die dem Ministerium für Volksaufklärung unterstanden.[7]

In dieser Zeit erschienen verschiedene pädagogische Traktate, die sich stark auf die Erziehung, und zwar nicht mehr des einzelnen Untertanen, sondern des Individuums, vornehmlich des adligen Individuums, und die daraus resultierende Lebensweise konzentrierten und nicht mehr in so starkem Maße die Heranbildung des für den Staat nützlichen Menschen thematisierten. In den Werken von A. Prokopovič-Antonovskij,[8] V. V. Popugaev[9] und P. N. Engalyčev[10] wurde der gesamtgesellschaftliche Rahmen in sehr viel weniger starkem Ausmaß mit einbezogen als in der Epoche Katharinas. Da es auch um die Erziehung der Gefühle ging (widergespiegelt in der Literatur der Zeit), kann der pädagogischen Literatur ein gewisses Maß an Introspektion nicht abgesprochen werden.[11] Eine Ausnahme stellte I. P. Pnin dar.[12] Zwar befürwortete er die Errungenschaften der Aufklärung ohne Einschränkung und kritisierte die Leibeigenschaft, welche die Entwicklung der Bauern zu aufgeklärten Menschen verhindere, doch war er

---

der Sowjetunion. Wiesbaden 1991 (= Geschichte des Buchhandels, 4), S. 63-80; Jakovkina, Istorija, S. 75-95; mit Blick auf die Provinzhauptstädte: Kozljakov, V. N./Sevast'janova, A. A., Kul'turnaja sreda provincial'nogo goroda, in: Košman, L.V. (Hrsg.), Očerki russkoj kul'tury XIX veka. T. 1. Moskva 1998, S. 125-203, hier S. 130-133.

[6] Ein weiteres, zeitlich späteres Beispiel ist die seit 1812 erscheinende Wochenzeitschrift *Syn otečestva* (Sohn des Vaterlandes, als Wochenschrift bis 1840), für die einige der späteren Dekabristen zur Feder griffen; vgl. Ovsjanniko-Kulikovskij, D. N. (Hrsg.), Istorija russkoj literatury. Moskva 1910, S. 45-47; Zapadov, A. G. (Hrsg.), Istorija russkoj žurnalistiki XVIII-XIX vekov 2. Aufl. Moskva 1966, S. 108-113, 135-140.

[7] Periodičeskie sočinenija 24 (1809), S. 53-64.

[8] „*O vospitanii*", entstanden schon 1798, abgedruckt in: Šuškov, N. V., Moskovskij Blagorodnyj pansion. Moskva 1858, S. 91-113.

[9] Zu seiner Person: Black, Citizens, S. 119.

[10] Demkov (Hrsg.), Russkaja pedagogika v glavnejšich eja predstaviteljach, S. 154-164.

[11] Hier liegt auch der Unterschied zu Aleksandr Radiščev, der in sentimentalistischer Manier an das Gefühl seines Lesers appellierte, um auf einen gesamtgesellschaftlichen Mißstand hinzuweisen.

[12] Pnin, I. P., Opyt o prosveščenii otnositel'no k Rossii, in: Ščipanov, I. Ja. (Hrsg.), Russkie prosvetiteli: ot Radiščeva do dekabristov. T. 1-2. Moskva 1966, hier T. 1, S. 179-231; ins Englische übersetzte Auszüge sind abgedruckt in: Raeff, M. (Hrsg.), Russian Intellectual History: An Anthology. New York 1966, S. 126-158; vgl. auch: Ramer, S. C., The Traditional and the Modern in the Writing of Ivan Pnin, in: SR 34 (1975), S. 339-359.

zugleich der Auffassung, daß das derzeitige überständische Bildungswesen auf allen Ebenen eine Überforderung derjenigen Gruppen bedeute, die nicht über die nötigen Bildungsvoraussetzungen verfügten. Dies war ein Einwand, der etwa ein Jahrzehnt später in einer Weise aufgenommen wurde, die sicher von Pnin nicht intendiert gewesen war. Erst aus einem sehr differenzierten Schulsystem für unterschiedliche Berufe und Stände - selbst auf dem Land - könne Pnins Ansicht nach ein überständisches System als Fernziel entstehen.

Die Elite nutzte den erweiterten Spielraum für Bildungsinitiativen, der durch die Reformgesetzgebung entstanden war. Die beim Ministerium für Volksaufklärung eingehenden Wünsche der wohlhabenden Kaufmannschaft, eine „Kommerzschule" oder eine „Kommerzklasse" an einer öffentlichen Schule auf eigene Kosten eröffnen zu dürfen,[13] sowie Anfragen, ob es statthaft sei, Adelspensionen zu eröffnen, die entweder an ein Gymnasium angegliedert werden oder aber als selbständige Institutionen über einen gymnasialen Lehrplan verfügen sollten,[14] lassen sich als eine indirekte Kritik an dem geschaffenen System deuten. Die Gründungen von exklusiven Kommerzgymnasien, etwa in Moskau[15], Taganrog[16] oder Odessa[17] - bei den beiden letzteren spielte die griechische und armenische Minorität eine gewichtige Rolle - wurden genehmigt, während dem Wunsch nach einer exklusiven Adelsschule in Moskau[18] nicht entsprochen wurde.

Aber auch der im „Inoffiziellen Komitee" diskutierte Schultypus des Lyzeums, eines Gymnasiums mit ausschließlicher Internatsunterbringung, wurde als Wunsch der gesellschaftlichen Elite artikuliert, hier freilich mit einer Besonderheit: Namhafte Stifter waren bereit, Teile ihres Vermögens zu spenden, um Einrichtungen zu finanzieren, die jeweils mit einem speziellen Schwerpunkt universitäres Niveau bieten sollten. Hier sind ins-

---

[13] Siehe z. B. die Anfrage der Archangel'sker Kaufmannschaft vom August 1806 (RGIA, f. 733, op. 20, d. 41, ll. 1-4). Ein bemerkenswertes Beispiel ist die Stiftung des armenischen Kaufmanns Ivan L. Lazarev (Lazarjan), der 1804 eine Kaufmannsschule für 30 bis 40 mittellose armenische Kinder mit einem Kapital von 200.000 Rubel gründete. Unter seiner Kuratorschaft entwickelte sich die Schule zu einem Gymnasium mit einem Schwerpunkt in armenischer und georgischer Sprache. Im nikolaitischen Rußland wurde es dann als Spezialinstitut für orientalische Sprachen mit dem Ziel der Dolmetscherausbildung ausgebaut; siehe: Bazijanc, A. P., Lazarevskij institut vostočnych jazykov. Istoričeskij očerk. Moskva 1959, S. 9-23.
[14] Sbornik razporjaženij, T. 1, S. 190-192, 262-266, 316 f.
[15] RGIA, f. 733, op. 28, d. 18, ll. 1-97; d. 44, ll. 1-56; RNB RO, f. 499, op. 766a, d. 18, ll. 1-6.
[16] Ebenda, f. 733, op. 49, d. 64, ll. 1-95.
[17] Aus diesem Kommerzgymnasium entwickelte sich das Richelieu-Lyzeum, eingerichtet aufgrund einer Stiftung von Armand-Emmanuel du Plessis, Herzog von Richelieu (1766-1822), der 1803 bis 1814 Gouverneur von Odessa war: Egorov, A. D., Licei Rossii: Opyt istoričeskoj chronologii. Kn 1: Rižel'evskij licej. Ivanovo 1993, S. 20-22. Zum Wirken Richelieus: Herlihy, P., Odessa. A History 1794-1914. Harvard 1986, S. 21-48.
[18] RNB RO, f. 499, op. 766a, d. 9, l. 1 f.

4.1.2. Bildungsdiskurs und die Auseinanderentwicklung der Gesellschaft 311

besondere das von Pavel G. Demidov (1738-1821) gestiftete Gymnasium in Jaroslavl'[19] sowie dasjenige für höhere Wissenschaften (*gimnazija vysšich nauk*) in Nežin zu nennen,[20] das aus dem Vermögen des katharinäischen Kanzlers A. A. Bezborodko finanziert wurde.[21]

Der Zar und seine Berater verstanden die Anregungen in der Publizistik, aber auch die finanziellen Initiativen durchaus als Ermutigung, mit ihren Reformen im Bereich des Bildungswesens fortzufahren, entnahmen den Vorschlägen und Wünschen der Gesellschaft aber auch, daß das 1803/04 konzipierte Bildungssystem mit den Erwartungen der gebildeten Öffentlichkeit nicht vollkommen kongruierte. Sie mußten zudem konstatieren, daß es auch die Erwartung des Staates, die Funktionselite zahlenmäßig zu verstärken, nicht vollständig erfüllte.

Die Konsequenz war, daß die Regierung, mitunter im Widerspruch zu ihrer eigenen Gesetzgebung, auch weiterhin auf die Ausbildungskapazitäten militärischer und geistlicher Ausbildungsstätten zurückgriff und diesen erneut eine substituierende Funktion im Bereich der Allgemeinbildung zuwies. Dies galt für die Kadettenkorps, die nach 1805 durch ein Komitee, bestehend aus Angehörigen des Militärs und Vertretern des Ministeriums für Volksaufklärung, dahingehend reorganisiert wurden, daß neben der militärischen Unterweisung ein - verringerter - Kanon an allgemeinbildenden Fächern erhalten blieb, um den Wechsel vom Militär- in den Zivildienst zu ermöglichen. Ein Vorschlag Platon Zubovs[22] wurde insofern aufgegriffen, als man dem Wunsch des Adels nachgab und bereit war, Kadettenkorps in der Provinz zu eröffnen, wenn man dort in der Lage sei, die Korps mit namhaften Beträgen zu unterstützen.[23] 1804/05 reiste Generalmajor Begičev durch verschiedene Gouvernementsstädte Zentralrußlands und sammelte Zusagen für eine Summe von insgesamt einer Million Rubel. Diese Mittel gaben dem *sovet o voenno-učebnych zavedenijach* die Möglichkeit, mit der Gründung von zehn Kadettenkorps zu beginnen, die größeren Zulauf an adligen Kindern finden sollten, als die neuen Gymnasien.[24]

Bei der Reform des geistlichen Schulwesens bestand der Antrieb der Regierung anders als bei den Kadettenkorps vor allem in dem anhaltend niedrigen Bildungsniveau

---

[19] Zur Gründung dieser Einrichtung: RGIA, f. 733, op. 28, d. 15, ll. 13-78; Egorov, A. D., Licei Rossii: Opyt istoričeskoj chronologii. Kn. 3: Demidovskij juridičeskij licej. Ivanovo 1994, S. 8-13.
[20] RGIA, f. 733, op. 49, d. 48, ll. 1-114.
[21] Hierzu detailliert: Egorov, A. D., Licei Rossii: Opyt istoričeskoj chronologii. Kn. 2: Licej knjazja Bezborodko. Ivanovo 1994, S. 7-10, 13-33. Im Falle der Schule von Nežin dauerte es fünfzehn Jahre, bis der volle Lehrplan eines Gymnasiums und damit die Absicht Bezborodkos realisiert war.
[22] Vgl. Kap. 4.1.1.
[23] Als Vorbild diente ein Kadettenkorps in Grodno, das vornehmlich von polnischen bzw. polonisierten adligen Jungen besucht wurde. Bei Eingaben des Adels aus russischen Provinzen wurde daher auf das Moment der fehlenden Chancengleichheit verwiesen.
[24] Jakovkina, Istorija, S. 58-61; Alpatov, Učebnaja vospitatel'naja rabota, S. 51-53.

der Geistlichkeit.[25] Im November 1807 wurde der Oberprokuror des Heiligen Synods, A. N. Golicyn, angewiesen, eine Kommission für das geistliche Schulwesen einzurichten, die sich um eine Reform der Geistlichen Seminare und der nachgeordneten Schulen bemühen und die Frage diskutieren sollte, welche Rolle der Geistliche in den *prichodskie učilišča* einzunehmen hätte.[26] Als Ergebnis wurde ein dreigliedriges System entwickelt, das spiegelbildlich dem weltlichen Schulwesen entsprach: Die geistlichen Akademien sollten mit einem allgemeinbildenden Curriculum in etwa das Niveau von Gymnasien erreichen, *uezdnye duchovnye učilišča* sollten auf Kreisebene gegründet werden, *duchovnye prichodskie učilišča* an die Seite der weltlichen Kirchspielschulen treten.[27] In dem Gesetz von 1814 wurde jedoch nur die Reform der geistlichen Akademien realisiert, die in den einzelnen Eparchien für die Nachwuchsausbildung der höheren Geistlichkeit vorgehalten werden mußten, nicht jedoch die verbindliche Einrichtung der unteren Ebenen des geistlichen Schulwesens, die nur bei ausreichendem Finanz- und Personalbedarf geschaffen werden sollten. Letztlich wurde die Entscheidung darüber in das Ermessen des jeweiligen Bischofs gestellt.[28] Das „Komitee zur Vervollkommnung der geistlichen Schulen" berichtete dem Zaren für das Jahr 1808, daß sich insbesondere das Pädagogische Institut und die Ärzteschulen mit Zöglingen der geistlichen Seminare füllten, daß dies aber von Synod in Hinblick auf die eigenen Reformanstrengungen ungern gesehen würde, weil der qualifizierte Nachwuchs für den höheren Klerus fehle.[29] Trotzdem blieb es dabei, daß das Ministerium für Volksaufklärung, aber auch lokale Behörden, Seminaristen für den Eintritt in den Verwaltungsdienst anforderten.[30]

---

[25] Zum Folgenden: Smolitsch, Geschichte, S. 587-591; Köhler-Baur, M., Die geistlichen Akademien in Rußland im 19. Jahrhundert. Wiesbaden 1997 (= Veröffentlichungen des Osteuropa-Institutes München, Reihe Geschichte, 64), S. 16-39. Beide sind weitgehend überholt durch die Arbeiten von: Višlenkova, E. A., Religioznaja politika v Rossii (pervaja četvert' XIX veka). Kazan' 1999 (Avtoreferat Kand. Diss.), S. 3-19; dies., E. A., Religioznaja politika: Oficial'nyj kurs i „obščee mnenie" Rossii aleksandrovskoj ėpochi. Kazan' 1997; sowie vor allem: dies., Duchovnaja škola v Rossii, S. 41-123; bei Višlenkova auch eine Darstellung der Konflikte mit den katholischen und protestantischen Schulen.

[26] Neben Golicyn, dem Metropoliten von Novgorod und Sankt Petersburg, Amvrosij, und dem Bischof von Kaluga und Borovsk gehörte diesem „*Komitet ob usoveršenii duchovnych učilišč*" auch Michail Speranskij an. Diese Kommission existierte in wechselnder personeller Zusammensetzung bis 1839, als der Synod ein regelrechtes Schuldepartement erhielt (RGIA, f. 802, op. 1, S. I-IX.).

[27] Mit einer Differenzierung der verschiedenen Akademieebenen in: ebenda, ll. 5-13, 21-37.

[28] Ebenda, ll. 38-41.

[29] Zamenskij, Duchovnye školy, S. 612 f.

[30] Titlinov, B. V., Duchovnye školy v XIX stoletija. K stoletiju duchovnoj reformy 1808 goda. T. 1-2. Vil'na 1908-1909, hier T. 1, S. 257. Sie wurden allerdings teils abgelehnt, teils dadurch konterkariert, daß man kranke oder unfähige Seminaristen abtrat. So wurden 1811 die Wünsche des Gouverneurs von Archangel'sk und des Generalgouverneurs von Sibirien abschlägig beschieden (siehe: Kulomzin, A. N. (Hrsg.), Žurnaly Komiteta ministrov 1802-1826 gg. T. 1-2. SPb. 1888-1891, hier T. 2, S. 316).

4.1.2. Bildungsdiskurs und die Auseinanderentwicklung der Gesellschaft 313

Nun zeigten die „nachgeschobene" Reform der Kadettenkorps und des geistlichen Schulwesens, daß die säkularen Bildungsinstitutionen nach 1803/04 offensichtlich nicht die erwünschte Resonanz gefunden hatten. So wandte sich im Dezember 1808 Michail Speranskij (1772-1839),[31] der nach der Beendigung der Arbeit des „Inoffiziellen Komitees" als Berater Alexanders eine Schlüsselposition innehatte, die seine offizielle Funktion eines *gosudarstvennyj sekretar'* bei weitem überstieg, mit einer Denkschrift an den Zaren, in der er darauf hinwies, daß Adelskinder in geringerer Zahl als Kinder anderer Stände die säkularen Ausbildungsstätten besuchten.[32] Da ohnehin nicht genügend vorgebildete Kandidaten zur Verfügung stünden, führe dies zur wahllosen Besetzung von Ämtern mit inkompetenten Personen.[33] Zum Nutzen der Verwaltung wie im langfristigen Eigeninteresse der Betroffenen wurde nach Diskussionen im Ministerkomitee[34] daher am 9.8.1809 ein Gesetz in Kraft gesetzt, das besagte, daß niemand mehr einen Rang in der 8. Klasse (Kollegienassessor) bzw. 5. Klasse (Staatsrat) erwerben könne,[35] der nicht ein Zeugnis über Studien an einer Universität bzw. den Erwerb eines akademischen Grades vorweisen könne. Da mit dem Aufstieg auf der Rangtabelle persönlicher oder erblicher Adel verbunden war, wurde der Faktor Bildung für die Nobilitierung wieder sehr viel stärker betont und die Qualifikation der Verweildauer auf einer Position vorangestellt. In diesem Zusammenhang wurde nochmals unterstrichen, daß alle freien Stände Zugang zu den Bildungseinrichtungen haben sollten und dort, wo dies bislang nicht der Fall sei, die lokale Verwaltung dafür Sorge zu tragen habe.[36] Speranskij war der Auffassung, daß über den Aufstieg von gebildeten „niederen" Personen auch der Geburtsadel einem gewissen Bildungsdruck ausgesetzt würde, der

---

[31] Raeff, M., Michael Speransky, Statesman of Imperial Russia. The Hague 1957; Christian, D., The Political Ideals of Michael Speransky, in: SEER 44 (1966), S. 192-213; Čibirjaev, S. A., Velikij russkij reformator. Žizn', dejatel'nost', političeskie vzgljady M. M. Speranskogo. Moskva 1993; Gooding, J., The Liberalism of Michael Speransky, in : SEER 64 (1986), S. 401-424. Gooding präsentiert Speranskij überzeugend als radikalen Denker, der sich in seinen Reformprojekten äußerste Zurückhaltung auferlegte, um sie nicht von vornherein scheitern zu lassen: Eigentlich war Speranskij der Auffassung, daß sich ein überständisches Bildungssystem auf Dauer mit der Aufrechterhaltung der Leibeigenschaft nicht vereinbaren ließ. Mit Rücksicht auf die Akzeptanz seiner Reformvorhaben versuchte er die Aufhebung der Leibeigenschaft jedoch nicht durchzusetzen; siehe hierzu auch: Morozov, Gosudarstvenno-pravovye vzgljady, S. 127-143.

[32] Seine Denkschrift „*Ob usoveršenii obščego narodnogo obrazovanija*, in: Speranskij, M. M., Proėkty i zapiski. Moskva usw. 1961, S. 274-279.

[33] Griffiths, D. (Hrsg. u. a.), M. M. Speranskii as Viewed in L. H. von Jakob's Unpublished Autobiography, in: CASS 9 (1975), S. 481-541, hier S. 526-528.

[34] Das Gesetz von 1809 war keineswegs allein zwischen Alexander und Speranskij ausgehandelt worden. Der Entwurf wurde vom Minister für Volksaufklärung, dessen Behörde ein ureigenstes Interesse an diesem Gesetz zur Legitimation der eigenen Tätigkeit hatte, eingebracht und im Ministerkomitee ausgiebig diskutiert; vgl. Kulomzin (Hrsg.), Žurnaly, T. 1, S. 270-279.

[35] „*O pravilach proizvodstva v činy o graždanskoj službe i ob ispytanijach v naukach dlja proizvodstva v Kolležskie Assessory i Statskie Sovetniki*", in: PSZ 30, Nr. 23.771, S. 1054-1057.

[36] Ebenda, S. 1054.

langfristig den Bildungsstand des gesamten Adels verbessern würde.[37] Der Adel selbst sah in diesem Gesetz den Versuch, seine privilegierte Stellung im Reich zu brechen, ja ihn als Stand aufzulösen. Das Gesetz von 1809 war, wie Speranskijs Biograph Modest Korff schrieb, wohl „ein Schlag gegen die Sorglosigkeit, die unserem Charakter eigen ist."[38] Es wurde vom Adel mit Ablehnung, oder wie Speranskij selbst meinte, gar mit Haß bedacht.[39]

Der Gedanke jedoch, den Speranskij realisiert sehen wollte, war auch für das Rußland Alexanders I. so neu nicht. Schon in Artikel 24 der „Vorläufigen Regeln", die durch die Verkündung der *ustavy* nicht außer Kraft gesetzt worden waren, hatte es geheißen: „Fünf Jahre nach Einrichtung des Unterrichtswesens wird aufgrund dieser Bestimmung in keinem Gouvernement jemand in den Zivildienst eingestellt, soweit er juristische oder andere Kenntnisse erfordert, wenn er nicht eine öffentliche oder private Schule absolviert hat."[40] Im Grunde versuchte Speranskij 1809, den Leistungsgedanken, der der petrinischen Rangtabelle zugrunde gelegen hatte, in zeitgemäßer Weise auf der Basis der 1803/04 geschaffenen Bildungslandschaft einzuführen und Anreize für den Erwerb von Qualifikationen zu schaffen. Da sich gezeigt hatte, daß Verweildauer, vor allem aber Patronage- und Klientelwesen dazu geführt hatten, daß Beamte ihre Aufgaben nicht bewältigen oder wegen permanenter Abwesenheit nicht wahrnehmen konnten,[41] war es notwendig geworden, die Anforderungen an die Funktionselite des Staates exakt zu formulieren. Von dem Bildungsoptimismus, den die Reform der Jahre 1803/04 ausgelöst und den Karamzin deutlich artikuliert hatte, war Speranskij nach Ablauf der Frist, den die „Vorläufigen Regeln" vorgaben, inzwischen weit entfernt, und das Gesetz von 1809, von Alexander I. und Zavadovskij mitgetragen, war das Ergebnis dieser Desillusionierung.

Konservative Gegenoffensive

Aber auch andere Bildungsenthusiasten der ersten Stunde betrachteten ihr Werk mit Resignation, vor allem wenn sie auf die mangelnde Bereitschaft des Adels, sich im öffentlichen Bildungswesen zu engagieren, blickten. Vasilij Karazin, der aus persönli-

---

[37] Scheibert, P., Marginalien zu einer neuen Speranskij-Biographie, in: JbfGO NF 6 (1958), S. 449-467, hier S. 463.
[38] Korf, M. [A.], Žizn' Grafa Speranskogo. T. 1. SPb. 1861, S. 180 f.
[39] [Speranskij, M. M.], Družeskie pis'ma grafa M. M. Speranskogo k P. G. Masal'skomu, pisannye s 1798 po 1819 god. SPb. 1862, S. 9. F. F. Vigel' bestätigte diesen Eindruck in seinen Memoiren, betonte aber zugleich, daß das Gesetz von 1809 das Schicksal aller als ungerecht betrachteten Gesetze geteilt hätte und ignoriert worden sei (Vigel', Zapiski, S. 225 f.).
[40] Sbornik postanovlenij, T. 1, S. 17.
[41] Fedosov I. A./Dolgich, E. V., Rossijskij absoljutizm i bjurokratija, in: Košman, L.V. (Hrsg.), Očerki russkoj kul'tury XIX veka. T. 2. Moskva 2000, S. 10-101, hier S. 41 f., 44-46.

4.1.2. Bildungsdiskurs und die Auseinanderentwicklung der Gesellschaft 315

chen Gründen schon 1804 seinen Abschied genommen hatte, schrieb 1810 voller Enttäuschung aus Char'kov einem Freund: „Glauben Sie mir, alle diese gelehrten, von der Regierung protegierten Lehrer, alle diese teuren Museen und Luxus öffentlicher Schulen bezaubert bei uns niemanden! Die Eltern werden ihre Kinder lieber zu Haus oder in Pensionen (sogar schlechten) erziehen lassen, als sie aufs Geratewohl in den Tempel der Minerva laufen zu lassen."[42] Und Nikolaj Karamzin kritisierte 1811 in seinem Manifest des traditionsorientierten Konservatismus, der „Aufzeichnung über das alte und das neue Rußland", mit Hinweis darauf, daß die Bildungsreform nicht nur die Stellung des Adels unterminiere, sondern auch den Rußland angemessenen Aufbau des Staates wegen überfremdeter Bildungsinhalte bedrohe, daß die von Alexander I. verwandten Millionen für Universitäten, Gymnasien und Schulen keinen Nutzen, sondern nur Schaden für die Staatskasse gebracht hätten.[43] Während Karazin mit Blick auf den Adel das Scheitern des allgemeinen, überständischen Konzepts befürchtete, sah Karamzin gerade dieses als eigentliche Gefahr für den Adel, dessen Interessen er artikulierte.

In noch extremerer Form versuchte Joseph de Maistre, sardischer Gesandter in Sankt Petersburg und führender Kopf einer antiaufklärerischen, katholisch orientierten Richtung, die adlige Opposition gegen die aus den Statuten der Jahre 1803/04 erwachsenen Schulen mobil zu machen. Er argumentierte, es dürfe nicht angehen, daß die „Wissenschaft" als gesellschaftlicher Status denjenigen des Adels ablöse. In diesem Sinne befürwortete er allenfalls geschlossene adlige Erziehungsanstalten als einzig gemäße Form adliger Bildung und nahm damit Argumente wieder auf, die schon Platon Zubov bei der Forderung nach der Einrichtung von Kadettenkorps formuliert hatte.[44] Jedoch sah de Maistre vor allem in den Jesuiten Träger einer Bildung, die seinen am Ziel der Konservierung der bestehenden Gesellschaft orientierten Vorstellungen entsprachen. Damit stieß er partiell auf offene Ohren bei dem seit 1810 amtierenden Minister für Volksaufklärung, Aleksej K. Razumovskij,[45] der, selbst dem Katholizismus

---

[42] Zitiert nach Schmid, Rußland, S. 44.
[43] [Karamzin, N. M.], Karamzin's Memoir on Ancient and Modern Russia. Hrsg. v. R. Pipes. Cambridge, Mass. 1959, S. 58; ders., Zapiska o drevnej i novoj Rossii. SPb. 1914, S. 26, S. 68 f. Zur Entstehung des Memorandums, das sich vor allem gegen diejenigen Ratgeber Alexanders richtete, die wie Michail Speranskij eine Konstitutionalisierung anstrebten: Thaden, E., The Beginnings of Romantic Nationalism in Russia, in: Ders., Interpreting History. Collective Essays on Russia's Relations with Europe. New York 1990, S. 180-201, hier S. 188. Das Gesetz von 1809 interpretierte Karamzin als nutzlose Drangsalierung des Adels: [Karamzin], Karamzin's Memoir, S. 162.
[44] [Maistre, J. de], Graf Žosef de Mestr, Peterburgskie pis'ma 1803-1817. SPb. 1995; Edwards, D. W., Count Joseph Marie de Maistre and Russian Educational Policy, 1803-1826, in: SR 31 (1977), S. 54-75.
[45] Razumovskij, Sohn von Kyrill G. Razumovskij, amtierte 1807 bis 1810 als Kurator des Moskauer Lehrbezirks. Sergej Uvarov wurde von seinen Gegnern unterstellt, er habe sich Razumovskijs Protektion erkauft, indem er dessen Tochter geheiratet habe. Zur Person Razumovskijs vgl.: Vasil'čikov, A. A., Semejstvo Razumovskich. T. 2. SPb. 1880.

zugeneigt, den Jesuiten bei ihren Aktivitäten in den polnischen Teilungsgebieten für ein Jahrzehnt freie Hand ließ und ihnen die Eröffnung zweier Pensionen in Moskau und Sankt Petersburg zugestand.[46] Die Haltung gegenüber den Jesuiten und dem Katholizismus waren die Punkte, an denen andere konservative Repräsentanten, wie Karamzin oder Aleksandr S. Šiškov, die dem Bildungswesen der Reform von 1803/04 kritisch gegenüberstanden, Razumovskij und de Maistre ihre Unterstützung versagten.[47] Für sie war zwar die Religion ein potentiell wirksames Gegengift gegen säkulare Lehrinhalte, die der Revolution förderlich seien, jedoch nicht in der unrussischen Spielart des „jesuitischen" Katholizismus, der gerade in den polnischen Teilungsgebieten als Vehikel eines zur Sezession führenden polnischen Patriotismus angesehen wurde.

Ein Ergebnis dieser in ihren Zielen wie ihren Ausgangspositionen heterogenen Offensive der Konservativen war ein Reskript des Ministers Razumovskij aus dem Jahre 1811, in dem er die Zulassung von Leibeigenen und Bauern zu Gymnasien und Universitäten an die ausdrückliche Erlaubnis des Ministers band und sie damit praktisch auszuschließen versuchte. Zugleich wurde der Zugang zur Universität unattraktiver gestaltet. Nicht schon mit dem Eintritt in die Universität, sondern erst mit deren erfolgreichem Abschluß sollten die Studenten aus ihrem Herkunftsstand entlassen werden.[48] Hinzu trat ein Gedanke, der im Verlauf der folgenden Jahre immer deutlicher artikuliert werden sollte: Wenn der Staat auf Stipendienbasis Bildungsangebote für begabte Kinder des verarmten Adels oder der *raznočincy* vorhalte - und dies galt für Gymnasien und Universitäten, für deren Besuch pro Jahr etwa 600 Stipendien vergeben wurden -, müsse es auch möglich sein, daß die „Absolventen" diese Stipendienleistung gleichsam „abarbeiteten". 1813 hieß es bereits in einem Zirkular der Ministeriums, die Zuerkennung eines Stipendiums solle mit einer verbindlichen Dienstverpflichtung verbunden werden.[49] Bis zu einer endgültigen Regelung sollte allerdings noch ein Jahrzehnt vergehen. In dem Gesetz vom 26.6.1823 wurde festgelegt, Stipendiaten an den Gymnasien, vor allem aber Zöglinge aus den kaiserlichen Waisenhäusern für acht bis zehn Jahre zum Dienst verpflichten zu können. Überhaupt wurde als Ziel der staatlichen Bildungsfinanzierung nun ganz konkret der Staatsnutzen betont: Die Jungen seien „für den Dienst in denjenigen Gouvernements vorzubereiten, die wegen ihrer Entfernung oder aus anderen Gründen einen großen Mangel an Kanzleibeamten haben."[50]

---

[46] Hierzu: Winter, E., Rußland und das Papsttum. Teil 2: Von der Aufklärung bis zur Großen Sozialistischen Oktoberrevolution. Berlin 1961, S. 161-163.
[47] Vasil'čikov, Semejstvo Razumovskich, T. 2, S. 69-75.
[48] PSZ 31, Nr. 24.864, S. 369.
[49] Roždestvenskij, Soslovnyj vopros, S. 21.
[50] PSZ 38, Nr. 29.359, S. 571. Um dem Mangel abzuhelfen, wurden Staatsstipendiaten nach Beendigung der Ausbildung für eine bestimmte Dienstzeit verpflichtet. Dafür kamen insbesondere Zöglinge von Waisen- und Findelhäusern in Betracht, die entweder unter der Aufsicht des *prikaz*

4.1.2. Bildungsdiskurs und die Auseinanderentwicklung der Gesellschaft 317

Die Gründung des Lyzeums von Carskoe Selo als exklusive Institution adliger Bildung im Jahre 1811 war ein weiteres Ergebnis dieser konservativen Politik. Auch seine Gründungsgeschichte zeigt an,[51] daß Alexanders Neigung, gegen die vermeintlichen Interessen des Adels Politik zu machen, nach dem Jahre 1809 sank. Noch bei der Einrichtung der Höheren Schule für Rechtskunde im August 1805, die vornehmlich Spitzenbeamte für den Senat schulen sollte, war als Ziel die juristische Ausbildung aller Stände vorgegeben worden.[52] An diesem offenen Zugang zur Bildung orientierte sich Michail Speranskij, als er 1808 dem Zaren eine knappe Skizze vorlegte, in der er die Einrichtung eines Lyzeums forderte. Dieses Lyzeum sollte nicht nach französischem Muster oder gemäß der Vorschläge Condorcets die Regelform höherer Ausbildung werden,[53] sondern eine kleine Kaderschmiede für die allerhöchsten Positionen im russischen Staat bilden. 10-15 Jungen verschiedener Stände (*raznych sostojanij*) sollten ab einem Alter von zehn bis zwölf Jahren eine exklusive Ausbildung erhalten, die allgemeinbildend sein und zugleich universitäres Niveau übertreffen sollte, wobei sich Speranskij vom ständeübergreifenden Zusammenleben der Zöglinge auf lange Sicht eine Veränderung der gesellschaftlichen Wahrnehmung erhoffte.[54] Aleksej Razumovskij, der das Gesetz des Jahres 1809 noch mitgetragen hatte, verwandte sich nun jedoch dafür, daß nur der Adel die Möglichkeit des Zugangs erhielt. Abgesehen davon, daß er der Auffassung war, daß viele Fächer wie Naturgeschichte oder Griechisch für einen Spitzenposten im Staat, der das Ausbildungsziel sein sollte, schlichtweg überflüssig seien, beharrte er auf der adligen Exklusivität.[55] Damit nahm er wie auch in anderen Fragen eine mittlere Position zwischen den Vorstellungen Speranskijs und Joseph de Maistres ein, der sich über das Projekt des Lyzeums mit dem Hinweis mokierte, daß die „Russen für die Wissenschaft völlig untauglich" seien.[56]

In dem schließlich im Januar 1811 publizierten Reskript[57] wurde die adlige Herkunft

---

obščestvennogo prizrenija oder unter derjenigen der Behörde der Kaiserinmutter standen; oft wurden Gegenden gewählt, die als nicht allzu attraktiv galten: Sibirien und der Kaukasus.

[51] Kobeko, D. F., Imperatorskij Carskosel'skij licej, S. 3-37; Rudenskaja, Carskosel'skij-Aleksandrovskij licej, S. 24-39. Ferretti, P., A Russian Advocate of Peace: Vasilii Malinovskii (1765-1814). Dordrecht 1998 (= International Archives of the History of Ideas, 156), S. 180-184. Malinovskij war der erste Direktor des Lyzeums.

[52] PSZ 28, Nr. 21.860, S. 899. Davon ging man 1838 wieder ab, als Nikolaus I. anordnen ließ, die Kaiserliche Rechtsschule den Kindern Geburtsadliger vorzubehalten (PSZ, Sobr. Vtoroe, 6, Nr. 11.363, S. 1432). Damit wurden die Eingangsvoraussetzungen wiederhergestellt, die auch für die von Paul I. gegründete Einrichtung gegolten hatte, die Vorläuferin der Rechtsschule war.

[53] Hierzu: Barnard, Education and the French Revolution, S. 65 f., 90 f., 197 f., 219-221.

[54] Publiziert in: Speranskij, M. M., Pervoe načertanie osobennogo liceja, in: Licejskij žurnal 6 (1906-1907), S. 132-134.

[55] Seine Einwendungen sind gedruckt in: Kobeko, Imperatorskij Carskosel'skij licej, S. 13-15.

[56] Die Einlassungen Joseph de Maistres zu diesen Projekt in: [Maistre], Peterburgskie pis'ma, S. 137-154, besonders S. 140.

[57] PSZ 31, Nr. 24.325, S. 310-323.

als Voraussetzung für den Eintritt genannt, zugleich aber am Leistungsgedanken festgehalten, weil schon die adligen Jungen Eingangsexamina absolvieren sollten. Das Reskript sah die Gleichstellung des Lyzeums mit den Universitäten vor. Während die Ausbildung in den ersten drei Jahren analog zum gymnasialen Unterricht erfolgen sollte, wurden für die drei höheren Klassen lediglich die Wissensgebiete umschrieben. Ein überaus umfangreiches Curriculum sollte vermittelt, zugleich aber themenübergreifend unterrichtet werden.[58] Insbesondere die offene Unterrichtsform in den drei höheren Klassen ließ das Lyzeum in den ersten Jahren seiner Existenz zu einem pädagogischen Experiment werden. Die ersten Absolventen, die „Plejade Puškins", hat in ihren Texten immer wieder auf die freie Atmosphäre und auf den Zusammenhalt unter den Zöglingen hingewiesen,[59] eine Atmosphäre, die sich in der Tat sehr deutlich von derjenigen unterschieden haben muß, wie sie an den öffentlichen Gymnasien Sankt Petersburgs,[60] aber auch an der kaiserlichen Rechtsschule zu finden war, die ja ebenfalls Spitzenkräfte für den Staatsdienst auszubilden hatten.[61] Breite Bildung mit individueller Persönlichkeitsformung war das Konzept, das insbesondere die Direktoren V. F. Malinovskij (1811-1814) und E. A. Engelhardt (1816-1823) verfolgten und das in manchem an diejenigen Ideen erinnert, die I. I. Beckoj in den sechziger Jahren des 18. Jahrhunderts entwickelt hatte.[62] Die Durchsetzung dieser spätaufklärerischen Konzeption geschah jedoch in einer Spitzeninstitution für den Adel und dokumentierte damit den veränderten gesellschaftlichen Hintergrund.

Philologische Gesellschaften mit ideologischem Hintergrund

Der „Vaterländische" Krieg von 1812 zeitigte nicht nur unmittelbare Folgen für die Arbeit der sich im Aufbau befindlichen Bildungslandschaft - so mußte die Universität wegen der Besetzung Moskaus durch die Grande Armée ihre Arbeit unterbrechen, weitere Gymnasien, Schulen, das Moskauer Findelhaus und Pensionen mußten in Jaroslavl', Rjazan' und anderen Städten, teilweise unter Verlust ihrer Ausstattung, unterge-

---

[58] So reklamierte Speranskij ungeachtet aller Kompromisse durchaus mit einem gewissen Recht die Urheberschaft für diese wohl prestigeträchtigste Bildungseinrichtung im Zarenreich für sich ([Speranskij], Družeskie pis'ma, S. 65).
[59] Kluge, R. D., „ ... im Freundeskreis schätzt er die Freiheit, liebt Frohsinn, Anmut und Verstand". Alexander Puschkins Kindheit und Jugend, in: Ders. (Hrsg.), „Ein Denkmal schuf ich mir ...". Alexander Puschkins literarische Bedeutung. Tübingen 2000, S. 13-29.
[60] A. V. Golovnin, späterer Bildungsminister, erinnerte seine Zeit im Internat eines öffentlichen Gymnasiums in Sankt Petersburg vor allem als eine Zeit der Kämpfe der Zöglinge untereinander (RNB RO, f. 208, d. 1, dort seine unpaginierten Memoiren „Zapiski dlja nemnogich").
[61] Siehe den Vergleich von: Sinel, A. A., The Socialization of the Russian Bureaucratic Elite, 1811-1917: Life at the Tsarskoe Selo Lyceum and the School of Jurisprudence, in: RH 3 (1976), S. 1-31.
[62] Hier liegt auch der Unterschied zur Adelspension an der Moskauer Universität: Šuškov, Moskovskij Blagorodnyj pansion, S. 43 f.

4.1.2. Bildungsdiskurs und die Auseinanderentwicklung der Gesellschaft

bracht werden[63] -, sondern besaß als Konsequenz der Französischen Revolution auch eine ideengeschichtliche Dimension, von der die Diskursebene berührt wurde. Veranschaulichen läßt sich diese Dimension an den „Gesellschaften", die sich im hauptstädtischen Milieu, zumeist im Umfeld von Bildungsinstitutionen wie der Moskauer Universität oder dem Lyzeum von Carskoe Selo, entfalteten.

Die „Gespräche der Liebhaber des russischen Wortes", gegründet von Admiral Aleksandr S. Šiškov,[64] und die 1815 als Reaktion darauf ins Leben gerufene literarische Gesellschaft „Arzamas"[65] markieren die extremen Positionen im Diskurs. Šiškov hatte nach 1804 Soireen organisiert, in denen er über die Forderung nach Normierung des Russischen ein Bildungs- und Gesellschaftsideal propagierte, das sich aus Furcht vor einer Überfremdung nachgerade wissenschaftsfeindlich gerierte. Die Resonanz auf die Aktivitäten Šiškovs war groß; seine Veranstaltungen wurden in immer stärkerem Maße von einflußreichen Adligen, Höflingen, gar Ministern besucht. Nach dem Bruch mit Napoleon wurden die Versammlungen zum größten gesellschaftlichen Erfolg der Saison 1811/12.[66] Doch gab es auch skeptische Stimmen. Nikolaj Karamzin teilte zwar unter

---

[63] Vasil'čikov, Semejstvo Razumovskich, T. 2, S. 91-93; Periodičeskie sočinenija 40 (1815), S. 140 f. Auch die Bildungseinrichtungen Sankt Petersburgs wurden vorsorglich ins Gouvernement Olonec evakuiert (RGIA, f. 733, op. 20, d. 186, ll. 1-34). Vgl. Kap. 4.2.1.

[64] Šiškov, 1754 geboren und kleinadliger Herkunft, unterhielt Kontakte zu dem Göttinger Historiker August Ludwig Schlözer, und wie letzteren faszinierte ihn das alte Rußland. Zugleich interessierte er sich in immer stärkerem Maße für die Welt des russischen Bauern. In dessen Werten sah er in idealisierter Weise das von der Verwestlichung unberührte alte, wahre Rußland verkörpert, womit er in manchem bereits Ansichten der späteren Slavophilen antizipierte. 1803, zu einer Zeit also, in der Karamzin mit seinem *Vestnik* große Erfolge feierte, publizierte der Admiral nach ersten Fingerübungen seinen "Traktat über den alten und neuen Stil in der russischen Sprache". Hier hob er den Reichtum der alten slavischen Sprache als Quelle des Russischen hervor, welchen es wiederzubeleben gelte, um eine nationale Literatur zu schaffen und das Volk zu bilden. Was Šiškov in seinem "Traktat" und in den folgenden pseudolinguistischen Arbeiten jedoch an Sprache propagierte, war kein Zutagefördern von altrussischem Vokabular, sondern eine Ansammlung von Neologismen für Begriffe, die weder im Altrussischen noch in der Lexik der Bauern eine Entsprechung besaßen. Freilich gab es auch für dieses in Rußland teils befürwortete, teils angefeindete Vorgehen durchaus Vorbilder im bekämpften "Europa", etwa in J. H. Campes "Wörterbuch für Erklärung und Verdeutschung unserer Sprache" aus dem Jahre 1801; zur Person Šiškovs: Ščebal'skij, P., A. S. Šiškov, ego sojuzniki i protivniki, in: Russkij Vestnik 90 (1870), S. 192-254; Al'tšuller, M., A. S. Šiškov o francuzskoj revoljucii, in: Russkaja Literatura (1991), 1, S. 144-149; Martin, Romantics, Reformers, Reactionaries, S. 16-24.

[65] Borovkova-Majkova, M. S. (Hrsg.), Arzamas i arzamaskie protokoly. Leningrad 1933; Gillel'son, M. I., Ot arzamaskogo bratstva k puškinskomu krugu pisatelej. Leningrad 1977; Hollingsworth, B., Arzamas: Portrait of a Literary Society, in: SEER 44 (1966), S. 306-326.

[66] So war es nur konsequent, daß Zar Alexander Šiškov als Staatssekretär zum Nachfolger des gestürzten Michail Speranskij ernannte. In der Abwehr Napoleons bedurfte der Zar der öffentlichen Meinung, die der Admiral mit seiner "Gesellschaft der Liebhaber des russischen Wortes" auf seine Seite zu bringen verstanden hatte: Die tönenden, in vermeintlich altrussischem Stil gehaltenen Manifeste, die Šiškov im Verlauf des Jahres 1812 für den Zaren formulierte, stärkten das Selbstbewußtsein derjenigen Schichten, die von ihnen erreicht wurden. Diese Manifeste wurden von der Geistlichkeit während der Gottesdienste verlesen; vgl. Palicyn, N. A. (Hrsg.), Manifesty napisannye Šiškovym v otečestvennuju vojnu i patriotičeskoe ich značenie, in: RS 150 (1912), 6, S.

dem Eindruck der Französischen Revolution Šiškovs Ablehnung des als besonders gefährlich erachteten französischen Einflusses auf die Kultur des russischen Adels. Mit den Mitgliedern des Zirkels „Arzamas", für die er mit seinen literarischen und historischen Werken richtungsweisend war, wußte Karamzin sich jedoch darin einig, daß nicht der pseudorussische Kunststil Šiškovs zur Formierung einer russischen Nationalliteratur und damit eines russischen Nationalbewußtseins dienlich sein könne, sondern daß die von ihm selbst dem Publikum vorgeführte, vorsichtige Modernisierung der russischen Literatursprache bei gleichzeitiger Minimierung ausländischer Einflüsse in dieser Frage zu bevorzugen sei.[67] In diesem Sinne sollte sich auch die russische Kultur über Bildung weiterentwickeln. Ein geschlossenes literatur- oder kulturpolitisches Konzept besaßen die Mitglieder des „Arzamas" nicht. Doch ist die Zusammensetzung dieser bis 1818 existierenden Vereinigung schon deshalb interessant, weil sich in ihr Repräsentanten gesellschaftlicher Strömungen zusammenfanden, die später verschiedenen Richtungen angehören sollten, als die - zunächst noch überbrückbare - Kluft zwischen Staat und Gesellschaft immer größer wurde. Diese Entwicklung basierte nicht nur, aber auch auf bildungspolitischen Konflikten.

Sergej Uvarov und Dmitrij N. Bludov (1785-1864),[68] auf die die Gründung des Arzamas-Zirkels zurückging, zeigten sich fasziniert von der griechischen Antike und waren zu diesem Zeitpunkt Anhänger eines Neoklassizismus, dessen integraler Bestandteil die Autokratie war und den es mit einer genuin russischen Kultur zu kombinieren galt. Darin stimmten sie mit Vasilij A. Žukovskij[69] und Aleksandr Puškin überein, der 1817 gerade das Lyzeum von Carskoe Selo abgeschlossen hatte und die Auffassung vertrat, daß gerade durch die Aufnahme westeuropäischer Einflüsse eine genuin russische Kultur wachsen könne. Michail Orlov,[70] Nikolaj Turgenev und Nikita Murav'ev, die als Offiziere aus den Befreiungskriegen zurückgekehrt waren, propagierten unter dem Eindruck ihres Westeuropaerlebnisses die Ansicht, daß nicht die Entwicklung einer russischen Literatur oder Kultur im Vordergrund stehen müsse, sondern eine Änderung des politischen Systems. In diesem Sinne sollte Bildung den Prozeß gesellschaftlicher Veränderung vorantreiben. Sowohl die von Sergej Uvarov vertretene Richtung als auch die Ansichten der heimgekehrten Offiziere gerieten schließlich in Gegensatz zu den veränderten bildungspolitischen Vorgaben des Ministeriums für Volksaufklärung. Die

---

477-491.
[67] In diesem Zusammenhang wurde Karamzins „Istorija Gosudarstva Rossijskogo" (1816 ff.) als Leitwerk für den russischen Patriotismus und für die Volksbildung hervorgehoben; siehe: Turgen'ev, A. I., Političeskaja Prosa. Moskva 1989, S. 161.
[68] Akul'šin, P. I., Bludov, Dmitrij Ivanovič, in: Otečestvennaja Istorija, T. 1, S. 244 f.
[69] Zu seiner Person und zum pädagogischen Impetus seiner Dichtung: Lebedev, P. A. (Hrsg.), Antologija pedagogičeskoj mysli Rossii pervoj poloviny XIX v. Moskva 1987, S. 114-130.
[70] Parsamov, V. S., Žosef de Mestr i Michail Orlov (k istokam političeskoj biografii dekabrista), in: OI (2001), 1, S. 24-46.

Neuausrichtung wurde schon deutlich durch die Zusammenfassung der orthodoxen Staatskirche und der übrigen Konfessionen im „Ministerium für die geistlichen Angelegenheiten" und schließlich durch dessen Vereinigung mit dem Ministerium für Volksaufklärung im Jahre 1817 zum sogenannten „Doppelministerium"[71] unter Fürst Aleksandr N. Golicyn (1773-1844). Diese neue, sehr stark an christlichen Werten orientierte Ausrichtung sollte ein knappes Jahrzehnt lang die offizielle Politik bestimmen; sie wurde wesentlich durch Alexanders I. persönliche Hinwendung zum Christentum begünstigt.[72] Diese drei Richtungen, die in sich zahlreiche Berührungspunkte aufwiesen, sollen nun nacheinander abgehandelt werden.

Der Lehrbezirk Sankt Petersburg im Spannungsfeld von Reform und Reaktion

Im Jahre 1810 wurde Sergej Uvarov (1786-1855)[73] Kurator des Lehrbezirks Sankt Petersburg und erhielt in dieser Eigenschaft die Möglichkeit, bildungspolitische Konzeptionen, die in den intellektuellen Zirkeln diskutiert worden waren, in praktische Politik umzusetzen. Uvarov war geprägt von dem Eindruck der griechisch-römischen Antike und der Hochkulturen, deren Studium in Wissenschaft und Unterricht er als wesentlich ansah, um die gemeinsamen Wurzeln der menschlichen Kultur aufzuspüren. Gleichzeitig sollte das Studium der Antike auch das besondere der eigenen, der russischen Kultur konturieren, weshalb er dem Unterricht des Griechischen, das die byzantinisch geprägten Wurzeln der russischen Kultur zugänglich machen konnte, besondere Bedeutung beimaß.[74]

Obwohl Uvarov in dieser Zeit Bildung und Wissenschaft als Ausgangspunkte jeder Veränderung im Staat betrachtete, teilte er die Bedenken der Konservativen gegen das enzyklopädische Curriculum der Gymnasien, wie sie die Statuten von 1803/04 gefordert

---

[71] Zur Zusammenführung: Žurnal Departamenta Narodnogo Prosveščenija 1 (1821), S. 5-65: siehe auch Amburger, Behördenorganisation, S. 110, 189.

[72] Zorin, A., Kormja dvuglavogo orla. Literatura i gosudarstvennaja ideoligija v Rossii v poslednij treti XVIII-pervoj Treti XIX veka. Moskva 2001, S. 267-280.

[73] Zu seiner Person neben: Whittaker, The Origins; Zorin, Ideologija „Pravoslavie-Samoderžavie-Narodnost'"; Ševčenko, Sergej Semenovič Uvarov, und Popov, S. S. Uvarov, vor allem: Pletnev, P. A., Pamjati Grafa Sergija Semeneviča Uvarova, Presidenta Imperatorskoj Akademii Nauk. SPb. 1855; Flynn, J. T., S. S. Uvarov's Liberal Years, in: JbfGO NF 20 (1974), S. 481-491; Flynn, J. T., Uvarov and the „Western Provinces". A Study of Russia's Polish Problem, in: SEER 64 (1986), S. 212-236; Žukovskaja, T. N., S. S. Uvarov i vossozdanie Sankt-Peterburgskogo universiteta, in: Očerki po istorii Sankt Peterburgskogo universiteta. T. 7. SPb. 1998, S. 56-74. Gleichzeitig wurde Uvarov Präsident der Akademie der Wissenschaften, was er bis zu seinem Tode blieb. Die kurze biographische Skizze von Pletnev würdigte vor allem seine Verdienste als Akademiepräsident. Siehe hierzu jetzt vor allem: Chartanovič, M. F., Učenoe soslovie Rossii. Imperatorskaja Akademija nauk vtoroj četverti XIX v. SPb. 1999, S. 21-29.

[74] In dieser Ansicht wurde er von M. N. Murav'ev-Apostol unterstützt; siehe: Murav'ev-Apostol, I. M., Russkoe vospitanie i obučenie v načale našego veka (1813), in: Katkov, N. M. (Hrsg.), Naša učebnaja reforma. Moskva 1890, S. 36-57.

hatten. Dies entsprang jedoch keiner Bildungsfeindlichkeit, sondern der Befürchtung, die Fächer würden nicht gründlich genug unterrichtet werden.[75] Damit könnten die Gymnasien ihrem Zweck, künftige Staatsdiener und Studenten auszubilden, nur begrenzt gerecht werden. Daher setzte er sich für eine Reduktion des Lehrplans um diejenigen Fächer ein, die er als universitäre Disziplinen betrachtete. Zwar war er sich bewußt, daß diese gerade im Lehrbezirk der Hauptstadt nur deshalb an den Gymnasien und am elitären Lyzeum von Carskoe Selo unterrichtet werden würden, da noch immer keine Universität gegründet worden war. Doch sah er dadurch zugleich die Chance, die Umwandlung des Pädagogischen Instituts in eine Universität voranzutreiben. Als Ausgleich sollte der Unterricht in nahezu allen verbleibenden Fächern (bis auf Französisch und Deutsch, deren Stundenanteil zugunsten von Latein und Griechisch zu verringern sei) intensiviert und zugleich die Unterrichtsdauer auf sieben Jahre für das Gymnasium verlängert werden. Dies entsprach einem pädagogischen Trend, der, wie Cynthia Whittaker herausgearbeitet hat, auch den Gedankengängen Wilhelm von Humboldts in Preußen bezüglich des Gymnasiums zugrunde lag,[76] und zu diesem Zeitpunkt auch von dem einflußreichen Pädagogen Johann Heinrich Pestalozzi (1746-1827) geteilt wurde.[77]

Nach Uvarovs Vorstellungen gehörte zu den Voraussetzungen für eine staatliche Reform eine solide Finanzierung, weshalb er darauf hinarbeitete, die Einführung von Schulgeld durchzusetzen, das zweckgebunden der jeweiligen Bildungsinstitution wieder zugeführt werden sollte. Auf der anderen Seite teilte er, wie unausgesprochen auch einige seiner Mitstreiter im Arzamas-Zirkel oder konservative Repräsentanten der Bildungspolitik, die Überzeugung, daß der Staat exklusive adlige Bildungseinrichtungen schaffen müsse. Es ging ihm weniger um die Absicherung adliger Privilegien als vielmehr darum, die Abwanderung von Schülern in private Bildungseinrichtungen oder gar zu Hauslehrern zu verhindern. Deshalb ließ er eine Adelspension am Pädagogischen Institut errichten,[78] die einen Lehrplan erhalten sollte, der ähnlich wie derjenige der prestigeträchtigen Lyzeen in Jaroslavl' oder Nežin die Schüler auf das Niveau von Universitätsabsolventen zu führen hatte. Dem Adel sollte auf diese Weise ein Bild von der Ehrbarkeit und dem potentiellen Ansehen des Lehrers vermittelt werden.

Uvarov teilte auch die Vorstellungen Speranskijs, daß der Aufstieg im Dienst über Bildung zu erfolgen habe. Nur sollte dem Adel der Einstieg erleichtert werden. Jeder

---

[75] [Uvarov, S. S.], O prepodovanii istorii otnocitel'no k narodnomu vospitaniju. SPb. 1813, S. 3-8; [ders.], Reč' Presidenta imperatorskoj akademii nauk, popečitelja Sankt Peterburgskogo učebnogo okruga, v toržestvennom sobranii glavnogo pedagogičeskogo instituta 22.8.1818. SPb. 1818, S. 1-18.
[76] Zu Humboldts Ansichten: Meyer, A., Wilhelm von Humboldt (1767-1835), in: Scheuerl, H. (Hrsg.), Klassiker der Pädagogik. 2. Aufl. München 1992, S. 198-216, hier S. 207-215.
[77] Whittaker, The Origins, S. 64. Zur verhaltenen Rezeption Pestalozzis in Rußland siehe: Schönebaum, H., Pestalozzis Geltung in Rußland seit 1827, in: JbfGO NF 6 (1958), S.177-200; ders., Pestalozzi und das zeitgenössische Rußland, in: JbfGO AF 6 (1941), S. 494-507.
[78] Žurnal Departamenta Naródnogo prosveščenija 4 (1822), S. 418 f.

4.1.2. Bildungsdiskurs und die Auseinanderentwicklung der Gesellschaft 323

Schüler würde nach Abschluß des Gymnasiums den 14. Rang der Rangtabelle erhalten, jeder Absolvent der Adelspension gar den zehnten, der sonst einen Universitätsabschluß voraussetzte.[79] In diesem Sinne unterstützte Uvarov auch die Regelungen von 1819 und 1822, die Lern- und Studienerfolge mit dem Einstieg in die Rangtabelle verknüpften. Fortan durften Studenten nach erfolgreichen Eingangsexamina im 14. Rang in den Dienst treten, ein „wirklicher Student" (*dejstvitel'nyj student*), nach der „Zwischenprüfung" im 12. Rang, ein „Kandidat" im 10., ein Magister im 9. und schließlich ein Doktor im 8. Rang. Zudem setzte er in seinem Lehrbezirk durch, daß Religion als Fach im gymnasialen Lehrplan erstmals in einer öffentlich-säkularen Schule eingeführt wurde.[80]

Die Maßnahmen, die Uvarov als Kurator des Sankt Petersburger Lehrbezirks getroffen hatte, wurden kontrovers beurteilt: Einigen Mitgliedern des Zirkels „Arzamas" erschienen sie als Rückschritt im Vergleich zur Gesetzgebung von 1803/04, anderen, wie de Maistre, ging die „Gegenreform" nicht weit genug.[81] Cynthia Whittaker und James T. Flynn haben argumentiert, daß für Uvarov ein Motiv für sein Vorhaben darin bestand, eine noch weitgehendere Veränderung der Statuten von 1803/04 zu verhindern. Dem hat sich die postsowjetische Forschung angeschlossen. Ein weiterer Schwerpunkt seiner Bildungsbemühungen basierte auf der Gesetzgebung von 1803/04: Die besondere Stärkung der Gymnasien und die Gründung einer Universität in Sankt Petersburg, die schließlich 1819 etabliert wurde - allerdings mit einem Statut, das nicht vollständig seinen Intentionen entsprach.[82] Den Wert der Elementarbildung wollte Uvarov damit jedoch nicht in Zweifel ziehen. Die *prichodskie učilišča* legten den Grundstein für die weitere Ausbildung der Kinder, so betonte er in einem Zirkular aus dem Jahre 1817; sie sollten daher allgemein zugänglich sein, was vor allem bedeute, daß sie in genügender Zahl zur Verfügung stünden.[83] Zwar war ihm bewusst, daß dies nicht finanziert werden konnte, er unternahm in Anbetracht generell sinkender Haushaltsmittel für den Bildungssektor jedoch keinen Versuch, im Schulkomitee des Ministeriums Reformen in diesem Bereich zu initiieren. Allerdings bemühte er sich, dem Lehrermangel abzuhelfen, indem er vorschlug, eine 2. Abteilung am Pädagogischen Institut

---

[79] Dies wurde als unverhältnismäßig hoch im Vergleich zu den aufgrund von Universitätsgraden verliehenen Rängen deutlich kritisiert (ebenda, S. 419); Uvarov wollte seine Kritiker jedoch dadurch versöhnen, daß er nach dem Abschluß eine vierjährige Dienstverpflichtung vorsah (ebenda, S. 422). Zum Folgenden: Alešincev, I., Soslovnyj vopros i politika v istorii naših gimnazij v XIX veke. Istoričeskij očerk, in: Russkaja škola (1908), 1, S. 1-18, 2, S. 29-48, 3, S. 23-42, 4, S. 1-30, hier 1, S. 16.
[80] Die 1811 eingeführten neuen Stundentafeln sind abgedruckt in: Alešincev, Istorija, S. 57-59.
[81] Popov, A. N., Graf Mestr' i Jesuitov v Rossii, in: RA 6 (1892), S. 160-196, hier S. 178-186.
[82] Žurnal Departamenta Narodnogo Prosveščenija 3 (1821), S. 428-434; zu den Debatten um das Statut siehe: Petrov, Rossijskie universitety, Kn. 2, Č. 3, S. 41-67.
[83] Sbornik postanovlenij, T. 1, S. 1097-1103.

einzurichten,[84] die sich mit der Ausbildung von Elementarschullehrern beschäftigen sollte, da sich die Gymnasien, denen diese Aufgabe eigentlich oblag, überfordert zeigten. Sein Plan, für den er sich intensiv einsetzte, wurde 1820 an der zu diesem Zeitpunkt schon existierenden Universität in Sankt Petersburg realisiert.[85] Nach seinem Rücktritt als Kurator im Jahre 1821 wurde die Elementarschullehrerausbildung allerdings wieder eingestellt; 1822 wurde die 2. Abteilung geschlossen.

Der Wohlfahrtsbund

Einige adlige Mitglieder des Zirkels „Arzamas" sowie Absolventen geschlossener Bildungseinrichtungen des Reiches und der Moskauer Universität[86] zeigten sich nicht zuletzt aufgrund der Tatsache, daß das Königreich Polen infolge des Wiener Kongresses von Alexander I. eine Verfassung erhielt, im Zarenreich jedoch der Weg zu einer Konstitutionalisierung nicht weiter beschritten wurde und generell keine Reformbereitschaft des Zaren mehr erkennbar war,[87] enttäuscht. Sie erarbeiteten zur Umsetzung ihrer politischen Ideale, die durch die Französische Revolution und das „Europaerlebnis" der Befreiungskriege geprägt waren, zahlreiche Projekte für die Einführung von Institutionen politischer Partizipation mit Verfassungscharakter, manche gar ganze Verfassungspläne, die sich in dem letzten Jahrzehnt der Herrschaft Alexanders I. radikalisierten. Was zunächst als ein evolutionärer Wandlungsprozeß gedacht war, mündete als Erhebung adliger Offiziere in der unübersichtlichen Situation des Regierungswechsel im Dezember 1825, den sogenannten Dekabristenaufstand. Aus dem umfangreichen Konglomerat von Ideen, weitschweifenden Zukunftsvisionen und konkreten Maßnahmen, die die Dekabristen diskutiert hatten, sollen hier lediglich die bildungspolitischen Konzepte betrachtet werden.

Auch wenn - von einigen Kontinuitätslinien auf personeller Ebene abgesehen - zwischen dem Ende des literarischen Zirkels „Arzamas" und der Gründung des *sojuz blagodenstvija*, des „Wohlfahrtsbundes" im Jahre 1818, kein unmittelbarer Zusammenhang bestand, markierte dessen Gründung den Übergang vom Räsonieren zum politischen Handeln. In den Statuten des Wohlfahrtsbundes verpflichteten sich die Mitglieder

---

[84] Žurnal Departamenta Narodnogo Prosveščenija 1 (1821), S. 68-83; ebenda 3 (1821), S. 453. In diesem Zusammenhang wurde die gute Arbeit betont, die das Lehrerseminar Jankovićs in den ersten Jahren seiner Existenz geleistet hätte und die als ein gutes Vorbild dienen könne.
[85] RGIA, f. 796, op. 1, d. 7, ll. 1-13.
[86] Zur Herkunft des Personenkreises sowie zu den Karriereverläufen: Lincoln, W. B., A Reexamination of some Historical Stereotypes: An Analysis of the Career Patterns and Backgrounds of the Decembrists, in: JbfGO NF 24 (1976), S. 357-368.
[87] Generell zur Innenpolitik nach 1815: Hartley, Alexander I., S. 166-184; Sacharov, Aleksandr, S. 167-210.

4.1.2. Bildungsdiskurs und die Auseinanderentwicklung der Gesellschaft

zu einer persönlich untadeligen Lebensweise,[88] deren Entsprechung in den Statuten mancher Freimaurerlogen aufzufinden war. Sie hatten schon durch das eigene Vorbild dafür zu sorgen, daß Aufklärung und Bildung verbreitet werden würden, um dem Einzelnen ein abgewogenes Urteil über den Staat und seine Gesellschaft zu ermöglichen. Wenn man so will, beinhaltete dies die Erziehung zur Opposition gegen die Autokratie, die als Willkürherrschaft empfunden wurde. Konkret wurde in § 10 eines geheimen Verfassungsentwurfs des Wohlfahrtsbundes die *gramotnost'*, also die Lese- und Schreibfähigkeit, als unbedingte Voraussetzung für die Ausübung politischer Rechte genannt.[89] Einer der Wortführer des Bundes, Pavel Ivanovič Pestel' (1793-1826),[90] betonte in seiner „*Russkaja pravda*", die nicht von ungefähr schon im Namen an die Gesetzeskompilation Jaroslavs des Weisen anknüpfte, daß überall Bildungseinrichtungen errichtet werden müßten, die das Volk zur Mitarbeit in den politischen Organen vorbereiten sollten. Der Zusammenhang von Bildung und Teilhabe an politischer Macht läßt die Schwerpunkte des *ustav* des Wohlfahrtsbundes sowie der Verfassungsentwürfe deutlich werden; neben rechtlichen Kategorien sollte es vor allem Bildung sein, die den Untertanen zum Bürger einer russischen konstitutionellen Monarchie oder gar einer Republik machen würde.[91] Wer in den Genuß von Bildung kommen sollte, blieb allerdings ebenso vage wie die Haltung der späteren Dekabristen zur Aufhebung der Leibeigenschaft als konkretem politischen Ziel.

Der Wohlfahrtsbund wurde jedoch auch in der konkreten Bildungsarbeit aktiv und nahm damit in gewisser Weise eine Tradition wieder auf, die Novikov mit seinen privaten Schulen um 1780 begründet hatte. Er richtete 1818 in Sankt Petersburg eine Schule mit 250 Plätzen ein, die während der Jahre ihrer Existenz etwa 815 Kindern elementare Kenntnisse vermittelte.[92] Zwei weitere Schulen wurden in Sankt Petersburg und Gatčina ins Leben gerufen. Mit der Einrichtung von Schulen in vier Garderegimentern widmeten sich die Offiziere unmittelbar nicht nur der militärischen, sondern auch

---

[88] Zur Gestaltung des eigenen Lebens als Gegenentwurf zur dominierenden Tendenz der Adelskultur, die als französisch-degeneriert betracht wurde, siehe mit unterschiedlichen methodischen Zugängen: Lotman, J. M., The Decembrist in Everyday Life. Everyday Behaviour as a Historical-psychological Category, in: Ders. (Hrsg. u. a.), The Semiotics of Russian Culture. Ann Arbor 1984, S. 71-123; Walker, F. A., Christianity, the Service Ethic and Decembrist Thought, in: Hosking, G. A. (Hrsg.), Church, Nation and State in Russia and the Ukraine. London 1991, S. 79-95.

[89] Siehe: Ščipanov, I. Ja. (Hrsg.), Izbrannye social'no-političeskie i filosofičeskie proizvedenija dekabristov. T. 1-3. Moskva 1951, hier T. 1, S. 237, 239, 240-244, 260, 268 f.

[90] Lemberg, H., Die nationale Gedankenwelt der Dekabristen. Köln usw. 1963 (= Kölner Historische Abhandlungen, 7), S. 84.

[91] Ščipanov, (Hrsg. u. a.), Izbrannye social'no-političeskie i filosofičeskie proizvedenija dekabristov, T. 2, S. 73, 154 f. Siehe auch Pestel's „O prisjage otečestvu", in: Nečkina, M. V. (Hrsg. u. a.),Vosstanie dekabristov. Dokumenty. T. 7. Moskva 1958, S. 181 f.

[92] Pavlova, L. Ja., Dekabrist M. F. Orlov. Moskva 1964, S. 44. In diesen Schulen wurde nach der Lancastermethode unterrichtet, die Michail F. Orlov und Nikolaj I. Turgenev bei der Besichtigung einer solchen Schule in Paris kennen und als Möglichkeit, in kurzer Zeit vielen eine Erziehung in ihrem Sinne angedeihen zu lassen, schätzen gelernt hatten.

der Allgemeinbildung ihrer Untergebenen. Diese Initiative wurde im Zuge der Versuche, das Bildungswesen im Bereich des Militärs zu reformieren, zunächst durchaus begrüßt.[93]

Gewissermaßen spielte sich die Tätigkeit des Wohlfahrtsbundes unter den Augen der Obrigkeit ab. Für seine Ziele instrumentalisierte er gleichermaßen die Lancastermethode der „Gegenseitigen Erziehung" und die Bibelgesellschaft. Michail F. Orlov sprach dies im August 1819 in einer Rede vor dem Kiever Zweig der Russischen Bibelgesellschaft, in der es um eine Geldsammlung für Schulen ging, auch offen aus. Rußland habe zwei Waffen erhalten, um die wahre, die vaterländische Erziehung voranzutreiben: die Bibelgesellschaft und die Lancastermethode. Mit diesen Instrumenten müsse man auf eine genuin russische Erziehung hinarbeiten, um über den gebildeten Einzelnen langfristig eine Veränderung der Staatsform bewirken zu können.[94]

Als Alexander I. nach dem Aufstand im Semenovskij-Garderegiment (1820) aus Furcht vor einer revolutionären Erhebung und in der Angst, ihm könne womöglich das gleiche gewaltsame Ende drohen wie seinem Vater,[95] die Zuverlässigkeit des Militärs überprüfen ließ, wurde auch der Wohlfahrtsbund mit seinen Schulen verboten.[96] Dort war mit Tabellen gearbeitet worden, die das Alphabet anhand von Wörtern wie *svoboda* - Freiheit, *volja* - Wille bzw. Freiheit,[97] aber auch *mjatež* - Aufstand einüben sollten.[98]

Schon vor dem Dezember 1825 waren die adligen Mitglieder also der Möglichkeiten ihrer politischen Aktivität beraubt worden, so daß sie Zuflucht in der konspirativen Arbeit von Geheimgesellschaften und schließlich im Aufstand suchten - und scheiterten. Die Ziele der adligen Offiziere waren nicht vermittelbar gewesen. Wenn Geoffrey Hosking schreibt: „Nach dieser Niederlage verlor die aristokratische Vision einer bürgerlichen Gesellschaft ihre Attraktivität"[99], muß die Frage angefügt werden, für wen:

---

[93] RGIA, f. 736, op. 1, d. 12, l. 6; Sbornik postanovlenij, T. 1, S. 1230-1236, 1311. Die Mitglieder des Wohlfahrtsbundes betrieben die Schulen mit Materialien, die auch an den Schulen des „Doppelministeriums" und der „Gesellschaft zur Förderung der Schulen des Gegenseitigen Unterrichts" benutzt wurden, zumal es zahlreiche personelle Verbindungen gab.
[94] Orlovs Rede ist gedruckt in: SIRIO 88, S. 519-528.
[95] Sacharov, Aleksandr, S. 242 f.
[96] RGIA, f. 736, op. 1, d. 12, ll. 10-52. Zur Revision dieser Schulen durch Dmitrij P. Runič vgl. seinen Rapport: Ebenda, d. 10, ll.1-3.
[97] Während *svoboda* erst seit Peter I. Eingang stärker im Russischen genutzt und im Zusammenhang mit Steuerfreiheit, aber auch bürgerlicher Freiheit verwendet wurde, ist *volja* der ältere Begriff. Freiheit bedeutet hier Selbstbestimmung außerhalb staatlicher Zwänge; dieser Terminus war noch im Pugačev-Aufstand zur Beschreibung kosakischer Freiheiten gebraucht worden und sollte auch von der revolutionären Bewegung wieder aufgegriffen werden. Im Zuge der Übernahme altmoskauer Begriffe und Termini auch bei den Verfassungsentwürfen ist die Wahl von *volja* sicherlich eine sehr bewußte Entscheidung gewesen.
[98] Stein des Anstoßes war das Werk von N. V. Greč „Tablicy dlja vzaimnogo obučenija čteniju pi'smu i arifmetike" (RGIA, f. 736, op. 1, d. 12, l. 50ob. f.); Sbornik postanovlenij, T. 1, S. 1568; Nečkina, M. V., Dviženie dekabristov. T. 1. Moskva 1955, S. 266 f.
[99] Hosking, Rußland, S. 211.

Diejenigen, die auf die von den späteren Dekabristen initiierten Schulen gingen, werden die Absicht zur gesellschaftlichen Veränderung wohl kaum verstanden haben. Diejenigen, die diese Intention vielleicht nachvollziehen konnten, mußten sie als Ausgeburt adligen Denkens verstehen, in das sie als Nichtadlige nicht einbezogen wurden. In gewisser Weise zeigt sich bei allem nationalen Vokabular auch hier ein Riß durch die Gesellschaft des Zarenreiches, auf den schon an anderer Stelle hingewiesen wurde; die entstandene Kluft vertiefte sich nun, weil sie sich auch in der Schicht der Gebildeten auftat. Konnte Radiščev von Katharina noch als Einzelphänomen betrachtet werden, war dies im Falle der Dekabristen als adligem Offizierskollektiv, dessen Vertreter partiell aus den ersten Familien des Reiches stammten, nicht mehr möglich. Wenn auch die Erlebnisse der Befreiungskriege für viele Teilnehmer prägend waren, der Grund für diese Entwicklung war in der Bildungslandschaft bereitet worden, die in dieser wirkungsmächtigen Form unter Katharina entstanden und in den ersten zehn Jahren der Herrschaft Alexanders fortentwickelt worden war. Sie hatte offensichtlich einen Menschentyp geprägt, der Ausbildung nicht nur im Sinne des Staatsnutzens akzeptieren wollte, sondern Bildung mit einer dem Staat gegenüber kritischen Haltung verband, die zu einem Definitionsmerkmal der *intelligencija* werden sollte.

Religiöse Erweckungsbewegungen und die Politik des „Doppelministeriums"

In dem Maße, in dem Rußland in die Auseinandersetzung mit Napoleon und damit in westeuropäische Angelegenheiten verwickelt wurde, gelangten auch Konzepte ins Zarenreich, die gleichsam als Reflexe auf die rationalistische Aufklärung und ihre Apotheose in Revolution und Krieg interpretiert werden können - diejenigen der religiösen Erweckungsbewegungen. In Rußland wurden sie am Beginn des 19. Jahrhunderts von Aleksandr N. Golicyn,[100] einem Jugendfreund Alexanders I. vertreten. Als er, ein bekennender Atheist, 1803 gebeten wurde, die Position des Oberprokurors des Heiligen Synods und damit gleichzeitig die Leitung des „Kirchenministeriums" zu übernehmen, geschah dies in der Erwartung, Golicyn würde die Reform der Kirche vorantreiben. Im Ergebnis jedoch wurde er über die Beschäftigung mit der Materie und durch Bibellektüre zu einem glühenden Verfechter des Christentums,[101] freilich einem, der bei den orthodoxen Hierarchen auf Befremden stieß. Er bekannte sich zu einem christlichen Universalismus, der Dogmen einzelner Konfessionen beiseite ließ und sich allein auf die Texte der Heiligen Schrift stützte. Als Alexander I. unter dem Eindruck

---

[100] Zu seiner Person: [Goetze, P. v.], Fürst Alexander Nikolajewitsch Galitzin und seine Zeit. Aus den Erlebnissen des Geheimrats Peter von Goetze. Leipzig 1882; Mel'gunov, S. P., Dela i ljudi Aleksandrovskogo vremeni. Berlin 1923, S. 235-300; Sawatzky, W. W., Prince Alexander N. Golitsyn: Tsarist Minister of Piety. Ph. D. Diss. Univers. of Minnesota 1976.
[101] Siehe hierzu seine Gedanken zur „richtigen" Bibellektüre: RNB RO, f. 203, op. 1582, d. 1, ll. 1-21.

der Invasion Napoleons und dem Brand Moskaus (1812) erklärte, Gott habe in sein Herz gefunden,[102] wurde deutlich, daß auch der Zar zu diesem christlichen Universalismus und Mystizismus neigte. Die Gesellschaft folgte seinem Beispiel, so wie sie kurz zuvor begeistert in Šiškovs *Besedy ljubitelej russkogo slova* geeilt war. Diese christlichen Richtungen wurden Mode und ihr gedanklicher Gehalt immer unschärfer, sie gewannen jedoch Einfluß auf die Politik. Bekannt sind die Auswirkungen auf außenpolitische Konzeptionen im Kontext der Verhandlungen des Wiener Kongresses und der Heiligen Allianz.[103] Aber auch für die Bildungspolitik wurde diese Richtung, deren Mitglieder die Funktion von Wissenschaft und Bildung als „Dienerinnen des Glaubens" neu bestimmt sehen wollten, eine Zeitlang dominierend. Echtes christliches Engagement, Mystizismus und schließlich Obskurantismus flossen dabei ineinander. Golicyn selbst maß dem Lehrplan, wie er in den Schul- und Universitätsstatuten vorgesehen war, nicht viel Bedeutung bei; zur Reform des Universitätslehrplans schlug er lediglich vor, daß man samstags zusätzliche Theologieveranstaltungen verpflichtend für die Studenten anberaumen sollte.[104] Alexander Sturdza,[105] einer der geistigen Väter der Heiligen Allianz, sah sich hingegen mit dem Herrscher darin einig, daß der Geist der Allianz auch in der russischen Innen-, vor allem der Bildungspolitik, wirksam werden müsse. In seinem an die Adresse des Zaren gerichteten „Mémoire sur l'état actuel de l'Allemagne" aus dem Jahre 1818 sah er in dem liberalen Bildungssystem einen wesentlichen Grund für die Unruhen, die die Karlsbader Beschlüsse evozierten. Das Wartburg-Fest der burschenschaftlich organisierten Studenten war für ihn Ausweis der Gefährlichkeit des deutschen Universitätsmodells protestantischer Prägung, und deshalb sah er aufgrund der weitgehenden Übernahme dieses Vorbildes dringenden Handlungsbedarf auch in den Universitäten des Zarenreiches.

Erklärter Arbeitsschwerpunkt des „Doppelministeriums" sollte daher die Rückführung der säkularisierten Weltsicht, die die Aufklärung insbesondere den Universitäten des Landes beschert hatte, auf die Fundamente des nun propagierten christlichen Universalismus sein. Daß dieses Ziel nicht unumstritten war, wußten auch A. N. Golicyn und seine Anhänger, insbesondere L. M. Magnickij (1778-1853)[106] und D. P. Runič (1778-1860).[107] Als problematisch erwies sich aber vor allem, daß sie kein

---

[102] Alešincev, Istorija, S. 60, Wortmann, Scenarios of Power, Vol. 1, S. 221-231.
[103] Siehe hierzu: Orlik, O. V., Rossija v meždunarodnych otnošenijach, 1815-1829. Ot venskogo kongressa do Adrianopol'skogo mira. Moskva 1998, S. 11-22.
[104] RGIA, f. 732, op. 1, d. 18, l. 175.
[105] Sturdza, eigentlich griechischer Herkunft, trat 1809 in die Dienste des russischen Außenministeriums. Zu seiner Person und seinen Vorstellungen jüngst: Martin, A., A. S. Sturdza i "Svjaščennyj sojuz" (1815-1823 gg.), in: VI (1994), 11, S. 145-151; Arš, G. L., Ioann Kapodistrija v Rossii, 1809-1822. SPb. 2003, insbesondere S. 144-146, 199 f., 203-206.
[106] Zu seiner Person: Sawatzky, Golitsyn, S. 268-273.
[107] Zu seiner Person: Korsakova, V., Runič, Dmitrij Pavlovič, in: RBS 17, SPb. o. J., S. 592-601.

4.1.2. Bildungsdiskurs und die Auseinanderentwicklung der Gesellschaft 329

Konzept für die jeweils unterschiedlich verfaßten und sich entwickelnden Universitäten besaßen. Daß jedoch erhebliche Defizite im Bereich der Volksbildung bestanden, war allerdings Opinio communis. So wurde der Ausbau der *prichodskie učilišča* als Ziel propagiert,[108] und die Forderungen aus der lokalen Gesellschaft, an den Kreisschulen Vorbereitungsklassen einzuführen, unterstützt.[109] Darüber hinaus verfolgte Golicyn den Ansatz, Alphabetisierung mit der Verbreitung des christlichen Glaubens zu kombinieren; er war der festen Überzeugung, diesem Ansatz würden die verschiedenen Gruppierungen innerhalb der gesellschaftlichen Elite folgen können. Nach 1812 wurde dieses Konzept von zwei Bewegungen verfolgt, die in den Augen des Doppelministers das eine mit dem anderen zu kombinieren vermochten: 1812 war in Sankt Petersburg der russische Zweig der Bibelgesellschaft gegründet worden. Diese Gruppierung hatte sich die Vertiefung des Christentums durch verstärkte Bibellektüre für die Massen zum Ziel gesetzt und operierte mit Ablegern in ganz Europa und Nordamerika. Die Inaugurationssitzung der russischen Gesellschaft wurde zu einem gesellschaftlichen Ereignis, an dem neben dem Minister Razumovskij, Sergej Uvarov und dem Oberprokuror Golicyn führende Repräsentanten der hauptstädtischen Elite teilnahmen. Alexander I. ließ seinem Wohlwollen diesem Unternehmen gegenüber durch einen offenen Brief an Golicyn beredt Ausdruck verleihen.[110] Billige, teils kostenlose Bibelausgaben sollten in der Bevölkerung verteilt werden, damit das Christentum am Urtext jenseits aller konfessionellen Dogmen studiert werden könne.[111] Die Bibelgesellschaft in Sankt Petersburg war Ausgangspunkt für zahlreiche Gründungen in der Provinz. Es schien, als ließe es sich kein Gouverneur nehmen, an die Spitze des lokalen Zweiges gewählt zu werden,[112] wobei sich sicher festhalten läßt, daß das christliche Engagement nachließ, je stärker die Bibelgesellschaften in Mode kamen. Dennoch gelang es ihnen mit Hilfe von Spenden, mehrere hunderttausend Bibeln in etwa 25 Sprachen, die im Imperium gesprochen wurden, zu drucken und in der Bevölkerung zu verteilen,[113] wobei über das Ausmaß des

---

[108] RGIA, f. 1286, op. 2, d. 210, ll. 1-3 Golicyn bat das Innenministerium ausdrücklich darum, ihn in seiner Arbeit zu unterstützen und entsprechenden Druck auf die Lokalverwaltungen auszuüben.
[109] RGIA, f. 733, op. 40, d. 84, ll. 1, 3ob.
[110] Die Gründungsversammlung samt Reden, dem Brief Alexanders und dem Teilnehmerverzeichnis ist publiziert in der Festbroschüre: O biblejskich obščestvach, i učreždenii takovago že v Sanktpeterburge. SPb. 1813.
[111] Daß dies einen - zunächst erfolglosen - Proteststurm der orthodoxen Bischöfe gegen die Bibelgesellschaften und damit gegen ihren eigenen Oberprokuror auslöste, untersuchte: Zacek, J. C., The Russian Bible Society and the Russian Orthodox Church, in: Church History 35 (1966), S. 411-437.
[112] Siehe die Beschreibung einer solchen Gründungszeremonie in Orenburg in: RGIA, f. 733, op. 40, d. 38, ll.1-3.
[113] Hierzu die Briefwechsel zwischen D. P. Runič und V. M. Popov über die Versendung von Bibeln und Lesebüchern mit Heiligengeschichten in: RNO RO, f. 656, op. 1, d. 38, ll. 27-86.

damit verbundenen Alphabetisierungsschubs nur gemutmaßt werden kann.[114]

Das zweite Instrument zur Förderung der „vaterländischen Erziehung", von der Michail F. Orlov 1819 gesprochen hatte, war ein pädagogischer Trend, der seinen Ursprung in England hatte und ebenfalls christliches Gedankengut verbreiten wollte - die sogenannte Lancastermethode oder auch „Methode des gegenseitigen Unterrichts". Wer erstmals auf diese Unterrichtsform aufmerksam wurde, ist umstritten. A. N. Pypin war der Meinung, Alexander I. sei es selbst gewesen, als er den Quäker William Allen kennenlernte;[115] demgegenüber vertrat Judith Cohen Zacek die Auffassung, der russische Botschafter (und spätere Minister für Volksaufklärung) Graf Karl Lieven habe Allen im Jahre 1815 um eine Skizze gebeten, in der die Lancastermethode dargestellt wurde:[116] Zurückgehend auf den Anglikaner Andrew Bell oder den (namengebenden) Quäker Joseph Lancaster sollte mit einem Minimum an Einsatz von Lehrkräften eine möglichst große Anzahl von Schülern unterrichtet werden. Dazu hatten ältere Schüler die jüngeren nicht nur zu beaufsichtigen, sondern auch zu unterrichten. Außer der Aufrechterhaltung der Disziplin wurde auch die Lernkontrolle den älteren Schülern übertragen. Damit dieses Unterfangen gelingen konnte, wurde der Lehrplan, der nicht mehr als religiöse Unterweisung, Lesen, Schreiben und Rechnen enthielt, mit Hilfe von Tabellen visualisiert; die fortgeschrittenen Schüler konnten anhand der Tabellen den Lernerfolg durch Abfragen überprüfen. Während aber diese älteren Schüler ihrerseits vom (einzigen) Lehrer der Schule weiter ausgebildet wurden, sollten die jüngeren Schüler sich gegenseitig abfragen und sich damit gleichsam selbst unterrichten.[117] Selbstverständlich war, daß Lesen und Schreiben anhand religiöser Texte erlernt wurde, woraus sich Berührungspunkte zur Bibelgesellschaft ergaben.[118] Sowohl der neue Minister Golicyn als auch Sergej Uvarov interessierten sich für diese Methode. Wollte Golicyn die Bibelgesellschaft zur privaten Gründung von Schulen nach der Lancastermethode veranlassen, erwog Uvarov, den Unterricht an den Kirchspielschulen auf diese Methode umzustellen, um eine größere Zahl von Schülern unterrichten zu können. Zu

---

[114] Eine überaus positive Einschätzung gibt: Batalden, S. K., Printing the Bible in the Reign of Alexander I. Toward a Reinterpretation of the Imperial Russian Bible Society, in: Hosking, G. A. (Hrsg.), Church, Nation and State in Russia and the Ukraine. London 1991, S. 65-78.
[115] [A. P., d. i. A. N. Pypin], Imperator Aleksandr I i kvakery, in: VE (1869), 10, S. 751-769, hier S. 753-768.
[116] Zacek, J. C., The Lancaster School Movement in Russia, in: SEER 45 (1967), S. 343-367, hier S. 345-347; siehe auch: Hollingsworth, B., Lancastrian Schools in Russia, in: Durham Research Review 5 (1966), S. 59-74, hier S. 59-64.
[117] Diese Methode wurde beschrieben von dem Professor des Pädagogischen Instituts, N. V. Greč, der Lancasterschulen in Paris besucht hatte und vor allem hervorhob, daß es bei dieser Methode für die Schüler keinerlei Leerlauf im Unterricht gäbe.
[118] Diese Überschneidungen werden angedeutet in: Ovčinnikov, V. G., Britanskoe i inostrannoe biblejskoe obščestvo v Rossii in: Namazova, A. S. (Hrsg. u.a), Rossija i Evropa. Diplomatija i kul'tura. Moskva 1995, S. 183-197.

4.1.2. Bildungsdiskurs und die Auseinanderentwicklung der Gesellschaft 331

diesem Zweck entsandte er eigens vier Studenten des Pädagogischen Instituts,[119] die sich in England, Deutschland und der Schweiz in verschiedenen Schulen, an denen diese Methode angewandt wurde, kundig machen sollten, um am Pädagogischen Institut als Multiplikatoren fungieren zu können. Die Studenten kehrten jedoch ernüchtert zurück und warnten unter dem Eindruck einer Begegnung mit Pestalozzi vor der Starrheit der Unterrichtsmethode.[120]

Diese Einwände hielten die federführenden russischen Bildungspolitiker jedoch nicht davon ab, ihre Pläne zur Umsetzung dieser Konzeptionen weiter zu verfolgen. Uvarov bemerkte immerhin einschränkend, daß die nationalen Eigenheiten Rußlands berücksichtigt werden müßten,[121] womit er darauf anspielte, daß er die von Mitgliedern der Bibelgesellschaft erstellten überkonfessionellen Unterrichtsmaterialien für nicht einsetzbar hielt. „Doppelminister" Golicyn hingegen sah sich in der Einführung der Lancastermethode durch einen Brief Alexander Sturdzas vom Mai 1819 ermutigt, in dem diese Form christlicher Elementarbildung als Königsweg für die Alphabetisierung der Volksmassen bezeichnet wurde.[122] Er setzte ein Komitee ein, dessen Mitglieder D. P. Runič, M. L. Magnickij, beide prominente Mitglieder der Petersburger Bibelgesellschaft, Sergej Uvarov sowie I. I. Martynov[123] aufgefordert wurden, darüber nachzudenken, ob eigens neue Schulen für die Lancastermethode gegründet werden sollten, oder aber diese Methode des „gegenseitigen Unterrichts" in den Kirchspielschulen angewendet werden könne.[124] Uvarov versagte dem Komitee, nachdem „seine" 2. Abteilung des Pädagogischen Instituts nicht das Monopol zur Lehrerausbildung erhalten sollte, schon bald die Mitarbeit.[125]

In den folgenden Jahren widmete sich dieses Komitee den Anfragen von Privatpersonen wie dem Grafen Rumjancev,[126] der auf seinen weißrussischen Gütern Lancasterschulen für seine Bauernkinder einrichten wollte, oder Vorschlägen wie z. B. von seiten des Grafen Kapodistrias. Dieser regte die Einrichtung von solchen Schulen in Bessarabien an, um über den Russischunterricht eine Integration dieses Gebietes in das Zaren-

---

[119] ARAN PF, f. 1, op. 1a, d. 24, l. 32.
[120] RGIA, f. 736, op. 1, d. 70, l. 13ob, 15.
[121] Sbornik postanovlenij, T. 1, S. 889, 1018-1020, 1185-1186. Dieser Widerstand war nicht zu verwechseln mit dem der orthodoxen Kirche, wie ihn der Archimandrit des Jur'ev-Klosters bei Novgorod, Fotij, artikulierte; siehe Thaden, E. C., Conservative Nationalism in Nineteenth-Century Russia. Seattle 1964, S. 18; Sawatzky, Golitsyn, S. 502-509.
[122] RGIA, f. 736, op. 1, d. 10, l. 8. Sein Engagement zeigte, daß sich Sturdza bei aller Gegnerschaft zum Pietismus als flexibel erwies, wenn es um ein geeignetes Mittel der Verbreitung des Christentums ging. Hier im Gegensatz zu Sawatzky, Golitsyn, S. 258-263; Whittaker, Origins, S. 73.
[123] Zu seiner Person: siehe [Martynov, I. I.], Zapiski I. I. Martynova, in: Zarja 3 (1871), 6, S. 73-110; Kolbasin, E., I. I. Martynov, perevodčik grečeskich klassikov, in: Sovremennik 56 (1856), 3, S. 1-46, 4, S. 75-126.
[124] Sbornik postanovlenij, T. 1, S. 1273 f., 1286; RGIA, f. 736, op. 1, d. 18, ll. 1-16.
[125] RGIA, f. 736, op. 1, d. 5, ll. 1-9, ebenda, d. 70, l. 10ob.
[126] Ebenda, l. 16ob.

reich voranzutreiben.[127] Außerdem beschäftigte sich das Komitee mit der Erstellung der notwendigen Tabellen und einfachen Lehrbücher. Besonders stark war die Nachfrage nach diesen Unterrichtsmaterialien aus dem Bereich des Militärs.[128] Sowohl in Weißrußland als auch in Regimentern, die in Sankt Petersburg lagen, wurden die Garnisonsschulen auf den „gegenseitigen Unterricht" umgestellt bzw. neu eingerichtet.[129] Auch das Schulwesen der deutschen Kolonisten an der Wolga sollte dieser Methode angepaßt werden.[130] Doch erwies sich die schnelle Reform aller Kirchspielschulen, gar der Kreisschulen, wie sie Michail Magnickij wünschte, als undurchführbar. Im Pädagogischen Institut, das eigentlich 200 Lehrer pro Jahr nach dieser Methode ausbilden sollte,[131] begann die Unterweisung nur sehr zögerlich.[132] In dem Maße, in dem die russische Bibelgesellschaft ihren Zenit überschritt und in dem in der Schulpraxis die Grenzen dieser Methode sichtbar wurden,[133] verlor das Komitee an Bedeutung, bis es schließlich 1831 seine Arbeit einstellte.[134] Damit war eine Methode desavouiert worden, die eigentlich losgelöst von ihren Inhalten den Zweck, viele Kinder elementar zu unterrichten, hätte erfüllen können. Weder der christliche Universalismus noch die Propagierung aufklärerisch-freiheitlicher Gedanken von seiten einiger Offiziere fanden nach 1822 die Billigung Alexanders. So ist es nicht ohne Ironie, daß ein Konzept, das inhaltlich weit schlichter gedacht war als die Vermittlung von elaborierten Fachinhalten, schon in den Kreisschulen letztlich als ebenso gefährlich, wenn nicht noch gefährlicher beurteilt wurde.

Die Auseinandersetzung um die Universitäten in Kazan´, Sankt Petersburg und Wilna

In sehr viel stärkerem Maße als beim Schulwesen griff die „Gegenreform" in den Universitätsbereich ein. Funktionierende Bildungsinstitutionen wurden an den Rand des Zusammenbruchs getrieben. Weniger Golicyn selbst als seine Mitstreiter im Komitee, Magnickij und Runič,[135] meinten, die rechte, die christliche Erziehung der Studenten werde an der Universität untergraben und revolutionären Tendenzen, insbesondere

---

[127] In der Tat wurden Lancasterschulen in Ismail, Bendery und Kišinev gegründet (Sbornik postanovlenij, T. 1, S. 1727-1729).
[128] RGIA, f. 733, op. 1, d. 12, l. 5, 50; Sbornik razporjaženij, T. 1, S. 435 f. Innerhalb des Generalstabs wurde erwogen, Schulen nach dieser Methode in den sogenannten Militärkolonien zu gründen. Zu diesen Institutionen noch immer wertvoll: Pipes, R. E., The Russian Military Colonies, in: JMH 22 (1950), S. 205-219.
[129] RGIA, f. 736, op. 1, d. 70, l. 71; ebenda, d. 71, ll. 30-32.
[130] Ebenda, d. 70, ll. 72 f.
[131] Sbornik razporjaženij, T. 1, S. 419-429.
[132] RGIA, f. 736, op. 1, d. 70, ll. 36-56.
[133] Ebenda, d. 71, ll. 32-41.
[134] Ebenda, d. 72, ll. 2-14.
[135] Siehe deren Charakterisierung in diesem Zusammenhang von: Vigel´, Zapiski, S. 118 f., 448.

4.1.2. Bildungsdiskurs und die Auseinanderentwicklung der Gesellschaft   333

durch philosophisches Gedankengut, Vorschub geleistet. In übertragenem Sinne schickten sich Runič und Magnickij an, die Prinzipien der Heiligen Allianz auch auf der universitären Ebene einzuführen.

So geriet ein Streit innerhalb der Professorenschaft der Char'kover Universität (1815/16) um Posten und Einfluß zu einer Auseinandersetzung über die Thesen, die der dortige Philosophieprofessor Schad verfocht. Dabei stellten sich das Ministerium und der neue Kurator Z. Ja. Karneev[136] auf die Seite derjenigen, die mittels diskursleitender Vokabeln wie „wahres Christentum" und „Aufrechterhaltung der Ordnung" die in Char'kov besonders zahlreich vertretenen ausländischen Professoren attackierten.[137] Die Konsequenz war der Verlust gut der Hälfte der Professorenschaft und eine schwerwiegende Störung des Studienbetriebes sowie - von eminenter Bedeutung für die Weiterentwicklung des Schulwesens als Schnittstelle der Funktionseliten des Zarenreiches - eine nachhaltige Störung der Schulgründungen und der Schulaufsicht.[138]

Noch umfassender waren die Auswirkungen in Kazan', weil dort nicht die Fakultäten selbst diese Kämpfe ausfochten, sondern das Ministerium entgegen der Bestimmungen des Statutes von 1804 direkt in die inneren Angelegenheiten der Universität eingriff. Studentische Krawalle in Kazan' (1815/16), denen die Universität trotz der im Statut von 1804 vorgesehenen disziplinarischen Maßnahmen nicht Herr werden konnte,[139] nahm das Komitee beim Ministerium zum Anlaß, Michail Magnickij nach Kazan' zu entsenden, um den Zustand der Universität zu überprüfen. Sicherlich war es für die Universität Kazan', wie James T. Flynn in Auswertung der vorrevolutionären Darstellung von Zagoskin[140] geschildert hat, besonders schwierig, qualifiziertes Lehrpersonal und interessierte Studenten zu gewinnen.[141] Doch war der Zustand der Lehre - insbesondere die Philosophie wurde wiederum als zersetzendes Element genannt - keinesfalls so beschaffen, daß der Vorschlag Magnickijs, die Universität zu schließen, gerechtfertigt gewesen wäre. Diese Auffassung vertrat auch Alexander, der bei Vorlage des Rapports von Magnickij (1819)[142] kommentierte, warum solle man etwas schließen, was man doch verbessern könne.[143] Magnickij wurde trotzdem zum Kurator des Lehrbezirks Kazan' ernannt und nahm - im Gegensatz zu seinen Vorgängern - die Amts-

---

[136] RGIA, f. 733, op. 49, d. 209, ll. 2-9. Karneev, Kurator von 1817 bis 1822, war ein prominentes Mitglied der Bibelgesellschaft und stand in engem Kontakt zu Magnickij und Runič.
[137] Bagalej, Opyt, T. 2, S. 39-41, 77-86, 105-113.
[138] Koyré, A., La philosophie et le problème national en Russie au début du XIXe siècle. Paris 1929 (Reprint 1974), S. 72-86; Petrov, Rossijskie universitety, Kn. 2, Č. 3, S. 147-152. Vgl. auch Kap. 4.2.1.
[139] Bulič, Iz pervych let, T. 1, S. 472-483.
[140] Zagoskin, Istorija, T. 4, S. 219-277.
[141] Zum Folgenden: Feoktistov, E., Materialy dlja istorii prosveščenija v Rossii. I. Magnickij. SPb. 1865; Flynn, J. T., Magnitskii's Purge of Kazan University: A Case Study of Official Nationality, in: JMH 43 (1971), S. 598-614, Petrov, Rossijskie universitety, Kn. 2, Č. 3, S. 91-108.
[142] RGIA, f. 733, op. 39, d. 259, ll. 113-201.
[143] Goetze, Galitzin, S. 80 f.

geschäfte vor Ort auch wahr. Im Ergebnis wurde das Philosophiestudium ausgesetzt, während gleichzeitig die Veranstaltungen des örtlichen Zweiges der Bibelgesellschaft für verbindlich erklärt wurden. In der eigenmächtigen Veränderung des Lehrplans und der Entlassung von Professoren[144] sahen viele Zeitgenossen wie Sergej Uvarov und Aleksandr Puškin einen regelrechten „Pogrom" gegen Wissenschaft und Bildung.[145] In der Tat fand ein Revisor nach den Maßnahmen Magnickijs im Jahre 1823 einen darniederliegenden Studienbetrieb vor. Magnickij präsentierte Alexander I. jedoch eine „Denkschrift über die Volksaufklärung",[146] in der er den Zaren warnte, das gesamte Bildungssystem von der Kirchspielschule bis zu den Universitäten sei in höchster Gefahr, wenn nicht die Religion auf allen Ebenen zur Grundlage der Ausbildung erklärt und das Bildungsziel auf religiöse Inhalte ausgerichtet werde. Zugleich forderte er eine Verschärfung der Zensur, deren laxe Handhabung es erlaube, daß Professoren und Gymnasiallehrer schreiben und drucken könnten, was immer sie wollten und, schlimmer noch, Schüler und Studenten ausländisches, säkularisiertes Gedankengut lesen könnten. Die Erziehung müsse auf die Prinzipien von „*pravoslavie*" und „*samoderžavie*", Rechtgläubigkeit und Selbstherrschaft, gestellt werden, da nur so den gegen Gott und den Zaren gerichteten ausländischen Bildungstendenzen Einhalt geboten werden könne. Der christliche Universalismus wurde von Magnickij, der sich von den Intentionen seines Ministers und der Bibelgesellschaft zusehends entfernte, zu einem nationalen Ideologem umgewandelt, dessen Versatzstücke im nikolaitischen Rußland wieder aufgegriffen werden sollten.[147] So nimmt es nicht wunder, daß Magnickij seinen Patron Golicyn mit Hilfe des Archimandriten Fotij, der die kirchliche Opposition gegen die Grundüberzeugungen des Doppelministers (und des Zaren) anführte, zu stürzen suchte.

Die Vorschläge Magnickijs aus dem Jahre 1819 zur Auflösung der Universität Kazan' erreichten die Hauptstadt in eben jenem Monat, in dem die Universität Sankt Petersburg mit der Einführung der ersten Fakultätsmitglieder ihre Arbeit aufzunehmen begann. Kurator Uvarov hatte ein Statut vorgelegt, das sich einerseits an die Statuten von 1803/04 anlehnte, andererseits die Erfahrungen der zurückliegenden anderthalb Jahrzehnte einzubeziehen suchte. Um Golicyn überhaupt zur Umwandlung des Pädagogischen Instituts in eine Volluniversität bewegen zu können, sah Uvarov etwa den

---

[144] RGIA, f. 733, op. 39, d. 364, ll. 3-18.
[145] Akul'šin, P. V., Magnickij, Michail Leont'evič, in: Otečestvennaja istorija, T. 3, S. 430 f., hier S. 430.
[146] Seine Denkschrift in: RGIA, f. 733, op. 1., d. 339, ll. 13-17ob. So auch in einem Schreiben an Golicyn: ebenda, op. 40, d. 84, l. 1.
[147] James T. Flynn hatte noch 1971 behauptet, hier sei bereits eine Ideologie präsentiert worden, die mit der Uvarovschen Trinität identisch sei (Flynn, Magnitzkii's Purge, S. 614; siehe auch: Koyré, La philosophie, S. 93-95, 99 f.). Zu Recht hat er diese Interpretation in seiner Monographie nicht aufrechterhalten, da sich die Ideologie Uvarovs auf einem breiteren theoretischen Fundament bewegte (hierzu instruktiv und zusammenfassend: Whittaker, C. H., The Ideology of Sergei Uvarov: An Interpretive Essay, in: RR 37 (1978), S. 158-176).

Posten eines Direktors und die Verstärkung der Position der Inspektoren vor, um den Fakultätsmitgliedern den ökonomischen wie disziplinarrechtlichen Bereich der Universität zu entziehen.[148] Abgesehen von dieser Änderung hielt er jedoch an dem bewährten Modell fest. Magnickij warnte nun vor dem Hintergrund seiner Kazaner Erfahrungen davor, den Fehler zu wiederholen, den Geist protestantischer Reformuniversitäten zu übernehmen, den auch Sturdza als Hauptbedrohung für das russische Bildungssystem ansah. Dies provozierte bei Uvarov während einer Sitzung des Schulkomitees heftige Attacken gegen Magnickij, der sich wiederum der Rückendeckung seines Ministers sicher war.[149]

Durch die Kritik an den frisch berufenen Professoren M. A. Balugjanskij[150] und A. P. Kunicyn[151] ließen sich die Uvarovschen Vorschläge hintertreiben. Während Balugjanskij wegen seiner von Rationalität durchdrungenen Philosophie angefeindet wurde und damit die gleiche Angriffsfläche bot wie seine Kollegen in Char'kov und Kazan', war A. P. Kunicyn durch sein Buch „Naturrecht" aus dem Jahre 1818[152] in die Kritik geraten. In diesem Buch hatte Kunicyn unter anderem die Verpflichtung von Staat und Bürgern, gleichermaßen für das Gedeihen und die Wohlfahrt des Gemeinwesens zu sorgen, und auch das Recht der Bürger, diesen vertraglichen Zusammenhang bei Nichteinhaltung zu kündigen, formuliert. Magnickij und Runič sahen dieses Werk als staatsgefährdend an, vor allem aber wiesen sie Uvarov die Verantwortung für die Publikation zu, da er als Kurator auch Leiter der Zensurbehörde seines Lehrbezirks war. Golicyn verbot das Buch und forderte von Uvarov, die Professoren zu entlassen. Uvarov lehnte dies ab. Zwar wurde er von einigen Professoren der neuen Universität und Akademiemitgliedern wie Nikolaus Fuss unterstützt, doch blieb seine Weigerung vergeblich: Die Angegriffenen mußten 1821 ebenso wie Uvarov selbst ihre Posten räumen.[153]

Nachfolger Uvarovs als Kurator wurde Dmitrij Runič, der weiteren Professoren Verrat an den christlichen Grundlagen der Autokratie vorwarf. Aus den Protokollen, die S. V. Roždestvenskij zum hundertjährigen Jubiläum der Universität Sankt Petersburg

---

[148] Uvarovs Pläne werden diskutiert in: Steinger, C., Government Policy and the University of St. Petersburg, 1819-1849. Ph.D. Diss. Ohio State Univ. 1971, S. 48-58.
[149] Diese Auseinandersetzungen sind minutiös geschildert bei: Suchomlinov, Issledovanija, T. 1, S. 247-287.
[150] Zu seiner Person mit detaillierten Ausführungen zu seiner Philosophie: Kosačevskaja, E. M., M. A. Balugjanskij i Peterburgskij universitet pervoj četverti XIX veka. Leningrad 1971. Zur Rezeption der deutschen Philosophie in dieser Zeit knapp: Masaryk, T. G., Russische Geistes- und Religionsgeschichte. Bd. 1-2. Frankfurt a. M. 1992, hier Bd. 2, S. 180 f.
[151] Zu seiner Person: Hollingsworth, B., A. P. Kunitsyn and the Social Movement in Russia under Alexander I., in: SEER 43 (1964), S. 115-129.
[152] Abgedruckt in: Ščipanov, I. Ja. (Hrsg.), Russkie prosvetiteli (ot Radiščeva do dekabristov). T. 1-2. Moskva 1966, hier T. 1, S. 204-362, die angesprochenen Ausführungen: S. 231-242.
[153] Grigor'ev, Imperatorskij Sankt-Peterburgskij universitet, S. 35 f.; Suchomlinov, Issledovanija, T. 1, S. 301-328.

publizierte,[154] geht hervor, wie bizarr und schwer nachvollziehbar die Vorwürfe für die Angeschuldigten selbst waren. Runič schlug 1822/23 weitere Entlassungen vor,[155] denen einige Professoren durch Bitte um vorzeitige Pensionierung oder den Wechsel auf Posten in anderen Ministerien zuvorkamen. Diese „Säuberung" der Professorenschaft[156] wurde mit dem Sturz Golicyns, Runičs und Magnickijs beendet, wiewohl Runič weiterhin für die von ihm vorgeschlagenen Entlassungen kämpfte.[157] 1827 erklärte Nikolaus I. die Angelegenheit schlichtweg für erledigt.[158] Die Konsequenzen, die Runič' Tätigkeit als Kurator zeitigten, waren für die Universität jedoch verheerend. Neben dem Verlust an qualifizierten Professoren und dem Schaden für das Image, der bei der fortbestehenden Notwendigkeit, qualifizierte Kräfte aus dem Ausland anzuwerben, nicht zu unterschätzen war, erfolgte ein Einbruch bei den Studentenzahlen. Vor allem aber waren diese Jahre eine Zeit, in der die Schulen des Lehrbezirks sich selbst überlassen blieben und aufgrund der Machtkämpfe unter dem Deckmantel weltanschaulicher Grundsatzdebatten keine Ansprechpartner in der Universität, bei den Kuratoren und im Ministerium hatten.

Wenn in Kazan' und Sankt Petersburg die Stagnation des gesamten Lehrbetriebes aufgrund von Eingriffen aus dem Ministerium und seinem Umfeld erfolgt war, lag die Verantwortung für eine ähnliche Entwicklung in Wilna bei der Universität selbst und hing zudem mit der polnischen Opposition gegen die zarische Herrschaft im Teilungsgebiet zusammen. Für das nach 1815 entstandene sogenannte Kongreßpolen wie für die Westgubernien galt, daß der Diskurs über Bildung und ihre Ziele am Ministerium und der russischen Öffentlichkeit vorbei geführt wurde. Waren die Auseinandersetzungen zwischen Uvarov, den späteren Dekabristen und schließlich den Anhängern der Bibelgesellschaft seit 1812 letztlich auch Fragen über die unterschiedlichen Wege zur Formierung eines russischen Nationalbewußtseins, die alle Bildungskonzepte essentiell berührten, stand der Diskurs über Bildung unter den polnischen Intellektuellen im Lehrbezirk Wilna bereits seit 1803 unter dem Vorzeichen der nationalen Befreiung, dessen Intensi-

---

[154] Roždestvenskij (Hrsg. u. a.), S.-Peterburgskie universitet, S. 170-215.
[155] Sbornik razporjaženij, T. 1, S. 504-512.
[156] In der Rückschau sprach das spätere Akademiemitglied Nikitenko von einem „Pogrom" (Solov'ev, I. M. (Hrsg.), Russkie universitety v ich ustavach i vospominanijach sovremennikov. T. 1: Universitety do epochi šestidesjati godov. SPb. 1914, S. 102-104).
[157] Noch 1852 legte Runič in einer Rechtfertigungsschrift erbittert dar, daß er - in Kenntnis der Ereignisse von 1848 in West- und Mitteleuropa - zu Recht an der Petersburger Universität mit Härte vorgegangen sei. Die „Ursünden der Verwestlichung" seien im Bildungssektor bereits während der Herrschaft Katharinas begangen worden und hätten verhindert, daß das russische Volk seinen eigenen Weg zur Bildung gefunden hätte. Siehe seine Schrift ohne Titel in: RNB RO, f. 656, op. 1, d. 6, ll.1-46.
[158] Dies wurde neben aller Panegyrik sogar in der offiziellen Festansprache zum 25-jährigen Jubiläum der Universität erwähnt: [Pletnev, P. A.,] Pervoe dvadcatipjatiletie S. Peterburgskogo universiteta. Istoričeskaja zapiska, čitannnaja rektorom universiteta, Petrom Pletnevem na publičnom toržestvennom akte 8 fevralja. SPb. 1844, S. 5-7.

4.1.2. Bildungsdiskurs und die Auseinanderentwicklung der Gesellschaft

tät durch die Auseinandersetzung mit dem politischen Gegner noch verstärkt wurde. Adam Czartoryski und der einflußreiche Rektor der ersten Jahre (1807-15), Jan Śniadecki, rekrutierten mit der Protektion Alexanders eine Professorenschaft, die perspektivisch diesem Ziel verpflichtet war, jedoch nicht in offene Opposition zum Zaren trat.[159] Tadeusz Czacki, Schulinspektor (bis 1813) und Mitarbeiter der Edukationskommission des untergegangenen polnischen Staates, sah sich in der Situation, daß er die Aufsicht über Schulen führte, die das katharinäische Schulwesen bewußt zur Zurückdrängung des Einflusses der polnischen oder polonisierten Oberschicht eingerichtet hatte.

Diese Konflikte wurden im Diskurs zwischen Wilna und Sankt Petersburg immer dann virulent, wenn es um die Frage ging, ob an allen Institutionen des Lehrbezirks die Zugangsmöglichkeit für die ostslavische Bevölkerung[160] bzw. an den höheren Bildungseinrichtungen schlichtweg der Russischunterricht eingeschränkt werden sollte.[161] Solange sich Czartoryski intensiv um die Belange des Lehrbezirks und der Universität kümmerte – dies war bis etwa 1809 der Fall –, kam es nicht zu größeren Auseinandersetzungen. Der Minister für Volksaufklärung, Zavadovskij, unterstützte Czartoryski und Czacki nolens volens in dem Bemühen, den Einfluß der in den Westgubernien operierenden Mönchsorden der Piaristen und vor allem der Jesuiten auf ein Minimum zu beschränken,[162] wobei am häufigsten Konflikte durch die Forderungen der Jesuiten entstanden, das Kapital der Edukationskommission zurückerstattet zu bekommen.[163] Strittig blieb auch die Frage nach der Stellung des bislang unter Aufsicht der Jesuiten stehenden Kollegiums von Polock. Czacki beabsichtigte, an dessen Stelle ein Lyzeum für den Adel zu schaffen, und begründete dies mit dem Hinweis auf die Moskauer Adelspension und das auf Privatinitiative hin gegründete Gymnasium für höhere Wissenschaften in Jaroslavl'. Weil es nicht gelang, den Jesuiten die Kontrolle über das Kollegium von Polock zu entziehen, wurde gleichsam als Gegengründung in Kremenec ein Lyzeum für den Adel aus der Taufe gehoben,[164] welches schon bald Universitätsrang beanspruchen sollte,[165] das zugleich aber von den russischen Mitgliedern des Komitees beim Minister als Vorposten einer Polonisierung beargwöhnt wurde. Die Zeiten, in denen sich die wesentlichen Prinzipien der Edukationskommission im Lehrbezirk Wilna entfalten konnten, schienen um 1810 vorbei zu sein. Hatten die Jesuiten gegenüber dem

---

[159] Beleckij, A. V., Kratkij istoričeskij obzor dejatel'nosti upravlenija vilenskogo učebnogo okruga s 1803 po 1869 g. Vil'na 1903, S. 484 f.
[160] RGIA, f. 733, op. 86, d. 226, ll. 5-17ob.
[161] Sbornik materialov, T. 3, S. 9-12.
[162] Ebenda, S. 442-445.
[163] Sbornik postanovlenij, T. 1, S. 520-524. Dabei gingen Czartoryski und Czacki überaus pragmatisch vor, wenn es darum ging, jesuitische Gelehrte an den säkularen Bildungseinrichtungen einzusetzen.
[164] Sbornik materialov, T. 3, S. 12-34.
[165] Ebenda, S. 326-328, 359-361.

Oberprokuror Golicyn noch vergeblich darauf hingewiesen, daß weder die Orthodoxie noch die Autokratie bedroht seien,[166] erfreuten sie sich unter Minister Razumovskij großer Wertschätzung.[167] Forderungen aus dem Lehrbezirk Wilna, die Jesuiten des Landes zu verweisen, widersetzte er sich nicht nur, er gab ihnen auch die Aufsicht über ehemals von ihnen administrierte Schulen sowie einen Teil des von ihnen beanspruchten Vermögens zurück.[168] Das Jesuitenkollegium von Polock wurde mit seiner Protektion zu einer Einrichtung, die dem Lyzeum in Kremenec Konkurrenz machte.[169]

Daß die Jesuiten mit dem Rücktritt Razumovskijs und der Neuausrichtung des Ministeriums unter Aleksandr Golizyn 1820 aus den Westgubernien ausgewiesen wurden,[170] gereichte denjenigen, die über ein säkulares Schulwesen eine polnische Identität befördern wollten, nicht zum Vorteil.[171] Sowohl die Parteigänger Admiral Šiškovs als auch diejenigen des Ministers Golicyn beargwöhnten das von Alexander I. lange Zeit gebilligte autonome Gebahren der Schul- und Universitätsadministration. Kongreßpolen mit seiner Konstitution war in dieser Hinsicht ein Vorbild für Kreise, die im Zuge der Befreiungskriege ihr „Europaerlebnis" gehabt hatten. Wilna stellte für die führenden russischen Bildungspolitiker das Einfallstor für Ideen und Konzepte dar, die die Integrität des Zarenreiches und vor allem die Moral der russischen Untertanen bedrohen konnten.[172] Diesem Verdacht waren die Institutionen des Dorpater Lehrbezirks, den Graf Karl Lieven, ohnehin ein hochrangiges Mitglied der russischen Bibelgesellschaft, nicht gerade straff verwaltete, nicht ausgesetzt.[173]

Nach 1817 kümmerte sich der Kurator Czartoryski zwar wieder stärker um die Geschehnisse an der Universität Wilna, indem er Personal rekrutierte, um längere Vakanzen zu beenden, in die inneren Angelegenheiten und den eigentlichen Studienbetrieb griff er jedoch nicht ein.[174] Eine Inspektion des prominenten Bibelgesellschafts-

---

[166] So in einem Brief des Ordensgenerals Brusovskij an A. N. Golicyn aus dem Jahre 1807, in: RNB RO, f. 203, op. 1582, d. 4, l. 1 f.
[167] Sbornik materialov, T. 3, S. 502-517.
[168] Vasil'čikov, Semejstvo Razumovskich, T. 2, S. 102 f.
[169] Schließlich wurde sogar die Erhebung von Polock zur einer jesuitischen Universität gefordert; siehe: Tolstoj, D. A., Rimskij katolicizm v Rossii. T. 1-2. SPb. 1876-1877, hier T. 2, Priloženija, S. 49 f.; nach der Ausweisung der Jesuiten wurde das Kollegium in ein säkulares Gymnasium umgewandelt; vgl. Sbornik postanovlenij, T. 1, S. 1611-1619, 1649-1652; Sbornik razporjaženij, T. 1, S. 432-437.
[170] RGIA, f. 1673, op. 1, d. 18, ll. 1-3. Diesen *ukaz* hatte A. S. Šiškov in seiner Eigenschaft als *gosudarstvennyj sekretar*, einen Posten, den er von Speranskij übernommen hatte, entworfen; vgl. auch: Tolstoj, Rimskij katolicizm, T. 2, Priloženija, S. 57-67.
[171] Ein Großteil der Schulen wurde vom Orden der Piaristen übernommen.
[172] So auch die Bewertung Karamzins nach der programmatischen Rede Alexanders I. im April 1818 vor dem Sejm Kongreßpolens (Karamzin, Sočinenija, T. 3, S. 401, 575). Siehe auch die noch kritischere Bewertung des Gouverneurs von Weißrußland, Fürst Chovanskij, in: RGIA, f. 733, op. 66, d. 2, l. 2 f.
[173] Schmid, G., Die russischen Ostseeprovinzen, in: Schmid, K. A. (Hrsg.), Enzyklopädie des gesammten Erziehungs- und Unterrichtswesens. Bd. 11. Gotha 1878, S. 393-440, hier S. 410-426; Kusber, Gosudarstvennaja politika.
[174] Beleckij, A., Istoričeskij obzor dejatel'nosti Vilenskogo učebnogo okruga. Vil'na 1908, S. 13.

4.1.2. Bildungsdiskurs und die Auseinanderentwicklung der Gesellschaft

mitgliedes und Angehörigen des Komitees beim Minister, I. S. Laval, im Jahre 1819 ging nicht in eine Revision über, wie sie Magnickij in Kazan' vorgenommen hatte, im Gegenteil: Laval war vom Niveau und der Wissenschaftlichkeit der Lehrveranstaltungen beeindruckt. Doch zeigte sein Rapport ein Bild, das gleichsam die glatte Oberfläche widerspiegelte, mit der Czartoryski für den Moment durchaus zufrieden war. Dabei sollte es schon 1822/23 zu Ereignissen kommen, die dem relativ autonomen Bildungswesen im Lehrbezirk Wilna ein Ende setzte. Zunächst kamen in Sankt Petersburg Irritationen über die Berufung eines neuen Professors für Philosophie, Gołuchowski, auf, der starken Zuspruch unter den Studenten fand[175] und dem wie seinen Kollegen in Char'kov, Kazan' und Sankt Petersburg vorgeworfen wurde, unchristliche und staatszersetzende Gedanken zu verbreiten, was ihm aber nicht nachgewiesen werden konnte. Zudem gehörte Gołuchowski zu denen, die sich an den Universitäten Krakau und Warschau aufgehalten hatten, an Orten, die nach Auffassung von Nikolaj Novosil'cev, dem Residenten in Warschau, Kristallisationspunkte der nationalpolnischen Bewegung waren. Novosil'cev bezog seine Warnung vor allem auf die studentischen Geheimbünde.[176] Der „Fall" Gołuchowski, von Mark O'Connor aus polnischer Perspektive aufgearbeitet,[177] koinzidierte zeitlich mit dem Aufkommen von studentischen Geheimbünden wie den „Philomaten", den „Radianten" und den „Philareten",[178] die nach außen allenfalls am Jahrestag der polnischen Maiverfassung mit einem Graffito an die Öffentlichkeit traten. Diesen Studentenvereinigungen, deren Zielsetzung einerseits Brüderlichkeit in der Tradition der Freimaurer war, andererseits die Wiedergeburt des polnischen Staates, konnte letztlich kein konkreter Umsturzversuch nachgewiesen werden.[179] Ihre Verfolgung führte jedoch zur Ablösung Czartoryskis als Kurator und letztlich zu dessen

---

[175] Zum Folgenden: Beauvois, Czartoryski jako Kurator, S. 68-74; O'Connor, M., Czartoryski, Jósef Twardowski and the Reform of Vilna University 1822-1824, in: SEER 65 (1987), S. 183-200; ders., Czartoryski and the Gołuchowski Affair at Vilna University, in: JbfGO NF 31 (1983), S. 229-243.

[176] Um die nun wieder als schädlich erkannten ausländischen Einflüsse zu minimieren, wurde im Juli 1822 erwogen, die russischen Studenten von den ausländischen Universitäten zurückzurufen. 1823 erfolgte eine Regelung, die dem Auslandsstudium enge Grenzen setzte, es in Deutschland sogar gänzlich verbot (Sbornik postanovlenij, T.1, S. 1699-1705).

[177] O'Connor, Czartoryski and the Gołuchowski Affair at Vilna University; ders., Czartoryski, Józef Twardowski and the Reform of the Vilna University. Aus russischer Perspektive dargestellt von: Flynn, University Reform, S. 114-123.

[178] Šolkovič, S., O tajnych obščestvach v učebnych zavedenijach severo-zapadnoj kraj pri knjaze A. Čartoryjskim, in: Zarja 3 (1871), 5, S. 64-138; Veržbovskij, F., K istorii tajnych obščestv i kružkov sredi litovsko-pol'skoj molodeži 1819-1823. Varšava 1898. Dort sind der Bericht Nikolaj Novosil'cevs vom Mai 1824 über die Vorgänge an der Universität Wilna (S. 3-80) und die Liste der Vereinigung der Philareten publiziert; siehe auch: Wawrykowa, M., „Für eure und unsere Freiheit": Studentenschaft und junge Intelligenz in Ost- und Mitteleuropa in der ersten Hälfte des 19. Jahrhunderts. Stuttgart 1985 (= Schriften der Mainzer Philosophischen Fakultätsgesellschaft, 10), S. 79-85; Swiderski, B., Myth and Scholarship. University Students and Political Development in XIX Century Poland. København 1988, S. 42-85. Nahezu die Hälfte der Studenten war organisiert.

[179] Sbornik materialov, T. 4, S. CXVIII f.

persönlichen und politischen Bruch mit Alexander.[180] Der neue Kurator Novosil'cev, wie Czartoryski Reformer der ersten Stunde, hatte sich in manchem von den Reformzielen des „Inoffiziellen Komitees" der Jahre 1802/03 entfernt; vor allem war er Gegner einer Autonomie der Universitäten und speziell des Wilnaer Lehrbezirks, da er darin die Gefahr einer Stärkung zentrifugaler Kräfte sah. Seine Reorganisationsmaßnahmen waren jedoch weit davon entfernt, die destruktiven Züge eines Runič' oder Magnickij' zu tragen.[181] Sie griffen vielmehr Reformmaßnahmen für die Universität und die Gymnasien des Bezirks auf, die Uvarov in Sankt Petersburg vorgeschlagen und umzusetzen versucht hatte.

Auf der Diskursebene zeitigte die Bildungsreform, die im kleinen Kreise 1803/04 erdacht worden war, weitreichende Konsequenzen. Wenn die erste Dekade des 19. Jahrhunderts dadurch charakterisiert war, daß sich der Diskurs erst wieder beleben mußte und die Beiträge thematisch zunächst eher auf die Entwicklung des Individuums gerichtet waren, so war der Diskurs in der zweiten Dekade durch seine erneute Ausweitung auf die gesamte gebildete Gesellschaft gekennzeichnet und wurde mit der Frage der Fortentwicklung des Staatsaufbaus in einem Maße verknüpft, das in der zweiten Hälfte des 18. Jahrhunderts undenkbar gewesen wäre. Die Vielstimmigkeit des Diskurses war dabei an sich schon ein Ergebnis der vom Staat initiierten Veränderung der Bildungslandschaft. Freilich gelang es der Staatsspitze selbst nicht mehr, ein einheitliches Ziel vorzugeben. Ohne auf gesellschaftliche Bedürfnisse und die Situation vor Ort zu reagieren, störten Emissäre des Ministeriums die Entwicklung der Universitäten Char'kov, Kazan' und Sankt Petersburg nachhaltig; die erste Herausforderung des Vielvölkerimperiums kam – wenn auch eher andeutungsweise – aus den Bildungsinstitutionen im Lehrbezirk Wilna, traf das Ministerium unerwartet und blieb ohne konzeptionelle Antwort. Diese Auflösung des Diskurses im Zeichen der Heiligen Allianz betraf zuvorderst die Universitäten und ist nicht zuletzt ein Beispiel dafür, wie stark der Verlauf nicht von einem mehr oder weniger geschlossenen Konzept und Gegenkonzept abhing – christlicher Universalismus auf der einen und Rationalismus auf der anderen Seite –, sondern von Animositäten und Karriereinteressen bestimmt wurde. So entstanden keine großen konzeptionellen Entwürfe, wie sie Beckoj vorgelegt hatte, und so wurde das Doppelministerium 1823/24 das „Ministerium des Zusammenbruchs", wie Karamzin gespottet hat.[182]

---

[180] Zawadsky, A Man of Honour, S. 285 f.
[181] Sbornik postanovlenij, T. 1, S. 1756-1758. Diese Reformmaßnahmen beinhalteten u. a. eine stärkere Untergliederung der Fakultäten, eine Schwächung der Position des Rektors zugunsten eines von Sankt Petersburg eingesetzten Direktors für die Haushalts- und Disziplinarangelegenheiten sowie eine Stärkung der Stellung des gleichfalls vom Ministerium eingesetzten Schulinspektors.
[182] Karamzin, Sočinenija, T. 3, S. 343, 348, 351.

4.1.2. Bildungsdiskurs und die Auseinanderentwicklung der Gesellschaft

Seit Beginn des 19. Jahrhunderts entwickelte sich die gebildete Gesellschaft insofern in Fragen der Bildung auseinander, als sich zeigte, daß eine gemeinsame Ausgangsbasis, wie im Arzamas-Zirkel, zu völlig unterschiedlichen Lebensentwürfen und daraus folgend zu divergierenden bildungskonzeptionellen Überlegungen führen konnte. Die Spannbreite reichte vom über Bildung vermittelnden Staatspatriotismus, wie ihn Uvarov in seinem Lehrdistrikt zu propagieren suchte, bis hin zur christlichen Schwärmerei oder zur Orthodoxie als eigentlicher Leitlinie der Bildung. In dem einen wie dem anderen Fall traten Überlegungen zu einem individualisierten Menschenbild zurück. Als Alternative blieb, sich ein Betätigungsfeld außerhalb der staatlichen Sphäre zu suchen, was im Rahmen gesellschaftlichen Engagements bis zum Beginn der zwanziger Jahre auch erwünscht war. Dazu bedurfte es der finanziellen Mittel und/oder der Einsicht, daß man aufgrund seiner Fähigkeiten des Staates nicht bedurfte. Die späteren Dekabristen verfolgten mit den Schulen des gegenseitigen Unterrichts das Ziel der Errichtung eines anderen Staatswesens und kehrten den sozialdisziplinierenden Impetus, der sowohl der Bibelgesellschaft als auch der Lancastermethode mit der Erziehung zur Frömmigkeit und zur unbedingten Anerkennung der staatlichen Autorität eigen war, kurzerhand um. In jedem Falle war dem Staat die Kontrolle des Diskurses entglitten, als sich Richtungen herausbildeten, deren Entstehung nicht von den Reformern der Bildungsgesetzgebung von 1803/04 beabsichtigt worden war.

Als Admiral Šiškov, siebzigjährig, die Aufgabe erhielt, das „Doppelministerium" aufzulösen und das Ministerium für Volksaufklärung zu reorganisieren, bot er in seiner Rede vom 11.12.1824[183] vor dem Komitee des Ministeriums keine neuen Konzepte: Die Grundlagen der Arbeit des Ministeriums seien aus dem Blick geraten, diese bestünden im reinen christlichen orthodoxen Glauben und der Sittlichkeit. Beides habe nichts mit politischer Schwärmerei und religiöser Sektiererei zu tun. Hinter seiner Ansprache verbarg sich eine Distanzierung von seinem Vorgänger, zugleich aber auch eine Kampfansage an nationale Separationsbestrebungen und Säkularisierungstendenzen. Dabei war noch nicht einmal vollends zutage getreten, in welchem Maße sich die Gesellschaft bereits auseinander entwickelt hatte; dies sollte sich etwa ein Jahr später im Dekabristenaufstand zeigen.

---

[183] RGIA, f. 732, op. 2, d. 222, ll. 1-6. Die These, daß nur der Glauben zu wahrer Wissenschaft und Bildung im Interesse Rußlands führe, variierte Šiškov mehrfach (ebenda, f. 1673, op.1, d. 30, ll. 1-4).

4.1.3. Bildungsgesetzgebung zur Zeit Nikolaus' I.

Das Ministerium Šiškov befand sich in der Phase des Sammelns und der Durchsicht von Materialien über den Zustand der jeweiligen Lehrbezirke; einzelne Mitglieder des Gelehrten Komitees beim Minister erarbeiteten Entwürfe für Statute zur Verschärfung der Zensur und zur Ablösung der liberalen Universitätsstatuten von 1803/04,[1] als im Dezember 1825 der Dekabristenaufstand ausbrach und der Regierungsantritt Nikolaus' I.[2] Šiškovs Forderung nach Rückkehr zu „Sittlichkeit", „Ordnung" und „Orthodoxie" in den Bildungsinstitutionen neues Gewicht verlieh.

Im folgenden soll es um die Gesetzgebung für Schulen und Universitäten der Jahre 1828 und 1835 gehen, die in unmittelbarem Zusammenhang mit den Ereignissen des Dezember 1825 stand. Diese Gesetzgebung bildete den Rahmen für die Fortentwicklung der Bildungslandschaft, in dem sich innerhalb der nun bereits konturierten Funktionselite gesellschaftliche Entwicklungen vollzogen, die die Autokratie als staatsabsolutistisches Modell, wie es Nikolaus I. verstand,[3] in immer stärkerem Maße in Frage stellen sollten.

Anders als Alexander I., der sich in den letzten Jahren seiner Herrschaft regierungsmüde gezeigt und sich immer mehr vom Tagesgeschäft zurückgezogen hatte, kümmerte sich der neue Zar auch um Details der Regierungsarbeit. Verfolgt man die *Žurnaly* verschiedener Komitees beim Minister für Volksaufklärung, geht aus den zahlreichen Marginalien Nikolaus' hervor, daß er zwar bereit war, die Leitung der einzelnen Sit-

---

[1] RGIA, f. 734, op. 1, d. 286, ll. 1-5; f. 733, op. 40, d. 84, ll. 3-9.
[2] Die Literatur zum Dekabristenaufstand und zur unklaren Situation, die durch den nicht öffentlich bekannt gewordenen Thronverzicht Konstantins, des nächstälteren Bruders Alexanders, entstanden war, ist unüberschaubar; stellvertretend: Mazour, A., The First Russian Revolution 1825. The Decembrist Movement. Its Origins, Development, and Significance. Stanford 1937, S. 181-202; Wortman, Scenarios of Power, Vol. 1, S. 264-275. Zur Suche der postsowjetischen Forschung nach neuen Interpretationsmustern für die Bewegung der Dekabristen siehe: Potapova, N. D., „Čto est' istina?": Kritika sledstvennych pokazanij i smena istoričeskich paradigm (ešče odin vzgljad na problemu „Dviženie dekabristov"), in: IZ 121 (2000), S. 285-329.
[3] Katzer, N., Nikolaus I., in: Torke, H.- J. (Hrsg.), Die russischen Zaren, 1547-1917. München 1995, S. 289-317, hier S. 290-294.

zungen dem Minister zu überlassen, nicht aber die Formulierung der Politik; unter Alexander hatten die Minister und ihre Berater erheblich größeren Einfluß besessen.[4]

Nikolaus I.[5] war anders als seine Brüder Alexander und Konstantin durch seine Erziehung nicht darauf vorbereitet worden, Zar zu werden. Dem Unterricht in Geistes- und Kulturwissenschaften, der durchaus von führenden intellektuellen Köpfen der Zeit wie M. A. Balugjanskij erteilt wurde, konnte er wenig abgewinnen. Ein sehr viel lebhafteres Interesse als sein Bruder Alexander zeigte er dagegen für alles Militärische. Diese offensichtliche Begeisterung für Drill, Paraden und Uniformen hat schon unter Zeitgenossen, aber auch in der Historiographie immer wieder zu dem etwas vergröberten Bild eines an tieferer Bildung uninteressierten Exerziermeisters geführt.[6] Im Rahmen der militärischen Ausbildung trug sein Interesse einerseits einen nachgerade romantischen Zug, andererseits war es aber auch an technischen Errungenschaften orientiert. Innerhalb der Streitkräfte nahm er sich schon als Großfürst insbesondere der Arbeit der Ingenieur- und Pioniertruppen an, was auch seinen weiteren Interessen entsprach, die vor allem auf den Gebieten der Architektur und der Bautechnik galten.[7] Von daher gab es sicher jenseits aller ideologisch motivierten Gründe eine Affinität zu einer „Realausbildung", die zu dem von ihm geschätzten „handfesten" Wissen und klar umrissenen Professionen führen sollte.

Zugleich war ihm die Ausrichtung der Bildungspolitik in der Zeit des „Doppelministeriums" fremd. Seine Auffassungen von Christentum hatten mit denen Golicyns, Magnickijs und Runičs nichts gemein; deren Vorgehensweise an den Universitäten von

---

[4] In die „Säuberungen" der Universitäten hatte er nur in einem Fall eingegriffen, als er 1819 die Schließung der Universität von Kazan' verhinderte.

[5] Zu seiner Person: Presnjakov, A. E., Apogej samoderžavija. Nikolaj I. Leningrad 1925 (Reprint 1967); Lincoln, W. B., Nikolaus I. von Rußland 1796-1855. München 1981; Kapustina, T. A., Nikolaj I., in: VI (1993), 11-12, S. 27-49; Ševčenko, M. M., Imperator Nikolaj I i vedomstvo narodnogo prosveščenija, in: Chartanovič, M. F. (Hrsg. u. a.), Rossija v Nikolaevskoe vremja: Nauka, politika, prosveščenie. SPb. 1998 (= Filosofskij vek. Al'manach, 6), S. 100-116; siehe auch den Versuch einer grundlegenden Revision des Nikolausbildes in der Quellenanthologie von: Tarasov, B. N. (Hrsg.), Nikolaj pervyj i ego vremja. T. 1-2. Moskva 2000.

[6] So noch schematisch bei: Saunders, D., Russia in the Age of Reaction and Reform, 1801-1881. London usw. 1992 (= Longman History of Russia), S. 116-119. Zeitgenossen überliefern, daß, wann immer Nikolaus eine Bildungseinrichtung visitierte, er sich intensiv für die Organisation des Unterrichts, die Unterbringung von Zöglingen und die jeweilige Ausstattung interessierte, nicht jedoch für das Unterrichtsgespräch an sich; siehe hier u.a. die Aussagen von: Martynov, P. K., Dela i ljudi veka. Otryvki iz zapisnoj knižki, stat'i i zametki. T. 1. SPb. 1893, S. 93; Miljutin, D. A., Vospominanija, 1816-1843. Moskva 1997, S. 96 f., 102, sowie Tarasov (Hrsg.), Nikolaj pervyj, T.1, S. 152 f.

[7] Liszkowski, U., Vom monarchischen Prinzip zur roten Republik. Beobachtungen zu den Vorstellungen Nikolaus' I. von Deutschland und den Deutschen, in: Herrmann, D. (Hrsg. u.a.), Deutsche und Deutschland aus russischer Sicht. 19. Jahrhundert. Von der Jahrhundertwende bis zu den Reformen Alexanders. München 1998 (= West-östliche Spiegelungen, B 3), S. 209-239, hier S. 209 f., 212-215; Wortman, Scenarios of Power, Vol. 1, S. 255-264.

4.1.3. Bildungsgesetzgebung zur Zeit Nikolaus' I.

Kazan' und Sankt Petersburg mißfiel ihm derart, daß er dem von Runič des Amtes enthobenen Professor K. I. Arsen'ev ein Unterkommen als Professor an der von ihm ausgebauten höheren Ingenieurschule offerierte. 1821 versicherte er Uvarov bei dessen Rücktritt als Kurator seiner Solidarität, schätzte er ihn doch als fähigen Organisator.[8]

Nach dem Dekabristenaufstand wies Nikolaus zwar dem Bildungssystem des Landes eine erhebliche Mitschuld an der Erhebung gegen die Autokratie und an der Gefährdung des Staates zu, doch lagen für ihn die Ursachen auch in christlichem Mystizismus, der Philosophie und in westeuropäischen konstitutionellen Vorbildern. In diesem Sinne erweiterte er persönlich die Verbotslisten, die ihm bei seinem Regierungsantritt für den Import ausländischer Bücher vorgelegt worden waren, und aus diesem Grunde stimmte er im Mai 1826 einem Zensur*ustav* zu, der, entworfen von Admiral Šiškov und Fürst Platon Širinskij-Šichmatov, sowohl russische Originalbeiträge als auch Übersetzungen einer derart rigiden Kontrolle unterwarf, daß er in der Praxis kaum anwendbar war, jedoch das Maß an kritischer Öffentlichkeit zu beeinträchtigen vermochte.[9]

Zum Ende des Prozesses gegen die Dekabristen verknüpfte Nikolaus in dem Manifest vom 6. Juni 1826 die Rezeption ausländischer Ideen mit dem Bildungssystem seines Reiches. Er führte aus, daß es zum Geist des Aufruhrs nicht wegen der „Aufklärung des Verstandes, sondern wegen dessen Müßiggang", wegen des unheilvollen „Luxus des Halbwissens" gekommen sei, bedingt durch die Lektüre falscher Texte und schlechten Unterricht. Nikolaus konnte zwar formulieren, was er für schädlich hielt, nicht jedoch, was er an positiven Konzepten an die Stelle dieses „Halbwissens" zu setzen gedachte. Daher forderte er dazu auf, ihm „jeden Gedanken [...], der zur Verbreitung der wahren Aufklärung" führe, mitzuteilen.[10]

Was aber sollte diese „wahre Aufklärung" sein? Nikolaus veranlaßte Aleksandr Puškin, der das Privileg besaß, gewissermaßen vom Zaren persönlich zensiert zu werden,[11] ihm seine Meinung darzulegen. Puškin, der vielen Dekabristen freundschaftlich verbunden gewesen war, betonte, daß nicht ein Übermaß an Bildung, sondern vielmehr dessen Mangel und fehlende Systematik zur Erhebung geführt hätten. Er entwickelte ein Bildungsideal, das, in Verarbeitung seiner eigenen, im Lyzeum von Carskoe Selo gesammelten Erfahrungen, sehr stark auf die Vervollkommnung des Individuums durch Bildung abzielte; zugleich griff er die Qualität der Hauslehrer und

---

[8] Ševčenko, Imperator Nikolaj, S. 103.
[9] Schiemann, T., Geschichte Rußlands unter Kaiser Nikolaus I. Bd. 1-4. Berlin 1904-1919, hier Bd. 2, S. 94 f.; Ikonnikov, Russkie unversitety, VE 11 (1876), 10, S. 86; Roždestvenskij, Istoričeskij obzor, S. 213-219.
[10] PSZ Sobr. vtoroe, 1, Nr. 464, S. 803.
[11] Šil'der, N., Imperator Nikolaj pervyj. T.1-2. Moskva 1997, hier T. 1, S. 15-22.

überhaupt das System häuslicher Erziehung an. Er forderte das Ende des schlechten Sprachunterrichts in Französisch und Deutsch; er plädierte nicht für dessen Verbesserung, sondern für die Förderung des Russischen als Literatursprache, um das Selbstbewußtsein des russischen Volkes zu stärken. Puškins persönliches Bildungsideal betrachtete der Zar zwar mit Sympathie, doch sah er darin kein geeignetes Vorbild für die Erziehung seiner Untertanen. Der Chef der berühmten Dritten Abteilung,[12] A. Chr. von Benckendorff (1783-1844), teilte Puškin deshalb mit, der Zar habe sein Memorandum zwar mit Vergnügen gelesen, es sei jedoch nutzlos, weil die Tauglichkeit der Bildung in Hinblick auf den Staatsdienst völlig außer acht gelassen worden sei.[13] Dieses utilitaristische Prinzip aber wurde von Nikolaus zur Leitlinie der Bildungspolitik erhoben. Hatte in der Reformgesetzgebung der Jahre 1803/04 immer auch die Vermehrung des Wissens für den Einzelnen Erwähnung gefunden, schrieb der Zar nun in einem Reskript vom 14. Mai 1826 an Admiral Šiškov: „Indem ich mit besonderer Aufmerksamkeit auf die Organisation der Lehranstalten blicke, in denen die russische Jugend für den Staatsdienst ausgebildet wird, sehe ich mit Bedauern, daß in ihnen nicht die erforderliche und notwendige Einheitlichkeit herrscht, auf welcher Erziehung und Unterricht beruhen müssen. [Dieser Mangel] entzieht dem Staat den größten Teil des Nutzens, welchen er von seinen Zöglingen zu erwarten berechtigt ist, nachdem er weder Ausgaben noch alle möglichen sonstigen Mittel zu ihrer Ausbildung gespart hat."[14]

Nikolaus setzte daher ein „Komitee zum Umbau der Lehranstalten" (*komitet ustrojstva učebnych zavedenij*) ein, von dem er eine Durchsicht sämtlicher Statuten und aller Rechenschaftsberichte erwartete, um zu erfahren, welche Lehrmittel tatsächlich in den verschiedenen Bildungseinrichtungen mit welchen Ergebnissen und Wirkungen eingesetzt worden seien. Auf der Basis dieser Informationen sollten dann einheitliche Statuten für die Schulen und die Universitäten erarbeitet werden, von denen nur in den Lehrbezirken Wilna und Dorpat abgewichen werden durfte. Bei der Zusammensetzung des Komitees ging er pragmatisch und keineswegs so vor, wie es Admiral Šiškov erwartet hatte, als er sich eine Stärkung seiner „altrussisch"-konservativen Richtung wünschte. Zwar wurden nach Golicyn auch Runič und Magnickij endgültig ihrer Posten enthoben, doch bedeutete dies nicht das sofortige Ende des Einflusses der Bibelgesell-

---

[12] Diese Dritte Abteilung der persönlichen Kanzlei des Zaren wurde Geheimpolizei und Zensurinstitution des Reiches zugleich und wirkte damit unmittelbar in den Literaturbetrieb und die gesellschaftlichen Debatten hinein. Zu Funktionsweisen und Bedeutung: Monas, S., The Third Section. Police and Society under Nicholas I. Cambridge, Mass. 1961.
[13] Puškin, A. S., Sobranie sočinenija v desjati tomach. T. 7. Moskva 1976, S. 307-312, 387-390. Dabei handelte es sich um eine Beschönigung Benckendorffs. Puškin hatte sich dafür ausgesprochen, entweder die Rangklassen abzuschaffen oder aber zumindest Beförderungen an den Erwerb von Bildungsgraden zu knüpfen. Damit griff er, wissentlich oder nicht, den Gedanken Speranskijs aus dem Gesetz von 1809 wieder auf.
[14] RGIA, f. 733, op. 89, d. 54, l. 2 f.

4.1.3. Bildungsgesetzgebung zur Zeit Nikolaus' I.

schaft. In das Komitee wurde Graf Karl Lieven berufen, prominentes Mitglied der Gesellschaft und Kurator desjenigen Lehrbezirks, den Nikolaus als Bollwerk der Loyalität betrachtete, sowie zwei Mitglieder, die als umfassend gebildet galten und zugleich als Exponenten des Reformflügels zur Zeit Alexanders I.: Michail Speranskij[15] und Sergej Uvarov.[16] Nikolaus ging es also bei der Zusammensetzung nicht in erster Linie um Hofparteien, sondern um die Auswahl derjenigen, die die größte Kompetenz zu besitzen schienen.[17]

Was die Sammlung von Informationen anging, war ein wesentlicher Teil der Arbeit in den ersten anderthalb Jahren der Amtszeit Šiškovs bereits geleistet worden. Berichte aus den einzelnen Lehrbezirken waren eingegangen, Zirkulare und *ustavy* samt ihrer Veränderungen in Einzelpunkten aufbereitet worden.[18] Generalmajor P. F. Šeltuchin hatte im Auftrag des Ministers die Kazaner Universität sowie mehrere Schulen und Gymnasien des Lehrbezirks visitiert, um einen Überblick über die Auswirkungen des „*Razgrom*" Magnickijs zu erhalten.[19] Mehrere Mitglieder des „alten" Gelehrten Komitees, wie Konteradmiral A. Krusenstern, Graf K. Lieven und das Akademiemitglied Heinrich Storch, hatten bereits längere Expertisen zur Umorganisation von Gymnasien und Universitäten erstellt.[20] Für die Kreisschulen war insbesondere die Frage erhoben worden, ob diese grundsätzlich zu „Realschulen" mit einer verlängerten Schulzeit umgestaltet werden sollten, oder ob statt dessen an den Kreisschulen oder Gymnasien „Realklassen", wie sie nach 1803/04 immer wieder von seiten der Kaufmannschaft gefordert worden waren, eingerichtet werden sollten.[21]

Die Arbeitsgrundlage für das neue Komitee, das Anfang Juni 1826 zu seiner ersten Sitzung zusammenkam, war also vergleichsweise gut. Šiškov begann auf der ersten Sitzung mit einer Darstellung der Mißstände, die er erkannt zu haben bzw. dem Reskript Nikolaus' entnehmen zu können glaubte. Es dürfe nicht sein, so Šiškov, daß sich Bildungsinstitutionen wie die Gymnasien für höhere Wissenschaften in Nežin, Jaroslavl'

---

[15] Zu dessen Wirken unter Nikolaus I.: Raeff, Speransky, S. 307-356.
[16] Zu weiteren Mitgliedern wurden A. A. Perovskij, kommissarischer Kurator des Char'kover Lehrdistrikts, Graf J. de Lambert, das Akademiemitglied Heinrich Storch sowie die Flügeladjutanten V. A. Perovskij und S. G. Stroganov ernannt. Als „Geschäftsführer" wurde dem Komitee der spätere Bildungsminister Širinskij-Šichmatov zugeordnet (RGIA, f. 737, op. 1, d. 146, l. 1).
[17] Diesen pragmatischen Zug betonte, mit Blick auf die Familien der verurteilten Dekabristen, auch: Ejmontova, R. G., V novom obličii (1825-1855 gg.), in: Grosul, V. Ja. (Hrsg. u.a.), Russkij konservatizm XIX stoletija. Ideologija i praktika. Moskva 2000, S. 105-191, hier S. 112-115.
[18] RGIA, f. 733, op. 2, d. 339, ll. 13-17 ob., 74-84, 106-114.
[19] Dabei erwies sich, daß Magnickij Reisen abgerechnet hatte, die gar nicht stattgefunden hatten: Ebenda, f. 733, op. 40, d. 157, ll. 17-20).
[20] Der ehemalige Rektor der Dorpater Universität, Parrot, hatte Vorschläge zur Differenzierung von Lehrstühlen und daraus folgend für Neueinrichtungen vorgelegt, insbesondere in den Naturwissenschaften und der Rechtswissenschaft (Ebenda, op. 2, d. 339, ll. 131-182).
[21] Ebenda, f. 732, op. 2, d. 222, ll. 8-11, 33-37, 218-255.

und Odessa mit eigenen Statuten außerhalb des öffentlichen Bildungssystems gestellt hätten - Einheitlichkeit müsse hergestellt werden. In den Elementar- und Kreisschulen sowie den Gymnasien habe der Religionsunterricht Hauptfach in allen Klassenstufen zu werden,[22] in den Kreisschulen sei neben Religion, Schreiben und Rechnen nur noch ein wenig russische Geschichte vonnöten, unter der Šiškov die Vermittlung der Herrschaftsdaten der Zaren verstand. Für den Bereich der Universitäten wandte er sich gegen die freie Rektorenwahl durch die Professorenschaft und gegen die Auffassung, die mancher Kurator in der Vergangenheit von seinen Pflichten gehabt habe. Mit einer Spitze gegen den anwesenden Uvarov, aber auch gegen Adam Czartoryski, führte er aus, die Kuratoren hätten sich endgültig als ausführendes Organ des Ministers zu begreifen.[23] Schließlich wandte er sich dezidiert gegen das überständische Moment in den *ustavy* von 1803/04, welches die Kinder des Adels davon abhalte, das öffentliche Schulsystem zu besuchen.

Ob Puškin, Šiškov oder Mitglieder des nikolaitischen Komitees - sie alle waren sich einig, daß Adelskinder einen zu geringen Anteil unter den Schülern und Studenten ausmachten, doch herrschte über die genauen Ursachen keine Einigkeit. Während das Komiteemitglied Graf J. de Lambert als Konsequenz weitere exklusive zivile Einrichtungen für den Adel als Vorbereitung auf den Staatsdienst forderte,[24] vertrat Lieven die Auffassung, daß nicht der Wunsch des Adels, sich von den übrigen Ständen durch ein Fernbleiben von den öffentlichen Bildungseinrichtungen zu unterscheiden, der Grund für die geringe Zahl adliger Kinder gewesen sei, sondern schlichtweg die materielle Situation vieler armer Kleinadliger. Ein Schulbesuch sei wegen der Kosten für die Unterbringung am Standort des Gymnasiums teurer als eine improvisierte Ausbildung daheim. Der verstärkte Einsatz von Stipendien sei hier das probate Mittel.[25] Dies bedeutete nicht, daß Lieven von vornherein Anhänger eines egalitären Bildungszugangs war; er befürwortete die berufsständische Differenzierung nach Ausbildungszielen und -inhalten, jedoch war er bei allem Konservatismus der Auffassung, daß dem Tüchtigen der Wechsel von einem Schultyp zum anderen ermöglicht werden müsse.[26] Für bedenkenswert hielt er es allerdings, daß der Adel bei der Verleihung von Rängen aufgrund

---

[22] Ebenda, f. 737, op. 1, d. 146, l. 15ob, 19. Auf dieser Sitzung stellte Šiškov fest, seiner Meinung nach brauche der russische Bauer nicht lesen zu können, es reiche, wenn er den Katechismus auswendig hersagen könne (ebenda, l. 17 f.).
[23] Ebenda, ll. 37ob-39. Ähnlich hatte sich Nikolaj Novosil'cev 1826 aus Anlaß der Ernennung eines Rektors für die Universität Wilna geäußert (Sbornik postanovlenij, T. 2.1., S. 31-33).
[24] RGIA, f. 737, op. 1, d. 146, ll. 62-64. Lambert machte gar den Vorschlag, der Staat solle sich aus der Finanzierung aller Bildung, deren Angebot Nichtadlige miteinbezog, zurückziehen.
[25] Ebenda, ll. 76-99.
[26] Zur Entwicklung der gesellschaftspolitischen Ansichten Lievens vor dem Hintergrund seines Werdeganges: Kusber, Gosudarstvennaja politika.

von Bildungsabschlüssen eine bessere Startposition für den weiteren Staatsdienst erhalten könne, um seiner nach wie vor wichtigsten Aufgabe gerecht zu werden.[27]

Lievens Vorschläge lösten Diskussionen über die Frage aus, ob man den Zugang zu den jeweiligen Schultypen und Universitäten nicht mit Hilfe von Gebühren regulieren solle. Uvarov, der auf die Einführung solcher Gebühren in seiner Zeit als Kurator des Petersburger Lehrbezirks angesprochen wurde, sprach sich dafür aus. Dies tat er allerdings nicht, um den Zugang bestimmter sozialer Gruppen zu kanalisieren, sondern um bei andauerndem Finanzmangel die Schulen und vor allem die Lehrerausbildung finanzieren zu können. Dies wiederum gab Lieven das Stichwort, die (erneute) Einrichtung eines Pädagogischen Instituts vorzuschlagen, dessen Studenten noch stärker auf die einzelnen Schultypen hin ausgebildet werden und aus den Geistlichen Seminaren stammen sollten. So waren nach Lievens Auffassung relativ schnell theologisch vorgebildete Lehrer zu erhalten, deren Schulung die jetzigen Gymnasien nicht leisten könnten.[28] Der Vorschlag zur Einrichtung eines Pädagogischen Instituts wurde zwar generell positiv aufgenommen, doch wandte sich Uvarov gegen die Idee, nur Zöglinge geistlicher Einrichtungen für den Lehrerberuf vorzusehen. Sein Gegenvorschlag, in jedem Lehrbezirk ein solches Pädagogisches Institut zu gründen, wurde allerdings mit Hinweis auf fehlende Geldmittel nicht weiter verfolgt.[29]

In die Sitzungen des Komitees, die Šiškov wenig straff leitete und in denen sich die Komiteemitglieder daher in Details verloren, griff der Zar selbst nicht ein. Seine Ungeduld wurde jedoch offensichtlich, als er 1826 die Frage der Uniformen für Gymnasiasten, Studenten und Lehrer im Alleingang regelte: Fortan sollte die unterschiedliche Standeszugehörigkeit durch verschiedene Uniformen kenntlich werden.[30] In einem Reskript vom August 1827 an Šiškov drängte er auf eine Beschleunigung der Arbeit des Komitees;[31] zudem wies er darauf hin, daß stärker als bisher darauf zu achten sei, welche Aufgaben der Schüler oder Zögling nach Vollendung seiner Ausbildung wahr-

---

[27] RGIA, f. 737, op. 1, d. 146, l. 136. Dagegen wandte sich Uvarov, der für alle Absolventen des Gymnasiums den 14. Rang beibehalten wollte (ebenda, ll.73-75 ob).

[28] Ebenda, ll. 104, 113. Die Idee von Lieven, ausschließlich Zöglinge der Geistlichen Seminare einzustellen, stieß insbesondere bei Speranskij, der sich um die Reform des kirchlichen Bildungswesens verdient gemacht hatte, auf Widerstand. Er hielt die Zöglinge der Geistlichen Seminare nur bedingt für studierfähig und war bei aller Hinwendung zur Religion - schon aufgrund seines Herkommens - nicht von einem positiven Einfluß im späteren Schuldienst überzeugt (ebenda, l. 138). Hingegen hielt er den Lehrerberuf insbesondere für Frauen für interessant (Brief vom 2.9.1819, in: Pis'ma M. M. Speranskogo k ego dočeri, in: RA (1868), S. 1694 f.).

[29] RGIA, f. 737, op. 1, d. 146, l. 109 f.; siehe auch die Auffassung Graf Lamberts und Heinrich Storchs: ebenda, d. 147, ll. 1-4, 52-56.

[30] Ebenda, f. 1287, op. 12, d. 424, l. 9 f. Zu Nikolaus' Engagement bei der Gestaltung von Uniformen generell: Schiemann, Geschichte Rußlands, Bd. 2, S. 106-108.

[31] RGIA, f. 737, op. 1, d. 146, ll. 361 f. Nikolaus hatte Šiškov seine Unzufriedenheit über den Fortgang der Arbeit schon bei einem Vortrag im Dezember 1826 deutlich gemacht.

zunehmen hätte. Jeder solle die Ausbildung erhalten, die seinem Stand (*svoego sostojanija*) entspreche, und nicht über das hinaus streben, was er billigerweise erwarten könne.[32]

Hatte die Schulgesetzgebung unter Katharina und Alexander I. die Möglichkeit geboten, durch den Dienst mit Aufstieg belohnt zu werden, wurde nun nach der Ausbildung erwartet, daß sich jeder - trotz erworbener besserer Qualifikation - mit dem ihm seit seiner Geburt zugewiesenen Platz in der Gesellschaft begnügte. Der Dank des Vaterlandes sollte Lohn genug sein. Nikolaus ging allerdings nicht so weit, einen wesentlichen Prozentsatz potentieller Schüler von vornherein auszuschließen, um aus den Gymnasien exklusive Ausbildungsstätten für den Adel zu machen. Nach seiner Auffassung sollten Kinder aller freien Stände ein Gymnasium besuchen können. Damit hielt er an dem Personenkreis fest, der bereits in den vergangenen Jahrzehnten den Kern der Funktionselite gebildet hatte. Zu diesem Zeitpunkt seiner Regierung schien ihm eine exklusive Privilegierung des Adels nicht angebracht, hatte dieser sich doch durch den Dekabristenaufstand diskreditiert. Nikolaus bestritt zwar nicht die besondere Rolle des Adels bei der Verwaltung des Staates, doch sah er keine Notwendigkeit, auf dessen Prestigebedürfnisse im Bereich der Bildung Rücksicht zu nehmen.[33] Die Bauern allerdings sollten sich nicht weiter durch Ausbildung ihrem Stand und ihrem Gutsherrn entziehen können.[34]

Diese direkte Intervention des Herrschers hatte eine Systematisierung der Arbeit zur Folge. Nachdem Konsens darüber hergestellt worden war, daß die Anzahl der Fächer für die Gymnasien reduziert werden müsse, wurden die jeweiligen Inhalte von Professoren oder Akademiemitgliedern evaluiert und schließlich Vorschläge zur Verteilung des Stoffes auf die Schuljahre gemacht.[35] Dabei wurde schnell deutlich, daß bei aller anzustrebenden Uniformität des Lehrmaterials und trotz der Fächerreduktion ein breiteres Angebot an Schulbüchern empfohlen werden mußte,[36] als dies aufgrund der Forderung des Zaren und Šiškovs nach „Einfachheit" zu erwarten gewesen war. Der Minister widersprach den Auffassungen der Komiteemitglieder nicht, solange er den

---

[32] Sbornik postanovlenij, T. 2.1., S. 71-73.
[33] Roždestvenskij, Istoričeskij obzor, S. 182.
[34] Bauern durften allenfalls bei hervorragender Qualifikation die *uezd*-Schule besuchen (RGIA, f. 733, op. 89, d. 53, ll. 2-4). James T. Flynn hat hervorgehoben, daß Nikolaus diese Aufforderung an das Komitee sogar in ein Gesetz unter Umgehung des Ministeriums hatte fassen wollen, daß der Vorsitzende des Reichsrates, Viktor Kočubej, und Dmitrij Bludov ihm davon jedoch abgeraten hätten - mit Blick auf die größere öffentliche Resonanz. Nikolaus folgte deren Rat, was einmal mehr zeigte, daß auch der letzte vielleicht wirklich autokratisch regierende Herrscher sich einem gewissen Druck der Öffentlichkeit ausgesetzt sah (Flynn, University Reform, S. 172; siehe auch: Šilder, Imperator Nikolaj pervyj, T. 2, S. 32-34).
[35] RGIA, f. 733, op. 1, d. 146, ll. 312-315, 119, 323 ob.; d. 147, ll. 100-102, 149-163.
[36] Ebenda, d. 146, ll. 308-311, 315-325ob.

4.1.3. Bildungsgesetzgebung zur Zeit Nikolaus' I. 351

Religions- und den Russischunterricht in hinlänglicher Stundenzahl gewährleistet sah. Die härtesten Auseinandersetzungen entspannen sich um den altsprachlichen Unterricht, weil mit dessen Fächern die Frage des Ausbildungsziels unmittelbar verbunden war. Šiškov war wie Uvarov der Meinung, daß das Griechische auch für das Studium des Altkirchenslavischen wichtig sei. Der Griechischunterricht war neben Religion und Russisch der einzige Fall, in dem sich Šiškov für die Beibehaltung vertiefter Lehrinhalte einsetzte. Dagegen hielt er die Vermittlung der lateinischen Sprache für völlig überflüssig, da diese keinerlei Bezug zur russischen Volkskultur besitze.[37] Demgegenüber plädierte Uvarov für ein Festhalten auch am Lateinischen, weil es als Grundlage für die universitäre Ausbildung unerläßlich sei.[38] Die übrigen Mitglieder vertraten die Auffassung, daß der altsprachliche Unterricht in einem Widerspruch zu der von Nikolaus geforderten beruflichen Einsetzbarkeit der Absolventen stand. Daher sollten mehr Natur- und Staatswissenschaften unterrichtet werden. Zudem wies Heinrich Storch auf ein Problem hin, welches schon in den katharinäischen Reformüberlegungen am Beginn ihrer Herrschaft eine Rolle gespielt hatte[39] und das auch mehr als sechs Jahrzehnte später noch virulent war: Bislang war an den Gymnasien lediglich Latein unterrichtet worden. Wenn schon kaum genügend Lateinlehrer vorhanden waren, wie konnte dann zusätzlich die notwendige Zahl von Griechischlehrern ausgebildet werden?[40] Ohne eine Antwort auf diese Frage zu geben, wurde als Kompromiß von Uvarov und Šiškov schließlich vorgeschlagen, alt- und neusprachliche Gymnasien einzurichten, letztere mit einem „Realschwerpunkt". Latein sollte an beiden Gymnasien verbindlich sein, das Griechische im neusprachlichen Gymnasium durch Französisch und zusätzliche Stunden in Mathematik ersetzt werden.[41]

Nach Klärung zahlloser Detailfragen wurde dem Zaren im Januar 1828 das neue Schulstatut für die Schuldistrikte Char'kov, Kazan', Sankt Petersburg und Moskau zugeleitet. Er verabschiedete das Statut allerdings nicht sofort, weil er mit der Regelung des Zugangs zu den einzelnen Schultypen unzufrieden war.[42] Ob hierin ein Grund für

---

[37] Ebenda, f. 732, op. 2, d. 222, l. 3.
[38] Ebenda, f. 733, op. 1, d. 146, ll. 224-226; d. 147, ll. 328-333; [Uvarov, S. S.], K istorii klassicisma v Rossii: Mnenie S. S. Uvarova (1826), in: RA (1890), S. 465-468.
[39] Siehe Kap. 3.1.2.
[40] Zum Problem generell: Kaiser, F. B., Altphilologen für Rußland: Das Lehrerinstitut für slawische Stipendiaten in Petersburg, das Russische Philologische Seminar (Institut) in Leipzig und das Russische Seminar für Römisches Recht in Berlin, in: Ders. (Hrsg. u.a.), Deutscher Einfluß auf Bildung und Wissenschaft im östlichen Europa. Köln usw. 1984 (= Studien zum Deutschtum im Osten, 18), S. 69-115, hier S. 69 f., 101-103.
[41] Nikolaus persönlich hatte es abgelehnt, Französisch völlig aus dem Lehrplan zu verbannen: RGIA, f. 733, op. 1, d. 146, ll. 364-365.
[42] Ebenda, d. 147, ll. 174ob-176ob.

die Ablösung Šiškovs als Minister durch Karl Lieven zu sehen ist, bleibt unklar.[43] Am 8.12.1828 wurde das neue Schulstatut, das als Referenzwerk auch für die Lehrbezirke Dorpat und Wilna gedacht war, schließlich veröffentlicht.[44] Als Zweck der Ausbildung wurde nicht mehr die Wissensvermehrung für den Einzelnen oder gar die Vervollkommnung des Individuums genannt, sondern die Vorbereitung für den Staatsdienst. Das dreigliedrige Schulsystem, bestehend aus Kirchspielschulen, Kreisschulen und Gymnasien, war beibehalten worden; unverändert blieb auch die Freiwilligkeit der Einrichtung von Kirchspielschulen. Und wie in den Statuten von 1803/04 sollten die Schulen einerseits ein in sich geschlossenes Curriculum anbieten, andererseits auf die Schule für die nächsthöhere Bildungsstufe, schließlich für die Universität, vorbereiten. Die Kirchspielschulen waren für Kinder aller rechtlichen und sozialen Stände vorgesehen, auch die Kreisschulen sollten Kinder aller Stände aufnehmen, wobei in erster Linie an Nachkommen der Kaufleute und Handwerker gedacht war. Die Gymnasien sollten den Kindern aller freien Stände offenstehen, ein starker Anteil von Adelskindern war allerdings erwünscht.[45]

Letztlich wurde der Zugang zu den einzelnen Schultypen nicht stärker begrenzt, als es unter Minister Razumovskij der Fall gewesen war, der nach 1811 den Zugang von Leibeigenen zum Gymnasium hatte unterbinden wollen.[46] Die Widersprüchlichkeit, die in dem Reskript des Zaren an Šiškov bezüglich der Frage der Exklusivität adliger Bildung enthalten gewesen war, hatte sich dem Papier nach aufgelöst. Freilich wurde die Erhebung von Schulgebühren bedarfsweisen Einzelregelungen in den jeweiligen Lehrbezirken vorbehalten, so daß die Finanzierbarkeit ein Zugangshemmnis werden konnte. Trotzdem konnte nach dem Wortlaut des *ustav* von einem „reaktionären" Statut als Ausdruck exklusiver adliger Bildung - eine Interpretation vor allem russischer und sowjetischer Forscher [47]- nicht die Rede sein.

Für die Kreisschulen sah das Statut von 1828 nunmehr eine dreijährige Schulzeit mit folgender Stundenverteilung vor:

---

[43] Roždestvenskij, Istoričeskij obzor, S. 168, 172. Nikolaus I. entließ Šiškov gegen dessen Willen. Der Admiral gehörte dem Reichsrat bis zu seinem Tode 1841 immerhin noch 13 Jahre an.
[44] Statut vom 8.12.1828 in: Sbornik postanovlenij, T. 2.1., S. 200-257.
[45] Ebenda, S. 203, 205, 211.
[46] Vgl. Kap. 4.1.2.
[47] Malinovskij, Očerki po istorii reformy srednej školy, S. 45 f.; ders., Očerki po istorii reformy načal'noj školy, S. 98-100; Roždestvenskij, Istoričeskij obzor, S. 181-183; Alešincev, Soslovnyj vopros; Jakovkina, Istorija, S. 20; Medynskij, Istorija, S. 123-126; Sokolov, A. V., Iz istorii načal'nogo narodnogo obrazovanija v Rossii v pervoj četverti XIX veka, in: Učenye zapiski Molotovskogo Pedagogičeskogo instituta 11 (1947), S. 157-170, hier S. 167-170; differenzierter: Allister, S. H., The Reform of Higher Education in Russia during the Reign of Nicholas I., 1825-1855. Ph.D. Diss. Princeton 1974, S. 39-48; Flynn, J. T., Tuition and Social Class in the Russian Universities: S. S. Uvarov and „Reaction" in the Russia of Nicholas I, in: SR 35 (1976), S. 232-248.

4.1.3. Bildungsgesetzgebung zur Zeit Nikolaus' I.

Tabelle: Stundentafel für die Kreisschulen nach dem Statut vom 8.12.1828

	Zahl der Schulstunden pro Woche			Gesamtzahl der Schulstunden	Gesamtzeit*
	I. Klasse	II. Klasse	III. Klasse		
Religion	2	2	2	6	9
Russisch	4	4	4	12	18
Kalligraphie[48]	4	4	1	9	13,5
Arithmetik	4	4	1	9	13,5
Geometrie	-	-	5		7,5
Geographie	2	2	2	6	9
Geschichte	2	2	2	6	9
Zeichnen, Malen	2	2	3	7	10,5
Schulstunden	20	20	20	60	-
Gesamtzeit*	30	30	30	-	90

Quelle: Sbornik postanovlenij, T. 2.1., štaty i priloženija, S. 8; RGIA, f. 733, op.1, d. 149, l. 145ob.
* Eine Schulstunde betrug 90 Minuten.

Die Gymnasien sollten nun alle einen Lehrplan für sieben statt bisher für fünf Jahre erhalten - so wie es Sergej Uvarov in seiner Zeit als Kurator des Lehrdistriktes Sankt Petersburg eingeführt hatte:

---

[48] Dieses Fach wurde insbesondere für die ranglosen Beamten als zwingend notwendig erachtet.

*Tabelle: Stundentafel für die Gymnasien mit Griechischschwerpunkt[49]
nach dem Statut vom 8.12.1828*

Fächer	Unterrichtseinheiten pro Klasse pro Woche							Schul-stun-den	Ge-samt-zeit*
	I.	II.	III.	IV.	V.	VI.	VII.		
Religion	2	2	2	2	1	1	1	11	16,5
Russisch	4	4	4	3	3	3	2	23	34,5
Latein	4	4	4	4	4	3	3	26	39
Griechisch	-	-	-	5	5	5	5	20	30
Französisch	-	-	-	fakultativ 3	3	3	3	18	27
Deutsch	2	2	2						
Mathematik	4	4	4	1		1	-	15	22,5
Geographie, Statistik	2	2	2	1	1	-	2	10	15
Geschichte	-	-	2	2	3	3	3	13	19,5
Physik	-	-	-	-	-	2	2	4	6
Kalligraphie	4	4	2	-	-	-	-	10	15
Zeichnen	2	2	2	1	1	1	1	10	15
Schulstunden	24	24	24	22	22		22	160	-
Gesamtzeit*	36	36	36	33	33	33	33	-	240

Quelle: Sbornik postanovlenij, T. 2.1., štaty i priloženija, S. 9;
RGIA, f. 733, op.1, d. 146, l. 335; d. 149, l. 145.
*Eine Schulstunde betrug 90 Minuten.

So stark die Einheitlichkeit zu Beginn des Statuts betont wurde, so sehr zeigten die Ausnahmebestimmungen, daß zahlreiche Möglichkeiten existierten, die angestrebte Einförmigkeit zu durchbrechen. Dies betraf die im Vergleich zu den Statuten von 1803/04 erheblich erweiterten Regelungen, zusätzliche Fächer bei Bedarf in das Curriculum aufzunehmen, etwa regionale Sprachen in den ethnisch gemischt besiedelten

---

[49] In den Gymnasien ohne Schwerpunkt auf der griechischen Sprache sollten Mathematik und Deutsch in allen Klassenstufen durchgängig unterrichtet werden, Französisch von der vierten bis zur siebten Klasse (Sbornik postanovlenij, T. 2.1., štaty i priloženija, S. 9).

Gebieten des Zarenreiches. Auf Wunsch konnte z. B. Tatarisch durchgängig in den Gymnasien unterrichtet werden.[50] Aber auch andere Fächer, die Grundkenntnisse der Militärtaktik vermitteln sollten, konnten in den Lehrplan, etwa für Gymnasien in den Kosakendistrikten, aufgenommen werden.[51]

Zudem vermieden es die Verfasser des Statuts, sich in der Frage der Finanzierung der Schulen, insbesondere der Höhe der Lehrergehälter, festzulegen. Nach 1803/04 hatte sich das Ministerium für Volksaufklärung zumeist eng an den Gehaltssätzen der Statuten orientiert. In dem Maße aber, in dem durch den „Vaterländischen Krieg" und die Konjunkturläufte der Assignatenrubel an Wert verlor, sank auch das absolute Einkommen der Lehrer. Zwar wurden nun Richtsummen genannt, es wurde aber ins Belieben der Kuratoren gestellt, je nach lokaler Besonderheit mehr oder weniger zu zahlen. Für die Gymnasien wurden jetzt drei „Abteilungen" oder „Klassen" gebildet, wobei sich in der ersten Klasse nur die drei Sankt Petersburger Gymnasien befanden, für die ein jährlicher Etat von etwa 44.000 Rubel angesetzt wurde, in der zweiten Klasse wurden die Moskauer Gymnasien mit einem Ansatz von etwa 29.000 Rubel sowie die Gymnasien der größeren Gouvernementsstädte mit etwa 24.350 Rubel aufgeführt, in der dritten Klasse sollten um die 22.400 Rubel ausgegeben werden, wobei sich die „Klassen" jeweils in der Zahl der Lehrer geringfügig unterschieden.[52] Auch in der Gruppe der Kreisschulen wurden drei unterschiedliche „Klassen" gebildet, denen zwischen 4.500 und 5.500 Rubel zur Verfügung stehen sollten.[53] Im Vergleich zu den Statuten von 1803/04 hatten sich die Ansätze bei erhöhter Lehrerzahl pro Schule für die Gymnasien teils versechsfacht, für die Kreisschulen verdoppelt bzw. verdreifacht. Diese Richtwerte konnten jedoch jederzeit dem Bedarf und den finanziellen Mitteln angepaßt werden. In einem weiteren Punkt hatte die Schulgesetzgebung eine Flexibilisierung erfahren, die zugleich einen gesellschaftskonservierenden Zug trug. Jederzeit sollte es möglich sein, Internate an öffentliche Schulen anzugliedern. Diese Internate konnten aus staatlichen Mitteln oder aber aus privaten Quellen finanziert werden und einer bestimmten Personengruppe – dem Adel oder der Kaufmannschaft – vorbehalten bleiben.[54] Schließlich hatten die Erfahrungen des Dekabristenaufstandes und der Unruhen im Lehrbezirk Wilna die Neufassung der Passagen über die Aufsicht über die Schulen beeinflußt. Jedes Gymnasium und jede Kreisschule erhielt einen hauptamtlichen Schulinspektor, der nur noch für die Aufrechterhaltung der Disziplin innerhalb der Schule

---

[50] RGIA, f. 733, op. 1, d. 146, l. 265.
[51] Ebenda, f. 737, op. 1, d. 21, ll. 1-8ob.
[52] Sbornik postanovlenij, T. 2.1., štaty i priloženija, S. 2-5.
[53] Ebenda, S. 5-8.
[54] Ebenda, S. 242-253.

zuständig war und zu drakonischen Maßnahmen, darunter auch Körperstrafen, greifen konnte.[55] Hierin lag die eigentliche Verschärfung des Schulstatuts.

Cynthia Whittaker hat den überragenden Anteil herausgearbeitet, den Sergej Uvarov bei der Abfassung des Statuts gehabt hatte.[56] Sicherlich ging auf seine Initiative die Verlängerung der jeweiligen Schulzeiten und die Schwerpunktsetzung in den altsprachlichen Gymnasien zurück. Doch war er bei zahlreichen Sitzungen des Komitees schlichtweg nicht anwesend, in denen es um die Feinarbeit am Statut gegangen war. Die Offenhaltung der Schulen für alle freien Stände wurde von ihm zwar unterstützt, letztlich jedoch von Lieven durchgefochten. Auch das schon erwähnte Pädagogische Institut wurde von Lieven beim Zaren gegen dessen Vorbehalte durchgesetzt,[57] selbst wenn Uvarov einen Großteil der Arbeit insofern geleistet hatte, als Passagen aus dem *ustav* der Vorgängerinstitutionen direkt übernommen worden waren.[58] Als 1828 das Institut seine Arbeit aufnahm,[59] waren zwei Abteilungen gebildet worden, die jeweils Lehrer für die Gymnasien und die Kreisschulen ausbilden sollten. Auch von den Kreisschullehrern wurde dabei die Beherrschung fachspezifischer Kenntnisse erwartet, die über denjenigen lagen, die das vollständige Curriculum eines Gymnasiums vermitteln sollte.

Das ebenfalls von Lieven initiierte Projekt eines „Professoreninstituts" an der Universität Dorpat, das kurzfristig einheimische Professoren ausbilden sollte,[60] verwies auf die noch offene Frage der Universitätsstatuten. Das von Nikolaus eingesetzte Komitee hatte sich intensiv mit der Frage auseinandergesetzt, wie die Fakultäten künftig zu organisieren seien, über welche Rechte der Rektor als Vertreter der Professoren verfügen und welche Weisungsbefugnisse der Direktor als Leiter der Universitätsverwaltung besitzen sollte.[61] Intensiv war darüber nachgedacht worden, wie die Disziplin unter den notorisch unruhigen Studenten in Char'kov, Sankt Petersburg und Kazan'

---

[55] Ebenda, S. 217, 236 f.
[56] Whittaker, The Origins, S. 132 f.
[57] Dieser Vorschlag wurde von Georg Friedrich Parrot mit Unterstützung Speranskijs eingebracht: RGIA, f. 733, op. 1, d. 146, ll. 191 ob-198.
[58] *Ustav* vom 30.9.1828 in: Sbornik postanovlenij, T. 2.1., S. 158-190.
[59] Kratkoe istoričeskoe obozrenie dejstvij glavnogo pedagogičeskogo instituta. SPb. 1859, S. 2-4. Zur finanziellen Ausstattung: Sbornik postanovlenij, T. 2.1., štaty i priloženija, S. 60 f.
[60] Es war ausschließlich für russische Untertanen des Zaren gedacht. Nach einem zwei- bis dreijährigen Kurs in Dorpat und einem Auslandsstudium in Deutschland wurde den Kandidaten eine Professur an einer Universität des Zarenreiches in Aussicht gestellt. Das "Professoreninstitut" war zwar nur kurzlebig, doch erhielt eine Reihe von russischen Professoren an diesem Institut eine durch deutsche Wissenschaftstraditionen geprägte Ausbildung. Die Geschichte dieses Instituts ist aufgearbeitet von: Paina, E. S., Professorskij institut pri Tartuskom universitete (1828-1838) i russko-pribaltijskie naučnye svjazi (Po materialam CGIA SSSR), in: Iz istorii estestvoznanija i techniki Pribaltiki 2 (1970), S. 131-148; Maurer, Hochschullehrer, S. 155-166.
[61] RGIA, f. 737, op. 1, d. 149, ll. 24-26, 188-199; d. 47, ll. 1-27.

4.1.3. Bildungsgesetzgebung zur Zeit Nikolaus' I.

aufrecht erhalten werden könne.[62] Die Beaufsichtigung aller Schulen durch ein eigenes Schulkomitee an der jeweiligen Universität wurde zwar diskutiert, doch war eine Neufassung in dem Entwurf für ein Statut, der 1832 dem Zaren vorgelegt wurde und der abgesehen von Vorschlägen für eine Aufstockung des wissenschaftlichen Personals, insbesondere der Einrichtung von theologischen Lehrstühlen als Gegengewicht zu den philosophischen sowie Budgeterhöhungen, keine größeren Veränderungen vorsah, nicht beabsichtigt.[63] Nikolaus schenkte diesem Entwurf zunächst keine Beachtung, um ihn schließlich unbearbeitet wieder dem Ministerium zuzuleiten.[64]

Ereignisse der „großen" Politik sollten von nun an die Diskussion über die künftige Gestalt der Bildungslandschaft des Zarenreiches nachhaltig beeinflussen: Im November 1830 kam es infolge der Pariser Julirevolution zu einem Aufstand in Warschau, der sich, getragen zunächst von adligen polnischen Offizieren, zu einem regelrechten russisch-polnischen Krieg auswuchs, schließlich aber mit einer militärischen Niederlage der Polen endete. Der Zar sah sich in seiner Revolutionsfurcht und in seiner Auffassung, das Zarenreich müsse ein Bollwerk gegen revolutionäre Umtriebe bilden, bestätigt[65] und schritt sofort zur Tat. Mit Hinweis auf die Schulung seiner Untertanen im Ausland schrieb Nikolaus am 18.2.1831 in einem *ukaz* an den Senat: „[...] die jungen Leute kehren nach Rußland zurück mit einem höchst falschen Verständnis für ihr Land. In Unkenntnis seiner wahren Bedürfnisse, Gesetze, Gebräuche der Ordnung und nicht selten gar der Sprache entwickeln sie Gefühle, die gegen das Vaterland gerichtet sind."[66] Die Konsequenz war, daß verboten wurde, Kinder unter 18 Jahren zu Studien ins Ausland zu schicken, um zu gewährleisten, daß sie eine heimische Gymnasialausbildung absolvierten und damit gewissermaßen eine erste Prägung durch „russische" Bildungsinhalte erfuhren. Sodann hob er die Verfassung Kongreßpolens auf, schloß die Universität Warschau und trieb damit die bildungswillige polnische Elite in die Opposition.[67] Auch die Westgubernien waren von der Bewegung der Aufständischen ergriffen worden.[68] Nachdem Nikolaj Novosil'cev, Kurator des Lehrbezirks Wilna, zunächst gemeldet hatte, die Warschauer Erhebung habe keine Auswirkung auf den Lehrbetrieb an der Universität Wilna gezeigt, kam es doch noch zu lautstarken Manifestationen der Wilnaer Studenten, die sich erneut organisiert hatten. Diesmal ließ sich Nikolaus nicht

---

[62] Deren „Umherziehen in der Stadt" wurde zu diesem Zeitpunkt auch bei den konservativsten Mitgliedern des Komitees auf übermäßigen Alkoholgenuß und nicht auf politische Motive zurückgeführt. Hierzu nachgerade minutiös: Nasonkina, L. I., Moskovskij universitet posle vosstanija dekabristov. Moskva 1972, S. 91-124.
[63] Der Entwurf vom Oktober 1832 in: RGIA, f. 737, op. 1, d. 50, ll. 1-48, 63-68.
[64] Ebenda, d. 49, ll. 76-79.
[65] Hierzu generell: Orlik, O. V., Rossija i francuzskaja revoljucija 1830 goda. Moskva 1968.
[66] Sbornik postanovlenij, T. 2.1., S. 423 f.
[67] Wawrykowa, „Für eure und unsere Freiheit", S. 100-114.
[68] Thaden E. C., Russia's Western Borderlands 1710-1870. Princeton 1984, S. 121-123.

wie sein Bruder im Jahre 1823 von Novosil'cev überzeugen, daß die Ausbildungsstrukturen der Universität intakt seien. Er schloß die Universität Wilna. Zugleich verlieh er seiner Überzeugung Ausdruck, daß die laxe Politik des Ministeriums dazu geführt habe, daß weder der obligatorische Russischunterricht an den dortigen Schulen durchgesetzt noch der Einfluß der katholischen Geistlichkeit auf das Bildungswesen minimiert worden seien.[69]

Nikolaus fand seine Antworten auf die von ihm als Insubordination empfundene Herausforderung im Alleingang, also ohne Rücksprache mit dem Ministerium: Das gesamte Bildungswesen Kongreßpolens wurde dem Statthalter General Paskevič, der den Aufstand niedergeworfen hatte, unterstellt.[70] Erst 1839 wurde der Lehrbezirk Warschau gebildet und erst zu diesem Zeitpunkt wurde die Aufsicht über die Lehrpläne dem Ministerium für Volksaufklärung übertragen. Studenten aus Kongreßpolen mußten, sofern sie im Staatsdienst arbeiten und Karriere machen wollten,[71] an den Universitäten des Zarenreiches studieren.[72] Der Lehrbezirk Wilna wurde zerschlagen und die übrigen Lehrbezirke teilweise neu strukturiert. Ein weißrussischer Lehrbezirk wurde aus den Gouvernements Vitebsk, Mogilev, Minsk, Wilna, Grodno und Białystok gebildet;[73] die Gouvernements Podolien und Volhynien wurden dem Lehrbezirk Char'kov zugeschlagen. 1830 wurden das Gouvernement Odessa mit dem Richelieu-Lyzeum als Leitinstitution höherer Bildung und die „neurussischen" Gouvernements Taurien und Cherson vom Lehrbezirk Char'kov abgetrennt und zum Lehrbezirk Odessa vereinigt.[74] Lieven hatte diesen Vorschlag unterbreitet, um die von Russen besiedelten neuen Gouvernements von den ukrainischen, teils polonisierten Gebieten abzutrennen, da dort eine andere Kultur herrsche. Nikolaus stimmte der Maßnahme zwar zu, nicht

---

[69] Nikolaus stützte sich bei seinen Ausführungen auf einen umfangreichen Rapport über eine Inspektionsreise, die Graf F. Plater im Auftrag des Ministeriums durch die Westgubernien unternommen hatte (RGIA, f. 733, op. 62, d. 907, ll. 1-25).
[70] Ščerbatov, A. P., General-fel'dmaršal knjaz' Paskevič. Ego žizn' i dejatel'nost'. T 5: 1832-1847. SPb. 1896, S. 17 f., 66-72, 186 f., 200 f., 248-252.
[71] Siehe hierzu: Koestler, N., Intelligenzschicht und höhere Bildung im geteilten Polen, in: Conze, W. (Hrsg. u.a.), Bildungsbürgertum im 19. Jahrhundert. Teil I: Bildungssystem und Professionalisierung in internationalen Vergleichen. Stuttgart 1985 (= Industrielle Welt, 38), S. 186-206; Czepulis-Rastenis, R., Klasa umysłowa. Inteligencja Królestwa Polskiego, 1832-1862. Warszawa 1973. Als eigentlicher Anziehungspunkt für die polnische *intelligencija* sollten sich jedoch die galizischen Landesuniversitäten Lemberg und Krakau im österreichischen Teilungsgebiet erweisen.
[72] D'jakov, V. A., Pol'skie studenčeskie organizacii 30–60-ch gg. XIX veka v rossijskich universitetach, in: Ščapov, Ja. N. (Hrsg. u. a.), Pol'skie professora i studenty v universitetach Rossii (XIX - načalo XX v.) Varšava 1995, S. 20-27. In Moskau und Sankt Petersburg wurden daher eigens Lehrstühle für polnisches Privatrecht eingerichtet.
[73] RGIA, f. 732, op. 1, d. 31, ll. 293-295.
[74] Ebenda, f. 737, op.1, d. 63, ll.1-3; f. 733, op. 78, d. 18, ll. 2-4.

4.1.3. Bildungsgesetzgebung zur Zeit Nikolaus' I.

jedoch der Begründung: Da es sich bei all diesen Gouvernements um russisches Land handele, sei dies eine rein administrative Maßnahme.[75]

Einigkeit herrschte jedoch darüber, daß in den Westgubernien eine Universität gegründet werden müsse, die den Kindern des lokalen Adels eine Erziehung bieten könne, die einerseits den Bedürfnissen der Region entgegenkäme, andererseits aber keinerlei nationalpatriotischen, gar zentrifugalen Kräften Vorschub leiste, wodurch Lievens Begründung des Neuschnitts der Lehrbezirke im Nachhinein gerechtfertigt wurde. Die neue Universität hatte jenseits der in Wilna etablierten Bildungstraditionen eine höhere Ausbildung anzubieten, die den Staat in naher Zukunft mit loyalen Beamten versorgen sollte. Der Standort wurde von Nikolaus im Alleingang ausgewählt: Er entschied sich für Kiev und wies der zukünftigen Universität gleichzeitig einen eigenen Lehrbezirk zu. Im Gegensatz zu den anderen Universitäten des Zarenreiches erhielt die Universität auch einen Namen. Sie wurde nach Vladimir dem Heiligen benannt, der der Rus' das orthodoxe Christentum gebracht hatte, und schon die Wahl dieses Namens war Programm.[76] Bereits in der katharinäischen Schulkommission war der Gedanke aufgekommen, die Kiever Geistliche Akademie zu einem Bollwerk russischer Bildung in der Ukraine auszubauen. Nikolaus machte mit seiner Wahl darüber hinaus sein Verständnis von historischer Einheit und Rechtsnachfolge deutlich.

Die Universität Kiev wurde im Dezember 1832 gegründet, doch existierten zu diesem Zeitpunkt weder ein Statut für die neue Gründung noch Personal. Nikolaus hatte angeordnet, daß keinesfalls Lehrkräfte der alten Universität Wilna angestellt werden sollten, die den Geist der Insubordination in die neue Einrichtung tragen könnten. Der Kurator des neuen Lehrbezirks Kiev, Georg (Egor) von Bradke (1796-1861), schlug daher vor, das Personal des Lyzeums von Kremenec zu nutzen, welches den Schülern Ausbildung auf einem universitären Niveau geboten habe und an dessen Loyalität seiner Auffassung nach trotz der polnischen Herkunft keinerlei Zweifel bestehe, und in Kiev einzusetzen.[77] So wurde ein großer Teil der Lehrkräfte des Lyzeums zu Professoren in Kiev ernannt, mit ihnen wurde die hervorragende Bibliothek, die auch die Bestände des ehemaligen jesuitischen Kollegs in Polock umfaßte, nach Kiev transferiert.[78] Zum ersten Rektor der Universität wurde, und auch dies war programmatisch, ein Absolvent der Moskauer Universität, M. O. Maksimovič, ernannt,[79]

---

[75] Diese Kontroverse führte zu einer Entfremdung zwischen Nikolaus und Lieven, so daß dieser schließlich im März 1833 von seinem Amt zurücktrat.
[76] Vladimirskij-Budanov, Istorija, S. 290 f.
[77] Bradke, E. F. fon, Avtobiografičeskie zapiski, in: RA 13 (1875), 3, S. 257-294, hier S. 273 f.
[78] Auch Teile der Wilnaer Universitätsbibliothek wurden nach Kiev verbracht (Sbornik postanovlenij, T 2.1., S. 276 f.).
[79] Der Ukrainer Maksimovič war ein Freund Sergej Uvarovs und des konservativ-slavophil gesonnenen M. P. Pogodin, jedoch kein Befürworter uneingeschränkter Russifizierungstendenzen. Er ging von einer historischen Nähe von Ukrainern, Russen und Polen aus, zugleich jedoch von deren kultureller

der den Lehrstuhl für russische Sprache und Theologie erhielt.

Als 1833 schließlich Sergej Uvarov, dessen Kompetenz und Bildung selbst bei seinen Gegnern anerkannt war,[80] Minister für Volksaufklärung wurde, bestand seine vorrangige Aufgabe zunächst darin, in großer Eile ein Statut für die Universität Kiev auszuarbeiten. In nur wenigen Wochen legte er ein bereits im Dezember 1833 verabschiedetes Gesetzeswerk vor,[81] das Elemente der Unversitätsstatuten von 1803/04 mit Elementen stärkerer Aufsicht über die Studenten kombinierte;[82] damit folgte es in der Tendenz dem Schulstatut von 1828. Kiev erhielt als erste Universität im Zarenreich nicht nur theologische Lehrstühle, sondern eine theologische Fakultät, in der sowohl orthodoxe als auch katholische Theologie vertreten waren. Der im Namen der Universität postulierte Anspruch bildete sich dagegen nicht im Statut ab: Uvarov ging es - wie auch bei den anderen Universitäten - vor allem um die Gewährleistung von Forschung und Lehre, die beide am westeuropäischen Niveau orientiert waren, so daß er neben den naturwissenschaftlichen und medizinischen Lehrstühlen, die unumstritten waren, auch einen Lehrstuhl für Philosophie schaffen wollte und schließlich durchsetzen konnte. Die im Komitee viel diskutierte Frage der Schulaufsicht wurde wie in den Statuten der Jahre 1803/04 gelöst. Ein von Professoren gebildetes Schulkomitee sollte die Aufsicht führen, die Arbeit der Schulinspektoren überwachen und die Bildungseinrichtungen visitieren. Über Erfolg oder Mißerfolg der Universität sollte nach Aufnahme des Lehrbetriebes zum Wintersemester 1834[83] die Frage entscheiden, ob es gelingen würde, einen großen Anteil adliger Studenten, womöglich auch aus Zentralrußland, für ein Studium in Kiev zu interessieren. Das Ziel im Falle der Kiever Neugründung war folglich nicht die Schaffung einer Funktionselite, sondern eher ein teilweiser Austausch der bereits existierenden, zumindest aber eine Bewußtseinsänderung der zukünftigen Funktionselite im Verhältnis zum russischen Staat.

Während dieser Ereignisse hatte die Überarbeitung des Entwurfs, den Lieven für ein einheitliches Universitätsstatut vorgelegt hatte, wenig Fortschritte gemacht. Nikolaus hatte diesen Entwurf unter anderem deshalb an das Komitee zurückverwiesen, weil er die universitäre Gerichtsbarkeit in Disziplinarangelegenheiten für zu milde hielt.[84]

Eigenständigkeit. Beides ließ sich für ihn gerade unter dem Dach der Autokratie realisieren. Hierzu und zu seiner Person: Saunders, D., The Ukrainian Impact on Russian Culture, 1750-1850. Edmonton 1985, S. 154-156; Flynn, University Reform, S. 188 f.

[80] [Čičerin, B. N.], Vospominanija B. N. Čičerina. Moskva 1991 (= Russkoe obščestvo 40-50-ch godov XIX v., 2), S. 25.
[81] Publiziert in: Sbornik postanovlenij, T. 2.1., S. 667-683.
[82] So von Uvarov ex post noch einmal betont in seinem Rechenschaftsbericht: [Uvarov, S. S.], Desjatiletie Ministerstva narodnogo prosveščenija. SPb. 1864, S. 133-135.
[83] Hierzu die nüchterne Eröffnungsrede des Kurators von Bradke in: ŽMNP 2 (1834), S. 300-309.
[84] RGIA, f. 737, op. 1, d. 49, l. 78.

4.1.3. Bildungsgesetzgebung zur Zeit Nikolaus' I.

Uvarov legte den Entwurf jetzt Michail Speranskij zur genaueren Durchsicht vor,[85] der, mit Fragen der Gesetzeskodifikation befaßt, am meisten juristischen Sachverstand innerhalb des Komitees besaß. Speranskij erstellte eine Expertise, welche in ihrem Kern auf die Bewahrung der akademischen Freiheit zielte. Er schlug vor, das Statut in der Weise umzuarbeiten, daß der Universität in allen inhaltlichen Fragen der Lehre ihre Autonomie erhalten bliebe. Dazu zählte für ihn auch, daß die Professoren weiterhin nur mit Zustimmung der Universitätsgremien ernannt werden durften und nicht unmittelbar durch den Minister, wie es im Falle der im Aufbau befindlichen Universität Kiev geschehen war. Dazu gehörte ebenso, daß die Zensur für den akademischen Bereich weiterhin eine Angelegenheit der Universität blieb.[86] Auch sollte der Rektor weiterhin aus dem Kreis der ordentlichen Professoren gewählt werden. Im Gegenzug könnte auf die universitäre Gerichtsbarkeit verzichtet werden. Vor allem aber sollten sich die Professoren und Adjunkten seiner Meinung nach ihrer wissenschaftlichen Arbeit an der Universität widmen und daher die zeitintensive Schulaufsicht an den Kurator und seine Mitarbeiter abgeben.

„Die Universitäten sollen sich auf ihre wesentlichen Aufgaben konzentrieren",[87] schrieb Uvarov in seinem Bericht an Nikolaus über das Universitätsstatut, das schließlich im Juli 1835 nach weiteren Debatten im Komitee verabschiedet wurde.[88] Vieles von dem, was Speranskij vorgeschlagen hatte, hatte Eingang in den *ustav* gefunden: Die inneruniversitäre Gerichtsbarkeit war minimiert worden. Zudem wurden die Universitäten verpflichtet, jeweils umfangreiche Polizeiordnungen für den Umgang der Studenten untereinander zu erstellen. Uvarov hatte seinen Wunsch, der Minister solle Professoren unmittelbar ernennen können, fallengelassen. In bezug auf die Rektorenwahl war nun vorgesehen, daß der Minister einen von drei aus der Universität vorgeschlagenen Kandidaten würde auswählen können. Das Leitungsgremium der Universität bestand aus dem Rektor, den Dekanen sowie dem Direktor mit der Zuständigkeit für Administration und Haushalt. Die Aufrechterhaltung der äußeren Ordnung und Disziplin innerhalb der Universität wurde sehr viel stärker betont als in den Statuten von 1803/04 und der Tendenz des Schulstatuts von 1828 angepaßt.[89] Die Zahl der Lehrstühle wurde

---

[85] Kočubinskij, A. [A.], Graf Speranskij i universitetskij ustav 1835 goda, in: VE (1894), 4, S. 655-683, 5, S. 5-43.
[86] RGIA, f. 737, op. 1, d. 52, l. 89.
[87] [Uvarov, S. S.] Obščij otčet, predstavlennyj ego Imperatorskomy veličestvu po ministerstvu narodnogo prosveščenija, in: ŽMNP (1836),10, otd. 1, S. VIII.
[88] Sbornik postanovlenij, T. 2.1., S. 969-997.
[89] Vorausgegangen waren disziplinarische Regelungen für die Studenten der Universitäten Dorpat, Char'kov und Moskau (Sbornik postanovlenij,T. 2.1., S. 517, 524, 530-534; Sbornik razporjaženij, T. 2, S. 39).

erhöht,⁹⁰ die Professorengehälter wurden massiv heraufgesetzt⁹¹ und die Haushaltsansätze pro Universität mehr als verdreifacht.⁹² Vor allem aber wurde keine Regelung über Inhalte der Lehre oder gar ein verbindlicher Fächerkanon in das Statut aufgenommen. Die inneruniversitäre Freiheit der Forschung und Lehre, auf die Speranskij und Uvarov Wert gelegt hatten, war erhalten geblieben und sollte von den Professoren auch genutzt werden. Wie Speranskij vorgeschlagen hatte, wurde der Universität die Aufsicht über das Schulsystem völlig entzogen. Der Kurator, dem nun qua *ustav* Residenzpflicht am Universitätsort auferlegt wurde, war jetzt mit seinem Stellvertreter - einem Posten, der neu eingerichtet worden war - und einer Reihe von Schulinspektoren für die Aufsicht über das Schulwesen zuständig. Damit fand eine im europäischen Vergleich einmalige Regelung der Schulaufsicht ihr Ende.

Waren die Statuten von 1828 und 1835 Ausdruck des Reformwillens oder der Reaktion?⁹³ Sicher trugen die Gesetzgebungswerke reaktiven Charakter, weil sie einerseits klar gesetzten politischen Vorgaben des Zaren, andererseits aktuellen politischen Entwicklungen genügen mußten. Auch waren sie insofern konservativ, als sie das Moment der Disziplin stärker hervorhoben. Im Bereich der Universitäten wurden jedoch keinerlei inhaltliche Vorgaben gemacht, und bei den Schulen läßt die Ausrichtung auf klassische Sprachen nicht zwingend den Schluß des unbedingten Konservatismus zu. Das ausgegliederte Komitee zur Durchsicht der Schulbücher hatte sich beispielsweise zwar auf verbindliche Grammatiken, jedoch nicht auf einen einheitlichen Kanon von Autoren einigen können.⁹⁴ Auch in diesem Fall war die konkrete inhaltliche Ausgestaltung weitgehend offen geblieben, offener jedenfalls als in den Schulen des katharinäischen Schulstatuts. Die Debatten des Komitees waren dadurch gekennzeichnet, daß weitergehende bildungspolitische Vorstellungen nicht entwickelt werden <u>konnten</u> und umfassende bildungspädagogische Konzepte über eine Flut von Detailregelungen nicht entwickelt <u>wurden</u>. Die Mehrheit der Mitglieder war ungeachtet ihrer politischen Einstellungen an optimaler Gewährleistung von Fachwissenschaft und Fachausbildung interessiert. Der Enthusiasmus, der die Debatten der katharinäischen Schulkommission, aber auch des „Inoffiziellen Komitees" der Jahre 1802/03 gekennzeichnet hatte, war allerdings verschwunden.

---

⁹⁰ In Kazan' und Sankt Petersburg wurden die Abteilungen für östliche Sprachen stark ausgebaut bzw. neu gegründet (RGIA f. 737, op. 1, d. 49, ll. 178ob-191ob; d, 150, ll. 92-95).
⁹¹ Zur Diskussion um die Professorengehälter: Ebenda, d. 47, ll. 49-56.
⁹² Das Statut von 1804 hatte für die Moskauer Universität 130.000 Rubel vorgesehen; auch wenn der Etat durch zwischenzeitliche zusätzliche Mittelzuweisungen auf 220.000 Rubel angewachsen war, bedeutete doch auch hier der Etatansatz von 450.000 Rubel eine Erhöhung um das Doppelte. Zur Finanzierung: Popov, S. S. Uvarov i podgotovka obščego ustava rossijskich universitetov, S. 24-26.
⁹³ Es ist bezeichnend, daß die Verfasser neuerer, postsowjetischer Untersuchungen keine Gesamteinordnung in den politisch-gesellschaftlichen Kontext vorzunehmen versuchen: Petrov, Rossijskie universitety, Kn. 3, S. 312 f.; Popov, Uvarov, S. 27.
⁹⁴ Sbornik postanovlenij, T: 2.1., S. 999.

4.1.3. Bildungsgesetzgebung zur Zeit Nikolaus' I. 363

Die Debatten im „Komitee zum Umbau der Lehranstalten" waren dadurch charakterisiert, daß sie Begriffe, die in offiziellen Verlautbarungen dominierten, aufgriffen. Von Ordnung (*porjadok*) als Gegensatz zu Unordnung/Unruhe (*bezporjadok*), gar Aufstand (*mjatež*) im Falle der Polen war die Rede. Das Antithetische war gleichsam bestimmend und machte damit das reaktive Element in der Debatte aus. Diese Begriffe fanden sich auch in der Sprache der Statuten von 1828 und 1835 sowie in zahllosen Einzelverordnungen wieder und wurden auch in anderen Bereichen kennzeichnend für den nikolaitischen Staatsabsolutismus. Die Versuche des Komitees, aus diesen Begriffen eine ins positive gewendete Vision zu entwickeln, waren hingegen schwach ausgefallen. Bei Šiškov, Magnickij, Nikolaus und anderen war vom „Volk", von der „Rechtgläubigkeit" und von den Erfordernissen des Staates die Rede gewesen, die im Bildungswesen Berücksichtigung zu finden hätten. Diese Versatzstücke bot Uvarov dem Zaren 1833 in einer griffigen Formel gleichsam als Staatsideologie an:

„Es ist unsere gemeinsame Pflicht zu gewährleisten, daß die Erziehung des Volkes entsprechend dem Höchsten Willen unseres erlauchten Monarchen im gemeinsamen Geist von Rechtgläubigkeit [*pravoslavie*], Autokratie [*samoderžavie*] und Volksverbundenheit [*narodnost*] erfolgt. Ich bin überzeugt, daß jeder Professor und Lehrer, durchdrungen vom gleichen Gefühl der Hingabe für Thron und Vaterland, all seine Kräfte aufbieten wird, um ein würdiges Werkzeug der Regierung zu werden und ihr vollständiges Vertrauen zu erwerben."[95]

Während die Gesetzgebung zum Bildungswesen noch nicht abgeschlossen war, lieferte Uvarov parallel zu diesem Vorgang Nikolaus schon das begriffliche Instrumentarium, das seinem Staat eine „Idee"[96] verleihen sollte. War für Peter I. das Wohl des Staates Rechtfertigung genug gewesen, hatte Katharina dieses Staatswohl mit Konzepten der Aufklärung verknüpft, Alexander die Prinzipien der Heiligen Allianz zu Leitlinien der russischen Politik werden lassen, so ging Uvarov nun daran, die ideologischen Grundlagen staatlichen Handelns neu zu definieren. An die Seite der Autokratie trat die Orthodoxie und damit die Mehrheitsreligion des Vielvölkerimperiums. Um die zahlreichen anderen Ethnien jedoch nicht auszugrenzen, konnte aus diesen beiden Pfeilern nicht allein ein Leitbild abgeleitet werden. Die nationale Idee, verkörpert durch das

---

[95] Cirkuljarnoe predloženie G. Upravljajuščego Ministerstva Narodnogo Prosveščenija o vstuplenii v upravlenie Ministerstvom, in: ŽMNP 1 (1834), S. I. Dieses Prinzip wiederholte Uvarov öffentlich mehrfach u. a. in dem Rechenschaftsbericht aus Anlaß seiner zehnjährigen Ministertätigkeit: [Uvarov], Desjatiletie, S. II f. Nikolaus segnete dieses offizielle Prinzip des Staatspatriotismus seiner Herrschaft nach einem Vortrag Uvarovs am 19.11.1833 ab. Siehe seinen Vortrag in: Ševčenko, M. M. (Hrsg.), Doklady ministra narodnogo prosveščenija S. S. Uvarova imperatoru Nikolaju I., in: Reka vremen 1 (1995), S. 67-78, insbesondere S. 70-72.
[96] Fedor Tjutčev (1803-1873) hielt es 1848 angesichts der Revolution für ausreichend, von einer „russischen Idee" zu sprechen, als er „Rußland" und „Revolution" als zwei einander sich ausschließende Zivilisationsprinzipien benannte (Tjutčev, F.J., Russland und der Westen. Politische Aufsätze. Berlin 1992 (= Stimmen aus Rußland, 1), S. 62, 64).

Volk (*narod*), vervollständigte das Uvarovsche Gedankengebäude der Trinität. Die *narodnost'*,[97] ideengeschichtlich verwurzelt bei Johann Gottfried Herder und der deutschen idealistischen Philosophie eines Schelling, appellierte an das Vaterlandsgefühl, die Verbundenheit mit dem Herrscher und den Dienst für den Staat. Die Trinität[98] markierte damit das zukünftig im öffentlichen Diskurs offiziell Erlaubte - konnte allerdings auch das Gegenteil erzielen.[99] Diese genau genommen nachgeschobene Ideologie bot bis 1848[100] den Schild, unter dem sich die weitere bildungspolitische Entwicklung vollzog, deren Hauptanliegen es war, die begonnene Effektivierung der sich herausbildenden Funktionselite zu stabilisieren, was bei aller Polemik gegen Uvarov und sein System auch weitgehend gelang.

In seiner Geschichte der Moskauer Universität faßte Stepan Ševyrev 1855 die Tätigkeit des Ministeriums für Volksaufklärung zusammen und gab zugleich einen Ausblick.[101] Die dreißig Jahre der Herrschaft Nikolaus' waren nach seiner Auffassung eine Epoche, in der die Grundlagen für die Entwicklung aller geistigen Kräfte des russischen Volkes und des russischen Staates gelegt worden seien. Ziel sei es gewesen, das staatliche Bildungswesen zu vereinheitlichen und gleichzeitig alle Sprachen und Religionen des Russischen Reiches zu fördern; daran habe man sich weiterhin zu orientieren. Das Fundament sei inzwischen gelegt, und nun gelte es, alle Bildungsinstitutionen dem europäischen Niveau anzunähern.

---

[97] Nicht mehr in allen Aspekten aktueller Stand der Forschung: Koyré, La philosophie, S. 286-302; Riasanovsky, N. V., Nicholas I and Official Nationality in Russia, 1825-1855. Berkeley usw. 1961. Zur Kritik: Saunders, The Ukrainian Impact, S. 231-239; Zorin, Ideologija „Pravoslavie-Samoderžavie-Narodnost'", S. 120-128.

[98] Diese Trinität, insbesondere das Element der *narodnost'* umfaßte damit mehr, als Benedict Anderson meinte. Zudem zitiert er diesen Bestandteil falsch als *nacional host*, was in der Tat besser zu seiner These von der gewollten Fusion von Nation und dynastischem Reich paßt; vgl. Anderson, Die Erfindung der Nation, S. 80, sowie Osterrieder, M., Von der Sakralgemeinschaft zur modernen Nation. Die Entstehung eines Nationalbewußtseins unter Russen, Ukrainern und Weißruthenen im Lichte der Thesen Benedict Andersons, in: Schmidt-Hartmann, E. (Hrsg.), Formen des nationalen Bewußtseins im Lichte zeitgenössischer Nationalismustheorien. München 1994 (= Bad Wiesseer Tagungen des Collegium Carolinum, 20), S. 197-232, insbesondere S. 219 f.

[99] Zum „entgegengesetzten" Effekt dieser Rezeption im studentischen Kreis um N. V. Stankevič, dem auch A. I. Herzen und N. P. Ogarev angehörten, siehe: Nasonkina, Moskovskij universitet, S. 285-315.

[100] Zur Bedeutung des Jahres 1848: Schulze Wessel, Städtische und ländliche Öffentlichkeit; Ševčenko, M. M., Pravitel'stvo, cenzura i pečat' v Rossii v 1848 godu, in: VMGU, Serija 8, istorija (1992), 1, S. 16-26; Berlin, I., Russia and 1848, in: ders., Russian Thinkers. 3. Aufl. Toronto 1978, S. 1-21; Liszkowski, Vom monarchischen Prinzip zur roten Republik, S. 228-239; zur europäischen Dimension: ders., Rußland und die Revolution von 1848/49. Prinzipien und Interessen, in: Jaworski R. (Hrsg. u. a.), 1848/1849. Revolutionen in Ostmitteleuropa. München 1996 (= Bad Wiesseer Tagungen des Collegium Carolinum, 18), S. 343-369; Michajlov, M. I., 1848 god: Rossija i Germanija, in: Tupolev, B. M., Rossija i Germanija, Vyp. 1, Moskva 1998, S. 148-166.

[101] Ševyrev, Istorija, S. 468-470 (Zitate S. 469, 470).

Ševyrev, ausgewiesener Slavophiler, faßte mit diesen Worten die Leitlinien der Uvarovschen Bildungspolitik zusammen und benannte - wortgewaltig, aber vielleicht ungewollt - das Spannungsverhältnis, das dieser Politik zugrunde gelegen hatte: Loyalität gegenüber dem Thron, das russische Volk im Zentrum, aber letztlich auch ein Staatspatriotismus, der alle Untertanen des Vielvölkerimperiums ansprechen sollte, hatten kombiniert zu werden mit einem Erziehungs- und Bildungssystem, das auf höchstem Niveau Errungenschaften der Natur- und Geisteswissenschaften vermitteln sollte. Zugleich gestand Ševyrev ein, daß dieses Ziel noch nicht erreicht war. Die Uvarovsche Trinität mit dem entstandenen Bildungssystem zu kombinieren, ließ sich sicher auf der Ebene der Elementar- und Kreisschulen besser verwirklichen als auf der Ebene der Gymnasien und Universitäten, ohne bei deren Absolventen, die als Funktionselite für die sich ausweitende Bürokratie und die sich durch die Protoindustrialisierung wandelnde Ökonomie benötigt wurde, gedanklichen Dissens auszulösen. Uvarov war sich bewußt gewesen, daß für die verständige Rezeption auch vermeintlich unverdächtiger Wissenschaften, die Nikolaus im Rahmen der von ihm mit Wohlwollen betrachteten Fachausbildung fördern wollte, ein gewisses Maß an geistiger Auseinandersetzung nötig war, das nicht zu stark reglementiert werden durfte. So trugen seine jährlichen *otčety*, die im *Žurnal Ministerstva Narodnogo Prosveščenija* publiziert wurden, auch einen defensiven Ton, und sein Rückblick auf zehn Jahre Ministertätigkeit war - neben aller Selbstdarstellung - auch ein Dokument, das dem Erhalt der entstandenen Bildungslandschaft dienen sollte.[102]

Auch andere aufgeklärte Bürokraten sahen dieses Spannungsverhältnis und standen eben wegen dieser Haltung, die zwar unverrückbare Loyalität ausdrückte, aber von konservativen Amtsträgern beargwöhnt wurde, anhaltender Kritik der gesellschaftlichen Opposition gegenüber. Diese Kritik wurde insbesondere in der Kontroverse zwischen Westlern und Slavophilen geäußert, die bisweilen eine Ersatzfunktion für den Bildungsdiskurs, der stark an Intensität verloren hatte, übernahm. War gegen Ende des 18. Jahrhunderts über umfassende Bildungskonzepte diskutiert worden, ging es nun nur noch um einzelne Fächer bzw. um Teilinhalte von Fächern; war gegen Ende des 18. Jahrhunderts darüber nachgedacht worden, ob man es erreichen könne, dem Untertanen eine Erziehung angedeihen zu lassen, die ihn zu einem verantwortlich handelnden Individuum formte, rückte nun die Frage, welche Gruppe überhaupt sinnvollerweise in den Genuß von Bildung kommen sollte, in den Vordergrund. Dahinter stand staatlicherseits die Angst vor dem eigenverantwortlich handelnden Individuum. Diese Befürchtungen fanden sich im zweiten Viertel des 19. Jahrhunderts auch in Deutschland, England oder Frankreich;[103] insofern erwies sich Rußland auch auf diesem Feld der

---

[102] [Uvarov], Desjatiletie.
[103] Bamford, Public Schools, S. 230-233; Schleunes, Schooling and Society, S. 99-159.

Politik als Bestandteil der Monarchien Europas. Aber das Auto- und Heterostereotyp der Andersartigkeit Rußlands, welches in verschiedenen Varianten in Uvarovs offener Gedankenwelt auftauchte, verdeckte letztlich eine Konzeptionslosigkeit und einen Mangel an Argumenten gegenüber den Prinzipien, die die Reformgesetzgebungen um die Jahrhundertwende geleitet hatten und die zu der im Diskurs vernehmbaren Opposition geführt hatten. Ševyrev verwandte den Begriff *prosveščenie* (Aufklärung) anders als Katharina, Michail N. Murav'ev und selbst als der junge Uvarov. Auch dieser Terminus war zur inhaltslosen Hülle geworden, die der Staat nicht mehr füllen konnte, weil er festsetzen wollte, was dem Einzelnen als Person und dem jeweiligen Stand an Bildung maximal zustand. Dieses Problem sahen auch die aufgeklärten Bürokraten spätestens nach der Revolution von 1848.

4.2. BILDUNGSINSTITUTIONEN IN DER PRAXIS: UMSETZUNG UND AKZEPTANZ IN DER ERSTEN HÄLFTE DES 19. JAHRHUNDERTS

4.2.1. Die Bildungsinstitutionen der Statuten von 1803/04

Die Einrichtung von Gymnasien, Kreis- und Kirchspielschulen sowie der neuen Universitäten wurde von der Öffentlichkeit aufmerksam begleitet. In den *Sankt Peterburgskie Vedomosti* findet sich eine Vielzahl von Berichten sowohl über die jeweiligen Eröffnungsfeierlichkeiten als auch über Spenden zugunsten der neuen Bildungseinrichtungen, insbesondere der Schulen. Dieses gesellschaftliche Engagement wurde durch das Ministerium öffentlichkeitswirksam gefördert, indem in der ministeriumseigenen Zeitschrift *Periodičeskie sočinenija ob uspechach narodnogo prosveščenija* jede Schulgründung verkündet, der jeweilige Ablauf der Eröffnungsfeierlichkeiten wiedergegeben sowie eine Liste der Spenden und Spender abgedruckt wurde.[1] Aufwendig gestaltete Eröffnungsfeierlichkeiten mit Festgottesdiensten, eigens komponierten Kantaten und Laienspielen, Feuerwerken und Kanonaden, aber auch mit Volksfesten,[2] sollten das Besondere des Augenblicks unterstreichen. Sie zeigten zugleich die Weiterentwicklung der lokalen Gesellschaft in Hinblick auf ihre Festkultur, auch wenn einige Elemente dieser Schuleröffnungen bereits während der Herrschaftszeit Katharinas

---

[1] Wie schon bei der Eröffnung der katharinäischen Schulen wurde mit Panegyrik nicht gespart. Der Direktor des Smolensker Gymnasiums verglich in seiner Rede Alexander I. mit den Nomotheten Lykurg und Solon, stellte damit einerseits seine Gelehrsamkeit unter Beweis und machte andererseits deutlich, welchen Traditionen sich das Lehrpersonal verpflichtet fühlen sollte; vgl. Periodičeskie sočinenija 7 (1804), S. 89. Siehe beispielsweise auch die Berichte über die Eröffnung der Universität Kazan' (ebenda 12 (1805), S. 519-523) und Char'kov (ebenda S. 550-556), die Eröffnungsfeierlichkeiten für das Gymnasium der Kosaken in Čerkassk im Juli 1805 (ebenda 13 (1805), S. 77-78), die Kreisschule von Velikij Ustjug (ebenda 14 (1806), S. 200-216) oder diejenige für die Kirchspielschule im Dorf Preobraženskoe auf den Ländereien des Fürsten Kurakin, der die Schule finanziert hatte und auch die Eröffnungsansprache hielt, in der er von dem „Licht des Wissens" sprach, das nun auch die Bauernkinder „erleuchten" solle (ebenda 15 (1806), S. 338-342).

[2] Siehe die Beschreibung der Feiern zur Eröffnung des Gymnasiums in Taganrog im September 1809 in: Sankt Peterburgskie Vedomosti (1810) 9, S. 127 f. oder des Lyzeums von Kremenec (ebenda (1805), 96, S. 1085 f.), des Gymnasiums in Irkutsk 1804 (ebenda (1805), 31, S. 979) sowie der Kreisschule von Kasimov (RGIA, f. 733, op. 28, d. 55, ll. 3-32).

verwandt worden waren. Widerstand oder Gleichgültigkeit der Bevölkerung, gar das Scheitern einer Schulgründung wurde eher in Berichten der Visitatoren der Schulkomitees an den Universitäten und der Kuratoren aktenkundig. Ein gewisser Enthusiasmus als Reaktion auf die Statuten von 1803/04 überwog jedoch, auch wenn er sich nicht immer in so wohlgesetzten Worten artikulierte, wie sie Karamzin 1803 gefunden hatte, als er die „Vorläufigen Regeln" im *Vestnik Evropy* stürmisch begrüßte. Wie schon das katharinäische Schulstatut von 1786 baute auch das jetzige - trotz einer erhöhten zentralen Mittelzuweisung für die Gymnasien - auf ein erhebliches finanzielles Engagement der Gesellschaft. Dieses läßt sich in den ersten Jahren vielfach nachweisen, auch wenn die Erwartungshaltung der Geldgeber oft eine andere war als die konkrete Verwendung der Gelder durch das Ministerium: Die finanzielle Unterstützung des Char'kover Adels für die Universität in Höhe von 400.000 Rubel wurde bereits genannt; der Adel hatte eigentlich ein Kadettenkorps unterstützen wollen, und nur den Überredungskünsten Vasilij Karazins war es zu danken, daß die Adelsmarschälle der Gouvernements ihre Zusagen nach der Gründung der Universität nicht zurückzogen.[3] Ähnlich erging es der erst vor kurzer Zeit in den russischen Adel kooptierten Nobilität Georgiens, die 10.000 Rubel für eine Adelspension zur Verfügung gestellt hatte und ein überständisch organisiertes Gymnasium erhielt.[4]

Die finanzielle Unterstützung wurde von Personen unterschiedlicher sozialer Herkunft und gesellschaftlicher Position geleistet: So überzeugte der Adelsmarschall des Städtchens Krasnoslobodsk im Gouvernement Penza 1808 den Adel, das Geld für ein Kreisschulhaus zur Verfügung zu stellen, woraufhin sich auch die Kaufleute der zweiten Gilde zur Spende eines namhaften Betrages verstanden. Ein einzelner Kaufmann ergänzte die insgesamt 900 Rubel durch die Stiftung des Bauholzes.[5] Zum Nutzen für die lokale Schule kam es also durchaus zu einem Engagement über Standesgrenzen hinweg. Auch die Spendenliste für das Gymnasium in Pskov aus dem Jahre 1817 wies nicht nur die 1.000 Rubel des Fürsten A. B. Kurakin, sondern auch kleinere Spenden von 5 Rubeln einzelner Kaufleute aus.[6] In der Spendenliste des Jahres 1812 für die Kirchspielschule von Bachči-Saraj auf der Krim fanden sich Adlige, Kanzleibeamte und

---

[3] Periodičeskie sočinenija 10 (1805), S. 298.
[4] Ebenda 3 (1803), S. 258-261. Aufgrund der noch sehr viel stärker vom Adel dominierten Gesellschaft wurde dieses Gymnasium in den folgenden Jahren nur von adligen Jungen besucht (ebenda 8 (1805), S. 96 f.), erhielt wegen Lehrermangels nur einen reduzierten Lehrplan ohne Latein und Naturgeschichte und wurde damit auf diesem Wege „schleichend" zu einer Adelspension (siehe hierzu den Rechenschaftsbericht aus dem Jahre 1810: RGIA, f. 733, op. 39, d. 96, ll. 25-80). Beschreibung der Eröffnungsfeierlichkeiten in: Periodičeskie sočinenija 8 (1805), S. 100-107. Ähnlich auch die Erwartung des Adels von Kiev bei der Eröffnung des Gymnasiums 1806 (Sbornik postanovlenij, T. 1, S. 471-473).
[5] Sankt Peterburgskie Vedomosti (1808), S. 984.
[6] Ebenda (1817), 25, S. 262.

4.2.1. Die Bildungsinstitutionen der Statuten von 1803/04

tatarische Kaufleute.[7] In Novomirgorod gab im selben Jahr neben Adligen und Bauern auch die jüdische Gemeinde 150 Rubel für die Kreisschule.[8] Für eine Kirchspielschule in der Provinz Vjatka engagierten sich neben Kaufleuten und *meščane* auch zehn Bauern mit einem Betrag von je 50 Kopeken.[9] Ein Kaufmann in Simbirsk bot 500 Rubel als Spende an, wenn die bislang existierende kleine Volksschule nicht in eine Kirchspielschule, sondern in eine Kreisschule umgewandelt werden würde, wobei er darauf verwies, daß deren Lehrpläne den Wünschen der Kaufmannschaft mehr entsprächen.[10]

Spenden, ob von Einzelpersonen oder von lokalen, teils überständischen Gruppen organisiert, bedeuteten nicht zwingend, daß eine Bewußtseinsänderung in dem Sinne erfolgt wäre, daß Adel, Kaufleute, *meščane* und Bauern bereit gewesen wären, ihre Kinder in eine gemeinsame Schule zu geben. Zunächst hatte die jeweilige Gruppe die Bildungsinteressen des eigenen Standes im Blick. Engagement versprach allerdings auch Prestige, und Spendenfreudigkeit zeigte den eigenen Erfolg, wie manche Kaufleute explizit betonten. Wohltätigkeit konnte aber auch – so begründeten manche Adlige ihre Freigiebigkeit – eine vornehme Aufgabe sein, die aus der eigenen gesellschaftlichen Position erwuchs. Dabei entstand in manchen Fällen durchaus ein gewisser Druck auf die lokale Gesellschaft, wenn beispielsweise der Gouverneur mit gutem Beispiel voranging: Als im Ort Kamyšin im Gouvernement Saratov eine Kreisschule im Gebäude des Stadtoberhauptes eröffnet wurde, gab der Gouverneur im Rahmen eines Festbanketts seine Spende von 600 Rubel bekannt; die anwesenden Gäste sahen sich genötigt, die Summe aus ihren Geldbörsen zu verdoppeln.[11]

Nicht selten lohnte sich das Engagement auch ganz unmittelbar. Ähnlich bedeutend wie die Einordnung auf der Rangtabelle war für die Positionierung innerhalb einer lokalen Gesellschaft auch der Erhalt eines Ordens, und der Zar sparte nicht mit entsprechenden Verleihungen, wenn es darum ging, besonders gebefreudige Adlige und Kaufleute zu honorieren.[12] Selbst ein leibeigener Bauer, der mit seiner Körperkraft unentgeltlich ein Schulgebäude errichtet hatte, erhielt einen Brief Alexanders und

---

[7] Periodičeskie sočinenija 34 (1812), S. 141.
[8] Ebenda 32 (1812), S. 292.
[9] Sankt Peterburgskie Vedomosti (1817), 7, S. 59. Nach Ausweis der Spendenliste für eine andere Kirchspielschule gaben Bauern manchmal bis zu 20 Rubel (ebenda (1817), 13, S. 123).
[10] Ebenda (1808), 65, S. 975.
[11] Severnaja počta (1815), 69, S. 2; 1805 veranlaßte der Gouverneur von Tver' bei einem Bankett den lokalen Adel und die Kaufmannschaft, jeweils Stipendien für die Kreisschule von Toržok auszuloben (RGIA, f. 733, op. 28, d. 45, ll. 1-5). 1814 gab der *početnyj smotritel'* bei der Eröffnung der Kreisschule in Cholm, Gouvernement Archangel'sk, ein Bankett, spendete 250 Rubel und forderte seine Gäste auf, seinem Beispiel zu folgen (Periodičeskie sočinenija 39 (1814), S. 8).
[12] Periodičeskie sočinenija 17 (1807), S. 6-13; ebenda 32 (1812), S. 322-324.

gleichzeitig seine Freilassung.[13] Hierbei handelte es sich um keinen Einzelfall, jedoch bietet die Überlieferung nur wenig weitere Beispiele. Der Bauer Samarin, der im Dorf Kituro im Gouvernement Nižnij Novgorod eine Schule errichtet hatte, deren Wert auf 1.000 Rubel geschätzt wurde, und auch Schulbücher und Globen erwarb, wurde ebenfalls aus dem Leibeigenenstand entlassen.[14] Die Begründung, die in den *Periodičeskie sočinenija* gegeben wurde, wirft ein Schlaglicht darauf, wie wenig aussagekräftig die rechtliche Kategorie des Standes unter Umständen sein konnte: Eigentlich sei Samarin ein reicher Kaufmann, der durch überregionalen Handel zu Geld gekommen sei.[15] All diese Auszeichnungen durch den Zaren, ob Ordensverleihungen, Rangerhöhungen oder die Erlaubnis zum Standeswechsel, wurden auch in der Hoffnung auf Nachahmungseffekte publiziert.

In diesem Zusammenhang kam der Position eines Ehrenaufsehers für die Kreis- und Kirchspielschulen eine besondere Bedeutung zu; dessen Stellung war zwar in den Statuten von 1803/04 geschwächt, 1811 in einem Zirkular des Ministers Razumovskij in seinem Verhältnis zum Schulleiter aber wieder gestärkt worden.[16] Vorgesehen war, die Tätigkeit der Ehrenaufseher durch Visitationen zu kontrollieren, doch deren Zugehörigkeit zu den lokalen Honoratioren verhinderte dies häufig. Meist bemühten sich Offiziere oder Zivilbeamte, die ihren Abschied genommen hatten und zumindest den persönlichen Adel erworben hatten, in einigen Fällen aber auch Kaufleute um diesen Posten.[17] War im Statut lediglich von „geeigneten Personen" die Rede, bürgerte sich die Praxis ein, diese „Eignung" durch das Angebot einer Spende oder einer Sachleistung unter Beweis zu stellen. Philanthropie und der Wunsch nach Festigung der eigenen

---

[13] So der Fall eines Bauern im Dorf Dedilov im Gouvernement Tula; siehe: Periodičeskie sočinenija 34 (1812), S. 140.

[14] Weitere Spenden von Bauern mit der entsprechenden Anerkennung in: ebenda 26 (1810), S. 263.

[15] So unternahm es Samarin nach einem Brand im Jahr 1813, das Schulgebäude wieder aufbauen zu lassen, woraufhin er nach seiner Freilassung zum *počětnyj smotritel'* der Schule ernannt wurde (Periodičeskie sočinenija 41 (1816), S. 216 f.). 1805 schlug der Bauer S. M. Negodjaev aus dem Gouvernement Archangel'sk vor, eine Kirchspielschule zu eröffnen; dieses Ansinnen wurde von der Archangel'sker Kaufmannschaft mit der Bitte unterstützt, ihn aus seinem Rechtsverhältnis als Leibeigener zu entlassen, da er bereits als Kaufmann hochgeachtet sei (RGIA, f. 733, op. 20, d. 27, ll. 1-3). Der Bitte wurde stattgegeben.

[16] Sbornik postanovlenij, T. 1, S. 740 f.

[17] Für den Lehrbezirk Char'kov erwähnte 1815 das Mitglied des Schulkomitees, Professor Uspenskij, der Adel zeige sich reserviert, das Amt des Ehrenaufsehers zu übernehmen, weshalb man auf Kaufleute zurückgreife (RGIA, f. 734, op. 1, d. 511, l. 22 ob). Der Gouverneur von Irkutsk wies entschuldigend darauf hin, daß man in Sibirien in Ermangelung von Adligen gezwungen gewesen sei, sogar Kanzleibeamte ohne Rang zu ernennen (ebenda, f. 733, op. 39, d. 138, ll. 1-4). Dabei waren in den Debatten des Komitees beim Minister über die Statuten auch Kaufleute ausdrücklich für den Posten des *počětnyj popečitel'* vorgesehen gewesen (ebenda, f. 732, op. 1, d. 3, ll. 8-10).

4.2.1. Die Bildungsinstitutionen der Statuten von 1803/04

gesellschaftlichen Position wirkten hier gleichermaßen.[18] So spendete der Adelsmarschall eines Kreises aus dem Gouvernement Kursk bei der Übertragung des Amtes 7.000 Rubel für den Bau und den Unterhalt einer Kreisschule und mietete bis zu deren Fertigstellung eine provisorische Unterkunft.[19] In Možajsk unterhielt der Ehrenaufseher das Schulhaus auf seine Kosten und gewährte sechs adligen Jungen darüber hinaus freie Kost und Logis. Zudem bot er der Schule an, zwei Leibeigene zur Verfügung zu stellen, die als Zeichen- und Musiklehrer fungieren könnten, was freilich abgelehnt wurde.[20] Wenn auch die Spenden eines adligen Aufsehers oft den eigenen Stand begünstigten,[21] gab es auch Beispiele, die auf ein breiteres Engagement verwiesen. In Dorogobuž wurde nach mehrfachen Eingaben des *početnyj smotritel'* neben der Kreisschule eine Kirchspielschule eröffnet, die der Aufseher mit 1.000 Rubel für die Anschaffung einer Bibliothek und jährlich 250 Rubel zur Unterstützung der Schüler zu finanzieren versprach.[22]

Die Spenden für Kirchspielschulen, die auf Gutsbesitzerland lagen, verweisen auf die Schwierigkeit, diesen Schultypus quellenmäßig überhaupt zu erfassen: Die Eröffnung war als vornehme Aufgabe des Gutsbesitzers in den Schulstatuten formuliert, im Gegensatz zur Einrichtung von Gymnasien und Kreisschulen jedoch nicht zur Verpflichtung gemacht worden.[23] Wurden Kirchspielschulen auf Kosten einer Stadt oder eines *prikaz obščestvennogo prizrenija* eröffnet und teilweise aus Spendengeldern finanziert, so mußte dem Schulkomitee der zuständigen Universität bzw. dem Kurator Rechenschaft in Form von regelmäßigen Berichten gegeben werden. Für die Gutsbesitzerschulen hingegen war eine entsprechende Berichterstattung freiwillig, so daß sie vom Engagement und der Einsicht des einzelnen Gutsbesitzers abhing. Beim Ministerium für Volksaufklärung wurden diese Schulen nur aktenkundig, wenn der Gutsbesitzer

---

[18] Im Zusammenhang mit dem Ehrenaufseher der Kreisschule in Kaluga verwies im Jahre 1808 das Ministerium aber auch darauf, daß die Aussicht auf eine mögliche finanzielle Zuwendung nicht das alleinige Kriterium sein dürfe, sondern daß eine gewisse Kompetenz und ein untadeliger Lebenswandel gegeben sein müßten. Der vom Gouverneur vorgeschlagene *smotritel'* sei als stadtbekannter Trunkenbold daher völlig ungeeignet (RGIA, f. 733, op. 28, d. 217, ll. 1-10).
[19] Sankt Peterburgskie Vedomosti (1812), 11, S. 153.
[20] Ebenda (1814), 21, S. 205. Diese Notiz unterstreicht die Bedeutung, die das leibeige Dienstpersonal für die Erziehung auch am Beginn des 19. Jahrhunderts hatte und der Philipp Heinrich Dilthey 1764 mit dem Vorschlag hatte Rechnung tragen wollen, die leibeigenen Hausangestellten entsprechend auszubilden. Vgl. Kap. 3.1.2.
[21] Auch die *smotriteli* im Gouvernement Ekaterinoslav stifteten gemeinsam Stipendien ausschließlich für adlige Gymnasiasten (RGIA, f. 733, op. 49, d. 33, ll. 23-27, 165-193).
[22] Žurnal Departamenta Narodnogo Prosveščenija (1821), 3, S. 378 f. Die räumliche Zusammenlegung zweier Schulen unterschiedlichen Typs kam häufiger vor, nicht zuletzt, weil das Gebäude gemeinsam genutzt werden konnte. So wurden an den Gymnasien von Vjatka und Kostroma Kirchspielschulen eröffnet (Sankt Peterburgskie Vedomosti (1812), 28, S. 431; ebenda (1814), 104, S. 1041).
[23] Malinovskij, Očerki po istorii načal'noj školy, S. 105.

eine Kofinanzierung durch die öffentliche Hand beantragte[24] oder die Errichtung der Schule gleichsam einer breiteren Öffentlichkeit bekanntgab.[25]

So wird man das Urteil Sergej Roždestvenskijs relativieren müssen, nach dessen Ansicht die Bevölkerung der Bildungsoffensive des Staates nach 1803/04 mit völliger Apathie gegenüberstand.[26] Zwar entsprang die Motivation nicht immer einer Bildungsbegeisterung, und Gleichgültigkeit herrschte nach wie vor, wie anhand von Visitatorenberichten noch deutlich werden wird. Doch war insbesondere das Engagement nichtadliger Schichten ein Indiz dafür, daß die Chance für ein verbessertes Bildungsangebot unter Erbringen einer Eigenleistung ergriffen wurde. Dabei kam es entscheidend darauf an, daß die lokale Gesellschaft auch in den entlegenen Kreisen und Gouvernements überhaupt von der Schulgesetzgebung Kenntnis bekam. Visitatoren äußerten den Verdacht, daß manche Kreisverwaltung, ja mancher Gouverneur aus Bequemlichkeit oder Konservatismus die Volksbildung nicht mit dem nötigen Eifer verfolgte.[27] Zudem blieb das Problem, den Spannungsbogen gesellschaftlichen Engagements für die Bildung nach der Anfangseuphorie aufrechtzuerhalten. Die hier beispielhaft genannten Fälle gesellschaftlicher Unterstützung zeigen, mit welcher Zeitverzögerung die Gründung von Schulen nach der Verabschiedung der Schulstatuten erfolgte; zugleich offenbaren sie, daß dieses „Sponsoring" der Schulen stark von anderen Faktoren abhängig war. Nach dem Rußlandfeldzug Napoleons wurden beispielsweise Stipendien für Universitäten und Gymnasien, aber auch für Kreisschulen vornehmlich an Kriegswaisen vergeben; die letzte große Welle philanthropischen Engagements für das Bildungswesen erfolgte mit den russischen Bibelgesellschaften und den Lancasterschulen.[28] Danach hatte die gesellschaftliche Resonanz ihren Zenit überschritten, entsprechendes Engagement galt in der Herrschaftszeit Nikolaus I. nicht einmal mehr als erwünscht.

---

[24] Der Gutsbesitzer A. A. Batašev beispielsweise wandte sich, nachdem er die „Vorläufigen Regeln" gelesen hatte, mit der Bitte an den Kurator des Moskauer Lehrbezirks, ihm einen qualifizierten Lehrer für seine Bauern zu schicken; er sei bereit, die Schule und das Lehrergehalt auf zehn Jahre zu finanzieren (RGIA, f. 733, op. 28, d. 35, ll. 1-15).

[25] So errichtete der Senator M. G. Spiridov in einem seiner Dörfer 1809 eine Schule für 12 Schüler bäuerlicher Herkunft (Sankt Peterburgskie Vedomosti (1809), 34, S. 483). Ein Gutsbesitzer im Gouvernement Char'kov schenkte seinen Bauern 1812 ein Steinhaus für eine Schule und erklärte sich bereit, den Lehrer zu bezahlen; gleichzeitig forderte er die benachbarten Gutsbesitzer auf, gleichfalls Schüler zu schicken und sich am Unterhalt der Schule zu beteiligen (Severnaja počta (1812) 10, S. 45). In diesen Schulen arbeiteten auch nichtexaminierte Lehrer sowie Geistliche, die damit einen bedeutenden Einfluß auf die Erziehung der Bevölkerung behielten (siehe die Beispiele in: Sankt Peterburgskie Vedomosti (1810), 42, S. 606; ebenda (1812), 50, S. 781; ebenda (1814), 17, S. 167). Siehe auch: Štrak, G., Nizšija učilišča i obrazovanie učitelej v Rossii, in: ŽMNP 194 (1877), otd. 3, S. 1-32, hier S. 9 f.

[26] Roždestvenskij, Istoričeskij obzor, S. 73.

[27] Periodičeskie sočinenija 7 (1804), S. 24.

[28] Hierzu: Žurnal Departamenta Narodnogo Prosveščenija (1822), 2, S. 361-362.

4.2.1. Die Bildungsinstitutionen der Statuten von 1803/04

Vielleicht war die Förderung der lokalen Schulgründungen durch den Adel deshalb zunächst von einem gewissen Enthusiasmus getragen, weil der unmittelbare Zusammenhang mit dem eigenen Dienst für den Staat nicht gesehen wurde. Nachdem der Adel durch das Gesetz von 1809 zur höheren Bildung gezwungen werden sollte, stellte sich eine gewisse Ernüchterung über die Bildungsreform ein. Unzufriedenheit von Teilen des Adels mit den neuen Bildungsinstitutionen war im Falle der Universitäten jedoch schon zuvor zu spüren: Bei der Gründung der Universität Dorpat war Widerstand des Adels insofern zu erwarten gewesen, als die Ritterschaften nach dem Gründungsbefehl Pauls mit dem Aufbau einer exklusiven adligen Bildungseinrichtung unter ihrer Kontrolle gerechnet hatten. Der bereits gewählte Präsident dieser Universität, Graf Manteuffel, warnte daher den neuen Zaren Alexander I. 1802 bei seinem Besuch in Dorpat, die rechtliche Konstruktion gegen den Willen des Adels zu verändern und damit eine Universität gegen den Adel zu gründen.[29] Die Vorbehalte blieben auch nach der Eröffnung der von Sankt Petersburg aus kontrollierten Universität, obwohl die Ernennung des Kurators des Lehrbezirks, von Klinger, ausdrücklich als Angebot an die baltischen Ritterschaften gedacht war. Dennoch versuchten Teile des baltischen Adels, die Konstruktion einer überständisch organisierten Universität in den ersten Jahren ihrer Existenz rückgängig zu machen. Ihre Vertreter schickten Eingaben an das Ministerium, bildeten aber auch Interessenkoalitionen mit russischen konservativen Adligen, indem sie gemeinsam argumentierten, die Universitäten seien Orte der Freigeisterei und der Unmoral, in denen die Gesellschaft (gemeint war hier die adlige Gesellschaft) korrumpiert werde.[30] Doch zeigte sich auch, daß offen artikulierte Opposition eines Teils des ritterschaftlichen Adels diesen nicht daran hinderte, die Söhne auf die Universität zu schicken, zumal in der Praxis die Organisationsform nicht als Mittel der Zentralisierung oder gar der Russifizierung benutzt wurde; so konnte an der Universität Dorpat in der Zeit Alexanders der Besuch des Russischunterrichts neben der deutschen Lehrsprache nicht als obligatorisch durchgesetzt werden. Trotz mancher Diskussionen im Komitee beim Minister wurde dies allerdings auch niemals mit Zwangsmaßnahmen welcher Art auch immer versucht.

Die Studenten der Universität waren - im Gegensatz zur Studentenschaft anderer Universitäten im Zarenreich - in wesentlich höherem Maße adliger Herkunft. Die Universität eroberte sich einen Platz im kulturellen Leben der baltischen Gouvernements als adäquate Ausbildungsstätte zur Vervollkommnung des individuellen Bildungsganges der Adelskinder.[31] Dies bedeutete jedoch nicht zwingend, daß die adligen Studenten

---

[29] Martinson, Istorija osnovanija, S. 39 f.
[30] Ebenda, S. 66-73; Petuchov, Derptskij universitet, S. 137.
[31] Siehe hierzu auch die Memoiren von: [Anders, E.], Erinnerungen des Bibliothekars Emil Anders, in: Baltische Monatsschrift 39 (1892), S. 32-40, 89-105, 146-160, 214-233, 285-301. Der Verfasser

auch einen akademischen Abschluß anstrebten, da für den Eintritt in den Staatsdienst, trotz der Regelung des Gesetzes von 1809, ein Testat über den Besuch einer Universität, schließlich die Bescheinigung, ein „wirklicher Student" (*dejstvitel 'nyj student*) gewesen zu sein, ausreichte. An der juristischen Fakultät der Universität schrieben sich zum Semester 1803 27 Studenten ein. Danach wuchs die Zahl stetig bis auf 69 Erstsemester im Jahre 1811, doch machten bis 1825 lediglich zwei Studenten ein Kandidaten- bzw. Magisterexamen in Jura. Die übrigen trugen allerdings keinen Schaden für ihre Karriere im Staatsdienst davon, wenn sie kein Examen ablegten: Einige ehemalige Dorpater Studenten stiegen auch ohne Abschluss bis zum 5. Rang der Rangtabelle auf.[32]

Die Universität Kazan' litt in ihrer Gründungsphase in weit stärkerem Maße unter dem Widerstand des Adels. Die Adelsversammlung des Gouvernements leitete dem Ministerium ein eindeutiges Memorandum zu. Der Adel würde nur einer ausschließlich adligen Bildungseinrichtung zustimmen, die sich in ihrem Curriculum an dasjenige des Kadettenkorps anlehne. Das Ministerium ignorierte diese Eingabe, doch setzte sich der Widerstand gegen das überständische Element der Universitäts- und auch der geplanten Gymnasiumsorganisation fort.[33] Der lokale Gouverneur meinte, dem Widerstand des Adels insofern Rechnung tragen zu müssen, als er die Professoren und den Rektor der Kazaner Universität anwies, ohne Angabe ihres Rangtitels zu unterzeichnen. Damit wollte er entgegen der Intention der Rangtabelle einen Unterschied zwischen *noblesse de robe* und *noblesse d'épée* deutlich machen. Er benutzte sogar in der schriftlichen Anrede das „Du", das sonst für die Ansprache Angehöriger des Bauernstandes benutzt wurde. Doch konnten weder er noch andere konservative Adlige verhindern, daß das dem System der Rangtabelle innewohnende Prinzip der Aufstiegsmöglichkeit über

---

beschreibt vor allem die Zeit nach 1812, als die Studenten sich auch landschaftlich und standesgebunden in Korporationen zu organisieren begannen.

[32] Petuchov, Derptskij universitet, S. 198-201. Zu den Absolventenzahlen aller Fakultäten, bei denen nur die Medizin erheblich höhere Abschlußzahlen aufzuweisen hatte, siehe das Material in: Petuchov, E. V., Statističeskie tablicy i ličnye spiski po Imperatorskomu Jur'evskomu byvšemu Derptskomu universitetu. Jur'ev 1902. Zu den Abschlüssen in Rechtswissenschaften, S. 4 f., 12 f., 14-19. Siehe zu den weiteren Karrieren: Hasselblatt, A., (Hrsg. u. a.), Album Academicum der Kaiserlichen Universität Dorpat. Dorpat 1889, S. 1-133. Diese Absolventen machten nach dem Abschluß ihrer Ausbildung in der Zeit Nikolaus' I. Karriere. Generell waren die Deutschbalten im Vergleich zum Bevölkerungsanteil auf den höheren Posten von Militär und Verwaltung überrepräsentiert. Dies entsprach nicht, wie von den Slavophilen geäußert wurde, einer besonderen Protektion der „Deutschen" durch den Zaren Nikolaus I., sondern eher ihrem höheren Bildungsniveau (hierzu: Liszkowski, Vom monarchischen Prinzip zur roten Republik, S. 215-217).

[33] Zum Folgenden: Bulič, Iz pervych let, T.1, S. 44-64, 140-144, 277-296, 341 f.; Zagoskin, Istorija, T. 1, S. 32-54, 200, 225-267, 311-397. Diese Auseinandersetzungen zwischen der Universität und dem Adel wurden wohl in keinem anderen Lehrbezirk derartig heftig und anhaltend geführt. Michail Magnickij machte sie sich bei seiner Visitation im Jahre 1819 zunutze, in deren Folge er vorschlug, die Universität zu schließen.

4.2.1. Die Bildungsinstitutionen der Statuten von 1803/04

Bildung gerade von Wissenschaftlern genutzt wurde, wie Trude Maurer in ihrer Kollektivbiographie über die russische Professorenschaft nachgewiesen hat: Von Beginn an war die wissenschaftliche Karriere eine Angelegenheit für soziale Aufsteiger,[34] die die Nobilitierung anstrebten.

Im Falle der Universität in Kazan' scheint es daher gerechtfertigt, nachgerade von einer Obstruktionspolitik des lokalen Adels zu sprechen, die dadurch entstehen konnte, daß der erste Kurator Stepan Rumovskij sich mit seinem gesamten akademischen Renommee zwar für die Anwerbung von Professoren im Ausland einsetzte, vor Ort jedoch aufgrund seines fortgeschrittenen Alters bis zu seinem Tode im Jahre 1812 kaum präsent war. So gelang es im ersten Jahrzehnt der Existenz der Hochschule nicht, ein zweckmäßiges Gebäude zu erwerben - die Fakultäten waren mit dem Gymnasium gemeinsam beengt untergebracht - und dazu führte, daß einige ausländische Gelehrte angesichts dieser Verhältnisse sofort den Rückweg in ihr Heimatland antraten. Bis 1812 überstieg die Gesamtzahl der Studenten nicht die Marke von fünfzig, und selbst wenn Abschlüsse vergeben wurden, waren sie wenig aussagekräftig.[35] Sergej Aksakov erinnerte sich später in seinen Memoiren, er habe 1807 einfach nach einem Testat gefragt, um in den Staatsdienst eintreten zu können, und ein solches auch ohne jede Prüfungsleistung erhalten.[36]

Die Universität Moskau war im Gegensatz zu den Universitäten Kazan' und Char'kov eine fest etablierte und akzeptierte Größe im kulturellen Leben ihres städtischen Umfelds,[37] so daß es nach Aussage des überaus rührigen Kurators Michail Murav'ev nicht an Studenten mangelte, die aus allen freien Ständen kämen. Doch beklagte auch er alte adlige Sichtweisen auf die Erziehung, wie sie von der Moskauer Adelspension, die sich zunehmend aus der Abhängigkeit der Universität löste, konserviert wurden.[38] Diese „alten adligen Sichtweisen" wurden mitunter durch den Staat unterstützt. Als in der Zeit der Koalitionskriege der Bedarf an jungen Offizieren stieg, drängten die Militärs das Ministerium für Volksaufklärung, eine Verordnung herauszugeben, mit der die Studenten adliger Herkunft für einen sechsmonatigen Schnellkurs geworben werden sollten.[39] Gerade für romantisch gesonnene Adelssöhne bedeutete

---

[34] Maurer, Hochschullehrer, S. 209-223.
[35] Bulič, Iz pervych let, T. 1, S. 59-62, 256-261, T. 2, S. 253-267; Zagoskin, Istorija, T. 1, S. 50-54, 396 f.
[36] Aksakov, S. I., Semejnaja chronika i vospominanija. 3. Aufl. Moskva 1862, S. 448, 532.
[37] Dies war einerseits durch das Vorlesungsangebot und die Gelehrten Gesellschaften erreicht worden, andererseits durch die gut sortierte und reichhaltige Universitätsbuchhandlung, die in Moskau als konkurrenzlos galt (Suchomlinov, Issledovanija, T. 1, S. 13).
[38] Hierzu jetzt: Andreev, Moskovskij universitet, S. 186-254.
[39] Sbornik postanovlenij, T. 1, S. 447-471, 482.

dies die Aussicht auf Ruhm und Karriere.⁴⁰ Zurück blieben die nichtadligen Studenten, die einen regulären Abschluß erwerben mußten, um ihren Aufstieg auf der Rangtabelle beginnen zu können.

Die einzige Universität, die nicht unter einer reservierten Haltung des Adels litt, war die Universität Wilna, da sie ähnlich wie das 1805 gegründete Adelslyzeum von Kremenec als Hort einer polnisch-nationalen Kultur galt und gerade deshalb von der adligen Jugend frequentiert wurde. Die Akzeptanz der Universität in ihrem kulturellen Umfeld korrespondierte dabei in allen Fällen mit der Nähe zum Zentrum des Reiches und zugleich mit den Schwierigkeiten, Professoren aus dem Ausland anzuwerben:⁴¹ Was in Kazan' und Char'kov überaus schwierig war, gelang in Wilna, Dorpat und Moskau ohne Probleme. Die beiden letztgenannten Universitäten konnten trotz der wiederholten Eingaben ihrer Kuratoren, daß die finanziellen Mittel unzureichend seien, nicht nur ihre wissenschaftliche Arbeit aufnehmen, sondern auch mit der Ausbildung von Studenten beginnen.⁴² Die Moskauer Universität hatte unter Murav'ev eine Reorganisation erfahren, die einer Neugründung gleichkam, und entwickelte sich zur Trägerin einer russischen Nationalkultur; an keiner anderen Universität war der Anteil der russischen Professorenschaft so kontinuierlich hoch.⁴³ In Kazan' und Char'kov dauerte es jeweils etwa eine Dekade, bis nicht nur die wissenschaftliche Arbeit, sondern auch ein regulärer Lehrbetrieb aufgenommen werden konnte. Diese Entwicklungen sind von F. A. Petrov in jüngster Zeit detailliert dargestellt worden.⁴⁴

Einem Bereich widmete Petrov in seiner Darstellung allerdings keine Aufmerksamkeit: Der Arbeit der Schulkomitees an den Universitäten. Sie sollten im Verein mit dem Kurator, den Gymnasialdirektoren und den Gouverneuren den Ausbau des Schulwesens und die Transformation der katharinäischen Schulen vorantreiben.⁴⁵ Im folgen-

---

⁴⁰ Hierzu die Auszüge aus den Memoiren von S. P. Žicharev und E. T. Timkovskij, in: Solov'ev (Hrsg.), Russkie universitety, S. 63 f., 69, sowie: [Sverbeev, D. N.], Zapiski Dmitrija Nikolaeviča Sverbeeva. T. 1. Moskva 1889, S. 86, 102, 114, 175 f.
⁴¹ Insbesondere in den vorrevolutionären Darstellungen von Bulič und Zagoskin über die Universität Kazan' und von Lavrovskij und Bagalej über die Universität Char'kov wurde den mehrheitlich ausländischen Professoren, sicher im Einzelfall berechtigt, Faulenzer- und Glücksrittertum vorgeworfen (Lavrovskij, Iz pervonačal'noj istorii, S. 238). Doch war auch die isolierte Situation der Gelehrten nicht zu unterschätzen. In diesem Sinne äußerte sich schon der Kurator des Char'kover Lehrbezirks, Potocki, in einem Schreiben vom Dezember 1805 (RGIA, f. 732, op. 1, d. 4, ll. 214 ob).
⁴² Hierzu die einschlägigen Passagen des Tätigkeitsberichts der Universität Dorpat schon aus dem Jahre 1803 (RGIA, f. 733, op. 56, d. 16, ll. 3-28), der Universität Char'kov aus dem Jahre 1807 (ebenda, op. 49, d. 95, ll. 2-38) und der Universität Moskau von 1804 (ebenda, op. 95, d. 179, l. 23 f.).
⁴³ Siehe die Überlegungen des Kurators Murav'ev über die Zusammensetzung des Professorenkollegiums (ebenda, op. 95, d. 179, ll. 1-16 ob).
⁴⁴ Siehe: Petrov, Rossijskie universitety.
⁴⁵ Auch diese Arbeit kostete die Professoren und Adjunkten, die oft für Wochen, teilweise gar monatelang ihren Universitäten zur Vorbereitung von Schulgründungen, dann für Visitationen, fernblieben, Zeit, die bei dem Ausbau der Fakultäten und in der Lehre fehlte. Hierauf wiesen die wenig

4.2.1. Die Bildungsinstitutionen der Statuten von 1803/04

den sollen einige Probleme des Ausbaus des staatlich-säkularen Schulsystems anhand eines Durchgangs durch die *učebnye okrugi*, die Lehrbezirke, beispielhaft vorgestellt werden.

Lehrbezirk Wilna

Noch bevor alle sechs Lehrbezirke eingerichtet waren, beauftragte das Ministerium den Wilnaer Kurator Czartoryski, Visitatoren für die Schulen seines Lehrbezirks zu benennen. Wie bereits erwähnt, war insbesondere das Schulwesen in den durch die Teilungen Polens hinzugewonnenen weißrussischen Provinzen in das System von 1786 nur unvollständig integriert worden. Czartoryski ernannte Tadeusz Czacki und Ksaver Bogusz, Gelehrte polnischer Herkunft, und das Akademiemitglied Severgin zu Visitatoren,[46] die hierfür eine überaus detaillierte Instruktion erhielten.[47] Aus ihr wird deutlich, daß nicht nur eine Förderung der Schulen, sondern vor allem auch deren Kontrolle im Mittelpunkt des Interesses stand. Diese Instruktion war die erste, auf die in den nächsten Jahrzehnten eine ganzen Reihe weiterer folgten; sie wurde als Muster im internen Gebrauch auch für Visitatoren in anderen Lehrbezirken immer wieder herangezogen:[48] Visitationen hatten jährlich zu erfolgen und dort, wo alle drei katharinäischen Schultypen vorhanden waren, auch alle zu berücksichtigen.[49] Die Visitatoren sollten das Gespräch mit den Lehrern suchen und sich über die pädagogischen Methoden oder die Benutzung der Lehrbücher informieren; vom Fortschritt der Schüler hatte sich der Emissär des Kurators jeweils durch eigene Befragung zu überzeugen. Des weiteren sollten Umfang und Beschaffenheit der Schulbibliothek und eventuell vorhandener naturkundlicher Kabinette, Zustand und Reparaturbedürftigkeit der Gebäude sowie die Haushaltsführung der Schule überprüft werden.[50] In „privaten" Gesprächen hatte nach Unregelmäßigkeiten jeder Art geforscht zu werden - offensichtlich rechnete das Ministerium damit, daß dem Visitator, wie es Nikolaj Gogol' in seiner Komödie „Der

---

begeisterten Professoren der Universität Dorpat nach der Bildung des Schulkomitees mehrfach hin (RGIA, f. 733, op. 56, d. 30, ll. 7-12, 14-48).

[46] Sbornik materialov, T. 2, S. 206-223. Severgin kam eine Doppelfunktion zu, da er auch dem Petersburger Kurator Novosil'cev als Visitator für die Stadt Sankt Petersburg sowie die Gouvernements Pskov und Novgorod diente.

[47] Nastavlenie vizitatorom učilišč, 3.5.1803, in: Sbornik rasporjaženij, T. 1, S. 3-9.

[48] Siehe die fast gleichlautende Instruktion für den Petersburger Professor Kukol'nikov aus dem Jahre 1815, abgedruckt in: Voronov, Istoričesko-statističeskoe obozrenie, S. 280-292, die Instruktion für Professor Uspenskij im Lehrbezirk Char'kov von 1817 (RGIA, f. 733, op. 49, d. 295, ll. 2ob-7) oder den Entwurf für die Visitatoren aller Universitäten aus dem Jahre 1825 (ebenda, f. 737, op. 1, d. 10, ll. 31-60). Die Bedeutung der Wilnaer Instruktion erklärt, warum dieser Lehrbezirk am Beginn des Durchganges steht.

[49] Im Distrikt Wilna mußten auch die geistlichen Konvente überprüft werden.

[50] Nastavlenie vizitatorom učilišč, 3.5.1803, S. 6 f.

Revisor" (1835) später überzeichnet dargestellt hat,⁵¹ der schöne Schein vorgegaukelt werden würde. Der Aufgabenkatalog für die Visitatoren endete mit der Aufforderung, die lokale Gesellschaft zur Gründung und Finanzierung von Dorfschulen zu bewegen sowie die Qualität der Adelspensionen und der Hauslehrer zu kontrollieren. In jedem Fall hätten die Visitatoren herauszustreichen, daß nur die staatlichen Schulen eine qualitativ gleichbleibende Erziehung gewährleisten könnten - mehr ein Wunsch denn eine berechtigte Feststellung - und gleichzeitig zu überprüfen, daß nur der staatliche Wertekanon vermittelt würde.⁵² Dieser Punkt war dem Ministerium für Volksaufklärung besonders wichtig, denn gerade vom Kurator Czartoryski, der das besondere Vertrauen Alexanders besaß, erwartete man, daß er in den ehemals polnischen Gebieten über das Schulwesen die Loyalität zum Zarenreich herstellen würde.

Zugleich galt es, das Schulwesen der Orden unter die Kontrolle der Universität Wilna zu bringen, und so bestand eine der ersten Maßnahmen im Juni 1803 darin, sämtlichen Mönchsorden zu untersagen, ihr Lehrpersonal selbständig auszuwählen.⁵³ Diese Anordnung bedeutete aber nicht, daß Czartoryski und seine Berater daran dachten, das Schulwesen der Orden aufzuheben oder gar generell auf die Geistlichen als Lehrkräfte zu verzichten,⁵⁴ denn das geistliche Schulwesen besaß im Lehrbezirk Wilna eine sehr starke Basis.⁵⁵ Von 70 Schulen mit etwa 8.000 Schülern unterstanden 1802 immerhin 33 den katholischen Orden, weitere 13 den unierten Basilianern.⁵⁶ Während Czartoryski es in den weißrussischen Gebieten für ausreichend hielt, lediglich die Kontrolle zu verstärken, sah er sich im ukrainischen Teil seines Bezirks zu einer anderen Vorgehensweise gezwungen. Der für diese Gebiete zuständige Czacki bereitete die Gründung säkularer Schulen vor, um einerseits konfessionelle Konflikte entschärfen zu können, andererseits die Möglichkeit einer langfristigen Polonisierung zu nutzen, denn: Unterrichtssprache sollte in diesen Neugründungen in erster Linie das Polnische sein. Lediglich in den aus den katharinäischen Hauptvolksschulen entstandenen Gymnasien

---

⁵¹ Eine der Figuren, die das Erscheinen des Revisors fürchten, ist der zu den örtlichen Honoratioren gehörende Schulaufseher Chlopov.
⁵² Nastavlenie vizitatorom učilišč, 3.5.1803, S. 8 f. Siehe auch: Periodičeskie sočinenija 2 (1803), S. 139-150.
⁵³ Sbornik materialov, T. 2, S. 227-231.
⁵⁴ An der Universität Wilna war 1806/07 ein Lehrerseminar eingerichtet worden, dessen Absolventenzahlen im Vergleich zu den aus geistlichen Bildungseinrichtungen übernommenen Lehrern aber verschwindend gering waren (RGIA, f. 733, op. 95, d. 387, ll. 96-98ob).
⁵⁵ Vor allem wurde es begrüßt, wenn die Orden von sich aus, wie Basilianer oder Karmeliter, finanzielle Mittel anboten, um Schulen zu gründen (Sbornik materialov, T. 2, S. 737-745). 1804 sahen sich insbesondere die unierten Basilianer zu diesem Angebot gezwungen, da alle Klöster, die sich nicht in der pädagogischen Arbeit unterordneten, auf Druck des Oberprokurors Golicyn aufgehoben werden sollten. In der Folge stellten einige Klöster Räume, Lehrpersonal und Geld zur Verfügung, um diesem Schicksal zu entgehen (ebenda, S. 841-945, ebenda, T. 3, S. 157-251).
⁵⁶ Ebenda, T. 2, S. 678-684.

von Mogilev, Vitebsk und Kiev blieb Russisch Unterrichtssprache.[57] Obwohl an allen Schulen des Lehrbezirks die Einführung des Russischunterrichts verlangt worden war, blieb es doch aufgrund der besonderen Protektion Alexanders, der 1819/19 sogar überlegt hatte, Teile der Westgubernien „Kongreßpolen" zuzuschlagen,[58] dabei, daß diese Forderung nie realisiert wurde. Dies unterblieb schon deshalb, weil die Universität Wilna, der nach dem Schulstatut die Einführung des Russischunterrichts oblag, Visitatoren ernannt hatte, die auf die Ausführung dieser Bestimmung selbst nicht achteten.[59] Dies monierte Graf L. Plater, als er in unmittelbarem Auftrag des Ministers eine ausgedehnte Reise durch die Westgubernien unternahm: Czacki, Bogusz und andere Professoren, die als Visitatoren auf Reisen gewesen seien, hätten zwar fraglos durch zahlreiche Schulgründungen verdienstvoll im Sinne der Volksaufklärung gewirkt, doch sei unerklärlich, warum der Russischunterricht nicht mit der gleichen Konsequenz umgesetzt würde. Daß den Schulgründungen ein gleichsam subversives Motiv zugrunde liege, deutete er als mögliche Antwort verhalten an.[60] Zugleich betonte er, daß trotz mancher lokaler Klagen über finanzielle Engpässe vor Ort die Etatansätze für die einzelnen Schulen ungeachtet der inhaltlichen Fragen eingehalten worden seien, und daß sich der lokale Adel aufgrund der Struktur der Schulen, die eindeutig den Adel begünstigten, auch bereit zeigte, sich finanziell für den Ausbau von Bibliotheken, bei der Auslobung von Stipendien und anderen Vorhaben zu engagieren.[61]

In den weißrussischen Gebieten, die zum Lehrbezirk gehörten, stellte sich die Situation anders dar. Wenn man keine säkularen Schulen eröffnen wollte, mußten sie auch nicht überständisch organisiert werden. Solange die geistlichen Orden Hauptträger auch säkularer Bildung waren, boten sie diese vor allem für den polnischsprechenden Adel, der eine Vorreiterrolle bei der Wiederherstellung der Eigenstaatlichkeit übernehmen sollte.[62] In der Konsequenz wurden die vorgeschriebenen Curricula in allen Schulen mit polnischer Unterrichtssprache in dem Sinne unvollständig umgesetzt, als dort die Fächer Geographie und Geschichte Rußlands marginalisiert wurden; dafür, so A. V.

---

[57] Ebenda, T. 3, S. 73-92.
[58] Diese Überlegungen teilte Alexander 1819 Karamzin in einem Gespräch mit. Dieser antwortete, daß die Pläne des Zaren, der immerhin die Krone Vladimir Monomachs trage, dem Respekt der russischen Nation vor dem Herrscher nur abträglich sein könnten (Lappo, Zapadnaja Rossija, S. 27 f.).
[59] So in einem Zirkular des Ministers Razumovskij von 1814 kritisch angemerkt (Sbornik razporjaženij, T. 1, S. 240).
[60] Sbornik materialov, T. 3, S. 442-455.
[61] Ebenda, S. 1149-1162, 1179-1186.
[62] Denker wie Hugo Kołłątaj und Stanisław Staszic hingegen forderten die Aufhebung der Leibeigenschaft, um langfristig eine gesamtgesellschaftliche Basis zur Rückgewinnung der staatlichen Unabhängigkeit zu erhalten, und deshalb auch eine Bildungspolitik, die weniger auf die Privilegierung des Adels ausgerichtet war. Hierzu ausführlich: Suchodolski, B., Studia z dziejów Polskiej myśli filozoficznej i naukowej. Wrocław 1958, S. 349-492; Kračkovskij, Ju. O. (Hrsg.), Istoričeskij obzor dejatel'nosti Vilenskogo učebnogo okruga za pervyj period ego suščestvovanija 1803-1832. T. 1: 1803-1824. Vil'na 1903, S. 155-166.

Beleckij in seiner Publikation zum hundertjährigen Jubiläum des Lehrbezirks, sei auch das Ministerium mitverantwortlich, da es sich nicht um die Qualität der Visitationen gekümmert habe.[63] Dies korrespondierte mit dem im Ministerium artikulierten Unmut, man könne sich gegen die Vorstellungen des einflußreichen Kurators Czartoryski, der seinen Lehrbezirk so autonom „regiere" wie kein anderer, ohnehin nicht durchsetzen.[64] Schließlich waren auch die Mitglieder des Schulkomitees der Universität Wilna und der lokale Adel in keiner Weise daran interessiert, für die nichtpolnisch sprechenden städtischen und bäuerlichen Schichten Schulen einzurichten. Die Förderung der Bildung in diesen Schichten konnte die gesellschaftliche Dominanz des Adels bedrohen oder gar die Gesellschaftsverfassung verändern.

Zusammenfassend läßt sich festhalten, daß die Schulreform im Lehrbezirk Wilna mit einem hohen Maß an Flexibilität durchgeführt wurde, je nachdem, ob das Schulkomitee an der Universität Wilna der sozialen Stabilität oder der konfessionellen bzw. sprachlichen Gemengelage größere Bedeutung beimaß. Ob in unmittelbar säkularen oder in den von den Orden unterhaltenen Schulen - die Dominanz einer kulturell und sprachlich eigenständigen Schicht blieb. Hier unterschied sich die Lage im Lehrbezirk Wilna signifikant von den übrigen Lehrbezirken des Zarenreiches. Dies lag nicht zuletzt auch an der Auswahl der Visitatoren, wie der Rektor der Wilnaer Universität 1825 einräumte: Man habe insbesondere nach 1810 vor allem Ehrenmitglieder der Universität zu Visitatoren ernannt, um das wissenschaftliche Personal nicht mit der zeitraubenden Aufgabe zu belasten. Diese Ehrenmitglieder seien zumeist adlige Großgrundbesitzer gewesen, die ihre prestigeträchtige Ehrenmitgliedschaft durch umfangreiche Zuwendungen erworben hätten. Ihr Interesse an einer exakten Durchführung der Visitationsinstruktionen sei jedoch nicht sehr groß gewesen, da sie sich in erster Linie auf die Bewahrung adliger Dominanz konzentriert hätten.[65] Dem widerspricht nicht, daß sich insbesondere Czacki bei den Schulgründungen bis 1812 überaus rührig zeigte, so daß die Zahl der Schulen und Schüler erheblich vergrößert werden konnte.[66] Auch die Schäden, die der Durchzug der napoleonischen Armee verursachte, führten zu keiner größeren Beeinträchtigung dieser positiven Entwicklung.[67] 1820, gegen Ende der Amtszeit Czartoryskis, besaß der Lehrbezirk Wilna etwa 430 Schulen mit 980 Lehrern und mehr als 21.000 Schülern, davon etwa 1.000 Mädchen. Für das Jahr 1826 ist auch

---

[63] Beleckij, Kratkij istoričeskij obzor, S. 9. Die Visitationen Severgins und Platers waren die einzigen, die unmittelbar im Auftrag des Ministeriums durchgeführt wurden.
[64] RGIA, f. 733, op. 95, d. 399, l. 20, 77 ob.
[65] Beleckij, Kratkij istoričeskij obzor, S. 20.
[66] Kračkovskij (Hrsg.), Istoričeskij obzor, S. 462-490.
[67] Sbornik postanovlenij, T. 1, S. 735. Die von einigen Mitgliedern des Komitees erhobene Forderung, nun die Vereinheitlichung des Schulwesens im Lehrbezirk Wilna durchzusetzen - schon wegen der unterstellten Sympathie der polnischen Bevölkerung für Napoleon -, lehnte Alexander I. ab; siehe: Sbornik svedenij o srednich učebnych zavedenijach Vilenskogo učebnogo okruga. Vil'na 1873, S. 13.

die soziale und ständisch-rechtliche Herkunft der Schüler an den Gymnasien ermittelt worden: Von den 2.193 Schülern entstammten 1.952 der *szlachta*.[68]

In diesem Jahr, also schon nach der Aufdeckung der Geheimgesellschaften an der Universität Wilna und nach dem Rücktritt Czartoryskis, waren die autonomen Entwicklungsmöglichkeiten für ein polnisch geprägtes Schulwesen bereits stark eingeschränkt worden. Auf Initiative des weißrussischen Generalgouverneurs, Fürst Chovanskij, der der Universität Wilna vorwarf, das Schulwesen der Westgubernien zur Desintegration des Staates zu nutzen, begann eine umfassende Evaluierung der Schullandschaft,[69] die schließlich mit der Amtsübernahme des Ministers Šiškov sowohl zu einer Reduzierung der Ordensschulen als auch zu einer Reform der staatlichen polnischsprachigen Schulen führte. Diese Reorganisation, verbunden mit dem erwähnten neuen Zuschnitt der *učebnye okrugi* in den ersten Jahren der Herrschaft Nikolaus' I., machte deutlich, daß der Spielraum, den die Statuten von 1803/04 zur Berücksichtigung regionaler und nationaler Besonderheiten gelassen hatte, in einer Weise genutzt worden war, die aus der Perspektive des russischen Staates nicht hatte hingenommen werden können. Die Elite, die nach Auffassung von Novosil'cev und seinen Beratern hatte ausgebildet werden sollen, war eine Funktionselite, deren primärer Einsatzbereich entgegen den Absichten der Initiatoren jedoch in der Administration eines wiederentstehenden polnischen Staates liegen sollte. Die Spaltung zwischen lokaler Elite und Regierung in Sankt Petersburg war durch die gesellschaftskonservierende und elitäre Schulpolitik durchweg vertieft worden: Aus der Sicht der alten Führungsschicht des polnisch-litauischen Staates war der Freiraum der liberalen Reformstatuten erfolgreich genutzt worden. Dies machte den Lehrbezirk Wilna - bei aller Übereinstimmung in den Problemen des Schulalltags vor Ort - zu einem Sonderfall.

Lehrbezirk Sankt Petersburg

Der Lehrbezirk Sankt Petersburg war dasjenige Gebiet des Zarenreiches, in dem die katharinäische Schulkommission ihre Aktivitäten am stärksten entfaltet hatte. Insbesondere die Hauptstadt selbst war zum Aushängeschild der Bildungsreform geworden. So hielten die Mitglieder des Komitees beim Minister in Übereinstimmung mit Novosil'cev die Bildungslandschaft der Hauptstadt für derart differenziert, daß sie glaubten, auf die vorgesehene Gründung der Universität verzichten zu können. Wie aber war die Lage in den Gouvernements, die dem Lehrbezirk angehörten?

Bei der Reise, die das Akademiemitglied Severgin 1803 im Auftrag

---

[68] RGIA, f. 733, op. 95, d. 400, ll. 30-187; Sbornik svedenij o srednich učebnych zavedenijach Vilenskogo učebnogo okruga, S. 13 f., 59-61, 112.
[69] RGIA, f. 737, op. 1, d. 150, ll.149ob-163.

Novosil'cevs[70] unternahm,[71] stellte er fest, daß die Schulgebäude „fast überall in schlechtestem Zustand" waren.[72] Kaum jemals seien die Stadtdumen gewillt, das nötige Geld zum Unterhalt und für die notwendigen Lehrmittel bereitzustellen, weil sie nach der Verkündung der „Vorläufigen Regeln" die Erwartung hegten, daß die Kosten für das gesamte Schulwesen von der Staatskasse in Sankt Petersburg übernommen würden. Die Statuten von 1804 erfüllten diese Hoffnung allerdings nicht. Severgin, der seine Reise auch zu wissenschaftlicher Arbeit nutzte,[73] war konsterniert darüber, daß man im Vorgriff auf eine staatliche Regelung Lehrerstellen vakant hielt oder, wie im Falle des Schulleiters der Pskover Hauptvolksschule, der keinerlei Fremdsprachen beherrschte, ungeeignetes Personal auf seinem Posten beließ.[74] Die Gouverneure, die Severgin auf seine Erlebnisse in den Hauptvolksschulen und den kleinen Volksschulen ansprach, bestärkten ihn in seinem Eindruck, daß die Mißstände erst in der Zeit nach dem Tode Katharinas eingetreten seien. Gleichzeitig teilten ihm Schulleiter und Lehrer unverblümt mit, daß die Regierung ihrer Ansicht nach durch die unterbliebenen Revisionen (bekanntlich hatte nur Osip Kozodavlev im Jahre 1786 die Schulen überprüft) die Verantwortung für diese Situation trage.[75] Damit formulierten die Lehrer deutlich ihre Erwartungshaltung gegenüber einem alles regelnden Staat.

Gerade im Lehrbezirk Sankt Petersburg wurden bis zur Gründung der Universität nur sehr unregelmäßig Inspektionsreisen unternommen. Da es ohne Universität bis zu diesem Zeitpunkt auch kein Schulkomitee gab, schoben sich die Akademie der Wissenschaften und das Pädagogische Institut diese zeitaufwendige Aufgabe gegenseitig zu. Weil sich zuweilen Nikolaj Novosil'cev nach seiner Ernennung wegen anderer Verpflichtungen weder in besonderem Maße um die Akademie noch um den Lehrbezirk kümmerte, blieben die Direktoren der Gymnasien bis zum Amtsantritt Sergej Uvarovs als Kurator bei der Durchführung der Reform weitgehend auf sich selbst gestellt und

---

[70] ARAN PF f. 1, op. 1a, d. 14, l. 51.
[71] Das zweite Akademiemitglied Zacharov trat seine Reise gar nicht erst an, so daß in den übrigen Gouvernements außer den Berichten der Schulleiter keine Kenntnis über den Sachstand nach Verkündung der Reformstatuten vorhanden war (Ebenda, f. 1, op. 2, d. 5, l. 36; op. 1a, d. 14, l. 82). Daß Reisen nicht angetreten wurden, war auch in den anderen Lehrbezirken kein Einzelfall.
[72] RGIA, f. 733, op. 20, d. 4, l. 17.
[73] Severgin hielt auch die Lehrer und Schulleiter vor Ort dazu an, sich in der Beschreibung ihrer Gouvernements und Kreise zu versuchen und zugleich Lokalhistorie zu betreiben ([Severgin, V. N.], Prodolženie zapisok putešestvija, S. 44, 55f.). Severgin wies damit einer möglichen regionalen Identität, einem Heimatgefühl, den Weg und erhoffte sich zugleich einen Nutzen für die Akademie, da auf diese Weise die Kenntnis des ganzen Landes vertieft werden könne. Die Aufgabe der lokalen Forschung wurde mit dem Statut von 1804 verpflichtend. 1812 erschien sogar ein kleines Handbuch für ein „erfolgreiches" Vorgehen des lokal forschenden Lehrers: Nastavlenija dlja sostavlenija v gimnazijach i uezdnych učiliščach zapisok po raznym naukam. SPb. 1812.
[74] RGIA, f. 733, op. 20, d. 4, ll. 18, 22-25.
[75] Ebenda, ll. 31ob-44ob.

4.2.1. Die Bildungsinstitutionen der Statuten von 1803/04

nahmen ihrerseits die Visitationen von Kreis- und Kirchspielschulen nur sehr nachlässig wahr.[76]

Unter Uvarov intensivierte sich die Visitationstätigkeit,[77] wenn auch nicht in dem in den Statuten vorgesehenen Umfang. Vor allem aber reagierte der Kurator - anders als sein Vorgänger - unmittelbar auf Beschwerdebriefe von Lehrern, Direktoren und auch *smotriteli*, indem er Visitatoren entsandte oder die Gouverneure informierte, die sich daraufhin nicht selten der Klagen persönlich annahmen. So reiste 1810 ein Mitglied der Kanzlei der Akademie der Wissenschaften, Kollegienrat Ems, nach Pskov, um einen Streit zwischen den Lehrern des dortigen Gymnasiums zu schlichten, der sich an der Verwendung bestimmter Lehrbücher entzündet hatte. Während die eine Seite meinte, daß sich auch nach der Umwandlung der Hauptvolksschule in ein Gymnasium die alten Bücher unverändert benutzen ließen, waren andere der Auffassung, daß diese Lehrmittel insbesondere für Geschichte, Geographie und das Fach „Von den Pflichten des Menschen und Bürgers" nun ungeeignet seien. Daher hatten letztere anhand eigener Vorlagen im Vorlesungsstil unterrichtet. Ems würdigte den Eifer der Lehrer für einen engagierten Unterricht, er war jedoch unentschlossen, ob das Abweichen von den normierten Schulbüchern statthaft sei. So kehrte er nach Sankt Petersburg zurück, ohne einen Vorschlag für das weitere Vorgehen zu unterbreiten.[78]

Als 1815 Professor Kukol'nikov das Gymnasium in Pskov visitierte, waren die Probleme andere: Gerade hatten sich die Lehrer bemüht, den enzyklopädischen Lehrplan der Statuten von 1803/04 umzusetzen, als sie sich mit dessen Ausdünnung durch Uvarov konfrontiert sahen.[79] Sie beklagten sich bei Kukol'nikov, daß nun wiederum neue Bücher angeschafft werden müßten, für die kein Geld vorhanden sei. Kukol'nikov ließ sich die Rechnungsbücher, die vom Schulinspektor und vom Ehrenaufseher gemeinsam abgezeichnet waren, vorlegen und stieß auf Unregelmäßigkeiten. Von den Spenden und den zentral zugewiesenen Geldern fehlten Beträge, statt dessen waren nachträglich „Schuldscheine" beigefügt worden, die Inspektor und Ehrenaufseher jedoch nicht einlösen konnten. Auf die Mißstände angesprochen, entschuldigten sich der Direktor und seine Lehrer damit, daß sie keinen Einblick in die Rechnungsbücher erhalten hätten. 1816 wurden bei einer weiteren Revision noch größere Finanzlücken festgestellt. In der

---

[76] So Uvarov im Juli 1811 in einem Brief an Razumovskij (RGIA, f. 733, op. 20, d. 125, l.1 f.).
[77] Einen - unvollständigen - Überblick über die Visitationen bis 1828 gibt: Voronov, Istoričesko-statističeskoe obozrenie, S. 227-230. Zu weiteren Inspektionsreisen nach Pskov, Novgorod und Archangel'sk siehe: RGIA, f. 733, op. 20, d. 125, ll. 11-21; d. 164, ll. 14-17ob.
[78] Ebenda, d. 66, ll. 2-18, d. 95, ll. 3-6.
[79] Zuvor war Klage über den Umfang des Lehrplans geführt worden, der durch die Vielzahl der Fächer kein geschlossenes Ganzes ergeben würde, so daß die Schüler letztlich von allem nur ein bißchen, aber nichts richtig lernten (Otto, Novgorodskaja direkcija, S. 48; ders., Vologodskaja direkcija, S. 49). Ähnlich äußerte sich immer wieder Admiral Šiškov, auch schon vor der Übernahme des Ministeramtes.

Konsequenz wurden der Direktor, der als Leiter des gesamten Schulwesens im Gouvernement nach Kukol'nikovs Auffassung seine Pflicht vernachlässigt hatte und erheblich früher hätte eingreifen müssen, sowie der Schulinspektor und der Ehrenaufseher entlassen.[80] Derartige Maßnahmen bedeuteten allerdings nicht zwingend, daß Mißstände auch abgestellt wurden: Trotz wiederholter Eingaben und Besuche durch Professoren des Pädagogischen Instituts blieb beispielsweise das Gebäude des Gymnasiums in Novgorod, das der Schule erst 1811 in gutem Zustand als Geschenk der Gräfin Golovnina zur Verfügung gestellt worden war,[81] in einem derart baufälligen Zustand, daß der Gouverneur 1827 dessen Abbruch und einen Neubau auf Kosten des Ministeriums für Volksaufklärung vorschlug.[82]

Wurden für größere Instandsetzungsarbeiten unmittelbar beim Ministerium Mittel beantragt, verwies dieses bei solchen Gelegenheiten - nicht nur im Lehrbezirk Sankt Petersburg - auf die reguläre Zuweisung aus der Staatskasse und zeigte sich nur selten bereit, darüber hinaus Geld zur Verfügung zu stellen. Auch in den Fällen, in denen sich Lehrer mit der Bitte an das Ministerium wandten, man möge ihnen einen Zuschuß zum Gehalt gewähren, was die Lehrer der Kreis- und Kirchspielschulen auch als Zuwendungen in Form von Naturalien akzeptiert hätten, zeigte sich das Ministerium zurückhaltend, da zum einen der Kurator aufgrund des Statuts Ansprechpartner war, zum anderen die lokale Gesellschaft vor Ort für „Zusatzleistungen" aufzukommen hatte. Dabei gaben die Wirtschaftsdaten den Klagen der Lehrer Recht: Durch die Konjunkturläufte und vor allem durch den Konflikt mit Napoleon verlor der Assignatenrubel, der bei den Etatansätzen zugrundegelegt worden war, an Wert. Der Finanzminister sah sich jedoch, trotz wiederholter Anfragen des Ministers für Volksaufklärung und seiner Kuratoren, außerstande, Gehälter der Lehrer den regional sehr unterschiedlichen Lebenshaltungskosten anzupassen.[83] Insgesamt sank der prozentuale Anteil für Bildung und öffentliche Fürsorge am Gesamthaushalt von 4,5% auf 2,3%. Damit ergab sich letztlich ein Verhältnis, das demjenigen am Ende der Epoche Katharinas entsprach.[84] Hinzu kam, daß die Spendenfreudigkeit sank, nachdem die lokale Schule erst einmal eingerichtet war.

Sergej Uvarov war daher der erste Kurator, der 1811 beantragte, Schulgebühren einzuführen. In einem Schreiben an den Minister Razumovskij äußerte er, daß es zwar ehrenwert sei, eine kostenlose Schulbildung anbieten zu wollen, doch sei der Nutzen

---

[80] RGIA, f. 733, op. 20, d. 66 ll. 24-26.
[81] Ebenda, d. 148, ll. 2-6.
[82] Otto, Novgorodskaja direkcija, S. 56-59, 96, 123. Dies trug dem Gouverneur einen Brief des Ministers Šiškov ein: Die Gouvernementsverwaltung habe es zu diesem beklagenswerten Zustand kommen lassen; also habe auch sie die Mittel für den Neubau zu beschaffen. Šiškov hatte sich informiert und rechnete dem Gouverneur vor, wieviel Geld das Gouvernement gut verzinst angelegt habe (RGIA, f. 733, op. 20, d. 149, ll. 4-6).
[83] Ebenda, d. 59, ll. 2-56; d. 153, ll. 1-42; d. 195, ll. 1-10.
[84] Blioch, Financy Rossii XIX stoletija, T. 1, S. 153-156.

4.2.1. Die Bildungsinstitutionen der Statuten von 1803/04

marginal, wenn die Schulgebäude verkämen und keine Lehrer mehr vorhanden seien, weil sie den Dienst wegen besser bezahlter Tätigkeiten verließen. Zugleich betonte er, daß er lediglich einer in England, Frankreich und Deutschland üblichen Praxis zu folgen gedächte.[85] Der Minister und mehrere Mitglieder des Schulkomitees äußerten jedoch Einwände gegen die Abkehr vom Prinzip der Kostenfreiheit, weil sie Bedenken hegten, daß eine solche Maßnahme vor allem den ärmeren Adel treffen würde, der seinen Kindern keine private Bildung ermöglichen könne. So legten sie dem Zaren erst Jahre später einen Vorschlag vor, den dieser dann 1819 genehmigte: Von nun ab sollte in allen Gouvernements, in denen es zur Unterhaltung von Lehrpersonal und Schulgebäuden notwendig sei, Schulgeld erhoben werden dürfen, und zwar an Kirchspielschulen fünf Assignatenrubel im Jahr, an Kreisschulen zehn und an den Gymnasien 15.[86]

Schließlich erwies sich der Lehrbezirk Sankt Petersburg unter Federführung Uvarovs noch in einem weiteren Bereich als Vorbild für andere Lehrbezirke: Formen der öffentlichen Examina - allerorts ein gesellschaftliches Ereignis, bei dem nicht nur die Schüler ihr Wissen unter Beweis stellten, sondern auch die Honoratioren präsent waren -, wurden am Gouvernementsgymnasium der Hauptstadt über die Jahre stark standardisiert und allmählich zum Leitbild für die Gymnasien aller Lehrbezirke. Die Examina wurden anhand feststehender Fragen und Themenkomplexe durchgeführt, wobei nicht nach Klassenstufen, sondern nach Fächergruppen an aufeinander folgenden Tagen examiniert wurde.[87] Themen waren z. B. im Bereich der Heiligengeschichte der orthodoxen Kirche neben Fragen zu Vladimir dem Heiligen die Lebensgeschichte der vier Moskauer Wundertäter.[88] Auf dem Feld der russischen Geschichte lag ein Schwerpunkt auf der Zeit der Kiever Rus' als Wiege des russischen Einheitsstaates, ein weiterer war dem Aufstieg des Herrscherhauses der Romanovs bis zu Peter dem Großen gewidmet. In der Weltgeschichte mußten vor allem Fragen zu den alten Hochkulturen beantwortet werden. Im Lateinischen wurden Übersetzungsaufgaben aus Texten von Tacitus, Vergil und Sallust gestellt, wobei rhetorische Figuren zu bestimmen waren. Deutsch wurde in der Abschlußklasse mit Übersetzungsübungen Russisch-Deutsch, Französisch hingegen

---

[85] RGIA, f. 733, op. 86, d. 478, ll. 2-4.
[86] Ebenda, l. 4ob.
[87] Siehe die als Handzettel gedruckten Fragen der viertägigen öffentlichen Examina am Gouvernementsgymnasium von Sankt Petersburg am 19., 20., 22. und 23. Oktober 1813 (RGIA, f. 733, op. 95, d. 86, ll. 8-13). In den vierziger Jahren des 19. Jahrhunderts konnten diese Fragen von den Schülern der Gymnasien des Sankt Petersburger Lehrbezirk zur Examensvorbereitung gekauft werden. Siehe die hier herangezogenen Auflagen von: Voprosy ispytanij, proizvodimych v gimnazijach i uezdnych učiliščach S. Peterburgskogo učebnogo okruga. SPb. 1844; Voprosy ispytanij, proizvodimych v gimnazijach i uezdnych učiliščach S. Peterburgskogo učebnogo okruga. SPb. 1854. Bei den Fragen aus den Sachgebieten Physik, Mathematik und Geschichte herrschte nahezu vollständige Übereinstimmung mit denjenigen aus dem Jahre 1813. Fragen zur Logik und Philosophie wurden nicht mehr gestellt, was aufgrund der bildungspolitischen Entwicklungen in den zwanziger und dreißiger Jahren nicht verwundert (vgl. Kap. 4.1.3.).
[88] RGIA, f. 733, op. 95, d. 86, l. 9.

lediglich in der Form Französisch-Russisch abgeprüft.[89] Die letzten beiden Examenstage blieben den Naturwissenschaften, der Mathematik und der Logik vorbehalten.[90] So mußten Schüler Galvanisierungsprozesse im Experiment vorführen und Aufgaben zur Differentialrechnung lösen. Sergej Uvarov ordnete an, daß die Prüfungsaufgaben zur Orientierung an die übrigen Gymnasien des Sankt Petersburger Lehrbezirks versandt werden sollten. Einerseits bezweckte er damit, den Provinzgymnasien verbindliche Kriterien an die Hand zu geben, andererseits wollte er eine gewisse Vergleichbarkeit der Abschlüsse gewährleistet sehen. Dennoch verliefen die Examina - und dies war kein Spezifikum des Petersburger Lehrbezirks - sehr unterschiedlich. Neben dem Prüfungsdialog und dem publikumswirksamen Vorführen naturwissenschaftlicher Experimente gab es beispielsweise auch kleine Aufführungen, die das erlernte Wissen der städtischen Öffentlichkeit unterhaltsam darbieten sollten. So fand am Gymnasium von Vologda eine gespielte Disputation unter den Schülern statt, wobei jeder Schüler der Abschlußklasse ein Fach vertrat, etwa die Geschichte, die Geographie oder die Mathematik, um dann im Disput die Bedeutung der jeweiligen Wissenschaft hervorzuheben. Eine öffentliche Examination durch Fragen, eigentlich im Schulstatut vorgeschrieben, entfiel hingegen.[91] Zudem wurden diese öffentlichen Examina zur Einnahme von Spendengeldern genutzt. So ließ der Direktor des Novgoroder Gymnasiums, die Anwesenheit des Gouverneurs und des Adelsmarschalls nutzend, in den Jahren 1817 bis 1819 nach den Examina Sammlungen im Publikum durchführen.[92]

Bei den Examensformen, bei der Finanzierung der Bildungseinrichtungen wie auch generell bei der Transformation der katharinäischen in die alexandrinischen Schulen neuen Typs zeigte sich ein starkes Gefälle zwischen der Hauptstadt Sankt Petersburg einschließlich ihres Gouvernements und den übrigen Gouvernements des Lehrbezirks. Während in Stadt und Gouvernement Sankt Petersburg alle Schulen, die dem Ministerium für Volksaufklärung unterstellt waren, bereits im Verlauf der Jahre 1805/06 umgewandelt wurden und zudem alle Kreise des Gouvernements eine Kreisschule erhielten,[93] ging der Prozeß in den übrigen Gebieten des Lehrbezirks nur schleppend voran. Die Umwandlung von Hauptvolksschulen zu Gymnasien erfolgte erst zwischen 1808 und 1811;[94] während die Neueröffnung von Kreisschulen bis 1808 abgeschlossen war, kostete die Umwandlung der kleinen Volksschulen in Kreisschulen mehr Zeit.[95] Das sich fortsetzende Gefälle wird aus dem Verhältnis von Bevölkerungs- zu Schülerzahl im jeweiligen Gouvernement deutlich:

---

[89] RGIA, f. 73, op. 95, d. 86, ll. 9-10.
[90] Ebenda, ll. 11-12.
[91] Otto, Vologodskaja direkcija, S. 175 f.
[92] Ders., Novgorodskaja direkcija, S. 121.
[93] RGIA, f. 733, op. 95, d. 79, ll. 42-53.
[94] Ebenda, d. 84, ll. 10-24; d. 88, ll. 294ob, 295.
[95] Ebenda, d. 79, ll. 54-78; d. 83, ll. 14-46ob; d. 42, ll. 1-3; d. 43, ll. 1-9.

4.2.1. Die Bildungsinstitutionen der Statuten von 1803/04

Tabelle: Schüler in den Schulen unter Aufsicht des Ministeriums für Volksaufklärung im Lehrbezirk Sankt Petersburg

Gouvernement	1802			1820			1828		
	Einwohner	Lernende	Verhältnis	Einwohner	Lernende	Verhältnis	Einwohner	Lernende	Verhältnis
Petersburg	603.999	4.136	146:1	735.604	4.651	158:1	815.000	5.371	151:1
Archangel'sk	175.080	152	1.152:1	192.656	174	1.107:1	205.000	271	757:1
Olonec	225.976	163	1.386:1	206.096	263	784:1	215.000	363	592:1
Vologda	571.454	213	2.683:1	619.078	394	1.571:1	668.000	576	1.159:1
Novgorod	596.364	453	1.316:1	674.662	845	798:1	740.000	902	820:1
Pskov	624.496	386	1.617:1	623.750	413	1.510:1	653.000	611	1.068:1
insgesamt	2.797.369	5.503	508:1	3.051.846	6.740	453:1	3.296.000	8.094	407:1

Quelle: Voronov, Istoriko-statističeskoe obozrenie, S. 159;
RGIA, f. 733, op. 95, d. 287, ll. 28-230.

Die Ausnahmestellung Sankt Petersburgs zeigt sich auch bei der Aufschlüsselung der Herkunft der Schüler, über die Daten für die Gymnasien des Lehrbezirks aus dem Jahre 1826 zur Verfügung stehen.

Tabelle: Rechtliche Herkunft der Schüler an den Gymnasien des Lehrbezirks Sankt Petersburg 1826

Gymnasium/ Herkunft	Adel	Geistlichkeit	Kaufleute	meščane	Hausangestellte	Bauern	Soldaten	Handwerker (mastera)	andere
Sankt Petersburg	184	25	24	20	35	15	10	10	15
Archangel'sk	15	-	3	12	-	4	6	-	-
Olonec	15	-	-	1	-	-	-	-	-
Vologda	24	-	-	-	-	-	-	1	1
Pskov	15	-	6	4	-	-	-	5	5
Novgorod	18	-	1	5	-	-	-	-	-
Gesamt	271	25	34	42	35	19	16	16	21

Quelle: Voronov, Istoriko-statističeskoe obozrenie, S. 166.

Bei einer Gesamtzahl von 479 Schülern in den Gymnasien des Lehrbezirks zeigt sich, daß diejenigen adliger Herkunft die Gymnasien in der Provinz dominierten. Zugleich wird aber auch deutlich, daß die Vorbehalte des Adels letztlich zu einer generell geringen Schülerzahl führten, die, je peripherer das Gymnasium gelegen war, desto weniger von nichtadligen Schülern ausgeglichen wurde. Noch ein weiterer Unterschied bestand zwischen Sankt Petersburg und der Provinz: In der Hauptstadt zählten im Jahre 1828 1.868 Mädchen zu den insgesamt 5.371 Schülern, im gesamten Lehrbezirk 2.020 Mädchen bei 8.084 Schülern.[96] Wie bei der Streuung der Herkunft zeigte sich an dem hohen Mädchenanteil der Hauptstadt, daß insbesondere hier die nachdrückliche Propagierung der Schulen für „Kinder beiderlei Geschlechts" Erfolg gehabt hatte. Zudem spricht beides für den im Urbanisierungsprozeß gewachsenen Bedarf der Hauptstadt an differenziert und gut ausgebildeten Fachleuten. Die niedrigen Zahlen der Schüler im übrigen Lehrbezirk weisen auf eine schwache Ausprägung der lokalen Gesellschaft hin, nicht aber auf eine totale Bildungsverweigerung. Die Sogwirkung der Hauptstadt mit ihren Aufstiegsmöglichkeiten war so groß, daß die Kinder nach Möglichkeit bereits dorthin zur Schule geschickt wurden - oder nach Moskau.

---

[96] RGIA, f. 732, op. 1, d. 315, ll. 345-367.

4.2.1. Die Bildungsinstitutionen der Statuten von 1803/04

Lehrbezirk Moskau

Das Beispiel des Lehrbezirks Moskau zeigt, wie stark die Umsetzung der Reformen von Einzelpersonen abhing. War Novosil'cev nach seiner Ernennung in Sankt Petersburg kaum selbst tätig geworden, um die Einrichtungen seines Lehrbezirks zu beaufsichtigen, leitete der Moskauer Kurator Murav'ev die Umwandlung und Neugründung von Schulen vor Ort. Auch die mit der Visitation beauftragten drei Moskauer Professoren arbeiteten - im Unterschied zu denjenigen im Petersburger Lehrbezirk - aktiv mit und hatten sich bereits im Jahre 1803 einen Überblick über die Situation in allen zehn Gouvernements des Lehrbezirks verschafft. Sie kündigten - noch vor Verabschiedung des entsprechenden Statuts - der Verwaltung vor Ort an, daß in jedem der Gouvernements ein Gymnasium zu errichten sei. Daraufhin machte sich eine reservierte Haltung des Adels bemerkbar. So weigerte sich der lokale Adel in Tver', die zugesagte Summe für die Bibliothek der Hauptvolksschule nun für die Bibliothek des Gymnasiums bereitzustellen,[97] und in Smolensk war der *prikaz obščestvennogo prizrenija* nicht bereit, weiterhin die Miete für das Schulhaus zu zahlen, womit faktisch die Auflösung der Hauptvolksschule angedroht wurde, bevor diese in ein Gymnasium hätte überführt werden können. Hier überzeugte Murav'ev brieflich die Stadtduma davon, für das Gymnasium ein zweistöckiges Haus bauen zu lassen.[98] Dagegen erwies sich im Gouvernement Kaluga das Nebeneinander von säkular-öffentlichen und anderen Bildungseinrichtungen als positiv. Das neue Gymnasium und das neue Kadettenkorps, welches im Zuge der Zubovschen Vorschläge mit teils privaten Mitteln etabliert worden war, lagen in unmittelbarer Nachbarschaft und richteten eine gemeinsame Bibliothek ein, die nach Auskunft der Visitatoren zu einem Attraktionspunkt nicht nur für die Schülerschaft, sondern für die gesamte lokale Gesellschaft wurde.[99]

So gelang im Jahre 1804 die Eröffnung aller zehn Gymnasien im Lehrbezirk Moskau, die 1808 mit insgesamt 486 Gymnasiasten mehr Schüler aufwiesen als diejenigen im Lehrbezirk Sankt Petersburg im Jahre 1828. Von Beginn an war das Gefälle bei den Schülerzahlen zwischen Moskau und den umliegenden Gouvernementsstädten nicht ganz so stark wie im Sankt Petersburger Lehrbezirk.[100] Auch der nächste Schritt der Schulreform wurde mit einer systematischen Konsequenz vollzogen, die in den anderen Lehrbezirken fehlte. Die Gymnasialdirektoren wurden nun ihrerseits beauftragt, die Gründung von Kreisschulen voranzutreiben und Personal dafür zu rekrutieren.

---

[97] Ebenda, f. 733, op. 49, d. 295, ll. 12ob-15ob.
[98] Hierzu: Kuro, T. I., Narodnoe obrazovanie v Smolenskom gubernii v pervoj polovine XIX veka, in: Učenye zapiski Smolenskogo Pedagogičeskogo Instituta 5 (1957), S. 284-308, hier S. 286 f.
[99] RGIA, f. 733, op. 49, d. 295, l. 16ob.
[100] Die Zahlen schwankten im Jahre 1808 zwischen 61 (Moskau) und 33 Schülern (Kostroma) (RGIA, f. 733, op. 95, d. 183, ll. 32ob f.).

1805/1806 wurde in 44 von 106 Kreisen des Moskauer Lehrbezirks eine Schule eingerichtet. Damit wies dieser Lehrbezirk im Jahr 1808 die größte Dichte an Schulen nach dem Erlaß der Statuten von 1803/04 auf. Allerdings wurde die forcierte Gründung der Schulen mit ihrem neuen, erweiterten Lehrplan auch von kritischen Stimmen begleitet: So fragte der Moskauer Geschichtsprofessor Christian von Schlözer (ein Sohn August von Schlözers), nachdem er zwei soeben eröffnete Gymnasien visitiert hatte, ob nicht beide Seiten überfordert seien.[101] Die Lehrer wären für den Unterricht von unterschiedlichen Fächern gerade in den höheren Klassen nicht ausgebildet und hätten daher Schwierigkeiten, den Schülern einen Stoff zu vermitteln, den sie selbst nicht beherrschten. Sie würden sich nur an ihre Bücher und Skripte halten und die Schüler von der Tafel abschreiben lassen, weil sie selbst in der Stoffbeherrschung unsicher seien. Dieses Verfahren mache den Unterricht „mechanisch".[102]

Anders als für das ausgehende 18. Jahrhundert liegen über die ersten beiden Jahrzehnte des 19. Jahrhunderts bereits Selbstzeugnisse, nicht nur zur Studien-, sondern auch zur Schulzeit vor, die hier wegen des Bezug zu einigen Schulen des Moskauer Lehrbezirks vorgestellt werden sollen. Sie bestätigen den Eindruck, den mancher Visitator von seinen Reisen mitbrachte. So wird in anonymen Memoiren der Schulalltag in der Kreisschule und im Gymnasium von Rjazan' zwischen 1816 und 1822 geschildert:[103] Beide Schulen seien in einem Gebäude untergebracht und die obersten beiden Klassenstufen aufgrund von Lehrermangel im Gymnasium zusammengefaßt worden. Während die Eltern des Verfassers darauf gedrungen hätten, daß er trotz Widerwillens gegen die strenge Disziplin beide Schultypen durchlief, um ihrem Kind mit einem Abschlußzeugnis eine Karriere zu ermöglichen, hätte der Adel seine Kinder von der Schule ferngehalten und in eine Pension gegeben, die von einem ehemaligen Offizier deutscher Herkunft betrieben worden sei.[104] Er selbst habe daher mit den Kindern von

---

[101] Daneben existierten in den Kreisen ohne Kreisschule knapp 20 kleine Volksschulen alten Typs (RGIA, f. 733, op. 95, d. 183, ll. 33-40, 86-88).
[102] Ebenda, ll. 189-194. Aus diesem Bericht wird auch zitiert in: Alešincev, Istorija, S. 50.
[103] Zum Folgenden: Vremja škol'nogo učenija. Uezdnoe učilišče i gimnazija (1816-1822), in: RV 125 (1876), S. 810-831.
[104] Das Niveau dieser Pensionen, die gleichfalls von den Visitatoren überprüft wurden und von denen 1816 eine bis zwei in jeder Gouvernementsstadt existierten (RGIA, f. 733, op. 95, d. 191, ll. 104-106), war gerade in der Provinz überaus unterschiedlich. In Moskau existierten durchaus Einrichtungen, die einen ausgezeichneten Ruf genossen, der demjenigen der Adelspension an der Universität gleichkam, und die, wie sich A. I. Del'vig (1813-1887), der Cousin des Dichters A. A. Del'vig, zu erinnern glaubte, in der Vielfalt und der Qualität den gymnasialen Lehrplan übertroffen hätten [Del'vig, A. I.], Polveka russkoj zizni. Vospominanija A. I. Del'viga (1820-1870). Moskva usw. 1930, S. 35-52. Wie Del'vig erinnerte sich der finanziell weniger bemittelte A. M. Dostoevskij, der jüngere Bruder F. M. Dostoevskijs, vor allem an das strenge Regiment, das rund um die Uhr galt (Dostoevskij, A. M., Vospominanija. Leningrad 1930, S. 95-122). Unter den 27 Pensionen Moskaus, die um 1830 existierten, waren 14 ausschließlich adligen Mädchen vorbehalten, für die eine koedukative Erziehung wie in der Zeit Katharinas als immer weniger schicklich galt (Androssov, V., Statističeskaja zapiska o Moskve. Moskva 1832, S. 123 f.).

4.2.1. Die Bildungsinstitutionen der Statuten von 1803/04   391

Kutschern, Lakaien, Postbediensteten und Bauern die Schulbank gedrückt, wobei er und einige Mitschüler manchmal die Bauernkinder wegen ihrer typischen Kleidung und ihrer Unbeholfenheit geärgert hätten. Insgesamt zeigte sich der Verfasser in der Rückschau darüber verwundert, wie stark das Altersgefälle unter den Schülern gewesen sei. Er selbst hätte in der ersten Klasse des Rjazaner Gymnasiums zwischen einem sechzehnjährigen Kutschersohn und einem siebzehnjährigen Schustersohn gesessen. Beide wären so kräftig gewesen, daß die Lehrer Angst vor ihnen gehabt hätten.[105] Laut Statut sollten die Kinder beim Eintritt ins Gymnasium zehn Jahre alt sein.

A. V. Nikitenko, der als ehemaliger Leibeigener nicht nur Professor, Akademiemitglied und Zensor geworden war, sondern auch Gutsbesitzer, schrieb in seinem Tagebuch,[106] daß er an seinem ersten Schultag in der Kreisschule von Voronež für den Schulleiter P. V. Sokolovskij im Auftrag seiner Eltern einige Aufmerksamkeiten - Zucker, ein Pfund Tee und Wodka - mitgebracht hätte sowie Empfehlungsschreiben zweier Gutsbesitzer, um die Nachteile seiner Herkunft auszugleichen. Ob aufgrund der Empfehlungen, der Geschenke oder eigener Leistungen: Nikitenkos Erinnerungen an die Schulzeit waren angenehmer Natur, da er nicht das Empfinden hatte, besonderen Prüfungen ausgesetzt gewesen zu sein. Das Lernen machte ihm Spaß, und damals habe er das Gefühl gehabt, von seinen Lehrern etwas lernen zu können. Wie wenig dies mitunter war, sei ihm erst deutlich geworden, als er nach Sankt Petersburg zog. Nikitenko berichtete auch, daß die Lehrer dazu neigten, einen Teil ihrer Arbeit von ihren Zöglingen ausführen zu lassen: Nicht nur, daß die älteren Schüler für den Schulleiter Berichtsbögen und Zeugnisse schreiben mußten, sie hatten auch in den Gärten der Lehrer zu arbeiten.

Die Memoiren von M. P. Pogodin, der lebhafte und überaus spöttische Schilderungen über seine Zeit am Moskauer Gouvernementsgymnasium hinterlassen hat, sind in mehrfacher Hinsicht interessant. Zum einen wurden sie in einer Zeit verfaßt, in der im Zuge der Großen Reformen erneut über eine Schulreform diskutiert wurde,[107] zum zweiten konnten die Äußerungen eines der führenden Vertreter der Slavophilen[108] als Urteil über das gesamte Bildungssystem betrachtet werden, und schließlich verdeutlichten seine Erinnerungen im Vergleich zu denen Nikitenkos anhand des Schulalltags nochmals den Unterschied zwischen den Schulen in der Provinz und in der Metropole,

---

[105] Ähnliche Erlebnisse werden aus der zweiten Hälfte der zwanziger Jahre des 19. Jahrhunderts berichtet in: Lemechov, P., Iz škol'nych vospominanij, in: Škol'naja žizn' 24 (1873), S. 539-544, aber auch in Memoiren über die Kreisschule in Irkutsk während des gleichen Zeitraumes: [Kalašnikov, I. T.], Zapiski irkutskogo žitelja, in: RS 36 (1905), 7, S. 187-251, 8, S. 384-409, 9, S. 609-646, hier 7, S. 247-251.
[106] Nikitenko, Zapiski i dnevniki, T. 1, S. 66-69.
[107] Krumbholz, Elementarbildung, S. 60-67.
[108] Siehe zu seiner Person: Picht, U., M. P. Pogodin und die Slavische Frage. Ein Beitrag zur Geschichte des Panslavismus. Stuttgart 1969 (= Kieler Historische Studien, 8).

auf den bereits am Beispiel des Lehrbezirks Sankt Petersburg hingewiesen wurde.

Pogodin beschrieb die Unterrichtsmethoden der Lehrer in den Fremdsprachen Latein und Deutsch sehr ausführlich als ein System des Auswendiglernens und Einübens anhand ausgewählter Beispiele.[109] Insbesondere Latein habe ihn wegen der Regelmäßigkeit des syntaktischen Aufbaus sehr fasziniert, und die Lehrer hätten alle Schüler gleichzeitig am Unterricht teilnehmen lassen, indem die älteren Schüler die jüngeren abgehört hätten; hier wurden auf inhaltlich höherem Niveau Methoden angewandt, die ein Kennzeichen der Lancasterschulen waren. Allgemein berichtete er von dem Respekt, den er damals vor dem Wissen der Lehrer gehabt habe; es lag wohl an seinem eigenen Werdegang bis zum Professor an der Moskauer Universität, daß er sie im Nachhinein als Ignoranten bezeichnete und damit ein schärferes Urteil fällte als Nikitenko. Über den Direktor des Moskauer Gymnasiums wußte er nur zu berichten: „Die Schüler sahen ihn nur zum Examen, worauf er sich beeilte, einige Professoren zu sich nach Hause zu nehmen, um sie seine verschiedenen Wodkasorten probieren zu lassen."[110]

Im Lehrbezirk Moskau wurde der Schulalltag durch den Feldzug Napoleons im Jahre 1812 jäh gestört. Mit der Besetzung der Stadt wurden das Gebäude des Gouvernementsgymnasiums, des Akademischen Gymnasiums an der Universität, Teile der Universität selbst sowie die Kreisschulen vom Feuer zerstört, die Bestände der Bibliotheken dagegen konnten gerettet werden. Andere Einrichtungen wurden vorsorglich evakuiert. Ältere Schüler und ihre Lehrer wurden eingezogen, Studenten meldeten sich freiwillig zum Militär. Im Zuge des Wiederaufbaus der Stadt und der Reorganisation des Schulwesens im ganzen *učebnyj okrug*, die nach den Verwerfungen des Krieges notwendig geworden war, kam es noch einmal zu einer großen Welle von Spenden nicht nur von seiten der lokalen Elite, sondern aus dem ganzen Land.[111] Während dieser Reorganisation wurden auch die letzten Schulen nach dem katharinäischen Statut in Kreis- oder Kirchspielschulen umgewandelt. Auch der nach 1812 zu verzeichnende Einbruch der Schülerzahlen konnte bis zum Jahre 1816 ausgeglichen werden.[112] Der Kurator P. I. Goleniščev-Kutuzov befand allerdings, daß er mit der Reorganisation der Schulen und der endgültigen Unterstellung der privaten Pensionen unter seine Kontrolle seine Pflicht in Hinblick auf das Schulwesen getan habe.[113] Bis 1825 wuchs die Zahl der Schulen nicht mehr wesentlich an; allerdings stieg die Zahl der Schüler. Besuchten im Jahre 1808 7.898 Schüler und Studenten (davon 494 Mädchen) die 194 Bildungsein-

---

[109] [Pogodin, M. P.], Škol'nye vospominanija (1814-1820), in: VE (1868), 4, S. 605-630.
[110] Ebenda, S. 628.
[111] Voenskij, K. A. (Hrsg.), Moskovskij universitet i S.-Peterburgskij učebnyj okrug v 1812 godu. Dokumenty Archiva Ministerstva narodnogo prosveščenija. SPb. 1912; Eingorn, V., Moskovskij universitet, gubernskaja gimnazija i drugie učebnye zavedenija v 1812 g., in: ČOIDR (1912), 4, S. 1-99.
[112] RGIA, f. 733, op. 95, d. 191, ll. 8-106ob.
[113] Zu seiner Person: Andreev, Moskovskij universitet, S. 130-140.

4.2.1. Die Bildungsinstitutionen der Statuten von 1803/04

richtungen (inklusive der Universität), denen insgesamt 590 Professoren und Lehrer gegenüberstanden,[114] so waren es 1825 11.180 Schüler und Studenten (davon 671 Mädchen), die in 267 Bildungseinrichtungen von insgesamt 933 Lehrkräften unterrichtet wurden.[115]

1826 erging wie an den Kurator des Lehrbezirks Sankt Petersburg die Frage nach der rechtlichen und sozialen Herkunft der Schüler am Gymnasium. Dabei ergab sich bei einer etwas anderen Kategorisierung als im Falle Sankt Petersburgs folgendes Bild:

Tabelle: Rechtliche Herkunft der Schüler an den Gymnasien des Lehrbezirks Moskau 1826

Gymnasium/ Herkunft	Adel	Geist- lichkeit	Kauf- leute	meščane	Haus- ange- stellte	Bauern	ande- re**	Gesamt
Moskau	106	9	6	15	-	6	8	150
Vladimir	33	3	1	2	1	-	1	41
Tver'	25	-	2	4	1	-	-	32
Orlov	35	2	3	2	5	5	10	62
Jaroslavl'	95	-	2	13	3	5	26	144
Novgorod*	12	-	-	-	10	-	2	24
Rjazan'	85	-	5	8	-	5	2	105
Kostroma	29	-	2	3	-	4	1	39
Tambov	92	5	10	21	13	20	10	171
Voronež*	30	-	10	3	5	2	2	52
Tula	15	-	5	1	3	-	1	25
Gesamt	557	19	46	72	41	47	63	845

Quelle: RGIA, f. 737, op. 1, d. 25, l. 8 f.

* Die Gouvernements Novgorod und Voronež waren 1825 dem Lehrbezirk Moskau zugeschlagen worden.
** darin enthalten auch Soldatenkinder

Wie schon im Lehrbezirk Sankt Petersburg konnten die Visitatoren zwar ein geringeres Interesse des Adels monieren, nicht jedoch das Verhältnis der tatsächlichen Gesamtschülerzahl zu derjenigen der adligen Kinder, denn diese überwogen eindeutig.

---

[114] Periodičeskie sočinenija 23 (1809), S. 280 f.
[115] Zapiski, izdavaemye ot Departamenta Narodnogo Prosveščenija 1 (1825), S. 351 f.

Lehrbezirk Char'kov

Im Lehrbezirk Char'kov, der weite Gebiete der Ukraine und Zentralrußlands, die neurussischen Gebiete sowie Distrikte der Don- und Schwarzmeerkosaken umfaßte, war die Umsetzung der Schulstatuten von 1803/1804 eine ebenso arbeitsintensive wie umfangreiche Aufgabe. Das Schulkomitee der sich im Aufbau befindlichen Universität[116] war nach deren offizieller Eröffnung zunächst mit der Materialsammlung und der Erstellung einer Instruktion für die Visitatoren beschäftigt. Erster Visitator wurde der Char'kover Professor für russisches Recht, I. F. Timkovskij (1772-1853),[117] dessen Berichte über seine ausgiebigen Inspektionsreisen in den Jahren 1805, 1807 und 1811 - die Umorganisation bzw. Neugründung der Schulen befand sich noch in vollem Gange - eine wesentliche Quelle zur Beschreibung der Schullandschaft sind. Timkovskij nahm seine Aufgabe ernst und fertigte im Gegensatz zu manchem seiner Kollegen überaus umfangreiche und auch qualitativ ansprechende Rapporte an; die Urteile fielen, bedingt durch den noch in seinen Memoiren spürbaren pädagogischen Enthusiasmus, allerdings negativ aus: In seinen Erinnerungen wurde die Enttäuschung darüber, daß nicht alle Beteiligten die Größe des Vorhabens erkannt und zu seiner Realisierung beigetragen hätten, deutlich.

Am schlechten Zustand zahlreicher Schulgebäude gab es für ihn ebenso wie für seine Kollegen kaum einen Zweifel. Schon während seiner Reise durch das ukrainische Poltava an seinen neuen Arbeitsplatz hatte er 1805 beim ukrainischen Generalgouverneur Kurakin angefragt, warum sich das Schulgebäude Poltavas in einem derartig schlechten Zustand befinde: Frostschäden hätten eine Wand des zweiräumigen Gebäudes zum Einsturz gebracht, so daß in dem Schlafraum der Pensionsschüler unterrichtet werden müßte. Das wenige überhaupt vorhandene Lehrmaterial habe Schaden genommen, und die Pensionsschüler hungerten geradezu.[118] Er forderte Kurakin auf, Abhilfe zu schaffen. In einem Schreiben an den Kurator Potocki verwahrte sich Fürst Kurakin gegen den Ton des frisch ernannten Professors,[119] räumte jedoch die Mängel ein und

---

[116] Zur Rekrutierung der Fakultätsmitglieder und zur Aufnahme des Lehrbetriebes ausführlich und im wesentlichen Bagalejs Werk nutzend: Petrov, Rossijskie universitety, Kn. 2, S. 97-231.
[117] Zu seiner Person: [Timkovskij, I. F.], Zapiski Il'i Fedoroviča Timkovskogo, in: RA (1874), 6, S. 1377-1466; Šugurov, N. V., Il'ja Fedorovič Timkovskij, pedagog prošlogo veka, in: KS 10 (1891), 7, S. 212-236; 9, S. 375-406; 10, S. 87-97.
[118] [Timkovskij], Zapiski, S. 1403.
[119] Einem Fürsten aus altem Geschlecht wie Kurakin mochte der Ton der Einlassung des Beamtenadligen Timkovskij in der Tat dreist erscheinen; der Vorfall verweist auf den alten Konflikt zwischen Geburtsadel und Beamtenadel, der nicht nur im Zarenreich, sondern etwa auch in Preußen ein Problem darstellte und der, wie das Beispiel Kazan' zeigte, immer wieder im Rahmen von Auseinandersetzungen zwischen Professorenschaft und lokalem Adel im Zarenreich auftauchte; siehe: Bagalej, Opyt, T. 1, S. 253.

4.2.1. Die Bildungsinstitutionen der Statuten von 1803/04

finanzierte, da sich die lokale Gesellschaft in Poltava reserviert zeigte, ein neues Schulgebäude aus seiner privaten Schatulle.

In Char'kov angekommen, war es Timkovskij, der mit der Rekrutierung der Lehrer für die 1805/06 eröffneten Gymnasien von Char'kov, Kostroma und Černigov beauftragt wurde[120] und, sehr zum Unwillen des Rektors Stojkovič, soeben eingeschriebene Studenten als Gymnasiallehrer mit dem Hinweis auf die Möglichkeit, sich schnell einen Rang zu erwerben, abwarb. Ansonsten wurden fast ausschließlich Zöglinge geistlicher Akademien als Lehrer verpflichtet. Der Einfluß von Lehrern aus geistlichen Bildungstraditionen sollte erst allmählich nachlassen, denn mehr als die Hälfte der Studenten der Universität, die im ersten Studienjahr immatrikuliert waren, stammte aus den geistlichen Akademien und war in Ermangelung von freiwilligen Interessenten für das Universitätsstudium zwangsverpflichtet worden.[121] Mehrere Personen, die zuvor als Hauslehrer gearbeitet hatten und französischer oder deutscher Herkunft waren, wurden zunächst abgelehnt, mußten aber schon einige Monate später eingestellt worden, um den Personalbedarf der Gymnasien auch nur annähernd abzudecken.[122]

Seine erste größere Reise führte Timkovskij zu den Donkosaken, bei denen er zwar generell auf die Bereitschaft stieß, ihre Söhne zur Schule zu schicken, die ihm aber ihre Bedenken vortrugen, daß das neue Schulstatut vielleicht dazu führen könne, daß die Jungen ihre eigentliche Aufgabe, das Kriegshandwerk, vergessen würden. Timkovskij konnte sie beruhigen. Das erlernte Wissen, auch in zivilen Fächern, könnte ihrer weiteren Karriere auch im Militär durchaus förderlich sein. Ob dem Ataman und seinen Offizieren die Argumente Timkovskijs unmittelbar einleuchteten, ist nicht überliefert; jedenfalls fand der erstgenannte sich bereit, eine Kreisschule zu finanzieren, an der auch Kurse in Militärtaktik angeboten werden sollten. Große Vorbehalte äußerte der Ataman jedoch gegen den gemeinsamen Unterricht von Kindern der *meščane*, der Bauern und „seinen" Kosakenkindern.[123]

Auf diese Vorbehalte traf Timkovskij auch bei seiner Visitation des Gouvernements Voronež. Die dortige Hauptvolksschule machte auf ihn zwar einen überaus positiven Eindruck: Nach den Worten seines Berichts hätten die Kinder auf seine Fragen verständig geantwortet und er sei guten Mutes, daß zwei Absolventen der letzten (vierten)

---

[120] 1805/06 wurden neben den drei Gymnasien 10 Kreis- und 16 Kirchspielschulen eröffnet, die 1806 von 3.967 Schülern besucht wurden (Lavrovskij, N. A., Iz pervonačal'noj istorii Char'kovskogo universiteta in: ŽMNP 145 (1869), 10, S. 235-260, hier, S. 240).
[121] Von den ersten 93 Studenten der Universität waren 65 aus den geistlichen Akademien geworben worden, immerhin 55 erhielten ein Vollstipendium, 20 ein Teilstipendium (RGIA, f. 733, op. 49; d. 627, l. 34 f.).
[122] Ebenda, d. 633, ll. 55ob-60ob, 92 f.
[123] Ebenda, d. 40, ll. 2-8, 9-11. Die Donkosaken stimmten schließlich auch der Einrichtung eines Gymnasiums zu (ebenda, d. 633, ll. 100-101ob). Das Schulwesen der Schwarzmeerkosaken war im übrigen weiter entwickelt; siehe: Trechbatova, S. A., Narodnoe obrazovanie v vojske černomorskom, in: Učitel' (1993), 2, S. 3-5.

Klasse als Studenten an die Universität würden wechseln können.[124] Ihm fiel jedoch auf, daß unter den Schülern keine Kinder adliger Herkunft vertreten waren. Auf eine schwache Resonanz stieß Timkovskij auch in den gemäß dem neuen Statut organisierten Schulen und nahm entsprechende Reaktionen gleichfalls bei einer Revision des Gymnasiums Černigov im Jahre 1811 und selbst „vor der Haustür", im Gymnasium von Char'kov und den jeweils nachgeordneten Kreisschulen wahr. Der Grund dafür schien ihm in der Aussage des Kosakenatamans zu liegen: Man wolle nicht, daß die eigenen Kinder gemeinsam mit Kindern anderer Stände zusammensäßen und unterrichtet würden.[125] Timkovskij empfahl dem Schulkomitee dergestalt zu reagieren,[126] daß bei den nächsten Visitationen vorgeschlagen werden sollte, in dem oft einzigen Klassenraum getrennt zu sitzen und, wo Räumlichkeiten und Lehrerzahl es zuließen, sogar getrennt zu unterrichten. Damit wollte er in erster Linie den Adel schützen;[127] er hatte von Lehrern gehört, daß die adligen Kinder aufgrund ihrer Herkunft das Unterrichtsgespräch störten und eine Vermittlung des Stoffes verhinderten. Daß mancher polnischsprachige Adlige die staatlich-säkularen Schulen mit russischer Unterrichtssprache, wie sie in einigen Gebieten des Lehrbezirks existierten, als Instrument der Russifizierung ansah und die Vorbehalte in Char'kov auch deshalb stärker sein mochten als in Sankt Petersburg oder Moskau, berücksichtigte Timkovskij[128] nicht.[129]

Andere Berichte von Visitatoren griffen Probleme auf, die nicht unbedingt im Verhältnis zur lokalen Gesellschaft begründet lagen. Die Professoren G. P. Uspenskij, I. P. Kamenskij, A. I. Stojkovič, I. E. Sreznevskij und A. A. Degurov wiesen immer wieder darauf hin, daß der Alkoholismus der Lehrer ein ernstes Problem sei,[130] wobei dessen jeweilige Bewertung auch ein Schlaglicht auf die Person des urteilenden Visitators warf. Alle hielten das Problem für so gravierend, daß sie die Qualität des Unterrichts, ja sogar seine Durchführbarkeit gefährdet sahen. Nur Degurov beurteilte die Trunksucht dreier Lehrer am Char'kover Gymnasium milder. Sie würden zwar trinken

---

[124] RGIA, f. 733, op. 49, d. 630, ll. 41-88.
[125] Bagalej/Sumcov/Bužeckij, Kratkij očerk, S. 104.
[126] Timkovskijs Empfehlung an das Schulkomitee ist publiziert in: Bagalej, Opyt, T. 1, S. 1176-1180. Er äußerte sich damit ähnlich wie schon 1804 der Pädagoge I. P. Pnin.
[127] Die Einrichtung einer Adelspension am Char'kover Gymnasium hatte Timkovskij 1806 vorgeschlagen, um überhaupt adlige Kinder für den Besuch zu interessieren (RGIA, f. 733, op. 49, d. 63, ll. 1-7).
[128] Als Timkovskij 1811 nicht mehr in das Schulkomitee gewählt wurde, suchte er um seinen Abschied nach. Er betätigte sich von seinem Gut im Gouvernement Černigov aus als *početnyj smotritel'*, um 1825 das Direktorat des Gymnasiums von Novgorod-Severskij zu übernehmen, das er bis 1848 ausübte (Šugurov, Il'ja Fedorovič Timkovskij, S. 89-97).
[129] Ebendies behauptete der ukrainische Historiker N. I. Kostamorov in seinen Memoiren, als er sich an sein Jahr im Gymnasium von Voronež erinnerte: Die russischen Lehrer hätten Ukrainer, Weißrussen und Russen sehr unterschiedlich und ungerecht behandelt (Kostomarov, N. I., Literaturnoe nasledie. Avtobiografija. SPb. 1890, S. 12 f.).
[130] RGIA, f. 733, op. 49, d. 174, ll. 4, 9, 13-18; d. 196, ll. 47-50; d. 633, l. 95.

4.2.1. Die Bildungsinstitutionen der Statuten von 1803/04

und deshalb oft zu spät zum Unterricht erscheinen, doch sei dieser dadurch nach Aussage der Schüler viel lebendiger.[131]

Mangelhafte Pflichtauffassung und das Fehlen didaktischer Kenntnisse bei den Lehrern, von allen Visitatoren thematisiert, korrespondierten mit häufiger Abwesenheit der Schüler, teils ohne, teils mit Billigung der Eltern.[132] Kaufmannskinder mußten im Handelsgeschäft helfen, Bauernkinder bei der Ernte, Adelskinder fehlten unbegründet. Die Visitatoren benannten als Ursache zum einen die fehlende Einsicht der Kinder in den Nutzen ihrer Ausbildung - in dieser Einschätzung nicht selten vom Elternhaus unterstützt -, zum anderen die rigide Disziplin der Lehrer, vor allem aber der Schulinspektoren an den Gymnasien, die auf viele Kinder abschreckend wirkte. Timkovskij und Uspenskij äußerten in einem Bericht über das Gymnasium in Char'kov ihre Erschütterung, daß gleichsam unter den Augen des Schulkomitees die Kinder geschlagen würden und bei Wasser und Brot im Keller der Schule sitzen müßten.[133] In der Kreisschule von Sumy wurde die Körperstrafe als „schnellste" Methode der Bestrafung durchaus mit Billigung der Eltern angewandt. Auf den vorsorglichen Hinweis der Lehrer, diese Vorgehensweise verstoße gegen das Gesetz, äußerten die Eltern ihr Unverständnis, da sie daheim bei Ungehorsam ähnlich vorgingen.[134]

Während der Visitation der Kursker Kreisschule gerieten die Visitatoren in einen Konflikt zwischen dem dort eingesetzten Inspektor und dem Lehrerkollegium.[135] Die Pläne des Inspektors, wie häufig auch andernorts ein verabschiedeter Offizier, hatten das kleine Kollegium gespalten: Mit zwei Lehrern wollte er den Schulablauf so organisieren, wie er es vom Leben in der Kaserne gewohnt war; die anderen sperrten sich dagegen und verwiesen auf die einschlägigen Paragraphen des Schulstatuts, nach dem der Inspektor sich um die Haushaltsführung der Schule zu kümmern und in ihre inneren

---

[131] Lavrovskij, N. A., Pedagog prošlogo vremeni A. A. Djugurov, in: RA (1869), S. 1541-1553, hier S. 1543; RGIA, f. 733, op. 49, d. 64, 1ob. Degurov, französischer Herkunft, wurde daraufhin im Schulkomitee vorgeworfen, sich „vaterlandslos" zu verhalten.

[132] Andrijašev hat für das Jahr 1820 die Fehlzeiten am Gymnasium und an drei Kreisschulen im Gouvernement Černigov aufgelistet (Andrijašev, A., Materialy dlja istorii učebnych zavedenij Černigovskoj direkcii s 1789-1832 g. Kiev 1865, S. 387). Die Schüler fehlten durchschnittlich an einem Drittel der Unterrichtstage. Dies war natürlich kein Spezifikum des Char'kover Lehrbezirks. Ähnliche Zahlen existieren auch für die Gouvernements Novgorod (Otto, Novgorodskaja direkcija, S. 15) und Jaroslavl' (Suchomlinov, Zametki, S. 126).

[133] Dies war nach Auffassung Uspenskijs um so ärgerlicher, als in Char'kov die Einstellung der Honoratioren zu den Schulen eigentlich positiv war. Zumindest wurden in Char'kov, so Uspenskij, im Gegensatz zu anderen Gouvernements die Schulen überaus großzügig mit Geld und Sachgeschenken unterstützt (RGIA, f. 733, op. 49, d. 228, ll. 47-52ob).

[134] Voroncov, [V.], Materialy dlja istorii i statistiki učebnych zavedenij Ministerstva narodnogo prosveščenija v g. Sumach. SPb. 1865, S. 23. Ein Geistlicher in Černigov antwortete dem Gymnasialdirektor auf seine Bedenken mit Hinweis auf die Bibel, in der bereits geschrieben sei, man solle die Rute nicht schonen (Suchomlinov, Učilišča i narodnoe obrazovanie v Černigovskoj gubernii, S. 21-23).

[135] Zum folgenden: RGIA, f. 733, op. 49, d. 65, ll. 1-7; d. 197, ll. 23-46.

Angelegenheiten nur einzugreifen habe, wenn die Aufrechterhaltung des Schulbetriebes bedroht sei, was jedoch nicht zutreffe. Persönliche Verdächtigungen traten hinzu. Hatte der Inspektor gemeinsam mit zwei Lehrern Gelder veruntreut? Frönten die beiden anderen Lehrer der Trunksucht und überhaupt einem unmoralischen Lebenswandel? Die Visitatoren konnten nur die Frage der Untreue entscheiden, und daraufhin kam es in der Tat zur Ablösung des Inspektors und seiner beiden Mitstreiter. Doch auch diejenigen Lehrer, die die Vorwürfe der Mißwirtschaft erhoben hatten, wurden an eine andere Schule versetzt. Die Kreisschule in Kursk stand damit eine Zeitlang kurz vor der Schließung. Die Konflikte zwischen Schulinspektor und Lehrern waren dabei kein Kursker Sonderfall,[136] ebensowenig wie diejenigen zwischen dem *početnyj smotritel'* und dem Lehrerkollegium. 1819 beschwerten sich die Lehrer einer Schule im Gouvernement Černigov über das mangelnde Engagement des Ehrenaufsehers ihrer Kreisschule: „Solche Untätigkeit [...] kommt zumeist daher, daß ihm von der inneren Ordnung einer Schule nie etwas bekannt war, noch viel weniger von der Unterrichtsmethode. Am meisten hinderten ihn an der Erfüllung seiner Amtspflichten seine Roheit, sein Eigensinn und seine Arroganz. Pädagogische Beratungen [...] haben wir nie gehabt und können wir nicht haben. Dies würde er als seine Ehre herabsetzend ansehen: 'Die Lehrer sind nichts und haben keinen Rang [čin], ich bin Kollegien-Assessor und für mich ist es beleidigend, mich mit ihnen zu beraten.'"[137]

Für einen Teil der immer wieder festgestellten Mißstände übernahmen die Mitglieder des Schulkomitees die Verantwortung. Daß der Unterrichtsbetrieb nicht den Erwartungen entsprechend verlief, lag nach Ansicht der Visitatoren an dem zum großen Teil nicht vorhandenen, zum Teil ungeeigneten Lehrmaterial. Nach einem Besuch der Lehranstalten im Gouvernement Voronež berichtete Timkovskij, daß die Schüler insbesondere mit dem Lehrbuch „Von den Pflichten des Menschen und Bürgers" nichts anfangen könnten. Auf seine Fragen hin sei ihm aus den Antworten der Schüler deutlich geworden, daß die dort aufgestellten Lebensregeln, so zutreffend sie seien und so sehr sie die „guten Absichten der großen Herrscherin Katharina" ausdrückten, für die Anwendung im Unterricht zu abstrakt seien. Für den Umgang der Schüler miteinander sollten daher praktische Regeln des Zusammenlebens entworfen werden, die in der Anwendbarkeit einen durchaus zivilisierenden Effekt auf das Zusammenleben der Menschen auch an entlegenen Schulorten haben könnten.[138] Die Konsequenz, die

---

[136] Weitere Fälle, in denen es ebenfalls um Veruntreuung ging: Andrijašev, Materialy, S. 30-36; RGIA, f. 733, op. 49, d. 640, l. 6-8.
[137] Zitiert nach: Suchomlinov, Učilišča i narodnoe obrazovanie v Černigovskoj gubernii, S. 20 f. Der Angegriffene warf den Lehrern seinerseits Roheit im Umgang mit den Schülern vor (ebenda).
[138] Lavrovskij, Iz pervonačal'noj istorii, S. 245. Timkovskij drückte hier das gleiche Gefühl aus, welches auch aus den Berichten seiner Kollegen sprach: Hatte man schon an der Universität Char'kov das Gefühl, in der Provinz zu sein, beschlich den Professor auf der Visitationsreise ein Gefühl der Fremdheit und Zivilisationslosigkeit des Landes, das auch in der Schule erhalten blieb. Dies ging

4.2.1. Die Bildungsinstitutionen der Statuten von 1803/04   399

Timkovskij gezogen wissen wollte und der sich auch andere Professoren wie Ch. F. Rommel anschlossen, war das Entwerfen von Lehrbüchern, die den einzelnen Schulstufen und dem Alter der Schüler angemessener waren als die vom Ministerium vorgeschriebenen, vielfach noch aus der Regierungszeit Katharinas II. stammenden Werke. Bezeichnenderweise ergriffen immer diejenigen Professoren, die zur Überprüfung der schulischen Verhältnisse entsandt worden waren, nach ihrer Rückkehr die Initiative zur Lösung von Aufgaben, die nach dem Statut von 1804 eigentlich der Universität als Körperschaft zukamen. So setzten sie sich mit Nachdruck für die Einrichtung eines Pädagogischen Instituts an der Universität ein, das schließlich 1811 auch realisiert wurde.[139] Erster Direktor dieses Pädagogischen Instituts wurde Professor Rommel, der in dem an der Universität seit ihrer Gründung schwelenden Konflikt zwischen den Professoren um Ämter und Pfründen eine durchaus polarisierende Rolle spielte.[140] Seine Wahl konterkarierte die gute Absicht, die hinter der Einrichtung des Pädagogischen Instituts stand. In seinen autobiographischen Aufzeichnungen gab Rommel seine fehlende Qualifikation offen zu: „Da ich, der russischen Sprache zu wenig mächtig, mir wenig praktischen Einfluß auf die zum Lehrfach übergehenden Candidaten versprechen konnte, so begnügte ich mich mit einer schriftlichen Ausarbeitung einer Didaktik und Methodik [...]."[141] Zudem war ein Teil der Professorenschaft der Auffassung, daß die Lehrerausbildung nicht zu ihren eigentlichen, wissenschaftlichen Aufgaben gehöre, und weigerte sich deshalb, an dieser Einrichtung spezielle Kurse zu geben.[142] Zwar unterstützte das Ministerium die Arbeit des Instituts mit Stipendien, es fand damit jedoch nur bei den *raznočincy* Anklang, denn die mit einem Stipendium verbundene Verpflichtung, anschließend sechs Jahre an einer Schule arbeiten zu müssen, nahm diesem viel an Wert.[143] In den ersten vier Jahren des Bestehens erhielten hier 97 Lehrer eine Ausbildung, die freilich weniger umfassend war als diejenige an der Petersburger Leitinstitution.

---

ausländischen Professoren ähnlich, die mehrheitlich auf die Hilfe eines mitreisenden Dolmetschers angewiesen waren.

[139] Die Professoren des Schulkomitees wiesen im Vorfeld der Gründung auf die Bedeutung hin, die die lokale Herkunft der Lehrer in Kombination mit einer zeitgemäßen pädagogischen Ausbildung haben würde: Wenn die Lehrer die lokale Sprache der Bevölkerung sprächen und den Stoff anschaulich präsentieren könnten, und nicht nur diktierten und repetierten, würden sich langfristig auch bessere Lernerfolge zeigen, die künftig auch zu einer größeren Resonanz in der Bevölkerung und einem besseren Schulbesuch führen konnten. (RGIA, f. 733, op. 49, d. 640, ll. 35-64).

[140] Timkovskij hielt diesen Konflikt (vgl. Kap. 4.1.2) für derart gravierend, daß er das daraus resultierende schlechte Klima an der Universität als Grund für seinen Abschied nannte: Timkovskij, Zapiski, S. 1453 f.

[141] Zitiert nach Schmid, Rußland, S. 111. Gleichwohl traute sich Rommel ein Urteil über die Begabung der Russen zur Wissenschaft zu: „Überhaupt zeigte sich allenthalben der vorwiegende Sinn der Russen für das Praktische, besonders in den mathematischen Disziplinen, in denen sie erstaunliche Fortschritte machten"; zitiert nach: Ebenda.

[142] RGIA, f. 734, op. 1, d. 511, ll. 17ob-19.

[143] Ebenda, f. 733, op. 95, d. 30, ll. 169-183. Ähnlich verhielten sich die Lehramtsstudenten in Dorpat.

Insgesamt wird man konstatieren können, daß das Char'kover Schulkomitee seine Aufgabe im ersten Jahrzehnt seiner Existenz durchaus ernstgenommen hat. Die 32 Visitationen, die durchgeführt wurden, offenbarten Unzulänglichkeiten und Mängel, sie stimulierten aber auch den Gründungs- und Umwandlungsprozeß, der freilich länger dauerte, als es im Ministerium für Volksaufklärung erwartet worden war. Als das Schulkomitee seine Arbeit aufnahm, existierten im Lehrbezirk 45 Schulen (sieben Hauptvolksschulen, 36 kleine Volksschulen sowie zwei Kirchspielschulen bereits neuen Typs), die von insgesamt 3.967 Schülern besucht wurden. 1815 hatte die Gründungs- und Reformwelle ihren Zenit überschritten. Alle 11 Gouvernements besaßen ein Gymnasium. Insgesamt existierten - nicht zuletzt durch die Vorbereitung der Visitatoren vor Ort - im Jahre 1815 13 Gymnasien[144] mit 1.006 Schülern. Die 64 Kreisschulen wurden von 5.054 Schülern, die 71 Kirchspielschulen von 1.255 Schülern besucht. Zudem existierten aber noch immer 15 kleine, nach dem katharinäischen Schulstatut organisierte Volksschulen mit 825 Schülern. Die lokale Gesellschaft hatte mit Hinweis auf die geringeren Kosten auf deren Beibehaltung gedrungen.[145] Von den insgesamt 8.140 Schülern waren 329 Mädchen.[146]

Lehrbezirk Kazan'

Der Lehrbezirk Kazan' war vor dem Lehrbezirk Char'kov der größte gemessen an der Fläche. Seine 14 Gouvernements reichten von der Wolga bis in den Kaukasus und an den Pazifik. Wie bei einer derartigen Ausdehnung ein Netz von Schulen innerhalb des vorgesehenen administrativen Systems etabliert werden sollte, darüber hatte das Komitee, das die Statuten von 1803/04 erarbeitet hatte, kaum Angaben gemacht, so daß der Kurator des Kazaner Lehrbezirks, Stepan Rumovskij, auf einer Sitzung am 17.11.1804 allzu große Erwartungen dämpfen mußte. Das Akademiemitglied wies mit Nachdruck auf die Diskrepanz hin, die zwischen den Anforderungen des Schulstatuts und den Möglichkeiten zur Umsetzung in seinem Bezirk gegeben sei. Es sei gänzlich unmöglich, in allen Gouvernements des Distrikts gleichzeitig und binnen Jahresfrist Gymnasien zu schaffen. Er schätzte, daß kurzfristig etwa 300 neue Lehrer benötigt

---

[144] Außer den Gouvernementsgymnasien waren dies das Gymnasium von Novgorod-Severskij und das Lyzeum des Fürsten Bezborodko in Nežin, das 1805/06 den Status eines Gymnasiums erhielt (RGIA, f. 733, op. 46, d. 48, ll. 2-7, 24-67, 101-103).
[145] RGIA, f. 733, op. 49, d. 497, ll. 1-5; ebenda, d. 642, ll. 110-112; die letzte kleine Volksschule im Lehrbezirk Char'kov wurde 1838 umgewandelt (ebenda, d. 1051, ll. 1-5). Bei seiner Visitationsreise durch mehrere Gouvernements der Ukraine hatte Professor Kamenskij ausdrücklich darauf hingewiesen, daß die kleinen Volksschulen zwar nur einen eingeschränkten Lehrplan vermittelten, jedoch seiner Auffassung nach wegen der Einfachheit ihrer Organisation gut funktionierten und daher die Konkurrenz zu Kirchspielschulen neuen Typs nicht zu scheuen bräuchten (RGIA, f. 733, op. 44, d. 174, l. 2 f.).
[146] Bagalej/Sumcov/Bužeckij, Kratkaja istorija, S. 105 f.

4.2.1. Die Bildungsinstitutionen der Statuten von 1803/04

würden. Dieser Bedarf sei höher als die Zahl der Zöglinge, die am Pädagogischen Institut in Sankt Petersburg überhaupt ihre Studien aufnehmen könnten. Deshalb bat er um Verständnis dafür, daß er die intakten Schulen, die in Umsetzung des Schulstatuts von 1786 gegründet worden waren, bestehen lassen und mit dem Aufbau von Gymnasien sukzessive dort beginnen wolle, wo noch keine weiterführende Schule bestehe.[147]

Wie in Char'kov mußten der Ausbau des Schulwesens und die Gründung der Universität parallel in Angriff genommen werden; beide Vorhaben machten nur mühsam Fortschritte.[148] Bis zum Jahre 1808 waren neben dem Gymnasium in Kazan' lediglich die Gymnasien in Nižnij Novgorod, Penza, Astrachan' und Irkutsk eingerichtet bzw. aus bestehenden Hauptvolksschulen in Gymnasien umgewandelt.[149] Hinzu kamen weitere fünf Kreisschulen und zwei Kirchspielschulen neuen Typs. Demgegenüber bestanden noch 10 Hauptvolksschulen und 37 kleine Volksschulen.[150] Die lokalen Trägerschichten, vor allem die Kaufleute, weigerten sich, für die Umwandlung eine eventuelle finanzielle Belastung zu akzeptieren, da sie die Schulen alten Typs für ausreichend hielten und sie auch weiterhin zu finanzieren bereit waren.[151]

Hatte sich die Universität Char'kov bemüht, daß bei Schulgründungen immer einer ihrer Repräsentanten vor Ort präsent war, so entsandte die Universität Kazan' zu diesen festlichen Ereignissen, die von der lokalen Gesellschaft und den *prikazy obščestvennogo prizrenija* finanziert wurden, nur selten Vertreter.[152] Erst 1811 wurde an der Universität ein Schulkomitee gegründet, und erst seit diesem Zeitpunkt fanden häufiger Visitationen durch die Professoren statt,[153] die allerdings nur die Gouvernements an der Wolga und im Ural betrafen, den Kaukasus dagegen bis zur Verabschiedung des Schulstatuts von 1828 nie erreichten.[154] Die Erkenntnis, daß die Größe des *okrug* nicht eben günstig für die Forcierung der Schulgründungen war, hatte sich zwar schon früh durchgesetzt, führte jedoch erst zu Konsequenzen, als man in Sankt Petersburg glaubte, mit dem Direktor des Irkutsker Gymnasiums, P. A. Slovcov, eine geeignete Person für die

---

[147] RGIA, f. 732, op. 1, d. 3, l. 87ob. f.

[148] Für die Rekrutierung der Studentenschaft verfügte Kazan' 1805 immerhin über das Gymnasium mit 157 Schülern und die Hauptvolksschule mit 168 Schülern (ebenda, op. 95, d. 483, l. 1ob).

[149] Periodičeskie sočinenija 23 (1809), S. 317-327.

[150] Insgesamt wurden die Schulen des Lehrbezirks im Jahre 1808 von 3.254 Schülern, davon 42 Mädchen besucht (ebenda, S. 327) - im gleichen Jahr nahmen an den Schulen des Gouvernements Sankt Petersburg über 6.000 Schüler am Unterricht teil (ebenda S. 330).

[151] RGIA, f. 733, op. 95, d. 483, ll. 1-19ob.

[152] Eine Einladung zur Eröffnung der Kreisschule in Jakutsk traf freilich erst nach dem Ereignis in der Unversität Kazan' ein (RGIA, f. 733, op. 39, d. 35, l. 18).

[153] Zagoskin, Istorija, T. 4, S. 251-256.

[154] Mitunter übernahmen die Gouverneure diese Funktion, leiteten dann aber an den Kurator keine Berichte weiter, was auf Reibungsverluste in der Administration hindeutet (RGIA, f. 733, op. 39, d. 91, ll. 12-16; d. 127, ll. 1-7). 1812 unternahm der Kazaner Professor E. F. Arnold eine Reise nach Tobol'sk, auf der er die Schulen entlang seiner Route visitierte. Der eigentliche Zweck seiner Fahrt bestand jedoch in der Übernahme des Direktorats des lokalen Gymnasiums.

Durchführung von Veränderungen gefunden zu haben: Nach 1820 trat Slovcov nicht nur als permanenter Visitator des sibirischen Gouvernements auf, sondern ihm wurde auch die Leitung der Schuldirektion Sibirien übertragen, die nach 1822 gleichsam einen Lehrbezirk im Lehrbezirk bildete.[155] Slovcov, der in der lokalen Historiographie wegen seiner publizistischen Tätigkeit zu einem der frühen Heroen sibirischen Sonderbewußtseins ausgerufen wurde,[156] war in der Tat ein unermüdlich tätiger Pädagoge,[157] der zwar nicht im Alleingang für eine Welle von Schulgründungen sorgen konnte, jedoch dafür, daß die Schulen, die ihm unterstanden, auch ordentlichen Unterricht boten.[158]

Arbeiten aus der Feder sowjetischer Historikerinnen, die einen regionalen Zuschnitt haben, sind in aller Regel farblos geblieben, wenn es um die Darstellung der „Schulwirklichkeit" ging. T. V. Šurtakova[159] und S. M. Michajlova[160] haben aber ein zweifellos wichtiges Kapitel bei der Einführung von Schulen in einem Lehrbezirk behandelt, dessen Bevölkerung aus einer Vielzahl von Ethnien zusammengesetzt war: Sie haben nachgezeichnet, wie an der Kazaner Universität insbesondere die Lehrstühle für östliche Sprachen (*kafedry vostočnych jazykov*) ausgebaut wurden und wie sich die Wissenschaftler vor allem nach der Reorganisation der Universität aufgrund der „Säuberung" durch Michail Magnickij daran machten, die sprachlichen Systeme einer ganzen Reihe sibirischer und kaukasischer Völker zu erfassen. Folgt man insbesondere der skrupulös recherchierten Arbeit von Michajlova, dann betraf ein wesentlicher Teil der Debatten im Schulkomitee der Kazaner Universität die Erstellung von Grammatiken und schließlich von Lehrbüchern für das Burjatische und Jakutische, aber auch für das Persische, Chinesische und Japanische. In der Tat gab es für diese Ausarbeitungen Bedarf. 1811 beispielsweise wandte sich der Direkor des Gymnasiums von Astrachan' mit der dringenden Bitte an den Kurator Rumovskij, ihm geeignete Lehrmaterialien zu senden, da

---

[155] Slovcov, der sowohl nach Kazan' als auch nach Sankt Petersburg berichtete, erhielt - zum Unwillen der Kazaner Kuratoren - seine Anweisungen direkt vom Ministerium für Volksaufklärung (RGIA, f. 733, op. 40, d. 67, ll. 23-37, 67, 83-85, 150-154).
[156] Manessein, V. S., Vozniknovenie i razvitie idej učreždenija sibirskogo universiteta v svjazi s istoriej prosveščenija v Sibiri v pervoj četverti XIX stoletija. Irkutsk 1924, S. 16-22; Korejša, J. A., Irkutskaja gimnazija s 1805-po 1829 g., in: Trudy irkutskoj učeno-archeografičeskoj komissii 3-j vyp. 1916, S. 1-304, hier S. 151-304; Lambockaja, Ė. A., Prichodskie školy Irkutskoj gubernii pervoj poloviny XIX v., in: Voprosy istorii škol Vostočnoj Sibiri 2 (1975), S. 26-37.
[157] Bericht über seine Visitationsreise durch alle sibirischen Gouvernements im Jahre 1819 (RGIA, f. 733, op. 39, d. 295, ll. 1-203). Lambockaja, Prichodskie školy, hat aber darauf hingewiesen, daß seine Bemühungen um die Einrichtung von Kirchspielschulen erfolglos blieben.
[158] Siehe den Bericht über seine Verbesserungsmaßnahmen für die Gouvernements Tomsk und Irkutsk, in: RGIA, f. 733, op. 95, d. 368, ll. 1-25.
[159] Šurtakova, T. V., Rol' Kazanskogo universiteta v organizacii i rukovodstve učebnym processom v školach učebnogo okruga v 1805-1836 gg., in: Učenye zapiski Kazanskogo gos. Universiteta 117 (1957), Kn. 10, S. 183-228; dies., Rukovodstvo Kazanskogo universiteta razvitiem načal'nogo i srednego obrazovanija v učebnom okruge v 1805-1836 gg. Kazan' 1959.
[160] Michajlova, S. M., Kazanskij universitet i prosveščenie narodov Povolž'ja i Priural'ja. Kazan' 1979; dies., Rol' Kazanskogo universiteta v prosveščenii narodov Sibiri, in: SP (1986), S. 114-120.

4.2.1. Die Bildungsinstitutionen der Statuten von 1803/04

er an seiner Schule eine besondere Klasse für Persischdolmetscher einzurichten gedenke. Derart qualifizierte Personen würden von der Kaufmannschaft der Gouvernementsstadt für den Handel mit Persien dringend benötigt.[161] Auch die Tatarischklassen an der Kreisschule von Orenburg sowie an den Gymnasien von Orenburg, Kazan' und Tobol'sk hatten immerhin so viele Schüler, daß das Schulkomitee die Meinung vertrat, es lohne die Herausgabe eigener Schulbücher.[162] Mehrere Versuche hingegen, in Transbaikalien dauerhaft russisch-burjatische Schulen mit dem Ziel der Assimilierung und Missionierung zu gründen, schlugen fehl.[163] Dieses Ziel hatte schon Magnickij nach 1819 verfolgt, als er anregte, über eine forcierte Christianisierung der indigenen Ethnien vermittels eines verstärkten Religionsunterrichts nachzudenken. Seinen Zirkularen erging es wie vielen, die von der Administration in die Provinz geschickt wurden: Sie wurden nur halbherzig befolgt oder gänzlich ignoriert.[164] Der Widerstand gegen den Religionsunterricht, der 1823 aus dem Gymnasium Saratov vermeldet wurde, hatte allerdings einen sehr speziellen Grund. Schüler der Abschlußklasse hatten sich geweigert, den Ausführungen des Lehrers zu den Kirchenreformen des Patriarchen Nikon zu folgen, und das Klassenzimmer verlassen. Der Visitator, Professor I. A. Žobar (Joubert), teilte dem Kurator Magnickij mit, es habe sich um Altgläubige gehandelt, die daraufhin auf sein Geheiß von der Schule verwiesen worden seien.[165]

Die Probleme, vor denen das Schulwesen im Lehrbezirk stand, waren letztlich dieselben wie andernorts auch, allerdings auf einem Niveau, das im Vergleich zu anderen Regionen des Reiches dem strukturellen Gefälle entsprach: Berichte über eine schlechte Ausstattung der Schulhäuser, über fehlende Bücher und Mangel an Heizmaterial, was in den Wintermonaten durchaus zu wochenlangem Ausfall des Unterrichts führen konnte, gingen in Sankt Petersburg ein. Aus dem Städtchen Arzamas, das der literarischen Gesellschaft ihren Namen gegeben hatte, berichtete der Ehrenaufseher G. Alekseev von den Nöten der armen Bevölkerung, die auch Rückwirkung auf die Kreisschule hätten, die aus den Aufwendungen des Kreises und des Gouvernements allein kaum zu finanzieren sei. Man habe sich deshalb entschlossen, statt eines Buchgeschenkes bei erfolgreichem Examen Bastschuhe an die Schüler zu verteilen.[166]

Als überaus schwierig erwies es sich vor diesem Hintergrund, Schulabsolventen mit Gymnasialabschluß in der Region zu halten oder solche gar aus anderen Gebieten des Reiches für den Unterricht zu gewinnen. Schon für periphere Gouvernements im

---

[161] RGIA, f. 733, op. 39, d. 29, l. 35-37. Die Klasse wurde auch tatsächlich eingerichtet und machte nach Auskunft des Visitators Professor Žobar aus dem Jahre 1828 gute Fortschritte (ebenda, d. 369, l. 19-21).
[162] Ebenda, d. 131, ll. 20-32. Zur Arbeit an diesen Schulbüchern: Ebenda, op. 87, d. 75, ll. 6-26.
[163] Michajlova, Rol', S. 116.
[164] Siehe die Beschwerden des Kurators hierüber: RGIA, f. 733, op. 40, d. 200, ll. 1-36.
[165] Ebenda, f. 733, op. 40, d. 78, ll. 1-3, 45-49.
[166] Žurnal Departamenta Narodnogo prosveščenija (1822), 5, S. 248.

Lehrbezirk Sankt Petersburg war es schwierig, mit der Sogwirkung der Hauptstadt zu konkurrieren, doch für Sibirien, so P. A. Slovcov, seien Lehrer das kostbarste Gut, kostbarer als die Naturschätze des Landes.[167] Um die Zahl der Lehrer konstant zu halten bzw. zu erhöhen, ergriff der Kurator zwei Maßnahmen: In Abstimmung mit dem Ministerium wurde die Vergabe von Stipendien an mittellose Gymnasialschüler mit einer zehnjährigen Dienstverpflichtung verknüpft. Zudem sollten Lehrer für eine Tätigkeit in Tomsk, Tobol'sk oder Astrachan' mit der Zusage von Gehaltszuschlägen gelockt werden. Doch was nützte dies, wenn die lokalen Gouverneure, so der Eindruck von Slovcov, die Lehrer bei Beförderungen entgegen dem Statut von 1804 immer wieder übergingen? Und was nützten Gehaltszuschläge, wenn die Gehälter mitunter monatelang nicht ausgezahlt wurden?[168] Im Jahr 1811 berichtete der Direktor des Gymnasiums Tomsk, Voronkov, von seiner Visitation der kleinen Volksschulen in Enisejsk und Narym: Während in Enisejsk die 18 Schüler gute Fortschritte gemacht hätten, sei der Lehrer von Narym schon 1809 verstorben, und ein Priester hätte seinen Unterricht übernommen, wiewohl er unfähig sei, Mathematik zu unterrichten. Die drohende Schließung der Schule könnte nur durch Einstellung einer qualifizierten Lehrkraft abgewendet werden. Voronkov verband seinen im Journal des Ministeriums publizierten Bericht mit dem Appell, mehr für die Lehrerausbildung in Sibirien zu tun, was bei der Weite des Landes von besonderer Bedeutung sei.[169]

Sicher hatte es mit dem Schülermangel und dem sich daraus ergebenden Absolventenmangel zu tun, daß aus dem Lehrbezirk Kazan' häufig vermeldet wurde, Leibeigenenkinder hätten trotz des seit 1811 geltenden Verbotes nicht nur den Weg auf das Gymnasium, sondern teils sogar an die Universität geschafft: 1823 wurde I. Dol'nik aus dem Leibeigenenstand befreit, um an der Schule von Jadrinsk Lehrer werden zu können. Er hatte nach dem Besuch einer Kirchspielschule im Selbststudium seine Kenntnisse vertieft und an der Kazaner Universität eine Eignungsprüfung bestanden. Selbst der Kurator Magnickij setzte sich für ihn mit der Begründung ein, wer einmal „vom Kelch des Wissens getrunken hat, kann nicht Leibeigener bleiben".[170] Dieser Vorgang war - wie gesagt - kein Einzelfall. Es scheint, als habe man an manchem Gymnasium in Anbetracht der ohnehin nicht großen Schülerzahl Leibeigenenkinder einfach am Unterricht teilnehmen lassen, ohne sie in die *otčety* aufzunehmen, und erst dann um ihre

---

[167] Manessein, Vozniknovenie, S. 24.
[168] RGIA, f. 733, op. 39, d. 348, l. 2; op. 40, d. 193, ll. 1-31.
[169] Periodičeskie sočinenija 32 (1812), S. 329.
[170] RGIA, f. 733, op. 40, d. 140, ll. 1-11.

4.2.1. Die Bildungsinstitutionen der Statuten von 1803/04

Entlassung aus dem Leibeigenenstand nachgesucht, wenn sie den gymnasialen Abschluß erreicht hatten.[171]

Auch eine Besonderheit Sibirens gründete auf diesem Mangel an qualifiziertem Personal: In Sibirien wirkten im 19. Jahrhundert eine ganze Reihe von Verbannten als Multiplikatoren von Bildung. 1809 bat der Direktor des Irkutsker Gymnasiums, I. E. Miller, die Stadtpolizei, die Zahl der verbannten Privatlehrer und ihrer Schüler zu ermitteln. Die Ordnungshüter kamen immerhin auf 23 Lehrer mit 135 Schülern.[172] 1810 schrieb der Kurator des Kazaner Lehrbezirks, Rumovskij, an den Generalgouverneur von Irkutsk, B. I. Pestel', er möge den Unterricht durch Verbannte unterbinden, worauf ihm Pestel' antwortete, dies sei weder wünschenswert noch möglich.[173] Verbannte wurden auch weiterhin als Lehrer eingesetzt, konnten aber auch Privatschulen in ihren Häusern unterhalten oder als Hauslehrer eingestellt werden.[174] Das Engagement der verbannten Dekabristen, die teils als Lehrer an Schulen wirkten, teils selber Schulen gründeten,[175] wurde legendär und hat zumindest in Irkutsk einen unschätzbaren Beitrag zur Entwicklung einer lokalen Gesellschaft geleistet.[176] Und schließlich zeigt auch der weitgehende Verzicht auf die Einführung von Schulgebühren (nur am Gymnasium von Kazan' wurden solche erhoben) an, daß alle Maßnahmen unterlassen wurden, die Kinder vom Besuch einer Bildungseinrichtung hätten abhalten können.[177]

Immerhin: Einige Gymnasien, etwa in Tobol'sk und Irkutsk, boten zusätzliche Fächer an, die schon während der Herrschaft Katharinas ein Kennzeichen des sibirischen Schulwesens gewesen waren und die den sibirischen Generalgouverneur Michail Speranskij, der sich in den Jahren seiner „Verbannung" tatkräftig an die Durchsetzung von Verbesserungen machte, darüber nachdenken ließen, ob nicht in Sibirien eine Universität als Motor für das Bildungswesen eingerichtet werden sollte.[178] Eine solche Funktion hat die Universität Kazan' im engeren Umkreis trotz der beschriebenen Schwierigkeiten, die sie in den ersten zwanzig Jahren ihrer Existenz zu bewältigen hatte, langfristig durchaus wahrgenommen. In Kazan' florierte das Gymnasium im Jahre 1824 mit 240 Schülern, daneben existierten noch immer die Hauptvolksschule mit 108

---

[171] Dies war die Voraussetzung für den Sohn des Bauern Laptev, daß er sein Medizinstudium im Jahre 1823 an der Universität von Kazan' aufnehmen konnte (ebenda, op. 40, d. 121, ll. 1-15). Aus dem Jahre 1827 sind zwei weitere Fälle bekannt, obwohl Nikolaus I. erneut Gymnasien und Universitäten die Aufnahme von Leibeigenen explizit untersagt hatte (ebenda, d. 226, ll. 1-13).
[172] Ebenda, op. 39, d. 115, ll. 11-14.
[173] Ebenda, d. 103, ll. 1,7.
[174] Ebenda, ll. 27-32.
[175] [Jakuškin, I. D.], Zapiski, stat'i, pis'ma dekabrista I. D. Jakuškina. Moskva 1951, S. 644; Golodnikov, K., Dekabristy v Tobol'skoj gubernii. Iz moich vospominanij. Tjumen' 1899, S. 25-38, 46-59.
[176] Zur Verklärung noch in der späten Sowjetzeit vgl. den Prachtband: Mironenko, S. V. (Hrsg.), Dekabristy i Sibir'. Moskva 1988.
[177] RGIA f. 733, op. 40, d. 183, ll. 1-14.
[178] Manessein, Vozniknovenie, S. 30-36.

Schülern und drei Mädchenpensionen. Die lokale Elite konnte auf ein differenziertes Bildungsangebot zurückgreifen. Auch im gesamten Lehrbezirk hatte sich das Schulwesen im Verhältnis zu seiner Ausgangsbasis weiterentwickelt. 1824 besuchten 6.416 Schüler die 142 Bildungseinrichtungen des Lehrbezirks.[179]

Lehrbezirk Dorpat

Dem Lehrbezirk Dorpat, der zunächst aus den Gouvernements Livland, Estland und Kurland sowie Russisch-Karelien gebildet worden war, wurde ähnlich wie bei der Universitätsgründung eine Sonderstellung eingeräumt. Schon in der Epoche Katharinas II. war es hier nicht darum gegangen, ein neues Bildungssystem einzurichten, sondern das vorhandene zu integrieren und gewissermaßen mit dem Schulsystem im übrigen Zarenreich kompatibel zu machen. Je stärker im Zuge dieser Politik der Angleichung auf eine spiegelbildliche Organisation gedrängt wurde, desto größer wurden die Spannungen. Dies galt für die 1802 gegründete Universität, aber auch für das Schulwesen. Mit dem 1775 gegründeten Akademischen Gymnasium in Mitau und den Domschulen von Reval und Riga existierten höhere Bildungsinstitutionen, die aus der Sicht der jeweiligen lokalen Elite ein Bildungsangebot vorhielten, das mit den als Fremdkörper empfundenen Hauptvolksschulen durchaus konkurrieren konnte. Auf dem Land bestand ein Volksschulwesen, das unter Kontrolle der protestantischen Geistlichkeit stand, nach Kirchspielen organisiert war und trotz mancher Defizite im Zarenreich ohne Entsprechung war. Als der Lehrbezirk Dorpat 1803 seine Universitäts- und Schulstatuten erhielt, ging es daher lediglich um die Einrichtung eines dreigliedrigen Schulsystems in den Städten und Kreisorten. Das Landschulwesen der baltischen Provinzen mit seiner exakten Festlegung, bei wieviel Einwohnern eine Elementarschule einzurichten sei, sollte sogar, so Georg Friedrich Parrot im Jahre 1803, dem Zarenreich als Vorbild dienen.[180] Der Kurator des Lehrbezirks Sankt Petersburg, Novosil'cev, bezweifelte die Übertragbarkeit allerdings in mehrfacher Hinsicht: Weder seien die notwendigen Mittel vorhanden, noch verfüge die orthodoxe Dorfgeistlichkeit über das im Baltikum vorhandene Bildungsniveau und schließlich könne nicht automatisch ein entsprechendes Interesse von seiten der ländlichen Bevölkerung vorausgesetzt werden. Die Schulen dieses Lehrbezirks wurden gar als derart außergewöhnlich betrachtet, daß sie nicht nur

---

[179] Davon waren 59 Mädchen, die alle in Kazan' zur Schule gingen; siehe: Zapiski, izdavaemye ot Departamenta Narodnogo Prosveščenija 1 (1825), S. 385.
[180] Dies fügte sich in die Gesamtkonzeption Parrots, die baltischen Provinzen auf dem Bildungssektor zum Leitbild für das Zarenreich zu machen. Langfristig erhoffte er sich davon eine Veränderung des Gesellschaftsmodells im gesamten Zarenreich. Zur Durchsetzung von Reformen sei ein absoluter Herrscher, zumal einer wie Alexander I., geeignet, damit die Gebildeten dann die Rahmenbedingungen für eine gesellschaftliche Mitbestimmung vorbereiten könnten (Bienemann, Parrot, S, 142-170).

4.2.1. Die Bildungsinstitutionen der Statuten von 1803/04

außerhalb der Organisation des Ministeriums verblieben, sondern auch in dessen Rechenschaftsberichten nicht aufgeführt wurden.[181]

In seinen Berichten über die Einrichtung bzw. Umwandlung von Gymnasien, die der Kurator Klinger nach seinen Visitationen in den Jahren 1805, 1806 und 1809 vorlegte,[182] berichtete er von einer reibungslosen Umsetzung der Reform. Insbesondere lobte er das finanzielle Engagement der Bewohner von Riga und Reval. Klinger ging allerdings in seinem Bedürfnis, ein möglichst geschlossenes Bild seines Lehrbezirkes zu vermitteln, über einen wesentlichen Konflikt bei der Einrichtung der Gymnasien hinweg. In Reval und Riga wurden die Gymnasien, basierend auf den Hauptvolksschulen, gegründet, während die Domschulen zwar unter die Kontrolle des Schulkomitees der Universität gestellt wurden, als intakte Bildungseinrichtungen aber bestehen blieben. Sie nahmen damit eine mittlere Position zwischen Kreisschule und Gymnasium ein, was keine Probleme bereitete, da sie sich nicht der Zuordnung zum Schulkomitee der Universität widersetzten. Anders stellte sich die Lage beim Gymnasium in Mitau, der Hauptstadt Kurlands, dar. Mitau war einer der konkurrierenden Standorte für eine Universität in den baltischen Provinzen gewesen, den der lokale Adel mit Hinweis auf die gute personelle Besetzung des akademischen Gymnasiums als Grundstock für die künftige Professorenschaft vorgeschlagen hatte. Nach dem Zuschlag für Dorpat erschien es dem kurländischen Adel völlig unannehmbar, daß das Mitauer Gymnasium unter die Aufsicht des Schulkomitees gestellt werden sollte. Statt dessen wurde 1803 die Beibehaltung der alten Organisationsform und des Namens „Akademisches Gymnasium" vorgeschlagen, was wiederum dem um die wortgenaue Umsetzung des Statuts bemühten Kurator Klinger unannehmbar erschien.[183] Einer Organisation der Mitauer Einrichtung als reguläres vierjähriges Gymnasium unter Aufsicht der Universität drohte der kurländische Adel offene Obstruktion entgegenzusetzen, so daß erst 1807 ein Kompromiß gefunden wurde. Das Gymnasium wurde nach dem Vorbild des Gymnasiums für höhere Wissenschaften in Jaroslavl' mit zusätzlichem Lehrpersonal und einem Schwerpunkt in den Rechtswissenschaften ausgestattet, verblieb dafür aber unter Aufsicht der Universität.[184]

Wie überall in den baltischen Provinzen ging es bei diesem Konflikt nicht um die Frage ob, sondern wie eine Bildungseinrichtung organisiert werden könnte, um den jeweiligen Bedürfnissen der standesbewußten Ritterschaften, des städtischen Bürgertums, aber auch der russischen Verwaltungsbeamten gerecht zu werden. Wie dieses

---

[181] RGIA, f. 732, op. 1, d. 4, ll. 71-75. Aus diesen Schulen sollten um die Jahrhundertmitte erste Gruppen estnischer und lettischer nationaler Vordenker hervorgehen; hierzu: Plakans, A., Peasants, Intellectuals and Nationalism in the Russian Baltic Provinces, in: JMH 46 (1974), S. 445-475.
[182] RGIA, f. 733, op. 56, d. 35, ll. 1-42.
[183] Ebenda, d. 8, ll. 2-18.
[184] Roždestvenskij, Istoričeskij obzor, S. 92 f.

Spannungsverhältnis austariert wurde, überließ das Ministerium in Sankt Petersburg in der Regel der Universität und dem Kurator, der es schon aufgrund der vergleichsweise geringen Entfernungen in seinem Bezirk leichter hatte, sich bei Konflikten mit den verschiedenen Parteien ins Benehmen zu setzen.[185] Nur auf einen Punkt insistierte das Ministerium: Der Russischunterricht an den deutschsprachigen Schulen sollte mindestens den Umfang besitzen wie der Deutschunterricht an den russischsprachigen Schulen.[186] Dafür gab es drei Gründe: Zum ersten sollte den russischen Beamten die Kommunikation vor Ort erleichtert, zum zweiten der Machtanspruch des Staates zumindest auf diesem Wege dokumentiert werden, und drittens konnten solide Russischkenntnisse den Deutschbalten ihren Dienst an anderen Orten des Zarenreiches erleichtern - der wohl entscheidende Impetus. Die Frage des Russischunterrichts war schließlich auch ein Motiv dafür, daß 1820 ein neues Schulstatut für die baltischen Provinzen entwickelt wurde.[187] In Sankt Petersburg war das Komitee beim Minister zu dem Ergebnis gekommen, daß das Schulkomitee sich bei seinen Visitationen, die unter den Professoren äußerst unbeliebt waren,[188] um eben diese Frage nicht hinlänglich gekümmert hatte. Zugleich konnte man den Unwillen der Professoren aufgreifen: So wurde das Schulwesen dem Kurator direkt unterstellt und das Schulkomitee aufgelöst;[189] diese Regelung erfolgte im übrigen Zarenreich erst 1835 mit dem Universitätsstatut.

Insgesamt kamen aus dem im Vergleich zum übrigen Zarenreich überaus wohlhabenden Lehrbezirk Dorpat relativ wenig Klagen. Einige Grundprobleme wie die Rekrutierung von Lehrpersonal für staatliche Schulen waren denjenigen anderer Lehrbezirke vergleichbar. So erfreute sich das Pädagogische Institut der Universität nur scheinbar starken Zuspruchs: Viele Studenten nutzten die Möglichkeit der Immatrikulation, um von diesem Institut aus an eine Fakultät der Universität zu wechseln und damit der Dienstverpflichtung für Lehrer nach Abschluß des Pädagogischen Institutes zu entgehen.[190] Doch zeichnete sich der Lehrbezirk insgesamt durch seine Solidität seiner Bildungsreinrichtungen und im Vergleich zum Lehrbezirk Wilna auch durch seine politische Verläßlichkeit aus.[191] Nach Auffassung der Kuratoren gab selbst das Pensionswesen keinen Anlaß zu größerer Klage. 1808 vermeldete der Kurator Klinger nach

---

[185] RGIA, f. 733, op. 56, d. 30, ll. 1-42.
[186] Ebenda, op. 86, d. 226, ll. 7-17; ebenda, op. 56, d. 238, ll. 3-25.
[187] Sbornik postanovlenij, T. 1, S. 1439-1549; Strak, G., Russische Ostseeprovinzen, in: Schmid, K. A. (Hrsg.), Enzyklopädie des gesammten Erziehungs- und Unterrichtswesens. Bd. 11. Gotha 1878, S. 393-440, hier S. 422-424.
[188] RGIA, f. 733, op. 56, d. 30, ll. 46-48.
[189] Hinsichtlich des Lehrplans waren Veränderungen übernommen worden, die Uvarov nach 1811 schon im Lehrbezirk Sankt Petersburg vorgenommen hatte.
[190] Johnson, Russia's Educational Heritage, S. 66 f., 109-115.
[191] So Uvarov in der Rückschau bei einem Besuch der Universität Dorpat: [Uvarov, S. S.], Der Minister für Volksaufklärung Graf Uvarov über die Dorpater Universität im Jahre 1833, in: Baltische Monatsschrift 31 (1884), S. 500-510.

4.2.1. Die Bildungsinstitutionen der Statuten von 1803/04

Sankt Petersburg, daß die Umsetzung des Statuts in den drei Gouvernements Kurland, Estland und Livland sowie in Finnland (Russisch-Karelien)[192] bereits abgeschlossen sei und alle Gouvernements sowie alle Kreise ein Gymnasium bzw. eine Kreisschule besäßen:

Tabelle: Bildungseinrichtungen unter Kontrolle des Ministeriums für Volksaufklärung in den baltischen Provinzen im Jahre 1808

Gouvernement	Anzahl der Bildungseinrichtungen	Lehrpersonal	Jungen	Mädchen	Schüler gesamt
Livland	71	191	1846	532	2378
Estland	40	72	704	307	1011
Kurland	45	83	714	190	904
Finnland	12	37	277	50	327
Gesamt	168	383	3541	1079	4620

Quelle: Periodičeskie sočinenija 23 (1809), S. 292-303.

1824 war die Zahl der Bildungseinrichtungen auf 238 gestiegen und die Zahl der Schülerinnen und Schüler auf 7.181.[193] Das Baltikum blieb damit auch strukturell im Zarenreich eine Ausnahmeerscheinung und seine Elite eine unverzichtbare Personalressource für die Administration im Zarenreich.

Faßt man die Entwicklung der sechs Lehrbezirke anhand der Zahlen für das Jahr 1824 zusammen, ergibt sich folgendes Bild:

---

[192] Dieses Gouvernement wurde infolge der Personalunion Rußlands und Finnlands nach 1809 vom Lehrbezirk Dorpat abgetrennt.
[193] Zapiski, izdavaemye ot Departamenta Narodnogo Prosveščenija 1 (1825), S. 387.

Tabelle: Dem Ministerium für Volksaufklärung unterstehende Bildungseinrichtungen, Lehrende und Lernende im Jahre 1824

Lehrbezirk	Zahl der Gouvernements	Lehreinrichtungen	Lehrende	Lernende
Sankt Petersburg	9	195	886	10.255
Moskau	11	267	933	11.880
Dorpat	3	238	631	7.181
Wilna	6	368	901	20.665
Char'kov	13	200	797	13.055
Kazan'	12	142	414	6.416
Gesamt	54	1410	4.562	69.452

Quelle: Zapiski, izdavaemye ot Departamenta Narodnogo Prosveščenija 1 (1825), S. 387.

Tabelle: Die Universitäten des Zarenreiches: Professoren und Studenten im Jahre 1824

Universität	Professoren und Adjunkten	Verwaltungspersonal	Studenten
Sankt Petersburg	38	24	51
Moskau	110	50	820
Dorpat	39	19	365
Wilna	45	29	976
Char'kov	43	38	337
Kazan'	34	35	118
Gesamt	309	195	2.667

Quelle: Zapiski, izdavaemye ot Departamenta Narodnogo Prosveščenija 1 (1825), S. 331, 352 f., 363, 374.

In den Jahren 1801 bis 1824 hatte sich die absolute Zahl der Schüler in öffentlich-säkularen Bildungseinrichtungen verdreifacht. In drei Gouvernements fehlte es noch an einem Gymnasium. Das Schulsystem der Statuten von 1803/04 war überständisch angelegt, was sich auch in den Rechenschaftsberichten der Schulleiter widerspiegelte. Man wünschte Auskunft über die Schüler, gegebenenfalls auch über die Schülerinnen, aber nicht in erster Linie über deren soziale und rechtliche Herkunft (nur in den Lehrbezirken Moskau und Sankt Petersburg wurden diese unregelmäßig mit erhoben). Aus den

4.2.1. Die Bildungsinstitutionen der Statuten von 1803/04   411

Berichten der Visitatoren geht hervor, daß eine weiterführende Schule zum Leben in einer Gouvernementsstadt gehörte, die zwar nicht unbedingt jedes adlige Kind besuchen mußte, die aber in ihrer Funktion als Kristallisationspunkt lokaler Bildungsbemühungen das fortsetzen konnte, was mit den Hauptvolksschulen nach 1786 begonnen worden war. Als Razumovskij 1811 den Leibeigenenkindern den Besuch des Gymnasiums verbot, handelte er aufgrund von Beobachtungen, gemäß denen die Chance zu einem Aufstieg durch Bildung nur im Einzelfall ergriffen worden war, die er aber zum Generalverdacht machte. Doch scheint der Vorwurf Sergej Roždestvenskijs, das Ministerium und die Kuratoren hätten in der Praxis das überständische Moment ausgehebelt, um dem Adel entgegenzukommen, überzogen.[194] Sicher rekurrierte der Adel noch immer auf Strukturen gegenseitiger Protektion und auf adlige Netzwerke, um sich den Einstieg in Dienst und Karriere zu erleichtern.[195] Doch verschärfte sich durch die Schulen des Reformstatuts die Konkurrenzsituation, die für die Formierung einer Funktionselite durchaus im Interesse des Staates lag, selbst wenn der Adel noch auf private Bildungseinrichtungen oder die hauptstädtischen und regionalen Kadettenkorps ausweichen konnte. Die Universitäten, die Gymnasien und die Kreisschulen setzten die Norm dessen, was als „gebildet" galt, nicht die Pensionen und auch nicht die Kadettenkorps, die ihre Lehrpläne nolens volens anpassen mußten.[196]

Jedes Kind, dessen Eltern sich den Schulbesuch leisten konnten und damit bestimmte Erwartungen verknüpften, hatte die Möglichkeit, eine Schule zu besuchen, und je differenzierter das Bildungsangebot ausfiel, desto eher wuchs auch das Bewußtsein, daß Bildung für die eigene Positionierung in der Gesellschaft notwendig war. Dafür sprechen nicht zuletzt die zum gesellschaftlichen Jahresablauf zählenden Examina mit den anschließenden Feierlichkeiten. In Sankt Petersburg und Moskau waren bereits Testate von Kreisschulen oder Eingangsexamina unerläßliche Voraussetzungen für den Eintritt in den Kanzlistendienst.[197] In der Provinz wurden diese für die Aufnahme in den Dienst in der Regel noch nicht benötigt, doch stieg, wenn die Schule regen Zuspruch genoß, auch der Anspruch an die Qualifikationen künftiger Verwaltungsbeamter. In Saratov an der Wolga, wo die Hauptvolksschule erst spät in ein Gymnasium umgewandelt worden war, die weiterführende Schule aber immer über 150 Schüler aufwies, und

---

[194] Roždestvenskij, Soslovnyj vopros, S. 83-108.
[195] George Yaney hat diese Art, in den Dienst einzutreten, und damit im weiteren Sinne das Staatsverständnis des Adels in einem älteren Aufsatz als „family-type behaviour" beschrieben, das sich auch im *domostroj* wiederfinden lasse; siehe: Yaney, G. L., Law Society and the Domestic Regime in Russia in Historical Perspective, in: The American Political Science Review 59 (1965), S. 379-390.
[196] Vgl. Die Synopsis der Lehrinhalte, die am Ingenieurskadettenkorps, dem 1. Kadettenkorps, der Petersburger Kommerzschule und dem Petersburger Gymnasium vermittelt wurden, bei: Nikol'ceva, N. F. (Hrsg. u. a.), Načal'noe i srednee obrazovanie v Sankt Peterburge XIX-načalo XX veka. SPb. 2000, S. 46-49.
[197] McFarlin, H. A., The Extension of the Imperial Russian Civil Service to the Lowest Office Workers. The Creation of the Chancery Clerkship 1827-1833, in: RH 1 (1974), S. 1-17.

in Kaluga, wo ein lokales Kadettenkorps und das Gymnasium nebeneinander existierten, konnten die Gouverneure den Visitatoren mitteilen, daß die gute Ausbildungssituation vor Ort die problemlose Rekrutierung geeigneter Verwaltungsbeamter gestatte.[198]

Dennoch hatten sich die Reformer in einigen ihrer Erwartungen getäuscht. Zunächst besaßen sie keine Vorstellung davon, wieviel Zeit nötig sein würde, um die Reformstatuten umzusetzen. Katharina war 1786 in ihren Erwartungen realistischer gewesen. Nicht untypisch für die Gesetzgebung im Russischen Reich war, daß die Reformer die Situation in Moskau und Sankt Petersburg zum Maßstab und Ausgangspunkt ihrer Planungen nahmen - allenfalls unter Berücksichtigung der besonderen Situation des Baltikums und der Westgubernien. Als aber in Moskau bereits in allen zehn Gouvernements Gymnasien eingerichtet waren, existierte außer dem Gymnasium in Kazan' noch kein weiteres. Das Ministerium tat wenig, um diese unterschiedlichen Strukturvoraussetzungen auszugleichen. Dies galt insbesondere für die Lehrerausbildung und -rekrutierung. Probleme bestanden für die Gymnasien, die zentral vom Staat finanziert wurden, nicht vorrangig in der finanziellen Ausstattung, sondern in der Gewinnung von Personal, welches das enzyklopädische Lehrprogramm umsetzen konnte. Für die Gymnasien in Tobol'sk, Čerkassk und Astrachan' beispielsweise erwies es sich als überaus schwierig, Lehrer für Philosophie, Logik, Naturgeschichte und Physik zu finden. Bei einem derart differenzierten Curriculum taugten Zöglinge der geistlichen Seminare nur noch bedingt als Lehrer für diesen Schultyp - trotz der Reformen in den geistlichen Akademien zur Zeit Alexanders I.[199] Auf sie wurde vor allem von den Kreisschulen zurückgegriffen. Je weiter eine Bildungseinrichtung vom Zentrum des Lehrbezirks entfernt lag, desto weniger strikt wurde darauf geachtet, daß die Lehrer auch den Anforderungen entsprachen, und desto eher ging der Direktor des lokalen Gymnasiums dazu über, oft mit Billigung des Kurators, den Unterricht in einigen Fächern auszusetzen. Die Reduktion der Fächerzahl im Lehrbezirk Sankt Petersburg durch Sergej Uvarov stellte in diesem Sinne eine Kapituliation vor der Realität dar, da trotz seiner Initiativen die Ausbildungskapazitäten nicht signifikant erhöht wurden. Wollte man die Durchführung des Unterrichts nicht gefährden, konnte die Zahl der Gymnasien und Kreisschulen wegen des Personalmangels nicht stärker ansteigen. Hier lag die eigentliche Ursache für den schleppenden Fortgang der Reformen. Die Spendenfreudigkeit und die Auslobung von Stipendien nahmen natürlich ab, wenn die lokale Gesellschaft gewahr wurde, daß es an qualifiziertem Lehrpersonal vor Ort fehlte. Die Visitatoren empfanden, im Bewußtsein ihrer akademischen Meriten, die Inspektionsreisen häufig als Zwang und begegneten Gymnasial- und Kreisschullehrern mit unverhohlener Arroganz, die in das Bild, das sie in ihren Berichten vermittelten, einfloß.

---

[198] RGIA, f. 733, op. 39, d. 196, ll. 14-18.; ebenda, op. 40, d. 78, ll. 26-34.
[199] Višlenkova, Duchovnaja škola, S. 63-101; Köhler-Baur, Die geistlichen Akademien, S. 82-124.

4.2.1. Die Bildungsinstitutionen der Statuten von 1803/04

Diese Haltung trug dazu bei, daß sich das Negativimage des Provinzlehrers verfestigte.

Als Fehleinschätzung erwies sich die Erwartung, die Kirchspielschulen würden in größerer Zahl nicht nur in lokalen Zentren, sondern auch auf dem Lande eingerichtet werden. In Bezug auf die Volksbildung war die Reform wenig ambitioniert gewesen, und so fiel auch das Ergebnis aus. Gymnasien und Kreisschulen, einmal gegründet, existierten auch angesichts finanzieller und organisatorischer Probleme weiter. Die Existenz von Kirchspielschulen hingegen erwies sich oftmals als flüchtig.[200] An diesem Grundproblem änderte auch das neue Schulstatut von 1828 nichts.

---

[200] Einen Weg aus diesem Dilemma versprachen tatsächlich die Lancasterschulen: 1824 existierten unter der Kontrolle des Ministeriums für Volksaufklärung 28 solcher Schulen mit 2.145 Schülern, unter Aufsicht des Kriegsministeriums 53 mit 4.206 Schülern. Diese Schulen wurden nach dem Dekabristenaufstand als eigener Schultyp abgeschafft; siehe Zapiski, izdavaemye ot Departamenta Narodnogo Prosveščenija 1 (1825), S. 444-447.

4.2.2. Die Bildungseinrichtungen nach den Statuten von 1828 und 1835 zur Zeit des Ministeriums Uvarov

Die Schulkomitees in den Lehrbezirken standen nach Verabschiedung des Statuts von 1828 vor der Aufgabe, die Gymnasien von einer vier- auf eine siebenjährige und die Kreisschulen von einer zwei- auf eine dreijährige Schulzeit umzuorganisieren. Das Vorbild stand allerdings mit den siebenjährigen Gymnasien der Lehrbezirke Sankt Petersburg und Dorpat bereits zur Verfügung; auch die Lehrerknappheit wurde durch die Ausdehnung der Schulzeit nicht verschärft,[1] da die Zahl der Fächer reduziert und die Arbeitszeit der Lehrer zugleich ausgedehnt wurde. Die Bevölkerung mußte nicht an neue Schultypen gewöhnt werden; am Bild der Schule in ihrem lokalen Umfeld änderte sich damit zunächst wenig. Dennoch dauerte es bis 1837, bis die Reorganisation abgeschlossen war.[2] Dies lag einerseits an der Abkoppelung der Schulen von den Universitäten mit dem Statut von 1835 - die Arbeit der Schulkomitees verlor im Vorgriff auf die sich ankündigende Veränderung an Schwung -, andererseits an dem bereits erwähnten Neuschnitt der Lehrbezirke: 1830 wurden die Lehreinrichtungen der Stadt Odessa und die Schulen Bessarabiens zu einem Lehrbezirk zusammengefaßt, 1832 wurden diesem Lehrbezirk die Gouvernements Taurien und Cherson zugeschlagen. Zugleich eröffnete das Ministerium mit einem neuen Statut für das Richelieu-Lyzeum als Leitinstitution Odessa mittelfristig die Perspektive, Universitätsstadt zu werden.[3] Von der Neueinrichtung der Lehrbezirke Kiev und Weißrußland war bereits im Zusammenhang mit der Zerschlagung des Lehrbezirks Wilna, der Schließung der Universität und der Gründung der Universität in Kiev im Jahre 1834 die Rede.[4] Aber auch

---

[1] Siehe hierzu den Bericht aus dem Bezirk Kazan' über die Reorganisationsmaßnahmen im Jahre 1834: RGIA, f. 733, op. 41, d. 137, ll. 3-25, den Bericht aus Dorpat über das Jahr 1832 (ebenda, op. 56, d. 506, ll. 1-7), aus dem Bezirk Sankt Petersburg für das Jahr 1834 (ebenda, op. 95, d. 87, ll. 2-51) sowie über die Direktion Sibirien aus dem Jahre 1835 (ebenda, op. 95, d. 933, ll. 5-7).
[2] Materialy dlja istorii i statistiki našich gimnazij, in: ŽMNP 121 (1864), S. 129-171, 355-390, 493-571, hier S. 162.
[3] [Uvarov], Desjatiletie, S. 17. [Postel', A.], Otčet člena soveta Ministra Narodnogo Prosveščenija A. Postel'ja po obozreniju učebnych zavedenij Odesskogo učebnogo okruga. SPb. 1864, S. 5.
[4] Gleichzeitig wurden die Mittel der Edukationskommission sowie der Orden, die in Weißrußland tätig waren, der Verwaltung des Ministeriums für Volksaufklärung unterstellt. Sie flossen nicht in den regulären Etatansatz ein (ŽMNP 6 (1835), 4, Dejstvie pravitel'stva, S. IX-X). Siehe auch: RGIA, f. 733, op. 69, d. 74, ll. 1-26.

die Zugehörigkeit einiger Gouvernements zu den Lehrbezirken Moskau, Sankt Petersburg und Char'kov wurde verändert.[5] Die Bildungsinstitutionen des Kaukasus und Transkaukasiens wurden dem Oberbefehlshaber der dort anwesenden Truppen,[6] 1844 schließlich dem Statthalter unterstellt. Die Einrichtung der Schuldirektion Sibirien unter P. A. Slovcov wurde bereits erwähnt; 1837 wurde diese Schuldirektion dem Generalgouverneur unterstellt und damit aus jeder nominellen Abhängigkeit vom Kazaner Kurator herausgelöst.[7] Diese administrativen Maßnahmen trugen das Ihre zur Verzögerung der Neuorganisation nach dem Schulstatut von 1828 bei, da in dieser Zeit unklar blieb, wer für Visitationen zuständig war bzw. an wen die Rechenschaftsberichte zu richten waren.[8]

Die folgenden Jahrzehnte waren eine Phase, in der vor dem Hintergrund der Umsetzung der Statuten von 1828 und 1835 das Ministerium die Aufsicht über die Schulbezirke intensivierte. Information und Kontrolle als Grundprinzipien der Politik Uvarovs standen auf der einen Seite, eine Ausweitung des eigenen Handlungsspielraums gegenüber dem Zaren auf der anderen Seite. So veränderte er mit Hilfe von Zirkularen und Verordnungen das Schulstatut, ohne eigens einen neuen Gesetzgebungsprozeß in Gang zu setzen. Der Zar ließ seinen Minister gewähren, solange er den Eindruck hatte, daß seinen Intentionen nicht zuwider gehandelt wurde.

Zunächst führte Uvarov in allen Lehrbezirken Studien- und Schulgebühren ein, was durchaus auf das Wohlwollen des Zaren stieß. Zugleich wurde jedoch das Stipendiensystem des Staates erweitert, und vor allem wurden private Spender dazu angehalten, weitere Stipendien auszuloben, woran sich Mitglieder der kaiserlichen Familie für bestimmte Gymnasien Moskaus und Sankt Petersburgs ebenso beteiligten wie reiche Gutsbesitzer und Kaufleute in der Provinz. Diese Stipendien wurden zum Ruhm des Gönners mit dessen Namen versehen und waren teils ständisch gebunden, teils frei zu vergeben. Um das Jahr 1840 erhielten etwa 30% der Universitätsstudenten und der Gymnasialschüler ein Vollstipendium. Jeweils etwa weitere 20% wurden von der Schul- bzw. Studiengebühr befreit.[9] Erst nach dem Jahr 1848 versuchte Nikolaus I. persönlich

---

[5] RGIA, f. 733, op. 49, d. 788, ll. 4-22, 78-99, 108-156, 202-248.
[6] Ebenda, op. 1, d. 150, ll. 132-142.
[7] Ebenda, op. 83, d. 5, ll. 3-12.
[8] Dies bemängelte Staatsrat Kartaševskij, der 1830 eine Reise durch den weißrussischen Lehrbezirk unternahm (ebenda, op. 66, d. 20, ll. 2ob-5). Nach Abschluß der Reorganisation erwuchs dem Ministerium eine neue Aufgabe: 1839 wurde das Schulwesen des Königreichs Polen - nach dem Aufstand von 1830 direkt vom russischen Statthalter in Warschau, Fürst Paskevič, beaufsichtigt - der Kontrolle des Ministeriums unterstellt und als Lehrbezirk Warschau verwaltet (bis 1861); siehe Amburger, Geschichte der Behördenorganisation, S. 198.
[9] Materialy dlja istorii i statistiki našich gimnazij, S. 549-552.

4.2.2. Die Bildungseinrichtungen nach den Statuten von 1828 und 1835

die Aufnahme von Studenten zu begrenzen, indem er die erneute Vergabe von staatlichen Universitätsstipendien untersagte. Erst in dieser Phase seiner Regierung wurden auch die Gebühren für den Schul- und Universitätsbesuch massiv erhöht. 1845 mußten dafür an den Gymnasien in Sankt Petersburg 30 Rubel, in Kiev 20 Rubel, in Odessa und Taganrog 7 Rubel gezahlt werden;[10] 1848 wurde die Gebühr in Odessa heraufgesetzt und erstmals wurde auch, trotz der Warnungen der lokalen Administration vor einem Rückgang der Schülerzahlen, an den Gymnasien Sibiriens eine Schulgebühr erhoben.[11] Ziel Uvarovs war hier nicht der Schutz des Adels, sondern die „Auslese" der Besten durch eine Kanalisation des Zugangs: Die staatlichen Stipendien wurden anhand von Examina vergeben, so daß geburtsadlige Abkunft allein nicht ausreichte. Zugleich sollten die Gebühren eine von Uvarov freilich überschätzte Quelle zur Refinanzierung der lokalen Aufwendungen bilden.[12]

Im Statut von 1828 waren, den Vorgaben Nikolaus I. folgend, als Leitbegriffe Ordnung, Kontrolle und vor allem Einheitlichkeit des Bildungswesens vorgegeben worden. Doch schon im Statut selbst war die Möglichkeit angelegt, diese postulierte Uniformität des Systems zu unterlaufen. So wurden, anstatt eigene Kirchspielschulen zur Vorbereitung auf die Kreisschulen zu gründen, in zahlreichen Gouvernements mit Zustimmung des Ministers aus Kostengründen lediglich „Vorbereitungsklassen" eingerichtet, die insbesondere Kaufmannskindern einen erfolgreichen Besuch der Kreisschule ermöglichen sollten. Für die von Uvarov eigentlich favorisierten alten Sprachen wurden schon 1831 zahlreiche Ausnahmeregelungen gebilligt, mit deren Hilfe die Altphilologien durch moderne Sprachen oder durch einen naturwissenschaftlichen Schwerpunkt ersetzt werden konnten.[13] Hintergrund diese Ausnahmeregelungen war die Konkurrenz von seiten der hauptstädtischen, aber auch der nach 1830 gegründeten regionalen Kadettenkorps, die ausschließlich moderne Sprachen forderten.[14] Diese Maßnahmen korrespondierten mit der auch im Schulwesen anderer europäischer Länder, insbesondere in den

---

[10] ŽMNP (1848), 4, Dejstvie pravitel'stva, S. 4 f. Für den Besuch der Universitäten Sankt Petersburg und Moskau wurden 50 Rubel, für Kazan', Char'kov und *Sv. Vladimir* 40 Rubel gefordert.
[11] Alešincev, Istorija, S. 143-148.
[12] 1861 betrugen die Einkünfte aus Schulgebühren für die zu diesem Zeitpunkt 79 Gymnasien knapp 222.000 Rubel, während der Etat auf etwa 7 Millionen Rubel angestiegen war (Materialy dlja istorii i statistiki našich gimnazij, S. 564 f.). Als der stellvertretende Minister Avram Norov 1852 den Lehrbezirk Odessa bereiste, stellte er fest, daß die Studiengebühren nur für den Fall sinnvoll seien, daß das Ministerium sie auch für die Einrichtung verwende, die die Mittel eingenommen habe, was aber im Lehrbezirk Odessa keineswegs der Fall sei: RNB RO, f. 531, op. 1, d. 48, ll. 1-158.
[13] ŽMNP 6 (1835), 4, Dejstvie pravitel'stva, S. XXXI.
[14] Diese Korps sollten in Weiterentwicklung des Zubovschen Korps für die Söhne des Provinzadels in relativer Gleichförmigkeit mit jeweils 400 Zöglingen errichtet werden. Es erfolgten Gründungen in Novgorod (1834), Nižnij Novgorod und Polock (1835), Poltava (1840), Brest (1842), Orel (1843), Orenburg (1844), Voronež und Omsk (1845), Moskau (1849) und Kiev (1853); siehe: Krylov, Kadetskie korpusa, S. 436.

deutschen Staaten geführten Debatte darüber, ob eine „humanistische" oder eine „Realbildung" zu bevorzugen sei.[15] Das Ministerium gab dem Wunsch nach einer Realausbildung seit 1839 immer nach, wenn aus der lokalen Gesellschaft derartige Forderungen erhoben wurden. Die ersten Schulen mit einem regelrechten Realzweig wurden 1839 die Gymnasien von Tula, Kursk und Wilna, die statt Latein und Griechisch nun angewandte Chemie, Physik und Mechanik anboten. 1839 wurde das dritte Moskauer Gymnasium von Beginn an als Realgymnasium eingerichtet.[16] Auch Kreisschulen erhielten auf Wunsch der lokalen Kaufmannschaft und der Handwerkerschaft Realklassen; die ersten waren im Jahr 1839 die Kreisschulen von Riga und Kerč.[17] Diese Angebote zur Realausbildung wurden derart positiv angenommen, daß Uvarovs Nachfolger, Fürst Širinskij-Šichmatov, sie als Argument verwenden konnte, als er 1851 die Abschaffung des Griechischunterrichts in den Gymnasien durchsetzte.[18]

An der Peripherie zeigte sich, daß der Bedarf an spezialisierten Fachkräften nicht durch die nächstgelegene Universität abgedeckt werden konnte, so daß an einigen Gymnasien „Lehrstühle" für besondere Kurse eingerichtet wurden, die nach dem gymnasialen Abschluß besucht werden konnten. Solche „Lehrstühle" existierten bereits am Demidov-Lyzeum in Jaroslavl', am Lyzeum Fürst Bezborodkos in Nežin[19] und am Richelieu-Lyzeum in Odessa, die ihrer Verfassung nach zwischen Universität und Gymnasium einzuordnen waren; nun wurden „Lehrstühle" für „Rechtskunde" an den Gymnasien Sibiriens und in Astrachan' eingerichtet.[20] Bedenkt man, daß diese Gymnasien zudem ein nennenswertes Angebot an „östlichen" Sprachen bereithielten, das auch von externen Hörern genutzt werden konnte,[21] dann verbreitete diese Offerte der Gymnasien den kulturellen Raum, in dem sich eine lokale Gesellschaft mit einer regionalen Identität entwickeln konnte.[22] Zur Durchsetzung eines uniformen Schulsystems

---

[15] Fertig, Zeitgeist und Erziehungskunst, S. 326-331.
[16] Materialy dlja istorii i statistiki našich gimnazij, S. 164. Siehe auch: Sbornik razporjaženij, T. 1, S. 762 f.
[17] Nach erfolgreichem Abschluß dieser Realklassen erhielten die Kaufmannskinder Testate, die es ihnen ermöglichten, unmittelbar Kaufleute der zweiten Gilde (Kreisschule) bzw. der ersten Gilde („Realgymnasium" oder Kommerzschule) zu werden. Die Zugangsberechtigung zu den Kaufmannsgilden, die sich eigentlich nach dem Steueraufkommen richtete, wurde somit zusätzlich an das Kriterium der Qualifikation gebunden (Roždestvenskij, Istoričeskij obzor, S. 275).
[18] Georgievskij, A. I., Predpoloženaja reforma našej srednej školy. SPb. 1901, S. 22-24. M. T. Granovskij bedauerte 1851 die Abschaffung des Griechischunterrichts, weil die Gymnasien auf ihrem langen Weg, qualitätsvolle Ausbildungsstätten zu werden, zurückgeworfen worden seien (Antologija pedagogičeskoj mysli pervoj poloviny XIX v., S. 427-435).
[19] RGIA, f. 733, op. 69, d. 105, ll. 1-37.
[20] 1830 wurden gar Veterinärklassen an den Gymnasien Sibiriens eingerichtet (Sbornik postanovlenij, T. 2.1, S. 360-362).
[21] RGIA, f. 737, op. 1, d. 49, l. 83 f.
[22] Dies war durchaus im Sinne Uvarovs, der Nikolaus 1838 vorschlug, lokale Gouvernementszeitungen herauszugeben; sie sollten eine ähnliche Aufgabe haben, wie sie den Lehrern der verschiedenen

4.2.2. Die Bildungseinrichtungen nach den Statuten von 1828 und 1835   419

trugen diese regionalen Sonderentwicklungen nicht bei, dennoch wurden sie - außer in den Westgubernien - in der Regel begrüßt.

1832 leitete Uvarov die Gründung von Adelspensionen an Gymnasien und Kreisschulen ein. Diese Pensionen sollten das öffentliche Schulsystem mit einem Moment ständischer Exklusivität kombinieren, um das Interesse des Adels an den öffentlichen Schulen zu stärken und seine Ressentiments, die häufig den Besuch dieser Schulen durch Adelskinder verhindert hatten, zu überwinden. Die *raznočincy*, die in die Schulen strebten, sollen den Adel an Bildung überflügeln.[23] Zugleich boten sie eine staatlich kontrollierte Alternative zu den vom Ministerium wenig geschätzten Hauslehrern, und das Lehr- und Aufsichtspersonal ließ sich im Gegensatz zu den privaten Pensionen durch die Gouvernementsdirektoren auswählen. Bis zum Jahre 1849 stieg die Zahl dieser Pensionen auf 64 an; je nach Zuordnung zu einer Kreisschule oder einem Gymnasium und je nach Region zählte eine solche Pension 20 bis 100 adlige Zöglinge. Sie nahmen am normalen Unterricht teil, wurden nach dessen Beendigung aber noch in Fechten und Tanzen unterwiesen. Finanziert wurden diese Pensionen teils aus dem zentralen Etat des Ministeriums für Volksaufklärung, das für die Personalkosten des Pensionsinspektors und der je nach Größe unterschiedlichen Zahl zusätzlicher Aufseher aufkam, teils durch die adlige „Solidargemeinschaft". Der gesamte Adel eines Gouvernements oder eines Kreises stellte ein Stiftungskapital für das Gebäude und die Betriebskosten[24] zur Verfügung und lobte zusätzlich Stipendien für die Kinder verarmter Adliger aus,[25] während die wohlhabenden Adligen ihre Kinder gegen eine Gebühr in die Pensionen schicken konnten. Obwohl Graf Benckendorff und Michail Speranskij bei der Gründung der ersten Pensionen Uvarov mehrfach darauf hinwiesen, daß die Einrichtung dieser Pensionen eigentlich nicht den Intentionen Nikolaus' I. entsprach, hielten Uvarov und seine Nachfolger an dem nach wie vor überständisch organisierten Gymnasium mit exklusiver Internatsunterbringung fest. Dieser Kompromiß wurde vom Zaren selbst in der Zeit um 1848, als er sich persönlich für eine Reduzierung der Studentenzahlen einsetzte, auch nicht in Frage gestellt.[26]

Schultypen zugedacht war, die sich als Lokalforscher zu betätigen hatten (Saunders, Russia between Reform and Reaction, S. 124 und Kap. 4.2.1.). 1838 forderte Fürst Musin-Puškin, Kurator des Distrikts Kazan', in einem Zirkular die Kreis-und Kirchspielschullehrer auf, lokalhistorische Miszellen einzureichen, die dann in den *Učenye zapiski* der Kazaner Universität publiziert werden sollten (Roždestvenskij, Istoričeskij obzor, S. 288).

[23] Alešincev, Istorija, S. 195 f. Zu den Gründungsdaten im Detail: Materialy dlja istorii i statistiki našich gimnazij, S. 543 f.

[24] Bis 1843 hatten sich für alle bis dahin existierenden Pensionen 13 Millionen Silberrubel Stiftungskapital angesammelt (Roždestvenskij, Istoričeskij obzor, S. 280).

[25] Voronov, Istoriko-statističeskoe obozrenie, T. 2, S. 122-135.

[26] Alešincev, Istorija, S. 142 f.

Liefen die genannten Maßnahmen der geforderten Uniformität des Bildungswesens zuwider, so bedeutete die 1831 eingeleitete Unterstellung der privaten Pension unter die Aufsicht des Ministeriums bzw. der Kuratoren die Systematisierung eines ungeordneten Ausbildungszweiges, dessen Kontrolle nie recht gelungen war.[27] Jede private Pension wurde visitiert, und die Qualität von Unterbringung und Unterricht evaluiert; schließlich wurde die jeweilige Einrichtung danach eingestuft, ob sie einen Lehrplan anbieten konnte, der dem eines Gymnasiums, einer Kreisschule oder einer Kirchspielschule entsprach. Je nach Ergebnis wurde sie als Pension 1., 2. oder 3. Ranges klassifiziert und durch gesonderte Inspektoren beaufsichtigt, die zusammen mit dem Direktor der nächstgelegenen Schule für die ordnungsgemäße Durchführung der Examina zuständig waren. Nachdem die Zahl der Pensionen zunächst sank, setzte schon ab der Mitte der dreißiger Jahre des 19. Jahrhunderts eine Stabilisierung ein. Das Ministerium, das vor rigiden Kontrollen und vor Schließungen nicht zurückgeschreckt hatte - insbesondere in den Haupt- und Universitätsstädten, denn nur hier existierten Pensionen 1. Ranges, die damit einem Gymnasium gleichgestellt waren -, erhielt damit eine weitere Gruppe von Bildungseinrichtungen,[28] die vollkommen privat finanziert wurde. In ihnen vollzog sich nach 1828 vor allem die Mädchen- und Frauenbildung.[29]

Wie bereits im Zusammenhang mit der Umsetzung der Statuten von 1803/04 erörtert wurde, war ein wesentlicher Faktor, der über den Erfolg des staatlichen Schulwesens entschied, die hinlängliche Ausbildung von Lehrpersonal an den Kreisschulen, Gymnasien und Universitäten. Die Minister Lieven und Uvarov verwandten viel Energie auf die Suche nach geeignetem Nachwuchs für die Universitäten und die Akademie der Wissenschaften, und dies, wie vielfach untersucht worden ist, mit Erfolg. Uvarov, bis zu seinem Tode 1855 Präsident der Akademie der Wissenschaften, verfolgte mit dem Aufbau eines Universitätssystems mit Wissenschaftlern, die sich in allen Disziplinen ihren westeuropäischen Kollegen als ebenbürtig erweisen sollten, das Ziel, Rußland auch auf diesem Feld staatlicher Entwicklung zur Großmacht werden zu lassen.[30] Auch nach der Auflösung des bereits erwähnten Professoreninstituts in Dorpat wurde die

---

[27] Sbornik postanovlenij, T. 2.1., S. 438-441. 1828 war die Neugründung von Pensionen kurzfristig verboten worden, einerseits, um die Schüler in die öffentlichen Schulen zu zwingen, andererseits, um die Begehung der vorhandenen Einrichtungen vorzubereiten; siehe: Krusenstern, A. v., Abriß des öffentlichen Unterrichts. Breslau 1841, S. 82-86.

[28] Puškarev, I. I., Nikolaevskij Peterburg. SPb. 2000, S. 309-328.

[29] Dies galt vor allem für die Provinz, die auch in diesem Punkt durch ein starkes West-Ost-Gefälle aufwies (RGIA, f. 733, op. 95, d. 400, l. 233; d. 405, ll. 1ob-4ob). In Sankt Petersburg waren nach wie vor Mädchen in allen staatlich-säkularen Schultypen vertreten, in besonders starkem Maße an den protestantischen Schulen Sankt Peter und Sankt Anna (Voronov, Istoriko-statističeskoe obozrenie, T. 2, S. 234 f.; Lichačeva, Materialy, T. 2, S. 221-250; Pietrow-Ennker, Rußlands „neue Menschen", S. 136-138).

[30] Whittaker, The Origins, S. 168-171.

4.2.2. Die Bildungseinrichtungen nach den Statuten von 1828 und 1835

Weiterbildung von fortgeschrittenen Studenten und Adjunkten durch die Abordnung zu Studienjahren ins Ausland konsequent betrieben - bis zum Jahr 1848. Diese Regelung legte in den dreißiger und vierziger Jahren die Grundlage für die internationalen Erfolge, die russische Wissenschaftler in der zweiten Hälfte des 19. Jahrhunderts insbesondere in den Naturwissenschaften feiern konnten.[31] Der Sachverhalt ist ebenso detailliert aufgearbeitet worden wie der gesellschaftliche Dissens, der sich unter dem Schild der Universität Uvarovschen Typs entwickeln konnte, und schließlich aus Mitgliedern, die lediglich als Teil der Funktionselite gedacht waren, Teilnehmer an oppositionellen, gar revolutionären Strömungen machte.[32]

Für die erfolgreiche Erweiterung der Funktionselite war jedoch die Rekrutierung von Lehrpersonal, das vor allem an Gymnasien unterrichtete, von essentieller Bedeutung. Darauf hatte Uvarov schon in seiner Zeit als Kurator des Sankt Petersburger Lehrbezirks immer wieder aufmerksam gemacht. Mit der Eröffnung jedes neuen Gymnasiums wurden sechs bis zehn qualifizierte Lehrer benötigt, für jede Kreisschule drei bis vier. Deshalb waren im Statut von 1828 die Gehälter heraufgesetzt worden, um die Attraktivität des Lehrerberufs zu steigern.[33] Darüber hinaus leitete das Ministerium weitere Maßnahmen ein, um dieses Ziel zu erreichen: Zum einen wurde 1828, wie erwähnt, das Pädagogische Institut in Sankt Petersburg, das 1819 in die Universität eingegliedert worden war, erneut eröffnet und bildete seit 1832 in zwei Abteilungen Gymnasial- und Kreisschullehrer aus.[34] Zum zweiten behielten die Universitäten ihre lehrerausbildende Funktion für die Gymnasien. In Dorpat, Kazan', Char'kov und Moskau existierten an den Universitäten zusätzlich Lehrerseminare für die Kreisschulen.[35] Auch am Richelieu-Lyzeum wurde ein Kurs für die Ausbildung von Gymnasiallehrern eingerichtet. Schließlich sollten an Gymnasien in Regionen mit einer sprachlich

---

[31] Maurer, Hochschullehrer, S. 121-184; dies., "Abkommandiert" in die "akademische Freiheit". Russischer Professorennachwuchs in Deutschland im 19. Jahrhundert, in: Tel Aviver Jahrbuch für deutsche Geschichte 24 (1995), S. 63-104; Pavlova, Organizacija nauki v Rossii v pervoj polovine XIX v. Moskva 1990, S. 155-162; Chartanovič, Učenoe soslovie Rossii, S. 147-155.

[32] Lejkina-Svirskaja, Formirovanie raznočinskoj intelligencii, S. 83-104; Brim, Universitäten und Studentenbewegung, S. 112-134; Brower, Training the Nihilists, S. 148-151.

[33] 1836 regelte das Ministerium in einem Gesetz zusätzlich erstmals einheitlich die Dienstzeiten, die Einordnung in die Rangtabelle und die sich daraus ergebenden Pensionszahlungen für Lehrer an Gymnasien und Kreisschulen sowie für Professoren (Sbornik postanovlenij, T. 2.1, S. 1196-1204). Zusätzlich wurden je nach regionalen Gegebenheiten Gehaltszuschläge für den Kaukasus, Transkaukasien und Sibirien ausgelobt (ebenda, S. 1306-1309). Freilich blieb die Pensionskasse beim Ministerium bis 1845 derart schlecht ausgestattet, daß bei vorzeitigem Ausscheiden aus dem Dienst bzw. an Hinterbliebene erst nach 1845 kleine Pensionen ausgezahlt werden konnten. Generell gaben diese Regelungen immer wieder Anlaß zur Klage.

[34] Sbornik postanovlenij, T. 2.1., S. 158-190.

[35] Das Dorpater Lehrerseminar bildete in dreijährigen Kursen, von denen der letzte bereits ein Praxisjahr in der Schule war, je dreißig Zöglinge für das städtische Elementarschulwesen aus (Strak, Russische Ostseeprovinzen, S. 428).

gemischten Bevölkerung Stipendien für künftige Lehrer aus dem Kreis der älteren Schüler vergeben werden, etwa in Astrachan', Kišinev, Cherson, Simferopol',[36] Irkutsk, Tomsk und Tobol'sk.[37] Im Grunde wirkte hier noch das alte Prinzip der Hauptvolksschulen fort, die ihren Lehrernachwuchs und denjenigen der nachgeordneten kleinen Volksschulen selbst auszubilden hatten. Nur ein Gebiet profitierte nicht von dieser dezentralen Lehrerausbildung: die Westgubernien. Aus der Konkursmasse der Universität Wilna war zwar neben einem Geistlichen Seminar und einer Medizinischen Akademie 1834 auch ein Lehrerseminar in Vitebsk hervorgegangen, doch wurde dies 1838 wegen des Verdachts politischer Unzuverlässigkeit der Lehrenden und der Zöglinge wieder geschlossen; auch die Universität Kiev erhielt nicht das Recht, Lehrer für ihren *učebnyj okrug* auszubilden. Für die Lehrbezirke Kiev und Weißrußland war, so Uvarov, das Pädagogische Institut deshalb zuständig, weil in Sankt Petersburg die Möglichkeit bestand, absolut loyales Lehrpersonal auszubilden, das zudem die Forderungen des Staates nach endgültiger Durchsetzung des Russischunterrichts an den Gymnasien würde erfüllen können. Für die Westgubernien sollten diese Lehrer nicht nur die Funktionselite für die lokale Verwaltung ausbilden, sie sollten darüber hinaus über Bildungsinhalte und Sprache zu einer sukzessiven Russifizierung ukrainischer und weißrussischer Gebiete beitragen und damit sowohl gegen den polnischsprechenden Adel agieren als auch die Entwicklung eines Nationalbewußtseins unter Ukrainern und Weißrussen verhindern.[38] Um diesem Auftrag und gleichzeitig den Personalanforderungen aus den Lehrbezirken Sankt Petersburg, Moskau und Kazan' gerecht zu werden, waren die Absolventenzahlen jedoch nicht hoch genug.[39] Zwischen 1828 und 1847 wurden 250 Gymnasiallehrer und 150 Kreisschullehrer innerhalb von jeweils sechs Studienjahren ausgebildet.[40]

---

[36] Am Gymnasium von Simferopol' wurden in den dreißiger und vierziger Jahren des 19. Jahrhunderts knapp 50 Tatarischlehrer für Kreisschulen ausgebildet; siehe: Istoričeskaja zapiska o dejstvijach i sostojanii Simferopol'skoj gimnazii v 50-letnij period suščestvovanija eja, in: ŽMNP 119 (1863), otd. 6, S. 45-82, hier S. 76-79.
[37] Bei den Lehrern für die Gymnasien in Tobol'sk und Irkutsk wurde 1835 die regionale und soziale Herkunft angegeben: Alle waren Kinder von *raznočincy* und alle stammten aus der Region, was ihre soziale Herkunft erklärt. Die meisten kamen sogar aus der Stadt, in der sie unterrichteten (RGIA, f. 733, op. 95, d. 933, ll. 76-93, 114-121).
[38] ŽMNP 6 (1835), 4, Dejstvie pravitel'stva S. XIII f. Zur Politik des Ministeriums in den Provinzen: Flynn, Uvarov and the „Western Provinces", S. 212-236; Whittaker sprach in diesem Zusammenhang sogar von Kulturimperialismus (Whittaker, The Origins, S. 212).
[39] Das Ministerium nahm daher nicht besetzte Stellen in den anderen Lehrbezirken eher hin als in den Westgubernien (RGIA, f. 733, op. 95, d. 405, ll. 2-4ob). Keine größeren Probleme bereitete die Versorgung mit Lehrpersonal im Lehrbezirk Dorpat (siehe die Berichte des Bezirks zu diesem Punkt für die Jahre 1840 und 1848: RGIA, f. 733, op. 95, d. 306, ll.14-20; d. 334, ll. 15-17).
[40] Kratkoe istoričeskoe obozrenie dejstvij Glavnogo pedagogičeskogo instituta, S. 9.

4.2.2. Die Bildungseinrichtungen nach den Statuten von 1828 und 1835

Die Zahl der Studierenden lag jedoch erheblich höher. Bei insgesamt 2.659 Studenten zwischen 1828 und 1847 betrug die Quote derjenigen, die einen Kurs vollständig absolvierten, etwa 15% und entsprach damit durchaus der Examensquote (über den *dejstvitel'hyj student* hinaus) an den russischen Universitäten. Und wie im Falle der Universitäten die Studenten auch mit Testaten über den Besuch lediglich des ersten Studienjahres ihren Weg in den Dienst fanden, wurden auch hier die Abbrecher benötigt: Sie wurden wegen des Personalbedarfs einfach in den Kreisschulen eingesetzt.[41] Es war letztlich eine Kapitulation vor den Realitäten, daß man 1847 die zweite Abteilung auflöste. Die Kuratoren und Direktoren der Gouvernementsgymnasien als Leiter des Schulwesens im jeweiligen Gouvernement engagierten jetzt notgedrungen nur noch Studienabbrecher. Allerdings wurde mitunter auch der umgekehrte Weg eingeschlagen. Studenten, die sich als begabt erwiesen, wurden vom Pädagogischen Institut an die Universitäten Sankt Petersburg oder Moskau geschickt, um dort auf eine Wissenschaftskarriere, verbunden mit einem Studienaufenthalt im Ausland, vorbereitet zu werden. Ein Beispiel hierfür ist der Chemiker D. I. Mendeleev (1834-1907).[42]

Bei allen Versuchen, insbesondere des Direktors I. I. Davydov,[43] den speziellen Fachangeboten einiger Gymnasien (wie Rechtskunde) gerecht zu werden, ergab sich unter den Absolventen doch ein gewisses Ungleichgewicht bei den gewählten Fächern. 1851 berichtete Minister Širinskij-Šichmatov, daß von 74 Gymnasien nur 48 in der Lage seien, Griechischunterricht anzubieten,[44] während der Mangel im Bereich der Naturwissenschaften, der Geographie und der Geschichte vom Ministerium als nicht so gravierend eingeschätzt wurde.[45] Trotz aller Verdienste, die Sergej Uvarov für sein Ministerium auf diesem Sektor reklamierte:[46] Die Lehrerausbildung hielt mit der Zahl der Schulgründungen im zweiten Viertel des 19. Jahrhunderts nicht Schritt.

---

[41] Ebenda, S. 16 f.
[42] Mendeleev ist zugleich ein Beipiel dafür, daß sich Dynastien von Lehrern und Gelehrten bildeten und daß man in erster Linie nicht für die Funktionselite im allgemeinen, sondern zunächst für seinen eigenen Berufsnachwuchs ausbildete: Mendeleev kam als Sohn des Gymnasialdirektors I. P. Mendeleev in Tobol'sk zur Welt, der seinen Sohn auf das Pädagogische Institut gab (Lačaeva, M. Ju./Pogodin S. A., Mendeleev, Dmitrij Ivanovič, in: Otečestvennaja istorija. T. 3. Moskva 2000, S. 544-546). Siehe hierzu neben dem Rang bzw. Titel auch die Auflistung der Berufe der Väter von Angestellten des Kazaner Distrikts aus den vierziger Jahren des 19. Jahrhunderts: Spisok činovnikov i prepodavatelej kazanskogo učebnogo okruga. Kazan' 1844; Spisok činovnikov i prepodavatelej kazanskogo učebnogo okruga. Kazan' 1848, sowie für Moskau im Jahre 1848: RGIA, f. 733, op. 95, d. 224, ll. 117-128.
[43] Davydov, ein enger Parteigänger Uvarovs, setzte sich sowohl für eine Aufrechterhaltung der Fächervielfalt wie für die Wiedereröffnung der zweiten Abteilung ein: Davydov, I. I., O naznačenii russkich universitetov i učastie ich v obščestvennom obrazovanii, in: Sovremennik 14 (1849), 3, S. 36-46, hier S. 41.
[44] Ikonnikov, Russkie universitety, VE 11 (1876), 10, S. 106.
[45] Sbornik postanovlenij, T. 2.2, S. 1103-1104.
[46] [Uvarov], Desjatiletie, S. 27-32.

Die Lehrer, die in dieser Zeit ihren Dienst aufnahmen, fanden insbesondere im Bereich der Gymnasien Einrichtungen vor, denen es eher an Schülern denn an materieller Ausstattung mangelte. Die Versorgung mit Lehrbüchern verbesserte sich in dieser Zeit quantitativ wie qualitativ, und die Bibliotheken der Schulen nahmen oft zusätzlich die Funktion einer öffentlichen Leihbibliothek für die Gouvernements- oder Kreisstadt wahr.[47] Ein Überblick über die räumliche Unterbringung der Gymnasien zeigt zudem, daß am Ende des Ministeriums Uvarov die meisten in Häusern untergebracht waren, die mit Hilfe von namhaften Spendern oder kollektiven Sammlungen der lokalen Gesellschaft erworben worden und in das Eigentum des Ministeriums übergegangen waren. Im Bereich der Kreisschulen war der Anteil der angemieteten Häuser und Schulräume erheblich größer.[48]

In den Berichten der Kuratoren und Visitatoren schlich sich im Vergleich zum ersten Viertel des 19. Jahrhunderts jetzt eine gewisse Routine ein, die Probleme eher verdeckte, als sie zu benennen.[49] So meldete der Kurator von Bradke 1835 aus Kiev, daß die Lage an den Gymnasien seines Bezirks ruhig sei und sich insbesondere der Russischunterricht gut anlasse; auch an der Universität von Kiev würde der Unterricht in russischer Sprache allgemein akzeptiert.[50] Dabei gärte der Unmut gegen das Russische als Lehrsprache an der Universität derart, daß geheime Studentenorganisationen 1837/38 Unruhen in *Sv. Vladimir* vom Zaun brachen, die zur zeitweiligen Aussetzung des Lehrbetriebs führten[51] und Nikolaus I. darüber nachdenken ließen, die Universität zu schließen. Uvarov gelang es jedoch, den Zaren von dieser Absicht abzubringen.[52] Auch zeigten die Kuratoren die Neigung, über Klagen von Einzelnen hinwegzugehen, bzw. weiterhin entgegen dem Statut von 1828 zu handeln, wenn es etwa darum ging, Leibeigenen den Besuch des Gymnasiums zu gestatten.[53] Mit diesem geglätteten Bild[54] korrespondiert der Eindruck, der selbst von regimekritischen Geistern in Memoiren über die Schul- und Studentenzeit im nikolaitischen Rußland vermittelt worden ist: Es sei eine Zeit der Ordnung gewesen, in der Figuren wie Schul- und Universitätsaufseher

---

[47] Überblick über die Ausstattung der Bibliotheken für die Jahre 1839 und 1849 im Vergleich: Materialy dlja istorii i statistiki naših gimnazij, S. 532-540.
[48] Ebenda, S. 509-522.
[49] Der Kurator von Odessa, Nikifor F. Pokrovskij, visitierte einige Jahre lang seinen Bezirk nicht, sondern blieb mit dem Hinweis in Odessa, er habe keine gesonderten Reisekosten bewilligt bekommen. Dennoch meldete er aus seinem *okrug* keine besonderen Vorkommnisse (RGIA, f. 733, op. 78, d. 214, l. 2-12).
[50] Ebenda, op. 69, d. 227, ll. 9-12.
[51] Sbornik razporjaženij, T. 2, S. 232-234.
[52] RGIA, f. 733, op. 69, d. 514, ll. 1-32; d. 515, ll. 1-15.
[53] Ebenda, op. 40, d. 226, ll. 1-13; d. 121, ll. 1-15; Sbornik razporjaženij, T. 1, S. 806-808; ebenda, T. 2, S. 363 f.; Ševčenko, Imperator Nikolaj, S. 108.
[54] Das Ministerium selbst beklagte den teilweise geringen Informationsgehalt der *otčety* der Kuratoren (Sbornik razporjaženij, T. 1, S. 942 f.).

4.2.2. Die Bildungseinrichtungen nach den Statuten von 1828 und 1835

bzw. -inspektoren zwar verspottet worden seien, zugleich aber innere Freiheit und Ruhe geherrscht habe.[55] Allerdings zeichneten die Verfasser dieser Erinnerungen das Bild zumeist bereits vor dem Hintergrund des revolutionären Terrors, der das Land während der Herrschaft Alexanders II. erschütterte.[56] Dieses Bild der äußeren Ruhe und der Funktionstüchtigkeit des Bildungssystems im Dienste des Staates wurde auch von Minister Uvarov selbst soweit wie möglich gepflegt.[57]

Ausmaß und Umfang dieses Systems wurden auch in der Epoche Nikolaus' I. von den finanziellen Mitteln diktiert, die zur Verfügung standen:

---

[55] Boboryvkin, P., Za polveka. Moskva 1929, S. 21; Ostrogorskij, V., Iz istorii moego učitel'stva. SPb. 1914, S. 17-20; Giers, N., The Education of a Russian Statesman. Berkeley 1962, S. 45-51. Die ersten beiden erinnerten sich an ihre Zeit im Gymnasium, während der spätere Außenminister Giers auf seine Zeit im Lyzeum von Carskoe Selo zurückblickte. Alexander Herzen sprach in seinen 1860 erschienenen Erinnerungen von einem „rein demokratischen Aufbau" der Universität Moskau (Herzen, A., Kindheit, Jugend und Verbannung. Zürich 1989 (= Manesse Bibliothek der Weltliteratur), S. 170). So auch: Neverov, Ja. M., Timofej Nikolaevič Granovskij, in: Fedosov, I. A. (Hrsg.), Russkoe obščestvo 30-ch godov XIX v. Ljudi i idej. Memuary sovremennikov. Moskva 1989, S. 335-357, insbesondere S. 350-357; Jachontov, A. N., Vospominanija carskosel'skogo licejstva 1832-1838, in: RS 19 (1888), 12, S. 101-124; Gontscharow, I. A., Erinnerungen, in: ders., Ein Monat Mai in Petersburg, Erzählungen und Erinnerungen, 1875-1891. Leipzig usw. 1988, S. 265-299, hier S. 275; siehe auch: Komarova, A. A., Odna iz mnogich. Iz zapisok nigilistki. SPb. 1881; Prževal'skij, N. M., Avtobiografičeskie zapiski, in: RS 19 (1888), 11, S. 528-543, hier S. 529-531. Der später so bedeutende Asienreisende Prževal'skij wurde, wie er selbst schrieb, wegen schlechter Zensuren und undisziplinierten Betragens aus dem Gymnasium ausgeschlossen, woraufhin er 1855 ins Militär eintrat.

[56] Ulam, A. B., Rußlands gescheiterte Revolutionen. Von den Dekabristen zu den Dissidenten. München 1985, S. 86-163.

[57] Siehe als signifikantes Beispiel: [Uvarov], Desjatiletie.

*Tabelle: Anteil der Ausgaben des Ministeriums für Volksaufklärung
an den Staatsausgaben*

	1835	1840	1845	1850	1855	1860
Gesamtausgaben* in Rubel	167.740.976	187.979.637	224.082.770	287.186.494	525.969.720	438.239.223
Ausgaben im regulären Haushalt	157.017.920	176.870.952	204.972.893	266.083.534	467.469.997	356.314.835
Ausgaben des Ministeriums für Volksaufklärung	2.060.033	2.544.304	2.780.585	2.809.928	2.833.335	3.495.064
% an den Gesamtausgaben	1,23%	1,35%	1,24%	0,98%	0,54%	0,80%

Quelle: Falborg/Čarnoluskij, Narodnoe obrazovanie, S. 33;
Roždestvenskij, Istoričeskij obzor, S. 733
*inklusive Nebenhaushalte und Schuldendienst.

Der Anteil, der für öffentliche Bildung ausgegeben wurde, war nach der Erhöhung der Ansätze durch die Statuten von 1828 und 1835 kontinuierlich abgesunken. Ausgewiesen wurden vor allem Mittel, die für die Akademie der Wissenschaften, die Gymnasien und die Universitäten sowie den Ministeriumsapparat verausgabt wurden. Seit dem Amtsantritt Uvarovs wurden allerdings auch immer mehr städtische Kirchspielschulen direkt aus dem Etat des Ministeriums finanziert, weil die Aussetzung der Gehaltszahlungen durch lokale Träger immer wieder zu Unterbrechungen im Unterrichtsbetrieb geführt hatte und der Minister befürchtete, bei Schließung der jeweiligen Kirchspielschule den Nachwuchs für die Kreisschule zu verlieren. Dies war 1839 auch das Argument des Moskauer Kurators, S. G. Stroganov, um sämtliche Kreis- und Kirchspielschulen der Stadt aus dem zentralen Haushalt alimentieren zu lassen. Die Stadt, so Stroganov, lebe in erster Linie von den Kleinkaufleuten und Handwerkern, deren Kinder schon in den Kreisschulen das Rüstzeug für ihre künftige Profession erhalten sollten.[58] Stroganov war aufgrund seiner Erfahrung vor Ort derjenige unter den führenden Mitarbeitern des Ministeriums, der Kaufleute und Unternehmer gleichwertig mit den Beamten als zur Funktionselite des Staates gehörig betrachtete. Was in der Zeit Katharinas noch selbstverständlich als Teil dieser Gruppe angesehen worden war, geriet

---

[58] Sbornik razporjaženij, T. 2, S. 509-517; Roždestvenskij, Istoričeskij obzor, S. 284.

4.2.2. Die Bildungseinrichtungen nach den Statuten von 1828 und 1835

beim Rekrutieren einer Funktionselite für die Bürokratie des Reiches im Ministerium für Volksaufklärung aus dem Blick. Die Ausbildung dieses Teils der Funktionselite erfolgte partiell in Einrichtungen anderer staatlicher Behörden. Nimmt man die Bildungseinrichtungen des Kriegs- und des Marineministeriums, des Finanz- und des Innenministeriums hinzu, gar die philanthropischen Einrichtungen der kaiserlichen Familie mit Bildungsfunktion,[59] die in den jeweiligen Etats unter gesondert ausgewiesenen Posten geführt wurden, sowie die Finanzierung der Schulen auf Gouvernementsebene durch den *prikaz obščestvennogo prizrenija* und der Adelspensionen durch die etatisierten Zuwendungen der jeweiligen Adelsversammlungen, selbst dann ergibt sich ein Anteil der Bildung am Gesamthaushalt, der nur in absoluten Zahlen, nicht aber prozentual gewachsen war. Dies lag nicht vorrangig an der Haushaltssanierung, die der Finanzminister E. F. Kankrin durch die sukzessive Abschaffung des Assignatenrubels zwischen 1839 und 1845 vornahm. Denn auch in diesen Jahren betrugen die Ausgaben des Ministeriums für Volksaufklärung im Jahr, gerechnet auf 100 Einwohner, näherungsweise vier bis fünf Rubel, während das Hofministerium immerhin 14 bis 15 Rubel pro Jahr, das Kriegsministerium aber 123 Rubel pro Jahr verausgabte. Selbst wenn die versteckten Ausgaben hinzugerechnet werden: Das Bildungssystem sollte möglichst wenig kosten.[60]

Als zu Beginn der Herrschaft Alexanders II. der Reformbedarf auch im Bereich des Bildungswesens öffentlich diskutiert werden konnte, wurde, bei allem Respekt vor dem wissenschaftlichen Anspruch an die gymnasiale und universitäre Ausbildung durch das Ministerium Uvarov, deutliche Kritik an dem zu geringen Ressourceneinsatz und an der versuchten Kanalisierung des Zugangs zur Bildung geübt: Beides hätte dazu geführt, daß im zweiten Viertel des 19. Jahrhunderts sowohl die Zahl der Gymnasiasten als auch diejenige der Studenten im europäischen Vergleich überaus niedrig gewesen sei, wobei die Frage der Bildung nun zu einer Sache des nationalen Prestiges erklärt wurde, das sich an Absolventenzahlen und im Bildungsgrad einer Gesellschaft zeige.[61]

---

[59] Die Ausgaben für diesen Bereich kamen 1834 bereits den Ausgaben des Ministeriums für Volksbildung gleich (Krusenstern, Abriß, S. 161-220, 237-297). Erst im Zuge der „Großen Reformen" wurden die öffentlichen Haushalte durch halbamtliche Publikationen transparenter. Die Zahlen für 1864 zeigten, daß die Tätigkeit anderer Ressorts im Bereich der Bildung derart gestiegen waren, daß die Ausgaben des Ministeriums für Volksaufklärung trotz absolut stark gestiegener Zahlen (6,24 Millionen Rubel) im Vergleich zu den Ausgaben der anderen Behörden insgesamt nur noch die Hälfte betrugen. Die übrigen Institutionen gaben 12,64 Millionen Rubel aus, davon allein das Kriegsministerium 5,2 Millionen und das Hofministerium für die Lehr- und Fürsorgeanstalten der Kaiserin Marija Feodorovna (welche diesen Namen beibehalten hatten) 3,05 Millionen Rubel; vgl. Woldemar, C. (Hrsg.), Beiträge zur Geschichte und Statistik der Gelehrten- und Schulanstalten des kaiserlich-russischen Ministeriums für Volksaufklärung. Bd. 1-3. SPb. 1865-66, hier Bd. 1, S. 2 f.
[60] Fedosov/Dolgich, Rossijskij absoljutizm i bjurokratija, S. 40.
[61] Diese Kritik konnte 1864 durchaus, freilich anonym, in der ministeriumseigenen Zeitschrift artikuliert werden: Po povodu novogo ustava gimnazij i progimnazij, in: ŽMNP 124 (1864), otd. 4, S. 1-99, inbesondere S. 5 f., 12-17; siehe auch: Ikonnikov, Russkie universitety, VE 11 (1876), 10, S. 108,

Tabelle: Entwicklung der Studentenzahlen 1836-1854

	Sankt Petersburg	Moskau	Char'kov	Kazan'	Kiev	Dorpat	Gesamt
1836	299	441	332	191	203	536	2002
1847	733	1198	523	368	608	568	3998
1848	731	1168	525	325	663	604	4016
1849	503	902	415	303	579	544	3246
1850	387	821	394	309	553	554	3018
1852	358	861	413	321	522	607	3082
1854	379	1061	457	366	675	613	3551

Quelle: Ikonnikov, Russkie universitety, VE 11 (1876), 10, S. 102.

Die Aushebung der „Kyrill-und-Method-Bruderschaft"[62] im Jahre 1847 in Kiev und die revolutionären Unruhen in Mitteleuropa der Jahre 1848/49, deren Widerhall der Zar in dem 1849 aufgedeckten Kreis um Michail V. Butaševič-Petraševskij, dem auch Fedor M. Dostoevskij angehörte, zu finden glaubte,[63] waren die Ursachen für die Reduktion der Studentenzahlen von 1848 bis 1850 um ein Viertel; insbesondere die Universitäten in Moskau und Kiev waren davon betroffen, und die einmal mehr drohende Schließung der Universität *Sv. Vladimir* trug das Ihre zum Rücktritt Uvarovs bei, der die Gründung dieser Einrichtung als sein Werk ansah. Mit seinem Amtsantritt war eine Schulgründungswelle verbunden gewesen, die die Einrichtung weiterer Gymnasien in Sankt Petersburg, Moskau, Char'kov und Kazan' umfaßte (was auch eine Verstetigung des wenngleich langsamen Urbanisierungsprozesses anzeigte), vor allem aber auch die Etablierung weiterer Kreisschulen, so daß das Schulnetz auch in entlegenen Gouvernements dichter geknüpft werden konnte. Binnen Jahresfrist waren 1833 und 1834 84 Gymnasien und Kreisschulen gegründet worden, die Schülerzahl in staatlichen Schulen von 69.552 auf 75.448 Schüler gestiegen.[64]

---

110 f.
[62] Diese Vereinigung unter Beteiligung des ukrainischen Bauerndichters Taras Ševčenko und des Historikers Nikolaj Kostomarov diskutierte in der Tat über die Eigenarten einer ukrainischen Nation, die mittelfristig von Sankt Petersburg staatlich unabhängig werden sollte; vgl. Saunders, The Ukrainian Impact, S. 247-251.
[63] Zum Hintergrund: Frank, J. L., Dostoevsky: The Seeds of Revolt, 1821-1849. Princeton 1976.
[64] ŽMNP 6 (1835), otd. Vedomosti, S. 244 f.

4.2.2. Die Bildungseinrichtungen nach den Statuten von 1828 und 1835

Tabelle: Studenten und Schüler in staatlichen Universitäten und Schulen im Jahre 1848

Lehr-bezirk/ Direktion	Universität	Lyzeum	Gymnasium	Kreis-schule	Kirch-spiel-schule	Private Pensionen	Studenten	Gymnasiasten	Gesamt-zahl der Schüler
SPb.	1	-	10	51	95	195	731	2.040	16.302
Moskau	1	1	12	84	210	60	1.168	3.134	20.418
Char'-kov	1	-	7	67	116	27	525	1.808	11.037
Kazan'	1	-	12	77	180	6	325	2.438	13.459
Kiev	1	1	11	41	105	19	663	3.882	10.356
Dorpat	1	-	4	25	87	174	604	734	10.254
Weißrußland	-	-	11	35	147	59	-	3.996	12.684
Odessa	-	1	7	29	59	46	-	1.832	9.296
Kaukasus	-	-	2	20	8	9	-	580	3.758
Sibirien	-	-	3	21	43	6	-	332	3.720
Gesamt	6	3	79	450	1.050	601	4.016	20.776	111.284

Quelle: ŽMNP 62 (1848), otd. Vedomosti, S. 4-30; RGIA, f. 733, op. 95, d. 334, l. 2-22; ebenda, d. 224, ll. 1-116ob; ebenda, d. 137, ll. 2-23.

Diese Zahlen zeigen, daß der Anteil von Gymnasialschülern in den Westgubernien relativ hoch war. Ein West-Ost-Gefälle war - sieht man einmal von Sankt Petersburg und Moskau ab - nach wie vor zu erkennen, das noch deutlicher zu Tage tritt, wenn man die Schulen und Schülerzahlen für das Königreich Polen im Jahre 1848 mit einbezieht. Obwohl sich das Ministerium für Volksaufklärung schon während des Jahres 1848 vorsorglich bemüht hatte, scheinbar politisch unzuverlässige Gymnasialschüler der Schulen zu verweisen, besuchten 1848 2.529 Schüler (1847: 3.331) die zehn Gymnasien des Lehrbezirks Warschau, insgesamt waren es in allen Schulen unter Aufsicht des Ministeriums 78.742.

Die politischen Entwicklungen, die Universitäten und Gymnasien in Mitleidenschaft gezogen hatten, zogen über die staatlichen Kreis- und Kirchspielschulen naturgemäß hinweg. An den Gymnasien der Westgubernien sowie in Sankt Petersburg und Moskau gab es hingegen mehrere hundert Relegationen; zudem wirkten sich die erhöhten

Schulgebühren negativ auf den Besuch der Gymnasien aus. 1854 besuchten 3.551 Studenten die Universitäten des Zarenreiches, 17.827 Schüler die Gymnasien. Die Gesamtschülerzahl in staatlichen Schulen aber hatte sich deutlich erhöht; sie war um mehr als 10.000 Schüler auf über 122.000 angewachsen.[65]

Das Ministerium für Volksaufklärung sah sich für diejenigen Bildungsinstitutionen zuständig, die für die Schulung einer allgemein einsetzbaren Funktionselite im Bereich der Verwaltung und der Administration des Reiches entscheidend waren. Wenn jedoch speziellere Kenntnisse gefragt waren, unterhielten das Innen-, das Justiz- und das Außenministerium eigene kleine Schulen, Kaderschmieden, die auf dem gymnasialen Abschluß basierten und in denen vertiefte Rechtskenntnisse, differenzierte Sprachkompetenz und ähnliches mehr vermittelt wurden. Auch bei der Ausbildung der volkswirtschaftlichen Elite war das Ministerium für Volksaufklärung ins Hintertreffen geraten. Die Realklassen und die neu errichteten Lehrstühle für Agronomie und Forstwirtschaft an den Universitäten waren Ausdruck für ein Konkurrenzverhältnis, das zu einer weiteren Auffächerung des Bildungswesens führte. Das Innenministerium und das 1837 eingerichtete Domänenministerium unter P. D. Kiselev gründeten nicht ohne Erfolg Bildungsinstitutionen, die staatlicherseits die Tendenzen der Protoindustrialisierung aufgriffen und durch Bildungsangebote zu stärken suchten,[66] für die sich der Minister für Volksaufklärung (zunächst) nicht zuständig glaubte. Desgleichen genügte es Uvarov und seinen Beratern, wenn sie hinsichtlich der militärischen Elite einen Einfluß behielten, der gewährleistete, daß die regionalen Kadettenkorps sich an den gymnasialen Standards unter Wegfall von Latein und Griechisch orientierten: Die Absolventen sollten die Möglichkeit des Wechsels von der militärischen in die zivile Karrierelaufbahn behalten, der freilich im Vergleich zum ausgehenden 18. Jahrhundert an Häufigkeit abnahm.

Es kennzeichnete den Verlauf des pädagogischen Diskurses und entsprechend die Entwicklung des staatlichen Schulsystems, daß die Volksbildung im Gegensatz zum ausgehenden 18. Jahrhundert als Thema einen geringeren Stellenwert einnahm. Gerade die Kirchspielschulen des Ministeriums für Volksaufklärung sollten die Rolle von Vorbereitungsschulen für die nächsthöheren Schulstufen spielen. Um die Volksbildung im eigentlichen Sinne kümmerten sich zunehmend andere Zweige der staatlichen Organe, ohne einen eigentlich pädagogischen Impetus zu besitzen. Zunächst ist hier das Kriegsministerium zu nennen, das zahlreiche Regiments- und Garnisonsschulen unterhielt,[67] in denen die Lancastermethode noch bis weit in die dreißiger Jahre des 19.

---

[65] Ebenda 86 (1855), otd. Vedomosti, S. 2-29.
[66] Blackwell, The Beginnings, S. 345.
[67] RGIA, f. 736, op. 1, d. 37, ll. 1-8; d. 38, ll. 1-4; d. 40, ll. 1-4; d. 41, ll. 1-3; d. 42, ll-1-2.

4.2.2. Die Bildungseinrichtungen nach den Statuten von 1828 und 1835

Jahrhunderts praktiziert wurde, sodann das kirchliche Elementarschulwesen[68] sowie die ausbildenden Fürsorgeeinrichtungen der kaiserlichen Familie.[69] Schließlich ist auch die Separierung der jüdischen Untertanen des Zaren in einem eigenen Bildungssystem anzuführen, das zwar dem Ministerium für Volksaufklärung unterstellt wurde, das aber zu einer Exklusion der Juden aus der Untertanenschaft führen sollte.[70] Im Unterschied zu anderen Ethnien des Zarenreiches hielt man sie, insbesondere Nikolaus persönlich, für nicht „russifizierbar".

Das erfolg- und folgenreichste Experiment im Bereich der Elementar- und Volksbildung wagte P. D. Kiselev bei den Staatsbauern, deren Sozialverfassung er in Vorbereitung auf eine mittelfristige Aufhebung der Leibeigenschaft zu reformieren suchte. Um für die Verwaltungseinheit der *volosti* Schreiber auszubilden und zugleich um moderne Agrartechniken zu popularisieren, ließ er im Verantwortungsbereich dieser *volosti* Schulen errichten, die um 1850 von etwa 100.000 Bauern (nicht nur Heranwachsenden, sondern auch Erwachsenen) besucht wurden.[71] Bot das geistliche Elementarschulwesen neben Lesen allenfalls noch die Vermittlung von Schreiben und Bibelkenntnissen, offerierte das Schulwesen der Staatsbauern Lese-, Schreib- und Rechenunterricht. Das Domänen- und das Innenministerium waren es auch, die die Frage des Alphabetisierungsgrades als Problem der ökonomischen Entwicklung generell anschnitten und erstmals zu untersuchen trachteten.

---

[68] Ebenda, d. 72, l. 2ob; Krusenstern, Abriß, S. 221-226; Fal'bork/Čarnoluskij, Narodnoe obrazovanie, S. 28-30, 166-168.

[69] Zur Bildungslandschaft in Sankt Petersburg vgl. die detaillierte Auflistung in dem 1839/40 entstandenen Werk von: Puškarev, Nikolaevskij Peterburg, S. 309-502.

[70] Mit dem Gesetz von 1842 wurde das jüdische Bildungswesen zwar der Kontrolle des Ministeriums für Volksaufklärung unterstellt, da die unterschiedlichen jüdischen Schulen nicht mehr als geistliche Schulanstalten betrachtet wurden, sie blieben jedoch an lokalen Gegebenheiten orientiert und wurden erst langsam vereinheitlicht; siehe: Sbornik postanovlenij, T.2.2, S. 353-357; sowie: Woldemar, Zur Geschichte und Statistik, S. 205-224; Whittaker, The Origins, S. 202-207; Stanislawski, M., Tsar Nicholas and the Jews. The Transformation of Jewish Society in Russia, 1825-1855. Philadelphia 1983, S. 44-46, 62-69, 82-85; Dohrn, V., Die erste Bildungsreform für Juden im Russischen Reich. Ihre Bedeutung für die Juden in Liv- und Kurland, in: Ashkenas (1998), 2, S. 325-352. Eine erste jüdische Schule in Odessa war schon 1826 dem Ministerium für Volksaufklärung unterstellt worden: RGIA, f. 737, op. 1, d. 19, ll. 1-7ob.

[71] Voronov, Istoriko-statističeskoe obozrenie, T. 2, S. 227-238; Roždestvenskij, S. V., M. M. Speranski, komitet 1837 goda o stepeni obučenija krepostnych ljudej, in: Feodoroviču Platonovu učeniki, druzja, počitatelei. SPb. 1911, S. 254-279; Lincoln, W. B., In the Vanguard of Reform: Russia's Enlightened Bureaucrats, 1825-1861. De Kalb, Ill. 1982, S. 127 f. Uvarov war sehr verärgert darüber, daß es dem Minister für die Staatsdomänen, P. D. Kiselev, gelungen war, ein eigenes Elementarschulwesen zu errichten: Družinin, N. M., Gosudarstvennye krestjane i reforma P. D. Kiseleva. T. 2: Realizacija i posledstvija reform. Moskva 1958, S. 248-258. Solche Schulen waren 1828 versuchsweise auf zwei kaiserlichen Gütern eingerichtet worden (RGIA, f. 515, op. 1, d. 36, ll. 134-139ob). Siehe auch: Galkin, A. G./Bobkalo, A. A., Opyt obučenija „poseljanskich detej" Oloneckoj gubernii v nikolaevskoe vremja, in: Chartanovič, M. F., (Hrsg. u. a.), Rossija v Nikolaevskoe vremja: Nauka, politika, prosveščenie. SPb. 1998 (= Filosofskij vek. Al'manach, 6), S. 143-159.

Tabelle: Grad der Alphabetisierung im Gouvernement Saratov 1845/46

Bevölkerungs-gruppe	Männliche Seelen	Schreib- und Lesefähige	Lesefähige	Gesamt	Verhältnis
Kaufleute	6.743	2.419	422	2.841	1:2,37
Meščane	39.372	8.262	3.035	11.297	1:3,48
Staatsbauern	324.442	4.502	4.423	8.925	1:36, 35
udel'nye krestjane	34.083	1.211	703	1.914	1:17,8
Gutsbauern	330.148	2.494	1.560	4.054	1:81,44
Adel	1.086	251	123	374	1:2,9
Gesamt	735.874	19.139	10.266	29.405	1:25,03

Quelle: Sostojanie gramotnosti meždu kupečestvom i žiteljam
podatnogo sostojanija v Saratovskoj gubernii,
in: Žurnal Ministerstva Vnutrennych del (1846), Č. 14, S. 525-528.

Die Untersuchungen zur Alphabetisierung wurden fortgesetzt und sollten in den Schulreformen zur Zeit Alexanders II. eine Rolle spielen.[72] Diese Initiativen zur Volksbildung leisteten während der Herrschaft Nikolaus' I. allerdings keinen Beitrag zur Stärkung der ökonomischen oder administrativen Funktionselite, weil sowohl das geistliche wie das militärische und auch das staatsbäuerliche Elementarschulwesen nach oben hin undurchlässig war.

Die Konfrontation von Visitatorenberichten mit denjenigen der Schuldirektoren, die beim Ministerium für Volksaufklärung einliefen, zeigen, daß die angeführten Zahlen, wie jede Statistik des 19. Jahrhunderts, nur Näherungswerte bieten können. Entsprechendes gilt auch für die Zahlen des Domänenministeriums, das bei seinen Schulgründungen Erfolge vorweisen wollte. Versucht man dennoch, eine Gesamtzahl von Schülern und Studenten zu berechnen, die sich in staatlich kontrollierten Institutionen des Zarenreiches befanden, so waren es 1834 näherungsweise 245.000 Personen, 1856 etwa 432.000 Personen, und das bei einer Bevölkerungszahl von 59 Millionen Menschen im Jahre 1857[73] - sicher zu wenig, um die am Ende des Krimkrieges selbst

---

[72] Robuš, S., Želajut' li donskie kazaki gramotnosti?, in: ŽMNP 119 (1863), S.116-131; Zolotov, V., Izsledovanie krest'janskoj gramotnosti po derevnjam, preimuščestvenno Tverskoj gubernii i častiju Moskovskoj, in: Ebenda, S. 400-442; Vessel, N. [Ch.], O narodnom učilišče. K raz-jasneniju voprosa ob ustrojstve voznikajuščich u nas central'nych sel'skich narodnych učilišč, in: Ebenda 139 (1868), S. 908-1019.
[73] Darlington, T., Education in Russia. London 1909 (= Special Reports on Educational Subjects, 23), S. 86, 103; Rašin, A. G., Gramotnost' i narodnoe obrazovanie v Rossii v XIX i načale XX veka, in: IZ

4.2.2. Die Bildungseinrichtungen nach den Statuten von 1828 und 1835

empfundene Rückständigkeit mit Hilfe einer ökonomischen und infrastrukturellen Modernisierung kurzfristig voranzutreiben.

Genügten jedoch die Ausbildungskapazitäten der Institutionen des Ministeriums für Volksaufklärung zur Bereitstellung einer administrativen Funktionselite? Die einzelnen Fachministerien und Behörden begannen ihren Bedarf erst mit der einsetzenden Reformdiskussion nach dem Tode Nikolaus' zu systematisieren; Klagen über zu wenig qualifizierten Nachwuchs waren allerdings immer wieder laut geworden und hatten nicht unwesentlich zur skizzierten weiteren Diversifizierung der Bildungslandschaft geführt, die die postulierte Uniformität aushöhlte. Dasjenige Ministerium, das sich vordringlich um den Bedarf an Lehrerpersonal zu kümmern hatte, sah sich nun einem Erfolgsdruck ausgesetzt, der zur Reaktion zwang. Das äußerte sich vor allem in einer Auflistung der Errungenschaften im allgemeinen, vor allem aber unter Hinweis auf die herausragenden Persönlichkeiten - Militärs, Kulturschaffende, Minister und hohe Staatsbeamte -, die staatliche Gymnasien besucht hatten.[74] Die Universität Dorpat legte als Ausweis ihrer Loyalität gegenüber dem Staat eine Publikation vor, mit der nachgewiesen werden sollte, in welch hohem Maße die deutschbaltische Elite nicht nur die Administration der baltischen Provinzen, sondern auch die hauptstädtische Verwaltung mit hochqualifiziertem Nachwuchs versorgt habe.[75] Zu geringe Absolventenzahlen in den übrigen Lehrbezirken blieben ein Problem, das in der Wahrnehmung der Staatsspitze dadurch verstärkt wurde, daß noch immer zu viele in der Provinz ausgebildete Personen in die Hauptstädte strebten. Dies läßt sich ex negativo auch aus der häufig wiederholten und ausgeweiteten Verpflichtung der Stipendiaten zum Dienst am Ausbildungsort herauslesen, die adlige wie nichtadlige Stipendiaten an Gymnasien und Universitäten gleichermaßen betraf.[76]

Eines hatte sich seit dem Ende des 18. Jahrhunderts gewandelt: Für die Zugehörigkeit zur Funktionselite genügte nicht mehr, wie in der ausgehenden Katharinazeit, das Lesen der *graždanka*, um damit in der Verwaltung reüssieren zu können. Nun wurde zumindest das Absolvieren des Gymnasiums erforderlich, das die unmittelbare Möglichkeit bot, Rangbeamter zu werden. Diese Veränderung zeigte sich bis in die höchsten Gremien des Staates. Petr Zajončkovskij hat für das Jahr 1850 die Mitglieder des Reichsrates, des Senats und des Ministerkomitees hinsichtlich ihrer Besitzverhältnisse, aber auch ihres Bildungsganges untersucht. Hier zeigt sich ein erkennbarer Wandel.

---

37 (1951), S. 28-80, hier S. 56, 65-67; Fal'bork/Čarnoluskij, Narodnoe obrazovanie, S. 33. Zu berücksichtigen ist hier auch das extreme Gefälle nicht nur zwischen Moskau, Sankt Petersburg und der Provinz, sondern auch zwischen Gouvernements innerhalb eines Lehrbezirks (für den *okrug* Moskau siehe für das Jahr 1840: RGIA, f. 733, op. 95, d. 206, l. 25-28).

[74] Materialy dlja istorii i statistiki našich gimnazij, S. 566-571.

[75] Statističeskie materialy dlja opredelenija obščestvennogo položenija lic, polučivšich obrazovanie v Imperatorskom Derptskom Universitete s 1802-1852 goda. SPb. 1862.

[76] Torke, Beamtentum, S. 43 f.; Sbornik razporjaženij, T. 2, S. 496-498.

Von den über sechzigjährigen Mitgliedern, dies war die Mehrheit, hatten etwa ein Fünftel eine Ausbildung an öffentlich-säkularen Bildungseinrichtungen erhalten. Von den anderen hatten dagegen über 70% ein Gymnasium oder eine Universität besucht. Aber auch auf den nächsten Ebenen war die verbesserte Bildung, die langfristig zur Professionalisierung der Bürokratie in der zweiten Hälfte des 19. Jahrhunderts führen sollte, eindeutig erkennbar. Unter den freilich immer besonders gut ausgebildeten höheren Beamten des Justizministeriums hatten 15 von 17 Abteilungsleitern einen Universitätsabschluß. Zwischen 1847 und 1856 stieg in den Sankt Petersburger Zentralbehörden der Anteil derjenigen, die aufgrund von Bildungsabschlüssen den Einstieg auf einer höheren Stufe der Rangtabelle fanden, in dem Maße an, in dem sich der Personalstand der Ministerien ausweitete - um etwa 30%.[77]

Dahinter stand sicher keine Begeisterung für Bildung an sich.[78] Walter Pintner hat anhand der materiellen Verhältnisse innerhalb der nikolaitischen Bürokratie feststellen können, daß die Zahl derjenigen, die Leibeigene besaßen bzw. von dem, was diese Leibeigenen erwirtschafteten, leben konnten, rapide sank, was natürlich eine veränderte Haltung dieser Gruppierung zur Leibeigenschaft generell bedingte.[79] Die Behauptung der gesellschaftlichen Position erfolgte durch Bildung, die, wollte sie für den zivilen Bereich anerkannt werden, durch das Bildungssystem vermittelt sein mußte, das unter Aufsicht des Ministeriums für Volksaufklärung stand, oder, im Falle der Korps und der zahlreichen Fachschulen, von den Qualifikationen her in Analogie zu den Abschlüssen der Einrichtungen des Ministeriums für Volksaufklärung organisiert wurde. Das bedeutete nicht, daß die Karrierevoraussetzungen in Behörden und Ministerien nicht auch weiterhin von Patronage und Protektion abhängig gewesen wären. Diese funktionierten in zunehmenden Maße aber nur, wenn der Protegé auch einen entsprechenden Bildungsabschluß mitbrachte, um den Dienstposten ausfüllen zu können. Die Erkenntnis, daß es notwendig sei, die Bildungsvoraussetzungen zu verbessern und die Bildungsintensität zu erhöhen, um die staatliche Verwaltung zu effektivieren, besaß auch der Zar; entgegen seiner eigenen Einsicht und dem Rat seiner Minister war Nikolaus jedoch bestrebt, den Zugang zur Bildung zu begrenzen,[80] und setzte dieses Vorhaben nach der Revolution von 1848 auch um, wie der Einbruch der Studentenzahlen zeigte.

---

[77] Zajončkovskij, Pravitel'stvennyj apparat, S. 106-178; ders., Vyssaja bjurokratija nakanune Krimskoj vojny, in: IstSSR (1974), 4, S. 154-164; siehe auch: Lincoln, W. B., The Ministers of Nicholas I: A brief Inquiry into Their Backgrounds and Service Career, in: RR 24 (1975), S. 312-330.

[78] Siehe für die Haltung des Provinzadels, der erkennen mußte, daß das Leben alten Stils vorbei sei und Bildung not täte, überaus anschaulich den „Traum Oblomows": Gontscharow, I. A., Oblomow. München 1981, S. 200-206.

[79] Pintner, The Social Characteristics, S. 429-433; ders., The Russian Civil Service, S. 55-68; Pisar'kova, Ot Petra I do Nikolaja I, S. 35-43. Ähnliche Schlüsse im Hinblick auf die Provinz zieht: Starr, S. F., Decentralization and Self Government in Russia, 1830-1870. Princeton 1972, S. 122-138.

[80] Siehe hierzu noch immer unübertroffen: Torke, Beamtentum, S. 70-81, sowie: Schiemann, Geschichte Rußlands, Bd. 2, S. 103.

4.2.2. Die Bildungseinrichtungen nach den Statuten von 1828 und 1835

Nur noch der unmittelbare Nachfolger Uvarovs, Širinskij-Šichmatov, war 1853 der Meinung, daß ein Reich wie Rußland trotz einer expandierenden Bürokratie[81] mit einem begrenzten Fachwissen seiner Beamten regiert werden könne, wenn nur die Loyalität zum Herrscher nicht fehle. Schon sein Nachfolger Avram Norov[82] legte ein Jahr später in einer Denkschrift dar, daß das Zarenreich viel zu wenige Schüler und Studenten in seinen Bildungseinrichtungen habe und daß ein hohes Maß an allgemeinem, aber auch spezialisiertem Wissen notwendig sei, um das Reich effektiv verwalten zu können. Dieses Wissen könne nur in offenen Bildungsanstalten vermittelt werden.[83] A. V. Nikitenko schrieb noch 1861 in sein Tagebuch: „In Rußland nicht dienen - das heißt nicht geboren zu sein, den Dienst verlassen - das heißt zu sterben."[84] Daß er selbst nicht „sterben" mußte, verdankte er seiner Bildung. Von 7.200 Personen, die zwischen 1836 und 1843 den achten Rang der Rangtabelle einnahmen und damit adlig wurden, gehörten 4.700 zuvor einem nichtadligen Stand an.[85] Bei allen Bemühungen, den Geburtsadel nicht ins Hintertreffen geraten zu lassen, hatte die Veränderung hin zu einem Beamtenadel,[86] der letztlich die späte Realisierung des petrinischen Dienstgedankens bedeutete, als Signum die Bildung, die die Funktionselite als einziges gemeinsames Merkmal charakterisierte. Immer noch stand für die in der Administration zu besetzenden Posten zu wenig qualifiziertes Personal zur Verfügung. Dies lag, wie das Ministerium für Volksaufklärung um die Jahrhundertmitte mit Sorge beobachtete, jedoch nur zum Teil daran, daß zuwenig Gymnasiasten und Studenten ausgebildet wurden. Hinzu kam nämlich, daß die Zahl derjenigen, die nicht in den Dienst eintraten - und sich im Gegensatz zu Nikitenko damit ein Leben außerhalb des Dienstes durchaus vorstellen konnten - wuchs. In der Zeit von 1848 bis 1850 nahmen von 330 Personen, die einen Universitätsabschluß unterschiedlichen Niveaus an der Universität von Sankt Petersburg gemacht

---

[81] In Rußland wuchs die Verwaltungsdichte nach Berechnungen von S. Frederick Starr von 1:2.250 Beamten pro Kopf der Bevölkerung im Jahre 1796 auf 1:929 im Jahre 1851. Trotz der Steigerung der Zahlen gerade auch in Relation zum Bevölkerungswachstum blieb die Verwaltungsdichte im Vergleich zu der Englands (1:244 im Jahre 1851) und Frankreichs (1:208 im Jahre 1845) gering; siehe: Starr, Decentralization, S. 48.

[82] Zu Norov als Minister siehe: Weisensel, P. R., Avram Sergeevich Norov: Nineteenth Century Russian Bureaucrat and Educator. Ph.D. Diss. Univ. of Minnesota 1973, S. 184-258.

[83] RGIA, f. 1149, op. 4 1856 god, d. 32, l. 46-49; RNB RO, f. 531, op. 1, d. 52, ll. 6-8. Zu dieser Diskussion nach dem Rücktritt Uvarovs generell: Roždestvenskij, S. V., Poslednjaja stranica iz istorii politiki narodnogo prosveščenija imperatora Nikolaja I. Komitet Grafa Bludova, in: Russkij istoričeskij žurnal 1 (1917), 3-4, S. 37-59; Ševčenko, M. M., Pravitel'stvo i narodnoe obrazovanie i gosudarstvennaja služba nakanune velikych reform (1849-1856), in: Rossija i reformy 2 (1993), S. 14-33.

[84] Nikitenko, Dnevnik, T. 2, S. 9.

[85] Saunders, Russia in the Age of Reaction and Reform, S. 128; Egorov, Studenčestvo Sankt Peterburgskogo universiteta, S. 6 f.

[86] Hier im Gegensatz zu: Raeff, M., The Russian Autocracy and its Officials, in: Fisher, G. (Hrsg. u. a.), Russian Thoughts and Politics. Cambridge Mass., 1957 (= Harvard Slavic Studies, 4), S. 77-91; Torke, Beamtentum, S. 119, 124.

hatten, nur 96 eine Tätigkeit im Staatsdienst auf. Die übrigen wollten Journalisten oder Rechtsanwälte werden oder sonstige freie Berufe ergreifen.[87] Die Abwendung der *intelligencija* vom Staat und vom Dienst für den Staat wurde damit auch in Zahlen greifbar.[88]

---

[87] Roždestvenskij, Istoričeskij obzor, S. 263: Dies galt nicht nur für *raznočincy*, die damit bewußt eine Bescheidenheit ihrer materiellen Verhältnisse in Kauf nahmen, sondern auch für wohlhabende adlige Söhne: Hughes, M., „Independent Gentlemen". The Social Position of the Moscow Slavophiles and its Impact on their Political Thought, in: SEER 71 (1993), S. 66-88.
[88] Billington, J. H., The Intelligentsia and the Religion of Humanity, in: AHR 65 (1960), S. 807-821.

5. ZUSAMMENFASSUNG

Im Jahre 1782, am Beginn der Arbeiten zum Schulstatut von 1786, äußerte Katharina II. gegenüber ihrem Sekretär Chrapovickij, es werde nach Einführung der Schulen sechzig Jahre dauern, bis Ignoranz und Unwissenheit verschwunden seien.[1] Die Arbeit an diesem Schulstatut war tief verankert im Diskurs über Erziehung, Bildung und Ausbildung, der sich auf einem überaus hohen und breiten Reflexionsniveau um die Mitte des 18. Jahrhunderts innerhalb der kleinen Schicht von Gelehrten und hochgebildeten Höflingen entwickelt hatte und eine Vielfalt von Meinungen und Konzepten über Notwendigkeit und Zielrichtung von Bildung hervorbrachte. In der Zeit Peters des Großen brauchte der Herrscher den Bildungsnutzen nur utilitaristisch zu begründen, um der Furcht der Amtskirche vor Säkularisation und Häresie zu begegnen. Um die Mitte des 18. Jahrhunderts orientierten sich Ivan Šuvalov, Michail Lomonosov und andere in ihren Bildungskonzeptionen an westeuropäischen pädagogischen Vorstellungen, denen sie Bildungsideale entlehnten, die zwar nicht dem gesamten Volk zugute kommen sollten, aber doch einer Gruppe von Personen, die über den Adel als rechtlich privilegierter Schicht deutlich hinausführte. Diese Ideale trugen den Bildungsoptimismus und Reformenthusiasmus der Aufklärung in sich, die der Konfrontation mit den Realitäten nicht immer standhielten.

Katharina versuchte diesen Gegensatz mit dem Schulstatut von 1786 zu überwinden, weshalb sie sich von einer allzu optimistischen, in Rußland vor allem durch Ivan Beckoj vertretenen Richtung abwandte, die der Auffassung gewesen war, man könne gleichsam aus dem Stand eine Generation von neuen, „idealen Menschen" schaffen. Die Zarin ging von einem Transformationsprozeß aus, der Generationen dauern würde. An ihrer Grundüberzeugung, daß wohlausgebildete Untertanen einen „Mittelstand" generieren könnten, der nicht nur Wirtschaft und Verwaltung nutzen würde, sondern auch aus eigenem Antrieb ein neues Denken hervorbringen könne, hielt sie jedoch fest, solange sie den Bestand des Staates nicht gefährdet sah - und geriet damit am Ende ihrer Regierung in das Dilemma, in dem sich aufgeklärt-absolutistisch

---

[1] [Chrapovickij], Pamjatnye zapiski A. V. Chrapovickogo, S. 4.

regierenden Herrscher zwangsläufig wiederfanden, wenn sie den Weg zur Reform des Staates über den individuellen Bildungsgang des Untertanen einschlugen. Wohl kein Herrscher in der zweiten Hälfte des 18. Jahrhunderts zog bis zum Ausbruch der Französischen Revolution ernsthaft in Betracht, daß Bildung nicht nur zur Vervollkommnung des Individuums führen, sondern zugleich die Grundlagen des Staates in Frage stellen könnte.[2]

Katharina und die Mitglieder des Schulkomitees, die aus den Eingaben an die Gesetzbuchkommission und der anschließenden Generaldebatte eine Vorstellung davon gewonnen hatten, welche von ständisch-partikularen und sozialen Interessen geprägten Erwartungshaltungen die sich entfaltende Öffentlichkeit an ein Bildungswesen herantrug, glaubten - verhalten optimistisch - nur den Rahmen für eine Gesellschaft vorgeben zu müssen, die dann über Bildung zu einem zivilen und zivilisierenden Umgang miteinander finden würde. Dazu sollte das Werk „Von den Pflichten des Menschen und Bürgers" mit einer Kombination von strengem Regelwerk und Anleitung zu verantwortlichem Handeln dienen, und in diesem Sinne war auch das zweigliedrige Schulsystem gedacht, das nicht den End-, sondern den Ausgangspunkt einer sich weiterentwickelnden Bildungslandschaft markieren sollte. Mit dem Schulstatut von 1786 war vom Gedanken her beabsichtigt, ein überständisches, koedukatives Schulwesen zu schaffen, welches über Lehrstoff und „Normalmethode" durchaus sozialdisziplinierende Elemente enthielt, das aber zugleich in sozialer und gesellschaftlicher Hinsicht nicht derart konservierend wirken sollte, wie andere Gesetzgebungsakte dieser Zeit. Für diejenigen, die in die Hauptvolksschule eintraten, sollte die Bildung das Tor zu gesellschaftlicher Privilegierung öffnen und sie über die petrinische Rangtabelle in den Adel bzw. in die 1. Gilde der Kaufmannschaft führen. Katharina und ihren Beratern ging es um eine Verbreiterung und Höherqualifizierung der Funktionselite, nicht um einen Elitenaustausch. Die Möglichkeit eines solchen Austauschs wurde im sich erweiternden, staatlicherseits nicht mehr vollständig zu lenkenden pädagogischen Diskurs seit der Jahrhundertmitte von den einen als Hoffnung, von den anderen mit Sorge betrachtet. Die Kritiker der katharinäischen Bildungspolitik äußerten im Zusammenhang mit der Rezeption der umfassenden pädagogischen, bisweilen utopischen Konzepte, aber auch aufgrund der Übernahme von westeuropäischen Kultur- und Lebensformen in den Hauptstädten des Reiches eine teils scharfe, aber zumeist unspezifische Kritik an den Werten, die Katharina über die

---

[2] Die Reaktion müsse, so schon George Macartney, nachgerade zwangsläufig erfolgen: „It will therefore, always be of interest, as it has ever been the practice of the Sovereign to hold the scale of civilization in his own hand, to check every improvement where it might clash with his authority [...]". Macartney, G., The Russian Nobility, in: Cross, A. (Hrsg.), Russia under Western Eyes, 1517-1825. London 1971, S. 202-207, hier S. 207. Macartney war 1765-1767 britischer Gesandter am russischen Hof.

5. Zusammenfassung

Schulreform von 1786 zu handlungsleitenden Kategorien für die Gesellschaft des Zarenreiches machen wollte. Hier konturierte sich bereits ein vornationales Bewußtsein, das in den ersten Jahrzehnten des 19. Jahrhunderts, in Auseinandersetzung über den Stellenwert der russischen Sprache und Kultur, den Diskurs dominieren sollte. Die anhaltende Kritik an der katharinäischen Schulreform von seiten der Kirche und des konservativen Adels erschöpfte sich in einem deutlichen Unbehagen, führte jedoch nicht zu alternativen Konzepten.

Hatte Katharina nach einem langen Meinungsbildungsprozeß ihr Schulstatut erlassen, gingen die Initiatoren der Statuten von 1803/04 einen anderen Weg, auf dem sie mit immensem Tempo voranschritten. Sie errichteten mit Hilfe eines spätaufklärerisch geprägten Ideenarsenals ein Bildungssystem, welches den katharinäischen Grundgedanken der Offenheit des Bildungszugangs beibehielt, zugleich aber in sich stärker strukturiert war. Mit einem System, in dem die Universitäten nicht nur als Leit-, sondern auch als Kontrollinstanzen des staatlich-säkularen Schulwesens handeln sollten, war eine in Europa einmalige Konstruktion gewählt worden, die ihre Wurzeln in Konzepten der Edukationskommission der untergegangenen polnischen Adelsrepublik hatte.

In der Gouvernementsreform des Jahres 1775 war den Kollegien für öffentliche Fürsorge (*prikazy obščestvennogo prizrenija*) die Finanzierung der Schulen auf regionaler und lokaler Ebene übertragen worden - eine Maßnahme, deren Tauglichkeit in den folgenden Gesetzgebungsprozessen bis hin zu den „Großen Reformen" von keinem der mit Bildungsfragen befaßten Komitees in Frage gestellt worden ist. Damit war bereits vor den Schulstatuten von 1786 und 1803/04 ein hohes Maß an Verantwortung auf die lokale Gesellschaft übertragen worden, die über den Stellenwert, den Bildung erhalten sollte, durch die Finanzmittel, die sie den Volksschulen, später den Kreisschulen erschloß und zuwies, in beträchtlichem Maße mitentschied. Diese Übertragung auf die regionale Ebene wurde von den Gesetzgebern im „Inoffiziellen Komitee" und im Komitee beim Minister für Volksaufklärung weiter ausgedehnt und nicht mehr ausschließlich auf die Frage der Mittelzuweisung bezogen, sondern auch auf die pädagogische Ausrichtung. Die Schulkomitees an den Universitäten waren im Einvernehmen mit dem Kurator des jeweils zugehörigen Lehrbezirkes nicht nur für Gründung und Kontrolle von Schuleinrichtungen zuständig, sondern auch für die Auswahl und den Einsatz der Lehrmaterialien. Was das Schulkomitee Katharinas unter Anleitung Jankovićs de Mirievos geleistet hatte, erfolgte nun dezentral und unter Rücksichtnahme auf regionale Besonderheiten, denn Rußland war inzwischen in noch viel stärkerem Maße zu einem Vielvölkerreich geworden. Daraus resultierten allerdings, wie die Politik der Universität Wilna und ihres Kurators Czartoryski gezeigt hatte, durchaus nicht immer positive Folgen für den „übermächtigen Staat" (A. Kappeler). Die Gesellschaft des Zarenreiches erwies sich an regional unterschiedlichen Punkten als nicht so „passiv", wie in der Historiographie vielfach tradiert.

1803/04 war die Gründung und Reform der Universitäten, der Gouvernementsgymnasien sowie der Kreis- und Kirchspielschulen von einer kleinen Personengruppe beschlossen worden. Der Diskurs über Bildung trug damit in bezug auf die Gesetzgebung einen anderen Charakter als in der zweiten Hälfte des 18. Jahrhunderts: Hatte er damals die Gesetzgebung vorbereitet, so konnte er jetzt nur darauf reagieren. Nikolaj Karamzin, Ivan Pnin, Aleksandr Šiškov oder Vasilij Karazin blieb nach dem Erlaß der Statuten nur die Möglichkeit, diese Maßnahmen publizistisch zu befürworten oder die Folgen zu kritisieren; große Gegenentwürfe zu pädagogischen Konzeptionen bzw. zu einem spezifisch russischen Element in der Gestaltung des Bildungswesens, das für die Entwicklung der eigenen Kultur immer wieder eingefordert wurde, unterblieben bzw. wirkten sich lediglich auf Teile der Curricula, nicht aber auf die Gesamtkonstruktion aus. Statt dessen ergab der Diskurs der ersten Jahrzehnte des 19. Jahrhunderts ein diffuses Bild, weil Anhänger religiöser Erweckungsbewegungen und Gegner der Autokratie volkspädagogisch-universalchristliche Strömungen nutzen wollten, um der gesamten Gesellschaft, ja dem Staat eine neue Ausrichtung zu geben. Dabei ging es nicht wirklich um das Volk als Objekt der Bildung oder als späteres Subjekt staatlichen Handelns; vielmehr dachten manche Vertreter der Funktionselite darüber nach, wie sie über Bildungseinrichtungen und Bildungsinhalte eine eigene Teilhabe an der politischen Macht sichern konnten. Bei den prominenten Anhängern der russischen Bibelgesellschaft endete dies unter Wahrung des eigenen Vorteils im Obskurantismus und führte zu einer schweren Beschädigung der Funktionsfähigkeit der russischen Universitäten; bei den Dekabristen führte dies zur Entwicklung von nicht vermittelbaren Staats- und Gesellschaftskonzepten und einem ebenso „romantischen" wie erfolglosen Aufstandsversuch gegen die Autokratie.

Mit welcher Nachhaltigkeit jedoch Begriffe und Leitbilder in den Statuten von 1786 und 1803/04 gesetzt worden waren, zeigte sich im nikolaitischen Rußland bei der Verabschiedung der Statuten für Schulen und Universitäten in den Jahren 1828 und 1835. Zwar wurde versucht, die Regionalisierung von Entscheidungs- und Kontrollprozessen rückgängig zu machen und die Leitbegriffe „Ordnung" und „Kontrolle" durchzusetzen, doch würdigten die Mitglieder des *komitet ustrojstva učebnych zavedenij* die Errungenschaften des bestehenden Bildungssystems durchaus, bis hin zu einem ausdrücklichen Lob des Werkes „Von den Pflichten des Menschen und Bürgers" durch den konservativen Volksbildungsminister A. S. Šiškov. Die einmal implementierte relative Liberalität bedeutete einen Meilenstein, hinter den man nicht einfach zurückgehen konnte, sei es bei der Formulierung der Bildungsideale oder der Durchsetzung von Kontrollmechanismen und einer einheitlichen Gestaltung der Bildungsinstitutionen.

5. Zusammenfassung

Nikolaus konnte dies zwar fordern, und die entsprechenden Vokabeln mochten in den offiziellen Verlautbarungen mit den bereits in der Herrschaftszeit Katharinas benutzten, nun teils neu definierten Begriffen kombiniert werden. Aber schon Katharina hatte den Diskurs nicht lenken können, und auch Nikolaus gelang es selbst im kleinen Kreis seiner „aufgeklärten Bürokraten" (W. B. Lincoln) nicht, Diskursinhalte zu diktieren.

Zur Kontrolle des Diskurses fehlten dem Staat trotz der gerade unter Nikolaus fortentwickelten Kontrolleinrichtungen zudem die Machtmittel. So konnte die von Katharina und ihren Beratern konzeptionell in den Blick genommene Vervollkommnung des Individuums langfristig Früchte tragen und eine Eigendynamik annehmen. Die Funktionselite avancierte zu einer Gruppe, die sich zwar von außen über ihre Bildung und ihre Aufgaben definieren ließ, die sich aber, bei aller Unterschiedlichkeit ihres sozialen Hintergrundes und ihres Einsatzes in der Verwaltung, in der Eigensicht immer weniger auf ihre Funktion reduzieren lassen wollte und die deshalb in der Diskussion um Rußlands Verhältnis zu Europa ihre Identität schärfer zu konturieren versuchte. Diese Identität hatte Sergej Uvarov mit seinem Versuch, eine Staatsideologie mit einer Bildungskonzeption zu verknüpfen, nicht stiften können.

Die Mitglieder der Funktionselite, die mit Leidenschaft diese politisch-geistige Auseinandersetzung suchten, die zeitweise eine Ersatzfunktion für den verebbenden pädagogischen Diskurs übernahm, hatten ihre Bildungsbiographie in den staatlich-säkular geprägten Bildungsinstitutionen erhalten. Deren Akzeptanz war um die Mitte des 19. Jahrhunderts in der Gesellschaft unstrittig, wenn auch die verschiedenen Gruppen sich nach wie vor von einem an partikularen Interessen orientierten Standpunkt aus ihren Platz in diesen Institutionen zu sichern versuchten. Diese Akzeptanz hatte sich in einem langwierigen Prozeß herausgebildet, der vor allem in der Provinz durch die Umwandlung der Volksschulen in Kreisschulen und Gymnasien nach 1803/04 verlängert wurde. Die Gewöhnung an die Schule als Ausbildungsort, wo sich gleichzeitig durch die Formen des Lernens wie der vermittelten Inhalte eine erste Begegnung mit einer zunächst fremden Welt vollzog, verlief je nach strukturellen Gegebenheiten regional sehr unterschiedlich, jedoch umso reibungsloser, je stärker der Wandel hauptstädtischen Lebens sein Echo in der Provinz fand. Dieser Prozess der „Europäisierung" in der Provinz vollzog sich damit durch den Filter hauptstädtischen kulturellen Lebens. Er orientierte sich an Werten und Inhalten, die über Sankt Petersburg und Moskau rezipiert und damit bereits den russischen Verhältnisse angepaßt worden waren und mit denen zugleich eine russische Elitenkultur, die inzwischen fester Bestandteil der gemeineuropäischen geworden war, über die Bildungseinrichtungen zumindest in die Hauptstädte der Gouvernements getragen wurde.

Die Professoren und Adjunkten, die als Visitatoren das Land bereisten, aber auch die in Sankt Petersburg ausgebildeten Lehrer waren letztlich Repräsentanten dieser fremden Welt, und ihre Bemühungen stießen zunächst oft auf Unverständnis, das vor allem auf Verständigungsschwierigkeiten beruhte. Im Grunde handelte es sich um einen Vorgang, in dem die Erwartungshaltungen des Staates und seiner Vertreter vor Ort mit der jeweiligen Lebenswelt des Schülers und seiner Familie sowie den ökonomischen Gegebenheiten in Übereinstimmung gebracht werden mußten. Dies war kein Spezifikum des Zarenreiches. Eine Besonderheit war jedoch, daß in den Hauptstädten wie in den Provinzen, potenziert an der Peripherie aufgrund des hohen nichtrussischen Bevölkerungsanteils, schon im Schulgebäude extrem gegensätzliche Lebenswelten aufeinander trafen: Die Schüler brachten einen ebenso verschiedenartigen familiären wie sozialen Hintergrund mit, der sich auch, aber nicht nur aufgrund der rechtlichen Herkunft und der ethnischer Zugehörigkeit voneinander unterschied.

Diese Lebenswelten im Klassenraum zu harmonisieren, bedurfte es nicht nur elaborierter pädagogischer Konzepte, sondern eines Ressourceneinsatzes, den keine Regierung des Zarenreiches bis zur Mitte des 19. Jahrhunderts aufzuwenden bereit war. Vielmehr wurden die Mittel derart restriktiv eingesetzt, daß die Ausbildungsgänge für die Funktionselite, nicht jedoch umfassendere Initiativen zur Volksbildung umgesetzt werden konnten, wiewohl über deren Notwendigkeit immer wieder theoretisiert wurde. Der Mangel an qualifizierten Lehrern blieb, hingegen konnte der Eindruck eines improvisierten Schulbetriebes wegen fehlenden Heizmaterials, untauglicher oder schlecht eingerichteter Schulgebäude sowie unzureichender Lehrmittelversorgung in der ersten Hälfte des 19. Jahrhunderts zwar ungleichmäßig, aber doch spürbar gemildert werden. Diejenigen, die innerhalb der Regierung höhere Bildungsausgaben forderten, sahen sich stets in einer schlechten Position nicht nur gegenüber den Zaren, sondern auch gegenüber anderen Mitgliedern des Kabinetts, die an kurzfristigen Bildungszielen interessiert waren und sich darin mit einem Teil der Gesellschaft einig wußten, der dem Ministerium für Volksaufklärung, anders als der katharinäischen Schulkommission, im Verlauf der ersten Hälfte des 19. Jahrhunderts immer stärker aus dem Blick geraten war: Die ökonomische Elite forderte eine weiterreichende Ausbildung, die nicht mehr nur das „Realprogramm" der Kreisschulen umfaßte, sondern gesonderte Qualifikationen, um die ökonomische Modernisierung von Landwirtschaft, Handel, Gewerbe und Protoindustrie inhaltlich vorbereiten zu können. Diesen Anforderungen konnte das Ministerium für Volksaufklärung mit seiner Schwerpunktsetzung auf der klassischen Gymnasialbildung und seiner Konzentration auf den Ausbau der Universitäten zu qualitätvollen Stätten der Grundlagenforschung nicht gerecht werden. Andere Ministerien traten in diesem Segment als konkurrierende Bildungsanbieter auf und versuchten, der Verengung des vom Ministerium für Volksaufklärung zugrundegelegten Konzepts der Schaffung einer Funktionselite für lediglich administrative Zwecke entgegenzuwirken.

5. Zusammenfassung

Um die Mitte des 19. Jahrhunderts hatten sich die vier Bereiche, welche die Säulen des Bildungssystems konstituierten, fortentwickelt und ausdifferenziert. Die Ausbildung im Rahmen des Militärs, die private Bildung und das geistliche Unterrichtswesen waren durch die Schaffung einer deutlichen Hierarchie der jeweils zugehörigen Bildungseinrichtungen für die Zöglinge, Schüler und Studenten analog strukturiert worden. Der Sektor, der für die drei genannten normsetzend geworden war, war der vierte Bereich, derjenige des staatlich-säkularen Bildungswesens, dessen Etablierung, nach Experimenten in der Zeit Peters I., auf zwei Ebenen verfolgt wurde: Mit der Gründung der Universität Moskau im Jahre 1755 wurde eine Neustrukturierung der höheren Bildung eingeleitet, mit der Gründung von Volksschulen nach 1782 bei der Schulbildung angesetzt. Erst die Statuten von 1803/04 setzten diese Zugriffe in Beziehung zueinander.

Im militärischen Bereich war mit den Garnisons- und Regimentsschulen, den regionalen Kadettenkorps und den hauptstädtischen, teils fachlich ausgerichteten Korps ein dreigliedriges Bildungswesen entstanden, ebenso im Bereich des geistlichen Schulwesens mit den Geistlichen Akademien, den geistlichen Seminaren und dem kirchlichen Elementarschulwesen. Selbst das private Pensionswesen wurde nach dem Vorbild des staatlich-säkularen Schulwesens in drei Anforderungsebenen gegliedert. Bei allen Unterschieden der jeweils fachspezifischen Inhalte wurde der gymnasiale Abschluß mit einem Grundkanon an allgemeinem Wissen die Orientierungsmarke, die als Vergleichsmaßstab angelegt wurde, zum Einstieg in die Rangtabelle verhalf und damit den Weg in die Karriere öffnete. Auch vom Offizier wurde ein solcher Grundkanon „ziviler Bildung" verlangt.

Das Verhältnis dieser vier Bereiche der Bildung zueinander war naturgemäß Wandlungen unterworfen und somit für die Herausbildung einer Funktionselite zu verschiedenen Zeiten von unterschiedlicher Bedeutung. In dem Maße, in dem der staatlich-säkulare Sektor ausgebaut wurde, nahm die Substitutionsfunktion der geistlichen, aber auch der militärischen Bildungseinrichtungen für die Ausbildung der Elite in Wirtschaft und Verwaltung ab. Zugleich setzte in der Funktionselite eine Säkularisierung der gedanklichen Welten ein, die im Grunde keine Entsprechung bei der ländlichen Bevölkerung fand, die kaum mit den „neuen" Bildungsinhalten und Schulen in Berührung kam und sich weiterhin von Werten der Volksfrömmigkeit leiten ließ. Aus diesem Befund resultiert eine zweite Feststellung: Ziel des staatlich-säkularen Bildungswesens war es nicht, ein flächendeckendes Schulsystem einzurichten und Bildung für alle anzubieten, sondern es offerierte in einem lose geknüpften Netz Angebote für Einzelne bzw. kleinere soziale Gruppen. In den sechs Universitäten, 79 Gymnasien und 450 Kreisschulen, die um 1850 existierten, wurde eine Funktionselite in einer Größenordnung herangebildet, die in etwa der Zahl der Beamten in Rußland entsprach, also ca. 100.000 Personen umfaßte.

Die Voraussetzung dafür, daß die Absolventen die ihnen zugedachte Funktion wahrnahmen, war, daß sie ihrer Ausbildung gemäß auf Kreis-, Gouvernements- oder hauptstädtischer Ebene eingesetzt werden konnten und vor Ort in den Dienst traten, so daß sie neben einer Verstärkung der administrativen Gewalt zugleich einen Beitrag zur Fortentwicklung einer „Gesellschaft als staatlicher Veranstaltung" (D. Geyer) leisten konnten, indem anhand ihres multiplikatorischen Wirkens der Urbanisierungs- und Vergesellschaftungsprozeß in zunächst dekretierten administrativen und lokalen Zentren vorangetrieben wurde. Was sich in den Haupt-, aber auch in den Provinzstädten durchaus positiv anließ, barg jedoch zugleich den Kern einer gegenläufigen Entwicklung in sich: Je besser die Qualifikation des Einzelnen und je urbaner das ihn umgebende Milieu, desto stärker war die Neigung, die eigene berufliche Zukunft in Bereichen jenseits des staatlichen Dienstes zu suchen. Diese Zukunft außerhalb des Dienstes zu finden, war schwierig, weil das Tempo der Modernisierung im Bereich der Sozialverfassung und der ökonomischen Entwicklung nicht mit demjenigen des staatlich-säkularen Bildungswesens mithalten konnte: Die sozioökonomischen Professionalisierungsprozesse waren noch nicht sehr weit gediehen und diese zahlenmäßig noch kleine, aber gut ausgebildete Gruppe konnte nur langsam in sich erst konturierenden freien Berufen eine Anstellung finden.

War in den Institutionen des Ministeriums für Volksaufklärung ein neuer Sozialkörper im Sinne Karl-Ernst Jeismanns (vgl. Kap. 1.1.) entstanden? Man wird diese Frage verneinen müssen, wollte man diesen Sozialkörper einem rechtlich fixierten Stand zuordnen. Schüler reicher Eltern aus Adel und Kaufmannschaft wurden mit eigenen Equipagen in die hauptstädtischen Gymnasien gebracht, Schüler armer Eltern aus dem Adel, dem Handwerk oder vereinzelt gar der Bauernschaft waren froh über ein Stipendium und die warme Schuluniform im Winter. Die Bildungsinstitutionen schufen aber einen gemeinsamen Kanon von Wissen, der bei aller Unterschiedlichkeit der daraus resultierenden Bewußtseinslagen eine Verständigung ermöglichte. Sie boten letztlich den einzigen Raum, in dem die „zwei Nationen" (G. Hosking) des Zarenreiches miteinander in Berührung kamen. Daß die so entstandene Gesellschaft der Gebildeten kein höheres Maß an Homogenität erreichte, lag nicht ursächlich an der Bildungspolitik oder an der Rückschrittlichkeit angewandter pädagogischer Konzepte, sondern an der Eigentümlichkeit von Staatsform und Staatsorganisation. Als Beispiel mag noch einmal die Rangtabelle Peters I. dienen, die in dieser Hinsicht Fluch und Segen zugleich war: Sie ermöglichte einen normierten sozialen Aufstieg, der im Gesetz von 1809 zusätzlich noch explizit mit dem Faktor Bildung verknüpft wurde, führte andererseits aber zu einer Fragmentierung der Beamtenschaft, die keine dem Rang übergeordnete Dienstethik im Weberschen Sinne ausbilden konnte. Die bessere Qualifizierung und die einsetzende

Professionalisierung der Beamtenschaft waren evident, schufen aber keinen gemeinsamen Wertekanon. Rußland besaß ein an der Wende vom 18. zum 19. Jahrhundert eingerichtetes Bildungssystem, das zwar nur einen sehr begrenzten Teil der Bevölkerung erfaßt hatte und erfassen sollte, das aber in seiner jederzeit gewahrten Flexibilität und seiner inhaltlichen Vielfalt „moderner" war als die Staats- und Sozialverfassung des Zarenreiches.

ABKÜRZUNGSVERZEICHNIS

AHR	American Historical Review
CASS	Canadian-American-Slavic-Studies
CMRS	Cahiers du monde russe et soviétique
ČOIDR	Čtenija v imperatorskom obščestve istorii i drevnostej rossijskich pri Moskovskom universitete
ES	Ėncyklopedičeskij slovar'
EmS	Ežemesjačnye sočinenija
FOG	Forschungen zur osteuropäischen Geschichte
GG	Geschichte und Gesellschaft
GWU	Geschichte in Wissenschaft und Unterricht
HEQ	History of Education Quarterly
HZ	Historische Zeitschrift
IA	Istoričeskij archiv
IstSSSR	Istorija SSSR
IV	Istoričeskij vestnik
IZ	Istoričeskie zapiski
JbfGO	Jahrbücher für Geschichte Osteuropas
JGSL	Jahrbücher für Geschichte der sozialistischen Länder
JHI	Journal of the History of the Ideas
JMH	Journal for Modern History
KS	Kievskaja starina
MIÖG	Mitteilungen des Instituts für Österreichische Geschichte
NDB	Neue Deutsche Biographie
ÖOH	Österreichische Osthefte
OI	Otečestvennaja istorija
PSZ	Polnoe sobranie zakonov
RA	Russkij archiv
RH	Russian History
RBS	Russkij biografičeskij slovar'

RR	Russian Review
RS	Russkaja Starina
RV	Russkij Vestnik
SEER	Slavonic and East European Review
SIRIO	Sbornik imperatorskogo rossijskogo istoričeskogo obščestvo
SP	Sovetskaja pedagogika
SR	Slavic Review
VE	Vestnik evropy
VI	Voprosy istorii
VMGU	Vestnik Moskovskogo Gosudarstvennogo Universiteta
VhWG	Vierteljahrshefte für Wirtschafts- und Sozialgeschichte
ŽMNP	Žurnal Ministerstva Narodnogo Prosveščenija
ŽMGI	Žurnal Ministerstva Gosudarstvennych Imušestv
ZfG	Zeitschrift für Geschichtswissenschaft
ZHF	Zeitschrift für Historische Forschung
RGIA	Rossijskij Gosudarstvennyj Istoričeskij Archiv, Sankt Petersburg
RNB RO	Rossijskaja Nacional'naja Biblioteka, Rukopisnyj Otdel, Sankt Petersburg
ARAN PF	Archiv Rossijskoj Akademii Nauk, Peterburgskij filial

f.	fond
d.	delo
l., ll.	list, listy
ob	obratno
op.	opis'
t.	tom
vyp.	vypusk
kn.	kniga
otd.	otdel
SPb.	Sankt Petersburg

Dokumenty i materialy	Penčko, N. A. (Hrsg.), Dokumenty i materialy po istorii Moskovskogo universiteta XVIII veka. T.1-3. Moskva 1960

Sbornik materialov	Ministerstvo narodnogo prosveščenija (Hrsg.), Sbornik materialov dlja istorii prosveščenija v Rossii. T. 1-4. SPb. 1893-1904
Sbornik postanovlenii	Ministerstvo narodnogo prosveščenija (Hrsg.), Sbornik postanovlenii po ministerstvu narodnogo prosveščenija. T.1-2 . SPb. 1875-1876
Sbornik razporjaženii	Ministerstvo narodnogo prosveščenija (Hrsg.), Sbornik razporjaženii po ministerstvu narodnogo prosveščenija. T.1-3 SPb. 1867

LITERATURVERZEICHNIS

1. QUELLEN

1.1. Ungedruckte Quellen

Rossijskij Gosudarstvennyj Istoričeskij Archiv (RGIA), Sankt Petersburg

fond 515:	Glavnoe upravlenie udelov.
fond 730:	Kommissija ob učreždenii narodnych učilišč.
fond 731:	Kommissija ob učreždenii narodnych učilišč, žurnal zasedanii komissii 1802.
fond 732:	Glavnoe upravlenie učilišč.
fond 733:	Ministerstva Narodnogo Prosveščenija.
fond 734:	Učenyj komitet (1817-1831).
fond 736:	Komitet ob učreždenii učilišč vzaimnogo obučenija (1820-1831).
fond 737:	Komitet ustrojstva učebnych zavedenij (1826-1850).
fond 739:	Komitet rassmotrenija učebnych rukovodstv (1850-1856).
fond 744:	Vysočajsie ukazy, reskripty i vsepoddanejšie doklady po Ministerstvu Narodnogo Prosveščenija 1782-1917.
fond 796:	Kancelarija Sinoda (1721-1918).
fond 802:	Učebnyj komitet (1808-1918), darin: Kommissija duchovnych učilišč (1808-1839).
fond 1287:	Chozjajstvennyj departament (1797-1904).
fond 1374:	Kancelarija general-prokuror (1722-1802).
fond 1673:	A. S. Šiškov (1754-1841).

Rossijskaja Nacional'naja Biblioteka, Rukopisnyj Otdel, (RNB RO), Sankt Petersburg

fond 203:	A. N. Golycin.
fond 499:	M. N. Murav'ev.
fond 526:	N. N. Novosil'cev.
fond 531:	A. S. Norov.
fond 656:	D. P. Runič.
fond 871:	J. Štelin (Jakob von Stählin).

Archiv Rossijskoj Akademii Nauk, Peterburgskij filial (ARAN PF), Sankt Petersburg

fond 1:	Protokoly, Protokol'nye bumagi.

1.2. Gedruckte Quellen:

Zeitungen, Zeitschriften, Journale:

Ežemesjačnye sočinenija, 1755-1764.
Moskovskie Vedomosti, 1756, 1757, 1768.
Periodičeskie sočinenija ob uspechach narodnogo obrazovanija., 1803-1819.
Sankt Peterburgskie Vedomosti, 1778-1782, 1803-1818.
Severnaja počta 1815.
Vedomosti vremeni Petra Velikogo, 1703-1719. V pamjat' dvuch stoletija pervoj russkoj gazety. T. 1-2. Moskva 1903-1906 (Reprint Düsseldorf usw. 1970).
Žurnal Ministerstva Narodnogo Prosveščenija, 1834-1912.

Gesetzes- und Dokumentensammlungen:

Archiv Knjazja Voroncova. T. 6, 13, 16, 21, 23. Moskva 1870-1887.

Demidova, N. F. (Hrsg.), Instrukcija V. N. Tatiščeva o porjadke prepodavanija v školach pri ural'skich kazennych zavodach, in: IA (1950) 5, S. 166-178.

Geistliches Reglement. Auf Hohen Befehl und Verordnung des von Gott gegebenen und mit Weißheit ausgezierten Herrn Czaaren und Groß-Fürsten Petri des Ersten Kaysers von gantz Rußland [...] Danzig 1725.

Indova, E. I. (Hrsg.), Rossijskoe zakonodatel'stvo X-XX vekov. T. 5: Zakonodatel'stvo perioda rascveta absoljutizma. Moskva 1987.

Klueting, H. (Hrsg.), Der Josephinismus. Ausgewählte Quellen zur Geschichte der theresianischen und josephinischen Reformen. Darmstadt 1995 (= Ausgewählte Quellen zur Geschichte der Neuzeit, 12a).
Kulomzin, A. N. (Hrsg.), Žurnaly Komiteta ministrov1802-1826 gg. T. 1-2. SPb. 1888-1891.

Lebedev, V. I. (Hrsg.), Reformy Petra I. Sbornik dokumentov. Moskva 1937.

Materialy dlja istorii imperatorskij akademii nauk. T. 1-10 SPb. 1885-1900.
Materialy dlja istorii narodnogo obrazovanija, in: KS (1882), 5, S. 276-307; (1882), 6, 451-497.
Materialy dlja istorii i statistiki naših gimnazij, in: ŽMNP 121 (1864), S. 129-171, 355-390, 493-571.
Ministerstvo narodnogo prosveščenija (Hrsg.), Sbornik materialov dlja istorii prosveščenija v Rossii. T. 1-4. SPb. 1893-1904.
Ministerstvo narodnogo prosveščenija (Hrsg.), Sbornik postanovlenij po ministerstvu narodnogo prosveščenija. T. 1-2. SPb. 1875-1876.
Ministerstvo narodnogo prosveščenija (Hrsg.), Sbornik razporjaženij po ministerstvu narodnogo prosveščenija. T. 1-3. SPb. 1866-1867.
Müller, K. (Hrsg.), Altrussisches Hausbuch „Domostroi". Leipzig usw. 1987.

Nečkina, M. V. (Hrsg. u. a.), Vosstanie dekabristov. Dokumenty. T. 7. Moskva 1958.
Neugebauer, W., (Hrsg.), Schule und Absolutismus in Preußen. Akten zum preußischen Elementarschulwesen bis 1806. Berlin usw. 1992 (= Veröffentlichungen der Historischen Kommission zu Berlin, 83).
Nikol'ceva, N. F. (Hrsg. u. a.), Načal'noe i srednee obrazovanie v Sankt Peterburge XIX-načalo XX veka. SPb. 2000.

2. Darstellungen

Penčko, N. A. (Hrsg.), Dokumenty i materialy po istorii Moskovskogo universiteta vtoroj poloviny XVIII veka. T. 1-3. Moskva 1960.

Petuchov, E. V., Statističeskie tablicy i ličnye spiski po Imperatorskomu Jur'evskomu byvšemu Derptskomu universitetu. Jur'ev 1902.

Pis'ma i bumagi Petra Velikogo, T. 9, č. 1. Moskva usw. 1950.

Pis'ma i donesenija iezuitov o Rossii konca XVII i načala XVIII veka. SPb. 1904 (Reprint 1965).

Polnoe sobranie zakonov Rossijskoj imperii. Sobranie pervoe. T. 1-45, SPb. 1833. Sobranie vtoroe. T. 1-55. SPb. 1833-1884.

[Postel', A.], Otčet člena soveta Ministra Narodnogo Prosveščenija A. Postel'ja po obozreniju učebnych zavedenij Odesskogo učebnogo okruga. SPb. 1864.

Protokoly zasedanij Konferencii Imperatorskoj Akademii nauk s 1725 po 1803. T. 3: 1771-1785. SPb. 1900; T. 4: 1786-1803. SPb. 1911.

Rabinovič, M. D. (Hrsg.), K istorii prosveščenija v Rossii v konce XVII v. (Saratovskaja soldatskaja garnizonnaja škola v 1793 g.), in: IA (1958), 1, S. 230-233.

Raeff, M. (Hrsg.), Plans for Political Reforms in Imperial Russia. Englewood Cliffs 1966.

Roždestvenskij, S. V. (Hrsg.), Materialy dlja istorii učebnych reform v Rossii v XVIII-XIX vv. Spb. 1910.

Sbornik imperatorskogo russkogo istoričeskogo obščestva, SPb. 1871-1917:

T. 1: Pis'ma imp. Ekateriny II. k -g-že Žoffren'.

T. 2: Vypiska o gosudarstvennych učreždenijach, osnovannych imp. Ekaterinuju II, s 1762 po 1769.

T. 5: Pis'ma imp. Aleksandra I. i drugich osob carstvujuščogo doma k F. C. Lagarpu.

T. 7: Bumagi Imperatricy Ekateriny II, 1744-1764 gg.

T. 8: Istoričeskija svedenija o Ekaterinskoj Kommissii dlja sočinenija proekta Novogo uloženija.

T. 10: Bumagi Imperatricy Ekateriny II, 1765-1771 gg.

T. 13: Bumagi Imperatricy Ekateriny II, 1771-1774 gg.

T. 14: Istoričeskija svedenija o Ekaterinskoj Kommissii dlja sočinenija proekta Novogo uloženija.

T. 17: Perepiska imp. II s Fal'konetom.

T. 23: Pis'ma imp. Ekateriny II baronu Mel'chioru Grimmu.

T. 27: Bumagi Imperatricy Ekateriny II, 1774-1778 gg.

T. 32: Istoričeskija svedenija o Ekaterinskoj Kommissii dlja sočinenija proekta Novogo uloženija.

T. 33: Pis'ma barona Mel'chiora Grimma k imp. Ekaterine.

T. 39: Diplomatičeskaja perepiska anglijskich poslannikov pri Russkom dvore, 1704-1707 gg.

T. 43: Istoričeskija svedenija o Ekaterinskoj Kommissii dlja sočinenija proekta Novogo uloženija.

T. 44: Pis'ma barona Mel'chiora Grimma k imp. Ekaterine.

T. 56: Protokoly žurnaly i ukazy tajnogo soveta 1726-1730.

T. 63: Protokoly žurnaly i ukazy tajnogo soveta s 1 janvarja po konec junija 1727.

T. 68: Istoričeskija svedenija o Ekaterinskoj Kommissii dlja sočinenija proekta Novogo uloženija.

T. 84: Protokoly žurnaly i ukazy tajnogo soveta s ijunija po konec 1728.

T. 93: Istoričeskija svedenija o Ekaterinskoj Kommissii dlja sočinenija proekta Novogo uloženija.

T. 123: Istoričeskija svedenija o Ekaterinskoj Kommissii dlja sočinenija proekta Novogo uloženija.

T. 124: Bumagi Kabineta ministrov Imperatricy Anny Ioannovny.

T. 134: Materialy Ekaterinskoj zakonodatel'skoj komissii, 12.

T. 144: Materialy Ekaterinskoj zakonodatel'skoj komissii, 14.

Ševčenko, M. M. (Hrsg.), Doklady ministra narodnogo prosveščenija S. S. Uvarova imperatoru Nikolaju I., in: Reka vremen 1 (1995), S. 67-78.
Sivkov, K. V. (Hrsg.), Častnye pansiony i školy Moskvy v 80-ch godach XVIII v., in: IA 6 (1951), S. 315-323.
Skrjabin, G. K. (Hrsg.), Ustavy Akademii Nauk SSSR. Moskva 1975.
Solov'ev, I. M. (Hrsg.), Russkie universitety v ich ustavach i vospominanijach sovremennikov. T. 1: Universitety do epochi šestidesjati godov. SPb. 1914.
Spisok činovnikov i prepodavatelej kazanskogo učebnogo okruga. Kazan' 1844.
Spisok činovnikov i prepodavatelej kazanskogo učebnogo okruga. Kazan' 1848.
Statističeskie materialy dlja opredelenija obščestvennogo položenija lic, polučivšich obrazovanie v Imperatorskom Derptskom Universitete s 1802-1852 goda. SPb. 1862.

Tarasov, B. N. (Hrsg.), Nikolaj pervyj i ego vremja. T. 1-2. Moskva 2000.

Veseleja, G. A. (Hrsg.), Put' k tronu. Istorija dvorcovogo perevorota 28 ijunja 1762 goda. Moskva 1997.
Voenskij, K. A. (Hrsg.), Moskovskij universitet i S.-Peterburgskij učebnyj okrug v 1812 godu. Dokumenty Archiva Ministerstva narodnogo prosveščenija. SPb. 1912.
Voskrenskij, N. A., Zakonodatel'nye akty Petra I. Tom I: Akty o vysšich gosudarstvennych ustanovlenijach. Moskva usw. 1945.

Ustav narodnym učiliščam v Rossijskoj imperii, uložennyj v carstvovanii Imperatricy Ekateriny II. SPb. 1786.

Zimin, A. A. (Hrsg. u. a.), Chrestomatija po istorii SSSR. T. 2: XVI-XVIII vv. Moskva 1962.

Memoiren, Publizistik:

Aksakov, S. I., Semejnaja chronika i vospominanija. 3. Aufl. Moskva 1862.
Antologija pedagogičeskoj mysli XVIII v. Moskva 1985.
Antologija pedagogičeskoj mysli Rossii pervoj poloviny XIX v. Moskva 1987.

Basedow, J. B., Methodenbuch für Väter und Mütter der Familien und Völker. Paderborn 1914.
[Beckoj, I. I.], Kratkoe nastavlenie, vybrannoe iz lučšich avtorov, s nekotorymi fizičeskimi primečanijami o vospitanii detej ot roždenija ich do junošestva. SPb. 1766.
Ders., Les plans et les statuts, des différents établissements ordonnés par sa majesté impériale Catherine II. pour l'éducation de la jeunesse. T. 1-2 (in einem Band). Amsterdam 1775.
[Bellermann, J. J.], Bemerkungen über Rußland in Rücksicht auf Wissenschaft, Kunst, Religion und andere merkwürdige Verhältnisse. In Briefen, Tagebuchauszügen und einem kurzen Abriß der russischen Kirche nach ihrer Geschichte, Glaubenslehren und Kirchengebräuchen. Teil 1. Erfurt 1788.
Berkov, P. N. (Hrsg.), Satiričeskie žurnaly N. I. Novikova. Leningrad 1951.
Birkfellner, G., Domostroj: christliche Lebensformen, Haushalt und Ökonomie im alten Russland = Der Hausvater. Osnabrück 1998.
Boborykin, P., Za polveka. Moskva 1929.
[Bolotov, A. T.], Žizn' i priključenija Andreja Bolotova, opisannye samim im dlja svoich potomkov 1738-1795. T. 1, SPb. 1870.
Bradke, E. F. fon, Avtobiografičeskie zapiski, in: RA 13 (1875), 3, S. 257-294.
Büsching A. F., Eigene Lebensgeschichte. Halle 1789 (= Beyträge zur Lebensgeschichte denkwürdiger Personen, 6).

Čečulin, N. D. (Hrsg.), Nakaz Imperatricy Ekateriny II, dannyj kommissii po sočineniju proekta novogo uloženija. Moskva 1907.

2. Darstellungen

[Chrapovickij, A. V.], Pamjatnye zapiski A. V. Chrapovickogo, stats-sekretarja imperatricy Ekateriny vtoroj. Moskva 1862 (Reprint 1990).
[Čičerin, B. N.], Vospominanija B. N. Čičerina. Moskva 1991 (= Russkoe obščestvo 40-50-ch godov XIX v., 2).
Čistovič (Hrsg.), Materialy ob I. I. Beckom, in: ČOIDR (1863), 4, S. 81-156.
Condorcet, A. de, Allgemeine Organisation des öffentlichen Unterrichtswesens. Weinheim 1966 (= Kleine Pädagogische Texte, 36).
Correspondance de Frédéric-César de la Harpe et Alexandre Ier. T. 1 (1785-1802). Neuchâtel 1978.
Cross, A. (Hrsg.), Russia under Western Eyes, 1517-1825. London 1971.

Danilov, M. V., Zapiski, in: RA (1883), Kn. 2, vyp. 3, S. 1- 153.
[Daškova, E. R.], Am Zarenhofe. Memoiren der Fürstin Daschkoff. Bd. 1-2. München 1918.
Dies., Zapiski. Moskva 1987.
Davydov, I. I., O naznačenii russkich universitetov i učastie ich v obščestvennom obrazovanii, in: Sovremennik 14 (1849), 3, S. 36-46.
[Del'vig, A. I.], Polveka russkoj žizni. Vospominanija A. I. Del'viga (1820-1870). Moskva usw. 1930.
Demkov, M. I. (Hrsg.), Russkaja pedagogika v glavnejšich eja predstaviteljach. Moskva 1898.
Deržavin, G. R., Zapiski. SPb. 1872 (= Sočinenija Deržavina, 6).
Diderot, D., Bildungsplan für die Regierung von Rußland. Weinheim usw. 1971.
Ders., Mémoirs pour Catherine. Paris 1966.
Donnert, E. (Hrsg. u. a.), Journal der Rußlandreise Kaiser Josephs II. im Jahre 1780. Thaur 1996.
Ders. (Hrsg.), Philipp Heinrich Dilthey (1723-1781) und sein Bildungsplan für Rußland vom Jahre 1764, in: ÖOH 31 (1989), S. 203-237.
Dostoevskij, A. M., Vospominanija. Leningrad 1930.

Eisen, J. G., Ausgewählte Werke. Deutsche Volksaufklärung und Leibeigenschaft im Russischen Reich. Marburg 1998 (= Quellen zur Geschichte und Landeskunde Ostmitteleuropas, 2).
Emeljanov, Ju. N. (Hrsg.), Moskovskij universitet v vospominanijach sovremennikov. Moskva 1989.

Fleischhacker, H. (Hrsg.), Mit Feder und Zepter. Katharina II. als Autorin. Stuttgart 1978.
Fonvizin, D. I., Sobranie sočinenij. T. 2. Moskva usw. 1959.

Gejm, I. A., Reč' o sostojanii nauk v Rossii pod pokrovitel'stvom Pavla I. Moskva 1799.
Gielgud, A. (Hrsg.), Memoirs of Prince Adam Czartoryski and his Correspondance with Alexander I. Vol. 1. London 1888.
Giers, N., The Education of a Russian Statesman. Berkeley 1962.
[Goetze, P. v.], Fürst Alexander Nikolajewitsch Galitzin und seine Zeit. Aus den Erlebnissen des Geheimrats Peter von Goetze. Leipzig 1882.
Golodnikov, K., Dekabristy v Tobol'skoj gubernii. Iz moich vospominanij. Tjumen' 1899.
Gontscharow, I. A., Erinnerungen, in: ders., Ein Monat Mai in Petersburg, Erzählungen und Erinnerungen, 1875-1891. Leipzig usw. 1988, S. 265-299.
Ders., Oblomow. München 1981.
Griffiths, D. (Hrsg. u. a.), M. M. Speranskii as Viewed in L. H. von Jakob's Unpublished Autobiography, in: CASS 9 (1975), S. 481-541.

[Haigold, J. J., d. i. A. L. v. Schlözer], Neuverändertes Rußland, oder Leben Catharinä der Zweyten. Kayserinn von Rußland. Aus authentischen Nachrichten beschrieben. Bd. 1-2. 3. Aufl. Riga usw. 1771-1772.
Herzen, A., Kindheit, Jugend und Verbannung. Zürich 1989 (= Manesse Bibliothek der Weltliteratur)
[Heyking, K. H. v.], Aus den Tagen Kaiser Pauls: Aufzeichnungen eines kurländischen Edelmannes. Leipzig 1886.
Hoffmann, P. (Hrsg.), Geographie, Geschichte und Bildungswesen in Rußland und Deutschland im 18. Jahrhundert. Anton Friedrich Büsching - Gerhard Friedrich Müller 1751 bis 1783. Berlin 1995 (= Quellen und Studien zur Geschichte Osteuropas, 33).

Jachontov, A. N., Vospominanija carskosel'skogo licejstva 1832-1838, in: RS 19 (1888), 12, S. 101-124.
[Jakuškin, I. D.], Zapiski, stat'i, pis'ma dekabrista I. D. Jakuškina. Moskva 1951.
Jaucourt, L. de, Russie, in: Encyclopédie ou dictionaire raisonné des sciences, des arts et des métiers. T. 14. Paris 1765 (Reprint 1966), S. 442-445.
Junosti čestnoe zercalo, ili pokazanie k žitejskomy obchoždeniju, sobrannoe ot raznych avtorov poveleniem Ego Imperatorskogo Veličestva Gosudarja Petra Velikogo". SPb. 1741.

[Kalašnikov, I. T.], Zapiski irkutskogo žitelja, in: RS 36 (1905), 7, S. 187-251, 8, S. 384-409, 9, S. 609-646.
[Karamzin, N. M.], Karamzin's Memoir on Ancient and Modern Russia. Hrsg. v. R. Pipes. Cambridge, Mass. 1959.
Ders., O novom obrazovanii narodnogo prosveščenija v Rossii, in: VE (1803), 5, Č. 8, S. 49-61.
Ders., Sočinenija, T. 1: Stichotvorenija. Petrograd 1917.
Ders., Sočinenija Karamzina. T. 1-3. SPb. 1848.
Ders., O vernom sposobe imet' v Rossii dovol'no učitelej, in: VE (1803), 8, Č. 8, S. 317-326.
Ders., Über den Buchhandel und die Liebe zum Lesen in Rußland, in: ders., Arme Lisa. Stuttgart 1982 (= Universal-Bibliothek, 7861), S. 48-57.
Ders., Zapiska o drevnej i novoj Rossii. SPb. 1914.
[Katharina], Sočinenija imperatricy Ekateriny II na osnovanii podlinnych rukopisej i s objasnitel'nymi primečanijami. T. 12: Avtobiografičeskie zapiski. SPb. 1907 (Reprint 1965).
Dies., Katharina der Zweiten, Kaiserin und Gesetzgeberin von Rußland, Instruction für die zu Verfertigung des Entwurfs zu einem neuen Gesetzbuche verordnete Commißion. Riga usw. 1768.
Dies., Memoiren. Bd. 1-2. München 1987.
Korf, N., Itogi obščestvennogo dejatel'nosti na pol'zu narodnogo obrazovanija v Rossii, in: VE 4 (1876), S. 903-917.
Kolesov, V. V. (Hrsg.), Domostroj. SPb. 1994.
Komarova, A. A., Odna iz mnogich. Iz zapisok nigilistki. SPb. 1881.
Kostomarov, N. I., Literaturnoe nasledie. Avtobiografija. SPb. 1890.
Kratkoe zemleopisanie Rossijskogo gosudarstva, izdannoe dlja narodnych učilišč Rossijskoj imperii, po vysočajšemu poveleniju carstvujuščija Imperatricy Ekateriny vtoryja, SPb. 1787.
Krusenstern, A. v., Abriß des öffentlichen Unterrichts. Breslau 1841.
Kutuzov, M. I., Dokumenty. T. 1-5. Moskva 1950-1956.

Lemechov, P., Iz škol'nych vospominanij, in: Škol'naja žizn' 24 (1873), S. 539-544.
Lizé, E., Mémoirs inédit de Diderot à Catherine II, in: Dixhiutième siècle 10 (1979), S. 191-222.
Locke, J., Gedanken über Erziehung. Stuttgart 1997 (= Reclams Universal-Bibliothek, 6147).
Lomonosov, M. V., Polnoe sobranie sočinenij, T. 1-10. Moskva usw. 1950-1957.
Ders., Rossijskaja Grammatika. SPb. 1755.

[Maistre, J. de], Graf Žosef de Mestr, Peterburgskie pis'ma 1803-1817. SPb. 1995.
[Martynov, I. I.], Zapiski I. I. Martynova, in: Zarja 3 (1871), 6, S. 73-110.
Martynov, P. K., Dela i ljudi veka. Otryvki iz zapisnoj knižki, stat'i i zametki. T. 1. SPb. 1893.
Miljutin, D. A., Vospominanija, 1816-1843. Moskva 1997.
Miropol'skij, S., Škola i gosudarstvo. Objazatel'nost' obučenija v Rossii. SPb. 1883.
Montesquieu, C. de, Vom Geist der Gesetze. Stuttgart 1994 (= Universal-Bibliothek, 8953).
Münnich, B.-Chr., Zapiski feldmaršala Grafa Minicha. SPb 1874.
Murav'ev, M. N., Polnoe sobranie sočinenij. T. 3. SPb. 1820.
Murav'ev-Apostol, I. M., Russkoe vospitanie i obučenie v načale našego veka (1813), in: Katkov, N. M. (Hrsg.), Naša učebnaja reforma. Moskva 1890, S. 36-57.

Nastavlenija dlja sostavlenija v gymnazijach i uezdnych učiliščach zapisok po raznym naukam. SPb. 1812.
[Nepluev, I. I.], Zapiski Ivana Ivanoviča Neplueva (1693-1773). SPb. 1883 (Reprint 1974).

Neverov, Ja. M., Timofej Nikolaevič Granovskij, in: Fedosov, I. A. (Hrsg.), Russkoe obščestvo 30-ch godov XIX v. Ljudi i idej. Memuary sovremennikov. Moskva 1989, S. 335-357.
Nikitenko, A. N., Zapiski i dnevnik, 1804-1877. T. 1-2. 2. Aufl. Spb. 1905.

[Obolenskij-Nelidinskij, Ju. A.], Chronik nedavnej stariny. Iz archiva kn. Obolenskogo-Nelidinskogo-Meleckogo. SPb. 1876.
O dolžnostjach čeloveka i graždanina. Kniga k čteniju opredelennaja v narodnych gorodskich učiliščach, izdannaja po vysočajšemu poveleniju carstvujuščej Imperatricy Ekateriny vtoryja. SPb. 1783.
O biblejskich obščestvach, i učreždenii takovago že v Sanktpeterburge. SPb. 1813.
Ostrogorskij, V., Iz istorii moego učitel'stva. SPb. 1914.

Panteleev, L. P. (Hrsg.), Nakaz Eja Imperatorskogo Veličestva Ekateriny Vtoryja Samoderžicy Vserossijskija dannyj Kommissii o sočinenii novogo Uloženija SPb. 1893.
Perry, J., The State of Russia under the Present Czar. London 1716 (Reprint: 1967).
Pirogov, N. I., Universitetskij vopros, in: Ders., Izbrannye pedagogičeskie sočinenija. Moskva 1952, S. 324-393.
Pletnev, P. A., Pamjati Grafa Sergija Semeneviča Uvarova, Presidenta Imperatorskoj Akademii Nauk. SPb. 1855.
Ders., Pervoe dvadcatipjatiletie S. Peterburgskogo universiteta. Istoričeskaja zapiska, čitannnaja rektorom universiteta, Petrom Pletnem na publičnom toržestvennom akte 8 fevralja. SPb. 1844.
Pnin, I. P., Opyt o prosveščenii otnositel'no k Rossii, in: Ščipanov, I. Ja. (Hrsg.), Russkie prosvetiteli: ot Radiščeva do dekabristov. T. 1, Moskva 1966, S. 179-231.
Po povodu novogo ustava gimnazij i progimnazij, in: ŽMNP 124 (1864), otd. 4, S. 1-99.
[Pogodin, M. P.], Škol'nye vospominanija (1814-1820), in: VE (1868), 4, S. 605-630.
Pososhkov, I., The Book of Poverty and Wealth. Hrsg. v. A. P. Vlasto u. L. R. Lewitter. London 1987.
Ders., Saveščanie otečeskoe. SPb. 1893.
Pouncy C. L. (Hrsg.), The Domostroi: Rules for Russian Househoulds in the Times of Ivan the Terrible. Ithaca, NY 1994.
Pravila dlja učaščichsja v narodnych učiliščach izdanija po vysočajšemu poveleniju carstvujuščija Imperatricy Ekateriny vtoryja. SPb. 1782.
Prokopovič, F., Sočinenija. Moskva usw. 1961.
Prževal'skij, N. M., Avtobiografičeskie zapiski, in: RS 19 (1888), 11, S. 528-543.
Puškarev, I. I., Nikolaevskij Peterburg. SPb. 2000.
Puškin, A. S., Sobranie sočinenija v desjati tomach. T. 7. Moskva 1976.

Raeff, M. (Hrsg.), Russian Intellectual History: An Anthology. New York 1966.
Rousseau, J.-J., Emil oder über die Erziehung. 13. Aufl. Paderborn usw. 1998 (= UTB, 115).
[Rževskaja, G. I.], Pamjatnye zapiski G. I. Rževskoj, in: RA (1871), 1, S. 1-53.

[Šachovskij, Ja. P.], Zapiski Knjazja Jakova Petroviča Šachovskogo 1705-1777. SPb. 1872 (Reprint1974).
Sčerbatov, M. M., Istorija Rossijskaja ot drevnejšich vremen. T. 1-7. SPb. 1770-1791.
Ders., Des Fürsten Michael Schtscherbatowo kaiserlichen Rußischen Heroldmeisters und Kammerjunkers Rußische Geschichte von den ältesten Zeiten an. 2 Bde. in einem Band. Danzig 1779.
Ders., Über die Sittenverderbnis in Rußland von Fürst M. Schtscherbatow. Berlin 1925.
[Schröckh, J. M.], Šrekova vsemirnaja istorija, dlja obučenija junošestva. SPb. 1787.
Schumann, H. (Hrsg.), Monsieur - Madame. Der Briefwechsel zwischen der Zarin und dem Philosophen. Zürich 1991 (= Manesse-Bibliothek der Weltgeschichte).
Ščipanov, I. Ja. (Hrsg.), Izbrannye proizvedenija russkich myslitelej vtoroj poloviny XVIII veka. T. 1-2. Moskva 1952.
Ders. (Hrsg.), Izbrannye social'no-političeskie i filosofičeskie proizvedenija dekabristov. T. 1-3. Moskva 1951.

Ders. (Hrsg.), Russkie prosvetiteli (ot Radiščeva do dekabristov). T. 1-2. Moskva 1966.
[Severgin, V. M.], Prodolženie zapisok putešestvija po zapadnym provincijam Rossijskogo gosudarstva ili mineralogičeskie, technologičeskie i drugie primečanija, učinnija vo vremja proezda črez onie v 1803 godu Akademikom, Kolležskim Sovetnikom i Ordena sv. Anny vtorogo klassa Kavalerom Vasil'em Severginym. SPb. 1804.
Sostojanie gramotnosti meždu kupečestvom i žiteljam podatnogo sostojanija v Saratovskoj gubernii, in: Žurnal Ministerstva Vnutrennych del (1846), Č. 14, S. 525-528.
[Speranskij, M. M.], Družeskie pis'ma grafa M. M. Speranskogo k P. G. Masal'skomu, pisannye s 1798 po 1819 god. SPb. 1862.
Ders., Pervoe načertanie osobennogo liceja, in: Licejskij žurnal 6 (1906-1907), S. 132-134.
Ders., Pis'ma M. M. Speranskogo k ego dočeri, in: RA (1868), S. 1694-1695.
Ders., Proekty i zapiski. Moskva usw. 1961.
Stählin, K. (Hrsg.), Aus den Papieren Jacob von Stählins - ein biographischer Beitrag zur deutsch-russischen Kulturgeschichte des 18. Jahrhunderts. Königsberg 1926.
Stiess [Stieff], Chr., Relationen von dem gegenwärtigen Zustand des moskowitischen Reichs. Frankfurt usw. 1706.
Storch, H. F.v., Rußland unter Alexander I. Eine historische Zeitschrift. Bd. 1-9. SPb. 1904-08.
[Šuvalov, I. I.], Bumagi I. I. Šuvalova, in: RA (1867), 1, S. 65-97.
Ders., V pravitel'stvujuščij senat imperatorskogo moskovskogo universiteta ot kuratora Šuvalova donesenie, in: ČOIDR (1858), kn. 3, S. 113-118.
[Sverbeev, D. N.], Zapiski Dmitrija Nikolaeviča Sverbeeva. T. 1. Moskva 1889.
Svetlov, B. (Hrsg.), Obščestvo ljubitelej Rossijskoj učenosti pri Moskovskom universitete, in: IA 5 (1950), S. 300-322.

Tatiščev, V. V., Duchovnaja moemu synu. SPb. 1896.
Ders., Istorija Rossijskaja. T. 1, Moskva usw. 1962.
Ders., Izbrannye proizvedenija. Leningrad 1979.
Ders., Razgovor dvuch prijatelej o pol'ze nauki i učilišč, in: ČOIDR (1887), kn. 1, S. 1-171.
[Teplov, G. N.], Proekt k učreždeniju universitetskogo Baturinskogo, in: ČOIDR (1863), kn. 2, S. 67-85.
[Timkovskij, I. F.], Zapiski Il'i Fedoroviča Timkovskogo, in: RA (1874), 6, S. 1377-1466.
Tjutčev, F.J., Russland und der Westen. Politische Aufsätze. Berlin 1992 (= Stimmen aus Rußland, 1).
[Tolčenov, I. A.], Žurnal ili zapiska žizni priključenija Ivana Alekseeviča Tolčenova. Moskva 1974.
[Tolstoj, P. A.], Putevoj Dnevnik P. A. Tolstogo, in: RA (1888) 1, S. 161-204, 321-368, 505-525, (1888) 2, S. 5-62, 113-156, 225-264, 369-400.
Toržestvujuščaja Minerva, in: Moskvitjanin (1850), 19, otd. nauki i chudožestva, S. 109-128.
[Tretjakov, M. P.], Imperatorskij Moskovskij Universitet v 1799-1830 v vospominanijach Michaila Prochoroviča Tretjakova, in: RS 75 (1892), 7, S. 105-132; 8, S. 307-345; 9, S. 533-553.
Turgen'ev, A. I., Političeskaja Prosa. Moskva 1989.

[Uvarov, S. S.], Der Minister für Volksaufklärung Graf Uvarov über die Dorpater Universität im Jahre 1833, in: Baltische Monatsschrift 31 (1884), S. 500-510.
Ders., Desjatiletie Ministerstva narodnogo prosveščenija. SPb. 1864.
Ders., K istorii klassicisma v Rossii: Mnenie S. S. Uvarova (1826), in: RA (1890), S. 465-468.
Ders., O prepodovanii istorii otnocitel'no k narodnomu vospitaniju. SPb. 1813.
Ders., Reč' Presidenta imperatorskoj akademii nauk, popečitelja Sankt Peterburgskogo učebnogo okruga, v toržestvennom sobranii glavnogo pedagogičeskogo instituta 22.8.1818. SPb. 1818.

Vigel', F. F., Zapiski. Moskva 2000.
Voprosy ispytanij, proizvodimych v gimnazijach i uezdnych učiliščach S. Peterburgskogo učebnogo okruga. SPb. 1844.
Voprosy ispytanij, proizvodimych v gimnazijach i uezdnych učiliščach S. Peterburgskogo učebnogo okruga. SPb. 1854.
Vremja škol'nogo učenija. Uezdnoe učilišče i gimnazija (1816-1822), in: RV 125 (1876), S. 810-831.

Vsemirnaja istorija dlja narodnych učilišč. T. 1-3, SPb. 1787-1798.
Vseobščee zemleopisanie, izdannoe dlja narodnych učlišč Rossijskoj imperii po vysočajšemy poveleniju carstvujuščija Imperatricy Ekateriny vtoryja. T. 1-2. SPb. 1788-1795.

Weber, F. C., Das veränderte Rußland. Bd. 1-2. Frankfurt a. M. usw. 1738 (Reprint 1992).
Woldemar, C. (Hrsg.), Beiträge zur Geschichte und Statistik der Gelehrten- und Schulanstalten des kaiserlich-russischen Ministeriums für Volksaufklärung. Bd. 1-3. SPb. 1865-66.

2. Darstellungen

Adler, P. J., Habsburg School Reform among the Orthodox Minorities, 1770-1780, in: SR 33 (1974), S. 23-45.
Agncev, A., Istorija Rjazanskoj duchovnoj seminarii. Rjazan' 1889.
Aksenov, A. I., Genealogija moskovskogo kupečestva XVIII v.: Iz istorii formirovanija russkoj buržuazii. Moskva 1988.
Alefirenko, P. K., Pravitel'stvo Ekateriny II i francuzskaja buržuaznaja revoljucija, in: IZ 12 (1947), S. 206-251.
Ders. [u. a.], Prosveščenie, nauka i byt Moskvy, in: Bachrušin, S. V. (Hrsg.), Istorija Moskvy. T. 2: Period feodalizma XVIII v., S. 475-588.
Aleksandrenko, V., Iz žizni russkich studentov v Oksforde v carstvovanii imperatricy Ekateriny II, in: ŽMNP 285 (1893), 1, S. 1-14.
Alešincev, I., Istorija gimnazičeskogo obrazovanija v Rossii (XVIII i XIX vek). SPb. 1912.
Ders.,, Soslovnyj vopros i politika v istorii našich gimnazij v XIX veke. Istoričeskij očerk, in: Russkaja škola (1908), 1, S. 1-18, 2, S. 29-48, 3, S. 23-42, 4, S. 1-30.
Alexander, J. T., Catherine the Great. Life and Legend. New York 1989.
Ders., Bubonic Plague in Early Modern Russia. Public Health and Urban Disaster. Baltimore 1980.
Ders., Shuvalov, Ivan Ivanovich, in: Wieczynski, J. L. (Hrsg.), MERSH, Vol 53. Gulf Breeze 1990, S. 34-43.
Allister, S. H., The Reform of Higher Education in Russia during the Reign of Nicholas I., 1825-1855. Ph.D. Diss. Princeton 1974.
Alpatov, N. I., Učebno-vospitatel'naja rabota v dorevoljucionnoj škole internatskogo typa. Iz opyta kadetskich korpusov i voennych gimnazij v Rossii. Moskva 1958.
Alston, P. L., Education and State in Tsarist Russia. Stanford 1969.
Altbauer, D., The Diplomats of Peter the Great, 1689-1725. Ph.D. Diss. Harvard Univ. 1976.
Amburger, E., Der deutsche Lehrer in Rußland, in: ders., Beiträge zur Geschichte der deutsch-russischen Kulturbeziehungen. Gießen 1961 (= Osteuropastudien der Hochschulen des Landes Hessen, Reihe 1: Gießener Abhandlungen zur Agrar- und Wirtschaftsforschung des europäischen Ostens, 14), S. 159-182.
Ders., Die deutschen Schulen in Rußland mit besonderer Berücksichtigung St. Petersburgs, in: Kaiser, F. B. (Hrsg. u. a.), Deutscher Einfluß auf Bildung und Wissenschaft im östlichen Europa. Köln usw. 1984 (= Studien zum Deutschtum im Osten, 18), S. 1-26.
Ders., Die nichtrussischen Schüler des Akademischen Gymnasiums in St. Petersburg 1726-1750, in: Ders., Beiträge zur Geschichte der deutsch-russischen Kulturbeziehungen. Gießen 1961 (= Osteuropastudien der Hochschulen des Landes Hessen, Reihe 1: Gießener Abhandlungen zur Agrar- und Wirtschaftsforschung des europäischen Ostens, 14), S. 183-213.
Ders., Geschichte der Behördenorganisation in Rußland von Peter dem Großen bis 1917. Leiden 1966 (= Studien zur Geschichte Osteuropas, 10).
Anderson, B., Die Erfindung der Nation. Zur Karriere eines folgenreichen Konzepts. Berlin 1998.
Andreev, A. I., Osnovanie Akademii nauk v Peterburge, in: Ders. (Hrsg. u. a.) Petr Velikij. Sbornik statej. Moskva usw. 1947, S. 284-333.
Ders., Petr I. v Anglii v 1698 g, in: Ders. (Hrsg.), Petr I. Sbornik statej. Moskva usw. 1947, S. 63-103.
Andreev, A. Ju., Die „Göttinger Seele" der Universität Moskau. Zu den Wissenschaftsbeziehungen der Universitäten Moskau und Göttingen im frühen 19. Jahrhundert, in: Jahrbuch für Universitätsgeschichte 4 (2001), S. 83-101.

Ders., Moskovskij universitet v obščestvennoj i kul'turnoj žizni Rossii načala XIX veka. Moskva 2000.
Ders., Professora, in: Ponomareva, V. V. (Hrsg. u. a.), Universitet dlja Rossii. Vzgljad na istoriju kul'tury XVIII stoletija. Moskva 1997, S. 174-219, hier S. 181-195.
Andrijašev, A., Materialy dlja istorii učebnych zavedenij Černigovskoj direkcii s 1789-1832 g. Kiev 1865.
Anisimov, E. V., Anna Ivanovna. Moskva 2002 (= Žizn' zamečatel'nych ljudej. 1016).
Ders., E. V., Gosudarstvennye preobrazovanija i samoderžavie Petra Velikogo v pervoj četverti XVIII veka. SPb. 1997.
Ders., I. I. Šuvalov, dejatel' rossijskogo prosveščenija, in: VI (1985), 7, S. 94-104.
Ders., M. V. Lomonosov i I. I. Šuvalov, in: Voprosy estestvoznanija i techniki (1987), 1, S. 73-83.
Ders., The Reforms of Peter the Great. Progress through Coercion in Russia. London usw. 1993 (= The New Russian History Series).
Ders., Rossija bez Petra 1725-1740. SPb. 1994.
Archangel'skij, A. S., Imperatrica Ekaterina II. v istorii russkoj literatury i obrazovanija. Kazan' 1897.
Aretin, K. O. v., Der Aufgeklärte Absolutismus als europäisches Problem., in: Ders. (Hrsg.), Der Aufgeklärte Absolutismus. Köln 1974 (= Neue Wissenschaftliche Bibliothek), S. 11-51.
Ders., Katharina die Große und das Phänomen des Aufgeklärten Absolutismus, in: Hübner, E. (Hrsg. u. a.), Rußland zur Zeit Katharinas II. Absolutismus, Aufklärung, Pragmatismus. Köln usw. 1998 (= Beiträge zur Geschichte Osteuropas, 26), S. 33-40.
Ariès, P., Geschichte der Kindheit. 12. Aufl. München 1998.
Artemev, A., Kazanskaja gimnazija v XVIII stoletii. SPb. 1874.
Artemeva, T. V. (Hrsg. u. a.), Ivan Ivanovič Šuvalov (1727-1797). Prosveščennajaličnost' v Rossijskoj istorii. SPb. 1998 (= Filosofskij vek. Al'manach, 8).
Aschmann, B., Moderne versus Postmoderne. Gedanken zur Debatte über vergangene, gegenwärtige und künftige Forschungsansätze, in: Elvert, J. (Hrsg. u. a.) Historische Debatten und Kontroversen im 19. und 20. Jahrhundert. Stuttgart 2002 (HMRG Beiheft 46), S. 256-275.
Aurora, N. N., Idei prosveščenija v 1-m Kadetskom korpus (konec XVIII- pervaja četvert' XIX v.), in: VMGU, Serija 8: Istorija (1996), 1, S. 34-42.
Dies., Sistema prepodavanija v voenno-učebnych zavedenijach v XVIII v., in: Istomina, E. S. (Hrsg. u. a.), Issledovanija po istorii Rossii XVI-XVIII vv. Moskva 2000, S. 105-114.

Baberowski, J., Rußland und die Sowjetunion, in: Köpke, W. (Hrsg. u. a.), Das gemeinsame Haus Europa. Handbuch der europäischen Kulturgeschichte. München 1999, S. 197-210.
Bachrušin, S. V., Moskovskij universitet v XVIII veke, in: Učenye zapiski MGU 50 (1940), S. 5-34.
Bagalej, D. I., Opyt istorii Char'kovskogo universiteta. Po neizdannym materialam. Bd.1: (1802-1815). 2. Aufl. Char'kov 1896.
Ders., Prosvetitel'naja dejatel'nost' Vasilija Nazaroviča Karazina. Char'kov 1891.
Ders./Sumcov, N. F./Bužeckij, V. P., Kratkij očerk istorii Char'kovskogo universiteta za pervye sto let ego sušestvovanija. Char'kov 1906.
Baklanova, N. A., Škola i prosveščenie, in: Kafengauz, B. B. (Hrsg. u. a.), Očerki istorii SSSR. Period feodalizma. Rossija v pervoj četverti XVIII v. Preobrazovanija Petra I. Moskva 1954, S. 655-681.
Ballinger, S. E., Ideals of Social Progress through Education in the French Enlightenment Period: Helvetius and Condorcet, in: History of Education Journal 10 (1959), S. 88-99.
Bamford, T. W., Public Schools and Social Class, 1801-1850, in: British Journal of Sociology 12 (1961), S. 224-235.
Baranovič, A. N. (Hrsg. u. a.), Očerki istorii SSSR. Period Feodalizma. Rossija vo vtoroj četverti XVIII v. Moskva 1957.
Barenbaum, I. E., Geschichte des Buchhandels in Rußland und der Sowjetunion. Wiesbaden 1991 (= Geschichte des Buchhandels, 4).
Barnard, H. C., Education and the French Revolution. Cambridge 1969.
Ders., A History of English Education from 1760. 2. Aufl. London 1961.
Bartenev, P. I., I. I. Šuvalov. Moskva 1857.
Bartlett, R., Defences of Serfdom in Eighteenth Century Russia, in: DiSalvo, M. (Hrsg. u. a.), A

2. Darstellungen

Window on Russia. Papers from the V International Conference of the Study Group on Eighteenth Century Russia. Roma 1996, S. 67-74.

Ders., The Free Economic Society: The Foundation Years and the Prize Essay Competition of 1766 on Peasant Property, in: Hübner, E. (Hrsg. u. a.), Rußland zur Zeit Katharinas II. Absolutismus, Pragmatismus, Aufklärung. Köln usw. 1998 (= Beiträge zur Geschichte Osteuropas, 26), S. 181-214.

Ders., Human Capital. The Settlement of Foreigners in Russia, 1762-1804. Cambridge 1979.

Ders., Peter Ernst Wilde (1732-1785). Ein Volksaufklärer im estnischen Dorf, in: Bömelburg, H.-J. (Hrsg. u. a.), „Der Fremde im Dorf". Überlegungen zum Eigenen und zum Fremden in der Geschichte. Rex Rexheuser zum 65. Geburtstag. Lüneburg 1998, S. 22-42.

Basedow, B., Untersuchung über die Entwicklung des Dessauer Philanthropinismus und des Dessauer Erziehungsinstitutes, in: Jahrbuch für Erziehungs- und Schulgeschichte 23 (1983), S. 30-61.

Batalden, S. K., Printing the Bible in the Reign of Alexander I. Toward a Reinterpretation of the Imperial Russian Bible Society, in: Hosking, G. A. (Hrsg.), Church, Nation and State in Russia and the Ukraine. London 1991, S. 65-78.

Bazijanc, A. P., Lazarevskij institut vostočnich jazykov. Istoričeskij očerk. Moskva 1959.

Beauvois, D., Adam Jerzy Czartoryski jako kurator wileńskiego okręga naukowego, in: Przegląd Historyczne 65 (1974), S. 61-83.

Ders., Les Lumières au carrefour de l'Orthodoxie et du Catholicisme. Le Cas des Uniates de l'Empire russe au début du XIXe siècle, in: CMRS 19 (1978), S. 423-441.

Becker, C., Raznochintsy: The Development of the Word and of the Concept, in: SR 18 (1959), S. 63-74.

Becker, C. B., The Church School in Tsarist Social and Educational Policy from Peter to the Great Reforms. PhD Harvard 1964.

[Beise, Th.], Die kaiserliche Universität Dorpat während der ersten fünfzig Jahre ihres Bestehens und Wirkens. Dorpat 1852.

Bekasova, A. V., „Faros mladych vel'mož": I. I. Šuvalov i obrazovatel'nye putešestvija russkich dvorjan, in: Artemeva, T. V. (Hrsg. u. a.), Ivan Ivanovič Šuvalov (1727-1797): Prosveščennaja ličnost' v Rossijskoj istorii. SPb. 1998 (= Filosofskij vek. Al'manach, 8), S. 24-33.

Beleckij, A. [V.], Istoričeskij obzor dejatel'nosti Vilenskogo učebnogo okruga. Vil'na 1908.

Ders., Kratkij istoričeskij obzor dejatel'nosti upravlenija vilenskogo učebnogo okruga s 1803 po 1869 g. Vil'na 1903.

Beljavskij, M. T., Krestjanskij vopros v Rossii nakanune vosstanija E. I. Pugačeva (formirovanie antikrepostničeskoj mysli). Moskva 1965.

Ders., M. V. Lomonosov i osnovanie Moskovskogo universiteta. Moskva 1955.

Ders., Škola i obrazovanie, in: Aleksandrov, V. A. (Hrsg. u. a.), Očerki russkoj kul'tury XVIII v. Moskva 1987, č. 2, S. 258-293.

Ders., Škola i sistema obrazovanija v Rossii v konce XVIII v., in: VMGU, istoriko-filologieskaja serija 2 (1959), S. 105-120.

Benz, E., Leibniz und Peter der Große. Berlin 1947.

Berkov, P. N., Literarische Wechselbeziehungen zwischen Rußland und Westeuropa im 18. Jahrhundert. Berlin 1968 (= Neuere Beiträge zur Literaturwissenschaft, 31).

Ders., Načalo russkoj žurnalistiki, in: Ders. (Hrsg.), Očerki po russkoj žurnalistiki i kritiki. Leningrad 1950, S. 32-44.

Berlin, I., Russian Thinkers. 3. Aufl. Toronto 1978.

Besançon, A., Éducation et société en Russie dans le second tiers du XIXe siècle. Paris 1974.

Beskrovnyj, L. G., Voennye školy v Rossii v pervoj polovine XVIII v., in: IZ 42 (1953), S. 285-300.

Beyme, K. v., Elite, in: Kernig, C. D. (Hrsg.), Sowjetsystem und demokratische Gesellschaft. Eine vergleichende Enzyklopädie. Bd. 2. Freiburg usw. 1968, Sp. 103-128.

Beyrau, D., Militär und Gesellschaft im vorrevolutionären Rußland. Köln usw. 1984 (= Beiträge zur Geschichte Osteuropas, 15).

Bienemann, F., Der Dorpater Professor Georg Friedrich Parrot und Kaiser Alexander I. Reval 1902.

Ders., Die Statthalterschaftszeit in Liv- und Estland (1783-1796). Ein Capitel aus der Regentenpraxis

Katharinas II. Berlin 1889 (Reprint 1973).
Bil'basov, V. A., Didro v Peterburge. SPb. 1884 (Reprint 1972).
Ders., Geschichte Katharinas II. Bd. 2, Erste Abteilung: Vom Regierungsantritt Katharinas 1762 bis 1764. Berlin 1893.
Bielinski, J., Universitet Wileński (1579-1831). T. 1-3. Kraków 1899-1900.
Billington, J. H., The Icon and the Axe. An Interpretive History of Russian Culture. 2. Aufl. New York 1970.
Ders., The Intelligentsia and the Religion of Humanity, in: AHR 65 (1960), S. 807-821.
Bisonette, G., Peter the Great and the Church as an Educational Institution, in: Curtiss, J. S. (Hrsg.), Essays in Russian and Soviet History in Honor of Geroid Tanquary Robinson. Leiden 1963 (= Studien zur Geschichte Osteuropas, 8), S. 3-20.
Black, J. L., Citizens for the Fatherland: Education, Educators and Pedagogical Ideals in Eighteenth Century Russia. Boulder, Col. 1979.
Ders., Educating Women in Eighteenth-Century Russia: Myths and Realities, in: Canadian Slavonic Papers 20 (1978), S. 23-43.
Ders., G. F. Müller and the Imperial Russian Academy. Kingston usw. 1986.
Ders., Nicholas Karamzin and the Russian Society in the Nineteenth Century. A Study in Russian Political Thought. Toronto 1975.
Ders., The Search for a „Correct" Textbook of National History in the 18th Century Russia, in: The New Review of East European History 16 (1976), S. 3-19.
Blackwell, W. L., The Beginnings of Russian Industrialization 1800-1860. Princeton 1968.
Blanning, T. C. W., Frederick the Great and Enlightened Absolutism, in: Scott, H. M. (Hrsg.), Enlightened Absolutism. Reform and Reformers in Later Eighteenth Century Europe. London usw. 1990, S. 265-288.
Blioch, I. S., Financy Rossii XIX stoletija. Istorija-statistika. T.1-4. SPb. 1882.
Blumenthal H. v., Rückblick auf die hundertjährige Wirksamkeit der Moskauischen Erziehungsanstalt, in: Baltische Monatsschrift 9 (1864), S. 348-365.
Bobrova, E. I. (Hrsg.), Biblioteka Petra I. Ukazatel'-spravočnik. Leningrad 1978.
Bock, W. v., Die erste baltische Zentralkommission, 1798, in: Baltische Monatsschrift 13 (1866), S. 97-122.
Ders., Die Historie von der Universität Dorpat und deren Geschichte, in: Baltische Monatsschrift 9 (1864), S. 107-193, 487-522.
Böning, H., Der „gemeine Mann" als Adressat aufklärerischen Gedankengutes. Ein Forschungsbericht zur Volksaufklärung, in: Das 18. Jahrhundert 12 (1988) 1, S. 52-80.
Boethlingk, A., Der Waadtländer Friedrich Caesar Laharpe. Der Erzieher und Berater Alexanders I. von Rußland. Bd. 1-2. Bern 1925.
Bogdanov, N. M., Gramotnost' i obrazovanie v dorevoljucionnoj Rossii i v SSSR (istoričesko-statističeskie očerki). Moskva 1964.
Bogoljubov, V., N. I. Novikov i ego vremja. Moskva 1916.
Bondy, F., Voltaire - Freund aller Despoten, in: Neue Deutsche Hefte 35 (1988), S. 711-722.
Borovoj, S. Ja., Kredit i banki Rossii. Moskva 1958.
Borozdin, I. N., Universitety v Rossii v pervoj polovine XIX veke, in: Istorija Rossii v XIX veke. T. 2. SPb. 1910, S. 349-379.
Brennan, J. F., Enlightened Despotism in Russia. The Reign of Elisabeth 1741-1762. New York 1987 (= American University Studies, IX, 14).
Brim, S., Universitäten und Studentenbewegung in Rußland im Zeitalter der großen Reformen. Frankfurt a. M. 1985.
Brooks, J., When Russia Learned to Read. Literacy and Popular Literature 1861-1917. Princeton 1985.
Brower, D., Training the Nihilists. Education and Radicalism in Russia. Ithaca 1975.
Brückner, A. G. [Brikner, A. G.], Istorija Ekateriny Vtoroj. Moskva 1998.
Brückner, A./Mettig, C., Die Europäisierung Rußlands im 18. Jahrhundert. Gotha 1913 (= Allgemeine Staatengeschichte, Abt. 1: Geschichte der europäischen Staaten).
Bryner, E., „Respecter la religion, mais ne la faire entrer pour rien dans les affaires d'etat". Die orthodoxe Kirche als staatstragendes Element unter Katharina II., in: Hübner, E. (Hrsg. u. a.), Rußland zur Zeit Katharinas II. Absolutismus, Aufklärung, Pragmatismus. Köln usw. 1998 (=

2. Darstellungen

Beiträge zur Geschichte Osteuropas, 26), S. 151-167.
Bulgakova, L. A., Memuary kak istočnik po istorii universitetov Rossii, in: Vspomogatel'nye istoričeskie discipliny 16 (1985), S. 189-202.
Dies., Otčety popečitelej po učebnym okrugam i universitetam kak istočnik, in: Vspomogatel'nye istoričeskie discipliny 10 (1978), S. 244-251.
Dies., Soslovnaja politika v oblasti obrazovanija vo vtoroj četverti XIX v., in: Voprosy političeskoj istorii SSSR. Moskva usw. 1977, S. 105-124.
Bulič, N., Iz pervych let Kazanskogo universiteta (1805-1819). Rasskazy po archivnym dokumentam. T. 1-2. Kazan' 1887-1891.
Burov, A. A., Peterburgskie russkie školy i raprostranenie gramotnosti sredi rabočich v pervoj polovine XVIII v. Leningrad 1957.
Buschmann, C., Akademie und Universität: Zwei Seiten einer Idee, in: Lehmann-Carli (Hrsg. u. a.), Russische Aufklärungsrezeption, S. 169-181.
Bykova, T. T./Gurevič, M. M., Opisanie izdanij napečatnych kirilicej, 1689-janvar' 1725. Moskva usw. 1958.

Čečulin, N. D., Ob istočnikach nakaza Ekateriny II, in: ŽMNP (1902), 4, S. 306-317.
Ders., Vospitanie i domašnee obučenie v Rossii v XVIII v., in: Dela i dni (1920), S. 96-112.
Čerkaz'janova, I. V., Nemeckaja škola v Sibiri XVIII v.-1938 g. Moskva 2000.
Čerepnin, N. P., Imperatorskoe Vospital'noe Obščestvo blagorodnych devic. Istoričeskij očerk, 1764-1914. T. 1-3. SPb. 1914-1915.
Černjavskij, I. M., Materialy po istorii narodnogo obrazovanija v Ekaterinoslavskom namestničestve pri Ekaterine II i Pavel I 1784-1805. Ekaterinoslavl' 1895.
Chartanovič, M. F., Učenoe soslovie Rossii. Imperatorskaja Akademija nauk vtoroj četverti XIX v. Spb. 1999.
Choldin, M. T., A Fence around the Empire. Russian Censorship under the Tsars. Durham 1985.
Chorošilova, L. B., Studenty, in: Ponomareva, V. V. (Hrsg.), Universitet dlja Rossii. Vzgljad na istoriju kul'tury XVIII stoletija. Moskva 1997, S. 220-265.
Choroškevič, A. L. (Hrsg. u. a.), Istorija Moskvy s drevnejšich vremen do našich dnej v trech tomach. T. 1: XII-XVIII veka. Moskva 1997.
Christian, D., The Political Ideals of Michael Speransky, in: SEER 44 (1966), S. 192-213.
Čibirjaev, S. A., Velikij russkij reformator. Žizn', dejatel'nost', političeskie vzgljady M. M. Speranskogo. Moskva 1993.
Conermann, S., Le regard mutilé. Diskursanalytische Überlegungen zu Sadiq Hidayat (gest. 1951), in: Klemm, V. (Hrsg. u. a.), Understanding Near Eastern Literatures. A Spectrum of Interdisciplinary Approaches. Wiesbaden 2000, S. 127-143.
Cracraft, J., The Church Reform of Peter the Great. London usw. 1971.
Ders., Feofan Prokopovich, in: Garrard, J. (Hrsg.), The Eighteenth Century in Russia. Oxford 1973, S. 75-105.
Ders., Feofan Prokopovich. A Bibliography of his Work, in: Oxford Slavonic Papers 8 (1975), S. 1-36.
Cross, A. G., N. M. Karamzin's „Messenger of Europe", 1802-1803, in: Forum for Modern Language Studies 5 (1969), S. 1-25.
Čučmarev, V. I., Francuzskie encyklopedisty XVIII veka ob uspechach razvitija russkoj kul'tury, in: Voprosy filosofii (1951), 6, S. 179-193.
Čuma, A. A., Ian Amos Komenskij i russkaja škola. Bratislava 1970.
Czepulis-Rastenis, R., Klasa umysłowa. Inteligencja Królestwa Polskiego, 1832-1862. Warszawa 1973.

Daniel, W. L., Grigorij Teplov. A Statesman at the Court of Catherine the Great. Newtonville, Mass. 1991 (= Russian Biography Series, 10).
Daniels, R., V. N. Tatishchev. Guardian of the Petrine Revolution. Philadelphia 1973.
Ders., V. N. Tatishchev and the Succession Crisis of 1730, in: SEER 49 (1971), S. 550-559.
Darlington, T., Education in Russia. London 1909 (= Special Reports on Educational Subjects, 23).
Davis, J. H., Fénelon. Boston, Mass. 1979.
Demidova, N. F., Prikaznye ljudi XVII veka. Social'nyj sostav i istočnik formirovanija, in: IZ 90 (1972), S. 332-354.

Demkov, M. I., Istorija russkoj pedagogiki. T. 2. SPb. 1897.
Denisov, A. P., Leontij Filipovič Magnickij, 1669-1739. Moskva 1967.
Denzer, H., Nachwort, in: Pufendorf, S. v., Die Verfassung des Deutschen Reiches. Stuttgart 1976, S. 161-211.
Dixon, S., The Modernisation of Russia 1676-1825. Cambridge 1999 (= New Approaches to European History).
D'jakov, V. A., Pol'skie studenčeskie organizacii 30–60-ch gg. XIX veka v rossijskich universitetach, in: Ščapov, Ja. N. (Hrsg. u. a.), Pol'skie professora i studenty v universitetach Rossii (XIX - načalo XX v.) Varšava 1995, S. 20-27.
Dneprov, E. D., Sovetskaja literatura po istorii školy i pedagogiki dorevoljucionnoj Rossii. Moskva 1979.
Dodon, L. L., Učebnaja literatura russkoj narodnoj školy vo vtoroj polovine i rol' F. I. Jankoviča v ee sozdanii, in: Učenye zapiski LGPU im. A. I. Gercena 118 (1955), S. 185-208.
Dohrn, V., Die erste Bildungsreform für Juden im Russischen Reich. Ihre Bedeutung für die Juden in Liv- und Kurland, in: Ashkenas (1998), 2, S. 325-352.
Donnert, E., Zu den Anfängen des russischen Volksbildungswesens in der zweiten Hälfte des 18. Jahrhunderts, in: Jahrbuch für Erziehungs- und Schulgeschichte 25 (1985), S. 61-74.
Ders., Katharina die Große, Kaiserin des Russischen Reiches. Regensburg 1998.
Ders., Katharina die Große und ihre Zeit. Rußland im Zeitalter der Aufklärung. 2. Aufl. Leipzig 1996.
Ders., Peter der Große. Leipzig 1987.
Družinin, N. M., Gosudarstvennye krestjane i reforma P. D. Kiseleva. T. 2: Realizacija i posledstvija reform. Moskva 1958.
Dukes, P., Catherine the Great and the Russian Nobility. Cambridge 1967.
Dulac, G., Dans quelle mesure Catherine II a-t-elle dialogué avec Diderot? In: Davidenkoff, A. (Hrsg.), Catherine II et l'Europe. Paris 1997 (= Collection historique de l'Institut d'études Slaves, 38), S. 149-161.
Džedžula, K. E., Rossija i velikaja francuzskaja buržuaznaja revoljucija konca XVIII veka. Kiev 1972.
Dziewanowski, M. K., Alexander I., Russia's Mysterious Tsar. New York 1991.

Edwards, D. W., Count Joseph Marie de Maistre and Russian Educational Policy, 1803-1826, in: SR 31 (1977), S. 54-75.
Egorov, A. D., Licej Rossii: Opyt istoričeskoj chronologii. Kn 1: Rižel'evskij licej; Kn. 2: Licej knjazja Bezborodko; Kn. 3: Demidovskij juridičeskij licej. Ivanovo 1993-1994.
Egorov, Ju. N., Reakcionnaja politika carizma v voprosach universitetskogo obrazovanija v 30-50-ch gg. XIX v., in: Istoričeskie nauki 3 (1960), S. 54-75.
Ders., Studenčestvo Sankt Peterburgskogo universiteta v 30-50 godach XIX v., ego social'nyj sostav i raspredelenie po fakul'tetam, in: Vestnik Leningradskogo universiteta. Serija istorii, jazyka i literatury (1957), 14, S. 5-19.
Eingorn, V., Moskovskij universitet, gubernskaja gimnazija i drugie učebnye zavedenija v 1812 g., in: ČOIDR (1912), 4, S. 1-99.
Ders., Moskovskoe glavnoe narodnoe učilišče v konce XVIII veka, in: ŽMNP (1910), 4, S. 129-168.
Eisenstein, E., The Printing Press as an Agent of Change. Vol. 1-2. Cambridge 1979.
Ejdel'mann, N. Ja., Gran' vekov. Političeskaja bor'ba v Rossii. Konec XVIII-načalo XIX stoletija. Moskva 1982.
Ejmontova, R. G., V novom obličii (1825-1855 gg.), in: Grosul, V. Ja. (Hrsg. u.a.), Russkij konservatizm XIX stoletija. Ideologija i praktika. Moskva 2000, S. 105-191.
Eklof, B., Russian Peasant Schools: Officialdom, Village Culture and Popular Pedagogy, 1861-1914. Berkeley usw. 1986.
Enderlein, E., Catherine II pédagogue (De l'éducation en général et celle des filles en particulier), in: M. Fajnštejn (Hrsg. u. a.), Katharina II. Eine russische Schriftstellerin. Wilhelmshorst 1996 (= FrauenLiteraturGeschichte, 5), S. 81-102.
Engel-Braunschmidt, A., Modernisierung durch Literatur: Ch. F. Gellerts „Betschwester" und Katharinas „O Zeit", in: Hübner, E. (Hrsg. u. a.), Rußland zur Zeit Katharinas II. Absolutismus, Aufklärung, Pragmatismus. Köln usw. 1998 (= Beiträge zur Geschichte Osteuropas, 26), S. 235-252.

Dies., "Der Nation gefallen ...". Katharina als Autorin und die Literatur ihrer Zeit, in: Ottomeyer, H. (Hrsg. u. a.), Katharina die Große. Katalogbuch. Kassel 1997, S. 45-52.
Engelhardt, L. N., Zapiski. Moskva 1997.
Epifanov, P. P., "Učenaja družina" i prosvetitel'stvo XVIII veka. Nekotorye voprosy istorii russkoj obščestvennoj mysli, in: VI (1963), 3, S. 37-53.
Epp, G. K., The Educational Policies of Catherine II. The Era of Enlightenment in Russia. Frankfurt a. M. 1984 (= European University Studies, III, 209).
Eroškina, A. N., Dejatel' épochi proveščennogo absoljutizma: I. I. Beckoj, in: VI (1993), 9, S. 165-169.
Dies., Administrator ot kul'tury (I. I. Beckoj), in: Puškarev, L. N. (Hrsg.), Russkaja kul'tura poslednej treti XVIII veka - vremeni Ekateriny vtoroj. Moskva 1997, S. 71-90.
Evans, R. J., Fakten und Fiktionen. Über die Grundlagen historischer Erkenntnis. Frankfurt a. M. 1999.
Evseev, K. E., Sud'by škol'nogo prosveščenija v severo-zapadnoj krae. Lekcija. Vitebsk 1908.

Fal'bork, G./Čarnoluskij, V., Narodnoe obrazovanie v Rossii. SPb. [1900].
Fedosov, D., A Scottish Mathematician in Russia: Henry Farquharson (c. .1675-1739), in: Dukes, P. (Hrsg. u. a.), The Universities of Aberdeen and Europe. Aberdeen 1995, S. 102-118.
Fedosov, I. A. (Hrsg. u. a.), Letopis' Moskovskogo universiteta, 1755-1979. Moskva 1979.
Ders., Prosveščennyj absoljutizm v Rossii, in: VI (1979), 9, S. 34-55.
Ders./Dolgich, E. V., Rossijskij absoljutizm i bjurokratija, in: Košman, L.V. (Hrsg.), Očerki russkoj kul'tury XIX veka. T. 2. Moskva 2000, S. 10-101.
Feoktistov, E., Materialy dlja istorii prosveščenija v Rossii. I. Magnickij. SPb. 1865.
Ferretti, P., A Russian Advocate of Peace: Vasilii Malinovskii (1765-1814). Dordrecht 1998 (= International Archives of the History of Ideas, 156).
Fertig, L., Zeitgeist und Erziehungskunst. Eine Einführung in die Kulturgeschichte der Erziehung in Deutschland von 1600 bis 1900. Darmstadt 1984.
Figes. O., Nataschas Tanz. Eine Kulturgeschichte Russlands. Berlin 2003.
Firsov, N. N., Otkrytie narodnogo učilišča v Permskoj gubernii, in: Permskij sbornik (1859), kn. 1, otd. 1, S. 143-199.
Ders., Pravitel'stvo i obščestvo v ich otnošenii k vnešnej torgovle Rossii v carstvovanii imperatricy Ekateriny II. Očerki iz istorii torgovoj politiki. Kazan' 1902.
Fleischhacker, H., Porträt Peters III., in: JbfGO NF 5 (1957), S. 129-189.
Florovskij, A. V., Latinskie školy v Rossii v epochu Petra I., in: XVIII vek. Sbornik 5. Moskva usw. 1962.
Ders., Sostav zakonodatel'noj kommissii 1767-1774 gg. Odessa 1915 (= Zapiski Imperatorskogo Novorossijskogo Universiteta, Istoriko-Filologičeskogo Fakul'teta, 10).
Flynn, J. T., V. N. Karazin, the Gentry, and Kharkov University, in: SR 28 (1969), S. 209-220.
Ders. Magnitskii's Purge of Kazan University: A Case Study of Official Nationality, in: JMH 43 (1971), S. 598-614.
Ders., The Role of the Jesuits in the Politics of Russian Education, in: The Catholic Historical Review 56 (1970), 2, S. 249-265.
Ders., Russia's "University Question": Origins to Great Reforms, 1802-1863, in: History of Universities 7 (1988), S. 1-35.
Ders., The University Reform of Tsar Alexander I., 1802-1835. Washington, DC 1988.
Ders., S. S. Uvarov's Liberal Years, in: JbfGO NF 20 (1974), S. 481-491.

Ders., Tuition and Social Class in the Russian Universities: S. S. Uvarov and "Reaction" in the Russia of Nicholas I, in: SR 35 (1976), S. 232-248.
Ders., Uvarov and the "Western Provinces". A Study of Russia's Polish Problem, in: SEER 64 (1986), S. 212-236.
Fradkin, N. G., Akademik I. I. Lepechin i ego putešestvie po Rossii v 1768-1773. Moskva 1950.
Frank, J. L., Dostoevsky: The Seeds of Revolt, 1821-1849. Princeton 1976.
Freeze, G. L., The Russian Levites. Parish Clergy in the Eighteenth Century. Cambridge, Mass., 1977.
Ders., The Soslovie (Estate) Paradigm and Russian Social History, in: AHR 91 (1986), S. 11-25.
Frumenkova, T. G., Cifirny i archierejskie školy pervoj treti XVIII veka in: VI (2003) 7, S. 136-143.

Galkin, A. G./Bobkalo, A. A., Opyt obučenija „poseljanskich detej" Oloneckoj gubernii v nikolaevskoe vremja, in: Chartanovič, M. F., (Hrsg. u. a.), Rossija v Nikolaevskoe vremja: Nauka, politika, prosveščenie. SPb. 1998 (= Filosofskij vek. Al'manach, 6), S. 143-159.
Ganelin, S. I., Očerki po istorii srednej školy v Rossii. Moskva 1954.
Garleff, M., Dorpat als Universität der Baltischen Provinzen im 19. Jahrhundert, in: Pistohlkors, G. v. (Hrsg. u. a.), Die Universitäten Dorpat/Tartu, Riga und Wilna/Vilnius 1579-1979. Beiträge zu ihrer Geschichte und ihrer Wirkung im Grenzbereich zwischen Ost und West. Köln usw. 1987 (= Quellen und Studien zur baltischen Geschichte, 9), S. 143-150.
Georgievskij, A. I., Predpoložennaja reforma našej srednej školy. SPb. 1901.
Gernet, A. v., Die im Jahr 1802 eröffnete Universität Dorpat und die Wandlungen in ihrer Verfassung. Reval 1902.
Gerschenkron, A., Economic Backwardness in Historical Perspective. A Book of Essays. Cambridge 1966.
Ders. Europe in the Russian Mirror. Four Lectures in Economic History. Cambridge 1970.
Gestwa, K., Proto-Industrialisierung in Rußland. Wirtschaft, Herrschaft und Kultur in Ivanovo und Pavlovo, 1741-1932. Göttingen 1999 (= Veröffentlichungen des Max-Planck-Instituts für Geschichte, 149).
Geyer, D., Der Aufgeklärte Absolutismus in Rußland. Bemerkungen zur Forschungslage, in: JbfGO NF 30 (1982), S. 176-189.
Ders., Zwischen Bildungsbürgertum und Intelligencija: Staatsdienst und akademische Professionalisierung im vorrevolutionären Rußland, in: Conze, W. (Hrsg. u. a.), Bildungsbürgertum im 19. Jahrhundert. Teil I: Bildungssystem und Professionalisierung in internationalen Vergleichen. Stuttgart 1985 (= Industrielle Welt, 38), S. 207-230.
Ders., Gesellschaft als staatliche Veranstaltung. Bemerkungen zur Sozialgeschichte der russischen Staatsverwaltung im 18. Jahrhundert, in: JbfGO NF 14 (1966), S. 21-50.
Gleason, W. J., Moral Idealists, Bureaucracy and Catherine the Great. New Brunswick 1981.
Gobza, G., Stoletie Moskovskoj pervoj gimnazii, 1804-1904. Moskva 1903.
Gooding, J., The Liberalism of Michael Speransky, in : SEER 64 (1986), S. 401-424.
Gordin, Ja. A., Mež rabstvom i svobodoj. 19 janvarja-25 fevralja 1730 goda. SPb. 1994.
Got'e, Ju. V., Istorija oblastnogo upravlenija v Rossii ot Petra do Ekateriny. T. 1. Moskva 1913.
Grabosch, U., Studien zur deutschen Rußlandkunde im 18. Jahrhundert. Halle 1985 (= Beiträge zur Geschichte der UdSSR, 12).
Grasshoff, H., Antioch Dmitrievič Kantemir und Westeuropa. Ein russischer Schriftsteller des 18. Jahrhunderts und seine Beziehungen zur westeuropäischen Literatur und Kunst. Berlin 1966.
Grau, C., Russisch-sächsische Beziehungen auf dem Gebiet des Berg- und Hüttenwesens in der ersten Hälfte des 18. Jahrhunderts, in: Jahrbuch für Geschichte der UdSSR und der volksdemokratischen Länder 4 (1960), S. 302-330.
Ders., Der Wirtschaftsorganisator, Staatsmann und Wissenschaftler Vasilij N. Tatiščev (1686-1750). Berlin 1963 (= Quellen und Studien zur Geschichte Osteuropas, 13).
Griffiths, D. M., Catherine II.: The Republican Empress, in: JbfGO N. F. 21 (1973) 2, S. 323-344.
Ders., Eighteenth-Century Perceptions of Backwardness: Projects for the Creation of a Third Estate in Catherinean Russia, in: CASS 13 (1979), S. 452-472.
Grigor'ev, V. V., Imperatorskij Sankt-Peterburgskij universitet v tečenie pervych 50 let ego suščestvovanija. SPb. 1870.
Ders., Istoričeskij očerk russkoj školy. Moskva 1900.
Grimm, G., Die Schulreform Maria Theresias 1747-1775. Das österreichische Gymnasium zwischen Standesschulen und allgemeinbildender Lehranstalt im Spannungsfeld von Ordensschulen, theresianischem Reformabsolutismus und Aufklärungspädagogik. Frankfurt a. M. usw. 1987.
Grot, Ja. K., Zaboty Ekateriny o narodnom obrazovanii po eja pis'mam k Grimmu. SPb. 1879.
Guerrier, W., Leibniz in seinen Beziehungen zu Rußland und Peter dem Großen. SPb. usw. 1873.
Gukovskij, G. A., Russkaja literatura XVIII veka. Moskva 1939.

Habermas, J., Strukturwandel der Öffentlichkeit. Untersuchungen zu einer Kategorie der bürgerlichen Gesellschaft. 6. Aufl. Frankfurt a. M. 1990 (= Suhrkamp-Taschenbuch Wissenschaft, 891).
Hammerstein, N., Aufklärung in Europa. Divergenzen und Probleme, in: Ders. (Hrsg.), Universitäten

und Aufklärung. Göttingen 1995 (= Das achtzehnte Jahrhundert, Supplementa, 3), S. 191-205.
Ders. (Hrsg.), Handbuch der deutschen Bildungsgeschichte. Bd. 1: 15.-17. Jahrhundert. Von der Renaissance zur Reformation. München 1996.
Hans, N., Dumaresq, Brown and Some Early Educational Projects of Catherine II., in: SEER 40 (1961), S. 229-235.
Ders., H. Farquarson, Pioneer of Russian Education, in: Aberdeen University Review (1959), S. 26-29.
Ders., The History of Russian Educational Policy, 1701-1917. London 1931 (Reprint 1964).
Ders., The Moscow School of Navigation, 1701, in: SEER 29 (1950/51), S. 532-536.
Ders., Russian Students at Leyden in the 18th Century, in: SEER 35 (1965-67), S. 441-462.
Hartley, J., The Boards of Social Welfare and the Financing of Catherine II's State Schools, in: SEER 67 (1989), S. 211-227.
Dies., Katharinas Reformen der Lokalverwaltung - die Schaffung städtischer Gesellschaft in der Provinz? In: Scharf, C. (Hrsg.), Katharina II., Rußland und Europa. Beiträge zur internationalen Forschung. Mainz 2001 (= Veröffentlichungen des Instituts für Europäische Geschichte Mainz, Abteilung für Universalgeschichte, Beiheft 545), S. 457-477.
Dies., Philanthropy in the Reign of Catherine the Great, in: Bartlett, R. P. (Hrsg. u. a.), Russia in the Age of Enlightenment. Essays for Isabel de Madariaga. Houndmills usw. 1990, S. 167-202.
Dies., A Social History of the Russian Empire 1650-1825. London 1999 (= A Social History of Europe).
Hassel, J., The Implementation of Russian Table of Ranks during the Eighteenth Century, in: SR 29 (1970), S. 282-299.
Hausmann, G., Universität und städtische Gesellschaft in Odessa, 1865-1917. Soziale und nationale Selbstorganisation an der Peripherie des Zarenreiches. Stuttgart 1998 (= Quellen und Studien zur Geschichte des östlichen Europa, 49).
Helfert, J. A. v., Die österreichische Volksschule. Geschichte, System, Statistik. Bd. 1: Die Gründung der österreichischen Volksschule durch Maria Theresia. Prag 1860.
Heller, K., Die Geld- und Kreditpolitik des Russischen Reiches in der Zeit der Assignaten (1768-1839/43). Wiesbaden 1983 (= Quellen und Studien zur Geschichte des östlichen Europa, 19).
Heller, W., Kooperation oder Konfrontation. M. V. Lomonosov und die russische Wissenschaft im 18. Jahrhundert, in: JbfGO NF 39 (1990), S. 1-24.
Helmert, G., Der Staatsbegriff im petrinischen Rußland. Berlin 1996 (= Beiträge zur Politischen Wissenschaft, 92).
Herlihy, P., Odessa. A History 1794-1914. Harvard 1986.
Herrmann, U., Die Pädagogik der Philanthropen, in: Scheuerl, H. (Hrsg.), Klassiker der Pädagogik. Bd. 1: Von Erasmus von Rotterdam bis Herbert Spencer. 2. Aufl. München 1991, S. 135-158.
Hibbert, C., The Grand Tour. London 1969.
Hildermeier, M., Bürgertum und Stadt in Rußland 1760-1870. Rechtliche Lage und soziale Struktur. Köln usw. 1986 (= Beiträge zur Geschichte Osteuropas, 16).
Ders., Hoffnungsträger? Das Stadtbürgertum unter Katharina II., in: Hübner, E. (Hrsg. u. a.) Rußland zur Zeit Katharinas II. Absolutismus, Aufklärung, Pragmatismus. Köln usw. 1998 (= Beiträge zur Geschichte Osteuropas, 26), S. 137-149.
Ders., Von der Nordischen Geschichte zur Ostgeschichte. Osteuropa im Göttinger Horizont, in: Boockmann, H. (Hrsg. u. a.), Geschichtswissenschaft in Göttingen. Eine Vorlesungsreihe. Göttingen 1987 (= Göttinger Universitätsschriften, A, 2), S. 102-121.
Ders., Das Privileg der Rückständigkeit. Anmerkungen zum Wandel einer Interpretationsfigur der neueren russischen Geschichte, in: HZ 244 (1987), S. 557-603.
Ders., Der russische Adel von 1700 bis 1917, in: Wehler, H.-U. (Hrsg.), Europäischer Adel 1750-1950. Göttingen 1990 (= GG, Sonderheft 13), S. 166-216.
Ders., Was war Meščanstvo? Zur rechtlichen und sozialen Verfassung des unteren städtischen Standes in Rußland, in: FOG 36 (1985), S. 15-53.
Hinrichs, E., Fürsten und Mächte. Zum Problem des europäischen Absolutismus. Göttingen 2000.
Hittle, J. M., The Service City in the Eighteenth Century, in: Hamm, M. F. (Hrsg.), The City in Russian History. Lexington 1976, S. 53-68.
Hösch, E., Das sogenannte „Griechische Projekt" Katharinas II. Ideologie und Wirklichkeit der

russischen Orientpolitik in der zweiten Hälfte des 18. Jahrhunderts, in: JbfGO NF 12 (1964), S. 168-206.
Hoffmann, P., Anton Friedrich Büsching als Schuldirektor in Sankt Petersburg, in: Donnert, E. (Hrsg.), Europa in der Frühen Neuzeit. Festschrift für Günter Mühlpfordt. Bd. 3: Aufbruch in die Moderne. Weimar usw. 1997, S. 95-106.
Ders., Militärische Ausbildungsstätten als Zentren der Aufklärung, in: Lehmann- Carli (Hrsg. u. a.), Russische Aufklärungsrezeption, S. 249- 260.
Ders., Reformen im russischen Bildungswesen unter Peter I. Militärische Aspekte, in: Berliner Jahrbuch für Osteuropäische Geschichte (1995), 2, S. 81-98.
Hollingsworth, B., A. P. Kunitsyn and the Social Movement in Russia under Alexander I., in: SEER 43 (1964), S. 115-129.
Ders., Lancastrian Schools in Russia, in: Durham Research Review 5 (1966), S. 59-74.
Home, R. W., Science as a Career in Eighteenth Century Russia: The Case of F. U. T. Aepinus, in: SEER 51 (1973), S. 75-94.
Hosking, G. Russland. Nation und Imperium 1552-1917. Berlin 2000.
Hudson, H. D., Catherine's Charter to the Towns: A Question of Motivation, in: CASS 25 (1991), S. 129-149.
Ders., The Rise of the Demidov Family and the Russian Iron Industry in the Eighteenth-Century. Newtonville, Mass. 1986 (= Russian Biography Series, 11).
Hughes, L., Russia in the Age of Peter the Great, New Haven 1998.
Dies., Sophia, Regent of Russia. New Haven usw. 1990.
Hughes, M., „Independent Gentlemen". The Social Position of the Moscow Slavophiles and its Impact on their Political Thought, in: SEER 71 (1993), S. 66-88.
Hunt, L., Politics, Culture and Class in the French Revolution. Berkeley 1984.

Ikonnikov, V. S., Russkie universitety v svjazi s chodom obščestvennogo obrazovanija, in: VE 5 (1876), 9, S. 161-206, 10, S. 492-550, 11, S. 73-132.
Ders., Značenie carstvovanija Ekateriny II. Kiev 1897.
Iskjul', S. N. (Hrsg. u. a.), Iz pisem rossijskich putešestvennikov XVIII v. (brat'ja Demidovy v Germanii), in: Smagina, G. A. (Hrsg.), Nemcy v Rossii. Russko-nemeckie naučnye i kul'turnye svjazi. SPb. 2000, S. 170-179.
Iskra, L. M., B. N. Čičerin i universitetskij vopros v načale 60-ch godov XIX, in: Rossijskie universitety v XVIII-XX vekach. Sbornik naučnych trudov. Vyp. 4, Voronež 1999, S. 29-50.
Istoričeskaja zapiska o dejstvijach i sostojanii Simferopol'skoj gimnazii v 50-letnij period suščestvovanija eja, in: ŽMNP 119 (1863), otd. 6, S. 45-82.
Istorija imperatorskich vospitatel'nych domov, in: ČOIDR (1860), kn. 2, S. 93-185.
Istrin, V., Russkie studenty v Gettingene v 1802-1804 gg. (Po materialam archiva brat'ev Turgenevych), in: ŽMNP 7 (1910), S. 80-144.
Izvekov, D., Bukvar'naja sistema obučenija v ischode XVII i v načale XVIII stoletija, in: Semja i škola (1872), S. 732-750.

Jakovkina, N. I., Istorija russkoj kul'tury pervaja polovina XIX veka. SPb. 1998.
Jeismann, K.-E., „Bildungsgeschichte". Aspekte der Geschichte der Bildung und der historischen Bildungsforschung, in: Bödeker, H. E. (Hrsg. u.a.), Alteuropa, Ancien régime, frühe Neuzeit. Probleme und Methoden der Forschung. Stuttgart usw. 1991, S. 175-200.
Ders., Das preußische Gymnasium in Staat und Gesellschaft. Die Entstehung des Gymnasiums als Schule des Staates und der Gebildeten, 1787-1817. Stuttgart 1974 (= Industrielle Welt, 15).
Johnson, W., Russias Educational Heritage. Pittsburgh 1950.
Jones, R. E., Catherine II. and the Provincial Reform of 1775: A Question of Motivation, in: CASS 4 (1970), S. 497-512.
Ders., The Emancipation of the Russian Nobility, 1762-1785. Princeton 1973.
Ders., Provincial Development in Russia. Catherine II. and Jacob Sievers. New Brunswick usw. 1984.
Jones, W. G., The Morning Light Charity Schools, 1777-80, in: SEER 56 (1978), S. 47-67.
Ders., Nikolay Novikov. Enlightener of Russia. Cambridge 1984.

Jucht, A. I., Gosudarstvennaja dejatelnost' V. N. Tatiščeva v 20-ch - načale 30-ch godov. Moskva 1985.
Jurcovskij, N. S., Očerki po istorii prosveščenija v Sibiri. Novosibirsk 1923.
Jur'ev, V. P., Narodnoe obrazovanie v Vjatskoj Gubernii v Carstvovanii Imperatricy Ekateriny II-j. Materialy po povodu eja stoletija (1786-1886). Vjatka 1887.
K načal'noj istorii Kievskogo narodnogo učilišča (1789-1803), in: KS 71 (1900), 10, otd. 2, S. 1-10.
Kabuzan, V. M., Narodonaselenie Rossii v XVIII v. i pervoj polovine XIX v. Moskva 1963.
Kämmerer, J., Katharina II. im Rahmen hugenottischer Bildungsbemühungen, in: Amburger E. (Hrsg. u. a.), Wissenschaftspolitik in Mittel- und Osteuropa. Wissenschaftliche Gesellschaften, Akademien und Hochschulen im 18. und beginnenden 19. Jahrhundert. Berlin 1976, S. 295-308.
Kafengauz, B. B., I. T. Pososkov. Žižn' i dejatel'nost'. Moskva usw. 1950.
Kafker, F. A., The Encyclopedists as a Group. A Collective Biography of the Authors of the Encyclopédie. Oxford 1996 (= Studies on Voltaire and the Eighteenth Century, 345).
Kahan, A., Die Kosten der „Verwestlichung" in Rußland im 18. Jahrhundert, in: Geyer, D. (Hrsg.), Wirtschaft und Gesellschaft im vorrevolutionären Rußland. Köln 1975 (= Neue Wissenschaftliche Bibliothek, 71), S. 53-82.
Ders., Social Structure, Public Policy, the Development of Education and the Economy of Czarist Russia, in: Anderson, C. A. (Hrsg. u. a.), Education and Economic Development. London 1966, S. 363-375.
Kaiser, F. B., Altphilologen für Rußland: Das Lehrerinstitut für slawische Stipendiaten in Petersburg, das Russische Philologische Seminar (Institut) in Leipzig und das Russische Seminar für Römisches Recht in Berlin, in: Ders. (Hrsg. u.a.), Deutscher Einfluß auf Bildung und Wissenschaft im östlichen Europa. Köln usw. 1984 (= Studien zum Deutschtum im Osten, 18), S. 69-115.
Ders., Zensur in Rußland von Katharina bis zum Ende des 19. Jahrhunderts, in: FOG 25 (1978), S. 146-155.
Kalinina, T. A., Razvitie narodnogo obrazovanija na Urale v doreformennom periode (80-e gg.-pervaja polovina XX veka.). Perm' 1992.
Kamenskij, A. B., Ekaterina II., in: VI (1989), 3, S. 62-88.
Ders., Ot Petra I do Pavla I: Reformy v Rossii XVIII veka. Opyt' celostnogo analiza. Moskva 1999.
Ders., „Pod seniju Ekateriny ...": vtoraja polovina XVIII veka. SPb. 1992.
Ders., Rossijskoe dvorjanstvo v 1767 godu (K probleme konsolidacii), in: Ist SSSR (1990), 1, S. 58-87.
Ders., The Russian Empire in the Eighteenth Century. Searching for a Place in the World. Armonk, London 1997 (= The New Russian History Series).
Kanthak, G., Der Akademiegedanke zwischen utopischem Entwurf und barocker Projektmacherei. Zur Geistesgeschichte der Akademie-Bewegung des 17. Jahrhunderts. Berlin 1987 (= Historische Forschungen, 34).
Kappeler, A., Kleine Geschichte der Ukraine. München 1994 (= Beck'sche Reihe, 1059).
Ders., Russische Geschichte. München 1997 (= Beck'sche Reihe, 2076).
Ders., Rußland als Vielvölkerreich. Entstehung, Geschichte, Zerfall. München 1992.
Ders., Rußlands erste Nationalitäten. Das Zarenreich und die Völker der Mittleren Wolga vom 16. bis zum 19. Jahrhundert. Köln usw. 1982 (= Quellen und Studien zur Geschichte des östlichen Europa, 14).
Kaplan, F. I., Tatishchev and Kantemir. Two Eighteenth Century Exponents of Russian Bureaucratic Style of Thought, in: JbfGO NF 13 (1965), S. 497-510.
Kapterev, P. F., Istorija russkoj pedagogiki. Petrograd 1915.
Karp, S. Ja., Francuzskie prosvetiteli i Rossija. Issledovanija i novye materialy po istorii russko-francuzskich kul'turnych svjazej vtoroj poloviny XVIII veka. Moskva 1998.
Karpeev, Ė. P. (Hrsg.), Lomonosov. Kratkij ėnciklopedičeskij slovar'. SPb. 1999.
Karpowa, E., Denkmäler für die Zarin. Katharina in der Bildhauerkunst, in: Ottomeyer, H. (Hrsg.), Katharina die Große. Katalogbuch zur gleichnamigen Ausstellung. Kassel 1997, S. 67-71.
Kassow, S. D., Students, Professors and the State in Tsarist Russia. Berkeley usw. 1989.

Katzer, N., Nikolaus I., in: Torke, H.- J. (Hrsg.), Die russischen Zaren, 1547-1917. München 1995, S. 289-317.

Kemp, J. A., The Jesuits in White Russia under Stanislaus Siestrzencewicz, in: Thought 16 (1940), S. 469-486.

Kimerling, E., Soldiers' Children 1719-1856. A Study of Social Engineering in Imperial Russia, in: FOG 30 (1982), S. 61-136.

Kirchner, P., Studenten aus der linksufrigen Ukraine an deutschen Universitäten in der zweiten Hälfte des 18. Jahrhunderts, in: Steinitz, W. (Hrsg. u. a.), Ost und West in der Geschichte des Denkens und der kulturellen Beziehungen. Festschrift für Eduard Winter zum 70. Geburtstag. Berlin 1966, S. 367-375.

Kizevetter, A. A., Odin iz reformatorov russkoj školy, in: Ders., Istoričeskie očerki. Moskva 1912, S. 119-149.

Ders., Škol'nye voprosy našego vremeni v dokumentach XVIII veka, in: Ders., Istoričeskie očerki. Moskva 1912, S. 91-118.

Klingenstein, G., Vorstufen der theresianischen Studienreformen in der Regierungszeit Karls VI., in: MIÖG 76 (1968), S. 327-377.

Ključevskij, V. O., Russische Geschichte von Peter dem Großen bis Nikolaus I. Bd. 2. Zürich 1945.

Kluge, R. D., „ ... im Freundeskreis schätzt er die Freiheit, liebt Frohsinn, Anmut und Verstand". Alexander Puschkins Kindheit und Jugend, in: Ders. (Hrsg.), „Ein Denkmal schuf ich mir ...". Alexander Puschkins literarische Bedeutung. Tübingen 2000, S. 13-29.

Knabe, B., Die Struktur der russischen Posadgemeinden und der Katalog der Beschwerden und Forderungen der Kaufmannschaft (1762-1767). Berlin 1975 (= FOG, 22).

Knjazkov, S. A./Serbov, N. I., Očerk istorii narodnogo obrazovanija v Rossii do épochi reform Aleksandra II. Moskva 1910.

Kobeko, D. F., Imperatorskij Carskosel'skij licej. Nastavniki i pitomcy. SPb. 1911.

Kočetkova, N. D., Daškova i „sobesednik ljubitelej rossijskogo slova", in: Voroncov-Daškov, A. I. (Hrsg. u. a.), Ekaterina Romanovna Daškova, S. 140-146.

Kočubinskij, A. [A.], Graf Speranskij i universitetskij ustav 1835 goda, in: VE (1894), 4, S. 655-683, 5, S. 5-43.

Köhler-Baur, M., Die geistlichen Akademien in Rußland im 19. Jahrhundert. Wiesbaden 1997 (= Veröffentlichungen des Osteuropa-Institutes München, Reihe Geschichte, 64), S. 16-39.

Koestler, N., Intelligenzschicht und höhere Bildung im geteilten Polen, in: Conze, W. (Hrsg. u.a.), Bildungsbürgertum im 19. Jahrhundert. Teil I: Bildungssystem und Professionalisierung in internationalen Vergleichen. Stuttgart 1985 (= Industrielle Welt, 38), S. 186-206.

Kogan, Ju. A., Prosvetitel' XVIII veka Ja. P. Kozel'skij. Moskva 1958.

Kohut, Z. A., Russian Centralizm and Ukrainian Autonomy. Imperial Absorption of the Hetmanate, 1760s-1830s. Harvard 1988.

Kolbasin, E., I. I. Martynov, perevodčik grečeskich klassikov, in: Sovremennik 56 (1856), 3, S. 1-46, 4, S. 75-126.

Kollmann, N. S., By Honor Bound. State and Society in Early Modern Russia. Ithaca usw. 1999.

Kolosov, V., Tver' v carstvovanii imperatricy Ekateriny II. Tver' 1896, S. 10-24.

Komissarenko, A. I., Agrarnyj proekt T. I. Klingštedta (60-e gody XVIII v.), in: Slavgorodskaja, L. V. (Hrsg. u. a.), Nemcy v Rossii. Ljudi i sud'by. SPb. 1998, S. 163-166.

Komkov, G. D./Levšin, B. V./Semenov, L. K., Geschichte der Akademie der Wissenschaften der UdSSR. Berlin 1981.

Kondufor, Ju. Ju. (Hrsg.), Istorija Kieva. T. 2: Kiev perioda pozdnego feodalizma i kapitalizma. Kiev 1984.

Konstantinov, N. A., Vydajušijsja russkij pedagog F. I. Jankovič (1741-1814), in: SP (1945), 9, S. 38-47.

Ders./Struminskij, V. Ja., Očerki po istorii načal'nogo obrazovanija v Rossii. Moskva 1949.

Kopelevič, Ju. Ch., Osnovanie Peterburgskoj Akademii Nauk. Leningrad 1977.

Kopylev, A. N., Očerki kul'turnoj žizni Sibiri XVII-načala XIX v. Novosibirsk 1974.

Korejša, Ja. [A.], Irkutskaja gimnazija s 1805-po 1829 g., in: Trudy irkutskoj učeno-archeografičeskoj komissii 3-j vyp. 1916, S. 1-304.

Ders., Istoričeskij očerk Irkutskoj gubernskoj gimnazii (1789-1905). T. 1: Irkutskoe narodnoe učlišče. Irkutsk 1910.

Korf, M. [A.], Žizn' Grafa Speranskogo. T. 1. SPb. 1861.
Kosačevskaja, E. M., M. A. Balugjanskij i Peterburgskij universitet pervoj četverti XIX veka. Leningrad 1971.
Kostić, S. K., Ausstrahlungen deutscher literarisch-volkstümlicher Aufklärung im südslawischen Raum unter besonderer Berücksichtigung des Schulwesens, in: Lesky, E. (Hrsg. u. a.), Die Aufklärung in Ost- und Südosteuropa. Aufsätze, Vorträge und Dokumentationen. Köln usw. 1972, S. 175-194.
Kostjašov, Ju. V./Kretinin, G. V., Petrovskoe načalo. Kenigsbergskij universitet i rossijskoe prosveščenie v XVIII v. Kaliningrad 1999.
Kosyreva, M. G., Sud'ba nemeckogo pisatelja v Rossii: Fridrich fon Klinger, in: Smagina, G. I. (Hrsg. u. a.), Nemcy v Rossii. Russko-nemeckie naučnye i kul'turnye svjazi. SPb. 2000, S. 104-112.
Kovrigina, V. A., Nemeckaja sloboda Moskvy i ee žiteli v konce XVII-pervoj četverti XVIII vv. Moskva 1998.
Koyré, A., La philosophie et le problème national en Russie au début du XIXe siècle. Paris 1929 (Reprint 1974).
Kozljakov, V. N./Sevast'janova, A. A., Kul'turnaja sreda provincial'nogo goroda, in: Košman, L.V. (Hrsg.), Očerki russkoj kul'tury XIX veka. T. 1. Moskva 1998, S. 125-203.
Kozlova, N. V., Organizacija kommerčeskogo obrazovanija v Rossii v XVIII v., in: IZ 117 (1989), S. 288-314.
Dies., Rossijskij absoljutizm i kupečestvo v XVIII v. Moskva 1999.
Kračkovskij, Ju. O. (Hrsg.), Istoričeskij obzor dejatel'nosti Vilenskogo učebnogo okruga za pervyj period ego suščestvovanija 1803-1832. T. 1: 1803-1824. Vil'na 1903.
Kraft, E., Moskaus griechisches Jahrhundert. Russisch-griechische Beziehungen und metabyzantinischer Einfluß 1619-1694. Stuttgart 1995 (= Quellen und Studien zur Geschichte des östlichen Europa, 43).
Krasnobaev, B. I., Die Bedeutung der Moskauer Universitätstypographie unter Novikov für die Kulturverbindungen Rußlands mit anderen europäischen Ländern (1779-1789), in: Goepfert, H. G. (Hrsg.), Buch- und Verlagswesen im 18. und 19. Jahrhundert. Beiträge zur Geschichte der Kommunikation in Mittel- und Osteuropa. Berlin 1977, S. 217-234.
Ders., Eine Gesellschaft Gelehrter Freunde am Ende des 18. Jahrhunderts: "Družeskoe učenoe obščestvo", in: Balász, E. (Hrsg. u. a.), Beförderer der Aufklärung in Mittel- und Osteuropa. Freimaurer, Gesellschaften, Clubs. Berlin 1977, S. 257-270.
Ders., Glava dvuch akademii, in: VI (1971), 12, S. 83-98.
Ders., Načal'nyj period dejatel'nosti Moskovskogo universiteta, in: IstSSSR (1980), 3, S. 128-141.
Kratkoe istoričeskoe obozrenie dejstvij glavnogo pedagogičeskogo instituta. SPb. 1859.
Kraveckij, A. G./Pletneva, A. A., Istorija cerkovnoslavjanskogo jazyka. Konec XIX-XX v. Moskva 2001.
Kračenko, V. V., Die Gründung der Universität Char'kov. Zu einigen historiographischen Mythen, in: Jahrbuch für Universitätsgeschichte, 4 (2001), S.137-146.
Krumbholz, J., Die Elementarbildung in Rußland bis zum Jahre 1864. Ein Beitrag zur Entstehung des Volksschulstatuts vom 14.7.1864. Wiesbaden 1982 (= Quellen und Studien zur Geschichte des östlichen Europa, 15).
Krupa, M., Schulerziehung in Polen, 1750-1825, in: Schmale, W. (Hrsg. u. a.), Revolution des Wissens? Europa und seine Schulen im Zeitalter der Aufklärung (1750-1825). Bochum 1991, S. 351-385.
Krylov, I. O., Kadetskie korpusa, in: Otečestvennaja istorija. T. 2. Moskva 1994, S. 434-437.
Kulakova, I. P. Moskovskij i Sankt-Peterburgskij universitety. K sporu o pervorodstve, in: Rossijskie universitety v XVIII-XX vekach, Vyp. 5. Voronež 2000, S. 28-65.
Kuljabko, E. S., M. V. Lomonosov i učebnaja dejatel'nost' Peterburgskoj Akademii nauk. Leningrad 1962.
Dies., E. S., Zamečatel'nye pitomcy akademičeskogo universiteta. Leningrad 1977.
Kurdybacha, L., Dzieje oświaty kościelnej do końca XVIII wieku. Warschau 1949.

dies. /Mitera-Dobrowolska, M., Komisja Edukacji Narodowej. Warszawa 1973.

Kurmačeva, M. D., Krepostnaja intelligencija Rossija. Vtoraja polovina XVIII-načalo XIX v. Moskva 1983.

Dies., Problemy obrazovanija v Uložennoj komissii 1767 g., in: Pavlenko, N. I. (Hrsg. u. a.), Dvorjanstvo i krepostnoj stroj Rossii XVI-XVII vv. Moskva 1975, S. 240-264.

Kuro, T. I., Narodnoe obrazovanie v Smolenskom gubernii v pervoj polovine XIX veka, in: Učenye zapiski Smolenskogo Pedagogičeskogo Instituta 5 (1957), S. 284-308.

Kusber, J., Faszination und Ablehnung. Zur Diskussion um Rußlands Verhältnis zu Europa in der Zeit Alexanders I. (1801-1825), in: Historische Mitteilungen der Ranke-Gesellschaft 14 (2001), S. 116-128.

Ders., Gosudarstvennaja politika v oblasti obrazovanija v pribaltijskich provincijach v épochu Aleksandra I., in: Smagina, G. I. (Hrsg.), Nemcy v Rossii. SPb (im Druck).

Ders., Grenzen der Reform im Rußland Katharinas II., in: ZHF 25 (1998), S. 509-528.

Ders., „Der Handel verschwindet nicht, sondern nimmt jährlich zu...". Manufakturwesen, Handel und Gewerbe zur Zeit Katharinas II., in: Ottomeyer, H. (Hrsg. u .a.), Katharina die Große. Katalogbuch zur gleichnamigen Ausstellung. Kassel 1997, S. 33-39.

Ders., Leibeigenschaft im Rußland der Frühen Neuzeit. Aspekte der rechtlichen Lage und der sozialen Praxis, in: Leibeigenschaft. Bäuerliche Unfreiheit in der frühen Neuzeit, hrsg. v. Jan Klußmann. Köln 2003, S. 135-154.

Ders. Von der Vervollkommnung des Individuums zur Erziehung des Untertanen. Aspekte der Geschichte des staatlichen Schulwesens in Rußland, 1786-1828, in: Lehmann- Carli, G., (Hrsg.), Russische Bildungskonzepte im Kontext europäischer Aufklärung 1700-1825, hrsg. v. Gabriele Lehmann-Carli u.a. Berlin 2001, S. 133-149.

Ders., Vorfeldkontrolle durch militärische Intervention: Rußland und der polnische Thronfolgekrieg 1733-1736, in: Groß, R. (Hrsg. u. a.), Sachsen und Polen zwischen 1697 und 1765. Dresden 1998 (= Saxonia, 4/5), S. 144-155.

Ders., Zwischen Europa und Asien: Russische Eliten des 19. Jahrhunderts auf der Suche nach einer eigenen Identität, in: Conermann, S. (Hrsg.), Mythen, Geschichte(n), Identitäten. Hamburg 1999 (= Asien und Afrika, 2), S. 91-117.

Kuzmin, A. G., Tatiščev. Moskva 1987.

Lambockaja, È. A., Prichodskie školy Irkutskoj gubernii pervoj poloviny XIX v., in: Voprosy istorii škol Vostočnoj Sibiri 2 (1975), S. 26-37.

Dies., O školach irkutskoj gubernii XVIII v., in: Voprosy istorii škol Vostočnoj Sibiri 2 (1975), S. 3-25.

Lange, H., Schulbau und Schulverfassung in der frühen Neuzeit. Zur Entstehung und Problematik des modernen Schulwesens. Weinheim usw. 1967.

Lappo, I. I., Zapadnaja Rossija i eja soedinenie s Pol'šeju v ich istoričeskom prošlom. Prag 1924.

[Lappo-Danilevskij, A. S.], I. I. Beckoj i ego sistema vospitanija. Otzyv Akademika A. S. Lappo-Danilevskogo o sočinenija P. M. Majkova. SPb. 1904.

Lapteva, L. P., Istorija rossijskich universitetov XVIII - načala XX veka v novejšej otečestvennoj literature (1985-1999 gody), in: Rossijskie universitety v XVIII-XX vekach. Vyp. 5, Voronež 2000, S. 3-28.

Lauer, R., Geschichte der russischen Literatur. Von 1700 bis zur Gegenwart. München 2000.

Lavrovskij, N. A., Iz pervonačal'noj istorii Char'kovskogo universiteta in: ŽMNP 145 (1869), 10, S. 235-260.

Ders., Pedagog prošlogo vremeni A. A. Djugurov, in: RA (1869), S. 1541-1553.

LeDonne, J., Absolutism and Ruling Class. The Formation of the Russian Political Order. New York 1991.

Ders.,War Katharinas Herrschaft eine Periode institutionalisierter Modernisierung? In: Scharf, C. (Hrsg.), Katharina II., Rußland und Europa. Beiträge zur internationalen Forschung. Mainz 2001 (= Veröffentlichungen des Instituts für Europäische Geschichte Mainz, Abteilung für Universalgeschichte, Beiheft 545), S. 347-363.

Ders., Ruling Families in the Russian Political Order, in: CMRS 28 (1987), S. 233-322.

Ders., Ruling Russia. Politics and Administration in the Age of Absolutism 1762-1796. Princeton 1984

Lehmann-Carli, G. (Hrsg.u. a.), Russische Bildungskonzepte im Kontext europäischer Aufklärung 1700-1825. Berlin 2001.

Lehtonen, U. L., Die polnischen Provinzen Rußlands unter Katharina II. in den Jahren 1772-1782. Versuch einer Darstellung der anfänglichen Beziehungen der russischen Regierung zu ihren polnischen Untertanen. Berlin 1907.

Lejkina-Svirskaja, V. R., Formirovanie raznočinskoj intelligencii v 40-ch godach XIX v. in: IstSSSR (1958), 1, S. 83-104.

Dies., Intelligencija v Rossii vo vtoroj polovine XIX veka. Moskva 1971.

Lemberg, H., Die nationale Gedankenwelt der Dekabristen. Köln usw. 1963 (= Kölner Historische Abhandlungen, 7).

Lempa, H., Bildung der Triebe. Der deutsche Philanthropismus. Turku 1993.

Leonard, C. S., Reform and Regicide: The Reign of Peter III. of Russia. Bloomington, Indiana 1993.

Lepskaja, L. A., Sostav učaščichsja narodnych učilišč Moskvy v konce XVIII v., in: VMGU, Serija 9, 5 (1973), S. 88-96.

Lewitter, L., Peter the Great, Poland and the Westernization of Russia, in: JHI 19 (1958), S. 493-506.

Lichačeva, E., Materialy dlja istorii ženskogo obrazovanija v Rossii. T. 1-2. SPb. 1890.

Lichovskij, A., Prosveščenie v Sibiri v pervoj polovine XVIII stoletij, in: ŽMNP 360 (1905), S. 1-29.

Lieven, D., The Aristocracy in Europe. Houndmills 1992 (= Themes in Comparative History).

Lincoln, W. B., Die Eroberung Sibiriens. München 1996.

Ders., The Ministers of Nicholas I: A brief Inquiry into Their Backgrounds and Service Career, in: RR 24 (1975), S. 312-330.

Ders., In the Vanguard of Reform: Russia's Enlightened Bureaucrats, 1825-1861. De Kalb, Ill. 1982.

Ders., A Re-examination of some Historical Stereotypes: An Analysis of the Career Patterns and Backgrounds of the Decembrists, in: JbfGO NF 24 (1976), S. 357-368.

Lipski, A., The Beginnings of General Secondary Education in Russia, in: History of Education Journal 6 (1955), S. 210-220.

Ders., A Re-Examination of the „Dark Era" of Anna Ivanovna, in: SEER 15 (1956), S. 477-488.

Liszkowski, U., Vom monarchischen Prinzip zur roten Republik. Beobachtungen zu den Vorstellungen Nikolaus' I. von Deutschland und den Deutschen, in: Herrmann, D. (Hrsg. u.a.), Deutsche und Deutschland aus russischer Sicht. 19. Jahrhundert. Von der Jahrhundertwende bis zu den Reformen Alexanders. München 1998 (= West-östliche Spiegelungen, B 3), S. 209-239.

Ders., Rußland und die Revolution von 1848/49. Prinzipien und Interessen, in: Jaworski R. (Hrsg. u. a.), 1848/1849. Revolutionen in Ostmitteleuropa. München 1996 (= Bad Wiesseer Tagungen des Collegium Carolinum, 18), S. 343-369.

Litak, S., Das Schulwesen der Jesuiten in Polen. Entwicklung und Verfall, in: Bildung, Politik und Gesellschaft. Studien zur Geschichte des europäischen Bildungswesens vom 16. bis zum 20. Jahrhundert. München 1978 (= Wiener Beiträge zur Geschichte der Neuzeit, 5), S. 124-137.

Ljubomirov, P. G., K istorii narodnogo obrazovanija v Saratovskij gubernii do osvoboždenija krest'jan, in: Trudy N.-Volžskogo oblastnogo naukogo kraevedenija 32 (1924), Č. 2, S. 32-53.

Longinov, M. N., Novikov i moskovskie martinisty. Moskva 1867.

Lopanskij, A., Istoričeskij očerk gornogo instituta. SPb. 1873.

Lotman, J. M. The Decembrist in Everyday Life. Everyday Behaviour as a Historical-psychological Category, in: Ders. (Hrsg. u. a.), The Semiotics of Russian Culture. Ann Arbor 1984, S. 71-123.

Ders., Rußlands Adel. Eine Kulturgeschichte von Peter I. bis Nikolaus I. Köln usw. 1997 (= Bausteine zur slavischen Philologie und Kulturgeschichte, A, 21).

Ders., Russo i russkaja kul'tura XVIII - načala XIX veka in: Russo, Ž. Ž., Traktaty. Moskva 1969, S. 555-604.

Ders./Uspenskij, B. A., The Role of Dual Models in the Dynamics of Russian Culture, in: Dies., The Semiotics of Russian Culture. Ann Arbor 1984, S. 3-35.

Luppov, S. P., Kniga v Rossii v pervoj četverti XVIII veka. Leningrad 1973.

ders., (Hrsg. u. a.), Kniga v Rossii do seredinyj XIX veka. Leningrad 1978.

ders., Die Nachfrage nach Büchern der Akademie der Wissenschaften und nach ausländischen Veröffentlichungen in Petersburg und Moskau in der Mitte des 18. Jahrhunderts, in: Archiv für die Geschichte des Buchwesens 17 (1981), S. 257-299.

ders., Kto pokupal knigi v Peterburge vo vtoroj četverti XVIII veka, in: Ders. (Hrsg. u. a.), Istorija knigi i izdatel'skogo dela. Leningrad 1977, S. 122-155.

Luzanov, P., Suchoputnyj Šlachetnyj kadetskij korpus. SPb. 1907.

MacClelland, J. C., Autocrats and Academics: Education, Culture and Society in Tsarist Russia. Chicago 1979.

Madariaga, I. de, Catherine II. and the Serfs: A Reconsideration of Some Problems, in: SEER 52 (1974), S. 34-62.

Dies., The Educational Programe of Peter I. and Catherine II.: the Darlington Report in Retrospect, in: Tomiak, J. (Hrsg.), Papers from the Seventy-Fifth Anniversary Conference held at the School of Slavonic and East European Studies, 13-14. December 1984. London 1987, S. 8-20.

Dies., The Foundation of the Russian Educational System by Catherine II., in: SEER 57 (1979), S. 365-395.

Dies., Katharina die Große. Ein Zeitgemälde. Berlin 1993.

Dies., Russia in the Age of Catherine the Great. New Haven 1981.

Maier, L., Deutsche Gelehrte an der St. Petersburger Akademie der Wissenschaften im 18. Jahrhundert, in: Kaiser, F. B. (Hrsg. u. a.), Deutscher Einfluß auf Bildung und Wissenschaft im östlichen Europa. Köln usw. 1984 (= Studien zum Deutschtum im Osten, 18), S. 27-52.

Ders., Die Krise der St. Petersburger Akademie der Wissenschaften nach der Thronbesteigung Elisabeth Petrovnas und die „Affäre Gmelin", in: JbfGO NF 27 (1979), S. 353-373.

Majkov, P. M., Ivan Ivanovič Beckoj - opyt ego biografii. Moskva 1904.

Makarova, N. A., Obščestvennaja žizn' studenčestva Rossii v pervoj polovine XIX veka. Moskva 1999 (Avtoreferat kand. diss.).

Malia, M., Russia under Western Eyes. From the Bronze Horseman to the Lenin Mausoleum. Cambridge, Mass. 1999.

Malinovskij, N. P., Očerk po istorii reformy srednej školy, in: Russkaja škola (1910), 11, S. 39-86, 12, S. 96-119.

Ders., Očerki po istorii reformy načal'noj školy, in: Russkaja škola (1912) Nr. 9, S. 90-116, Nr. 10, S. 84-112, Nr. 12, 65-96.

Manessein, V. S., Vozniknovenie i razvitie idej učreždenija sibirskogo universiteta v svjazi s istoriej prosveščenija v Sibiri v pervoj četverti XIX stoletija. Irkutsk 1924.

Margolis, Ju. D./Tiškin, G. A., Otečestvu na pol'zu, a rossijanam vo slavu: Iz istorii universitetskogo obrazovanija v Peterburge v XVIII-načale XIX v. Leningrad 1988.

Marker, G., The Ambiguities of the Eigthteenth Century, in: Kritika: Explorations in Eurasian History 2 (2001), S. 241-251.

Ders., Faith and Secularity in Eighteenth-Century Russian Literacy, 1700-1775, in: Hughes, R. P., (Hrsg. u. a.), Christianity and the Eastern Slavs. Vol. II: Russian Culture in Modern Times. Berkeley usw. 1994 (= California Slavic Studies, 17), S. 3-24.

Ders., G., Literature and Literacy in Muscovy. A Reconsideration, in: SR 49 (1990), S. 74-89.

Ders., Publishing, Printing and the Origins of Intellectual Life in Russia, 1700-1800. Princeton, N. J. 1985.

Ders., Russia and the „Printing Revolution": Notes and Observations, in: SR 41 (1982), S. 266-283.

Martin, A. M., Romantics, Reformers, Reactionaries. Russian Conservative Thought in the Reign of Alexander I. DeKalb, Ill. 1997.

Martinson, E. E., Istorija osnovanija Tartuskogo (b. Derpstkogo-Jur'evskogo) Universiteta. Leningrad 1954.

Masaryk, T. G., Russische Geistes- und Religionsgeschichte. Bd. 1-2. Frankfurt a. M. 1992.

Maurer, T., "Abkommandiert" in die "akademische Freiheit". Russischer Professorennachwuchs in Deutschland im 19. Jahrhundert, in: Tel Aviver Jahrbuch für deutsche Geschichte 24 (1995), S. 63-104.

Dies, Hochschullehrer im Zarenreich. Ein Beitrag zur russischen Sozial- und Bildungsgeschichte. Köln usw. 1998 (= Beiträge zur Geschichte Osteuropas, 27).

Dies., „Rußland ist eine europäische Macht". Herrschaftslegitimation im Jahrhundert der Vernunft und der Palastrevolten, in: JbfGO NF 45 (1997), S. 577-596.

2. Darstellungen

Mazour, A., The First Russian Revolution 1825. The Decembrist Movement. Its Origins, Development, and Significance. Stanford 1937.

McConnell, A., Helvetius Russian Pupils, in: Journal of the History of the Ideas 24 (1963), S. 373-386.

Ders., A., Tsar Alexander. The Paternalistic Reformer. New York 1970.

McGrew, R. E., Paul I of Russia, 1754-1801. Oxford 1992.

McFarlin, H. A., The Extension of the Imperial Russian Civil Service to the Lowest Office Workers. The Creation of the Chancery Clerkship 1827-1833, in: RH 1 (1974), S. 1-17.

Mediger, W., Moskaus Weg nach Europa. Der Aufstieg Rußlands zum europäischen Machtstaat im Zeitalter Friedrichs des Großen. Braunschweig 1952.

Meduševskij, A. N., Utverždenie absoljutizma v Rossii. Sravnitel'noe istoričeskoe issledovanie. Moskva 1994.

Medynskij, E. N., Bratskie školy Ukrainy i Belorussii v XVI i XVII vv. i ich rol' v vossoedinenii Ukrainy s Rossiej. Moskva 1954.

Ders., Istorija russkoj pedagogiki. 2. Aufl. Moskva 1938.

Meehan-Waters, B., Autocracy and Aristocracy. The Russian Service Elite of 1730. New Brunswick, New Jersey 1982.

Melgunov, S. P., Dela i ljudi Aleksandrovskogo vremeni. Berlin 1923.

Mel'nikova, N. N., Izdanija napečatannye v tipografii Moskovskogo Universiteta XVIII vek. Moskva 1966.

Melton, J. V. H., Absolutism and the Eighteenth-Century Origins in Prussia and Austria. Cambridge 1988.

Meyer, A., Wilhelm von Humboldt (1767-1835), in: Scheuerl, H. (Hrsg.), Klassiker der Pädagogik. 2. Aufl. München 1992, S. 198-216.

Meyer, K, Wie deutsch war die Universität Dorpat? In: Pelc, O. (Hrsg. u. a.), Zwischen Lübeck und Novgorod. Wirtschaft, Kultur und Politik im Ostseeraum vom frühen Mittelalter bis ins 20. Jahrhundert. Norbert Angermann zum 60. Geburtstag. Lüneburg 1996, S. 353-359.

Ders., Die Entstehung der "Universitätsfrage" in Rußland. Zum Verhältnis von Universität, Staat und Gesellschaft zu Beginn des 19. Jahrhunderts, in: FOG 25 (1978), S. 229-238.

Michajlov, M. I., 1848 god: Rossija i Germanija, in: Tupolev, B. M., Rossija i Germanija, Vyp. 1, Moskva 1998, S. 148-166.

Michajlova, L. P., Škola Tobol'skoj gubernii v konce XVIII-pervoj polovine XIX vekov, in: Učenye zapiski Tjumenskogo pedagogičeskogo instituta 32 (1966), 7, S. 168-206.

Michajlova, S. M., Kazanskij universitet i prosveščenie narodov Povolž'ja i Priural'ja. Kazan' 1979.

Dies., Razvitie orientalistiki v Kazanskom universitete v XIX v., in: Gasparov, B. (Hrsg. u. a.), Kazan', Moskva, Peterburg: Rossijskaja imperija vzgljadom iz raznych uglov. Moskva 1997, S. 275-301.

Dies., Rol' Kazanskogo universiteta v prosveščenii narodov Sibiri, in: SP (1986), S. 114-120.

Miljukov, P. N., Gosudarstvennoe chozjajstvo Rossii v pervoj četverti XVIII stoletija. SPb 1892.

Ders., Očerki po istorii russkoj kul'tury. T. 2, č. 2: Iskusstvo, škola, prosveščenie. Moskva 1994.

Mironenko, S. V. (Hrsg.), Dekabristy. Biografičeskij spravočnik. Moskva 1988.

Mironov, B. N., Literacy in Russia 1797-1917, in: Soviet Studies in History (1986), 4, S. 89-117.

Ders., B. N., Russkij gorod v 1740-1860e gody. Demografičeskoe, social'noe i ėkonomičeskoe razvitie. Leningrad 1990.

Ders., Social Policies of Catherine II and their Results: Establishment of Estate Paradigm in Law and Social Consciousness, in: Hübner, E. (Hrsg. u. a.), Rußland zur Zeit Katharinas II. Absolutismus, Pragmatismus, Aufklärung. Köln usw. 1998 (= Beiträge zur Geschichte Osteuropas, 26), S. 115-135.

Ders., Social'naja istorija Rossii perioda imperiii (XVIII-načalo XX v.). T. 1-2. SPb. 1999.

Moeps, E., Christian Stieffs „Relationen" und ihr Platz im Umfeld von Presse und Propaganda, in: Russen und Rußland aus deutscher Sicht. Das 18. Jahrhundert: Aufklärung. Hrsg. v. M. Keller. München 1987 (= West-östliche Spiegelungen, A, 2), S. 59-83.

Mörke, O., Die Diskussion um den „Absolutismus" als Epochenbegriff. Ein Beitrag über den Platz Katharinas II. in der europäischen Politikgeschichte, in: Hübner, E. (Hrsg. u. a.), Rußland zur Zeit Katharinas II. Absolutismus, Aufklärung, Pragmatismus. Köln usw. 1998 (= Beiträge zur Geschichte Osteuropas, 26), S. 9-32.

Mohan, J. M., Kheraskov, Mikhail Matveevich (1733-1807), in: MERSH, Vol. 16, Gulf Breeze 1980, S. 140-142.
Moiseeva, G. N. (Hrsg.), Russkie povesti pervoj treti XVIII veka. Moskva usw. 1965.
Mommsen, M., Hilf mir, mein Recht zu finden. Russische Bittschriften von Iwan dem Schrecklichen bis Gorbatschow. Frankfurt a. M. 1987.
Monas, S., The Third Section. Police and Society under Nicholas I. Cambridge, Mass. 1961.
Morozov, A. A., Michail Wassiljewitsch Lomonossow 1711-1765. Berlin 1954.
Morozov, B. I., Gosudarstvenno-pravovye vzgljady M. M. Speranskogo. SPb. 1999.
Mrozowska, K., Educational Reform in Poland during the Enlightenment, in: Fiszman, S. (Hrsg.), Constitution and Reform in Eighteenth-Century Poland. The Constitution of 3 May 1791. Bloomington usw. 1997, S. 113-154.
Mühlpfordt, G., Deutsch-russische Wissenschaftsbeziehungen in der Zeit der Aufklärung (Christian Wolff und die Gründung der Petersburger Akademie der Wissenschaften), in: Aland, K. (Hrsg. u. a.), 450 Jahre Martin-Luther-Universität Halle-Wittenberg. Bd. 2. Halle 1952, S. 169-197.
Ders., Petersburg und Halle, in: JGSL 25/2 (1982), S. 155-171.
Müller, O. W., Intelligencija. Untersuchungen zur Geschichte eines politischen Schlagwortes. Frankfurt a. M. 1971.
Müller-Dietz, H. E., Die „medizinischen Rekruten" Katharinas II., in: Reinalter, H. (Hrsg.), Gesellschaft und Kultur Mittel-, Ost- und Südosteuropas im 18. und beginnenden 19. Jahrhundert. Festschrift für Erich Donnert zum 65. Geburtstag. Frankfurt usw. 1994, S. 167-177.
Mumenthaler, R., Im Paradies der Gelehrten. Schweizer Wissenschaftler im Zarenreich (1725–1917). Zürich 1996 (= Beiträge zur Geschichte der Rußlandschweizer).

Naaber, J., Volksbildung und Schulen der Esten in Est- und Livland im Zeitalter der Aufklärung, in: Elias, O.-H. (Hrsg. u. a.), Aufklärung in den baltischen Provinzen Rußlands. Ideologie und soziale Wirklichkeit. Köln usw. 1996 (= Quellen und Studien zur baltischen Geschichte, 15), S. 73-94.
Naročnickij, A. L. (Hrsg.), Velikaja francuzskaja revoljucija i Rossija. Moskva 1989.
Nash, C. S., Educating New Mothers: Woman and Enlightenment in Russia, in: HEQ 21 (1981), S. 301-316.
Dies., Students and Rubles: The Society for the Education of Noble Girls (Smol'nyj) as a Charitable Institution, in: Bartlett, R. P. (Hrsg u. a.), Russia and the World in the Eighteenth Century. Newtonville 1988, S. 258-272.
Nasonkina, L. I., Moskovskij universitet posle vosstanija dekabristov. Moskva 1972.
Naumov, V. P., Elizaveta Petrovna, in: VI (1993), 5, S. 51-72.
Nazarova, E. L., Ernst Glück in Livland und Rußland, in: Berliner Jahrbuch für Osteuropäische Geschichte (1995), 2, S. 35-55.
Nečaev, N. V., Gornozavodskie školy Urala. Moskva 1956.
Nečkina, M. V., Dviženie dekabristov. Ukazatel' literatury 1960-1976. Moskva 1983.
Neugebauer, W. Absolutistischer Staat und Schulwirklichkeit in Brandenburg-Preußen. Berlin 1985 (= Veröffentlichungen der Historischen Kommission zu Berlin, 62).
Neuschäffer, H., Katharina II. und die Aufklärung in den baltischen Provinzen, in: Elias, O.-H. (Hrsg. u. a.), Aufklärung in den baltischen Provinzen Rußlands. Ideologie und soziale Wirklichkeit. Köln usw. 1996 (= Quellen und Studien zur baltischen Geschichte, 15), S. 27-42.
Ders., Katharina II. und die baltischen Provinzen. Hannover-Döhren 1974 (= Beiträge zur baltischen Geschichte, 2).
Nevskij, V. A., Načal'noe obrazovanie v staroj Moskve po vospominanijam i dokumentam sovremennikov (kratkaja bibliografičeskaja spravka), in: Načal'naja škola (1947) 3, S. 44-47.
Nifontow, A.S., Rußland im Jahre 1848. Berlin 1953.
[Nikolaj Michajlovič], Le Comte Paul Stroganov. T. 1-3. Paris 1895.
Ders., Graf Pavel Aleksandrovič Stroganov, 1774-1817. Istoričeskoe issledovanie épochi imperatora Aleksandra. T.1-3. SPb. 1903.
Nilova, O. E., Knižnoe delo moskovskich kupcov v period „vol'nogo knigopečatanija" (1783-1796 gg.), in: Puškarev, L. N. (Hrsg.), Russkaja kul'tura poslednej treti XVIII veka - vremeni Ekateriny vtoroj. Moskva 1997, S. 53-70.

Nosov, B. N., Strukturelle Angleichung als Ziel der Politik gegenüber Polen, den baltischen Provinzen und der Ukraine im Vorfeld der Ersten Teilung Polens, in: Berliner Jahrbuch für Osteuropäische Geschichte (1996), 1, S. 191-202.

O'Connor, M., Czartoryski, Jósef Twardowski and the Reform of Vilna University 1822-1824, in: SEER 65 (1987), S. 183-200.
Ders., Czartoryski and the Gołuchowski Affair at Vilna University, in: JbfGO NF 31 (1983), S. 229-243.
Odenbach, K., Lexikon der Schulpädagogik. Braunschweig 1974.
Oestreich, G., Strukturprobleme des europäischen Absolutismus, in: VSWG 25 (1968), S. 328-347.
Okenfuss, M. J., Discovery of Childhood in Russia: The Evidence of Slavic Primer. Newtonville 1980.
Ders., Education and Empire: School Reform in Enlightened Russia, in: JbfGO NF 27 (1979), S. 41-68.
Ders., The Impact of Technical Training in Eighteenth Century Russia, in: Bartlett, R. P., (Hrsg. u. a.), Russia and the World in the Eighteenth Century. Newtonville 1988, S. 147-156.
Ders., The Jesuit Origins of Petrine Education, in: Garrard, J. (Hrsg.), The Eighteenth Century in Russia. Oxford 1973, S. 106-130.
Ders., V. O. Ključevskij on Childhood and Education in Early Modern Russia, in: HEQ 17 (1977), S. 417-447.
Ders., The Rise and Fall of Latin Humanism in Early Modern Russia. Pagan Authors, Ukrainians, and the Resiliency of Muscovy. Leiden usw. 1995 (= Brill's Studies in Intellectual History, 64).
Ders., Russian Students in Europe in the Age of Peter the Great, in: Garrard, J. (Hrsg.), The Eighteenth Century in Russia. Oxford 1973, S. 131-145.
Ders., Technical Training in Russia under Peter the Great, in: HEQ 13 (1973), S. 325-345.
Omel'čenko, O. A., Die „Kommission zur Verfertigung des Entwurfs zu einem Neuen Gesetzbuch". Einige neue Beobachtungen im Zusammenhang mit dem gesetzgeberischen Werk der Fachausschüsse, in: Hübner, E. (Hrsg. u. a.), Rußland zur Zeit Katharinas II. Absolutismus, Aufklärung, Pragmatismus. Köln usw. 1998 (= Beiträge zur Geschichte Osteuropas, 26), S.169-180.
Ders., „Enlightened Absolutism" in Russia, in: Coexistence 32 (1995), S. 31-38.
Ders., „Zakonnaja monarchija" Ekateriny Vtoroj: Prosveščennyj absoljutizm v Rossii, Moskva 1993.
Orlik, O. V., Rossija i francuzskaja revoljucija 1830 goda. Moskva 1968.
Ders., Rossija v meždunarodnych otnošenijach, 1815-1829. Ot venskogo kongressa do Adrianopol'skogo mira. Moskva 1998.
Orlov-Davydov, V. [G.], Biografičeskij očerk grafa Vladimira Grigoreviča Orlova. T. 1. SPb.1878.
Osterrieder, M., Von der Sakralgemeinschaft zur modernen Nation. Die Entstehung eines Nationalbewußtseins unter Russen, Ukrainern und Weißruthenen im Lichte der Thesen Benedict Andersons, in: Schmidt-Hartmann, E. (Hrsg.), Formen des nationalen Bewußtseins im Lichte zeitgenössischer Nationalismustheorien. München 1994 (= Bad Wiesseer Tagungen des Collegium Carolinum, 20), S. 197-232.
Ostrovitjanov, K. V. (Hrsg. u. a.), Istorija Akademii nauk SSSR. T. 1. Moskva usw. 1958.
Otečestvennaja istorija. Istorija Rossii s drevnejšich vremen do 1917 goda. Ènciklopedija v pjati tomach. T. 1-3, Moskva 1994-2000.
Otten, F., Zur Zeitungssprache der frühen petrinischen Zeit (Vedomosti), in: Die Welt der Slawen NF 8 (1984), S. 98-110.
Otto, N., Materialy dlja istorii učebnych zavedenij Minsterstva narodnogo prosveščenija: Vologodskaja direkcija učilišč do 1850. SPb. 1866.
Ovčinnikov, V. G., Britanskoe i inostrannoe biblejskoe obščestvo v Rossii in: Namazova, A. S. (Hrsg. u.a), Rossija i Evropa. Diplomatija i kultura. Moskva 1995, S. 183-197.

Paina, E. S., Professorskij institut pri Tartuskom universitete (1828-1838) i russko-pribaltijskie naučnye svjazi (Po materialam CGIA SSSR), in: Iz istorii estestvoznanija i techniki Pribaltiki 2 (1970), S. 131-148.
Palkin, B. N., Russkie gospital'nye školy XVIII veka i ich vospitanniki. Moskva 1959.
Palmer, A., Alexander I. Tsar of War and Peace. London 1974.
Panačin, F. G., Pedagogičeskoe obrazovanie v Rossii. Istoriko-pedagogičeskie očerki. Moskva 1979.

Pančenko, A. M., Russkaja kul'tura v kanun petrovskich reform. Leningrad 1984.
Papmehl, K. A., Metropolit Platon of Moscow (Petr Levshin, 1737-1812). The Enlightened Prelate Scholar Educator. Newtonville, Mass. 1983.
Ders., The Regimental Schools established in Siberia by Samuel Bentham, in: Canadian Slavonic Papers 8 (1966), S. 153-168.
Parsamov, V. S., Žosef de Mestr i Michail Orlov (k istokam političeskoj biografii dekabrista), in: OI (2001), 1, S. 24-46.
Paulsen, F., Aufklärung und Aufklärungspädagogik, in: Kopitzsch, F., Aufklärung, Absolutismus und Bürgertum in Deutschland. Zwölf Aufsätze. München 1976, S. 274-293.
Ders., Geschichte des gelehrten Unterrichts auf den deutschen Schulen und Universitäten vom Ausgang der Mittelalters bis zur Gegenwart. Mit besonderer Berücksichtigung des klassischen Unterrichts. 3. Aufl. Bd. 1-2. Berlin usw. 1919-1921 (Reprint 1965).
Pavlenko, N. I., Ders., Ekaterina Velikaja. Moskva 1999 (= Žizn' zamečatel'nych ljudej, 759).
Ders., Razvitie metallurgičeskoj promyšlennosti Rossii v pervoj polovine XVIII v. Moskva 1953.
Pavlova, G. E., Organizacija nauki v Rossii v pervoj polovine XIX v. Moskva 1990.
Dies., Stepan Jakovlevič Rumovskij. Moskva 1979.
Dies./Fedorov, A. S., Michail Vasil'evič Lomonosov. 1711-1765. Moskva 1986.
Pavlova, L. Ja., Dekabrist M. F. Orlov. Moskva 1964.
Pavlova-Sil'vjanskaja, M. P., Social'naja suščnost' oblastnoj reformy Ekateriny II., in: Družinin, N. M. (Hrsg.), Absoljutizm v Rossii (XVII-XVIII vv.). Moskva 1964, S. 460-491.
Payne, H. C., The Philosophes and the People. New Haven 1976.
Pec, A. P., Nemeckaja sloboda v Archangel'ske, in: Slavgorodskaja, L. G. (Hrsg. u. a.), Nemcy v Rossii: Ljudi i sud'by. SPb. 1998.
Pekarskij, P., Nauka i Literatura v Rossii pri Petra Velikom. T. I.: Vvedenie v istoriju prosceščenija v Rossii. SPb. 1862.
Pelczar, R., Jezuickie szkolnictwo średnie w diecezji przemyskiej obrządku Łacińskiego (1772-1787), in: Studia Historyczne 39 (1996), S. 317-325.
Persic, M. M., „Razgovor dvuch prijatelej o pol'ze nauk i učilišč" V. N. Tatiščeva kak pamjatnik russkogo svobodomyslija XVIII v., in: Voprosy istorii, religii i ateizma 3 (1955), S. 278-310.
Peskov, A. M., Pavel I., Moskva 1999 (= Žizn' zamečatel'nych ljudej, 764).
Peterson, C., Peter the Great's Administrative and Judical Reforms. Stockholm 1979 (= Rättshistorikt Bibliotek, 29).
Petrov, F. A., Nemeckie professora v Moskovskom universitete. Moskva 1997.
Ders., Rossijskie universitety v pervoj polovine XIX veka. Formirovanie sistemy universitetskogo obrazovanija. Kn. 1: Zaroždenie sistemy universitetskaja obrazovanija v Rossii; Kn. 2: Stanovlenie sistemy universitetskogo obrazovanija v Rossii. T. 1-3. Moskva 1998-1999.
Petrov, K., Materialy dlja istorii Ministerstva narodnogo prosveščenija: Istorija Oloneckoj direkcii do 1808 goda. SPb. 1866.
Petrov, N. I., Kievskaja Akademija v carstvovanii Ekateriny II (1762-1796). Kiev 1906.
Petrov, P. V., Glavnoe upravlenie voenno-učebnych zavedenij. Istoričeskij očerk. SPb. 1902.
Petuchov, E. V., Imperatorskij Jur'evskij, byvšij Derptskij Universitet za sto let ego suščestvovanija (1802-1902). T. 1: Pervoj i vtoroj period. Jur'ev 1902.
Picht, U., M. P. Pogodin und die Slavische Frage. Ein Beitrag zur Geschichte des Panslavismus. Stuttgart 1969 (= Kieler Historische Studien, 8).
Pietrow-Ennker, B., Rußlands „neue Menschen". Die Entwicklung der Frauenbewegung bis zur Oktoberrevolution. Frankfurt usw. 1999 (= Geschichte und Geschlechter, 27).
Pintner, W. M., The Social Characteristics of Early Nineteenth-Century Bureaucracy, in: SR 29 (1970), S. 429-443.
Ders., The Russian Civil Service on the Eve of the Great Reforms, in: Social History (1975), 1, S. 55-68.
Pipes, R., Karamzin's Memoir on Ancient and Modern Russia. A Translation and Analysis. Harvard 1959.
Ders. (Hrsg.), The Russian Intelligentsia. New York 1961.
Ders., The Russian Military Colonies, in: JMH 22 (1950), S. 205-219.
Pisar'kova, L. F., Ot Petra I do Nikolaja I. Politika pravitel'stva v oblasti formirovanija bjurokratii, in: OI (1996) 4, S. 29-43.

2. Darstellungen

Pjatkovskij, A. P., S.-Peterburgskij vospitatel'nyj dom pod upravleniem I. I. Beckogo. Istoričeskie izsledovanie, in: RS (1875), 8, S. 532-553.
Plakans, A., Peasants, Intellectuals and Nationalism in the Russian Baltic Provinces, in: JMH 46 (1974), S. 445-475.
Platonov, S. F. (Hrsg. u. a.), Opisanie del' Archiva Ministerstva narodnogo prosveščenija. T. 1. Petrograd 1917.
Plechanov, G. V., History of Russian Social Thought. New York 1967.
Polievktov, M., Kozodavlev, Osip Petrovič, in: RBS, T. 9. SPb. 1909, S. 54-60.
Polz, P., Theodor Janković und die Schulreform in Rußland, in: Die Aufklärung in Ost- und Südosteuropa. Aufsätze, Vorträge, Dokumentationen. Wien 1972, S. 119-174.
Ders., Die Volksaufklärung in Rußland, in: CASS 14 (1980), S. 376-388.
Ponomareva, V. V., U istokov universiteta, in: Dies. (Hrsg. u. a.), Universitet dlja Rossii. Vzgljad na istoriju kul'tury XVIII stoletija. Moskva 1997, S. 29-63.
Dies. (Hrsg. u. a.), Universitet dlja Rossii. Vzgljad na istoriju kul'tury XVIII stoletija. Moskva 1998.
Popłatek, J., Komisja Edukacji Narodowej. Udział byłych Jesuitów w pracach Komisji Edukacji Narodowej. Krakau 1913.
Popov, A. N., Graf Mestr' i Jesuitov v Rossii, in: RA 6 (1892), S. 160-196.
Popov, O. V., S. S. Uvarov i podgotovka obščego ustava rossijskich universitetov 1835 goda, in: Rossijskie universitety v XVIII-XX vekach. Vyp. 4, Voronež 1999, S. 18-29.
Potapova, N. D., „Čto est' istina?": Kritika sledstvennych pokazanij i smena istoričeskich paradigm (ešče odin vzgljad na problemu „Dviženie dekabristov"), in: IZ 121 (2000), S. 285-329.
Povarova, E. V., Sodružestvo slavjanskich narodov v razvitii pedagogiki v XVIII v. Pedagogičeskaja dejatel'nost' F. I. Jankoviča, in: Nekotorye voprosy pedagogiki 13 (1971), S. 91-104.
Dies., Russko-serbskie kul'turnie svjazi v XVIII v., in: SP 35 (1971), 11, S. 103-113.
Presnjakov, A. E., Apogej samoderžavija. Nikolaj I. Leningrad 1925 (Reprint 1967).
Pushkin, M., The Professions and the Intelligentsia in Nineteenth-Century Russia, in: University of Birmingham Journal, 12 (1969-1970), S. 72-99.
Ders., Raznochintsy in the University: Government Policy and Social Change in Nineteenth-Century Russia, in: International Review of Social History 26 (1981), S. 25-65.
Pyl'nev, Ju. V./Rogačev, S. A., Školy i prosveščenie Voronežskogo kraja v XVIII veke. Voronež 1997.
Pypin, A. N., Obščestvennoe dviženie v épochu Aleksandra I. 4. Aufl. Petrograd 1916.
Ders., Imperator Aleksandr I i kvakery, in: VE (1869), 10, S. 751-769.

Rabinovič, M. G., Gorod i gorodskoj obraz žizni, in: Očerki russkoj kul'tury XVIII veka. T. 4. Moskva 1990, S. 252-298.
Ders., Social'noe proischoždenie i imuščestvennoe položenie oficerov reguljarnoj russkoj armii v konce Severnoj vojny, in: Pavlenko, N. I. (Hrsg.), Rossija v period reform Petra I. Moskva 1973, S. 133-171.
Radovskij, M. I., Antioch Kantemir i Peterburgskaja Akademija Nauk. Moskva usw. 1959.
Raeff, M., The Domestic Policies of Peter III and his Overthrow, in: AHR 75 (1970), S. 1289-1309.
Ders., Michael Speransky, Statesman of Imperial Russia. The Hague 1957.
Ders., The Origins of the Russian Intelligentsia. The Eighteenth Century Nobility. New Haven 1966.
Ders., Peter III., in: Torke, H.-J. (Hrsg.), Die russischen Zaren 1547-1917. München 1995, S. 219-231.
Ders., The Russian Autocracy and its Officials, in: Fisher, G. (Hrsg. u.a.), Russian Thoughts and Politics. Cambridge Mass., 1957 (= Harvard Slavic Studies, 4), S. 77-91.
Ders., State and Nobility in the Ideology of M. M. Shcherbatov, in: SR 19 (1960), S. 363-379.
Ders., Transfiguration and Modernization: The Paradoxes of Social Disciplining, Paedagogical Leadership and the Enlightenment in 18th Century Russia, in: Bödeker, H. E. (Hrsg. u. a.), Alteuropa, Ancien régime und frühe Neuzeit. Probleme und Methoden der Forschung. Stuttgart usw. 1991, S. 99-116.
Ders., The Well-Ordered Police State: Social and Institutional Change Through Law in the Germanies and Russia, 1600-1800. New Haven 1983.
Ragsdale, H., Evaluating the Traditions of Russian Aggression: Catherine II and the Greek Project, in: SEER 66 (1988), S. 91-117.
Ders. (Hrsg.), Paul I: A Reassessment of his Life and his Reign. Pittsburgh 1979.

Ders., Tsar Paul and the Question of Madness: An Essay in History and Psychology. Westport, Conn. 1988.
Rajkov, B. E., Akademik V. Zuev. Moskva usw. 1955.
Ramer, S. C., The Traditional and the Modern in the Writing of Ivan Pnin, in: SR 34 (1975), S. 339-359.
Rang, M., Jean Jacques Rousseau (1712-1778), in: Scheuerl, H., Klassiker der Pädagogik, Bd. 1: Von Erasmus von Rotterdam bis Herbert Spencer. 2. Aufl. München 1991, S. 116-134.
Ransel, D. L., Abandonment and Fosterage of Unwanted Children, in: Ders. (Hrsg.), The Family in Imperial Russia. New Lines of Historical Research. Chicago usw. 1978, S. 189-217,
Ders., Mothers of Misery. Child Abandonment in Russia. Princeton 1988.
Ders., The Politics of Catherinian Russia. The Panin Party. New Haven usw. 1975.
Rašin, A. G., Gramotnost' i narodnoe obrazovanie v Rossii v XIX i načale XX veka, in: IZ 37 (1951), S. 28-80.
Raskin, N. M., K predistorii organizacii gornogo učilišča, in: Očerki po istorii geologičeskich znanij 17 (1974), S. 9-22.
Rasmussen, K., Catherine II. and the Image of Peter I., in: SR 37 (1979), S. 51-69.
Rauch, G. v., Johann Georg Schwarz und die Freimaurer in Moskau, in: Balász, E. H. (Hrsg. u. a.), Beförderer der Aufklärung in Mittel- und Osteuropa. Freimaurer, Gesellschaften, Clubs. Berlin 1977, S. 212-224.
Ravkin, Z. I., Pedagogika Carskosel'skogo liceja puškinskoj pory (1811-1817 gg). 2. Aufl. Moskva 1999.
Reinhard, W., Geschichte der Staatsgewalt. Eine vergleichende Verfassungsgeschichte von den Anfängen bis zur Gegenwart. 2. Aufl. München 2000.
Remarčuk, V. V. (Hrsg. u. a.), I. I. Šuvalov k 270 letiju so dnja roždenija. Moskva 1997.
Ders. (Hrsg. u. a.), Rektory moskovskogo universiteta. Biografičeskij slovar'. Moskva 1996.
Renner, A., Russischer Nationalismus und Öffentlichkeit im Zarenreich 1855-1875. Köln usw. 2000 (= Beiträge zur Geschichte Osteuropas, 31).
Repin, N. N., Kommerčeskoe obrazovanie v Rossii: sostojanie i perspektivy (po materialam „predstavlenij" archangelogorodskich kupcov v komissii o komercii načala 60-ch godov XVIII stoletija, in: Bespjatych, Ju. N. (Hrsg.), Russkij sever i zapadnaja evropa. SPb. 1999, S. 388-400.
Requate, J., Öffentlichkeit und Medien als Gegenstand historischer Analyse, in: GG 25 (1999), S. 5-32.
Riasanovsky, N. V., Nicholas I and Official Nationality in Russia, 1825-1855. Berkeley usw. 1961.
Ders., A Parting of Ways. Government and the Educated Public in Russia, 1801-1855. Oxford 1976.
Ridder-Symeons, H. de, Training and Professionalization, in: Reinhard, W. (Hrsg.), Power Elites and State Building. Oxford 1996, S. 149-172.
Roach, E. E., The Origins of Alexanders I's Unofficial Committee, in: RR 28 (1969), S. 315-326.
Rob, K., Karl Theodor von Dalberg (1744-1817). Eine politische Biographie für die Jahre 1744 bis 1806. Frankfurt 1984.
Robel, G., Rußland, in: Schneiders, W. (Hrsg.), Lexikon der Aufklärung. München 1995, S. 361-364.
Ders., Zur Aufklärung in Adelsgesellschaften: Rußland und Polen, in: Jüttner, S. (Hrsg. u. a.), Europäische Aufklärung(en). Einheit und nationale Vielfalt. Hamburg 1992 (= Studien zum 18. Jahrhundert, 14), S. 152-171.
Robuš, S., Želajut' li donskie kazaki gramotnosti?, in: ŽMNP 119 (1863), S.116-131.
Röskau-Rydel, I., Kultur an der Peripherie des Habsburger Reiches. Die Geschichte des Bildungswesens und der kulturellen Einrichtungen in Lemberg von 1772 bis 1848. Wiesbaden 1993 (= Studien der Forschungsstelle Ostmitteleuropa, 15).
Rogger, H., National Consciousness in Eighteenth Century Russia. 2. Aufl. Cambridge 1969.
Rogov, A. I., Novye dannye o sostave učenikov Slavjano-greko-latinskoj akademii, in: Ist SSSR (1959), 3, S. 140-147.
Rossijskij, D. M., 200 let medicinskogo fakul'teta Moskovskogo gosudarstvennogo universiteta. Moskva 1955.
Rothe, H., Religion und Kultur in den Regionen des russischen Reiches im 18. Jahrhundert. Erster Versuch einer Grundlegung. Opladen 1984 (= Rheinisch-Westfälische Akademie der Wissenschaften, Geisteswissenschaften, Vorträge, G 267).

2. Darstellungen

Roždestvenskij, S. V.,Ističeskij obzor dejatel'nosti Ministerstva narodnogo prosveščenija. SPb. 1902.
Ders., Materialy dlja istorii učebnych reform v Rossii v XVIII-XIX vv. SPb. 1910 (= Zapiski istoričesko-filologičeskogo fakul'teta St. Peterburgskogo Universiteta, 96).
Ders., M. M. Speranski, komitet 1837 goda o stepeni obučenija krepostnych ljudej, in: Feodoroviču Platonovu učenika, druzja, počitatelej. SPb. 1911, S. 254-279.
Ders., Očerki po istorii sistemy narodnogo prosveščenija v XVIII-XIX vekach. SPb. 1912.
Ders., Poslednjaja stranica iz istorii politiki narodnogo prosveščenija imperatora Nikolaja I. Komitet Grafa Bludova, in: Russkij istoričeskij žurnal 1 (1917), 3-4, S. 37-59.
Ders., Soslovnyj vopros v russkich universitetach v 1-oj četverti XIX veka. SPb. 1907.
Ders. (Hrsg.), S.-Peterburgskij universitet v pervom stoletij ego dejatel'nosti, 1819-1919. Materialy po istorii S.-Peterburgskogo universiteta, 1819-1835. Petrograd 1919.
Ders., Značenie Kommissii ob učreždenii narodnych učilišč v istorii politiki narodnogo prosveščenija v XVIII-XIX vekach, in: Platonov, S. F. (Hrsg. u. a.), Opisanie del Archiva Ministerstva narodnogo prosveščenija. T. 1. Petrograd 1917, S. XXXI-LI.
Ruane, C., Gender, Class and the Professionalization of the Russian City Teachers, 1860-1914. London 1994.
Rudenskaja, S. D., Carskosel'skij -Aleksandrovskij licej 1811-1917. SPb. 1999.
Rüschemeyer, D., Professionalisierung. Theoretische Probleme für die vergleichende Geschichtsforschung, in: GG 6 (1980), S. 311-325.
Rumjanceva, V. S., Andreevskij učiliščnyj monastyr' v Moskve v XVII v., in: Rybakov, B. A. (Hrsg.), Kul'tura srednevekovoj Moskvy, XVII vek. Moskva 1999, S. 292-304.
Russkij biografičeskij slovar'. T. 1-25, Moskva usw. 1896-1918 (Reprint 1962/63).
Ryan, W. F., Navigation and the Modernization of Petrine Russia: Teachers, Textbooks, Terminology, in: Bartlett, R. (Hrsg. u. a.), Russia in the Age of Enlightenment. Essays for Isabel de Madariaga. London 1990, S. 75-105.

Šabaeva, M. F. (Hrsg.), Očerki školy i pedagogičeskoj mysli narodov SSSR: XVIII v - pervaja polovina XIX v. Moskva 1973.
Sacharov, A. N., Aleksandr I. Moskva 1998.
Sacke, G., Die gesetzgebende Kommission Katharinas II. Ein Beitrag zur Geschichte des Absolutismus in Rußland. Breslau 1940 (= Jahrbücher für Geschichte Osteuropas, Beiheft 2).
Saunders, D. B., Historians and Concepts of Nationality in Early Nineteenth-Century Russia, in: SEER 60 (1982), S. 44-62.
Ders., Russia in the Age of Reaction and Reform, 1801-1881. London usw. 1992 (= Longman History of Russia).
Ders., The Ukrainian Impact on Russian Culture, 1750-1850. Edmonton 1985.
Sawatzky, W. W., Prince Alexander N. Golitsyn: Tsarist Minister of Piety. Ph. D. Diss. Univers. of Minnessota 1976.
Sbornik svedenij o srednich učebnych zavedenijach Vilenskogo učebnogo okruga. Vil'na 1873.
Ščaveleva, N. I., Knjaz' Adam Čartoryskij i formirovanie sistemy vysšego i srednogo obrazovanija v Rossii v načale XIX veka, in: Ščapov, Ja. N. (Hrsg. u. a), Pol'skie professora i studenty v universitetach Rossii (XIX - načalo XXv.). Varšavia 1995, S. 51-56.
Ščerbatov, A. P., General-fel'dmaršal knjaz' Paskevič. Ego žizn' i dejatel'nost'. T 5: 1832-1847. SPb. 1896.
Scharf, C., Katharina II., Deutschland und die Deutschen. Mainz 1995 (= Veröffentlichungen des Instituts für europäische Geschichte Mainz, 153).
Ders., Katharina II. von Rußland - die Große? Frauengeschichte als Weltgeschichte, in: Donnert, E. (Hrsg.), Europa in der Frühen Neuzeit. Festschrift für Günter Mühlpfordt. Bd. 3: Aufbruch zur Moderne. Köln usw. 1997, S. 177-197.
Ders., Staatsauffassung und Regierungsprogramm eines aufgeklärten Selbstherrschers, in: Schulin, E. (Hrsg.), Gedenkschrift Martin Göhring. Studien zur europäischen Geschichte. Wiesbaden 1968, S. 91-106.
Ders., Tradition, Usurpation, Legitimation. Das herrscherliche Selbstverständnis Katharinas II., in: Hübner, E. (Hrsg. u. a.), Rußland zur Zeit Katharinas II. Absolutismus, Pragmatismus, Aufklärung. Köln usw. 1998 (= Beiträge zur Geschichte Osteuropas, 26), S. 41-101.

Scheibert, P., Marginalien zu einer neuen Speranskij-Biographie, in: JbfGO NF 6 (1958), S. 449-467.
Scheidegger, G., Das Eigene im Bild vom Fremden. Quellenkritische Überlegungen zur russisch-abendländischen Begegnung im 16. und 17. Jahrhundert, in: JbfGO NF 35 (1987), S. 339-355.
Dies., Perverses Abendland - barbarisches Rußland. Begegnungen des 16. und 17. Jahrhunderts im Schatten kultureller Mißverständnisse. Zürich 1993.
Schelting, A. v., Rußland und Europa im russischen Geschichtsdenken. Berlin 1948.
Schepp, H.-H., Antoine de Condorcet, in: Scheuerl, H. (Hrsg.), Klassiker der Pädagogik. 2. Aufl. München 1991, S. 159-169.
Scheuerl, H., Johann Amos Comenius, in: Ders. (Hrsg.), Klassiker der Pädagogik. Bd. 1: Von Erasmus von Rotterdam bis Herbert Spencer. 2. Aufl. München 1991, S. 67-82.
Schiemann, T., Geschichte Rußlands unter Kaiser Nikolaus I. Bd. 1-4. Berlin 1904-1919.
Schierle, I.: Zur politisch-sozialen Begriffssprache der Regierung Katharinas II. Gesellschaft und Gesellschaften: „obščestvo", in: Scharf, C. (Hrsg.): Katharina II., Rußland und Europa. Beiträge zur internationalen Forschung. Mainz 2001 (= Veröffentlichungen des Instituts für Europäische Geschichte Mainz, Beiheft 45), S. 275-306.
Schindling, A., Bildung und Wissenschaft in der Frühen Neuzeit 1650-1800. München 1994 (= Enzyklopädie Deutscher Geschichte, 30).
Ders., Die protestantischen Universitäten im Heiligen Römischen Reich deutscher Nation im Zeitalter der Aufkärung, in: Hammerstein, N. (Hrsg.), Universitäten und Aufklärung. Göttingen 1995 (= Das achtzehnte Jahrhundert. Supplementa, 3), S. 9-19.
Schippan, M., Die Einrichtung der Kollegien in Rußland zur Zeit Peters I. Wiesbaden 1996 (= FOG, 51).
Schleta, A., Współpraca misionarzy z Komisją Edukacji Narodowej (1773-1794). Przczynek do historii kultury i oświaty w Polsce. Krakau 1946.
Schleunes, K. A., Schooling and Society. The Politics of Education in Prussia and Bavaria. Oxford usw. 1989.
Schlumbohm, J., Gesetze die nicht durchgesetzt werden - ein Strukturmerkmal des frühneuzeitlichen Staates? In: GG 23 (1997), S. 647-663.
Schmale, W. (Hrsg. u. a.), Revolution des Wissens? Europa und seine Schulen im Zeitalter der Aufklärung 1750-1825. Ein Handbuch der europäischen Schulgeschichte. Bochum 1991.
Schmid, G., Rußland, in: Schmid, K. A. (Hrsg.), Enzyklopädie des gesammten Erziehungs- und Unterrichtswesens. Bd. 11. Gotha 1878, S. 1-392.
Schmidt, C., Aufstieg und Fall der Fortschrittsidee in Rußland, in: HZ 263 (1996), S. 1-30.
Ders., Zur Kritik historischer Relevanz. Am Beispiel der Geschichte Osteuropas, in: JbfGO NF 48 (2000), S. 552-568.
Ders., Sozialkontrolle in Moskau. Justiz, Kriminalität und Leibeigenschaft 1649-1785. Stuttgart 1996 (= Quellen und Studien zur Geschichte des östlichen Europa, 44).
Schmidt, G. R., François Fénelon (1651-1715), in: Scheuerl, H. (Hrsg.), Klassiker der Pädagogik. Bd. 1. 2. Aufl. München 1991, S. 94-103.
Schmidt, W., Ein junger Russe erlebt Ostpreußen. Andrej Bolotovs Erinnerungen an den Siebenjährigen Krieg, in: Herrmann, D. (Hrsg.), Deutsche und Deutschland aus russischer Sicht. 18. Jahrhundert: Aufklärung. München 1992 (= West-Östliche Spiegelungen, B, 2), S. 190-208.
Schmidt-Biggemann, W., Samuel von Pufendorf. Staats- und Rechtsphilosophie zwischen Barock und Aufklärung, in: Kreimendahl, L. (Hrsg.), Philosophen des 17. Jahrhunderts. Eine Einführung. Darmstadt 1999, S. 113-133.
Schneiders, W., Das Zeitalter der Aufklärung. München 1997 (= Beck'sche Reihe, 2058).
Schönebaum, H., Pestalozzis Geltung in Rußland seit 1827, in: JbfGO NF 6 (1958), S.177-200.
Ders., Pestalozzi und das zeitgenössische Rußland, in: JbfGO AF 6 (1941), S. 494-507.
[Scholz, B.] Šolc, B., Nemecko-rossijskaja polemika po varjažskomu voprosu v Peterburgskoj Akademii, in: Karp, S. Ja. (Hrsg. u. a.), Russkie i nemcy v XVIII veke. Vstreča kul'tur. Moskva 2000, S. 105-116.
Dies., Von der Chronistik zur modernen Geschichtswissenschaft. Die Warägerfrage in der russischen, deutschen und schwedischen Historiographie. Wiesbaden 2000 (= Veröffentlichungen des Osteuropa-Instituts München, Reihe Forschungen zum Ostseeraum, 5).

Schulze Wessel, M., Religion - Gesellschaft - Nation. Anmerkungen zu Arbeitsfeldern und Perspektiven moderner Religionsgeschichte Osteuropas, in: Nord-Ost Archiv 7 (1998), S. 353-364.
Ders., Städtische und ländliche Öffentlichkeit in Rußland 1848, in: ZfG 48 (2000) 4, S. 293-308.
Ščipanov, I. Ja., Filosofija russkogo prosveščenija. Moskva 1971.
Seidler, G. L., The Reform of the Polish School System in the Era of Enlightenment, in: Leith, J. A. (Hrsg.), Facets of Education in the Eighteenth Century. Oxford 1977 (= Studies on Voltaire and the Eighteenth Century, 167), S. 337-358.
Semenova, L. N., Očerki istorii byta i kul'turnoj žizni Rossii: pervaja polovina XVIII v. Leningrad 1982.
Semmennikov, V. I., Sobranie, starajuščichsja o perevode inostrannych knig, učreždennoe Ekaterinoj II. SPb. 1913.
Šepelev, L. E., Činovnyj mir Rossii XVIII-načalo XX v. SPb. 1999.
Ševčenko, M. M., Imperator Nikolaj I i vedomstvo narodnogo prosveščenija, in: Chartanovič, M. F. (Hrsg. u. a.), Rossija v Nikolaevskoe vremja: Nauka, politika, prosveščenie. SPb. 1998 (= Filosofskij vek. Al'manach, 6), S. 100-116.
Ders., Pravitel'stvo, cenzura i pečat' v Rossii v 1848 godu, in: VMGU, Serija 8, istorija (1992), 1, S. 16-26.
Ders., Pravitel'stvo i narodnoe obrazovanie i gosudarstvennaja služba nakanune velikych reform (1849-1856), in: Rossija i reformy 2 (1993), S. 14-33.
Ders., Sergej Semenovič Uvarov, in: Russkie konservatory. Moskva 1997, S. 97-135.
Ševyrev, S. P., Istorija Imperatorskogo Moskovskogo universiteta 1755-1855. Moskva 1855 (Reprint 1998).
Sherech, J., Stefan Yavorsky and the Conflict of Ideologies in the Age of Peter the Great, in: SEER 30 (1951/52), S. 40-62.
Šikgal, A. G. (Hrsg.), Repertuar russkogo tipografskogo graždanskogo šrifta XVIII veka. T. 1: Graždanskij šrift pervoj četverti XVIII veka: 1708-1725. Moskva 1981.
Šil'der, N., Imperator Nikolaj pervyj. T.1-2. Moskva 1997.
Simkovitch, V. G., The History of the School in Russia, in: Educational Review (May 1907), S. 486-522.
Sinel, A. A., The Socialization of the Russian Bureaucratic Elite, 1811-1917: Life at the Tsarskoe Selo Lyceum and the School of Jurisprudence, in: RH 3 (1976), S. 1-31.
Sivkov, K. V., Iz istorii krepostnoj školy vtorij poloviny XVIII v., in: IZ 3 (1938), S. 269-294.
Škljar, I. V., Formirovanie mirovozzrenija Antiocha Kantemira, in: XVIII vek. Sbornik 5 (1962), S. 129-152.
Sljusarskij, A. G., V. Karazin i ego naučnaja i obščestvennaja dejatel'nost'. Char'kov 1955.
Smagina, G. I., Akademija nauk i narodnoe prosveščenie v Rossii vo vtoroj polovine XVIII veka, in: Voprosy istorii estestvoznanija i techniki (1991), 1, S. 39-46.
Dies., Akademija nauk i razvitie obrazovanija v Rossii v XVIII veke, in: Vestnik RAN 70 (2000), S. 635-644.
Dies., Akademija nauk i russkaja škola. Vtoroja polovina XVIII veka. SPb. 1996.
Dies., Deutsche Gelehrte und die Schulreform im 18. Jahrhundert, in: Forschungen zu Geschichte und Kultur der Rußlanddeutschen 7 (1997), S. 134-141.
Dies., Frejbergskaja gornaja akademija i rasprostranenie znanij po geologičeskim naukam v Rossii v XVIII, in: Dies. (Hrsg. u. a.), Nemcy i razvitie obrazovanija v Rossii. SPb. 1998, S. 66-71.
Dies., Iz istorii sozdanija i rasprostranenija učebnych knig v Rossii vo vtoroj polovine XVIII v., in: Bubnov, N. Ju. (Hrsg. u. a.), Kniga v Rossii XVI - seredina XIX v. Knigorasprostranenie, biblioteki, čitatel'. Leningrad 1987, S. 71-78.
Dies., Knigi I. M. Šrekka v rossijskoj škole XVIII - pervoj polovine XIX v., in: Slavgorodskaja, L. V. (Hrsg.), Nemcy v Rossii. Problemy kul'turnogo vzaimodejstvija. SPb. 1998, S. 197-201.
Dies., Nemcy - učitelja i ustroiteli gosudarstvennych učebnych zavedenij v Rossii XVIII v., in: Slavgorodskaja, L. G. (Hrsg. u. a.), Nemcy v Rossii. Ljudy i sud'by. SPb. 1998, S. 144-154.
Dies., Publičnye lekcii Peterburgskoj Akademii nauk v XVIII v., in: Voprosy istorii estestvoznanija i techniki (1996), 2, S. 16-26.

Dies., Die Schulreform Katharinas II. Idee und Realisierung, in: Scharf, C. (Hrsg.), Katharina II., Rußland und Europa. Beiträge zur internationalen Forschung. Mainz 2001 (= Veröffentlichungen des Instituts für Europäische Geschichte Mainz, Abteilung für Universalgeschichte, Beiheft 545), S. 479-503.
Dies., Vklad nemeckich učenych v razvitie rossijskoj školy v XVIII v., in: Dies. (Hrsg.), Nemcy i razvitie obrazovanija v Rossii. SPb. 1998, S. 12-22.
Dies., U istokov gosudarstvennoj obščeobrazovatel'noj školy, in: SP (1987), 6, S. 120-123.
Smirnov, S. K., Istorija Moskovskoj Slavjano-Greko-Latinskoj Akademii. Moskva 1855.
Ders., Istorija Troickoj Lavrskoj seminarii. Moskva 1867.
Smith, D., Working the Rough Stone. Freemasonry in Eighteenth-Century Russia. DeKalb, Ill. 1999.
Sokolov, A. V., Iz istorii načal'nogo narodnogo obrazovanija v Rossii v pervoj četverti XIX veka, in: Učenye zapiski Molotovskogo Pedagogičeskogo instituta 11 (1947), S. 157-170.
Šolkovič, S., O tajnych obščestvach v učebnych zavedenijach severo-zapadnoj kraja pri knjaze A. Čartoryjskim, in: Zarja 3 (1871), 5, S. 64-138.
Stadler, P., Memoiren der Neuzeit. Betrachtungen zur erinnerten Geschichte. Zürich 1995.
Stanislawski, M., Tsar Nicholas and the Jews. The Transformation of Jewish Society in Russia, 1825-1855. Philadelphia 1983.
Starr, S. F., Decentralization and Self Government in Russia, 1830-1870. Princeton 1972.
Steindorff, L., „Ein Mensch ist nicht deswegen arm, weil er nichts hat, sondern weil er nicht arbeitet", Wandlungen in der Einstellung zur Armut in Rußland (18.-20. Jahrhundert), in: Christiana Albertina 52/53 (2001), S. 26-43.
Steinger, C., Condorcet's Report on Public Education, in: Social Studies (1970), 1, S. 20-25.
Ders., Government Policy and the University of St. Petersburg, 1819-1849. Ph.D. Diss. Ohio State Univ. 1971.
Stevens, C. B., Belgorod: Notes on Literacy and Language in the Seventeenth-Century Army, in: RH 7 (1980), S. 113-124.
Stieda, W., Die Anfänge der kaiserlichen Akademie der Wissenschaften in St. Petersburg, in: Jahrbücher für Geschichte und Kultur der Slaven NF 2 (1926) 2, S. 133-168.
Ders., Deutsche Gelehrte als Professoren an der Universität Moskau. Leipzig 1930.
Stollberg-Rilinger, B., Europa im Jahrhundert der Aufklärung. Stuttgart 2000 (= Universalbibliothek, 17025).
Stolpjanskij, P. N., Častnye školy i pansiony Peterburga vo vtoroj polovine XVIII veka, in: ŽMNP (1912), otd. 3, S. 1-23.
Strachov, P. I., Kratkaja Istorija Akademičeskoj Gimnazii, byvšej pri Imperatorskom Moskovskom Universitete. Moskva 1855 (Reprint 2000).
Štrak, G., Nižšija učilišča i obrazovanie učitelej v Rossii, in: ŽMNP 194 (1877), otd. 3, S. 1-32.
Strak, G., Die russischen Ostseeprovinzen, in: Schmid, K. A. (Hrsg.), Enzyklopädie des gesammten Erziehungs- und Unterrichtswesens. Bd. 11. Gotha 1878, S. 393-440.
Štrange, M. M., Demokratičeskaja intelligencija Rossii v XVIII veke. Moskva 1965.
Ders., Russkoe obščestvo i francuzskaja revoljucija, 1789-1794 gg., Moskva 1956.
Strémoukhoff, D., Les Russes à Strasbourg au XVIIIe siècle, in: Revue d'Alsace 81 (1934), S. 3-21.
Stupperich, R., Staatsgedanke und Religionspolitik Peters des Großen. Königsberg 1936 (= Osteuropäische Forschungen, NF 22), S. 96-101.
Suchodolski, B., Studia z dziejów Polskiej myśli filozoficznej i naukowej. Wrocław 1958.
Suchomlinov, M. I., Istorija Rossijskoj Akademii. T. 1-8. SPb. 1874-1888.
Ders., Issledovanija i stat'i po russkoj literature i prosveščeniju. T. 1-2. SPb. 1889.
Ders., Učilišča i narodnoe obrazovanie v Černigovskoj gubernii, in: ŽMNP 121 (1864) otd. 3, S. 1-94.
Ders. (Hrsg.), Materialy dlja istorii Imperatorskoj Akademii Nauk. T. 1. SPb. 1885.
Ders., Materialy dlja istorii obrazovanija v Rossii. T. 1-3. SPb. 1866.
Ders., Zametki ob učiliščach i narodnom obrazovanii v Jaroslavskoj gubernii, in: ŽMNP 117 (1863) otd. 3, S. 103-189.
Šugurov, N. V., Il'ja Fedorovič Timkovskij, pedagog prošlogo veka, in: KS 10 (1891), 7, S. 212-236; 9, S. 375-406; 10, S. 87-97.
Suknovalov, A. E., Pervaja v Rossii voenno-morskaja škola, in: IZ 42 (1953), S. 301-306.
Šul'gin, V. S., Religija i cerkov', in: Rybakov, B. A. (Hrsg.), Očerki russkoj kul'tury XVIII. Č. 2. Moskva 1987, S. 356-392.

Šumigorskij, E., Smol'nyj-institut i ego rol' v istorii ženskogo obrazovanija v Rossii, in: RS (1914), 8, S. 269-280.
Šurtakova, T. V., Rol' Kazanskogo universiteta v organizacii i rukovodstve učebnym processom v školach učebnogo okruga v 1805-1836 gg., in: Učenye zapiski Kazanskogo gos. Universiteta 117 (1957), Kn. 10, S. 183-228.
Dies., Rukovodstvo Kazanskogo universiteta razvitiem načal'nogo i srednego obrazovanija v učebnom okruge v 1805-1836 gg. Kazan' 1959.
Svodnyj katalog russkoj knigi graždanskoj pečati. 1725-1800. T.1-5. Moskva 1963-1967.
Swiderski, B., Myth and Scholarship. University Students and Political Development in XIX Century Poland. København 1988.
Syčev-Michajlov, M. V., Iz istorii russkoj školy i pedagogiki XVIII veka. Moskva 1960.
Szybiak, I., Szkolnictwo Komisji Edukacji Narodowej w Wielkim Księstwie Litewskim. Wrocław usw. 1973.

Tarasov, E., Russkie „gettingency" pervoj četverti XIX veka i vlijanie ich na razvitie liberalizma v Rossii, in: Golos minuvšego (1914), 7, S. 195-209.
Tartarovskij, A. G., Russkaja memuaristika XVIII - pervoj polovine XIX v. Ot rukopisy k knige. Moskva 1991.
Thaden, E., The Beginnings of Romantic Nationalism in Russia, in: Ders., Interpreting History. Collective Essays on Russia's Relations with Europe. New York 1990, S. 180-201.
Ders., Conservative Nationalism in Nineteenth-Century Russia. Seattle 1964.
Ders., Russia's Western Borderlands 1710-1870. Princeton 1984.
Tichomirov, M. N. (Hrsg. u. a.), Istorija Moskovskogo Universiteta. T. 1-2. Moskva 1955.
Timoščuk, V. V., Imperatrica Marija Fedorovna v eja zabotach o Smol'nom monastyre, 1797-1802, in: RS (1890), 1, S. 809-832.
Tipton, S., Katharina die Große und die Ikonographie der Aufklärung, in: Ottomeyer, H. (Hrsg.), Katharina die Große. Katalogbuch zur gleichnamigen Ausstellung. Kassel 1997, S. 73-80.
Tiškin, G. A., „Ee Svetlost' Madam Direktor". E. R. Daškova i Peterburgskij universitet v 1783-1796 gg., in: Vorončov-Daškov, A. I. (Hrsg. u. a.), Ekaterina Romanovna Daškova. Issledovanija i materialy. SPb. 1996 (= Studiorum Slavicorum Monumenta, 8), S. 80-93.
Ders., E. R. Daškova i učebnaja dejatel'nost' Peterburgskoj Akademii nauk, in: Očerki po istorii Leningradskogo universiteta. T. 6. Leningrad 1989, S. 190-207.
Titlinov, B. V., Duchovnye školy v XIX stoletija. K stoletiju duchovny reformy 1808 goda. T. 1-2. Vil'na 1908-1909.
[Titov, A. A.], Rostovskoe gorodskoe učilišče v pervye gody svoego suščestvovanija 1786-1803. Istoričeskij očerk po povodu stoletnogo jubileju učilišča. Moskva 1886.
Tolstoj, D. A., Akademičeskij universitet v XVIII stoletii. SPb. 1885.
Ders., Ein Blick auf das Unterrichtswesen Rußlands im 18. Jahrhundert bis 1782. Sankt Petersburg 1885 (= Beiträge zur Kenntnis des Russischen Reiches und der angrenzenden Länder Asiens, Zweite Folge, 8).
Ders., Rimskij katolicizm v Rossii. T. 1-2. SPb. 1876-1877.
Ders., Die Stadtschulen während der Regierung der Kaiserin Katharina II. SPb. 1887 (= Beiträge zur Kenntnis des Russischen Reiches und der angrenzenden Länder Asiens, 3).
Tompkins, S. R., The Russian Mind. From Peter the Great through the Enlightenment. Norman, Okl. 1953.
Torke, H.-J., Das russische Beamtentum in der ersten Hälfte des 19. Jahrhunderts, in: FOG 13 (1967), S. 1-345.
Tourneux, M., Diderot et Catherine II. Paris 1899.
Tovrov, J., The Russian Noble Family. Structure and Change. London usw. 1987.
Trechbatova, S. A., Narodnoe obrazovanie v vojske černomorskom, in: Učitel' (1993), 2, S. 3-5.
Troickij, S. M., Finansovaja politika russkogo absoljutizma vo vtoroj polovine XVII i XVIII vv., in: Družinin, N. M. (Hrsg. u. a.), Absoljutizm v Rossii (XVII-XVIII vv.). Moskva 1964, S. 281-319.
Ders., Russkij absoljutizm i dvorjanstvo v XVIII v. Formirovanie bjurokratii. Moskva 1974.

Truchim, S., Współpraca polsko-rosyjska nad organizacją szkolnictwa rosyjskiego w początkach XIX wieku. Łódź 1960.

Ulam, A. B., Rußlands gescheiterte Revolutionen. Von den Dekabristen zu den Dissidenten. München 1985.
Ustrjalov, N. G., Istorija carstvovanija Petra Velikogo. T. 3. SPb. 1858.
Ders., Russkaja istorija do 1855 goda v dvuch častjach. Petrozavodsk 1997.

Vasil'čikov, A. A., Semejstvo Razumovskich. T. 1-2. SPb. 1869-1880.
Verchovskij, P. V., Učreždenie Duchovnij kollegii i duchovnyj reglament. T. 1-2. Rostov na Donu 1916.
Vernadskij, G. V., Russkoe masonstvo v carstvovanii Ekateriny II. SPb. 1999.
Veržbovskij, F., K istorii tajnych obščestvach i kružkov sredi litovsko-pol'skoj molodeži 1819-1823. Varšava 1898.
Veselovskij, K., Poslednie gody prošlogo stoletija v akademii nauk, in: RS (1898), 1-3, S. 225-245.
Vessel, N. [Ch.], O narodnom učilišče. K raz-jasneniju voprosa ob ustrojstve voznikajuščich u nas central'nych sel'skich narodnych učilišč, in: Ebenda 139 (1868), S. 908-1019.
Vierhaus, R. Aufklärung als Lernprozeß, in: Ders., Deutschland im 18. Jahrhundert. Politische Verfassung, soziales Gefüge, geistige Bewegungen. Göttingen 1987, S. 84-95.
Ders., Bildung, in: Brunner, O., (Hrsg. u.a.), Geschichtliche Grundbegriffe. Bd. 1. Stuttgart 1972, S. 508-551.
Višlenkova, E. A., Duchovnaja škola pervoj četverti XIX veka. Kazan' 1998.
Dies., Religioznaja politika v Rossii (pervaja četvert' XIX veka). Kazan' 1999 (Avtoreferat Kand. Diss.).
Dies., Religioznaja politika: Oficial'nyj kurs i „obščee mnenie" Rossii aleksandrovskoj épochi. Kazan' 1997.
Višnevskij, D., Kievskaja Akademija v pervoj polovine XVIII stoletija. Kiev 1903.
Vladimirskij-Budanov, M., Gosudarstvo i narodnoe obrazovanie v Rossii XVIII-go veka. Jaroslavl' 1874.
Vodarskij, J. E., Ekaterina II.: ot francuzskoj filosofii k rossijskoj real'nosti, in: Sacharov, A. N. (Hrsg. u. a.), Reformy i reformatory v istorii Rossii. Sbornik statej. Moskva 1996, S. 48-61.
Voroncov, [V.], Materialy dlja istorii i statistiki učebnych zavedenij Ministerstva narodnogo prosveščenija v g. Sumach. SPb. 1865.
Voroncov-Daškov, A. I. (Hrsg. u. a.), Ekaterina Romanovna Daškova. Issledovanija i materialy. SPb. 1996.
Voronov, A., Fedor Ivanovič Jankovič de Mirievo ili narodnye učilišča v Rossii pri Imperatrice Ekaterine II. SPb. 1858.
Ders., Istoriko-statističeskoe obozrenie učebnych zavedenij S.-Peterburgskogo učebnogo okruga s 1715 po 1828. SPb. 1849.
Vucinich, A., Science in Russian Culture. Vol. 1-2. Stanford 1963-1970.

Walicki, A., The Slavophile Controversy. A History of a Conservative Utopia in Nineteenth Century Russia. Toronto usw. 1975.
Ders., A., A History of Russian Thought from the Enlightenment to Marxism. Stanford 1979.
Walker, F. A., Christianity, the Service Ethic and Decembrist Thought, in: Hosking, G. A. (Hrsg.), Church, Nation and State in Russia and the Ukraine. London 1991, S. 79-95.
Ders., Popular Response to Public Education in the Reign of Tsar Alexander I., in:HEQ (1984),S. 527-543.
Wangermann, E., Aufklärung und staatsbürgerliche Erziehung. Gottfried von Swieten als Reformator des österreichischen Unterrichtswesens 1781-1791. München 1978.
Wawrykowa, M., „Für eure und unsere Freiheit": Studentenschaft und junge Intelligenz in Ost- und Mitteleuropa in der ersten Hälfte des 19. Jahrhunderts. Stuttgart 1985 (= Schriften der Mainzer Philosophischen Fakultätsgesellschaft, 10).
Weber, M., Wirtschaft und Gesellschaft. Grundriß der verstehenden Soziologie. 5. Aufl. Tübingen 1976
Wehrmann, V., Volksaufklärung, in: Herrmann, U. (Hrsg.), Das Pädagogische Jahrhundert. Volksauf-

klärung und Erziehung zur Armut im 18. Jahrhundert in Deutschland. Weinheim usw. 1981, S. 143-153.
Weisensel, P. R., Avram Sergeevich Norov: Nineteenth Century Russian Bureaucrat and Educator. Ph.D. Diss. Univ. of Minnesota 1973.
White, H., Der historische Text als literarisches Kunstwerk, in: Conrad, C. (Hrsg. u.a.), Geschichte schreiben in der Postmoderne. Beiträge zu einer aktuellen Diskussion. Stuttgart 1994. S 123-157.
Whittaker, C. H., The Ideology of Sergei Uvarov: An Interpretive Essay, in: RR 37 (1978), S. 158-176
Dies., The Origins of Modern Russian Education: An Intellectual Biography of Count Sergei Uvarov, 1786-1855. DeKalb, Ill. 1984.
Dies., The Reforming Tsar: The Redefinition of Autocracy in Eighteenth-Century Russia, in: SR 51 (1992), S. 77-98.
Wilson, A., Diderot in Russia, 1773-1774, in: Garrard, J. (Hrsg.), The Eighteenth Century in Russia. Oxford 1973, S. 166-197.
Winter, E., A. H. Francke und Rußland, in: ZfG 11 (1963), S. 958-964.
Ders., Frühaufklärung. Der Kampf gegen den Konfessionalismus in Mittel- und Osteuropa und die deutsch-slawische Begegnung. Berlin 1966.
Ders., Zur Geschichte der deutsch-russischen Wissenschaftsbeziehungen im 18. Jahrhundert, in: ZfG 8 (1960), S. 844-855.
Ders., Laurentius Blumentrost d. J. und die Anfänge der Petersburger Akademie der Wissenschaften, in: Jahrbuch für Geschichte der UdSSR und der volksdemokratischen Länder 8 (1964), S. 247-270
Ders., Rußland und das Papsttum. Teil 2: Von der Aufklärung bis zur Großen Sozialistischen Oktoberrevolution. Berlin 1961.
Wirtschafter, E. K., Structures of Society. Imperial Russia's „People of Various Ranks". DeKalb, Ill. 1994.
Wittram, R., Der Eintritt Rußlands in die Neuzeit. Berlin usw. 1954.
Ders., Peter I. Czar und Kaiser. Zur Geschichte Peters des Großen in seiner Zeit. Bd. 1-2. Göttingen 1964
Wolff, L., Inventing Eastern Europe. The Map of Civilization in the Mind of the Enlightenment. Stanford 1994.
Woltner M., Das wolgadeutsche Bildungswesen und die russische Schulpolitik. Teil 1: Von der Begründung der Wolgakolonien bis zur Einführung des gesetzlichen Schulzwangs. Leipzig 1937.
Wortmann, R., The Development of Russian Legal Consciousness. Chicago 1976, S. 37-50.
Ders., Scenarios of Power. Myth and Ceremony. Vol. I.: From Peter the Great to the Death of Nicholas I. Princeton 1995.

Yaney, G. L., Law Society and the Domestic Regime in Russia in Historical Perspective, in: The American Political Science Review 59 (1965), S. 379-390.

Zacek, J. C., The Lancaster School Movement in Russia, in: SEER 45 (1967), S. 343-367.
Dies., The Russian Bible Society and the Russian Orthodox Church, in: Church History 35 (1966), S. 411-437.
Zagoskin, N. P., Istorija Imperatorskogo Kazanskogo universiteta za pervye sto let ego suščestvovanija 1804-1904. T. 1-4. Kazan' 1902-1906.
Zajončkovskij, P. A., Pravitel'stvennyj apparat samoderžavnyj Rossii v XIX v. Moskva 1978.
Ders., Vysšaja bjurokratija nakanune Krimskoj vojny, in: IstSSR (1974), 4, S. 154-164.
Zamachev, S. N./Cvetaev, G. A., Tobol'skaja gubernskaja gimnazija. Istoričeskaja zapiska o sostojanii Tobol'skoj gimnazij za 100 let ee suščestvovanija. Tobol'sk 1899.
Zapadov, A. G. (Hrsg.), Istorija russkoj žurnalistiki XVIII-XIX vekov 2. Aufl. Moskva 1966.
Zawadski, W. H., A Man of Honour. Adam Czartoryski as a Statesman of Russia and Poland, 1795-1831. Oxford 1993.
Žilin, P. A., Feldmaršal Michail Illarionovič Kutusov. Žizn' i polkovodčeskaja dejatel'nost'. Moskva 1987.
Znamenskij, P., Duchovnye školy v Rossii do reformy 1808 goda. Kazan' 1881.

Zolotov, V., Izsledovanie krest'janskoj gramotnosti po derevnjam, preimuščestvenno Tverskoj gubernii i častiju Moskovskoj, in: ŽMNP 119 (1863) S. 400-442.

Zorin, A. L., Ideologija „Pravoslavie - Samoderžavie - Narodnost'" i ee nemeckie istočniki, in: Rudynskaja, E. L. (Hrsg.), V razdum'jach o Rossii (XIX v.). Moskva 1996, S. 105-128.

Ders., Kormja dvuglavogo orla... Literatura i gosudarstvennaja ideologia v Rossii v poslednej treti XVIII - pervoj treti XIX veka. Moskva 2001.

Žukovskaja, T. N., S. S. Uvarov i vossozdanie Sankt-Peterburgskogo universiteta, in: Očerki po istorii Sankt Peterburgskogo universiteta. T. 7. SPb. 1998, S. 56-74.

PERSONENREGISTER

Seitenzahlen in Klammern verweisen auf den Namen in einer Fußnote der angegebenen Seite.

Achnametov, N.-B. 201
Adrian (Patriarch) 36, 39-40
Aepinus, F. U. Th. (111), 182-186, 190, 195, 205, 269, 304
Afanasij (Erzbischof von Rostov) 152
Agramakov, A. M. (101), (227)
Aksakov, S. 375
Alekseev, G. 403
Aleksej Michailovič (Zar) 34, 139
Alembert, J. le Rond d' 175, (179)
Alexander I. (Zar) 3, 9, 27, 107, 165, 226, (240), 269, 271, 275, 277-280, 282, 284, 286, 288-289, 293, 295, 302, 305, 307-308, 312-315, 317, 321, 324, 326-330, 332-334, 337-338, 343-344, 347, 350, 358, 363, (367), 369-370, 373, 378-380, (406), 412
Alexander II. (Zar) 1, 30, 165, (188), 425, 427, 432
Allen, W. 330
Altbauer, D. 48
Amvrosij (Metropolit) (312)
Anderson, B. (364)
Andreev, A. Ju. 296
Andrijašev, A. (397)
Anhalt, Friedrich von 231
Aničkov, D. S. 114
Anna (Zarin) 56, 62, 71-73, 78-79, 82-83, (85), 86, 91
Argamakov, A. P. 114, 219
Aristoteles 115
Arnold, E. F. (401).
Artemev, A. 220
Asch, G. 160
Arsen'ev, K. I. 345
Bagalej, D. I. (376)
Bakmeister (Bacmeister), H- L. Ch. 217
Bakunin, M. A. 23
Balugjanskij, M. A. 335, 344
Barsov, A. A. (101), 114, 126, (171), (229)
Basedow, J. B. 180-181
Baskakov, V. 153
Batašev, A. A. (372)
Baženov, V. I. (103), 228

Beccaria, C. 140, (141)
Beckoj, I. I. 98, 115-116, 119-126, (127), 128-130, (131), 132-140, 142, 145, 158, 168, (172), 176-177, 179, 181, 187, 194, 198, 205, 210, (222), 224, 230, 231-232, 235-237, 318, 340, 437
Begičev (Generalmajor) 311
Beklešov, A. A. 160, 265
Beleckij, A. V. 379
Beljavskij, M. T. (159)
Bell, A. 330
Bellegarde, J. B. Morvan de (Abbé) 113
Bellermann, J. J. 236-237
Benckendorff, A. Chr. v. (Graf) 346, 419
Beskrovnyj, L. G. (85)
Bestužev-Rjumin, M. P. 229
Bezborodko, A. A. (Fürst) 206, 256, 268, 280, 311, (400), 418
Bibikov, A. I. 140, 152
Bielfeld, J. Fr. v. 141
Bienemann, Fr. (295)
Bisonnette, G. 52
Black, J. L. 4, 11, (44), 71, 199
Bludov, D. N. 320 (350)
Bludova, F. 90
Blumentrost, L. 60
Bobrinskij, A. 224, (231)
Bogusz, Ks. 377, 379
Bolotov, A. T. 88
Böning, H. (75)
Borščova, N. S. 234
Bradke, G. (E.) v. 359, 424
Braun, J. A. (111), 215
Brooks, J. 2
Brown, J. (137)
Bruce, J. (64)
Bulgakova, L. A. 29
Bulič, N. (376)
Büsching, A. Fr. 122, 266
Butaševič-Petraševskij, M. V. 428
Cathcart, Ch. (Lord) 234
Čebotarev, Ch. A. (171), 228, (248)
Čečulin, N. D. (141)
Černyšev, I. G. (Graf) 96, 132

Chalotais, la 115, 178
Cheraskov, M. M. 86, 114, (116), 121, 174
Chmel'nickij, S. 258
Chovanskij (Fürst) 381
Chrapovickij, A. V. (190), (206), 437
Cicero 128, (278)
Comenius, J. A. 64, 113, 134
Condorcet, A. de 279, 286-287, 295, 317
O'Connor, M. 339
Čučmarev, V. I. (177)
Cvetkovskij, S. 243
Czacki, T. 337, 377-379, 380
Czartoryski, A. J. (Fürst) 280, 284, 287, 289-290, 293-294, 304-305, 337-340, 348, 377-378, 380-381, 439
Dalberg, K. T. v. 181, 184
Danilov, M. V. 89
Daškova, E. 171, (194), 216-218, 229, 233
Davydov, I. I. 423
Degurov, A. A. 396, (397)
Del'vig, A. A. (390)
Del'vig, A. I. (390)
Demidov, N. A. 103, 232
Demidov, P. G. 311
Demidov, P. A. 172, 229, 232
Demosthenes (278)
Deržavin, G. R. 88, 90, 221, 256-257
Desnickij, S. E. 114, 227.
Diderot, D. 120, 175, 176-180, 198, 227, 234, 285
Dilthey, P. H. ˙137-138, (226), (371)
Dmitrij (Metropolit) (134)
Dol'nik, I. 404
Dostoevskij, A. M. (390)
Dostoevskij, F. M. (390), 428
Dukes, P. (157)
Dulac, G. 178
Dumaresq, D. (137)
Eingorn, V. 251-252
Elagin, I. P. 86
Elisabeth (Zarin) 10, 56, 71, 73, 78-79, 86, 88, 91, (95), 96, 101, (102), 103, (104), 111, 120, 126, (136)
Ems (Kollegienrat) 383
Engalyčev, P. N. 309
Engelgardt, L. N. (282)
Engelhardt, E. A. 318
Epifanov, P. P. 72
Epp, G. 11, (133)
Eropkin (Generalgouverneur) 250
Eroškina, A. N. 134
Euler, L. (216)
Evans, R. J. (17), 25

Falconet, E. M. 133
Farquharson, H. 87
Fedor (Zar) 34
Felbiger, J. I. v. (Abt) 186-188, 190, 198-199
Fénelon, F. 113, 122, 134
Fischer, J. E. 96, 110, 111, 215
Flynn, J. T. 3, 297, 323, 333, (334), (350)
Fonvizin, D. I. (103), 170, 221, (228)
Fonvizin, P. I. (103), 221, 228
Fotij (Archimandrit) 334
Francke, A. H. 127, 180
Freeze, Gr. 56
Friedrich Wilhelm I. (König) 85
Friedrich II. (König) 136, 175, 186, 209
Fuss, N. 289, 293, 299, (300), 335
Galjanskij, S. 262
Geoffrin, M. T. (123)
Georgij (Bischof) 242
Gestwa, K. 12
Geyer, D. 444
Giganov, I. 201
Glazov, M. 156
Glinka, S. N. 231, (298)
Glück, E. 39
Godunov, Boris (Zar) 45
Goethe, J. W. v. 294
Gogol', Nikolaj (302), 377
Goleniščev-Kutuzov, P. I. 392
Golicyn, A. N. 28, (134), 312, 321, 327-332, 334-336, 338, 344, 346, (378)
Golicyn, D. M. (Fürst) 44, (131), 132, (134)
Golochvastov (General) 257
Golovin, M. E. 216
Golovnin, A. V. (318)
Golovnina (Gräfin) 384
Gołuchowski, A. M. 339
Golycin 199.
Gooding, J. (313)
Greč, N. V. (330)
Griffiths D. M. 124
Grigor'ev, G. V. (251)
Grimm, Fr. M. (129), 169, 175, 178, 180-184, (194), 210, (233)
Habermas, J. 20
Hähn, J. Fr. 186-187
Harpe, Fr.-C. de la 279, 285-288, 290
Hartley, J. 244, (271)
Hayking, K. Fr. v. (284)
Hecker, J. J. (136), 186-187
Hellie, R. (82)
Herder, J. G. 364
Herrmann, U. 181
Herzen, A. I. (364), (425)

Hildermeier, M. 12
Hosking, G. 24, 275, 326, 444
Humboldt, W. v. 322
Igelström, O. A. (264)
Inochodcev, P. B. 216
Iov (Metropolit von Novgorod) (52)
Ivan IV. (Zar) 37
Ivaškin, Aleksej 160
Jagužinskij, P. I. (85)
Jakuškin, I. P. 229
Janković de Mirievo, T. [F.] I. 184, 188, 190-191, 193-194, 196, 198-199, (208), 232, 243, (246), 249, 269, (285), 286-290, (294), 299, 301, 304, (324), 439
Jaremskij, F. A. (101)
Javorskij, St. 36, 39
Jeismann, K.-E. 7, 444
Johanna Elisabeth 120
Jones, W. G. (157), 169, 173
Joseph II. (Kaiser) 183-184, 188, 190, 209
Joubert (s. Žobar, I. A)
Justi, J. G. v. 141
Kabuzan V. M. 273
Kachovskij, P. G. 229
Kafengauz B. B. (82)
Kamenskij, I. P. (231), 396, (400)
Kankrin, E. F. 427
Kantemir, A. D. (Fürst) 76-77, 91
Kapodistria I. A. (Graf) 331
Kappeler, A. 439
Karamzin, N. M. 16, 223-224, (226), 277-278, (298), 307-309, 314-316, 319-320, (338), 340, 368, (379), 440
Karazin, V. N. 289, 293-294, 314-315, 368, 440
Karneev, Z. Ja. 333
Kartaševskij (Staatsrat) (416)
Katharina I. (Zarin) 39, 78, 102
Katharina II. (Zarin) 3, 9-14, 18-19, 27, (54), 66, 71, 81-82, 84, 87, 95, 105-106, (107), 112-113, 116, 118-124, (125), 129-137, 139-144, 151-152, 155, 157-159, 161-162, 165-166, (167), 169, 171-186, 188, 190-194, 197, 201, 203-210, 217, 221, 224-225, 229-233, 235-236, 239, (240), 241, (242), 244, 248, 250, (251), 258, (264), 265-266, 268-269, 274-275, 278-279, 281-286, (288), (294), 296-297, 303, 305, 307, 309, 327, (336), 350, 363, 366-367, 382, 384, (390), 398-399, 406, 426, 433, 437-439, 441
Kiselev, P. D. 430-431
Klinger, Fr. M. v. 287, 289, 293, 373, 407-408
Klingstedt, T. v. 137, 162

Knjazkov, S. Ja. 108, (192)
Kočubej, V. P. 284, (285), 287, (350)
Kollmann, N. Shields (34)
Kołłątaj, H. (379)
Kononov, A. K. 216
Konstantin (Großfürst) (343), 344
Korf, Nikolaj (Baron) 2, 7
Korff, Modest 314.
Koržavin, V. (90)
Kostamorov, N. I. (396), (428)
Kotel'nikov, S. K. 110, 216
Kozel'skij Ja. P. 215
Kožin (Deputierter) 153
Kozlov, S. A. (224)
Kozodavlev, O. P. (190), 240-241, 249-250, 254, 255, 257, 267, 382
Krejderman, F. I. (190), (207)
Krestinin, V. V. 149
Kromin, E. K. (190)
Krusenstern, A. 347
Kukol'nikov (Professor) 383, 384
Kuljabko, E. S. 61, 216
Kunicyn, A. P. 335
Kurakin, A. B. (Fürst) 156, (367), 368, 394
Kurmačeva, M. D. 139, 144, (157)
Kutuzov, M. I. 231, 287.
Lambert, J. de (Graf) (347), 348.
Lambockaja, É. A. (402)
Lancaster, J. 330
Lappo-Danilevskij, A. S. 134
Laptev (Bauer) (405)
Larionov, A. 154
Laval, I. S. 339
Lavrovskij, N. A. (376)
Lazarev (Lazarjan), I. L. (310)
Lebedev, M. G. (227)
LeDonne, J. 15, 222, (225), 280
Lee, Sir Fr. (59)
Leibniz, G. W. 58-59, 68, (137)
Leonard, C. 118
Leopold-Friedrich-Franz (Fürst) 181
Lepechin, I. I. (215), 216
Lieven, K. 330, 338, 347-349, 352, 356, 358-360, 420
Lincoln, W. B. 441
Ljubanovskij, F. P. 222
Ljubavcev, St. 155
Ljubinskij (Student) 224
Locke, J. (113), 113, 122, 127, 134, 231
Lomonosov, M. V. (78), (90), 92-93, 95, 97-101, (102), 104, 106-108, 114-116, 119, (129), 147, 215, 216, 301, 437
Lotman, Jurij (18), (45), 72
Lukin, M. 264

Macarthney, G. (438)
Madariaga, I. de 11, (152)
Magnickij, L. M. 41, 87, 328
Magnickij, M. L. 331-336, 340, 344, 346-347, 363, (374), 402-404
Maier, L. 194
Maistre, J. de 315-317, 323
Makagonenko, G. P. 221
Makarova, N. A. 296
Maksimovič, M. O. 359
Malinovskij, V. F. 318
Maria Theresia (Kaiserin) 186-187, (188)
Marija Fedorovna (Kaiserin) 288, (427)
Marker, G. 67, (248), 275
Martynov, I. I. 331
Massalski, I. 281
Melissino, I. I. 86, 114, 219
Mendeleev, D. I. 423.
Mendeleev, I. P. (423)
Menšikov (Fürst) 62
Merzljakov, A. F. 228
Michail (Zar) 34
Michajlova, S. M. 402
Miljukov, P. N. (46)
Miller, I. E. 405
Mironov, B. N. 273
Miropol'skij, S. 2, 7
Mislavskij (Lehrer) 249-250
Moderach, K. Fr. 111
Molčanova, E. I. 234
Molière (Poquelin, J. B.) 91
Mommsen, M. (19)
Montaigne M. de 113, 134
Montesquieu, Ch. L. de Secondat 122, 140-141
Morev (Student) 224
Mordvinov (General) 172
Mstislavskij, T. G. 254
Mudrov (Lehrer) 259
Müller, G. F. 93, 111, 114-115, 137, 150-151
Mumenthaler, R. (109)
Münich, B. Chr. v. 85-86
Münnich, Chr. v. (266)
Murav'ev, N. M. 229, 320
Murav'ev, M. N. 289-290, 293-294, 296-297, 304-305, 366, 375-376, 389
Murav'ev-Apostol, M. N. (321)
Musin-Puškin, M. A. (Fürst) (419)
Napoleon 319, 327-328, 372, (380), 384, 392
Nečaev, N. V. (82)
Negodjaev, S. M. (370)
Neugebauer, W. 209, 214
Nikitenko, A. V. (336), 391-392, 435

Nikolaj Michajlovič (Großfürst) (285)
Nikolaus I. (Zar) 16, 28-29, 302, 336, 343-352, 356-365, 372, (374), 381, (405), 416-417, (418), 419, 424-425, 428, 431-434, 441
Nikon (Patriarch) 37, 403
Norov, A. S. (417), 435
Novikov, N. I. (74), (103), (153), 170, 173, 174, 223-224, (248), 325
Novosil'cev, N. N. 284, 293, 294, 339, 340, (348), 357-358, (377), 381-382, 389, 406
Ogarev, N. P. (364)
Okenfuss, M. J. 6, 11, (39), 44, 52, 57, (64), 67, (76), (188), 199, 275
Omel'čenko, O. A. 159
Orlov, A G. 172
Orlov, G. G. (136), 140, 180
Orlov, M. F. 320, (325), 326, 330
Orlov, P. 156
Orlov, Vl.G. (107)
Ozereckovskij, N. I. 289, (300)
Panačin, F. G. (203)
Pančenko, A. M. (37)
Panin, N. I. 132, 140, 280
Panin, P. I. 132, 146, 280
Parrot, G. F. (295), (296), (347), (356), 406
Paskevič I. F. (Fürst) 358, (416)
Passek, P. B. 242
Pastuchov, P. I. 190, (289)
Paul (Zar) (134), (140), 165, 175, 182, (183), (190), 218, 220, (224), (237), 269-271, 278-279, 281-284, 288, (295), 309, (317), 373
Pavlenko, N. I. (82)
Payne, H. C. (209)
Permskij, M. 224
Perovskij, A. A. (347)
Perovskij, V. A. (347)
Perry, J. 34
Pestalozzi, J. H. 322, 331
Pestel', P. I. 325
Peter I. (Zar) 9, 10, 13-14, 18, 22, 33-36, 38-40, 43, 45-47, (48), 49, 51-52, (53), (55), 56-66, 68-69, 71-73, 77, 79-81, 83, 87, 89-91, 117, 120, 123-124, (125), 137, 151-152, (154), 165, (177), (191), 218-219, 286, 307, (326), 363, 385, 437, 443-444.
Peter II. (Zar) 62, 72
Peter III. (Zar) (79), 109, 111, 116-120
Petrov, F. A. 296, 376
Pietrow-Ennker, B. 130, (235)
Pintner, W. 6
Pirogov, N. 1, 7
Pjatkovskij, A. P. 236

Platon 115
Platon (Metropolit) 251
Plater, L. (Graf) 379
Pletnev, P. A. (321)
Plutarch 128
Pnin, I. P. 309, (310), 440
Pogodin, M. P. (359), 391
Pokrovskij, N. F. (424)
Polikarpov-Orlov, F. 64
Polockij, S. 63
Poniatowski, Stanisław August (König) 280
Popovskij, N. N. 100, (101), 113-114
Popugaev, V.V. 309
Pososhkov, I. S. (75)
Potemkin, G. A. 173, 228-229, (256)
Potocki, S. 289 (289), 293-294, (295), (376), 394
Priklonskij, M. V. (219)
Prokopovič, F. 52-56, 65-66, 72-73, (74), 75, 77, 80, 113, 124, 142, 198.
Prokopovič-Antonovskij, A. 309
Protasov, A. P. 110, 216.
Prževal'skij, N. M. (425)
Pufendorf, S. 53, 64, (65), 127
Pugačev, E. 163, 166, 220, (244), (264), (326)
Puškin, A. S. 5, 30, (308), 318, 334, 345-346, 348
Pypin, A. N. 330
Quesnay, F. 141
Radiščev, A. N. 23, (309), 327
Raeff, M. (20)
Raevskij, V. F. 229
Razsyl'čikov (smotritel') 258
Razumovskij, K. G. 96-97, 105, 106, 119, 146, (315)
Razumovskij, A. K. 315-317, 329, 338, 352, 370, 384
Retkin (153)
Richelieu, A.-E. du Plessis, Herzog von (310)
Robel, G. (88)
Rogger, H. (275)
Rommel, Ch. F. 399
Rose, J. 88
Rothe, H. (94)
Rousseau, J.-J. 113, 120, 125, 128, 134-135, (136), (137), 187, 198, 231
Roždestvenskij, S. V. 25, 108, 208, 335, 372, 411
Rubanovskij, V. 234
Rumovskij, St. Ja. (172), 216, 294, (300), 375, 400, 402, 405, 411
Runič, D. P. 328, 331-333, 335-336, 340, 344-346
Rykov, A. M. (190)

Šachin-Girej (245)
Šachovlinskij, Ja. P. (84)
Sallust (278), 385
Saltykov, F. S. 59, (113)
Samarin (Bauer) 370
Ščerbatov, M. M. 21, 23, 115, 116, 153, 197, 233-234, 236.
Ščerbatov, S. O. (89)
Schad (Professor) 333
Schaden, M. 174, 223, 228, (248)
Schlözer, A. L. v. 123, 307, (319), 390
Schlözer, Ch. v. 390
Schlumbohm, J. (159)
Schröckh, J. M. 197
Schulze Wessel, M. (9), 20
Schwarz, J. G. 174, 223 (226)
Selivanov, E. 155
Seneca 128
Serbov, I. I. 108, (192)
Sestrencevič, Stanislav (Bischof) 242, 267
Ševčenko, T. (428)
Severgin, V.M. 294, 377, 381-382
Ševyrev, St. S. (95), 106, 364-366
Sievers, J. J. v. (167), 244, 283
Širinskij-Šichmatov, P. (Fürst) 345 (347), 418, 423, 435
Šiškov, A. S. 200, (298), 319-320, 328, 338, 341, 343, 345-352, 363, 381, (383), 440
Skornjakov-Pisarev, G. 47
Slovcov, P. A. (401), 402, 404, 416
Sokolovskij, P. V. 391
Smagina, G. I. 4, 241
Smith, D. 7, 173
Smolitsch, I. (52)
Śniadecki, J. 337
Sofija Alekseevna (Regentin) 34-35, 39
Sokolov, P. I. 216, 249
Sokrates 115
Solotnickij, Vl. 159, 162
Speranskij, M. M. (4), 16, (312), 313-314, (315), 317, (318), (319), 322, (346), 347, (349), (356), 361-362, 405, 419
Spiridonov, M. G. (372)
Sreznevskij, I. E. 396
Stählin, J. v. (98), 109, 180
Štakelberg, E. K. (Baronin) (232)
Stankevič, N. V. (364)
Starov, I. E. (103)
Starr, S. F. (435)
Staszic, St. (379)
Steindorff, L. (128)
Stieff, Chr. 92
Stojkovič, A. I. 396
Stökl, G. 79

Storch, H. 307, 347, 351
Strachov, P. I. 222
Stritter, J. 196
Stroganov, A. (Graf) (153), 156, (178)
Stroganov, P. A. (Graf) 284, (285), 286-287, 293
Stroganov, S. G. (347), 426
Stroynowski, H. 290
Sturdza, A. S. 328, 331, 335
Suchomlinov, M. I. 25, 269
Sumarokov, A. P. 86, 115, (116), 121, 140
Šurtakova, T. V. 402
Šuvalov, I. I. 90, 92, 95, 96-97, 99-104, 106-109, 111-112, 116, 118-119, 126, 128, (129), 150, 161, (177), 219, 227, 285, 304, 437
Suvorov, A. V. 234
Svistunov, P. S. (191), (289)
Tacitus 385
Tatiščev, E. V. 75
Tatiščev, V. N. 73-77, 80-81, (82), 142, 197-199, 260
Taubert, J. K. (98)
Teplov, G. N. 105-106, 119, 137-138, 146
Timkovskij, I. F. 394-399
Titov, A. A. 257
Tjutčev, F. I. (363)
Tolčenov, I. A. (90)
Tolmačev 154
Tolstoj Dmitrij A. (188), 215, 217, 225
Tolstoj, P. 44
Torke, H.-J. 6
Tred'jakovskij, V. K. 115, 215
Tretjakov, I. 227
Troekurov, A. (Fürst) (89)
Trubeckoj, I. Ju. 120
Trubeckoj, Ju. Ju. 44
Trubeckoj, S. P. 229
Truchim, St. 295
Turgenev, N. I. 229, 320, (325)
Ugrjumov, A. 160
Ursinus, J. 160
Uspenskij, B. (18)
Uspenskij, G. P. (370), 396-397
Ustrjalov, N. G. (301)
Uvarov, S. S. 4, 28-31, (174), (292), (315), 320-323, 329-331, 334-336, 340-341, 345, 347-349, 351, 353, 356, (359), 360-366, 382-386, (408), 412, 416-428, 430, (431), 435, 441
Venjaminov, S. 227
Verevkin (Assessor) 224
Vergil 385
Viel'gorskij (Graf) (28)

Vigel', F. F. (314)
Vjazemskij, P. A. (256) 280
Vladimir (Großfürst) 385
Vladimirskij-Budanov, M. 111
Volkonskij (153)
Volkov, F. V. 121
Voltaire, F. M. Arout de 106, (107), 120, (129), 175
Voroncov, A. 233, 280
Vozoncov, M. S. 96
Voroncov, S. R. 222-223, 280
Voronkov 404
Voronov, A. 302
Weber, F. Ch. 68, 123, 307
Weber, M. (14), 444
Wehrmann, V. 24
Whittaker, C. H. 4, 322-323, 356, (422)
Wirtschafter, E. Kimerling (20), 84
Wittram, R. (34), (46)
Wolff, Ch. 58, 60
Woltner, M. 266
Yaney, G. (411)
Zacek, J. Cohen 330
Zacharov, Ja. D. 294, (382)
Zagoskin, N. P. 333, (376)
Zajončkovskij, P. A. 433
Zavadovskij, Petr V. 27, 190-191, 193, 206, (208), 230, 243, 254, 263, 267, 269, 283, 288, (304), 305, 314, 337
Zeiher, J. E. 110-111
Žerebcov, I. 154, 155.
Zinov'ev, V. N. (190)
Žobar, I. A. (Joubert) (403)
Žochov, A. A. 257
Zubov, Pl. A. 286-287, 311, 315, 389, (417)
Zuev, V. F. 216
Zybelin, P. 227

ORTSREGISTER

Seitenzahlen in Klammern verweisen auf den Ort in einer Fußnote der angegebenen Seite.

Achtyr (145), 146
Aleksandr-Nevskij-Kloster 55, 66, 80, (216), 233
Amsterdam 45
Archangel'sk (38), 39, 148-150, 239, 271, (292), (311), (369), (370), 387-388
Arzamas (145), 403
Astrachan' (38), 83, 169, 171-172, 271, (292), 401-402, 404, 412, 418, 422
Azov 192
Bachči-Saraj 368
Barnaul (s. Kolyvan')
Baturin 138, 146
Belev (146)
Belgorod 55, 83, 220
Beloozero (145)
Belozersk (235), 258
Bendery (332)
Berlin (183), 186, (216), 227
Białystok 358
Brest (417)
Cambridge 59, (161)
Carskoe Selo 5, 317, 319-320, 322, (425)
Čerkassk 412
Černigov (52), 207, 241, 268-269, 271, 293, 395-396, (397), 398
Char'kov 10, 26, 55, 146, (152), 241, 271, 293-295, 297, 301-302, 315, 333, 335, 339, 340, (347), 351, 356, 358, (361), 368, (370), (372), 375, 376, 394-397, (398), 400-401, 410, 416, (417), 421, 428-429
Cherson 173, 358, 415, 422
Cholm (369)
Dedilov (370)
Dessau 181
Dmitrovsk 148
Dorogobuž (145), (146), 370.
Dorpat 10, 26, 105, 138, 160, 283-285, 291-293, 295-296, 300, 338, 346, (347), 352, 356, 373-374, 376, (399), 406-408, (409), 410, 415, 420-421, 428-429
Edinburgh 227

Egor'evsk 255
Ekaterinburg 81, (82), 256
Ekaterinoslav 245, (293), (371)
Ekaterinoslavl' 105, 241
Elatem 257
Elizavetgrad 245
Enissejsk (235), 263 404
Erfurt 181
Freiberg 98
Galič (145)
Gatčina 325
Glasgow 227
Gluchov 268
Göttingen 284, 299, (319)
Grjazovec 258
Grodno (292), (311), 358
Heidelberg 53
Insara (145)
Irkutsk 192, 241, 243, (248), 260-263, 271, (292), (370), (391), 401, 405, 422
Ismail (332)
Istanbul (s. Konstantinopel)
Jadrinsk 404
Jamburg 148
Jaroslavl' 47, 153, 239, 242, 257-258, 271, (292), 311, 318, 322, 337, 347, 393, (397), 407, 418
Jelgava (s. Mitau)
Jur'ev (145), (235)
Kaluga 48, (145), 147, 239, 271, (292), (371), 389, 412
Kamyšin 369
Kargopol' 48, (235)
Kašina (146), 153
Kazan' 10, 26, 83, 107, 112, 154, 189, 193, 207, (216), 220-221, 224, 227, 239, (244), 246, 271, 283, 285, 291-292, 294-297, 301, 332-336, 339-340, (344), 345, 347, 351, 356, 374-376, (394), 400-405, (406), 410, 412, (417), (419), 421-422, (423), 424, 428-429
Kazimov (145)

Keksholm 83
Kerč 418
Kiev 34-36, 40, 52-55, 58, 63, 69, 146, (152), 160, 192, 207, (215), (235), 241, 243, (257), 267-268, 271, 285, (292), 293, 359-361, 379, 415, 417, 422, 428-429
Kirillov-Kloster 258
Kišinev (332), 422
Kituro 370
Klin 156
Kolyvan' 241, 260, 262-264
Königsberg 45, 227
Konstantinopel 44
Kostroma (145), 239, 271, (292), (371), 393, 395
Kozlov (145), 257
Krakau 281, 339, (358)
Krapivensk 148
Krasnojarsk 263-264
Krasnoslobodsk 368
Kremenčug (s. Kremenec)
Kremenec (248), 337-338, 359
Kronstadt 83, 24
Kungur 80, 256
Kursk 239, 272, (293), 371, 397-398, 418
Kuzneck 263
Lal'cek 258
Lebedjan 257
Leiden (216), 227
Leipzig (240), (259)
Lemberg (358)
Ljubimsk 154
London 45, 77
Lund (53)
Malojaroslavec (145)
Marburg 98
Medyn (145)
Michajlovo 223
Minsk 272, 358
Mitau (271), 406-407
Mogilev 183-184, 196, 241-242, (243), 246, 267, (292), 358, 379
Moržansk 257
Moskau 9-10, 14, 26-27, 34-36, 38-42, 44, 47-48, 52-55, 58, 60, 62-63, 66, 69, 87-88, 90, 97-100, 103-105, 107-108, 112-113, 116, 119-121, 124, 129, 134, 138-140, 146, 148, 152-153, 158, 163, 170, (171), 172, 174, 185, 189, 193-194, 207, 211, 215, 219-229, 232, 235, 236-237, 239, 241-242, 247, 249-251, 253-255, (257), 258, 261-262, 266, 270, 272, 277, 278-279, 283, 285, 289, 291-297, 299, 301-302, 310, (315), 316, 318-319, 324, 328, 337, 351, 355, 359, (361), (362), (364), 375-376, 385, 388-393, 396, 410-412, 416, (417), 418, 421-423, (425), 426, 428-429, (433), 443
Možajsk (145), 370
Narva 42, 83, 239, 272
Narym 263, 404
Nerčinsk 81, 260
Nežin 146, (206), 268, 311, 322, 347, (400), 418
Nikolaevsk (293)
Nižnij Novgorod 154, 239, (244), 272, (292), 370, 401, (417)
Novgorod 42, 47, 49, (52), 148, (152), (167), (199), 215, 219, (235), 239, 243-244, (255), 272, (292), (377), 384, 386-387, 393, (397), (417)
Novgorod-Seversk 241, 269, (396), (400)
Novomorgorod 369
Ochotsk 260
Obojan 156
Obolensk (145)
Odessa 310, 348, 358, 415, 417-418, (424), 429
Olonec (235), (243), (292), (319), 387-388, 393
Omsk (417)
Orel 239, (417)
Orenburg 88, (244), (264), 272, (292), 403, (417)
Orlov 272, (293), 393
Oxford 59, (161), (216), 227
Paris 45, 58, 77, (133), (177), 178, 279, 286, (325), (330), 357
Penza 105, 155, 207, 239, (292), 368, 401
Perejaslavl' 55, (153), 160
Perfen'evo (145)
Perm' 239, 241, 256, 272, (292)
Petersburg, Sankt 10, 26-27, 30, 42, 47, 54, 60-62, 66, 77, 81-82, 84-85, 87-89, 97-99, (104), 114, 116, 119, 121-122, 131, 139, 146, (152), 154, 172-173, (183), 184, 189, 191-194, 198, 200, (204), 206-207, (216), 218, 220-223, 225, (226), 227-228, 235, 237, 239, 240-241, 243-244, 247-250, 254-256, (257), 258-259, 265-266, (271), 272, 279, 281, 283, 291-295, (296), 299, 301-302, (304), 315-316, 318, (319), 321, 323-325, 329, 331-332, 334-337, 339-340, 345, 349, 351, 353, 355-356, 373, (377), 381-383, 385-389, 391-393, 396, 399, 401,

(402), 403-404, 406, 408-412, 415-417, (420), 421-423, 428-429, (433), 434, 442
Polock 196, (227), 241, (243), 267, 268, 337, (338), 359, (417)
Poltava 245, (293), 394, 395, (417)
Preobraženskoe (367)
Pskov 47, 145, 148, 220, 239, 272, (292), 368, (377), 382-383, 387-388
Reval 42, 83, 241, 266, 406-407
Riga 83, 241, 265-266, 406-407, 418
Rjazan' (153), 239, 255, 272, (292), 318, 390-391, 393
Rjažsk (146), (150)
Rostov (52), 55, 257-258
Ryl'sk (145)
Sagan 187
Saint-Cyr 131
Samara (147)
Saratov 239, 242, 272, (292), 369, 403, 411
Šatsk 257
Schlüsselburg 248
Serpeja (153), 156
Serpuchov (145), 147, (153)
Simbirsk 154, 239, 272, (292), 369
Simferopol' 422
Smolensk 83, (146), 193, 220, 239, 272, (292), (367), 389
Sol'vyčegodsk 258-259
Solikamsk 149
Starodub 268
Straßburg (216)
Sudislavl' 153
Sumy 146, 148
Suzdal' 49, (145)
Taganrog 310, 417
Tallinn (s. Reval)
Tambov 239, 256-257, 272
Tara 263
Tartu (s. Dorpat)
Tarusa (145)
Temesvár 189
Temnikov (145)
Tichvin (235)
Tjumen' 263
Tobol'sk (52), 56, 83, 201, 241, 260-263, 271-272, (292), 293, (401), 403-404, 405, 412, 422, (423)
Tambov (292), 393
Tomsk 263, 404, 422
Toržok (369)
Tot'ma 258
Troice-Sergieva-Lavra (78), 220
Troick (264)

Tula 88, 160, 239, 272, (292), (370), 393, 418
Turinsk 263
Tver' 148, 239, 243-245, (248), 271-272, (292), (369), 389, 393
Ufa (145), 154, 160
Usman' (145)
Ustrjug 48, 55
Utkus 80
Vasil'ev-Insel (218)
Velikie Luki (152)
Velikij Ustjug 258-259, 293
Venedig 44
Verchneudinsk 263
Vereja (145)
Vilnius (s. Wilna)
Vitebsk (292), 358, 379, 422
Vjatka 239, 245-246, 273, (292), 369, (371)
Vjaz'ma 149
Vladimir 49, (145), 239, 273, (292), 393
Vologda 48, 148, (235), 239, 258, (259), 273, (292), 387-388
Voronež 49, 55, 83, 239, (245), (246), 273, (293), 391, 393, 395, (396), 398, (417)
Vorotynsk (153)
Vyborg 83, 241, 244, 273
Warschau 280, 339, 357-358, (416), 429
Wien 120, (131), 187, (188), 189
Wilna 10, 29, 281, 285, 289, 290-293, 295-296, (297), 300-302, 332, 336-340, 346, (348), 352-355, 357-359, 376-381, 408, 410, 415, 418, 422, 439
Zarajsk (145)

QUELLEN UND STUDIEN ZUR GESCHICHTE DES ÖSTLICHEN EUROPA

In Verbindung mit dem Vorstand des Verbandes der Osteuropahistoriker e. V.
herausgegeben von **Ludwig Steindorff**

1. Carsten Goehrke: **Die Wüstungen in der Moskauer Rus.** Studien zur Siedlungs-, Bevölkerungs- und Sozialgeschichte. 1968. XII, 357 S., 3 Faltktn., kt.
ISBN 3-515-00771-7
2. Ferdinand Grönebaum: **Frankreich in Ost- und Nordeuropa.** Die französisch-russischen Beziehungen von 1648–1689. 1968. XVI, 232 S., kt. 0772-5
3. Dieter Wojtecki: **Studien zur Personengeschichte des Deutschen Ordens im 13. Jahrhundert.** 1971. XII, 256 S., kt. 0773-3
4. Helmut Lahrkamp, Hrsg.: **Kriegsabenteuer des Rittmeisters Hieronymus Christian von Holsten 1655–1666.** 1971. VI, 93 S., 5 Taf., kt. 0774-1
5. Hansgerd Göckenjan: **Hilfsvölker und Grenzwächter im mittelalterlichen Ungarn.** 1972. X, 261 S., 2 Taf., kt. 0775-X
6. Janos M. Bak: **Königtum und Stände in Ungarn im 14.–16. Jahrhundert.** 1973. VIII, 196 S., kt. 0776-8
7. Hartmut Rüß: **Adel und Adelsopposition im Moskauer Staat.** 1975. X, 196 S., kt. 1903-0
8. Wolfgang Knackstedt: **Moskau.** Studien zur Geschichte einer mittelalterlichen Stadt. 1975. X, 285 S. m. 5 Ktn., kt. 1881-6
9. Carsten Goehrke / Erwin Oberländer / Dieter Wojtecki, Hrsg.: **Östliches Europa – Spiegel der Geschichte.** Festschrift für Manfred Hellmann zum 65. Geburtstag. Hrsg. unter Mitwirkung von R. Ernst und R. Möhlenkamp. 1977. VIII, 267 S., kt. 2658-4
10. Hans-Werner Rautenberg: **Der polnische Aufstand von 1863** und die europäische Politik im Spiegel der deutschen Diplomatie und der öffentlichen Meinung. 1979. IX, 484 S., kt. 2944-3
11. Peter Heumos: **Agrarische Interessen und nationale Politik in Böhmen 1848–1889.** Sozialökonomische und organisatorische Entstehungsbedingungen der tschechischen Bauernbewegung. 1979. VI, 252 S., kt. 2858-7
12. Manfred Alexander: **Der Petraševskij-Prozeß.** Eine „Verschwörung der Ideen" und ihre Verfolgung im Rußland von Nikolaus I. 1979. IX, 260 S., kt. 2797-1
13. Günther Stökl: **Der russische Staat in Mittelalter und früher Neuzeit.** Ausgewählte Aufsätze zum Anlaß seines 65 Geburtstages hrsg. von Manfred Alexander, Hans Wojtecki und Maria Lammich. 1981. VIII, 378 S., 1 Taf., kt. 3261-4
14. Frank Golczewski: **Polnisch-jüdische Beziehungen 1881–1922.** Eine Studie zur Geschichte des Antisemitismus in Osteuropa. 1981. IX, 391 S., kt. 3361-0
15. Joachim Krumbholz: **Die Elementarbildung in Rußland bis zum Jahre 1864.** Ein Beitrag zur Entstehung des Volksschulstatuts vom 14. Juli 1864. 1982. IX, 305 S., kt. 3293-2
16. Mechthild Golczewski: **Der Balkan in deutschen und österreichischen Reise- und Erlebnisberichten 1912–1918.** 1981. VIII, 288 S., kt. 3266-5
17. Erik Amburger: **Fremde und Einheimische im Wirtschafts- und Kulturleben des neuzeitlichen Rußland.** Ausgewählte Aufsätze. Hrsg. von Klaus Zernack. 1982. 326 S. m. 1 Abb., 4 Ktn. u. 1 Faltkte., kt. 3734-9
18. Manfred Hagen: **Die Entfaltung politischer Öffentlichkeit in Rußland 1906–1914.** 1982. XI, 403 S., kt. 3600-8
19. Klaus Heller: **Die Geld- und Kreditpolitik des Russischen Reiches in der Zeit der Assignaten (1768–1839/43).** 1983. VIII, 273 S., kt. DM 78,– 3313-0
20. Friedhelm Berthold Kaiser: **Hochschulpolitik und studentischer Widerstand in der Zarenzeit.** A. I. Georgievskij und sein „Kurzer historischer Abriß der Maßnahmen und Pläne der Regierung gegen die Studentenunruhen" (1890). 1983. X, 460 S., kt. 3920-1
21. Wolfgang-Uwe Friedrich: **Bulgarien und die Mächte 1913–1915.** Ein Beitrag zur Weltkriegs- und Imperialismusgeschichte. 1985. XXII, 453 S. m. 12 Tab. u. 3 Ktn., kt. 4050-1
22. Peter Heumos: **Die Konferenzen der sozialistischen Parteien Zentral- und Osteuropas in Prag und Budapest 1946 und 1947.** Darstellung und Dokumentation. 1985. IV, 172 S., kt. 4234-2
23. Uwe Halbach: **Der russische Fürstenhof vor dem 16. Jahrhundert.** Eine vergleichende Untersuchung zur politischen Lexikologie und Verfassungsgeschichte der alten Rús. 1985. XVI, 384 S., kt. 4151-6
24. Heinrich Bartel: **Frankreich und die Sowjetunion 1938–1940.** Ein Beitrag zur französischen Ostpolitik zwischen dem Münchner Abkommen und dem Ende der Dritten Republik. 1986. 396 S., kt. 4015-3
25. Karl-Heinz Schlarp: **Wirtschaft und Besatzung in Serbien 1914–1944.** Ein Beitrag zur nationalsozialistischen Wirtschaftspolitik in Südosteuropa. 1986. VIII, 449 S. m. 3 Abb. u. 3 Ktn., kt. 4401-9

26. Uwe Halbach / Hans Hecker / Andreas Kappeler, Hrsg.: **Geschichte Altrußlands in der Begriffswelt ihrer Quellen.** Festschrift zum 70. Geburtstag von **Günther Stökl.** 1986. XII, 235 S. m. 2 Abb., kt. 4480-9
27. Martin Senner: **Die Donaufürstentümer als Tauschobjekt für die österreichischen Besitzungen in Italien (1853–1866).** 1988. 313 S., 6 Abb., 2 Ktn., kt. 4906-1
28. Wolfgang Elz: **Die europäischen Großmächte und der kretische Aufstand 1866–1867.** 1988. VII, 374 S., kt. 5158-9
29. Angelika Schaser: **Josephinische Reformen und sozialer Wandel in Siebenbürgen.** Die Bedeutung des Konzivilitätsreskriptes für Hermannstadt. 1989. VII, 285 S., kt. 5069-8
30. Petr Krekšin: **Peters des Großen Jugendjahre.** „Kurze Beschreibung der gesegneten Taten des großen Gosudars, des Kaisers Peters des Großen, Selbstherrschers von ganz Rußland." Gemeinsam mit Thomas Busch, Norbert Kersken, Ekkehard Kraft und Eduard Mühle übersetzt, eingeleitet und erklärt von Frank Kämpfer. Nebst einem Anhang aus zeitgenössischen Stimmen, nämlich Heinrich Butenant, Patrick Gordon und Otto Pleyer, zu den geschilderten Ereignissen. 1989. VI, 223 S., 7 Abb., kt. 5087-6
31. Robert Maier: **Die Stachanov-Bewegung 1935–1938.** Der Stachanovismus als tragendes und verschärfendes Moment der Stalinisierung der sowjetischen Gesellschaft. 1990. 441 S., kt. 5440-5
32. Eduard Mühle: **Die städtischen Handelszentren der nordwestlichen Ruś.** Anfänge und frühe Entwicklung altrussischer Städte (bis gegen Ende des 12. Jahrhunderts). 1991. XIV, 371 S., kt. 5616-5
33. Henning Bauer / Andreas Kappeler / Brigitte Roth, Hrsg.: **Die Nationalitäten des Russischen Reiches in der Volkszählung von 1897**
A. Quellenkritische Dokumentation und Datenhandbuch. 1991. 580 S., geb. 5561-4
B. Ausgewählte Daten zur sozio-ethnischen Struktur des Russischen Reiches. Erste Auswertungen der Kölner NFR-Datenbank. 1991. 532 S., geb. 5562-2
34. Jürgen Pagel: **Polen und die Sowjetunion 1938-1939.** Eine Studie zur Vorgeschichte des Zweiten Weltkrieges. 1992. 339 S., kt. 5928-8
35. Erwin Oberländer, Hrsg.: **Geschichte Osteuropas.** Zur Geschichte einer historischen Disziplin im deutschen Sprachraum 1945-1990. 1992. VIII, 350 S., kt. 6024-3
36. Wolfgang Neugebauer: **Politischer Wandel im Osten.** Ost- und Westpreußen von den alten Ständen zum Konstitutionalismus. 1992. VI, 552 S., kt. 6127-4
37. Dietmar Neutatz: **Die „deutsche Frage" im Schwarzmeergebiet und in Wolhynien.** Politik, Wirtschaft, Mentalitäten und Alltag im Spannungsfeld von Nationalismus und Modernisierung (1856–1914). 1993. 478 S., kt. 5899-0
38. Ludwig Steindorff: **Memoria in Altrußland.** Untersuchungen zu den Formen christlicher Totensorge. 1994. 294 S., kt. 6195-9
39. Frank Ortmann: **Revolutionäre im Exil.** Der „Auslandsbund russischer Sozialdemokraten" zwischen autoritärem Führungsanspruch und politischer Ohnmacht (1888–1903). 1994. 254 S., kt. 6340-4
40. Andreas Grenzer: **Adel und Landbesitz im ausgehenden Zarenreich.** Der russische Landadel zwischen Selbstbehauptung und Anpassung nach Aufhebung der Leibeigenschaft. 1995. XII, 255 S., kt 6568-7
41. Beate Fieseler: **Frauen auf dem Weg in die russische Sozialdemokratie, 1890–1917.** 1995. 331 S., kt. 6538-5
42. Christoph Mick: **Sowjetische Propaganda, Fünfjahrplan und deutsche Rußlandpolitik 1928–1932.** 1995. 490 S., kt. 6435-4
43. Ekkehard Kraft: **Moskaus griechisches Jahrhundert.** Russisch-griechische Beziehungen und metabyzantinischer Einfluß 1619–1694. 1995. 223 S., kt. 6656-X
44. Christoph Schmidt: **Sozialkontrolle in Moskau.** Justiz, Kriminalität und Leibeigenschaft 1649–1785. 1996. 500 S., geb. 6627-6
45. Angela Rustemeyer: **Dienstboten in Petersburg und Moskau 1861–1917.** Hintergrund, Alltag, soziale Rolle. 1996. 248 S., kt. 6762-0
46. Angela Rustemeyer und Diana Siebert: **Alltagsgeschichte der unteren Schichten im Russischen Reich (1861–1914).** Kommentierte Bibliographie zeitgenössischer Titel und Bericht über die Forschung. 1997. 280 S., kt. 6866-X
47. Jan Kusber: **Krieg und Revolution in Rußland 1904–1906.** Das Militär im Verhältnis zu Wirtschaft, Autokratie und Gesellschaft 1997. 406 S., kt. 7044-3
48. Eva-Maria Stolberg: **Stalin und die chinesischen Kommunisten 1945–1953.** Eine Studie zur Entstehungsgeschichte der sowjetisch-chinesischen Allianz vor dem Hintergrund des Kalten Krieges. 1997. 328 S., kt. 7080-X
49. Guido Hausmann: **Universität und städtische Gesellschaft in Odessa, 1865–1917.** Soziale und nationale Selbstorganisation an der Peripherie des Zarenreiches. 1998. II, 699 S., kt. 7068-0
50. Joachim Hösler und Wolfgang Kessler, Hrsg.: **Finis mundi – Endzeiten und Weltenden im östlichen Europa.** Festschrift für Hans Lemberg zum 65. Geburtstag. 1998. 288 S., kt. 7100-8

51. **Eckhard Hübner, Ekkehard Klug** und **Jan Kusber,** Hrsg.: **Zwischen Christianisierung und Europäisierung.** Beiträge zur Geschichte Osteuropas in Mittelalter und Früher Neuzeit. Festschrift für Peter Nitsche zum 65. Geburtstag. 1998. 432 S., geb. 7266-7
52. **Diana Siebert: Bäuerliche Alltagsstrategien in der belarussischen SSR.** Die Zerstörung patriarchalischer Familienwirtschaft (1921–1941). 1998. 416 S., kt. 7263-2
53. **Michael Hundt: Beschreibung der dreijährigen Chinesischen Reise.** Die russische Gesandtschaft von Moskau nach Peking 1692 bis 1695 in den Darstellungen von Eberhard Isbrand Ides und Adam Brand. Herausgegeben, eingeleitet und kommentiert. 1999. X, 364 S., kt. 7396-5
54. **Hildegard Kochanek: Die russisch-nationale Rechte von 1968 bis zum Ende der Sowjetunion.** Eine Diskursanalyse. 1999. 314 S., kt. 7411-2
55. **Pavlo Skoropads'kyj: Erinnerungen 1917 bis 1918.** Herausgegeben und bearbeitet von **Günter Rosenfeld.** 1999. 475 S. m. 8 Abb., kt. 7467-8
56. **Christian Noack: Muslimischer Nationalismus im Russischen Reich.** Nationsbildung und Nationalbewegung bei Tataren und Baschkiren, 1861–1917. 2000. 614 S., geb. 7690-5
57. **James J. Reid: Crisis of the Ottoman Empire.** Prelude to Collapse 1839–1878. 2000. 517 S., geb. 7687-5
58. **Susanne Conze: Sowjetische Industriearbeiterinnen in den vierziger Jahren.** Die Auswirkungen des Zweiten Weltkrieges auf die Erwerbstätigkeit von Frauen in der UdSSR, 1941–1950. 2000. 270 S., kt. 7596-8
59. **Ludmila Thomas** und **Viktor Knoll,** Hrsg.: **Zwischen Tradition und Revolution.** Determinanten und Strukturen sowjetischer Außenpolitik 1917–1941. 2000. 443 S., geb. 7700-6
60. **Kristina Küntzel: Von Nižnij Novgorod zu Gor'kij. Metamorphosen einer russischen Provinzstadt.** Die Entwicklung der Stadt von den 1890er bis zu den 1930er Jahren. 2001. VIII, 318 S. m. 36 Abb., geb. 7726-X
61. **Dittmar Schorkowitz: Staat und Nationalitäten in Rußland.** Der Integrationsprozeß der Burjaten und Kalmücken, 1822–1925. 2001. 616 S. m. 48 Tab. u. 27 Abb., geb. 7713-8
62. **Maike Sach: Hochmeister und Großfürst.** Die Beziehungen zwischen dem Deutschen Orden in Preußen und dem Moskauer Staat um die Wende der Neuzeit. 2002. 488 S., geb. 8047-3
63. **Gudrun Bucher: »Von Beschreibung der Sitten und Gebräuche der Völker«.** Die Instruktionen Gerhard Friedrich Müllers und ihre Bedeutung für die Geschichte der Ethnologie und der Geschichtswissenschaft. 2002. 264 S., 1 Abb., kt. 7890-8
64. **Hans-Michael Miedlig: Am Rande der Gesellschaft im Frühstalinismus.** Die Verfolgung der Personen ohne Wahlrecht in den Städten des Moskauer Gebiets 1928–1934. 2004. XVII, 406 S. m. 2 Ktn., kt. 8572-6
65. **Jan Kusber: Eliten- und Volksbildung im Zarenreich während des 18. und in der ersten Hälfte des 19. Jahrhunderts.** Studien zu Diskurs, Gesetzgebung und Umsetzung. 2004. IX, 497 S. 8552-1

FRANZ STEINER VERLAG STUTTGART   ISSN 0170-3595